Nomos Universitätsschriften

Recht

Band 1001

Adrian Schulz

Geldbuße und Schadenersatz

Zivilrechtlicher Schadensausgleich vor den Schranken sanktionsrechtlicher Wertungen

Nomos

The book processing charge was funded by the Baden-Württemberg Ministry of Science, Research and Arts in the funding programme Open Access Publishing and the University of Konstanz.

Die Deutsche Nationalbibliothek verzeichnet diese Publikation in der Deutschen Nationalbibliografie; detaillierte bibliografische Daten sind im Internet über http://dnb.d-nb.de abrufbar.

Zugl.: Konstanz, Univ., Diss., 2022

1. Auflage 2022

Publiziert von
Nomos Verlagsgesellschaft mbH & Co. KG
Waldseestraße 3–5 | 76530 Baden-Baden
www.nomos.de

Gesamtherstellung:
Nomos Verlagsgesellschaft mbH & Co. KG
Waldseestraße 3–5 | 76530 Baden-Baden

ISBN (Print): 978-3-8487-7381-7
ISBN (ePDF): 978-3-7489-1356-6

DOI: https://doi.org/10.5771/9783748913566

Onlineversion
Nomos eLibrary

Vorwort & Danksagung

Es ist geschafft! Im Wintersemester 2021 / 2022 hat die Universität Konstanz diese Arbeit als Dissertation angenommen. Sie entstand in der Zeit zwischen Oktober 2014 und August 2019. Literatur und Rechtsprechung sind bis zur Einreichung der Arbeit im Januar 2021 berücksichtigt.

Was ursprünglich als kleiner Spaziergang durch ein entlegenes Seitental des Kapitalgesellschaftsrechts begann, hat sich – jedenfalls subjektiv – zu einem handfesten Gewaltmarsch samt Alpenüberquerung entwickelt. Unübersehbar ist die Zahl derer, die dieses Projekt ermöglicht und zu seinem Gelingen beigetragen haben. Ihnen allen – seien sie hier auch nicht namentlich genannt – danke ich von Herzen.

Allen voran danke ich meinem Betreuer, *Herrn Prof. Dr. Jochen Glöckner*. Ihm gelang der Spagat zwischen grenzenloser wissenschaftlicher Freiheit auf der einen und dem stets richtigen Rat zur stets rechten Zeit auf der anderen Seite. *Herrn Prof. Dr. Hans Theile* danke ich für die zügige Erstellung des Zweitgutachtens, dem *Konsortium Baden-Württemberg* für die Finanzierung des Drucks und der Veröffentlichung meiner Arbeit als Open-Access-Publikation.

Für die schier übermenschliche Leistung bei der Durchsicht des Manuskripts danke ich insbesondere *Herrn Simon Pschorr*. Von den vielen Weggefährten, die mich über die Jahre begleitet haben und den mitunter zähen Prozess zu einem Genuss haben werden lassen, danke ich – stellvertretend für die vielen anderen – *Biggi*, *Marius*, *Luise* und *Daniel* sowie *Robert*, *Tobias*, *Hannah* und *Mirjam*.

Größter Dank gebührt meinen Eltern, *Manfred* und *Monika*, und meinem Bruder, *Axel Schulz*. Es ist schön zu wissen, dass ich mich auf ihren Rückhalt stets und jederzeit verlassen kann und konnte. Unerschütterlich war ihr Vertrauen; grenzenlos ihre Geduld, die ich weit über Gebühr beansprucht habe. Ihr Zuspruch, ihre uneingeschränkte und bedingungslose Unterstützung und ihre im richtigen Maße fordernde Förderung haben mir meine – nicht nur juristische – (Aus-)Bildung erst ermöglicht. Schließlich und endlich danke ich meiner verstorbenen *Tante Carola*. Ohne ihre klugen und weisen Entscheidungen hätte diese Arbeit so nicht entstehen können.

München, im Mai 2022 *Adrian Schulz*

Meinen Eltern, meinem Bruder
und meiner Tante Carola

Inhaltsübersicht

Inhaltsverzeichnis

Abkürzungen

a. A. andere(n/r) Ansicht
a. E. am Ende
a. F. alter Fassung
ABl. Amtsblatt
ABl. EG Amtsblatt der Europäischen Gemeinschaft
ABl. KR Amtsblatt des Kontrollrats in Deutschland
ABl. MReg Amtsblatt der Militärregierung Deutschland (Kontrollgebiet)
AcP Archiv für die civilistische Praxis (Zeitschrift)
AEUV Vertrag über die Arbeitsweise der Europäischen Union
AfWirtArb Ausschuss (des Bundestages) für Wirtschaft und Arbeit
AfWirtTech Ausschuss (des Bundestages) für Wirtschaft und Technik
AG Die Aktiengesellschaft (Zeitschrift)
AG Amtsgericht
AktG Aktiengesetz
allg. Auff. allgemeine(n/r) Auffassung
AMS American Mathematical Society
AmZ Amerikanisches Kontrollgebiet (der Militärregierung Deutschland)
AO Abgabenordnung
ArbG Arbeitsgericht
ArbGG Arbeitsgerichtsgesetz
ArchCrimR Archiv des Criminalrechts (Zeitschrift)
Art. Artikel
AT Allgemeiner Teil
Aufz. Aufzählung
ausdr. ausdrücklich
ausf. ausführlich/e(m/n/r/s)
AusfG-EU Gesetz zur Ausführung u. a. des Zweiten Protokolls vom 19. Juni 1997 zum Übereinkommen über den Schutz der finanziellen Interessen der Europäischen Gemeinschaft
AWG Außenwirtschaftsgesetz
AWG-ÄndG92 Gesetz zur Änderung des Außenwirtschaftsgesetzes, des Strafgesetzbuches und anderer Gesetze

BAG Bundesarbeitsgericht
BAGE Entscheidungen des Bundesarbeitsgerichts
BayObLG Bayerisches Oberstes Landesgericht
BB Betriebs-Berater (Zeitschrift)
BeckOGK beck.online-Großkommentar
BeckOK Beck'scher Online-Kommentar
BeckRS Beck-Online Rechtsprechung – Elektronische Entscheidungsdatenbank in beck-online
Beschl. Beschluss
best. bestätigt
BFH Bundesfinanzhof
BGB Bürgerliches Gesetzbuch
BGBl. Bundesgesetzblatt
BGH Bundesgerichtshof
BGHSt Entscheidungen des Bundesgerichtshofs in Strafsachen
BGHZ Entscheidungen des Bundesgerichtshofs in Zivilsachen
BKartA Bundeskartellamt
BRat Bundesrat(s)
BReg. Bundesregierung
BrZ Britisches Kontrollgebiet (der Militärregierung Deutschland)
Bsp. Beispiel(e)
bsph. beispielhaft
bspw. beispielsweise
BT Bundestag(s)
BVerfG Bundesverfassungsgericht

BVerfGE Entscheidungen des Bundesverfassungsgerichts
bzw. beziehungsweise

CCZ Corporate Compliance Zeitschrift

DAR Deutsches Autorecht (Zeitschrift)
DB Der Betrieb (Zeitschrift)
DFB Deutscher Fußballbund
dgl. der-/desgleichen
DJT Deutscher Juristentag
DM Deutsche Mark
DR Deutsches Recht (Zeitschrift)
Drs. Drucksache
DStR Deutsches Steuerrecht (Zeitschrift)
DStRE Deutsches Steuerrecht Entscheidungsdienst (Zeitschrift)
DStZ Deutsche Steuer-Zeitung

E_I Entwurf eines Bürgerlichen Gesetzbuches für das Deutsche Reich. Erste Lesung. 1888 (1. Entwurf)
E_I-RJA BGB-Entwurf in der Paragraphenzählung des E_I nach den Beschlüssen der Vorkommission des Reichsjustizamtes (1891–1893)
E_{II} Entwurf eines Bürgerlichen Gesetzbuches für das Deutsche Reich. Nach den Beschlüssen der Redaktionskommission, Zweite Lesung. 1894, 1895 (2. Entwurf)
E_{62} Entwurf eines Strafgesetzbuches (StGB) E 1962
EGOWiG Einführungsgesetz zum Gesetz über Ordnungswidrigkeiten
EGStGB Einführungsgesetz zum Strafgesetzbuch
EnWG Gesetz über die Elektrizitäts- und Gasversorgung (Energiewirtschaftsgesetz)
EOWiG Entwurf (der Bundesregierung) eines Gesetzes über Ordnungswidrigkeiten
etc. et cetera

Fn. Fußnote(n)
FS Festschrift

GA Goltdammer's Archiv für Strafrecht
gem. gemäß
GewO Gewerbeordnung
GG Grundgesetz
ggf. gegebenenfalls
GmbH Gesellschaft mit beschränkter Haftung
GmbHG Gesetz betreffend die Gesellschaften mit beschränkter Haftung
GmbHR GmbH-Rundschau (Zeitschrift)
grds. grundsätzlich
GroßKomm Großkommentar
GrS Großer Senat
GS Gedenkschrift
GWB Gesetz gegen Wettbewerbsbeschränkungen
GWB-Novelle Gesetz zur Änderung des Gesetzes gegen Wettbewerbsbeschränkungen

h. M. herrschende(n/r) Meinung
Herv. Hervorhebung(en)
HGB Handelsgesetzbuch
HistKritKomm Historisch-kritischer Kommentar

i. E. im Ergebnis
i. Ü. im Übrigen
i. d. F. in der Fassung
i. e. S. im engeren Sinne
i. H. v. in Höhe von
i. R. d. im Rahmen der/des
i. S. d. im Sinne der/des
i. V. m. in Verbindung mit
i. w. S. im weiteren Sinne
InnenA Innenausschuss (des Bundestages)
insb. insbesondere
InsO Insolvenzordnung

jew. jeweils / jeweilige(n/r/s)
jurisPK juris PraxisKommentar
JZ Juristenzeitung

KorrBekG Gesetz zur Bekämpfung der Korruption
krit. kritisch/e(m/n/r/s)
KritV Kritische Vierteljahresschrift für Gesetzgebung und Rechtswissenschaft
KölnKomm Kölner Kommentar

LAG Landesarbeitsgericht
$\mathbf{LBO_{BW}}$ Landesbauordnung für Baden-Württemberg
LeipzKomm Leipziger Kommentar
LG Landgericht
Lit. Literatur

m. Verw. auf mit Verweis auf
m. w. N. mit weiteren Nachweisen
m. zahlr. Nw. mit zahlreichen Nachweisen
MDR Monatsschrift für Deutsches Recht (Zeitschrift)
MichLawRev Michigan Law Review (Zeitschrift)
MilRegG Nr. 53 Gesetz (der Militärregierung) Nr. 53 (Neufassung) – Devisenbewirtschaftung und Kontrolle des Güterverkehrs
MünchKomm Münchener Kommentar

n. F. neuer Fassung
Nachw. Nachweise
NdSchr. GrStrKomm Niederschriften der Großen Strafrechtskommission
NJW Neue Juristische Wochenschrift
NomosKomm NomosKommentar
NStZ Neue Zeitschrift für Strafrecht
NZA Neue Zeitschrift für Arbeitsrecht
NZA-RR Neue Zeitschrift für Arbeitsrecht (Rechtsprechungsreport)
NZG Neue Zeitschrift für Gesellschaftsrecht
NZKart Neue Zeitschrift für Kartellrecht
NZWiSt Neue Zeitschrift für Wirtschafts-, Steuer u. Unternehmensstrafrecht

o. D. ohne Datum
OECD Organisation für wirtschaftliche Zusammenarbeit und Entwicklung
oHG offene Handelsgesellschaft
OLG Oberlandesgericht
OWiG Gesetz über Ordnungswidrigkeiten

PreismissbrBekG Gesetz zur Bekämpfung von Preismissbrauch im Bereich der Energieversorgung und des Lebensmittelhandels
Preisstrafen-VO Verordnung über Strafen und Strafverfahren bei Zuwiderhandlungen gegen Preisvorschriften

RAbgO Reichsabgabenordnung
RAG Reichsarbeitsgericht
RAGE Entscheidungen des Reichsarbeitsgerichts
RAbgO-ÄndG Gesetz zur Änderung der Reichsabgabenordnung
RechtsA Rechtsausschuss (des Bundestages)
RefE Referentenentwurf
RegE Regierungsentwurf
Rep. Repositorium (in Aktenzeichen des RG)
RG Reichsgericht
RGBl. Reichsgesetzblatt
RGRK Reichsgerichtsräte-Kommentar
RGSt Entscheidungen des Reichsgerichts in Strafsachen
RGZ Entscheidungen des Reichsgerichts in Zivilsachen
RM Reichsmark
Rn. Randnummer(n)
RReg. Revisionsregister (in Aktenzeichen des BayObLG)
Rspr. Rechtsprechung

S. Seite(n)
SchadÄndG Gesetz zur Änderung schadensersatzrechtlicher Vorschriften
SchuldRModG Gesetz zur Modernisierung des Schuldrechts

schwGHV schweizerische Gesellschaft für Haftpflicht- und Versicherungsrecht
scil. scilicet – das heißt
sog. sogenannte(n/r/s)
SondA-StrafR Sonderausschuss „Strafrecht“ (4. WP) bzw. Sonderausschuss für die Strafrechtsreform (5. WP)
SpStr. Spiegelstrich
st. Rspr. ständige Rechtsprechung
StB Der Steuerberater (Zeitschrift)
StGB Strafgesetzbuch
StPO Strafprozessordnung
StrRG Gesetz zur Reform des Strafrechts
StrÄndG Gesetz zur Änderung des Strafgesetzbuches
StV Strafverteidiger (Zeitschrift)
StVG Straßenverkehrsgesetz
SystKomm Systematischer Kommentar

teilw. teilweise
TierVerbG Gesetz zur Verbesserung der Rechtsstellung des Tieres im bürgerlichen Recht

u. und
u. a. und andere bzw. unter anderem/n
u. ö. und öfter
UKG Gesetz zur Bekämpfung der Umweltkriminalität
UMAG Gesetz zur Unternehmensintegrität und Modernisierung des Anfechtungsrechts
Urt. Urteil

v. vom
VerkehrsA Verkehrsausschuss (des Bundestages)
VermAbsch-RefG Gesetz zur Reform der strafrechtlichen Vermögensabschöpfung
VermStrafen-VO (Reichs-)Verordnung über Vermögensstrafen und Bußen
VersG Gesetz über Versammlungen und Aufzüge (Versammlungsgesetz)
VersR Versicherungsrecht (Zeitschrift)
vgl. vergleiche
VO (EG) Nr. 1/2003 Verordnung Nr. 1/2003 des Rates zur Durchführung der in den Arikeln 81 u. 82 des Vertrages niedergelegten Wettbewerbsregeln
VO Verordnung

WiGBl. Gesetzblatt der Verwaltung des Vereinigten Wirtschaftsgebietes
WiKG Gesetz zur Bekämpfung der Wirtschaftskriminalität
wistra Zeitschrift für Wirtschafts- und Steuerstrafrecht
WM Wertpapiermitteilungen – Zeitschrift für Wirtschafts- und Bankrecht
WuW Wirtschaft und Wettbewerb (Zeitschrift)

z. B. zum Beispiel
zahlr. zahlreich
ZAkDR Zeitschrift der Akademie für Deutsches Recht
ZfPW Zeitschrift für die gesamte Privatrechtswissenschaft
ZfZ Zeitschrift für Zölle und Verbrauchsteuern
ZGR Zeitschrift für Unternehmens- und Gesellschaftsrecht
ZHR Zeitschrift für das gesamte Handels- und Wirtschaftsrecht
ZIP Zeitschrift für Wirtschaftsrecht (und Insolvenzpraxis)
ZIS Zeitschrift für Internationale Strafrechtsdogmatik
ZPO Zivilprozessordnung
ZStW Zeitschrift für die gesamte Strafrechtswissenschaft
zust. zustimmend
zutr. zutreffend
ZWeR Zeitschrift für Wettbewerbsrecht
ZWH Zeitschrift für Wirtschaftsstrafrecht und Haftung im Unternehmen

§ 1 Einführung

Die Rechtsnatur der Geldstrafe als eines höchstpersönlichen Strafübels verbietet jede Abwälzung der Strafe auf einen anderen. Dem zu einer Geldstrafe Verurteilten kann daher ein Rechtsanspruch auf Erstattung der von ihm bezahlten Geldstrafe gegen einen Dritten nicht eingeräumt werden. Die Rechtsordnung würde sonst selbst die Abwälzung des Strafübels auf einen Dritten sanktionieren. Die Strafe würde sich letzten Endes gar nicht mehr gegen den Verurteilten, sondern gegen den Dritten richten. Die Wirkung der Strafe gegenüber dem Verurteilten würde aufgehoben. Eine derartige Sabotierung des Strafrechts durch das Zivilrecht ist unmöglich.*

Karl *Geiler*, JW 1919,[12] S. 837 (837)
(deutscher Jurist und Politiker)

A. *Regressprozess im „Schienenkartell"*

Mit 43 Ermittlern durchsuchten Kriminalpolizei, Staatsanwaltschaft und das Bundeskartellamt am 11. und 12. Mai 2011 gleichzeitig die Büroräume von zehn Stahlfirmen.[1] Die Voestalpine AG hatte sich als Kronzeuge an das Bundeskartellamt gewandt und dadurch ein Kartell aufgedeckt, das die Kartellanten selbst unter dem Codewort „Schienenfreunde" führten.[2] Wohl seit Anfang der 1980er Jahre[3] hatten die beteiligten Unternehmen als Schie-

* „Sanktionieren" ist hier in der ursprünglichen Bedeutung des Wortes verwandt u. bedeutet gutheißen bzw. anerkennen. Insoweit leitet es sich von lat. „sancīre" ab – heiligen oder unverletzlich machen.

1 *Murphy*, Handelsblatt v. 1. 7. 2011,[125] S. 18. Der sehr komplexe Sachverhalt des Schienenkartells kann hier nur verkürzt dargestellt werden. Für die Details siehe die umfangreichen Aufbereitungen beim ArbG Essen, Urt. v. 19. 12. 2013 – 1 Ca 657/13 (*„Schienenkartell"*) – Tatbestand (nur bei juris) u. beim LAG Düsseldorf, Urt. v. 20. 1. 2015 – 16 Sa 459/14 (*„Schienenkartell I"*) – Tatbestand (nur bei juris). Kompakter Überblick bei BKartA, @Fallbericht: Schienenkartell I u. @Fallbericht: Schienenkartell II.

2 *Murphy*, Handelsblatt v. 1. 7. 2011,[125] S. 1.

3 Das berichten *Leyendecker/Ott*, Süddeutsche Zeitung (Bayern) v. 7. 1. 2013, S. 20 unter Berufung auf Ermittlungsakten. Von Preisabsprachen mindestens seit dem Jahr 1998 spricht *Murphy*, Handelsblatt v. 1. 7. 2011,[125] S. 18.

nenlieferanten den deutschen Markt durch Quoten- und Preisabsprachen untereinander aufgeteilt. Der Schaden allein der Deutschen Bahn AG als der Hauptgeschädigten wird im hohen dreistelligen Millionenbereich vermutet.[4]

Das Bundeskartellamt musste in dem selbst so bezeichneten „Schienenverfahren“ schrittweise vorgehen. Anfang Juli 2012 wurden wegen der Absprachen zu Lasten der Deutschen Bahn AG Geldbußen[5] gegen vier Hersteller und Lieferanten in Höhe von insgesamt 124,5 Mio. Euro verhängt. Im Juli 2013 wurden in einem weiteren Schritt wegen der Absprachen zu Lasten der außerdem geschädigten Abnehmer weitere Geldbußen gegen neun Unternehmen in Höhe von insgesamt mehr als 100 Mio. Euro festgesetzt.[6]

Die Hauptlast dieser Geldbußen hatte in beiden Verfahrensschritten die ThyssenKrupp GfT Gleistechnik GmbH zu tragen.[7] Mit Bescheid vom 3. Juli 2012 wurde ihr gegenüber eine Geldbuße in Höhe von 103 Mio. Euro, mit Bescheid vom 18. Juli 2013 eine weitere Geldbuße in Höhe von 88 Mio. Euro festgesetzt. Beide Bescheide blieben unangefochten, die darin festgesetzten Summen wurden bezahlt.[8] Im Nachgang wollte sich das Unternehmen jedoch bei demjenigen erholen, der für den Schaden verantwortlich war – oder jedenfalls gewesen sein soll.[9] Der damalige Geschäftsführer der GmbH wurde u. a.[10] wegen der verursachten Geldbußen auf Schadenersatz in Höhe von 191 Mio. Euro verklagt.

---

4 *Murphy*, Handelsblatt v. 1. 7. 2011,[125] S. 18. *Leyendecker/Ott*, Süddeutsche Zeitung (Bayern) v. 7. 1. 2013, S. 20 berichten von weit mehr als 100 Fällen, in denen kommunale Nahverkehrsgesellschaften aus ganz Deutschland betrogen worden sein sollen – einschließlich so kleiner Gesellschaften wie der Harzer Schmalspurbahnen.

5 Die Begriffe „Geldbuße“ u. „Bußgeld“ werden i. R. d. Untersuchung synonym verwandt.

6 Details bei BKartA, @Fallbericht: Schienenkartell I, S. 1 u. @Fallbericht: Schienenkartell II, S. 1.

7 Zur Aufteilung der Gesamtsumme auf die einzelnen Kartellanten siehe BKartA, @Fallbericht: Schienenkartell I, S. 1 u. @Fallbericht: Schienenkartell II, S. 1.

8 Siehe – auch zum Vorstehenden – ArbG Essen, Urt. v. 19. 12. 2013 – 1 Ca 657/13 („*Schienenkartell*“) – juris Rn. 10. Insoweit in NZKart 2014,[5] S. 193 ff. nicht abgedruckt.

9 Außerdem sollen über ein Dutzend an den Preisabsprachen beteiligte Mitarbeiter entlassen u. verklagt worden sein. *Murphy*, Handelsblatt v. 10. 4. 2013,[69] S. 18.

10 Daneben war freilich die Feststellung beantragt, wonach der Beklagte auch künftig für alle weiteren Schäden aus u. im Zusammenhang mit den sanktionierten Vorfällen hafte.

I. Einmal nach Erfurt und zurück

Das erstinstanzlich angerufene[11] ArbG Essen hatte die Klage rundheraus abgewiesen.[12] Der geltend gemachte Schadenersatzanspruch bestehe nicht. Weder seien die Voraussetzungen des § 43 Abs. 2 GmbHG noch jene der §§ 280, 619a BGB erwiesen.[13] Überdies käme ein solcher Anspruch auch deshalb nicht in Betracht, weil eine „Haftung des Geschäftsführers für die [...] verhängten Bußgelder *in voller Höhe* rechtsmissbräuchlich" wäre.[14]

Die Berufung zum LAG Düsseldorf wurde – im hier interessierenden Kontext[15] – zurückgewiesen.[16] Dabei hielt sich dessen 16. Kammer mit den tatbestandlichen Voraussetzungen eines Schadenersatzanspruches gar nicht erst auf.[17] Eine Haftung des Beklagten komme ganz „unabhängig davon, ob und in welchem Umfang die von der Klägerin erhobenen Vorwürfe berechtigt" seien, „von vornherein nicht in Betracht." Für die „nach § 81 GWB gegen sie persönlich verhängten Unternehmenskartellbußen" könne „die Klägerin den Beklagten nicht im Innenverhältnis in Regress nehmen." Zwar war das Gericht darum bemüht, den eingenommenen Standpunkt durch eine Vielzahl von Argumenten zu stützen. Die dogmatische Begründung ließ es hingegen ausdrücklich offen: „Ob dieses Ergebnis über den höchstpersönlichen Charakter einer [...] Geldbuße [...] oder eine normative Einschränkung der zuzurechnenden Schadensfolgen" hergeleitet werde, mache „keinen Un-

11 Ausf. zu den Gründen, weshalb sich die Arbeitsgerichtsbarkeit – scheinbar entgegen § 5 Abs. 1 Satz 3 ArbGG – überhaupt mit Fragen der Geschäftsleiterhaftung befassen konnte, die Beklagtenvertreter *Lotze/Heyers*, NZKart 2018[1], S. 29 (29) sowie *Thelen*, WuW 2018[1], S. 17 (18) m. w. N.

12 ArbG Essen, Urt. v. 19. 12. 2013 – 1 Ca 657/13 („*Schienenkartell*") – Tenor. Dieser ist in NZKart 2014[5], S. 193 ff. nicht abgedruckt.

13 ArbG Essen, Urt. v. 19. 12. 2013 – 1 Ca 657/13 („*Schienenkartell*") – NZKart 2014[5], S. 193 ff. (Rn. 98 f. bzw. 149 ff.).

14 ArbG Essen, Urt. v. 19. 12. 2013 – 1 Ca 657/13 („*Schienenkartell*") – NZKart 2014[5], S. 193 ff. (Rn. 144). Herv. nur hier. Genau genommen wäre freilich nicht die Haftung, sondern allenfalls die Inanspruchnahme des Geschäftsführers rechtsmissbräuchlich.

15 Das Gericht hielt die über den Bußgeldregress – Anträge zu 1) und 2) – hinausgehenden Anträge für „nicht zur Entscheidung reif" u. setzte „das Verfahren mit Beschluss vom 20. 1. 2015 nach § 149 ZPO" aus. LAG Düsseldorf, Urt. v. 20. 1. 2015 – 16 Sa 459/14 („*Schienenkartell I*") – ZIP 2015[17], S. 829 ff. (829).

16 LAG Düsseldorf, Urt. v. 20. 1. 2015 – 16 Sa 459/14 („*Schienenkartell I*") – Tenor. Dieser ist in ZIP 2015[17], S. 829 ff. nicht abgedruckt.

17 Siehe – auch zum Folgenden – LAG Düsseldorf, Urt. v. 20. 1. 2015 – 16 Sa 459/14 („*Schienenkartell I*") – ZIP 2015[17], S. 829 ff. (830).

terschied."[18] Wegen der grundsätzlichen Bedeutung der Rechtsfrage, ließ es die Revision zum BAG zu.[19]

Gebannt wandten die Kapitalgesellschaftsrechtler den Blick nach Erfurt. Lange Zeit war im Schrifttum diskutiert worden, ob – und wenn ja: in welcher Höhe – die gegen eine juristische Person verhängte Verbandsgeldbuße im Wege des gesellschaftsrechtlichen Innenregresses auf die handelnden Organwalter abgewälzt werden könne.[20] Und endlich, so schien es, würde sich der schon im Jahr 2009 geäußerte Wunsch *Bayers* nach einer höchstrichterlichen Klärung dieser „in der Tat sehr schwierigen Problematik" erfüllen.[21] Groß war die Enttäuschung.[22]

Auf die Revision der Klägerin hin hob das BAG das (Teil-)Urteil des LAG Düsseldorf auf und verwies die Sache zur neuen Verhandlung und Entscheidung an dieses zurück.[23] Zu der inhaltlichen Frage nach der Abwälzbarkeit der Verbandssanktion äußerte sich das höchste deutsche Arbeitsgericht dabei mit keiner einzigen Silbe.[24] Das LAG habe „zu Unrecht seine Zuständigkeit zur Entscheidung einer kartellrechtlichen Vorfrage iSv. § 87 Satz 2 GWB angenommen und rechtsfehlerhaft nicht geprüft, ob der Rechtsstreit ohne Beantwortung der kartellrechtlichen Vorfrage spruchreif" sei.[25] Ob und gegebenenfalls welche Wertungen sich aus den kartellrechtlichen Bestimmungen für die Haftung eines Organwalters ergäben, sei eine Frage, welche

18 LAG Düsseldorf, Urt. v. 20. 1. 2015 – 16 Sa 459/14 („*Schienenkartell I*") – ZIP 2015,[17] S. 829 ff. (832).

19 LAG Düsseldorf, Urt. v. 20. 1. 2015 – 16 Sa 459/14 („*Schienenkartell I*") – zu D. der Gründe. Insoweit in ZIP 2015,[17] S. 829 ff. nicht abgedruckt.

20 Nach vereinzelt gebliebenen Untersuchungen von *Rehbinder*, ZHR 148[6] (1984), S. 555 ff.; *Horn*, ZIP 1997,[26] S. 1129 ff. u. *Glöckner/Müller-Tautphaeus*, AG 2001,[7] S. 344 ff. hatte vor allem der Beitrag *Drehers*, in: FS Konzen (2006), S. 86 den Diskurs angestoßen. Dieser brachte – in den Worten *Fleischers*, DB 2014,[7] S. 345 (345) – einen (jedenfalls damals) „noch nicht sonderlich weit entwickelte[n], aber schon stark verästelte[n] Literaturstand" hervor. Für eine ausf. Zusammenstellung des hier relevanten Streitstandes siehe § 3.

21 *Bayer*, in: FS K. Schmidt (2009), S. 85 (95).

22 *Baur/Holle*, ZIP 2018,[10] S. 459 (459) sprechen von einer „(Nicht-)Entscheidung des BAG". *Fritz*, BB 2018,[4] Die erste Seite urteilt: „Außer Spesen nichts gewesen". *Lotze/Heyers*, NZKart 2018,[1] S. 29 (33) äußern gar den Verdacht, „das höchste deutsche Arbeitsgericht habe bei dem in der Öffentlichkeit stehenden Haftungsfall [...] nach einem Weg gesucht, den Rechtsstreit nicht entscheiden zu müssen."

23 BAG, Urt. v. 29. 6. 2017 – 8 AZR 189/15 („*Schienenkartell*") – Tenor. Dieser ist in NJW 2018,[3] S. 184 ff. nicht abgedruckt.

24 Die Frage war – in Anlehnung an das schöne u. stets Robert *Koch* zugeschriebene Bonmot – offenbar zu gut, um sie mit einer Antwort zu verderben.

„die Auslegung und Anwendung von Normen des Kartellrechts" betreffe, und „deshalb eine kartellrechtliche Vorfrage iSv. § 87 Satz 2 GWB."[26] Dann aber wären unter den dort bezeichneten Voraussetzungen nach § 87 Satz 1 GWB ausschließlich die Landgerichte zuständig. Das LAG werde deshalb „zu prüfen haben, ob der [...] Rechtsstreit [...] im Sinne der Abweisung der Klage oder eines Stattgebens aus anderen – nichtkartellrechtlichen – Gründen entscheidungsreif" sei.[27] Anderenfalls werde es den „Rechtsstreit unter Aufhebung des arbeitsgerichtlichen Urteils an das zuständige Kartell-Landgericht (§ 98 GWB) zu verweisen haben."

Wie nicht anders zu erwarten, nahm das LAG Düsseldorf das BAG beim Wort. Pflichtschuldig wurde die erhaltene Segelanweisung in die Tat umgesetzt. Ohne dass es hier auf die Details ankäme, stellte nunmehr die 14. Kammer des LAG Düsseldorf fest, dass der „Rechtsstreit [...] von mehreren kartellrechtlichen Vorfragen" abhänge, „ohne deren Beantwortung [er] nicht entschieden werden" könne.[28] Unter „Aufhebung des erstinstanzlichen Urteils" sei das Verfahren deshalb „an den örtlich zuständigen Kartellspruchkörper [scil.: die Kammer für Kartellsachen des LG Dortmund] zu verweisen" gewesen.

II. Der Vorhang zu und alle Fragen offen

Nach dieser jahrelangen Stipp-Visite in der Arbeitsgerichtsbarkeit fühlt sich der Kapitalgesellschaftsrechtler an das berühmte Zitat Bertolt *Brechts*[29] erinnert: „Wir stehen selbst enttäuscht und sehn betroffen | Den Vorhang zu und alle Fragen offen." Die mit Spannung erwartete höchstrichterliche Entscheidung der Regressfrage ist durch die Erfurter Vogel-Strauß-Rechtsprechung

25 BAG, Urt. v. 29. 6. 2017 – 8 AZR 189/15 (*„Schienenkartell"*) – NJW 2018,[3] S. 184 ff. (Rn. 14 u. 33). Darüber hinaus (Rn. 40 ff.) habe das LAG „über die Klageanträge zu 1 und 2 durch unzulässiges Teilurteil iSv. § 301 ZPO entschieden."

26 BAG, Urt. v. 29. 6. 2017 – 8 AZR 189/15 (*„Schienenkartell"*) – NJW 2018,[3] S. 184 ff. (Rn. 36). Ob diese Einschätzung uneingeschränkt überzeugen muss, soll hier nicht entschieden werden. Dafür etwa *Thelen*, WuW 2018,[1] S. 17 (19). Dagegen – wohl mit den besseren Argumenten – *T. Ackermann*, NZKart 2018,[1] S. 1 (1); *Baur/Holle*, ZIP 2018,[10] S. 459 (462) u. *Lotze/Heyers*, NZKart 2018,[1] S. 29 (30 ff.).

27 BAG, Urt. v. 29. 6. 2017 – 8 AZR 189/15 (*„Schienenkartell"*) – NJW 2018,[3] S. 184 ff. (Rn. 50) – auch zum Folgenden.

28 Siehe – auch zum Folgenden – LAG Düsseldorf, Beschl. v. 29. 1. 2018 – 14 Sa 591/17 (*„Schienenkartell II"*) – n. V. zu Teil 2. der Gründe (vor A.).

29 Der Spieler im Epilog zu „Der gute Mann von Sezuan".

vollends ausgeblieben.[30] Sofern sich die Parteien wegen der immensen Kosten einer möglichen Niederlage nicht doch noch zu einem Vergleich durchringen, ist damit zu rechnen, dass „der Fall von Erfurt vermutlich bis nach Karlsruhe gelangen" wird.[31] Die Beteiligten werden – wie auch die zuständigen Organe anderer Verbände in vergleichbarer Situation[32] – den äußerst unbefriedigenden Schwebezustand noch auf Jahre hin erdulden müssen.

B. Frage, Gegenstand und Ziel der Untersuchung

Nach dem (Nicht-)Urteil ist vor dem (Nicht-)Urteil.[33] Wenig wäre gewonnen, wenn die Hände bis zu einer Karlsruher Entscheidung in den Schoß gelegt würden.[34] Die „gewonnene Zeit" will intensiv genutzt sein, um der Sache auf den Grund zu gehen und eine verbindliche Entscheidung des BGH vorzubereiten.

I. Forschungsfrage

Die Forschungsfrage, der sich diese Untersuchung annehmen möchte, dürfte nach dem Vorstehenden auf der Hand liegen: Können Verbandsgeldbußen Gegenstand von Schadenersatzansprüchen sein? Oder – in Anlehnung an das Eingangszitat[35] und etwas reißerischer: Droht den Sanktionen des Ordnungswidrigkeitenrechts zivilrechtliche Sabotage, vor der sie geschützt werden müssen?

Prima facie scheint diese Forschungsfrage durchaus überschaubar. Sie ist denn bisher auch ganz überwiegend in Aufsätzen[36] und Festschriften-

---

30 Statt vieler nur *Weitbrecht*, NZKart 2019,[2] S. 70 (75): „Die komplexen Fragen, die sich hier stellen [...], sind bislang nicht annähernd geklärt."

31 So auch die Einschätzung bei *Thelen*, WuW 2018,[1] S. 17 (19). *Fritz*, BB 2018,[4] Die erste Seite wagt gar die Vorhersage, dass es kein Zivilgericht sein werde, welches zuverlässig über die Frage der Kostentragung für Schäden aus wettbewerbswidrigen Absprachen entscheide.

32 Auf deren missliche Situation haben etwa *Baur/Holle*, ZIP 2018,[10] S. 459 (467) hingewiesen.

33 In Anlehnung an *Baur/Holle*, ZIP 2018,[10] S. 459 ff., die von „einer (Nicht-)Entscheidung des BAG" sprechen.

34 Beinahe resigniert klingt der Titel des Aufsatzes von *T. Ackermann*, NZKart 2018,[1] S. 1 ff., der von „Gedanken zum Zeitvertreib" spricht.

35 *Geiler*, JW 1919,[12] S. 837 (837).

beiträgen[37] gestellt worden. In Handbüchern,[38] Kommentierungen[39] und Monographien[40] begegnete sie meist[41] nur am Rande. Bei näherem Hinsehen erweist sie sich jedoch als geradezu bemerkenswert tückisch. Wie den Eisberg unter seiner Spitze verbirgt sie unter sich eine ganze Reihe an Vorfragen aus verschiedenen Teilbereichen der Rechtsordnung. Diese Vorfragen sind in der bisherigen Diskussion beinahe vollständig ausgeblendet worden. Vielmehr wurde – meist unbewusst – mit überkommenen und nicht hinterfragten Prämissen operiert. Bislang fehlt eine Monographie, die diese Prämissen kritisch hinterfragt und den entscheidungserheblichen Vorfragen den erforderlichen Raum widmen kann.[42] Diese Lücke will die vorliegende Untersuchung schließen.

II. Untersuchungsgegenstand

Soll aber die Untersuchung nicht jeden vertretbaren Rahmen sprengen, so zwingt auch der Umfang einer Dissertation zu gewissen thematischen Eingrenzungen. Die präzise und hinreichende Beantwortung der Vorfragen musste durch eine radikale Begrenzung des Forschungsgegenstandes errungen werden. Deshalb beschränkt sich die Arbeit auf hoheitliche Geld*bußen* nach deutschem Recht.

---

36 Siehe nur *Bayer/Scholz*, GmbHR 2015[9], S. 449 ff.; *Bayreuther*, NZA 2015[20], S. 1239 ff.; *Fabisch*, ZWeR 2013[1], S. 91 ff.; *Fleischer*, DB 2014[7], S. 345 ff.; *Grunewald*, NZG 2016[29], S. 1121 ff.; *Hauger/Palzer*, ZGR 2015[1], S. 33 ff.; *Kersting*, ZIP 2016[27], S. 1266 ff.; *Lotze*, NZKart 2014[5], S. 162 ff.; *Suchy*, NZG 2015[15], S. 591 ff. u. *Thomas*, NZG 2015[36], S. 1409 ff.

37 Siehe etwa *Bayer*, in: FS K. Schmidt (2009), S. 85; *Blaurock*, in: FS Bornkamm (2014), S. 107; *Dreher*, in: FS Konzen (2006), S. 86 u. *J. Koch*, in: GS Winter (2011), S. 327.

38 *J. Koch*, in: MünchHdb-GesR VII (CL)[6], § 30 Rn. 24 ff. u. 31 ff. u. *Wilsing*, in: Krieger/Schneider[3], § 31 Rn. 18 ff.

39 Siehe nur *Fleischer*, in: BeckOGK-AktG, § 93 Rn. 251 ff.; *Hopt/Roth*, in: Groß-Komm-AktG[5], § 93 Rn. 419; *J. Koch*, in: Hüffer/Koch[14], § 93 Rn. 48 u. *Spindler*, in: MünchKomm-AktG[5], § 93 Rn. 194.

40 So etwa bei *Altemeier*, S. 89 ff.; *Brommer*, Vorstandshaftung, S. 24 ff.; *Hack*, S. 75 ff.; *Harnos*, S. 100 ff.; *Kaulich*, S. 287 ff.; *Kröger*, S. 213 ff. u. *Scholz*, S. 39 ff.

41 Anders – soweit ersichtlich – nur *Hauff*, passim, die sich ihrerseits mit dem „Regress von Verbandsgeldbußen im Kapitalgesellschaftsrecht" beschäftigt.

42 Auch *Hauff*, passim geht in ihrer Arbeit die hier hinterfragten Prämissen aus u. kommt schon wegen dieses anderen Problemzugangs zu völlig anderen Ergebnissen.

Davon ist selbstredend die Verbandsgeldbuße erfasst, deren Regressfähigkeit immerhin den Anlass für diese Untersuchung bot. Unter der Verbandsgeldbuße sei im Folgenden die Sanktion verstanden, die in § 30 OWiG vorgesehen ist und unter den dort bezeichneten Voraussetzungen[43] von einer deutschen Behörde oder einem deutschen Gericht u. a. gegen eine juristische Person ausgesprochen werden kann. Die Untersuchung wird zeigen, dass diese Verbandsgeldbuße entgegen der ganz überwiegenden Auffassung mit der „typischen" Geldbuße[44] wenig gemein hat. Gleichwohl ließ sich die Regresskonstellation im Sonderfall der Verbandsgeldbuße sinnvoll nur durchdenken, nachdem zuvor der Normalfall der Individualgeldbuße durchdacht war. Auf diese war die Untersuchung deshalb zu erstrecken.

Anm. 1.1: Die Geld*strafe* des StGB[45] entspricht im Hinblick auf Zweck und Mechanismus dem sog. Ahndungsteil der Individualgeldbuße. Deshalb dürfte das hier gefundene Ergebnis zum Ahndungsteil[46] wohl ohne Weiteres auf die Geldstrafe übertragbar sein. Ob Grenzfälle denkbar sind, in denen die Argumentation anzupassen wäre, ist im Rahmen dieser Arbeit aber nicht untersucht worden.

Die Abwälzbarkeit anderer Sanktionen konnte im Rahmen dieser Arbeit nicht untersucht werden. Ausgeklammert blieb deshalb die europäische Verbandsgeldbuße nach Art. 23 VO (EG) Nr. 1/2003.[47] Zwar spricht viel dafür, dass die hier gefundene Antwort auf die Frage nach der Abwälzbarkeit der deutschen Verbandsgeldbuße auch bezogen auf die europäische Geldbuße die richtige ist. Gleichwohl würde der dazu erforderliche Nachweis auf Grundlage des hier entwickelten methodisch-dogmatischen Rüstzeugs eine eigene Untersuchung erfordern. Dasselbe gilt – wenn auch die Begründung eine völlig andere ist – für Verbandssanktionen, die von Institutionen des Nicht-EU-Auslands verhängt werden. Ebenfalls so genannte Verbandsgeldbußen nichtstaatlicher Organisationen – etwa eines Sportgerichtes – sind schließlich schon im Ausgangspunkt etwas völlig anderes und deshalb nicht Gegenstand dieser Untersuchung.[48]

43 Zu diesen Voraussetzungen noch § 2 A. (S. 43) u. § 8 A. I. (S. 230).

44 Gemeint ist die die verwaltungsrechtliche Sanktion des § 17 OWiG, die bei Erfüllung eines Ordnungswidrigkeitentatbestands gegenüber natürlichen Personen verhängt werden kann.

45 Damit ist die gegen natürliche Personen gerichtete u. zurückblickende staatliche Reaktion auf die Erfüllung eines Straftatbestands gemeint.

46 Siehe § 12 B. (S. 469).

47 Verordnung (EG) Nr. 1/2003 des Rates vom 16. Dezember 2002 zur Durchführung der in den Artikeln 81 u. 82 des Vertrags niedergelegten Wettbewerbsregeln, ABl. (EG) v. 4. Januar 2003, L 1/1.

Anm. 1.2: Ausgeklammert blieb schließlich die umgekehrte Konstellation, in der ein Organwalter von der juristischen Person[49] Erstattung der im Rahmen seiner Tätigkeit persönlich verwirkten Geldbuße begehrt. Soweit es im Rahmen der hier in Betracht kommenden Anspruchsgrundlagen darum geht,[50] ob die Geldbuße ein Schaden im Sinne dieser Vorschriften ist, dürfte das hier gefundene Ergebnis ohne Weiteres übertragbar sein.

III. Nebenziele der Untersuchung

Das erste und vordergründige Anliegen der Arbeit muss angesichts des sehr eng gefassten Forschungsgegenstands die eindeutige Antwort auf die Frage nach der Abwälzbarkeit von (Verbands-)Geldbußen sein. Dabei handelt es sich im Hinblick auf die auch und gerade im Kapitalgesellschaftsrecht auftretenden Haftungssummen um ein – jedenfalls für die unmittelbar Betroffenen – „praktisch außerordentlich wichtige[s] Schadensproblem".[51] Eine eindeutige Antwort auf diese Frage, die sich wegen der nunmehr gesteigerten Verfolgungsintensität in Zukunft immer öfter stellen dürfte, würde erheblich zur Rechtssicherheit beitragen.

Daneben verfolgt die Arbeit weitere Anliegen: Bei der Suche nach möglichen Berührungspunkten von zivilem Schadenersatzrecht und öffentlich-rechtlichem Sanktionsrecht sind viele – beinahe axiomatisch verwandte – Prämissen des sog. „Schadensrechts" der §§ 249 ff. BGB hinterfragt worden. Dabei ist der Nachweis gelungen, dass das Merkmal des Schadens – entgegen der ganz allgemeinen Auffassung – in den §§ 249 ff. BGB weder geregelt ist noch geregelt sein kann.[52] Es wird deshalb weder von der Differenzhypothese noch von dem Grundsatz der Totalreparation beherrscht. Auf diesem Gedan-

---

48 Hier wird man sich – mit *Martens*, NJW 2016,[51] S. 3692 ff. u. *Prütting/Kniepert*, ZfPW 2017,[4] S. 458 ff. – die Frage stellen müssen, ob etwa eine zwischen dem Verband u. dem einzelnen Verein vereinbarte – u. deshalb der Höhe nach staatlich nicht kontrollierbare – Vertragsstrafe nicht eigentlich ein unzulässiger Vertrag zu Lasten Dritter ist. Immerhin sind diese von vornherein – u. schon ausweislich ihrer Urheber, siehe DFB,[@] 9-Punkte-Papier, zu Punkt 7 – dazu bestimmt, durch Inanspruchnahme der ordentlichen Gerichte an den delinquenten Zuschauer weitergereicht zu werden.

49 Bzw. der Arbeitnehmer von seinem Arbeitgeber.

50 Meist wird es schon vorgelagert um die Frage gehen, ob der Anspruchsteller die Auslagen für „erforderlich" halten durfte, was bei der Begehung von Straftaten in aller Regel verneint werden muss.

51 So *Fleischer*, DB 2014,[7] S. 345 (345).

52 Siehe unten § 4 A. II. (S. 100).

ken aufbauend ist ein Mechanismus entwickelt worden, mit dem sich die bisher gefundenen Ergebnisse des Schadensrechts neu durchdenken lassen und der Schadensfrage künftig präziser und vor allem methodisch überzeugend nachgegangen werden kann. Die Frage nach dem Bußgeldregress hat sich insoweit letztlich als bloßer Anlass erwiesen, die Leistungsfähigkeit dieses zivilrechtlich-methodischen Instrumentes zu erproben.

Schließlich – und quasi als Nebeneffekt – soll die derzeitige Diskussion um die als zu scharf empfundene Organwalterhaftung im Kapitalgesellschaftsrecht entlastet werden. Zwar wurde diese Diskussion wesentlich durch einen Festschriftenbeitrag *Drehers* zur kartellrechtlichen Bußgeldverantwortung von Vorstandsmitgliedern angestoßen.[53] Bald stellte sich jedoch heraus, dass Vorstandsmitglieder auch jenseits von Verbandsgeldbußen tätigkeitsbedingt einem oft existenzgefährdenden Haftungsrisiko ausgesetzt sind.[54] Der sanktionsrechtliche Rahmen wurde deshalb verlassen und die Frage nach einer allgemeinen Haftungsbeschränkung für Organwalter gestellt.[55] Die spezifischen Eigenheiten der Verbandsgeldbuße als einer staatlich auferlegten Sanktion ermöglichen jedoch eine friktionslose Lösung der Regressfrage. Befreit von einem besonders brisanten und konfliktträchtigen Teilaspekt[56] könnten die übrigen gegebenenfalls korrekturbedürftigen Haftungskonstellationen in den Blick genommen und ihrerseits einer maßgeschneiderten Lösung zugeführt werden. Die Besonderheiten des Bußgeldregresses bräuchten dann aber nicht mehr berücksichtigt zu werden.

---

53 *Dreher*, in: FS Konzen (2006), S. 86 (103 ff.).

54 Angestoßen durch *J. Koch*, AG 2012,[12] S. 429 (433). *Scholz*, S. 69 u. ö. bezeichnet existenzgefährdende Haftungsansprüche gar als ein „rechtsformtypisches Phänomen der Aktiengesellschaft".

55 Siehe nur die wirtschaftsrechtliche Abteilung des 70. DJT, Tagungsprogramm, S. 14, die sich mit der Frage befasste: „Reform der Organhaftung? – Materielles Haftungsrecht und seine Durchsetzung in privaten und öffentlichen Unternehmen".

56 *Fleischer*, DB 2014,[7] S. 345 (345) spricht in diesem Zusammenhang von „einem außerordentlich wichtigen Schadensproblem", *Blaurock*, in: FS Bornkamm (2014), S. 107 (107) von einem „besonders strittigen Einzelaspekt". *Bachmann*, BB 2015,[16] S. 911 (911) sieht im Bußgeldregress gar eine „zentral[e] Frage des Organhaftungsrechts", die durch einen Regressausschluss „rechtspolitisch deutlich entschärft" würde, BB 2015,[14] S. 771 (775).

C. Gang der Darstellung

Die Arbeit gliedert sich in vier Teile. In dem ersten Teil soll eine Bestandsaufnahme zu den Grundlagen der Verbandsgeldbuße (§ 2) und dem bisherigen Stand der Diskussion (§ 3) erfolgen. Die kritische Auseinandersetzung mit den bisher angebotenen Lösungswegen wird zeigen, dass sich der Streit um den Bußgeldregress letztlich auf ein Kollisionsproblem zwischen zivilrechtlicher Haftungsanordnung und ordnungswidrigkeitenrechtlicher Sanktionszufügung zurückführen lässt.[57] Damit sind die beiden Teilfragen angesprochen, denen sich sodann die folgenden beiden (Haupt-)Teile der Arbeit widmen werden. Im methodisch-zivilrechtlichen Teil (§§ 4–6) geht es um die Frage, was ein Schaden im Sinne der zivilrechtlichen Ausgleichsordnung ist bzw. wo eine äußere Grenze dieses Schadensbegriffs zu ziehen ist. Das hier gefundene Ergebnis[58] mündet unmittelbar in den (im weiteren Sinne) strafrechtlichen Teil (§§ 7–11), der sich mit den Fragen von Zweck und Mechanismus der Verbandsgeldbuße des § 30 OWiG befassen wird. Im vierten und letzten Teil der Arbeit (§§ 12 und 13) werden die gefundenen Ergebnisse zusammengeführt und damit die Frage beantwortet, ob (Verbands-)Geldbußen Gegenstand von Schadenersatzansprüchen sein können.

57 Siehe § 4 A. II. (S. 100).
58 Nachzulesen in § 4 A. II. (S. 100).

Erster Teil
Bestandsaufnahme

§ 2 Die Verbandsgeldbuße (§ 30 OWiG)

Die sinnvolle Befassung mit der Frage, ob eine Verbandsgeldbuße – genauer: der durch sie verursachte Vermögensnachteil – Gegenstand eines Anspruchs auf Schadenersatz sein kann, setzt zweierlei voraus. Einerseits müssen die Grundlagen der Verbandsgeldbuße geklärt sein. Andererseits sind die bislang im Schrifttum erwogenen Lösungswege zur Kenntnis zu nehmen und zu bewerten. Deshalb sollen in einem ersten Schritt in einer *tour d'horizon* die Grundlagen der Verbandsgeldbuße dargestellt werden. Im nächsten Kapitel (§ 3) wird der Stand der Diskussion nachgezeichnet, soweit er für diese Untersuchung relevant ist.

Das deutsche Ordnungswidrigkeitenrecht sieht die Möglichkeit einer Geldbuße gegen juristische Personen und andere Verbände in § 30 OWiG vor. Für die Zwecke des Streitstandes genügt es, sich insoweit mit (A.) den Voraussetzungen, (B.) den Kriterien der Bemessung sowie (C.) den Grundzügen des Verfahrens der Festsetzung einer Verbandsgeldbuße zu befassen.

A. *Voraussetzungen*

Die Voraussetzungen für die Verhängung einer Geldbuße[1] gegen eine juristische Person[2] ergeben sich aus § 30 Abs. 1 OWiG. Danach kann eine Verbandsgeldbuße festgesetzt werden, wenn ein tauglicher Täter als solcher eine den Anforderungen des § 30 OWiG genügende Straftat oder Ordnungswidrigkeit begangen hat.[3]

Der Täterkreis[4] für diese Anknüpfungs- oder Bezugstat ist im Katalog des § 30 Abs. 1 Nr. 1–5 OWiG abschließend umschrieben und umfasst mit den Mitgliedern eines vertretungsberechtigten Organs einer juristischen Per-

1 Die Begriffe „Geldbuße" u. „Bußgeld" werden i. R. d. Untersuchung synonym verwendet.

2 Aus rein stilistischen Gründen seien mit dem Begriff der „juristischen Person" im Folgenden auch die übrigen Verbände des § 30 Abs. 1 OWiG erfasst.

3 Wenigstens ungenau dagegen die Einschätzung bei *Kapp/Hummel*, ZWeR 2011, S. 349 (357 f.), wonach die „Bebußung mindestens einer natürlichen Person [...] im deutschen Recht Tatbestandsvoraussetzung für die Verhängung einer Unternehmensbuße nach § 30 OWiG sei." Auch die dort (Fn. 55) zitierten Fundstellen vermögen diese These nicht zu stützen.

son (Nr. 1) auch das einzelne Vorstandsmitglied. Hinsichtlich der möglichen Anknüpfungstat unterscheidet § 30 Abs. 1 OWiG zwei Fälle:[5] Der erste Fall erfasst solche Taten, die im Pflichtenkreis des Verbandes begangen sind. Der zweite Fall lässt es genügen, wenn die Tat zu einer Bereicherung des Verbandes geführt hat oder führen sollte. Schließlich muss die Anknüpfungstat „als" tauglicher Täter begangen sein.[6] Damit wird das sanktionsbegründende Verhalten auf Tätigkeiten bei der eigentlichen Wahrnehmung der Leitungsfunktion beschränkt und von privatem Handeln „bei Gelegenheit" dieser Tätigkeit abgegrenzt.[7]

Anm. 2.1: Das volle Potenzial entfaltet die Verbandsgeldbuße erst im raffinierten Zusammenspiel mit § 9 und § 130 OWiG.[8] Zahlreiche Anknüpfungstaten sind Sonderdelikte, die das einzelne Vorstandsmitglied als solches gar nicht verwirklichen könnte. Denn die Möglichkeit der Ahndung hängt insoweit von dem Vorliegen besonderer persönlicher Merkmale im Sinne des § 9 Abs. 1 OWiG ab. Den Tatbestand des § 130 OWiG kann etwa nur der Betriebsinhaber, jenen des § 81 GWB nur das Unternehmen[9] erfüllen. Mangels einer verfolgbaren Anknüpfungstat könnte auch eine Verbandsgeldbuße nach § 30 Abs. 1 OWiG nicht festgesetzt werden. Weder die Aktiengesellschaft als Normadressat, noch das handelnde Vorstandsmitglied könnten in dieser Konstellation sanktioniert werden.
Deshalb dehnt § 9 Abs. 1 OWiG den Adressatenkreis der Sonderdelikte u. a. auf die Mitglieder des vertretungsberechtigten Organs einer juristischen Person aus.[10]

---

4 Zum Täterkreis der Bezugstaten etwa *Gürtler*, in: Göhler[17] § 30 Rn. 9 ff.; *Meyberg*, in: BeckOK-OWiG[28] § 30 Rn. 47 ff. u. *Rogall*, in: KarlsrKomm-OWiG[5] § 30 Rn. 61 ff. m. w. N.

5 Eingehend zu den möglichen Anknüpfungstaten *Meyberg*, in: BeckOK-OWiG[28] § 30 Rn. 59 ff.; *Rogall*, in: KarlsrKomm-OWiG[5] § 30 Rn. 88 ff.

6 Details bei *Gürtler*, in: Göhler[17] § 30 Rn. 24 ff.; *Meyberg*, in: BeckOK-OWiG[28] § 30 Rn. 68 ff.; *Rogall*, in: KarlsrKomm-OWiG[5] § 30 Rn. 106 ff.

7 *Rogall*, in: KarlsrKomm-OWiG[5] § 30 Rn. 106. Dazu schon der Gesetzgeber in BT-Drs. V/1269, S. 61 (li. Sp.).

8 Ausf. zur Bekämpfung der Wirtschaftskriminalität durch „die Troika der §§ 9, 130 u. 30 OWiG" *Többens*, NStZ 1999[1] S. 1 ff., speziell zum Zusammenspiel der Vorschriften auf S. 7 f. Siehe auch *Rogall*, in: KarlsrKomm-OWiG[5] § 30 Rn. 20 m. w. N.: Die ganze Tragweite des § 30 OWiG erschließe sich „erst in der Zusammenschau mit den §§ 9 (§ 14 StGB), 130 OWiG." Klammereinschub im Original.

9 Zum Täterkreis des § 81 GWB *Biermann*, in: Immenga/Mestmäcker, Bd. 2[6] § 81 GWB Rn. 80. Ausf. zu den Voraussetzungen des § 81 GWB etwa *Twele*, S. 25 ff. u. *Vollmer*, in: MünchKomm-WettbR, GWB[2] § 81 Rn. 41 ff.

10 Der komplizierten Frage nach der genauen normtheoretischen Struktur des § 9 Abs. 1 OWiG kann hier nicht nachgegangen werden. Dazu ausf. *Rogall*, in: KarlsrKomm-OWiG[5] § 9 Rn. 7 ff. m. w. N. Von einer Ausdehnung des Normadressatenkreises spricht auch *Blaurock*, in: FS Bornkamm (2014), S. 107 (107 f.).

Der jeweilige Ordnungswidrigkeitentatbestand ist dann „auch auf den Vertreter anzuwenden“, § 9 Abs. 1 OWiG. Diese Ordnungswidrigkeit ist wiederum taugliche Anknüpfungstat für eine Verbandsgeldbuße nach § 30 OWiG.

§ 130 OWiG schließt Sanktionslücken, die sich aus Delegation und Arbeitsteilung ergeben.[11] Die Verbandsgeldbuße soll nicht dadurch umgangen werden, dass sanktionsträchtige Aufgaben auf untergeordnete Hierarchieebenen übertragen werden, die nicht zum Täterkreis des § 30 Abs. 1 OWiG gehören.[12] Wer solche Aufgaben gleichwohl delegiert, muss gleichzeitig ein Kontrollsystem einführen, um eine Sanktion nach § 130 OWiG zu vermeiden. Das nur den Betriebsinhaber erfassende Sonderdelikt des § 130 OWiG wird über § 9 Abs. 1 Nr. 1 OWiG auf das Vorstandsmitglied angewandt, das die notwendigen Aufsichtsmaßnahmen unterlassen hat. An diese Ordnungswidrigkeit des Vorstandmitglieds anknüpfend kann eine Geldbuße gegen die juristische Person selbst festgesetzt werden.[13]

B. Rechtsfolge

Liegen die Voraussetzungen des § 30 Abs. 1 OWiG vor, „kann“ gegen den Verband eine Geldbuße festgesetzt werden.[14] Es gilt insoweit das Opportunitätsprinzip, § 47 OWiG: Über Verfolgung der Ordnungswidrigkeit, Einstellung des Verfahrens sowie die Höhe der festgesetzten Geldbuße entscheidet die zuständige Stelle im pflichtgemäßen Ermessen.

Gemäß § 30 Abs. 3 gilt § 17 Abs. 4 OWiG entsprechend. Die Geldbuße soll deshalb den aus der Ordnungswidrigkeit gezogenen wirtschaftlichen Vorteil übersteigen (Satz 1) und darf hierzu auch das gesetzliche Höchstmaß der Geldbuße überschreiten (Satz 2). Entsprechend gliedert sich die

---

11 Zum Normzweck des § 130 OWiG siehe nur *Achenbach*, NZWiSt 2012[9] S. 321 (326 f.); *Beck*, in: BeckOK-OWiG[28] § 130 Rn. 4 ff.; *Rogall*, in: KarlsrKomm-OWiG[5] § 130 Rn. 1 ff. Siehe auch *Burrichter*, in: FS Hoffmann-Becking (2013), S. 191 (205). Zu weit geht der BGH, Urt. v. 13. 4. 1994 – II ZR 16/93 – BGHZ **125**, 366 ff. (374): „Sinn des § 130 OWiG ist [...] die Erstreckung der Sanktionsmöglichkeit auf den Unternehmensträger.“ Skeptisch insoweit auch *Achenbach*, ZIS 2012[5] S. 178 (181).

12 Vgl. *Konrads*, S. 32.

13 Das Bußgeld i. H. v. 395 Millionen €, das im Zusammenhang mit den „schwarzen Kassen“ gegen die Siemens AG verhängt wurde, war Sanktion für eine Aufsichtspflichtverletzung nach § 130 OWiG, siehe Siemens AG,[@] Bußgeldbescheid, S. 2 u. ö.

14 Zu weiteren Sanktionsmöglichkeiten de lege lata u. de lege ferenda *Rogall*, in: KarlsrKomm-OWiG[5] § 30 Rn. 122 ff. m. w. N.

Verbandsgeldbuße regelmäßig[15] in zwei Teile: Sie werden – wie bei der Individualgeldbuße – Abschöpfungsteil und Ahndungsteil genannt.

I. Abschöpfungsteil

Die Geldbuße soll nach § 17 Abs. 4 Satz 1 OWiG den wirtschaftlichen Vorteil abschöpfen, den der Täter aus der Ordnungswidrigkeit erlangt hat.[16] Durch die Abschöpfung der rechtswidrigen Vorteile soll sich die Ordnungswidrigkeit unter keinem Gesichtspunkt lohnen.[17] Von einer solchen Abschöpfung darf nur in Ausnahmefällen ganz oder teilweise abgesehen werden.[18] Der wirtschaftliche Vorteil bildet deshalb im Regelfall die rechnerische Untergrenze der Geldbuße.[19]

Zu dem wirtschaftlichen Vorteil zählen neben dem erzielten Gewinn auch ersparte Aufwendungen, Gebrauchsvorteile und Tatentgelte.[20] Die wohl noch herrschende Meinung zieht hiervon Kosten und Aufwendungen ab, die zur Erzielung des Gewinns erforderlich waren, sog. „Nettoprinzip".[21] Soweit der wirtschaftliche Vorteil nicht exakt bestimmbar ist, kann er durch Schätzung

---

15 Für die Kartellgeldbuße nach § 81 GWB – gleichviel, ob sie gegen Individualpersonen oder Verbände verhängt wird – gibt es eine Besonderheit: Das „Soll" in § 17 Abs. 4 Satz 1 OWiG wird durch die Verweisung in § 81 Abs. 5 Satz 1 GWB zu einem „Kann". Im Kartellordnungswidrigkeitenrecht ist deshalb auch eine nur *ahndende* Geldbuße möglich. Die erzielten Vorteile sind dann aber als Zumessungsfaktor zu berücksichtigen, Satz 2. Zu dem hier zugrunde gelegten Verständnis dieser Regelung noch § 4 A. II. (S. 100). Details zum Verständnis der h. M. bei *Meyer-Lindemann*, in: Loewenheim/Meessen/Riesenkampff, KartR,[4] § 81 GWB Rn. 196 ff. u. *Vollmer*, in: MünchKomm-WettbR, GWB,[2] § 81 Rn. 139 ff. jew. m. w. N.

16 In der durch § 30 Abs. 3 OWiG angeordneten entsprechenden Anwendung: Die Verbandsgeldbuße soll den wirtschaftlichen Vorteil abschöpfen, den der Verband aus der Straftat oder Ordnungswidrigkeit seines Organwalters erlangt hat.

17 *Gürtler*, in: Göhler,[17] § 17 Rn. 37 m. w. N. aus der Rspr.

18 *Meyberg*, in: BeckOK-OWiG,[28] § 30 Rn. 98. Zu solchen Ausnahmen etwa *Gürtler*, in: Göhler,[17] § 17 Rn. 46 u. *Krumm*, NJW 2011,[4] S. 196 (197) jew. m. w. N.

19 Siehe nur *Meyberg*, in: BeckOK-OWiG,[28] § 30 Rn. 98; *Kröger*, S. 211; *Krumm*, NJW 2011,[4] S. 196 (196); *Tschauner*, in: Angerer/Geibel/Süßmann, WpÜG,[3] § 60 Rn. 88 u. *Rogall*, in: KarlsrKomm-OWiG,[5] § 30 Rn. 140 m. w. N. Siehe – noch zu § 13 Abs. 4 Satz 1 OWiG a. F. – auch BGH, Beschl. v. 19. 9. 1974 – KRB 2/74 – NJW 1975,[6] S. 269 f. (270): „Der wirtschaftliche Vorteil [...] bildet eine Richtschnur für die Bemessung der Geldbuße insofern, als die Buße ihn jedenfalls überschreiten soll".

20 *Rogall*, in: KarlsrKomm-OWiG,[5] § 30 Rn. 141 m. w. N. Ähnlich auch *Krumm*, NJW 2011,[4] S. 196 (196).

ermittelt werden.[22] Die Schätzung muss in überprüfbarer Form erfolgen und deshalb die sie tragenden Grundlagen darlegen.[23]

Anm. 2.2: Nach wohl zutreffender Ansicht[24] erfolgt die Bemessung des Abschöpfungsteils unabhängig von zivilrechtlichen Ersatzansprüchen geschädigter Dritter. Eine dem § 73e StGB entsprechende Anrechnungsregel ist weder in § 17 Abs. 4 noch in § 29a OWiG vorgesehen.[25] Dadurch droht eine Doppelbelastung aus der Kumulation von Gewinnabschöpfung und zivilrechtlichen Ersatzansprüchen. Dieser doppelten Gewinnabschöpfung ist im Ordnungswidrigkeitenrecht vollstreckungsrechtlich durch entsprechende Anwendung der § 99 Abs. 2 OWiG u. § 9 Abs. 2 WiStG zu begegnen. Danach hat die Vollstreckung zu unterbleiben, wenn der Betroffene den geltendgemachten Anspruch des Dritten durch Vorlage einer rechtskräftigen Entscheidung oder eines Vergleichs nachweisen kann. Bereits bezahlte Geldbeträge sind zu erstatten. Das entspricht dem Ergebnis der kartellrechtlichen Vorteilsabschöpfung nach § 34 Abs. 2, § 34a Abs. 2 GWB.

II. (Pseudo-)Ahndungsteil

Der hierüber hinausgehende Betrag der Geldbuße wird – in Anlehnung an die Terminologie bei der Individualgeldbuße – als Ahndungsteil bezeichnet. Ein großer Teil der Untersuchung wird darin bestehen, Zweck und Mechanismus der Verbandsgeldbuße herauszuarbeiten. Dabei wird sich zeigen, dass der sog. *Ahndungs*teil der Verbandsgeldbuße eine ganz andere Bedeutung hat, die mit einer Ahndung im Sinne der Individualgeldbuße und des § 1 Abs. 1 OWiG a. E. nichts gemein hat.

Weil aber der bisherige Meinungsstreit im Kapitalgesellschaftsrecht jedoch dieses andere Verständnis zugrunde gelegt hat, soll es auch hier wiedergege-

---

21 Zum Streit zwischen „Brutto-" u. „Nettoprinzip" etwa *Meyberg*, in: BeckOK-OWiG[28] § 30 Rn. 100 u. *Rogall*, in: KarlsrKomm-OWiG[5] § 30 Rn. 141 jew. m. w. N. Mit bedenkenswerten Argumenten weist *Gürtler*, in: Göhler[17] § 17 Rn. 38 auf „gravierende Wertungswidersprüche" u. „fast schon grotesk zu nennende Ergebnisse" beim Vergleich zum (damaligen) Verfall hin.

22 BGH, Urt. v. 14. 2. 2007 – 5 StR 323/06 – NStZ-RR 2008[1] S. 13 ff. (15) m. w. N. Siehe auch *Meyberg*, in: BeckOK-OWiG[28] § 30 Rn. 101 u. *Rogall*, in: KarlsrKomm-OWiG[5] § 30 Rn. 141 jew. m. w. N.

23 *Krumm*, NJW 2011[4] S. 196 (197); *Mitsch*, in: KarlsrKomm-OWiG[5] § 17 Rn. 124 m. w. N.

24 Siehe zum Streitstand *Rogall*, in: KarlsrKomm-OWiG[5] § 30 Rn. 145 m. w. N. zu den vertretenen Ansichten.

25 Dazu u. zum Folgenden *Rogall*, in: KarlsrKomm-OWiG[5] § 30 Rn. 146.

ben werden. Die konkrete Bemessung des sog. *Ahndungs*teils soll danach in zwei Schritten erfolgen: Zunächst sei der jeweils geltende *Ahndungs*rahmen zu bestimmen. Innerhalb dieses Rahmens sei dann der konkrete *Ahndungs*teil festzusetzen.

1. Ahndungsrahmen

§ 17 Abs. 1 OWiG wird entnommen, dass die einheitliche Untergrenze des *Ahndungs*rahmens fünf € betrage. Für die Obergrenze unterscheidet § 30 Abs. 2 OWiG danach, ob die Anknüpfungstat eine Straftat (Satz 1) oder eine Ordnungswidrigkeit (Satz 2) war.

Ist die Anknüpfungstat des Vorstandsmitglieds eine Straftat, so kann der *Ahndungs*teil der Geldbuße gegenüber dem Verband bei Vorsatz bis zu zehn Millionen € (Nr. 1), bei Fahrlässigkeit bis zu fünf Millionen € (Nr. 2) betragen. Hieraus ist vielfach abgeleitet worden,[26] dass die Verbandsgeldbuße an die typischerweise erheblich gesteigerte wirtschaftliche Leistungsfähigkeit juristischer Personen angepasst sei. Und tatsächlich: Ein Sanktionsrahmen von bis zu zehn Millionen € reicht beinahe an die maximal mögliche Geld*strafe* für natürliche Personen heran. Bei 360 Tagessätzen (§ 40 Abs. 1 StGB) à 30000 Euro[27] (§ 40 Abs. 2 Satz 3 StGB) beträgt diese 10,8 Millionen €.[28]

Besteht die Anknüpfungstat in einer Ordnungswidrigkeit (§ 30 Abs. 2 Satz 2 OWiG), so ist das für die Anknüpfungstat der natürlichen Person vorgesehene Höchstmaß zugleich Höchstmaß für den *Ahndungs*teil der Verbandsgeldbuße. Begeht der Organwalter die Anknüpfungstat nur fahrlässig, so halbiert sich das Höchstmaß für dessen Geldbuße (§ 17 Abs. 2 OWiG) und damit auch das Höchstmaß einer möglichen Verbandsgeldbuße. Der nunmehr eingefügte § 30 Abs. 2 Satz 3 OWiG[29] sieht in den gesetzlich vorgesehenen

---

26 In diesem Sinne etwa LAG Düsseldorf, Urt. v. 20. 1. 2015 – 16 Sa 459/14 („*Schienenkartell I*") – ZIP 2015[17] S. 829 ff. (832); *Dreher*, in: FS Konzen (2006), S. 86 (105); *Horn*, ZIP 1997[26] S. 1129 (1136). Ähnlich auch *Lotze*, NZKart 2014[5] S. 162 (167); *Lotze/Smolinski*, NZKart 2015[6] S. 254 (257).

27 Der vorherige Höchstbetrag von 5000 Euro wurde durch Art. 1 des Zweiundvierzigsten Gesetzes zur Änderung des Strafgesetzbuches v. 29. 6. 2009 (42. StrÄndG), BGBl. I[38] S. 1658 (1658) auf 30000 Euro angehoben. Von der Lit. wird er als überzogen kritisiert, siehe etwa *Radtke*, in: MünchKomm-StGB[4] § 40 Rn. 54 m. w. N.

28 Bei Bildung einer Gesamtstrafe können gem. § 54 Abs. 2 Satz 2 StGB bis zu 720 Tagessätze verhängt werden. Theoretisch lassen sich deshalb 21,6 Millionen € erreichen.

Fällen[30] eine Verzehnfachung des Bußgeldrahmens vor. Auch hierin zeigt sich die Anpassung des Ahndungsrahmens an die Leistungsfähigkeit der juristischen Person.[31] Während dem einzelnen Vorstandsmitglied bei einer Verletzung der Aufsichtspflicht ein Bußgeld von höchstens einer Million € droht (§ 130 Abs. 3 Satz 1 OWiG), kann die hieran anknüpfende Verbandsgeldbuße nach § 30 Abs. 1 OWiG wegen § 130 Abs. 3 Satz 2 i. V. m. § 30 Abs. 2 Satz 3 OWiG bis zu 10 Millionen Euro betragen.

Anm. 2.3: Noch gravierender ist der Unterschied im Kartellrecht. Dort ist für Unternehmen[32] ein umsatzbezogener Bußgeldrahmen vorgesehen. Dieser Sonderbußgeldrahmen diente der Anpassung an den europäischen Rechtszustand[33] (Art. 23 Abs. 2 VO (EG) Nr. 1/2003) und soll im Netzwerk der europäischen Wettbewerbsbehörden im Wesentlichen gleichwertige Sanktionsbefugnisse sicherstellen.[34] Gemäß § 81 Abs. 4 Satz 1 GWB kann die Ordnungswidrigkeit einer natürlichen Person in den dort bezeichneten Fällen mit bis zu einer Million € geahndet werden. Gegen Unternehmen kann dagegen ein höheres Bußgeld verhängt werden (Satz 2 Hs. 1).[35] Dieses ist der Höhe nach nur dadurch beschränkt (Hs. 2), dass es 10 vom Hundert

---

29 Eingefügt durch Art. 4 Nr. 1 lit. a) bb) der Achten Gesetzes zur Änderung des Gesetzes gegen Wettbewerbsbeschränkungen v. 26. 6. 2013 (8. GWB-Novelle), BGBl. I,[32] S. 1738 (1748).

30 Bislang ist das wohl nur § 130 Abs. 3 Satz 1 OWiG, eingefügt durch Art. 4 Nr. 2 lit. a) der 8. GWB-Novelle, BGBl. I 2013,[32] S. 1738 (1748).

31 Siehe die Zusammenstellung besonders hoher Bußgeldobergrenzen für natürliche Personen bei *Mitsch*, in: KarlsrKomm-OWiG,[5] § 17 Rn. 19.

32 Trotz der Anknüpfung an „Unternehmen und Unternehmensvereinigungen" richtet sich die Geldbuße gegen den Unternehmensträger. Soweit nicht ausnahmsweise eine natürliche Person selbst Unternehmen i. S. d. GWB ist, wendet sich die Buße deshalb gegen die hinter dem Unternehmen stehende juristische Person. Siehe dazu *Biermann*, in: Immenga/Mestmäcker, Bd. 2,[6] § 81 GWB Rn. 478 ff. u. *Vollmer*, in: MünchKomm-WettbR, GWB,[2] § 81 Rn. 40, 125 jew. m. w. N.

33 So die Beschlussempfehlung des AfWirtArb in BT-Drs. 15/5049, S. 50 (re. Sp.). Siehe auch BGH, Beschl. v. 26. 2. 2013 – KRB 20/12 („*Grauzementkartell*") – BGHSt **51**, 158 ff. (Rn. 52).

34 *Biermann*, in: Immenga/Mestmäcker, Bd. 2,[6] § 81 GWB Rn. 472.

35 Trotz des missverständlichen Wortlauts hat § 81 Abs. 4 Satz 2 GWB lediglich die Bußgeldbemessung zum Gegenstand. Ahndungsgrundlage ist auch hier § 30 OWiG. Siehe dazu BGH, Beschl. v. 10. 8. 2011 – KRB 55/10 – BGHSt **57**, 193 ff. (Rn. 21); *Biermann*, in: Immenga/Mestmäcker, Bd. 2,[6] § 81 GWB Rn. 479; *Vollmer*, in: Münch-Komm-WettbR, GWB,[2] § 81 Rn. 40; siehe ferner *Rogall*, in: KarlsrKomm-OWiG,[5] § 30 Rn. 133 m. w. N.

des Vorjahresgesamtumsatzes[36] nicht übersteigen darf.[37] Bei fahrlässigen Verstößen halbiert sich das Höchstmaß auch hier, § 17 Abs. 2 OWiG.[38]
Zur Veranschaulichung der möglichen Dimensionen: Die Volkswagen AG hat für das Geschäftsjahr 2015 Umsatzerlöse in Höhe von 213,292 Milliarden € ausgewiesen.[39] Eine gedachte Sanktion nach § 81 Abs. 4 Satz 2 GWB hätte im Jahr 2016 deshalb bis zu 21,3 Milliarden € erreichen können. Gemessen an der höchstmöglichen Geldbuße für das individualverantwortliche Vorstandsmitglied von einer Million € ist dies mehr als das 21.000-fache.

2. konkrete Zumessung

Entgegen der hier vertretenen Auffassung[40] habe die konkrete Festsetzung des *Ahndungs*teils innerhalb des *Ahndungs*rahmens durch Anwendung der gesetzlich vorgegebenen Zumessungskriterien zu erfolgen.[41] Auch wenn eine ausdrückliche Verweisung in § 30 OWiG fehle, seien die allgemeinen Zumessungskriterien des § 17 Abs. 3 OWiG – jedenfalls sinngemäß – anzuwenden.[42] Gemäß § 17 Abs. 3 Satz 1 OWiG seien deshalb die Bedeutung der Ordnungswidrigkeit sowie der Vorwurf, der den Täter trifft, zur Grundlage der Zumessung zu machen.[43] Nachrangig kämen die wirtschaftlichen Verhältnisse des Täters in Betracht, soweit es sich nicht um geringfügige Ordnungswidrigkeiten handelt, § 17 Abs. 3 Satz 2 OWiG.[44]

---

36 Ausf. zur Bestimmung des Umsatzes *Biermann*, in: Immenga/Mestmäcker, Bd. 2[6] § 81 GWB Rn. 483 ff. u. *Vollmer*, in: MünchKomm-WettbR, GWB[2] § 81 Rn. 127 ff.

37 Zur Entscheidung des BGH für eine echte Obergrenze u. gegen eine Kappungsgrenze BGH, Beschl. v. 26. 2. 2013 – KRB 20/12 („*Grauzementkartell*“) – BGHSt **51**, 158 ff. (Rn. 50 ff.) Ausf. zu den verfassungsrechtlichen Bedenken im Zusammenhang mit § 81 Abs. 4 GWB *Biermann*, in: Immenga/Mestmäcker, Bd. 2[6] § 81 GWB Rn. 390 ff. m. w. N. Speziell im Hinblick auf das Bestimmtheitsgebot Rn. 342 ff.

38 *Biermann*, in: Immenga/Mestmäcker, Bd. 2[6] § 81 GWB Rn. 460.

39 Volkswagen AG,[@] Geschäftsbericht 2015, S. 193.

40 Dazu noch § 8 B. II. (S. 246).

41 So statt vieler BGH, Beschl. v. 26. 2. 2013 – KRB 20/12 („*Grauzementkartell*“) – BGHSt **51**, 158 ff. (Rn. 54).

42 OLG Frankfurt a. M., Beschl. v. 28. 1. 2010 – WpÜG 10/09 – NZG 2010[15] S. 583 ff. (584 f.); *Meyberg*, in: BeckOK-OWiG[28] § 30 Rn. 103; *Rogall*, in: KarlsrKomm-OWiG[5] § 30 Rn. 134 m. w. N. auch zur Gegenansicht.

43 Siehe die umfangreichen Zusammenstellungen möglicher Zumessungsfaktoren bei *Krenberger/Krumm*, OWiG[6] § 17 Rn. 9 ff. u. *Mitsch*, in: KarlsrKomm-OWiG[5] § 17 Rn. 54 ff. Speziell zur Verbandsgeldbuße *Meyberg*, in: BeckOK-OWiG[28] § 30 Rn. 103.1.

Der ermittelte *Ahndungs*rahmen beschränke die konkrete Zumessung in zweierlei Hinsicht: Durch die Ober- und Untergrenze werde die angemessene Reaktion auf den denkbar schwersten und den denkbar leichtesten Fall der Zuwiderhandlung festgelegt.[45] Die Geldbuße in Höhe des Höchstmaßes dürfe nur festgesetzt werden, wo das größt denkbare Unrecht und der schwerst mögliche Vorwurf zusammenfallen und ein Milderungsgrund nicht ersichtlich sei.[46] Umgekehrt dürfe eine Geldbuße in Höhe des Mindestmaßes nur verhängt werden, wenn ein weniger schwer wiegender Fall der Zuwiderhandlung nicht vorstellbar sei.[47] Zwischen diesen Extremen bildeten die möglichen Erscheinungsformen des Bußgeldtatbestands eine „kontinuierliche Schwereskala",[48] in die der Einzelfall durch eine Art vergleichende „Interpolation" einzuordnen sei.[49]

Die sinngemäße Übertragung der Zumessungskriterien des § 17 Abs. 3 OWiG mache einige Präzisierungen erforderlich. Hinsichtlich der wirtschaftlichen Verhältnisse des Täters komme es ersichtlich auf jene der juristischen Person an.[50] Dass allein hierdurch – jedenfalls in der Regel – auch bei einem einheitlichen *Ahndungs*rahmen erheblich höhere Bußgelder erreicht werden können als gegenüber dem Individualtäter der Anknüpfungstat, liegt auf der Hand. Für die Bewertung der Bedeutung der Ordnungswidrigkeit komme es auf die Anknüpfungstat des Individualtäters an.[51] Maßgebliche Faktoren seien insoweit etwa: das Ausmaß des Unrechts oder des Schadens, die Einmaligkeit oder die wiederholte Begehung, gleichviel ob durch denselben

44 Siehe zur Nachrangigkeit der wirtschaftlichen Verhältnisse als Zumessungskriterium etwa BayObLG, Beschl. v. 21. 10. 1998 – 1 ObOWi 542/98 – DAR 1999[1], S. 36 (36). Dazu auch *Mitsch*, in: KarlsrKomm-OWiG[5], § 17 Rn. 30 u. 37.

45 OLG Köln, Beschl. v. 26. 2. 1988 – Ss 17/88 (B) - 30 – NJW 1988[25], S. 1606 f. (1606); *Mitsch*, in: KarlsrKomm-OWiG[5], § 17 Rn. 35.

46 BayObLG, Beschl. v. 21. 10. 1998 – 1 ObOWi 542/98 – DAR 1999[1], S. 36 (36). Vgl. auch *Biermann*, in: Immenga/Mestmäcker, Bd. 2[6], § 81 GWB Rn. 505; *Gürtler*, in: Göhler[17], § 17 Rn. 25; *Mitsch*, in: KarlsrKomm-OWiG[5], § 17 Rn. 37 u. *Sackreuther*, in: BeckOK-OWiG[28], § 17 Rn. 25.

47 *Mitsch*, in: KarlsrKomm-OWiG[5], § 17 Rn. 37 u. *Sackreuther*, in: BeckOK-OWiG[28], § 17 Rn. 25. Siehe für das Strafrecht BGH, Urt. v. 17. 11. 1983 – 4 StR 617/83 – NStZ 1984[3], S. 117 (117): Die Strafzumessung sei rechtsfehlerhaft, wenn in einem Fall mittlerer Schwere die Mindeststrafe verhängt werde.

48 OLG Köln, Beschl. v. 26. 2. 1988 – Ss 17/88 (B) - 30 – NJW 1988[25], S. 1606 f. (1606).

49 So *Mitsch*, in: KarlsrKomm-OWiG[5], § 17 Rn. 37.

50 *Meyberg*, in: BeckOK-OWiG[28], § 30 Rn. 103; *Kröger*, S. 209; *Rogall*, in: KarlsrKomm-OWiG[5], § 30 Rn. 134.

51 *Meyberg*, in: BeckOK-OWiG[28], § 30 Rn. 103; *Rogall*, in: KarlsrKomm-OWiG[5], § 30 Rn. 134.

Täter oder verschiedene Repräsentanten, sowie die weiteren Auswirkungen des Verstoßes.[52] Der Umfang der Vorwerfbarkeit gegenüber dem Verband bemesse sich im Ausgangspunkt nach dem Vorwurf, der dem Einzeltäter zu machen sei.[53] Allerdings sei insoweit zu berücksichtigen, inwieweit sich in dem Verhalten des Individualtäters eine „kollektive Sinnbestimmung“ der Verbandsperson manifestiere.[54] Andere, dem Verband zuzurechnende Verhaltensweisen sollen insowei strafschärfend oder -mildernd berücksichtigt werden. Eine „kriminelle Verbandsattitüde“[55] sei ebenso zu berücksichtigen, wie eine Tat des Organwalters, die sich nicht in das übrige Geschäftsgebaren einpassen lasse und als Exzess erscheine.[56]

C. Verfahren der Festsetzung

Die Einzelheiten zum Verfahren der Festsetzung einer Verbandsgeldbuße sind für die Zwecke dieser Untersuchung nicht erforderlich und sollen deshalb auch nicht vertieft werden.[57] Vielmehr genügt es, die gesetzliche Systematik in Erinnerung zu rufen. Aus ihr lässt sich eine zentrale Erkenntnis ableiten, auf die im Verlauf der Untersuchung noch einmal zurückzukommen sein wird.

Für die Festsetzung der Verbandsgeldbuße lassen sich zwei Fälle unterscheiden: Den Regelfall bildet die sog. „kumulative Verbandsgeldbuße“. Hier wird im verbundenen Verfahren eine Geldbuße (bzw. Kriminalstrafe) gegen den Täter der Anknüpfungstat und eine Geldbuße gegen den Verband verhängt. Abweichungen von diesem „Leitbild des Gesetzes“[58] sind nur unter

---

52 So etwa *Krenberger/Krumm*, OWiG[6], § 30 Rn. 41. Weitere Faktoren, die je nach den Umständen des Einzelfalles einfließen können, nennt *Meyberg*, in: BeckOK-OWiG[28], § 30 Rn. 103.1. Zu typischen Kriterien im Kapitalmarktrecht *Canzler/Hammermaier*, AG 2014[3], S. 57 (69).

53 Vgl. BGH, Urt. v. 14. 2. 2007 – 5 StR 323/06 – NStZ-RR 2008[1], S. 13 ff. (Rn. 20). *Meyberg*, in: BeckOK-OWiG[28], § 30 Rn. 103; *Rogall*, in: KarlsrKomm-OWiG[5], § 30 Rn. 134.

54 So zutr. *Rogall*, in: KarlsrKomm-OWiG[5], § 30 Rn. 137.

55 So das schöne u. vielzitierte Bonmot, das auf *Schünemann*, Unternehmenskriminalität, S. 22 u. ö. zurückgeht. Eine Zusammenstellung jener, die es sich zueigen gemacht haben, findet sich bei *Kirch-Heim*, S. 46 (Fn. 53).

56 *Rogall*, in: KarlsrKomm-OWiG[5], § 30 Rn. 137.

57 Eingehend zum Folgenden u. zu den hier ausgesparten Details etwa *Meyberg*, in: BeckOK-OWiG[28], § 30 Rn. 110 ff.; *Niesler*, in: Graf/Jäger/Wittig[2], § 30 OWiG Rn. 73 u. *Rogall*, in: KarlsrKomm-OWiG[5], § 30 Rn. 162 ff.

den zusätzlichen Voraussetzungen des § 30 Abs. 4 OWiG möglich: Nach dessen Satz 1 kann die Verbandsgeldbuße selbständig als sog. „isolierte Verbandsgeldbuße" festgesetzt werden, wenn wegen der Anknüpfungstat des Organwalters ein Straf- oder Bußgeldverfahren gegen diesen nicht eingeleitet, es eingestellt oder von Strafe abgesehen wird. Bleibt offen, welche von mehreren möglichen natürlichen Personen die Anknüpfungstat begangen hat,[59] so spricht man von einer „anonymen Verbandsgeldbuße". § 30 Abs. 4 Satz 2 OWiG enthält eine Öffnungsklausel, wonach die selbständige Festsetzung auch in weiteren Fällen kraft gesetzlicher Bestimmung zugelassen werden kann.[60] Satz 3 erklärt die selbständige Festsetzung schließlich für ausgeschlossen, wenn die Anknüpfungstat des Organwalters aus rechtlichen Gründen nicht verfolgt werden kann.[61]

Daraus ist für die weitere Untersuchung letztlich nur Folgendes zu behalten: § 30 Abs. 4 OWiG erteilt keinen Dispens von den Voraussetzungen des Abs. 1. Unabhängig von der Verfahrensart muss feststehen, dass ein tauglicher Täter rechtswidrig und vorwerfbar (bzw. schuldhaft) eine taugliche Anknüpfungstat begangen hat. Zwar kann – eben bei der anonymen Verbandsgeldbuße – offen bleiben, welcher von mehreren möglichen tauglichen Tätern die Tat begangen hat. Dann aber muss zweierlei mit an Sicherheit grenzender Wahrscheinlichkeit feststehen:[62] Einmal darf die Vorwerfbarkeit (bzw. Schuld) bei keiner der in Betracht kommenden Personen zweifelhaft sein. Zum anderen muss feststehen, dass jedenfalls eine dieser Personen die Anknüpfungstat begangen hat, sprich: die Begehung der Tat durch eine andere, den Anforderungen des § 30 OWiG nicht genügende Person ausgeschlossen ist. Wenn aber die Festsetzung einer Verbandsgeldbuße stets von dem Vorliegen einer verfolgbaren Anknüpfungstat abhängt, so ist es (theoretisch) stets möglich, neben dem Verband auch die „verantwortlichen

58 So die Bezeichnung bei *Niesler*, in: Graf/Jäger/Wittig^{2} § 30 OWiG Rn. 73. Im Original durch Fettdruck hervorgehoben.

59 Etwa weil die Ermittlung des individualverantwortlichen Täters gar nicht oder nur mit unverhältnismäßigem Aufklärungsaufwand möglich ist.

60 Nach *Meyberg*, in: BeckOK-OWiG^{28} § 30 Rn. 129 hat der Gesetzgeber von dieser Möglichkeit nur durch § 96 EnWG u. § 82 GWB Gebrauch gemacht.

61 Typischerweise ist dies der Fall, wenn gegenüber dem Individualtäter Verfolgungsverjährung eingetreten ist, siehe BGH, Beschl. v. 5. 7. 1995 – KRB 10/95 – NStZ-RR 1996^{5} S. 147 f. (147). Details zu den rechtlichen Verfolgungshindernissen bei *Niesler*, in: Graf/Jäger/Wittig^{2} § 30 OWiG Rn. 82 ff. u. *Rogall*, in: KarlsrKomm-OWiG^{5} § 30 Rn. 190 f. m. w. N.

62 Siehe zum Folgenden nur *Meyberg*, in: BeckOK-OWiG^{28} § 30 Rn. 133 u. *Rogall*, in: KarlsrKomm-OWiG^{5} § 30 Rn. 186.

Individuen separat" mit einer Buße oder Strafe zu belegen[63] – mögen diese im Einzelfall auch nicht ermittelbar sein.

D. Beispiel: Siemens und die „schwarzen Kassen"

Zusammenfassend lassen sich diese Grundlagen am Beispiel der Verbandsgeldbuße veranschaulichen, die gegen die Siemens AG im Zusammenhang mit den „schwarzen Kassen" festgesetzt worden ist. Sie wurde – glaubt man dem von der Siemens AG veröffentlichten Entwurf eines Bußgeldbescheids – wegen einer Aufsichtspflichtverletzung nach § 130 OWiG verhängt.[64] Die Höhe der Geldbuße belief sich auf insgesamt 395 Millionen €.[65]

Davon dienten 394,75 Millionen €[66] der Gewinnabschöpfung.[67] Dieser Betrag wurde von der Staatsanwaltschaft auf Grundlage eigener Ermittlungen und der glaubwürdigen und nachvollziehbaren Angaben der Siemens AG geschätzt. Hierbei wurde eine noch ausstehende Gewinnabschöpfung durch die amerikanischen Behörden berücksichtigt, um eine doppelte Abschöpfung zu vermeiden.

Der *Ahndungs*rahmen betrug – vor Einführung der jetzigen § 30 Abs. 2 Satz 3 u. § 130 Abs. 3 Satz 1 OWiG auch gegenüber der juristischen Person – bis zu einer Million Euro und halbierte sich wegen nur fahrlässiger Begehung der Anknüpfungstat auf 500 000 Euro. Strafmildernd wurden etwa die außergewöhnliche Kooperationsbereitschaft des Unternehmens, die zwischenzeitliche Einführung eines Compliance-Programms und die gezogenen personellen Konsequenzen berücksichtigt.[68] Dem standen strafschärfend u. a. die lange Dauer und der erhebliche Umfang der Zuwiderhandlung, die Verwicklung auch hochrangiger Manager und die zur Verschleierung eingesetzte kriminelle Energie gegenüber. Insgesamt hielt die Staatsanwaltschaft deshalb eine *Ahndung* im mittleren Bereich für angemessen und ausreichend, aber auch notwendig. Entsprechend wurde der *Ahndungs*teil mit 250 000 Euro festgesetzt.[69]

---

63 So *Bachmann*, BB 2015,[16] S. 911 (911). Das ist – entgegen zahlreicher anderer Stimmen – auch im europäischen Kartellrecht der Fall. Siehe dazu noch § 13 B. II. 4. (S. 559).

64 Siemens AG,[@] Bußgeldbescheid, S. 3 u. ö.

65 Siemens AG,[@] Bußgeldbescheid, S. 1.

66 Das entspricht 99,9367 % der Gesamtsumme.

67 Siehe hierzu u. zum Folgenden Siemens AG,[@] Bußgeldbescheid, S. 11 f.

68 Siehe – auch zum Folgenden – Siemens AG,[@] Bußgeldbescheid, S. 12 f.

Die Festsetzung erfolgte als „isolierte Verbandsgeldbuße“ im selbständigen Verfahren nach § 30 Abs. 4 Satz 1 OWiG. Das gegen den ermittelten Täter der Anknüpfungstat geführte Verfahren wurde nach § 47 OWiG eingestellt.[70]

69 Das sind 0,0633 % der Gesamtsumme.
70 Siemens AG,@ Bußgeldbescheid, S. 13.

§ 3 Stand der Diskussion

Mit diesen Grundlagen zur Verbandsgeldbuße ausgerüstet lässt sich nunmehr dem Streitstand im Kapitalgesellschaftsrecht nachspüren. Ein kurzer Überblick (A.) soll die – vermeintlich – gemeinsamen Prämissen aufzeigen und an den Punkt führen, an dem tatsächlich gestritten wird. Parallel zu der ordnungswidrigkeitenrechtlichen Zweiteilung der Geldbuße[1] ist auch in der Diskussion um deren „Erstattungsfähigkeit“ danach unterschieden worden, inwieweit der Betrag der Abschöpfung oder der Ahndung dient. Diese beiden Teil-Diskussionen – zur Erstattungsfähigkeit des Abschöpfungsteils (B.) und des Ahndungsteils (C.) – sollen anschließend vertieft werden.

A. Überblick

I. Haftung „dem Grunde nach“

Bei unbefangener Lektüre des Gesetzes scheint der Fall klar zu liegen:[2] Das einzelne Vorstandsmitglied ist der Gesellschaft gegenüber zur Beachtung der Sorgfalt eines ordentlichen und gewissenhaften Geschäftsleiters verpflichtet, § 93 Abs. 1 Satz 1 AktG. Diese Sorgfalt verletzt, wer sich als Organ der Aktiengesellschaft gesetzeswidrig verhält und eine Ordnungswidrigkeit im Sinne des § 30 Abs. 1 OWiG begeht.[3] Bei einer solchen objektiven Pflichtverletzung sei in aller Regel auch von dem Vorliegen der übrigen Tatbestandsvoraussetzungen – namentlich Verschulden, Schaden und Kausalität – auszugehen.[4] Für die Frage, ob und in welcher Höhe ein Schaden entstanden sei, greift die allgemeine Auffassung[5] auf die §§ 249 ff. BGB, mithin die Differenzhypo-

---

1 Siehe zu der von § 17 Abs. 4 OWiG vorgegebenen Zweiteilung der Geldbuße in einen Abschöpfungs- u. einen Ahndungsteil oben § 2 B. (S. 45).

2 Ähnlich *Hauff*, S. 65.

3 Dazu noch § 4 B. I. 1. (S. 116).

4 So etwa *Blaurock*, in: FS Bornkamm (2014), S. 107 (109 f.); *Dreher*, in: FS Konzen (2006), S. 86 (103 f.); *Fleischer*, BB 2008,[21] S. 1070 (1073); *Kapp/Hummel*, ZWeR 2011,[3] S. 349 (353). Die kursorische Prüfung der Anspruchsvoraussetzungen bei *Kersting*, ZIP 2016,[27] S. 1266 (1266) unterschlägt die Merkmale des Schadens u. der Kausalität vollständig.

these zurück.[6] Angelehnt an § 249 Abs. 1 BGB sei das aktuelle Vermögen der Aktiengesellschaft mit jenem hypothetischen Zustand zu vergleichen, der ohne die Ordnungswidrigkeit des Vorstandsmitglieds bestünde.[7] Jede nicht kompensierte Vermögensminderung stelle hiernach einen Schaden der Gesellschaft dar.[8] Nach dem in § 249 Abs. 1 BGB verankerten Grundsatz der Totalreparation sei ferner stets der ganze Schaden zu ersetzen, sodass § 93 Abs. 2 Satz 1 AktG grundsätzlich einen der Höhe nach unbeschränkten Ersatzanspruch der Gesellschaft vorsehe.[9]

Ist gegen die Gesellschaft in Folge der Ordnungswidrigkeit des Vorstandsmitglieds eine Verbandsgeldbuße festgesetzt worden, so ergäbe sich deren Schadensqualität[10] aus dem Vorstehenden ganz zwanglos: Ohne das ordnungswidrige Verhalten des Vorstandsmitglieds wäre die Verbandsgeldbuße

---

5 Siehe etwa OLG Düsseldorf, Urt. v. 28. 11. 1996 – 6 U 11/95 („*ARAG-Garmenbeck*") – ZIP 1997,[1] 27 ff. (36). Als Auswahl aus der Lit. nur *Bayer*, in: FS K. Schmidt (2009), S. 85 (93 f.); *Dauner-Lieb*, in: Henssler/Strohn,[4] § 93 AktG Rn. 34; *Hack*, S. 73; *Hauff*, S. 108; *Hopt/Roth*, in: GroßKomm-AktG,[5] § 93 Rn. 406 u. 409; *Kaulich*, S. 91 u. 272; *J. Koch*, in: Hüffer/Koch,[14] § 93 Rn. 47; *Wilsing*, in: Krieger/Schneider,[3] § 31 Rn. 29; *M. Zimmermann*, WM 2008,[10] S. 433 (437). Zum parallel geführten Streit im GmbH-Recht etwa *Fleischer*, in: MünchKomm-GmbHG,[3] § 43 Rn. 261 u. *Beurskens*, in: Baumbach/Hueck,[22] § 43 Rn. 49.

6 Dazu, dass sich die §§ 249 ff. BGB mit Schadensermittlung u. -zurechnung nicht befassen u. nicht befassen können, unten § 4 A. II. (S. 100). Siehe insoweit auch *Reinecke*, S. 56 ff.; *Würthwein*, S. 233 f. u. 329 f.

7 *Bayer*, in: FS K. Schmidt (2009), S. 85 (94); *Fleischer*, DB 2014,[7] S. 345 (348) u. in: Fleischer, § 11 Rn. 60; *Hölters*, in: Hölters,[3] § 93 Rn. 252; *Kersting*, ZIP 2016,[27] S. 1266 (1271); *Sailer-Coceani*, in: K. Schmidt/Lutter,[4] § 93 Rn. 36.

8 *Hopt/Roth*, in: GroßKomm-AktG,[5] § 93 Rn. 406; *Wilsing*, in: Krieger/Schneider,[3] § 31 Rn. 29. Ähnlich *Hölters*, in: Hölters,[3] § 93 Rn. 252 u. *Krieger*, in: Krieger/Schneider,[3] § 3 Rn. 37.

9 So sinngemäß *Brommer*, Vorstandshaftung, S. 29, 30 f. u. 232; *Fleischer*, ZIP 2014,[28] S. 1305 (1307); *J. Koch*, in: GS Winter (2011), S. 327 (330, 334 u. 335); u. in: AG 2012,[12] S. 429 (432); *Sailer-Coceani*, in: K. Schmidt/Lutter,[4] § 93 Rn. 39; *Reichert*, ZHR 177[5] (2013), S. 756 (771); *Scholz*, S. 106; *Wagner*, ZHR 178[3] (2014), S. 227 (223).

10 Die Schadensqualität der Geldbuße haben bislang auch die Befürworter eines Regressausschlusses nie bestritten. Siehe etwa LAG Düsseldorf, Urt. v. 20. 1. 2015 – 16 Sa 459/14 („*Schienenkartell I*") – ZIP 2015,[17] S. 829 ff. (830): „Gleichwohl kommt eine Haftung für *diesen Schaden* [...]." Herv. nur hier. *Dreher*, in: FS Konzen (2006), S. 86 (103 f.) u. *Horn*, ZIP 1997,[26] S. 1129 (1136) sehen den Bußgeldschaden außerhalb des Schutzzwecks der Norm. *Thomas*, NZG 2015,[36] S. 1409 (1416) entzieht solche Vermögensbelastungen dem § 93 Abs. 2 Satz 1 AktG kraft teleologischer Reduktion. Das setzt jeweils die Qualifikation als Schaden voraus.

nicht festgesetzt worden. Das Vermögen der Gesellschaft wäre entsprechend nicht um den Betrag der Geldbuße gemindert worden. Der Gesellschaft ist mithin in Gestalt und in Höhe der Geldbuße ein Schaden entstanden.[11]

Angesichts dieser Ausgangslage muss es in der Tat verwundern,[12] wenn das LAG Düsseldorf[13] und Teile der Literatur den Bußgeldregress gar nicht[14] oder jedenfalls nur in beschränktem Umfang[15] zulassen wollen. Das Einfallstor für derlei Korrekturen soll die Erstattungsfähigkeit[16] des Schadens sein.[17] Woher dieser nebulöse und gesetzlich nur mit viel Wohlwollen[18] vorgesehene Begriff kommt, was damit gemeint ist, welche Kriterien und Voraussetzungen die Erstattungsfähigkeit begründen oder ausschließen und wie sich diese mit dem Dogma der Totalreparation vereinbaren lassen, bleibt dabei jedoch durchweg unklar.

II. Tendenz zur Verallgemeinerung

Die genaue Darstellung des Streitstandes bereitet im hiesigen Kontext gewisse Schwierigkeiten. Die heutige Diskussion um die existenzvernichtende

11 *Brommer*, Vorstandshaftung, S. 26; *Hack*, S. 73; *Hoffmann*, NJW 2012,[20] S. 1393 (1393); *Konrads*, S. 34; *Mertens/Cahn*, in: KölnKomm-AktG,[3] § 93 Rn. 56; *M. Zimmermann*, WM 2008,[10] S. 433 (438).

12 Von Verwunderung spricht etwa *Kersting*, ZIP 2016,[27] S. 1266 (1266). In den frühen Beiträgen bei *Rehbinder*, ZHR 148[6] (1984), S. 555 (570) u. *Schlechtriem*, in: Kreuzer (1991), S. 9 (21) wurde eine Ersatzpflicht des Geschäftsleiters apodiktisch bejaht.

13 LAG Düsseldorf, Urt. v. 20. 1. 2015 – 16 Sa 459/14 („*Schienenkartell I*") – ZIP 2015,[17] S. 829 ff. (830) zur insoweit entsprechenden Parallel-Vorschrift für den GmbH-Geschäftsführer, § 43 Abs. 2 GmbHG.

14 *Dreher*, in: FS Konzen (2006), S. 86 (104 ff.); *Horn*, ZIP 1997,[26] S. 1129 (1136); *Thomas*, NZG 2015,[36] S. 1409 (1416).

15 Zu den insoweit angebotenen Lösungswegen siehe die Nachw. am Ende des Abschnitts (IV.). Dort auch zu den Gründen, weshalb diese Lösungswege i. R. d. Untersuchung nicht vertieft werden.

16 Ohne dass damit ersichtlich etwas anderes gemeint ist, wird auch von Ersatzfähigkeit, Abwälzungsfähigkeit u. Liquidationsfähigkeit gesprochen.

17 Exemplarisch *Kaulich*, S. 295 f.: „Als Ort für etwaige weitere Einschränkungen [...] verbleibt damit im Rahmen der Organhaftung für Gesetzesverstöße allein die Ersatzfähigkeit des Schadens." Eine Erläuterung, was darunter verstanden wird, folgt nicht.

18 Allenfalls ließe sich aus § 252 Satz 1 BGB – „Der zu ersetzende Schaden umfasst [...]" – der Umkehrschluss bilden, dass es auch nicht zu ersetzende Schäden gibt, die deshalb nicht erstattungsfähig sind.

Vorstandshaftung wurde von Fällen ausgelöst, in denen es um den aktienrechtlichen Innenregress wegen einer gegen die Aktiengesellschaft festgesetzten Kartellgeldbuße ging.[19] Im Laufe der Zeit wurde allerdings deutlich,[20] dass die potentiell existenzvernichtende Haftung der Vorstandsmitglieder kein auf Verbandsgeldbußen beschränktes Phänomen darstellt.[21] Zwar ist die Geldbuße vielfach als ein besonders brisanter Fall erkannt worden, in dem sich die Schärfe der Vorstandshaftung in besonders plakativer Weise zeige.[22] Gerade die Nutzlosigkeit eines sektoralen, auf Sanktionen beschränkten Ansatzes für sonstige Fälle der Vorstandshaftung ist jedoch als Argument gegen einen Bußgeld-bezogenen Regressausschluss vorgebracht worden.[23] Die Diskussion nahm in der Folge nicht an dem Sanktionscharakter der Geldbuße Anstoß, sondern an der rechtsformtypischen und bis zur Existenzvernichtung reichenden Überforderung des einzelnen Vorstandsmitglieds.[24] Als Schlagwort dient das vielzitierte und auf *Bayer* zurückgehende Bonmot der „wirtschaftlichen Todesstrafe".[25] Entsprechend ist versucht worden, das Problem der als zu

---

19 Von diesen Regresskonstellationen handelten die Beiträge von *Glöckner/Müller-Tautphaeus*, AG 2001,[7] S. 344 ff. u. *Dreher*, in: FS Konzen (2006), S. 86, dort insb. S. 103 ff.

20 Erste Andeutungen in diese Richtung bei *Bayer*, in: FS K. Schmidt (2009), S. 85 (97). Die tatsächliche Ausweitung der Diskussion wurde im Wesentlichen durch *J. Koch*, AG 2012,[12] S. 429 (433) angestoßen, der vorher bereits in diese Richtung deutete, siehe *J. Koch*, in: GS Winter (2011), S. 327 (345).

21 Siehe nur den „Paukenschlag" des LG München I, Urt. v. 10. 12. 2013 – 5 HK O 1387/10 („*Siemens-Neubürger*") – ZIP 2014,[12] S. 570 ff. (572), das „der Klägerin gegen den Beklagten ein Schadensersatzanspruch i. H. v.15 Mio. €" zusprach. Dazu, dass Geldbußen in diesem Betrag nicht enthalten sind, siehe *Fleischer*, NZG 2014,[9] S. 321 (322 u. 326). *Scholz*, S. 68 ff. hält ein existenzvernichtendes Haftungsrisiko gar für ein „rechtsformtypisches Phänomen" der Aktiengesellschaft.

22 Siehe etwa *Brommer*, Vorstandshaftung, S. 27 f.: „besonderer Konfliktstoff". Ähnlich auch *Scholz*, S. 124, der von der „besonders schadensintensiven" Fallgruppe des Bußgeldregresses spricht, u. *J. Koch*, in: GS Winter (2011), S. 327 (345): Frage „von besonderer Dringlichkeit".

23 So bspw. *Brommer*, Vorstandshaftung, S. 44 f.; *Harnos*, S. 106. Tendenziell auch *J. Koch*, in: GS Winter (2011), S. 327 (333).

24 So vor allem u. wiederholt *J. Koch*, in: GS Winter (2011), S. 327 (338); AG 2012,[12] S. 429 (436 u. 438); FAZ v. 19. 12. 2012,[296] S. 19 u. AG 2014,[15] S. 513 (517). Siehe exemplarisch *Habersack*, in: Karlsruher Forum 2009, S. 5 (33): „Das eigentliche Problem [...] dürfte denn auch vor allem darin bestehen, dass der verantwortliche Organwalter [...] wirtschaftlich überfordert würde". In dieselbe Richtung *Brommer*, Vorstandshaftung, S. 38 u. 248; *Hauger/Palzer*, ZGR 2015,[1] S. 33 (71); *Scholz*, S. 37 f.

25 Erstmals erscheint die „wirtschaftliche Todesstrafe" bei *Bayer*, in: FS K. Schmidt (2009), S. 85 (97). Aufgegriffen etwa von *Fleischer*, ZIP 2014,[28] S. 1305 (1315); *Hau-*

scharf empfundenen Vorstandshaftung über den Bußgeldregress hinaus einer einheitlichen Lösung zuzuführen.[26]

III. Vorzüge einer „sektoralen" Lösung

Wie diese Untersuchung zeigen möchte, ist es jedoch gerade die aus dem Sanktionscharakter folgende besondere Eigenart der „Schadens"-Position Geldbuße, die zu einer friktionslosen Lösung der Regressproblematik bei Bußgeldern führt. Zahlreiche Probleme, mit denen sich das Schrifttum derzeit beschäftigt, stellen sich deshalb bei dem hier vertretenen Ansatz – jedenfalls für den Bußgeldinnenregress – nicht mehr.[27] Dass es sich hierbei um eine sektorale Lösung handelt, die andere Dimensionen[28] der möglicherweise zu scharfen Vorstandshaftung nicht zu lösen vermag, ist als Selbstverständlichkeit vorbehaltlos einzuräumen. Dem Nutzen der Lösung tut dies jedoch keinen Abbruch.[29] Niemand käme auf die Idee, dem Strafrecht als „sektorale Lösung" jeden Nutzen abzusprechen, weil es auf zivilrechtliche Fragen keine Antworten zu geben vermag. Warum nun einige Stufen darunter auf Ebene der aktienrechtlichen Binnenhaftung zwingend eine Universallösung gefunden werden muss, ist nicht einsichtig. Vielmehr ist es Wesen und Funktionsprinzip der Rechtsordnung, gleiche Fälle gleich und ungleiche Fälle ungleich zu behandeln. Wenn sich also herausarbeiten lässt, dass der Geldbußenregress ein spezifisches und von sonstigen Regresskonstellationen unterschiedliches Problem darstellt, gibt es keinen Grund, eine hierauf beschränkte Lösung mit Bausch und Bogen zu verwerfen.

---

ger/Palzer, ZGR 2015,[1] S. 33 (61); *Kaulich*, S. 293; *Kersting*, ZIP 2016,[27] S. 1266 (1269); *J. Koch*, in: GS Winter (2011), S. 327 (341); *Scholz*, S. 33 u. 160 f.; *Twele*, S. 165.

26 Mit dieser Frage befasste sich auch der 70. DJT, Tagungsprogramm, S. 14.

27 Siehe etwa *Brommer*, Vorstandshaftung, S. 40, der selbst einräumt, dass im Falle eines Regressausschlusses für Bußgelder alle „Überlegungen zu einer möglichen Regressbeschränkung jedenfalls bei den praktisch besonders bedeutsamen Bußgeldern hinfällig" würden.

28 *J. Koch*, AG 2012,[12] S. 429 (430) verweist insoweit etwa auf den Fall *Breuer*, bei dem kein Bußgeld-„Schaden" in Rede stand und es doch „auf der Hand" liege, „dass sich auch hier das Geschäftsrisiko der Deutschen Bank AG realisiert" habe. Zu diesem u. anderen Fällen auch *Scholz*, S. 68 ff.

29 So aber etwa *Brommer*, Vorstandshaftung, S. 44 f.; *Harnos*, S. 106; *J. Koch*, in: GS Winter (2011), S. 327 (333).

Eine sektorale Lösung für den Bußgeldregresses vermag außerdem die über diesen hinausgehende Diskussion um die zu scharfe Vorstandshaftung erheblich zu entlasten. Die Problemlage wäre dadurch von einem besonders brisanten und konfliktträchtigen Teilaspekt berfreit.[30] Dann könnten die übrigen Aspekte der Vorstandshaftung in den Blick genommen werden, um gegebenenfalls korrekturbedürftige Haftungskonstellationen[31] zu identifizieren und diese ihrerseits einer eigenen Lösung zuzuführen. Auf die Besonderheiten des Bußgeldregresses bräuchte dann aber keine Rücksicht mehr genommen werden.

IV. Konsequenzen für den Umfang der Darstellung

Vor diesem Hintergrund ist eine ausführliche Darstellung der einzelnen Verästelungen dieses, die Besonderheit des Geldbußenregresses ausblendenden Meinungsstreites im Rahmen dieser Untersuchung von nur geringem Nutzen.[32] Deshalb soll das Meinungsspektrum im Folgenden nur insoweit intensiv abgebildet werden, als sich hieraus die tragenden Argumente gegen einen auf Bußgelder beschränkten Regressausschluss freilegen lassen. An diesen muss sich das hier noch zu entwickelnde Ergebnis messen lassen. Für die weiteren, damit in keinem Zusammenhang stehenden Dimensionen des Streitstandes sei an dieser Stelle auf die vorzügliche Arbeit in anderen Untersuchungen verwiesen.[33]

---

30 *Fleischer*, DB 2014,[7] S. 345 (345) spricht in diesem Zusammenhang von „einem außerordentlich wichtigen Schadensproblem“, *Blaurock*, in: FS Bornkamm (2014), S. 107 (107) von einem „besonders strittigen Einzelaspekt“. *Bachmann*, BB 2015,[16] S. 911 (911) sieht im Bußgeldregress gar eine „zentral[e] Frage des Organhaftungsrechts“, die durch einen Regressausschluss „rechtspolitisch deutlich entschärft“ würde, BB 2015,[14] S. 771 (775).

31 *Hauger/Palzer*, ZGR 2015,[1] S. 33 (75) halten wegen des Zusammenspiels von Business Judgment Rule und D & O-Versicherung kaum Fallgruppen für denkbar.

32 Siehe abermals *Brommer*, Vorstandshaftung, S. 40, der einräumt, dass „Überlegungen zu einer möglichen Regressbeschränkung jedenfalls bei den praktisch besonders bedeutsamen Bußgeldern hinfällig“ würden, könnte die Ansicht eines Regressausschlusses überzeugen.

33 Siehe etwa die Aufbereitungen bei *Brommer*, Vorstandshaftung, S. 37 mit unzähligen Nachw. (in Fn. 18) u. ö. (Stand: 2015) sowie *Hauff*, S. 184 ff. (Stand 2018) u. *Scholz*, S. 68 ff. m. w. N. (Stand: 2014).

B. Gewinnabschöpfungsteil

I. Uneinige Einigkeit

Hinsichtlich des Abschöpfungsteils der Geldbuße herrscht – jedenfalls im Ergebnis – breiter Konsens:[1] Soweit die Geldbuße der Abschöpfung rechtswidrig erzielter Vorteile dient, kann die Gesellschaft keinen Ersatz verlangen. Anderenfalls, so der gemeinsame Argumentationskern, würden der Gesellschaft genau jene Vorteile wieder zufließen, die das (Kartell-)Ordnungswidrigkeitenrecht ihr hatte entziehen wollen.[2]

Umstritten ist dagegen die genaue methodische Herleitung dieses Ergebnisses. Das liegt vorwiegend daran, dass schon hinsichtlich der zugrundeliegenden Begriffe und Konzepte keine Einigkeit besteht. Ob die erzielten Vorteile zu berücksichtigen sind, hängt vor allem von Begriff und Modus der Schadensberechnung, dem jeweiligen Verständnis der Grundsätze der Vorteilsanrechnung sowie dem Verhältnis dieser Konzepte zueinander ab. Diese Aspekte werden mitunter auch von den Autoren selbst sehr unterschiedlich beurteilt.

So wird teilweise vertreten, der Schaden sei die Differenz zweier Gesamtvermögenszustände.[3] Teilweise wird aber auch jede unfreiwillige Vermögenseinbuße als Schaden angesehen,[4] was jedoch die Betrachtung von

---

1 Siehe als bloße Auswahl *Bayer*, in: FS K. Schmidt (2009), S. 85 (94 f.); *Fleischer*, DB 2014,^{7} S. 345 (348); *Harnos*, S. 100 f.; *Hauger/Palzer*, ZGR 2015,^{1} S. 33 (56); *Kaulich*, S. 276 ff.; *J. Koch*, in: Hüffer/Koch,^{14} § 93 Rn. 48; *Mertens/Cahn*, in: KölnKomm-AktG,^{3} § 93 Rn. 56; *Schöne/Petersen*, AG 2012,^{19} S. 700 (703); *Spindler*, in: MünchKomm-AktG,^{5} § 93 Rn. 194; *Thole*, ZHR 173^{4} (2009), S. 504 (526 ff.) teilw. m. w. N.

2 *Brommer*, Vorstandshaftung, S. 204; *Fabisch*, ZWeR 2013,^{1} S. 91 (108); *Fleischer*, BB 2008,^{21} S. 1070 (1073); *Hack*, S. 83 f.; *Hauger/Palzer*, ZGR 2015,^{1} S. 33 (56 f.); *Hölters*, in: Hölters,^{3} § 93 Rn. 258; *Kaulich*, S. 281 ff.; *Kersting*, ZIP 2016,^{27} S. 1266 (1272); *Scholz*, S. 52 f.; *Thole*, ZHR 173^{4} (2009), S. 504 (527); *Werner*, ZWH 2015,^{6} S. 169 (172); *Wilsing*, in: Krieger/Schneider,^{3} § 31 Rn. 34; *M. Zimmermann*, WM 2008,^{10} S. 433 (439). Anders wohl nur *Suchy*, NZG 2015,^{15} S. 591 (593), der die öffentlich-rechtlichen Zwecke auch beim Regress des Abschöpfungsteils für unerheblich hält.

3 *Bayer*, in: FS K. Schmidt (2009), S. 85 (93 f.); *Blaurock*, in: FS Bornkamm (2014), S. 107 (113); *Fabisch*, ZWeR 2013,^{1} S. 91 (107); *Fleischer*, DB 2014,^{7} S. 345 (348); *Hauger/Palzer*, ZGR 2015,^{1} S. 33 (56); *Kaulich*, S. 272; *Kröger*, S. 94; *Suchy*, NZG 2015,^{15} S. 591 (592); *Thole*, ZHR 173^{4} (2009), S. 504 (525).

4 So vor allem *Bayer/Scholz*, GmbHR 2015,^{9} S. 449 (450 f.); *Scholz*, S. 40 u. *Wilsing*, in: Krieger/Schneider,^{3} § 31 Rn. 29. Auch *Konrads*, S. 38 u. 122 u. *Kröger*, S. 216 knüpfen teilw. an diesen Einzelvergleich an.

Einzelpositionen erforderlich macht. Die Vorteilsanrechnung wird manchmal als Teil der Schadensberechnung,[5] manchmal aber auch als davon strikt zu unterscheidende Folgefrage wahrgenommen.[6] Unklar bleibt, ob die Grundsätze der Vorteilsanrechnung die Rechtsfolge oder die Voraussetzungen des Anspruchs betreffen.[7] Mal sollen sie zur Folge haben, dass in Höhe der abgeschöpften Vorteile schon kein Schaden entstanden sei.[8] Mal müsse die Gesellschaft sich die Vorteile auf den Ersatzanspruch anrechnen lassen, sodass auch durch den Abschöpfungsteil ein Schaden entstehe, der jedoch in Höhe der erzielten Vorteile nicht ersatzfähig sei.[9]

II. Tragende Argumente

Vor diesem Hintergrund soll hier darauf verzichtet werden, die verschiedentlich angebotenen methodischen Herleitungen ausführlich nachzuzeichnen. Vielmehr seien an dieser Stelle gewisse Vereinfachungen erlaubt, um diejenigen Argumente herauszuarbeiten, die über die methodischen Gräben hinweg zu einer den Anspruch reduzierenden Berücksichtigung der Vorteile führen. Denn bei der sogleich noch darzustellenden Diskussion um den Ahndungsteil[10] setzen sich die Gegner eines entsprechenden Regressausschlusses zu vielen dieser Argumente selbst in Widerspruch.[11]

---

5 So ausdr. *Thole*, ZHR 173[4] (2009), S. 504 (526). Siehe auch *Fabisch*, ZWeR 2013[1], S. 91 (106 u. 108); *Habersack*, in: Karlsruher Forum 2009, S. 5 (34); *Hauger/Palzer*, ZGR 2015[1], S. 33 (56); *J. Koch*, in: MünchHdb-GesR VII (CL)[6], § 30 Rn. 24; *Konrads*, S. 38 f.; *Schöne/Petersen*, AG 2012[19], S. 700 (703).

6 So vor allem *Bayer/Scholz*, GmbHR 2015[9], S. 449 (450 f.) u. *Scholz*, S. 40 f. Siehe auch *Suchy*, NZG 2015[15], S. 591 (593). Ähnlich wohl *Harnos*, S. 101 u. *Fleischer*, ZIP 2014[28], S. 1305 (1307), die im abgeschöpften Betrag bei wertender Betrachtung keinen Schaden erkennen, u. die Vorteilsanrechnung – etwa im Falle zu geringer Abschöpfung – zusätzlich zulassen.

7 Exemplarisch insoweit *J. Koch*, in: GS Winter (2011), S. 327 (330), der über den Vorschlag referiert, „auf der Rechtsfolgenseite die Regeln über die Vorteilsausgleichung" anzuwenden. Diese Regeln der Rechtsfolge sollen Auswirkungen auf den Tatbestand haben, indem sie festlegen, inwieweit Bußgelder „einen Rückgriffsanspruch *begründen*" Herv. nur hier.

8 *Brommer*, Vorstandshaftung, S. 200 f.; *Fabisch*, ZWeR 2013[1], S. 91 (108); *Kaulich*, S. 272 f.; *R. Krause*, BB-Beilage Nr. 8/2007, S. 2 (13); *Schöne/Petersen*, AG 2012[19], S. 700 (703).

9 In diesem Sinne *Hauger/Palzer*, ZGR 2015[1], S. 33 (56); *Hölters*, in: Hölters[3], § 93 Rn. 256; *Mertens/Cahn*, in: KölnKomm-AktG[3], § 93 Rn. 56 u. 63; *Scholz*, S. 40 f.

10 Siehe unten C. (S. 69).

1. Berücksichtigung ohne Vorteilsanrechnung

Wer Vorteilsanrechnung und Schadensberechnung trennt, den Gesamtvermögensvergleich der Differenzhypothese für maßgebend hält und es mit diesem genau nimmt, gelangt auch ohne Vorteilsanrechnung zu einer den Regress mindernden Berücksichtigung des Abschöpfungsteils:[12] Zur Schadensermittlung wäre das aktuelle Vermögen der Aktiengesellschaft mit dem hypothetischen Zustand zu vergleichen, der bei pflichtgemäßem Verhalten des Vorstandsmitglieds bestünde. Hierbei entfiele die Belastung mit der Verbandsgeldbuße. Zu den rechtswidrig erlangten Vorteilen wäre es jedoch ebenfalls nicht gekommen. Soweit sich die Verbandsgeldbuße und die erzielten Vorteile betragsmäßig decken, ist der Gesellschaft deshalb im Sinne der Differenzhypothese schon kein Schaden entstanden. Zur Anwendung der Grundsätze der Vorteilsanrechnung käme es nur dort, wo der Gesellschaft wegen ungenauer und zu niedrig angesetzter Gewinnabschöpfung rechtswidrige Vorteile verbleiben.

2. Berücksichtigung mit Vorteilsanrechnung

Auch wer zur Lösung die Grundsätze der Vorteilsanrechnung für notwendig erachtet, kommt – gleichviel, ob schon für den Abschöpfungsteil oder nur für darüber hinaus verbleibende Vorteile – zu einer Berücksichtigung der Vorteile. Der historische Gesetzgeber hatte die „Entscheidung der Frage, ob und inwiefern der Vortheil [...] von der Ersatzsumme in Anrechnung zu bringen“ sei, bewusst Wissenschaft und Praxis überlassen.[13] Die lange Auseinandersetzung[14] mit dem Problem hat zu einem Nebeneinander von allgemeinen Kriterien und Fallgruppen[15] geführt. Das Zusammenspiel von Buße und rechtswidrigem Vorteil lässt sich einer anerkannten Fallgruppe

11 Diese Widersprüche werden bei einer bloßen Gegenüberstellung der thesenhaften Zusammenfassungen in III. (S. 68) u. C. II. 4. (S. 90) deutlich.

12 In diesem Sinne etwa *Fleischer*, DB 2014[7], S. 345 (348); *Hauff*, S. 167 ff. u. ö.; *Harnos*, S. 101; *Spindler*, in: MünchKomm-AktG[5], § 93 Rn. 194. Ähnlich auch *Suchy*, NZG 2015[15], S. 591 (593).

13 Siehe die Motive bei *Mugdan*, Bd. II, S. 10. Ausf. zur Vorteilsanrechnung *Schiemann*, in: Staudinger (2017), § 249 Rn. 132 ff. mit umfangreichem Schrifttumsverzeichnis.

14 Siehe den Überblick zu entsprechenden Untersuchungen bei *Thüsing*, S. 1 ff.

15 Solche nennen etwa *Fabisch*, ZWeR 2013[1], S. 91 (107); *Hauger/Palzer*, ZGR 2015[1], S. 33 (57) u. *Kaulich*, S. 278 ff. Eingehend zu den anerkannten Fallgruppen *Schiemann*, in: Staudinger (2017), § 249 Rn. 145 ff. u. *Thüsing*, S. 63 ff.

jedoch nicht zuweisen.[16] Jenseits der Fallgruppen berücksichtigen Rechtsprechung[17] und Literatur[18] nur solche Vorteile, die adäquat-kausal auf dem Schädigungsereignis beruhen, soweit deren Anrechnung mit dem Zweck des jeweiligen Ersatzanspruches übereinstimmt, sie dem Geschädigten zumutbar ist und den Schädiger nicht unangemessen entlastet. Diese Voraussetzungen sind beim Geldbußenregress erfüllt.[19]

Ohne Weiteres lässt sich der notwendige Zusammenhang herstellen. Geldbuße und Vorteile gehen gleichermaßen vorhersehbar aus dem Gesetzesverstoß hervor.[20] Die übrigen Kriterien sind eng miteinander verwoben. Der Zweck des Ersatzanspruchs wird bei § 93 Abs. 2 AktG gemeinhin – und letztlich zu pauschal[21] – mit Kompensation und Prävention angegeben.[22] Die Gesellschaft solle Ersatz für erlittene Vermögenseinbußen erhalten und die drohende persönliche Inanspruchnahme das einzelne Vorstandmitglied zu sorgfältigem Verhalten animieren, um allfällige Schäden zu vermeiden.[23]

Der Kompensationsaspekt spricht hiernach für eine Anrechnung der Vorteile. Die Abschöpfungsvorschriften des (Kartell-)Ordnungswidrigkeitenrechts bringen zum Ausdruck, dass der rechtswidrige Vorteil der Gesellschaft nicht verbleiben soll.[24] Ein (schutzwürdiges) Kompensationsinteresse

---

16 So auch *Fabisch*, ZWeR 2013[1], S. 91 (107); *Kaulich*, S. 280 u. *Scholz*, S. 57 f.; letzterer im Anschluss an *M. Zimmermann*, WM 2008[10], S. 433 (439).

17 Siehe nur BGH, Urt. v. 13. 7. 1981 – II ZR 91/80 – BGHZ **81**, 271 ff. (275); Urt. v. 17. 5. 1984 – VII ZR 169/82 – BGHZ **91**, 206 ff. (210) u. Urt. v. 6. 6. 1997 – V ZR 115/96 – BGHZ **136**, 52 ff. (54) jew. m. w. N. Zur Anwendbarkeit der Grundsätze der Vorteilsanrechnung i. R. d. § 93 Abs. 2 AktG BGH, Urt. v. 20. 9. 2011 – II ZR 234/09 – NZG 2011[32], S. 1271 ff. (Rn. 31); best. im Urt. v. 15. 1. 2013 – II ZR 90/11 – NZG 2013[8], S. 293 ff. (Rn. 26).

18 *Blaurock*, in: FS Bornkamm (2014), S. 107 (113); *Fleischer*, BB 2008[21], S. 1070 (1072); *Hauger/Palzer*, ZGR 2015[1], S. 33 (56); *Hölters*, in: Hölters[3], § 93 Rn. 256; *Hopt/Roth*, in: GroßKomm-AktG[5], § 93 Rn. 411; *Kaulich*, S. 273; *Konrads*, S. 47; *Sailer-Coceani*, in: K. Schmidt/Lutter[4], § 93 Rn. 38; *Scholz*, S. 58; *M. Zimmermann*, WM 2008[10], S. 433 (438).

19 Siehe die unzähligen Nachw. bei *Brommer*, Vorstandshaftung, S. 200 (Fn. 233) u. *Harnos*, S. 102 (Fn. 339).

20 *Blaurock*, in: FS Bornkamm (2014), S. 107 (113); *Glöckner/Müller-Tautphaeus*, AG 2001[7], S. 344 (346); *Konrads*, S. 47; *Schöne/Petersen*, AG 2012[19], S. 700 (703); *Wilsing*, in: Krieger/Schneider[3], § 31 Rn. 34.

21 Dazu noch – in aller Kürze – § 14 B. II. (S. 573).

22 So etwa *Brommer*, AG 2013[4], S. 121 (122); *Fleischer*, in: BeckOGK-AktG, § 93 Rn. 2; *Hauff*, S. 66 ff.; *Hölters*, in: Hölters[3], § 93 Rn. 8; *Kaulich*, S. 281; *J. Koch*, in: Hüffer/Koch[14], § 93 Rn. 1; *Scholz*, S. 278; *Thomas*, Haftungsfreistellung, S. 145 ff.; *Twele*, S. 110.

23 *Altemeier*, S. 115; *Fleischer*, in: BeckOGK-AktG, § 93 Rn. 2 m. w. N.

der Gesellschaft besteht deshalb nicht. Vielmehr drohte bei Ablehnung der Anrechnung eine Überkompensation, weil die Gesellschaft entgegen der gesetzlichen Wertung den ursprünglich auf Kosten der Allgemeinheit angemaßten Vorteil zurück erhielte und sich auf Kosten des Vorstands bereichern könnte.[25] Fehlt hiernach ein schutzwürdiges Kompensationsinteresse der Gesellschaft, steht die Kompensationsfunktion des Ersatzanspruchs einer Anrechnung nicht im Weg. Die Gesellschaft wird dadurch nicht unzumutbar belastet.

Soweit man die Prävention als eigenständigen Haftungszweck anerkennen möchte, spricht diese vordergründig gegen eine Anrechnung.[26] Die Anrechnung der Vorteile würde der Haftung einiges an Schärfe nehmen.[27] Wenn der Ersatzanspruch aber mit der drohenden Inanspruchnahme die Vermeidung von Schäden bezweckt und bezogen auf die Legalitätspflicht die Einhaltung des Gesetzes sicherstellen will, so würde diese Wirkung mit abnehmender Haftungssumme abgeschwächt.[28] Eine Anrechnung würde deshalb – so könnte man meinen – dem Zweck der Ersatzpflicht widersprechen und das Vorstandsmitglied unbillig entlasten.

---

24 *Blaurock*, in: FS Bornkamm (2014), S. 107 (113); *Fleischer*, BB 2008,[21] S. 1070 (1073); *Hack*, S. 83; *Hauger/Palzer*, ZGR 2015,[1] S. 33 (56 f.); *Kersting*, ZIP 2016,[27] S. 1266 (1272); *Twele*, S. 172; *Werner*, ZWH 2015,[6] S. 169 (172); *Wilsing*, in: Krieger/Schneider,[3] § 31 Rn. 34; *M. Zimmermann*, WM 2008,[10] S. 433 (439).

25 Vgl. *Altemeier*, S. 115; *Bayer*, in: FS K. Schmidt (2009), S. 85 (94 f.); *Blaurock*, in: FS Bornkamm (2014), S. 107 (113 f.); *Brommer*, Vorstandshaftung, S. 204; *Harnos*, S. 103; *Thole*, ZHR 173[4] (2009), S. 504 (527); *Twele*, S. 172.

26 In diesem Sinne wird häufig *Spindler*, in: MünchKomm-AktG,[5] § 93 Rn. 107 u. in: FS Canaris II (2007), S. 403 (425 f.) zitiert. Dort wird allerdings nur die in der Vorteilsanrechnung ausgedrückte Wertung als Argument für die Pflichtwidrigkeit „nützlicher Pflichtverletzung“ herangezogen. Die Vorteilsanrechnung selbst hält *Spindler*, in: MünchKomm-AktG,[5] § 93 Rn. 107 i. R. d. § 93 Abs. 2 AktG sehr wohl für anwendbar. *Lohse*, in: FS Hüffer (2010), S. 582 (597 f.) – ebenfalls häufig als Gegnerin einer Anrechnung der Kartellvorteile zitiert – lehnt die Anrechnung erzielter Vorteile auf die Rückforderung ausgereichter Schmiergelder ab. Mit dem Geldbußenregress ist diese Konstellation schwerlich vergleichbar. Zu anderen vermeintlichen u. tatsächlichen Gegnern einer Anrechnung von Kartellvorteilen siehe *Harnos*, S. 102 (Fn. 338).

27 Im oben (§ 2 D. [S. 54]) angeführten Beispiel der schwarzen Kassen bei Siemens betrug das Bußgeld 395 Millionen €. Davon dienten 394,75 Millionen € (99,9367 %) der Abschöpfung, 250 000 Euro (0,0633 %) der Ahndung. Siehe Siemens AG,[@] Bußgeldbescheid, S. 11 ff.

28 Zum vorsichtigen Umgang mit den Grundsätzen der Vorteilsanrechnung mahnt deshalb *Thole*, ZHR 173[4] (2009), S. 504 (527 ff.). *Altemeier*, S. 115 f. spricht gar davon, die Präventionswirkung würde in ihr Gegenteil verkehrt.

Gleichwohl wird diese[29] Abschwächung der Präventionswirkung ganz allgemein nicht als bedenklich wahrgenommen. Zum einen werde ein ausreichendes Maß an Prävention durch zahlreiche andere Instrumente sichergestellt.[30] Das Vorstandsmitglied sehe sich mit verweigerter Entlastung, Abberufung, Kündigung und Reputationsverlust sowie Schadenersatzansprüchen geschädigter Dritter, möglichen persönlichen Sanktionen und mehr einem ganzen Bündel präventiv und diziplinierend wirkender Maßnahmen ausgesetzt.[31] Weiter komme eine Anrechnung von Vorteilen nur dort in Betracht, wo dem insoweit beweisbelasteten Vorstandsmitglied der mitunter schwierige Nachweis solcher Vorteile gelingt.[32] Angesichts dieser vielfältigen materiell-rechtlichen und prozessualen Risiken des Vorstandsmitglieds werde die Prävention durch die Anrechnung nicht beseitigt, sondern allenfalls gemindert.[33] Der Präventionszweck der Haftung stehe einer Anrechnung nach alledem nicht entgegen und diese führe nicht zu einer unbilligen Entlastung des Vorstandsmitglieds.

III. Resümee in Thesen

Jenseits der methodischen Herleitung lassen sich das Ergebnis und der argumentative Kern der Diskussion um den Abschöpfungsteil mithin in den folgenden Thesen zusammenfassen:

1. Der Abschöpfungsteil der Geldbuße ist dem Regress entzogen.
2. Ein solcher Regress stünde im Widerspruch zu den öffentlich-rechtlichen Wertungen, die den Vorteil nicht der Gesellschaft belassen möchten.

---

29 Dagegen ist die Abschwächung der Präventionswirkung, die sich aus einem Regressausschluss auch hinsichtlich des sog. Ahndungsteils ergäbe, von der h. M. mit allen Mitteln bekämpft worden.

30 *Bachmann*, BB 2015,[16] S. 911 (911); *Fleischer*, BB 2008,[21] S. 1070 (1074); *Habersack*, in: Karlsruher Forum 2009, S. 5 (34); *Kaulich*, S. 283 ff.; *J. Koch*, in: MünchHdb-GesR VII (CL),[6] § 30 Rn. 24; *Scholz*, S. 61 ff.

31 Siehe die Zusammenstellung solcher Maßnahmen de lege lata u. de lege ferenda bei *Hack*, S. 130 ff., 203 ff. u. 234 ff.; *Konrads*, S. 101 f.; *R. Krause*, BB-Beilage Nr. 8/2007, S. 2 (14 ff.); *Twele*, S. 233 ff.

32 *Bayer*, in: FS K. Schmidt (2009), S. 85 (98); *Bayreuther*, NZA 2015,[20] S. 1239 (1242); *Fleischer*, in: BeckOGK-AktG, § 93 Rn. 52; *Marsch-Barner*, ZHR 173[6] (2009), S. 723 (728 f.); *Twele*, S. 171; *Scholz*, S. 62. *Kersting*, ZIP 2016,[27] S. 1266 (1274 ff.), der den Bußgeldregress ausschließlich über die Vorteilsanrechnung lösen will, spricht sich entsprechend für eine Beweislastumkehr aus.

33 *Harnos*, S. 103; *Hauger/Palzer*, ZGR 2015,[1] S. 33 (57); *Twele*, S. 171.

3. Im Konflikt zwischen öffentlich-rechtlicher Abschöpfung und zivilrechtlichem Ausgleich setzt sich die öffentlich-rechtliche Wertung durch.
4. Das damit reduzierte Drohpotenzial der Vorstandshaftung ist zu verkraften. Angesichts der vielfältigen sonstigen präventiven und disziplinierenden Instrumente des Aktienrechts, des bürgerlichen und des öffentlichen Rechts verbleibt ein ausreichender Wohlverhaltens-Anreiz.

C. Ahndungsteil

Tatsächlich umstritten ist hiernach nur der Regress des Ahndungsteils der Geldbuße. Wenngleich der Meinungsstreit insoweit einen kaum zu überblickenden Umfang angenommen hat,[1] lässt er sich im Kern in – wenigstens – drei Einzelfragen aufspalten. In einem ersten Schritt wird darum gestritten, ob Geldbußen überhaupt Gegenstand eines Regressanspruchs sein können. Sofern man dies mit der (wohl) herrschenden Meinung bejaht, stellt sich die Frage, ob der Regress insoweit in voller Höhe oder nur beschränkt zu erfolgen hat. Will man sich insoweit für einen beschränkten Regress aussprechen,[2] muss untersucht werden, ob und wie diese Beschränkung vorgenommen werden kann.

Entgegen der (wohl) herrschenden Meinung soll hier nachgewiesen werden, dass auch der Ahndungsteil nach geltendem Recht nicht Gegenstand eines Ersatzanspruchs sein kann. Den letzten beiden Fragen, die auf der Zulässigkeit des Bußgeldregresses aufbauen, ist damit der Boden entzogen. Sie liegen jenseits dieser Arbeit und sollen deshalb nicht vertieft werden.[3] Das Hauptaugenmerk liegt vielmehr auf dem für sich genommen bereits sehr umfangreichen Streitstand zur ersten der Teilfragen.

Ausgangspunkt beider Ansichten ist dabei der obige Befund: Die Voraussetzungen des § 93 Abs. 2 AktG sind an sich erfüllt. Der Ahndungsteil der Geldbuße stellt einen nicht kompensierten Vermögensnachteil der Gesellschaft dar. Nach dem Grundsatz der Totalreparation wäre dieser an sich

1 *Fleischer*, DB 2014,[7] S. 345 (345) sprach bereits von einem „noch nicht sonderlich weit entwickelte[n], aber schon stark verästelte[n] Literaturstand".

2 Bemerkenswert ist die Wortwahl bei *Bayer*, in: FS K. Schmidt (2009), S. 85 (97): „*Sympathischer* ist vielmehr die Erwägung, den Regress auf eine angemessene Höhe zu begrenzen." Auch *J. Koch*, AG 2012,[12] S. 429 (435) bringt „der Lösung eines Teilregresses *Sympathien*" entgegen. Herv. jew. nur hier.

3 Zu den Gründen für den beschränkten Umfang der Darstellung bereits oben A. IV. (S. 62) mit Verweis auf weiterführende Literatur.

und in voller Höhe zu erstatten. Diese „gesetzliche Regresslogik“,[4] die den Ahndungsteil der Geldbuße auf das einzelne Vorstandsmitglied überzuleiten scheint, hat jedoch bei Befürwortern wie Gegnern eines Regressausschlusses gleichermaßen eine „intuitive Irritation“[5] ausgelöst.

I. Mindermeinung: Sanktionsrechtlicher Regressausschluss

Diejenigen, bei denen diese Irritation vorwiegend auf dem Sanktionscharakter der Geldbuße beruhte, haben sich dafür ausgesprochen, auch den Ahndungsteil der Verbandsgeldbuße dem Regress zu entziehen.[6] Das LAG Düsseldorf[7] ist dem im Ergebnis beigetreten.

An der nunmehr knapp zwei Jahrzehnte andauernden Diskussion waren zahlreiche Autoren beteiligt. Die vorgetragenen Argumente sind im Laufe der Zeit erweitert, abgeändert, fallengelassen und in einen unterschiedlichen Ableitungszusammenhang gestellt worden. Dadurch lassen sich die Argumentationslinien nicht immer mit der wünschenswerten Stringenz abbilden. Die folgende Darstellung versucht deshalb, als Kompromiss zwischen Lesbarkeit und Genauigkeit, die wesentlichen Argumentationsmuster nachzuzeichnen.

1. Argumente für einen Regressausschluss

Dem sanktionsrechtlich begründeten Regressausschluss geht es letztlich um zweierlei. Zum einen soll der Sanktionszweck der Verbandsgeldbuße geschützt werden, der durch einen Regress vereitelt zu werden droht. Zum anderen ist die behördliche Sanktionsentscheidung vor einer zivilrechtlichen

---

4 *J. Koch*, AG 2012,[12] S. 429 (430).

5 *J. Koch*, in: GS Winter (2011), S. 327 (328).

6 *Dreher*, in: FS Konzen (2006), S. 86 (103 ff.); *Dreher*, in: Krieger/Schneider,[3] § 31 Rn. 86; *Dreher*, VersR 2015,[19] S. 781 (787); *Horn*, ZIP 1997,[26] S. 1129 (1136); zust. *R. Krause*, BB-Beilage Nr. 8/2007, S. 2 (13). Gegen einen Bußgeldregress ferner *Grunewald*, NZG 2016,[29] S. 1121 ff.; *Kröger*, S. 213 ff.; *Lotze*, NZKart 2014,[5] S. 162 (166 f.); *Lotze/Smolinski*, NZKart 2015,[6] S. 254 (255 ff.); *Thomas*, NZG 2015,[36] S. 1409 (1410 ff.). Sympathisierend *Bachmann*, BB 2015,[14] S. 771 (775); *Bachmann*, BB 2015,[16] S. 911 (907); *Goette*, ZHR 176[6] (2012), S. 588 (603 f.); *Goette*, in: FS Hoffmann-Becking (2013), S. 377 (381); *Kindler*, in: FS Roth (2011), S. 367 (372).

7 Urt. v. 20. 1. 2015 – 16 Sa 459/14 („*Schienenkartell I*“) – ZIP 2015,[17] S. 829 ff. (830 ff.).

Korrektur zu schützen. Kurzum: Das Ordnungswidrigkeitenrecht ist gegen zivilrechtliche Sabotage zu verteidigen.[8]

a) Schutz des Sanktionszwecks

Ob der Sanktionszweck der Verbandsgeldbuße entsprechenden Schutzes bedarf, hängt davon ab, welchen Zweck diese gegenüber wem verfolgt.

aa) Prävention und Repression

Hierzu ist vorgebracht worden, der Ahndungsteil der Verbandsgeldbuße bezwecke eine gegenüber dem Verband wirkende Repression und Prävention.[9] Der Verband solle „für rechtswidriges Verhalten in der Vergangenheit“ sanktioniert und „in Zukunft zu rechtmäßigem Verhalten“ animiert werden.[10] Speziell im Kartellrecht wolle die Geldbuße die Kosten von Kartellverstößen für die Unternehmen deutlich fühlbar machen und das Unternehmen selbst sowie andere Marktteilnehmer durch die damit erzielte Abschreckungswirkung zur strikten Befolgung der Wettbewerbsregeln anhalten.[11]

bb) Verband als Adressat

Adressat der staatlichen Sanktion sei dabei der Verband selbst. Das ist ursprünglich dem europäischen Kartellrecht entnommen worden, das die Unternehmen zum eigentlichen Normadressaten habe.[12] Die europäischen Bußgeldregelungen hätten den Zweck, die Unternehmen zur Einhaltung der

---

8 Vgl. *Geiler*, JW 1919,[12] S. 837 (zu Nr. 6) zum umgekehrten Fall eines oHG-Gesellschafters, der die ihm wegen Preistreiberei auferlegte Geldstrafe von der Gesellschaft ersetzt verlangte: „Eine derartige Sabotierung des Strafrechts durch das Zivilrecht ist unmöglich.“

9 *Thomas*, NZG 2015,[36] S. 1409 (1411). Siehe auch *Bachmann*, BB 2015,[16] S. 911 (911); *Dreher*, VersR 2015,[19] S. 781 (787); *Lotze*, NZKart 2014,[5] S. 162 (167). Zu Recht krit. *Kröger*, S. 205 f., der bemängelt, dass die Worthülsen von Repression u. Prävention „über den eigentlichen Zweck des § 30 OWiG wenig“ aussagen.

10 *Dreher*, in: FS Konzen (2006), S. 86 (106). Ähnlich *Bachmann*, BB 2015,[16] S. 911 (911); *Kröger*, S. 220.

11 So *Goette*, ZHR 176[6] (2012), S. 588 (611).

12 So vor allem *Dreher*, in: FS Konzen (2006), S. 86 (104).

Wettbewerbsregeln zu veranlassen.[13] Für entsprechende Verstöße seien Sanktionen nur gegen die Unternehmen selbst vorgesehen, nicht aber gegen deren Organmitglieder. Entsprechend sei die Sanktionswirkung des europäischen Kartellrechts auf die Unternehmen beschränkt.[14] Wenn das deutsche Recht davon abweichend die Möglichkeit vorsehe, neben der juristischen Person als Trägerin des Unternehmens auch die Vorstandsmitglieder persönlich zu sanktionieren, werde damit lediglich der Kreis der potentiell Bußgeldpflichtigen erweitert.[15] Eine Entlastung der Unternehmen von deren eigener Bußgeldpflicht sei damit nicht bezweckt.[16] Andere haben gerade aus der im deutschen Recht gegebenen Möglichkeit, die verantwortlichen Individuen separat mit einer Sanktion zu belegen, auf die primäre Adressatenstellung des Verbandes geschlossen.[17] Das bedeutet letztlich, dass sowohl das Bestehen als auch das Nichtbestehen einer möglichen Individualsanktion als Argument für die Adressatenstellung des Verbands angeführt wurde.

Die intendierte Belastungsträgerschaft der juristischen Person zeige sich ferner im Zuschnitt der Verbandsgeldbuße. Der Gesetzgeber habe zum Ausdruck gebracht, dass „die Buße trotz ihres Sanktionscharakters nicht zu einer Existenzvernichtung der betroffenen Personen führen" solle.[18] Die regelmäßig ungleich höhere wirtschaftliche Leistungsfähigkeit des Verbands ermögliche es deshalb, gegen diesen eine – im Kartellrecht erheblich – höhere Geldbuße festzusetzen als gegenüber der natürlichen Person.[19] Dementsprechend habe der Gesetzgeber auch mit dem im Verhältnis erheblich herabgesetzten Bußgeldrahmen gegenüber natürlichen Personen „die Angemessenheit per-

13 *Dreher*, in: FS Konzen (2006), S. 86 (104) unter Verweis auf EuGH, Urt. v. 7. 6. 1983 – 100–103/80 („*Musique Diffusion Française*") – Slg. 1983, 1825 ff. (Rn. 105). Ähnlich auch für das dt. Kartellrecht LAG Düsseldorf, Urt. v. 20. 1. 2015 – 16 Sa 459/14 („*Schienenkartell I*") – ZIP 2015[17], S. 829 ff. (831) u. *Goette*, ZHR 176[6] (2012), S. 588 (611).

14 *Dreher*, in: FS Konzen (2006), S. 86 (104). Tatsächlich ist bei Tätigwerden der Europäischen Kommission gegen das Unternehmen stets auch eine persönliche Sanktion nach dem GWB möglich. Siehe dazu noch § 13 B. II. 4. (S. 559).

15 *Dreher*, in: FS Konzen (2006), S. 86 (104).

16 *Dreher*, in: FS Konzen (2006), S. 86 (104 f.); *Lotze*, NZKart 2014[5], S. 162 (167).

17 So etwa *Bachmann*, BB 2015[16], S. 911 (911) u. *Horn*, ZIP 1997[26], S. 1129 (1136).

18 So das ArbG Essen, Urt. v. 19. 12. 2013 – 1 Ca 657/13 („*Schienenkartell*") – NZKart 2014[5], S. 193 ff. (Rn. 145) als Vorinstanz des LAG Düsseldorf. Ähnlich *Dreher*, in: FS Konzen (2006), S. 86 (105).

19 Vgl. LAG Düsseldorf, Urt. v. 20. 1. 2015 – 16 Sa 459/14 („*Schienenkartell I*") – ZIP 2015[17], S. 829 ff. (832); *Dreher*, in: FS Konzen (2006), S. 86 (105); *Horn*, ZIP 1997[26], S. 1129 (1136). Ähnlich auch *Lotze*, NZKart 2014[5], S. 162 (167); *Lotze/Smolinski*, NZKart 2015[6], S. 254 (257).

sönlicher Bußgelder" sicherstellen wollen.[20] Schließlich sei bei Festsetzung der Geldbuße sowohl gegenüber dem Verband als auch gegenüber der natürlichen Person nach § 17 Abs. 3 Satz 2 OWiG die jeweilige wirtschaftliche Leistungsfähigkeit des Adressaten zu berücksichtigen.[21]

cc) Aktionäre als Letztverpflichtete

Mit der Festlegung auf den Verband als den primären Adressaten bleibt die Frage offen, wer der Letztverpflichtete der Sanktion ist.[22] Insofern wurde bislang darum gestritten, ob die staatliche Steuerungswirkung das pflichtvergessene Vorstandsmitglied oder die Aktionäre im Auge habe.[23] Die Befürworter eines Regressausschlusses haben sich für Letzteres ausgesprochen.[24] Die Aktionäre hätten das pflichtvergessene Vorstandsmitglied „ausgewählt, angestellt und bestellt" und trügen daher „letztlich die finanzielle Verantwortung für alle Folgen des Organhandelns".[25] Mit der bei den Unternehmensträgern verbleibenden Sanktion könne der Staat diese dazu animieren, künftig auf das Verhalten der Organwalter Einfluss zu nehmen.[26]

Als weitere Indizien für eine intendierte Letztverpflichtung der Aktionäre wurde die – gegenüber einer Einzelperson unzumutbare – Anknüpfung der Sanktion an den Konzernumsatz angeführt,[27] sowie die Möglichkeit persönlicher Sanktionen, mit denen bereits auf das einzelne Vorstandsmitglied eingewirkt werden könne.[28]

20 *Dreher*, in: FS Konzen (2006), S. 86 (105).

21 Zur Bemessung der Geldbuße bereits § 2 B. II. 2. (S. 50).

22 *Kröger*, S. 217.

23 Die dritte Möglichkeit, das Übel der juristischen Person als solcher aufzuerlegen u. dadurch eine (mittelbare) Steuerungswirkung auf Vorstandsmitglieder u. Aktionäre zu erzielen, ist bislang nicht erwogen worden.

24 Auch *Bayreuther*, NZA 2015,[20] S. 1239 (1241) u. *Hack*, S. 79 erkennen die Aktionäre als Sanktionsadressaten an, kommen aber gleichwohl zu einem Regress. Zu weit geht *Reuter*, BB 2016,[22] S. 1283 ff., der aus der Letztverpflichtung der Aktionäre verfassungsrechtliche Bedenken gegen die Verbandsbuße an sich ableitet.

25 So *Dreher*, in: FS Konzen (2006), S. 86 (106); zust. LAG Düsseldorf, Urt. v. 20. 1. 2015 – 16 Sa 459/14 („*Schienenkartell I*") – ZIP 2015,[17] S. 829 ff. (831).

26 LAG Düsseldorf, Urt. v. 20. 1. 2015 – 16 Sa 459/14 („*Schienenkartell I*") – ZIP 2015,[17] S. 829 ff. (831). Zust. *Bachmann*, BB 2015,[14] S. 771 (775). Vorher bereits *Kröger*, S. 220.

27 *Thomas*, NZG 2015,[36] S. 1409 (1414). Ähnlich *Mertens/Cahn*, in: KölnKomm-AktG,[3] § 93 Rn. 56, die den Regress für ausgeschlossen halten, wenn das Bußgeld anhand unternehmensbezogener Daten bemessen sei.

dd) Konsequenzen eines Regresses

Wenn aber die Verbandsgeldbuße eigenständige Sanktionszwecke bei dem Verband und dessen Aktionären verfolge, müsse sichergestellt sein, dass der Verband sich nicht „über Regressansprüche von eigenen Bußgeldpflichten entlasten“ könne.[29] Eine durch den Regress erzwungene Letztverpflichtung des Vorstandsmitglieds würde sich „sowohl zu der bußgeldrechtlichen Betonung des Unternehmens selbst im EG-Kartellrecht als auch zu der differenzierten bußgeldrechtlichen Erfassung von Unternehmen bzw. Organmitgliedern im deutschen Kartellrecht“ in Widerspruch setzten.[30] Es käme zu einer „Verdoppelung der Bußgeldlasten bei den persönlich Verantwortlichen“ und einer Entlastung des an sich ausschließlich bzw. primär bußgeldpflichtigen Verbandes.[31] Der Verband und dessen Aktionäre hätten gar einen Anreiz, profitable Gesetzesverstöße durch Mitarbeiter zu fördern, wenn ihnen selbst keine Sanktion drohte.[32] Zum Schutz des Sanktionszwecks müsse der Bußgeldregress deshalb ausgeschlossen sein.[33]

b) Schutz der Sanktionsentscheidung

Der zweite, weit weniger ausgebildete[34] Begründungsstrang besteht im Schutz der behördlichen Sanktionsentscheidung.[35] Die Behörde könne im

---

28 *Bachmann*, BB 2015,[16] S. 911 (911). Insoweit halten *Mertens/Cahn*, in: KölnKomm-AktG,[3] § 93 Rn. 56 einen Regress für ausgeschlossen, wenn tatsächlich eine persönliche Sanktion verhängt wird.

29 *Dreher*, in: FS Konzen (2006), S. 86 (105). Ebenso LAG Düsseldorf, Urt. v. 20. 1. 2015 – 16 Sa 459/14 („*Schienenkartell I*“) – ZIP 2015,[17] S. 829 ff. (831); *Kröger*, S. 220 u. *Thomas*, NZG 2015,[36] S. 1409 (1411). *R. Krause*, BB-Beilage Nr. 8/ 2007, S. 2 (8) spricht im Zusammenhang mit der Geldbuße insoweit von einem „höchstpersönlichen Charakter“.

30 So *Dreher*, in: FS Konzen (2006), S. 86 (105). Ähnlich, aber nur zum dt. Kartellrecht LAG Düsseldorf, Urt. v. 20. 1. 2015 – 16 Sa 459/14 („*Schienenkartell I*“) – ZIP 2015,[17] S. 829 ff. (832): Entwertung des differenzierten Sanktionssystems.

31 *Dreher*, in: FS Konzen (2006), S. 86 (106). Ähnlich *Kröger*, S. 221.

32 *Kröger*, S. 221.

33 Vgl. LAG Düsseldorf, Urt. v. 20. 1. 2015 – 16 Sa 459/14 („*Schienenkartell I*“) – ZIP 2015,[17] S. 829 ff. (832); *Dreher*, VersR 2015,[19] S. 781 (787).

34 Er pflegt mit größerem Eifer widerlegt, als begründet zu werden. Er findet sich etwa bei *Brüggemann*, GA 1968, S. 161 (176).

35 Das Folgende gilt selbstverständlich auch in den Fällen, in denen die Verbandsgeldbuße von einem Richter festgesetzt wird.

Rahmen des Opportunitätsprinzips (§ 47 OWiG) entscheiden, ob sie eine Ordnungswidrigkeit überhaupt verfolge und ahnde sowie in welcher Höhe sie gegenüber wem eine Geldbuße festsetze. Dabei habe die Behörde sicherzustellen, dass die Verbandsgeldbuße als Maßnahme der Eingriffsverwaltung verhältnismäßig im Sinne einer Anlassangemessenheit sei.[36] Dem Übermaßverbot unterworfen müsse die bußgeldrechtliche Unrechtsfolge in einem gerechten Verhältnis zur Tat stehen.[37] Soweit die Möglichkeit einer Individualsanktion bestehe, könne die Behörde sich wegen der Umstände des Einzelfalles dazu entscheiden, die Tat des Vorstandsmitglieds nicht persönlich zu sanktionieren. Ferner seien bei der konkreten Festsetzung der Verbandsgeldbuße unternehmensbezogene Kriterien zu berücksichtigen, die ausschließlich die juristische Person beträfen und ihre Bedeutung verlören, wenn die Geldbuße letztlich an das Vorstandsmitglied weitergereicht werden könnte.[38]

Das aber führt unweigerlich zu der Frage, weshalb die Behörde eine solch differenzierte und den Einzelfall berücksichtigende Ermessensentscheidung sollte treffen müssen, wenn diese anschließend zivilrechtlich korrigiert werden könnte.[39] Das im Hinblick auf die Spezialprävention „ausgefeilte strafrechtliche Normensystem" würde „durch das für diese Zwecke relativ unscharfe Zivilrecht außer Kraft gesetzt."[40] Die vielfältigen öffentlicherechtlichen Wertungen und Beschränkungen, die eine speziell auf den jeweiligen Beteiligten zugeschnittene Ahndung ermöglichen und erforderlich machen, würden in dem für diese Wertungen blinden Zivilrecht nicht mehr berücksichtigt. Bei Zulassung des Rückgriffs verkäme die verfassungsrechtlich vorgegebene Herstellung von Anlassangemessenheit zu einem „sinnfreien Rechenvorgang", der letztlich nurmehr „für die Höhe des Innenregressanspruchs

36 So vor allem *Thomas*, NZG 2015,[36] S. 1409 (1412); ebenso, wenn auch weniger präzise, *Dreher*, in: FS Konzen (2006), S. 86 (105).

37 *Thomas*, NZG 2015,[36] S. 1409 (1412).

38 *Lotze*, NZKart 2014,[5] S. 162 (167) unter Verweis auf die Leitlinien für die Bußgeldzumessung in Kartellordnungswidrigkeitenverfahren. Siehe auch *Bachmann*, BB 2015,[16] S. 911 (911); *Thomas*, NZG 2015,[36] S. 1409 (1412).

39 Im Lichte der berühmten Entscheidung des BGH, Urt. v. 21. 4. 1997 – II ZR 175/96 („*ARAG/Garmenbeck*") – BGHZ **135**, 244 ff. (252 ff.) wäre der Aufsichtsrat im Regelfall u. unter Androhung eigener Schadenersatzverantwortlichkeit gar dazu verpflichtet, diese Entscheidung durch einen Regress zu korrigieren.

40 *Bastuck*, S. 130 zu Geldstrafen, der die dort geäußerten Gedanken aber auch bei Geldbußen für anwendbar hält, siehe S. 132.

Bedeutung" habe.[41] Das Unternehmen würde zur „zwischengeschalteten" und mit dem „Insolvenzrisiko des Managers" belasteten „Zahlstelle".[42]

Wenn also die Behörde entscheide, das Organmitglied persönlich gar nicht zu sanktionieren oder es nur mit einer am reduzierten Bußgeldrahmen und dem Grundsatz der Verhältnismäßigkeit bemessenen und angemessenen Geldbuße zu belegen, dürfe der Innenregress diese Entscheidung nicht annullieren. Auch deshalb müsse sichergestellt sein, dass die Buße bleibe, wo sie festgesetzt wurde. Die Sanktionsentscheidung sei vor der zivilrechtlichen Korrektur zu schützen.

2. Methodische Umsetzung

Stehen danach Ergebnis und Begründung des Regressausschlusses fest, so stellt sich die Frage, wie ein solcher mit dem (vermeintlich)[43] eindeutigen Wortlaut der Haftungsanordnung in Einklang zu bringen ist. Die Regressgegner haben sich hierzu sowohl auf den Zweck der Sanktionsnormen als auch den Schutzzweck der Haftungsnorm berufen. Soweit eine methodische Festlegung erfolgt ist,[44] wurde zunächst vertreten, die Verbandsgeldbuße liege nicht im Schutzbereich des § 93 Abs. 2 AktG.[45] Mit der Lehre vom Schutzzweck der Norm als Aspekt der Schadenszurechnung wurde freilich die „methodische Rumpelkammer"[46] des deutschen Schadensrechts bemüht.

41 *Thomas*, NZG 2015,[36] S. 1409 (1412).

42 *Thomas*, NZG 2015,[36] S. 1409 (1412).

43 Ausf. zur tatsächlichen Mehrdeutigkeit des gesetzlichen Entscheidungsmaßstabs der zivilrechtlich-methodische Teil dieser Arbeit, §§ 4–6.

44 Ohne methodische Festlegung etwa *Bachmann*, BB 2015,[16] S. 911 (911); *R. Krause*, BB-Beilage Nr. 8/2007, S. 2 (13) u. *Lotze*, NZKart 2014,[5] S. 162 (167). *Bastuck*, S. 128 ff. verlangt einen „für das Zivilrecht verfügbaren Gesichtspunkt", um „den rechtspolitischen Bedenken Rechnung" zu tragen, kommt dann aber zu einem zivilrechtlich nicht begründeten Primat des Strafrechts. *Kröger*, S. 232 stellt etwas nebulös auf einen fehlenden Rechtswidrigkeitszusammenhang ab. Das LAG Düsseldorf, Urt. v. 20. 1. 2015 – 16 Sa 459/14 („*Schienenkartell I*") – ZIP 2015,[17] S. 829 ff. (832) lässt die Konstruktionsfrage ausdr. offen: „Ob dieses Ergebnis über den höchstpersönlichen Charakter einer [...] Geldbuße [...] oder eine normative Einschränkung der zuzurechnenden Schadensfolgen [...] hergeleitet wird, macht keinen Unterschied."

45 *Dreher*, in: FS Konzen (2006), S. 86 (104) u. in: VersR 2015,[19] S. 781 (787). Zuvor bereits *Horn*, ZIP 1997,[26] S. 1129 (1136). Zuletzt auch *Grunewald*, NZG 2016,[29] S. 1121 (1122 f.).

46 Pointiert wie treffend *Deutsch*, HaftungsR,[2] Rn. 301: „Nicht selten verbirgt sich hinter der Berufung auf den Normzweck eine *petitio principii.* Das gewünschte Ergebnis

Im Lichte der anhaltenden und zutreffenden methodischen Kritik[47] ist das Ergebnis in jüngerer Zeit auf eine teleologische Reduktion des § 93 Abs. 2 AktG gestützt worden.[48]

3. Resumée in Thesen

Der sanktionsrechtliche Regressausschluss lässt sich hiernach in folgenden Thesen zusammenfassen:

1. Der Ahndungsteil der Geldbuße ist dem Regress entzogen.
2. Mit ihm werden eigenständige Sanktionszwecke bei dem Verband und den Aktionären verfolgt, die bei einem Regress ins Leere liefen.
3. Die vielfältigen öffentlich-rechtlichen Wertungen und Beschränkungen unterworfene Sanktionsentscheidung darf nicht durch das für diese Wertungen blinde Zivilrecht korrigiert werden.
4. Der durch den Ahndungsteil verursachte Schaden liegt nicht im Schutzbereich des § 93 Abs. 2 AktG bzw. ist die Vorschrift dahingehend teleologisch zu reduzieren, dass diese die in einer staatlichen Sanktion bestehende Vermögensbelastung nicht erfasst.

II. Herrschende Meinung gegen Regressausschluss

Die ganz überwiegende Ansicht[1] im Schrifttum ist dem sowohl im Ergebnis als auch in der Begründung entschieden entgegengetreten. Trotz der berechtig-

---

regiert, als Schutzzweck verkleidet, die Haftung." Herv. im Original. Zust. *Larenz*, SchuldR I[14], § 27 III 2 (S. 445). Zu den weitergehenden Fragestellungen, die in den Begriff der Schutzzwecklehre mit einbezogen wurden, auch *H. Lange*, in: Lange/Schiemann[3], § 3 IX 1 (S. 101).

47 Dazu sogleich, II. 3. (S. 86).

48 So vor allem *Thomas*, NZG 2015[36], S. 1409 (1416) u. – weniger deutlich – in: VersR 2017[10], S. 596 (600 ff.).

1 Als Auswahl nur *Bayer*, in: FS K. Schmidt (2009), S. 85 (93 f.); *Bayer/Scholz*, GmbHR 2015[9], S. 449 (451); *Brommer*, Vorstandshaftung, S. 26; *Fleischer*, BB 2008[21], S. 1070 (1073); *Fleischer*, DB 2014[7], S. 345 (347) mit unzähligen Nachw. in Fn. 31; *Glöckner/Müller-Tautphaeus*, AG 2001[7], S. 344 (346); *Harbarth/Höfer*, NZG 2016[18], S. 686 (687); *Hauger/Palzer*, ZGR 2015[1], S. 33 (54); *Hoffmann*, NJW 2012[20], S. 1393 (1393); *Hölters*, in: Hölters[3], § 93 Rn. 255; *Hopt/Roth*, in: GroßKomm-AktG[5], § 93 Rn. 419; *Karbaum*, AG 2013[23], S. 863 (876); *Kersting*, ZIP 2016[27], S. 1266 (1269); *J. Koch*, in: GS Winter (2011), S. 327 (332); in: AG 2012[12], S. 429 (432) u. in: MünchHdb-GesR VII (CL)[6], § 30 Rn. 23; *Scholz*, S. 44; *Spindler*, in: MünchKomm-AktG[5],

ten Bedenken ist ein Regressausschluss vielfach als zu weitgehend angesehen worden. Sympathischer sei die Erwägung, den Regress auf eine angemessene Höhe zu begrenzen.[2] Die danach gegen den Regressausschluss geführten Angriffe erfolgten an allen Fronten gleichzeitig: Neben die inhaltliche Kritik, dass Sanktionszweck und Sanktionsentscheidung keine Gefahr drohe, trat die methodische Kritik, wonach sich ein entsprechender Ausschluss de lege lata nicht begründen lasse.

1. Ausgangspunkt: Trennung von Sanktion und Haftung

Den Ausgangspunkt nimmt die Opposition gegen den Regressausschluss bei dem kaum hinterfragten Dogma der Trennung von Sanktion und Haftung. Argumentativ beruht es auf der straf- und zivilrechtlichen Rechtsprechung des BGH, die die Regressbefürworter hinter sich wähnen.[3]

Gemeint ist Folgendes: Im Strafrecht hat der BGH[4] überzeugend entschieden, dass die Bezahlung einer Geldstrafe durch einen anderen als den Täter nicht als Vollstreckungsvereitelung nach § 258 Abs. 2 StGB strafbar ist.[5] Im Zivilrecht gewährte der BGH[6] – jedenfalls nicht unangreifbar[7] – dem Adressaten einer staatlichen Geldsanktion einen Ersatzanspruch gegen einen Dritten, wenn dieser Dritte die Sanktion durch eine Verletzung von Beratungs- und Hinweispflichten verursacht hatte.

Diesen Entscheidungen ist das strikte Gebot entnommen worden, zwischen der staatlichen Sanktion einerseits und der zivilrechtlichen Beurteilung andererseits zu differenzieren.[8] Zivil- und Ordnungsrecht stünden ohne gegensei-

§ 93 Rn. 194; *Werner*, ZWH 2015,[6] S. 169 (175); *M. Zimmermann*, WM 2008,[10] S. 433 (437 f.).

2 So ausdr. *Bayer*, in: FS K. Schmidt (2009), S. 85 (97).

3 Auf diese verweisen etwa *Blaurock*, in: FS Bornkamm (2014), S. 107 (114 f.); *Fabisch*, ZWeR 2013,[1] S. 91 (105); *Fleischer*, BB 2008,[21] S. 1070 (1073); in: DB 2014,[7] S. 345 (347 f.) u. in: BeckOGK-AktG, § 93 Rn. 251, 253; *Hauff*, S. 117 ff.; *Kaulich*, S. 288 ff.; *R. Koch*, VersR 2015,[16] S. 655 (656 f.); *Suchy*, NZG 2015,[15] S. 591 (592 f.) *Werner*, CCZ 2010,[4] S. 143 (146) u. in: ZWH 2015,[6] S. 169 (172); *M. Zimmermann*, WM 2008,[10] S. 433 (437). Weite Teile der Argumentation bei *Hauff*, S. 121 ff. u. ö. beruhen ganz wesentlich auf dieser – vermeintlich überzeugenden – Rspr.

4 Grundlegend das Urt. v. 7. 11. 1990 – 2 StR 439/90 – BGHSt **37**, 226 ff.

5 Ausf. hierzu noch § 13 B. I. (S. 544).

6 So zuerst im Urt. v. 31. 1. 1957 – II ZR 41/56 – BGHZ **23**, 222 ff. Bestätigt etwa im Urt. v. 14. 11. 1996 – IX ZR 215/95 – JZ 1997,[23] S. 1177 ff. (1178) u. im Urt. v. 15. 4. 2010 – IX ZR 189/09 – VersR 2011,[3] S. 132 ff. (Rn. 7 ff.).

7 Dazu noch § 13 A. (S. 498).

tige Beeinflussung nebeneinander.[9] Der hoheitliche Akt der Bußgeldfestsetzung betreffe allein die Rechtsfolgenseite der Ordnungswidrigkeit.[10] Dabei gehe es ausschließlich um die Frage, ob, in welcher Höhe und gegenüber wem öffentliche Interessen eine Sanktion erforderten.[11] Diesen öffentlichen Interessen sei mit Festsetzung der Geldbuße jedoch Genüge getan, der Sanktionszweck damit erreicht.[12] Nachgelagert und davon unabhängig versuchten die zivilrechtlichen Haftungsvorschriften, die eingetretene Vermögenseinbuße demjenigen zuzuweisen, der sie letztlich verursacht habe.[13] Diese genuin zivilrechtliche Frage sei allein den §§ 249 ff. BGB unterworfen,[14] in deren Rahmen die öffentlich-rechtlichen Zumessungskriterien, der differenzierte Bußgeldrahmen und das Verhältnismäßigkeitsprinzip keine Geltung beanspruchten.[15] Aus öffentlich-rechtlicher Perspektive sei es deshalb unerheblich,

---

8 *Bayreuther*, NZA 2015,[20] S. 1239 (1242); *Brommer*, Vorstandshaftung, S. 44 m. w. N. (in Fn. 26); *Fabisch*, ZWeR 2013,[1] S. 91 (105); *Fleischer*, DB 2014,[7] S. 345 (347); *Glöckner/Müller-Tautphaeus*, AG 2001,[7] S. 344 (345); *Hack*, S. 80; *Harnos*, S. 105 f.; *Harzenetter*, S. 135; *Kapp/Hummel*, ZWeR 2011,[3] S. 349 (358); *Schöne/Petersen*, AG 2012,[19] S. 700 (704); *Suchy*, NZG 2015,[15] S. 591 (592); *Twele*, S. 165; *M. Zimmermann*, WM 2008,[10] S. 433 (437). Ebenso noch *Wilsing*, in: Krieger/Schneider[2] § 27 Rn. 39 (nicht mehr in: Krieger/Schneider[3] § 31 Rn. 36).

9 So *Kersting*, ZIP 2016,[27] S. 1266 (1267). Ähnlich auch *Brommer*, Vorstandshaftung, S. 44; *Harnos*, S. 105 u. *Suchy*, NZG 2015,[15] S. 591 (592).

10 *Kapp/Gärtner*, CCZ 2009,[5] S. 168 (170); *Kapp/Hummel*, ZWeR 2011,[3] S. 349 (358); *Twele*, S. 165. Vgl. auch *Hauger/Palzer*, ZGR 2015,[1] S. 33 (55) u. noch *Wilsing*, in: Krieger/Schneider[2] § 27 Rn. 39 (nicht mehr in: Krieger/Schneider[3] § 31 Rn. 36).

11 So insbesondere noch *Wilsing*, in: Krieger/Schneider[2] § 27 Rn. 39 (nicht mehr in: Krieger/Schneider[3] § 31 Rn. 36). Siehe auch *Glöckner/Müller-Tautphaeus*, AG 2001,[7] S. 344 (346); *Kaulich*, S. 292; *Kersting*, ZIP 2016,[27] S. 1266 (1268); *Twele*, S. 165.

12 So zuerst *M. Zimmermann*, WM 2008,[10] S. 433 (437). Zust. *Blaurock*, in: FS Bornkamm (2014), S. 107 (114 f.); *Fleischer*, BB 2008,[21] S. 1070 (1073); in: DB 2014,[7] S. 345 (347) u. in: BeckOGK-AktG, § 93 Rn. 253; *Hack*, S. 80; *Werner*, ZWH 2015,[6] S. 169 (172). *Thole*, ZHR 173[4] (2009), S. 504 (532 f.) knüpft an „Erfüllung und Vollstreckung" der Geldbuße, *Hauff*, S. 149 an „Bebußung und Zahlung der Sanktion" an. Ähnlich wohl auch *R. Koch*, VersR 2015,[16] S. 655 (658).

13 *Kapp/Gärtner*, CCZ 2009,[5] S. 168 (170); *Kapp/Hummel*, ZWeR 2011,[3] S. 349 (358); *Twele*, S. 165; *Suchy*, NZG 2015,[15] S. 591 (593).

14 *Blaurock*, in: FS Bornkamm (2014), S. 107 (115); *Glöckner/Müller-Tautphaeus*, AG 2001,[7] S. 344 (345); *Kapp/Gärtner*, CCZ 2009,[5] S. 168 (170); *M. Zimmermann*, WM 2008,[10] S. 433 (437).

15 *Bayer*, in: FS K. Schmidt (2009), S. 85 (97); *Bayer/Scholz*, GmbHR 2015,[9] S. 449 (454); *Blaurock*, in: FS Bornkamm (2014), S. 107 (115); *Harnos*, S. 105; *Harzenetter*, S. 135; *Kaulich*, S. 303; *Schöne/Petersen*, AG 2012,[19] S. 700 (704); *M. Zimmermann*, WM 2008,[10] S. 433 (437).

wer das Bußgeld letztlich tragen müsse.[16] Das werde vom Ordnungswidrigkeitenrecht nicht vorgegeben[17] und von der Verfolgungsbehörde nicht entschieden.[18]

2. Inhaltliche Kritik

a) Sanktionszweck nicht gefährdet

Dies zu Grunde gelegt sei der Sanktionszweck der Verbandsgeldbuße durch eine zivilrechtliche Nachbereitung nicht gefährdet. Die Repressionswirkung bleibe unberührt. Die Präventionswirkung werde durch einen Regress nicht nur nicht beeinträchtigt, sondern gar gefördert.

aa) Repression

Die Repressionswirkung bleibe schon deshalb unberührt, weil das in Regress genommene Vorstandsmitglied im Außenverhältnis nicht an die Stelle des Verbandes trete.[19] Vielmehr sei es der Verband, der den Geldbetrag für die Sanktion zunächst selbst und aus eigenem Vermögen aufbringen müsse und das staatlich zugefügte Übel deshalb mit voller Kraft verspüre.[20] Ausgehend von der Trennung von Sanktion und Haftung sei auch der repressive Zweck der Verbandsgeldbuße mit deren Festsetzung erreicht.[21] Der einmal erreichte

16 *M. Zimmermann*, WM 2008,[10] S. 433 (437); *Blaurock*, in: FS Bornkamm (2014), S. 107 (115).

17 So zuerst *M. Zimmermann*, WM 2008,[10] S. 433 (437). Zust. *Fabisch*, ZWeR 2013,[1] S. 91 (106); *Fleischer*, BB 2008,[21] S. 1070 (1073) u. in: BeckOGK-AktG, § 93 Rn. 253; *Hopt/Roth*, in: GroßKomm-AktG,[5] § 93 Rn. 419; *Kersting*, ZIP 2016,[27] S. 1266 (1267); *Werner*, ZWH 2015,[6] S. 169 (172).

18 So zuerst *Glöckner/Müller-Tautphaeus*, AG 2001,[7] S. 344 (346). Zust. *Twele*, S. 164 f.; *Wilsing*, in: Krieger/Schneider,[2] § 27 Rn. 39 (nicht mehr in: Krieger/Schneider,[3] § 31 Rn. 36) u. *M. Zimmermann*, WM 2008,[10] S. 433 (437). Ähnlich auch *Hauff*, S. 149 u. *Kaulich*, S. 291 f.

19 *Bayer/Scholz*, GmbHR 2015,[9] S. 449 (452); *Bayreuther*, NZA 2015,[20] S. 1239 (1242); *Blaurock*, in: FS Bornkamm (2014), S. 107 (115); *R. Koch*, VersR 2015,[16] S. 655 (658); *Scholz*, S. 48.

20 *Bayer/Scholz*, GmbHR 2015,[9] S. 449 (452); *Kersting*, ZIP 2016,[27] S. 1266 (1267 f.); *Suchy*, NZG 2015,[15] S. 591 (593); *Twele*, S. 162; *Werner*, ZWH 2015,[6] S. 169 (172).

Sanktionszweck könne durch einen nachträglichen Regress jedoch nicht mehr zunichte gemacht werden, die intendierte Repression nicht vereitelt werden.[22]

Überdies sei keineswegs sichergestellt, dass der Verband sich beim pflichtvergessenen Vorstandsmitglied erholen könne. Ein den „Sanktionszweck der Geldbuße konterkarrierender Regress-Automatismus" bestehe nicht, weil die Tatbestände des (Kartell-)Bußgeldrechts und der Geschäftsleiterhaftung nicht annähernd deckungsgleich seien.[23] Den Verband könne deshalb eine Sanktion treffen, ohne dass die Voraussetzungen eines Regressanspruches vorlägen. Weiter verbleibe ein erhebliches Prozessrisiko.[24] Schließlich müsse die Gesellschaft ohnehin den überwiegenden Teil der Sanktion selbst tragen, weil das einzelne Vorstandsmitglied in Anbetracht der in Rede stehenden Summen kaum je in der Lage sei, den Schaden in Gänze zu ersetzen.[25]

bb) Prävention

Unter Präventionsgesichtspunkten gilt zunächst dasselbe: Ist der spezial- und generalpräventive Zweck der Geldbuße mit deren Festsetzung erreicht, könne er durch den nachträglichen Innenregress nicht mehr vereitelt werden.[26] Sowohl der durch einen Regress nicht kompensierbare Imageschaden und Reputationsverlust als auch das verbleibende Prozessrisiko übten weiter präventive Wirkung auf den Verband aus.[27] Schließlich sei auch hier zu bezweifeln, dass der in Regress genommene Organwalter über die nötige Zahlungsfähigkeit verfüge, sodass ein wesentlicher Teil der Buße stets beim Verband verbleibe. Die Präventionswirkung der Sanktion werde durch einen Regress deshalb nicht beeinträchtigt.

Ohnehin wolle die These, der Regress beim Vorstandsmitglied beeinträchtige den präventiven Zweck der Geldbuße, nicht recht einleuchten. Zum

---

21 *Fleischer*, in: BeckOGK-AktG, § 93 Rn. 251, 253; *Hack*, S. 80; *R. Koch*, VersR 2015,[16] S. 655 (658); *Werner*, ZWH 2015,[6] S. 169 (172).

22 *Suchy*, NZG 2015,[15] S. 591 (592).

23 So vor allem *Bayer/Scholz*, GmbHR 2015,[9] S. 449 (452) u. *Scholz*, S. 48 ff. Krit. zu einem solchen Automatismus auch *Blassl*, CCZ 2017,[1] S. 37 (42) u. *Twele*, S. 162.

24 *Suchy*, NZG 2015,[15] S. 591 (592); *Twele*, S. 162.

25 *Bayer/Scholz*, GmbHR 2015,[9] S. 449 (452); *Bayreuther*, NZA 2015,[20] S. 1239 (1242); *Brommer*, Vorstandshaftung, S. 46; *Harzenetter*, S. 135; *Kersting*, ZIP 2016,[27] S. 1266 (1267); *J. Koch*, AG 2012,[12] S. 429 (434 f.); *R. Koch*, VersR 2015,[16] S. 655 (658); *Scholz*, S. 48; *Suchy*, NZG 2015,[15] S. 591 (592); *Twele*, S. 162 f.

26 Vgl. etwa *Hauff*, S. 152.

27 So etwa *Hauff*, S. 150; *Suchy*, NZG 2015,[15] S. 591 (592) u. *Twele*, S. 163.

einen finde die von den Regressgegnern postulierte Letztverpflichtung der Aktionäre im geltenden Recht keine Stütze, weil die Aktiengesellschaft nicht mit ihren Aktionären gleichgesetzt werden dürfe.[28] So habe schon der BGH entschieden, dass die Verbandsgeldbuße keine spezialpräventiven Zwecke bei den Mitgliedern verfolge.[29]

Zum anderen gehe der präventive Zweck der Verbandsgeldbuße dahin, künftige Gesetzesverstöße zu unterbinden.[30] Die Aktiengesellschaft selbst könne jedoch nicht handeln, sondern müsse sich hierzu ihrer Organe bedienen.[31] Zentrales Handlungsorgan der Aktiengesellschaft sei der Vorstand, dessen Mitglieder „an vorderster Front des Geschehens" stünden.[32] Die Aktionäre dagegen seien gesetzlich von der Geschäftsleitung ausgeschlossen und hätten deshalb gar keine Möglichkeit, Rechtsverstöße zu begehen oder zu verhindern.[33] Eine auf die Aktionäre abzielende Geldbuße treffe deshalb „die Falschen"[34] und eine bei ihnen ansetzende Prävention sei – sofern überhaupt möglich[35] – jedenfalls ineffizient.[36] Ungleich besser gelinge die Verhaltenslenkung, wenn die Geldbuße diejenigen ins Auge fasse, die letztlich für die Verstöße verantwortlich seien: die Vorstandsmitglieder.[37] Wenn aber die prä-

---

28 *Bayer/Scholz*, GmbHR 2015[9], S. 449 (453); *Scholz*, S. 51.

29 *Bayer/Scholz*, GmbHR 2015[9], S. 449 (453) unter Verweis auf BGH, Beschl. v. 11. 3. 1986 – KRB 8/85 – wistra 1986[5], S. 221 f. (221). BT-Drs. 18/10207, S. 88 hat eben dieses Urt. gerade umgekehrt gedeutet: Dort heißt es, dass es sich bei der Verbandsgeldbuße gerade „nicht um eine originäre Sanktion als Antwort auf eine eigene Pflichtwidrigkeit der Leitungsperson" handele.

30 Für das Kartellrecht *Bayer/Scholz*, GmbHR 2015[9], S. 449 (453); *Brommer*, Vorstandshaftung, S. 56; *Fabisch*, ZWeR 2013[1], S. 91 (105 f.); *Kapp/Hummel*, ZWeR 2011[3], S. 349 (359 f.); *Kaulich*, S. 292; *Scholz*, S. 51. Siehe auch *Bayreuther*, NZA 2015[20], S. 1239 (1241): „zu rechtstreuem Handeln anhalten".

31 *Bayreuther*, NZA 2015[20], S. 1239 (1241); *Brommer*, Vorstandshaftung, S. 45; *Hauff*, S. 153 ff.; *Kaulich*, S. 293 u. 298.

32 *J. Koch*, AG 2012[12], S. 429 (434).

33 *Bayer/Scholz*, GmbHR 2015[9], S. 449 (452); *Bayreuther*, NZA 2015[20], S. 1239 (1241); *Brommer*, Vorstandshaftung, S. 47 f.; *Kersting*, ZIP 2016[27], S. 1266 (1268); *J. Koch*, AG 2012[12], S. 429 (434); *Reuter*, BB 2016[22], S. 1283 (1290).

34 So *Reuter*, BB 2016[22], S. 1283 (1290), der darin eine systemische Verletzung der Grundrechte von Anteilseignern erkennt u. deshalb die Verbandsgeldbuße an sich in Frage stellt.

35 Mögliche positive Effekte nennen *Thole*, ZHR 173[4] (2009), S. 504 (534) u. *Kröger*, S. 219 f. Vgl. auch *Bachmann*, BB 2015[14], S. 771 (775).

36 *Bayer/Scholz*, GmbHR 2015[9], S. 449 (452); *Kaulich*, S. 299; *Scholz*, S. 51 f. Tendenziell auch *Bayreuther*, NZA 2015[20], S. 1239 (1241) u. *J. Koch*, AG 2012[12], S. 429 (434). Auch *Thole*, ZHR 173[4] (2009), S. 504 (534) räumt ein, dass die von ihm genannten Effekte nur gering ausgeprägt sein dürften.

ventive Wirkung der Sankion bestenfalls beim einzelnen Vorstandsmitglied ansetze, so wäre ein sanktionsrechtlicher Regressausschluss geradezu kontraproduktiv.[38] Die verhaltenssteuernde Wirkung auf den Organwalter entfiele überall dort, wo eine persönliche Sanktion aus rechtlichen oder tatsächlichen Gründen nicht verhängt werde oder werden könne.[39] Besonders schmerzhaft sei dieser Ausfall im europäischen Kartellrecht, das persönliche Sanktionen gegen die Geschäftsleiter selbst nicht vorsehe.[40] Mithin führe der Innenregress nicht nur zu keiner Beeinträchtigung der intendierten Prävention, sondern fördere diese.[41]

b) Keine Bedrohung der Sanktionsentscheidung

Der behördlichen Sanktionsentscheidung drohe durch den Innenregress ebenfalls keine Gefahr. Eine solche käme allenfalls in Betracht, wenn die Verfolgungsbehörde mit der Belastung des Sanktionsadressaten zugleich entscheiden würde, jeden anderen von dieser Belastung auszusparen. Für eine solch abschließende Wirkung der Sanktionsentscheidung finde sich im geltenden Recht jedoch kein Anhaltspunkt.[42]

37 *Bayer/Scholz*, GmbHR 2015,[9] S. 449 (452); *Bayreuther*, NZA 2015,[20] S. 1239 (1241); *Habersack*, in: Karlsruher Forum 2009, S. 5 (31 f.); *Hauff*, S. 155 ff.; *Kapp/Hummel*, ZWeR 2011,[3] S. 349 (359); *Kaulich*, S. 293 u. 298; *Kersting*, ZIP 2016,[27] S. 1266 (1268); *Scholz*, S. 52.

38 So vor allem *Fleischer*, DB 2014,[7] S. 345 (348) u. in: BeckOGK-AktG, § 93 Rn. 254.

39 *Bayreuther*, NZA 2015,[20] S. 1239 (1241); *Fleischer*, DB 2014,[7] S. 345 (348); *Hauger/Palzer*, ZGR 2015,[1] S. 33 (54); *J. Koch*, in: GS Winter (2011), S. 327 (334 f.); *Thole*, ZHR 173[4] (2009), S. 504 (533).

40 *Bayer/Scholz*, GmbHR 2015,[9] S. 449 (452); *Bayreuther*, NZA 2015,[20] S. 1239 (1241); *Brommer*, Vorstandshaftung, S. 45 ff.; *Kaulich*, S. 298; *Kersting*, ZIP 2016,[27] S. 1266 (1268); *J. Koch*, in: GS Winter (2011), S. 327 (334 f.); *Scholz*, S. 50; *Thole*, ZHR 173[4] (2009), S. 504 (533); *Twele*, S. 163.

41 *Bayer/Scholz*, GmbHR 2015,[9] S. 449 (452); *Bayreuther*, NZA 2015,[20] S. 1239 (1241); *Brommer*, Vorstandshaftung, S. 45 f.; *Glöckner/Müller-Tautphaeus*, AG 2001,[7] S. 344 (345); *Kapp/Hummel*, ZWeR 2011,[3] S. 349 (358 u. 359 f.); *R. Koch*, VersR 2015,[16] S. 655 (658); *Scholz*, S. 50 u. 52.

42 *Blaurock*, in: FS Bornkamm (2014), S. 107 (114); *Fleischer*, BB 2008,[21] S. 1070 (1073); *Glöckner/Müller-Tautphaeus*, AG 2001,[7] S. 344 (345); *Harnos*, S. 105; *Hauger/Palzer*, ZGR 2015,[1] S. 33 (55); *Kaulich*, S. 291 f.; *J. Koch*, in: GS Winter (2011), S. 327 (335) u. in: Hüffer/Koch,[14] § 93 Rn. 48; *Scholz*, S. 47; *Spindler*, in: MünchKomm-AktG,[5] § 93 Rn. 194; *Werner*, CCZ 2010,[4] S. 143 (172); *Wilsing*, in: Krieger/Schneider,[2] § 27 Rn. 39 (nicht mehr in: Krieger/Schneider,[3] § 31 Rn. 36).

Mit der Anknüpfung an die Verbände sei weder im deutschen noch im europäischen Kartellrecht eine Privilegierung oder Entlastung der Organmitglieder bezweckt.[43] Das ergebe sich im deutschen Recht schon aus der Möglichkeit, Vorstandsmitglieder mit einer persönlichen Sanktion zu belegen.[44] Die Rechtsprechung[45] habe in verschiedenen Konstellationen den Bußgeldrückgriff zugelassen, sodass ein speziell aktienrechtliches Regressverbot eine in höchstem Maße begründungsbedürftige Ausnahme wäre.[46] Im europäischen Kartellrecht ist insoweit auf Art. 12 Abs. 3, Art. 5 Satz 2, 3. SpStr. und den 8. Erwägungsgrund der VO (EG) Nr. 1/2003 verwiesen worden.[47] Art. 12 Abs. 3 regelt, wann nach Abs. 1 ausgetauschte Informationen als Beweismittel verwendet werden dürfen, um nach innerstaatlichem Recht vorgesehene „Sanktionen gegen natürliche Personen" zu verhängen. Art. 5 Satz 2, 3. SpStr. räumt den Mitgliedstaaten das Recht ein, neben Geldbußen und Zwangsgeldern auch „sonstige im innerstaatlichen Recht vorgesehene Sanktionen" zu verhängen. Der 8. Erwägungsgrund der VO (EG) Nr. 1/2003 spricht von innerstaatlichen Rechtsvorschriften, „mit denen natürlichen Personen strafrechtliche Sanktionen auferlegt werden" dürfen. Wenn aber das europäische Kartellrecht schon auf Sanktionsebene keine abschließende Wirkung für sich beanspruche, so könne eine solche Wirkung auf zivilrechtlicher Ebene erst recht nicht begründet werden.[48]

Überdies müsse auch hier die Trennung von Sanktion und Haftung beachtet werden. Maßstab für die Entscheidung der Verfolgungsbehörde sei

43 Für das europäische Kartellrecht so zuerst *Glöckner/Müller-Tautphaeus*, AG 2001[7], S. 344 (345). Zust. *Brommer*, Vorstandshaftung, S. 56; *Fabisch*, ZWeR 2013[1], S. 91 (104). Siehe auch *Bayer/Scholz*, GmbHR 2015[9], S. 449 (451); *Kersting*, ZIP 2016[27], S. 1266 (1268); *Scholz*, S. 47; *Twele*, S. 163.

44 *Bayer/Scholz*, GmbHR 2015[9], S. 449 (451); *Scholz*, S. 47.

45 Im Kontokorrentvertrag: BGH, Urt. v. 31. 1. 1957 – II ZR 41/56 – BGHZ **23**, 222 ff. Zur Haftung des Steuerberaters: RG, Urt. v. 10. 6. 1942 – III 14/42 – RGZ **169**, 267 ff. (269); BGH, Urt. v. 14. 11. 1996 – IX ZR 215/95 – JZ 1997[23], S. 1177 ff. (1178) u. Urt. v. 15. 4. 2010 – IX ZR 189/09 – VersR 2011[3], S. 132 ff. (Rn. 7 ff.). Im Arbeitsverhältnis: RAG, Beschl. v. 27. 11. 1942 – RAG 88/42 – RAGE **27**, 43 ff. (45); BAG, Urt. v. 16. 2. 1995 – 5 AZR 493/93 – NJW 1995[48], S. 3204 f. (3204).

46 *Thole*, ZHR 173[4] (2009), S. 504 (532). Siehe auch *Bayer*, in: FS K. Schmidt (2009), S. 85 (96); *Bayer/Scholz*, GmbHR 2015[9], S. 449 (451); *Fleischer*, in: BeckOGK-AktG, § 93 Rn. 251, 256; *Hack*, S. 80; *Hopt/Roth*, in: GroßKomm-AktG[5], § 93 Rn. 419; *J. Koch*, in: GS Winter (2011), S. 327 (336), in: Hüffer/Koch[14], § 93 Rn. 48 u. in: MünchHdb-GesR VII (CL)[6], § 30 Rn. 23; *Scholz*, S. 45 f.; *Twele*, S. 165.

47 *Bayer/Scholz*, GmbHR 2015[9], S. 449 (451); *Fabisch*, ZWeR 2013[1], S. 91 (104); *J. Koch*, in: GS Winter (2011), S. 327 (335 f.); *Scholz*, S. 47; *Werner*, ZWH 2015[6], S. 169 (172).

allein die Frage, „ob öffentliche Interessen eine Sanktion sowohl des Unternehmens als auch des Vorstandsmitglieds“ erforderten.[49] Dabei werden die Geldbußen gegenüber dem Organmitglied und dem Verband der Höhe nach unabhängig voneinander festgesetzt.[50] Mit Festsetzung der Geldbuße seien die staatlichen Sanktionsinteressen jedoch befriedigt.[51] Wer die Sanktion letztlich zu tragen habe, könne „aus dieser öffentlich-rechtlichen Perspektive nicht von Belang“ sein.[52] Das Ordnungsrecht könne für diese zivilrechtliche Frage keine Vorgaben machen,[53] die Behörde über die Letztverpflichtung nicht entscheiden.[54] Eine solche Entscheidungsbefugnis der Behörde wird als „äußerst bedenklich“[55] wahrgenommen, würde sie doch einen „massiven Eingriff in die Verbandsautonomie“[56] bedeuten. Steht der Behörde das Recht zur Festlegung des Letztverpflichteten gar nicht zu, so braucht ihre Entscheidung auch nicht vor einer Weiterleitung der Belastung an den nach zivilrechtlichen Maßstäben tatsächlich Verantwortlichen geschützt werden.

48 So vor allem *J. Koch*, in: GS Winter (2011), S. 327 (336). Zust. *Hauger/Palzer*, ZGR 2015,[1] S. 33 (55). Krit. hinsichtlich dieser Ableitung *Bayer/Scholz*, GmbHR 2015,[9] S. 449 (451) u. *Scholz*, S. 47.

49 So noch *Wilsing*, in: Krieger/Schneider,[2] § 27 Rn. 39 (nicht mehr in: Krieger/Schneider,[3] § 31 Rn. 36). Siehe auch *Glöckner/Müller-Tautphaeus*, AG 2001,[7] S. 344 (346); *Kaulich*, S. 292; *Kersting*, ZIP 2016,[27] S. 1266 (1268); *Twele*, S. 165.

50 *Glöckner/Müller-Tautphaeus*, AG 2001,[7] S. 344 (346); *Kaulich*, S. 291; *Suchy*, NZG 2015,[15] S. 591 (593); *M. Zimmermann*, WM 2008,[10] S. 433 (437).

51 *Blaurock*, in: FS Bornkamm (2014), S. 107 (114 f.); *Fleischer*, BB 2008,[21] S. 1070 (1073); *Hack*, S. 80; *Suchy*, NZG 2015,[15] S. 591 (592); *Werner*, ZWH 2015,[6] S. 169 (172); *M. Zimmermann*, WM 2008,[10] S. 433 (437).

52 So *M. Zimmermann*, WM 2008,[10] S. 433 (437). Zust. *Blaurock*, in: FS Bornkamm (2014), S. 107 (115). Ähnlich *Kaulich*, S. 292.

53 *Fabisch*, ZWeR 2013,[1] S. 91 (106); *Fleischer*, BB 2008,[21] S. 1070 (1073) u. in: BeckOGK-AktG, § 93 Rn. 253; *Hopt/Roth*, in: GroßKomm-AktG,[5] § 93 Rn. 419; *Kersting*, ZIP 2016,[27] S. 1266 (1267); *Werner*, ZWH 2015,[6] S. 169 (172); *M. Zimmermann*, WM 2008,[10] S. 433 (437).

54 *Glöckner/Müller-Tautphaeus*, AG 2001,[7] S. 344 (346); *Kaulich*, S. 291 f.; *Twele*, S. 164 f.; *Wilsing*, in: Krieger/Schneider,[2] § 27 Rn. 39 (nicht mehr in: Krieger/Schneider,[3] § 31 Rn. 36); *M. Zimmermann*, WM 2008,[10] S. 433 (437).

55 *Twele*, S. 164 f.

56 *Kaulich*, S. 292.

3. Methodische Kritik

Während sich die inhaltliche Kritik meines Erachtens vollständig entkräften lässt, steht der sanktionsrechtliche Regressausschluss in der bisher vertretenen Form methodisch tatsächlich „auf tönernen Füßen."[57] Bezeichnenderweise ist das LAG Düsseldorf[58] einen genauen methodischen Anknüpfungspunkt schuldig geblieben: Es mache keinen Unterschied, ob der bußgeldbezogene Regressausschluss „über den höchstpersönlichen Charakter einer […] Geldbuße" oder „eine normative Einschränkung der zuzurechnenden Schadensfolgen" hergeleitet werde. Dem unter Entscheidungszwang stehenden Gericht mag aus diesem praxis-tauglichen Pragmatismus kein übermäßiger Vorwurf gemacht werden.[59] Im wissenschaftlichen Diskurs darf der Rückzug auf eine „argumentative Wahlfeststellung" jedoch nicht genügen.

a) Begründungsdefizit der Regressgegner

Tatsächlich weisen die Ansätze der Regressgegner ein gravierendes Begründungsdefizit auf. Die Diskussion nahm ihren Ausgangspunkt bei den zivilrechtlichen Haftungsvorschriften. Das Vorstandsmitglied, das eine Ordnungswidrigkeit begeht, hat in der Regel auch gegenüber der Gesellschaft eine Pflicht verletzt. Diese Pflichtverletzung habe mit der verhängten Verbandsgeldbuße – auch nach Ansicht der Befürworter eines Regressausschlusses[60] – zu einem Vermögensschaden der Gesellschaft geführt. In Ermangelung sons-

57 So die Kritik bei *Brommer*, Vorstandshaftung, S. 45.

58 Urt. v. 20. 1. 2015 – 16 Sa 459/14 („*Schienenkartell I*") – ZIP 2015,[17] S. 829 ff. (832).

59 Gleichwohl ist der Hinweis auf die „dogmatische Inkonsistenz der Entscheidung" bei *Suchy*, NZG 2015,[15] S. 591 (593) berechtigt. Auch *Bayer/Scholz*, GmbHR 2015,[9] S. 449 (451) bemängeln (in Fn. 20 a. E.), dass „die methodischen Anforderungen an die Annahme eines Regressausschlusses […] weithin nicht thematisiert" würden.

60 Siehe LAG Düsseldorf, Urt. v. 20. 1. 2015 – 16 Sa 459/14 („*Schienenkartell I*") – ZIP 2015,[17] S. 829 ff. (830): „Gleichwohl kommt eine Haftung für *diesen Schaden* […]" Herv. nur hier. *Dreher*, in: FS Konzen (2006), S. 86 (103 f.); *Grunewald*, NZG 2016,[29] S. 1121 (1122 f.) u. *Horn*, ZIP 1997,[26] S. 1129 (1136) sehen den Bußgeldschaden außerhalb des Schutzzwecks der Norm. *Thomas*, NZG 2015,[36] S. 1409 (1416) entzieht solche Vermögensbelastungen dem § 93 Abs. 2 Satz 1 AktG kraft teleologischer Reduktion. Das setzt jeweils die Qualifikation als Schaden voraus.

tiger Anknüpfungspunkte suchten[61] und suchen[62] die Regressgegner ihr Heil deshalb bei der Schadenszurechnung – genauer: der Lehre vom Schutzzweck der Norm.

Nach dieser Lehre besteht eine Schadenersatzpflicht nur, „wenn die Tatfolgen, für die Ersatz begehrt wird, aus dem Bereich der Gefahren stammen, zu deren Abwendung die verletzte Norm erlassen" worden ist.[63] Die Befürworter des Regressausschlusses hätten mithin zweierlei leisten müssen: Zum einen hätte der Bereich der Gefahren benannt werden müssen, zu deren Abwendung § 93 Abs. 2 Satz 1 AktG erlassen worden ist. Zum anderen wäre der Beweis zu führen gewesen, dass die Geldbuße als Konsequenz der Verletzung der Legalitätspflicht diesem Bereich nicht zuzuordnen ist. Beides ist bislang weder gelungen noch recht unternommen worden.

Statt den Schutzzweck des § 93 Abs. 2 Satz 1 AktG heranzuziehen, haben die Regressgegner vielmehr mit Sinn und Zweck der Ordnungswidrigkeitentatbestände argumentiert.[64] Für *Dreher*[65] würde ein Bußgeldregress „zu einer mit dem *Sinn und Zweck der Kartellbußgeldrechte* nicht zu vereinbarenden Entlastung der Unternehmen" führen. *Horn*[66] meldet Zweifel an der Schadenszurechnung an, die „aus dem *Sanktionszweck des Bußgeldbescheides*" folgen. *Kröger*[67] fragt, ob der Bußgeldregress „im Konflikt mit

61 Sehr zaghaft noch *Horn*, ZIP 1997,[26] S. 1129 (1136), der eine „Einschränkung des Schutzzwecks des § 93 Abs. 2 AktG" lediglich in Erwägung zieht u. es ohnehin nur unternimmt, „Bilanz zu ziehen und [...] auf noch klärungsbedürftige Teilfragen hinzuweisen", so die Einleitung auf S. 1129. Ganz ausdr. dagegen *Dreher*, in: FS Konzen (2006), S. 86 (109): „Regressansprüche wegen Unternehmensgeldbußen liegen [...] außerhalb des Schutzbereichs der Norm."

62 Siehe die Abschnittsüberschrift „V. Schutzzweck der Norm" bei *Grunewald*, NZG 2016,[29] S. 1121 (1122).

63 So der BGH, Urt. v. 20. 5. 2014 – VI ZR 381/13 – BGHZ **201**, 263 ff. (Rn. 10) m. w. N. aus Rspr. u. Lit. Ausf. zur Lehre vom Schutzzweck der Norm *Deutsch*, HaftungsR,[2] Rn. 298 (S. 195); *H. Lange*, in: Lange/Schiemann,[3] § 3 IX 1 (S. 101 ff.) u. *Oetker*, in: MünchKomm-BGB,[8] § 249 Rn. 120 ff. jew. m. w. N.

64 Sehr präzise hat *Harnos*, S. 105 diesen Vorwurf formuliert. Auch *Bayer*, in: FS K. Schmidt (2009), S. 85 (97) – „der Schutzbereich der Haftungsnorm [...] ist nicht berührt" – u. *J. Koch*, in: GS Winter (2011), S. 327 (338) – „methodisch eher eine teleologische Reduktion aufgrund systematischer-teleologischer Erwägungen [...] als eine Begrenzung über den Schutzzweck der Norm" – sind wohl dahin zu verstehen.

65 So in: FS Konzen (2006), S. 86 (107). Herv. nur hier. Siehe auch *Dreher*, VersR 2015,[19] S. 781 (787), wonach sich das Entfallen des Zurechnungszusammenhangs „aus dem Sanktionszweck der Unternehmensgeldbußen" ergebe.

66 ZIP 1997,[26] S. 1129 (1136). Herv. nur hier.

67 S. 226. Herv. nur hier.

den *Sanktionszwecken der Verbandsgeldbuße*“ stehe. *Grunewald*[68] will die Weiterreichung von Bußgeldern im Regresswege nicht zulassen, weil „Sinn und Zweck [...] des Bußgeldes (Prävention)“ dem entgegenstünden.

Damit ist nicht beantwortet, welche Gefahren § 93 Abs. 2 Satz 1 AktG abzuwenden versucht. Geschweige denn lässt sich hieraus ableiten, ob die Geldbuße als Schadensposition diesem Gefahrenbereich zuzuordnen ist. Eine „normative Einschränkung der zuzurechnenden Schadensfolgen“[69] über den Schutzzweck der Norm lässt sich auf diese Weise nicht begründen.

b) Schutzbereich nicht berührt

Vereinzelt ist versucht worden, den positiven Nachweis zu erbringen, dass die Verbandsgeldbuße dem Schutzbereich der aktienrechtlichen Binnenhaftung zuzuordnen sei.[70] Der Schutzzweck des § 93 Abs. 2 Satz 1 AktG wird gemeinhin[71] mit Kompensation und Prävention angegeben.[72] Die Gesellschaftsinteressen sollen unter anderem nicht dadurch gefährdet werden, dass die Geschäftsleitung sanktionsbewährte Normen missachtet.[73] Dann aber sei die „dem Vorstandsmitglied auferlegte unternehmerische Pflicht zum gesetzestreuen Verhalten“ vom Schutzbereich erfasst.[74] Der in dem Bußgeld bestehende Schaden stamme hiernach aus dem Bereich jener Gefahren, zu deren Abwendung § 93 Abs. 2 Satz 1 AktG bestimmt sei. Für eine Einschränkung über den Schutzzweck der Norm verbleibe kein Raum.[75]

---

68 NZG 2016,[29] S. 1121 (1124).

69 LAG Düsseldorf, Urt. v. 20. 1. 2015 – 16 Sa 459/14 („*Schienenkartell I*“) – ZIP 2015,[17] S. 829 ff. (832).

70 Vor allem *Fabisch*, ZWeR 2013,[1] S. 91 (103). Im Ergebnis ebenso *Bayer*, in: FS K. Schmidt (2009), S. 85 (97); *Hauff*, S. 110; *J. Koch*, in: GS Winter (2011), S. 327 (338) m. w. N. in Fn. 56 u. *Scholz*, S. 54.

71 Siehe nur *Brommer*, AG 2013,[4] S. 121 (122); *Fleischer*, in: BeckOGK-AktG, § 93 Rn. 2; *Hölters*, in: Hölters,[3] § 93 Rn. 8; *Kaulich*, S. 281; *J. Koch*, in: Hüffer/Koch,[14] § 93 Rn. 1; *Scholz*, S. 278; *Thomas*, Haftungsfreistellung, S. 145 ff.; *Twele*, S. 110.

72 In der Sache ist mit diesen Worthülsen freilich nichts gewonnen. Siehe dazu noch – in aller Kürze – die Hinweise unter § 14 B. II. (S. 573).

73 *Harnos*, S. 105 f.

74 *Fabisch*, ZWeR 2013,[1] S. 91 (103).

75 *Fabisch*, ZWeR 2013,[1] S. 91 (103).

c) Keine teleologische Reduktion

Jene Regressbefürworter, die den genauen Schutzzweck des § 93 Abs. 2 Satz 1 AktG offen ließen, zogen aus der übrigen Kritik eine weitreichende Konsequenz: Ein Regressausschluss käme nur mehr unter den Voraussetzungen einer teleologischen Reduktion des § 93 Abs. 2 Satz 1 AktG in Betracht.[76] Hierzu genüge die bloße Abwägung von Zweckmäßigkeitsgesichtspunkten jedoch nicht.[77] Die – vermeintlich[78] – eindeutige Regressanordnung dürfe nur unbeachtet bleiben, wenn sich der „Befund rechtspolitischer Wünschbarkeit" zu einer „teleologischen Zwangsläufigkeit" verdichte,[79] sprich: gesetzgeberische Wertungen einem Regress zwingend entgegenstünden.[80]

Diese Voraussetzungen seien jedoch nicht erfüllt.[81] Zum einen kann hier auf die eben[82] nachgezeichnete inhaltliche Kritik verwiesen werden, wonach der Regress weder den Sanktionszweck noch die behördliche Sanktionsentscheidung gefährde. Insofern müsste schon bezweifelt werden, dass ordnungsrechtliche Wertungen einem Regress überhaupt entgegenstehen. Wollte man dies anders sehen, so obläge es den Regressgegnern, das dann erforderliche und bislang nur implizierte Vorrangverhältnis des Sanktionsrechts gegenüber dem Zivilrecht nachzuweisen.[83] Vor dem Hintergrund der Trennung von Sanktion und Haftung erscheine ein entsprechender Nachweis jedoch nicht

---

76 So zuerst *J. Koch*, in: GS Winter (2011), S. 327 (334, 335 u. 338). Zust. *Bayer/Scholz*, GmbHR 2015[9], S. 449 (451); *Hauff*, S. 116; *Spindler*, in: MünchKomm-AktG[5], § 93 Rn. 194; *Scholz*, S. 54.

77 *J. Koch*, in: GS Winter (2011), S. 327 (335). Ebenso *Bayer/Scholz*, GmbHR 2015[9], S. 449 (451) unter Verweis auf *Bydlinski*, Methodenlehre[2], S. 480. Siehe auch *Bayreuther*, NZA 2015[20], S. 1239 (1240); *Hauff*, S. 116; *Scholz*, S. 52.

78 Ausf. zur tatsächlichen Mehrdeutigkeit des gesetzlichen Entscheidungsmaßstabs der zivilrechtlich-methodische Teil dieser Arbeit, §§ 4–6.

79 *J. Koch*, in: GS Winter (2011), S. 327 (335).

80 *Bayer/Scholz*, GmbHR 2015[9], S. 449 (451); *Brommer*, Vorstandshaftung, S. 44; *J. Koch*, in: GS Winter (2011), S. 327 (334 u. 336); *Scholz*, S. 46.

81 *Bayer/Scholz*, GmbHR 2015[9], S. 449 (451); *Brommer*, Vorstandshaftung, S. 44; *J. Koch*, in: GS Winter (2011), S. 327 (334 f.); *Scholz*, S. 54; *Spindler*, in: MünchKomm-AktG[5], § 93 Rn. 194. A. A. bislang wohl nur *Thomas*, NZG 2015[36], S. 1409 (1413 f.).

82 Siehe dazu 2. a) (S. 80).

83 So vor allem *Brommer*, Vorstandshaftung, S. 43 f. Vorher bereits in diese Richtung *J. Koch*, in: GS Winter (2011), S. 327 (336).

möglich.[84] Jedenfalls aber seien die Regressgegner[85] eine entsprechende Herleitung bislang schuldig geblieben.[86]

4. Resumée in Thesen

Die Argumentation der Regressbefürworter[87] lässt sich hiernach in folgenden Thesen zusammenfassen:

1. Der Ahndungsteil einer Geldbuße ist dem Regress nicht entzogen. Die Aktiengesellschaft kann das pflichtvergessene Vorstandsmitglied insoweit grds. in Anspruch nehmen.
2. Öffentlich-rechtliche Wertungen haben für den zivilrechtlichen Schadensausgleich keine Bedeutung. Sie stehen dem Regress nicht entgegen, weil zwischen Sanktion und Haftung strikt zu trennen ist.
3. Wegen dieser Trennung von Sanktion und Haftung lässt der Regress des Ahndungsteils sowohl den Sanktionszweck der Buße als auch die behördliche Sanktionsentscheidung unberührt.
4. Vielmehr ist es der Regressausschluss, der den Sanktionszweck zu vereiteln droht, weil die verhaltenslenkende Wirkung der Geldbuße auf das Vorstandsmitglied abzielt und dieses ohne Regress vielfach nicht erreichen kann.
5. Für einen Regressausschluss fehlt ohnehin ein überzeugendes methodisches Konzept.

D. Bewertung und Ausblick

I. Bewertung

Der Streit um den Ahndungsteil ist alles andere als ausgestanden. In langer Auseinandersetzung haben Regressbefürworter und -gegner ihre Argumente in Stellung gebracht. Weder lassen sich die vorgebrachten Argumente miteinander vereinbaren, noch haben sie die nötige Überzeugungskraft, um das gegnerische Lager für sich einzunehmen. Nennenswert neue Impulse sind

---

84 Siehe nur *Brommer*, Vorstandshaftung, S. 44: „ein dafür erforderliches Vorrangverhältnis […] gibt es nicht“.

85 Siehe insoweit aber *Thomas*, NZG 2015,[36] S. 1409 (1413 f.).

86 *Brommer*, Vorstandshaftung, S. 44.

87 Auffallend sind die Widersprüche zu den Thesen beim Abschöpfungsteil, siehe B. III. (S. 68).

trotz zahlreicher neuer Beiträge nicht zu verzeichnen.[88] Die festgefahrene Diskussion scheint „Argumente-gesättigt.“

Wenn die Ausdifferenzierung der bisherigen Argumentationslinien in den zurückliegenden Jahren keine Annäherung gebracht hat, so verspricht auch das Bemühen um immer weitere Ausdifferenzierung keinen Erfolg. Als zielführend könnte sich jedoch der umgekehrte Weg erweisen. Statt in der „sichtbaren Auseinandersetzung“ um Einzelargumente Partei zu ergreifen, soll zunächst der „unsichtbare Teil“ der Auseinandersetzung freigelegt werden. Gemeint sind die Wertungen und Prämissen, die zu den Argumentationslinien führen. Ist damit das Kernproblem, die causa prima des Gegensatzes erkannt, kann auf dieser Grundlage ein neuer Lösungsversuch gewagt werden.

Blickt man entsprechend an den Einzelargumenten vorbei, so fällt – eine Ebene darunter – ein Kriterium auf, das die Befürworter eines Regressausschlusses eint und vom gegnerischen Lager trennt. Die Unterscheidung gelingt, wenn man nach der genauen Konsequenz eines Bußgeldregresses fragt, an der Anstoß genommen wird. Insoweit wurde an den Sanktionscharakter und die systematische Überforderung des Vorstandsmitglieds angeknüpft.

Die Regressgegner befürchten, dass die Überwälzung der Geldbuße auf das Vorstandsmitglied die Sanktionswirkung verfälscht. Zu einer durch den Bußgeldregress ausgelösten Überforderung des Vorstandsmitglieds kann es bei dieser Lösung nicht kommen. Dass es bei Zulassung des Regresses zu einer solchen kommen kann, ist für sie lediglich ein stützendes Argument, das die eigene These eines Regressausschlusses untermauert. Umgekehrt ist es allein diese Überforderung des Vorstandsmitglieds, an der sich die Regressbefürworter stören. Ob diese systematisch angelegte Überforderung zufällig[89] auf einer hoheitlichen Maßnahme mit Sanktionscharakter beruht, ist für sie ohne jede Bedeutung. Deshalb genügt ihnen eine Beschränkung des Regresses auf eine – nach welchen Maßstäben auch immer – angemessene Höhe.

Auch dieser Gegensatz lässt sich auf eine noch tiefer liegende Ursache zurückführen. Den richtigen Weg hat insoweit *Brommer* gewiesen: Er warf den Regressgegnern[90] vor, ihre Argumentation beruhe auf einem „zwar nicht ausdrücklich ausgesprochenen, aber offensichtlich angenommenen Vorrang-

88 Für eine instruktive Zusammenstellung des Streitstandes sei insoweit auf *Hauff*, S. 111 ff. verwiesen.

89 Siehe die Wiedergabe bei *Brommer*, Vorstandshaftung, S. 36 m. zahlr. Nw. in Fn. 11: Dem „Umstand, dass der Schadensposten der Gesellschaft *zufällig in einem Bußgeld besteht*, [komme] keine besondere Bedeutung für die Ausgestaltung des Regresses“ zu. Herv. nur hier.

verhältnis“ des Sanktionsrechts über das Zivilrecht.[91] Das ist uneingeschränkt richtig. Die Befürworter eines Regressausschlusses beschränken nach eigener Ansicht die an sich eingreifende zivilrechtliche Haftung, um die Sanktionswirkung der Geldbuße nicht zu verfälschen. Sie gewähren dem Sanktionsrecht insoweit den Vorrang.

Bislang ist jedoch übersehen worden, dass sich dieser Vorwurf in sein Gegenteil verkehren lässt. Denn die Argumentation der herrschenden Meinung geht ihrerseits von einem nicht weniger postulierten Vorrang des Zivilrechts aus. Ohne jede Begründung wird die zivilrechtliche Haftungsanordnung zum gedanklichen Ausgangspunkt erwählt.[92] Von deren „wortlautgemäße[r] Anwendung“ sei nur abzuweichen, wo der „gesellschaftsrechtliche Innenregress durch zwingende sanktionsrechtliche Erwägungen überlagert“ werde.[93] Wieso jedoch § 93 AktG der gedankliche Ausgangspunkt sein *muss* und das Zivilrecht von sanktionsrechtlichen Erwägung *überlagert* wird, bleibt völlig offen. Wenigstens so gut ließe sich das Gegenteil vertreten: Die sanktionsrechtlichen Normen wären dann der gedankliche Ausgangspunkt. Sie würden von zivilrechtlichen Erwägungen überlagert, denen nur nachzugeben wäre, wenn diese zwingend entgegenstünden.

Darin ist meines Erachtens die causa prima für den scharfen Gegensatz gefunden: Die Frage nach der Zulässigkeit des Bußgeldregresses ist ein klassisches Kollisionsproblem.[94] Die Anknüpfungstat des Organwalters ist als einheitlicher Lebenssachverhalt an der Gesamtrechtsordnung zu messen. Das private Haftungsrecht und das öffentliche Sanktionsrecht regeln diesen

90 Ausdr. bezog sich dieser Vorwurf nur auf *Dreher*, in: FS Konzen (2006), S. 86 (104 ff.) u. *Kröger*, S. 227 ff. u. 247 ff.

91 *Brommer*, Vorstandshaftung, S. 43 f.

92 Siehe vor allem *J. Koch*, in: GS Winter (2011), S. 327 (336): „Gedanklicher Ausgangspunkt *muss* [...] die Haftungsanordnung in § 93 AktG [...] sein“. Siehe auch *Bayer/Scholz*, GmbHR 2015? S. 449 (451): „Eine Beurteilung der Möglichkeiten des Bußgeldregresses *muss* ihren Ausgangspunkt in der Feststellung nehmen, dass eine Kartellgeldbuße nach allgemeinen zivilrechtlichen Grundsätzen einen Schaden der Gesellschaft darstellt.“ Herv. jew. nur hier. Besonders deutlich etwa auch *Hauff*, S. 135, die fragt, „ob die Einheit der Rechtsordnung eine teleologische Reduktion des Schadensbegriffs des § 93 Abs. 2 Satz 1 AktG“ gebiete.

93 So *Brommer*, Vorstandshaftung, S. 44. Siehe auch *J. Koch*, in: GS Winter (2011), S. 327 (336), für den § 93 AktG „nur dann zu missachten wäre, wenn sich dies *zwingend* aus systematisch-teleologischen Erwägungen ergäbe.“ Herv. nur hier.

94 Ähnlich *Hauff*, S. 134: Der Verbandsgeldbußenregress tangiere „zwei Rechtsgebiete [...], woraus ein gewisses Spannungsverhältnis“ resultiere. Auch sie setzt – unausgesprochen – einen Vorrang des Zivilrechts voraus u. löst die Kollision deshalb in Begründung u. Ergebnis anders auf, als dies hier geschehen wird.

Sachverhalt mit unterschiedlichen, möglicherweise gar entgegengesetzten Rechtsfolgen.[95] Die sich berührenden[96] Regelungsbereiche sind gleichrangig und nicht durch eine ausdrückliche Kollisionsregelung aufeinander abgestimmt.[97] Mithin ist es Aufgabe des Rechtsanwenders, die Interessen und Wertungen bestmöglich zur Geltung und, wo nötig, zum Ausgleich zu bringen.

Eine solche Abstimmung ist bislang jedoch nicht erfolgt. Vielmehr haben die einen das Zivilrecht, die anderen das Sanktionsrecht für vorrangig erachtet. Diese Entscheidung ist unbewusst erfolgt und deshalb nie begründet oder zur Disposition gestellt worden. Solange aber das Verhältnis von Sanktions- und Zivilrecht unterschiedlich bewertet wird, fehlt ein gemeinsamer Referenzrahmen, der Grundlage für jeden Meinungsaustausch ist. Ohne ihn wird den verschiedenen Argumenten unbewusst ein unterschiedliches Gewicht beigemessen. Der argumentative Schlagabtausch geht aneinander vorbei, gleich jenem zweier Boxer, die mit dem Rücken zueinander stehen.

II. Ausblick

Mit dieser Einsicht ist der Gang der Untersuchung vorgezeichnet. Noch bevor die zivilrechtlichen und öffentlich-rechtlichen Wertungen auf einen Konflikt hin zu untersuchen sind, ist das methodische und argumentative Fundament zu legen und damit der Referenzrahmen aufzuspannen. Allem voran ist hierzu der genaue Berührungspunkt bzw. die Schnittstelle der a priori gleichrangigen Regelungskomplexe zu ermitteln. An dieser Schnittstelle wird auch

---

95 Vgl. die Definition der Normkollision bei *Rüthers/Fischer/Birk*, Rechtstheorie,[11] Rn. 271.

96 Ob es sich hierbei um eine friktionslose Kollision oder einen ausgemachten Konflikt handelt, soll erst später untersucht werden, siehe § 12.

97 Eine ausdr. Kollisionsregel ist enthalten etwa in § 10 des Kölner Entwurfs eines Verbandssanktionengesetzes – *Henssler* et al., NZWiSt 2018, S. 1 (2) – u. in § 11 des österreichischen Verbandsverantwortlichkeitsgesetzes – (öst.) BGBl. I, Nr. 151/2005, S. 4. In der Begründung zu letzterem – ErläutRV 994 BlgNR 22. GP, S. 30 – heißt es nota bene: „Könnte der Verband die ihn treffenden Rechtsfolgen, insbesondere die Geldbuße, wiederum auf Einzelne überwälzen, so würde dies dem Zweck der Verbandsverantwortlichkeit diametral zuwiderlaufen. Tatsächlich könnte argumentiert werden, dass ein solcher Rückgriff nach allgemeinen zivilrechtlichen Grundsätzen unzulässig wäre, etwa wegen Sittenwidrigkeit. [Absatz] Zur Vermeidung von Unklarheiten – und Anregungen im Begutachtungsverfahren folgend – empfiehlt sich jedoch eine ausdrückliche Regelung."

zu untersuchen sein, ob und wie eine zur Abstimmung etwaig erforderliche Modifikation des einen oder des anderen Regelungsbereichs methodisch umgesetzt werden kann. Das wird zugleich darüber Aufschluss geben, mit welchem „Kampfgewicht“ die zivilrechtlichen und öffentlich-rechtlichen Wertungen aufeinander treffen, sprich: welche Rechtsfolge sich unter welchen Voraussetzungen durchsetzt. Erst wenn diese Vorarbeiten geleistet sind, können die sich berührenden Regelungskomplexe zum Ausgleich gebracht und kann die Frage nach der Zulässigkeit des Bußgeldregresses angegangen werden.

Diese Erkenntnisse werden sich auch für den Abschöpfungsteil fruchtbar machen lassen. Dort ist die Kollisionsproblematik unbewusst viel stärker beachtet worden. Gleichwohl hängt das dort gefundene Ergebnis, wonach für den Abschöpfungsteil bzw. die tatsächlich entstandenen Vorteile kein Ersatz verlangt werden kann, methodisch völlig in der Luft. Auf Grundlage der eben skizzierten Vorarbeiten wird sich diese Lücke schließen und der entsprechende Regressausschluss methodisch wie inhaltlich überzeugend herleiten lassen.

Zweiter Teil
Der Schaden als Voraussetzung der Ersatzpflicht

§ 4 Gesetzliche Anknüpfungspunkte

> *„In der Masse von Begriffen, Regeln und Kunstausdrücken, die wir von unsren Vorgängern empfangen, wird unfehlbar der gewonnenen Wahrheit ein starker Zusatz von Irrthum beygemischt seyn, der mit der traditionellen Macht eines alten Besitzstandes auf uns einwirkt und leicht die Herrschaft über uns gewinnen kann. Um dieser Gefahr zu begegnen, müssen wir wünschen, daß von Zeit zu Zeit die ganze Masse des Überlieferten neu geprüft, in Zweifel gezogen, um seine Herkunft befragt werde.“*
>
> Friedrich Carl v. *Savigny*
> Aus der Vorrede (S. XI) zum
> System des heutigen Römischen Rechts, Bd. 1 (1840)

Die Suche nach dem genauen Berührungspunkt von Zivil- und Ordnungswidrigkeitenrecht soll damit beginnen, taugliche Anknüpfungspunkte in der maßgebenden Haftungsanordnung aufzuspüren. Damit ist zugleich die verschiedentlich zu lesende These zu entkräften, wonach die wortlautgetreue oder buchstabengemäße Anwendung des Gesetzes ohne größere Deutungsspielräume zu einem der Höhe nach unbeschränkten Regress bei dem pflichtvergessenen Vorstandsmitglied führe.[1] Dem Wortlaut des § 93 Abs. 2 Satz 1 AktG – so die Argumentation – fehle ein wertungsoffener Begriff, der als Anknüpfungspunkt für eine Korrektur verwendet werden könne.[2]

Diese Einschätzung soll in diesem Kapitel *neu geprüft, in Zweifel gezogen* und *um ihre Herkunft befragt* werden.[3] Dabei wird sich zeigen, dass auch ihr *ein starker Zusatz von Irrtum beigemischt* ist.[4] Dieser beruht letztlich darauf, dass § 93 Abs. 2 Satz 1 AktG[5] erst im Zusammenspiel mit den §§ 249 ff. BGB

1 So sinngemäß *Brommer*, Vorstandshaftung, S. 29, 43 f. u. 232; *Fleischer*, ZIP 2014[28] S. 1305 (1307); *J. Koch*, in: GS Winter (2011), S. 327 (330, 334 u. 335) u. in: AG 2012[12] S. 429 (432); *Scholz*, S. 106. Siehe auch *Kersting*, ZIP 2016[27] S. 1266 (1266), den ein auf Geldbußen beschränkter Regressausschluss „verwundert“. *Bayreuther*, NZA 2015[20] S. 1239 (1240) spricht von „insoweit eindeutigen Bestimmungen des Schadensrechts“, mit denen „der Fall an sich entschieden“ scheine.

2 Ausdr. *Konrads*, S. 35; ähnlich auch *Kersting*, ZIP 2016[27] S. 1266 (1270), für den das geltende Recht „keinen überzeugenden Anhaltspunkt [bietet], um diese reinen Billigkeitserwägungen aufzugreifen“.

3 Vgl. das Eingangszitat.

4 Siehe auch insoweit das Eingangszitat.

zu einer vollständigen Regelung führt und die Verzahnung dieser Regelungskomplexe bislang zu wenig genau untersucht worden ist. Das hat zur Folge, dass entscheidende Haftungsvoraussetzungen – namentlich die Merkmale des Schadens und der Schadenszurechnung – im Niemandsland zwischen Tatbestand und Rechtsfolge ein Schattendasein fristen. Ihnen wurde in der bisherigen Diskussion nicht das ihnen zukommende Gewicht beigemessen.

In einem ersten Schritt (A.) ist deshalb das genaue Zusammenspiel von § 93 Abs. 2 Satz 1 AktG und den §§ 249 ff. BGB auszuleuchten. Die exakte Grenzziehung zwischen Tatbestand und Rechtsfolge wird zeigen, dass die Merkmale des Schadens und der Schadenszurechnung als *Voraussetzungen* der Ersatzpflicht § 93 Abs. 2 Satz 1 AktG unterfallen. Sie werden entgegen der fast einhelligen Auffassung weder von den §§ 249 ff. BGB noch von der Differenzhypothese und dem Grundsatz der Totalreparation beherrscht. Aufbauend auf diesem Verständnis der Haftungsanordnung ist sodann (B.) zu zeigen, dass die „wortlautgetreue Anwendung“ des Gesetzes bei angemessener Berücksichtigung der bislang ausgeklammerten Voraussetzungen keineswegs zwingend und erst recht nicht „ohne Deutungsspielräume“ zu einer unbeschränkten Haftung führt.

A. *Grundlegung*

Der Angriff auf die genannte These setzt gewisse Vorarbeiten voraus. Denn Voraussetzung einer jeden wissenschaftlichen Auseinandersetzung ist ein Mindestmaß an begrifflicher Übereinstimmung. Gerade seit langem bestehende Begriffe – etwa des sog. Schadensrechts – verleiten zu der Annahme einer stillschweigenden Übereinkunft. Tatsächlich entsteht jedoch der Eindruck, dass die verschiedenen Autoren bei der Verwendung der üblichen Begriffe mit unterschiedlichem Vorverständnis vorgehen[6] und deshalb aneinander vorbei reden.[7]

Zur Vermeidung von Missverständnissen und zur größtmöglichen Präzision und Falsifizierbarkeit der sich anschließenden Überlegungen ist deshalb

5 Die aktienrechtliche Haftungsvorschrift steht insoweit stellvertretend für alle sog. Anspruchsgrundlagen auf Schadenersatz.

6 Zu begrifflichen u. konzeptionellen Divergenzen bei der Diskussion um den Gewinnabschöpfungsteil bereits oben § 3 B. I. (S. 63).

7 So auch – in anderem Zusammenhang – *Deutsch*, HaftungsR[2] Rn. 27. Von uneinheitlicher Terminologie gerade im „Schadensersatzrecht“ spricht *Jansen*, in: HistKrit-Komm-BGB, §§ 249–253, 255 Rn. 1 in Fn. 1.

zunächst das hier zugrunde liegende Vorverständnis offenzulegen. Diese Offenlegung soll entlang der beiden Teilaspekte der anzugreifenden These erfolgen. Über das Ergebnis der „wortlautgetreuen Anwendung des Gesetzes" kann nur streiten, wer (I.) ein gemeinsames Verständnis des Begriffs der Rechtsanwendung hat. Außerdem muss klar sein, (II.) welche Vorschriften der Gesamtrechtsordnung zur Anwendung gelangen sollen und wie diese Vorschriften zusammenspielen.

I. Prozess der Rechtsanwendung

Allem voran stellt sich die Frage, was genau mit der wortlautgemäßen oder buchstabengetreuen Anwendung des Gesetzes gemeint ist. Rechtsanwendung ist begrifflich die Anwendung des geltenden Rechts auf den zu entscheidenden Einzelfall. Sie stellt einen komplexen Prozess dar, der sich in verschiedene Stufen gliedert.[8]

Am Anfang steht die Suche nach den Rechtsnormen, denen der Entscheidungsmaßstab[9] für den zu beurteilenden Sachverhalt zu entnehmen ist.[10] Die einzelnen Bestandteile dieses Entscheidungsmaßstabs können im Gesetz aus technischen Gründen auseinander gerissen sein und müssen vom Rechtsanwender zunächst zusammengefügt werden.[11] Die dergestalt ermittelte Regelung – der vollständige rechtliche Sollensgedanke[12] – enthält die Anordnung einer Rechtsfolge. Deren Eingreifen ist dadurch bedingt, dass die im Tatbestand normierten Voraussetzungen erfüllt sind.[13] Deshalb gilt es, die einzelnen (Tatbestands-)Merkmale herauszuarbeiten, von deren Vorliegen die Anordnung der Rechtsfolge abhängt. Der Vergleich des zu beurteilenden Sachverhaltes mit den abstrakten Voraussetzungen des Tatbestands – sprich: die Subsumtion – erlaubt ein Urteil darüber, ob die abstrakte Rechtsfolgenanordnung auch im konkreten Einzelfall gilt.[14]

---

8 Monographisch zur juristischen Methodik im Prozess der Rechtsanwendung *Looschelders/W. Roth*, dort zu den Stufen der Rechtsanwendung S. 119 ff.; dazu auch *Rüthers/Fischer/Birk*, Rechtstheorie,[11] Rn. 730b ff. jew. m. w. N.

9 Ausf. zur Funktion des Gesetzes als Entscheidungsmaßstab *Looschelders/W. Roth*, S. 5 ff.

10 *Engisch*, Einführung,[12] Kap. IV (S. 96); *Looschelders/W. Roth*, S. 86; *Rüthers/Fischer/Birk*, Rechtstheorie,[11] Rn. 730b.

11 Ähnlich *Engisch*, Einführung,[12] Kap. IV (S. 96).

12 *Engisch*, Einführung,[12] Kap. IV (S. 96).

13 *Engisch*, Einführung,[12] Kap. II (S. 61 ff.); *Looschelders/W. Roth*, S. 87.

14 *Bydlinski*, Methodenlehre,[2] S. 395; *Looschelders/W. Roth*, S. 87.

Damit sind freilich nur die ersten Schritte der Rechtsanwendung umschrieben. Für die folgenden Überlegungen ist dies jedoch ausreichend. Mit welchen Methoden vorzugehen ist, um verbleibende Unklarheiten über Inhalt und Reichweite von Normbegriffen zu beseitigen oder wenn ein gesetzlicher Entscheidungsmaßstab sich nicht finden lässt, kann vorerst offen bleiben. Auf sie wird später[15] zurückzukommen sein.

II. Der gesetzliche Entscheidungsmaßstab

Zunächst ist deshalb der gesetzliche Entscheidungsmaßstab für die Frage nach dem Bußgeldregress zu ermitteln. Dazu ist (1.) der vollständige rechtliche Sollensgedanke zusammenzufügen. Anschließend sind dessen einzelne Bestandteile herauszuarbeiten (2.) und jeweils als Voraussetzung oder als Element der Rechtsfolge zu qualifizieren (3.). Eng damit verbunden ist (4.) die Zuweisung des jeweiligen Merkmals entweder zu § 93 Abs. 2 Satz 1 AktG oder zu den §§ 249 ff. BGB. Die sich anschließende Zusammenfassung einiger der ermittelten Haftungsvoraussetzungen unter einem – hier so bezeichneten – Verletzungstatbestand (6.) ist gesetzlich nicht vorgegeben und erfolgt aus reinen Zweckmäßigkeitsgesichtspunkten.

1. Vollständige Haftungsregelung

Bei der Haftungsnorm des § 93 Abs. 2 Satz 1 AktG handelt es sich – wie bei allen sog. Anspruchsgrundlagen auf Schadenersatz[16] – um eine unvollständige Norm. Sie ordnet als Rechtsfolge lediglich die Verpflichtung zum Ersatz an. Für die konkrete Ausgestaltung dieser Rechtsfolge im Einzelfall ist der Rechtsanwender an die §§ 249 ff. BGB verwiesen. Erst die Zusammenführung mit diesen „Hilfsnormen“[17] führt zu einer aus Tatbestand und (konkreter) Rechtsfolge bestehenden und deshalb vollständigen Regelung.

Anm. 4.1: Die Einordnung des § 93 Abs. 2 Satz 1 AktG als Anspruchsgrundlage und der §§ 249 ff. BGB als dessen „Hilfsnormen“ ist jedenfalls nicht unangreifbar. Nach der Legaldefinition des § 194 Abs. 1 BGB ist der Anspruch das „Recht, von einem

---

15 Ausf. zu Lückenfüllung u. Gesetzesberichtigung unten § 6 A. I. (S. 162).

16 Vgl. *Rüthers/Fischer/Birk*, Rechtstheorie,[11] Rn. 130.

17 Als solche bezeichnet sie *Schiemann*, in: Staudinger (2017), Vorbem zu §§ 249 ff. Rn. 4. *E. Schmidt*, in: Esser/Schmidt,[8] § 30 II (S. 169) spricht von einer „Assistentenrolle“.

> anderen ein Tun oder Unterlassen" zu verlangen.[18] § 93 Abs. 2 Satz 1 AktG ordnet als Rechtsfolge nur an, dass das Vorstandsmitglied „zum Ersatz [...][19] verpflichtet" ist. Welche konkrete Handlung – welches „Tun" – die Aktiengesellschaft verlangen kann, ergibt sich nicht hieraus, sondern (nur) aus den §§ 249 ff. BGB. Sie legen fest, ob das Vorstandsmitglied einen bestimmten Zustand herstellen (§ 249 Abs. 1), ob es – unter weiter gehenden Voraussetzungen – den zur Herstellung erforderlichen Geldbetrag ersetzen (§ 249 Abs. 2 Satz 1) oder ob es – unter abermals anderen Voraussetzungen – eine Entschädigung in Geld leisten (§ 251 Abs. 1 u. 2) muss.[20] Wenn aber den §§ 249 ff. BGB zu entnehmen ist, welches konkrete Verhalten die Aktiengesellschaft von dem Vorstandsmitglied verlangen kann, so sind diese Vorschriften Grundlage des Anspruchs i. S. d. § 194 Abs. 1 BGB, sprich: die Anspruchsgrundlage(n). Die „Assistentenrolle"[21] kommt dagegen § 93 Abs. 2 Satz 1 AktG zu.[22] Dieser Hilfsnorm ist lediglich zu entnehmen, ob[23] die gemeinsame Voraussetzung der §§ 249 ff. BGB[24] vorliegt: das Bestehen einer Verpflichtung zum Schadenersatz.
> Gleichwohl soll nicht verkannt werden, dass es sich bei solchen Überlegungen (wohl) um eine dogmatische Spielerei handelt, die jedenfalls das hier gesteckte Untersuchungsprogramm nicht fördert. Der Gedanke soll deshalb an dieser Stelle nicht vertieft werden. Dennoch wird im Folgenden für die bisher als Anspruchsgrundlagen bezeichneten Normen der treffendere Begriff der Ersatzpflichtanordnung verwendet.

Ausgangsvorschrift dieser Hilfsnormen ist § 249 Abs. 1 BGB. Für die hier geregelte und grundsätzlich vorrangige Naturalrestitution sehen § 249 Abs. 2, § 250[25] und § 251 Abs. 1 u. 2 BGB jeweils Substitutionsmöglichkeiten durch

---

18 Ausf. zum Anspruchsbegriff *Okuda*, AcP 164[5] (1964), S. 536 ff.

19 Die Wendung „des daraus entstehenden Schadens" enthält nach dem hier noch zu entwickelnden Verständnis die Merkmale des Schadens u. der Schadenszurechnung. Dabei handelt es sich um Voraussetzungen der Ersatzpflicht, die nicht Teil der Rechtsfolge sind. Siehe dazu noch 3. (S. 103).

20 Ob § 250 Satz 2 mit dem „Ersatz in Geld" die Erstattung der Herstellungskosten (§ 249 Abs. 2 Satz 1) oder die Entschädigung in Geld (§ 251) meint, ist umstritten. Details u. Nachw. hierzu etwa bei *H. Lange*, in: Lange/Schiemann[3] § 5 V 1 (S. 233 f.) u. *Schiemann*, in: Staudinger (2017), § 250 Rn. 2 ff.

21 *E. Schmidt*, in: Esser/Schmidt[8] § 30 II (S. 169).

22 § 93 Abs. 2 Satz 1 AktG steht insoweit stellvertretend für alle üblicherweise als Anspruchsgrundlagen auf Schadenersatz qualifizierten Vorschriften, mithin auch für § 280 Abs. 1 u. § 823 Abs. 1 BGB.

23 Nach hier vertretener Auffassung regelt § 93 Abs. 2 Satz 1 AktG darüber hinaus, hinsichtlich welcher konkreter Schadenspositionen eine solche Pflicht besteht.

24 § 249 Abs. 1: „Wer zum Schadensersatz verpflichtet ist, [...]." § 249 Abs. 2 u. § 253 Abs. 2: „Ist wegen [...] Schadensersatz zu leisten, [...]." § 250 Satz 1, an den Satz 2 anknüpft, sowie § 251 Abs. 1 u. 2 sprechen jeweils von dem „Ersatzpflichtige[n]".

25 *Schiemann*, in: Staudinger (2017), Vorbem zu §§ 249 ff. Rn. 1 attestiert der Vorschrift praktische Bedeutungslosigkeit.

Geldersatz vor. § 252 BGB erläutert im deklaratorischen[26] Satz 1, dass auch der entgangene Gewinn zu dem zu ersetzenden Schaden gehört, und enthält in Satz 2 eine „kaum nennenswerte Nuance"[27] zu § 287 ZPO. § 253 BGB beschränkt in Abs. 1 die Möglichkeit des Ersatzes in Geld für Nichtvermögensschäden auf die gesetzlich vorgesehenen Fälle;[28] Abs. 2 benennt einige davon. § 254 BGB schließlich enthält die Regelung des Mitverschuldens.

Für den Bußgeldregress interessieren hieraus lediglich § 249 Abs. 1, § 251 Abs. 1 und § 254 Abs. 1 BGB.[29] Nimmt man § 93 Abs. 2 Satz 1 AktG hinzu, so ergeben die genannten Vorschriften im Zusammenhang gelesen folgende Regelung:

> Vorstandsmitglieder, die ihre Pflichten verletzen, sind der Gesellschaft zum Ersatz des daraus entstehenden Schadens verpflichtet (§ 93 Abs. 2 Satz 1 AktG), indem sie den Zustand herstellen, der bestehen würde, wenn der zum Ersatz verpflichtende Umstand nicht eingetreten wäre (§ 249 Abs. 1 BGB), und,[30] soweit die Herstellung nicht möglich oder zur Entschädigung des Gläubigers nicht genügend ist, die Gesellschaft in Geld entschädigen (§ 251 Abs. 1 BGB). Hat bei der Entstehung des Schadens ein Verschulden des Beschädigten mitgewirkt, so hängt die Verpflichtung zum Ersatz sowie der Umfang des zu leistenden Ersatzes von den Umständen des Einzelfalles ab (§ 254 Abs. 1 BGB).

Diese „Gesamtregelung der Vorstandsinnenhaftung" ist für die Zwecke dieser Untersuchung zu unhandlich. Für die genaue Zuordnung der Merkmale des Schadens und der Schadenszurechnung genügt es, sich auf die Rechtsfolge des § 249 Abs. 1 BGB zu beschränken und die – nachgelagerte[31] – Frage nach

---

26 Der Inhalt des § 252 Satz 1 BGB ergibt sich nach herkömmlichem Verständnis bereits aus § 249 Abs. 1 BGB, siehe BGH (GrS), Beschl. v. 9. 7. 1986 – GSZ 1/86 – BGHZ **98**, 212 ff. (219); *Larenz*, SchuldR I,[14] § 29 II (S. 492); *Oetker*, in: MünchKomm-BGB,[8] § 252 Rn. 1 m. w. N. Nach dem hier entwickelten Schadensverständnis bedarf es insoweit auch nicht der Vorschrift des § 249 Abs. 1 BGB.

27 So *Schiemann*, in: Staudinger (2017), Vorbem zu §§ 249 ff. Rn. 1.

28 Siehe die umfangreiche Auflistung bei *Schiemann*, in: Staudinger (2017), § 253 Rn. 4.

29 Die bußgeldbedingte Zahlungsverpflichtung ist weder ein entgangener Gewinn (§ 252 BGB) noch ein Nicht-Vermögensschaden (§ 253 BGB). § 249 Abs. 2 BGB ist tatbestandlich nicht einschlägig. Wie das Vorstandsmitglied nach Fristablauf die Kosten der Herstellung erstatten soll (§ 250 BGB), ist nicht ersichtlich.

30 Über das genaue Verhältnis von § 249 Abs. 1 u. § 251 Abs. 1 BGB ließe sich Vieles sagen. Für die Zwecke dieser Untersuchung kommt es hierauf jedoch nicht an. Insofern genügt es, dass der Geldersatz nur insoweit *neben* die Herstellung tritt, wie letztere nicht möglich oder zur Befriedigung des Gläubigers nicht genügend ist. Deshalb kann das hier gewählte *„und, soweit [...]"* sowohl Kumulation als auch Alternativität ausdrücken.

dem Mitverschulden auszuklammern. Dann verbleibt als Arbeitsgrundlage die folgende Haftungsregelung:

> Vorstandsmitglieder, die ihre Pflichten verletzen, sind der Gesellschaft zum Ersatz des daraus entstehenden Schadens verpflichtet (§ 93 Abs. 2 Satz 1 AktG), indem sie den Zustand herstellen, der bestehen würde, wenn der zum Ersatz verpflichtende Umstand nicht eingetreten wäre (§ 249 Abs. 1 BGB).

2. Die einzelnen Bestandteile

Dieser Haftungsanordnung lassen sich die einzelnen Bestandteile entnehmen, aus denen sie zusammengefügt ist: Ein Vorstandsmitglied muss schuldhaft[32] eine Pflicht verletzt haben. Ferner muss es bei der Aktiengesellschaft zu einem Schaden gekommen sein. Dieser Schaden muss aus der Pflichtverletzung entstanden sein, dieser also zugerechnet werden können. Schließlich wird angeordnet, dass ein bestimmter, in § 249 Abs. 1 BGB bezeichneter Zustand herzustellen ist.

3. (Tatbestands-)Voraussetzung und Rechtsfolge

Die verschiedenen Bestandteile der (Gesamt-)Regelung sind entweder Anspruchsvoraussetzung oder Teil der Rechtsfolge.[33] Tertium non datur. Organstellung, Pflichtverletzung und Verschulden lassen sich ohne Weiteres der Voraussetzungsseite zuordnen. Umgekehrt ist die Anordnung, den bezeichneten Zustand herzustellen, Teil der Rechtsfolge.

Zweifel ergeben sich hingegen bei der Einordnung der Merkmale des Schadens und der Schadenszurechnung. Deren sprachliche Verschränkung mit der Anordnung der Ersatzpflicht – *sind [...] zum Ersatz des daraus entstehenden Schadens [...] verpflichtet* – erschwert die eindeutige Zuordnung.[34]

---

31 Nachgelagert ist die Frage nach dem Mitverschulden, soweit dieses auf *den Umfang des zu leistenden Ersatzes* (§ 254 Abs. 1 Fall 2) einwirkt u. nicht *die Verpflichtung zum Ersatz* (Fall 1) an sich entfallen lässt.

32 Das ungeschriebene Verschuldenserfordernis ist allgemein anerkannt. Siehe nur *Fleischer*, in: BeckOGK-AktG, § 93 Rn. 240; *Hölters*, in: Hölters,[3] § 93 Rn. 248; *J. Koch*, in: Hüffer/Koch,[14] § 93 Rn. 43.

33 Siehe eingehend zu Grundelementen u. Aufbau der Rechtsnorm nur *Rüthers/Fischer/Birk*, Rechtstheorie,[11] Rn. 120 ff.

34 Siehe nur *Larenz*, SchuldR I,[14] § 27 III (S. 432), der bei dem insoweit wortgleich formulierten § 823 Abs. 1 BGB wegen dieser Verschränkung die haftungsausfüllende

Richtig verstanden, ist das Vorliegen eines Schadens eine Voraussetzung der Ersatzpflicht.[35] Das ergibt sich bereits aus dem Begriff des *Schadenersatz*-anspruchs.[36] Ohne einen Schaden gibt es nichts zu ersetzen. Ein Anspruch auf Ersatz eines nicht vorhandenen Schadens ginge ins Leere. § 93 Abs. 2 Satz 1 AktG ist – anders als etwa die Abberufung nach § 84 Abs. 3 Satz 2 AktG – keine Sanktion für die Pflichtverletzung als solche.[37]

Dasselbe gilt für die Schadenszurechnung:[38] Nach § 93 Abs. 2 Satz 1 AktG ist das pflichtvergessene Vorstandsmitglied lediglich zum Ersatz des *daraus entstehenden* Schadens verpflichtet. Zu einer Ersatzpflicht kommt es deshalb nicht, wenn der Gesellschaft nur irgendein Schaden entstanden ist, der mit der Verletzung in keinem Zusammenhang steht.[39]

Der Schaden und die Schadenszurechnung treten deshalb als Voraussetzungen der in § 93 Abs. 2 Satz 1 AktG ausgesprochenen Ersatzpflicht neben die

Kausalität – unzutreffend – der Rechtsfolgenseite zuordnet. *Engisch*, Einführung,[12] Kap. II (S. 59) entnimmt der wortgleichen Wendung in § 823 Abs. 1 BGB einen doppelten Gehalt, der teils dem Tatbestand u. teils der Rechtsfolge zuzuordnen sei.

35 So auch die Einordnung bei *Dreher*, in: FS Konzen (2006), S. 86 (103 f.); *Hopt/Roth*, in: GroßKomm-AktG,[5] § 93 Rn. 406; *Fleischer*, in: Fleischer, § 11 Rn. 11, 60 u. in: BeckOGK-AktG, § 93 Rn. 247; *Mertens/Cahn*, in: KölnKomm-AktG,[3] § 93 Rn. 55; *J. Koch*, in: Hüffer/Koch,[14] § 93 Rn. 47; *Spindler*, in: MünchKomm-AktG,[5] § 93 Rn. 192. Aus dem allgemeinen Schuldrecht etwa *Deutsch*, HaftungsR,[2] Rn. 866; *H. Lange*, in: Lange/Schiemann,[3] Einl. III 2 c) (S. 12).

36 Siehe auch *Peters/Jacoby*, in: Staudinger (2019), § 199 Rn. 32: „Schadensersatzansprüche setzen begrifflich voraus, dass der Schaden überhaupt eingetreten ist". Ähnlich u. auf diese verweisend *Konrads*, S. 122. Beide Fundstellen befassen sich zwar mit der Fälligkeit des Anspruchs; die Aussage, dass der Anspruch einen Schaden voraussetzt, ist darin gleichwohl enthalten.

37 So sinngemäß zu § 43 Abs. 2 GmbHG BGH, Urt. v. 18. 6. 2013 – II ZR 86/11 – BGHZ **197**, 304 ff. (Rn. 44) u. Urt. v. 13. 3. 2012 – II ZR 50/09 – NZG 2012,[20] S. 795 ff. (Rn. 27) m. w. N. Ausdr. beziehen sich die Entscheidungen auf Kompetenzverstöße. Die Aussage trifft aber darüber hinaus auf jede denkbare Pflichtverletzung zu.

38 Anders abermals etwa *Larenz*, SchuldR I,[14] § 27 III (S. 432), der die haftungsausfüllende Kausalität – u. damit die Schadenszurechnung – ausdr. der Rechtsfolgenseite zuordnet. Wie hier wohl *Deutsch*, in: FS Jahr (1993), S. 251 (259); *Dreher*, in: FS Konzen (2006), S. 86 (103 f.); *Fleischer*, in: Fleischer, § 11 Rn. 11; *Mertens/Cahn*, in: KölnKomm-AktG,[3] § 93 Rn. 55; *Spindler*, in: MünchKomm-AktG,[5] § 93 Rn. 192.

39 Vgl. aus dem allg. Schuldrecht BGH, Urt. v. 6. 6. 2013 – IX ZR 204/12 – NJW 2013,[32] S. 2345 ff. (Rn. 20): „Nur eine Vermögensminderung, die durch das haftungsbegründende Ereignis verursacht ist, [...] ist als ersatzfähiger Schaden anzuerkennen" m. w. N. aus der Rspr. Ähnlich aus der Lit. *Jansen*, in: HistKritKomm-BGB, §§ 249–253, 255 Rn. 63; *H. Lange*, in: Lange/Schiemann,[3] § 3 III (S. 80); *Oetker*, in: MünchKomm-BGB,[8] § 249 Rn. 103 m. w. N.

übrigen Voraussetzungen Organstellung, Pflichtverletzung und Verschulden. Für die Rechtsfolge verbleibt lediglich die Anordnung, den dort bezeichneten Zustand herzustellen.

Gesamtregelung

(§ 93 Abs. 2 Satz 1 AktG i. V. m. § 249 Abs. 1 BGB)

Voraussetzungen					**Rechtsfolge**
Organ-stellung	Pflicht-verletzung	Verschulden	Schaden	Schadens-zurechnung	Zustand herstellen

Abbildung 4.1: Voraussetzungen und Rechtsfolge

4. § 93 Abs. 2 Satz 1 AktG und § 249 Abs. 1 BGB

Diese Einordnung des Schadens und der Schadenszurechnung als Voraussetzungen der Ersatzpflicht wird man – trotz vereinzelt anzutreffender unscharfer Formulierungen – ohne Weiteres zum schadensrechtlichen Allgemeingut rechnen müssen. Sie ist nicht Ziel, sondern Ausgangspunkt dieses Abschnittes. Vielmehr geht es hier um eine aus der Voraussetzungsqualität zwingend folgende Konsequenz, die in der bisherigen Diskussion ganz überwiegend nicht gezogen worden ist.

Innerhalb der Gesamtregelung unterfallen die einzelnen Bestandteile entweder § 93 Abs. 2 Satz 1 AktG oder § 249 Abs. 1 BGB. Dabei weist die – beinahe[40] – allgemeine Auffassung in Rechtsprechung[41] und Literatur[42] die

40 Vereinzelte Beiträge im schadensrechtlichen Schrifttum gelangen – wenn auch auf anderem Wege – zum selben Ergebnis wie hier. Siehe etwa *Reinecke*, S. 56 ff.; *Würthwein*, S. 233 f. u. S. 329 f.

41 Ausdr. Anknüpfung an die §§ 249 ff. BGB zur Schadensberechnung etwa bei BGH, Urt. v. 5. 2. 2015 – IX ZR 167/13 – NJW 2015,[19] S. 1373 ff. (Rn. 7) m. w. N.; BAG, Urt. v. 15. 9. 2011 – 8 AZR 846/09 – NZA 2012,[7] S. 377 ff. (Rn. 47) m. w. N.; OLG Düsseldorf, Urt. v. 28. 11. 1996 – 6 U 11/95 („*ARAG-Garmenbeck*") – ZIP 1997,[1] 27 ff. (36); LAG Düsseldorf, Urt. v. 20. 1. 2015 – 16 Sa 459/14 („*Schienenkartell I*") – ZIP 2015,[17] S. 829 ff. (830); LG München I, Urt. v. 10. 12. 2013 – 5 HK O 1387/10 („*Siemens-Neubürger*") – ZIP 2014,[12] S. 570 ff. (576). Zuvor bereits das RG, Urt. v. 4. 10. 1911 – Rep. III 492/10 – RGZ **77**, 99 ff. (101). Von einem „Schaden im Sinne des § 249 BGB" spricht etwa das BVerfG, Beschl. v. 12. 11. 1997 – 1 BvR 479/92 u. a. („*Kind als Schaden*") – BVerfGE **96**, 375 ff. (395).

Merkmale des Schadens und der Schadenszurechnung § 249 Abs. 1 bzw. den §§ 249 ff. BGB zu.

Anm. 4.2: Welche Unsicherheit hinsichtlich der Verortung dieser Merkmale besteht, belegt bereits ein Blick in die Kommentare zum allgemeinen Schadensrecht.[43] So werden Schaden und Schadenszurechnung überwiegend in gesonderten Vorbemerkungen zu den §§ 249 ff. BGB,[44] teilweise aber auch im Rahmen der Kommentierung zu § 249 BGB[45] erörtert. *Schiemann* handelt vom Schadensbegriff in den Vorbemerkungen[46] und von der Schadenszurechnung in der Kommentierung zu § 249 BGB.[47]

Die einhellig vorgenommene Einordnung des Schadens und dessen Zurechnung als Voraussetzungen der Ersatzpflicht zwingt jedoch dazu, diese Merkmale der Tatbestandsseite[48] des § 93 Abs. 2 Satz 1 AktG und nicht etwa § 249 Abs. 1 BGB zuzuordnen: Verletzt das Vorstandsmitglied eine Pflicht, ohne

---

42 Siehe nur *Bayer*, in: FS K. Schmidt (2009), S. 85 (93 f.); *Bayreuther*, NZA 2015,[20] S. 1239 (1240); *Fleischer*, in: BeckOGK-AktG, § 93 Rn. 247;*Hack*, S. 73; *Hoffmann*, NJW 2012,[20] S. 1393 (1393); *Hölters*, in: Hölters,[3] § 93 Rn. 252; *Hopt/Roth*, in: GroßKomm-AktG,[5] § 93 Rn. 406; *Kaulich*, S. 91 u. 272; *J. Koch*, in: Hüffer/Koch,[14] § 93 Rn. 47; *Sailer-Coceani*, in: K. Schmidt/Lutter,[4] § 93 Rn. 36; *H. Lange*, in: Lange/Schiemann,[3] § 1 I (S. 26 f.); *Magnus*, in: NomosKomm-BGB,[3] Vor §§ 249–255 Rn. 2; *Wilsing*, in: Krieger/Schneider,[3] § 31 Rn. 29; *M. Zimmermann*, WM 2008,[10] S. 433 (437).

43 Darauf hat – zwar in anderem Zusammenhang – schon 1981 *Schiemann*, Argumente, S. 1 (Einl.) hingewiesen.

44 *Ebert*, in: Erman,[16] Vor § 249 Rn. 14 ff. („Begriff und Arten des Schadens") u. Rn. 28 ff. („Zurechnung des Schadens"); *Ekkenga/Kuntz*, in: Soergel,[13] Vor § 249 Rn. 74 ff. („Arten und Einteilung des Schadens") u. Rn. 121 ff. („Schadenszurechnung"); *Grüneberg*, in: Palandt,[78] Vorb v § 249 Rn. 9 ff. („Begriff und Arten des Schadens") u. Rn. 24 ff. („Zurechnungszusammenhang"); *Magnus*, in: NomosKomm-BGB,[3] Vor §§ 249–255 Rn. 17 ff. („Schadensbegriff und Schadensarten") u. Rn. 62 ff. („Zurechnung des Schadens"); *Schulze*, in: Schulze,[10] Vor §§ 249–253 Rn. 5 ff. u. 13 ff.; *Teichmann*, in: Jauernig,[18] Vor §§ 249–253 Rn. 3 ff. („Der Begriff des Vermögensschadens") u. Rn. 24 ff. („Das Ausmaß des zu ersetzenden Schadens").

45 *J. Flume*, in: BeckOK-BGB,[56] § 249 Rn. 37 ff. („Grundlagen des Schadensrechts") u. Rn. 279 ff. („Schadenszurechnung"); *Oetker*, in: MünchKomm-BGB,[8] § 249 Rn. 16 ff. („Begriff und Formen des Schadens") u. Rn. 103 ff. („Zurechnungskriterien").

46 *Schiemann*, in: Staudinger (2017), Vorbem zu §§ 249 ff. Rn. 35 ff.

47 *Schiemann*, in: Staudinger (2017), § 249 Rn. 8 ff.

48 Schon in der ersten Monographie zum Schaden i. S. d. BGB aus dem Jahr 1903 war von dem „Schadensbegriff als Moment im Tatbestande des Schadensersatzes" die Rede, siehe *Fischer*, S. 3. Ausdr. gegen eine Einordnung des Schadens als Tatbestandsmerkmal des Haftungstatbestands etwa *Keuk*, S. 26 f., die aber nicht zwischen

dass es bei der Gesellschaft zu einem Schaden kommt, so fehlt eine Voraussetzung der Ersatzpflicht. Das Vorstandsmitglied ist deshalb zum Schadenersatz nicht verpflichtet. Bei einer solchen „schadenslosen Pflichtverletzung" kann die Vorschrift des § 249 Abs. 1 BGB dann aber schon nicht zur Anwendung gelangen. Denn dort werden Art und Umfang des Schadenersatzes nur für denjenigen festgelegt, der *zum Schadenersatz verpflichtet* ist.[49] Wenn aber das Bestehen eines Schadens Voraussetzung für die Ersatzpflicht und die Ersatzpflicht ihrerseits Anwendungsvoraussetzung des § 249 Abs. 1 BGB ist, so kann letztere Vorschrift nicht „zugleich festlegen, ob das für die Haftungsbegründung erforderliche Tatbestandsmerkmal eines ersatzfähigen Schadens erfüllt ist."[50] Noch bevor die in § 249 Abs. 1 BGB genannten Zustände verglichen werden (dürfen), muss die Schadensfrage bereits beantwortet sein.[51]

Nicht anders steht es um die Schadenszurechnung: Ist die Zurechenbarkeit des Schadens eine Voraussetzung der Ersatzpflicht, so muss das Merkmal feststehen, bevor der Rechtsanwender dem eine Ersatzpflicht voraussetzenden § 249 Abs. 1 BGB eine Anweisung entnehmen darf. Deshalb ist es ausgeschlossen, dass sich § 249 Abs. 1 BGB zu Einzelheiten der Schadenszurechnung äußern kann.

Entgegen der unzähligen anders lautenden Stimmen bemessen sich der Schaden und die Schadenszurechnung deshalb nicht nach § 249 Abs. 1 bzw. den §§ 249 ff. BGB.[52] Die Vorschriften müssten Unmögliches leisten, indem sie Inhalt und Reichweite solcher Merkmale bestimmen, deren Vorliegen sie voraussetzen. Der Schaden und seine Zurechnung sind als Anspruchsvoraussetzung vielmehr der Tatbestandsseite zuzuordnen und allein § 93 Abs. 2 Satz 1 AktG unterworfen.

---

den Kategorien von Schaden u. Ersatzleistung unterscheidet, mit dem Begriff des Schadens vor allem letztere meint u. diese zutr. der Rechtsfolgenseite zuweist.

49 § 249 Abs. 1 BGB: *Wer zum Schadensersatz verpflichtet ist,* hat [...].

50 So aber ausdr. *Magnus*, in: NomosKomm-BGB[3] Vor §§ 249–255 Rn. 2.

51 Das Gegenteil vertritt insoweit *Ebert*, in: Erman[16] Vor § 249 Rn. 24: Die Antwort auf die Frage, „ob überhaupt ein Schaden [...] vorliegt", ergebe sich „nur mittelbar aus § 249 I." Dieser schreibe den Vergleich der dort genannten Zustände vor. „Nur dann, wenn dieser Zustandsvergleich eine [für den Geschädigten nachteilige] Differenz aufweist, stellt sich die Schadensfrage." Die Worte „vorliegen" u. „Zustandsvergleich" sind im Original durch Fettdruck hervorgehoben.

52 So auch *Reinecke*, S. 56 ff. u. *Würthwein*, S. 233 f. u. S. 329 f., wenngleich diese auf ganz anderem Wege zu diesem Ergebnis gelangen.

5. Zwischenergebnis

Mit dieser Zuordnung lässt sich das genaue Ineinandergreifen von § 93 Abs. 2 Satz 1 AktG und § 249 Abs. 1 BGB darstellen. Die in § 249 Abs. 1 BGB angeordnete Rechtsfolge – die Anordnung, den dort bezeichneten Zustand herzustellen – ist durch das Vorliegen genau einer Voraussetzung bedingt: der Verpflichtung zum Schadenersatz. Diese Verpflichtung spricht § 93 Abs. 2 Satz 1 AktG als („Zwischen-")Rechtsfolge aus, wenn die dort bezeichneten Voraussetzungen erfüllt sind. Bei Zusammenfügung der Vorschriften geht die Rechtsfolge des § 93 Abs. 2 Satz 1 AktG in der Voraussetzung des § 249 Abs. 1 BGB auf. Dieses Zusammenspiel verdeutlicht Abbildung 4.2.

Gesamtregelung
(§ 93 Abs. 2 Satz 1 AktG i. V. m. § 249 Abs. 1 BGB)

<table>
<tr><td colspan="4">§ 93 Abs. 2 Satz 1 AktG</td><td rowspan="3">Zustand herstellen</td></tr>
<tr><td colspan="3">Voraussetzungen</td><td>(Zwischen-)Rechtsfolge</td></tr>
<tr><td>Organst.</td><td rowspan="3">Schaden</td><td rowspan="3">Zurechnung</td><td>Verpflichtung zum Ersatz</td></tr>
<tr><td>PflichtV.</td><td>Voraussetzung(en)</td><td>Rechtsfolge</td></tr>
<tr><td>Versch.</td><td colspan="2">§ 249 Abs. 1 BGB</td></tr>
</table>

Abbildung 4.2: Verzahnung der Vorschriften.
Die Verpflichtung zum Schadenersatz ist zugleich Rechtsfolge des § 93 Abs. 2 Satz 1 AktG und Voraussetzung des § 249 Abs. 1 BGB. Sie stellt das Bindeglied zwischen den Vorschriften dar.

Werden die beiden Vorschriften zu einer Gesamtregelung zusammengefügt, so kann der gesetzestechnisch notwendige Schritt über die Zwischenrechtsfolge[53] gestrichen werden. Liegen die Voraussetzungen des § 93 Abs. 2 Satz 1 AktG vor, so wird unmittelbar[54] die Rechtsfolge des § 249 Abs. 1 BGB

---

53 Dieser gesetzgeberische Kunstgriff ermöglicht es, den schuldrechtlichen Anspruch auf Schadenersatz zentral zu Beginn des Schuldrechts abzulegen. Die verschiedenen Ersatzpflichtanordnungen können über alle Bücher des BGB (etwa § 122 Abs. 1, § 179 Abs. 1 Fall 2, §§ 280 ff., §§ 823 ff. BGB etc.) u. gar die gesamte Rechtsordnung (§ 93 Abs. 2 Satz 1 AktG, § 7 StVG, § 717 Abs. 2 Satz 1 ZPO etc.) verteilt u. dort verortet werden, wo sie thematisch hingehören.

54 Hier ergeben sich Unterschiede, wenn die Rechtsfolge § 251 Abs. 1 BGB zu entnehmen ist. Diese hat zwei Voraussetzungen: Zum einen braucht es – parallel zu § 249 Abs. 1 – einen „Ersatzpflichtigen", sprich: die Zwischenrechtsfolge des § 93 Abs. 2 Satz 1 AktG. Sie stellt auch hier das Bindeglied zwischen den Vorschriften dar. Hinzu kommen muss jedoch, dass die Herstellung i. S. d. § 249 Abs. 1 „nicht möglich oder

ausgelöst. § 93 Abs. 2 Satz 1 AktG und § 249 Abs. 1 BGB verschmelzen hiernach zu einer Gesamtregelung, die sich aus einem Tatbestand mit den Voraussetzungen des § 93 Abs. 2 Satz 1 AktG und der Rechtsfolge des § 249 Abs. 1 BGB zusammensetzt (siehe Abbildung 4.3).

Gesamtregelung
(§ 93 Abs. 2 Satz 1 AktG i. V. m. § 249 Abs. 1 BGB)

Tatbestand (§ 93 Abs. 2 Satz 1 AktG)					**Rechtsfolge (§ 249 Abs. 1 BGB)**
Organ-stellung	Pflicht-verletzung	Ver-schulden	Schaden	Schadens-zurechnung	Zustand herstellen

Abbildung 4.3: Tatbestand und Rechtsfolge

Die Zuordnung von Schaden und Schadenszurechnung zur Tatbestandsseite wird schließlich deutlich, wenn deren sprachliche Verschränkung mit der Rechtsfolgenanordnung in § 93 Abs. 2 Satz 1 AktG[55] aufgelöst wird. Dazu müssen das Vorliegen und die Zurechenbarkeit eines Schadens konditional formuliert sein, um deren Voraussetzungscharakter zu verdeutlichen.[56] Die zusammengefügte Gesamtregelung wäre dann wie folgt zu modifizieren:

> Wenn *Vorstandsmitglieder ihre Pflichten verletzten, (wenn) der Gesellschaft ein Schaden entsteht und (wenn) dieser Schaden auf der Pflichtverletzung beruht* (§ 93 Abs. 2 Satz 1 AktG), müssen sie den Zustand herstellen, der bestehen würde, wenn der zum Ersatz verpflichtende Umstand nicht eingetreten wäre (§ 249 Abs. 1 BGB).

6. Weitere Untergliederung

Die zur Anwendung des Gesetzes erforderliche Analyse der maßgebenden Vorschriften ist damit abgeschlossen. Die einzelnen Merkmale des vollständigen rechtlichen Sollensgedankens sind ermittelt, als Voraussetzung oder als Element der Rechtsfolge qualifiziert und jeweils § 93 Abs. 2 Satz 1 AktG oder § 249 Abs. 1 BGB zugewiesen worden. Jede weitere Untergliederung der gefundenen Merkmale erfolgt ohne gesetzlich vorgegebene Funktion

zur Entschädigung des Gläubigers nicht genügend" ist. Dann wird (insoweit) die Rechtsfolge des § 251 Abs. 1 ausgelöst.

55 § 93 Abs. 2 Satz 1 AktG: Vorstandsmitglieder [...] *sind* [...] *zum Ersatz des daraus entstehenden Schadens* [...] *verpflichtet.*

56 Zur Notwendigkeit, den Gesetzestext umzuformulieren, um die konditionale Struktur eines Rechtssatzes zu erkennen, *Rüthers/Fischer/Birk*, Rechtstheorie[11] Rn. 116.

und deshalb letztlich willkürlich. Der Maßstab für die Berechtigung solcher Differenzierungen ist allein deren Zweckmäßigkeit. Ihre Berechtigung verlieren sie jedenfalls dort, wo die notwendige Unterscheidung von Tatbestand(svoraussetzung) und Rechtsfolge verschleiert oder die Zuordnung eines Merkmals zu dessen maßgebender Vorschrift aufgebrochen wird.

Insoweit soll in einem letzten Schritt die Anordnung der Ersatzpflicht in § 93 Abs. 2 Satz 1 AktG in den Blick genommen und sollen deren Voraussetzungen in drei Untereinheiten aufgeteilt werden. Neben dieser bloß zweckmäßigen Aufteilung geht es ganz wesentlich darum, die Gefahren der übrigen, derzeit verwendeten Unterscheidungen – etwa nach Haftungsbegründung und Haftungsausfüllung – aufzudecken, von denen Abstand genommen werden sollte.

a) Dreiteilung der Ersatzpflichtanordnung

Für das hier verwendete Begriffsverständnis sollen die Voraussetzungen der Ersatzpflicht neu gruppiert werden. Bei § 93 Abs. 2 Satz 1 AktG sind dies die Merkmale Organstellung, Pflichtverletzung, Verschulden, Schaden und Schadenszurechnung.

aa) Der „Dreiklang" der Ersatzpflicht

Dabei fällt auf, dass die ersten drei Merkmale eine weit engere Verbindung zueinander aufweisen als zu den übrigen Merkmalen. § 93 Abs. 2 Satz 1 AktG wendet sich an „Vorstandsmitglieder, die *ihre* Pflichten" verletzen. Erst die Eigenschaft als Vorstandsmitglied[57] führt zu den Pflichten, deren Verletzung eine Ersatzpflicht auslösen kann. Eine haftungsrelevante Pflichtverletzung ohne Organstellung ist deshalb nicht denkbar.[58] Hinzu kommt das Verschulden. Es muss sich allein auf die Pflichtverletzung, nicht aber auf den Schaden oder die Schadenszurechnung beziehen.[59] Diese enge Verbindung rechtfertigt es, die Merkmale Organstellung, Pflichtverletzung und Verschulden zu einer funktionalen Einheit zusammenzufassen. Sie sollen

57 Eingehend zum Adressatenkreis *Fleischer*, in: Fleischer, § 11 Rn. 12 ff.; *Hölters*, in: Hölters[3] § 93 Rn. 227 ff.; *Hopt/Roth*, in: GroßKomm-AktG[5] § 93 Rn. 344 ff.; *J. Koch*, in: Hüffer/Koch[14] § 93 Rn. 37 ff.; *Hoffmann-Becking*, in: MünchHdb-GesR, IV (AG)[5] § 26 Rn. 7 ff.

58 Das faktische Organ sei insoweit als Organ i. S. d. Regelung verstanden.

im Folgenden unter dem „Verletzungstatbestand" gruppiert und dadurch von den übrigen Voraussetzungen separiert sein.

Als Voraussetzungen der Ersatzpflicht verbleiben damit der Schaden und die Schadenszurechnung. Diese in einem „Schadenstatbestand"[60] zusammenzufassen ist nicht notwendig und schlimmstenfalls missverständlich. Sie sollen im Folgenden jeweils gleichrangig neben dem Verletzungstatbestand stehen. Die Anordnung der Ersatzpflicht in § 93 Abs. 2 Satz 1 AktG setzt danach den „Dreiklang" von Verletzungstatbestand, Schaden und Schadenszurechnung voraus.

bb) Berechtigung der Aufteilung

Die Berechtigung dieser Dreiteilung ergibt sich aus zweierlei: Zum einen vermag sie, die drei Teilfragen des „Ob" der Ersatzpflicht präzise herauszustellen. Erst das kumulierte und kraft Zurechnung miteinander verknüpfte Vorliegen von Verletzungstatbestand und Schaden löst die Rechtsfolge der Verpflichtung zum Schadenersatz aus.[61]

Anm. 4.3: Dazu kann man sich die Regelung des § 93 Abs. 2 Satz 1 AktG als Brücke vorstellen, die den Graben des casum sentit dominus[62] zur Rechtsfolge des § 249 Abs. 1 BGB überwinden soll. Deren „Unterbau" besteht aus zwei Brückenpfeilern: Verletzungstatbestand und Schaden. Die Pfeiler alleine genügen jedoch nicht, um den Graben zu überwinden. Erst die Schadenszurechnung, die als „Überbau" die Verbindung zwischen Verletzungstatbestand und Schaden herstellt, gibt den Weg zur Rechtsfolge frei. Das Fehlen auch nur eines Brückenelementes macht das Erreichen der Rechtsfolge unmöglich und es bleibt beim Grundsatz des casum sentit dominus.

Zugleich wird es durch die Dreiteilung möglich, die verschiedenen Prüfungsschritte klar voneinander abzugrenzen: Die Verknüpfung von Verlet-

---

59 Siehe *Fleischer*, in: Fleischer, § 11 Rn. 58; *Hopt/Roth*, in: GroßKomm-AktG[5] § 93 Rn. 394; *Mertens/Cahn*, in: KölnKomm-AktG[3] § 93 Rn. 137; *Spindler*, in: MünchKomm-AktG[5] § 93 Rn. 201 teilw. m. w. N.

60 Mit diesem Begriff im allg. Haftungsrecht *Deutsch*, HaftungsR[2] Rn. 28 u. ö. der aber entgegen der hier vertretenen Auffassung meint, im Schadenstatbestand „alle gesetzlichen Merkmale der Rechtsfolge wieder" zu finden (Rn. 793).

61 Insoweit wie hier *Jansen*, in: HistKritKomm-BGB, §§ 249–253, 255 Rn. 63. Ähnlich, aber weniger präzise, *Deutsch*, HaftungsR[2] Rn. 866; *Kröger*, S. 68 u. – in anderem Zusammenhang – *Scholz*, S. 98, die jew. das eigenständige Gewicht der Schadenszurechnung verkennen.

62 Zum Spannungsverhältnis der beiden haftungsrechtlichen Grundprinzipien – casum sentit dominus u. neminem laedere – etwa *Schramm*, S. 15 ff. (insb. S. 17 ff.).

zungstatbestand und Schaden wird von dem eigenständigen Merkmal der Schadenszurechnung übernommen. Es muss nicht festlegen, ob Schaden und Verletzung vorliegen. Deren Vorliegen wird bei der Untersuchung eines Zurechnungszusammenhangs vorausgesetzt. Gleichzeitig entlastet die eigenständige Schadenszurechnung die übrigen Merkmale. Schaden und Verletzung können und müssen unvermengt und unabhängig voneinander untersucht werden. Das Merkmal des Schadens adressiert die Frage, ob ein potentiell auszugleichender Nachteil besteht. Das Vorliegen eines Nachteils und dessen Qualifikation als Schaden im Rechtssinne ist nicht davon abhängig, dass eine Pflicht verletzt wurde. Trifft das Vorstandsmitglied eine „falsche" unternehmerische Entscheidung im Sinne und im Rahmen des § 93 Abs. 1 Satz 2 AktG, so kann es hierbei zweifelsfrei einen Schaden verursachen. Eine Pflicht hat es gleichwohl nicht verletzt. Gleiches gilt für den Verletzungstatbestand. Er stellt die Frage, ob sich eine Person durch die Verletzung einer Pflicht potentiell ausgleichspflichtig gemacht hat. Das ist unabhängig davon zu untersuchen, ob es zu einem Schaden kam. Das Vorstandsmitglied, das ohne mögliche Due Dilligence ein Unternehmen erwirbt, verletzt eine Pflicht – und zwar auch dann, wenn sich das erworbene Unternehmen als Goldgrube erweist und der Gesellschaft nur Vorteile beschert.[63] Die Schadenszurechnung stellt schließlich die Verbindung her. Nur wenn der potentiell auszugleichende Nachteil auf dem potentiell ausgleichspflichtig-machenden Verhalten beruht, sprich: der Verletzer für den (konkreten) Schaden verantwortlich ist, wird aus der potentiellen eine tatsächliche Ersatzpflicht.

Wegen dieser beiden Aspekte ist die Dreiteilung der Haftungsvoraussetzungen in höchstem Maße zweckmäßig. Sie vergegenwärtigt dem Rechtsanwender die drei Stellschrauben, an denen zur Lösung eines beliebigen Sachverhaltes angesetzt werden kann. Sie ermöglicht ferner die präzise Zuordnung eines Rechtsanwendungsproblems zu einer dieser Teilfragen. Viele Problemfälle im Schadenersatzrecht lassen sich auf diesem Wege sehr viel bewusster und zielführender angehen.

b) Ersatzpflichtrecht und Ersatzleistungsrecht

Diese Voraussetzungen hinsichtlich des „Ob" der Ersatzpflicht sollen im Folgenden unter dem Oberbegriff des Ersatz*pflicht*rechts zusammengefasst sein.

63 Vgl. *Scholz*, S. 98.

Für die übrigen Fragestellungen, die sich mit Art und Umfang – gleichsam dem „Wie“ – der Ersatzleistung befassen, empfiehlt sich als Gegenbegriff das Ersatz*leistungs*recht. Von den übrigen, derzeit gängigen Untergliederungen sollte dagegen Abstand genommen werden. Gemeint sind all jene, die von Haftungsbegründung und Haftungsausfüllung, Haftungsrecht und Schadensrecht und dergleichen mehr reden.[64]

Bei all diesen Begriffspaarungen umfasst der erste Begriff jene Merkmale, die hier im Verletzungstatbestand zusammengefasst sind. Der jeweilige Gegenbegriff muss entsprechend alle übrigen Bestandteile der Gesamtregelung unter sich vereinigen. Das führt dazu, dass die Merkmale des Schadens und der Schadenszurechnung stets der Haftungsausfüllung und dem Schadensrecht zugeordnet werden.

Die gedankliche Zweiteilung der Gesamtregelung hat zur Folge, dass Anspruchsvoraussetzungen und Elemente der Rechtsfolge unter einem gemeinsamen Begriff zusammengefasst werden. Das führt beinahe zwangsläufig dazu, dass die Merkmale des Schadens und der Schadenszurechnung intuitiv zur Rechtsfolge gezählt und den §§ 249 ff. BGB unterworfen werden.[65] Der dort für die Bestimmung des Umfangs der Ersatz*leistung* – sprich: der Umkehrung des Schadens – vorgesehene Zustandsvergleich, wird nunmehr auch zur Bestimmung des Schadens als Voraussetzung der Ersatz*pflicht* herangezogen.[66] Aus dem gesetzlich normierten Alles-oder-Nichts-Prinzip bei der Ersatzleistung wird ein – gesetzlich nicht vorgesehenes[67] – Alles-oder-Nichts-Prinzip beim Schaden als Voraussetzung der Ersatzpflicht.

Anm. 4.4: Um die Banalität einmal beim Namen zu nennen: Das Vorstehende ruht auf dem Gedanken, dass zwischen dem Schaden und der Ersatzleistung zwingend unterschieden werden muss.[68] Der Schaden ist das „Loch“, das in die Güterwelt des Geschädigten gerissen wird. Wird etwa jemandem ein 50 Euro-Schein gestoh-

---

64 Siehe stellvertretend für viele andere die verschiedenen Begriffsbestimmungen u. Unterscheidungen bei *Grüneberg*, in: Palandt,[78] Vorb v § 249 Rn. 1; *Mertens*, S. 11 (in Fn. 1); *Schäfer/Ott*, ökon. Analyse,[5] S. 148; *E. Schmidt*, Schuldverhältnis, Rn. 348.

65 Siehe dazu die Nachw. unter 4. (S. 106). Die Kausalität mag freilich auch umgekehrt sein: Die intuitive Zuweisung von Schaden u. Schadenszurechnung zur Rechtsfolge u. den §§ 249 ff. BGB könnte der Auslöser für die gedankliche Zweiteilung gewesen sein.

66 Zu den Gründen, weshalb gerade die in § 249 Abs. 1 BGB genannten Zustände zur Ermittlung des Schadens nicht verglichen werden dürfen, § 5 B. III. (S. 155).

67 Zu der eigentlichen Funktion der §§ 249 ff. BGB noch § 6 D. II. 3. (S. 182).

68 Oft wird i. R. d. §§ 249 ff. BGB statt der *Ersatzleistung* der *Schaden* berechnet. Siehe exemplarisch nur *Wolf*, in: FS Schiedermair (1976), S. 545 (545) gleich zu Beginn des Beitrages.

> len, so ist ihm ein Schaden i. H. v. 50 Euro entstanden, sprich: in seiner Güterwelt eine Veränderung von −50 Euro eingetreten. Die Ersatzleistung ist die Umkehrung des Schadens, sprich: die (Wieder-)Herstellung des gesetzlich gewünschten Zustandes. Dem Geschädigten würde ein Betrag von 50 Euro erstattet, sprich: in seiner Güterwelt eine Veränderung von +50 Euro eintreten. Der Schaden führt zu einer Verschlechterung, die Ersatzleistung zu einer Verbesserung, die sich betragsmäßig oft – aber nicht zwangsläufig – mit der Verschlechterung deckt. Das Alles-oder-Nichts-Prinzip bei der Ersatzleistung bedeutet insoweit nur, dass jeder ersatzpflichtig machende Schaden vollständig ausgeglichen werden soll.[69]

Danach sind die hier angegriffenen Begriffspaarungen in doppelter Hinsicht gefährlich missverständlich: Zum einen vermengen sie Voraussetzungen und Elemente der Rechtsfolge. Zum anderen entziehen sie Anspruchsvoraussetzungen der für sie maßgebenden Vorschrift und weisen Sie einer anderen Vorschrift zu, die sich mit ihnen systematisch nicht befassen kann. Von diesen Begriffspaarungen sollte deshalb tunlichst Abstand genommen werden.

7. Die „fertige“ Gesamtregelung

Das führt zu der „fertigen“ Gesamtregelung: Sofern ein Verletzungstatbestand und ein Schaden durch einen Zurechnungszusammenhang verknüpft sind, ordnet § 93 Abs. 2 Satz 1 AktG die Verpflichtung zum Ersatz an. Diese Verpflichtung löst die Rechtsfolge des § 249 Abs. 1 BGB aus, sprich: die Anordnung, den dort bezeichneten Zustand herzustellen (siehe Abbildung 4.4).

III. Zwischenergebnis

Die notwendigen Vorarbeiten sind damit abgeschlossen. Rechtsanwendung bedeutet – zunächst – den Vergleich des zu entscheidenden Sachverhaltes mit den abstrakten Voraussetzungen des maßgebenden gesetzlichen Entscheidungsmaßstabs. Stimmen beide überein, gilt die Rechtsfolgenanordnung – grundsätzlich – auch in dem zu entscheidenden Sachverhalt.

Der gesetzliche Entscheidungsmaßstab ist in seinen Grundzügen herausgearbeitet. § 93 Abs. 2 Satz 1 AktG setzt das kumulierte und kraft Zurechnung miteinander verknüpfte Vorliegen eines Verletzungstatbestands und eines als Schaden zu qualifizierenden Nachteils voraus. Ist dies gegeben, so hat das Vorstandsmitglied nach § 249 Abs. 1 BGB den Zustand herzustellen, der ohne

69 So etwa *Gregor*, S. 2 m. zahlr. Nw. (in Fn. 6).

Gesamtregelung

(§ 93 Abs. 2 Satz 1 AktG i. V. m. § 249 Abs. 1 BGB)

<table>
<tr><td colspan="5">Tatbestand
(§ 93 Abs. 2 Satz 1 AktG)</td><td>Rechtsfolge
(§ 249 Abs. 1 BGB)</td></tr>
<tr><td colspan="3">Verletzungstatbestand</td><td rowspan="2">Schaden</td><td rowspan="2">Zurechnung</td><td rowspan="2">Zustand herstellen</td></tr>
<tr><td>Vorstmitgl.</td><td>Pflichtverl.</td><td>Verschulden</td></tr>
<tr><td colspan="5">Ersatzpflichtrecht</td><td>Ersatzleistungsrecht</td></tr>
</table>

Unzutreffend dagegen:

Haftungsbegründung (§ 93 Abs. 2 Satz 1 AktG)	***Haftungsausfüllung (§ 249 Abs. 1 BGB)***

Abbildung 4.4: Der gesetzliche Entscheidungsmaßstab.
Neben dem „Dreiklang im Tatbestand" verdeutlicht die Abbildung, warum das Begriffspaar von Haftungsbegründung und Haftungsausfüllung zur unzutreffenden Zuordnung des Schadens und der Schadenszurechnung zu § 249 Abs. 1 BGB verleitet.

die Pflichtverletzung bestehen würde. Wo die Herstellung dieses Zustands nicht möglich oder zur Entschädigung der Gesellschaft nicht genügend ist, kann diese nach § 251 Abs. 1 BGB Entschädigung in Geld verlangen.

B. Anwendung des Gesetzes

Auf dieser Grundlage lassen sich die oben[1] kritisierten Thesen untersuchen. Zur Erinnerung: Die wortlautgetreue Anwendung des Gesetzes soll ohne größere Deutungsspielräume zu einem der Höhe nach unbeschränkten Regress beim pflichtvergessenen Vorstandsmitglied führen.[2] Dem Wortlaut des § 93 Abs. 2 Satz 1 AktG fehle ein wertungsoffener Begriff, der als Anknüpfungspunkt für jedwede Korrektur herhalten könne.[3]

§ 93 Abs. 2 Satz 1 AktG erfordert nach dem Vorstehenden den Dreiklang aus Verletzungstatbestand, Schaden und Schadenszurechnung. Der Verletzungstatbestand (I.) hält für die Zwecke einer Regressbeschränkung oder gar

1 Siehe oben § 4 (S. 97).

2 So sinngemäß *Brommer*, Vorstandshaftung, S. 29, 43 f. u. 232; *Fleischer*, ZIP 2014,[28] S. 1305 (1307); *J. Koch*, in: GS Winter (2011), S. 327 (330, 334 u. 335) u. in: AG 2012,[12] S. 429 (432); *Scholz*, S. 106.

3 So *Konrads*, S. 35. Ähnlich *Kersting*, ZIP 2016,[27] S. 1266 (1270).

eines -ausschlusses in der Tat keinen Anknüpfungspunkt bereit. Das Merkmal des Schadens (II.) hingegen wird sich als das entscheidende Einfallstor für eine Abstimmung zwischen privatem Haftungs- und öffentlich-rechtlichem Sanktionsrecht erweisen. Bevor aber der Blick im weiteren Verlauf der Untersuchung vollends auf das Merkmal des Schadens verengt wird, sollen zur Abrundung die übrigen Stellschrauben (III.) benannt werden, mit denen anderen Problemfällen der möglicherweise zu scharfen Vorstandshaftung nachgegangen werden kann.

I. Verletzungstatbestand

Der Verletzungstatbestand erfordert eine verschuldete Pflichtverletzung durch das Vorstandsmitglied. Wer als Vorstandsmitglied[4] nachweislich gegen gesetzliche Vorgaben verstößt und damit eine Verbandsgeldbuße nach § 30 OWiG auslöst, erfüllt diese Vorgaben in aller Regel. Das ist in vielen Beiträgen ausführlich und überzeugend herausgearbeitet worden.[5] Deshalb bedarf es keiner weiteren, alle Einzelheiten beleuchtenden Darstellung. Unter Verweis auf weiterführende Literatur sei lediglich das Folgende in Erinnerung gerufen.

1. Pflichtverletzung

Eine Pflichtverletzung liegt nach § 93 Abs. 1 Satz 2 AktG[6] jedenfalls nicht vor, wenn das Vorstandsmitglied bei einer unternehmerischen Entscheidung vernünftigerweise annehmen durfte, auf der Grundlage angemessener Information zum Wohle der Gesellschaft zu handeln.[7] Auf die hier interessierenden Gesetzesverstöße ist diese sog. „Business Judgment Rule" nach dem erklärten

---

4 Eingehend zum Adressatenkreis etwa *Fleischer*, in: Fleischer, § 11 Rn. 12 ff.; *Hölters*, in: Hölters[3] § 93 Rn. 227 ff.; *Hopt/Roth*, in: GroßKomm-AktG[5] § 93 Rn. 344 ff.; *J. Koch*, in: Hüffer/Koch[14] § 93 Rn. 37 ff.; *Hoffmann-Becking*, in: MünchHdb-GesR, IV (AG)[5] § 26 Rn. 7 ff.

5 Insoweit sei etwa auf *Hauff*, S. 69 ff. verwiesen.

6 Eingefügt durch Art. 1 Nr. 1a lit. a) des Gesetzes zur Unternehmensintegrität und Modernisierung des Anfechtungsrechts v. 22. 9. 2005 (UMAG), BGBl. I[60] S. 2802 (2802).

7 Zu Voraussetzungen u. Rechtsfolge der Business Judgment Rule etwa *Bachmann*, in: FS Stilz (2014), S. 25 (26 ff.) m. w. N.

Willen des Gesetzgebers[8] und der diesem folgenden allgemeinen Ansicht[9] nicht anwendbar, weil es sich schon nicht um eine unternehmerische, sondern um eine rechtlich gebundene Entscheidung handelt.

Sind die Voraussetzungen des § 93 Abs. 1 Satz 2 AktG nicht erfüllt, so ist das Vorliegen einer Pflichtverletzung nach allgemeinen Grundsätzen festzustellen.[10] Vorstandsmitglieder haben gem. § 93 Abs. 1 Satz 1 AktG bei ihrer Geschäftsführung die Sorgfalt eines ordentlichen und gewissenhaften Geschäftsleiters anzuwenden. Das umfasst die sog. Legalitätspflicht, nach der die Vorstandsmitglieder auch im Innenverhältnis verpflichtet sind, die Einhaltung aller gesetzlichen Ge- und Verbotsnormen sicherzustellen, die die Gesellschaft als solche treffen.[11] Ein Gesetzesverstoß im Außenverhältnis begründet deshalb regelmäßig auch eine Pflichtverletzung im Innenverhältnis.[12] Ein anderes mag sich in Fällen unsicherer Rechtslage ergeben können, die im Rahmen dieser Untersuchung jedoch ausgeklammert bleiben sollen.[13] Auch jenseits dieser Fälle verbleibt ausreichend Anschauungsmaterial, um der Frage nach der grundsätzlichen Zulässigkeit des Bußgeldregresses nachzugehen. Der Gesetzesverstoß ist schließlich auch dann als Pflichtverletzung einzuord-

---

8 Begr. zum RegE-UMAG, BT-Drs. 15/5092, S. 11 (li. Sp.).

9 *Bayer*, in: FS K. Schmidt (2009), S. 85 (91 f.); *Bicker*, AG 2012[15], S. 542 (543); *Blaurock*, in: FS Bornkamm (2014), S. 107 (111); *Mertens/Cahn*, in: KölnKomm-AktG[3], § 93 Rn. 21; *Karbaum*, AG 2013[23], S. 863 (866); *Kaulich*, S. 170 f.; *Kersting*, ZIP 2016[27], S. 1266 (1266); *J. Koch*, in: GS Winter (2011), S. 327 (330); *Konrads*, S. 162 f.; *Kröger*, S. 48; *Spindler*, in: MünchKomm-AktG[5], § 93 Rn. 86; *Wilsing*, in: Krieger/Schneider[3], § 31 Rn. 24; *M. Zimmermann*, WM 2008[10], S. 433 (435).

10 *J. Koch*, in: Hüffer/Koch[14], § 93 Rn. 12; *Schäfer*, ZIP 2005[29], S. 1253 (1255). Für nichtunternehmerische Entscheidungen auch *Scholz*, S. 75.

11 BGH, Urt. v. 10. 7. 2012 – VI ZR 341/10 – NJW 2012[47], S. 3439 ff. (Rn. 22) u. LAG Düsseldorf, Urt. v. 20. 1. 2015 – 16 Sa 459/14 („*Schienenkartell I*") – ZIP 2015[17], S. 829 ff. (829) jew. m. w. N. aus der Rspr. Siehe aus der Lit. etwa *Bayer*, in: FS K. Schmidt (2009), S. 85 (88); *Fleischer*, in: BeckOGK-AktG, § 93 Rn. 28; *Glöckner/Müller-Tautphaeus*, AG 2001[7], S. 344 (344 f.); *Jungermann/Renz*, CB 2015[4], S. 132 (132); *Lotze*, NZKart 2014[5], S. 162 (163); *Wilsing*, in: Krieger/Schneider[3], § 31 Rn. 19; *M. Zimmermann*, WM 2008[10], S. 433 (435).

12 *Brommer*, Vorstandshaftung, S. 26; *Fleischer*, BB 2008[21], S. 1070 (1070); *Hack*, S. 41; *J. Koch*, in: GS Winter (2011), S. 327 (330); *Thole*, ZHR 173[4] (2009), S. 504 (509); für den GmbH-Geschäftsführer *Bayer*, GmbHR 2014[17], S. 897 (900) m. w. N. zum GmbH-Recht. Nach *Bayer/Scholz*, GmbHR 2015[9], S. 449 (449) ist die Qualifikation des Kartellverstoßes als Pflichtverletzung gar unbestritten.

13 Monographisch zu der Frage, ob das Vorstandsmitglied im Falle unsicherer Rechtslage ausnahmsweise nicht pflichtwidrig handelt *Harnos*, passim u. *Kaulich*, passim. Siehe auch die zahlr. Nachw. bei *Brommer*, Vorstandshaftung, S. 28 (Fn. 32).

nen, wenn er subjektiv ex ante zum Vorteil der Gesellschaft erfolgte.[14] Für die Anerkennung sog. „nützlicher Pflichtverletzungen“[15] ist im deutschen Recht kein Raum.[16]

2. Verschulden

Weiter setzt § 93 Abs. 2 Satz 1 AktG ein Verschulden voraus.[17] Auch insoweit sollen die Fälle unklarer Rechtslage ausgeklammert bleiben. Deshalb kann dahinstehen, ob bei einer objektiven Pflichtverletzung auch die Schuldhaftigkeit vermutet wird[18] oder ob ein unvermeidbarer Rechtsirrtum das Verschulden auszuschließen vermag.[19] Verursacht ein Vorstandsmitglied jenseits der Fälle unklarer Rechtslage eine Verbandsgeldbuße, ist dies nur durch einen vorsätzlichen oder fahrlässigen Gesetzesverstoß denkbar. Insofern wird regelmäßig auch im Rahmen des § 93 Abs. 2 Satz 1 AktG ein Verschulden zu bejahen sein.

3. Zwischenergebnis

Der Verletzungstatbestand ist – sofern man die problematischen Randfälle ausklammert – in der Tat ohne größere Deutungsspielräume erfüllt. Ein wertungsoffener Rechtsbegriff, mit dem sich der Bußgeldregress in allen Fällen reduzieren oder ausschließen ließe, ist nicht ersichtlich. Für die weitere Untersuchung spielen die Voraussetzungen des Verletzungstatbestands jedenfalls keine Rolle.

---

14 So die schöne Umschreibung der „nützlichen Pflichtverletzung“ bei OLG Karlsruhe, Urt. v. 31. 7. 2013 – 7 U 184/12 – NZG 2013,[30] S. 1177 ff. (Rn. 23).

15 Monographisch zu den nützlichen Pflichtverletzungen *Harzenetter*, passim.

16 *Bayer*, in: FS K. Schmidt (2009), S. 85 (90 f.); *Blaurock*, in: FS Bornkamm (2014), S. 107 (111); *Hölters*, in: Hölters,[3] § 93 Rn. 75; *Kaulich*, S. 188; *Kersting*, ZIP 2016,[27] S. 1266 (1266); zum GmbH-Geschäftsführer LAG Düsseldorf, Urt. v. 20. 1. 2015 – 16 Sa 459/14 („*Schienenkartell I*“) – ZIP 2015,[17] S. 829 ff. (829).

17 *Fleischer*, in: BeckOGK-AktG, § 93 Rn. 240; *Hölters*, in: Hölters,[3] § 93 Rn. 248; *J. Koch*, in: Hüffer/Koch,[14] § 93 Rn. 43.

18 Siehe dafür etwa *Hölters*, in: Hölters,[3] § 93 Rn. 248; *Kaulich*, S. 89 ff.; *Spindler*, in: MünchKomm-AktG,[5] § 93 Rn. 200.

19 Dafür mit beachtlichen Argumenten *Harnos*, S. 253 ff. Zust. *J. Koch*, in: Hüffer/Koch,[14] § 93 Rn. 43.

II. Schaden

Allein mit Verwirklichung des Verletzungstatbestands steht die Ersatzpflicht des Vorstandsmitglieds nach dem oben Gesagten[20] indes noch nicht fest. Die Verpflichtung zum Schadenersatz setzt vielmehr noch auf Seiten des § 93 Abs. 2 Satz 1 AktG das Vorliegen eines Schadens voraus, der kraft Zurechnungszusammenhangs mit der Verwirklichung des Verletzungstatbestands verknüpft werden kann.

Eine Auseinandersetzung mit dem Merkmal des Schadens, wie es hier verstanden wird, hat in der Diskussion um den Bußgeldregress bislang nicht stattgefunden. Allerdings lassen sich die hier untersuchten Thesen auch bei Zugrundelegung des derzeit üblichen Schadensverständnisses nicht halten. Vielfach wurde in der kapitalgesellschaftsrechtlichen Diskussion (1.) ein überformales und quasi-mathematisches Schadensverständnis verwandt, das sich (2.) schon mit dem Stand der Dogmatik im allgemeinen Schuldrecht nur teilweise in Einklang bringen lässt. Hinzu kommt, dass (3.) auch dieses Schadensverständnis überwiegend auf der unzutreffenden Zuordnung des Merkmals zu den §§ 249 ff. BGB beruht. Nimmt man all dies zusammen, so tritt die Vieldeutigkeit – und damit die Wertungsoffenheit – des Schadens offen zu Tage.

1. Der Schaden im Kapitalgesellschaftsrecht

Die Ursachen für die geradezu stiefmütterliche Behandlung des Schadens liegen auf der Hand. Der Haftungstatbestand des § 93 Abs. 2 Satz 1 AktG ist auf dessen Verletzungstatbestand beschränkt worden. Schaden, Schadenszurechnung sowie Art und Umfang der Ersatzleistung wurden nicht als voneinander zu unterscheidende und unterschiedlichen Vorschriften unterfallende Einzelfragen wahrgenommen. Vielmehr sind die verschiedenen Teilaspekte der Gesamtregelung miteinander vermengt und zur Haftungsausfüllung zusammengefasst worden, die traditionell den §§ 249 ff. BGB zugeordnet ist. Damit wurden auch Schaden und Schadenszurechnung als Fragen der §§ 249 ff. BGB verkannt[21] und überwiegend an das allgemeine Zivilrecht delegiert.

Wo sich die Beiträge im Schrifttum mit dem Merkmal des Schadens explizit auseinandergesetzt haben,[22] wurde der Schaden durch Anwendung

---

20 Dazu oben A. II. 3. (S. 103).

21 Eingehend dazu, weshalb dies nicht überzeugt, oben A. II. 4. (S. 106).

der Differenzhypothese des § 249 Abs. 1 BGB ermittelt, sprich: dem dort normierten Zustandsvergleich unterworfen. Die tatsächliche Vermögenslage der Gesellschaft ist mit der hypothetischen Vermögenssituation verglichen worden, die ohne die Pflichtverletzung des Vorstandsmitglieds bestünde.[23] Ein Schaden wurde danach in jeder nicht kompensierten Minderung des Gesellschaftsvermögens[24] bzw. jedem unfreiwilligen Vermögensopfer der Gesellschaft[25] gesehen.

Bei einem solchen Verständnis des Schadens stellt sich die Geldbuße ganz zwanglos als Schaden dar.[26] Selbstverständlich führt sie zu einer nicht kompensierten Minderung des Gesellschaftsvermögens, zu der es bei pflichtgemäßem Verhalten des Vorstandsmitglieds nicht gekommen wäre. Dieses Vermögensopfer wird durch Hoheitsakt erzwungen und ist deshalb ein unfreiwilliges. Erschöpfte sich die Schadensfeststellung in einem einfachen, von § 249 Abs. 1 BGB vorgegebenen Zustandsvergleich, so stünde auch das Merkmal des Schadens für wertende Korrekturen nicht zur Verfügung. Für Beschränkungen des Bußgeldregresses hätte es keine Bedeutung.

2. Der Schaden im allgemeinen Schuldrecht

Im Ausgangspunkt stimmt dieses Schadensverständnis durchaus mit jenem überein, das derzeit im allgemeinen Schuldrecht[27] favorisiert wird. Dort hat

---

22 Vielfach hat eine solche Auseinandersetzung nicht statt gefunden. Siehe nur *Kersting*, ZIP 2016,[27] S. 1266 (1266), der das Merkmal bei seiner kursorischen Anspruchsprüfung unterschlägt. *Brommer*, Vorstandshaftung, S. 26 weist lediglich darauf hin, dass „die überwiegende Ansicht [...] das der Gesellschaft [...] auferlegte Bußgeld als einen Vermögensschaden“ ansehe. *Dreher*, in: FS Konzen (2006), S. 86 (103 f.) nimmt schlicht an, eine „kausale Vermögensminderung“ sei gegeben, u. wendet sich sogleich dem Schutzzweck der Norm zu. Siehe auch *J. Koch*, in: GS Winter (2011), S. 327 (331): „Können [...] Pflichtverletzung und bußgeldbedingter Schaden festgestellt werden, so wird [...].“ Wie hier krit. auch *Thomas*, NZG 2015,[36] S. 1409 (1410).

23 *Bayer*, in: FS K. Schmidt (2009), S. 85 (93 f.); *Blaurock*, in: FS Bornkamm (2014), S. 107 (113); *Fleischer*, DB 2014,[7] S. 345 (348); *Hack*, S. 73; *Kaulich*, S. 272; *Konrads*, S. 46.

24 So etwa *Hopt/Roth*, in: GroßKomm-AktG,[5] § 93 Rn. 406 u. *Wilsing*, in: Krieger/Schneider,[3] § 31 Rn. 29.

25 *Bayer/Scholz*, GmbHR 2015,[9] S. 449 (450); *Konrads*, S. 38 u. 122; *Kröger*, S. 216; *Scholz*, S. 40.

26 Zu den Gründen, weshalb ein ähnliches u. naheliegendes Vorverständnis von der Geldbuße als Schaden nicht selbstverständlich ist, sogleich zu 4. (S. 123).

man den Schaden – bei zahllosen terminologischen und konzeptionellen Differenzen im Detail[28] – im Kern als Einbuße an einer rechtlich geschützten Position umschrieben.[29] Eine Einbuße kann nur durch den Vergleich zweier Zustände ermittelt werden. Da § 249 Abs. 1 BGB zur Bestimmung des Umfangs der Ersatzleistung den Vergleich zweier Zustände anordne, liege es nahe, die Differenz zwischen den dort bezeichneten Zuständen als Schaden anzusehen.[30]

Die – keineswegs unumstrittene[31] – Differenzhypothese des § 249 Abs. 1 BGB[32] ist für die Schadensermittlung jedoch nur der Ausgangspunkt.[33] In beinahe jeder schuldrechtlichen Kommentierung[34] findet sich der Hinweis,

---

27 Die folgenden Ausführungen beschränken sich – angesichts des Bibliotheken-füllenden Schrifttums – weitgehend auf die Auswertung der einschlägigen Kommentierungen. Anderenfalls drohte man mit *Stüdemann*, VersR 1990,[28] S. 1048 (1058) in „ein schwarzes Loch" zu fallen, weil es „so viele Schadensbegriffe wie darüber nachdenkende Köpfe" gibt.

28 Eingehend zum Schadensbegriff *H. Lange*, in: Lange/Schiemann,[3] § 1 (S. 26 ff.).

29 So die Zusammenfassung bei *Ebert*, in: Erman,[16] Vor § 249 Rn. 14 u. *Magnus*, in: NomosKomm-BGB,[3] Vor §§ 249–255 Rn. 17 jew. m. w. N. *Oetker*, in: MünchKomm-BGB,[8] § 249 Rn. 16 f. spricht von der „Beeinträchtigung eines Interesses" u. weist zugleich darauf hin (Rn. 17), dass mit einer solchen Definition „wenig ausgesagt" sei.

30 So *Oetker*, in: MünchKomm-BGB,[8] § 249 Rn. 18 f. Ähnlich *Magnus*, in: NomosKomm-BGB,[3] Vor §§ 249–255 Rn. 20; *Schulze*, in: Schulze,[10] Vor §§ 249–253 Rn. 6. Für *Ebert*, in: Erman,[16] Vor § 249 Rn. 24 ergibt sich die Antwort auf die Frage, was ein Schaden sei, immerhin „nur mittelbar" aus § 249 Abs. 1 BGB.

31 Besonders krit. etwa *Honsell*, JuS 1973,[2] S. 69 ff. u. *Keuk*, S. 15 ff., die jew. „die *Mommsen*'sche Großtat" auf einen Übersetzungsfehler zurückführen. Siehe auch die prägnante Zusammenstellung der Kritik an der Differenzhypothese bei *Oetker*, in: MünchKomm-BGB,[8] § 249 Rn. 21 u. *Schiemann*, in: Staudinger (2017), § 249 Rn. 4 ff. jew. m. w. N.

32 Schon die Frage, ob der Gesetzgeber in § 249 Abs. 1 BGB *Mommsens* Lehre vom Interesse übernommen hat, ist umstritten. Für eine Übernahme „im Wesentlichen" *Medicus*, in: FS Nobbe (2009), S. 995 (996); *Teichmann*, in: Jauernig,[18] Vor §§ 249–253 Rn. 5 u. *Schulze*, in: Schulze,[10] Vor §§ 249–253 Rn. 6. Ausdr. dagegen etwa *Ekkenga/Kuntz*, in: Soergel,[13] Vor § 249 Rn. 44; *J. Flume*, in: BeckOK-BGB,[56] § 249 Rn. 39; *Honsell*, JuS 1973,[2] S. 69 (70) u. *Keuk*, S. 19 f.

33 *Ekkenga/Kuntz*, in: Soergel,[13] Vor § 249 Rn. 44; *Grüneberg*, in: Palandt,[78] Vorb v § 249 Rn. 10; *Magnus*, in: NomosKomm-BGB,[3] Vor §§ 249–255 Rn. 20 u. 29; *Oetker*, in: MünchKomm-BGB,[8] § 249 Rn. 22; *Rüßmann*, in: jurisPK-BGB,[9] § 249 Rn. 4; *Schiemann*, in: Staudinger (2017), § 249 Rn. 6; *Schulze*, in: Schulze,[10] Vor §§ 249–253 Rn. 7; *Teichmann*, in: Jauernig,[18] Vor §§ 249–253 Rn. 5.

34 Siehe nur *Alff*, in: RGRK-BGB,[12] Vor § 249 Rn. 2; *Ekkenga/Kuntz*, in: Soergel,[13] Vor § 249 Rn. 44; *Grüneberg*, in: Palandt,[78] Vorb v § 249 Rn. 10; *Magnus*, in: Nomos-

die Differenzhypothese bedürfe in vielen Fällen zwingender Ausnahmen und wertender Korrekturen.[35] Als „wertneutrale Rechenoperation" – so der Große Senat des BGH[36] – enthebe sie nicht davon, die „in die Differenzbilanz einzusetzenden Rechnungsposten wertend zu bestimmen."[37] Sie liefere keinen „Universalschlüssel",[38] mit dem sich „das Schadensrecht in ein problemloses und wertungsfreies Rechenexempel"[39] überführen ließe.

Wird die Diskussion im Kapitalgesellschaftsrecht an diesem unausgesprochen zugrunde gelegten Schadensverständnis gemessen, fällt zweierlei auf: Zum einen ist ein nicht unerhebliches Begründungsdefizit aufgedeckt. Die bisherigen Beiträge zum Bußgeldregress sind beim Ausgangspunkt, bei der „wertneutrale[n] Rechenoperation"[40] stehen geblieben. Die Wertungsgrundlagen, die für und gegen die Qualifikation der Geldbuße als einen „in die Differenzbilanz einzusetzende[n] Rechnungsposten"[41] sprechen, sind nicht untersucht, geschweige denn aufgedeckt worden. Allein die – nachgelagerte – Diskussion um wertende Einschränkungen der Schadenszurechnung über den Schutzzweck der Norm oder um die Anwendbarkeit der Grundsätze der Vorteilsanrechnung vermag dieses Defizit nicht zu überspielen.

Jedenfalls aber lässt sich die These, wonach dem Wortlaut des § 93 Abs. 2 Satz 1 AktG ein wertungsoffener Begriff fehle, schon nicht mehr halten. Das Merkmal des Schadens ist – schon nach dem an §§ 249 ff. BGB angelehnten Verständnis – „ein in vieler Hinsicht der Konkretisierung bedürftiger Rahmenbegriff",[42] der „der Ausgestaltung im Einz[elnen] durch Rechtslehre und

---

Komm-BGB[3] Vor §§ 249–255 Rn. 17, 20 u. 29; *Oetker*, in: MünchKomm-BGB[8] § 249 Rn. 22; *Schulze*, in: Schulze[10] Vor §§ 249–253 Rn. 7; *Teichmann*, in: Jauernig[18] Vor §§ 249–253 Rn. 5.

35 Angesichts der Vielzahl an Ausnahmen fragt *Medicus*, in: FS Nobbe (2009), S. 995: „Was ist von der Differenzhypothese noch übrig?" – „Fast nichts!", scheint die Zusammenfassung des Beitrags (S. 1007 f.) zu antworten.

36 Beschl. v. 9. 7. 1986 – GSZ 1/86 – BGHZ **98**, 212 ff. (217).

37 Zust. *Ekkenga/Kuntz*, in: Soergel[13] Vor § 249 Rn. 42; *Jansen*, in: HistKritKomm-BGB, §§ 249–253, 255 Rn. 108; *Kröger*, S. 93; *Magnus*, in: NomosKomm-BGB[3] Vor §§ 249–255 Rn. 20 u. 21; *Rüßmann*, in: jurisPK-BGB[9] § 249 Rn. 25. Weitere Nachw. aus Rspr. u. Lit. bei *Oetker*, in: MünchKomm-BGB[8] § 249 Rn. 21 (Fn. 81).

38 *Schiemann*, in: Staudinger (2017), § 249 Rn. 7; *Oetker*, in: MünchKomm-BGB[8] § 249 Rn. 22.

39 *Rüßmann*, in: jurisPK-BGB[9] § 249 Rn. 6 u. 25.

40 So die Formulierung des BGH (GrS), Beschl. v. 9. 7. 1986 – GSZ 1/86 – BGHZ **98**, 212 ff. (217).

41 BGH (GrS), Beschl. v. 9. 7. 1986 – GSZ 1/86 – BGHZ **98**, 212 ff. (217).

42 *Ekkenga/Kuntz*, in: Soergel[13] Vor § 249 Rn. 73. „Rahmenbegriff" ist im Original durch Fettung hervorgehoben.

Praxis ebenso fähig wie bedürftig“ ist.[43] Schon deshalb kann keineswegs davon die Rede sein, der Haftungstatbestand des § 93 Abs. 2 Satz 1 AktG führe *ohne Deutungsspielräume* zu einer der Höhe nach unbeschränkten Haftung.[44] Mit dem Merkmal des Schadens enthält die Vorschrift vielmehr einen nach vielen Seiten hin wertungsoffenen Begriff,[45] der nicht unerhebliche Deutungsspielräume eröffnet.

3. Der Schaden als Voraussetzung der Ersatzpflicht

Noch größer werden diese Deutungsspielräume, wenn bei der „wortlautgetreuen Anwendung des Gesetzes“ die Voraussetzungs-Qualität des Schadens beachtet wird. Oben[46] ist entwickelt worden, dass der Schaden als Voraussetzung der Ersatzpflicht § 249 Abs. 1 BGB weder unterfällt, noch unterfallen kann. Eine der gesetzlichen Systematik verpflichtete Rechtsanwendung muss die Antwort auf die Frage, was ein Schaden ist, ohne Rückgriff auf § 249 Abs. 1 BGB, dessen Differenzhypothese und den Vergleich der dort bezeichneten Zustände finden. Wird das Merkmal des Schadens dergestalt von den engen Fesseln[47] der §§ 249 ff. BGB befreit, so enthält es kaum etwas anderes als Deutungsspielräume.

4. Geldbuße als „typischer Schaden“?

Der Gang der weiteren Darstellung macht es an dieser Stelle erforderlich, einem möglichen und naheliegenden Vorverständnis entgegenzutreten. Im Folgenden wird es unternommen, aus den bei dem Merkmal des Schadens erkannten Deutungsspielräumen eine äußer(st)e Grenze des Schadensbegriffs festzulegen. An dieser Grenze gemessen wird sich die Geldbuße als ein Nachteil erweisen, der außerhalb dessen liegt, was der Rechtsanwender als Schaden im Sinne einer beliebigen Ersatzpflichtanordnung anerkennen darf.

---

43 *Ebert*, in: Erman,[16] Vor § 249 Rn. 14.

44 So aber sinngemäß *Brommer*, Vorstandshaftung, S. 29, 43 f. u. 232; *J. Koch*, in: GS Winter (2011), S. 327 (330, 334 u. 335) u. in: AG 2012,[12] S. 429 (432); *Scholz*, S. 106.

45 Entgegen *Konrads*, S. 35.

46 Siehe oben A. II. (S. 100) sowie insb. A. II. 3. (S. 104).

47 Gemeint ist die These, dass *jede* nachteilige Zustandsveränderung ein ausgleichspflichtiger Schaden u. *jede* Ausnahme hiervon begründungsbedürftig sei.

Ein solches Vorgehen muss freilich jeden verwundern, der in der Geldbuße nachgerade den Archetypus eines zivilrechtlichen Schadens erkennen will. Wer – ganz unabhängig von einer dogmatischen Anknüpfung an die §§ 249 ff. BGB – *jede* zwangsweise auferlegte, nachteilige Zustandsveränderung als Schaden qualifiziert, muss dies auch für die Geldbuße tun. Zweifellos führt sie zu einer im Wege staatlichen Zwangs hervorgerufenen Minderung des Verbandsvermögens. Aus dieser Perspektive möchte man beinahe fragen, was denn ein Schaden sein soll, wenn nicht die Geldbuße. Ist aber die Geldbuße danach – in den Worten *Hecks*[48] – dem Kern des Schadensbegriffs zuzuordnen, so spielen Umfang und Herkunft etwaiger Deutungsspielräume und der – hier im Folgenden untersuchte – Grenzverlauf an den äußeren Rändern des Begriffshofes selbstverständlich keine Rolle.

Dieses (Vor-)Verständnis von der Geldbuße als einem „typischen Schaden“ greift jedoch zu kurz. Das wird deutlich, wenn man die einzelnen Phänomene des zivilrechtlichen Schadensausgleichs und der staatlichen Ahndung in ihrer zeitlichen Abfolge vergleicht. Die bloße Beschreibung der Wesensmerkmale dieser Phänomene führt dann einige Kriterien zutage, in denen Schaden und Geldbuße sich ganz erheblich unterscheiden.

Bei einem typischen Schadensereignis – etwa einem Sach- und Körperschaden nach einem Verkehrsunfall – führt ein menschliches (Fehl-)Verhalten zu der tatsächlichen, natürlich sich entwickelnden Verschlechterung eines Rechtsgutes. Die Verschlechterung erfolgt – jedenfalls aus staatlicher Perspektive[49] – ohne jede Steuerungswirkung und stellt sich als unerwünschtes, zweck- und sinnfreies Ereignis dar. Auf dieses *Schadens*-Ereignis reagiert die Rechtsordnung – beim Vorliegen aller Voraussetzungen einer Ersatzpflichtanordnung – mit der Verpflichtung zum Schadenersatz. Der Schädiger wird – im Bedarfsfall staatlich erzwingbar – dazu verpflichtet, die eingetretene Verschlechterung zu kompensieren. Dazu wird ihm regelmäßig[50] eine Vermögenslast auferlegt, die bis dahin nicht bestand und die allein[51] zum staatlich gewollten Zweck des Ausgleichs zur Entstehung gebracht wird.

---

48 Für die Unterscheidung von Begriffs*kern* u. Begriffs*hof* siehe *Heck*, AcP 112[1] (1914), S. 1 (46 u. 173).

49 Dass der vorsätzlich oder absichtlich handelnde Schädiger die Nachteilszufügung anstreben u. mit ihr eigene Zwecke verfolgen kann, steht dem nicht entgegen.

50 Das in der gesetzlichen Konzeption vorgesehene Regel-Ausnahme-Verhältnis von Naturalrestitution u. Geldersatz hat sich in der Praxis umgekehrt.

51 Über das genaue Verhältnis von Kompensation u. Prävention lässt sich bekanntlich trefflich streiten. Zur hier entwickelten These der Prävention *durch* Kompensation noch § 14 B. II. (S. 573).

Bei der staatlichen Ahndung zeigen sich zahlreiche Parallelen, bezogen auf die hier entscheidende Frage aber auch ganz wesentliche Unterschiede: Auch hier führt ein menschliches Fehlverhalten zur Verletzung eines durch einen Ordnungswidrigkeitentatbestand geschützten Rechtsgutes. Diese Verletzung ist der tatbestandliche Erfolg. Auch er ist eine aus staatlicher Perspektive ungewollte, zweck- und sinnfreie Verschlechterung des Rechtsgutes, die sich natürlich und staatlich unkontrolliert entwickelt. Für einen oder mehrere zivilrechtlich Berechtigte[52] oder gar für die Allgemeinheit an sich stellt sich die Rechtsgutsverletzung als ein Schaden dar.[53] Diesen Taterfolg*(s-Schaden)* nimmt der Staat zum Anlass, dem Täter – oder sonst einem möglichen Adressaten – eine der Tat angemessene Vermögens-Einbuße in Gestalt der Geldbuße aufzuerlegen. Dabei handelt es sich um eine Vermögenslast, die bis dahin nicht bestand und die unter Anwendung gesetzlicher Zumessungskriterien bewusst und zur Verfolgung kriminalpolitischer Zwecke[54] ins Leben gerufen wird.

		zivilrechtlicher Schadensausgleich		
		Schaden		Ersatzpflicht
Fehl-verhalten	⇒	**Verschlechterung/Verletzung eines Rechts(guts)**	⇒	**staatliche Reaktion**
		Taterfolg		Geldbuße
		ordnungswidrigkeitenrechtliche Ahndung		

ungewollt *sinn- und zweckfrei* *natürlich sich entwickelnd*	⇔	*gewollt* *verfolgt (legitimen) Zweck* *vorausbemessen „erfunden“*

Abbildung 4.5: Im Vergleich von zivilrechtlichem Schadensausgleich und staatlicher Ahndung stellt sich der Taterfolg als Pendant zum Schaden und die Ersatzpflicht als Pendant zur Geldbuße dar. Letztere unterscheidet sich in ihren Wesensmerkmalen erheblich von einem „typischen“ Schaden.

---

52 Diese können entsprechend – neben der staatlichen Ahndung – zivilrechtlichen Schadenersatz verlangen.

53 Zur ursprünglichen Konzeption gerade der Verbandsgeldbuße als eines „öffentlich-rechtlichen Gewinnabschöpfungs- u. Schadenersatzanspruchs“ noch ausf. § 9 B. III. 3. (S. 303).

54 Worin diese Zwecke bei der Verbandsgeldbuße bestehen, ist Gegenstand des dritten Teils dieser Untersuchung, siehe §§ 7–11.

Mit anderen Worten: Der typische Schaden ist – wie der Taterfolg – eine natürlich sich entwickelnde, ungewollte, sinn- und zweckfreie Verschlechterung eines rechtlich geschützten Gutes. Die Geldbuße ist – parallel viel eher zur Ersatzpflicht – eine erfundene, staatlich gewollte, zur Verfolgung kriminalpolitischer Zwecke anhand gesetzlich vorgegebener Kriterien vorausbemessen ins Leben gerufene Vermögenslast, die als Reaktion auf einen zuvor eingetretenen (Taterfolgs-)Schaden festgesetzt wird. Wegen dieser geradezu handgreiflichen Unterschiede erscheint es wenig überzeugend – jedenfalls nicht mehr zwingend – die Geldbuße ohne Weiteres zu den typischen Schadenspositionen zu zählen.

Aus dem Vorstehenden allein folgt selbstverständlich nicht, dass der durch die Geldbuße verursachte Vermögensnachteil kein Schaden i. S. d. Ersatzpflichtordnung sein kann. Das herauszufinden, ist Gegenstand und Ziel der verbleibenden Untersuchung. Vielmehr gelingt es durch diese Erkenntnis, ein möglicherweise unausgesprochenes Vorverständnis zu hinterfragen und den Blickwinkel zu verschieben, aus dem der Leser der weiteren Untersuchung folgt: Bei der Frage nach der Schadens-Qualität der Geldbuße geht es nicht darum, eine eindeutige Schadensposition aus dem *Kernland* des Schadensbegriffs auszuklammern. Die letztlich aus den § 249 ff. BGB und der dortigen Differenzhypothese abgeleiteten Kategorien von natürlichem und normativem Schaden führen nicht zum Ziel. Vielmehr stellt sich die – methodisch völlig anders gelagerte – Frage, ob ein zwangsweise auferlegter Nachteil, der deshalb Schaden sein könnte, tatsächlich noch dem *Hof* des Schadensbegriffs zuzuordnen und deshalb Schaden ist. Dazu ist jedoch die Frage zu stellen, wo genau die Grenze des Begriffs*hofes* verläuft, und der Geldbußen-Nachteil dieser oder jener Seite der Grenze zuzuordnen.

5. Zwischenergebnis

Das oben[55] ausgegebene Ziel dieses Kapitels ist damit bereits erreicht, die Ausgangsthesen der Regressbefürworter sind widerlegt: Weder führt die „wortlautgetreue“ oder „buchstabengemäße Anwendung des Gesetzes“ zwingend und ohne größere Deutungsspielräume zu einer unbeschränkten Haftung für Geldbußen, noch fehlt dem gesetzlichen Entscheidungsmaßstab ein wertungsoffener Begriff. Schon das Merkmal des Schadens stellt einen nach vielen Seiten hin der Ausfüllung bedürftigen Begriff zur Verfügung. Eine an

55 Siehe § 4 (S. 97).

der gesetzlichen Systematik ausgerichtete Befassung mit diesem Merkmal hat bislang nicht stattgefunden und soll im Folgenden nachgeholt werden.

III. Exkurs: Weitere Stellschrauben

Der Schaden als Voraussetzung der Ersatzpflicht ist im Übrigen keineswegs das einzige Einfallstor für wertende Korrekturen. Zwar kann den übrigen Kandidaten im Rahmen dieser Untersuchung nicht nachgegangen werden. Gleichwohl sollen sie an dieser Stelle wenigstens kurz benannt sein.

Der Dreiklang der Ersatzpflicht setzt noch auf der Tatbestandsseite voraus, dass der Schaden auf der Erfüllung des Verletzungstatbestands beruht, dieser also zugerechnet werden kann. Wann dies der Fall ist, lässt sich dem Gesetz jedoch nicht entnehmen[56] – erst Recht nicht den §§ 249 ff. BGB.[57] Als weitere Voraussetzung der Ersatzpflicht kann auch die Schadenszurechnung – befreit von den (vermeintlich) strengen Vorgaben der Differenzhypothese – nach den teleologischen Bedürfnissen der jeweiligen Ersatzpflichtanordnung ausgeformt werden,[58] ohne dass es auf die Verrenkungen der Lehre vom Schutzzweck der Norm ankäme. Hieraus ergeben sich weitere Deutungsspielräume, um unbillige Härten im Rahmen der Organwalterhaftung abzumildern.

Soweit eine Ersatzpflicht des Organwalters bejaht wird, stehen auch auf Rechtsfolgenseite Instrumente zur Verfügung, die im Rahmen der Regressbeschränkung bereits lebhaft diskutiert werden. Insoweit ist an die Grundsätze der Vorteilsanrechnung[59] sowie eine mögliche analoge Anwendung des § 254 BGB[60] zu denken.

---

56 Der historische Gesetzgeber – siehe *Mugdan*, Bd. II, S. 10 – begnügte sich mit der lapidaren Feststellung, dass der Kausalzusammenhang zwischen der Handlung des Verpflichteten u. dem Schaden, dessen Ersatz verlangt werde, „selbstverständliche Voraussetzung" des Schadenersatzanspruchs sei. Das „Zutreffen dieser Voraussetzung" sei „im gegebenen Falle nach den besonderen Umständen zu prüfen."

57 Zu den Gründen, weshalb sich die §§ 249 ff. BGB mit Fragen der Schadenszurechnung weder befassen noch befassen können, bereits oben A. II. 4. (S. 105).

58 Im Sinne des hier noch zu entwickelnden methodisch-dogmatischen Fundaments handelte es sich auch bei der Arbeit am Merkmal der Schadenszurechnung um Rechtsfortbildung praeter legem. Siehe hierzu § 6.

59 Zu dem hiesigen Verständnis dieser Grundsätze siehe – in aller Kürze – § 6 D. II. 4. (S. 183).

60 Siehe dazu die Anm. 14.3 in § 14 B. II. (S. 575).

Ohne eine vertiefte Auseinandersetzung mit diesen Stellschrauben lässt sich nicht beantworten, welchen Gehorsam der Gesetzgeber vom Rechtsanwender verlangt. Ohne diese Antwort lässt sich allerdings auch nicht darüber entscheiden, ob die Beschränkung oder gar der vollständige Ausschluss der Organwalterhaftung eben diesen Gehorsam verweigert.[61]

C. *Ergebnis und Ausblick*

Die gesetzliche Ausgangslage ist keineswegs so eindeutig, wie sie im Rahmen der Regressdiskussion allgemein dargestellt wird. Diese hat sich auf die *von unsren Vorgängern gewonnene Wahrheit* gestützt, wonach der Schaden den strengen Vorgaben der §§ 249 ff. BGB zu unterwerfen ist. Das hat sich als *ein starker Zusatz von Irrtum* erwiesen.[62] Befreit von den insoweit falschen Vorgaben der Differenzhypothese eröffnet das nach vielen Seiten hin wertungsoffene Merkmal des Schadens ganz erhebliche Deutungsspielräume, mit denen sich dem Kollisionsproblem des Bußgeldregresses nachspüren lässt. Die These, wonach die Verbandsgeldbuße zwingend ein zu regressierender Schaden sei, lässt sich jedenfalls nicht mehr halten.

Zwar kann es im Rahmen dieser Untersuchung selbstverständlich nicht gelingen, die entdeckten Deutungsspielräume zu nutzen, um allen Fragen des Schadens auf den Grund zu gehen. Einer solch prometheischen Großtat bedarf es für die viel bescheidenere Frage nach der Zulässigkeit des Bußgeldregresses auch gar nicht. Denn dazu wird es genügen, eine äußer(st)e Grenze des Schadens festzulegen und die Verbandsgeldbuße hieran zu messen.

61 Vgl. *J. Koch*, AG 2012, 429 (436).
62 Vgl. abermals das Eingangszitat *v. Savigny*, System I, S. XI.

§ 5 Schadensgrundbegriff und §§ 249 ff. BGB

Wenn sich aber der Schaden als Voraussetzung der Ersatzpflicht nicht aus den §§ 249 ff. BGB, sondern aus der jeweiligen Ersatzpflichtanordnung selbst ergibt, so stellen sich automatisch zwei Fragen: Einmal ist fraglich, ob es (A.) überhaupt einen einheitlichen Schadensbegriff gibt. Weiter stellt sich die Frage, ob und in welchem Umfang (B.) §§ 249 ff. BGB zur Ermittlung eines Schadens herangezogen werden können und dürfen.

A. *Einheitlicher Schadens(grund)begriff*

Die Antwort auf die erste dieser Fragen kann und soll hier nur kursorisch und skizzenhaft angedeutet werden. Einmal würde eine redliche Antwort eine weitaus intensivere Befassung erfordern, als sie im Rahmen dieser Untersuchung geleistet werden könnte. Zum anderen aber kommt es auf die Frage nach einem einheitlichen oder einem gegliederten Schadensbegriff für die hier noch anzustellenden Überlegungen nicht wesentlich an – jedenfalls bei Beachtung einer mit dem Leser sogleich zu treffenden Übereinkunft.

I. Auf den ersten Blick droht das Schadensrecht (im eigentlichen Sinne)[1] durch das Ergebnis des vorangegangenen Kapitels in heillosem Chaos zu versinken. Wer – wie bisher – die Haftungs*begründung* von der Haftungs*ausfüllung* trennt und den Schaden letzterer zuordnet, kann (scheinbar) für die gesamte Zivilrechtsordnung auf einen (vermeintlich) einheitlichen Schadensbegriff zurückgreifen. Ist der Schaden jedoch eine Voraussetzung der Ersatzpflicht(anordnung),[2] so enthielte die Rechtsordnung (scheinbar) so viele eigenständige Schadensbegriffe, wie es Ersatzpflichtanordnungen gibt. Das wäre gerade im Hinblick auf diese Untersuchung äußerst misslich: Denn die Frage nach der Zulässigkeit des Geldbußenregresses müsste für jede in Betracht kommende Ersatzpflichtanordnung[3] isoliert beantwortet werden.

1 Das meint die Frage, ob ein eingetretener Nachteil rechtlich als Schaden i. S. d. jew. Ersatzpflichtanordnung zu verstehen ist. Sie ist Teil des – hier so bezeichneten – Ersatz*pflicht*rechts als Gegenstück zu dem in §§ 249 ff. BGB geregelten Ersatz*leistungs*recht.

2 Mithin Vorfrage u. nicht Gegenstand der §§ 249 ff. BGB.

Schon auf den zweiten Blick entpuppt sich diese Bedrohung jedoch als Scheinriese. Weder zwingt das bisherige Untersuchungsergebnis dazu, Myriaden an völlig eigenständigen Schadensbegriffen anzuerkennen, noch stürzt die „Herauslösung“[4] des Schadensbegriffs aus den §§ 249 ff. BGB das Schadensrecht in heilloses Chaos – jedenfalls in keines, in dem es sich nicht schon befände. Denn bei Lichte betrachtet kennt schon das heute gelebte Schadensrecht keinen einheitlichen Schadensbegriff. Die als Errungenschaft auf dem Schilde getragene Trennung von Haftungs*begründung* und Haftungs*ausfüllung* wird stets und ständig durchbrochen. Auf der Ebene der Schadenszurechnung werden über die Lehre vom Schutzzweck der Norm wertungsmäßige Korrekturen nach Maßgabe der jeweiligen Ersatzpflichtanordnung vorgenommen.[5] Das soll gewährleisten, dass eine jede Ersatzpflichtanordnung Ersatz nur für solche Schäden gewährt, zu deren Abwendung sie erlassen wurde. Dann aber sind – wenn auch unausgesprochen – schon heute so viele Schadensbegriffe anerkannt, wie es Ersatzpflichtanordnungen gibt.

II. Wie der Spagat zwischen einheitlichem und gegliedertem – oder gar *zer*gliedertem – Schadensbegriff gelingen kann und soll, lässt sich im Rahmen dieser Untersuchung nur vermuten: Zunächst bleibt festzuhalten, dass Literatur und Rechtsprechung im Ausgangspunkt bisher exakt richtig vorgegangen sind.[6] Richtig ist, dass es einen allgemeingültigen Schadens*grund*begriff gibt.[7] Mag dieser auch nicht in §§ 249 ff. BGB geregelt sein, so gilt er doch für alle Ersatzpflichtanordnungen gleichermaßen.[8] Mit diesem Schadens*grund*begriff lassen sich all jene eingetretenen Nachteile aus dem Schadensbegriff ausklammern, die Gegenstand keiner einzigen Ersatzpflichtanordnung sein sollen.[9] Fehlt danach die Voraussetzung einer

---

3 Etwa § 93 Abs. 2 Satz 1 AktG für das Vorstandsmitglied, § 43 Abs. 2 GmbHG für den Geschäftsführer oder § 280 BGB für Steuerberater u. Rechtsanwälte.

4 Eine Herauslösung im eigentlichen Sinne ist dies freilich nicht, weil der Schaden nie Gegenstand der §§ 249 ff. BGB gewesen ist.

5 Ausf. zur Lehre vom Schutzzweck der Norm *H. Lange*, in: Lange/Schiemann[3] § 3 IX (S. 101 ff.). Lesenswert die Kritik dieser Lehre bei *Keuk*, S. 224 ff.

6 Zu deren Vorgehen bereits § 4 B. II. 2. (S. 120).

7 Zu dessen Mindestanforderungen, wie sie sich im Rückschluss aus § 249 Abs. 1 BGB ermitteln lassen, siehe B. III. (S. 155).

8 Aus dieser Perspektive scheinen jene Kommentatoren richtig zu liegen, die den Schaden in den Vorbemerkungen zu § 249 ff. BGB behandeln. Siehe hierzu die Zusammenstellung in den Fußnoten zu B. III. (S. 155).

9 Als triviales Bsp.: Wer durch einen vom eigenen Taxifahrer (rechtswidrig) verschuldeten Unfall verletzt wird, erleidet durch die für die Dauer eines Krankenhausaufenthaltes entgangene Nutzungsmöglichkeit seiner häuslichen Spielekonsole keinen als

jeden Ersatzpflichtanordnung, so sind diese Nachteile der zivilrechtlichen Ausgleichsordnung überhaupt entzogen.

Dieser Schadensgrundbegriff – und nicht etwa die Differenzhypothese – ist nun Ausgangspunkt der Schadensermittlung. Auch er macht wertende Korrekturen erforderlich. Dazu ist im nächsten Schritt zu untersuchen, ob es sich bei einem solchen grundsätzlich als Schaden zu qualifizierenden Nachteil auch um einen Schaden im Sinne der jeweiligen Ersatzpflichtanordnung handelt. Auf die Verrenkungen der Lehre vom Schutzzweck der Norm – die insoweit mit einer Schadens-„Zurechnung" ohnehin nichts zu tun hat – kann ohne Weiteres verzichtet werden. Als Tatbestandsmerkmal der Ersatzpflichtanordnung kann der Schaden selbst und aus sich heraus nach den spezifischen Bedürfnissen, dem Telos der jeweiligen Vorschrift ausgeformt werden.[10] Ganz zwanglos lässt sich dadurch sicherstellen, dass die Ersatzpflichtanordnung den Ersatz nur solcher Nachteile gewährt, zu deren Abwendung die spezifische Vorschrift erlassen worden ist.

III. Im Rahmen dieser Untersuchung hat das Vorstehende vor allem eine Konsequenz: Für einen rigorosen Beweis müssten alle für den Bußgeldregress in Betracht kommenden Ersatzpflichtanordnung ausgiebig danach untersucht werden, ob der Gesetzgeber in ihnen einen Entscheidungsmaßstab zum Merkmal des Schadens als Voraussetzung der Ersatzpflicht aufgestellt hat. Soll der Umfang dieser Untersuchung nicht jeden vertretbaren Rahmen sprengen, ist dies nachgerade ausgeschlossen. Der Versuch wird deshalb schon nicht unternommen. Statt dessen operiert die weitere Untersuchung mit einer Vermutung im mathematischen Sinne[11], die ein solches Vorgehen obsolet macht. Dadurch verbleibt in der Beweisführung freilich eine Lücke, die an dieser Stelle nicht verschwiegen werden soll.

Die nicht hinterfragte Vermutung geht dahin, dass es den Schadensgrundbegriff im hier verstandenen Sinne gibt.[12] Der nächste Abschnitt wird insoweit

---

Schaden zu qualifizierenden Nachteil – gleichviel, ob er ein solches Verlangen auf § 280 Abs. 1, auf § 823 Abs. 1 BGB oder auf § 823 Abs. 2 BGB i. V. m. § 229 StGB stützen will.

10 Das folgende Kapitel (§ 6) wird zeigen, dass es sich hierbei methodisch nicht um Auslegung, sondern um Rechtsfortbildung praeter legem handelt.

11 Sprich: einer für richtig gehaltenen Annahme, deren Beweisbarkeit und/oder Widerlegbarkeit (noch) nicht bekannt ist.

12 Was – von der Zuordnung zu den § 249 ff. BGB abgesehen u. bei Lichte betrachtet – auch dem Standpunkt der ganz allg. Auff. entsprechen dürfte. Treffend in diesem Sinne etwa *Oetker*, in: MünchKomm-BGB[8] § 249 Rn. 22 m. w. N. (in Fn. 77): „Teleologisch stringente und mit der jeweiligen Haftungsnorm kompatible Ergebnisse

– en passant – in Erinnerung rufen, dass auch der historische Gesetzgeber einen solchen Schadensgrundbegriff vorausgesetzt und ihn bei Schaffung des BGB ganz bewusst offen und ungeregelt gelassen hat.[13] Auf dieser Grundlage – dem Fehlen eines gesetzgeberischen Entscheidungsmaßstabs – wird im nächsten Kapitel (§ 6) aufgedeckt, dass es sich bei der Arbeit am Schadensbegriff methodisch nicht um Auslegung, sondern um Rechtsfortbildung praeter legem handelt. Daraus wiederum wird sich eine äußer(st)e Grenze dessen festlegen lassen, was der Rechtsanwender als Schaden qualifizieren darf. Ausgerüstet mit dieser äußer(st)en Grenze des Schadensgrundbegriffes wird schließlich der Nachweis gelingen, dass der durch eine Geldbuße verursachte Vermögensnachteil kein Schaden und deshalb nicht Gegenstand eines Schadenersatzanspruches sein kann. Genügt dieser Nachteil schon nicht den Anforderungen des Schadensgrundbegriffes, so kommt es auf die wertenden Korrekturen nach Maßgabe der jeweiligen Ersatzpflichtanordnung gar nicht an. Die intensive Auseinandersetzung mit diesen Vorschriften kann und wird deshalb unterbleiben.

IV. Das führt zu der oben angekündigten Übereinkunft: Der weitere Gedankengang sei im Wissen gelesen, dass er auf der Vermutung eines einheitlichen und vom Gesetzgeber – bis heute! – offengelassenen Schadensgrundbegriffes ruht. Wenngleich viel für die Richtigkeit dieser Vermutung streitet, muss der – sehr aufwändige – Beweis hierfür späteren oder den Untersuchungen anderer vorbehalten bleiben. Wer die Vermutung falsifizieren wollte, müsste letztlich zweierlei leisten: Einmal wäre nachzuweisen, dass es diesen einheitlichen Schadensgrundbegriff nicht gibt, sondern der Schaden als Voraussetzung der Ersatzpflicht für jede denkbare Ersatzpflichtanordnung eigenständig zu entwickeln sei. Darauf aufbauend müsste für die jeweils in Rede stehende Ersatzpflichtanordnung der Beweis geführt werden, dass

---

lassen sich nur durch Wertungen erzielen, die zwangsläufig zu Differenzierungen und Ausfransungen an den Rändern eines ‚einheitlichen' Schadensbegriffes führen."

13 Im Zusammenhang mit den Grundsätzen der Vorteilsanrechnung heißt es in den Motiven der Ersten Kommission zu § 218 E_I: Die Lösung dieser Fälle hänge „wesentlich mit der Feststellung *des Schadensbegriffes* zusammen, welche ohnedies nicht für alle Fälle nach allen möglichen auch sonst zweifelhaften Seiten hin durch das Gesetz erfolgen" könne. Die Praxis werde, „uneingeengt durch eine gesetzliche Vorschrift, auch fernerhin im Einzelfalle sich zurechtfinden." Siehe *Mugdan*, Bd. II, S. 10. Herv. nur hier. Wer erklärt, *den Schadensbegriff* nicht gesetzlich regeln zu wollen, damit die Praxis sich im Einzelfall zurechtfinde, geht augenscheinlich davon aus, dass es – jedenfalls theoretisch – *einen* Schadensbegriff gibt.

der Gesetzgeber insoweit einen Entscheidungsmaßstab für das Merkmal des Schadens aufgestellt hat.

B. Funktion der §§ 249 ff. BGB

Weiter stellt sich die Frage, ob den §§ 249 ff. BGB eine Aussage zu diesem Schadensgrundbegriff zu entnehmen ist. Der (historische) Gesetzgeber hat – was allgemein bekannt ist[14] – den Schadensbegriff bei Schaffung des BGB offengelassen.[15] Dessen Ausgestaltung wurde bewusst und ausdrücklich Wissenschaft und Praxis überantwortet.[16] Gegenstand der §§ 249 ff. BGB ist hingegen – auch dies zählt zum schadenersatzrechtlichen Allgemeingut – die Bestimmung von Art und Umfang der *Ersatzleistung*, sprich: jener Leistung des Ersatzpflichtigen, die zur Umkehrung oder Ausgleichung des eingetretenen *Schadens* erforderlich ist. Dann aber müsste aus der – ebenfalls unbestrittenen – Voraussetzungs-Qualität des Schadens eines zwingend folgen: Der Schaden als Voraussetzung der Ersatzpflicht kann sich nicht nach den §§ 249 ff. BGB bemessen.[17] Und doch ist es gerade der Zustandsvergleich des § 249 Abs. 1 BGB der ganz allgemein[18] und geradezu selbstverständlich auch für die Frage herangezogen wird, ob ein Schaden als Voraussetzung der Ersatzpflicht vorliegt.[19]

---

14 Statt aller *Ebert*, in: Erman,[16] Vor § 249 Rn. 14: „Das BGB enthält keine Definition oder Umschreibung dessen, was als Schaden anzusehen ist."

15 Siehe *Mugdan*, Bd. II, S. 10: Die Lösung der Fälle der Vorteilsanrechnung „hängt wesentlich mit der Feststellung des Schadensbegriffes zusammen, welche ohnedies nicht für alle Fälle nach allen möglichen auch sonst zweifelhaften Seiten hin durch das Gesetz erfolgen kann."

16 *Mugdan*, Bd. II, S. 10: „Die Praxis wird, uneingeengt durch eine gesetzliche Vorschrift, auch fernerhin im Einzelfalle sich zurechtfinden." Dazu noch ausf. II. 2. b) (S. 143).

17 Dazu bereits oben § 4 A. II. 4. (S. 106).

18 Siehe aus der Diskussion um den Geldbußenregress *Bayer*, in: FS K. Schmidt (2009), S. 85 (93 f.); *Bayreuther*, NZA 2015,[20] S. 1239 (1240); *Fleischer*, in: BeckOGK-AktG, § 93 Rn. 247; *Hack*, S. 73; *Hoffmann*, NJW 2012,[20] S. 1393 (1393); *Hölters*, in: Hölters,[3] § 93 Rn. 252; *Hopt/Roth*, in: GroßKomm-AktG,[5] § 93 Rn. 406; *Kaulich*, S. 91 u. 272; *J. Koch*, in: Hüffer/Koch,[14] § 93 Rn. 47; *Sailer-Coceani*, in: K. Schmidt/Lutter,[4] § 93 Rn. 36; *H. Lange*, in: Lange/Schiemann,[3] § 1 I (S. 26 f.); *Magnus*, in: NomosKomm-BGB,[3] Vor §§ 249–255 Rn. 2; *Wilsing*, in: Krieger/Schneider,[3] § 31 Rn. 29; *M. Zimmermann*, WM 2008,[10] S. 433 (437).

Anm. 5.1: Die offene Anlehnung an den Zustandsvergleich des § 249 Abs. 1 BGB zur Ermittlung eines Schadens sei an einem Beispiel verdeutlicht: *Ina Ebert* leitet in ihrer Kommentierung[20] den Abschnitt zum Schadensbegriff damit ein (Rn. 14), dass das BGB „keine Definition oder Umschreibung dessen" enthalte, „was als Schaden anzusehen ist." Unter der Überschrift „Differenzhypothese als Grundsatz der Schadensermittlung" (Rn. 24) hält sie zutreffend fest, dass sich das Vorliegen eines Schadens „nur mittelbar aus § 249 I" ergebe.[21] Aus dieser Vorschrift folge die Notwendigkeit, die dort genannten Zustände zu vergleichen. „Nur dann, wenn dieser *Zustandsvergleich* eine Differenz aufweist, stellt sich die Schadensfrage."

Ziel dieses Abschnitts ist nicht etwa die vermeintliche „Neu-Entdeckung" dieser schadenersatzrechtlichen Wahrheiten. Das wäre nicht mehr als der Versuch, mit viel Getöse offene Türen einzurennen. Angriffsobjekt ist vielmehr die mehr oder weniger bewusste Heranziehung des in § 249 Abs. 1 BGB angeordneten Zustandsvergleichs zur Bestimmung des Schadens als Voraussetzung der Ersatzpflicht. Dazu ist letztlich zweierlei zu leisten: Einmal sind die allgemein bekannten, selten aber präzise hergeleiteten Wahrheiten durch – die im Rahmen dieser Untersuchung mögliche und notwendige – Text-interne (I.) und Text-externe (II.) Auslegung[22] der §§ 249 ff. BGB auf ein methodisch überzeugendes Fundament zu stellen. Ist das Regelungsprogramm dieser Vorschriften herausgestellt, lassen sich (III.) immerhin Rückschlüsse auf den Schaden als Voraussetzung der Ersatzpflicht ziehen. Diese Rückschlüsse führen zum eigentlichen Ziel des Abschnitts: Mit ihnen lässt sich zeigen, dass eine jede offene oder verdeckte Anlehnung an den Zustandsvergleich des § 249 Abs. 1 BGB contra legem erfolgt und sich deshalb völlig verbietet.

Diese Erkenntnis ist ihrerseits kein Selbstzweck. Sie bereitet den Boden für die im folgenden Kapitel (§ 6) anzustellenden methodischen Erwägungen. Der den Schaden ausformende Rechtsanwender vollzieht keine Wertungsentscheidung nach, die der Gesetzgeber bereits getroffen hätte. Er tut dies vor allem dann nicht, wenn er insoweit die in § 249 Abs. 1 BGB enthaltene und für eine völlig andere Aufgabe vorgesehene Differenzhypothese anzuwenden versucht. Vielmehr enthalten die §§ 249 ff. BGB keine (!) gesetzgeberische Wertungsentscheidung, die der Rechtsanwender bei der Ermittlung eines

19 Besonders deutlich *Magnus*, in: NomosKomm-BGB[3] Vor §§ 249–255 Rn. 2, für den die §§ 249 ff. BGB „zugleich festlegen, ob das für die Haftungsbegründung erforderliche Tatbestandsmerkmal eines ersatzfähigen Schadens erfüllt ist."

20 *Ebert*, in: Erman[16] Vor § 249 Rn. 14 ff. Herv. im Original durch Fettdruck.

21 Zu den tatsächlich möglichen Rückschlüssen aus dieser Vorschrift auf den Schaden als Voraussetzung der Ersatzpflicht unten III. (S. 155).

22 Die Unterscheidung von Text-interner u. Text-externer Auslegung folgt *Looschelders*/ *W. Roth*, S. 130 ff.

Schadens zu beachten hätte. Die methodische Operation, die zu bestimmen Gegenstand des folgenden Kapitels sein soll, ist eine völlig andere.

I. Text-interne Auslegung

Für die eben genannten Zwecke würde es an sich genügen, den §§ 249 ff. BGB im Wege der Text-internen Auslegung nachzuspüren. Schon Wortlaut (1.) und Systematik (2.) der Vorschriften belegen ausreichend deutlich, dass die amtliche Überschrift gut gewählt ist: Die §§ 249 ff. BGB befassen sich nicht mit dem Schaden, sondern mit „Art und Umfang des Schaden*ersatzes*".[23] Wortlaut und Systematik lassen bereits den Schluss zu, dass (III.) der Zustandsvergleich des § 249 Abs. 1 BGB nicht bereits auf Tatbestandsseite zur Ermittlung eines Schadens herangezogen werden darf.

Gleichwohl soll im nächsten Abschnitt (II.) darüber hinaus gezeigt werden, dass auch der historische Gesetzgeber und der Gesetzgeber unter Geltung des Grundgesetzes den §§ 249 ff. BGB (nur) die Aufgabe zugedacht haben, wie sie auch hier verstanden wird. Dabei wird sich auch zeigen lassen, dass die Differenzhypothese des § 249 Abs. 1 BGB zu keiner Zeit als Instrument zur Schadensermittlung konzipiert war.

1. Wortlaut

Unter Wortlautgesichtspunkten fällt auf, dass der gesamte Regelungskomplex der §§ 249 ff. BGB quasi ohne den Begriff „Schaden" auskommt. In § 249 Abs. 1 BGB – der Grundnorm des unglücklich[24] so bezeichneten Schadensrechts – kommt der Begriff des Schadens gar nicht vor.[25] Vielmehr ist dort von der Verpflichtung zum Schaden*ersatz* die Rede.[26] Der Schaden*ersatz*

23 So die amtliche Überschrift zu § 249 BGB, die durch Art. 1 Abs. 2 des Gesetzes zur Modernisierung des Schuldrechts v. 26. 11. 2001 (SchuldRModG), BGBl. I,[61] S. 3170 (3170) eingefügt worden ist. Siehe auch die Anlage zu Art. 1 Abs. 2 auf S. 3191. Herv. nur hier.

24 Die Gegenüberstellung von Haftungs- u. Schadensrecht suggeriert, dass der Schaden in letzterem geregelt sei. Treffender u. weniger missverständlich erscheint die Unterscheidung zwischen Ersatz*pflicht*recht u. Ersatz*leistungs*recht.

25 Darauf weist auch *Schiemann*, in: Staudinger (2017), Vorbem zu §§ 249 ff. Rn. 35 hin.

26 Siehe § 249 Abs. 1 BGB: „Wer zum Schadens*ersatz* verpflichtet ist, hat [...]." Herv. nur hier.

selbst meint freilich die Leistung des Schädigers, die zur Ausgleichung oder Umkehrung des Schadens erforderlich ist.

In den übrigen Vorschriften kommt der Begriff „Schaden“ namentlich in § 252 Satz 1, § 253 Abs. 1 u. 2 sowie § 254 Abs. 1 u. 2 BGB vor. Abgesehen von § 252 Satz 1 BGB verwenden diese Vorschriften den Begriff als Voraussetzung, an die bestimmte Rechtsfolgen geknüpft werden. Eine sprachliche Umschreibung des Schadens enthalten sie nicht – auch nicht im Falle der vermeintlichen Ausnahme des § 252 Satz 1 BGB.

a) Nach § 252 Satz 1 BGB umfasst der zu ersetzende Schaden auch den entgangenen Gewinn. Sprachlich könnte die Regelung als konstitutive Erweiterung des Schadensbegriffes um den entgangenen Gewinn verstanden werden. Tatsächlich geht eine eigenständige Erklärung dessen, was als Schaden anzusehen ist, daraus nicht hervor. Dass auch der entgangene Gewinn zu ersetzen ist, soll sich nach ganz allgemeiner Auffassung schon unmittelbar aus § 249 Abs. 1 BGB ergeben,[27] ergibt sich tatsächlich jedoch aus dem Schadensverständnis als solchem.

Die Formulierung hat historische Gründe.[28] Der heutige Satz 1 ist das Überbleibsel des für entbehrlich gehaltenen § 218 Abs. 1 E_I.[29] § 218 E_I war ursprünglich vor den späteren §§ 249–251 BGB einsortiert. Nach Umstellung und Überarbeitung wurde § 252 Satz 1 BGB beibehalten, um den Zusammenhang für die folgende Beweiserleichterung des § 252 Satz 2 BGB herzustel-

27 Dafür etwa BGH (GrS), Beschl. v. 9. 7. 1986 – GSZ 1/86 – BGHZ **98**, 212 ff. (219); *Larenz*, SchuldR I,[14] § 29 II (S. 492); *Oetker*, in: MünchKomm-BGB,[8] § 252 Rn. 1 m. w. N.

28 Zur Entstehungsgeschichte des § 252 BGB sogleich, II. 2. a) aa) (S. 141).

29 Die Vorschrift sollte lauten: „Ist Schadensersatz zu leisten, so umfaßt der zu ersetzende Schaden sowohl die erlittene Vermögenseinbuße als auch den entgangenen Gewinn.“ — Abs. 2: „Als entgangener Gewinn kommt nur derjenige in Betracht, welcher nach dem gewöhnlichen Lauf der Dinge oder nach den besonderen Umständen [. . .] mit Wahrscheinlichkeit erwartet werden konnte.“ Siehe Erste Kommission, S. 50. Für die verschiedenen Stellungnahmen zu § 218 E_I siehe Reichsjustizamt, S. 17 ff. Der dem heutigen § 252 Satz 2 BGB weitgehend entsprechende § 218 Abs. 2 E_I war nach Auffassung der Ersten Kommission dagegen „nicht zu entbehren.“ Siehe hierzu die Motive bei *Mugdan*, Bd. II, S. 10, sowie unten II. 2. a) (S. 140).

len.[30] Die Bestimmung ist bezogen auf die Reichweite des Schadensbegriffes rein deklaratorisch.

b) Gemäß § 253 Abs. 1 BGB kann für Schäden, die nicht Vermögensschäden sind, eine Entschädigung in Geld nur in den durch das Gesetz genannten Fällen gefordert werden. Die Vorschrift erläutert ihrem Wortlaut nach nicht, was ein Schaden ist. Dieser ist vielmehr Voraussetzung für die angeordnete Einschränkung der Ersatzleistung. Unter der Prämisse, dass ein Schaden besteht, der kein Vermögensschaden ist, bestimmt § 253 Abs. 1 BGB, dass die Ersatzleistung grundsätzlich nicht in Geld bestehen kann.

Sprachlich bezieht sich die Regelung deshalb auf die Umkehrung dessen, was andernorts als Schaden identifiziert wurde. Zur Frage, was ein Schaden ist, trägt die Vorschrift ebensowenig bei wie zur Unterscheidung von Vermögens- und Nichtsvermögensschäden. Auch diese Unterscheidung vollzieht sich außerhalb des § 253 Abs. 1 BGB – genauer: vor diesem. § 253 Abs. 2 BGB verwendet das Wort Schaden in gleicher Weise wie Abs. 1. Zur begrifflichen Klärung trägt deshalb auch § 253 Abs. 2 BGB nichts bei.

c) § 254 Abs. 1 BGB knüpft schließlich bestimmte Rechtsfolgen an die Tatsache, dass bei der Entstehung des Schadens ein Verschulden des Beschädigten mitgewirkt hat. Zu berücksichtigen ist, inwieweit der Schaden vorwiegend von dem einen oder dem anderen Teil verursacht worden ist.

Auch diese Vorschrift setzt sprachlich voraus, dass das Bestehen eines Schadens bereits feststeht. Wer aber Rechtsfolgen an bestimmte Umstände bei der Entstehung eines Schadens knüpfen möchte, muss im Vorfeld die Frage entschieden haben, dass ein Schaden besteht. Sprachlich ist das Vorliegen eines Schadens auch hier Voraussetzung und nicht Gegenstand der Vorschrift. Der Schadensbegriff wird durch sie weder umschrieben, noch präzisiert. Das gilt für die Verwendung des Wortes Schaden in § 254 Abs. 2 BGB in gleicher Weise.

d) Die Auslegung nach dem Wortlaut zeigt, dass sich der Regelungskomplex der §§ 249 ff. BGB nicht mit dem Schaden als Voraussetzung der Ersatzpflicht, sondern mit dem Schaden*ersatz* befasst. Sie legen Art und Umfang der Leistung fest, die der Ersatzpflichtige zur Ausgleichung des Schadens zu erbringen hat. Wo der Begriff des „Schadens" überhaupt Verwendung findet, ist er schon sprachlich nicht Gegenstand, sondern stets Voraussetzung der jeweiligen Regelung.

---

30 *Schiemann*, in: Staudinger (2017), Vorbem zu §§ 249 ff. Rn. 1 hat sie als „kaum nennenswerte Nuance zu § 287 ZPO" bezeichnet.

2. Systematik

Die systematische Auslegung bestätigt diesen Befund. Insoweit genügt es, sich mit der externen Systematik[31] des Regelungskomplexes zu befassen. Für sie gilt der oben[32] entwickelte Gedanke spiegelbildlich: Der Schaden ist eine Voraussetzung der Ersatzpflicht. Nach § 249 Abs. 1 BGB – der Eingangsvorschrift des Regelungskomplexes – hat den dort bezeichneten Zustand nur herzustellen, wer *zum Schadenersatz verpflichtet* ist. Zum Ersatz ist jedoch nur verpflichtet, wer durch die Erfüllung des Verletzungstatbestands[33] zurechenbar einen Schaden verursacht hat. Über das Vorliegen eines Schadens ist mithin schon entschieden, bevor der Rechtsanwender dem in § 249 Abs. 1 BGB normierten Zustandsvergleich eine Anweisung entnehmen darf.

Anm. 5.2: Bildlich gesprochen[34] geht die Vorschrift des § 249 Abs. 1 BGB erst „ins Rennen", wenn ihr etwa von § 93 Abs. 2 Satz 1 AktG quasi als „Staffelstab" das Vorliegen einer Ersatzpflicht übergeben worden ist. Über das Vorliegen eines Schadens ist zu diesem Zeitpunkt schon entschieden, sodass § 249 Abs. 1 BGB sich nicht abermals mit dieser Frage befassen kann.

Das Vorliegen einer Ersatzpflicht ist danach Voraussetzung und nicht Gegenstand der §§ 249 ff. BGB. Sie befassen sich vielmehr mit „Art und Umfang des Schaden*ersatzes*",[35] sprich: der *Ersatzleistung*. Das ist die Leistung des Schädigers, die zur Umkehrung oder Ausgleichung des *Schadens* erforderlich ist.

II. Text-externe Auslegung

Auch mit der Entstehungs- und Änderungsgeschichte lässt sich belegen, dass die §§ 249 ff. BGB sich allein mit der *Ersatzleistung* und nicht mit dem *Scha-*

---

31 Das meint das Zusammenspiel der §§ 249 ff. BGB mit einer beliebigen Ersatzpflichtanordnung, etwa mit § 93 Abs. 2 Satz 1 AktG.

32 Siehe § 4 A. II. 4. (S. 106).

33 Oder durch Schaffung einer Gefährdung, durch wissentliche Aufopferung eines fremden Gutes u. dgl. mehr, vgl. den Überblick bei *Deutsch*, HaftungsR[2] Rn. 2.

34 Solche Bilder haben freilich keine eigene Beweiskraft, vermögen aber den bereits erfolgten Beweis zu veranschaulichen, vgl. *Engisch*, Einführung[12] Kap. V (S. 138). Nur in diesem Sinne ist das folgende Bild gemeint.

35 So die amtliche Überschrift zu § 249 BGB, die durch Art. 1 Abs. 2 des SchuldRModG, BGBl. I 2001[61] S. 3170 (3170) eingefügt worden ist. Siehe auch die Anlage zu Art. 1 Abs. 2 auf S. 3191.

den als Voraussetzung der Ersatzpflicht befassen. Von wenigen Änderungen (1.) abgesehen, entsprechen die Vorschriften noch heute weitgehend ihrer ursprünglichen Fassung bei Inkrafttreten des BGB.[1] Deshalb soll zunächst (2.) nachgezeichnet werden, dass auch der historische Gesetzgeber im Sinne der hier vertretenen Auffassung zwischen dem *Schaden* und der *Ersatzleistung* unterschieden hat und die späteren §§ 249 ff. BGB sich allein mit letzterer befassen sollten. Dieser Nachweis ist sodann (3.) für die Gesetzesänderungen unter Geltung des Grundgesetzes zu erbringen.

1. Änderungshistorie

Bis zur Einfügung des § 251 Abs. 2 Satz 2 BGB[2] im Jahre 1990 sind die §§ 249 ff. BGB unverändert geblieben.[3] Die Aufnahme des heutigen § 249 Abs. 2 Satz 2 BGB[4] machte eine „ausschließlich redaktionelle Änderung“[5] des ursprünglichen § 249 BGB erforderlich: Die bis dahin aus zwei Sätzen bestehende Vorschrift wurde in zwei eigenständige Absätze aufgespalten.[6] Zugleich wurde § 253 BGB „grundlegend neu geordnet.“[7] Der ursprüngliche Wortlaut der Vorschrift wurde zum heutigen Abs. 1.[8] Die Regelung des § 847 BGB a. F.[9] wurde aufgehoben und ging im neuen § 253 Abs. 2 BGB[10] auf, der nunmehr unabhängig von einer bestimmten Anspruchsgrundlage bzw. Ersatzpflichtanordnung ausgestaltet war. Was der Gesetzgeber mit diesen Änderungen inhaltlich bezweckt hat und ob und gegebenenfalls welche Konsequenzen hieraus zu ziehen sind, soll weiter unten[11] untersucht werden.

---

1 Siehe die Urfassung der Vorschriften im Bürgerlichen Gesetzbuch v. 18. 8. 1896, RGBl.[21] S. 195 (238 f.).

2 Eingefügt durch Art. 1 Nr. 3 des Gesetzes zur Verbesserung der Rechtsstellung des Tieres im bürgerlichen Recht v. 20. 8. 1990 (TierVerbG), BGBl. I[43] S. 1762 (1762).

3 Auch das (erste) Gesetz zur Änderung schadensersatzrechtlicher Vorschriften v. 16. 8. 1977, BGBl. I[57] S. 1577 ff. ließ die Vorschriften unberührt.

4 Angefügt durch Art. 2 Nr. 1 lit. c) des Zweiten Gesetzes zur Änderung schadensersatzrechtlicher Vorschriften v. 19. 7. 2002 (2. SchadÄndG), BGBl. I[50] S. 2674 (2675). Ausf. zum 2. SchadÄndG *Wagner*, NJW 2002[29] S. 2049 ff.

5 Begr. zum RegE für das 2. SchadÄndG, BT-Drs. 14/7752, S. 22 (re. Sp.).

6 Geändert durch Art. 2 Nr. 1 lit. a) u. b) des 2. SchadÄndG, BGBl. I 2002[50] S. 2674 (2675).

7 BT-Drs. 14/7752, S. 14 (re. Sp.).

8 Geändert durch Art. 2 Nr. 2 lit. a) des 2. SchadÄndG, BGBl. I 2002[50] S. 2674 (2675).

9 Aufgehoben durch Art. 2 Nr. 7 des 2. SchadÄndG, BGBl. I 2002[50] S. 2674 (2675).

10 Angefügt durch Art. 2 Nr. 2 lit. b) des 2. SchadÄndG, BGBl. I 2002[50] S. 2674 (2675).

2. Historischer Gesetzgeber

Der heutige Normbestand der §§ 249 ff. BGB entspricht danach weitgehend seinem Urzustand vom 1. Januar 1900. Deshalb können die Materialien des historischen Gesetzgebers Anhaltspunkte für den heutigen Gehalt der Vorschriften aufzeigen. Die zentralen Aussagen zu Aufgabe und Reichweite der späteren §§ 249 ff. BGB erfolgten zum Ersten Entwurf und dort zur Vorschrift des § 218 E_I. Zur besseren Nachvollziehbarkeit ist deshalb zuerst – und in aller Kürze[12] – der Weg der hier relevanten Vorschriften vom Ersten Entwurf bis zum fertigen BGB nachzuzeichnen. Sodann sollen die maßgebenden Aussagen des historischen Gesetzgebers zusammengestellt und gewürdigt werden. Schließlich wird das hierin bereits gefundene Ergebnis durch weitere Belegstellen aus den Materialien abgesichert.

a) Der Weg der Gesetzgebung

Im Ersten Entwurf[13] enthielten die §§ 218 ff. E_I das Pendant zu den heutigen §§ 249 ff. BGB. Aus diesem Regelungskomplex wurde die Vorschrift des § 220 E_I[14] sowohl von der Vorkommission des Reichsjustizamtes[15] als auch von der Zweiten Kommission[16] für entbehrlich gehalten und deshalb gestrichen. § 221 E_I[17] enthielt die Vorgängerregelung zum späteren § 253

11 Siehe unten 3. (S. 150).

12 Ausf. zum Entstehungsprozess der §§ 249 ff. BGB *Schubert*, in: Jakobs/Schubert, SchuldR I, S. 80 ff. Zum Entstehungsprozess des BGB insgesamt *Schulte-Nölke*, S. 77 ff.

13 Ausf. zu den dahin führenden Regelungsentwürfen *Schubert*, in: Jakobs/Schubert, SchuldR I, S. 80 ff. Siehe auch *Bartelt*, S. 30 f., der jedoch nicht zwischen Schaden u. Ersatzleistung unterscheidet. Seine Auseinandersetzung mit der Entstehungsgeschichte führt deshalb zu völlig anderen Ergebnissen als hier.

14 Im Wortlaut lautete sie: „Ist als Schadensersatz der Werth eines Gegenstandes zu ersetzen, so ist nicht blos der gemeine Verkehrswerth, sondern auch derjenige Werth maßgebend, welchen der Gegenstand für den Gläubiger nach den besonderen Verhältnissen hatte (außerordentlicher Werth).“ Siehe Erste Kommission, S. 50.

15 Siehe die entsprechenden Anträge von *Struckmann*, *Planck* u. *Jacubezky* sowie den Beschluss der Vorkommission in deren 39. Sitzung v. 3. September 1891, wiedergegeben bei *Schubert*, in: Jakobs/Schubert, SchuldR I, S. 97 f.

16 Siehe die Protokolle der Zweiten Kommission bei *Mugdan*, Bd. II, S. 515. Siehe auch *Schubert*, in: Jakobs/Schubert, SchuldR I, S. 101. Monographisch u. lesenswert – nicht nur – zur oft unterschätzten Rolle des Reichsjustizamtes bei der „Entstehung des Bürgerlichen Gesetzbuchs“, *Schulte-Nölke*, passim.

BGB; § 222 E_I[18] jene zu § 254 BGB. Die Materialien zu diesen Vorschriften tragen zur hier interessierenden Frage nichts bei und sollen im Folgenden deshalb ausgeklammert bleiben. Wichtig sind dagegen die Materialien zu § 218 und § 219 E_I.

aa) Die Vorschrift des § 218 E_I[19] entspricht in etwa dem späteren § 252 BGB und war in der ursprünglichen Fassung als Eingangsvorschrift des Regelungskomplexes vor den späteren §§ 249–251 BGB (sprich: § 219 E_I) einsortiert. In der Vorkommission des Reichsjustizamtes war beantragt, diese Reihenfolge umzukehren,[20] was redaktionelle Anpassungen erforderlich machte.[21] Die Zweite Kommission ist dem im Wesentlichen gefolgt.[22] Die sachlichen Anträge zu § 218 E_I wurden angenommen und die Vorschrift an

17 Im Wortlaut: „Wegen eines anderen als eines Vermögensschadens kann eine Entschädigung nur in den vom Gesetze bestimmten Fällen gefordert werden.“ Siehe Erste Kommission, S. 51.

18 Im Wortlaut: „Hat bei der Entstehung des von einem Anderen verschuldeten Schadens eine Fahrlässigkeit des Beschädigten, wenn auch nur in Ansehung der Abwendung des Schadens, mitgewirkt, so hat das Gericht nach den Umständen des Falles zu ermessen, ob und in welchem Umfange der Andere zum Schadensersatze verpflichtet sei. Das Gericht hat bei der Entscheidung insbesondere zu würdigen, ob und inwiefern das Verschulden des Anderen oder die Fahrlässigkeit des Beschädigten überwogen hat.“ Siehe Erste Kommission, S. 51.

19 Im Wortlaut: „Ist Schadensersatz zu leisten, so umfaßt der zu ersetzende Schaden sowohl die erlittene Einbuße als auch den entgangenen Gewinn. *[Absatz]* Als entgangener Gewinn kommt nur derjenige in Betracht, welcher nach dem gewöhnlichen Laufe der Dinge oder nach den besonderen Umständen, insbesondere nach getroffenen Anstalten und Vorkehrungen, mit Wahrscheinlichkeit erwartet werden konnte.“ Siehe Erste Kommission, S. 50.

20 *Mataja* meinte, die Unterscheidung zwischen wirklichem Schaden u. entgangenem Gewinn komme für die in § 219 E_I angeordnete Naturalrestitution nicht in Frage, siehe Reichsjustizamt, S. 20.

21 Siehe die jew. Anträge von *Planck* u. *Stuckmann* sowie den Beschluss der Vorkommission in deren 39. Sitzung v. 3. September 1891 bei *Schubert*, in: Jakobs/Schubert, SchuldR I, S. 97 f. Auch der Wortlaut der redigierten Vorschriften ist dort wiedergegeben.

22 Siehe die Protokolle der Zweiten Kommission bei *Mugdan*, Bd. II, S. 510. Siehe auch *Schubert*, in: Jakobs/Schubert, SchuldR I, S. 98 f.

die Redaktionskommission überwiesen.[23] Dort wurde aus § 218 E_I der § 214 E_{II}, der in seiner endgültigen Fassung dem heutigen § 252 BGB entspricht.[24]

bb) Der Weg des § 219 E_I[25] war etwas weniger geradlinig. Die Zweite Kommission hatte, nachdem die Vorschrift nunmehr vor den ursprünglichen § 218 E_I versetzt war, mit einigen inhaltlichen Anträgen zu ringen.[26] Sieben der acht Anträge[27] sahen in verschiedenen Nuancen vor, das Regel-Ausnahme-Verhältnis von Naturalrestitution und Geldersatz umzukehren. Unter Ablehnung der übrigen Anträge wurde der Vorrang der Naturalrestitution beibehalten.[28]

Nach weiterer inhaltlicher Präzisierung[29] wurde die Vorschrift an die Redaktionskommission überwiesen.[30] § 219 E_I wurde dort zu § 213 E_{II} und entsprach – nach letztmaliger redaktioneller Überarbeitung – in der dann beschlossenen Form durch Aufspaltung der Absätze in eigenständige Paragraphen den späteren §§ 249–251 BGB.[31]

cc) Eine in der Vorkommission des Reichsjustizamtes erwogene Einschränkung der Ersatzpflicht für unwahrscheinliche Schadenspositionen ist letztlich nicht Gesetz geworden. Der in der Vorkommission[32] beantragte und beschlossene § 218 a E_I-RJA[33] wurde von der Zweiten Kommission angenommen,

23 Siehe die Protokolle der Zweiten Kommission bei *Mugdan*, Bd. II, S. 514.

24 Siehe *Schubert*, in: Jakobs/Schubert, SchuldR I, S. 102.

25 Im Wortlaut: „Der Schuldner hat den Schadensersatz dadurch zu leisten, daß er denjenigen Zustand herstellt, welcher vorhanden sein würde, wenn der zum Schadensersatze verpflichtende Umstand nicht eingetreten wäre, und daß er, soweit diese Herstellung nicht möglich oder zur Entschädigung des Gläubigers nicht genügend ist, den Gläubiger in Geld entschädigt." Siehe Erste Kommission, S. 50.

26 Die Anträge sind abgedruckt bei *Mugdan*, Bd. II, S. 511 f. u. – unter teilw. Nennung der Antragsteller – bei *Schubert*, in: Jakobs/Schubert, SchuldR I, S. 99 f.

27 Der achte Antrag, den *v. Mandry* gestellt hatte, ist nur bei *Schubert*, in: Jakobs/Schubert, SchuldR I, S. 100, nicht aber bei *Mugdan*, Bd. II, S. 511 f. wiedergegeben.

28 Siehe die Protokolle der Zweiten Kommission bei *Mugdan*, Bd. II, S. 512 mit Erläuterungen zu den einzelnen Anträgen auf den folgenden Seiten.

29 Siehe die Anträge von *Jacubezky* u. *v. Mandry*, die sowohl bei *Schubert*, in: Jakobs/Schubert, SchuldR I, S. 101 f. als auch bei *Mugdan*, Bd. II, S. 514 f. wiedergegeben sind.

30 Siehe die Protokolle der Zweiten Kommission bei *Mugdan*, Bd. II, S. 514.

31 Siehe *Schubert*, in: Jakobs/Schubert, SchuldR I, S. 102.

32 Der entsprechende Antrag von *Jacubezky* u. der Beschluss der Vorkommission in deren 41. Sitzung v. 5. September 1891 sind bei *Schubert*, in: Jakobs/Schubert, SchuldR I, S. 103 abgedruckt.

33 Im Wortlaut: „Die Haftung des Schuldners wegen Nichterfüllung seiner Verbindlichkeit erstreckt sich nicht auf denjenigen Schaden, dessen Entstehung nach der

die sich vorbehielt, den beschränkten Anwendungsbereich der Vorschrift auch auf andere Fälle des Schadenersatzes auszudehnen.[34] Nach kleineren inhaltlichen Überarbeitungen gelangte die Regelung[35] zur Abstimmung in den Bundesrat. Wegen der als *misslich empfundenen Differenz zwischen dem gemeinen und dem Handelsrecht*[36] wurde die Vorschrift gegen den Widerstand der Vertreter Bayerns und Sachsens gestrichen.[37] In der XII. Kommission des Reichstags[38] gelang es abermals, eine Vorschrift mit ähnlichem Anliegen einzustellen,[39] die aber im Plenum des Reichstags endgültig gestrichen wurde.[40]

b) Der historische Gesetzgeber zu § 218 E_I

Vor diesem Hintergrund lassen sich die zentralen Aussagen des historischen Gesetzgebers zu Aufgabe und Reichweite der §§ 218 ff. E_I einordnen. Die Aussagen erfolgten ausschließlich zu § 218 E_I[41] – der damals noch vor den heutigen §§ 249–251 BGB einsortierten Vorschrift, die teilweise § 252 BGB

Kenntniß der Umstände, welche der Schuldner hatte oder haben mußte, außerhalb des Bereiches der Wahrscheinlichkeit lag." Wiedergegeben nach *Schubert*, in: Jakobs/Schubert, SchuldR I, S. 103.

34 Siehe die Protokolle der Zweiten Kommission bei *Mugdan*, Bd. II, S. 510.

35 Nunmehr mit folgendem Wortlaut: „Die Ersatzpflicht wegen Nichterfüllung einer Verbindlichkeit erstreckt sich nicht auf einen Schaden, dessen Entstehung außerhalb des Bereichs der Wahrscheinlichkeit lag oder nach den Umständen, die der Schuldner kannte oder kennen mußte, als außerhalb dieses Bereichs liegend angesehen werden durfte." Wiedergegeben nach *Schubert*, in: Jakobs/Schubert, SchuldR I, S. 104.

36 So die Begründung im Bericht von *Schicker* v. 26. November 1895, abgedruckt bei *Schubert*, in: Jakobs/Schubert, SchuldR I, S. 106.

37 Siehe den Bericht von *Schicker* v. 15. Dezember 1895, abgedruckt bei *Schubert*, in: Jakobs/Schubert, SchuldR I, S. 107.

38 Diese wurde vom Reichstag speziell „zur Vorberathung des bürgerlichen Gesetzbuchs und eines Einführungsgesetzes zu demselben" eingesetzt. Dass sie sich konstiuiert habe, wurde am 8. Februar 1896 im Plenum des Reichstags verlesen, siehe Reichstag-PlenProt. 35/IX, S. 821. Ausf. zur XII. Kommission, *Schubert*, in: Jakobs/Schubert, Einführung, S. 64 ff. u. S. 377 ff. jew. m. w. N.

39 Siehe die Anträge von *Gröber* u. *Ennecerus* bei *Schubert*, in: Jakobs/Schubert, SchuldR I, S. 107.

40 Siehe *Schubert*, in: Jakobs/Schubert, SchuldR I, S. 108.

41 Im Wortlaut: „Ist Schadensersatz zu leisten, so umfaßt der zu ersetzende Schaden sowohl die erlittene Einbuße als auch den entgangenen Gewinn. *[Absatz]* Als entgangener Gewinn kommt nur derjenige in Betracht, welcher nach dem gewöhnlichen Laufe der Dinge oder nach den besonderen Umständen, insbesondere nach getroffe-

entspricht. Sie machen auch deutlich, dass sich der Regelungskomplex zu keinem Zeitpunkt mit dem Schaden als Voraussetzung der Ersatzpflicht befassen sollte.

aa) Die Aussagen im Zusammenhang

Der Regelungskomplex der §§ 218–223 E_I beschäftigte sich nach der Vorstellung der Ersten Kommission[42] mit Fragen, die „insbes. den Inhalt und Umfang des zu leistenden Schadens*ersatzes*" betreffen. Gerade § 218 E_I entscheide, „wie weit *im Falle der Verpflichtung zum Ersatze* eines Vermögensschadens (§ 221) die Verpflichtung sich erstrecke. Das Prinzip ist, daß die positive Vermögenseinbuße und der entgangene Gewinn zu ersetzen sind, daß also unter der Schadens*ersatzpflicht* durchgehends *die Verpflichtung zur Leistung des ganzen Interesses* zu verstehen" sei. Eine „Abstufung des Umfanges der Schadensersatzpflicht je nach der Art oder dem Grade des Verschuldens" wurde verworfen, weil die Hereinziehung derart „moralisierender oder strafrechtlicher Gesichtspunkte [...] bei der Bestimmung der civilrechtlichen Folgen unerlaubten, widerrechtlichen Verhaltens durchaus fern gehalten werden" müsse. Juristisch „allein haltbar" und dem „Schadensersatzberechtigten allein gerecht" werde der Grundsatz des gemeinen Rechts, „wonach lediglich *der Umfang des verursachten Schadens* den *Umfang des zu leistenden Schadensersatzes*" bestimme. Mit diesem Prinzip sei ferner „ausgesprochen, daß der Schadensersatzpflichtige *für alle,* nicht blos für die vorauszusehenden *Folgen der von ihm zu vertretenden Handlung*" hafte und dass der Eintritt der Haftpflicht nicht davon abhänge, „ob die Handlung [...] mittelbar oder unmittelbar den Schaden bewirkt" habe. Die „*selbstverständliche Voraussetzung*" sei allerdings, „daß *der Schaden,* dessen Ersatz verlangt wird, *im Kausalzusammenhange* mit derjenigen Handlung [...] *steht*, welche den Anspruch begründet. Das Zutreffen *dieser Voraussetzung* ist im gegebenen Falle nach den besonderen Umständen" zu prüfen. Im Zusammenhang mit der Vorteilsanrechnung erklärten die Väter des BGB schließlich, dass die Lösung dieser Fälle „wesentlich mit der *Feststellung des*

nen Anstalten und Vorkehrungen, mit Wahrscheinlichkeit erwartet werden konnte." Siehe Erste Kommission, S. 50.

42 Dieser Absatz gibt den Gedankengang der Ersten Kommission im nur minimal bereinigten Zusammenhang wieder. Die wörtlichen Zitate sind – unter Beibehaltung der Reihenfolge – den Motiven zu § 218 E_I entnommen u. bei *Mugdan*, Bd. II, S. 10 abgedruckt. Herv. jew. nur hier.

Schadensbegriffes“ zusammenhänge, „welche *nicht* für alle Fälle nach allen möglichen auch sonst zweifelhaften Seiten hin *durch das Gesetz erfolgen kann.* [...] Die Praxis wird, *uneingeengt durch eine gesetzliche Vorschrift,* auch fernerhin im Einzelfalle sich zurechtfinden.“

Zusammen genommen belegen diese Aussagen, dass auch der historische Gesetzgeber zwischen dem *Schaden* und dem Schaden*ersatz* als der *Ersatzleistung* unterschieden hat. Der Regelungskomplex der §§ 218 ff. E_I sollte sich nach seiner Auffassung darüber hinaus nur mit letzterer befassen. Zwar enthält der zitierte Auszug aus den Motiven Passagen, die sich (scheinbar) für das Gegenteil fruchtbar machen ließen. Sofern man diese Passagen aber im jeweiligen Kontext sieht, zeigt sich, dass auch damit der hier vertretene Standpunkt nicht entkräftet werden kann.

bb) Vermeintliche Aussagen zum Umfang des Schadens

So hat der historische Gesetzgeber geäußert, dass der Schadenersatzpflichtige für alle – auch unvorhersehbaren – Folgen der von ihm zu vertretenden Handlungen hafte, gleichviel, ob sie den Schaden mittelbar oder unmittelbar bewirkt haben.[43] Unter der Schadenersatzpflicht sei ferner durchgehend die Leistung des ganzen Interesses zu verstehen.[44] Das Interesse hatte *Mommsen* als „die Differenz zwischen dem Betrag des Vermögens einer Person, wie derselbe in einem gegebenen Zeitpunkt ist, und dem Betrage, welchen dieses Vermögen ohne die Dazwischenkunft eines bestimmten beschädigenden Ereignisses in dem zur Frage stehenden Zeitpunkte haben würde“ definiert.[45]

In der Zusammenschau ließe sich aus diesen Aussagen – vermeintlich – begründen, dass der Gesetzgeber eine nur durch die Kausalität begrenzte Ersatzpflicht vor Augen hatte: Wenn das Interesse jede Differenz bei dem Zustandsvergleich erfasst und der Ersatzpflichtige zum Ersatz des ganzen Interesses verpflichtet ist, dann besteht eine Ersatzpflicht hinsichtlich jeder einzelnen Position, die sich in diesem Vergleich als nachteilige Zustandsveränderung darstellt.[46] In dieser Hinsicht würden die §§ 218 ff. E_I den Umfang des Schadens festlegen.

---

43 Siehe die Motive bei *Mugdan*, Bd. II, S. 10.

44 Siehe die Motive bei *Mugdan*, Bd. II, S. 10.

45 So im Jahre 1855 *Mommsen*, S. 3. Im Original gesperrt. Das heute geläufige Schlagwort der Differenzhypothese geht auf *Heck*, SchuldR, S. 3 zurück. Sehr krit. zur Leistung *Mommsens* etwa *Honsell*, JuS 1973, S. 69 ff. Lesenswert die ausf. u. überzeugende Kritik an der „Mommsen'sche[n] Großtat“ bei *Keuk*, S. 15 ff.

Ein solcher Schluss ist jedoch doppelt unzulässig. Einerseits übergeht er die Tatsache, dass die Aussage unter dem Vorbehalt des Bestehens einer Ersatzpflicht steht. Der Gesetzgeber spricht durchweg von dem Schadenersatzpflichtigen, der dies jedoch nur ist, wenn alle Voraussetzungen der Ersatzpflichtanordnung erfüllt sind. Zu diesen Voraussetzungen zählte der historische Gesetzgeber – dazu sogleich – auch das Vorliegen eines Schadens und dessen Zurechnung zum Verletzungstatbestand.

Außerdem bezweckte die Äußerung, der Ersatzpflichtige sei zum Ersatz des ganzen Interesses verpflichtet, eine ganz bestimmte Abgrenzung: Es sollte deutlich werden, dass mit der Verpflichtung zum Ersatz des ganzen Interesses die in mehreren Kodifikationen aufgestellte Abstufung des Umfanges der Schadenersatzpflicht nach der Art oder dem Grad des Verschuldens verworfen wurde.[47] Soweit ein *Schaden* eine Ersatzpflicht auslöst, soll die *Ersatzleistung* nicht unter Berufung auf ein nur geringes Verschulden eingeschränkt werden. In dieser Hinsicht ist auch die Aufnahme der unvorhersehbaren Schäden zu sehen. Soweit eine Verletzungshandlung einen *Schaden* zurechenbar verursacht hat, ist die *Ersatzleistung* nicht deshalb zu kürzen, weil der eingetretene *Schaden*, für den *Ersatz* begehrt wird, unvorhersehbar war. Im Kontext gelesen wird deutlich, dass sich auch diese Passagen auf den Umfang der *Ersatzleistung* beziehen und nicht etwa umschreiben, was als ein die Ersatzpflicht auslösender *Schaden* zu verstehen ist.

cc) Schaden als Vorfrage des Ersatzleistungsrechts

Der historische Gesetzgeber hatte mithin vorgesehen, dass durch die *Ersatzleistung* ein bestimmter (gesetzlich normierter Ideal-)Zustand (wieder-)hergestellt werden solle. Insbesondere sollte die Ersatzleistung nicht nach Art und Grad des Verschuldens beschränkt oder für ihren Umfang nach mittelbaren und unmittelbaren sowie vorhersehbaren und unvorhersehbaren Schäden unterschieden werden. Insoweit ist das Prinzip zutreffend mit dem Grundsatz der Totalreparation umschrieben.

Diese Totalreparation steht allerdings unter dem Vorbehalt der *Verpflichtung zum Ersatz*. Für diese Haftpflicht ist der Kausalzusammenhang zwischen

46 In diesem Sinne etwa *Bartelt*, S. 29, der wertende Korrekturen über den Begriff „Zustand" in § 249 Abs. 1 BGB vornehmen möchte. Überzeugend gegen die „sprachliche und gedankliche Verwirrung" der „Gleichsetzung des Begriffs des Interesses mit dem des Schadens" *Keuk*, S. 15 ff.

47 Siehe die Motive bei *Mugdan*, Bd. II, S. 10.

Schaden und Verletzungshandlung *selbstverständliche Voraussetzung.*[48] Als Voraussetzung der Haftung, die ihrerseits Voraussetzung für das Eingreifen des Grundsatzes der Totalreparation ist, kann der Kausalzusammenhang nicht in § 218 E_I geregelt sein. Das Vorliegen des Kausalzusammenhanges sei im gegebenen Falle nach den besonderen Umständen zu prüfen.[49] Damit hatte der historische Gesetzgeber die Schadenszurechnung – nichts anderes ist die wertend korrigierte Feststellung des Kausalzusammenhangs im gegebenen Fall – als Voraussetzung und deshalb als Vorfrage der ersten Vorschrift des Regelungskomplexes gesehen. Erst recht muss die Schadenszurechnung hiernach als dem § 219 E_I (≅ §§ 249–251 BGB) vorgelagerte Frage gesehen werden, zu der sich dieser dann denklogisch nicht äußern konnte.

Die aus dieser Aussage abgeleitete Einordnung der Schadenszurechnung als Vorfrage des § 218 E_I hat eine weitere Konsequenz: Ein Kausalzusammenhang zwischen einem Schaden und der Verletzungshandlung kann denklogisch nur untersucht werden, wenn der Schaden bereits festgestellt ist. Gelangen die §§ 218 f. E_I erst bei Vorliegen eines Kausalzusammenhangs zur Anwendung, so muss dies erst recht für das Vorliegen eines Schadens gelten. Damit muss das Vorliegen eines Schadens vom historischen Gesetzgeber als – noch weiter vorgelagerte – Vorfrage zu § 218 und § 219 E_I angesehen worden sein und ist deshalb nicht seinerseits Gegenstand dieser Vorschriften. Der oben[50] aus der externen Systematik entwickelte Gedanke lässt sich mithin auch mit den Äußerungen des historischen Gesetzgebers zu § 218 E_I in Einklang bringen.

dd) Zwischenergebnis

Der historische Gesetzgeber hat mit den § 218 und § 219 E_I den *Schaden* und dessen Zurechnung weder geregelt noch hatte er ihn dort regeln wollen. Der dort normierte Grundsatz der Totalreparation sollte vielmehr den Umfang der *Ersatzleistung* bei einer bestehenden Ersatzpflicht festlegen. Eine dem vorgreifende Anordnung, welche Schadenspositionen zu einer solchen Ersatzpflicht führen, lässt sich den Aussagen hingegen nicht entnehmen und war vom historischen Gesetzgeber zu keinem Zeitpunkt gewollt.

---

48 Siehe die Motive bei *Mugdan*, Bd. II, S. 10.
49 Siehe die Motive bei *Mugdan*, Bd. II, S. 10.
50 Siehe oben I. 2. (S. 138) sowie bereits zuvor § 4 A. II. 3. (S. 103).

Anm. 5.3: Für diese Einschätzung spricht nicht zuletzt die Tatsache, dass der historische Gesetzgeber den Schadensbegriff nicht gesetzlich hatte festlegen wollen.[51] Vielmehr sollte der Praxis die Zurechtfindung im Einzelfalle ohne Einengung durch eine gesetzliche Vorschrift möglich bleiben.[52] Dann aber setzt sich über den erklärten gesetzgeberischen Willen hinweg, wer zur Bestimmung eines solchen Schadens – contra legem – den im späteren § 249 BGB normierten Grundsatz der Totalreparation heranzieht und meint, in jeder nachteiligen Zustandsveränderung einen zur Haftpflicht führenden Schaden erkennen zu müssen.

c) Weitere Gesichtspunkte

Im Übrigen lässt sich den Materialien des historischen Gesetzgebers kaum Wesentliches entnehmen. Der Vollständigkeit halber sei auf die folgenden Aspekte noch hingewiesen.

aa) Vertauschung der §§ 218 f. E_I

Wie oben[53] beschrieben wurde von der Vorkommission des Reichsjustizamtes beantragt, die Reihenfolge der § 218 und § 219 E_I zu vertauschen. Dem ist die Zweite Kommission gefolgt. Aus dieser Umstellung ist gefolgert worden, dass der – im späteren § 249 Abs. 1 BGB normierte – Grundsatz der Totalreparation eine neue normative Verankerung erhalten habe, aus der sich nunmehr umso mehr ergebe, dass stets der volle Schaden zu ersetzen sei.[54]

Soweit damit gemeint ist, dass die Ersatzleistung nicht hinter dem zurückbleiben dürfe, was zur Beseitigung eines ersatzpflichtig machenden Schadens erforderlich ist, lässt sich dem nichts entgegenhalten. Soweit damit allerdings gemeint ist, dass jede nachteilige Zustandsveränderung die Ersatzpflicht auslösen soll, vermag dies nicht zu überzeugen. Der Grundsatz der Totalreparation stand auch nach Versetzung der Vorschriften unter dem Vorbehalt, dass eine Verpflichtung zum Ersatz besteht.[55] Diese setzt weiterhin das Vorliegen eines zurechenbaren Schadens voraus. Die Änderung der

51 Siehe die Motive bei *Mugdan*, Bd. II, S. 10: Die Lösung der Fälle der Vorteilsanrechnung „hängt wesentlich mit der Feststellung des Schadensbegriffs zusammen, welche ohnedies nicht für alle Fälle nach allen möglichen auch sonst zweifelhaften Fälle hin durch das Gesetz erfolgen kann.“

52 Siehe die Motive bei *Mugdan*, Bd. II, S. 10.

53 Siehe a) aa) (S. 141).

54 So *Bartelt*, S. 32.

Reihenfolge innerhalb des Regelungskomplexes hat keine Auswirkung auf dessen Anwendungsvoraussetzungen. Mit der Aufgabe des letztlich unerheblichen § 218 Abs. 1 E_I und dessen Versetzung hinter § 219 E_I ist an der Vorfrage-Qualität von Schadensfeststellung und -zurechnung nichts geändert worden. Die Umkehr der Reihenfolge wurde schließlich damit begründet, dass die Naturalrestitution des § 219 E_I auch für immaterielle Schäden vorgesehen war, für welche die Unterscheidung von erlittener Vermögenseinbuße und entgangenem Gewinn keinen Sinn ergebe.[56] Zur Reichweite dessen, was unter einem Schaden zu verstehen ist, lässt sich hieraus nichts ableiten.

bb) Der Weg des § 219 E_I

Die inhaltliche Auseinandersetzung mit der Vorschrift des § 219 E_I befasste sich – vor und nach dessen Versetzung vor den § 218 E_I – ausschließlich mit der Art der Ersatzleistung. Der von der Ersten Kommission vorgesehene Vorrang der Naturalrestitution[57] wurde auch von der Zweiten Kommission gegen anderslautende Anträge verteidigt.[58] Eine Befassung damit, wann ein Schaden gegeben und wann dieser durch den Verletzungstatbestand hervorgerufen sei, sprich: mit den Voraussetzungen der Ersatzpflicht, ist den entsprechenden Materialien nicht zu entnehmen.

cc) Denkschrift zum Schadensersatz

Schließlich sei noch auf den Abschnitt zum Schadenersatz aus der ebenfalls bei *Mugdan*[59] abgedruckten Denkschrift verwiesen. Dort heißt es, dass „die §§ 243–245 [scil.: die späteren §§ 249 ff. BGB] in Ergänzung der zahlreichen Vorschriften, welche eine Verpflichtung zum Schadensersatze vorsehen, [...] *die Art der Ersatzleistung* im Allgemeinen“ regeln.[60] Der Entwurf gehe „von

55 Siehe den Wortlaut des § 219 E_I bei *Schubert*, in: Jakobs/Schubert, SchuldR I, S. 97: „Wer zum Schadensersatz verpflichtet ist, [...].“ Das übersieht *Bartelt*, S. 32.

56 So die Einschätzung *Matajas* in der Vorkommission des Reichsjustizamtes, wiedergegeben in Reichsjustizamt, S. 20.

57 Siehe die Ausführungen in den Motiven bei *Mugdan*, Bd. II, S. 11.

58 Siehe dazu oben a) cc) (S. 142).

59 Siehe Bd. II, S. 1235.

60 Alle wörtlichen Zitate dieses Absatzes sind unter Beibehaltung der Reihenfolge der Denkschrift zum BGB entnommen, die bei *Mugdan*, Bd. II, S. 1235 abgedruckt ist. Herv. u. Anmerkungen jew. nur hier.

dem Grundsatze aus, daß der Ersatzpflichtige in erster Linie" zur Naturalrestitution verpflichtet sei, „daß er aber Entschädigung in Geld zu leisten" habe, „soweit die Herstellung nicht möglich oder zur Entschädigung des Gläubigers nicht genügend" sei. Es folgen weitere Ausführungen, die sich mit dem Verhältnis von Naturalrestitution und Geldersatz befassen und den wesentlichen Teil des Abschnitts einnehmen. Dieser schließt mit der Feststellung, dass die Schadenersatzpflicht „entsprechend dem gemeinen Rechte [...] den gesammten Vermögensschaden, sowohl die erlittene Vermögenseinbuße, als auch den entgangenen Gewinn" umfasst und der Ersatzpflichtige auch „für die nicht vorauszusehenden Folgen seines Verhaltens" zu haften habe.

Auch hieran wird deutlich, dass sich die Regelungen nur mit dem Inhalt der *Ersatzleistung* befassen. Die „Verpflichtung zum Schadenersatze" – und mit ihr der *Schaden* als Voraussetzung der Ersatzpflicht – sei in zahlreichen anderen Vorschriften vorgesehen. Hinsichtlich der Hinweise auf den weitreichenden Umfang der Ersatzpflicht gilt das oben[61] Gesagte entsprechend.

d) Zwischenergebnis

Die Auseinandersetzung mit den Erwägungen des historischen Gesetzgebers hat gezeigt, dass auch dieser den *Schaden* und die Schadenszurechnung als Vorfragen der späteren §§ 249 ff. BGB aufgefasst hat. In diesen hat er Art und Umfang nur der *Ersatzleistung* geregelt. Sie sollten sich allein mit der Umkehrung bzw. der Ausgleichung des Schadens befassen.

3. Gesetzgeber unter Geltung des Grundgesetzes

Wenn auch der Normbestand der §§ 249 ff. BGB weitgehend seinem Urzustand v. 1. Januar 1900 entspricht,[1] hat es kleinere Änderungen gegeben. Im Folgenden muss deshalb untersucht werden, ob sich aus den Materialien zu diesen Gesetzesänderungen Anhaltspunkte dafür ergeben, dass die §§ 249 ff. BGB weiterhin nur den Umfang der *Ersatzleistung* festlegen oder nunmehr auch den Umfang des *Schadens* als Voraussetzung der Ersatzpflicht umschreiben.

---

61 Siehe oben b) bb) (S. 145).

1 Siehe oben 1. (S. 139).

a) Anfügung des § 251 Abs. 2 Satz 2 BGB

Die erste Änderung der §§ 249 ff. BGB erfolgte durch Anfügung des § 251 Abs. 2 Satz 2 BGB.[2] Dadurch sollte die Rechtsstellung des Tieres im bürgerlichen Recht verbessert werden. Ausgangspunkt war die Erwägung, dass § 251 Abs. 2 BGB a. F. dem Schädiger bei Verletzung eines Tieres das Recht gewährte, statt der Kosten für die (unverhältnismäßige) Herstellung nur das Wertinteresse zu ersetzen. Weil dieses maßgeblich „vom Sachwert des Wirtschaftsguts" abhängig sei, habe bei „konsequenter Rechtsanwendung" die Gefahr gedroht, dass „der Eigentümer des Tieres den Teil der Heilbehandlungskosten, [der] den Wert des Tieres übersteig[t], selbst tragen" müsse.[3] Bei Tieren, die gar keinen Marktwert haben, könnte das sogar die gesamten Heilbehandlungskosten umfassen.[4] Befürchtet war wohl, dass der Eigentümer des verletzten Tieres eher zu dessen Einschläferung neigen könnte, statt selbst die erheblichen Kosten einer Heilbehandlung aufzubringen. Der eingefügte § 251 Abs. 2 Satz 2 BGB sollte dies dergestalt lösen, dass es „für die Verhältnismäßigkeit der Aufwendungen für die Heilbehandlung nicht auf den Sachwert des Tieres ankommen"[5] solle.

Ob diese Vorschrift tatsächlich überflüssig ist,[6] weil die Frage schon vorher von der Rechtsprechung gelöst worden war,[7] oder gerade die Uneinheitlichkeit der Rechtsprechung eine gesetzgeberische Entscheidung erforderlich machte,[8] braucht nicht entschieden werden. Für das hier interessierende Verhältnis der §§ 249 ff. BGB zu den Fragen der Schadensfeststellung und -zurechnung genügt eine wesentliche Aussage aus den Gesetzgebungsmaterialien: „Die vorgeschlagene Ergänzung des § 251 Abs. 2 BGB setzt *wie alle schadensrechtlichen Bestimmungen das Bestehen eines Schadensersatzanspruchs voraus* [...]."[9] Die angedachte und später Gesetz gewordene Vorschrift befasst sich deshalb für die Fälle des Bestehens einer Ersatzpflicht mit dem Verhältnis von Naturalrestitution und Geldersatz. Genau genommen ist damit die Grenze

---

2 Eingefügt durch Art. 1 Nr. 3 des TierVerbG, BGBl. I 1990[43] S. 1762 (1762).

3 Begr. zum RegE, BT-Drs. 11/5463, S. 5 (li. Sp.).

4 BT-Drs. 11/5463, S. 5 (li. Sp.).

5 BT-Drs. 11/5463, S. 6 (re. Sp.).

6 So wörtlich *Oetker*, in: MünchKomm-BGB[8] § 251 Rn. 53.

7 So wird die Fraktion der SPD in der Beschlussempfehlung des RechtsA wiedergegeben, BT-Drs. 11/7369, S. 7 (li. Sp.).

8 Dafür etwa BT-Drs. 11/5463, S. 6 (re. Sp.) m. w. N. aus der Rspr. sowie die in der Beschlussempfehlung des RechtsA wiedergegebene Aussage der „Koalitionsfraktionen", BT-Drs. 11/7369, S. 7 (li. Sp.).

9 BT-Drs. 11/5463, S. 6 (re. Sp.). Herv. nur hier.

zwischen den Kosten der Herstellung nach § 249 Satz 2 BGB a. F. und dem (bloßen) Ersatz des Wertinteresses nach § 251 Abs. 2 BGB a. F. verschoben worden.

Der Schaden, der zur Ersatzpflicht führt und durch die Ersatzleistung auszugleichen ist, besteht in der nachteiligen Veränderung des Eigentums durch Verletzung eines Tieres. Das war vor und nach Einführung des § 251 Abs. 2 Satz 2 BGB der Fall und ist von der Änderung unberührt geblieben. Eine Neuausrichtung der §§ 249 ff. BGB ist mit dieser Gesetzesänderung deshalb nicht erfolgt.

b) Aufnahme des § 249 Abs. 2 Satz 2 BGB

Ähnlich steht es mit der Aufnahme § 249 Abs. 2 Satz 2 BGB.[10] Dieser enthält eine Modifikation des Geldbetrages, den der Geschädigte gem. § 249 Abs. 2 Satz 1 BGB[11] an Stelle der Herstellung verlangen kann, wenn der zur Ersatzpflicht führende Schaden in der Verletzung einer Person oder der Beschädigung einer Sache besteht. Mit der neu gefassten Vorschrift umfasst dieser Geldbetrag die Umsatzsteuer nur, wenn und soweit diese tatsächlich angefallen ist.

Auf den Bußgeldregress hat diese Regelung keine unmittelbare Auswirkung. Weder wird durch die Verpflichtung zur Zahlung des Geldbetrages der Buße eine Sache beschädigt noch wird eine Person verletzt. Auch in der hier interessierenden Frage nach Aussagen der §§ 249 ff. BGB zu dem Schaden als Voraussetzung der Ersatzpflicht ergeben sich keine Konsequenzen. Der Gesetzgeber reagierte mit der Regelung auf die höchstrichterliche Rechtsprechung[12] zur Möglichkeit einer – so denkbar missverständlich bezeichneten[13] –

10 Angefügt durch Art. 2 Nr. 1 lit. c) des 2. SchadÄndG, BGBl. I 2002,[50] S. 2674 (2765). Ausf. zum 2. SchadÄndG *Wagner*, NJW 2002,[29] S. 2049 ff.

11 § 249 Satz 2 BGB a. F. wurde durch Art. 2 Nr. 1 lit. b) des 2. SchadÄndG, BGBl. I 2002,[50] S. 2674 (2765) zum eigenständigen zweiten Absatz, dem durch lit. c) der neue Satz 2 angefügt wurde.

12 Siehe etwa BGH, Urt. v. 26. 5. 1970 – VI ZR 168/68 – BGHZ **54**, 82 ff. (84 ff.); Urt. v. 19. 6. 1973 – VI ZR 46/72 – BGHZ **61**, 56 ff. (57 ff.); Urt. v. 6. 11. 1973 – VI ZR 27/73 – BGHZ **61**, 346 ff. (347 ff.); Urt. v. 29. 10. 1974 – VI ZR 42/73 – BGHZ **63**, 182 ff. (184 ff.); Urt. v. 23. 3. 1976 – VI ZR 41/74 – BGHZ **66**, 239 ff. (241 ff.).

13 Der Schaden – etwa am Fahrzeug des Geschädigten – ist tatsächlich eingetreten. Die zur Beseitigung des Schadens erforderlichen Reparaturkosten (= Ersatzleistung) lassen sich auf Gutachtenbasis auch tatsächlich errechnen. Fiktiv ist allein die Frage,

fiktiven Schadensabrechnung bei Sachschäden.[14] Diese ermöglicht es dem Geschädigten auch heute noch,[15] einen Sachschaden auf Gutachtenbasis abzurechnen. Er kann die Kosten, die bei einer Reparatur in einer Fachwerkstatt anfallen würden, unabhängig davon verlangen, ob er die Reparatur billiger durchführen lässt, die Sache selbst repariert oder auf eine Behebung des Schadens verzichtet.[16] Zu diesen Kosten gehörte bis zur Einfügung des § 249 Abs. 2 Satz 2 BGB auch die Mehrwertsteuer.[17]

Der Gesetzgeber fürchtete, dass die *abstrakte Schadensabrechnung* den Geschädigten privilegieren könne, weil *Schadens*posten[18] ersetzt würden, die tatsächlich gar nicht anfallen.[19] Die von der Rechtsprechung zugrunde gelegte Bezugsgröße der „für die Behebung des Schadens üblicherweise erforderlichen Reparaturkosten" beinhalte zu einem erheblichen Teil auch solche Faktoren, die den am Reparaturvorgang unmittelbar Beteiligten in keiner Weise zugute kämen[20] und auch in der wiederhergestellten Sachen keinen Gegenwert fänden.[21] Mit der Neuregelung wurde die *abstrakte Schadensabrechnung* nicht abgeschafft, sondern in maßvoller Weise eingeschränkt.[22] Die befürchtete Überkompensation des Geschädigten sollte dadurch verhindert werden, dass die Umsatzsteuer als größter dieser „durchlaufende[n] Posten"[23] dem Geschädigten nur mehr ersetzt wird, wenn und soweit sie tatsächlich angefallen ist.[24]

---

ob der Geschädigte die ihm zustehende Ersatzleistung auch zur Reparatur seines Fahrzeuges verwenden wird.

14 Begr. zum RegE für das 2. SchadÄndG, BT-Drs. 14/7752, S. 13 (li. Sp.).

15 Siehe aus jüngerer Zeit BGH, Urt. v. 3. 12. 2013 – VI ZR 24/13 – NJW 2014,[8] S. 535 f. (Rn. 8 ff.). Zuletzt aber gegen eine *fiktive Schadensabrechnung* im Werkvertragsrecht BGH, Urt. v. 22. 2. 2018 – VII ZR 46/17 – NJW 2018,[20] S. 1463 ff. Der für das Kaufrecht zuständige V. Senat hat mit Beschl. v. 13. 3. 2020 – V ZR 33/19 – ZIP 2020,[22] S. 1073 ff. angefragt, ob der VII. Senat an dieser Rechtsauffassung festhalten will.

16 So die Zusammenfassung in BT-Drs. 14/7752, S. 13 (li. Sp.).

17 So ausdr. BGH, Urt. v. 19. 6. 1973 – VI ZR 46/72 – BGHZ **61**, 56 ff. (58 f.).

18 Auch insoweit: *Schaden* u. Schaden*ersatz* sind nicht dasselbe. Die Erstattung der Reparaturkosten ist die *Ersatzleistung* zur Umkehrung des eingetretenen *Schadens* u. nicht selbst ein zur Ersatzpflicht führender *Schaden*.

19 BT-Drs. 14/7752, S. 13 (li. Sp. f.).

20 BT-Drs. 14/7752, S. 13 (re. Sp.).

21 BT-Drs. 14/7752, S. 23 (li. Sp.).

22 So *Wagner*, NJW 2002,[29] S. 2049 (2057), der von einem interessengerechten u. in normativer Hinsicht überzeugenden Kompromiss spricht.

23 BT-Drs. 14/7752, S. 13 (re. Sp.), auch dort in Anführungszeichen.

24 BT-Drs. 14/7752, S. 13 (re. Sp.).

Als Anknüpfungspunkt wählte der Gesetzgeber den zur Herstellung erforderlichen Geldbetrag und damit die Rechtsfolgenseite. Der Umfang der Ersatzleistung wurde dadurch beschränkt, dass der zur Herstellung erforderliche Geldbetrag die Umsatzsteuer nur mehr enthält, wenn sie tatsächlich angefallen ist. Damit hat der Gesetzgeber auch bei Einführung des § 249 Abs. 2 Satz 2 BGB zwischen dem *Schaden* als Voraussetzung der Ersatzpflicht und der *Ersatzleistung* als Reaktion hierauf unterschieden.

c) Überarbeitung des § 253 BGB

Die ebenfalls durch das 2. SchadÄndG erfolgte Überarbeitung des § 253 BGB soll hier nicht vertieft werden.[25] Einerseits ist die Vorschrift für den Bußgeldregress nicht anwendbar, da dieser in seiner pekuniären Dimension nur ein Vermögensschaden sein kann.[26] Ferner hat der Gesetzgeber auch in den diesbezüglichen Materialien keine Äußerungen getätigt, die das Untersuchungsprogramm fördern könnten.

4. Zwischenergebnis

Die intensive Auseinandersetzung mit der Entstehungsgeschichte belegt die bekannte schadenersatzrechtliche Wahrheit: Die Vorschriften der §§ 249 ff. BGB sind vom Gesetzgeber bislang immer als Regelungen zur Bestimmung der *Ersatzleistung* angesehen worden. Der historische Gesetzgeber hat das Merkmal des *Schadens* und dessen Zurechnung zum Verletzungstatbestand als Vorfrage des Ersatzleistungsrechts der §§ 249 ff. BGB angesehen. Der Gesetzgeber unter Geltung des Grundgesetzes hat das teilweise bekräftigt, jedenfalls aber an keiner Stelle Anlass dafür gegeben, dieses Verständnis zu überdenken.

---

25 Ausf. dazu etwa *Wagner*, NJW 2002,[29] S. 2049 (2053 ff.).

26 Vgl. *J. Koch*, in: Hüffer/Koch,[14] § 93 Rn. 47: „Durchweg wird es um Vermögensschäden gehen.“

III. (Un-)Zulässige Rückschlüsse auf den Schaden

Das führt zurück zum Ausgangspunkt dieses Abschnitts. Der gesetzlich nicht geregelte und deshalb vom Rechtsanwender selbst auszuformende Schaden kann sich als Voraussetzung der Ersatzpflicht nicht aus § 249 Abs. 1 BGB ergeben, der seinerseits eine bestehende Ersatzpflicht voraussetzt.[27] Allerdings lassen sich aus § 249 Abs. 1 BGB Rückschlüsse auf die Mindestanforderungen an einen Schaden ziehen.[28] Denn Schaden*ersatz* ist grundsätzlich dadurch zu bewirken, dass der Ersatzpflichtige „den Zustand herstell[t], der bestehen würde, wenn der zum Ersatz verpflichtende Umstand nicht eingetreten wäre." Daraus folgt immerhin, dass der zum Ersatz verpflichtende Umstand einen Zustand herbeigeführt hat, der gegenüber dem in § 249 Abs. 1 BGB angeordneten (Ideal-)Zustand als nachteilig empfunden wird. Anderenfalls hätte der *Geschädigte* an der Ersatzleistung des Schädigers kein Interesse. Das wiederum bedeutet, dass ein Schaden *eine* nachteilige Zustandsveränderung in der Güterwelt des Geschädigten sein muss.[29] Die nachteilige Zustandsveränderung ist insoweit notwendige, nicht aber hinreichende Bedingung für einen Schaden. Zu weit geht deshalb, wer aus § 249 Abs. 1 BGB ohne Weiteres den Rückschluss ziehen will, dass *jede* nachteilige Zustandsveränderung ein zum Ersatz verpflichtender Schaden sei.[30]

1. Selbstverständlich kann eine solche Zustands*veränderung* nur durch den Vergleich zweier Zustände ermittelt werden. Fraglich ist nur, welche Zustände insoweit zu vergleichen sind. Nach der ganz allgemeinen Auf-

27 § 249 Abs. 1 BGB: „Wer zum Schadensersatz verpflichtet ist, hat [...] herzustellen [...]."

28 Insoweit zutr. *Ebert*, in: Erman,[16] Vor § 249 Rn. 24, für die sich das Vorliegen eines Schadens „nur mittelbar aus § 249 I BGB" ergibt. Gleichwohl ist auch für sie die Differenzhypothese der „Grundsatz der Schadensermittlung" und „stellt sich die Schadensfrage" nur, wenn deren „Zustandsvergleich eine Differenz" aufweist.

29 Das deckt sich auch mit der allgemeinsprachlichen Bedeutung des Wortes. Siehe nur Duden,[@] Schaden, Bedeutungsübersicht zu 1.: „etwas, was die Gegebenheiten, die bestehende Situation in einer negativen, nicht wünschenswerten Weise verändert" — bzw. zu 3.: „durch Verlust oder [teilweise] Zerstörung eines Guts entstandene Einbuße". Klammereinschub im Original.

30 So aber etwa *Wilsing*, in: Krieger/Schneider,[3] § 31 Rn. 29. Ähnlich *Hopt/Roth*, in: GroßKomm-AktG,[5] § 93 Rn. 406 u. 409; *Hölters*, in: Hölters,[3] § 93 Rn. 252.

fassung in Rechtsprechung[31] und Literatur[32] sollen dies jene des § 249 Abs. 1 BGB sein.[33] Diese mehr[34] oder weniger[35] offene Anlehnung an die §§ 249 ff. BGB zur Ermittlung des Schadens ist jedoch unzutreffend und unzulässig.[36]

Der Zustandsvergleich des § 249 Abs. 1 BGB kommt erst auf der Rechtsfolgenseite zum Tragen. Über das Vorliegen eines Schadens ist deshalb bereits entschieden, bevor der Rechtsanwender den §§ 249 ff. und mit ihnen dem § 249 Abs. 1 BGB eine Anweisung entnehmen darf. Das alleine hat nicht zur Folge, dass dieser einzig im Gesetz geregelte Zustandsvergleich nicht schon auf Tatbestandsseite zur Ermittlung des Schadens herangezogen werden dürfte. Der Zustandsvergleich des § 249 Abs. 1 BGB kann auf Rechtsfolgenseite eine Regelungswirkung jedoch nur entfalten, wenn noch potentielle

---

31 Ausdr. Anknüpfung an die §§ 249 ff. BGB zur Schadensberechnung etwa bei BGH, Urt. v. 5. 2. 2015 – IX ZR 167/13 – NJW 2015[19] S. 1373 ff. (Rn. 7) m. w. N.; BAG, Urt. v. 15. 9. 2011 – 8 AZR 846/09 – NZA 2012[7] S. 377 ff. (Rn. 47) m. w. N.; OLG Düsseldorf, Urt. v. 28. 11. 1996 – 6 U 11/95 („*ARAG-Garmenbeck*") – ZIP 1997[1] 27 ff. (36); LAG Düsseldorf, Urt. v. 20. 1. 2015 – 16 Sa 459/14 („*Schienenkartell I*") – ZIP 2015[17] S. 829 ff. (830); LG München I, Urt. v. 10. 12. 2013 – 5 HK O 1387/10 („*Siemens-Neubürger*") – ZIP 2014[12] S. 570 ff. (576). Zuvor bereits das RG, Urt. v. 4. 10. 1911 – Rep. III 492/10 – RGZ **77**, 99 ff. (101). Von einem „Schaden im Sinne des § 249 BGB" spricht etwa das BVerfG, Beschl. v. 12. 11. 1997 – 1 BvR 479/92 u. a. („*Kind als Schaden*") – BVerfGE **96**, 375 ff. (395).

32 Siehe nur *Bayer*, in: FS K. Schmidt (2009), S. 85 (93 f.); *Bayreuther*, NZA 2015[20] S. 1239 (1240); *Hack*, S. 73; *Hoffmann*, NJW 2012[20] S. 1393 (1393); *Hölters*, in: Hölters[3] § 93 Rn. 252; *Hopt/Roth*, in: GroßKomm-AktG[5] § 93 Rn. 406; *Kaulich*, S. 91 u. 272; *J. Koch*, in: Hüffer/Koch[14] § 93 Rn. 47; *Sailer-Coceani*, in: K. Schmidt/Lutter[4] § 93 Rn. 36; *H. Lange*, in: Lange/Schiemann[3] § 1 I (S. 26 f.); *Magnus*, in: NomosKomm-BGB[3] Vor §§ 249–255 Rn. 2; *Wilsing*, in: Krieger/Schneider[3] § 31 Rn. 29; *M. Zimmermann*, WM 2008[10] S. 433 (437).

33 Dort ist der tatsächliche Zustand des Geschädigten zum Zeitpunkt der letzten mündlichen Verhandlung mit jenem zu vergleichen, wie er hypothetisch ohne den zum Ersatz verpflichtenden Umstand wäre. Für einen möglichen Zweck u. eine mögliche Rechtfertigung gerade dieses Vergleichs zur Ermittlung von Art u. Umfang der Ersatzpflicht, siehe unten § 6 D. II. 3. (S. 182).

34 Siehe statt vieler *Fleischer*, in: BeckOGK-AktG, § 93 Rn. 247: § 93 Abs. 2 Satz 1 AktG setze voraus, „dass der Gesellschaft ein Schaden entstanden ist. Maßgebend ist der Schadensbegriff der §§ 249 ff. BGB, der auf der sog. Differenzhypothese fußt." Fußnoten entfernt.

35 Siehe insoweit etwa *Ebert*, in: Erman[16] Vor § 249 Rn. 14 ff., deren Argumentation oben in Anm. 5.1 unter B. (S. 134) wiedergegeben worden ist.

36 Zutr. *Keuk*, S. 16: Das „aus der Formulierung des § 249 S. 1" abgeleitete „Verständnis des Schadens als rechnerischer Differenz zwischen der gegenwärtigen realen und hypothetischen Vermögenslage" sei „ein Mißverständnis".

Anwendungskandidaten verbleiben, die durch ihn von der Rechtsfolge ausgeschlossen werden können. Dazu kann es aber nicht kommen, wenn diese Zustände schon auf Tatbestandsebene bei der Frage nach dem Schaden verglichen werden. Denn damit sind zwangsläufig alle negativen Kandidaten des § 249 Abs. 1 BGB aussortiert, bevor der Rechtsanwender der Regelung eine Anweisung entnehmen darf.

Mit anderen Worten: Aus § 249 Abs. 1 BGB ergibt sich mittelbar, dass zur Ermittlung eines Schadens zwei Zustände zu vergleichen sind. Aus der Regelung selbst ergibt sich jedoch nicht, welche Zustände dies sind. Die – nach Wortlaut, Systematik und Entstehungsgeschichte contra legem erfolgende – Heranziehung des Zustandsvergleiches aus § 249 Abs. 1 BGB schon auf Tatbestandsseite hätte seine Funktionslosigkeit auf Rechtsfolgenseite zur Folge. Daraus lässt sich wiederum ableiten, dass es jedenfalls nicht die Zustände des § 249 Abs. 1 BGB sein können und dürfen, die zur Ermittlung eines Schadens auf Tatbestandsseite zu vergleichen sind.

Anm. 5.4: Auch insoweit sei daran erinnert, dass der historische Gesetzgeber den Schadensbegriff nicht gesetzlich hatte festlegen und der Praxis auch fernerhin die Zurechtfindung im Einzelfalle ohne Einengung durch eine gesetzliche Vorschrift hatte ermöglichen wollen.[37] Hierzu stünde es in eklatantem Widerspruch, wenn der im späteren § 249 BGB normierte Grundsatz der Totalreparation zugleich bedeuten sollte, dass jede nachteilige Zustandsveränderung einen zur Haftpflicht führenden Schaden darstelle.

2. Das aber führt zwangsläufig zu der Frage, welche Zustände dann zur Ermittlung eines Schadens zu vergleichen sind. Auch diese Frage liegt jenseits des hier gesteckten Themas und soll deshalb nur kursorisch und nur im Überblick angesprochen sein. Intuitiv richtig und naheliegend scheint der Vergleich des Zustands (zeitlich unmittelbar) vor dem zum Ersatz verpflichtenden Umstand mit jenem (zeitlich unmittelbar) danach.[38] Damit begäbe man sich jedoch in einen Zirkelschluss: Denn der zum Ersatz verpflichtende Umstand – an den man zur Ermittlung des Schadens anknüpfen wollte – verpflichtet zum Ersatz

37 Siehe die Motive bei *Mugdan*, Bd. II, S. 10.

38 So wohl *Keuk*, S. 16 f., 20 u. ö. Mit dem Vergleich dieser beiden Zustände bereits das RG, Urt. v. 4. 10. 1911 – Rep. III 492/10 – RGZ **77**, 99 ff. (101): „Es ist die wirtschaftliche Lage des Ersatzberechtigten, wie sie vor dem schädigenden Ereignis bestand, mit der zu vergleichen, wie sie sich infolge des Ereignisses gestaltet hat." u. im Urt. v. 23. 3. 1917 – Rep. III 436/16 – RGZ **90**, 82 ff. (84): „Der Eintritt eines Schadens ist zu bejahen, wenn die Vermögenslage des Geschädigten infolge des schädigenden Ereignisses im Vergleich mit dem früheren Vermögensstande eine schlechtere geworden ist."

nur, wenn er zurechenbar einen Schaden hervorgerufen hat.[39] Darüber hinaus würde dieser Vergleich schon beim Merkmal des Schadens alle nachteiligen Zustandsveränderungen aus dem Schadensbegriff ausklammern, die sich nicht auf eine Verletzungshandlung eines Dritten – sprich: den zum Ersatz verpflichtenden Umstand – zurückführen ließen.[40] Dadurch würde die Frage, worauf der Schaden beruht (Schadenszurechnung), mit der Frage nach dem Schaden selbst vermengt.

Tatsächlich wird man zur Ermittlung eines Schadens im Ausgangspunkt den Vergleich zweier beliebiger Zustände zulassen müssen. Jede nachteilige Zustandsveränderung kann potentiell ein Schaden sein. Ob und unter welchen Voraussetzungen sie als „Schaden“ im Sinne des Schadensgrundbegriffes oder gar im Sinne einer spezifischen Ersatzpflichtanordnung anerkannt werden kann oder muss, ist eine andere Frage[41] – ebenso ob dieser Schaden bejahendenfalls der Erfüllung des Verletzungstatbestands zugerechnet werden kann oder muss.[42] Große Verwerfungen sind dadurch nicht zu befürchten: Die Verteilung von Darlegungs- und Beweislast sowie das Eigeninteresse der Parteien an einem Mindestmaß an Prozessökonomie führt von selbst dazu, dass völlig untaugliche Vergleichszustände kaum vorgetragen werden. Vielmehr werden die Vergleichszustände auch künftig möglichst so gewählt, dass sie sehr präzise um die Verhaltensweise des Beklagten angelegt sind, auf die das Ersatzverlangen gestützt wird. Mit diesen kursorischen Gedanken zu den Mindestanforderungen zum Schadensgrundbegriff soll es an dieser Stelle sein Bewenden haben.

39 Mit anderen Worten: Ohne das Wissen, dass ein Schaden vorliegt, wüsste man nicht, ob ein zum Ersatz verpflichtender Umstand vorliegt. Man wüsste folglich nicht, welchen Umstand man hinwegdenken sollte, um das Vorliegen eines Schadens zu ermitteln.

40 Wer fahrlässig u. rechtswidrig fremdes Eigentum zerstört, verursacht zweifellos einen Schaden, den er nach § 823 Abs. 1 BGB zu ersetzen hat. Zerstört der Eigentümer sein Eigentum hingegen aus eigener Unachtsamkeit u. ohne Einwirkung eines Dritten selbst, so entsteht auch ihm ein Schaden, obwohl es keinen ersatzpflichtigen Dritten u. deshalb auch keinen zum Ersatz verpflichtenden Umstand gibt.

41 Dieser soll im folgenden Kapitel (§ 6) in sehr beschränktem Umfang nachgegangen werden.

42 Diese Frage muss im Rahmen dieser Untersuchung vollends ausgeklammert bleiben.

IV. Zwischenergebnis

Die Auslegung der §§ 249 ff. BGB belegt, dass sich diese Vorschriften ausschließlich mit der Bestimmung von Art und Umfang der Ersatzleistung befassen. Aussagen darüber, was ein Schaden als Voraussetzung der Ersatzpflicht ist, gehen aus ihnen hingegen nicht hervor. Zulässig und richtig ist der Rückschluss aus § 249 Abs. 1 BGB, dass der Schaden durch den Vergleich zweier Zustände zu ermitteln ist. Unzulässig ist es jedoch, den in § 249 Abs. 1 BGB normierten Zustandsvergleich zur Ermittlung eines Schadens heranzuziehen. Aus dessen sonst drohender Funktionslosigkeit auf Rechtsfolgenseite folgt vielmehr, dass gerade die Zustände des § 249 Abs. 1 BGB nicht bereits auf Tatbestandsseite verglichen werden dürfen, um einen Schaden als Voraussetzung der Ersatzpflicht festzustellen. Nach alledem ist die These, der nach § 93 Abs. 2 Satz 1 AktG zu ersetzende Schaden bemesse sich nach den §§ 249 ff. BGB[43] – jedenfalls in ihrer wörtlich genommenen Bedeutung – widerlegt. Zutreffend ist vielmehr die Aussage *Spindlers*:

> Die Ersatzpflicht eines Vorstandsmitglieds wegen Pflichtverletzung setzt voraus, dass dadurch der Gesellschaft *ein Schaden entstanden ist. Dann ist* nach § 249 BGB der Zustand herzustellen, der bestehen würde, wenn der zum Ersatz verpflichtende Umstand nicht eingetreten wäre, einschließlich des entgangenen Gewinns.[44]

Damit erklärt sich anhand des § 93 Abs. 2 Satz 1 AktG auf eigentümliche Weise die Schieflage im deutschen Schadenersatzrecht. Wer bei Vorliegen des Verletzungstatbestands den Ersatzanspruch für *begründet* hält und die *Ausfüllung* des Anspruchs insgesamt an die §§ 249 ff. BGB delegiert, hat weder das Vorliegen eines Schadens noch dessen Zurechnung zum Verletzungstatbestand untersucht. Dadurch wird die Prüfung eines ganz wesentlichen Teils der Ersatzpflichtanordnung schlicht unterschlagen. Den spärlichen Vorschriften der §§ 249 ff. BGB, die sich (ausschließlich) mit der Ersatzleistung als Umkehrung des Schadens befassen, wird eine Aufgabe aufoktroyiert, die sie zu leisten nicht bestimmt und nicht im Stande sind. Vielmehr bedürfen diese der Übergabe eines feststehenden Schadens, damit sie festlegen können, welcher Art die Ersatzleistung zu erfolgen hat und welchen Umfang

---

43 So etwa OLG Düsseldorf, Urt. v. 28. 11. 1996 – 6 U 11/95 („*ARAG-Garmenbeck*") – ZIP 1997,[1] 27 ff. (36). Aus der Lit. statt vieler nur *Bayer*, in: FS K. Schmidt (2009), S. 85 (S. 93 f.); *Fleischer*, in: BeckOGK-AktG, § 93 Rn. 247; *Hopt/Roth*, in: GroßKomm-AktG,[5] § 93 Rn. 406; *Kaulich*, S. 91; *Koch*, in: Hüffer/Koch,[14] § 93 Rn. 47 jew. m. w. N.

44 *Spindler*, in: MünchKomm-AktG,[5] § 93 Rn. 192. Im Original ist nur das Wort „Schaden" durch Fettdruck hervorgehoben.

sie bezogen auf die einzelne Schadensposition haben soll. Insofern ist auch die Aussage *Schiemanns* richtig, wonach „die Suche nach dem ‚richtigen' Schadensbegriff zur Lösung der Probleme des Allgemeinen Schadensrechts" der §§ 249 ff. BGB wenig beiträgt.[45] Das liegt jedoch daran, dass die §§ 249 ff. BGB sich ausschließlich mit der Ersatzleistung und nicht mit dem Schaden als Voraussetzung der Ersatzpflicht befassen. Nicht die Suche nach dem Schadensbegriff ist die vielzitierte Jugendsünde.[46] Diese besteht vielmehr in dem Versuch, dem Schadensbegriff mit den §§ 249 ff. BGB beizukommen.

C. Ergebnis

Zwar sind in diesem Kapitel viele lohnende und äußerst spannende Fragen offen geblieben. Gleichwohl sind zahlreiche Argumente dargetan, die für die Richtigkeit der oben aufgestellten Vermutung streiten. Für die Zwecke der weiteren Untersuchung, die auf diese nicht weiter überprüfte Vermutung aufbaut, sei der wesentliche Gedanke noch einmal zusammengefasst:

§ 93 Abs. 2 Satz 1 AktG[47] macht die Ersatzpflicht vom Vorliegen eines Schadens abhängig. Die Vorschrift enthält keinen eigenen Entscheidungsmaßstab für die Frage, was ein Schaden ist. Diese Frage ist vielmehr an den nach Maßgabe der jeweiligen Ersatzpflichtanordnung auszugestaltenden Schadensgrundbegriff delegiert. Dieser Schadensgrundbegriff ist seinerseits nicht gesetzlich geregelt. Von einer Festlegung des Schadensbegriffs wurde bei der Fassung des BGB abgesehen, um der Praxis die Zurechtfindung im Einzelfalle ohne Einengung durch eine gesetzliche Vorschrift zu ermöglichen.[48] Die zur Schadensumschreibung vielfach herangezogenen §§ 249 ff. BGB befassen sich mit der Ersatzleistung als Umkehrung des Schadens. Sie knüpfen an das Vorliegen eines Schadens an und können deshalb nicht ihrerseits positiv festlegen, was ein Schaden als Voraussetzung der Ersatzpflicht ist. Damit fehlt für die Frage, was ein Schaden im Sinne des § 93 Abs. 2 Satz 1 AktG[49] ist, ein gesetzlicher Entscheidungsmaßstab.

---

45 So *Schiemann*, in: Staudinger (2017), Vorbem zu §§ 249 ff. Rn. 41.

46 *Selb*, AcP 173[4] (1973), S. 366 (367); zitiert etwa von *Schiemann*, in: Staudinger (2017), Vorbem zu §§ 249 ff. Rn. 42 m. w. N.

47 Stellvertretend für die übrigen denkbaren Ersatzpflichtanordnungen.

48 Siehe die Motive bei *Mugdan*, Bd. II, S. 10.

49 Pars pro toto für alle Ersatzpflichtanordnungen.

§ 6 Der Schaden als Lücke

Die Gerichte sprechen oft dort von Rechtsfindung, wo nichts zu finden ist, sondern wo sie selbst das Recht schaffen. Die eigene Normsetzung wird von den Gerichten ungern eingestanden. In Wissenschaft und Justiz besteht eine verbreitete Neigung, den [...] Normsetzungscharakter der richterlichen Entscheidung im Lückenbereich begrifflich zu leugnen oder zu verdrängen, indem von „objektiver Auslegung" oder von Zwischenstufen zwischen reiner Gesetzesanwendung [...] und reiner Rechtsschöpfung [...] geredet wird. Das bedeutet die Verkennung einer zwingenden Alternative. Wo gesetzliche Wertungen fehlen, ist die richterliche Wertung unvermeidbar.*

Rüthers/Fischer/Birk, Rechtstheorie,[11] Rn. 825

Dieser Befund führt zu der zentralen Weichenstellung in dem zivilrechtlich-methodischen Teil dieser Arbeit. Denn die Tatsache, dass der Schaden als Voraussetzung der Ersatzpflicht gesetzlich gar nicht geregelt ist, hat weitreichende Auswirkungen auf die Art und Weise, wie – bzw. mit welcher Methodik juristischen Denkens[1] – diesem Merkmal nachzugehen ist.[2] Insofern wird sich zeigen, dass es sich – jedenfalls im sogleich zu entwickelnden Verständnis – um Lückenausfüllung als ergänzende Rechtsfortbildung praeter legem handelt. Dazu sind zunächst (A.) deren methodische Voraussetzungen aufzuzeigen und auch beim Problem des Schadens als Voraussetzung der Ersatzpflicht nachzuweisen. Anschließend ist (B.) der Frage nachzugehen, welche Instrumente zur Lückenausfüllung zur Verfügung stehen und welche davon für die Arbeit am Schadensbegriff relevant sind. Das kann und muss nur in einem ganz grundlegenden Überblick geschehen. Denn für die Zwecke dieser Untersuchung wird es vor allem darum gehen, (C.) eine äußere Grenze der zulässigen Rechtsfortbildung festzulegen, mit deren Hilfe sich später der

* Im Original sind „-findung" u. „schaffen" durch Fettdruck hervorgehoben.

1 Als eine solche bezeichnet *Engisch*, Einführung,[12] Kap. VII I. 1 (S. 196 f.) die „Rechtsergänzung".

2 Mit Recht bemängeln *Bayer/Scholz*, GmbHR 2015,[9] S. 449 (451 in Fn. 20), dass die methodischen Anforderungen an die Annahme eines Regressausschlusses weithin nicht thematisiert würden. Anders als hier gehen sie jedoch davon aus, dass ein Regressausschluss sich nur im Wege einer teleologischen Reduktion begründen ließe, deren Voraussetzungen aber nicht vorlägen.

Kernfrage dieser Arbeit nachgehen lassen wird: der „Schadens“-Qualität von Geldbußen.

A. *Voraussetzungen der Lückenausfüllung*

In einem ersten Schritt ist der Nachweis dafür zu erbringen, dass es sich bei der Arbeit am Schaden als Voraussetzung der Ersatzpflicht methodisch nicht um Auslegung, sondern um Rechtsfortbildung handelt. Dazu sind (I.) die oben[3] ausgesparten Stufen der Rechtsanwendung herauszustellen und voneinander abzugrenzen. Sodann ist (II.) das für die Berechtigung zur Rechtsfortbildung zentrale Konzept der Lücke – bzw. für die Zwecke dieser Arbeit dessen unstreitiger Kern – greifbar zu machen. Das ermöglicht es schließlich (III.), das Merkmal des Schadens als Voraussetzung der Ersatzpflicht an dem so formulierten Lückenkernbegriff zu messen.

I. Stufen der Rechtsanwendung

Methodisch lassen sich bei der Rechtsanwendung[4] verschiedene Stufen unterscheiden.[5] Den Ausgangspunkt bildet die Auslegung, deren Ziel es ist, den Inhalt des gesetzlichen Entscheidungsmaßstabs zu ermitteln.[6] Dazu muss in einem ebenfalls mehrstufigen Prozess[7] versucht werden, die – mitunter verdeckte – gesetzgeberische Interessenbewertung, sprich: die vom (historischen)[8] Gesetzgeber (ursprünglich) festgelegten Ziele und Wertungen zu

3 Siehe oben § 4 A. I. (S. 99).

4 Die Terminologie ist insoweit sehr uneinheitlich. Vielfach wird – ohne dass damit ersichtlich etwas anderes gemeint ist – von Rechtsfindung, Rechtsschöpfung, Rechtsgewinnung u. dgl. mehr gesprochen.

5 Zu den verschiedenen traditionellen Modellen *Chr. Fischer*, ZfA 2002[2], S. 215 (228 ff.) u. in: Topoi, S. 87 ff.; *Rüthers/Fischer/Birk*, Rechtstheorie[11], Rn. 730b ff.

6 *Looschelders/W. Roth*, S. 21 u. 119. Ähnlich auch *Engisch*, Einführung[12], Kap. IV I. (S. 104).

7 Ausf. zu dem mehrstufigen Prozess der Auslegung als gedankliche Umkehrung des Gesetzgebungsverfahrens *Looschelders/W. Roth*, S. 120 ff.

8 Ausf. zu der Maßgeblichkeit des Willens des Gesetzgebers als Maßstab der Auslegung die Ausführungen von *Looschelders/W. Roth*, S. 119 ff., denen nichts hinzuzufügen ist. Zum Streit zwischen subjektiver u. objektiver Auslegung ferner *Bydlinski*, Methodenlehre[2], S. 428 ff.; *Kramer*, Methodenlehre[5], II 2 d) (S. 125 ff.); *Rüthers/Fischer/Birk*, Rechtstheorie[11], Rn. 796 ff. jew. m. w. N.

ermitteln.[9] Sofern sich durch Auslegung ein solcher Entscheidungsmaßstab ermitteln lässt, an dessen Fortgeltung im Anwendungszeitpunkt keine Zweifel bestehen,[10] erschöpft sich die Rechtsanwendung im schlichten Vollzug der gesetzlichen Anordnung. Der zu entscheidende Sachverhalt wird unter die gesetzliche Anordnung subsumiert. Die Anwendung der abstrakten Rechtsfolgenanordnung auf den konkreten Einzelfall ist als schlichter Gesetzesvollzug Rechtsanwendung secundum legem.

Anm. 6.1: Wenigstens unglücklich erscheint es, die Rechtsanwendung secundum legem als Auslegung zu bezeichnen.[11] Die Auslegung ist der vorgelagerte Prozess zur Herausarbeitung des Entscheidungsmaßstabs. Erst die Festlegung, dass die abstrakte Rechtsfolgenanordnung auch im Einzelfall gelte, ist die eigentliche *Anwendung*.[12]

Die Auslegung mündet jedoch nicht notwendig in der schlichten Ausführungsphase der Rechtsanwendung.[13] Denkbar ist es, dass sich der gesuchte gesetzliche Entscheidungsmaßstab durch Auslegung nicht finden lässt. Ebenso kann es vorkommen, dass ein Entscheidungsmaßstab zwar gefunden wurde, dessen Fortgeltung im Anwendungszeitpunkt jedoch zweifelhaft erscheint.[14] In beiden Fällen kann[15] der Rechtsanwender aufgerufen sein,[16]

---

9 *Chr. Fischer*, Topoi, S. 559; *Looschelders/W. Roth*, S. 120 ff.; *Rüthers/Fischer/Birk*, Rechtstheorie,[11] Rn. 160.

10 Dies scheint das Einfallstor für die geltungszeitliche Interpretation des Gesetzes zu sein, die vielfach als objektive Auslegung bezeichnet wird. Die bewusste Abweichung von dem Willen des historischen Gesetzgebers setzt aber stets voraus, dass dieser Willen zunächst ermittelt worden ist. Siehe nur *Rüthers/Fischer/Birk*, Rechtstheorie,[11] Rn. 730c.

11 So etwa *Canaris*, Lückenfeststellung in der Überschrift zum ersten Abschnitt vor §§ 6 ff. (S. 19).

12 Zwischen Auslegung u. Anwendung unterscheiden etwa auch *Rüthers/Fischer/Birk*, Rechtstheorie,[11] u. a. in Rn. 828.

13 Siehe nur *Looschelders/W. Roth*, S. 220.

14 In diesem Sinne etwa BVerfG, Beschl. v. 14. 2. 1973 – 1 BvR 112/65 („*Soraya*") – BVerfGE **34**, 269 ff. (288 f.), wonach sich der Richter einem Konflikt zwischen Norm u. gewandelter Gerechtigkeitsvorstellung nicht durch Verweis auf den unverändert gebliebenen Wortlaut entziehen kann.

15 Das Fehlen eines Entscheidungsmaßstabes kann auch einem maßgeblichen Plan des Gesetzgebers entsprechen u. wäre vom Rechtsanwender dann grds. zu akzeptieren. Dazu noch II. 2. (S. 169).

16 Das BVerfG hat wiederholt klargestellt, dass die Rechtsfortbildung von Verfassungs wegen nicht grundsätzlich zu beanstanden ist, sondern zu den Befugnissen u. Aufgaben der Gerichte gehört. So ausdr. im Beschl. v. 14. 2. 1973 – 1 BvR 112/65 („*Soraya*") – BVerfGE **34**, 269 ff. (286 ff.). Seither st. Rspr., siehe nur den Beschl.

durch Vornahme einer eigenen Interessenbewertung den (tatsächlich) relevanten Entscheidungsmaßstab herauszubilden und damit das Gesetzesrecht fortzubilden. Insoweit wird von Rechtsfortbildung gesprochen.

Dementsprechend begegnet uns die Rechtsfortbildung ihrerseits in – wenigstens[17] – zwei Spielarten.[18] In beiden Fällen geht es darum, Mängel im Recht zu beheben.[19] Dabei verlaufen die Grenzen zwischen den einzelnen Stufen keineswegs trennscharf.[20] Sie hängen ganz wesentlich mit dem Konzept zusammen, das die Methodenlehre mit dem schillernden und facettenreichen Begriff der Lücke zu erfassen versucht.[21] Von „Rechtsergänzung" (praeter legem) wird gesprochen, wenn der Richter das Fehlen eines gesetzgeberischen Entscheidungsmaßstabs feststellt und die vom Gesetzgeber so gelassene Lücke durch einen eigenen Entscheidungsmaßstab ausfüllt. Dort, wo für die zu entscheidende Rechtsfrage ein Entscheidungsmaßstab vorgefunden wird, ist dieser grundsätzlich zu befolgen.[22] Der Rechtsanwender hat das vom Gesetzgeber inhaltlich Vorentschiedene seiner Entscheidung grundsätzlich zugrunde zu legen.[23] Behebt der Richter dagegen (vermeintlich) erkannte Fehler des Gesetzes, indem er den durch Auslegung ermittelten Entscheidungsmaßstab unangewandt lässt und dem insoweit lückenlosen Gesetz die

v. 11. 10. 1978 – 1 BvR 84/74 („*Sachverständigenhaftung*") – BVerfGE **49**, 304 ff. (318); Beschl. v. 19. 10. 1983 – 2 BvR 485/80 u. a. („*Sozialplan*") – BVerfGE **65**, 182 ff. (190); Beschl. v. 12. 11. 1997 – 1 BvR 479/92 u. a. („*Kind als Schaden*") – BVerfGE **96**, 375 ff. (394 f.); Beschl. d. 1. Kammer des Ersten Senats v. 17. 9. 2013 – 1 BvR 1928/12 – ZIP 2013,[44] S. 2105 ff. (Rn. 33).

17 Siehe etwa *Chr. Fischer*, ZfA 2002,[2] S. 215 (233 ff.), der mit gesetzesergänzender, gesetzesvertretender u. gesetzesberichtigender Rechts*findung* schon drei Fälle unterscheidet. Siehe auch *Zippelius*, Methodenlehre,[11] § 13 (S. 63 f.), der die Wahl zwischen möglichen Auslegungsalternativen zur fortbildenden Präzisierung des Gesetzes rechnet u. insoweit von Rechtsfortbildung secundum legem spricht.

18 Zusammen mit der Auslegung (secundum legem) ergibt sich hieraus das auf *Kramer*, Methodenlehre,[5] III 1 c) (S. 187) zurückgehende „3-Phasen-Modell". Darauf verweisen etwa *Rüthers/Fischer/Birk*, Rechtstheorie,[11] Rn. 829. Vgl. auch *Engisch*, Einführung,[12] Kap. VII (S. 193).

19 So *Engisch*, Einführung,[12] Kap. VII (S. 193), der Lücken u. Fehler im Recht unter dem Begriff des Mangels zusammenfasst. Mit übereinstimmender Terminologie auch *Canaris*, Lückenfeststellung,[2] § 21 (S. 33 f.).

20 Vgl. *Engisch*, Einführung,[12] Kap. VII (S. 193).

21 Vgl. *Chr. Fischer*, ZfA 2002,[2] S. 215 (228). Siehe auch *Engisch*, Einführung,[12] Kap. VII I. (S. 194 ff.) m. w. N.

22 Siehe etwa BVerfG, Beschl. v. 19. 10. 1983 – 2 BvR 485/80 u. a. („*Sozialplan*") – BVerfGE **65**, 182 ff. (191 ff.); ähnlich *Zippelius*, Methodenlehre,[11] § 3 I a) (S. 9) u. § 13 III (S. 67).

23 So *Chr. Fischer*, Topoi, S. 488.

Gefolgschaft verweigert, wird von „Gesetzesberichtigung“ (contra legem) gesprochen.[24] Deren Zulässigkeit hängt nach zutreffender Ansicht wesentlich davon ab, wogegen genau die Rechtsfortbildung erfolgt.[25]

II. Das Konzept der Lücke

Die Berechtigung des Rechtsanwenders zur ergänzenden Rechtsfortbildung hängt hiernach von dem Vorliegen einer Lücke ab.[26] Dieses wichtige Konzept ist weder terminologisch noch in der Sache vollends durchdrungen. Während es konzeptionell einen einigermaßen unstreitigen Kern gibt, sind die Grenzen und Kriterien des Lücken*begriffs*[27] vielfach unklar.[28] Eine ausführliche Ausleuchtung der verschiedenen Dimensionen des Lückenkonzepts kann im Rahmen dieser Arbeit nicht erfolgen.[29] Vielmehr soll hier der Versuch unternommen werden, den unstreitigen konzeptionellen Kern freizulegen. An diesem ist das das Merkmal des Schadens im nächsten Abschnitt (III.) zu messen.

Zur sprachlichen Greifbarmachung dessen, was eine Lücke ist, empfiehlt sich ein schrittweises Vorgehen.[30] Dabei darf das theoretische Ziel[31] bzw. die Aufgabe[32] des Lückenkonzepts nicht aus den Augen verloren werden:

---

24 Siehe – auch zum Vorstehenden – nur *Engisch*, Einführung,[12] Kap. VII (S. 193) u. *Rüthers/Fischer/Birk*, Rechtstheorie,[11] Rn. 828.

25 Zutr. *Looschelders/W. Roth*, S. 258, die einerseits die fehlende Differenzierung kritisieren u. ihrerseits zwischen der Rechtsfortbildung gegen den Wortlaut des Gesetzes, gegen die Regelungsentscheidung des Gesetzgebers oder seine Wertentscheidung unterscheiden.

26 Siehe nur *Bydlinski*, Methodenlehre,[2] S. 472 f. m. w. N. (in Fn. 144).

27 Besonders deutlich etwa *Engisch*, Einführung,[12] Kap. VII I. 1. (S. 198): „Letztlich ist es gewiss eine terminologische Frage, wie weit man den Lückenbegriff ausdehnt.“ Ähnlich *Canaris*, Lückenfeststellung,[2] § 1 (S. 15): Bei der Bildung juristischer Begriffe handele es sich „um nichts weniger als um eine Frage bloßen Beliebens.“

28 Ausf. zum Lückenbegriff etwa *Canaris*, Lückenfeststellung,[2] §§ 1 ff. (S. 15 ff.) u. *Rüthers/Fischer/Birk*, Rechtstheorie,[11] Rn. 832 ff. Siehe auch *Engisch*, Einführung,[12] Kap. VII I. (S. 194 ff.) u. dessen zahlr. Nachw. zum „Lückenproblem“ (in Fn. 3).

29 Insoweit sei auf die ausf. Darstellungen bei *Bydlinski*, Methodenlehre,[2] S. 472 ff.; *Canaris*, Lückenfeststellung,[2] §§ 1 ff. (S. 15 ff.) u. passim; sowie bei *Rüthers/Fischer/Birk*, Rechtstheorie,[11] Rn. 832 ff. verwiesen.

30 Allgemein zur Methode der juristischen Begriffsbildung *Bydlinski*, Methodenlehre,[2] S. 300 ff. zum Begriff des „Rechts“ u. *Canaris*, Lückenfeststellung,[2] §§ 1 ff. (S. 15 ff.) zum Begriff der „Lücke“.

31 *Engisch*, Einführung,[12] Kap. VII I. 1. (S. 196).

Mit dem Konzept der Lücke soll der Bereich abgesteckt werden, in dem der Rechtsanwender zur Rechtsergänzung praeter legem berechtigt und berufen ist.[33] Dieser Bereich ist zur einen Seite hin von der schlichten Subsumtion unter das lückenlose Gesetz und zur anderen Seite hin von der Gesetzesberichtigung abzugrenzen.

Engisch wählt als Ausgangspunkt eine Art Lückengrundbegriff: Danach ist die Lücke eine unbefriedigende Unvollständigkeit innerhalb des Rechtsganzen.[34] Über die Unvollständigkeit innerhalb des Rechtsganzen gelingt die Abgrenzung zur schlichten Subsumtion,[35] weil eine Ergänzung schon begrifflich nur dort in Betracht kommt, wo eine Unvollständigkeit besteht.[36] Darüber hinaus erlaubt die Unvollständigkeit ebenfalls eine erste Abgrenzung zu den Fällen der Gesetzesberichtigung, weil ein gesetzlicher Entscheidungsmaßstab nur dort missachtet werden kann, wo er besteht. Die weitere Abgrenzung zur Gesetzesberichtigung wird dadurch ermöglicht, dass eine etwaig gefundene Unvollständigkeit auch unbefriedigend sein muss,[37] weil die gewollte Unvollständigkeit ihrerseits gesetzlicher Entscheidungsmaßstab sein kann. Beide Aspekte bedürfen einer am Ziel des Konzeptes ausgerichteten Präzisierung.

1. Unvollständigkeit im Rechtsganzen

In einem ersten Schritt ist zu klären, welches „Material" oder „Substrat" mit dem Rechtsganzen gemeint ist, dessen Unvollständigkeit eine Lücke darstellen soll.[38] Das Rechtsganze, in dem die Unvollständigkeit festgestellt werden muss, ist dabei das positive Recht als Gesamtheit des Gesetzes- und Gewohnheitsrechts.[39]

32 *Canaris*, Lückenfeststellung[2] § 5 (S. 17).

33 *Canaris*, Lückenfeststellung[2] § 9 (S. 21). Auch *Engisch*, Einführung[12] Kap. VII I. 1. (S. 196 f.) verfolgt mit dem Lückenbegriff das theoretische Ziel, die als Rechtsergänzung bezeichnete Methode juristischen Denkens zu umschreiben.

34 *Engisch*, Einführung[12] Kap. VII I. (S. 194).

35 So bereits die Abschnittsüberschrift bei *Canaris*, Lückenfeststellung[2] vor §§ 6 ff. (S. 19 ff.), der aber statt von „Subsumtion" von „Auslegung" spricht. Siehe auch *Engisch*, Einführung[12] Kap. VII I. 1. (S. 196 f.).

36 *Engisch*, Einführung[12] Kap. VII I. 1. (S. 196 f.).

37 Siehe die Abschnittsüberschrift bei *Canaris*, Lückenfeststellung[2] vor §§ 20 ff. (S. 31 ff.), der jedoch von „Planwidrigkeit" spricht.

38 Ausf. zu den vielfältigen Deutungsmöglichkeit *Engisch*, Einführung[12] Kap. VII I. 1. (S. 195 ff.), der (S. 196) von einem „Begriffsgestrüpp" spricht. Ausf. zur Unvollständigkeit auch *Canaris*, Lückenfeststellung[2] §§ 6 ff. (S. 19 ff.).

Weiter stellt sich die Frage, wann dieses Rechtsganze unvollständig ist. Die gängige Formulierung in der Methodenlehre geht dahin, dass eine Unvollständigkeit als Teil des Lückenkonzeptes vorliege, wenn das positive Recht eine Antwort auf eine Rechtsfrage nicht vorsieht, obwohl bestimmte Sachverhalte eine solche Antwort erwarten.[40] Geben dagegen das Gesetz oder das Gewohnheitsrecht eine durch Auslegung ermittelbare Antwort auf die Rechtsfrage, ist das positive Recht nicht unvollständig und eine Rechtsergänzung praeter legem kommt nicht in Betracht.[41]

Diese Formulierung ist in einer ganz wesentlichen Hinsicht zu ungenau. Denn sie lässt offen, was mit einer Antwort des positiven Rechts gemeint ist. In einer normenhierarchisch strukturierten Rechtsordnung führt das sogenannte „Rechtsverweigerungsverbot"[42] dazu, dass es unbeantwortete Rechtsfragen als solche gar nicht geben kann. Der angerufene Richter muss stets eine Entscheidung fällen und darf die Rechtslage nicht im Unklaren lassen.[43] Wann immer die Rechtsordnung auf einer bestimmten Hierarchieebene keine (ausformulierte) Regelung vorsieht, ist der Rechtsanwender gezwungen,[44] die erforderliche Antwort aus der übergeordneten Hierarchieebene abzuleiten. Dann aber gäbe es im deutschen Recht keine Lücken und wäre der Rechtsanwender nie zur Rechtsfortbildung berufen.[45]

---

39 *Bydlinski*, Methodenlehre^{2}, S. 473; *Canaris*, Lückenfeststellung^{2}, § 19 (S. 30); *Engisch*, Einführung^{12}, Kap. VII I. 1. (S. 196 f.).

40 Siehe nur *Engisch*, Einführung^{12}, Kap. VII I. 1. (S. 197).

41 *Canaris*, Lückenfeststellung^{2}, § 18 (S. 29 f.); *Engisch*, Einführung^{12}, Kap. VII I. 1. (S. 197).

42 Ausf. zum Rechtsverweigerungsverbot, auf das i. R. d. Untersuchung nicht vertieft eingegangen werden kann, nur *Klappstein*, in: Bäcker/Baufeld (2005), S. 111 (116 f.); *Maultzsch*, S. 90 ff. u. *Schumann*, ZZP 81^{1} (1968), S. 79 ff.

43 *Schumann*, ZZP 81^{1} (1968), S. 79 (80). Vgl. auch *Canaris*, Lückenfeststellung^{2}, § 47 (S. 55 f.) u. *Zippelius*, Methodenlehre^{11}, § 13 III (S. 67).

44 Siehe BVerfG, Beschl. v. 14. 2. 1973 – 1 BvR 112/65 („*Soraya*") – BVerfGE **34**, 269 ff. (291), das von dem „unter Entscheidungszwang stehenden Richter" spricht.

45 Schon die Rspr. des BVerfG belegt, dass diese Lesart nicht richtig sein kann. Denn die Rechtsfortbildung gehöre von Verfassungs wegen zu den Befugnissen u. Aufgaben der Gerichte. So bereits im Beschl. v. 14. 2. 1973 – 1 BvR 112/65 („*Soraya*") – BVerfGE **34**, 269 ff. (286 ff.). Seither st. Rspr., siehe nur den Beschl. v. 11. 10. 1978 – 1 BvR 84/74 („*Sachverständigenhaftung*") – BVerfGE **49**, 304 ff. (318); Beschl. v. 19. 10. 1983 – 2 BvR 485/80 u. a. („*Sozialplan*") – BVerfGE **65**, 182 ff. (190); Beschl. v. 12. 11. 1997 – 1 BvR 479/92 u. a. („*Kind als Schaden*") – BVerfGE **96**, 375 ff. (394 f.); Beschl. d. 1. Kammer des Ersten Senats v. 17. 9. 2013 – 1 BvR 1928/12 – ZIP 2013^{44}, S. 2105 ff. (Rn. 33).

Mit der fehlenden Antwort des Rechtsganzen auf eine Rechtsfrage ist indes nicht gemeint, dass die Rechtsordnung als Ganze für den Einzelfall keine Rechtsfolge bereit hielte. Vielmehr geht es darum, dass sich der nach Art. 20 Abs. 3 GG an „Gesetz und Recht" gebundene Rechtsanwender vergegenwärtigt, ob und in welchem Umfang er bei seiner Entscheidung den demokratisch legitimierten Gesetzgeber hinter sich wähnen darf oder er ohne dessen Rückendeckung selbst als Not-Ersatz-Gesetzgeber tätig werden muss. Solche Methodenfragen sind letztlich Verfassungsfragen,[46] bei denen es im Kern um nicht weniger als die Gewaltenteilung und das Demokratieprinzip geht.[47] In diesem Sinne ist das *Fehlen einer Antwort des Rechtsganzen auf eine Rechtsfrage* aus verfassungsrechtlicher Perspektive und im Lichte der Gesetzesbindung zu präzisieren. Dabei ist Gegenstand der Gesetzesbindung nicht der Wortlaut, der Text als Zeichenfolge, sondern der Sinn und die Bedeutung des Textes.[48] Bezugspunkt ist damit der Inhalt des Gesetzes, sprich: „die in der jeweiligen Norm getroffene gesetzgeberische Wertentscheidung."[49]

Wo der Gesetzgeber eine solche – ggf. erst im Wege der Auslegung ermittelbare – Interessenbewertung und Wertentscheidung vor(weg)genommen hat, liefert das Rechtsganze eine gesetzgeberische Antwort und ist das Gesetz lückenlos. Der Rechtsanwender hat als „(denkend) gehorsame[r] Diener des demokratisch erlassenen Gesetzes"[50] das vom Gesetzgeber inhaltlich Vorentschiedene seiner Entscheidung im Regelfall zugrunde zu legen (Rechtsanwendung secundum legem).[51] Hier kommt allenfalls Gesetzesberichtigung (contra legem), niemals aber Rechtsergänzung (praeter legem) in Betracht. Wo der Gesetzgeber hingegen eine solche Entscheidung nicht getroffen hat, kann der Rechtsanwender das vom Gesetzgeber inhaltlich (nicht) Vorentschiedene seiner Entscheidung nicht zugrunde legen. Der „unter Entscheidungszwang stehende Richter"[52] ist selbst und an Stelle des Gesetzgebers zur Vornahme der Interessenbewertung berechtigt und verpflichtet.[53] Schon

46 So ausdr. *Rüthers/Fischer/Birk*, Rechtstheorie,[11] Rn. 706.

47 *Rüthers/Fischer/Birk*, Rechtstheorie,[11] Rn. 649 ff. u. 706 ff. Siehe auch *Looschelders/W. Roth*, S. 15 u. 50.

48 *Chr. Fischer*, Topoi, S. 487 f. u. in: ZfA 2002,[2] S. 215 (221).

49 *Chr. Fischer*, ZfA 2002,[2] S. 215 (221) u. ähnlich in: Topoi, S. 488. Ganz in diesem Sinne auch *Looschelders/W. Roth*, S. 51 m. zahlr. Nw. (in Fn. 128).

50 *Rüthers/Fischer/Birk*, Rechtstheorie,[11] Rn. 708.

51 Vgl. *Chr. Fischer*, Topoi, S. 487 f.

52 BVerfG, Beschl. v. 14. 2. 1973 – 1 BvR 112/65 („*Soraya*") – BVerfGE **34**, 269 ff. (291).

53 Vgl. auch hier das Eingangszitat von *Rüthers/Fischer/Birk*, Rechtstheorie,[11] Rn. 825: „Wo gesetzliche Wertungen fehlen, ist die richterliche Wertung unvermeidbar."

weil der Rechtsanwender bei dieser Tätigkeit – wie sogleich zu zeigen sein wird[54] – völlig anderen Beschränkungen unterliegt, sollte diese ihm aufgenötigte „Usurpation normsetzender Funktionen“ aufgedeckt und nicht „im Tarnmantel der ‚Auslegung‘ präsentiert“ werden.[55]

Anm. 6.2: Zur Verdeutlichung: Die Rechtsordnung wird auf der höheren – und deshalb stets abstrakteren – Hiererachieebene kaum je eine eindeutige Antwort auf die spezifische Rechtsfrage bereithalten. Sie wird dem Rechtsanwender vielmehr die äußeren Grenzen eines Entscheidungskorridors setzen, der stets verschiedene Antwortmöglichkeiten enthält, aus denen eine ausgewählt werden muss. Die selbständige Auswahl aus verschiedenen, selbst hergeleiteten Entscheidungsvarianten ist methodisch – und im Hinblick auf Gesetzesbindung, Gewaltenteilung und Demokratieprinzip – freilich etwas völlig anderes, als die Anwendung einer vom Gesetzgeber vorausentschiedenen Interessenbewertung auf den Einzelfall.

Kurzum: Das *Fehlen einer Antwort des Rechtsganzen* meint nicht das Fehlen einer – auf welchem Wege auch immer ermittelten – Rechtsfolge, das es im deutschen Recht tatsächlich nicht geben kann. Gemeint ist vielmehr das Fehlen einer von dem Gesetzgeber vorab vorgenommenen Interessenbewertung, die der Rechtsanwender als „(denkend) gehorsame[r] Diener des demokratisch erlassenen Gesetzes“[56] seiner Entscheidung zugrunde legen kann. Wo eine solche Vorabentscheidung des Gesetzgebers fehlt, ist das Rechtsganze in diesem Sinne unvollständig und kann eine zur Rechtsfortbildung berechtigende und verpflichtende Lücke vorliegen.

2. Unbefriedigende Unvollständigkeit

Allerdings berechtigt nicht jede festgestellte Unvollständigkeit des positiven Rechts zur ergänzenden Rechtsfortbildung. Vielmehr ist zu fordern, dass das positive Recht eine Frage nicht beantwortet, obwohl es eine Antwort zwingend fordert.[57] Das Schweigen des Rechtsganzen zu einer Rechtsfrage kann auch einem maßgeblichen Plan des Gesetzgebers entsprechen.[58] Diesem steht es frei, gewisse Tatbestände und Verhaltensweisen nicht mit einer Rechtsfolge

54 Siehe unten C. (S. 178).

55 Vgl. die entsprechende Kritik bei *Rüthers/Fischer/Birk*, Rechtstheorie,[11] Rn. 649.

56 Abermals *Rüthers/Fischer/Birk*, Rechtstheorie,[11] Rn. 708.

57 Siehe etwa *Engisch*, Einführung,[12] Kap. VII I. 2. (S. 198), der verlangt, dass die fehlende Regelung „vermisst“ werden muss. Ähnlich auch *Canaris*, Lückenfeststellung,[2] § 29 (S. 39).

zu versehen, obwohl der Rechtsanwender eine solche Verknüpfung erwarten würde.

Eine dergestalt „unbeantwortete“ Rechtsfrage stellt jedoch keine Lücke dar. Das planvolle und bewusste Schweigen des Gesetzes ist als Nichtanknüpfung von Rechtsfolgen vielmehr selbst eine Interessenbewertung und damit Antwort auf die aufgeworfene Rechtsfrage. Genau genommen ist das Rechtsganze in einem solchen Fall schon nicht unvollständig.[59] Die „Unvollständigkeit“ ist jedenfalls nicht unbefriedigend oder planwidrig.[60] Eine Ergänzung im Rahmen dieser planvollen „Unvollständigkeit“ wäre dann nicht Rechtsergänzung praeter legem, sondern Korrektur einer missfallenden Regelung und deshalb Gesetzesberichtigung contra legem.

3. Lückenkernbegriff als Arbeitshypothese

Werden die komplizierten und umstrittenen Randbereiche des Lückenkonzepts dergestalt beiseite geschoben, kann der verbleibende und weitgehend unstreitige Rest des Konzepts als Lückenkernbegriff formuliert werden: Danach bedarf es für die Annahme einer Lücke jedenfalls einer Unvollständigkeit im Rechtsganzen, die vorliegt, wenn weder Gesetz noch Gewohnheitsrecht die Antwort auf eine Rechtsfrage geben, die der Rechtsanwender stellen muss. Das Schweigen des Gesetzes muss dabei insofern unbefriedigend sein, als die Rechtsordnung eine solche Antwort zwingend fordert und das Schweigen des Gesetzes nicht selbst Antwort auf die Rechtsfrage ist.

III. Der Schaden als Lücke

An diesem Lückenkernbegriff lässt sich das Merkmal des Schadens als Voraussetzung der Ersatzpflicht messen. Wird ein Gericht mit einem Schadenersatzverlangen konfrontiert, hat es den vorgetragenen Sachverhalt an den Vorgaben der Rechtsordnung zu messen. Soweit der unstreitige und der bewiesene Vortrag zusammengenommen alle Voraussetzungen einer Ersatz-

58 *Engisch*, Einführung,[12] Kap. VII I. 2. (S. 198). *Canaris*, Lückenfeststellung,[2] § 30 (S. 40) spricht von qualifiziertem, *Rüthers/Fischer/Birk*, Rechtstheorie,[11] Rn. 838 sprechen von beredtem Schweigen.

59 Ähnlich *Looschelders/W. Roth*, S. 281.

60 So *Engisch*, Einführung,[12] Kap. VII I. 2. (S. 198). Ausf. zu den weiteren Problemen des Merkmals der Planwidrigkeit *Canaris*, Lückenfeststellung,[2] §§ 20 ff. S. 31 ff.

pflichtanordnung erfüllen, ohne dass gleichzeitig auch die Voraussetzungen einer Gegennorm vorliegen, ist dem klägerischen Antrag stattzugeben. Anderenfalls ist die Klage abzuweisen.

Eine Voraussetzung einer jeden Ersatzpflichtanordnung ist das Vorliegen eines Schadens.[61] Die Entscheidung über das Schadenersatzverlangen wirft deshalb unweigerlich die Rechtsfrage auf, ob sich in dem vorgetragenen Sachverhalt Umstände finden, die rechtlich als Schaden zu qualifizieren sind. Das ist, sieht man von den Fällen evidenter Schäden[62] ab, eine ergebnisoffene, wertende Entscheidung. Der Aufruf des historischen Gesetzgebers, die Praxis möge sich „uneingeengt durch eine gesetzliche Vorschrift [...] auch fernerhin im Einzelfalle [...] zurechtfinden",[63] impliziert immerhin die Möglichkeit, eingetretene Nachteile nicht als Schaden einzuordnen, obwohl sie ein solcher sein könnten. Die Qualifikation als Schaden ist deshalb eine Rechtsfrage, die der mit einem Schadenersatzverlangen befasste Rechtsanwender stellen muss.

Die bisherige Untersuchung hat gezeigt, dass weder der historische noch der Gesetzgeber des Grundgesetzes die insoweit erforderliche Interessenbewertung vor(weg)genommen hat. Das positive Recht gibt auf diese Frage keine Antwort. § 93 Abs. 2 Satz 1 AktG enthält insoweit keinen eigenen Entscheidungsmaßstab. Vielmehr liegt dieser Vorschrift der allgemeine zivilrechtliche Schadensbegriff zugrunde. Das Gesetz enthält indessen keine Definition des Schadens. Die §§ 249 ff. BGB befassen sich mit der Ersatzleistung als Reaktion auf den Schaden und legen deshalb nicht ihrerseits fest, was ein Schaden ist. Der lange gepflegten Übung, den Schaden durch mehr oder weniger ausdrückliche Anknüpfung an den Zustandsvergleich des § 249 Abs. 1 BGB zu bestimmen, kann kein entsprechendes, die Rechtsfrage beantwortendes Gewohnheitsrecht entnommen werden. Denn auch die noch so lange Übung kann nicht darüber hinweg helfen, dass die §§ 249 ff. BGB erst dann zur Anwendung gelangen, wenn das Vorliegen eines Schadens schon feststeht. Ein von den §§ 249 ff. BGB losgelöstes Gewohnheitsrecht, dass die Schadensfeststellung von einer strengen Differenzhypothese abhängig macht, gibt es nicht. Zu zahlreich sind die entsprechenden Ausnahmen.[64] Das

---

61 Siehe zur Einordnung des Schadens als Voraussetzung der Ersatzpflichtanordnung bereits oben § 4 A. II. (S. 100).

62 Bspw. die Einbuße im Eigentum durch Zerstörung einer Fensterscheibe oder die Einbuße in der körperlichen Unversehrtheit durch einen Schnitt in der Wange.

63 Siehe die Motive bei *Mugdan*, Bd. II, S. 10.

64 Insoweit sei nur auf *Medicus*, in: FS Nobbe (2009), S. 995 verwiesen, dessen Beitrag schon im Titel die Frage stellt: „Was ist von der Differenzhypothese noch übrig?"

Rechtsganze enthält deshalb keine Antwort auf die Frage, was ein Schaden ist. Es ist insoweit unvollständig.

Diese Unvollständigkeit ist auch unbefriedigend. Die im Gesetz vorgesehenen Ersatzpflichtanordnungen machen deutlich, dass entsprechende Sachverhalte durchaus mit einer Rechtsfolge verknüpft sein sollen. Das Schweigen des Gesetzes bzw. des Gesetzgebers zum Merkmal des Schadens ist deshalb kein „beredtes Schweigen". Vielmehr ging der historische Gesetzgeber davon aus, dass eine Festlegung des Schadensbegriffs durch das Gesetz (noch) nicht erfolgen könne.[65] Der Gesetzgeber hatte die Interessenbewertung nicht – auch nicht teilweise[66] – vornehmen wollen, damit die Praxis sich auch fernerhin im Einzelfall zurecht finde.[67] Eine solche bewusste Offenlassung einer Rechtsfrage verbunden mit der Delegation an die Praxis kommt einem „Auftrag" zur Rechtsergänzung gleich.[68]

Anm. 6.3: Die Planwidrigkeit lässt sich jedoch auch jenseits dieses „Auftrags" positiv feststellen.[69] Denn das Unbefriedigende an der festgestellten Unvollständigkeit wird deutlich, wenn wiederum das sogenannte „Rechtsverweigerungsverbot"[70] hinzugenommen wird. Der mit dem Ersatzverlangen konfrontierte Richter muss eine Entscheidung fällen und darf die Rechtslage nicht im Unklaren lassen.[71] Wenn auch das positive Recht keine Antwort auf die Frage nach dem Schaden bereithält,

— „Fast nichts!" scheint die Zusammenfassung am Ende des Beitrags (S. 1007 f.) zu antworten.

65 Siehe die Motive bei *Mugdan*, Bd. II, S. 10. Siehe dazu ausf. oben § 5 B. II. 2. b) (S. 143).

66 Deshalb lässt sich auch schwerlich vertreten, dass der Rechtsanwender eine nur unvollständige Wertentscheidung des Gesetzgebers konkretisiere.

67 Siehe die Motive bei *Mugdan*, Bd. II, S. 10.

68 Von einem „gesetzgeberische[n] Auftrag zur ergänzenden Rechtsfortbildung" sprechen auch *Looschelders/W. Roth*, S. 289. Für eine Befugnis zur Rechtsfortbildung bei offener Delegation etwa *Diedrichsen*, in: FS Klingmüller (1974), S. 65 (83) u. *Rüthers/Fischer/Birk*, Rechtstheorie[11] Rn. 851 jew. zur Vorteilsanrechnung. Ähnlich *Engisch*, Einführung[12] Kap. VII I. 1. (S. 197), der bei Vorliegen einer solchen Delegation von einer „gewollten Lücke" spricht. Siehe aus der Zeit vor Geltung des Grundgesetzes das RG (Vereinigte Strafsenate), Beschl. v. 2. 5. 1934 – 1 D 1096/33 – RGSt **68**, 257 ff. (259), das aus der bewussten Offenlassung des Gesetzgebers zur Wahlfeststellung ohne Weiteres die Kompetenz zur Lückenausfüllung entnahm.

69 Das verlangt *Canaris*, Lückenfeststellung[2] § 124 (S. 134 f.) auch in den Fällen offener Delegation in ausdr. Opposition zum RG. Seine Kritik, § 148 (S. 154 f.), stellt jedoch nicht das Vorliegen einer Lücke in Frage. Die „schwerwiegenden Folgen" beziehen sich mehr auf die Art u. Weise, in der die Lücke geschlossen wurde.

70 Ausf. zum Rechtsverweigerungsverbot, auf das i. R. d. Untersuchung nicht vertieft eingegangen werden kann, nur *Klappstein*, in: Bäcker/Baufeld (2005), S. 111 (116 f.); *Maultzsch*, S. 90 ff. u. *Schumann*, ZZP 81[1] (1968), S. 79 ff.

zwingt es den Richter,[72] im gegebenen Fall – auch – hierüber eine Entscheidung zu treffen. Die Rechtsordnung als ganze fordert mithin die Antwort auf eine Rechtsfrage, die das positive Recht selbst nicht gibt. Das Rechtsganze enthält deshalb eine unbefriedigende Unvollständigkeit, sprich: eine zur ergänzenden Rechtsfortbildung berechtigende Lücke.

IV. Zwischenergebnis

Das positive Recht enthält hinsichtlich der Frage, was Schaden ist, eine Lücke. Der Gesetzgeber hat einen verbindlichen Entscheidungsmaßstab nicht aufgestellt und die erforderliche Interessenbewertung selbst nicht vorgenommen. Im Wege der Auslegung – verstanden als das Instrument zur Ermittlung einer vom Gesetzgeber vorgenommenen Interessenbewertung – wird sich der nicht vorhandene Entscheidungsmaßstab nicht finden lassen. Erst recht muss dieser Versuch scheitern, wenn mit den §§ 249 ff. BGB Regelungen befragt werden, die sich mit dem Schaden gar nicht befassen. Ausgangspunkt für die weitere Untersuchung muss deshalb sein, dass die Arbeit am Schadensbegriff ergänzende Rechtsfortbildung ist. Der Rechtsanwender ist, weil er das vom Gesetzgeber inhaltlich nicht Vorentschiedene seiner Entscheidung nicht zugrunde legen kann,[73] zur Rechtsfortbildung praeter legem berechtigt und berufen.[74]

B. Methoden der Lückenausfüllung

Die bloße Feststellung einer Lücke führt freilich nicht notwendig und jedenfalls nicht von selbst zu deren Schließung.[1] Vielmehr gilt es in einem nächsten Schritt, die Methoden der Lückenausfüllung zu beleuchten. Die juristische Methodenlehre hält insoweit zahlreiche Instrumente bereit.[2] Salopp

71 *Schumann*, ZZP 81[1] (1968), S. 79 (80). Vgl. auch *Canaris*, Lückenfeststellung[2] § 47 (S. 55 f.) u. *Zippelius*, Methodenlehre[11] § 13 III (S. 67).

72 Siehe BVerfG, Beschl. v. 14. 2. 1973 – 1 BvR 112/65 („*Soraya*“) – BVerfGE **34**, 269 ff. (291), das von dem „unter Entscheidunszwang stehenden Richter“ spricht.

73 Vgl. *Chr. Fischer*, Topoi, S. 488.

74 Pointiert wie treffend auch hier das Eingangszitat von *Rüthers/Fischer/Birk*, Rechtstheorie[11] Rn. 825: „Wo gesetzliche Wertungen fehlen, ist die richterliche Wertung unvermeidbar.“

1 Ausf. zum Verhältnis von Lückenfeststellung u. Lückenausfüllung *Canaris*, Lückenfeststellung[2] §§ 136 ff. (S. 144 ff.).

formuliert gibt es wissenschaftlich gut durchdrungene Instrumente (I.), die für die Arbeit am Schadensbegriff jedoch unbrauchbar sind. Jenseits dieser Instrumente beginnt der hier interessierende Bereich der Methodenlehre (II.), der wissenschaftlich jedoch kaum durchdrungen ist.[3]

In dieser Arbeit kann es nicht unternommen werden, diesen Bereich neu auszumessen. Gleichwohl kann schon mit einer nur oberflächlichen Betrachtung der Boden bereitet werden, um die „Schadens“-Qualität der Geldbuße zu untersuchen. Denn immerhin lässt sich – im nächsten Abschnitt (C.) – eine äußere Grenze der ergänzenden Rechtsfortbildung jedenfalls so präzise bestimmen, dass sich mit ihr auch die Frage nach dem Bußgeldregress wird beantworten lassen.

I. Analogie, Umkehrschluss u. teleologische Reduktion

Zu den bekanntesten Methoden der Lückenausfüllung zählen die verschiedenen Spielarten der Analogie,[4] der Umkehrschluss und die teleologische Reduktion.[5] Für die Zwecke dieser Untersuchung sind sie jedoch unbrauchbar.

Mit der Analogie und dem Umkehrschluss wird versucht, bestehende rechtliche Normen fruchtbar zu machen, um den gesetzlich nicht geregelten Fall zu lösen.[6] Die Analogie wendet eine Vorschrift an, deren Voraussetzungen im gegebenen Fall zwar nicht erfüllt sind, die aber eine dem gesetzlich nicht geregelten Fall ähnliche Rechtsfrage behandelt.[7] Der Umkehrschluss bietet

2 Siehe etwa die Zusammenstellung der „wichtigsten Instrumente der Lückenfüllung in der Praxis“ bei *Rüthers/Fischer/Birk*, Rechtstheorie,[11] Rn. 888 ff.

3 Als instruktive Ausgangspunkte sei insoweit auf *Bydlinski*, Methodenlehre,[2] S. 481 ff.; *Engisch*, Einführung,[12] Kap. VII I. 2. (S. 214 ff.); *Looschelders/W. Roth*, S. 304 ff. u. *Rüthers/Fischer/Birk*, Rechtstheorie,[11] Rn. 906 ff. verwiesen.

4 Als Spezialfälle der Analogie werden bspw. die verschiedenen Formen des Größenschlusses genannt, siehe nur *Bydlinski*, Methodenlehre,[2] S. 479 f.; *Engisch*, Einführung,[12] Kap. VII I. 2. (S. 214) m. w. N. (in Fn. 50). Auch die teleologische Extension wird teilw. als Spezialfall der Analogie angesehen, siehe etwa *Rüthers/Fischer/Birk*, Rechtstheorie,[11] Rn. 904 u. *Bydlinski*, Methodenlehre,[2] S. 475, letzterer in ausdr. Opposition zu *Canaris*, Lückenfeststellung,[2] §§ 81 f. (S. 89 ff.).

5 Siehe nur *Rüthers/Fischer/Birk*, Rechtstheorie,[11] Rn. 888 ff. u. Rn. 899 ff.

6 Vgl. *Engisch*, Einführung,[12] Kap. VII I. 2. (S. 214).

7 Vgl. *Hübner*, BGB AT,[2] Rn. 107; *Rüthers/Fischer/Birk*, Rechtstheorie,[11] Rn. 889. Zu den Unterschieden von Analogie u. teleologischer Extension – wenn man diese Unterscheidung vornehmen mag – etwa *Looschelders/W. Roth*, S. 304.

hierzu das Gegenstück.[8] Aus der gesetzlichen Anordnung einer Rechtsfolge für bestimmte Tatbestände wird geschlossen, dass diese Rechtsfolge für andere, dort nicht geregelte Tatbestände nicht gelten solle.[9]

Beide Instrumente beruhen deshalb wesentlich auf der „logische[n] und teleologische[n] ‚Expansionskraft' des Gesetzes"[10] und finden dort ihre Grenze, wo das positive Recht keine dem ungeregelten Fall ähnliche Regelung enthält.[11] Das ist beim Schaden der Fall.[12] Die insoweit maßgebende Interessenbewertung ist für den Schaden nicht nur punktuell, sondern insgesamt unterblieben. Für eine Analogie fehlt eine ähnliche und deshalb übertragbare Regelung. Das Schweigen des Gesetzgebers ist – wie oben beschrieben[13] – unbefriedigend und taugt nicht als Grundlage für einen Umkehrschluss.

Die teleologische Reduktion schließlich versucht, dem erkennbaren Normzweck gegenüber dem überschießend weiten Wortlaut einer Vorschrift zum Durchbruch zu verhelfen.[14] Dazu wird der Anwendungsbereich der Vorschrift durch Ergänzung der im Gesetz nicht vorhandenen Ausnahmeregelung „entgegen dem an sich eindeutigen Wortlaut" eingeschränkt.[15] Auch insoweit fehlt für die Schadensfrage eine Norm, deren Wortlaut bestimmte Sachverhalte als Schaden qualifiziert, die dem Normzwecke nach keiner sein sollten.

8 So *Rüthers/Fischer/Birk*, Rechtstheorie,[11] Rn. 899.

9 Siehe nur *Rüthers/Fischer/Birk*, Rechtstheorie,[11] Rn. 900. Genau genommen müsste damit das Vorliegen einer zur Rechtsfortbildung berechtigenden Lücke verneint werden, weil das insoweit beredte Schweigen keine unbefriedigende Unvollständigkeit des Rechtsganzen darstellte. Der Umkehrschluss kann dann aber mangels Lücke kein Instrument der Lückenausfüllung sein. So aber etwa *Engisch*, Einführung,[12] Kap. VII I. 2. (S. 214).

10 So die treffende Formulierung bei *Engisch*, Einführung,[12] Kap. VII I. 2. (S. 214) für die Lückenausfüllung jenseits von Analogie, Umkehrschluss u. ähnlichen Instrumenten.

11 Ähnlich zu sog. Gebietslücken *Rüthers/Fischer/Birk*, Rechtstheorie,[11] Rn. 908. Ähnlich auch *Engisch*, Einführung,[12] Kap. VII I. 2. (S. 214).

12 Jedenfalls im Hinblick auf den zivilrechtlichen Schadensbegriff. Zwar enthält auch das Strafrecht einen Schadensbegriff. Dieser ist jedoch seinerseits gesetzlich nicht definiert u. wäre mangels Vergleichbarkeit nur schwerlich auf das Zivilrecht übertragbar.

13 Siehe dazu eben A. III. (S. 172).

14 *Bydlinski*, Methodenlehre,[2] S. 480. Vgl. auch *Rüthers/Fischer/Birk*, Rechtstheorie,[11] Rn. 903 u. *Canaris*, Lückenfeststellung,[2] § 75 (S. 82 f.).

15 *Bydlinski*, Methodenlehre,[2] S. 480; *Rüthers/Fischer/Birk*, Rechtstheorie,[11] Rn. 903.

II. Lückenausfüllung „modo legislatoris“

Wo das Gesetz den Rechtsanwender vollends im Stich lässt,[16] sprich: die „logische und teleologische ‚Expansionskraft‘ des Gesetzes“[17] zur Schließung der Lücke nicht ausreicht, scheint aus methodischer Sicht der wilde Westen zu beginnen. Fehlen gesetzgeberische Wertungen, so ist die richterliche Wertung unvermeidbar.[18] Wer aber durch eigene Wertung eine eigens festgestellte Lücke schließen möchte, muss offen legen, nach welchen Maßstäben er diese ausfüllen will.[19] Dabei soll sich der Rechtsanwender – je nach Schule und Autor u. a.[20] – von allgemeinen Grundsätzen des Rechts, dem Geist der Rechtsordnung, dem richtigen Recht, dem Naturrecht oder der Natur der Sache leiten lassen, das rechte Mittel zum rechten Zweck wählen oder zur schöpferischen Eigenwertung befugt sein. Die höchst verdienstvolle Monographie, die den Weg durch diesen Dschungel bahnt – hier etwa zur „Methodik der Rechtsfortbildung im Bereich offener Delegation“ –, sucht man bislang vergebens. Sie kann – und muss[21] – auch hier nicht angeboten werden.

Allerdings mag man einen ersten Anhalt bei dem berühmten und viel zitierten[22] Art. 1 Abs. 2 des Schweizerischen Zivilgesetzbuches nehmen. Ohne aus dem Dickicht der verschiedenen Begründungstopoi herauszuführen,[23]

16 Vgl. *Honsell*, in: Staudinger (2018), Einl. Rn. 215.

17 *Engisch*, Einführung,[12] Kap. VII I. 2. (S. 214).

18 So treffend *Rüthers/Fischer/Birk*, Rechtstheorie,[11] Rn. 825.

19 So *Rüthers/Fischer/Birk*, Rechtstheorie,[11] Rn. 825. Ähnlich auch *Säcker*, in: MünchKomm-BGB,[8] Einl. Rn. 106 m. w. N.

20 Diese Aufzählung muss zwangsläufig unvollständig bleiben. Für diese u. weitere Topoi *Engisch*, Einführung,[12] Kap. VII I. 2. (S. 216 f.) u. *Bydlinski*, Methodenlehre,[2] S. 483 f. jew. m. zahlr. Nw. (in Fn. 52 ff. bzw. 201 ff.).

21 Für die Frage nach der Zulässigkeit eines Bußgeldregresses wird es genügen, sich sogleich – C. (S. 178) – eine äußere Grenze der ergänzenden Rechtsfortbildung zu vergegenwärtigen.

22 Siehe nur *Engisch*, Einführung,[12] Kap. VII I. 2. (S. 218 u. 221); *Honsell*, in: Staudinger (2018), Einl. Rn. 215; *Hübner*, BGB AT,[2] Rn. 106 u. *Rüthers/Fischer/Birk*, Rechtstheorie,[11] Rn. 822.

23 Zu den „delikate[n] Probleme[n]“, die „die Formel des Schweizerischen Zivilgesetzbuches“ aufwirft nur *Engisch*, Einführung,[12] Kap. VII I. 2. (S. 221). Schon die Frage, nach welchen Grundsätzen der Gesetzgeber bei der Findung des Rechts selbst verfahre, nach der „Methodik der Gesetzgebung“, sei ein eigener großer Problemkreis. Monographisch zu Art. 1 Abs. 2 des schweizerischen ZGB u. den damit verbundenen Fragen *Meier-Hayoz*, passim.

bringt er die Denkleistung, die dem Rechtsanwender abverlangt wird, auf eine greifbare Formel:[24]

> „Kann dem Gesetz keine Vorschrift entnommen werden, so soll das Gericht nach Gewohnheitsrecht und, wo auch ein solches fehlt, nach der Regel entscheiden, die es als Gesetzgeber aufstellen würde."

Der durch das Schweigen des Gesetzgebers zur Rechtsfortbildung gezwungene Rechtsanwender soll die Lücke danach in letzter Instanz „modo legislatoris" schließen: Er hat sich dazu in die Rolle des Gesetzgebers hineinzudenken[25] und die festgestellte Lücke in der Art und Weise zu schließen, von der er annehmen darf, dass auch der zur Regelung entschlossene Gesetzgeber sie wählen würde.[26] In einem ersten Schritt wird er alle in Betracht kommenden und im Konflikt stehenden Interessen herausstellen müssen.[27] Durch deren umfassende Abwägung wird er die generell-abstrakte Regel aufzustellen haben, die ohne „Rücksicht auf die Besonderheiten des zu behandelnden Falles" eine „befriedigende, allgemeingültige Lückenausfüllung" für die typische Interessenlage darstellt. Das führt freilich wieder zurück zu der Frage, von welchen der oben aufgeführten Begründungstopoi der Rechtsanwender sich bei der Abwägung der eruierten Interessen in welcher Reihenfolge leiten lassen soll und muss.

Anm. 6.4: Das bisherige Vorgehen in Wissenschaft und Praxis, dem gesetzlich nicht geregelten Merkmal des Schadens in der Auseinandersetzung zwischen natürlichem, normativem und ähnlichen anderen Schadensbegriffen Gestalt zu geben, ist letztlich nichts anderes. Der gesetzgeberische Auftrag zur Rechtsfortbildung modo legislatoris ist – sehr erfolgreich – angenommen worden. Statt sich aber *„uneingeengt durch eine gesetzliche Vorschrift* [...] auch fernerhin im Einzelfalle [...] zurecht" zu finden,[28] haben Wissenschaft und Praxis sich unnötig beschränkt, wenn sie meinten, die strengen Vorgaben der Differenzhypothese des § 249 Abs. 1 BGB beachten zu müssen. Eine tatsächlich zu beachtende Schranke der Rechtsfortbildung, um die es so gleich gehen wird, ist dabei jedoch konsequent ausgeblendet worden.

---

24 Siehe Art. 1 Abs. 2 des Schweizerischen Zivilgesetzbuches vom 10. Dezember 1907 (ZGB_{CH}) im Schweizerischen Bundesblatt (1907) VI,[54] S. 589 (589).

25 So treffend *Hübner*, BGB AT,[2] Rn. 106, unter Verweis eben auf Art. 1 Abs. 2 des ZGB_{CH}.

26 *Looschelders/W. Roth*, S. 298.

27 Siehe – auch zum Folgenden – *Meier-Hayoz*, S. 164 ff. (Zitat auf S. 166).

28 Siehe die Motive bei *Mugdan*, Bd. II, S. 10. Herv. nur hier.

C. Grenzen der Lückenausfüllung

Der Rechtsanwender, der eine ungeregelte Frage im Rahmen der ergänzenden Rechtsfortbildung entscheiden muss, scheint anstelle des Gesetzgebers nicht weniger als „gesetzesvertretendes Richterrecht“[29] zu schaffen. Gleichwohl – und das ist für die Zwecke dieser Untersuchung das Entscheidende – ist er dabei keineswegs so frei, wie es der demokratisch legitimierte Gesetzgeber wäre.[30] Dieser kann – beschränkt allein durch die Grenzen der Verfassung – die nach seiner Vorstellung gerechteste oder zweckmäßigste Lösung wählen. Zu diesem Zweck kann er gar die bestehende Rechtsordnung neu ordnen oder auch radikal umgestalten. Für jenen aber gelten im Rahmen der Rechtsfortbildung ungleich engere Grenzen. Sie wurzeln in Art. 20 Abs. 3 GG, wonach die Rechtsprechung – auch im Rahmen der ergänzenden Rechtsfortbildung – an „Gesetz und Recht“ gebunden ist. Die Gerichte dürfen – mit den Worten des BVerfG[31] – nicht solche

> „Befugnisse beanspruchen, die von der Verfassung dem Gesetzgeber übertragen worden sind, indem sie sich aus der Rolle des Normanwenders in die einer normsetzenden Instanz begeben und damit der Bindung an Recht und Gesetz entziehen. *Richterliche Rechtsfortbildung darf nicht dazu führen, dass der Richter seine eigene materielle Gerechtigkeitsvorstellung an die Stelle derjenigen des Gesetzgebers setzt.*“

Mit anderen Worten: Der Richter ist keineswegs befugt, den Entscheidungsmaßstab so zu fassen, wie *er persönlich* ihn als Gesetzgeber aufstellen würde.[32] Vielmehr ist er auch im Rahmen der ergänzenden Rechtsfortbildung an sämtliche Vorgaben der geltenden Rechtsordnung gebunden – auch und gerade an solche des einfachen Gesetzgebers.[33] Neben der Verfassung, den allgemeinen Rechtsgrundsätzen und dergleichen mehr muss der Rechtsan-

---

29 So etwa das BAG (GrS), Beschl. v. 21. 4. 1971 – GS 1/68 – BAGE **23**, 292 ff. (320). Vor möglichen Missverständnissen dieser Bezeichnung warnen etwa *Looschelders/W. Roth*, S. 301 f.

30 BAG (GrS), Beschl. v. 21. 4. 1971 – GS 1/68 – BAGE **23**, 292 ff. (320); BAG, Urt. v. 10. 6. 1980 – 1 AZR 822/79 – BAGE **33**, 140 ff. (160); *Looschelders/W. Roth*, S. 301 f.; *Rüthers/Fischer/Birk*, Rechtstheorie,[11] Rn. 887.

31 Beschl. v. 25. 1. 2011 – 1 BvR 918/10 (*„Dreiteilungsmethode“*) – BVerfGE **128**, 193 ff. (211). Nachw. entfernt, Herv. nur hier. Ähnlich bereits der Beschl. v. 3. 4. 1990 – 1 BvR 1186/89 (*„nicht ehelicher Lebenspartner als Mieter“*) – BVerfGE **82**, 6 ff. (12) u. später das Urt. v. 11. 6. 2012 – 1 BvR 3142/07 u. a. (*„Gesamtanalogie Delisting“*) – BVerfGE **132**, 99 ff. (127) m. w. N.

32 So aber – wenigstens missverständlich – *Enneccerus/Nipperdey*,[15] S. 344: „Kurz, wir urteilen nach der Regel, die wir als Gesetzgeber aufstellen würden.“ Im Original ab „Regel“ gesperrt. Krit. auch *Looschelders/W. Roth*, S. 303.

wender jedenfalls auch das innere System der Gesamtrechtsordnung und die fernwirkenden Wertungen einschlägiger Rechtsnormen beachten.[34] Stets bleibt er dienender Gehilfe der Gesetzgebung:[35] Zwar darf und muss er die geltende Rechtsordnung ergänzen, wo diese unvollständig ist; bestehende Wertentscheidungen neu ordnen und umgestalten darf er hingegen nicht.

Damit ist der Rechtsanwender bei der Fortbildung des Rechts nur in jenem Bereich – mehr oder weniger – frei, in dem gesetzliche Entscheidungsmaßstäbe tatsächlich fehlen. Findet er bei der sich vorsichtig voran tastenden Ausfüllung dieses Wertungs-Vakuums „als de lege lata verbindlich festgestellte oder feststellbare konkretere normative Maßstäbe",[36] so endet das Vakuum und mit ihm die Befugnis, das Recht fortzubilden. Der Bereich zulässiger Rechtsergänzung ist damit unter anderem von fernwirkenden Wertungen einschlägiger Vorschriften „eingezäunt".

Danach ist die Formel, wonach der Rechtsanwender sich in die Rolle des Gesetzgebers hineindenken muss,[37] zu präzisieren: Wer das Recht ergänzen will und muss, hat sich in die Rolle desjenigen Gesetzgebers zu versetzen, der die betreffende Rechtsfrage *ohne Umgestaltungstendenz in Einklang mit den bereits geltenden Wertentscheidungen und den verankerten Prinzipien der Rechtsordnung* regeln will.[38] Wertentscheidungen, die der Gesetzgeber in anderen Vorschriften tatsächlich normiert hat, dürfen nicht durch die Lückenausfüllung im Bereiche solcher Vorschriften durchkreuzt werden, bei denen der Gesetzgeber eine entsprechende Wertentscheidung gerade nicht getroffen hat.

---

33 BAG, Urt. v. 10. 6. 1980 – 1 AZR 822/79 – BAGE **33**, 140 ff. (160); *Looschelders/W. Roth*, S. 301 f.; *Rüthers/Fischer/Birk*, Rechtstheorie[11] Rn. 887 u. 910.

34 *Rüthers/Fischer/Birk*, Rechtstheorie[11] Rn. 887 u. 910. Schon *Heck*, AcP 112[1] (1914), S. 1 (230 ff.) sprach von der „Fernwirkung" gesetzlicher Wertungen, die bei der Lückenfüllung zu berücksichtigen sei.

35 So *Rüthers/Fischer/Birk*, Rechtstheorie[11] Rn. 887 u. 910.

36 *Bydlinski*, Methodenlehre[2] S. 584 – allerdings zur Konkretisierung von Generalklauseln. Zust. *Scholz*, S. 270 f.

37 *Hübner*, BGB AT[2] Rn. 106.

38 So zutr. *Looschelders/W. Roth*, S. 303.

D. Ergebnis, Ausblick und Konsequenzen

I. Ergebnis

Die positive Rechtsordnung ist bezüglich der Frage nach dem Schaden als Voraussetzung der Ersatzpflicht lückenhaft. Die Ausformung des Schadensbegriffs ist deshalb Rechtsfortbildung praeter legem. Mangels jedweder Vorschriften zu hinreichend ähnlichen Rechtsfragen ist dem Problem mittels Analogie, Umkehrschluss und teleologischer Reduktion nicht beizukommen. Vielmehr ist es Aufgabe des zur Entscheidung berufenen Rechtsanwenders, die Lücke modo legislatoris zu schließen. Dazu muss er denjenigen Entscheidungsmaßstab aufstellen, von dem er annehmen darf, dass auch der Gesetzgeber ihn zur Schließung dieser Lücke anwenden würde. Dabei sind jedoch alle positivierten Wertungsentscheidungen auch fernwirkender einfachgesetzlicher Vorschriften zu beachten. Wo die Qualifikation eines Nachteils als Schaden eine ggf. auch nur fernwirkende positivierte gesetzgeberische Wertung zu durchkreuzen droht, endet die Befugnis des Rechtsanwenders zur Rechtsfortbildung, weil dieser nach Art. 20 Abs. 3 GG auch insoweit an „Gesetz und Recht" gebunden ist.

II. Ausblick: Schadensverständnis praeter legem

Die methodische Auseinandersetzung mit dem Merkmal des Schadens als Voraussetzung der Ersatzpflicht wirft eine Vielzahl von Fragen auf, denen im Rahmen dieser Untersuchung nicht nachgegangen werden kann. Für die Lösung der Frage nach der „Schadens"-Qualität von Geldbußen sind entsprechende Antworten auch nicht notwendig. Gleichwohl erscheint es sinnvoll, die über die hier zu untersuchende Frage hinausgehenden Möglichkeiten des gefundenen Ansatzes kurz darzutun. Dabei muss es vorerst genügen, diese Erwägungen kursorisch und skizzenhaft zusammenzustellen. Die Einzelheiten müssen möglichen späteren Arbeiten vorbehalten bleiben oder mögen – im besten Falle – anderen als Anregung für eigene Untersuchungen dienen.

1. Ein nicht unerheblicher Teil der Schieflage oder des „desolaten Zustand[s]"[39] im sog. Schadensrecht beruht schon darauf, dass zahlreiche Institute mit verschiedener Funktion miteinander vermengt werden: Das Vorliegen eines Schadens (Schadensrecht im engeren Sinne), dessen Zurechnung zum

39 So schon *Lieb*, JZ 1971,[11] S. 358 (358).

Verletzungstatbestand (Recht der Schadenszurechnung), die Festlegung von Modus und Umfang der Ersatzleistung (Ersatzleistungsrecht) sowie die Berücksichtigung etwaiger Vorteile (Vorteilsanrechnung) und eines etwaigen Mitverschuldens werden unter dem Schlagwort des Schadensrechts vereint. Wer so vorgeht und zugleich fordert, dass der „richtige" Schadensbegriff eine Antwort auf alle diese Fragen gibt,[40] verlangt Unerfüllbares. Die Suche nach diesem Schadensbegriff muss in der Tat die viel gescholtene und fruchtlose „Jugendsünde" bleiben.[41]

2. Vergleichbare Wunder werden den Voraussetzungen des Verletzungstatbestands – klassisch: des Haftungsrechts – nicht abverlangt. Dort wird etwa bei § 280 Abs. 1 BGB sauber zwischen dem Schuldverhältnis, der Pflichtverletzung, dem Vertretenmüssen und den gegebenenfalls zusätzlichen Voraussetzungen der Abs. 2 u. 3 unterschieden. Bei § 823 Abs. 1 BGB wird zwischen der Rechts(guts)verletzung, der Verletzungshandlung, der haftungsbegründenden Kausalität, der Rechtswidrigkeit und dem Verschulden unterschieden. Jeder dieser Prüfungsschritte hat seine spezifische Aufgabe und braucht die Fragen der anderen Prüfungsschritte nicht zu beantworten.

Nichts anderes gilt für die übrigen Voraussetzungen der Ersatzpflichtanordnung. Die Ersatzpflicht als Vorfrage zu den §§ 249 ff. BGB setzt neben der Erfüllung des Verletzungstatbestands auch voraus, dass (überhaupt) ein Schaden entstanden ist (Schadensrecht im engeren Sinne). Auf dessen in Geld messbare Höhe oder dessen Einordnung als Vermögens- oder Nichtvermögensschaden kommt es auf Tatbestandsseite noch gar nicht an.[42] Jeder beliebige Nachteil gleich welcher Art und Höhe ist in der Lage, eine Ersatzpflicht auszulösen – sofern er rechtlich als Schaden zu qualifizieren ist. Sodann ist in einem weiteren Schritt für jede einzelne, als Schaden qualifizierte Position festzustellen, ob sie auf der Erfüllung des Verletzungstatbestands beruht (Recht der Schadenszurechnung). Dass nun der Schaden als Vorfrage der Schadenszurechnung zugleich seine Zurechnung zum Verletzungstatbe-

40 Nichts anderes verlangt *Schiemann*, in: Staudinger (2017), Vorbem zu §§ 249 ff. Rn. 41, wenn er die Suche nach dem „richtigen" Schadensbegriff aufgibt, weil dieser zur Lösung der Probleme des Allgemeinen Schadensrechts wenig beitrage.

41 Von einer solchen sprach zuerst *Selb*, AcP 173[4] (1973), S. 366 (367).

42 § 253 Abs. 1 BGB sorgt allein dafür, dass wegen „eines Schadens, der nicht Vermögensschaden ist, [...] *Ersatz in Geld* [scil.: § 251 BGB] nur in den durch das Gesetz bestimmten Fällen verlangt werden" kann. Eine mögliche Naturalrestitution nach § 249 Abs. 1 BGB wird dadurch nicht ausgeschlossen, sodass es für die grds. Auslösung einer Ersatzpflicht auf die Qualifikation als (Nicht-)Vermögensschaden nicht ankommt.

stand sollte mitentscheiden können, ist weder möglich noch erforderlich. Erst wenn die Erfüllung des Verletzungstatbestands kraft Zurechnungszusammenhangs mit einzelnen Schadenspositionen verknüpft werden kann, steht für jede dieser Schadenspositionen fest, dass (insoweit) eine Ersatzpflicht besteht, und ist die Tür zu den §§ 249 ff. BGB aufgestoßen.

3. Dieses Ersatz*leistungs*recht bzw. Haftungsfolgerecht muss dann freilich nur mehr einen Bruchteil jener Fragen beantworten, für die es bislang – mehr oder weniger offen und bewusst – herangezogen wurde. Seine ureigene Aufgabe besteht in den Worten der amtlichen Überschrift darin, „Art und Umfang des Schaden*ersatzes*", sprich: der Ersatz*leistung* festzulegen. Für die Art der Ersatzleistung gilt im – hier nicht weiter vertiefbaren – Grundsatz Folgendes: Soweit die Herstellung des in § 249 Abs. 1 BGB bezeichneten Zustands noch (mit verhältnismäßigen Aufwendungen) möglich ist,[43] hat der Ersatzpflichtige (§ 249 Abs. 1 BGB) diesen herzustellen oder (§ 249 Abs. 2 BGB)[44] den dazu erforderlichen Geldbetrag (als Vorschuss) zu bezahlen. Nach erfolgloser Fristsetzung kann der Geschädigte (§ 250 Satz 2 Hs. 1 BGB) Ersatz für die Kosten der noch möglichen Herstellung verlangen. Ist die Herstellung des Zustands nicht mehr (§ 251 Abs. 1 BGB) oder nur mit unverhältnismäßigen Aufwendungen (Abs. 2) möglich, so kann der Geschädigte Entschädigung in Geld verlangen.

Zum anderen muss der Umfang dieser Ersatzleistung bestimmt werden. Das ist tatsächlich die eigentliche Aufgabe der richtig verstandenen Differenzhypothese. Sie dynamisiert die Ersatzleistung, weil zwischen der Schädigung und der rechtskräftigen Entscheidung über den Schadenersatz viel Zeit vergehen kann. Dem Geschädigten sollen nur die Folgen des zum Ersatz verpflichtenden Umstandes, nicht aber sein allgemeines Lebensrisiko abgenommen werden.[45] Der Ersatzpflichtige hat deshalb nach § 249 Abs. 1 BGB[46] (nur) „den Zustand herzustellen, der [zum Zeitpunkt der letzten mündlichen

---

43 Arg. e contrario § 251 Abs. 1 u. 2 BGB.

44 Bei Lichte betrachtet handelt es sich bei § 249 Abs. 2 BGB deshalb auch nicht um einen Schadenersatz-, sondern einen *Aufwendungs*ersatzanspruch.

45 Wird etwa durch Brandstiftung ein Haus zerstört, das zwei Monate später durch die Explosion einer in der Nähe gefundenen Fliegerbombe ebenfalls zerstört worden wäre, so mag man dem Geschädigten Ersatz für die zwischenzeitlich angefallenen Abraumkosten zusprechen. Über die Frage, ob er auch Ersatz für das zerstörte Haus selbst u. für die Kosten des Neubaus verlangen kann, die ihn nach seinem allgemeinen Lebensrisiko nachweislich auch ohne die Brandstiftung getroffen hätten, kann man hingegen trefflich streiten. Eine eindeutige Antwort ist den §§ 249 ff. BGB nicht zu entnehmen.

Verhandlung] bestehen würde, wenn der zum Ersatz verpflichtende Umstand nicht eingetreten wäre.“ Die zwischenzeitliche Behebung eines Schadens[47] führt nach der richtig verstandenen Differenzhypothese deshalb nicht dazu, dass der Schaden als Voraussetzung der Ersatzpflicht nicht mehr gegeben wäre.[48] Vielmehr ist der nach der Differenzhypothese zu ermittelnde Zustand bereits hergestellt und seine Herstellung durch Zweckerreichung für jedermann (§ 275 Abs. 1 BGB) unmöglich geworden. Der Geschädigte ist – entgegen der bisher gelebten Rechtspraxis – auf den billigen Ersatz in Geld nach § 251 Abs. 1 BGB zu verweisen. Die Differenzhypothese ermöglicht es insoweit, eine etwa eingetretene allgemeine Verteuerung oder alternative Kausalverläufe zu berücksichtigen.

4. Durch die Anknüpfung an „den Zustand [...], der bestehen würde, wenn der zum Ersatz verpflichtende Umstand nicht eingetreten wäre“, ist auch der dogmatische Anknüpfungspunkt für die Vorteilsanrechnung gefunden. Die Kompensation eines Schadens etwa durch einen Dritten lässt nicht die spezifische Verschlechterung eines bestimmten Rechtsgutes, sprich: den Schaden selbst entfallen. Vielmehr fügt sie der Gesamtheit der Rechtsgüter des Geschädigten *an anderer Stelle* einen Vorteil zu. Auch dieser Vorteil wäre nicht entstanden, wenn der zum Ersatz verpflichtende Umstand nicht eingetreten wäre. Die Frage der Vorteilsanrechnung geht deshalb weniger dahin, den Schaden als Voraussetzung der Ersatzpflicht entfallen zu lassen. Ihre Aufgabe besteht vielmehr darin, die Voraussetzungen dafür festzulegen, ob und unter welchen Bedingungen ein solcher Vorteil den Umfang der Ersatzleistung beschränkt oder vom Geschädigten an den Ersatzpflichtigen herauszugeben ist.

Anm. 6.5: Die so verstandene Vorteilsanrechnung lässt sich freilich nicht mit dem überkommenen Verständnis des Schadens als der Differenz zwischen zwei (Gesamt-)Güterlagen in Einklang bringen. Sie ruht vielmehr auf der Idee des Gesamtschadens als der Addition einzelner Schadensposten. Diese – hier nicht ausführlich begründbare[49] – Idee scheint ihrerseits schon vom Gesetz vorgegeben zu sein:

---

46 Der Aufwendungsersatz nach § 249 Abs. 2 u. § 250 Satz 2 Hs. 1 BGB knüpft an diesen gedachten (Ideal-)Zustand in gleicher Weise an, wie die Geldentschädigung nach § 251 Abs. 1 u. 2 BGB.

47 Der Geschädigte hat den Wagen nach dem Auffahrunfall u. vor der rechtskräftigen Entscheidung reparieren lassen.

48 Selbstverständlich war das Auto beschädigt u. lagen zu diesem Zeitpunkt die Voraussetzungen der Ersatzpflicht vor. Ob der Ersatzpflichtige (noch) eine Handlung vornehmen muss, um den (Ideal-)Zustand des § 249 Abs. 1 BGB herzustellen, u. wie diese ggf. auszusehen hat, ist eine andere Frage.

Nach § 253 Abs. 1 BGB kann wegen „eines Schadens, der nicht Vermögensschaden ist, [...] Entschädigung in Geld [grds. nicht] gefordert werden." Das ist ersichtlich für jede Schadensposition einzeln zu ermitteln, soll nicht ein einzelner nicht-Vermögensschaden die Geldeentschädigung für jeden auf demselben Ereignis beruhenden Vermögensschaden ausschließen. Nach § 254 Abs. 1 BGB hängt u. a. der Umfang des zu leistenden Ersatzes auch davon ab, „inwieweit der Schaden vorwiegend von dem einen oder dem anderen Teil verursacht worden ist." Auch diese Frage lässt sich sinnvoll nur beantworten, wenn zwischen verschiedenen Schadenspositionen unterschieden wird.[50] Schließlich lässt sich der Gesamtschaden auch aus prozessualer Perspektive nur als die Summe einzelner Schadensposten denken:[51] Zwar kann der Kläger nach § 253 Abs. 2 Satz 2 ZPO seinen Ersatzanspruch bzw. seine Ersatzansprüche mit einem Gesamtbetrag beziffern. Die Dispositionsmaxime zwingt ihn jedoch, die konkreten einzelnen Schadensposten, die nachteiligen Folgen des schädigenden Ereignisses, darzulegen und zu beziffern.

III. Konsequenzen für die Untersuchung

Für die vorliegende Untersuchung hat das Ergebnis der methodischen Analyse ganz andere Konsequenzen. Einmal ist die kaum hinterfragte Prämisse, auf der die Opposition gegen den Regressausschluss im Wesentlichen ruht, jedenfalls in ihrer Absolutheit widerlegt: Der durch eine Geldbuße verursachte Vermögensnachteil ist weder zwingend noch selbstverständlich ein zum Ersatz verpflichtender Schaden. Nicht nur der bisher angebotene Regressausschluss, sondern vor allem auch die auf dieser Prämisse aufbauende Annahme eines Bußgeldregresses stehen deshalb auf „tönernen Füßen".[52]

Zum anderen aber mündet die Antwort des zivilrechtlich-methodischen Teils dieser Arbeit unmittelbar in die nächste Frage. Noch bevor in der Auseinandersetzung zwischen natürlichem und normativem Schadensbegriff ermittelt werden darf, ob der durch die Geldbuße verursachte Vermögensnachteil als Schaden zu qualifizieren ist, bedarf es eines weiteren Schritts. Denn zunächst muss überprüft werden, ob der Rechtsanwender insoweit

49 Als instruktiven Ausgangspunkt siehe *Flume*, in: BeckOK-BGB,[56] § 249 Rn. 39 ff. m. zahlr. Nw. Siehe auch *Honsell*, in: FS schwGHV (2010), S. 255 (261); *Keuk*, S. 18 ff.; *Medicus*, in: FS Nobbe (2009), S. 995 ff. u. *Würthwein*, S. 228 ff.

50 Wer bei einem unverschuldeten Autounfall große Verletzungen erleidet, weil er nicht angeschnallt gefahren ist, mag den Körperschaden in erheblichem Umfang, den Sachschaden aber gar nicht mitverursacht haben.

51 Vgl. zum Folgenden *Würthwein*, S. 230 m. w. N.

52 So der Vorwurf, den *Brommer*, Vorstandshaftung, S. 45 gegen die Vertreter eines sanktionsrechtlichen Regressausschlusses erhebt.

zur Rechtsfortbildung berechtigt ist. Dabei wird es entscheidend darauf ankommen, ob der Gesetzgeber mit den Regelungen zur (Verbands-)Geldbuße einen Entscheidungsmaßstab positiviert hat, der durch die zivilrechtliche Nachbereitung durchkreuzt würde. Dazu werden Zweck und Mechanismus des § 30 OWiG sehr viel präziser herausgearbeitet werden müssen, als dies bisher erfolgt ist. Denn in der bisherigen und vorwiegend zivilrechtlich geführten Diskussion um den Bußgeldregress sind die methodischen Fragen und die Grenzen der Rechtsfortbildung weder bedacht noch beachtet worden. Das wiederum hat dazu geführt, dass das Kampfgewicht des § 30 OWiG bei der Kollision von Ordnungs- und Schadenersatzrecht völlig unterbewertet worden ist.

Der mit einem Schadenersatzverlangen befasste Rechtsanwender hat die Lücke des Schadens im Wege der Rechtsfortbildung zu schließen. Dabei ist er nach Art. 20 Abs. 3 GG an „Gesetz und Recht" gebunden. Seine Befugnis zur Rechtsfortbildung endet deshalb mit *jeder* positivierten gesetzgeberischen Wertung, die er durch die Qualifikation eines Nachteils als Schaden durchkreuzen würde – auch mit *jeder* gesetzgeberischen Wertung des Ordnungswidrigkeitenrechts. Es genügt deshalb nicht, § 30 OWiG nur auf solche Wertungen hin zu überprüfen, die einem Regress in gesteigerter Form oder gar „zwingend" entgegenstehen.[53] Vielmehr steht eine jede im Ordnungswidrigkeitenrecht positivierte Wertung einem Bußgeldregress zwingend entgegen, wenn sie durch diesen überspielt oder durchkreuzt würde.

Schon auf dieser Grundlage müsste es vielen Gegnern des sanktionsrechtlichen Regressausschlusses leichter fallen, den bestehenden Widerwillen zu überwinden. Denn teilweise ist durchaus anerkannt worden, dass sich ein Bußgeldregress mit den ordnungswidrigkeitenrechtlichen Wertungen jedenfalls nicht ohne Weiteres vereinbaren lasse.

Anm. 6.6: Zwar haben sich die Regressbefürworter mehr an der das einzelne Vorstandsmitglied systematisch überfordernden Höhe der Verbandsbuße gestört.[54] Gleichwohl haben auch sie eingeräumt, dass sich diese Überforderung aus den „Modalitäten der Bußgeldbemessung" ergebe.[55] Durch die Berücksichtigung der Leistungsfähigkeit und Wirtschaftskraft der Aktiengesellschaft könnten Dimen-

---

53 So aber die ausdr. Forderung bei *J. Koch*, in: GS Winter (2011), S. 327 (334 u. ö.). Zust. etwa *Bayer/Scholz*, GmbHR 2015[9] S. 449 (451); *Brommer*, Vorstandshaftung, S. 44; *Scholz*, S. 46 u. S. 66 (in Fn. 147); *Spindler*, in: MünchKomm-AktG[5] § 93 Rn. 194. *Bayreuther*, NZA 2015[20] S. 1239 (1240) verlangt immerhin „gewichtige Argumente".

54 *Blaurock*, in: FS Bornkamm (2014), S. 107 (110); *Brommer*, Vorstandshaftung, S. 69; *Habersack*, in: Karlsruher Forum 2009, S. 5 (33); *Harnos*, 105 f.; *Scholz*, S. 37 f.

sionen erreicht werden, die ein Vielfaches einer möglichen persönlichen Sanktion betragen.[56] Die gegenüber juristischen Personen übliche Festsetzung von „Bußgeldern im hohen Millionenbereich" sei „de lege lata gegen Privatpersonen nicht möglich" und würde ohnehin „gegen den elementaren Grundsatz der Verhältnismäßigkeit" verstoßen.[57] Auch wertungsmäßig drohten Widersprüche: Die Festsetzung einer Verbandsgeldbuße knüpfe an die Tatbegehung durch ein Organmitglied an. Weil dieses dadurch grundsätzlich auch eine Pflicht gegenüber der Gesellschaft verletze, komme es regelmäßig zur Kumulation von persönlicher Sanktion und Regressnahme durch die Gesellschaft.[58] Insgesamt drohten deshalb die öffentlichrechtlichen Beschränkungen durch den Verhältnismäßigkeitgrundsatz, die schon in der differenzierten Erfassung von natürlicher und juristischer Person sowie im jeweils unterschiedlichen Bußgeldrahmen ihren Ausdruck fänden, unterlaufen zu werden.[59] Soweit diese Bedenken allein wegen der (vermeintlich) eindeutigen und zwingenden Haftungsanordnung des Zivilrechts beiseite geschoben worden sind, dürfte dieses Gegenmotiv schon an dieser Stelle beseitigt sein.

Die Untersuchung will jedoch einen Schritt weitergehen: Solange die Wertung, der Zweck, der Mechanismus der Verbandsgeldbuße im Dunkeln bleiben,[60] wird eine jede Antwort auf die Frage nach dem Bußgeldregress nicht vollends überzeugen können. Deshalb soll im folgenden Teil[61] dieser zweiten Vorfrage auf den Grund gegangen werden. Leider bestehen insoweit kaum brauchbare Vorarbeiten. Die Strafrechtler haben sich selbstverständlich nicht mit der für das Zivilrecht im hier entwickelten Sinne erforderlichen Wertung der Verbandssanktion, sondern mit spezifisch strafrechtlichen Fragen befasst: Vor allem ging es um deren dogmatische und verfassungsrechtliche Machbarkeit, um Ausgestaltung und Reichweite des Instituts, sowie – seit

---

55 So *Bayer/Scholz*, GmbHR 2015[9], S. 449 (449); *J. Koch*, in: GS Winter (2011), S. 327 (332).

56 *Bayer/Scholz*, GmbHR 2015[9], S. 449 (449); *Blaurock*, in: FS Bornkamm (2014), S. 107 (110); *Glöckner/Müller-Tautphaeus*, AG 2001[7], S. 344 (345 f.); *J. Koch*, in: GS Winter (2011), S. 327 (328 u. 332) u. in: FAZ v. 19. 12. 2012[296], S. 19 (1. Sp.); *M. Zimmermann*, WM 2008[10], S. 433 (437).

57 So *Bayer*, in: FS K. Schmidt (2009), S. 85 (96).

58 *Bayer*, in: FS K. Schmidt (2009), S. 85 (96); *Blaurock*, in: FS Bornkamm (2014), S. 107 (110); *Glöckner/Müller-Tautphaeus*, AG 2001[7], S. 344 (346); *Werner*, CCZ 2010[4], S. 143 (146); *Wilsing*, in: Krieger/Schneider[3], § 31 Rn. 34; *M. Zimmermann*, WM 2008[10], S. 433 (437).

59 *Glöckner/Müller-Tautphaeus*, AG 2001[7], S. 344 (346); *M. Zimmermann*, WM 2008[10], S. 433 (437).

60 Oder hinter den völlig nichtssagenden Worthülsen von Prävention u. Repression versteckt, statt aufgedeckt werden.

61 Das meint die §§ 7–11.

je her – um allerhand Notwendigkeiten und Desiderate für ein mögliches Verbandssanktionenrecht de lege ferenda.

Präzise Aussagen zu Zweck und Mechanismus der Verbandssanktion werden sich dabei vor allem aus der Entstehungsgeschichte des Institutes ableiten lassen, die bislang erstaunlich konsequent und beinahe vollständig ausgeblendet worden ist. Mit diesen Erkenntnissen ausgerüstet, wird es – im übernächsten Teil[62] – schließlich gelingen, die Forschungsfrage dieser Arbeit anzugehen und zu beantworten: Können (Verbands-)Geldbußen Gegenstand zivilrechtlicher Schadenersatzansprüche sein?

62 Siehe §§ 12 u. 13.

Dritter Teil
Zweck und Mechanismus der Verbandsgeldbuße

§ 7 Grundlagen des Sanktionsrechts

Wie es aber nicht anders gehen kann: der Stoff, den wir untersuchen wollen, wird unser Meister. Es fragt sich nur, ob vorübergehend oder auf immer? Grade wer sich zu frühe seiner Herrschaft entziehen will wird ihrer nimmer ledig. Nicht in unserer Macht liegt es zu bestimmen, wieviel ungelöste Fragen noch präjudizirlich vor derjenigen liegen, auf deren Beantwortung es uns ankommt. So viele ihrer sind, so viele Stationen müssen zurückgelegt werden bis die Untersuchung da beginnen kann, wo sie so gerne gleich begonnen hätte.

Karl *Binding*
Aus dem Vorwort (S. VII) zu:
Die Normen und ihre Übertretung, Bd. 1[1] (1872)

Bevor mit der Auslegung des § 30 OWiG begonnen werden kann, bedarf es gewisser Vorbemerkungen zu Aufgabe und Wirkungsweise des Ordnungswidrigkeitenrechts. Das ist im Rahmen einer – jedenfalls im Ausgangspunkt – nicht-strafrechtlichen Untersuchung schon deshalb erforderlich, um dem „Einwand des Dilettantismus" vorzubeugen.[1] Vor allem aber kann Zweck und Mechanismus einer einzelnen Vorschrift nur verstehen, wer sie nicht für sich alleine, sondern im Zusammenhang mit denjenigen anderen Normen sieht, die mit ihr gemeinsam ein bestimmtes Rechtsgebiet regeln.[2] Die Anwendung eines einzelnen Paragraphen ist in diesem Sinne Anwendung des ganzen Gesetzbuches oder gar der gesamten Rechtsordnung.[3] Wer also den Zweck einer einzelnen Norm verstehen will, kommt nicht umhin, ihre

1 *K. Schmidt*, wistra 1990,[4] S. 131 (132).

2 Vgl. *Puppe*, Juristisches Denken,[3] B III 1 (S. 124) freilich im Zusammenhang mit der systematischen Auslegung. Der Begriff des „Rechtsgebietes" ist hier nicht i. S. d. klassischen Aufteilung von öffentlichem, privatem u. Straf-Recht zu verstehen, sondern als übergreifende Rechtsfrage.

3 Siehe *Engisch*, Einführung,[12] Kap. IV (S. 99) u. *Kramer*, Methodenlehre,[5] II 2 c) aa) (1) (S. 93), die sich jew. auf *Stammler*, S. 24 f. berufen. Im Original heißt es: „Sobald jemand einen Paragraphen eines Gesetzbuches anwendet, so wendet er nicht nur, wie man gesagt hat, das ganze Gesetzbuch an, sondern führt den Gedanken des Rechtes selbst ein und mit ihm alle formalen Richtlinien der Erwägung, die notwendig sind, um ein gewisses Begehren als ein *rechtliches* Wollen zu bestimmen." Herv. im Original durch Sperrung.

„Stellung im Zusammenhang einer Normengruppe, einer Kodifikation, eines Teilgebietes [...] oder der Gesamtrechtsordnung" zu berücksichtigen.[4]

Fluchtpunkt einer jeden Auslegung ist danach die Gesamtrechtsordnung. Ihre Aufgabe besteht in der Ordnung, Steuerung und (Um-)Gestaltung des menschlichen Zusammenlebens.[5] Die Ausgestaltung der verschiedenen dazu erforderlichen Teilaspekte wird im Wege einer immer weiter gehenden Spezialisierung auf Teilgebiete, Kodifikationen, Normgruppen und letztlich Einzelnormen verteilt.[6] Diese immer weiter gehende Spezialisierung hat wesentliche Auswirkungen auf die spezifische Funktion einer jeden einzelnen Rechtsnorm: Ihr spezifischer Zweck ist schon durch den Teilaspekt vorgezeichnet, dessen Ausgestaltung die Gesamtrechtsordnung jenen der Einzelnorm übergeordneten Ebenen zuweist. Sie lässt sich gleichsam nicht ohne die Spezifika des Ursprungsrechtsgebietes denken.

Wie im Folgenden (A.) schrittweise zu zeigen sein wird, bildet das Ordnungswidrigkeitenrecht in der Gesamtrechtsordnung die „vorletzte Verteidigungslinie"[7] des Rechtsgüterschutzes.[8] Nach kurzen terminologischen und konzeptionellen Vorüberlegungen (B.) ist vor diesem Hintergrund zu untersuchen (C.), wie das Ordnungswidrigkeitenrecht diese Aufgabe typischerweise erfüllt. Denn erst auf dieser Grundlage wird sich durch – die auf die folgenden Kapitel[9] verteilte – Auslegung ermitteln lassen, welchen Beitrag die Verbandssanktion zu der Regelungsaufgabe des Güterschutzes leistet bzw. worin der spezifische Zweck des § 30 OWiG besteht.

4 *Rüthers/Fischer/Birk*, Rechtstheorie,[11] Rn. 745. Siehe auch *Looschelders/W. Roth*, S. 149: Eine Einzelnorm könne ohne Berücksichtigung ihrer „Bezüge zu den übrigen Normen des betreffenden Gesetzes sowie den anderen Teilen der Rechtsordnung" nicht sinnvoll verstanden werden.

5 So *Rüthers/Fischer/Birk*, Rechtstheorie,[11] Rn. 72. Ähnlich *Eisele*, in: Baumann/Weber,[12] § 2 Rn. 4, der die Aufgabe allen Rechts darin sieht, „die menschlichen Beziehungen zu regeln und das Sozialgebilde zu ordnen." Siehe auch *Zipf*, in: Maurach/Zipf,[8] § 2 Rn. 11: „Es ist die Aufgabe der Rechtsordnung schlechthin, Vorkehrungen für ein geregeltes Zusammenleben der vom Staat umschlossenen Gesamtheit zu treffen."

6 Ähnlich *Cramer*, Einf. Rn. 2.

7 In Anlehnung an *Schultz*, ZStW 92[3] (1980), S. 611 (626), der die Aufgabe des Strafrechts in der Bewährung des Rechts sieht u. das Strafrecht hierzu als „die letzte Verteidigungslinie des Rechts überhaupt" bezeichnet.

8 Aus stilistischen Gründen werden im Folgenden die Begriffe des Güterschutzes u. des Rechtsgüterschutzes synonym verwendet.

9 Siehe § 8 für die Text-interne, § 9 für die Text-externe historische u. § 10 für die Text-externe genetische Auslegung. Die Unterscheidung von Text-interner u. Text-externer Auslegung folgt *Looschelders/W. Roth*, S. 130 ff.

A. Aufgabe des Ordnungswidrigkeitenrechts

Die genaue Aufgabe des Ordnungswidrigkeitenrechts zu bestimmen, bereitet gewisse Schwierigkeiten. Eine intensive Diskussion, wie sie im (Kriminal-)Strafrecht geführt wird, findet im Ordnungswidrigkeitenrecht nicht statt.[10] Die einschlägige Literatur ist vorwiegend darauf bedacht, das Ordnungswidrigkeitenrecht vom (Kriminal-)Strafrecht abzugrenzen.

Gleichwohl lässt sich die Diskussion um die Aufgabe des (Kriminal-)Strafrechts – mit gewissen Modifikationen – auch für die Aufgabe des Ordnungswidrigkeitenrechts fruchtbar machen. Denn Ordnungswidrigkeitenrecht und (Kriminal-)Strafrecht sind bei Lichte betrachtet nur unterschiedliche, teilweise sogar austauschbare Instrumente zur Erfüllung einer gemeinsamen Regelungsaufgabe.

Für diese Erkenntnis ist zunächst (I.) die systematische Stellung des Ordnungswidrigkeitenrechts in der Gesamtrechtsordnung in Erinnerung zu rufen und – in aller Kürze – die Diskussion um die Abgrenzung von Ordnungswidrigkeit und Straftat nachzuzeichnen. Das ermöglicht es (II.), die Gemeinsamkeiten bei der Regelungsaufgabe herauszustellen. Das wiederum erlaubt den Rückgriff auf das kriminalstrafrechtliche Schrifttum (III.), das die Aufgabe des (Kriminal-)Strafrechts als subsidiären Güterschutz umschreibt. Mit geringen Modifikationen lässt sich schließlich auch die Aufgabe des Ordnungswidrigkeitenrechts bestimmen: Es dient dem subsidiären Schutz von Rechtsgütern.

---

10 Andeutungen etwa bei *Cramer*, Einf. Rn. 8; *Jescheck/Weigend*, StrafR-AT[5] § 7 V 3 b) (S. 58 f.); *Streng*, Sanktionen[3] Rn. 6.

I. Systematische Stellung

Das Ordnungswidrigkeitenrecht gehört zum Strafrecht[11] im weiteren Sinne.[12] Das ist der Teilbereich des Öffentlichen Rechts,[13] der sich mit den zurückblickenden und missbilligenden hoheitlichen Reaktionen auf in der Vergangenheit liegendes menschliches Fehlverhalten befasst.[14] Entsprechend definiert das BVerfG[15] das Strafrecht in diesem weiteren Sinne als die „Gesamtheit der Rechtsnormen, die für eine rechtswidrige Tat eine Strafe, Buße oder Maßregel der Besserung und Sicherung festsetzen."

Innerhalb des Strafrechts im weiteren Sinne ist das Ordnungswidrigkeitenrecht vor allem[16] vom (Kriminal-)Strafrecht im engeren Sinne abzugrenzen. Formal erfolgt die Abgrenzung danach, welches Reaktionsmittel für das

---

11 Wenn etwa *Hassemer/Neumann*, in: NomosKomm-StGB[5] Vor § 1 Rn. 218; *Joecks/Erb*, in: MünchKomm-StGB[4] Einl. Rn. 8 u. *Roxin*, AT I[4] § 1 Rn. 6 das Ordnungswidrigkeitenrecht nicht zum Strafrecht, sondern zum Öffentlichen Recht i. e. S. zählen, so liegt dies daran, dass sie bereits vom (Kriminal-)Strafrecht i. e. S. sprechen.

12 *Förster*, in: Rebmann/Roth/Herrmann[3] Vor § 1 Rn. 1 (Stand: März 1996); *Jakobs*, StrafR-AT[2] 3. Abschn., Rn. 6; *Jescheck/Weigend*, StrafR-AT[5] § 7 V 1 (S. 58); *Mitsch*, OWiR[2] § 1 Rn. 2 m. w. N. Siehe auch BVerfG, Beschl. v. 16. 7. 1969 – 2 BvL 2/69 (*„Ordnungswidrigkeiten"*) – BVerfGE **27**, 18 ff. (33), wonach der Begriff „Strafrecht" i. S. d. Art. 74 Abs. 1 Nr. 1 GG „nicht nur das Strafrecht im herkömmlichen Sinn, sondern auch das Ordnungswidrigkeitenrecht" umfasst. Ähnlich im Beschl. v. 9. 6. 1970 – 2 BvL 16/68 (*„LBO-BW"*) – BVerfGE **29**, 11 ff. (16) u. im Beschl. v. 8. 6. 1971 – 2 BvL 10/71 (*„BauO-NRW"*) – BVerfGE **31**, 141 ff. (144).

13 Zur Zuordnung des Strafrechts zum Öffentlichen Recht siehe nur *Cramer*, Einf. Rn. 5 u. 9; *Eisele*, in: Baumann/Weber[12] § 2 Rn. 58; *Freund/Rostalski*, StrafR-AT[3] § 1 Rn. 1; *Gropp*, StrafR-AT[4] § 1 Rn. 35; *Jescheck/Weigend*, StrafR-AT[5] § 3 I (S. 16); *Joecks/Erb*, in: MünchKomm-StGB[4] Einl. Rn. 7; *Mitsch*, OWiR[2] § 1 Rn. 2; *Roxin*, AT I[4] § 1 Rn. 5 f.; *Zipf*, in: Maurach/Zipf[8] § 2 Rn. 1.

14 Die durch das Gesetz gegen gefährliche Gewohnheitsverbrecher v. 24. 11. 1933, RGBl. I[133] S. 995 ff. eingeführten Maßregeln der Besserung u. Sicherung haben eine in die Zukunft blickende Ausrichtung. Sie sind deshalb eigentlich polizeirechtliche Instrumente der Gefahrenabwehr, die jedoch traditionell zum Strafrecht gezählt werden. Zur Entstehung des Maßregelrechts aus polizeirechtlichen Vorläufern siehe *Eser*, in: FS Müller-Dietz (2001), S. 213 (216 ff.).

15 Beschl. v. 10. 2. 2004 – 2 BvR 834/02 u. a. (*„nachträgliche Sicherungsverwahrung"*) – BVerfGE **109**, 190 ff. (213) zum Begriff des „Strafrechts" i. S. d. Art. 74 Abs. 1 Nr. 1 GG m. zahlr. Nw.

16 Die weiteren Teilbereiche des Strafrechts i. w. S. spielen im Rahmen dieser Untersuchung keine Rolle. Ausf. zu diesen Unterscheidungen *Förster*, in: Rebmann/Roth/Herrmann[3] Vor § 1 Rn. 60 ff. (Stand: März 1996); *Jakobs*, StrafR-AT[2] 3. Abschn. *Roxin*, AT I[4] § 2 Rn. 134 ff.; u. *Zipf*, in: Maurach/Zipf[8] § 1 Rn. 11 ff. jew. m. w. N.

Fehlverhalten angeordnet ist:[17] Auf die Verwirklichung von Straftatbeständen wird mit (Kriminal-)Strafe als Geld- oder Freiheitsstrafe reagiert;[18] für die Erfüllung eines Ordnungswidrigkeitentatbestands ist die „Ahndung mit Geldbuße" (vgl. § 1 Abs. 1 OWiG) vorgesehen.

Was Ordnungswidrigkeiten und Straftaten materiell unterscheidet, wann also der Gesetzgeber bei Schaffung neuer Tatbestände für eine bestimmte Verhaltensweise Strafe vorsehen oder sich mit Geldbuße soll begnügen müssen, ist bis heute umstritten und unklar.[19] Weder ist strafbares Verhalten seinem Wesen nach stets etwas anderes (qualitative Unterscheidung),[20] noch ist das Unrecht ordnungswidrigen Verhaltens stets von geringerem Gewicht (quantitative Unterscheidung).[21] Das BVerfG[22] hat entsprechend eine Methode der Grenzziehung entwickelt, die sich am ehesten als gemischt qualitativ-quantitativ umschreiben lässt. Dem hat sich die Literatur[23] ganz überwiegend – wenn auch mit unterschiedlicher Schwerpunktsetzung[24] – angeschlossen.

---

17 *Förster*, in: Rebmann/Roth/Herrmann[3] Vor § 1 Rn. 4 (Stand: März 1996); *Gerhold*, in: BeckOK-OWiG[28] Einl. Rn. 2; *Gürtler/Seitz/Bauer*, in: Göhler[17] Einl. Rn. 9; *Mitsch*, OWiR[2] § 3 Rn. 2 ff.; *Zipf*, in: Maurach/Zipf[8] § 1 Rn. 32.

18 Das ist jedenfalls bei erwachsenen Tätern der Fall. Für die Zwecke dieser Untersuchung seien die Besonderheiten des Jugendstrafrechts ausgeklammert.

19 Als bloße Auswahl aus dem kaum zu überblickenden Schrifttum nur *Achenbach*, GA 2008[1] S. 1 ff.; *Förster*, in: Rebmann/Roth/Herrmann[3] Vor § 1 Rn. 4 ff. (Stand: März 1996); *Eisele*, in: Baumann/Weber[12] § 3 Rn. 4 ff.; *Jakobs*, StrafR-AT[2] 3. Abschn., Rn. 7; *Gerhold*, in: BeckOK-OWiG[28] Einl. Rn. 7 ff.; *Mitsch*, in: KarlsrKomm-OWiG[5] Einl. Rn. 50 ff. u. in: OWiR[2] § 3 Rn. 7 ff.; *Roxin*, in: FS Volk (2009), S. 601 (601 ff.); *Zipf*, in: Maurach/Zipf[8] § 1 Rn. 26 ff. jew. m. w. N.

20 Sonst ließe sich bspw. nicht erklären, warum der einmalige Verstoß gegen eine Aufenthaltsbeschränkung nach § 56 Asylgesetz ordnungswidrig (§ 86 Abs. 1), der wiederholte Verstoß dagegen strafbar (§ 85 Abs. 1 Nr. 2) sein soll. So zutr. *Lagodny*, StrafR u. GrundR, § 16 A II (S. 422). Auch die Umwandlung von Bagatellstrafsachen in Ordnungswidrigkeiten ließe sich damit nicht erklären. Siehe dazu *Förster*, in: Rebmann/Roth/Herrmann[3] Vor § 1 Rn. 7 (Stand: März 1996).

21 Siehe nur das Problem der „großen" Kartell-, Wertpapierhandels- u. Übernahmeordnungswidrigkeiten bei *Achenbach*, GA 2008[1] S. 1 (12 ff.); *Mitsch*, in: KarlsrKomm-OWiG[5] Einl. Rn. 114; *Roxin*, in: FS Volk (2009), S. 601 (605).

22 Präzise Zusammenstellungen der Rspr. des BVerfG finden sich bei *Förster*, in: Rebmann/Roth/Herrmann[3] Vor § 1 Rn. 11 (Stand: März 1996) u. *Mitsch*, in: KarlsrKomm-OWiG[5] Einl. Rn. 82 ff.

23 Dafür etwa *Förster*, in: Rebmann/Roth/Herrmann[3] Vor § 1 Rn. 8 (Stand: März 1996); *Gerhold*, in: BeckOK-OWiG[28] Einl. Rn. 12; *Jakobs*, StrafR-AT[2] 3. Abschn., Rn. 9 f.; *Kinzig*, in: Schönke/Schröder[30] Vor §§ 38 ff. Rn. 37; *Mitsch*, OWiR[2] § 3 Rn. 11; *Roxin*, AT I[4] § 2 Rn. 132 f. *Zipf*, in: Maurach/Zipf[8] § 1 Rn. 35.

Danach gibt es Verhaltensweisen, die jeweils nur Straftat oder nur Ordnungswidrigkeit sein können.[25] Einen Mord, einen Bankraub oder eine Geiselnahme darf der Gesetzgeber nicht zur „bloßen“ Ordnungswidrigkeit herabstufen.[26] Der Missachtung des Rücksichtnahmegebotes aus § 1 Abs. 2 StVO darf umgekehrt nicht mit Strafe begegnet werden.[27] Das Unrecht dieser „Kernbereiche“ unterscheidet sich in qualitativer Hinsicht.

Dazwischen liegt ein weiter „Grenzbereich undeutlicher Zuordnung“,[28] in dem zwischen Kriminal- und Ordnungsunrecht nur graduelle, sprich: quantitative Unterschiede bestehen.[29] Innerhalb dieses Grenzbereiches ist es die vom Verfassungsgericht nur beschränkt überprüfbare Aufgabe des Gesetzgebers, einzelne Verhaltensweisen nach deren Unwert- oder Unrechtsgehalt dem Strafrecht oder dem Ordnungswidrigkeitenrecht zuzuweisen.[30]

---

24 Für einen quantitativen Ausgangspunkt etwa *Eisele*, in: Baumann/Weber[12] § 3 Rn. 9 f. u. *Roxin*, AT I[4] § 2 Rn. 132. Für einen qualitativen Ausgangspunkt dagegen *Rogall*, in: KarlsrKomm-OWiG[5] Vor § 1 Rn. 2 u. ihm zust. *Gerhold*, in: BeckOK-OWiG[28] Einl. Rn. 13. Auf einen entsprechenden Ausgangspunkt wohl verzichtend *Mitsch*, in: KarlsrKomm-OWiG[5] Einl. Rn. 113.

25 Von einem „Kernbereich des Strafrechts“, dem „alle bedeutsamen Unrechtstatbestände“ angehören, spricht das BVerfG im Beschl. v. 6. 6. 1967 – 2 BvR 375/60 u. a. („*Verwaltungsstrafverfahren*“) – BVerfGE **22**, 49 ff. (81) u. im Beschl. v. 16. 7. 1969 – 2 BvL 2/69 („*Ordnungswidrigkeiten*“) – BVerfGE **27**, 18 ff. (28). Dieselbe Formulierung findet sich im Beschl. v. 21. 6. 1977 – 2 BvR 70/75 u. a. („*Doppelmandat*“) – BVerfGE **45**, 272 ff. (289), der darüber hinaus zahlr. Nachw. zu den vom Ordnungswidrigkeitenrecht erfassten Fällen mit „geringerem Unrechtsgehalt“ enthält.

26 Mit diesen Bsp. *Roxin*, AT I[4] § 2 Rn. 132. Ähnlich *Bülte*, in: Bohnert/Bülte[6] § 1 Rn. 41; *Eisele*, in: Baumann/Weber[12] § 3 Rn. 9 f.; *Jakobs*, StrafR-AT[2] 3. Abschn., Rn. 10; *Mitsch*, in: KarlsrKomm-OWiG[5] Einl. Rn. 112. Zutr. weist *Zipf*, in: Maurach/Zipf[8] § 1 Rn. 32 darauf hin, dass eine solche Herabstufung wegen der aus dem Rechtsstaatsprinzip folgenden Forderung nach einer sachgerechten Abstimmung von Tatbestand u. Rechtsfolge verfassungswidrig wäre.

27 So etwa *Mitsch*, in: KarlsrKomm-OWiG[5] Einl. Rn. 112; *Jakobs*, StrafR-AT[2] 3. Abschn., Rn. 9. Für weitere Nachw. u. Bsp. siehe auch *Cramer*, Einf. Rn. 8; *Förster*, in: Rebmann/Roth/Herrmann[3] Vor § 1 Rn. 9 (Stand: März 1996); *Esser*, in: Krey/Esser[6] § 1 Rn. 17 u. *Lagodny*, StrafR u. GrundR, § 16 A III (S. 422 ff.).

28 *Mitsch*, in: KarlsrKomm-OWiG[5] Einl. Rn. 86 m. zahlr. Nw.

29 BVerfG, Beschl. v. 21. 6. 1977 – 2 BvR 70/75 u. a. („*Doppelmandat*“) – BVerfGE **45**, 272 ff. (289); Beschl. v. 27. 3. 1979 – 2 BvL 7/78 („*Hilfsmotor*“) – BVerfGE **51**, 60 ff. (74). Ähnlich bereits zuvor im Beschl. v. 16. 7. 1969 – 2 BvL 2/69 („*Ordnungswidrigkeiten*“) – BVerfGE **27**, 18 ff. (28).

30 Vgl. BVerfG, Beschl. v. 16. 7. 1969 – 2 BvL 2/69 („*Ordnungswidrigkeiten*“) – BVerfGE **27**, 18 ff. (30); Beschl. v. 21. 6. 1977 – 2 BvR 70/75 u. a. („*Doppelmandat*“) – BVerfGE **45**, 272 ff. (289); Beschl. v. 27. 3. 1979 – 2 BvL 7/78 („*Hilfsmo-*

Das Verhältnis von Ordnungswidrigkeitenrecht und Kriminalstrafrecht entspricht danach jenem zweier sich schneidender Kreise, die zusammen als das Strafrecht im weiteren Sinne[31] gedacht werden können. Sie bilden eine kontinuierliche Schwereskala aller denkbaren Erscheinungsformen menschlichen Unrechts, das einer repressiven[32] hoheitlichen Reaktion bedarf. Der exklusiv dem Ordnungswidrigkeitenrecht zugewiesene Teil enthält dabei die leichtesten Formen des Unrechts, bei denen der Gesetzgeber das Mittel der Kriminalstrafe nicht wählen darf. Der kriminalstrafrechtliche Kernbereich enthält dagegen die „bedeutsamen Unrechtstatbestände", die notwendig nach einer kriminalstrafrechtlichen Reaktion verlangen. In dem dazwischen liegenden Bereich, der Schnittmenge beider Kreise, ist es der Entscheidung des Gesetzgebers überlassen, ob er auf Fehlverhalten mit Geldbuße oder Kriminalstrafe reagieren möchte.

II. Gemeinsame Regelungsaufgabe

Das Ordnungswidrigkeitenrecht lässt sich vom (Kriminal-)Strafrecht in den Randbereichen abgrenzen, weil dort die quantitativen Unrechtsunterschiede zu qualitativen Unterschieden werden. Das bedeutet jedoch nicht, dass bei diesem Übertritt auch die jeweilige Regelungsaufgabe eine andere würde.[33] Im Gegenteil: Betrachtet man die einzelnen Teile des gemeinsamen Regelungsbereiches,[34] so wird deutlich, dass die beiden Elemente des Strafrechts im weiteren Sinne über den gesamten Umfang derselben Aufgabe dienen.[35]

In dem gedachten „Zentrum" des Grenzbereichs stehen das Ordnungswidrigkeitenrecht und das Kriminalstrafrecht als weitgehend austauschbare Instrumente zur gesetzgeberischen Aufgabenerfüllung zur Verfügung. Das

---

tor") – BVerfGE **51**, 60 ff. (74); Beschl. v. 9. 3. 1994 – 2 BvL 43/92 u. a. („*Cannabis*") – BVerfGE **90**, 145 ff. (173).

31 Zur Vermeidung von Missverständnissen: Auch hier bleiben die übrigen Teilgebiete des Strafrechts i. w. S. ausgeklammert.

32 Zur keineswegs selbstverständlichen Bedeutung des Begriffes der Repression – jedenfalls wie er hier verstanden wird – noch C. I. (S. 210).

33 Siehe auch *Bülte*, in: Bohnert/Bülte[6] § 1 Rn. 37, der zutr. darauf hinweist, dass von einem qualitativen Unterschied der Rechtsfolgen nicht auf einen qualitativen Unterschied des Verstoßes geschlossen werden dürfe.

34 Die folgenden Ausführungen bauen auf dem Bild der sich schneidenden Kreise von eben auf.

35 Welche Aufgabe das ist, wird sogleich untersucht, III. (S. 198).

kann nur bedeuten, dass beide Teilrechtsgebiete in diesem Bereich dieselbe Aufgabe erfüllen.

Je mehr sich der quantitative Unrechtsgehalt eines Fehlverhaltens einem der Kernbereiche annähert, umso eher wird der Gesetzgeber zu dem entsprechenden Instrument greifen müssen. Seine Befugnis, frei zwischen den Sanktionsordnungen zu wählen, wird immer weiter eingeschränkt. Der Begründungsaufwand wird größer. Gleichwohl bleiben beide Sanktionsordnungen austauschbar, sodass auch hier die Regelungsaufgabe dieselbe sein muss.

Ist der Rand des jeweiligen Kernbereichs erreicht, so schlägt der quantitative Unrechtsunterschied in einen qualitativen um.[36] Das bedeutet indes nur, dass der Gesetzgeber zur Aufgabenerfüllung auf die jeweilige Sanktionsordnung festgelegt ist und nicht mehr wählen kann. Das gesetzgeberische „Ermessen“, das mit zunehmender Nähe zum jeweiligen Kernbereich kleiner wird, reduziert sich „auf Null“. Die Existenz einer solchen Grenze, an der der Gesetzgeber zur Erfüllung der Regelungsaufgabe nicht mehr zwischen verschiedenen Instrumenten wählen kann, sondern auf eines festgelegt ist, macht aber eines deutlich: Die zu erfüllende Regelungsaufgabe muss diesseits wie jenseits dieser (Kernbereichs-)Grenze dieselbe sein.

Ordnungswidrigkeitenrecht und Kriminalstrafrecht teilen sich mithin über den gesamten Regelungsbereich hinweg eine gemeinsame Regelungsaufgabe. Zur Erfüllung dieser Aufgabe ist der Gesetzgeber am oberen und am unteren Ende des gemeinsamen Regelungsbereiches auf ein Reaktionsmittel festgelegt. Wird dies berücksichtigt, so kann für die Bestimmung der Aufgabe des Ordnungswidrigkeitenrechts – mit gewissen Modifikationen[37] – auf die Erkenntnisse jener Literatur zurückgegriffen werden, die sich mit der Aufgabe des (Kriminal-)Strafrechts befasst.

III. Subsidiärer Rechtsgüterschutz

Als einzelner Baustein der Gesamtrechtsordnung teilt das Strafrecht im weiteren Sinne die Aufgabe des Rechts als solchen:[38] Es soll die menschlichen

36 So treffend *Roxin*, AT I,[4] § 2 Rn. 132.

37 Zur Vermeidung von Missverständnissen: Die Modifikationen betreffen allein die Konsequenzen, die aus der größeren Eingriffsintensität des Strafrechts gegenüber dem Ordnungswidrigkeitenrecht abzuleiten sind.

38 Zutr. – allerdings zum Strafrecht i. e. S. – *Eisele*, in: Baumann/Weber,[12] § 2 Rn. 4. Ähnlich *Möller*, S. 280 u. *Radtke*, in: MünchKomm-StGB,[4] Vor § 38 Rn. 2 u. 28.

Beziehungen regeln und das Sozialgebilde ordnen.[39] Ein Teilaspekt dieser Gesamtaufgabe, der auch als (rechtliche) Sozialkontrolle bezeichnet wird,[40] ist der Schutz von Rechtsgütern.[41] Dieser Rechtsgüterschutz ist nach überwiegender Auffassung[42] Aufgabe u. a. des Strafrechts im weiteren Sinne.[43] Nach dem Vorstehenden ist er deshalb auch Aufgabe des Ordnungswidrigkeitenrechts.

Anm. 7.1: Dabei soll nicht verschwiegen werden, dass das Rechtsgutskonzept eine gesetzte Grundannahme ist, „über deren Berechtigung, Grenzen und Konsequenzen man [...] im Einzelfall streiten kann"[44] und ausgiebig streitet. Es hält einen ganzen „Dschungel von Streitfragen"[45] bereit, den zu durchschreiten hier nicht unternommen werden soll.[46] Denn um die insoweit „wirklich spannende Frage [...], ob man

---

Pointiert wie treffend, *Schultz*, ZStW 92[3] (1980), S. 611 (626): „Das Strafrecht ist, was man als eine bare Selbstverständlichkeit kaum auszusprechen oder gar zu betonen wagt, ein Teil der Rechtsordnung."

39 Siehe statt vieler *Eisele*, in: Baumann/Weber,[12] § 2 Rn. 4; *Rüthers/Fischer/Birk*, Rechtstheorie,[11] Rn. 72 u. *Zipf*, in: Maurach/Zipf,[8] § 2 Rn. 11.

40 So z. B. *Esser*, in: Krey/Esser,[6] § 1 Rn. 2 ff.; *Hassemer/Neumann*, in: NomosKomm-StGB,[5] Vor § 1 Rn. 153 ff.; *Jescheck/Weigend*, StrafR-AT,[5] § 1 I 1 (S. 2); *Zipf*, in: Maurach/Zipf,[8] § 3 Rn. 5 jew. auch zur „außer-rechtlichen Sozialkontrolle".

41 Siehe nur *Freund/Rostalski*, StrafR-AT,[3] § 1 Rn. 29 u. *Freund*, in: MünchKomm-StGB,[4] Vor § 13 Rn. 40.

42 Ausf. zu alternativen Konzepten, wie sie etwa *Jakobs*, StrafR-AT,[2] 2. Abschn., Rn. 16 ff. u. a. vertreten, *Roxin*, AT I,[4] § 2 Rn. 103 ff. m. zahlr. Nw. Eine Zusammenstellung der sonstigen „rechtsgutskritischen" Stimmen findet sich im lesenswerten Vortrag *Kudlichs*, ZStW 127[3] (2015), S. 635 (637 m. Fn. 6).

43 BVerfG, Beschl. v. 26. 2. 2008 – 2 BvR 392/07 (*„Geschwisterbeischlaf"*) – BVerfGE **120**, 224 (239 f.): „Strafrecht [...] als ‚ultima ratio' des Rechtsgüterschutzes". Aus der Lit. nur *Eisele*, in: Baumann/Weber,[12] § 2 Rn. 7; *Esser*, in: Krey/Esser,[6] § 1 Rn. 5 *Freund*, in: MünchKomm-StGB,[4] Vor § 13 Rn. 40; *Gropp*, StrafR-AT,[4] § 1 Rn. 149; *Hassemer/Neumann*, in: NomosKomm-StGB,[5] Vor § 1 Rn. 109; *Jäger*, in: SystKomm-StGB,[9] Vor § 1 Rn. 3; *Kindhäuser*, StrafR-AT,[8] § 1 Rn. 5; *Kinzig*, in: Schönke/Schröder,[30] Vor §§ 38 ff. Rn. 1; *Möller*, S. 280; *Radtke*, in: MünchKomm-StGB,[4] Vor § 38 Rn. 1 u. ö.; *Roxin*, AT I,[4] § 2 Rn. 1, 7 u. ö.; *Weigend*, in: LeipzKomm-StGB,[13] Einl. Rn. 1.

44 So *Kudlich*, ZStW 127[3] (2015), S. 635 (652 f.), für den sich diese Grundannahme dadurch nicht „von anderen rechtlichen Grundannahmen unterscheidet." Das Konzept einer in ihrer Berechtigung u. ihren Grenzen umstrittenen Grundannahme verteidigt er ferner auf S. 651.

45 Von einem solchen spricht *Roxin*, AT I,[4] § 2 Rn. 1.

46 Eingehend hierzu *Roxin*, AT I,[4] § 2 Rn. 2 ff. u. in: GA 2013,[8] S. 433 ff. sowie *Jäger*, in: SystKomm-StGB,[9] Vor § 1 Rn. 6 ff. Instruktiv schließlich *Engländer*, ZStW 127[3] (2015), S. 616 ff. u. *Kudlich*, ZStW 127[3] (2015), S. 635 ff. sowie die erschöpfende Darstellung bei *Greco*, S. 303 ff.

solche Strafrechtsgüter benennen kann, die eine Legitimationsvoraussetzung für den Erlass von Strafnormen sind“,[47] ob also das Rechtsgutskonzept eine „strafbarkeitslegitimierende und strafbarkeitsbegrenzende systemkritische Funktion“[48] hat,[49] geht es hier nicht.

Zur Umschreibung der Aufgabe des Ordnungswidrigkeitenrechts als Vorfrage für die spätere Auslegung des § 30 OWiG genügt vielmehr der weitere sog. formelle Rechtsgutsbegriff, dessen die Auslegung leitende Funktion nicht bestritten wird.[50] Er verzichtet darauf, die Strafrechtsgesetzgebung auf den Schutz nur solcher Rechtsgüter zu beschränken, die zusätzliche Voraussetzungen eines materiellen Rechtsgutsbegriffs erfüllen. Rechtsgut ist dann vielmehr, was der Gesetzgeber als schützenswert anerkennt und deshalb zum Gegenstand einer Verhaltensvorschrift macht.[51] Das so verstandene Rechtsgut ist „die anerkannte *Grundlage* [...] der *Auslegung* der Tatbestände.“[52] In diesem Sinne dienen dann aber auch alle Straf- und Ordnungswidrigkeitentatbestände dem Schutz eines Rechtsgutes.

Unabhängig davon, wie man sich nun zwischen formellem und materiellem Rechtsgutsbegriff entscheiden will: Aufgabe des Strafrechts ist mit der ganz überwiegenden Auffassung der Rechtsgüterschutz.

Der Schutz von Rechtsgütern ist dabei keineswegs eine exklusiv strafrechtliche Aufgabe.[53] Im Gegenteil: Aus dem gesetzgeberischen Arsenal an Schutz-

---

47 So der treffende Problemaufriss zum „systemkritischen Rechtsgutskonzept“ bei *Kudlich*, ZStW 127^{3} (2015), S. 635 (652 f.).

48 Siehe die Abschnittsüberschrift bei *Kudlich*, ZStW 127^{3} (2015), S. 635 (639). Andere sprechen vom „gesetzgebungskritischen“, „systemtranszendenten“, „systemkritischen“ oder „materiellen“ Rechtsgutsbegriff. Siehe hierzu die Nachw. bei *Engländer*, ZStW 127^{3} (2015), S. 616 (617). Lesenswert *Greco*, S. 333 ff.

49 Wenn auch das BVerfG im Beschl. v. 26. 2. 2008 – 2 BvR 392/07 („*Geschwisterbeischlaf*“) – BVerfGE **120**, 224 (239 f. in Rn. 35) sagte, das Strafrecht werde „als ‚ultima ratio‘ des Rechtsgüterschutzes“ eingesetzt, so hat es eine strafbarkeitsbegrenzende Funktion der Rechtsgutslehre im selben Beschluss (S. 241 in Rn. 39) ausdr. abgelehnt. Zur darauf folgenden Diskussion siehe die Nachw. bei *Kudlich*, ZStW 127^{3} (2015), S. 635 (649 m. Fn. 47).

50 Zur auslegungsleitenden Funktion des Rechtsgutsbegriffs nur *Eisele*, in: Baumann/Weber,^{12} § 2 Rn. 12; *Hecker*, in: Schönke/Schröder,^{30} § 1 Rn. 48; *Esser*, in: Krey/Esser,^{6} § 1 Rn. 8; *Jescheck/Weigend*, StrafR-AT,^{5} § 26 I 2 (S. 257); *Rogall*, in: KarlsrKomm-OWiG,^{5} § 3 Rn. 81; *Roxin*, AT I,^{4} § 2 Rn. 4. Siehe ferner die unzähligen Nachw. bei *Kudlich*, ZStW 127^{3} (2015), S. 635 (638 m. Fn. 9).

51 So die Definition bei *Engländer*, ZStW 127^{3} (2015), S. 616 (620). Siehe dazu auch *Roxin*, AT I,^{4} § 2 Rn. 4, der insoweit von einem „methodischen Rechtsgutsbegriff“ spricht.

52 So ausdr. *Jescheck/Weigend*, StrafR-AT,^{5} § 26 I 2 (S. 257). Herv. im Original. Siehe wiederum die zahlr. Nachw. bei *Kudlich*, ZStW 127^{3} (2015), S. 635 (638 m. Fn. 9)

53 Dem Rechtsgüterschutz dienen etwa auch der zivilrechtliche Schadenersatz u. die verwaltungsrechtlichen Verbote mit Erlaubnisvorbehalt. Vgl. *Radtke*, in: MünchKomm-

maßnahmen ist die Bewehrung eines Verhaltensnormverstoßes[54] mit einer hoheitlichen und repressiven Sanktion des Strafrechts im weiteren Sinne nur das letzte aller in Betracht kommenden Mittel, das Strafrecht gleichsam „die letzte Verteidigungslinie des Rechts überhaupt."[55] Präziser ist es deshalb, die Aufgabe des Strafrechts als subsidiären[56] Rechtsgüterschutz zu umschreiben.[57]

Der Gedanke der Subsidiarität „als strafrechtliche Variante des verfassungsrechtlichen Grundsatzes der Verhältnismäßigkeit"[58] wird meist nur für das (Kriminal-)Strafrecht im engeren Sinne ausdrücklich formuliert. Nach diesem verfassungsrechtlich abgesicherten Grundsatz[59] muss ein hoheitlicher Grundrechtseingriff u. a. erforderlich sein.[60] Das ist der Fall, wenn „der Gesetzgeber nicht ein anderes, gleich wirksames, aber das Grundrecht nicht oder

---

StGB[4] Vor § 38 Rn. 2 u. ö.; *Roxin*, GA 2013[8] S. 433 (443). Siehe auch *Zipf*, in: Maurach/Zipf[8] § 2 Rn. 11: „Zwangscharakter und Zwangsmittel sind allen Sachgebieten der Rechtsordnung eigen."

54 Zur wichtigen Unterscheidung von Verhaltens- u. Sanktionsnormen sogleich, B. I. (S. 204).

55 So treffend *Schultz*, ZStW 92[3] (1980), S. 611 (626), der die Aufgabe des Strafrechts in „der Bewährung des Rechts" sieht, sich aber (627) ausdr. in die Nähe jener stellt, die „den Schutz der Rechtsgüter als die Aufgabe des Strafrechts hervorheben".

56 Zur Vermeidung von Missverständnissen: Der keineswegs trennscharfe Begriff der Subsidiarität – siehe nur *Prittwitz*, in: Zustand des StrafR, S. 387 (390 f.) – meint hier nicht, dass die über den Einzelfall entscheidende Stelle zur Strafe erst greifen darf, wenn alle anderen Reaktionsmittel ausgeschöpft sind. Gemeint ist vielmehr, dass der Gesetzgeber bei der Bewehrung einer Verhaltensnorm zu einer strafrechtlichen Sanktionsnorm nur greifen soll, wenn weniger einschneidende Reaktionsmittel nicht ausreichend erfolgversprechend sind.

57 So vor allem – aber ausdr. nur zum Strafrecht i. e. S. – *Roxin*, AT I[4] § 2 Rn. 97 m. w. N. (in Fn. 132). Siehe auch – ebenfalls zum Strafrecht i. e. S. – *Eisele*, in: Baumann/Weber[12] § 2 Rn. 8; *Jäger*, in: SystKomm-StGB[9] Vor § 1 Rn. 24; *Esser*, in: Krey/Esser[6] § 1 Rn. 16 ff. u. *Radtke*, in: MünchKomm-StGB[4] Vor § 38 Rn. 2. Lesenswert zu Bedeutung, Abgrenzung u. Zusammenhang der Begriffe „fragmentarisch", „subsidiär" u. „ultima ratio" *Prittwitz*, in: Zustand des StrafR, S. 387 (388 ff.).

58 *Jakobs*, StrafR-AT[2] 2. Abschn., Rn. 27.

59 Siehe statt vieler BVerfG, Beschl. v. 5. 3. 1968 – 1 BvR 579/67 („*Zeugen Jehovas*") – BVerfGE **23**, 127 ff. (133 f.) u. Beschl. v. 2. 3. 2008 – 2 BvR 2099/04 („*Kommunikationsdaten*") – BVerfGE **115**, 166 ff. (Rn. 96). Weitere Nachw. bei *Roxin*, AT I[4] § 2 Rn. 86 (in Fn. 105).

60 BVerfG, Beschl. v. 9. 3. 1994 – 2 BvL 43/92 u. a. („*Cannabis*") – BVerfGE **90**, 145 ff. (172) m. w. N. Eingehend zur Zweckerfüllungserforderlichkeit *Lagodny*, StrafR u. GrundR in § 9 (S. 179 ff.) für die Verhaltens- u. in § 14 (S. 344 ff.) für die Sanktionsvorschrift.

weniger stark einschränkendes Mittel hätte wählen können."[61] Für die Bewehrung einer Verhaltensvorschrift mit Kriminalstrafe – als der regelmäßig[62] schärfsten und eingriffsintensivsten aller möglichen Schutzmaßnahmen[63] – bedeutet das Folgendes: Wo der Rechtsgüterschutz durch ein weniger belastendes Mittel erreicht werden kann, „ist der Einsatz des Strafrechts nicht erforderlich"[64] und darf „die Keule des Strafrechts nicht geschwungen"[65] werden. Die Strafnorm ist für die Aufgabe des Rechtsgüterschutzes deshalb das letzte Mittel, „die ‚ultima ratio' im Instrumentarium des Gesetzgebers",[66] von der „nur behutsam und zurückhaltend Gebrauch" gemacht werden darf.[67]

Dieser aus dem Verhältnismäßigkeitsgrundsatz abgeleitete Subsidiaritätsgedanke gilt nicht nur für das Strafrecht im engeren Sinne. Denn auch die ordnungswidrigkeitenrechtliche Sanktion stellt einen hoheitlichen Grundrechtseingriff dar. Sie ist ihrerseits am Verhältnismäßigkeitsgrundsatz zu messen und muss deshalb erforderlich sein.[68] Auch ihr Einsatz muss auf die

---

61 BVerfG, Beschl. v. 9. 3. 1994 – 2 BvL 43/92 u. a. („*Cannabis*") – BVerfGE **90**, 145 ff. (172).

62 Siehe aber *Haffke*, KritV 74[2] (1991), S. 165 (175): „Über [die Annahme, daß zivilrechtliche Regelungen bzw. Sanktionen milder als strafrechtliche sind,] wird man genauer nachdenken müssen, wenn nicht unversehens aus der Keule des Strafrechts eine Keule des Zivilrechts werden soll". Gerade der unbeschränkte Bußgeldregress würde zivilrechtlich eine „wirtschaftliche Todesstrafe" ermöglichen, die weit über die strafrechtliche Verantwortlichkeit des Organwalters hinausginge.

63 Siehe nur BVerfG, Beschl. v. 10. 5. 1957 – 1 BvR 550/52 („*Homosexuelle*") – BVerfGE **6**, 389 ff. (433 f.); Beschl. v. 9. 3. 1994 – 2 BvL 43/92 u. a. („*Cannabis*") – BVerfGE **90**, 145 ff. (172) m. w. N. Aus der Lit. nur *Esser*, in: Krey/Esser[6] § 2 Rn. 17 f.; *Kindhäuser*, StrafR-AT[8] § 2 Rn. 5; *Radtke*, in: MünchKomm-StGB[4] Vor § 38 Rn. 2; *Weigend*, in: LeipzKomm-StGB[13] Einl. Rn. 1; *Zipf*, in: Maurach/Zipf[8] § 2 Rn. 1.

64 *Roxin*, AT I[4] § 2 Rn. 98.

65 *Haffke*, KritV 74[2] (1991), S. 165 (175) in Anlehnung an *K. Schmidt*, GesR[4] § 9 IV 3 b) (S. 239) u. dessen „Keule des Haftungsdurchgriffs".

66 So ausdr. BVerfG, Beschl. v. 25. 2. 1975 – 1 BvF 1/74 u. a. („*Schwangerschaftsabbruch I*") – BVerfGE **39**, 1 ff. (47). Von der Kriminalstrafe als „ultima ratio" sprechen etwa auch *Jäger*, in: SystKomm-StGB[9] Vor § 1 Rn. 24; *Esser*, in: Krey/Esser[6] § 1 Rn. 18; *Kindhäuser*, StrafR-AT[8] § 2 Rn. 8; *Radtke*, in: MünchKomm-StGB[4] Vor § 38 Rn. 3; *Weigend*, in: LeipzKomm-StGB[13] Einl. Rn. 1.

67 So das BVerfG, Beschl. v. 25. 2. 1975 – 1 BvF 1/74 u. a. („*Schwangerschaftsabbruch I*") – BVerfGE **39**, 1 ff. (47). Treffend *Zipf*, in: Maurach/Zipf[8] § 3 Rn. 8: „Das Strafrecht bleibt nur dann das Rückgrat der Sozialkontrolle, wenn es sich nicht verzettelt."

68 Letztlich ist der Subsidiaritätsgedanke gar kein strafrechtliches Spezifikum. Jeder staatliche Eingriff in Grundrechte – also auch das verwaltungsrechtliche Verbot mit

Fälle beschränkt bleiben, in denen der Gesetzgeber zur Gewährleistung des Rechtsgüterschutzes ein weniger eingriffs-intensives Mittel nicht hätte wählen können.[69] Wo ein solches Mittel zur Verfügung steht, darf auch die Keule des Ordnungswidrigkeitenrechts nicht geschwungen werden. Gemessen an den – regelmäßig milderen[70] – Maßnahmen des Zivil- und Verwaltungsrechts ist die Geldbuße als hoheitliche und repressive Sanktion des Ordnungswidrigkeitenrechts ihrerseits ein nachrangiges gesetzgeberisches Instrument des Rechtsgüterschutzes. Als weniger einschneidendes Instrument[71] hat sie jedoch Vorrang vor einer Kriminalstrafe. Ist die Strafnorm das letzte Mittel, die ultima ratio, so ist der Ordnungswidrigkeitentatbestand quasi das vorletzte Mittel: die paenultima ratio des Rechtsgüterschutzes.

IV. Zwischenfazit

Das Ordnungswidrigkeitenrechts dient „im Gefüge der Rechtsordnung [...] und innerhalb des Gesamtsystems sozialer Kontrolle“[72] dem subsidiären Schutz von Rechtsgütern. Es kommt zum Einsatz, wenn und soweit sich der Güterschutz nicht mit weniger eingriffsintensiven gesetzgeberischen Instrumenten gewährleisten lässt. Die Bewehrung einer Verhaltensnorm mit Geldbuße will menschlichem Fehlverhalten vorbeugen, dem wegen seiner Gefährlichkeit für das geschützte Rechtsgut zum Schutz der öffentlichen Ordnung mit einer repressiven hoheitlichen Sanktion begegnet werden muss, ohne dass es den hohen Grad an Verwerflichkeit aufweisen würde, der eine Kriminalstrafe erfordern würde oder wenigstens rechtfertigen könnte.[73]

Erlaubnisvorbehalt u. sogar die dem Bürger auferlegte Pflicht, die Zwangsvollstreckung aus einem zivilrechtlichem Titel zu dulden – muss verhältnismäßig u. deshalb erforderlich sein.

69 Jedenfalls in der Tendenz auch *Jescheck/Weigend*, StrafR-AT[5] § 7 V 3 b) (S. 58 f.).

70 Siehe abermals die Warnung *Haffkes*, KritV 74[2] (1991), S. 165 (175), über die Milde zivilrechtlicher Sanktionen genauer nachzudenken, damit „nicht unversehens aus der Keule des Strafrechts eine Keule des Zivilrechts“ werde.

71 Die Verurteilung zu einer Geldbuße wird in kein Register eingetragen, der Verurteilte ist nicht „vorbestraft“, der Geldbuße fehlt das „Rückgrat“ der (Ersatz-)Freiheitsstrafe. Zu diesen u. anderen Unterschieden siehe statt aller *Jescheck/Weigend*, StrafR-AT[5] § 7 V 4 (S. 59 f.).

72 So die treffende Umschreibung zum (Kriminal-)Strafrecht bei *Kinzig*, in: Schönke/Schröder[30] Vor §§ 38 ff. Rn. 1, die ihrerseits auf *Radtke*, in: MünchKomm-StGB[4] Vor § 38 Rn. 2 u. *Villmow*, in: NomosKomm-StGB[5] Vor §§ 38 ff. Rn. 1 verweisen.

B. Vorüberlegungen

Steht damit die Aufgabe des Ordnungswidrigkeitenrecht fest, so fehlt zum Abschluss der sanktionsrechtlichen Grundlagen noch ein weiterer Schritt: Dabei geht es um die für die spätere Untersuchung wichtige Frage, auf welche Weise das Ordnungswidrigkeitenrecht – typischerweise[1] – den subsidiären Rechtsgüterschutz bewirkt. Bevor aber dieser Mechanismus im nächsten Abschnitt (C.) untersucht werden kann, ist die wichtige Unterscheidung von Verhaltens- und Sanktionsnormen einzuführen, aus der auch deutlich wird, weshalb der straf- bzw. ordnungswidrigkeitenrechtliche Güterschutz ein sekundärer oder akzessorischer ist.

I. Verhaltens- und Sanktionsnormen

Will das Gesamtsystem der rechtlichen Sozialkontrolle Rechtsgüter schützen, so muss es letztlich zwei Teilfragen beantworten.[2] Zum einen muss es festlegen, welche Güter vor welchen Angriffen geschützt werden sollen. Zum anderen muss es entscheiden, wie dieser Schutz wirkungsvoll ausgestaltet werden kann. Diesen beiden Teilfragen entsprechend werden die am Güterschutz beteiligten Vorschriften als unterschiedliche Normtypen interpretiert. Diese Normtypen errichten zwei unterschiedliche Normensysteme,[3] deren ineinandergreifendes Zusammenspiel letztlich den Güterschutz bewirkt.

Das primäre Normensystem umfasst die Rechtssätze, die als Verhaltens- oder Bestimmungsnormen bezeichnet werden. Seine Rechtssätze richten sich

---

73 In Anlehnung an *Jescheck/Weigend*, StrafR-AT[5] § 7 V 3 b) (S. 58 f.), die damit Ordnungswidrigkeiten von Straftaten abgrenzen. Der Begriff der „öffentlichen Ordnung" ist untechnisch u. nicht i. S. d. polizeirechtlichen Kategorien von öffentlicher Sicherheit u. öffentlicher Ordnung verwandt. In dieselbe Richtung gehen die Stellungnahmen bei *Cramer*, Einf. Rn. 8 u. *Streng*, Sanktionen[3] Rn. 6.

1 Ob u. ggf. in welcher Weise § 30 OWiG insoweit eine Besonderheit darstellt, wird in den folgenden Kapiteln zu untersuchen sein.

2 Ähnlich *Zipf*, in: Maurach/Zipf[8] § 2 Rn. 11, wenn auch die genaue Grenze zwischen den beiden Teilfragen dort nicht recht deutlich wird.

3 Siehe für die Unterscheidung der beiden Normensysteme statt vieler *Freund/Rostalski*, StrafR-AT[3] § 1 Rn. 29 ff. u. ö.; *Lagodny*, StrafR u. GrundR, § 1 D I 1 (S. 6 ff.), § 4 A (S. 79 ff.) u. ö.; *Kindhäuser*, StrafR-AT[8] § 2 Rn. 2 ff.; *Walter*, in: LeipzKomm-StGB[13] Vor § 13 Rn. 17; *Zippelius*, Methodenlehre[11] § 1 III (S. 3 f.) teilw. m. w. N. Siehe außerdem *Appel*, KritV 82[3] (1999), S. 278 (307) m. zahlr. Nw. (in Fn. 135) zur Rspr. des BVerfG, in der dieselbe Trennung vorgenommen wird.

unmittelbar an den einzelnen Bürger und gebieten oder verbieten diesem ein bestimmtes (menschliches)[4] Verhalten. Als Verbote untersagen die primären Normen solche Verhaltensweisen, die geeignet sind, ein bestimmtes Rechtsgut zu gefährden oder zu verletzen.[5] Umgekehrt schreiben sie als Gebote solche Verhaltensweisen vor, die der Erhaltung und Sicherung des geschützten Rechtsgutes dienen.[6] Die Verhaltensnormen befassen sich mit der ersten Gestaltungsfrage und entscheiden, welche Rechtsgüter vor welchen Angriffen geschützt werden sollen. Deshalb wird teilweise davon gesprochen, dass die primären Normen im eigentlichen Sinne dem Schutz von Rechtsgütern dienen.[7]

Anm. 7.2: Verhaltensnormen ge- oder verbieten ein *menschliches* Verhalten auch dann, wenn sich die an sie anknüpfenden Sanktionsnormen vordergründig unmittelbar an einen Personenverband richten.[8] Der Verband ist in einem natürlichen Sinne zu einem Handeln und deshalb zu einem Verhalten gar nicht in der Lage. Nach § 9 OWiG, § 14 StGB sind diese Sonder-Sanktionsnormen unter den dort genannten

---

4 Siehe *Zippelius*, Methodenlehre,[11] § 1 I (S. 2): „Das Recht regelt […] das menschliche Verhalten.“ Die Frage, auf welche Weise eine gegen den Verband gerichtete Geldsanktion menschliches Verhalten beeinflusst, um Güter zu schützen, ist letztlich die zentrale Frage des Bußgeldregresses.

5 Nach § 17a Abs. 2 Nr. 2 VersG ist es etwa verboten, u. a. bei einer öffentlichen Versammlung „Gegenstände mit sich zu führen, die geeignet […] sind, die Feststellung der Identität zu verhindern.“ Der Zweck des Verbotes gehe in erster Linie dahin, der „vermummungsbedingten Enthemmung von gewaltbereiten Demonstrationsteilnehmern“ zu begegnen, so *Güven*, NStZ 2012,[8] S. 425 (428). Die Gesetzesmotive sprechen von „reisende[n] Chaoten“, deren Gewalttaten häufig „[z]ahlreiche verletzte Polizeibeamte und friedliche Demonstranten sowie hohe Sachschäden“ zur Folge hätten, siehe den Bericht des RechtsA in BT-Drs. 10/3580, S. 2 (li. Sp. f.). Letztlich dient das Verbot deshalb dem Schutz der öffentlichen Sicherheit u. Ordnung, sowie Leib, Leben u. Eigentum. Nach BT-Drs. 11/4359, S. 14 (li. Sp. f.) gewährleiste das Verbot außerdem „die Wahrnehmung des Rechts auf friedliche Versammlung.“ Details zu Zweck u. Reichweite des Vermummungsverbots bei *Dürig-Friedl*, in: Dürig-Friedl/Enders, § 17a Rn. 1 ff. u. 19 ff.

6 Siehe als Beispiel § 15a Abs. 1 Satz 1 InsO: „Wird eine juristische Person zahlungsunfähig oder überschuldet, haben die Mitglieder des Vertretungsorgans […] einen Eröffnungsantrag zu stellen.“ Normzweck u. geschütztes Rechtsgut ist letztlich der Gläubigerschutz. Dazu eingehend *Klöhn*, in: MünchKomm-InsO,[4] § 15a Rn. 6 ff.

7 So etwa *Appel*, KritV 82[3] (1999), S. 278 (309); *Freund/Rostalski*, StrafR-AT,[3] § 1 Rn. 29 ff. sowie in: MünchKomm-StGB,[4] Vor § 13 Rn. 66 ff.; *Kindhäuser*, StrafR-AT,[8] § 2 Rn. 6 jew. m. w. N.

8 Siehe etwa die § 130 OWiG vorgelagerte Verhaltensnorm, die sich an den Inhaber des Betriebs richtet, oder die Verhaltensnorm des § 1 GWB, die es Unternehmen untersagt, die dort bezeichneten Vereinbarungen zu schließen.

Voraussetzungen „auch“ auf die (natürlichen)[9] Leitungspersonen anzuwenden und schreiben deshalb – tatsächlich nur – den natürlichen Personen die Einhaltung einer bestimmten Verhaltensvorschrift, sprich: ein bestimmtes menschliches Verhalten vor.

Würde diese „primäre Normenordnung des rechtlich richtigen Verhaltens“ von allen und von sich aus befolgt, so wäre der Rechtsgüterschutz schon dadurch gewährleistet und es bedürfte keiner sekundären Sanktionsordnung.[10] Weil das jedoch „in einer Gemeinschaft unvollkommener Wesen, wie sie die Menschen nun einmal sind“,[11] nicht der Fall ist, muss die Rechtsordnung das primäre Normensystem durch ein zweites, ein sekundäres System absichern. Es befasst sich mit der Frage, wie die Einhaltung der primären Normen gewährleistet werden kann, sprich: mit der zweiten Gestaltungsfrage nach der wirkungsvollen Ausgestaltung des Güterschutzes. Dazu enthält das sekundäre System Rechtssätze, die als Sanktions- oder Bewertungsnormen bezeichnet werden und ein „rechtlich organisiertes Erzwingungsverfahren“[12] errichten. Sie wenden sich an ein Organ der Rechtspflege oder ein sonstiges Kontrollorgan und gebieten diesem,[13] gegenüber einer bestimmten Person unter bestimmten Voraussetzungen auf bestimmte Verletzungen einer bestimmten Verhaltensnorm in einer bestimmten Art und Weise zu reagieren.[14]

---

9 Die in § 9 OWiG, § 14 StGB bezeichneten Personen können nur natürliche Personen sein. Siehe etwa § 76 Abs. 3 AktG u. § 6 Abs. 2 GmbHG.

10 So *Freund/Rostalski*, StrafR-AT[3] § 1 Rn. 50. Die wörtliche zitierte Passage ist im Original durch Fettdruck hervorgehoben.

11 So *Schultz*, JZ 1966[4] S. 113 (114).

12 Vgl. *Zippelius*, Methodenlehre[11] § 2 b) (S. 6). Im Original kursiv hervorgehoben.

13 Zutr. weisen *Kindhäuser*, StrafR-AT[8] § 2 Rn. 4 für das (Kriminal-)Strafrecht u. *Zippelius*, Methodenlehre[11] § 2 b) (S. 6) im Allgemeinen darauf hin, dass es sich bei den Sanktionsnormen letztlich um spezifische Verhaltensnormen für den Rechtsstab handelt. Deren Einhaltung wird ihrerseits durch bestimmte Sanktionsnormen abgesichert – etwa der Strafvereitelung im Amt u. der Rechtsbeugung (§ 258a bzw. § 339 StGB).

14 Siehe für die eben genannten Verhaltensnormen § 15a Abs. 4 InsO: „Mit Freiheitsstrafe […] wird bestraft, wer entgegen Absatz 1 Satz 1 […] einen Eröffnungsantrag“ nicht, nicht rechtzeitig oder nicht richtig stellt, u. § 29 Abs. 1a VersG: „Ordnungswidrig handelt, wer entgegen § 17a Abs. 2 Nr. 2 […] Gegenstände, die geeignet […] sind, die Feststellung der Identität zu verhindern, mit sich führt“ u. Abs. 2: „Die Ordnungswidrigkeit kann […] mit einer Geldbuße […] geahndet werden.“

Anm. 7.3: Eine regelungstechnische Aufspaltung[15] von Verhaltens- und Sanktionsnorm auf unterschiedliche Vorschriften ist für deren Unterscheidung nicht erforderlich. Sie können in einem einheitlichen Deliktstatbestand zusammengefasst sein,[16] wie es im Kernstrafrecht und dem Dritten Teil des OWiG die Regel ist. Dann ergibt sich die Verhaltensnorm aus der kontradiktorischen Umformulierung der Sanktionsnorm.[17] So wird etwa aus der Sanktionsnorm des § 212 Abs. 1 StGB – nach der bestraft wird, wer (vorsätzlich, vgl. § 15 StGB) einen Menschen tötet – im Wege kontradiktorischer Umformulierung eine Verhaltensnorm, die nirgends[18] ausdrücklich geregelt ist:[19] „Es ist verboten, (vorsätzlich) einen Menschen zu töten.“

II. Sekundärer Güterschutz

Auf Grundlage dieser Unterscheidung von (primären) Verhaltens- und (sekundären) Sanktionsnormen liegt es auf der Hand, weshalb dem im weiteren Sinne strafrechtlichen Rechtsgüterschutz sekundärer oder akzessorischer Charakter zugeschrieben wird:[20] Ob der güterschützende Normbefehl der primären Verhaltensnorm durch die Schutzinstrumente etwa des Polizeirechts, des Ordnungswidrigkeitenrechts oder des (Kriminal-)Strafrechts abgesichert wird, ergibt sich allein aus der Sanktionsnorm der sekundären Ebene.[21]

---

15 So etwa in den genannten Bsp., bei denen die Verhaltens- u. die Sanktionsnorm in verschiedenen Absätzen derselben Regelung (§ 15a Abs. 1 Satz 1 u. Abs. 4 InsO) oder gar in separaten Regelungen (§ 17a Abs. 2 Nr. 2 u. § 29 Abs. 1a VersG) normiert sind.

16 Vgl. nur *Appel*, KritV 82^{3} (1999), S. 278 (30) u. *Lagodny*, StrafR u. GrundR, § 4 C III 1 (S. 88). *Zipf*, in: Maurach/Zipf^{8} § 2 Rn. 14 spricht sich gar dafür aus, „eine Trennung von Norm und Sanktion möglichst zu vermeiden“.

17 *Appel*, KritV 82^{3} (1999), S. 278 (307); *Lagodny*, StrafR u. GrundR, § 4 A (S. 79) jew. m. w. N.

18 Jedenfalls dann nicht, wenn man Art. 2 Abs. 2 Satz 1 GG keine unmittelbare Drittwirkung zuschreiben möchte.

19 Interessant ist der Hinweis bei *Lagodny*, StrafR u. GrundR, § 4 C III 1 (S. 88): Der Bundesgesetzgeber kann durch eine solche Zusammenfassung von Verhaltens- u. Sanktionsnorm in einer strafrechtlichen Regelung die Bundeskompetenz für eine Verhaltensvorschrift „erzeugen“, die er sonst nicht hätte.

20 Als sekundäres oder akzessorisches Schutzrecht bezeichnen das Strafrecht u. a. *Appel*, KritV 82^{3} (1999), S. 278 (306); *Freund/Rostalski*, StrafR-AT^{3} § 1 Rn. 50; *Walter*, in: LeipzKomm-StGB^{13} Vor § 13 Rn. 4 u. 17.

21 Bei Lichte betrachtet ist auch der zivilrechtliche Schadenersatz eine sekundäre Sanktionsordnung. Der Staat stellt zur Durchsetzung zivilrechtlicher Ansprüche „sein Gewaltmonopol in Form des Zwangsvollstreckungsrechts ‚zur Verfügung‘, um Gewalt *inter privatos* zu vermeiden.“ Siehe *Lagodny*, StrafR u. GrundR, § 1 I 1 (S. 7 Fn. 39). Herv. im Original. Freilich wendet sich die jew. Ersatzpflichtanordnung an

Die Verhaltensnorm als solche ist „strafrechtsneutral“.[22] Sie mag festlegen, welche Rechtsgüter vor welchen Angriffen geschützt werden sollen. Für sich genommen sieht sie jedoch keinerlei Maßnahmen vor, um die Einhaltung der aufgestellten Ge- und Verbote sicherzustellen. Weder sagt sie aus, ob, gegenüber wem, unter welchen Bedingungen und in welcher Weise der Staat auf die Verletzung der Verhaltensnorm reagieren darf, noch ermächtigt sie als solche zur Verhängung einer Sanktion.[23]

Die Sanktionsnorm legt umgekehrt fest, auf welche Art und Weise welches Kontrollorgan unter welchen ggf. zusätzlichen Voraussetzungen auf die Verletzung einer bestimmten Verhaltensnorm zu reagieren hat.[24] Sie bestimmt für sich genommen hingegen nicht, welche Rechtsgüter zu schützen sind.[25] Dazu ist sie auf die ihr vorgelagerte Verhaltensnorm angewiesen. Sie schützt eine vorgefundene, bestehende Ordnung, ohne diese selbst zu gestalten.[26]

Wird die Frage der maßgebenden Sanktionsordnung erst auf der sekundären Ebene der Sanktionsnorm beantwortet, so tritt auch das strafrechtliche Spezifikum in Gestalt der Androhung und Zufügung von Kriminalstrafe oder Geldbuße erst auf der sekundären Ebene in Erscheinung. Das ist gemeint, wenn von dem sekundären Charakter des strafrechtlichen Güterschutz die Rede ist.[27] Das Strafrecht schützt das Rechtsgut, indem es die Einhaltung der vorgelagerten Verhaltensnorm sichert. Insoweit hat der strafrechtliche Güterschutz akzessorischen Charakter.[28]

---

den einzelnen Bürger u. gebietet diesem, den jew. Schaden zu ersetzen. Sie ist deshalb stets gleichzeitig primäre u. sekundäre Norm.

22 So *Appel*, Verfassung u. Strafe, S. 79 m. zahlr. Nw. (in Fn. 96 ff.) zur Rspr. des BVerfG u. S. 569. Aufgegriffen u. a. von *Kudlich*, ZStW 127³ (2015), S. 635 (648 m. Fn. 43). Siehe auch *Lagodny*, StrafR u. GrundR, § 4 C III (S. 87), für den die Verhaltensvorschrift aus Sicht der „Grundrechtsprüfung weder ein Spezifikum des Kernstrafrechts [...] noch des Ordnungswidrigkeitenrechts“ ist.

23 *Appel*, KritV 82³ (1999), S. 278 (307).

24 Vgl. *Freund/Rostalski*, StrafR-AT³ § 1 Rn. 50 m. w. N.

25 *Appel*, KritV 82³ (1999), S. 278 (306); *Freund/Rostalski*, StrafR-AT³ § 1 Rn. 50. Siehe auch *Zipf*, in: Maurach/Zipf⁸ § 2 Rn. 26: „Das Strafrecht spricht keine Verbote aus; es setzt nur die Rechtsfolgen ihrer Übertretung für seinen Wirkungsbereich fest.“

26 *Appel*, KritV 82³ (1999), S. 278 (306) m. w. N.

27 Vgl. *Zipf*, in: Maurach/Zipf⁸ § 2 Rn. 11.

28 Ob man daraus ableiten kann oder muss, dass die sekundären Sanktionsnormen des Strafrechts selbst nicht dem Güterschutz, sondern der Normerhaltung dienen, ist eine höchst interessante Frage, die hier nicht vertieft werden kann. Siehe dazu etwa *Jakobs*, StrafR-AT² 1. Abschn., Rn. 9 ff. u. ö. sowie *Freund/Rostalski*, StrafR-AT³ § 1 jew. m. w. N.

Anm. 7.4: Tatsächlich kann ein und dieselbe Verhaltensnorm von mehreren Sanktionsnormen unterschiedlicher Sanktionsordnungen gleichzeitig abgesichert werden. Als Beispiel mag der als Verhaltensnorm interpretierte § 49 LBO$_{BW}$[29] dienen. Darin ist u. a. das (präventive) Verbot (mit Erlaubnisvorbehalt)[30] normiert, genehmigungspflichtige bauliche Anlangen ohne Baugenehmigung zu errichten. Geschützt wird das öffentliche Interesse, „Vorhaben schon vor ihrer Ausführung vorbeugend auf ihre materielle Legalität zu überprüfen".[31]
Wer eine solche Anlage gleichwohl ohne Genehmigung errichtet, verletzt diese Verhaltensnorm. Für diese Fälle ordnet die bau-polizeiliche Sanktionsnorm des § 65 Abs. 1 Satz 1 LBO$_{BW}$[32] an, dass und unter welchen Voraussetzungen die Anlage abgebrochen werden kann. Zugleich erklärt die ordnungswidrigkeitenrechtliche Sanktionsnorm des § 75 Abs. 1 Nr. 9 LBO$_{BW}$ die Errichtung der Anlage, wenn sie vorsätzlich oder fahrlässig erfolgt ist, für ordnungswidrig und lässt nach § 75 Abs. 4 LBO$_{BW}$ die Ahndung mit einer Geldbuße zu.[33] Der Verhaltensnorm des § 49 LBO$_{BW}$ selbst lässt sich folglich nicht entnehmen, ob auf ihre Verletzung mit polizeirechtlichen oder ordnungswidrigkeitenrechtlichen Sanktionsinstrumenten reagiert wird. Sie ist in diesem Sinne „strafrechtsneutral".[34]

C. *Wirkungsweise des Ordnungswidrigkeitenrechts*

Das Ordnungswidrigkeitenrecht teilt sich – als Teilgebiet des Strafrechts im weiteren Sinne – mit verschiedenen anderen Regelungskomplexen die Aufgabe des Güterschutzes. Sein Beitrag besteht darin, der Begehung von

---

29 § 49 der Landesbauordnung für Baden-Württemberg v. 5. 3. 2010 (LBO$_{BW}$), GBl. (BW)[7] S. 357 (376) lautet: „Die Errichtung und der Abbruch baulicher Anlagen [...] bedürfen der Baugenehmigung, soweit [...] nichts anderes bestimmt ist."

30 Siehe zu dieser Einordnung nur *Gassner*, in: BeckOK-BauOR-BW,[15] § 49 LBO$_{BW}$ vor Rn. 1. Die Voraussetzungen der Baugenehmigung ergeben sich aus § 58 LBO$_{BW}$.

31 So *Gassner*, in: BeckOK-BauOR-BW,[15] § 49 LBO$_{BW}$ Rn. 1, der dies m. w. N. als allgemeine Auffassung bezeichnet.

32 § 65 Abs. 1 Satz 1 LBO$_{BW}$ lautet i. d. F. des Art. 1 Nr. 20 lit. a) des Gesetzes zur Änderung der Landesbauordnung für Baden-Württemberg v. 18. 7. 2019, GBl. (BW),[16] S. 313 (315): „Der [...] Abbruch einer Anlage, die im Widerspruch zu öffentlich-rechtlichen Vorschriften errichtet wurde, kann angeordnet werden, wenn nicht auf andere Weise rechtmäßige Zustände hergestellt werden können."

33 Nach § 75 Abs. 1 Nr. 9 der LBO$_{BW}$, GBl. (BW) 2010,[7] S. 357 (385) handelt ordnungswidrig u. a., „wer vorsätzlich oder fahrlässig als Bauherr [...] eine [...] genehmigungspflichtige Anlage [...] ohne Genehmigung errichtet". — Abs. 4: „Die Ordnungswidrigkeit kann mit einer Geldbuße [...] geahndet werden."

34 Siehe abermals *Appel*, Verfassung u. Strafe, S. 79 u. S. 569, sowie *Kudlich*, ZStW 127[3] (2015), S. 635 (648 m. Fn. 43) u. *Lagodny*, StrafR u. GrundR, § 4 C III (S. 87).

Verhaltensweisen vorzubeugen, die der Gesetzgeber als Ordnungswidrigkeiten qualifiziert hat. Es bewehrt die „strafrechtsneutralen" Verhaltensnormen mit spezifisch ordnungswidrigkeitenrechtlichen Sanktionsnormen. Wie aber die Bewehrung mit einer Sanktionsnorm die Einhaltung der Verhaltensnorm gewährleisten soll, ist damit noch nicht erklärt.

Dazu ist es notwendig, die verschiedenen Mittel, die durch die ordnungswidrigkeitenrechtliche Sanktionsnorm zur Aufgabenerfüllung bereitgestellt werden, als solche zu erfassen. Zuvor jedoch (I.) soll die Gelegenheit genutzt werden, um den wenig trennscharfen Begriff der Repression für die weitere Untersuchung greifbar zu machen. Werden sodann (II.) die spezifischen Zwecke der einzelnen Mittel benannt, lässt sich aus deren Zusammenspiel schließlich (III.) herausstellen, wie eine nachträglich zugefügte Geldbuße zu einem vorbeugenden Schutz von Rechtsgütern beitragen kann.

I. Begriff der Repression

Die genaue Beschreibung des Wirkmechanismus der Strafe wird durch die überkommene Begriffspaarung von Prävention und Repression beinahe unmöglich gemacht. Die nur inkonsequent durchgehaltene Gegenüberstellung dieser Begriffsmonolithen hebt die Auseinandersetzung auf ein Abstraktionsniveau, auf dem sich schon grundlegende Einzelfragen kaum durchdenken, geschweige denn beantworten lassen.[1] Die eigentlich notwendigen Unterscheidungen zur konzeptionellen Abschichtung der verschiedenen staatlichen Instrumente lassen sich ohne feinere Untergliederung schon sprachlich nicht vornehmen.[2]

Ist der Begriff der Prävention im Sinne einer wie auch immer geartet vorbeugenden oder verhüteten Tätigkeit noch einigermaßen selbsterklärend,[3] bleibt der Begriff der Repression eine nichts sagende Worthülse. Allgemein-

1 Zutr. kritisiert *Kröger*, S. 205 f. m. w. N. (Fn. 709) die typische Aussage, wonach die Verbandsgeldbuße „sowohl präventive als auch repressive Ziele" verfolge: „Dies ist in dieser Allgemeinheit sicherlich richtig, doch sagt es über den eigentlichen Sinn und Zweck des § 30 OWiG wenig aus."

2 Siehe nur *Achenbach*, in: FS I. Roxin (2012), S. 3 (7) = ZIS 2012,[5] S. 178 (180): Die Formulierung, „die Geldbuße habe ‚repressiven Charakter'", sei missverständlich (Nachw. in Fn. 14). „Denn das blendet die Erkenntnis aus, dass ahndende Sanktionen [...] nicht [...] nur auf Geschehenes mit einer belastenden Reaktion [...] antworten. Der Geldbuße kommt vielmehr [...] eine präventive Funktion zu, sie blickt zugleich in die Zukunft."

sprachlich wird darunter die – gegebenenfalls gewaltsame – „Unterdrückung von Kritik, Widerstand, politischen Bewegungen, individueller Entfaltung, individuellen Bedürfnissen" verstanden,[4] die im Strafrecht jedenfalls nicht gemeint ist. Zu Recht hat *Achenbach* bemängelt, dass „sich in der Literatur [...] keine Analyse dessen [findet], was eigentlich mit Ahndung [scil.: Strafe i. w. S. bzw. Repression] gemeint ist."[5] Dadurch droht auch[6] im Hinblick auf den Begriff der Repression die Gefahr, dass Autoren mit unterschiedlichem Vorverständnis von einer nur vermeintlich bestehenden begrifflichen Übereinkunft ausgehen und tatsächlich aneinander vorbeireden.

Im Folgenden soll deshalb das hier zu Grunde gelegte Verständnis der Repression aufgedeckt werden. Dazu ist die große und leblose Worthülse in drei Bedeutungsdimensionen aufzuspalten. Schon mit diesen wenigen Unterscheidungen lässt sich die Strafe im weiteren Sinne von allen anderen staatlichen Eingriffsmaßnahmen trennscharf abgrenzen. Dadurch wird auch die so verstandene Repression zu einem trennscharfen Begriff, der im weiteren Verlauf der Untersuchung mit Erkenntnisgewinn verwendet werden kann. Die Zufügung von Strafe[7] ist in diesem Sinne eine reaktiv-retrospektive und trans-restitutive Maßnahme. Ohne Erläuterung sind diese Begriffe selbstverständlich ebenso hilfreich wie der Begriff der Repression, den sie ersetzen sollen. Deshalb sind sie zunächst kurz vorzustellen.

---

3 Siehe Duden,@ Prävention, Bedeutungsübersicht: „Vorbeugung, Verhütung (z. B. in Bezug auf eine Krankheit oder zur Verbrechensbekämpfung)".

4 Siehe die Definition bei Duden,@ Repression, Bedeutungsübersicht.

5 So – wenn auch ausdr. nur zum Begriff der Ahndung im Ordnungswidrigkeitenrecht – *Achenbach*, in: FS I. Roxin (2012), S. 3 (5) = ZIS 2012,[5] S. 178 (179). Siehe aber zum „Begriff der Strafe" die ausf. Auseinandersetzung bei *Greco*, S. 277 ff. u. insb. S. 299 ff., die sich mit der hier sogleich zu entwickelnden Terminologie vielleicht noch weiter präzisieren lässt. Eine darüber hinausgehende Befassung mit dieser Frage kann im Rahmen dieser Arbeit freilich nicht erfolgen.

6 Zu demselben Problem bei den überkommenen Begriffen des sog. Schadensrechts bereits oben § 4 A. (S. 98).

7 Sofern hier u. im Folgenden die Begriffe Strafe u. Strafrecht verwendet werden, sind damit Strafe bzw. Strafrecht i. w. S. u. deshalb auch die Geldbuße u. das Ordnungswidrigkeitenrecht gemeint. Zu dem Zusammenhang von Zufügung u. Androhung der Strafe u. damit dem eigentlichen Wirkmechanismus des Strafrechts sogleich, II. (S. 220).

1. Proaktiv vs. reaktiv

In einem ersten Schritt gehört das staatliche Strafen zu den reaktiven Maßnahmen.[8] Das meint, dass die Zufügung einer Strafe stets nachträgliche Antwort auf ein – angenommenes[9] – in der Vergangenheit liegendes (Fehl-)Verhalten ist. Der Gegenbegriff wäre eine proaktive Maßnahme, bei der „durch differenzierte Vorausplanung und zielgerichtetes Handeln die Entwicklung eines Geschehens" für die Zukunft selbst bestimmt wird.[10] Vor allem die Aufstellung von Verhaltens- und Sanktionsnormen – und damit auch die für den Fall der Zuwiderhandlung ausgesprochene Androhung der Zufügung von Strafe – wird man zu den proaktiven Maßnahmen rechnen müssen. Präventiv-polizeiliche Maßnahmen der Gefahrenabwehr können – je nachdem wie streng man mit den Begriffen umgehen mag[11] – proaktiv oder reaktiv sein.[12] Strafen, Maßregeln der Besserung und Sicherung, Gewinnabschöpfung[13] und Schadenersatz sind dagegen stets eine nachträgliche Reaktion auf ein in der Vergangenheit liegendes konkretes (Fehl-)Verhalten. In diesem Sinne sind sie stets und ausschließlich reaktiv.

Anm. 7.5: Schon die strafrechtliche Sanktionsnorm lässt sich mit den Begriffen von Repression und Prävention nicht exakt abbilden: Die Androhung der Übels-

---

8 Siehe nur *Achenbach*, in: FS I. Roxin (2012), S. 3 (6) = ZIS 2012[5] S. 178 (179): „Ahndung ist im Ordnungswidrigkeitenrecht also eine *staatliche Reaktion* auf ein [...] Verhalten, durch die der Rechtsanwender einen aktuellen Vorwurf erhebt und dieses Verhalten dem daran Beteiligten endgültig zur Last legt." Herv. nur hier. Auch *Greco*, S. 300 sagt, Strafe sei *„objektive Reaktion auf eine angenommene Straftat."* Herv. im Original. Er erkennt darin einen „zutreffende[n] Aspekt der gängigen, aber unklaren Wendung, dass Strafe ihrem Wesen nach Vergeltung sei."

9 Völlig zu Recht weist *Greco*, S. 300 m. w. N. (Fn. 418) darauf hin, dass Strafe „durchaus eine Person treffen [kann], welche die angenommene Straftat nicht begangen hat." An dem Strafcharakter der dann illegitimen Strafe ändert das jedoch nichts.

10 So die Definition bei Duden,[@] proaktiv, Bedeutungsübersicht.

11 Im Rahmen dieser Untersuchung kommt es auf den genauen Grenzverlauf zwischen proaktiven u. reaktiven Maßnahmen nicht an. Der Frage soll deshalb nicht nachgegangen werden.

12 Ob etwa eine Gefährderansprache – Details bei *Möstel/Trurnit*, in: BeckOK-PolR-BW[20] § 3 PolG$_{BW}$ Rn. 34 f. – der konkreten Gefahr zuvorkommt oder auf die Erkenntnis einer konkreten Gefahr reagiert, soll hier nicht entschieden werden. Jedenfalls bei der Gewerbeuntersagung nach § 35 GewO bilden „in der Vergangenheit liegende Tatsachen" die „Grundlage für die zukunftsgerichtete Entscheidung, ob Unzuverlässigkeit dargetan ist", *Ennuschat*, in: Ennuschat/Wank/Winkler[9] § 35 GewO Rn. 28. Sie ist deshalb eine zwar präventiv-polizeiliche Maßnahme, aber gleichwohl reaktiv.

13 Sei es durch – Verfall u. – Einziehung oder die Regelungen des Bereicherungsrechts.

zufügung durch Aufstellung der strafrechtlichen Sanktionsnorm ist eine proaktive (≅ präventive) Maßnahme. Die im Falle des Normverstoßes und auf Grundlage der Sanktionsnorm erfolgende Übelszufügung ist dagegen eine reaktive (≅ repressive) Maßnahme. Damit stellt die strafrechtliche Sanktionsnorm zum Zwecke des Güterschutzes sowohl „präventive" als auch „repressive" Mittel zur Verfügung. Dann aber sind die Begriffe von Repression und Prävention zu ungenau, um das Strafrecht und seine Sanktionen insgesamt ausreichend genau zu beschreiben.

2. Prospektiv vs. retrospektiv

Aus der Menge der reaktiven[14] Maßnahmen gehört (die Zufügung von) Strafe zu der Teilmenge der retrospektiven Maßnahmen.[15] Das heißt, dass die Zufügung der angedrohten Sanktion nicht von einer in die Zukunft gerichteten Prognose-Entscheidung abhängig ist.[16] Schon der einmalige und in der Vergangenheit liegende Verstoß gegen eine Verhaltensnorm erlaubt den zielgerichteten Eingriff in die Rechtsstellung des Täters[17] auch und gerade dann, wenn künftige Verstöße – gegen dieselbe oder eine andere Verhaltensnorm – nicht zu befürchten oder gar unwahrscheinlich sind.[18] In diese Kategorie der reaktiv-retrospektiven Maßnahmen gehören, neben Strafe und Geldbuße, auch die Gewinnabschöpfung und der zivilrechtliche Schadenersatz.

---

14 Zur Vermeidung von Missverständnissen: Im Rahmen dieser Untersuchung ist nicht untersucht worden, ob sich alle Begriffspaarungen in den acht denkbaren Verästelungen miteinander kombinieren lassen – proaktiv-retrospektive Maßnahmen etwa scheinen prima facie unmöglich zu sein. Für die Zwecke dieser Untersuchung war das auch nicht erforderlich. Weder ist damit das Höchstmaß an begrifflicher Präzision erreicht, noch dürfte die Leistungsfähigkeit dieser begrifflichen Unterscheidungen vollends ausgereizt zu sein.

15 Mit dem Begriff der Retrospektion vor allem *Achenbach*, in: FS I. Roxin (2012), S. 3 (6) = ZIS 2012[5] S. 178 (179): „Ahndung [scil.: Strafe i. w. S.] ist mithin retrospektiv; sie blickt zurück auf die geschehene Zuwiderhandlung."

16 Das bedeutet freilich nicht, dass eine positive Sozial-*Prognose* keine Auswirkung auf die Strafzumessung haben kann.

17 Schon *Feuerbach*, Revision I, S. 5 definierte die Strafe als ein „*Übel* [...], *welches um begangener gesetzwidriger Handlungen,* und zwar blos um *dieser willen einem Subjecte* zugefügt wird." Herv. im Original durch Sperrung. Treffend auch *Schünemann*, ZIS 2014[1] S. 1 (3): Die „Übelszufügung [findet] in der in der Vergangenheit liegenden Tat eine hinreichende Bedingung".

18 Standardbeispiel ist insoweit der heute sozial integriert lebende NS-Gewaltverbrecher, der keine Gefahr mehr darstellt, aber gleichwohl bestraft werden kann. Siehe etwa *Roxin*, AT I[4] § 3 Rn. 44.

Das Gegenstück sind die reaktiv-prospektiven Maßnahmen,[19] etwa die präventiv-polizeiliche Gewerbeuntersagung[20] und – speziell im Strafrecht – die Maßregeln der Besserung und Sicherung.[21] Auch sie knüpfen an in der Vergangenheit liegende Tatsachen an und reagieren auf diese. Die durch sie gewährte Zwangsausübung ist jedoch stets an eine zukunftsgerichtete Prognose gebunden.

Anm. 7.6: Auch die Abgrenzung von Strafe und Maßregel ist mit den Begriffen von Prävention und Repression – wenn überhaupt – nur mühsam möglich.[22] Unter dem Gesichtspunkt von Prospektion und Retrospektion gelingt sie dagegen ganz zwanglos: Beide Institute dienen dem – logisch nur präventiv denkbaren – Güterschutz. Sie erlauben zu diesem Zweck die Reaktion auf in der Vergangenheit liegendes Fehlverhalten.[23] Die Zwangsausübung wird bei den Maßregeln jedoch von einer prospektiven Prognose-Entscheidung abhängig gemacht,[24] während die – zur Kompensation an die Schuld gebundene[25] – Strafe die rein retrospektive Bewertung des zurückliegenden Fehlverhaltens genügen lässt.[26]

---

19 Der Begriff der Prospektion ist *Schünemann*, ZIS 2014^{1}, S. 1 (2) entliehen: Die „Maßregel der Besserung und Sicherung“ stelle eine „völlig eigenständige Zwangsausübung“ dar, die „vom Gesetz an eigenständige, *prospektive* Voraussetzungen geknüpft“ werde. Herv. im Original. Dort auch mit Bsp.

20 Siehe abermals *Ennuschat*, in: Ennuschat/Wank/Winkler^{9}, § 35 GewO Rn. 28: Die in „der Vergangenheit liegenden Tatsachen bilden den gegenwärtigen Erkenntnisstand der Behörde und sind damit Grundlage für die zukunftsgerichtete [scil.: prospektive] Entscheidung, ob Unzuverlässigkeit dargetan ist.“

21 Bei letzteren handelt es sich eigentlich um im StGB geregelte Maßnahmen des Polizeirechts. Zur Entstehung des Maßregelrechts aus polizeirechtlichen Vorläufern siehe *Eser*, in: FS Müller-Dietz (2001), S. 213 (216 ff.).

22 Siehe etwa *Roxin*, AT I^{4}, § 3 Rn. 63 ff. u. vor allem Rn. 65: „Es ergibt sich also, dass der Zweck von Strafe und Maßregel sich im Wesentlichen nicht unterscheidet.“ Für ihn weichen „Strafe und Maßregel [...] nicht im Ziel, sondern in ihrer Begrenzung voneinander ab.“

23 Das scheinbare Paradoxon, wie eine nachträgliche Übelszufügung zu einem vorbeugenden Güterschutz beitragen kann, soll sogleich aufgelöst werden, II. (S. 220).

24 *Jescheck/Weigend*, StrafR-AT^{5}, § 9 III 2 (S. 89) m. w. N. (Fn. 28): Eine Maßregel ist nur dann gerechtfertigt, „wenn gegenüber dem Täter auch für die Zukunft ein klares Sicherungsbedürfnis besteht“.

25 Zum genauen Grund des Schuldprinzips noch unten § 10 C. IV. 1. (S. 360).

26 In nicht zu überbietender Präzision *Roxin*, AT I^{4}, § 1 Rn. 3: „Jede Strafe setzt eine Schuld des Täters bei Begehung der in der Vergangenheit liegenden Tat, jede Maßregel dagegen eine fortdauernde Gefährlichkeit des Täters für die Zukunft voraus.“ Siehe auch die weiteren Nachw. bei *Eser*, in: FS Müller-Dietz (2001), S. 213 (214 f. in Fn. 3).

3. Restitutiv vs. trans-restitutiv

Die trennscharfe Abgrenzung der Strafe von den übrigen reaktiv-retrospektiven Maßnahmen erfordert eine weitere Unterscheidung. Sie lassen sich im Hinblick auf ihre Eingriffs-Reichweite in restitutive und trans-restitutive Instrumente einteilen.

Der zivilrechtliche Schadenersatz ist insoweit restitutiv.[27] Hat der Verhaltensnormverstoß des Schädigers einem Dritten einen ausgleichsfähigen und -bedüftigen Nachteil zugefügt, so leitet der Schadenersatz diese Belastung ausnahmsweise[28] von dem Dritten auf den verantwortlichen Schädiger über. Der zugefügte Nachteil beschränkt die Höhe der Ersatzleistung. Das schadensrechtliche Bereicherungsverbot steht einem überkompensatorischen Schadenersatz entgegen. Der Schadenersatz bezweckt nicht die Zufügung eines trans-restitutiven Übels, sondern den nur restituiven Ausgleich des entstandenen Schadens.

Anm. 7.7: Zwar kann es durchaus dazu kommen, dass der Schädiger nach dem Schadenersatz wirtschaftlich schlechter steht, als er vor dem Verhaltensnormverstoß stand. Das ist immer dann der Fall, wenn der zu ersetzende Schaden größer ist als die aus dem Verhaltensnormverstoß gezogenen Vorteile. Ein solcher Schadenersatz mag sich durchaus als trans-restitutives – gegebenenfalls gar ruinöses[29] – Übel auswirken. Der Unterschied zur Strafe besteht jedoch darin, dass diese Übelszufügung nicht intendiert ist. Nicht der Grad des Fehlverhaltens, sondern das Ausmaß des Schadens bestimmt die Höhe der Ersatzleistung.[30] Dass es beim Schadenersatz um Ausgleich und nicht um Übelszufügung geht, wird vor allem deutlich, wenn der Schädiger einen „nützlichen Rechtsbruch“ begeht. Bleibt ihm nach Abzug der Ersatzleistung

27 Zur Abgrenzung von den Instrumenten der Gewinnabschöpfung – um die es hier nicht geht – könnte man den Schadenersatz mit *Eser*, Sanktionen, S. 284 auch als eine „reparative“ Maßnahme bezeichnen. Immerhin geht es nicht um die Abschöpfung eines „Zu-Viel“, sondern den Ersatz für ein „Zu-Wenig“.

28 Und zwar nur dann, wenn der Verhaltensnormverstoß zugleich die Voraussetzungen einer Sanktionsnorm erfüllt, die für diesen Nachteil Schadenersatz gewährt. Zur grds. Schadenszuständigkeit des Rechtsgut-Trägers u. dem Grundsatz des casum sentit dominus nur *Deutsch*, HaftungsR^2, Rn. 1 u. *Schramm*, S. 17 f.

29 Auch hier sei auf die Warnung *Haffkes*, KritV 74^2 (1991), S. 165 (175) hingewiesen, über die vermeintliche Milde zivilrechtlicher Sanktionen genauer nachzudenken, damit „nicht unversehens aus der Keule des Strafrechts eine Keule des Zivilrechts“ werde.

30 Wer mit leichtester Fahrlässigkeit einen Millionen-Schaden verursacht, muss größeren Ersatz leisten als derjenige, der mit größter Schädigungsabsicht nur einen kleinen Schaden verursacht.

ein Überschuss, so kann ihm dieser durch das Schadenersatzrecht nicht entzogen werden. Er kann allenfalls durch andere Instrumente abgeschöpft werden.

Auch die Instrumente der Gewinnabschöpfung erlauben nur restitutive Eingriffe in die Rechtsstellung des Täters. Das zivile Bereicherungsrecht will Vermögensverschiebungen rückgängig machen, die nach dem Gesamturteil der Rechtsordnung „ohne rechtlichen Grund" erfolgt sind und daher missbilligt werden.[31] Der strafrechtliche Verfall – jetzt:[32] Einziehung von Taterträgen (§§ 73 ff. StGB) – ist bei Einführung des Tagessatzsystems als „öffentlich-rechtlicher Bereicherungsanspruch"[33] konzipiert worden. Er sollte die rechtswidrigen Taterträge entziehen, wo dies durch Schadenersatz und Bereicherungsrecht nicht möglich war.[34] Anders als die Strafe bezwecken diese Instrumente keine Schlechterstellung des Betroffenen, sondern dessen Gleichstellung.[35] Sie entziehen dem Täter nicht mehr, als er erlangt hat, sondern wollen – möglichst umfassend – den status quo ante wiederherstellen.

Anm. 7.8: Uneingeschränkt ist diese Aussage nur für den früheren Netto-Verfall richtig. Denn seit der Umstellung des Verfalls auf das Brutto-Prinzip[36] werden – in schiefer Anlehnung an § 817 Satz 2 BGB[37] – Gegenleistungen und Unkosten des Täters bei der Bemessung des Verfalls-Betrages nicht mehr Gewinn-mindernd berücksichtigt.[38] Entsprechend kann dem Täter durch den Verfall nunmehr auch mehr entzogen werden, als er aus der Tat erlangt hat. Als einheitliches Instrument

31 So statt vieler *Wendehorst*, in: BeckOK-BGB,[56] § 812 Rn. 3 ff. u. *Wiese*, in: Schulze,[10] Vor §§ 249–253 Rn. 1.

32 Die ursprüngliche Unterscheidung zwischen dem „Verfall" der durch die Tat erlangten Vermögenswerte u. der „Einziehung" tatverstrickter Gegenstände ist durch das Gesetz zur Reform der strafrechtlichen Vermögensabschöpfung v. 13. 4. 2017 (VermAbsch-RefG), BGBl. I,[22] S. 872 ff. aufgegeben worden. Zu den Beweggründen siehe die Erläuterungen zum RegE in: BT-Drs. 18/9525, S. 1 ff.

33 So *Koffka*, in: NdSchr. GrStrKomm, Bd. III,[37] S. 281 (li. Sp.).

34 Dazu noch ausf. § 9 B. III. 2. (S. 300).

35 So zum strafrechtlichen Verfall *Geiger*, S. 230, der seinerseits „die Parallele zur Ungerechtfertigten Bereicherung im Zivilrecht" zieht.

36 So erfolgt durch Art. 3 des Gesetzes zur Änderung des Außenwirtschaftsgesetzes, des Strafgesetzbuches und anderer Gesetze v. 28. 2. 1992 (AWG-ÄndG$_{92}$), BGBl. I,[10] S. 372 (374). Auch der Einziehung von Taterträgen nach § 73 StGB – i. d. F. des Art. 1 Nr. 13 des VermAbsch-RefG, BGBl. I 2017,[22] S. 872 (873) – hat der Gesetzgeber das Brutto-Prinzip zugrunde gelegt, BT-Drs. 18/9525, S. 61.

37 Siehe *Geiger*, S. 305 ff., der nicht lediglich überzeugend nachgewiesen hat, weshalb die Argumenation des Gesetzgebers nicht stichhaltig ist. Vielmehr hat er auch gezeigt (S. 310), dass die gesetzgeberische Absicht einer „Effektivierung der §§ 73 ff. StGB" durch die Einführung des Brutto-Prinzips in ihr Gegenteil verkehrt worden ist.

38 Ausf. zum Brutto-Prinzip-Verfall *Geiger*, S. 302 f. u. *Suchy*, Verfall, S. 47 ff.

> verstanden wäre der Brutto-Verfall deshalb – jedenfalls manchmal – eine trans-restitutive Maßnahme.
>
> Allerdings hat *Geiger* überzeugend und erschöpfend nachgewiesen, dass die Rechtsnatur des Verfalls durch diese Umstellung – entgegen anders lautender Stimmen[39] – partiell verändert worden ist.[40] Der Brutto-Verfall hat aufgehört, ein einheitliches Instrument zu sein. Soweit dem Täter (trans-restitutiv) mehr entzogen wird, als er aus der Tat erlangt hat, handelt es sich nicht um Verfall im ursprünglichen Sinne, sondern um echte Strafe.[41] Als solche dürfte der trans-restitutive „Verfall" deshalb nur gegenüber schuldhaft handelnden Tätern festgesetzt und müsste er bei der Zumessung von Haupt- und Nebenstrafen angemessen berücksichtigt werden.[42] Für die Zwecke dieser Untersuchung bedeutet das Folgendes: Der Verfall im eigentlichen Sinne – sprich: sein nicht-strafender Teil – ist auch nach Umstellung auf das Brutto-Prinzip eine reaktiv-retrospektive und restitutive Maßnahme.

Von allen reaktiv-retrospektiven Maßnahmen[43] ist nur die Strafe als bewusst trans-restitutiver Eingriff in die Rechtssphäre des Täters ausgestaltet. Sie soll in dem schönen Bild *Karl Bindings* „eine Wunde schlagen".[44] In diesem Sinne ist alles staatliche Strafen Übelszufügung[45] und bedeutet die „Leugnung des Übelscharakters der Strafe" nichts weniger „als die Leugnung des Strafbegriffs selbst."[46]

---

39 Siehe nur BGH, Urt. v. 1. 3. 1995 – 2 StR 691/94 – NStZ 1995,[10] S. 491 f. (491) sowie die zahllosen Nachw. bei *Geiger*, S. 304 f. (Fn. 989).

40 Siehe *Geiger*, S. 304 f., dessen Argumentation nichts hinzuzufügen ist.

41 Ausdr. *Geiger*, S. 310: Das „Bruttoprinzip [macht] den Verfall zur Strafe [...], wenn und soweit mehr als das netto Erlangte abgeschöpft wird."

42 *Geiger*, S. 308 m. zahlr. Nw. (Fn. 1014 f.). Anderenfalls würden „insgesamt mehr Strafzwecke verfolgt und bewirkt [...] als angemessen sind (Schuldüberschreitung)" bzw. könnte die Strafe nicht „in einer dem Schuldgrundsatz und dem Gleichheitsgebot genügenden Weise zugemessen werden."

43 Auch die Maßregeln der Besserung u. Sicherung entziehen dem Täter Freiheiten, die er nicht aus der die Maßregel veranlassenden Tat gezogen hat. Sie sind deshalb ebenfalls trans-restitutiv. Von der Strafe unterscheiden sie sich jedoch dadurch, dass sie prospektive Reaktion auf die begangene Straftat sind. Zutr. hat *Greco*, S. 301 f. u. S. 303 darauf hingewiesen, dass Maßregeln „zu einer Strafe" werden, sobald „sie den objektiven Sinn einer Reaktion auf vergangene Taten erreichen", was spätestens dann der Fall sei, wenn „allein die Begehung früherer Taten zu dem für die Gefährlichkeitsprognose tragenden Grund" werde.

44 *Binding*, Normen I, S. 170 (= Normen I,[2] S. 288): „Die Strafe *soll* eine Wunde schlagen, der Schadenersatz eine andere heilen, wenn möglich ohne eine zweite zu verursachen". Herv. im Original durch Sperrung.

45 Siehe nur BVerfG, Beschl. v. 3. 2. 1959 – 2 BvL 10/56 („*Reugeld*") – BVerfGE **9**, 137 ff. (144); *Jescheck/Weigend*, StrafR-AT,[5] § 8 I 2 b) (S. 65); *Meier*, Sanktionen,[5] 1.2 (S. 7) sowie die zahllosen Nachw. bei *Geiger*, S. 74 (Fn. 227).

Anm. 7.9: Dabei kann Strafe ein körperlich-sinnliches oder ein kommunikatives Übel sein,[47] wobei die kommunikative Übelsdimension i. R. d. Untersuchung keine Rolle spielt. Schon die Verurteilung und der vom Staat ausgesprochene Satz, der Täter habe eine Straftat begangen, kommuniziert eine Missbilligung, die ein rechtfertigungsbedürftiges Übel darstellt. Bei der Strafaussetzung zur Bewährung wird dieses Übel gar für groß genug gehalten, um auf die Zufügung eines körperlich-sinnlichen Übels verzichten zu können.[48]
Für den Bußgeldregress spielt das kommunikative Übel aber schon deshalb keine Rolle, weil es allenfalls[49] ein immaterieller Schaden i. S. d. § 253 Abs. 1 BGB wäre. Naturalrestitution nach § 249 Abs. 1 BGB ist insoweit nicht möglich. Wie sollte der – angeblich – letztverantwortliche Dritte den staatlichen Ausspruch, dass eine Straftat begangen worden sei, rückgängig machen? Möglich bliebe nur die Geldentschädigung nach § 251 Abs. 1 BGB, die bei immateriellen Schäden gem. § 253 Abs. 1 BGB nur in den gesetzlich bestimmten Fällen gefordert werden kann. Eine entsprechende Anordnung ist für das kommunikative Strafübel nicht zu finden, sodass es für die Regressfrage von vornherein uninteressant ist.

Um ein (körperlich-sinnliches) Übel zu sein, muss die Strafe – anders als die restitutiven Sanktionsmittel – „nicht die vor der Tat bestehende Rechtsordnung wiederherstellen, sondern bewußt und gezielt in die (vor der Tat bestehende) Rechtsstellung des Täters eingreifen.“[50] Sie entzieht dem Täter ganz

46 So *Jescheck/Weigend*, StrafR-AT,[5] § 8 I 2 b) (S. 65). Wenn *Roxin*, AT I,[4] § 3 Rn. 46 (Fn. 69) dem widerspricht, so wendet er sich nicht gegen den Übelscharakter der Strafe, sondern gegen dessen Ableitung aus der sozialen Missbilligung.

47 Ausf. zu dem Begriff, den verschiedenen Unterscheidungen u. den Konsequenzen des kommunikativen Übels *Greco*, S. 297 ff.

48 Im Ordnungswidrigkeitenrecht wird das kommunikative Übel als solches offenbar nicht für ausreichend gehalten. Vielmehr besteht i. R. d. §§ 89 ff. OWiG die Pflicht, die einmal festgesetzte (≅ kommunizierte) Geldbuße durch Beitreibung (§ 95) zu vollstrecken; das Opportunitätsprinzip greift insoweit nicht, statt aller *Krenberger/Krumm*, OWiG,[6] § 89 Rn. 20. Zur Ausnahme des § 95 Abs. 2 OWiG siehe dort § 95 Rn. 6.

49 Auch darüber könnte man auf Grundlage des hier entwickelten Schadensverständnisses trefflich streiten.

50 So treffend *Geiger*, S. 229, der die Unterscheidung von Verfall u. Strafe – ohne die hier entwickelte Terminologie – dadurch vornimmt (S. 230), dass ersterer die Gleichstellung mit u. letztere die Schlechterstellung des Täters gegenüber dem vortatlichen Zustand bezwecke.

bewusst solche Freiheiten,[51] die er nicht aus der Tat erlangt hat,[52] sondern die ihm schon vor Tatbegehung – sprich: zum Zeitpunkt der Sanktionsandrohung – zur Verfügung standen. Dadurch steht der Täter nach Aufdeckung der Tat und Vollstreckung der Strafe schlechter, als er ohne die Tatbegehung stünde; er erleidet ein wirkliches und als solches gewolltes Übel.

Anm. 7.10: Zur Vermeidung von Missverständnissen: Selbstverständlich gibt es Taten, aus denen der Täter keinen Vorteil erlangt. Weil dann mangels Tatertrags kein Resitutionsbedürfnis besteht, mag auch der Begriff des trans-restitutiven Übels insoweit missverständlich erscheinen. Gleichwohl ist es auch hier zutreffend, von der Strafe als einem trans-restitutiven Eingriff zu sprechen. Denn die Restitution ist von der Strafe streng zu unterscheiden. Sie hat „mit dem Grundgedanken der [Tagessatz-]Geldstrafe nichts zu tun".[53] Deshalb musste sie bei Einführung des Tagessatzsystems im (Kriminal-)Strafrecht in ein eigenständiges Instrument ausgelagert werden.[54] Im Ordnungswidrigkeitenrecht ist sie – wie bei der früheren Geldsummenstrafe[55] – über § 17 Abs. 4 OWiG noch heute in die kombinierte Sanktion der Geldbuße integriert, wo sie aber nur neben den in der Sanktionsnorm angedrohten Ahndungsteil treten kann.[56] Ob es als Antwort auf ein begangenes Delikt zusätzlich der Restitution bedarf, hängt allein davon ab, ob der Täter aus der Tat einen Gewinn gezogen hat. Ist ihm dieser durch Abschöpfungsinstrumente

51 Die Freiheitsstrafe entzieht ersichtlich die Fortbewegungsfreiheit. Geldstrafe u. -buße bezwecken nicht etwa den Geldverlust an sich, sondern beschränken die Freiheit durch erzwungenen u. zeitlich befristetem Konsumverzicht. Siehe für diese allg. Auff. nur *Albrecht*, in: NomosKomm-StGB[5] § 40 Rn. 7; *Radtke*, in: MünchKomm-StGB[4] § 40 Rn. 11 u. *v. Selle*, S. 75 ff. jew. m. w. N. Weitere Details bei *Meier*, Sanktionen[5] 2.1.1 (S. 16).

52 Anderenfalls würde die Strafe keine schmerzhafte Wunde in das Fleisch des Täters schlagen, sondern schlicht das schützende Polster der Taterträge treffen u. als Schmälerung des Tatertrages wahrgenommen. Bevor also die Strafe wirken kann, muss dem Täter genommen werden, was er aus der Tat erlangt hat. Diese Aufgabe übernehmen die reaktiv-retrospektiven u. restitutiven Maßnahmen, sprich: der zivilrechtliche Schadenersatz, das Bereicherungsrecht u. die Institute der strafrechtlichen Gewinnabschöpfung.

53 *Gallas,* in: NdSchr. GrStrKomm, Bd. I[8] S. 179 (re. Sp.).

54 Siehe dazu noch § 9 B. III. 2. (S. 300).

55 Siehe § 27c Abs. 2 StGB i. d. F. des Art. I der Verordnung über Vermögensstrafen und Bußen v. 6. 2. 1924 (VermStrafen-VO), RGBl. I[7] S. 44 (44): „Die Geldstrafe soll das Entgelt, das der Täter für die Tat empfangen, und den Gewinn, den er aus der Tat gezogen hat, übersteigen." — Abs. 3: „Reicht das gesetzliche Höchstmaß hierzu nicht aus, so darf es überschritten werden."

56 Die Einziehung des Tatertrages nach § 29a OWiG sieht in Abs. 1 gerade vor, dass wegen der Tat eine Geldbuße gegen Täter nicht festgesetzt worden ist. Die isolierte Restitution setzt danach den Verzicht auf oder die Unmöglichkeit der Strafe i. w. S. voraus.

entzogen worden, steht er, wie er vor Tatbegehung stand – sprich: gleich dem Täter einer Gewinn-neutralen Tat. In dieser Situation führt die Zufügung eines beliebigen Übels dazu, dass sich seine Rechtsstellung gegenüber dem ursprünglichen Zustand verschlechtert. Unabhängig von dem Hinzutreten einer restitutiven Maßnahme ist deshalb jede Strafe trans-restitutiv.

4. Zwischenergebnis

Die Zufügung von Strafe ist danach eine Maßnahme, die reaktiv-retrospektiv und trans-restitutiv in die Rechtsstellung Täters eingreift. Wer dies mit nur minimalem Verlust an Genauigkeit in deutsche Worte fassen möchte, kann von einer zurückschlagenden (≅ reaktiv-restitutiven) Zufügung eines (trans-restitutiven) Übels sprechen. Damit ist zugleich erfasst, was der Begriff der Repression – in vermeintlicher Abgrenzung zur Prävention – sagen möchte. Mit diesem Begriffsverständnis lässt sich nun nachvollziehen, wie das Strafrecht im weiteren Sinne zum Güterschutz beiträgt.

II. Sanktionsandrohung und Sanktionszufügung

Die spezifisch ordnungswidrigkeitenrechtliche Sanktionsnorm stellt zur Erfüllung der Aufgabe des Güterschutzes verschiedene Mittel zur Verfügung. Je nachdem, wie kleinteilig man dabei vorgeht, lassen sich in der zeitlichen Abfolge verschiedene Ebenen unterscheiden. Für die Zwecke dieser Untersuchung genügen hier zwei Ebenen:[1] Die Androhung der Geldbuße einerseits und die Zufügung des angedrohten Bußgeldübels andererseits.

Wenn Strafe[2] aber – wie eben gezeigt – die zurückschlagende Zufügung eines Übels ist, stellt sich die Frage, wie eine nachträgliche Übelszufügung zum – logisch nur präventiv denkbaren – Güterschutz soll beitragen können. Als Reaktion auf die zurückliegende Verletzung eines Rechtsgutes käme die Sanktion zum Schutze des Rechtsgutes notwendig zu spät.[3] Dem Übel der Rechtsgutsverletzung durch den Täter würde das Sanktionsübel beim Täter

---

1 Wer etwa wie *Radtke*, in: MünchKomm-StGB[4] Vor § 38 Rn. 28 bei der Übelszufügung zwischen Festsetzung u. Vollstreckung des Übels unterscheidet, erreicht drei Ebenen. Wer weiter die Verfolgung u. die Aufklärung der begangenen Tat als eigene potentielle Grundrechtseingriffe deuten möchte, käme zu noch feineren Untergliederungen.

2 Auch hier u. im Folgenden ist mit dem Begriff der Strafe die Strafe i. w. S. u. damit auch die Geldbuße gemeint.

hinzugefügt,[4] ohne dass das verletzte Rechtsgut dadurch wiederhergestellt würde.[5]

Zur Beantwortung dieser Frage ist es notwendig, zwischen der Androhung und der Zufügung des Sanktionsübels zu unterscheiden und deren jeweiligen Zweck klar zu benennen. Dabei soll den unzähligen Darstellungen[6] um den Jahrtausende-alten und etwas unglücklich bezeichneten[7] Streit um Strafzwecke und Strafzwecktheorien hier keine weitere hinzugefügt werden. Die insoweit wesentlichen Fragen hat *Greco* in seinem monumentalen Werk so beeindruckend und präzise beantwortet,[8] dass das Ergebnis seines ohnehin kaum zu überbietenden Gedankenganges hier nur kurz wiedergeben und der Untersuchung im Folgenden zu Grunde gelegt werden soll.[9]

Anm. 7.11: Wertvoll ist die Unterscheidung bei *Greco* zwischen Zwecken erster Ordnung (≅ Endzwecken)[10] und Zwecken zweiter Ordnung (≅ mittleren Zwe-

---

3 *Freund/Rostalski*, StrafR-AT[3] § 1 Rn. 29: „Wenn Strafe verhängt wird, ‚ist das Kind schon in den Brunnen gefallen'".

4 Vgl. nur *Jakobs*, StrafR-AT[2] 1. Abschn., Rn. 3 u. *Roxin*, AT I[4] § 3 Rn. 8.

5 *Freund/Rostalski*, StrafR-AT[3] § 1 Rn. 29: „Die Bestrafung des Mörders macht das Opfer nicht wieder lebendig. Durch die Bestrafung des Täters einer Sachbeschädigung wird die zerstörte Vase nicht wieder heil."

6 So anspruchsvoll wie herausragend die Darstellung bei *Greco*, S. 202 ff., die auch in Zukunft nur schwer zu überbieten sein dürfte. Kürzere Abhandlungen etwa bei *Jakobs*, StrafR-AT[2] 1. Abschn., Rn. 17 ff.; *Jescheck/Weigend*, StrafR-AT[5] § 8 II (S. 66 ff.); *Meier*, Sanktionen[5] 2.1.2 (S. 17 ff.) u. *Roxin*, AT I[4] § 3 Rn. 2 ff.

7 Siehe etwa *Radtke*, in: MünchKomm-StGB[4] Vor § 38 Rn. 28, der mit Recht bemängelt, dass „die übliche Rede- und Schreibweise von den ‚Strafzwecken' und den ‚Straf(zweck)theorien'" vor dem Hintergrund der Güterschutzaufgabe des Strafrechts „das eigentliche Gemeinte nicht" treffe. Vielmehr sei die „über ‚Strafzwecke' oder ‚Straftheorien' geführte *Diskussion* [...] eine solche *über die Wirkungsweise der Kriminalstrafe.*" Herv. im Original durch Fettdruck. Auch *Greco*, S. 203 kritisiert, dass „Begriffe wie Sinn, Zweck, Grund oder Aufgabe ohne nähere Bestimmung ziemlich unverbindlich nebeneinander benutzt" werden „und auch bei der Diskussion einzelner Lehren, wie der Vergeltungs- oder der Resozialisierungstheorie, [...] keineswegs von vornherein klar" sei, „was man unter diesen Begriffen zu verstehen" habe.

8 Siehe *Greco*, S. 354 ff. zum Zweck der Strafandrohung u. S. 420 ff. zum Zweck der Strafzufügung.

9 Die Wiedergabe kann freilich nur in äußerst verkürzter Form erfolgen. Soweit naheliegende Einwände im Folgenden erkannt werden, sei auf die entsprechende Stelle bei *Greco* verwiesen. Gleichwohl führt kaum ein Weg daran vorbei, den ohnehin lesenswerten Gedankengang *Grecos* anhand des Originals nachzuvollziehen.

10 Die Redeweise von einem Endzweck oder einem Zweck erster Ordnung des Strafrechts ist insoweit ungenau, als das Strafrecht seinerseits kein Selbstzweck ist. Viel-

cken).[11] Endzweck des Strafrechts bzw. Zweck erster Ordnung ist der – auch hier[12] entwickelte – Schutz von Rechtsgütern durch Deliktsvermeidung.[13] Das bedeutet, dass auch Sanktionsandrohung und -zufügung als Einzelinstrumente des Strafrechts nur diesem Zweck dienen können.[14] Wenn deshalb nach dem Zweck der Sanktion selbst – sprich: der Sanktion, die im konkreten Einzelfall verhängt und vollstreckt wird – gefragt wird,[15] so kann damit nur ein anderer Zweck, ein solcher zweiter Ordnung gemeint sein. Hier geht es nicht um den „Endzweck, sondern [um den] Weg dahin – die Frage also, ob Rechtsgüter über eine Einwirkung auf die Allgemeinheit oder auf den zu bestrafenden Täter zu schützen sind."[16] Wer also nach den Zwecken von Sanktionsandrohung und -zufügung fragt, stellt in diesem Sinne die Frage nach den Zwecken zweiter Ordnung.[17]

1. Zweck der Sanktionsandrohung

Den Zweck der Strafandrohung sieht *Greco* in der allgemeinen Abschreckung.[18] Dabei ist Abschreckung nicht im psychologischen Sinne *Feuer-*

---

mehr ist die Deliktsvorbeugung ihrerseits Mittel zum übergeordneten (End-)Zweck der Sozialkontrolle, die – unmittelbar oder mittelbar – ihrerseits Mittel zum (wirklichen) Endzweck der Rechtsordnung selbst ist. Gleichwohl hilft die Unterscheidung u. soll sie – den genannten Vorbehalt vor Augen – im Folgenden beibehalten werden.

11 Diese Terminologie wird bei *Greco*, S. 303 f. eingeführt. Er verweist dabei (Fn. 433) u. a. auf *Roßhirt*, S. 20 f., der seinerseits zwischen (End-)Zweck, Rechtsgrund u. Maßstab der Strafe unterschied. Auch *Appel*, Verfassung u. Strafe, S. 73 sieht die „sogenannten Strafzwecke [...] nicht als eigenständige Ziele, sondern lediglich als Zwischenziele (Mittel) zu dem letztendlichen Ziel des Rechtsgüterschutzes."

12 Zur Aufgabe des Ordnungswidrigkeitenrechts als Strafrecht i. w. S. bereits oben § 9 B. III. 2. (S. 300).

13 Vgl. *Greco*, S. 354.

14 Treffend *Appel*, Verfassung u. Strafe, S. 73 m. zahlr. Nw. (Fn. 65 f.) zur Rspr. des BVerfG: „Ist Aufgabe [...] des Strafrechts [...] der Schutz" von Rechtsgütern, „kann Strafe nicht nur kein Selbstzweck sein", sondern „darüber hinaus von vornherein [nur] im Dienst des letztendlich angestrebten Rechtsgüterschutzes" stehen.

15 Siehe statt vieler *Roxin*, AT I[4] § 3 Rn. 1: „Von der Aufgabe des Strafrechts [...] ist der Zweck der im konkreten Fall zu verhängenden Strafe zu unterscheiden." Zutr. weist auch er darauf hin, dass der Zweck der Strafe „freilich – was oft nicht genügend beachtet wird – immer auf den dahinter stehenden Zweck des Strafrechts bezogen bleiben muss."

16 *Greco*, S. 354. Ganz in diesem Sinne auch *Radtke*, in: MünchKomm-StGB[4] Vor § 38 Rn. 28.

17 Siehe auch die entsprechenden Abschnittsüberschriften bei *Greco*, S. 354 u. S. 420.

18 Siehe *Greco*, S. 354 ff. mit einem Fazit auf S. 419. Namhafte Mitstreiter für eine auf dem Abschreckungsgedanken u. deshalb der negativen Generalprävention be-

bachs zu verstehen.[19] Es geht nicht darum, durch Erregung von Furcht vor einem künftigen Übel auf die moralische Gesinnung des Täters über Recht und Unrecht einzuwirken. Zwar ist die moralische Gesinnung der Bürger dem staatlichen Zugriff nicht vollends entzogen.[20] Wohl aber ist es dem Staat verwehrt, durch den Einsatz von Strafe – als der intensivsten Form des Zwanges – auf sie einzuwirken.[21] Solange der einzelne Bürger sein Verhalten an den Maßstäben des Rechts ausrichtet, darf er – frei nach *Schillers* Don Carlos[22] – moralisch für richtig halten und denken, was er will. Will der Staat mit Zwang auf rechtskonformes Verhalten seiner Bürger hinwirken, so ist er darauf beschränkt, andere Gründe nicht-moralischer Art vorzugeben.[23]

Zutreffend ist deshalb der von *Greco* entwickelte funktional-prudentielle Abschreckungsbegriff.[24] Abschreckung ist danach die „allgemeine Bekanntmachung von klugheitsbezogenen [...] Gründen für rechtmäßiges Verhalten".[25] In maximaler Verkürzung geht es um die Bildung der „Maxime [...], das Gesetz aus Klugheit nicht zu verletzten."[26] Der Allgemeinheit – als der Summe potentieller Täter – wird ein Grund (an-)gegeben, sich (nicht) auf eine bestimmte Art und Weise zu verhalten. Nicht die moralische Richtigkeit der gewünschten Verhaltensweise steht im Vordergrund, sondern die Tatsache, dass bei abweichendem Verhalten mit unerwünschten Konsequenzen gerechnet werden muss. Wer sich bezogen auf das Strafrecht unklug – sprich: trotz Androhung des Übels nicht rechtskonform – verhalten will, muss mit „Ärger mit der Polizei"[27] oder gar der Zufügung des angedrohten Übels rechnen. Ob

ruhende Strafandrohungstheorie im In- u. Ausland hat er auf S. 354 f. (Fn. 673 ff.) zusammengestellt.

19 *Greco*, S. 356 ff. zu den Gründen, die gegen einen psychologischen Abschreckungsbegriff sprechen.

20 Zweifellos sei es dem Staat erlaubt, durch Plakatwerbung auf die Unzulässigkeit des Schwarzfahrens hinzuweisen, *Greco*, S. 389 f.

21 In aller Deutlichkeit *Greco*, S. 401: „Die Moralität der Bürger geht den Staat nichts an".

22 3. Akt, 10. Auftritt – Der Marquis von Posa zum König: „Geben Sie Gedankenfreiheit."

23 Dazu u. zum Vorstehenden *Greco*, S. 357 f.

24 *Greco*, S. 358 f. u. ö.

25 *Greco*, S. 361. Die zitierte Stelle ist im Original kursiv hervorgehoben. Ähnlich auch zuvor auf S. 359.

26 So *E. Klein*, ArchCrimR 2^4 (1802), S. 56 (111), dem *Greco*, S. 357 „meisterhaft[e] Kürze" attestiert.

27 Gestützt auf die Alltagserfahrung weist *Greco*, S. 432 darauf hin, „dass schon der Gedanke, ‚Ärger mit der Polizei' zu vermeiden, als Klugheitsgrund, keine Straftat zu begehen, häufig genau so stark wirkt wie der Gedanke, Strafe zu vermeiden."

das erwartete Verhalten dann an den Tag gelegt wird, weil es moralisch für richtig erachtet wird oder weil die unangenehmen Konsequenzen vermieden werden sollen, ist irrelevant.[28]

Auf Grundlage des so verstandenen Abschreckungsbegriffs lässt sich der Zweck der Strafandrohung leicht erklären:[29] Das Strafrecht soll als Endzweck den Schutz von Rechtsgütern erreichen (Güterschutz). Deshalb müssen bestimmte Handlungen, die solche Rechtsgüter verletzen oder gefährden, unterbunden werden (Deliktsvermeidung). Weil die zu diesem Zwecke aufgestellten primären Verhaltensnormen „in einer Gemeinschaft unvollkommener Wesen, wie sie die Menschen nun einmal sind",[30] nicht von allen und nicht von sich aus eingehalten werden, muss ihnen durch sekundäre Sanktionsnormen Nachdruck verliehen werden. In diesen wird der Allgemeinheit durch die Androhung eines Übels deutlich gemacht, dass es jedenfalls unklug wäre, die aufgestellten Verhaltensregeln zu missachten. Denn durch die Sanktionsnorm wird allgemein bekanntgegeben,[31] dass auf eine solche Missachtung mit der Zufügung des angedrohten Übels reagiert werden wird. Diese Androhung eines unerwünschten Übels soll – in einem funktionalen Sinne – abschreckend wirken und der Begehung von Delikten vorbeugen.

2. Zweck der Sanktionszufügung

Die Sanktionsandrohung hat danach den Zweck, der Allgemeinheit zu verdeutlichen, dass die Nichteinhaltung der rechtlichen Vorgaben unklug wäre. Dem liegt die nachvollziehbare Erwartung zugrunde, schon die Angabe solcher klugheitsbezogener Gründe werde die Anzahl der begangenen Delikte verringern. Gleichwohl wird es in der menschlichen „Gemeinschaft unvoll-

28 Siehe hierzu u. zum Vorstehenden *Greco*, S. 359.

29 In diesem Absatz wird die Begründung bei *Greco*, S. 362 wiedergegeben. Er hat sie in der Folge gegen alle nur denkbaren empirischen (S. 363 ff.) u. normativen (S. 377 ff.) Einwände verteidigt u. schließlich nachgewiesen (S. 396 ff.), dass auch die positive Generalprävention – als aussichtsreichste straftheoretische Gegenkandidatin der h. M. – kein tauglicher Stafandrohungszweck ist.

30 So *Schultz*, JZ 1966, S. 113 (114), für den Strafe in dieser Gemeinschaft „kein metaphysisches Geschehen, noch ein Verwirklichung der Sittlichkeit, sondern eine bittere Notwendigkeit" ist.

31 Voraussetzung für die Abschreckungswirkung des Klugheitsappels ist freilich, dass die Sanktionsandrohung allgemein bekannt gemacht wird. Auf diese Notwendigkeit hat *Greco*, S. 360 f. hingewiesen u. darauf gestützt eine „Mahnung an den Staat" formuliert, „sich um die Bekanntmachung der Gesetze zu bemühen."

kommener Wesen"[32] immer dazu kommen, dass – der Übelsandrohung zum Trotz – Delikte begangen werden.[33] Das führt zu der Frage, ob und weshalb in diesen Fällen das angedrohte Übel auch tatsächlich zugefügt werden soll.[34]

Die Antwort ist seit *Feuerbach* so überzeugend wie einfach:[35] Das Übel muss im Einzelfall zugefügt werden, schon um deutlich zu machen, dass man es mit der Androhung im Allgemeinen ernst gemeint hat und auch künftig ernst meinen wird. Die Übelszufügung beweist insoweit die Wirklichkeit der Übelsandrohung.[36]

Die Gegenprobe verdeutlicht dies:[37] Würde das für den Fall der Zuwiderhandlung angedrohte Übel im Falle der Zuwiderhandlung nicht zugefügt, so würde sich die Androhung als leere Drohung erweisen. Das Versprechen, auf unerwünschtes Verhalten mit unerwünschten Konsequenzen zu reagieren, würde nicht eingehalten. Schon die Alltagserfahrung lehrt, was geschieht, wenn Versprechen wiederholt nicht eingehalten und die Androhung von Konsequenzen sich wiederholt als leere Drohung erweist. Langsam aber sicher wird sich erst die Erkenntnis und später die Gewissheit durchsetzen, dass es

---

32 *Schultz*, JZ 1966, S. 113 (114).

33 Den naheliegenden Einwand, wegen der tatsächlichen Begehung von Delikten trotz Sanktionsandrohung ließe sich die Abschreckungswirkung empirisch widerlegen, hat *Greco*, S. 372 ff. überzeugend u. erschöpfend entkräftet.

34 Diese Fragen stellt u. beantwortet *Greco*, S. 420 f.

35 In seinen eigenen Worten *Feuerbach*, Revision I, S. 50: „Damit die Drohung des Gesetzes eine wirkliche Drohung sey; so muß sie, wenn der bedingte Fall eintritt, wirklich ausgeführt, das Uebel wirklich vollzogen werden." Ähnlich auch in: Anti-Hobbes, S. 226. Ausf. Auswertung der Originaltexte m. zahlr. Nw. bei *Greco*, S. 45 f.

36 Siehe *Greco*, S. 421, der den so verstandenen Zweck der Strafzufügung erschöpfend u. überzeugend gegen alle denkbaren empirischen Einwände verteidigt hat (S. 421 ff.). Darüber hinaus konnte er ebenso überzeugend zeigen, dass sich die Zufügung des Sanktionsübels nicht mit den spezialpräventiven Zwecken von Besserung u. Resozialisierung (S. 435 ff.) oder der Unschädlichmachung (S. 449 ff.), noch mit der positiven Generalprävention (S. 453 ff.), noch mit einer wie auch immer verstandenen Vergeltung (S. 458 ff.) begründen lässt. Die Ablehnung dieser Theorien als normative Rechtfertigung der Strafe bedeutet freilich nicht, „dass sie nicht als deskriptive Theorie der Beschreibung und Erklärung der Strafe funktionieren können", *Greco*, S. 458 zur positiven Generalprävention.

37 Siehe – auch zum Folgenden – *Greco*, S. 420. Ganz in diesem Sinne auch *Hillenkamp*, in: FS Lackner (1987), S. 455 (461): Wenn „der abstrakten Mißbilligung durch das Gesetz und dem konkreten sozial-ethischen Unwerturteil nicht wenigstens im Regelfall das persönliche Strafübel folgt, müssen Zweifel an Ernst und Endgültigkeit der Strafe die Verbindlichkeit der Norm [...] gefährden." Zust. *Holly/Friedhofen*, NZA 1992, S. 145 (149).

mit dem Versprochenen und der Bereitschaft zur tatsächlichen Übelszufügung nicht allzu weit her ist.

Wird die Übelsandrohung aber als zahnloser Tiger wahrgenommen, weil mit dem angedrohten Übel nicht wirklich zu rechnen ist, so hätte das fatale Auswirkungen: Die leere Drohung mit einem Übel wäre kein klugheitsbezogener Grund mehr, die primäre Verhaltensnorm einzuhalten. Denn so klug es sein mag, zur Vermeidung eines wirklich zu befürchtenden Übels auf einen rechtswidrigen Sondervorteil zu verzichten, so unklug wäre dieser Verzicht, wenn das angedrohte Übel mit Sicherheit nicht zugefügt wird. Der – konstante[38] – Verzicht auf Übelszufügung würde deshalb die Abschreckungswirkung der Sanktionsandrohung abschwächen, wenn nicht gar zunichte machen.

3. Zusammenspiel von Androhung und Zufügung

Kurzum: Die Übelsandrohung will verdeutlichen, dass es unklug wäre, künftig gegen die Verhaltensnorm zu verstoßen. Dann muss die Gelegenheit des begangenen Verhaltensnormverstoßes genutzt werden, um durch die Zufügung des Übels zu zeigen, dass das konkrete Verhalten tatsächlich unklug war. Die Zufügung des Übels ist damit das Rückgrat der Übelsandrohung. Es wird zugefügt, um die Zwecke zu *bewirken*, die mit seiner Androhung *verfolgt* werden.[39]

Anm. 7.12: Der so verstandene Zweck der Sanktionszufügung dürfte auch dann anschlussfähig sein, wenn man den Zweck der Übelsandrohung nicht in der negativen, sondern der positiven Generalprävention erblicken oder einer wie auch immer gearteten Vereinigungstheorie den Vorzug geben mag. Worin auch immer der Zweck der Androhung besteht: Er wird verfehlt, wenn die Übelsandrohung mangels Übelszufügung eine leere Drohung bleibt.[40] Differenzen hinsichtlich der zugrundeliegenden Straftheorie dürften deshalb vorwiegend die Ebene der Sanktionsandrohung, nicht aber der – für die Regressfrage letztlich entscheidenden – Sanktionszufügung betreffen.

---

38 Die naheliegenden Einwände, dass es zur Gewährleistung der Abschreckungswirkung genügen würde, die Sanktion nicht immer, sondern nur gelegentlich zuzufügen, u. dass die Unmöglichkeit der Ahndung in den Dunkelziffer-Fällen die Abschreckungswirkung empirisch widerlegen müsste, hat *Greco*, S. 421 ff. u. S. 425 ff. aufgegriffen u. erschöpfend entkräftet.

39 Vgl. *Geiger*, S. 28.

40 Vgl. die Einschätzung bei *Hillenkamp*, in: FS Lackner (1987), S. 455 (461), „daß jeder denkbar legitime Strafzweck empfindlich litte, wenn nach dem Urteil nichts mehr dafür bürgte, daß den Verurteilten die Strafe höchstpersönlich trifft.“

III. Prävention durch Repression

Damit lässt sich auch die oben aufgeworfene Frage beantworten. Die nachträgliche Übelszufügung kann sehr wohl zu dem logisch nur vorbeugend denkbaren Güterschutz beitragen. Das erfordert das ineinandergreifende Zusammenspiel von Verhaltens- und Sanktionsnorm, sowie bei letzterer das ineinandergreifende Zusammenspiel von (proaktiver) Androhung und (reaktiver) Zufügung des Sanktionsübels.

Die primäre Verhaltensnorm will Rechtsgüter schützen, indem sie (proaktiv) güterschützende Ge- und Verbote aufstellt. Damit diese primären Verhaltensnormen Beachtung finden, werden sie durch sekundäre Sanktionsnormen abgesichert. Im Falle des Strafrechts im weiteren Sinne drohen diese (proaktiv) an, dass auf den künftigen Verhaltensnormverstoß mit der Zufügung eines Übels reagiert wird. Diese Androhung soll verdeutlichen, dass es unklug wäre, die Verhaltensnorm nicht einzuhalten. Wird gleichwohl gegen ein Verhaltensverbot verstoßen, so muss die Rechtsordnung Farbe bekennen: Das Übel muss nachträglich (reaktiv) zugefügt werden, um zu beweisen, dass der begangene Verstoß tatsächlich unklug war. Damit wird durch die Zufügung eines nachträglichen und zurückschauenden Übels verdeutlicht, dass die vorausschauende und vor Begehung der Tat ausgesprochene Übelsandrohung tatsächlich ernst gemeint war und ist. Die Übelszufügung stärkt folglich den Glauben in die Wirklichkeit der Übelsandrohung. Die Zufügung des Übels im Einzelfall verleiht der Androhung des Übels im Allgemeinen den Biss, der nötig ist, damit die Übelsandrohung der primären Verhaltensnorm Nachdruck verleihen kann. Auf diesem Wege trägt die nachträgliche Übelszufügung zum vorbeugenden Güterschutz bei.

D. Ergebnis

Die Aufgabe des Ordnungswidrigkeitenrechts besteht demnach im subsidiären Schutz von Rechtsgütern. Es kommt zum Einsatz, wenn und soweit sich der Güterschutz nicht mit weniger eingriffsintensiven gesetzgeberischen Instrumenten gewährleisten lässt. Die Bewehrung einer Verhaltensnorm mit einer ordnungswidrigkeitenrechtlichen Sanktionsnorm – sprich: einer solchen, die Ahndung mit Geldbuße androht – ist danach das Reaktionsmittel für menschliches Fehlverhalten, dem wegen seiner Gefährlichkeit für das geschützte Rechtsgut zum Schutz der öffentlichen Ordnung mit einer hoheitlichen reaktiv-retrospektiven und trans-restitutiven Sanktion begegnet werden muss, ohne dass es den hohen Grad an Verwerflichkeit aufweisen würde, der eine Kriminalstrafe erfordern würde oder wenigstens rechtfertigen könnte.[41]

Die Wirkungsweise des Ordnungswidrigkeitenrechts beruht auf dem ineinandergreifenden Zusammenspiel zweier Normensysteme, von denen das Ordnungswidrigkeitenrecht die sekundäre Ebene betrifft. Die Verhaltensnormen des primären Normsystems legen fest, welche Rechtsgüter geschützt werden sollen, indem sie gewisse Verhaltensweisen ge- oder verbieten. Zur Einhaltung dieser primären Ordnung drohen die ordnungswidrigkeitenrechtlichen Sanktionsnormen für den Fall der Zuwiderhandlung die Ahndung mit einer Geldbuße an. Der Allgemeinheit soll verdeutlicht werden, dass der Verstoß gegen die Verhaltensnorm unklug wäre, weil dann mit dem unerwünschten und zwangsweise auferlegten Übel der Geldbuße gerechnet werden muss. Damit sich diese Androhung nicht als leere Drohung erweist, muss das angedrohte Übel im Fall der Zuwiderhandlung tatsächlich auch zugefügt werden. Die zurückschlagende Übelszufügung verdeutlicht insoweit die Wirklichkeit der Übelsandrohung. Am Beispiel des einzelnen Täters wird ein Exempel statuiert, um zu zeigen, dass man es mit der Sanktionsnorm ernst meint. Es wird der Nachweis erbracht, dass der begangene Verhaltensnormverstoß tatsächlich unklug war und künftig sein wird, weil das angedrohte Übel auf dem Fuße folgt. In diesem Sinne bewirkt die nachträgliche Übelszufügung präventiven Güterschutz, weil sie die Abschreckungswirkung der Sanktionsandrohung gewährleistet, die ihrerseits der Einhaltung der primären Verhaltensnormen den nötigen Nachdruck verleiht. Kurzum: Die Zufügung des ordnungswidrigkeitenrechtenrechtlichen Sanktionsübels durch Vollstreckung der Geldbuße bewirkt präventiven Güterschutz durch Repression.

41 In Anlehnung an *Jescheck/Weigend*, StrafR-AT[5] § 7 V 3 b) (S. 58 f.), die damit Ordnungswidrigkeiten von Straftaten abgrenzen.

§ 8 Text-interne Auslegung

Hermeneutik ist die Kunst, aus einem Text herauszukriegen, was nicht drinsteht: wozu – wenn man doch den Text hat – bräuchte man sie sonst?

Odo *Marquard*
(deutscher Philosoph)
Philosophisches Jahrbuch 88[1] (1981), S. 1 (1)

Stehen Aufgabe und Wirkungsweise des Ordnungswidrigkeitenrechts fest, kann nun der Blick auf die Verbandsgeldbuße des § 30 OWiG gerichtet werden. Vor dem Hintergrund der typischen Wirkungsweise des Ordnungswidrigkeitenrechts kann und muss untersucht werden, welchen Beitrag die Verbandssanktion zum präventiven Güterschutz durch Repression leistet. Dazu müssen deren Zweck und Mechanismus im Wege der Auslegung herausgearbeitet werden. In diesem Kapitel soll insoweit die Text-interne, in den nächsten beiden Kapiteln die Text-externe Auslegung erfolgen.[1]

Die Text-interne Auslegung wird sich – soviel sei an dieser Stelle vorweggenommen – als wenig ergiebig erweisen. Die wesentlichen Erkenntnisse werden die Vorgeschichte (§ 9) und die Gesetzgebungsmaterialien zu § 26 OWiG_{68} (§ 10) hervorbringen. Das erlaubt im Folgenden gewisse Beschränkungen: Es soll hier nicht darum gehen, jedem Einzelaspekt des sehr umfangreichen § 30 OWiG auf den Grund zu gehen. Vielmehr soll es genügen, die vorsichtigen Hinweise aufzuzeigen, die dem Wortlaut und der Systematik der Regelung bezogen auf die Möglichkeit eines Bußgeldregresses entnommen werden können. Für dessen grundsätzliche Zulässigkeit kann die Vorschrift nur zwei mögliche Aussagen treffen: Entweder bezweckt § 30 OWiG, dass die darin vorgesehene Vermögenslast unter den genannten Voraussetzungen die juristische Person selbst und endgültig treffen soll. Dann würde jede – auch nur teilweise – zivilrechtliche Ablenkung dieser Vermögenslast auf das handelnde Vorstandsmitglied die gesetzgeberische Wertung unzulässig überspielen und dürfte diese nicht als zivilrechtlicher Schaden qualifiziert

1 Die Unterscheidung von Text-interner u. Text-externer Auslegung folgt *Looschelders/W. Roth*, S. 130 ff. Zur Unterscheidung von historischer u. genetischer Auslegung *Engisch*, Einführung,[12] Kap. IV (S. 120 in Fn. 40) u. *Looschelders/W. Roth*, S. 153 ff., insb. S. 155 Fn. 8 jew. m. w. N.

werden. Umgekehrt kann es Zweck der Vorschrift sein, den Verband nur vorübergehend mit dem vollen Nachteil der Verbandsgeldbuße zu belasten, deren gerechte Aufteilung auf den Verband und die in ihm verbundenen natürlichen Personen im Wege – vollständiger oder teilweiser – zivilrechtlicher Umverteilung erfolgen kann oder soll. Eine sanktionsrechtliche Wertung würde durch den Bußgeldregress dann nicht überspielt. Der Vermögensnachteil dürfte als zivilrechtlicher Schaden qualifiziert werden.

A. Wortlaut

Ausgangspunkt ist der Gesetzeswortlaut. Bei gänzlich unbefangener Lektüre lässt sich dem Wortlaut keine eindeutige Aussage entlocken. Gleichwohl lassen gewisse Umformungen, die bereits in den Grenzbereich zwischen Wortlautauslegung und plausibilisierender Einlegung führen, erste Tendenzen gegen die Zulässigkeit des Bußgelregresses erkennen.

I. Vorbereitung des Wortlauts

Nach – dem nicht gerade handlichen – § 30 Abs. 1 OWiG „kann gegen [die juristische Person] eine Geldbuße festgesetzt werden“, wenn vier Voraussetzungen vorliegen: Ein tauglicher Täter muss eine Anknüpfungstat begangen haben, die verbands- und vertretungsbezogen war.[2]

Tauglicher Täter ist nach der Generalklausel[3] der Nr. 5 jede natürliche Person mit Leitungsverantwortung.[4] Dazu gehört auch das einzelne Vorstandsmitglied, das als Mitglied des vertretungsberechtigten Organs Vorstand (§ 73 Abs. 1 Satz 1 AktG) schon tauglicher Täter i. S. d. Nr. 1[5] ist.[6]

Der taugliche Täter muss eine Anknüpfungstat begangen haben. Diese kann Straftat oder Ordnungswidrigkeit sein. Sie muss darüber hinaus einen Verbands- und einen Vertretungsbezug aufweisen. Der Verbandsbezug wird

2 Zu den Voraussetzungen des § 30 Abs. 1 OWiG bereits oben § 2 A. (S. 43).

3 Von einer solchen spricht *Niesler*, in: Graf/Jäger/Wittig^{2}, § 30 OWiG Rn. 27.

4 § 30 Abs. 1 Nr. 5 OWiG: „sonstige Person, die für die Leitung des [...] Unternehmens einer juristischen Person [...] verantwortlich handelt [...].“

5 § 30 Abs. 1 Nr. 1 OWiG: „als vertretungsberechtigtes Organ einer juristischen Person oder als Mitglied eines solchen Organs, [...].“

6 Zum Verhältnis zwischen Nr. 5 u. den Nr. 1–4 des § 30 Abs. 1 OWiG siehe BT-Drs. 14/8998, S. 11 (re. Sp.). Dazu auch *Achenbach*, NZWiSt 2012^{9}, S. 321 (323).

mit Blick auf die Anknüpfungstat selbst ermittelt und kommt in zweierlei Fällen in Betracht: Entweder werden durch die Anknüpfungstat Pflichten verletzt, welche die juristische Person als solche treffen; oder die Tat hat eine Bereicherung der juristischen Person zum Zweck oder zur Folge.[7] Dann kommt es auf die Verletzung verbandsbezogener Pflichten nicht mehr an.[8] Der Vertretungsbezug verlangt eine weitere Verknüpfung zwischen Täter, Tat und Verband. Eine verbandsbezogene Anknüpfungstat berechtigt zur Festsetzung einer Verbandsgeldbuße nur, wenn die natürliche Person sie „als“ tauglicher Täter begangen hat.[9]

In gestraffter und auf die hier interessierenden Fälle gemünzter Form lautet § 30 Abs. 1 OWiG daher: Hat ein Vorstandsmitglied eine verbandsbezogene Straftat oder Ordnungswidrigkeit mit Vertretungsbezug begangen, so kann gegen die Aktiengesellschaft eine Geldbuße festgesetzt werden.

II. Ausgangslage: ambivalenter Wortlaut

Damit alleine ist für die Möglichkeit des Bußgeldregresses noch wenig gewonnen. Der Rechtsfolgenausspruch „kann gegen [die juristische Person] eine Geldbuße festgesetzt werden“ lässt sich in beide oben[10] aufgezeigten Richtungen vervollständigen. Da die Vorschrift die Festsetzung explizit gegen die juristische Person ermöglicht, könnte die gedachte Fortsetzung lauten: „[...], die endgültig das Vermögen der juristischen Person treffen soll.“ Weil aber diese Rechtsfolge Konsequenz des Fehlverhaltens einer natürlichen Person ist, könnte die Fortsetzung ebenso lauten: „[...], die im Wege zivilrechtlichen Schadensausgleichs auf den Verband und die in ihm verbundenen Personen aufgeteilt werden soll“. Eine direkte Aussage für oder gegen die Zulässigkeit einer zivilrechtlichen Nachbereitung ist dem Wortlaut der Vorschrift insoweit (noch) nicht zu entnehmen.

7 § 30 Abs. 1 OWiG verlangt eine Tat, „durch die Pflichten, welche die juristische Person [...] treffen, verletzt worden sind oder die juristische Person [...] bereichert worden ist oder werden sollte“.

8 OLG Celle, Beschl. v. 26. 11. 2004 – 1 Ws 388/04 – NStZ-RR 2005[3], S. 82 f. (82); *Förster*, in: Rebmann/Roth/Herrmann[3], § 30 Rn. 36 (Stand: Jan. 2003).

9 § 30 Abs. 1 OWiG: „Hat jemand *als* [...] eine Straftat oder Ordnungswidrigkeit begangen, [...].“

10 Siehe § 8 (S. 229).

III. Umformungen

Die Analyse des Wortlauts erlaubt jedoch zwei weitere, sehr vorsichtige Schritte, bei denen eine erste Tendenz durchzuscheinen beginnt. Dazu ist der spezifische gesetzliche Inhalt, den das Gesetz mit einem Ausdruck verbindet, nachzuvollziehen. Denn erst „diese gedankliche Verknüpfung mit einem (gesetzlichen) Inhalt macht den Ausdruck zu einem (juristischen) Begriff.“[11] Einer entsprechenden Umformung zugänglich sind insoweit die Komponenten „Straftat oder Ordnungswidrigkeit“ sowie deren Begehung „als“ tauglicher Täter.

1. Straftat oder Ordnungswidrigkeit

a) Der taugliche Täter muss eine „Straftat oder Ordnungswidrigkeit“ begangen haben. Die Ordnungswidrigkeit ist nach der Legaldefinition[12] in § 1 Abs. 1 OWiG „eine rechtswidrige und vorwerfbare Handlung, die den Tatbestand eines Gesetzes verwirklicht, das die Ahndung mit einer Geldbuße zuläßt.“ Einer vergleichbaren Definition der Straftat hat sich der Gesetzgeber bewusst enthalten,[13] nachdem ein entsprechender Vorstoß im „Regierungsentwurf eines Strafgesetzbuches (StGB) E 1962“[14] auf nicht unerhebliche Kritik[15] gestoßen ist. Gleichwohl ist § 11 Abs. 1 Nr. 5 StGB zu entnehmen, dass rechtswidrige Taten i. S. d. StGB nur solche sind, „die den Tatbestand eines Strafgesetzes“ verwirklichen. Unter einem Strafgesetz wird man ein Gesetz verstehen müssen, das die Ahndung mit (Geld- oder Freiheits-)Strafe zulässt.[16]

---

11 So ausdr. *Looschelders/W. Roth*, S. 131 m. w. N. Klammereinschübe auch im Original. Siehe auch *Zippelius*, Methodenlehre[11], § 4 I (S. 16).

12 *Gerhold*, in: BeckOK-OWiG[28], § 1 Vor Rn. 1. *Rogall*, in: KarlsrKomm-OWiG[5], § 1 Rn. 1 spricht – ohne ersichtlich etwas anderes zu meinen – von einer „verbindlichen Begriffsbestimmung“.

13 Siehe den RegE zum EGStGB in BT-Drs. 7/550, S. 191 (re. Sp. f.) u. S. 211 (re. Sp.).

14 § 11 Abs. 1 Nr. 1 E_{62} – BT-Drs. IV/650, S. 13 (li. Sp.) – lautete: Straftat im Sinne dieses Gesetzes ist „eine rechtswidrige und schuldhafte Handlung, die den Tatbestand eines Strafgesetzes verwirklicht“.

15 Insoweit sei nur auf *Stratenwerth*, ZStW 76[4] (1962), S. 669 (682 ff.) verwiesen.

16 Wie hier *Wegner*, NJW 2001[28], S. 1979 (1980). Zutr. auch *Rogall*, in: KarlsrKomm-OWiG[5], § 1 Rn. 2: „In der Sache bestehen [...] keine Unterschiede. Straftat und Ordnungswidrigkeit weisen vielmehr eine gleichgerichtete Struktur auf.“ Siehe ferner *Eisele*, in: Baumann/Weber[12], § 2 Rn. 7: „Rechtsfolge einer Verwirklichung von

Nach Substitution des Ausdrucks „Straftat oder Ordnungswidrigkeit" durch den damit verknüpften gesetzlichen Inhalt lautet § 30 Abs. 1 OWiG: Eine Geldbuße gegen die Aktiengesellschaft kann festgesetzt werden, wenn ein Vorstandsmitglied[17] eine verbands- und vertretungsbezogene Tat begangen hat, *für die es selbst mit Geldbuße oder Strafe sanktioniert werden kann.*

Die Verbandsgeldbuße als Rechtsfolge des § 30 Abs. 1 OWiG setzt deshalb stets[18] voraus, dass die Verhängung einer Sanktion gegenüber wenigstens einer individualverantwortlichen natürlichen Person möglich ist.[19] Sie tritt deshalb nach der schon im Wortlaut zum Ausdruck kommenden gesetzlichen Konzeption nur *neben* eine rechtlich mögliche Individualsanktion. Wo eine Individualsanktion aus rechtlichen Gründen nicht verhängt werden kann, kommt auch eine Verbandsgeldbuße nicht in Betracht.

Anm. 8.1: Ein anderes ergibt sich auch nicht aus § 30 Abs. 4 OWiG. Dort ist geregelt, unter welchen Voraussetzungen von dem gesetzlichen „Leitbild"[20] des verbundenen Verfahrens abgewichen und eine Verbandsgeldbuße selbständig festgesetzt werden kann.[21] Zum Nachweis, dass auch im selbständigen Verfahren die Möglichkeit einer Individualsanktion bestehen muss, genügt es, sich zweierlei zu vergegenwärtigen:

Strafvorschriften ist Strafe." u. *Roxin*, AT I[4] § 1 Rn. 1: „Bestimmungen [...], aus denen sich im Einzelnen ergibt, wann ein Verhalten [...] strafrechtliche Sanktionen nach sich zieht." sowie Art. 5 EGStGB, wonach „Rechtsnachteile, die nicht bei Straftaten angedroht werden, nicht als Freiheitsstrafe [...] oder Geldstrafe bezeichnet werden" dürfen.

17 Zur Vermeidung von Missverständnissen: Selbstverständlich genügt auch die Tatbegehung durch eine sonstige Person mit Leitungsverantwortung (§ 30 Abs. 1 Nr. 5 OWiG). Um dann aber zu einer möglichen Haftung aus § 93 Abs. 2 AktG wegen eines Verstoßes gegen die Legalitätspflicht zu gelangen, muss das einzelne Vorstandsmitglied selbst wenigstens Aufsichtsmaßnahmen unterlassen haben, sodass ein Individualvorwurf nach § 130 OWiG möglich sein dürfte. Schon aus sprachlichen Gründen soll deshalb im Folgenden nur von dem einzelnen Vorstandsmitglied die Rede sein.

18 Auch die Festsetzung einer Verbandsgeldbuße im selbständigen Verfahren (§ 30 Abs. 4 OWiG) ist nur zulässig, wo eine Individualsanktion rechtlich möglich ist. Dazu sogleich Anm. 8.1.

19 Wenigstens ungenau dagegen die Aussage bei *Kapp/Hummel*, ZWeR 2011[3] S. 349 (357 f.), wonach die „Bebußung mindestens einer natürlichen Person [...] im deutschen Recht Tatbestandsvoraussetzung für die Verhängung einer Unternehmensbuße nach § 30 OWiG" sei. Auch die dort (Fn. 55) zitierten Fundstellen stützen diese Einschätzung nicht.

20 *Niesler*, in: Graf/Jäger/Wittig[2] § 30 OWiG Rn. 73. Im Original durch Fettdruck hervorgehoben.

21 Dazu bereits oben § 2 C. (S. 52).

Zum einen äußert sich die Vorschrift lediglich zum Verfahren der Festsetzung. Sie erteilt keinen Dispens von den Voraussetzungen des § 30 Abs. 1 OWiG. Zwingende Voraussetzung einer Verbandsgeldbuße bleibt die Feststellung, dass ein tauglicher Täter eine vertretungs- und verbandsbezogene Tat begangen hat, für die er selbst mit Geldbuße oder Kriminalstrafe belegt werden kann. Das Vorliegen einer solchen Tat ist im verbundenen wie im isolierten Verfahren festzustellen. Gelingt der entsprechende Nachweis nicht, so fehlt eine Sanktionsvoraussetzung und eine Verbandsgeldbuße kann weder im verbundenen noch im isolierten Verfahren festgesetzt werden.
Zum anderen kommt ein selbständiges Verfahren gegen die juristische Person nur in Betracht, wenn die Nicht-Einleitung oder die Einstellung des Verfahrens gegen den oder die Individualtäter aus Oppotunitätserwägungen erfolgt.[22] Kann die Anknüpfungstat dagegen „aus rechtlichen Gründen nicht verfolgt werden",[23] so ist nach Satz 3 Hs. 1 auch die selbständige Festsetzung einer Verbandsgeldbuße ausgeschlossen. Die Entscheidung für ein selbständiges und gegen ein verbundenes Verfahren setzt danach stets die bewusste Entscheidung der Verfolgungsbehörde voraus, den bekannten Täter nicht verfolgen oder den unbekannten Täter bei feststehender Tat nicht ermitteln zu wollen.
Es muss deshalb auch in allen Fällen der selbständig festgesetzten Verbandsgeldbuße die rechtliche Möglichkeit bestehen, eine Individualsanktion zu verhängen. Eine Verbandssanktion nach § 30 OWiG tritt stets nur *neben* eine rechtlich mögliche Individualsanktion.

b) Das lässt eine erste Schlussfolgerung zu. Eine solche Schlussfolgerung verlässt in methodischer Hinsicht freilich den Rahmen der Auslegung. Sie versucht, anhand der ermittelten Erkenntnisse Rückschlüsse auf den zu ermittelnden Normzweck zu ziehen. Das ist letztlich Wesen des hermeneutischen Zirkels. Sofern man sich dessen bewusst ist und die Schlussfolgerung lediglich als einzelnen Baustein auf dem Weg zur Ermittlung des Normzwecks begreift, ist diese Schlussfolgerung gleichwohl hilfreich und zulässig. Sie wird sich insbesondere an den Erkenntnissen der systematischen und historisch-genetischen Auslegung messen lassen müssen, die die hier gezogene Schlussfolgerung untermauern oder widerlegen können.

§ 30 Abs. 1 OWiG schafft die Möglichkeit einer (zusätzlichen) Verbandssanktion, die von einer rechtlich möglichen Individualsanktion abhängig gemacht wird. Nur wenn der Staat berechtigt ist, gegen wenigstens einen

22 Zutr. *Niesler*, in: Graf/Jäger/Wittig[2] § 30 OWiG Rn. 76.

23 Typischerweise ist dies der Fall, wenn gegenüber dem Individualtäter Verfolgungsverjährung eingetreten ist, siehe BGH, Beschl. v. 5. 7. 1995 – KRB 10/95 – NStZ-RR 1996[5] S. 147 f. (147). Details zu den rechtlichen Verfolgungshindernissen bei *Niesler*, in: Graf/Jäger/Wittig[2] § 30 OWiG Rn. 82 ff. u. *Rogall*, in: KarlsrKomm-OWiG[5] § 30 Rn. 190 f. m. w. N.

– gegebenenfalls noch zu ermittelnden – individualverantwortlichen Täter persönlich vorzugehen, hat er bei Vorliegen zusätzlicher Voraussetzungen auch die Möglichkeit, eine Sanktion gegen den Verband auszusprechen. Wenn aber die Belastung des Verbands voraussetzt, dass der Staat (rechtlich) die Möglichkeit hat, auf wenigstens einen Individualtäter zuzugreifen und diesen mit einer persönlichen Sanktion zu belasten, so will es jedenfalls nicht unmittelbar einleuchten, warum das Gesetz gleichzeitig ein zivilrechtliches Instrumentarium bereithalten soll, das die vollständige oder teilweise Abwälzung dieser Verbandsbelastung auf eine oder mehrere individualverantwortliche Personen ermöglichen soll.

c) Die Anknüpfung der Verbandssanktion an eine rechtlich mögliche Individualsanktion spricht in der Tendenz dafür, dass die Verbandssanktion eben für den Verband und nicht für den dem staatlichen Zugriff bereits ausgesetzten Individualtäter bestimmt ist. Das aber spräche dafür, dass die Sanktion endgültig bei dem Verband verbleiben soll, sprich: § 30 OWiG die endgültige Belastung des Verbands bezweckt.

2. Begehung „als“ tauglicher Täter

a) Die Anknüpfungstat muss von der natürlichen Person „als“ tauglicher Täter begangen sein. Damit ist wenigstens ausgesagt, dass die natürliche Person bei Begehung der Anknüpfungstat eine § 30 Abs. 1 OWiG genügende Leitungsposition inne gehabt haben muss.[24] Anderenfalls wäre sie schon nicht tauglicher Täter, ein Handeln als solcher ausgeschlossen. Zur Herstellung dieses Zusammenhangs bedürfte es jedoch nicht der Verwendung des Wortes „als“. Knüpfte die Vorschrift lediglich an die Leitungsposition des Täters an, so könnte sie die Festsetzung einer Verbandsgeldbuße zulassen, *wenn* eine Leitungsperson eine verbandsbezogene[25] Anknüpfungstat begeht.[26]

Mit dem Erfordernis, dass die Tat „als“ tauglicher Täter begangen sein muss, geht § 30 Abs. 1 OWiG einen Schritt weiter. Denn wo verlangt wird, dass die taugliche Tat *als* tauglicher Täter begangen wurde, wird bereits

24 *Förster*, in: Rebmann/Roth/Herrmann[3] § 30 Rn. 36a (Stand: Jan. 2003); *Gürtler*, in: Göhler[17] § 30 Rn. 27a; *Niesler*, in: Graf/Jäger/Wittig[2] § 30 OWiG Rn. 49; *Rogall*, in: KarlsrKomm-OWiG[5] § 30 Rn. 106. Jeweils wird darauf hingewiesen, dass ein späteres Ausscheiden unschädlich ist.

25 Siehe zu Bedeutung u. Unterscheidung von Verbands- u. Vertretungsbezug I. (S. 230).

26 Ähnlich *Meyberg*, in: BeckOK-OWiG[28] § 30 Rn. 72.

sprachlich impliziert, dass ein potenziell tauglicher Täter die Tat auch in anderer Weise begehen kann – sprich: *nicht als* tauglicher Täter. Die Tat kann von derselben Person danach in unterschiedlichen Rollen begangen werden. Wegen des Ausspruchs einer Sanktion gegen die juristische Person liegt insoweit eine Unterscheidung zwischen der Leitungsperson als Repräsentant des Systems und als Privatperson nahe.[27] Der Organwalter kann in seiner Eigenschaft als Leitungsperson oder „lediglich ‚gelegentlich' einer ihm übertragenen Tätigkeit, praktisch aber in rein privatem Interesse" tätig werden.[28]

Die Wendung „als" verlangt danach schon sprachlich eine über die Organstellung des Täters und den Verbandsbezug der Anknüpfungstat hinaus reichende Verknüpfung von Täter, Tat und Verband. Gefordert wird ein Vertretungsbezug.[29] Der Vertretungsbezug – als der mit dem Ausdruck „als" verknüpfte gesetzliche Inhalt – wird nur gegeben sein, wenn die Handlung des Organwalters „Ausdruck der von ihm eingenommenen *Rolle* als *Repräsentant des Systems*" ist.[30] Nur ein solches rollenhaftes Verhalten, das von dem individuellen Privatverhalten zu unterscheiden ist, kann eine Sanktion gegen den Verband auslösen.[31]

Ohne Weiteres wird man dem Ausdruck „als" Leitungsperson entnehmen können, dass zwischen der Tat und dem Pflichten- und Aufgabenkreis des Täters ein innerer, ein funktionaler Zusammenhang bestehen muss.[32] Wo ein solcher Zusammenhang zwischen Tat und verbandsspezifischer Funktion des

27 Auf diese Unterscheidung stellen letztlich auch *Meyberg*, in: BeckOK-OWiG[28] § 30 Rn. 72; *Niesler*, in: Graf/Jäger/Wittig[2] § 30 OWiG Rn. 50 u. *Rogall*, in: KarlsrKomm-OWiG[5] § 30 Rn. 106 ab. Auch der Gesetzgeber unterschied in der Begründung zu § 19 EOWiG zwischen diesen Rollen, BT-Drs. V/1269, S. 61 (li. Sp.)

28 So zu § 75 StGB BGH, Beschl. v. 18. 7. 1996 – 1 StR 386/96 – NStZ 1997[1] S. 30 f. (31). Mit der Unterscheidung „bei Gelegenheit" u. „in Ausübung" der Leitungsposition auch *Eidam*, wistra 2003[12] S. 447 (454); *Förster*, in: Rebmann/Roth/Herrmann[3] § 30 Rn. 33 (Stand: Jan. 2003); *Rogall*, in: KarlsrKomm-OWiG[5] § 30 Rn. 108.

29 Von einem „Vertretungsbezug" sprechen etwa auch *Niesler*, in: Graf/Jäger/Wittig[2] § 30 OWiG Rn. 50 u. *Rogall*, in: KarlsrKomm-OWiG[5] § 30 Rn. 106.

30 So ausdr. *Rogall*, in: KarlsrKomm-OWiG[5] § 30 Rn. 106. Herv. im Original.

31 Vgl. *Rogall*, in: KarlsrKomm-OWiG[5] § 30 Rn. 106.

32 So in Anlehnung an die Funktionstheorie des parallel formulierten § 9 OWiG *Förster*, in: Rebmann/Roth/Herrmann[3] § 30 Rn. 33 f. (Stand: Jan. 2003) u. *Niesler*, in: Graf/Jäger/Wittig[2] § 30 OWiG Rn. 50. Ohne Rückgriff hierauf *Eidam*, wistra 2003[12] S. 447 (454); *Gürtler*, in: Göhler[17] § 30 Rn. 25; *Meyberg*, in: BeckOK-OWiG[28] § 30 Rn. 70; *Mitsch*, OWiR[2] § 16 Rn. 12; *Rogall*, in: KarlsrKomm-OWiG[5] § 30 Rn. 107. Einen inneren Zusammenhang verlangt auch BGH, Beschl. v. 18. 7. 1996 – 1 StR 386/96 – NStZ 1997[1] S. 30 f. (31) zu § 75 StGB a. F.

Täters fehlt, besteht kein Bedürfnis für eine Ahndung des Verbandes.[33] Denn die Handlung (auch) einer Leitungsperson, die in keinem Zusammenhang mit deren funktionsspezifischen Aufgaben steht, unterscheidet sich aus Sicht der juristischen Person nicht von einer Einmischung von außen.[34]

Der innere Zusammenhang setzt voraus, dass der Täter gerade in Wahrnehmung der Angelegenheiten der juristischen Person gehandelt hat.[35] Davon ist jedenfalls auszugehen, wenn sich das Handeln objektiv mit den Zielen des Verbandes vereinbaren lässt und dessen Geschäftspolitik entspricht.[36] Solange die Tat auch den objektiven Interessen des Verbandes entspricht, ist die Verfolgung (auch) eigener Interessen unschädlich.[37] Die ausschließlich im Eigeninteresse vorgenommene Handlung weist dagegen keinen inneren Zusammenhang zur Leitungsposition auf,[38] selbst wenn sie unter Ausnutzung der mit der Leitungsposition tatsächlich oder rechtlich eröffneten Handlungsmöglichkeiten begangen wird.[39] Der Täter verlässt die Rolle des Repräsentanten des Systems und wird bei dieser Gelegenheit als Privatperson, nicht als Leitungsperson tätig.

Anm. 8.2: Zur Veranschaulichung wird vielfach auf ein Standardbeispiel verwiesen, dessen Urheberschaft sich nicht mehr genau nachvollziehen lässt.[40] Danach bestehe

---

33 Vgl. *Gürtler*, in: Göhler,[17] § 30 Rn. 25. Ähnlich auch *Förster*, in: Rebmann/Roth/Herrmann,[3] § 30 Rn. 33 f. (Stand: Jan. 2003). Siehe auch in der Begründung zu § 19 EOWiG, BT-Drs. V/1269, S. 61 (li. Sp.): „Es besteht dann kein Grund, gegen die juristische Person eine Geldbuße festzusetzen [...].“

34 So *Rogall*, in: KarlsrKomm-OWiG,[5] § 30 Rn. 110, der von Usurpation spricht. Ähnlich auch OLG Celle, Beschl. v. 26. 11. 2004 – 1 Ws 388/04 – NStZ-RR 2005,[3] S. 82 f. (82), das aber nicht zwischen Verbands- u. Vertretungsbezug unterscheidet.

35 *Förster*, in: Rebmann/Roth/Herrmann,[3] § 30 Rn. 33 (Stand: Jan. 2003); *Gürtler*, in: Göhler,[17] § 30 Rn. 24 f.

36 *Förster*, in: Rebmann/Roth/Herrmann,[3] § 30 Rn. 33 f. (Stand: Jan. 2003); *Gürtler*, in: Göhler,[17] § 30 Rn. 24 f.; *Niesler*, in: Graf/Jäger/Wittig,[2] § 30 OWiG Rn. 50; *Rogall*, in: KarlsrKomm-OWiG,[5] § 30 Rn. 107. Differenzierend *Meyberg*, in: BeckOK-OWiG,[28] § 30 Rn. 72 ff., der zwischen rechtsgeschäftlichem u. faktischem, sowie innerhalb des Faktischen zwischen betriebsbezogenem u. ambivalentem Verhalten unterscheidet.

37 *Förster*, in: Rebmann/Roth/Herrmann,[3] § 30 Rn. 33 (Stand: Jan. 2003); *Gürtler*, in: Göhler,[17] § 30 Rn. 24; *Niesler*, in: Graf/Jäger/Wittig,[2] § 30 OWiG Rn. 51; *Rogall*, in: KarlsrKomm-OWiG,[5] § 30 Rn. 107.

38 *Förster*, in: Rebmann/Roth/Herrmann,[3] § 30 Rn. 34 (Stand: Jan. 2003); *Gürtler*, in: Göhler,[17] § 30 Rn. 24; *Niesler*, in: Graf/Jäger/Wittig,[2] § 30 OWiG Rn. 53; *Rogall*, in: KarlsrKomm-OWiG,[5] § 30 Rn. 110.

39 Vgl. *Meyberg*, in: BeckOK-OWiG,[28] § 30 Rn. 72. *Rogall*, in: KarlsrKomm-OWiG,[5] § 30 Rn. 110 spricht treffend von der „Ausnutzung von Verbandsmacht und Verbandswissen“.

der innere Zusammenhang, wenn die Leitungsperson den Verhandlungspartner durch Betrug oder Bestechung zum Vertragsschluss bewege, nicht aber, wenn das Gegenüber „bei dieser Gelegenheit" zur Eigenbereicherung bestohlen wird.

Anm. 8.3: Die umstrittene Frage, ob der Täter darüber hinaus auch subjektiv im Interesse des Verbandes gehandelt haben muss, kann und muss hier offen bleiben.[41] Für die Erwägungen, die sich aus dem Vertretungsbezug ableiten lassen, genügt bereits das Erfordernis, dass die Anknüpfungstat objektiv im Interesse des Verbandes begangen sein muss. Wenn weiter auch ein subjektiver Interessengleichlauf verlangt wird, so untermauert dies den Gedanken noch weiter.

Das Merkmal „als" hat danach eine Filterwirkung. Es bewirkt, dass nur solche Taten der Leitungsperson zu einer Sanktion gegenüber der juristischen Person berechtigen, die (wenigstens auch) im objektiven Interesse des Verbands begangen sind. Dann kann das Handeln der Leitungsperson als „Darstellung des Ganzen durch den Teil",[42] die Anknüpfungstat in einem normativen Sinne als solche des Verbandes gedacht werden.[43] Dagegen lösen Taten, die von der Leitungsperson eigennützig und entgegen der Interessen des Verbandes begangen werden, bei denen der Täter „am Verbandsfeuer [seine] eigene Suppe" kocht,[44] keine Sanktion aus. In diesen Fällen missbraucht der Täter – auch im Verhältnis zur juristischen Person – die ihm rechtlich oder faktisch eingeräumten Handlungsmöglichkeiten für rein ei-

40 Das Bsp. findet sich bei *Eidam*, wistra 2003,[12] S. 447 (454); *Förster*, in: Rebmann/Roth/Herrmann,[3] § 30 Rn. 33 f. (Stand: Jan. 2003); *Gürtler*, in: Göhler,[17] § 30 Rn. 25; *Niesler*, in: Graf/Jäger/Wittig,[2] § 30 OWiG Rn. 50; *Rogall*, in: KarlsrKomm-OWiG,[5] § 30 Rn. 108.

41 Dafür etwa *Niesler*, in: Graf/Jäger/Wittig,[2] § 30 OWiG Rn. 50; *Rogall*, in: KarlsrKomm-OWiG,[5] § 30 Rn. 107 u. 110 m. w. N. Dagegen *Meyberg*, in: BeckOK-OWiG,[28] § 30 Rn. 75 f. unter Verweis auf einen Anfragebeschluss des 3. Strafsenats des BGH, der im Beschl. v. 15. 5. 2012 – 3 StR 118/11 – NJW 2012,[32] S. 2366 ff. (Rn. 12 ff.) die sog. „Interessentheorie" für § 14 StGB aufgegeben hat. Ob diese Aufgabe auch für den umgekehrten Fall des § 30 OWiG gelten soll, in dem es gerade um die Sanktionswürdigkeit des Verbandes geht, darf ernstlich bezweifelt werden.

42 So die Charakterisierung der organschaftlichen Vertretung bei *Gierke*, Deutsches Privatrecht I, S. 472. Rechtschreibung angepasst.

43 Zur Vermeidung von Missverständnissen: Damit soll nicht ausgesagt werden, die juristische Person begehe im strafrechtlichen Sinne selbst die Anknüpfungstat. Die juristische Person ist – in den Worten der BT-Drs. V/1269, S. 58 (li. Sp.) – „als fiktives und im natürlichen Sinne handlungsunfähiges Wesen" einer (S. 61 li.) „Tat im natürlichen Sinne nicht fähig." Der genaue Mechanismus des § 30 OWiG als Sanktionsvorschrift eigener Art soll in den folgenden Kapiteln aufgedeckt werden.

44 So die schöne Umschreibung bei *Engisch*, Referat 40. DJT (1953), E 36, wenn auch in anderem Zusammenhang.

gennützige Zwecke. Die Tat erscheint nicht als solche des Verbandes, der Verband im schlimmsten Fall gar als „Opfer“ seiner Leitungsperson.[45] Wegen des geforderten Vertretungsbezuges kommt es in diesen Fällen nicht zu einer Sanktion des Verbandes.

Substituiert man den Ausdruck „als“ mit dem mit ihm verknüpften Inhalt eines Vertretungsbezuges, so besagt § 30 Abs. 1 OWiG: Eine Geldbuße gegen die juristische Person kann festgesetzt werden, wenn deren Leitungsperson *bei Wahrnehmung der Angelegenheiten des Verbandes* eine verbandsbezogene Anknüpfungstat begangen hat, *die objektiv (wenigstens auch) den Zielen und der Geschäftspolitik des Verbandes entsprach.*

b) Der so verstandene Wortlaut lässt wiederum eine vorsichtige Schlussfolgerung zu. Dazu muss man versuchen, das Erfordernis des Vertretungsbezugs unter Annahme der konträren Zweckhypothesen zu plausibilisieren.

Zur Erinnerung: Der Bußgeldregress würde eine Wertung des § 30 OWiG nicht überspielen, wenn dort zum Ausdruck käme, dass der Verband das volle Bußgeld-Übel nur vorübergehend erleiden und es im Wege zivilrechtlichen Schadensausgleichs teilweise oder vollständig an die individualverantwortlichen Personen weiterreichen soll. Eine solche Zwecksetzung ließe sich letztlich nur damit begründen, dass die Verbandsgeldbuße – wenigstens teilweise – der Verhaltenslenkung der individualverantwortlichen Personen diente.[46] Wäre dies zutreffend, so käme es zu einem Wertungswiderspruch. Denn eine durch den Bußgeldregress gesteigerte Verhaltenslenkung würde nur den – im weitesten Sinne – loyalen Täter treffen. Nur derjenige, der die Anknüpfungstat im objektiven Interesse des Verbands begeht, müsste ne-

45 Die Behandlung von Exzesstaten, bei denen sich die Anknüpfungstat der Leitungsperson gegen die juristische Person wendet, ist umstritten. *Rogall*, in: KarlsrKomm-OWiG[5] § 30 Rn. 112 u. ihm zust. *Niesler*, in: Graf/Jäger/Wittig[2] § 30 OWiG Rn. 54 sehen darin zutr. kein Handeln „als“ Leitungsperson. *Schünemann*, Unternehmenskriminalität, S. 164 hält diese Ansicht gar für unstreitig. Dagegen sehen *Förster*, in: Rebmann/Roth/Herrmann[3] § 30 Rn. 34 (Stand: Jan. 2003) u. *Meyberg*, in: BeckOK-OWiG[28] § 30 Rn. 76 auch hierin ein Verhalten „als“ Leitungsperson u. verweisen zur Abmilderung unbilliger Härten auf das Opportunitätsprinzip des § 47 OWiG.

46 Siehe nur *Brommer*, Vorstandshaftung, S. 45; *J. Koch*, in: GS Winter (2011), S. 327 (334 f. in Fn. 42) u. in: AG 2012,[12] S. 429 (434); *Scholz*, S. 51 f., die meinen, dass sich die präventive Wirkung der Verbandssanktion wegen der tatsächlichen Handlungsunfähigkeit der Aktiengesellschaft nur bei den Organenwaltern entfalten könne u. deshalb bei diesen ansetzen müsse. Zwar ist es richtig, dass die Verbandsgeldbuße mittelbar auf das Verhalten der Individualtäter Einfluss nehmen soll. Der genaue Mechanismus ist jedoch, wie sich in den folgenden Kapiteln noch zeigen wird, ein anderer.

ben der Individualsanktion auch die zivilrechtliche Inanspruchnahme durch den Verband fürchten. Der illoyale Täter dagegen, der sich objektiv oder gar subjektiv über die Interessen der juristischen Person hinwegsetzt und den eigenen Interessen den Vorrang gewährt, muss einen entsprechenden Regress nicht fürchten. Denn er handelt nicht „als" tauglicher Täter und kann eine Verbandssanktion als Substrat des Bußgeld-Innenregresses gar nicht auslösen. Ginge es bei der Regelung des § 30 OWiG tatsächlich (auch) um die Verhaltenslenkung der Individualperson, so will nicht einleuchten, warum auf den auch fremdnützigen Täter stärker eingewirkt werden müsste, als auf den nur eigennützigen Täter, der Verbandsmacht und Verbandswissen auch gegenüber dem Verband missbraucht. Ginge es um die Einwirkung auf Individualpersonen, die Verbandsmacht und Verbandswissen zur Begehung von Straftaten oder Ordnungswidrigkeiten ausnutzen, so will die Beschränkung auf rollenhaftes Verhalten erst recht nicht einleuchten. Denn auch der illoyale Täter, der einen Bußgeld-Innenregress nicht fürchten muss, hat diese Handlungsmöglichkeiten ausgenutzt, um eine Straftat oder eine Ordnungswidrigkeit zu begehen.

Legt man dagegen die umgekehrte Hypothese zugrunde, so lässt sich die Beschränkung der Sanktionsmöglichkeit durch den geforderten Vertretungsbezug ohne Weiteres erklären. Danach wäre es Zweck des § 30 OWiG, endgültig den Verband als solchen mit einer Verbandssanktion zu belegen. Ein Innenregress, durch den sich der Verband bei dem oder den Individualverantwortlichen erholen könnte, würde diesen Zweck zunichte machen und wäre deshalb unzulässig. Vor diesem Hintergrund ist die Verbandssanktion von jedem (mittelbaren) Individualvorwurf befreit. Sie bezweckt nicht – jedenfalls nicht unmittelbar[47] – die Verhaltenslenkung des Individualtäters. Diese wird den Individualsanktionen überlassen, die ihre Wirkung gegenüber den Individualpersonen ohnehin ungleich präziser, gerechter, sicherer und kostengünstiger entfalten können.[48] Die Verbandssanktion dagegen hat dann nur den Zweck, Sanktionsbedürfnisse gegenüber dem Verband als solchem zu befriedigen. Wo ein solches Bedürfnis nicht besteht, kommt auch eine Sanktion nicht in Betracht. Dann aber ist es unmittelbar einleuchtend, warum der Anknüpfungstat des Individualtäters in § 30 Abs. 1 OWiG weitere, den Verband und das Vertretungsverhältnis betreffende Ahndungsvorausset-

47 Der genaue Mechanismus bedarf einiger Vorarbeiten, wird aber in den folgenden Kapiteln aufgedeckt werden.

48 Sollte dieses Sanktionsinstrumentarium lückenhaft oder nicht ausreichend sein, so sind bestehende Sanktionen zu überarbeiten oder neue zu schaffen.

zungen zur Seite gestellt sind. Die Anknüpfungstat soll zu einer Sanktion gegenüber dem Verband nur berechtigen, wenn sie sich normativ auch als Tat des Verbandes denken lässt. Das setzt eben auch voraus, dass der Täter sie in seiner Rolle als Repräsentant des Systems, sprich: „als“ Leitungsperson des Verbandes begangen hat. Zu dem eben aufgezeigten Wertungswiderspruch kommt es in keinem Fall. Da auch der loyale Täter einen Bußgeldregress nicht fürchten muss, steht er nicht schlechter als der illoyale Täter, der schon keine Verbandsgeldbuße auszulösen vermag.

c) Danach spricht auch die Beschränkung der Verbandsgeldbuße auf Anknüpfungstaten, die „als“ Leitungsperson begangen worden sind, für eine endgültige Belastung der juristischen Person.

IV. Zusammenfassung

Der Wortlaut des § 30 Abs. 1 OWiG ist für die Frage nach der Zulässigkeit eines Bußgeldregresses ambivalent. Ob der Ahndungsteil der Verbandsgeldbuße endgültig die juristische Person treffen oder nachträglich auf Verband und Individualpersonen aufgeteilt werden soll, geht aus dem Gesetzestext selbst nicht eindeutig hervor. Der Wortlaut trägt beide Möglichkeiten. Eine Wertung, die der Berechtigung zur Lückenausfüllung Grenzen setzen könnte, lässt sich dem Gesetzestext unmittelbar nicht entnehmen.

Umformungen des Wortlautes lassen jedoch erste Tendenzen erkennen, die zaghaft für einen endgültigen Verbleib des Sanktionsübels beim Verband und mithin gegen die Zulässigkeit des Bußgeldregresses sprechen. Dazu waren einzelne Komponenten der Vorschrift durch den mit ihnen verknüpften gesetzlichen Inhalt zu ersetzen. Das Erfordernis einer „Straftat oder Ordnungswidrigkeit“ der Leitungsperson bewirkt, dass die Verbandssanktion nur *neben* eine rechtlich mögliche Individualsanktion treten kann. Eine zivilrechtliche Nachbereitung, die dieses Nebeneinander von Individual- und Verbandssanktion nachträglich auf die Leitungspersonen konzentriert, stünde dazu im Widerspruch. Durch die Beschränkung auf solche Anknüpfungstaten, die „als“ Leitungsperson begangen wurden, kommt es zu einer Verbandssanktion nur, wo die Zuwiderhandlung der Individualperson in einem normativen Sinne auch als solche des Verbands erscheint. Das lässt sich jedenfalls besser begründen, wenn die Verbandssanktion der Befriedigung von Sanktionsbedürfnissen gegenüber dem Verband dient und deshalb letztlich beim Verband verbleiben soll.

B. Systematik

Die systematische Auslegung ist für die Frage nach dem Bußgeldregress völlig unergiebig. Sie soll lediglich genutzt werden, um schon hier den vorsichtigen Hinweis zu geben, dass es sich bei der Verbands-*Geldbuße* des § 30 OWiG nicht um eine typische Geldbuße des OWiG, sondern um ein grundlegend anderes Sanktionsinstrument handelt. Zu Recht ist § 30 OWiG als eine Sanktionsnorm eigener Art bezeichnet worden, wenn auch ihre Eigenart nicht immer deutlich genug hervortritt.

Um eine Sanktionsnorm handelt es sich,[1] weil § 30 OWiG sich an den Rechtsstab wendet und diesem sagt, unter welchen Voraussetzungen er gegenüber einem Personenverband eine bestimmte Sanktion festsetzen kann. Eigenartig ist diese Sanktionsnorm schon deshalb, weil sie die Festsetzung einer – vermeintlich typischen – Geldbuße des Ordnungswidrigkeitenrechts anordnet, ohne ein Ordnungswidrigkeitentatbestand zu sein. Eigenartig ist ferner, dass das Instrument der Geldbuße gegen ein Rechtssubjekt festgesetzt wird, das nicht selbst Täter der sanktionierten Ordnungswidrigkeit ist. Tatsächlich handelt es sich bei dieser als Geldbuße bezeichneten Rechtsfolge – wie die folgenden Kapitel zeigen werden – zwar um eine reaktiv-retrospektive, nicht aber um eine trans-restitutive Sanktion und erst Recht nicht um eine Geldbuße i. S. d. § 17 OWiG.[2] Schließlich lässt sich der Sanktionsnorm des § 30 OWiG weder eine spezifische Verhaltensnorm zuordnen noch lässt sich eine solche durch kontradiktorische Umformulierung des § 30 OWiG gewinnen.

I. Kein eigenständiger Ordnungswidrigkeitentatbestand

Obwohl § 30 Abs. 1 OWiG die Möglichkeit vorsieht, gegen den Personenverband eine Geldbuße festzusetzen, handelt es sich bei der Vorschrift nach zutreffender allgemeiner Auffassung[3] nicht um einen eigenständigen Ord-

---

1 Zur Terminologie u. der Unterscheidung von Verhaltens- u. Sanktionsnormen bereits oben § 7 B. I. (S. 204).

2 Das meint nicht, dass eine trans-restitutive Sanktion gegenüber juristischen Personen nicht möglich oder nötig wäre. Im Gegenteil: Eine solche ist vielmehr in höchstem Maße erforderlich. Im Rahmen dieser Untersuchung geht es jedoch nur darum, die Wertungen herauszuarbeiten, die der Gesetzgeber mit § 30 OWiG positiviert hat. Und dabei wird sich zeigen, dass die Verbandsgeldbuße des § 30 OWiG zu keinem Zeitpunkt als trans-restitutive Sanktion konzipiert worden ist.

nungswidrigkeitentatbestand. Dafür spricht – als zugegebenermaßen nicht sehr starkes Argument – die systematische Stellung der Vorschrift im OWiG. Vor allem aber wird dies deutlich, wenn man § 30 OWiG im Hinblick auf die Begriffsbestimmung des § 1 Abs. 1 OWiG mit eigenständigen Ordnungswidrigkeitentatbeständen vergleicht.

1. Stellung im OWiG

Wäre § 30 OWiG ein eigenständiger Ordnungswidrigkeitentatbestand, so wäre die Vorschrift sinnvoller[4] im Dritten Teil (§§ 111–131) des OWiG enthalten. Denn nur in diesem Dritten Teil sind Einzelne Ordnungswidrigkeiten normiert.[5] Statt dessen teilt sich § 30 mit § 29a OWiG[6] den Sechsten Abschnitt des Ersten Teils.

Dieser Erste (§§ 1–34) von drei Teilen enthält Allgemeine Vorschriften. Er bildet einen gegenüber dem Allgemeinen Teil des StGB verselbständigten, diesem aber nachgebildeten Allgemeinen Teil des Ordnungswidrigkeitenrechts[7] und gliedert sich in sieben Abschnitte. Deren Erster befasst sich mit dem Geltungsbereich des Gesetzes (§§ 1–7), der Zweite mit den Grundlagen der Ahndung (§§ 8–16) und der Siebente mit der Verjährung (§§ 31–34). Gegenstand des Dritten (Geldbuße, §§ 17–18), Vierten (Zusammentreffen mehrerer Gesetzesverletzungen, §§ 19–21), Fünften (Einziehung von Gegenständen, §§ 22–29) und Sechsten Abschnitts (Einziehung des Wertes von

3 Siehe etwa BGH, Urt. v. 5. 12. 2000 – 1 StR 411/00 – BGHSt **46**, 207 ff. (211). Aus der Lit. nur *Förster*, in: Rebmann/Roth/Herrmann[3] § 30 Rn. 1 (Stand: April 2014); *Meyberg*, in: BeckOK-OWiG[28] § 30 Rn. 16; *Niesler*, in: Graf/Jäger/Wittig[2] § 30 Rn. 4; *Rogall*, in: KarlsrKomm-OWiG[5] § 30 Rn. 2.

4 Abermals zur Schwäche solcher systematischer Erwägungen nur *Puppe*, Juristisches Denken[3] B III 5 (S. 123 f.) u. *Zippelius*, Methodenlehre[11] § 10 III d) (S. 46).

5 Siehe *Förster*, in: Rebmann/Roth/Herrmann[3] Vor § 1 Rn. 3 (Stand: März 1996), für den der Dritte Teil „seinem Inhalt nach dem Besonderen Teil des StGB" entspricht. Vgl. auch *Gürtler*, in: Göhler[17] Vor § 1 Rn. 1.

6 § 29a OWiG ist nachträglich durch Art. 2 Nr. 3 des Zweiten Gesetzes zur Bekämpfung der Wirtschaftskriminalität v. 15. 5. 1986 (2. WiKG), BGBl. I[21] S. 721 (724) eingefügt worden. Bis dahin erschöpfte sich der Sechste Abschnitt in § 30 OWiG bzw. dessen Vorgängervorschrift.

7 Vgl. *Krenberger/Krumm*, OWiG[6] § 1 Rn. 7; *Förster*, in: Rebmann/Roth/Herrmann[3] Vor § 1 Rn. 3 (Stand: März 1996); *Gerhold*, in: BeckOK-OWiG[28] Einl. Rn. 25; *Gürtler*, in: Göhler[17] Vor § 1 Rn. 1; *Rogall*, in: KarlsrKomm-OWiG[5] Vor § 1 Rn. 5.

Taterträgen, Geldbuße gegen juristische Personen und Personenvereinigungen, §§ 29a–30) sind die möglichen Rechtsfolgen einer Ordnungswidrigkeit.[8]

Damit gehört § 30 OWiG aus systematischer Sicht zu den Regelungen über die Rechtsfolgen einer Ordnungswidrigkeit. Dann aber kann die Vorschrift als Rechtsfolgen-Regelung nicht ihrerseits ein Ordnungswidrigkeitentatbestand sein.

2. Begriffsbestimmung des § 1 Abs. 1 OWiG

Ein weitaus stärkeres Argument lässt sich daraus ableiten, dass die in § 30 Abs. 1 OWiG geforderten Voraussetzungen nicht den Anforderungen an eine Ordnungswidrigkeit i. S. d. Begriffsbestimmung[9] des § 1 Abs. 1 OWiG genügen. Danach ist eine Ordnungswidrigkeit „eine rechtswidrige und vorwerfbare Handlung, die den Tatbestand eines Gesetzes verwirklicht, das die Ahndung mit einer Geldbuße zuläßt.“ Ein Ordnungswidrigkeitentatbestand[10] ist danach ein Gesetz, das zwei Voraussetzungen erfüllt: Einmal muss es die Ahndung mit Geldbuße zulassen. Zum anderen muss es einen Tatbestand haben, der durch eine (rechtswidrige und vorwerfbare) Handlung verwirklicht werden kann. Mit viel Wohlwollen erfüllt § 30 OWiG die erste, keinesfalls aber die zweite dieser Voraussetzungen.

Der Vergleich des § 30 OWiG mit einem beliebigen Ordnungswidrigkeitentatbestand des Dritten Teils macht dies deutlich. Als möglichst einfaches Beispiel mag § 125 Abs. 2 OWiG dienen: Danach handelt ordnungswidrig, „wer unbefugt das Wappen der Schweizerischen Eidgenossenschaft benutzt.“ Dieser Tatbestand lässt sich ersichtlich durch eine Handlung verwirklichen: dem Benutzen des schweizerischen Wappens. Nach Abs. 5 kann diese Ordnungswidrigkeit „mit einer Geldbuße geahndet werden.“ § 125 Abs. 2 OWiG

8 *Förster*, in: Rebmann/Roth/Herrmann[3] Vor § 1 Rn. 3 (Stand: März 1996); *Gürtler*, in: Göhler[17] Vor § 1 Rn. 1.

9 *Gerhold*, in: BeckOK-OWiG[28] § 1 Vor Rn. 1 spricht von einer Legaldefinition. *Rogall*, in: KarlsrKomm-OWiG[5] § 1 Rn. 1 spricht – ohne ersichtlich etwas anderes zu meinen – von einer „verbindlichen Begriffsbestimmung“.

10 Zur Vermeidung von Missverständnissen: Mit dem „Ordnungswidrigkeitentatbestand“ ist im Folgenden die Vorschrift als solche gemeint, die alle materiellen Voraussetzungen der Ahndbarkeit enthält. Der „Tatbestand“ ohne Zusatz bezeichnet daraus – wie im Kriminalstrafrecht – die erste der drei Stufen des Deliktsaufbaus, in der die für eine bestimmte Ordnungswidrigkeit charakteristischen u. typische Unrechtsmerkmale zusammengefasst sind. Siehe zu dieser Unterscheidung etwa *Cramer*, § 6 Rn. 1 f.

ist deshalb ein Gesetz, dessen Tatbestand sich durch eine Handlung verwirklichen lässt und das – i. V. m. Abs. 5 – die Ahndung mit einer Geldbuße zulässt – mithin: ein Ordnungswidrigkeitentatbestand.

Ganz anders § 30 Abs. 1 OWiG: Zwar besagt die Vorschrift in ihrer „merkwürdig technisch“[11] formulierten Rechtsfolge, dass gegen die juristische Person „eine Geldbuße *festgesetzt* werden“ kann. Das mag man gerade noch als Zulassung der „Ahndung mit einer Geldbuße“ interpretieren. Diese Rechtsfolge wird jedoch ausgelöst, wenn eine Leitungsperson eine verbands- und vertretungsbezogene Straftat oder Ordnungswidrigkeit begangen hat.[12] Der Tatbestand des § 30 Abs. 1 OWiG setzt danach nicht die Vornahme oder Unterlassung einer spezifischen Handlung voraus, sondern schlicht das Vorliegen einer den Anforderungen entsprechenden Anknüpfungstat. Entsprechend kann dieser Tatbestand, der eine Handlung nicht voraussetzt, nicht durch eine Handlung verwirklicht werden. Dann aber kann die Erfüllung des § 30 Abs. 1 OWiG keine Ordnungswidrigkeit i. S. d. § 1 Abs. 1 OWiG sein.

Auch die Anknüpfung an eine Straftat oder Ordnungswidrigkeit der Leitungsperson ändert hieran nichts. Zwar führt diese Voraussetzung letztlich dazu, dass eine Verbandsgeldbuße nur festgesetzt werden kann, wenn die Leitungsperson durch eine Handlung rechtswidrig und vorwerfbar (bzw. schuldhaft) den Tatbestand eines Ordnungswidrigkeitentatbestands (bzw. eines Strafgesetzes) erfüllt. Es ist jedoch die Handlung einer anderen als der juristischen Person,[13] die den Tatbestand eines von § 30 Abs. 1 OWiG verschiedenen Gesetzes erfüllt. Die Handlung der Leitungsperson ist deshalb in der Ahndungsvoraussetzung der Anknüpfungstat *verkapselt* und erfüllt für sich genommen nicht den Tatbestand des § 30 Abs. 1 OWiG. Dieser lässt sich nicht durch eine Handlung verwirklichen.

Die Voraussetzungen des § 30 OWiG genügen mithin nicht den Anforderungen des § 1 Abs. 1 OWiG an eine Ordnungswidrigkeit. § 30 OWiG normiert deshalb keine eigenständige Ordnungswidrigkeit und ist in diesem Sinne kein Ordnungswidrigkeitentatbestand.

Anm. 8.4: Vor diesem Hintergrund scheint mir das Pferd von hinten aufzuzäumen, wer aus § 1 Abs. 1 OWiG ableiten möchte, dass jede Geldbuße der Ahndung diene und deshalb auch die Verbandsgeldbuße der Ahndung dienen müsse.[14] § 1 Abs. 1

11 So *Achenbach*, in: FS I. Roxin (2012), S. 3 (5) = ZIS 2012[5], S. 178 (179).
12 Ausf. zu dem hier zu Grunde gelegten Begriffsverständnis oben A. I. (S. 230).
13 Siehe nur BT-Drs. V/1269, S. 58 (li. Sp.): Die juristische Person ist „als fiktives und im natürlichen Sinne handlungsunfähiges Wesen“ einer (S. 61 li.) „Tat im natürlichen Sinne nicht fähig“. Daran ändert auch eine beliebige Zurechnungsakrobatik nichts, die stets mit Fiktionen wird arbeiten müssen.

OWiG definiert nicht den Zweck einer Geldbuße. Er umschreibt umgekehrt die Ordnungswidrigkeit als die rechtswidrige und schuldhafte Verwirklichung des Tatbestandes (nur) eines solchen Gesetzes, „das die Ahndung mit einer Geldbuße zuläßt." Die Zulassung der Ahndung mit einer Geldbuße ist Voraussetzung einer Ordnungswidrigkeit. Das sagt jedoch keineswegs aus, dass eine jede Geldbuße stets und ausschließlich der Ahndung dienen könnte oder müsste – mag dies auch regelmäßig der Fall sein. Mehr noch: § 30 OWiG ist nach dem Vorstehenden kein Ordnungswidrigkeitentatbestand, weil die dort aufgestellten Voraussetzungen den Anforderungen an eine Ordnungswidrigkeit i. S. d. § 1 Abs. 1 OWiG nicht entsprechen. Dann aber kann der auf § 30 OWiG gar nicht anwendbare § 1 Abs. 1 OWiG auch die Funktion der Verbands-*Geldbuße* nicht definieren.

II. Keine Geldbuße i. S. d. § 17 OWiG

Wenig Mühe bereitet der Nachweis, dass die Geldbuße des § 30 OWiG keine Geldbuße i. S. d. § 17 OWiG ist.[15] Denn anderenfalls wäre die Anordnung der entsprechenden Geltung (nur) des § 17 Abs. 4 in § 30 Abs. 3 OWiG nicht zu erklären. § 17 Abs. 4 OWiG müsste – wie auch die Abs. 1–3 – in diesem Falle ohnehin gelten.

Dem kann nicht entgegengehalten werden, dass der Verweis auf § 17 Abs. 4 OWiG nur dessen *entsprechende* Geltung anordne. Zwar ist es richtig, dass § 17 Abs. 4 OWiG nur nach gedanklicher Anpassung an die Verbandskonstellation anwendbar ist.[16] Ebenso müsste aber auch § 17 Abs. 3 OWiG – wenn er aus sich heraus anwendbar wäre – an die geänderten Gegebenheiten angepasst und nur sinngemäß angewandt werden: Denn auch insoweit bleibt offen, ob Grundlage der Zumessung nur der Vorwurf ist, der den Individual-Täter trifft, oder auch jener, der den übrigen Organen, Organwaltern und möglicherweise

14 So *Achenbach*, in: FS I. Roxin (2012), S. 3 (5 u. 8) = ZIS 2012[5], S. 178 (179 u. 180).

15 Anders etwa *Schmitt*, in: FS Lange (1976), S. 877 (878): „Auch die Verbandsgeldbuße ist natürlich eine Geldbuße im Sinne von § 17 OWiG." Daraus leitet er ab, dass sie, „wie § 17 Abs. 3 expressis verbis sagt, einen Vorwurf" enthalten müsse. Weil ein Vorwurf gegenüber der juristischen Person unmöglich sei, müsse auch die Verbandsgeldbuße als dogmatisch nicht begründbar abgelehnt werden. Diese Argumentation fällt jedoch in sich zusammen, wenn die Verbandsgeldbuße entsprechend der folgenden systematischen Erwägungen nicht für eine Geldbuße i. S. d. § 17 OWiG gehalten wird.

16 § 17 Abs. 4 muss im Kontext des § 30 Abs. 3 OWiG lauten: „Die [Verbands-]Geldbuße soll den wirtschaftlichen Vorteil, den [der Verband] aus der [vertretungs- u. verbandsbezogenen] Ordnungswidrigkeit [oder Straftat der Leitungsperson] gezogen hat, übersteigen."

gar den Mitgliedern des Verbandes zu machen ist. Unklar bleibt ferner, ob für die Zumessung auch die wirtschaftlichen Verhältnisse des Verbandes oder – sinnfrei – nur jene des Individual-Täters in Betracht kommen. Es wäre schon ein bemerkenswertes Redaktionsversehen, wenn der Gesetzgeber die Notwendigkeit der Modifikation bei § 17 Abs. 4 OWiG erkannt, bei Abs. 3 jedoch übersehen und in den nunmehr 50 Jahren des Bestehens der Vorschrift nicht beseitigt haben sollte. Die besseren Gründe sprechen dafür, dass der Gesetzgeber bewusst die sinngemäße Anwendung nur des § 17 Abs. 4 OWiG angeordnet hat. Daraus folgt aber zwingend, dass die Vorschrift ohne den Verweis nicht anwendbar gewesen wäre und die Verbandsgeldbuße des § 30 OWiG eben keine Geldbuße i. S. d. § 17 OWiG ist.

Anm. 8.5: Der fehlende Verweis auf § 17 Abs. 3 OWiG ist – soviel sei an dieser Stelle vorweggenommen – kein Redaktionsversehen des Gesetzgebers.[17] Wie in den folgenden Kapiteln zu zeigen sein wird, haben der historische Gesetzgeber und seine Impulsgeber die Verbandsgeldbuße als Instrument zur Abschöpfung des mittelbaren wie des unmittelbaren Gewinns konzipiert, den der Verband aus der Tat seiner Leitungsperson gezogen hat. Um dogmatische und verfassungsrechtliche Bedenken zu überspielen,[18] wurde dieses – damals neue – Instrument mehr aus Verlegenheit[19] als eine Geldbuße bezeichnet.[20] Sollte diese *Geldbuße* nur den rechtswidrigen Tatgewinn entziehen, so war das Ziel ihrer Zumessung ausreichend

17 Unzutreffend daher die h. M., die § 17 Abs. 3 OWiG contra legem, aber immerhin nur sinngemäß, auf die Verbandsgeldbuße anwendet. Nachw. zur h. M. u. zur a. A. bei *Rogall*, in: KarlsrKomm-OWiG[5] § 30 Rn. 134.

18 Bemerkenswert offen *Göhler*, in: Prot. SondA-StrafR IV[23] S. 402 (re. Sp.): Bei allen Verbandssanktionen „werde lediglich versucht, über die dogmatischen Schwierigkeiten hinwegzukommen," deretwegen echte Strafen gegen Verbände nicht verhängt werden könnten.

19 Siehe ausdr. *Koffka*, in: NdSchr. GrStrKomm, Bd. I[12] S. 303 (li. Sp.): „eine Geldbuße – [...] *wie ich es nennen möchte* –, also diesen öffentlich-rechtlichen Gewinnabschöpfungs- und Schadensersatzanspruch [...]." Siehe auch Bd. I[13] S. 321 (li. Sp.): „[...] eine Maßnahme, *wie auch immer man sie nennen will* [...]." Herv. jew. nur hier.

20 Unübertroffen zur fehlenden konzeptionellen Präzision (nicht nur) der damaligen Geldbuße *Lang-Hinrichsen*, in: FS Mayer (1966), S. 49 (62): „Gleichviel, ob es sich um eigentliches Verwaltungsunrecht oder um sozialethisch unwertbehaftetes oder sogar strafwürdiges Unrecht [...] handelt, gleichviel ob die Geldbuße gegen Einzelpersonen oder Verbände gerichtet ist, gleichviel, ob sie vorwiegend präventiven oder repressiven Zwecken dienen soll [...] oder ob sie in erster Linie als Mittel für die Gewinnabschöpfung gedacht ist, [...] alles wird unterschiedslos unter den Begriff der Ordnungswidrigkeiten und der Geldbuße gebracht. [...] Die Geldbuße ist allmählich wie die Feuerwehr das ‚Mädchen für alles' geworden. Sie ist das ‚Sesam öffne dich' für den modernen Kriminalisten. Spielend löst sie jedes Sanktionsproblem, über das frühere Generationen sich vergeblich den Kopf zerbrochen haben."

umschrieben und es bedurfte keiner besonderen Zumessungskriterien und keines Verweises auf § 17 Abs. 3 OWiG.

Im Übrigen kommen auch § 17 Abs. 1 u. 2 OWiG bei der Verbandsgeldbuße nicht unmittelbar zum Zuge: Denn für den Sanktionsrahmen des (Pseudo-) Ahndungsteils[21] ist in § 30 Abs. 2 OWiG eine speziellere Regelung vorgesehen, die § 17 Abs. 1 u. 2 OWiG vollständig verdrängt. Der Sanktionsuntergrenze des § 17 Abs. 1 OWiG bedarf es nicht, weil das Opportunitätsprinzip des § 47 OWiG ohnehin auch ein Absehen von der Verfolgung zulässt. Die Obergrenze ist für Anknüpfungs-Straftaten in § 30 Abs. 2 Satz 1 OWiG abweichend von § 17 Abs. 1 OWiG eigenständig festgelegt. Bei Anknüpfungs-Ordnungswidrigkeiten kommen § 17 Abs. 1 u. 2 OWiG nicht unmittelbar, sondern nur vermittelt durch § 30 Abs. 2 Satz 2 OWiG zur Anwendung: Das Höchstmaß der Verbandsgeldbuße richtet sich nach dem für die (Anknüpfungs-) Ordnungswidrigkeit angedrohten Höchstmaß der Geldbuße. Handelt die Leitungsperson danach fahrlässig, so ist schon das ihr angedrohte Höchstmaß halbiert. § 17 Abs. 2 OWiG kommt für die Verbandsgeldbuße nicht selbst zum Zuge, weil anderenfalls das Höchstmaß ein weiteres mal halbiert würde.

Schon diese systematischen Erwägungen zwingen dazu, in der in § 30 OWiG angeordneten *Geldbuße* ein anderes Sanktionsinstrument als die typische Geldbuße des § 17 OWiG zu sehen. Ist aber § 30 OWiG die einzige Norm, die diese Rechtsfolge anordnet, so ist sie schon deshalb eine Sanktionsnorm eigener Art.

III. Sanktionsnorm ohne Verhaltensnorm

Eine letzte Eigenart der Sanktionsnorm des § 30 OWiG soll die systematischen Erwägungen abschließen. Die typische Sanktionsnorm gibt dem Rechtsstab auf, auf die Verletzung einer bestimmten Verhaltensnorm mit einer bestimmten Sanktion zu reagieren. Ist diese bestimmte Verhaltensnorm nicht ausdrücklich normiert, so ergibt sich das maßgebliche Verhaltensgebot oder -verbot aus der kontradiktorischen Umformulierung der Sanktionsnorm.[22] In

21 Im Folgenden wird vorwiegend von einem Pseudo-Ahndungsteil gesprochen werden. Die juristische Person ist – mit den Worten der BT-Drs. V/1269, S. 58 (li. Sp.) – „als fiktives und im natürlichen Sinne handlungsunfähiges Wesen“ einer (S. 61 li.) „Tat im natürlichen Sinne nicht fähig.“ Ihr nicht-Handeln kann ihr deshalb auch nicht zum Vorwurf gemacht werden, sodass der Anknüpfungspunkt für eine echte Ahndung fehlt.

diesem Sinne bezieht sich jede typische (sekundäre) Sanktionsnorm auf eine einzelne (primäre) Verhaltensnorm.

Das ist bei § 30 OWiG nicht der Fall. Weder lässt sich § 30 OWiG einer spezifischen primären Verhaltensnorm zuordnen, noch lässt sich die Vorschrift kontradiktorisch in eine solche umformulieren. Weil die Erfüllung des § 30 OWiG eine Handlung nicht voraussetzt,[23] kann ihr auch nicht das Verbot einer spezifischen Handlung entnommen werden. Vielmehr kann die Verbandsgeldbuße festgesetzt werden, wenn eine Leitungsperson eine verbands- und vertretungsbezogene Straftat oder Ordnungswidrigkeit begeht, sprich: eine (beinahe beliebige) Sanktionsnorm erfüllt. Diese Erfüllung der sekundären Sanktionsnorm durch die Leitungsperson setzt ihrerseits voraus, dass diese eine spezifische primäre Verhaltensnorm verletzt.

Mit anderen Worten: § 30 OWiG ist eine Sanktionsnorm eigener Art, weil sie nicht unmittelbar an die Verletzung einer primären Verhaltensnorm anknüpft, sondern an die Erfüllung einer sekundären Sanktionsnorm durch eine Leitungsperson. Sie ist, wenn man so will, keine sekundäre, sondern eine tertiäre Sanktionsnorm. Darauf wird an späterer Stelle noch einmal zurückzukommen sein.

C. Ergebnis & Ausblick

Die Text-interne Auslegung hat es nicht vermocht, die aufgeworfene Frage überzeugend zu entscheiden. Weder aus dem Wortlaut noch aus der Systematik des § 30 OWiG haben sich gesetzgeberische Wertungen ermitteln lassen, die eindeutig für oder gegen die Zulässigkeit des Bußgeldregresses streiten.

Was die Text-interne Auslegung nicht zu leisten vermochte, soll nun mit der Text-externen Auslegung gelingen. Hier liegen, wie mir scheint, ungehobene Schätze verborgen, die in der Diskussion um das aktuelle und das künftige Verbandssanktionenrecht einen wertvollen Beitrag leisten können, meist aber ausgeblendet worden sind.[24] Sie sollen in den folgenden beiden Kapiteln freigelegt und jedenfalls für die vorliegende Frage, vor allem aber auch darüber hinaus fruchtbar gemacht werden. Dabei wird sich zeigen, dass der Gesetzgeber mit der ursprünglichen Verbandsgeldbuße des § 26 $OWiG_{68}$ eine spezifische Lücke im Sanktionsarsenal hatte schließen wollen. Zu diesem

22 Dazu bereits oben § 7 B. I. (S. 204).

23 Dazu eben I. 2. (S. 245).

24 Exemplarisch nur *Schünemann*, ZIS 2014, S. 1 (6), der ausdr. von „einer längeren, hier nicht interessierenden Vorgeschichte“ des § 26 $OWiG_{68}$ bzw. § 30 OWiG spricht.

Zweck hat er ein Instrument mit einer ganz spezifischen Aufgabe geschaffen: Diese Aufgabe bestand (nur) darin, der juristischen Person umfassend die unmittelbaren und mittelbaren Gewinne zu entziehen, die sie aus einer Tat ihres Organwalters gezogen hatte. Mit dieser Wertung ausgerüstet wird sich schließlich die ursprüngliche Forschungsfrage angehen und beantworten lassen.

Der Gang der weiteren Darstellung ist durch die historische Entwicklung weitgehend vorgezeichnet. Wegen der schieren Menge dessen, was im Rahmen der Text-externen Auslegung darzustellen ist, soll diese im Folgenden auf zwei Kapitel aufgeteilt werden. Noch bevor mit der im eigentlichen Sinne genetischen Auslegung[25] des § 26 $OWiG_{68}$ (als dem Vorläufer des heutigen § 30 OWiG) begonnen werden kann, sind die historischen Entwicklungen und Vorarbeiten dazu zusammenzutragen. Aufbauend auf diesen Erkenntnissen wird es möglich sein, sich in die Lage des Gesetzgebers des $OWiG_{68}$ hineinzuversetzen und seine Aussagen in den Gesetzesmaterialien so zu verstehen, wie sie damals gemeint waren. Die im Anschluss hieran erfolgende Zusammenstellung der Änderungshistorie wird zeigen, dass der Gesetzgeber nach Verabschiedung der ursprünglichen Verbandsgeldbuße nur mehr ihre Ausgestaltung und Reichweite verändert, den ursprünglichen Normzweck aber unangetastet gelassen hat.

25 Zur Unterscheidung von historischer u. genetischer Auslegung *Engisch*, Einführung,[12] Kap. IV (S. 120 in Fn. 40) u. *Looschelders/W. Roth*, S. 153 ff., insb. S. 155 Fn. 8 jew. m. w. N.

§ 9 Text-externe historische Interpretation

Wer einen Text verstehen will, muß die Situation kennen, auf die der Text eine Antwort war. Für Normtexte bedeutet dies, daß der Rechtsanwender versuchen muß, die gesellschaftliche und geistige Ausgangslage sowie die Entstehungsgeschichte der Norm zu erforschen, um den ursprünglichen Regelungswillen und Normzweck erkennen zu können.

Rüthers/Fischer/Birk, Rechtstheorie,[11] Rn. 795

Das Ziel – auch und gerade – der Text-externen oder historisch-genetischen Auslegung besteht darin, den vom (historischen) Gesetzgeber mit dem Normtext verbundenen Sinn und Zweck zu rekonstruieren.[1] Wer aber den Normtext in diesem Sinne zutreffend verstehen will, muss zuerst die Frage oder Lage verstehen, auf die der Text eine Antwort war.[2] Das bereitet im Falle der Verbandsgeldbuße weit größere Schwierigkeiten, als man sich das heute, ein halbes Jahrhundert später, vorzustellen vermag.

§ 30 OWiG geht in seiner heute geltenden Fassung[3] auf § 26 des Gesetzes über Ordnungswidrigkeiten vom 24. Mai 1968[4] zurück. Beschränkt man sich auf den Zeitraum unter Geltung des Grundgesetzes, so lassen sich die entsprechenden Vorarbeiten bis in das Jahr 1953 zurückverfolgen. Die Unterschiede zwischen dem damaligen und dem heute geltenden Strafrecht sind so gravierend, dass man meinen könnte, die Rechtsordnungen verschiedener Länder zu vergleichen.[5] Wer deshalb die im folgenden Kapitel (§ 10) zu untersuchenden Gesetzgebungsmaterialien aus der heutigen Perspektive

1 So *Rüthers/Fischer/Birk*, Rechtstheorie,[11] Rn. 788. Dort (Rn. 784 ff.) auch ausf. zu dem hier nicht zu vertiefenden Streit zwischen „entstehungszeitlicher" u. „geltungszeitlicher" Interpretation des Gesetzes. Dazu auch erschöpfend u. überzeugend *Looschelders/W. Roth*, S. 21 ff.

2 Vgl. *Rüthers/Fischer/Birk*, Rechtstheorie,[11] Rn. 787 m. zahlr. Nw. zum hermeneutischen Schrifttum.

3 Das ist § 30 OWiG i. d. F. des Art. 5 Nr. 5 lit. a) des VermAbsch-RefG, BGBl. I 2017,[22] S. 872 (889).

4 Siehe § 26 des Gesetzes über Ordnungswidrigkeiten v. 24. 5. 1968 ($OWiG_{68}$), BGBl. I,[33] S. 481 (S. 487 f.).

5 Als bloße Auswahl: Diskriminierung (etwa von Frauen u. Homosexuellen); Geldsummenstrafe statt Tagessatzstrafe; keine isolierten Instrumente zur strafrechtlichen Gewinnabschöpfung; metaphysische Herleitung des Strafrechts unter dem Vergel-

liest, muss die Antwort des historischen Gesetzgebers beinahe zwangsläufig anders verstehen, als dieser sie damals gemeint hatte.

Aus diesem Grund soll es in diesem Kapitel unternommen werden, die heute beinahe vollständig ausgeblendete[6] Vorgeschichte der Verbandssanktion jedenfalls insoweit zu beleuchten, als sie zum Verständnis der Gesetzesmaterialien erforderlich ist. Dieser – mehr historische als genetische[7] – Teil der Text-externen Auslegung soll in zwei Schritten erfolgen: Noch bevor im zweiten Abschnitt (B.) die „Impulsgeber der Gesetzgebung" zusammengetragen werden, ist zunächst (A.) die historische Ausgangslage dieser Impulsgeber darzustellen. Denn auch deren Antworten lassen sich zutreffend nur verstehen, wenn man sich die Frage vergegenwärtigt, auf die sie hatten antworten wollen.

A. *Historische Ausgangslage*

Soll diese Zeitreise nicht jeden Rahmen sprengen, so braucht sie selbstverständlich einen Startpunkt. Wenn auch die Festlegung eines solchen Startpunktes stets mit einer gesunden Portion Willkür erfolgen muss, bereitet sie im Hinblick auf die Vorgeschichte der Verbandsgeldbuße kaum Mühe. Denn im Jahr 1933 erschien die Habilitationsschrift *Buschs*,[8] die mit Fug und Recht als das Gründungsdokument der Diskussion um ein Verbandssanktionenrecht in Deutschland bezeichnet werden kann. Das Problem, das *Busch* darin hatte lösen wollen, hat er selbst wie folgt zusammengefasst:[9] Die „strafrechtliche Verantwortlichkeit der Täter-Individuen allein" reiche nicht aus, um Verbandsdelikte „so wirksam zu bekämpfen, wie dies zum Schutze der Gesellschaft und im Interesse der Bewährung der Rechtsordnung notwendig" wäre.

---

tungsgedanken; keine Trennung von Straftaten u. Ordnungswidrigkeiten im heutigen Sinne; teilw. Fortgeltung von Besatzungsrecht.

6 Siehe abermals etwa *Schünemann*, ZIS 2014, S. 1 (6), der ausdr. von „einer längeren, hier nicht interessierenden Vorgeschichte" des § 26 OWiG$_{68}$ bzw. § 30 OWiG spricht.

7 Zur Unterscheidung von historischer u. genetischer Auslegung *Engisch*, Einführung,[12] Kap. IV (S. 120 in Fn. 40) u. *Looschelders/W. Roth*, S. 153 ff., insb. S. 155 Fn. 8 jew. m. w. N.

8 Sie trägt den Titel: „Grundfragen der strafrechtlichen Verantwortlichkeit der Verbände".

9 *Busch*, S. 122, der dort dieses Ergebnis in fünf Thesen zusammenfasst.

Bevor es um diese und seine übrigen Thesen zur Verbandssanktion gehen soll, scheinen zwei Schritte erforderlich. Die damalige und aus heutiger Sicht bemerkenswert selbstverständliche Ablehnung einer jeden Verbandssanktion[10] lässt sich nur verstehen, wenn man (I.) nachvollzieht, wie es zu dem streng individualistischen, anthropo-zentrischen Strafrecht gekommen ist. Dieses allein auf natürliche Personen zugeschnittene Strafrecht enthielt einige Lücken (II.), die es gegenüber dem Phänomen der Verbandsdelikte nachgerade ohnmächtig erscheinen lassen musste. Im Zentrum steht freilich das Fehlen einer Verbandssanktion, das denn auch (III.) den Hauptgegenstand des Abschnitts bilden soll.

I. Streng anthropo-zentrisches Strafrecht

Sobald eine Rechtsordnung das Abstraktionsniveau erreicht, eine – wie auch immer geartete – Rechtsfähigkeit von Personenmehrheiten anzuerkennen, muss sie sich auch die Frage stellen, ob diesen Personenmehrheiten strafende oder strafähnliche Sanktionen auferlegt werden können. Zwar soll hier davon abgesehen werden, die Beantwortung dieser Frage im römischen, germanisch-fränkischen, mittelalterlichen und neuzeitlichen Recht nachzuzeichnen. Das ist andernorts bereits erfolgt.[11] Auch kam dieser „frühesten" Vorgeschichte bei Schaffung des § 26 $OWiG_{68}$ allenfalls eine sehr mittelbare Bedeutung zu. Ein einzelner Punkt ist insoweit jedoch herauszugreifen, weil er auch heute noch Auswirkungen auf Diskussion um die Sanktionsmöglichkeit von Verbänden hat.

---

10 Siehe nur *Neumann,* in: Verh. d. 40. DJT (1953), E 2 f.: „Es handelt sich [scil.: bei der Frage nach der Strafbarkeit der juristischen Person] um ein etwas ungewöhnliches Thema. Wir, die wir in der alten Schule erzogen sind, (aber auch wohl die Jugend) waren immer gewohnt, die persönliche Schuld der individuellen Person als Grundlage der Strafe zu nehmen; und hier sollen nun auf einmal juristische Personen [...] mit Strafe belegt werden."

11 Siehe die umfangreichen Arbeiten von *Busch*, S. 32 ff.; *Hafter*, S. 6 ff.; *Schmitt*, Maßnahmen, S. 16 ff. u. *Schmitt-Leonardy*, Unternehmenskriminalität, Rn. 511 ff. jew. m. zahlr. Nw. *Hafter* hat darüber hinaus auf S. 2 (Fn. 6) die Fundstellen aus *Gierkes* Genossenschaftsrecht zusammengestellt, in denen dieser „in meisterhafter Weise die Geschichte der Delikts- und Straffähigkeit der Körperschaften geschrieben" hat. Kompakte Zusammenstellungen finden sich etwa bei *Heinitz*, Gutachten 40. DJT (1953), E 3 ff. (= S. 67 ff.); *Lang-Hinrichsen*, in: FS Mayer (1966), S. 49 (49 ff.) u. *Seiler*, S. 5 ff.

Während sich das römische Recht sehr früh zu einem individuellen Strafrecht entwickelte,[12] blieb das germanische, von Sippen und ähnlichen Verbänden beherrschte Recht bis weit in die Neuzeit ein Recht der Kollektivverantwortlichkeit.[13] Die im germanischen Rechtskreis verwurzelten Rechtsgelehrten des Mittelalters versuchten dann, die individualistisch-römischen Quellen mit ihrem kollektivistisch-germanischen Vorverständnis zu interpretieren.[14] Dabei ist zu beachten, dass es im damaligen, dezentralisierten Staat gerade die Bauernschaften, Markgenossenschaften, Land- und Stadtgemeinden waren, die sich zu den immer bedeutenderen Kräften des gesellschaftlichen Lebens entwickelten.[15] Für die kirchliche und weltliche Staatsgewalt war es nicht weniger als eine politische Notwendigkeit, Störungen aus diesen Verbänden heraus mit Sanktionen gegenüber diesen Verbänden zu bekämpfen.[16] Die rechtspolitischen Bedürfnisse zwangen geradezu zu der Anerkennung der Körperschaftsstrafe.[17] Dass hierzu ein logisch widerspruchsfreies Konzept fehlte, man in bedenklicher Weise mit Fiktionen operieren musste und überdies auch Unschuldige getroffen wurden, war in diesem Zusammenhang hinzunehmen.[18] Fakt ist, dass bis weit in die Neuzeit hinein Sanktionen gegen Städte, Gemeinden und sonstige Körperschaften anerkannt waren und häufig genutzt wurden.[19]

Als die mittelalterlichen Körperschaften dem konzertierten Angriff von Absolutismus, Liberalismus und Aufklärung erlagen,[20] schwand das prak-

---

12 Vgl. nur *Hafter*, S. 6: „Das römische Privatrecht hebt den schroffsten Individualismus auf den Schild". *Seiler*, S. 6 spricht von einem „ausgesprochen individualistische[n] Recht".

13 *Seiler*, S. 7. Ausf. zu den relevanten Grundzügen des germanischen Rechts *Hafter*, S. 11 f. u. *Schmitt*, Maßnahmen, S. 23 ff.

14 *Hafter*, S. 3 f. u. 11 f. Siehe auch *Heinitz*, Gutachten 40. DJT (1953), E 4 ff. (= S. 68 ff.) u. *Schmitt*, Maßnahmen, S. 20 ff.

15 *B. Ackermann*, S. 23 f.

16 *B. Ackermann*, S. 23 f.; *Hafter*, S. 14 f. u. 24; *Heinitz*, Gutachten 40. DJT (1953), E 5 (= S. 69).

17 Vgl. *Hafter*, S. 14, der in der Tatsache, dass sich die Lehre von der Delikts- u. Straffähigkeit der Verbände das ganze Mittelalter hindurch erhielt, einen Beweis dafür erblickt, dass „das Leben die Geltung dieses Grundsatzes forderte".

18 Siehe dazu im Einzelnen *Hafter*, S. 14 f. u. *Seiler*, S. 8. Zum Problem der Bestrafung Unschuldiger u. entsprechenden Ausnahmen *B. Ackermann*, S. 24; *Heinitz*, Gutachten 40. DJT (1953), E 5 (= S. 69) u. *Schmitt*, Maßnahmen, S. 23 jew. m. w. N.

19 *Brender*, S. 29; *Hafter*, S. 1 u. 19; *Seiler*, S. 1 u. 9. Nach *Heinitz*, Gutachten 40. DJT (1953), E 6 (= S. 70) lassen sich solche Prozesse bis ins 18. Jahrhundert nachweisen.

20 Der Absolutismus wollte den Untertan unmittelbar der Herrschaft des Staates unterwerfen u. musste dazu alle zwischengeschalteten Stellen der Machtkonzentration

tische Bedürfnis nach entsprechenden Sanktionen.[21] Ohne das praktische Bedürfnis traten die moralischen und dogmatischen Bedenken gegen eine Verbandssanktion in den Vordergrund.[22] Neben der Fiktionstheorie *Savignys*, nach der ein Körperschaftsdelikt logisch ausgeschlossen sein musste,[23] entwickelte sich auf diesem Boden die individual-ethische Auffassung von Schuld, wie sie die deutsche Strafrechtswissenschaft noch heute beherrscht.[24] Der einzelne Mensch stand vor der Gesellschaft und sollte nur seiner eigenen Schuld wegen, und nicht wegen einer Kollektivschuld bestraft werden können.[25] Hatten in der Mitte des 18. Jahrhunderts noch fast alle strafrechtlichen Lehrbücher Strafen gegen juristische Personen befürwortet, so erklärten sich seit Beginn des 19. Jahrhunderts die meisten dagegen.[26]

Mit der Industrialisierung freilich schwang das Pendel zurück. Die Kapitalgesellschaften wurden zur beinahe archetypischen Form der wirtschaftlichen Betätigung, weil die Kraft des Einzelnen nicht mehr ausreichte, die Aufga-

---

ausschalten, vgl. *B. Ackermann*, S. 24 f. Die Aufklärung – u. der auf ihr aufbauende Liberalismus – predigte nach *Seiler*, S. 10 „die Befreiung des Individuums von der Herrschaft des Kollektivs u. forderte deshalb auch die alleinige strafrechtliche Verantwortlichkeit des Einzelnen.“ Siehe dazu auch *Schmitt-Leonardy*, Unternehmenskriminalität, Rn. 546 f.;

21 *B. Ackermann*, S. 24 f.; *Brender*, S. 29 f.; *Heinitz*, Gutachten 40. DJT (1953), E 6 (= S. 70); *Schmitt*, Maßnahmen, S. 27 f.; *Seiler*, S. 1 u. 10 f.

22 Vgl. *Lang-Hinrichsen*, in: FS Mayer (1966), S. 49 (50).

23 Siehe *v. Savigny*, System, Bd. II, § 94 (S. 310 ff.). Die zentralen Passagen lauten: Die Strafbarkeit juristischer Personen werde vielfach verneint, „weil die juristische Person nur ein künstliches Daseyn [...] habe, welches aber nur für erlaubte Zwecke gegeben sey; wenn sie daher ein Verbrechen begehe, so sey sie in diesem Augenblick gar nicht juristische Person, könne also auch nicht als solche einer Strafe unterworfen werden“ (S. 310). — „Das Criminalrecht hat zu thun mit dem natürlichen Menschen, als einem denkenden, wollenden, fühlenden Wesen. Die juristische Person aber ist kein solches, sondern nur ein Vermögen habendes Wesen, liegt also ganz außer dem Bereich des Criminalrechts. Ihr reales Daseyn beruht auf dem vertretenden Willen bestimmter einzelner Menschen, der ihr, in Folge einer Fiction, als ihr eigener Wille angerechnet wird“ (S. 312). — „Alles, was man als Verbrechen der juristischen Personen ansieht, ist stets nur das Verbrechen ihrer Mitglieder oder Vorsteher, also einzelner Menschen oder natürlicher Personen [...]. Wollte man nun irgend ein Verbrechen an der juristischen Person bestrafen, so würde dadurch ein Grundprincip des Criminalrechts, die Identität des Verbrechers und des Bestraften, verletzt werden“ (S. 313).

24 So etwa *Seiler*, S. 10 f.

25 Vgl. *B. Ackermann*, S. 25.

26 So die Zusammenfassung bei *Heinitz*, Gutachten 40. DJT (1953), E 6 (= S. 70) m. Nachw. in Fn. 20.

ben und Bedürfnisse einer gewandelten Wirtschaft zu bewältigen.[27] Mit der überwältigenden „Herrschaft der Verbände“[28] häuften sich die Rechtsverstöße, die aus diesen Verbänden begangen werden konnten und wurden.[29] Die ungeheure Konzentration finanzieller und persönlicher Mittel verlieh diesen Delikten ein besonderes Gewicht und eine besondere soziale Gefährlichkeit.[30] Mit der Verbandskriminalität, verstanden als der „Summe der Individualdelikte, die von Tätern im Verbandsbereich unter Ausnutzung der Verbandsmacht im Interesse des Verbandes begangen werden, sofern diese Delikte nicht aus dem Rahmen der Verbandstätigkeit fallen“,[31] sah sich die Rechtsordnung einer neuen Erscheinung ausgesetzt, die dringlich nach einer Antwort verlangte. Geradezu zwangsläufig musste die überwunden geglaubte[32] Frage nach möglichen Sanktionen gegen die Verbände mit neuer Dringlichkeit gestellt werden.[33]

Allerdings – und darauf kommt es hier an – hatte sich das Strafrecht inzwischen zu einem vollends anthropo-zentrischen Strafrecht entwickelt. Ohne ein Bedürfnis für Körperschaftsstrafen hatte sich aus Liberalismus und Aufklärung eine Strafrechtsdogmatik entwickelt, deren Voraussetzungen für die Strafbarkeit völlig auf die natürliche Person zugeschnitten waren und sind. Anknüpfungspunkt einer jeden Straftat ist eine menschliche Handlung, für die den Täter eine individual-ethische Schuld treffen muss. Die handlungs-

---

27 *B. Ackermann*, S. 26; *Seiler*, S. 1; *Schmitt*, Maßnahmen, S. 9 u. 27 f. Siehe auch *Jescheck*, in: NdSchr. GrStrKomm, Bd. I,[12] S. 295 (re. Sp.): „Es gibt heute [scil.: 1954] kaum mehr Aufgaben von erheblicherer Bedeutung, die mit den Mitteln und Möglichkeiten des einzelnen Privatmannes bewältigt werden können.“

28 So der Titel der kleinen u. vielzitierten Schrift von *Eschenburg*.

29 *M. Hirsch*, in: Prot. SondA-StrafR IV,[23] S. 397 (li. Sp.).

30 *Seiler*, S. 1.

31 So die Definition der Verbandskriminalität bei *Schmitt*, Maßnahmen, S. 137, der die einzelnen Aspekte auf den vorangehenden Seiten herausarbeitet. Ähnlich *Rotberg*, in: FS 100 Jahre DJT (1960), S. 193 (205).

32 Bei den Beratungen zum preußischen StGB von 1851 wurde eine Vorschrift zu der Frage, ob nur die schuldigen Mitglieder der Korporation oder auch die Korporation selbst zu strafen sei, „für unnöthig erachtet, weil jede moralische Person nur vermöge ihres Zweckes als solche gedacht werden könne, der Zweck aber [...] kein Verbrechen sein könne.“ Siehe *Goltdammer*, S. 311 f. Ähnlich lautende Stellungnahmen hat *Engisch*, Referat 40. DJT (1953), E 9 in Fn. 5 zusammengestellt.

33 Vgl. *Schmitt*, Maßnahmen, S. 132: Die „Tendenz der Rechtsordnungen, gegen Verbände strafrechtlich vorzugehen, [nimmt] mit dem Anwachsen der Verbände“ zu. Skeptisch zur Überbetonung „reiner Zweckmäßigkeitserwägungen“ zuvor bereits *Heinitz*, Gutachten 40. DJT (1953), E 23 f. (= S. 87 f.) u. *Engisch*, Referat 40. DJT (1953), E 28 ff.

und schuldunfähige juristische Person ist weder zum einen noch zum anderen in der Lage.[34]

Dass es – bis heute! – nicht gelungen ist, die Verbandssanktion widerspruchslos in das Strafrecht im weiteren Sinne einzupassen,[35] und eine Verbandsstrafe mit dieser unserer Dogmatik im Widerspruch steht, ist – mit den Worten *v. Webers* auf dem 40. DJT[36] – „völlig richtig, aber auch nicht erstaunlich. Denn eine Dogmatik die von einem reinen Individualstrafrecht her abstrahiert, kann natürlich der Verbandsstrafe nicht irgendwie Rechnung tragen."[37]

Anm. 9.1: Es hätte wohl eines strafrechtlichen Otto von *Gierke* bedurft, um aus dem „Angriff der Genossenschaftstheorie"[38] auf die „Übertragung der individualistischen Gedankenschablone auf das Gemeinleben"[39] die richtigen Konsequenzen zu ziehen.[40] So wenig der Begriff des Organs „im Individualrecht [ein] Vorbild" hat und sich „durch [einen] außerhalb des Socialrechts [scil.: Gesellschafts- bzw. Verbandsrechts] geborenen Rechtsbegriff ersetzen oder verdeutlichen" lässt,[41] so erfolglos muss der – bis heute unternommene – Versuch bleiben, Verbandssanktionen durch Überstülpung der streng anthropo-zentrischen Gedankenschablone zu begründen.

Für die Zwecke der Untersuchung mag man aus alledem nur Folgendes mitnehmen: Die am Delikt allein beteiligten natürlichen Personen waren Täter oder Teilnehmer entweder eines Hauptdeliktes oder eines Anschlussdeliktes. Das Strafrecht konnte auf ein jedes strafrechtlich relevante Verhalten

34 Siehe nur BT-Drs. V/1269, S. 58 (li. Sp.): „Die juristische Person [...] ist als fiktives und im natürlichen Sinne handlungsunfähiges Wesen" einer (S. 61 li.) „Tat im natürlichen Sinne nicht fähig. Sie selbst kann keine Ordnungswidrigkeit oder Straftat begehen."

35 Ausf. zum Streitstand nur *Meyberg*, in: BeckOK-OWiG,[28] § 30 Rn. 14 ff. u. *Rogall*, in: KarlsrKomm-OWiG,[5] § 30 Rn. 1 ff. jew. m. w. N.

36 Siehe Verh. d. 40. DJT, E 61.

37 Ganz in diesem Sinne auch *Bockelmann,* in: NdSchr. GrStrKomm, Bd. IV,[50] S. 328: „Es ist nicht damit getan, daß man sich hinter die überkommenen Vorstellungen von Sühne und Schuld zurückzieht [...]. Man wird sich der Mühe unterziehen müssen, aus der modernen Entwicklung der wirtschaftlichen Verbände neue dogmatische Konsequenzen zu ziehen." sowie *Rotberg*, in: FS 100 Jahre DJT (1960), S. 193 (194 f.).

38 Den „Angriff der Genossenschaftstheorie" hat *Gierke*, Genossenschaftstheorie, S. 175 selbst ausgerufen.

39 *Gierke*, Genossenschaftstheorie, S. 616.

40 Zum – oft überzeichneten – Streit zwischen *v. Savignys* Fiktionslehre u. *Gierkes* Lehre von der realen Verbandspersönlichkeit die in jeder Hinsicht bemerkenswerte Darstellung bei *Kleindiek*, § 7 (S. 152 ff.).

41 *Gierke*, Genossenschaftstheorie, S. 615.

mit einer Geldstrafe reagieren. Vor dem (Wieder-)Erstarken der Verbände bestand daher gar keine Notwendigkeit dafür, das auf den Menschen zugeschnittene Instrument der Geldstrafe in isolierte und funktionsverschiedene Sanktionsmaßnahmen aufzuspalten.[42] Allerdings brauchte, wer sich keiner dieser Beteiligungskategorien zuordnen ließ, weder eine Geldstrafe noch sonst eine strafrechtliche Maßnahme fürchten. Das wiederum hatte zur Folge, dass die handlungs- und schuldunfähige juristische Person, die weder Täter noch Teilnehmer sein konnte, als Begünstigte einer Straftat für das Strafrecht schlechthin nicht zu fassen war.

II. Lücken des Individual-Strafrechts

Das streng auf die natürliche Person zugeschnittene Strafrecht der damaligen Zeit sah sich mit dem Erstarken der Verbände[1] und der damit einhergehenden Verbandskriminalität neuen Herausforderungen ausgesetzt. Diesen begegnete es in seinem nunmehr vollends auf die natürliche Person zugeschnittenen Urzustand mit verständlicher Ohnmacht.[2] Die Unzulänglichkeiten eines reinen Individual-Strafrechts bei der Behandlung von Verbandsdelikten lassen sich vor allem an dem Fehlen von drei Instrumenten deutlich machen. Das damalige Recht sah keine Vorschriften zum Handeln für einen anderen und zur Aufsichtspflichtverletzung vor. Darüber hinaus kannte es keine – jedenfalls keine allgemeine – Geldsanktion gegen Verbände.

---

42 § 27c Abs. 1 StGB lautete i. d. F. des Art. I der VermStrafen-VO, RGBl. I 1924,[7] S. 44 (44): „Bei der Bemessung einer Geldstrafe sind die wirtschaftlichen Verhältnisse des Täters zu berücksichtigen." — Abs. 2: „Die Geldstrafe soll das Entgelt, das der Täter für die Tat empfangen, und den Gewinn, den er aus der Tat gezogen hat, übersteigen." — Abs. 3: „Reicht das gesetzliche Höchstmaß hierzu nicht aus, so darf es überschritten werden." Die damalige Geldstrafe war, wie die heutige Geldbuße, ein kombiniertes Sanktionsinstrument, das Übelszufügung u. Gewinnabschöpfung miteinander verband.

1 Eindrücklich *Jescheck*, DÖV 1953,[17] S. 539 (541): „Verbände [. . .] beherrschen heute als Parteien das politische, als Unternehmer, Arbeitgeberverbände oder Gewerkschaften das wirtschaftliche Leben, als Banken das Kreditwesen. Verbände bestimmen als Verlage, Zeitungsbetriebe oder Nachrichtenagenturen das Gesicht der Publizistik, als Standesorganisationen haben sie maßgebenden Einfluß auf das Berufs- und kulturelle Leben."

2 Von Ohnmacht sprechen auch *Jescheck*, DÖV 1953,[17] S. 539 (541 f.) u. *Schmitt*, Maßnahmen, S. 142.

Das Hauptaugenmerk dieser Untersuchung liegt auf der Geldsanktion gegen Verbände, die deshalb im nächsten Abschnitt (III.) ausführlich behandelt werden soll. Auch der Gesetzgeber des $OWiG_{68}$ hat aber die neu geschaffene Verbandsgeldbuße des § 26 ausdrücklich als Teil eines Maßnahmen-Bündels verstanden.[3] Kurz sollen deshalb auch die anderen Unzulänglichkeiten dargestellt werden, schon um zu zeigen, mit welchen Aspekten sich die spätere Verbandsgeldbuße nicht mehr zu befassen brauchte.

1. Handeln für einen anderen

Eine erste Strafbarkeitslücke bestand darin, dass das damals geltende Recht keine allgemeine Vorschrift zum „Handeln für andere" kannte.[4] Gerade im Nebenstrafrecht wurden und werden viele Delikte vom Vorliegen bestimmter persönlicher Merkmale abhängig gemacht. Mit dem Erstarken der Verbände nahmen diese in immer größerem Umfang Funktionen und Positionen des Wirtschaftslebens ein, die bis dahin von natürlichen Personen besetzt waren. Immer öfter kam es deshalb vor, dass die besonderen persönlichen Merkmale – Arbeitgeber, Betriebsinhaber, Vollstreckungsschuldner – nur bei dem Verband und nicht bei der für ihn handelnden natürlichen Person vorlagen.

Das hatte zur Folge, dass bei zahlreichen Sonderdelikten weder Verband noch Einzeltäter strafrechtlich erfasst werden konnten:[5] Der Verband ist als solcher nicht handlungsfähig, kann das Delikt mithin nicht selbst begehen und konnte deshalb auch nicht bestraft werden; eine Strafe des Individualtäters war ebenfalls nicht möglich, weil er mangels des Vorliegens der besonderen persönlichen Merkmale kein tauglicher Täter war.

Der Gesetzgeber behalf sich mit einer Fülle von Einzelregelungen.[6] Diese mündeten schließlich in § 14 StGB und den Vorläufer des heutigen § 9 OWiG.[7]

3 So gibt die Begründung zum EOWiG in: BT-Drs. V/1269, S. 29 (li. Sp.) an, welchen gemeinsamen Zweck die „neu vorgesehenen allgemeinen Vorschriften über Handeln für einen anderen [...], über Geldbuße gegen juristische Personen [...] und über Verletzung der Aufsichtspflicht" haben sollen.

4 Insoweit sei nur auf das Referat (Anh. Nr. 49) *Schäfers* in der Großen Strafrechtskommission verwiesen, NdSchr. GrStrKomm, Bd. IV, S. 545 ff.

5 Eingehend *Pohl-Sichtermann*, S. 15 f. u. *Schmitt*, Maßnahmen, S. 140 f.

6 Siehe die bsph. Aufzählung in BT-Drs. IV/650, S. 127 (li. Sp.).

7 § 14 StGB wurde durch Art. 1 Nr. 1 des Zweiten Gesetzes zur Reform des Strafrechts v. 4. 7. 1969 (2. StrRG), BGBl. I,[56] S. 717 (719 f.) eingefügt; der heutige § 9 OWiG geht auf § 10 des $OWiG_{68}$, BGBl. I 1968,[33] S. 481 (485) zurück.

2. Aufsichtspflichtverletzung

Wo eine Strafe gegen eine Einzelperson hätte verhängt werden können, kam es zu einem anderen Problem: Die Erfüllung der Verbandsaufgaben erfordert regelmäßig das dauernde und arbeitsteilige Zusammenwirken einer Vielzahl von Personen in einer geschlossenen Arbeits- und Betriebsgemeinschaft.[8] Bei eben dieser Vielzahl der als Täter in Frage kommenden Personen wird dem Außenstehenden oft jede Möglichkeit genommen, den einzelnen Verbandsgenossen oder Funktionär festzustellen, der die strafbare Handlung letztlich begangen hat.[9] Die im Verband zusammengefassten Personen hätten dieses Phänomen ausnutzen und durch eine „organisierte Unverantwortlichkeit"[10] auf die Spitze treiben können.[11] Das auf individueller Schuld beruhende Strafrecht hatte dem hier „notwendig entstehenden Beweisnotstand"[12] nicht viel entgegenzusetzen.

Diesem Problem begegnete der Gesetzgeber nicht mit Verbandssanktionen,[13] sondern mit Tatbeständen der Aufsichtspflichtverletzung, die schließlich im Vorläufer des heutigen § 130 OWiG aufgingen.[14] Der teilweise[15] geforderte Straftatbestand der Aufsichtspflichtverletzung hat sich bis heute nicht durchsetzen können.

---

8 *Busch*, S. 116. Zu der schwierigen Frage, wie die Arbeitsteiligkeit in der modernen Wirtschaft strafrechtlich zu bewältigen ist, auch *Tiedemann*, Gutachten 49. DJT (1972), C 55 ff.

9 So *Busch*, S. 116 ff. mit zahlreichen Bsp. Siehe außerdem das Bsp. bei *Wilfferodt,* in: Verh. d. 40. DJT (1953), E 74 f.

10 Ausf. zu dem Begriff der organisierten Unverantwortlichkeit, seiner Abgrenzung von der „strukturellen Unverantwortlichkeit" u. der – jew. nur begrenzten – Bedeutung dieser Postulate für die Begründbarkeit einer Verbandssanktion die erschöpfende Darstellung bei *Kirch-Heim*, S. 52 ff. m. zahlr. Nw.

11 Dazu etwa *Tiedemann*, Gutachten 49. DJT (1972), C 55.

12 *Tiedemann*, Gutachten 49. DJT (1972), C 55. Krit. zu den „Beweisnothypothesen in Wissenschaft und Praxis" dagegen *Schünemann*, Unternehmenskriminalität, S. 41 ff. mit einem Resümee auf S. 55.

13 Dafür hatte sich vor allem *Busch*, S. 116 ff. ausgesprochen.

14 Vorläufer des heutigen § 130 OWiG war § 33 des $OWiG_{68}$, BGBl. I 1968;[33] S. 481 (489), der auf § 25 EOWiG zurückging. Siehe die ausf. Begründung zur Vorschrift in: BT-Drs. V/1269, S. 67 (re. Sp. ff.).

15 So etwa *Tiedemann*, Gutachten 49. DJT (1972), C 56.

III. Fehlen einer Verbandssanktion

Jenseits dieser echten Strafbarkeitslücken stieß die Individualstrafe ohne die Schützenhilfe einer Verbandssanktion an ganz eigene Grenzen. Vor allem *Busch*[16] hat diese Grenzen grundlegend herausgearbeitet. Bis heute kommt um seine „zum Teil höchst eindrucksvollen Argumente" keiner herum, der sich mit der Strafbarkeit der Verbände auseinandersetzt.[17] Sie haben die spätere Diskussion bis hin zur Ausgestaltung der Verbandsgeldbuße so wesentlich beeinflusst, dass sie auch hier – in gebotener Kürze – wiedergegeben werden müssen. Weil sich schon zahllose andere Autoren mit ihnen auseinandergesetzt haben,[18] soll sich die Untersuchung im Folgenden auf die hier wesentlichen Gedanken beschränken, diese aber – wo nötig – ergänzen.

1. Bedeutung der Thesen *Buschs*

Im Wesentlichen kreisen die Argumente *Buschs* um zwei Gedankenzentren:[19] Zum einen hat er versucht, die Unzulänglichkeit der bloßen Individualverantwortlichkeit nachzuweisen.[20] Die „strafrechtliche Verantwortlichkeit der Täter-Individuen allein" – so sein Ergebnis – reiche nicht aus, um Verbandsdelikte „so wirksam zu bekämpfen, wie dies zum Schutze der Gesellschaft und im Interesse der Bewährung der Rechtsordnung notwendig" wäre.[21] Zum anderen hat er zeigen wollen, dass auch die übrigen gegen die Verbände anwendbaren Zwangsmittel des damals geltenden Rechts für die Bekämpfung der Verbandsdelikte unzulänglich waren.[22] Soweit diese Zwangsmittel überhaupt als allgemeine Rechtsfolge an alle Verbandsdelikte anknüpfen

16 Siehe dessen Habilitationsschrift aus dem Jahre 1933 mit dem Titel: „Grundfragen der strafrechtlichen Verantwortlichkeit der Verbände", dort vor allem das dritte Kapitel (S. 89 ff.).

17 So bereits *Engisch*, Referat 40. DJT (1953), E 29. Ähnlich *Pohl-Sichtermann*, S. 2. Diese Einschätzung ist auch heute noch richtig.

18 Eine ausf. Auseinandersetzung mit den Gedanken *Buschs* findet sich etwa bei *Engisch*, Referat 40. DJT (1953), E 29 ff., der den Gedankengang sehr präzise u. kompakt zusammengestellt hat. Siehe außerdem *B. Ackermann*, S. 45 ff.; *Brender*, S. 11 ff.; *Rotberg*, in: FS 100 Jahre DJT (1960), S. 193 (218 ff.); *Schmitt*, Maßnahmen, S. 117 ff.

19 So *Engisch*, Referat 40. DJT (1953), E 29.

20 *Busch*, S. 96 ff.

21 *Busch*, S. 122, der dort dieses Ergebnis in fünf Thesen zusammenfasst.

22 *Busch*, S. 124 ff., wo sich zu Beginn eine Zusammenstellung der damals möglichen Zwangsmittel findet.

könnten, würden sie – etwa bei der Verbandsauflösung – „Opfer bedingen, die in keinem angemessenen Verhältnis zum Erfolg" stünden, oder aber „der spezifisch verbrechensverhütenden Wirkung" ermangeln.[23]

Der zweite dieser Gedankenkomplexe kann für die Frage nach dem Zweck der Verbandsgeldbuße und letztlich nach der Zulässigkeit des Bußgeldregresses dahinstehen. Der Gesetzgeber hat sich mit Schaffung des § 26 OWiG_{68} für eine im weiteren Sinne strafrechtliche Geldsanktion gegen Verbände entschieden, die er – etwas unglücklich[24] – als Geldbuße bezeichnet hat. Wegen dieser positiven Entscheidung kommt es nicht mehr darauf an, ob die mit der Verbandsgeldbuße verfolgten Zwecke besser, ebenso gut oder überhaupt nur durch andere Zwangsmittel hätten erreicht werden können. Wer dies anders sehen wollte, muss sich entweder der Entscheidung des Gesetzgebers beugen oder in letzter Instanz die Unzulässigkeit der Verbandsgeldbuße nachweisen.[25] Damit aber fiele auch die Frage nach einem entsprechenden Regressanspruch in sich zusammen. Denn ohne zulässige Verbandsgeldbuße fehlte das Substrat eines solchen Anspruches. Auf die bei der Entstehung des § 26 OWiG_{68} besonders schwierigen Fragen von Konstruktion und Konstruierbarkeit soll im Folgenden deshalb nur eingegangen werden, wenn dies zum Verständnis des Zweckes der Sanktion erforderlich ist. Darüber hinaus wird die Entscheidung des Gesetzgebers als bindend zugrundegelegt.

Ganz wesentlich ist dagegen der erste Gedankenkreis: *Busch* attestiert einer Rechtsordnung, die sich auf die reine Individualverantwortlichkeit beschränkt, nichts weniger, als bei der Bekämpfung der Verbandskriminalität versagen zu müssen. Ohne eine Verbandssanktion könnten die „Verbrechen, die in Ausübung der Verbandsmacht und aus dem Machtbereich der Verbände heraus begangen werden," nicht so wirksam bekämpft werden, „wie dies zum Schutze der Gesellschaft und im Interesse der Bewährung der Rechtsordnung

23 *Busch*, S. 147.

24 Zwar ist die Verbandssanktion wie die Individualgeldbuße eine reaktiv-retrospektive Geldsanktion. Sie ist jedoch – was noch zu zeigen sein wird – keine (trans-restitutive) Übelszufügung, sondern allein auf die (restitutive) Abschöpfung des Tatgewinnes gerichtet. Zu den „falschen Abzweigungen", deretwegen das Institut gleichwohl als „Geldbuße" bezeichnet wird, siehe B. III. 6. (S. 307) u. B. V. 2. (S. 318).

25 Siehe etwa *Jescheck/Weigend*, StrafR-AT[5] § 23 VII 3 (S. 228 f.), die von einem „Etikettenschwindel" sprechen u. eine Kombination aus Gewinnabschöpfung beim Verband u. – wo erforderlich – Freiheitsstrafe gegen die handelnden Personen fordern. Auch *Reuter*, BB 2016[22] S. 1283 ff. hält die Verbandsgeldbuße verfassungrechtlich für wenigstens problematisch. Sie treffe „die Falschen" (S. 1286 u. 1290), weil sie systemisch Grundrechte der Aktionäre verletze, bei denen die – mehr postulierte als nachgewiesene – Repressions- u. Präventionswirkung nicht erreicht werden könne.

notwendig" wäre.[26] Sinnvoll ist dieser Vorwurf nur, wenn mit ihm zugleich unterstellt wird, dass eine Rechtsordnung mit Verbandssanktion zur wirksamen oder wenigstens wirksameren Bekämpfung in der Lage wäre. Dann aber wäre es gerade die ureigene Aufgabe – der Zweck – der neu zu schaffenden Verbandssanktion, die Lücken zu schließen, die ohne sie bestehen.[27] Die präzise Umschreibung der Lücken, die ohne Verbandssanktion verbleiben, erlaubt eine sehr präzise Umschreibung des Zwecks oder der Zwecke, die der Gesetzgeber mit Schaffung eines solchen Instrumentes verfolgen könnte. Ist danach bekannt, welche Zwecke eine Verbandssanktion sinnvoll erfüllen kann, lässt sich später untersuchen, welche dieser Zwecke der Gesetzgeber § 26 $OWiG_{68}$ beimessen wollte.

2. Wirksamkeitsvoraussetzungen der Strafe

Busch ging dabei von der Annahme aus, dass das Strafrecht dem Schutze der Gesellschaft durch Verbrechensvorbeugung dient.[28] Der (angedrohte)[29] Strafzwang als Instrument des Strafrechts könne seine vorbeugende Wirkung nur unter drei Bedingungen entfalten:[30] Es müsse erstens beim Täter eine im Wesentlichen normale Motivationslage vorhanden sein, müssten zweitens Verbrechen und Sanktion in einem angemessenen Wertverhältnis stehen und müssten schließlich alle bekannt werdenden Verbrechen zur Aburteilung gelangen.[31] *Busch* kommt zu dem Ergebnis, dass diese drei Bedingungen bei Verbandsdelikten nicht nur hin und wieder, sondern geradezu typischerweise

---

26 *Busch*, S. 122. Nichts anderes sagt die Entwurfsbegründung – BT-Drs. V/1269, S. 59 (li. Sp.) – zu § 19 EOWiG, aus dem § 26 $OWiG_{68}$ hervorgegangen ist: „Die [gegen das Organ einer juristischen Person] zulässige [...] Geldbuße würde [beim Fehlen einer Sanktionsmöglichkeit gegenüber der juristischen Person] vielfach [nicht] geeignet sein, [...] die Erzielung [rechtswidriger Verbands-]Gewinne zu bekämpfen."

27 Vgl. *Lagodny*, Gesetzestexte[2] S. 162 f. Mit der Frage, was wäre, wenn es die Norm nicht gäbe, will er sich „den wirklichen Sinn und die wirkliche Bedeutung der Norm vor Augen" führen. Ähnlich *Pawlowski*, Methodenlehre[3] Rn. 362 m. w. N. (in Fn. 101).

28 *Busch*, S. 89 ff. Das bedeutet letztlich nichts anderes als die oben herausgearbeitete Aufgabe des präventiven Güterschutzes durch das Mittel der Repression, die heute als h. M. betrachtet werden darf. Dazu ausf. § 7 C. (S. 209).

29 Eine Unterscheidung zwischen der Sanktionsnorm u. der tatsächlich festgesetzten Sanktion – sprich: zwischen Androhung u. Zufügung des Übels – findet bei *Busch* nicht statt. Siehe dazu oben § 7 C. II. (S. 220).

30 *Busch*, S. 97.

nicht oder nur in abgeschwächter Form erfüllt seien.[32] Denn „bei allen Arten verbrecherischer Verbandstätigkeit" komme es zu typischen Begleitumständen, welche die Wirkungen der individuellen Sanktion abschwächen.[33]

a) Atypische Motivationslage

Tatsächlich kann von einer im Wesentlichen normalen Motivationslage nicht die Rede sein, wenn der einzelne Mensch als Täter eines Verbandsdeliktes meint, zur Förderung der Verbandszwecke zu handeln. Ob die Verzerrung der Motivationslage mit *Busch* tatsächlich zur Wirkungslosigkeit der persönlichen Strafdrohung führt[34] oder der sich für seinen Verband opfernde Täter allenfalls eine Ausnahmeerscheinung darstellt,[35] sei dabei dahingestellt.[36] Jedenfalls ist es eine „nicht wohl zu bestreitende Erfahrung des täglichen Lebens,"[37] dass der einzelne Täter zu „einer anderen Beurteilung des Interes-

31 Diesem letzten Gedanken der fehlenden Feststellbarkeit des Einzeltäters ist der Gesetzgeber mit der Aufsichtspflichtverletzung begegnet. Er soll hier deshalb nur kurz angesprochen u. nicht vertieft werden, siehe c) (S. 271).

32 So *Engisch*, Referat 40. DJT (1953), E 29.

33 *Busch*, S. 98.

34 Siehe *Busch*, S. 99, der befürchtet, dass „die persönliche Strafdrohung [...] ihre motivierende Kraft im Sinne der Abschreckung nicht mehr zur Geltung zu bringen" vermöge, weil „sich der Einzelne der Verbandsgemeinschaft tiefer verpflichtet fühlt als der staatlichen Gemeinschaft." In der Tendenz ähnlich *v. Weber*, GA 1954, S. 237 (241).

35 So etwa *Engisch*, Referat 40. DJT (1953), E 33 f., der *Busch* zwar „groß[e] psychologisch[e] Treffsicherheit" attestiert, es aber für eine Ausnahmeerscheinung hält, wenn der Organwalter „aus purer Selbstlosigkeit und Unterwerfung unter den Verbandsgeist im Dienste des Verbandes strafbare Handlungen begeht und dabei auch bereit ist, die ihm drohende Strafe auf sich zu nehmen, wenn nur dem Verband nichts widerfährt." Zust. *Lang-Hinrichsen*, in: FS Mayer (1966), S. 49 (67 f.).

36 Eingehend zur kriminogenen Wirkung der Verbandszugehörigkeit *Kirch-Heim*, S. 46 ff. u. *Schünemann*, Unternehmenskriminalität, S. 19 ff. jew. m. w. N. Siehe auch *B. Ackermann*, S. 46.

37 So *Busch*, S. 98. *Schünemann*, Unternehmenskriminalität, S. 19 ff. hat versucht, die Lücken in der Beweisführung *Buschs* durch Heranziehung sozialwissenschaftlicher Forschungsergebnisse zu schließen, damit die Beurteilung der Unternehmenskriminalität „nicht auf eine rein spekulative Annahme über die kriminogene Wirkung von Verbänden gestützt" werde. Zutr. erhebt er auch gegenüber den Kritikern *Buschs* den Vorwurf einer „spekulativen, empirisch nicht fundierten" Beweisführung. Eingehend u. m. zahlr. Nw. zum Phänomen der „kriminellen Verbandsattitüde" auch *Kirch-Heim*, S. 46 ff.

senkonfliktes" gelangt, wenn er das eigene Verhalten vor sich und anderen mit einem überindividuellen Gemeinschaftsinteresse rechtfertigen kann.[38] Eine Handlung, die zur Befriedigung eigener Interessen „aus ethischen Gründen verwerflich" erscheint, wird nicht mehr – jedenfalls nicht mehr in gleicher Weise – für bedenklich gehalten, wenn „sie die Wahrung der Interessen einer Gemeinschaft" bezweckt.[39] Die seelischen Hemmnisse, die den Einzelnen von einer seinem Anstandsgefühl widersprechenden Handlung abgehalten hätten, können sich bei Eingliederung in einen Verband mit „krimineller Verbandsattitüde"[40] verringern oder gar gänzlich verschwinden.[41]

Den Auslöser für die verzerrte Motivationslage sieht *Busch* in einer Überbewertung der Verbandsinteressen, die „das auf individuelle Verantwortlichkeit aufgebaute Strafrecht vor eine unlösbare Aufgabe" stelle.[42] Eine „vorhandene Abneigung gegenüber der rechtswidrigen Handlung", die der Einzelne im Eigeninteresse nicht vornehmen würde, werde „durch den Gedanken, dem Gemeinschaftsinteresse zu dienen, paralysiert", der Verbandsvertreter „den rechtlichen Geboten gegenüber weniger empfänglich."[43] Zwar könnte man versuchen, die in Vergessenheit geratenen seelischen Hemmnisse durch eine drastische Verschärfung der individuellen Strafandrohung wiederherzustellen, die rechtlichen Gebote mit drakonischen Sanktionsnormen wieder ins Gedächtnis zu rufen. Tatsächlich aber sind einer solchen Verschärfung – wie sogleich zu zeigen sein wird – weit engere Grenzen gesetzt, als es zur (Wieder-)Herstellung der Präventionseffizienz erforderlich wäre.

Das auf individuelle Verantwortlichkeit aufgebaute Strafrecht stand danach in der Tat vor einer Aufgabe, die es mit der strafrechtlichen Verantwortlichkeit allein des Täters nicht zu lösen vermochte. Und in der Tat hätte

38 Vgl. *Busch*, S. 98. Ähnlich *B. Ackermann*, S. 46; *Kirch-Heim*, S. 45; *Koffka*, in: NdSchr. GrStrKomm, Bd. IV, S. 564 (re. Sp.); *Rotberg*, in: FS 100 Jahre DJT (1960), S. 193 (218) u. *Schünemann*, Unternehmenskriminalität, S. 23 f. teilw. m. w. N.

39 *Busch*, S. 98. Ähnlich *Kirch-Heim*, S. 45: „Wer etwa für andere schwarze Kassen einrichtet, wird sich oft nicht selbst als Steuerhinterzieher fühlen; wer zum Wohle des Unternehmens den Geschäftspartner übervorteilt, ist ‚nicht wirklich' ein Betrüger." Ganz in diesem Sinne auch *Bauerle*, in: NdSchr. GrStrKomm, Bd. IV,[50] S. 325 (re. Sp. f.).

40 So das schöne u. vielzitierte Bonmot, das auf *Schünemann*, Unternehmenskriminalität, S. 22 u. ö. zurückgeht. Eine Zusammenstellung jener, die es sich zueigen gemacht haben, findet sich bei *Kirch-Heim*, S. 46 (Fn. 53).

41 *Busch*, S. 98. Siehe auch *B. Ackermann*, S. 46; *Kirch-Heim*, S. 45 u. *Schünemann*, Unternehmenskriminalität, S. 22.

42 *Busch*, S. 103. Zust. *Rotberg*, in: FS 100 Jahre DJT (1960), S. 193 (219).

43 *Busch*, S. 99.

eine Verbandssanktion diese von *Busch* beschriebene Überbewertung der Verbandsinteressen neutralisieren können, indem sie den rechtswidrigen Vorteil des Verbandes mit einer potentiellen Minderung seiner Rechtsgüter verknüpft. Dann lägen „die Dinge nicht anders, als wenn das Individuum vor der Entscheidung steht, ob es auf dieses Risiko der Bestrafung hin sich in strafrechtswidriger Weise einen Vorteil verschaffen soll.“[44] Drohte dem Verband im Falle der Aufdeckung ein erheblicher Nachteil, könnte der Täter die eigene Tat vor sich und anderen nicht mehr damit rechtfertigen, dass er sich selbstlos opfere, um dem sicheren Wohle eines übergeordneten Gemeinschaftsinteresses zu dienen.[45] Mehr noch: Der kriminogene Faktor der Verbandszugehörigkeit ließe sich auf diesem Wege geradezu in sein Gegenteil verkehren.[46] Wer eine Tat, die er im Eigeninteresse nicht begehen würde, nur wegen der möglichen Vorteile des Verbandes begeht, wird von ihr noch stärker abgeschreckt, wenn dem Verband im Falle der Aufdeckung ein erheblicher Schaden droht[47] – und der Täter sich damit der sozialen Ächtung in seiner unmittelbaren sozialen Gruppe aussetzt. Sähe die Rechtsordnung eine Verbandssanktion vor, so wirkte die „Überbewertung der Verbandsinteressen [...] als Anreiz nicht mehr zur Deliktsbegehung, sondern zur Deliktsvermeidung.“[48]

b) Inkongruenz von Verbrechen und Sanktion

Ohne Verbandssanktion ist die Aufgabe wirksamer Verbrechensverhütung im Verbandsbereich allein dem Strafzwang gegen die handelnden Personen überantwortet. Die hierbei möglichen Individualstrafen unterliegen jedoch Grenzen, die ein angemessenes Wertverhältnis von Verbrechen und Sanktion unmöglich machen.

---

44 *Busch*, S. 105.

45 *Kirch-Heim*, S. 46. Ähnlich *Busch*, S. 105 u. *Schünemann*, Unternehmenskriminalität, S. 158.

46 *Busch*, S. 105. Ähnlich *B. Ackermann*, S. 46; *Kirch-Heim*, S. 46 u. *Schünemann*, Unternehmenskriminalität, S. 158 f., die jew. weitere positive Konsequenzen einer Verbandssanktion aufzählen.

47 So etwa *v. Weber*, GA 1954, S. 237 (241).

48 *Busch*, S. 105.

aa) Widersprüchliche Zumessungskriterien

Zum einen müsse die Individualstrafe das angemessene Wertverhältnis schon deshalb verfehlen, „weil sie nicht zugleich der Größe des sozialen Schadens *und* dem Grade der individuellen Schuld angepasst werden" könne.[49] Die Verbandstätigkeit bewege sich mit einer gewissen Zwangsläufigkeit in großen Verhältnissen. In der überwiegenden Mehrzahl der Fälle hätten die Verbandsdelikte deshalb ganz empfindliche Rechtsgutsverletzungen und einen ganz erheblichen sozialen Schaden zur Folge. Eine der Tatseite angemessene Individualsanktion müsste danach sehr hoch bemessen werden, soll sie „einen gerechten Ausgleich zu dem mit dem Verbrechen angemaßten Vorteil herstellen."[50]

Beinahe ebenso zwangsläufig komme es jedoch zu Umständen, die den Schuldvorwurf des Individualtäters minderten. Denn die normwidrige Tat, „die lediglich aus Hingabe an die überinidividuellen Interessen einer Gemeinschaft begangen worden ist," werde „für weniger verwerflich gehalten als die eigennützige Tat."[51] Gerade in Verbänden mit „krimineller Verbandsattitüde" könnten die dort „besonders wirksamen Neutralisierungstechniken" auch den sonst rechtstreuen Verbandsvertreter dazu bestimmen, sich bei auftretenden Interessenkonflikten zur Förderung der Verbandsinteressen für die Begehung strafbarer Handlungen zu entscheiden.[52] So wie die Tatseite nach einer besonders harten Strafe verlange, zwinge die Schuldseite zu einer milderen Bestrafung des Täters.

Anm. 9.2: Dem ist – nicht ganz zu Unrecht – entgegengehalten worden, dass allein die Förderung fremder Interessen den Schuldvorwurf nicht zwangsläufig zu mindern vermag.[53] Richtig angewandt sei das Individualstrafrecht deshalb sehr wohl „in der Lage, das Verhalten des Verbandsorgans usw. nach Maßgabe *seiner*

---

49 *Busch*, S. 109. Herv. im Original durch Sperrung.

50 *Busch*, S. 106.

51 *Busch*, S. 107. So pauschal trifft der Einwand das Gemeinte nicht vollends. Wer im Bereich der organisierten Kriminalität agiert, wird nicht für harmloser gehalten, weil er die überindividuellen Interessen dieser Organisation fördert. Vielmehr wird die „Sozialadäquanz" der spezifischen Tat im Zusammenhang mit einer für sozialadäquat gehaltenen Tätigkeit hinzukommen müssen, sprich: das Phänomen, das heute als „White Collar"-Kriminalität bezeichnet wird.

52 So *Schünemann*, Unternehmenskriminalität, S. 22. In der Tendenz auch *Busch*, S. 106 f.

53 Siehe nur *Engisch*, Referat 40. DJT (1953), E 35: „Wer sich nicht der rechtlich erlaubten Mittel bedient, um die Verbandsinteressen zu wahren, wer nur mit Verrat, Beschimpfung, [...] u. dgl. mehr dem Verbandsziele nachstrebt, verdient nicht um

> Schuld [...] hart und nachhaltig" zu bestrafen.[54] Und doch bleibt es richtig, dass die bei dem Verbandsdelikt wirkenden Motive „nicht im Charakter und in der Gesinnung des Täters" begründet sind, sondern diesem in gewissem Umfang von außen aufgezwungen oder – im Falle des weisungsfrei agierenden Organwalters – durch die Verbandstätigkeit von außen an diesen herangetragen werden.[55] Unter sonst gleichen Umständen müsse die Schuld des in ihrem Einfluss handelnden Täters deshalb „geringer bewertet werden als die Schuld desjenigen, der nicht unter ihrem Einfluß gehandelt" habe.[56] Vor diesem Hintergrund werde bei der Sanktionierung des Einzeltäters die „zulässige Höchststrafe und erst recht eine darüber hinaus zu schaffende Verschärfung [...] in vielen Fällen [...] zu hart sein."[57]

Zwar befinde sich der Richter auch sonst in der Situation, den Vorwurf teils mindernde und teils verschärfende Umstände in einer verständigen und gerechten Abwägung zum Ausgleich bringen zu müssen.[58] Bei Verbandsdelikten strebten diese Umstände aber so zwangsläufig und so gewaltig auseinander, dass es schlicht nicht möglich sei, die Strafe „zugleich der Größe des sozialen Schadens *und* dem Grade der individuellen Schuld" anzupassen.[59] Verbrechen und Sanktion lassen sich danach nicht in ein angemessenes Wertverhältnis setzen.

Müsse die Individualsanktion dagegen nur im Zusammenspiel mit einer zusätzlich möglichen Verbandssanktion angemessene „Vergeltung für die Tat in ihrer Gesamterscheinung" sein, so löse sich der Widerspruch der Zumessungskriterien auf.[60] Dem Richter werde es möglich, „bei der Bestrafung der Täter ihre Bestimmung durch die Überbewertung der Verbandsinteressen und durch den normativen Verbandsgeist strafmildernd zu berücksichtigen, bei der Bestrafung des Verbandes aber der Größe des sozialen Schadens gerecht" zu werden.[61]

---

deswillen Nachsicht, weil es immerhin Verbandsziele und nicht höchsteigene Interessen sind, die ihn bewegen."

54 *Engisch*, Referat 40. DJT (1953), E 35. Herv. im Original. Ausdr. gegen *Engisch* etwa *Rotberg*, in: FS 100 Jahre DJT (1960), S. 193 (219 f.).

55 Gerade *B. Ackermann*, S. 46 u. *Schünemann*, Unternehmenskriminalität, S. 23 haben auf den Faktor der Abhängigkeit des Arbeitnehmers von seinem Arbeitsplatz hingewiesen.

56 *Busch*, S. 107.

57 *Busch*, S. 108 f.

58 Vgl. *Busch*, S. 107.

59 So die Schlussfolgerung *Buschs*, S. 107 ff. Das wörtliche Zitat findet sich auf S. 109. Herv. im Original durch Sperrung.

60 *Busch*, S. 112.

61 *Busch*, S. 112.

bb) Wirtschaftliche Verhältnisse des Täters

Darüber hinaus unterliegt die – damals wie heute – mögliche Individualsanktion einer Beschränkung, deretwegen sie ohne flankierende Verbandssanktion das angemessene Verhältnis von Verbrechen und Sanktion verfehlen muss: Sie ist, soweit sie in Geld bemessen ist, stets nach den wirtschaftlichen Verhältnissen des Individualtäters zu bemessen.[62] Das ergibt sich in dem heutigen Tagessatzsystem aus § 40 Abs. 2 Satz 1 StGB und zu Zeiten *Buschs* aus dem damals geltenden § 27c StGB a. F.[63]

In den Fällen der Individualkriminalität bereitet die Beschränkung der Geldsanktion auf die wirtschaftlichen Verhältnisse des Täters keinerlei Probleme. Der Einzelunternehmer handelt im eigenen Interesse und mehrt durch seine wirtschaftliche Betätigung sein eigenes Vermögen. Mit jedem rechtmäßig erworbenen oder rechtswidrig angemaßten Vorteil verbessert er die eigenen wirtschaftlichen Verhältnisse. Jeder dieser Vorteile hat deshalb unmittelbar sanktionserhöhende Wirkung. Der soziale Schaden, den er herbeizuführen vermag, ist durch seine persönlichen, die Höhe der Sanktion mitbestimmenden Mittel beschränkt. In demselben Maße, in dem die potentielle Schädigungsfähigkeit des Täters steigt, verbessern sich seine wirtschaftlichen Verhältnisse und können höhere Sanktionen festgesetzt werden. Weil Schädigungsfähigkeit und Sanktionshöhe miteinander korrelieren, erlaubt eine auf seine wirtschaftlichen Verhältnisse abgestimmte Individualsanktion stets eine angemessene, weil tatproportionale Reaktion auf das jeweilige Verbrechen, die – im Rahmen des strafrechtlich Möglichen[64] – wirksam abzuschrecken vermag. Das Verhältnis von Verbrechen und Sanktion bleibt gewahrt.

Ganz anders bei dem Verbandsvertreter: Er bringt nicht seine eigenen, sondern die – regelmäßig erheblich größeren[65] – Machtmittel des Verban-

62 Siehe nur *Jescheck,* in: NdSchr. GrStrKomm, Bd. I,[12] S. 297 (re. Sp.), der aus diesem Grund die „Erweiterung der Organ- und Vertreterhaftung" nicht für ausreichend hält. Ähnlich *Meyer,* in: Prot. SondA-StrafR IV,[23] S. 414 (li. Sp.).

63 § 27c Abs. 1 StGB lautete i. d. F. des Art. I der VermStrafen-VO, RGBl. I 1924,[7] S. 44 (44): „Bei der Bemessung einer Geldstrafe sind die wirtschaftlichen Verhältnisse des Täters zu berücksichtigen." — Abs. 2: „Die Geldstrafe soll das Entgelt, das der Täter für die Tat empfangen, und den Gewinn, den er aus der Tat gezogen hat, übersteigen." — Abs. 3: „Reicht das gesetzliche Höchstmaß hierzu nicht aus, so darf es überschritten werden."

64 Es ist beinahe ein strafrechtliches Paradoxon, dass die spezifisch strafrechtlichen Instrumente ihre vorbeugende Wirkung nur dort entfalten, wo die angedrohte Sanktion den Täter nicht ausreichend abschrecken konnte. In diesem Sinne ist die strafrechtliche Abschreckung darauf angewiesen, dass gleichwohl Straftaten begangen werden.

des zum Einsatz. Daraus ergibt sich auf der Verbrechensseite eine mitunter gewaltige Hebelwirkung. Mit den Mitteln des Verbandes lassen sich viel höhere Gewinne erzielen und viel größere soziale Schäden anrichten, als es der Einzelne mit seinen im Verhältnis regelmäßig bescheidenen Mitteln könnte. Die Schädigungsfähigkeit des Verbandsvertreters wird potenziert. Die möglichen Individualsanktionen wachsen jedoch nicht im selben Verhältnis, weil der Hebel der Verbandstätigkeit die Sanktionsseite unberührt lässt. Der für den Verband handelnde Täter mehrt durch sein rechtmäßiges oder rechtswidriges Verhalten nicht das eigene, sondern das für ihn fremde Vermögen des Verbandes.[66] Die Vorteile dieser Betätigung wirken sich – wenn überhaupt – nur mittelbar und in erheblich abgeschwächter Form auf seine wirtschaftlichen Verhältnisse aus. Sie haben, anders als beim Einzelunternehmer, keine unmittelbar sanktionserhöhende Wirkung. Die Möglichkeit des Organwalters, durch den Einsatz der Machtmittel des Verbandes die wirtschaftlichen Verhältnisse (nur) des Verbandes zu verbessern, greift einseitig in das notwendige Gleichgewicht von Verbrechen und Sanktion ein. Den nach den wirtschaftlichen Verhältnissen des Verbandes bemessenen „Chancen" stehen lediglich die nach den wirtschaftlichen Verhältnissen des Individualtäters bemessenen Sanktions-„Risiken" gegenüber. Die Korrelation von Schädigungsfähigkeit und Sanktionshöhe wird aufgehoben; das – für ein normales Funktionieren des Strafzwanges unerlässliche – angemessene Wertverhältnis von Verbrechen und Sanktion muss verfehlt werden.

Den Ausweg bietet auch hier die Verbandssanktion. Als Ergänzung der Individualsanktion kann sie die verbleibende Präventionslücke schließen. Sie kann nach den wirtschaftlichen Verhältnissen des Verbandes bemessen werden und dadurch tatproportionale Ausmaße erreichen, ohne den Verband in verfassungsrechtlich bedenklicher Weise zu überfordern. Das Gesamtsystem aus juristischer Person und handelndem Organwalter könnte durch das Zusammenspiel von Individual- und Verbandssanktion in exakt der glei-

65 Die außerordentlich große u. ständig im Wachsen begriffene soziale Bedeutung der Personenverbände ergab sich für *Jescheck,* in: NdSchr. GrStrKomm, Bd. I,[12] S. 295 (re. Sp.) gerade daraus, dass sie Aufgaben übernähmen, die kaum mehr „mit den Mitteln und Möglichkeiten des einzelnen Privatmannes bewältigt werden können."

66 Das ist auch dann der Fall, wenn der Verbandsvertreter an der juristischen Person beteiligt ist. Denn bei dem Verbandsvermögen handelt es sich – mit den Worten des BGH, Beschl. v. 11. 3. 1986 – KRB 8/85 – wistra 1986,[5] S. 221 f. (222) – um das „rechtlich selbständige, in erster Linie zu bestimmten wirtschaftlichen Zwecken eingesetzte, *auch gegenüber den Mitgliedern* [...] *verselbständigte* Vermögen" der juristischen Person. Herv. nur hier.

chen Weise getroffen werden, wie ein mit identischen Mitteln ausgestatteter – und deshalb meist utopischer – Einzelunternehmer getroffen würde. Das angemessene Verhältnis von Verbrechen und Sanktion bliebe gewahrt und der (angedrohte) Strafzwang könnte seine verbrechensverhütende Wirkung entfalten.

cc) Konsequenzen des Missverhältnisses

Die Konsequenzen gerade des Missverhältnisses von (Verbands-)Verbrechen und möglicher (Individual-)Sanktion hat *Busch*[67] in einem flammenden Plädoyer zusammengefasst: Die „Beschränkung auf die Bestrafung der individuellen Täter" sei „Verzicht auf eine der Größe des sozialen Schadens entsprechende Strafe, d. h. Verzicht auf tatproportionale Vergeltung." Das unerträgliche Missverhältnis zwischen möglicher Individualstrafe und der Größe des sozialen Schadens müsse zu einer „Erschütterung des Glaubens an die Unverbrüchlichkeit und die Allgemeinverbindlichkeit der Rechtsordnung" führen, weil „zwar das Individuum in der Interessenverwirklichung vom Staate gehemmt" werde, wo es rechtlich verbotene Wege beschreite, „nicht aber der über größere Machtmittel und Lebenskräfte verfügende Verband." Aus dem Gefühl der ungleichen Behandlung und „des unzureichenden Schutzes des Einzelnen vor den Verbänden" müsse die Überzeugung entstehen, der Staat könne sich „gegenüber diesen mächtigen Interessenträgern nicht durchsetzen", was „aber die Existenz der Rechtsordnung unmittelbar in Frage" stelle.

c) Mangelnde Feststellbarkeit des Täters

Das typische Fehlen auch der dritten Wirksamkeitsvoraussetzung und seine Überwindung durch eine Verbandssanktion[68] soll dagegen nicht vertieft werden. Zwar ist es richtig, dass das Strafrecht zu Zeiten *Buschs* nicht sicherstellen konnte, dass jedes bekannt werdende Verbrechen zur Aburteilung gelangte. Denn „die Erfüllung der Verbandsaufgaben" erfordert regelmäßig das dauernde und arbeitsteilige Zusammenwirken einer Vielzahl von

67 Die wörtlich zitierten Passagen dieses Absatzes sind – bei Beibehaltung der Reihenfolge – *Busch*, S. 112 entnommen.
68 Dazu ausf. *Busch*, S. 116 ff.

Personen „in einer geschlossenen Arbeits- und Betriebsgemeinschaft".[69] Dadurch würde einem Außenstehenden oft jede Möglichkeit genommen, den einzelnen Verbandsgenossen oder Funktionär festzustellen, der die strafbare Handlung letztlich begangen hat.[70] Den Mitgliedern des Verbandes dagegen werde „die Feststellung der Täter meist kein[e] Schwierigkeiten" bereiten.[71] Deshalb hatte *Busch* erwogen, die strafrechtliche Verantwortlichkeit der Verbände so auszugestalten, dass für die Mitglieder des Verbandes, „ein Anreiz geschaffen würde, die Täter der Behörde anzuzeigen."[72]

Anm. 9.3: *Engisch* hat – wenn auch in anderem Zusammenhang – mit Recht angemahnt, nicht zu vergessen, dass „das Buch von *Busch* in den Jahren 1931 und 1932 ausgearbeitet und im Frühjahr 1933 erschienen" sei. „Was damals noch ohne Bedenken dargeboten werden konnte," habe „sich inzwischen als Gefäß der Pandora erwiesen."[73] Die entschiedene und teils beinahe emotionale[74] Ablehnung mancher Positionen *Buschs* ist stets auch im Lichte der Erfahrungen mit dem Dritten Reich und dem Zweiten Weltkrieg zu sehen, deren Folgen für die deutsche Bevölkerung man damals noch lebhaft vor Augen hatte.[75]

Zu Recht ist dieser Gedanke jedoch als „ein absolut unzulässiger Gesichtspunkt" bezeichnet und verworfen worden.[76] Das strafrechtliche Ermittlungsverfahren böte ausreichend Möglichkeiten, um nicht auf dem merkwürdigen Umwege einer Bestrafung des Verbandes auf Denunziationen der Verbandsmitglieder spekulieren zu müssen.[77] Der Gesetzgeber ist diesem – später als „organisierte Unverantwortlichkeit"[78] bezeichneten – Phänomen denn

---

69 *Busch*, S. 116.

70 *Busch*, S. 116. Krit. zu den „Beweisnothypothesen in Wissenschaft und Praxis" dagegen *Schünemann*, Unternehmenskriminalität, S. 41 ff. mit einem Resümee auf S. 55.

71 *Busch*, S. 119.

72 *Busch*, S. 119.

73 *Engisch*, Referat 40. DJT (1953), E 28.

74 Siehe nur die Ablehnung jeder Form von Kollektivschuld bei *Engisch*, Referat 40. DJT (1953), E 27 f. u. *Hartung*, Korreferat 40. DJT (1953), E 43 f.

75 So auch *Hirsch*, ZStW 107² (1995), S. 285 (297), der auch meint, dass sich heutzutage „die Dinge [...] weniger emotional sehen" ließen.

76 So etwa *Koffka*, in: NdSchr. GrStrKomm, Bd. I,¹² S. 301 (li. Sp.). Ähnlich krit. zuvor bereits *Engisch*, Referat 40. DJT (1953), E 36 u. *Heinitz*, Gutachten 40. DJT (1953), E 24 (= S. 84).

77 Vgl. *Engisch*, Referat 40. DJT (1953), E 36 u. *Koffka*, in: NdSchr. GrStrKomm, Bd. I,¹² S. 301 (li. Sp.). Skeptisch dagegen *Rotberg*, in: FS 100 Jahre DJT (1960), S. 193 (226 f.).

78 Ausf. zu dem Begriff der organisierten Unverantwortlichkeit, seiner Abgrenzung von der „strukturellen Unverantwortlichkeit" u. der – jew. nur begrenzten – Bedeutung

auch auf anderem Wege begegnet: mit dem Ordnungswidrigkeitentatbestand der Aufsichtspflichtverletzung in § 33 $OWiG_{68}$.[79] Über dessen Ausgestaltung und Reichweite mag man mit guten Argumenten streiten können. Der Gedanke der mangelnden Feststellbarkeit des Einzeltäters hat jedoch bei der Entwicklung der Verbandssanktion kaum eine Rolle gespielt, sodass er auch hier nicht weiter berücksichtigt werden soll.

3. Gewinnabschöpfung und ökonomisch-rationale Kollusion

Busch hat zweifellos zwei ganz wesentliche Aspekte benannt, auf die sich die Schieflage einer reinen Individualverantwortlichkeit zurückführen lässt.[1] Die verzerrte Motivationslage des Täters und die Inkongruenz von Verbrechen und Sanktion machten es dem damaligen und streng anthropo-zentrischen Strafrecht sehr schwer, das Problem der Verbandskriminalität wirksam zu bewältigen.

Allerdings hat der Gedankengang *Buschs* nur wenige Schritte zu früh geendet bzw. einen Schritt zu spät begonnen. Denn die fehlenden Wirksamkeitsvoraussetzungen der Strafe, die er zum Ausgangspunkt genommen und mehr oder weniger gleichrangig nebeneinander gestellt hat, stehen keineswegs beziehungslos nebeneinander. Im Gegenteil: Die atypische Motivationslage des Täters ist Konsequenz eines Phänomens, das *Busch* gar nicht beschrieben hat. Dieses Phänomen beruht wiederum auf dem Zusammenspiel der Inkongruenz von Verbrechen und Sanktion und einem dritten Umstand, den *Busch* nur ganz am Rande hat fallen lassen.[2] Denkt man den Gedanken *Buschs* zu Ende und deckt auf, was bei ihm im Dunkeln blieb, so zeigt sich sehr deut-

dieser Postulate für die Begründbarkeit einer Verbandssanktion die erschöpfende Darstellung bei *Kirch-Heim*, S. 52 ff. m. zahlr. Nw.

79 § 33 des $OWiG_{68}$, BGBl. I 1968,[33] S. 481 (489) entspricht im Wesentlichen dem heutigen § 130 OWiG.

1 Mit Recht sagte *Engisch*, Referat 40. DJT (1953), E 29, dass keiner, der sich mit der Strafbarkeit der Verbände auseinandersetze, um die „zum Teil höchst eindrucksvollen Argumente“ *Buschs* herumkomme. Ähnlich *Pohl-Sichtermann*, S. 2

2 § 27c Abs. 2 StGB lautete i. d. F. des Art. I der VermStrafen-VO, RGBl. I 1924,[7] S. 44 (44): „Die Geldstrafe soll das Entgelt, das der Täter für die Tat empfangen, und den Gewinn, den er aus der Tat gezogen hat, übersteigen.“ — Abs. 3: „Reicht das gesetzliche Höchstmaß hierzu nicht aus, so darf es überschritten werden.“ Eine Überschreitung des Höchstmaßes der (Individual-)Geldstrafe zur Abschöpfung des Tatgewinns war beim Verbandsdelikt „nicht möglich, weil der Gewinn dem Verband zugeflossen ist.“ Siehe *Busch*, S. 108.

lich, weshalb das „auf individuelle Verantwortlichkeit aufgebaute Strafrecht vor eine [...] Aufgabe" gestellt war, die es mit den gegen die Individuen möglichen Sanktionen allein nicht zu lösen vermochte.[3]

a) Ökonomisch-rationale Kollusion als eigentliche Ursache

Das eben[4] beschriebene Missverhältnis von Verbrechen und Sanktion setzt voraus, dass die wirtschaftlichen Verhältnisse des Verbandes jene des Individualtäters ganz außerordentlich übersteigen. Nur dann kommt es zu der einseitigen Hebelwirkung, die eine tatproportionale Sanktion unmöglich macht. Zwangsläufig muss in einem solchen Fall die gegen den Individualtäter mögliche Sanktion gemessen an den möglichen Tatvorteilen und den wirtschaftlichen Verhältnissen des Verbandes geradezu lächerlich klein erscheinen.[5] Häufig wird sie nicht einmal den aus dem Delikt gezogenen Gewinn erreichen.[6] Diese von *Busch* erkannte Inkongruenz von Verbrechen und Sanktion, sprich: die Unmöglichkeit, die Individualsanktion an die möglichen Tatvorteile des Verbandes anzupassen, ist für sich genommen nicht bedenklich. Zum Problem wird sie dort, wo es Aufgabe der Individualsanktion ist, auch die für den Verband erzielten Gewinne abzubilden.

Darin liegt der tatsächliche Ausgangspunkt für das Defizit der Individualverantwortlichkeit:[7] Die damalige, streng anthropo-zentrische Rechtsordnung sah keine tauglichen Abschöpfungsinstrumente vor, mit denen man dem Verband die rechtswidrigen Tatgewinne hätte entziehen können.[8] Dieser Instrumente hatte es auch nicht bedurft, weil es bei den im Eigeninteresse

---

3 Vgl. *Busch*, S. 103, der den Gedanken aber alleine aus der atypischen Motivationslage des Täters entwickelt.

4 Siehe oben 2. b) (S. 266).

5 Siehe die Bsp. bei *Engisch*, Referat 40. DJT (1953), E 30; *v. Weber* u. *Wilfferodt*, in: Verh. d. 40. DJT (1953), E 63 u. E 75.

6 *Schmitt*, Maßnahmen, S. 141.

7 Dieser von *Engisch*, Referat 40. DJT (1953), E 34 quasi im Vorbeigehen erkannte Mangel ist bei den Vorarbeiten des § 26 $OWiG_{68}$ immer präziser herausgearbeitet worden.

8 Der BGH, Urt. v. 27. 10. 1953 – 5 StR 723/52 – BGHSt **5**, 28 ff. (33) konnte zeigen, dass die damals nur mögliche Einziehung den Verband oft nicht treffe. Siehe hierzu noch B. II. 2. (S. 297). *Koffka*, in: NdSchr. GrStrKomm, Bd. I,[12] S. 301 wies darauf hin, dass gerade bei den Wirtschaftsdelikten häufig ein Ersatzberechtigter fehle, der dem Verband auf zivilrechtlichem Wege „den Gewinn wegnehmen oder ihn schadensersatzpflichtig machen" könne. Siehe dazu noch B. III. 3. (S. 304).

begangenen Delikten möglich war, die Tatgewinne durch die Geldstrafe abzuschöpfen.[9] Bei dem Verbandsdelikt war das jedoch „nicht möglich, weil der Gewinn dem Verband zugeflossen" war und nicht dem sanktionierten Individualtäter.[10] Der Verband konnte deshalb damit rechnen, die rechtswidrigen Gewinne behalten zu dürfen.

Im Verbund mit der notwendigen Beschränkung der Individualsanktion setzte die fehlende Möglichkeit der Gewinnabschöpfung für die im Verband zusammengefassten Personen den Anreiz zu einer Verhaltensweise,[11] die im Folgenden als ökonomisch-rationale Kollusion bezeichnet werden soll. Solange dem Verband die rechtswidrigen Gewinne belassen werden, ist das Delikt für ihn ein lohnendes Geschäft – sogar im Falle der Aufdeckung![12] Für die in ihm zusammengefassten natürlichen Personen wäre es geradezu ein Gebot ökonomischer Vernunft, den Verband so zu organisieren, dass möglichst viele Delikte begangen werden.[13] Der Delinquent, der sich selbstlos

---

9 Siehe abermals § 27c Abs. 2 u. 3 StGB i. d. F. des Art. I der VermStrafen-VO, RGBl. I 1924[7], S. 44 (44), dessen Wortlaut eben wiedergegeben wurde. Zu dem genauen Abschöpfungsmechanismus später noch § 10 B. I. 1. (S. 327).

10 *Busch*, S. 108.

11 Siehe für diesen Fehlanreiz nur *B. Ackermann*, S. 45 f.; *Bauerle,* in: NdSchr. GrStr-Komm, Bd. IV[50], S. 325 (re. Sp.); *Hirsch*, ZStW 107[2] (1995), S. 285 (287); *Jescheck*, DÖV 1953[17], S. 539 (541 f.); *Meyer,* in: Prot. SondA-StrafR IV[23], S. 414 (li. Sp.); *Rotberg*, in: FS 100 Jahre DJT (1960), S. 193 (220 f.); *Schmitt*, Maßnahmen, S. 141; *Schünemann*, Unternehmenskriminalität, S. 56 f. u. 158 f.; *v. Weber* u. *Wilfferodt,* in: Verh. d. 40. DJT (1953), E 63 u. E 75. Krit. dagegen *Engisch*, Referat 40. DJT (1953), E 35 f., der diese „immerhin begreifliche Sorge" keineswegs für „die selbstverständlichste Sache von der Welt" erachtet. Seine Argumentation steht jedoch unter dem Vorbehalt einer effektiven u. umfassenden Gewinnabschöpfung beim Verband, dazu sogleich B. I. 3. (S. 288).

12 Ein weiteres Problem, das sich durch eine Verbandssanktion freilich nicht lösen lässt, ist die der unzureichenden Ausstattung des Verfolgungsapparates geschuldete, niedrige Entdeckungswahrscheinlichkeit. Siehe nur *Schünemann*, Unternehmenskriminalität, S. 161, der von einem „unbestrittenermaßen riesigen, im einzelnen freilich unbekannten Dunkelfel[d] der Wirtschaftskriminalität" spricht. Das – damals noch so zu bezeichnende – Verfallsrisiko hält er (S. 162) vor diesem Hintergrund für „einen zweitrangigen und [...] leicht kalkulierbaren Kostenfaktor [...], dessen Inkaufnahme von einer reinen Nutzen-Kosten-Analyse geradezu geboten" sei.

13 So tendenziell auch *Wilfferodt,* in: Verh. d. 40. DJT (1953), E 75. Ähnlich *Schünemann*, Unternehmenskriminalität, S. 161 f. Noch deutlicher, wenn auch zur Problematik des Verfalls im Allgemeinen, *Göhler,* in: Prot. SondA-StrafR V[28], S. 542 (li. Sp.): Eine Rechtsordnung, die dem Täter den Gewinn aus der Straftat belässt, enthielte „geradezu ein[en] Anreiz [...], weitere Straftaten zu begehen, die [...] einen Gewinn einbringen."

für den Verband eingesetzt und geopfert hat, müsste, schon um ihn zu weiteren Delikten anzuhalten, von den Sanktionsfolgen seiner Tat freigestellt werden.[14] In Anbetracht der erzielbaren und erzielten Vorteile, die dem staatlichen Zugriff entzogen sind, dürfte die lächerlich kleine Individualsanktion ohne Weiteres aus dem Ärmel geschüttelt werden können.[15]

Kann sich der Delinquent darauf verlassen, dass ihm – im Falle der ohnehin nicht sicheren Aufdeckung – der Betrag seiner Geldsanktion erstattet oder er für eine in den relevanten Fällen bis heute untypische Freiheitsstrafe mit Beförderung, Gehaltsaufbesserung, Sonderurlaub oder Ähnlichem entschädigt wird, so verpufft für dessen Individualsanktion auch der letzte Rest an kriminalpolitischer Wirkung.[16] Das Instrument des individuellen Strafzwanges – das den Verband als solchen gar nicht erreichen kann – machte sich dann auch bei dem Individualtäter „höchstens als flüchtiges Schattenbild bemerkbar, niemals aber als ein die Rechtssicherheit wirklich gewährleistender, ernster Eingriff."[17]

Schlimmer noch: Auch der redlichste Organwalter müsste sich unter diesen Bedingungen im wohlverstandenen Verbandsinteresse für den Rechtsbruch entscheiden. Denn er müsste damit rechnen, dass jedenfalls die weniger redlichen Konkurrenten die Lücken im System erkannt haben und sich durch die ökonomisch gebotene Missachtung der rechtlichen Spielregeln Sondervorteile anmaßen. Kann die Rechtsordnung diese Sondervorteile nicht einmal im Falle der Aufdeckung abschöpfen, so wird der Rechtsbruch nicht bestraft, sondern belohnt. Kumulieren diese Sondervorteile, entwickelt sich mittel- und langfristig ein handfester und möglicherweise nicht mehr aufholbarer Wettbewerbsvorteil.[18] Allein die redlichen Wirtschaftsteilnehmer

---

14 *Schmitt*, Maßnahmen, S. 141. *Rotberg*, in: FS 100 Jahre DJT (1960), S. 193 (220 f.) will mit Verbandssanktionen gerade dieser „Neigung mancher Verbände" entgegenwirken.

15 Siehe nur *M. Hirsch*, in: Prot. RechtsA V,[44] S. 24, der von einer Aktiengesellschaft sprach, „die große Gewinne mache, deren Organe [...] nur zu einer lächerlich niedrigen Geldbuße verurteilt werden könnten, die die Gesellschaft aus der Westentasche bezahlen werde."

16 *Schmitt*, Maßnahmen, S. 141. Ähnlich etwa *Jescheck*, DÖV 1953,[17] S. 539 (541); *Hirsch*, ZStW 107[2] (1995), S. 285 (287); *Meyer*, in: Prot. SondA-StrafR IV,[23] S. 414 (re. Sp.); *Rotberg*, in: FS 100 Jahre DJT (1960), S. 193 (220 f.) u. *Schünemann*, Unternehmenskriminalität, S. 58 f.

17 So *Jescheck*, DÖV 1953,[17] S. 539 (541 f.).

18 Siehe den von *Hartung*, Korreferat 40. DJT (1953), E 53 f. geschilderten Fall, „in dem eine bedeutende Aktiengesellschaft durch systematische Steuerhinterziehungen Millionenbeträge ‚erspart'" hatte, mit denen es gelang, den „Betrieb derartig

geraten wegen der strafrechtlich abgesicherten Beachtung der rechtlichen Vorgaben ins Hintertreffen. Will der redliche Organwalter vermeiden, wegen des Rechtsbruches anderer vom Markt verdrängt zu werden, und droht ihm aus der Zuwiderhandlung kein nennenswerter Nachteil, so muss er beinahe zwangsläufig selbst zum Rechtsbruch greifen.[19] Die Beschränkung auf die Bestrafung der individuellen Täter wäre zur Verhütung von Verbandsdelikten nicht lediglich ungenügend. Sie würde vielmehr das Strafrecht auf den Kopf stellen, weil geradezu Anreize zur Begehung solcher Delikte gesetzt würden.

Busch hat deshalb völlig zu Recht gesagt, dass der Täter eines Verbandsdeliktes aus einer verzerrten Motivationslage heraus handle. Ihretwegen vermag „die persönliche Strafdrohung [...] ihre motivierende Kraft im Sinne der Abschreckung nicht mehr zur Geltung zu bringen“.[20] Die Ursache dafür ist aber das eben beschriebene Phänomen der ökonomisch-rationalen Kollusion. Wirken die im Verband zusammengefassten Einzelpersonen zusammen, so kann der potentielle Täter schon vor Begehung der Tat mit der sicheren Abnahme des künftigen Sanktionsübels durch den Verband rechnen.[21] Seine verzerrte Motivationslage ist deshalb weniger dem Umstand geschuldet, dass „sich der Einzelne der Verbandsgemeinschaft tiefer verpflichtet fühlt als der staatlichen Gemeinschaft.“[22] Sie ist vielmehr deshalb verzerrt, weil das angedrohte Übel den Täter sicher nicht erreichen wird, er die Sanktionsandrohung deshalb gar nicht zu fürchten braucht und verbandsinterne Anreizsysteme die Begehung von Verbandsdelikten ggf. gar honorieren.

Kurzum: Das Präventionsdefizit der reinen Individualverantwortlichkeit beruht auf der verzerrten Motivationslage des potentiellen Täters, der die Sanktionsandrohung nicht mehr fürchten muss. Die verzerrte Motivationslage hat ihre Ursache in dem Phänomen der ökonomisch-rationalen Kollusion. Dieses Phänomen hat zwei Wurzeln. Zum einen bestand keine Möglichkeit, der juristischen Person den Gewinn abzunehmen, den sie aus der Tat ihres

---

technisch zu modernisieren, daß sie damit der gesamten Konkurrenz überlegen war.“ Die Steuernachzahlung u. die Geldstrafen für die schuldigen Organwalter „konnten aus den vermehrten Ergebnissen des verbesserten Betriebes ohne jede Schwierigkeit gedeckt werden.“ Einen ähnlichen Fall schildert *Koffka,* in: NdSchr. GrStrKomm, Bd. IV, S. 568 (li. Sp.). Besonders eindrucksvoll ist schließlich der Praxisbericht von *Baeuerle,* in: NdSchr. GrStrKomm, Bd. IV,[50] S. 325 (li. Sp. f.).

19 Zu dieser „Sogwirkung“ *Kirch-Heim*, S. 48 f.; *Lampe*, ZStW 106[4] (1994), S. 683 (733) u. *Schlüter*, S. 45 f. jew. m. w. N.

20 *Busch*, S. 99.

21 Eine solche freiwillige Sanktionsübernahme wäre keine Vollstreckungsvereitelung i. S. d. § 258 Abs. 2 StGB. Dazu noch ausf. § 13 B. I. (S. 544).

22 *Busch*, S. 99.

Organwalters gezogen hat. Zum anderen musste die allein mögliche Sanktion gegen den Organwalter nach seinen Verhältnissen bemessen werden. Auch sie war deshalb nicht in der Lage, die rechtswidrigen Gewinne abzuschöpfen, und musste gemessen an den erzielbaren Gewinnen geradezu lächerlich klein erscheinen.

b) Verbandssanktion als Lösung

Wird die Ursache des Problems auf diese Weise präziser gefasst, so liegt auch dessen Lösung auf der Hand. Die Rechtsordnung musste um eine gegen den Verband gerichtete Sanktion ergänzt werden, mit der dem Verband im Falle eines in seinem Interesse begangenen Deliktes der angemaßte Vorteil wieder entzogen werden konnte. Wird der (unmittelbare und mittelbare)[23] Gewinn vollständig entzogen, verbleiben dem Verband keine Sondervorteile. Er wäre gestellt, wie er bei rechtmäßigem Verhalten seiner Vertreter stünde. Jedenfalls im Falle der Aufdeckung lohnte sich der Rechtsbruch nicht mehr.

Ist das Verbandsdelikt kein lohnendes Geschäft mehr, so wäre der Anreiz zur ökonomisch-rationalen Kollusion vielleicht nicht vollends beseitigt,[24] jedenfalls aber erheblich verringert. In einem effizienten und auf Gewinnmaximierung ausgerichteten Verband würde nicht die Deliktsbegehung, sondern die Deliktsvermeidung forciert. Delinquierende Verbandsvertreter dürften nicht mehr darauf hoffen, dass ihnen die hoheitliche Sanktionsbelastung abgenommen oder durch andere Vorzüge kompensiert werde. Sie müssten vielmehr damit rechnen, dass der staatliche Strafzwang sie unvermittelt und unverwässert erreichen wird und ihnen zusätzliche interne Sanktionsmaßnahmen[25] drohen. Der potentielle Täter stünde – wie jeder andere auch – vor der Entscheidung, ob er auf das reale und persönliche „Risiko der Bestrafung hin sich [oder dem Verband] in strafrechtswidriger Weise einen Vorteil ver-

---

23 Zu dieser wichtigen Unterscheidung noch Anm. 9.5 in B. I. 4. (S. 291).

24 Denn immerhin bliebe es bei dem u. a. von *Schünemann*, Unternehmenskriminalität, S. 161 angesprochenen „unbestrittenermaßen riesigen, im einzelnen freilich unbekannten Dunkelfel[d] der Wirtschaftskriminalität". Dieses könnte – oder schlimmer noch: dürfte – zur Folge haben, dass sich die Begehung möglichst vieler meist unaufgedeckter Verbandsdelikte per saldo doch lohnt.

25 Man denke etwa an Abberufung, Abmahnung u. Kündigung, an Verantwortungsentzug, Streichung von Boni u. schlechtere Aussichten zur Beförderung. Die Beteiligung an der Verbandssanktion im Wege des Schadenersatzes ist nach der hier vertretenen Auffassung gerade nicht möglich.

schaffen soll."[26] Er handelte aus einer typischen Motivationslage heraus und wäre „den rechtlichen Geboten gegenüber [nicht] weniger empfänglich", als er es bei einem im Eigeninteresse begangenen Delikt wäre.[27]

Auch das Missverhältnis von Verbrechen und Sanktion würde durch eine solche Verbandssanktion beseitigt. Erfolgt die Abschöpfung des rechtswidrigen Verbandsgewinnes außerhalb der Individualsanktion, so braucht diese nur mehr die gerechte Antwort der Rechtsordnung auf das individuelle Fehlverhalten des Täters sein. Weil der Verband kein Interesse mehr daran hat, ihn durch die Abnahme des Sanktionsübels zu weiteren Taten zu animieren, muss der Delinquent die Sanktion aller Wahrscheinlichkeit nach aus seinem eigenen Vermögen bezahlen. Dann aber genügt es auch, wenn die Sanktion nach seinen persönlichen wirtschaftlichen Verhältnissen und nicht nach den ungleich größeren Betriebs- und Machtmitteln des Verbandes bemessen ist.

Wer noch einen Schritt weiter gehen wollte, könnte dem Verband mit dieser Argumentation auch eine darüber hinaus gehende Sanktion auferlegen, die nach seinen wirtschaftlichen Verhältnissen bemessen und deshalb ein auch für ihn schmerzhaftes Sonderopfer wäre. Ist der Anreiz zur ökonomisch-rationalen Kollusion schon beseitigt, wenn der Verband aus dem Delikt keinen Vorteil hat, so werden die heilsamen Effekte verstärkt, wenn der Verband darüber hinaus einen erzwingbaren[28] Nachteil erleidet. Ihm würde dann „unbemakeltes" Vermögen entzogen, sodass er – gleich dem sich rechtswidrig verhaltenden Einzelunternehmer – im Wettbewerb hinter den rechtstreuen Bewerber zurückversetzt wäre. Der Rechtsbruch wäre dann nicht lediglich nicht mehr kostenlos, sondern ein echtes Verlustgeschäft. Die Beachtung der Rechtsordnung durch die redlichen Konkurrenten würde dagegen tatsächlich honoriert.

4. Konsequenzen für die Verbandsgeldbuße

Die Arbeit *Buschs* kann mit Fug und Recht als Ausgangspunkt des späteren § 26 $OWiG_{68}$ bezeichnet werden. Nach dem zweiten Weltkrieg sind seine Gedanken aufgegriffen worden und im Laufe einer anhaltenden Ausein-

26 *Busch*, S. 105.
27 Vgl. *Busch*, S. 99.
28 Den typischen Begleitschaden eines Verbandsdeliktes, den *Eidam*, Unternehmen u. Strafe, S. VIII als „*‚negative Publizität‘* sowie *‚Verlust an Akzeptanz, an Arbeitszeit und -kraft‘*" zusammenfasste, kann der Staat dagegen nicht kontrollieren u. erzwingen. Herv. im Original.

andersetzung immer weiter verfeinert und ausdifferenziert worden. Dieser Verfeinerungsprozess soll Gegenstand des nächsten Abschnitts sein.

IV. Zwischenergebnis

Während des Dritten Reichs und des Zweiten Weltkrieges hat sich an den rechtlichen Rahmenbedingungen nichts geändert,[29] was hier von Bedeutung wäre.[30] Bevor im nächsten Abschnitt die verschiedenen Etappen nachgezeichnet werden, die diese Ausgangslage mit dem späteren § 26 OWiG$_{68}$ verbinden, soll noch einmal die Aufgabe zusammengefasst werden: Die Instrumente des Strafrechts, das sich ohne die Notwendigkeit von Verbandssanktionen zu einem streng anthropo-zentrischen Strafrecht entwickelt hatte, mussten so angepasst oder erweitert werden, dass sie dem Phänomen der Verbandskriminalität Herr werden konnten. Denn die „strafrechtliche Verantwortlichkeit der Täter-Individuen allein" vermochte die Verbandsdelikte nicht „so wirksam zu bekämpfen, wie dies zum Schutze der Gesellschaft und im Interesse der Bewährung der Rechtsordnung notwendig" wäre.[31]

B. Impulsgeber der Gesetzgebung

Erst 35 Jahre nach der Habilitationsschrift *Buschs* erließ der Gesetzgeber mit § 26 des Gesetzes über Ordnungswidrigkeiten vom 24. Mai 1968[1] eine allgemeine Vorschrift zur Geldbuße gegen juristische Personen und Personenvereinigungen. Die Vorschrift entspricht im Wesentlichen[2] § 19 des von

---

29 Dazu nur *Jescheck/Weigend*, StrafR-AT[5] § 11 III (S. 100 f.) u. *Roxin*, AT I[4] § 4 Rn. 12 jew. m. w. N.

30 Vor allem das gesetzliche Analogiegebot des § 2 StGB a. F. ist durch Art. I d. Kontrollratsgesetzes Nr. 11 vom 30. Januar 1946, ABl. KR 1946[3] S. 55 ff. (S. 55) aufgehoben worden. § 2 StGB i. d. F. des Gesetzes zur Änderung des Strafgesetzbuchs v. 28. 6. 1935, RGBl. I[70] S. 839 (839) lautete: „Bestraft wird, wer eine Tat begeht, die das Gesetz für strafbar erklärt oder die nach dem Grundgedanken eines Strafgesetzes und nach gesundem Volksempfinden Bestrafung verdient. Findet auf die Tat kein bestimmtes Strafgesetz unmittelbar Anwendung, so wird die Tat nach dem Gesetz bestraft, dessen Grundgedanke auf sie am besten zutrifft."

31 So das Fazit bei *Busch*, S. 122.

1 OWiG$_{68}$, BGBl. I 1968[33] S. 481 ff. mit § 26 auf S. 487 f.

2 Die wenigen Änderungen sind im schr. Ber. d. RechtsA, BT-Drs. V/2600, S. 11 f. zusammengestellt u. sollten „nur redaktionelle Bedeutung" haben, S. 4 (re. Sp.). Zu dem

der Bundesregierung eingebrachten Entwurfs eines Gesetzes über Ordnungswidrigkeiten.[3]

Sie sollte – in den Worten der Entwurfsbegründung[4] – als „einheitliche Regelung dem Recht der Sanktionen gegen juristische Personen [...] eine umfassende Grundlage geben" und „einen gewissen Abschluß der bisherigen Entwicklung" bilden. Damit wurde zum einen an die „Rechtsentwicklung zu einem ‚Ordnungsstrafrecht' gegen juristische Personen" angeknüpft, die etwa 40 Jahre zuvor eingesetzt hatte.[5] Zum anderen war die angestrebte Regelung aber auch eine „Reaktion des Gesetzgebers auf die langjährige Auseinandersetzung in der Wissenschaft".[6] Es kann im Rahmen dieser Arbeit nicht unternommen werden, diese Jahrzehnte-lange Auseinandersetzung im Detail nachzuzeichnen.[7] Statt dessen muss es genügen, die wesentlichen Trittsteine herauszugreifen, die den Weg von der eben skizzierten historischen Ausgangslage zu § 19 EOWiG ebnen.

Der Regierungsentwurf nimmt in seiner Begründung zu § 19 EOWiG ausdrücklichen Bezug auf die Vorarbeiten, die der Sonderausschuss „Strafrecht" des Vierten Deutschen Bundestages geleistet hatte.[8] Der Sonderausschuss hatte den Entwurf eines Strafgesetzbuches[9] zu beraten, der aus den Erkenntnissen und Beschlüssen der Großen Strafrechtskommission hervorgegangen war.[10] Die Mitglieder der Großen Strafrechtskommission fanden sich ihrerseits in der günstigen Lage, auf „das bekannte und umstrittene Urteil des Bundesgerichtshofs in dem Stahlhändlerprozeß" und die tiefgründige Behandlung der Frage auf dem Vierzigsten Deutschen Juristentag zurückblicken zu können.[11] Die Diskussion auf dem Juristentag schließlich beruhte im hier

---

bemerkenswerten Redaktionsversehen im RechtsA – um nicht von einem handfesten „Betriebsunfall" zu sprechen – § 10 D. III. 1. (S. 387).

3 Sog. EOWiG, BT-Drs. V/1269. § 19 ist dort auf S. 7 abgedruckt, die Erläuterungen beginnen auf S. 57 (re. Sp.).

4 BT-Drs. V/1269, S. 58 (li. Sp.).

5 BT-Drs. V/1269, S. 57 (re. Sp.) mit einer kompakten Darstellung dieser Entwicklung.

6 So *Pohl-Sichtermann*, S. 3, die aber (S. 44) „nach der von der Wissenschaft geleisteten Vorarbeit eine stichhaltigere Begründung" erwartet hatte.

7 *Schmitt*, Maßnahmen, S. 103 ff., auf den insoweit verwiesen sei, hat die Stellungnahmen seit Inkrafttreten des Reichsstrafgesetzbuches bis zum Jahr 1957 erschöpfend zusammengetragen.

8 Siehe etwa BT-Drs. V/1269, S. 58 (li. Sp. f.) zur Ablehnung einer Verbands*strafe* u. zur Bejahung eines praktischen Bedürfnisses für Maßnahmen gegen Verbände.

9 Entwurf eines Strafgesetzbuches (StGB) E 1962, BT-Drs. IV/650. Im Folgenden E_{62}.

10 Siehe den Ber. d. SondA-StrafR IV, S. 4 (re. Sp. f.). Für Bezugnahmen auf die Beratungen der Großen Strafrechtskommission siehe etwa *Schafheutle, Dreher* u. *Meyer*, in: Prot. SondA-StrafR IV,[23] S. 406 (li. Sp.), 407 (re. Sp. f.) u. 413 (li. Sp. f.).

interessierenden Kontext wesentlich auf den Thesen *Buschs*,[12] womit sich der Kreis zur eben dargestellten historischen Ausgangslage schließt.

Kurz vor dem eigentlichen Entwurf eines Gesetzes über Ordnungswidrigkeiten war es dem Bundesjustizministerium in einem (Referenten-)Entwurf gelungen, die einzelnen Gedankenfäden dieser Impulsgeber zu einer Verbandsgeldbuße zu verknüpfen,[13] die im Wesentlichen bereits dem späteren § 19 EOWiG entspricht.[14] *Göhler* konnte als Ministeriumsvertreter die Erwägungen zu dieser Vorschrift im Sonderausschuss „Strafrecht" vortragen.[15] Diese Erwägungen werden später dabei helfen, die sehr knappen Aussagen in der Begründung zu § 19 EOWiG zu entschlüsseln.[16] Ohne sie wäre es heute – ein halbes Jahrhundert mit einem wesentlich umgestalteten Straf- und Ordnungswidrigkeitenrecht später – wegen ihrer Kompaktheit kaum möglich, sie so zu verstehen, wie der Gesetzgeber sie gemeint hatte.

I. Vierzigster Deutscher Juristentag (Hamburg 1953)

Die strafrechtliche Abteilung des Vierzigsten Deutschen Juristentags in Hamburg stellte sich die Frage: „Empfiehlt es sich, die Strafbarkeit der juristischen Person gesetzlich vorzusehen?"[1] Sowohl der Gutachter *Heinitz* als auch die

---

11 Siehe nur *Jescheck* u. *Lange*, in: NdSchr. GrStrKomm, Bd. I,[12] S. 295 (re. Sp.) bzw. Bd. I,[13] S. 319 (re. Sp.). Das wörtliche Zitat ist von *Jescheck*.

12 Siehe etwa *Heinitz*, Gutachten 40. DJT (1953), E 23 ff. (= S. 87 ff.); *Engisch*, Referat 40. DJT (1953), E 29 ff. u. *Hartung*, Korreferat 40. DJT (1953), E 46 f.

13 § 12 RefE-OWiG diente dem Sonderausschuss „Strafrecht" als Diskussionsgrundlage u. ist in: Prot. SondA-StrafR IV,[23] S. 417 vollständig abgedruckt. Abs. 1 sollte lauten: „Begeht jemand als vertretungsberechtigtes Organ einer juristischen Person oder als Mitglied eines solchen Organs [...] eine Straftat oder Ordnungswidrigkeit, durch die [1.] Pflichten, welche die juristische Person [...] treffen, verletzt werden, oder [2.] die juristische Person [...] bereichert wird oder werden soll, [Ende d. Aufz.] so kann gegen diese eine Geldbuße festgesetzt werden."

14 § 19 Abs. 1 EOWiG – abgedruckt in: BT-Drs. V/1269, S. 7 – unterschied sich von § 12 Abs. 1 RefE-OWiG nur dadurch, dass der Präsens („Begeht jemand") durch den Perfekt („Hat jemand [...] begangen") ersetzt wurde u. dass es am Ende heißt: „... so kann gegen diese *als Nebenfolge der Straftat oder Ordnungswidrigkeit* eine Geldbuße festgesetzt werden." Herv. nur hier.

15 Siehe *Göhler*, in: Prot. SondA-StrafR IV,[23] S. 400 ff., insb. S. 402 (li. Sp. f.).

16 Im Rückblick auf die damals unmittelbar vorangegangen Arbeiten konnte sich der Gesetzgeber damit begnügen, den Zweck des § 19 EOWiG auf gerade einmal 31 (halben) Zeilen auseinanderzulegen. Siehe BT-Drs. V/1269, S. 59 (li. Sp.). Dazu sogleich ausf. § 10 A. II. (S. 323).

beiden Referenten[2] *Engisch* und *Hartung* lehnten eine kriminelle Bestrafung der juristischen Person ab.[3] Diese Ablehnung blieb in der folgenden Diskussion beinahe ohne Widerstand.[4] Einstimmig wurde beschlossen, dass es sich nicht empfehle, „*Kriminalstrafen* gegen juristische Personen oder andere Personenverbände vorzusehen."[5]

Die kategorische Ablehnung der *Kriminalstrafe* gegen Verbände darf jedoch nicht dahin missverstanden werden, dass sich die Teilnehmer gegen jede Form von Maßnahme gegen Verbände ausgesprochen hätten.[6] Im Gegenteil: Auch die These *Hartungs*,[7] man möge „über die bestehenden, die Auflösung von Korporationen vorsehenden Bestimmungen hinaus ein System körperschaftsgemäßer sichernder Maßnahmen" vorsehen, fand eine deutliche, der Satzung aber nicht genügende Mehrheit von 27 zu 12 Stimmen.[8]

1 *Neumann,* in: Verh. d. 40. DJT (1953), E 2 sagte, es handle „sich um ein etwas ungewöhnliches Thema". *Rotberg* (E 2) meinte, die Frage sei „nicht sehr populär."

2 Wenn im Folgenden ohne Zusatz von den „Referenten" die Rede ist, sei *Heinitz* als Gutachter ebenfalls umfasst.

3 Siehe stellvertretend für zahlr. andere Stellen *Heinitz*, Gutachten 40. DJT (1953), E 26 (= S. 90); *Engisch*, Referat 40. DJT (1953), E 41 u. *Hartung*, Korreferat 40. DJT (1953), E 57.

4 Allein *v. Weber,* in: Verh. d. 40. DJT (1953), E 61 ff. sprach sich ausdr. für eine Kriminalstrafe gegen Verbände aus, die „freilich etwas anderes als die Individualstrafe" sei (E 62). *Münn* u. *Wilfferodt,* in: Verh. d. 40. DJT (1953), E 71 f. bzw. E 72 ff. haben sich als Vertreter der Praxis ausdr. für ein Vorgehen gegen die juristischen Personen ausgesprochen. Ob „in Form von Strafen oder anderen Maßnahmen," sei „für den praktischen Erfolg gleichgültig." (*Münn,* E 71).

5 Verh. d. 40. DJT (1953), E 88. Herv. nur hier. Zur sprachlichen Präzisierung der These *Engischs* von der „Strafbarkeit der juristischen Person" zu den „Kriminalstrafen", siehe E 84 ff. Zum Abstimmungsergebnis von 39 Stimmen ohne Gegenstimmen u. Enthaltungen, siehe E 86.

6 *Heinitz*, Gutachten 40. DJT (1953), E 22 f. (= S. 86 f.) weist auf die „positiv gesetzliche Regelung im Wirtschaftsstrafrecht" hin, an deren Geldbuße er offenbar nichts auszusetzen hat. *Engisch*, Referat 40. DJT (1953), E 39 lässt offen, wieweit „Verwaltungsstrafrecht, Steuerstrafrecht, Devisenstrafrecht, Wirtschaftsstrafrecht von der Art sind, daß sie so etwas wie Geldbußen mit subsidiärer Haftung einführen können, ohne daß die Grundsätze der Gerechtigkeit Schaden leiden". Allein *Hartung*, Korreferat 40. DJT (1953), E 44 wehrt sich ausdr. gegen die Geldbuße nach dem Wirtschaftsstrafgesetz, in der er einen kleinen „Etikettenschwindel" sieht.

7 Korreferat 40. DJT (1953), E 60. Wiedergegeben ist hier nur ein Teil der ersten von vier Thesen.

8 Verh. d. 40. DJT (1953), E 87. Aus „persönlichen Gesprächen mit verschiedenen Teilnehmern" des Juristentags meinte *Jescheck,* in: NdSchr. GrStrKomm, Bd. I,[12] S. 298 (re. Sp.) berichten zu können, dass tatsächlich eine viel größere Zustimmung bestanden habe.

1. Unmöglichkeit der Verbandsstrafe

Alle Referenten unternahmen den Versuch, das rechtspolitisch gegebenenfalls Wünschenswerte mit dem dogmatisch Machbaren in Einklang zu bringen.[9] Den Ausgangspunkt nahmen ihre Untersuchungen jeweils bei der Frage, ob sich eine Verbandsstrafe mit der überkommenen Strafrechtsdogmatik vereinbaren lasse.[10] Dabei wurde die Strafe als die aufgezwungene, „sozial-ethisch richtige, zur Resozialisierung des Täters geeignete“[11] Rechtsgütereinbuße verstanden, mit der stets „der Tadel, der Vorwurf, die Mißbilligung, das Unwerturteil verknüpft“[12] sei. Wo aber die Strafe einen Vorwurf enthalte, setze sie stets eine schuldhafte Handlung des Täters voraus.[13] Strafe dürfe nur jenen treffen, der sich „in freier, verantwortlicher, sittlicher Selbstbestimmung“ gegen das Recht und für das Unrecht entschieden habe.[14]

Die – geschichtlich bedingt streng anthropo-zentrischen[15] – Begriffe von Schuld und Strafe auf Körperschaften zu übertragen, sei „undenkbar und unfruchtbar“.[16] Der Verband sei schon zum Handeln nicht im Stande.[17]

---

9 *Engisch*, Referat 40. DJT (1953), E 12; *Heinitz*, Gutachten 40. DJT (1953), E 20 (= S. 84).

10 Treffend hat *Schmitt*, Maßnahmen, S. 130 darauf hingewiesen, dass derjenige, der „die dogmatische Unmöglichkeit der Verbandsbestrafung“ zum Ausgangspunkt nehme, stets auch versucht sein werde, „das praktische Bedürfnis für die Körperschaftsstrafe in Abrede zu stellen.“

11 Vgl. *Heinitz*, Gutachten 40. DJT (1953), E 22 (= S. 86).

12 *Engisch*, Referat 40. DJT (1953), E 15.

13 Dass dieser Gedanke auf der „Verwechslung von zweckrationaler Notwendigkeit und wertrationaler Legitimation“ der Strafe beruht, hat *Schünemann*, Unternehmenskriminalität, S. 197 ff. präzise u. erschöpfend herausgearbeitet. Das wörtliche Zitat findet sich auf S. 200. Es sei „bereits von Grund auf irreparabel falsch,“ Verbandssanktionen „in irgendeiner Weise mit dem Schuldprinzip in Verbindung“ zu bringen, S. 234. Zur Unbeachtlichkeit des Schuldprinzips bei Verbandssanktionen, weil den Verbänden schon die insoweit maßgebende Grundrechts-Trägerschaft fehlt, noch ausf. § 10 C. IV. 1. (S. 360).

14 So BGH (GrS), Beschl. v. 18. 3. 1952 – GSSt 2/51 – BGHSt **2**, 194 ff. (199), auf den *Engisch*, Referat 40. DJT (1953), E 24 f. u. *Heinitz*, Gutachten 40. DJT (1953), E 21 (= S. 85) verweisen.

15 Zu den Gründen für die extreme Zuspitzung des Strafrechts auf die natürliche Person als Täter siehe oben A. I. (S. 253).

16 *Hartung*, Korreferat 40. DJT (1953), E 43.

17 *Engisch*, Referat 40. DJT (1953), E 23 f.; *Hartung*, Korreferat 40. DJT (1953), E 44. Anders aber *Heinitz*, Gutachten 40. DJT (1953), E 20 f. (= S. 84 f.), der eine wie auch immer verstandene Zurechnung als mit dem herkömmlichen Handlungsbegriff vereinbar ansieht.

Das lasse sich auch nicht durch eine Zurechnung der Organwalterhandlung umgehen. Denn wer die Strafe von einer Handlung abhängig mache, könne die fehlende Handlung nicht durch Zurechnung einer fremden Handlung ersetzen, ohne in einen Zirkel zu geraten.[18] Könne der Verband schon nicht handeln, so müsse es erst recht und von vornherein ausgeschlossen sein, dass der Verband darüber hinaus schuldhaft handle.[19] Eine Zurechnung fremder Schuld komme noch weniger in Betracht als die Zurechnung einer fremden Handlung.[20] Die einem handlungs- und schuldunfähigen Verband auferlegte Gütereinbuße könne folglich nicht als Strafe bezeichnet werden, ohne dass der Straf*begriff*[21] in einer Weise geändert werde, die ihn seiner spezifischen Bedeutung beraubte.[22]

Der handlungs- und schuldunfähige Verband als solcher biete danach „keinen Anknüpfungspunkt für die Strafe als dem schuldhaft-rechtswidrigen Verhalten zugedachte Sanktion."[23] Eine dem Verband auferlegte Rechtsgütereinbuße könne allenfalls noch schuldgebundene Strafe sein, wenn sie sich in gerechter und zweckmäßiger Weise gegen die im Verband zusammengefassten Einzelpersonen richte.[24] Soll die so verstandene Verbandsstrafe ihre Bedeutung als Strafe nicht verlieren, müssten die hinter dem Verband stehenden Einzelpersonen wiederum schuldig sein.

---

18 So *Engisch*, Referat 40. DJT (1953), E 24 in ausdr. Opposition zu *Heinitz*, Gutachten 40. DJT (1953), E 20 f. (= S. 84 f.).

19 *Engisch*, Referat 40. DJT (1953), E 24 f.; *Hartung*, Korreferat 40. DJT (1953), E 43. Auch *Heinitz*, Gutachten 40. DJT (1953), E 21 (= S. 85) hält den Schuldbegriff für „auf juristische Personen schlechthin unübertragbar."

20 In kaum zu überbietender Präzision *Göhler,* in: Prot. SondA-StrafR IV,[23] S. 400 (re. Sp.): „Der Gedanke des Schuldstrafrechts stehe geradezu in einem diametralen Gegensatz zu dem Gedanken, daß [...] eine Person [...] für etwas einstehen müsse, was sie selbst nicht getan habe, sondern was andere Personen für sie, wenn auch in ihrem Namen, getan hätten."

21 Etwas überspitzt, aber nicht zu Unrecht kritisiert *Schünemann*, Unternehmenskriminalität, S. 236, die Diskussion um die Verbandsstrafe bzw. -geldbuße habe „in erster Linie in dem unfruchtbaren Austausch begriffsjuristischer Argumente bestanden" u. sei – jedenfalls im Jahr 1979 – „zu den kriminalpolitischen und legitimationstheoretischen Kernfragen [...] noch nicht vorgedrungen."

22 *Engisch*, Referat 40. DJT (1953), E 15; *Hartung*, Korreferat 40. DJT (1953), E 46; *Heinitz*, Gutachten 40. DJT (1953), E 22 (= S. 86).

23 *Engisch*, Referat 40. DJT (1953), E 25.

24 *Engisch*, Referat 40. DJT (1953), E 25, der hierin das Hauptanliegen der von *Busch* befürworteten Verbandsstrafe erkennen will. *Hartung*, Korreferat 40. DJT (1953), E 43; *Heinitz*, Gutachten 40. DJT (1953), E 24 ff. (= S. 88 ff.).

Das sei jedoch nicht der Fall. Regelmäßig seien in dem Verband sogar mehr unschuldige als schuldige Personen zusammengefasst.[25] Der Versuch, den am begangenen Delikt nicht unmittelbar beteiligten Mitgliedern die Unschuld abzusprechen, müsse in bedenklichem Maße mit Schuldvermutungen operieren[26] oder die Beteiligten zu einer – im Nachgang des Zweiten Weltkrieges nicht gerade populären[27] – „Schicksalsgemeinschaft" zusammenfassen. Keine dieser Lösungen sei gerecht. Einzig in dem praktisch beinahe ausgeschlossenen Fall, dass das Verbandsdelikt auf dem einstimmigen Beschluss aller Mitglieder beruhe, ließe sich eine Verbandsstrafe als gerecht denken.[28] Dann aber sei sie unnötig. Es sie nicht einzusehen, weshalb zur Bestrafung der schuldigen Einzelpersonen der Umweg über die Verbandsstrafe genommen werden sollte, statt die Personen selbst und jeweils nach dem Maß ihrer individuellen Schuld zu belangen.[29] Kurzum: Die Verbandsstrafe, die dem Schuldprinzip genügt, ist nur gerecht, wo sie praktisch bedeutungslos, und bedeutsam nur, wo sie zwingend ungerecht ist.[30]

Schließlich sei die Verbandsstrafe in dieser einzig denkbaren Form verfassungswidrig. Als echte Strafe müsse sie dahin verstanden werden, dass nicht „der fühllose Verband selbst, sondern auf einem Umweg die einzelnen unmittelbar oder mittelbar Schuldigen gestraft" werden sollen.[31] Dann aber würden nicht nur ungerechter Weise die Unschuldigen mitbetroffen. Vielmehr sollen die Schuldigen – soweit sie am Verband beteiligt sind und wegen ihrer Tat mit einer Individualstrafe belegt werden – durch die Verbandsstrafe ein zweites Mal getroffen werden.[32] Das sei als Verstoß gegen den Grundsatz „ne bis in idem" mit dem Grundgesetz (Art. 103 Abs. 3 GG) nicht vereinbar.[33]

25 *Hartung*, Korreferat 40. DJT (1953), E 43. Im Ergebnis auch *Engisch*, Referat 40. DJT (1953), E 15 u. *Heinitz*, Gutachten 40. DJT (1953), E 25 (= S. 89).

26 *Engisch*, Referat 40. DJT (1953), E 15; *Heinitz*, Gutachten 40. DJT (1953), E 25 (= S. 89).

27 Siehe *Engisch*, Referat 40. DJT (1953), E 27 f. u. *Hartung*, Korreferat 40. DJT (1953), E 43 f., die sich wegen der Erfahrungen des deutschen Volkes mit der Kollektivschuld am u. im Zweiten Weltkrieg beinahe emotional gegen eine solche Argumentation wehren.

28 *Engisch*, Referat 40. DJT (1953), E 25 f.; *Hartung*, Korreferat 40. DJT (1953), E 43; *Heinitz*, Gutachten 40. DJT (1953), E 25 f. (= S. 89 f.).

29 *Engisch*, Referat 40. DJT (1953), E 26; *Hartung*, Korreferat 40. DJT (1953), E 43.

30 Vgl. *Heinitz*, Gutachten 40. DJT (1953), E 26 (= S. 90).

31 So *Engisch*, Referat 40. DJT (1953), E 38. Dem zust. *Hartung*, Korreferat 40. DJT (1953), E 44.

32 Dass die „geminderte Einzelstrafe und die anteilige Erleidung der Verbandsstrafe [...] zusammen ungefähr eine normale Strafe" ergeben sollen, ist für *Engisch*, Referat 40. DJT (1953), E 38 „offenbar ein etwas halsbrecherischer Gedanke."

2. Kein Bedürfnis für eine Verbandsstrafe

Erst nachdem die Verbands*strafe* auf diese Weise für dogmatisch unmöglich, zwingend ungerecht und letztlich verfassungwidrig erklärt worden war, widmeten sich die Referenten der hier interessierenden Frage, ob und gegebenenfalls worin das Bedürfnis nach einer solchen Sanktion besteht.[34] Vor allem *Engisch*[35] hat sich dabei ausgiebig mit den Argumenten *Buschs* auseinandergesetzt.

Anm. 9.4: Zur Erinnerung:[36] *Busch* meinte, der individuelle Strafzwang alleine sei bei der Bekämpfung der Verbandskriminalität unzulänglich. Zum einen handele der Täter aus einer verzerrten Motivationslage heraus und sei deshalb für die rechtlichen Gebote unempfänglich. Zum anderen könne die Individualstrafe nicht in ein angemessenes Verhältnis zur Tragweite des Verbandsdeliktes gesetzt werden und müsse ihre abschreckende Wirkung deshalb verfehlen. Nach *Busch* könne nur die gegen den Verband gerichtete Sanktion diese Unzulänglichkeiten beseitigen.

Zwar habe *Busch* unbestreitbar mit „großer psychologischer Treffsicherheit *eine* Haltung" der Verbandsorgane, -genossen und -anhänger beschrieben, „der gegenüber die Individualstrafe als machtlos erscheinen" müsse.[37] Dabei handle es sich jedoch nicht um eine typische Haltung. Vielmehr dürfe das „Verbandsmitglied, das aus purer Selbstlosigkeit [...] im Dienste des Verbandes strafbare Handlungen" begehe und dabei auch noch bereit sei, „die ihm drohende Strafe auf sich zu nehmen, wenn nur dem Verband nichts" widerfahre, getrost als Ausnahmeerscheinung angesehen werden.[38] Im Gegenteil werde der Einzelne ein Delikt viel eher begehen, wenn das Strafübel

33 *Engisch*, Referat 40. DJT (1953), E 38. Zu Recht krit. *v. Weber*, in: Verh. d. 40. DJT (1953), E 61 f., der darauf hinweist, dass zwar die Verbandsmitglieder betroffen, nicht aber bestraft werden. Ausf. dazu noch § 10 C. IV. 2. (S. 365).

34 Abermals sei insoweit auf *Schmitt*, Maßnahmen, S. 130 hingewiesen: Wer „die dogmatische Unmöglichkeit der Verbandsbestrafung" zum Ausgangspunkt nehme, werde stets auch versucht sein, „das praktische Bedürfnis für die Körperschaftsstrafe in Abrede zu stellen."

35 Referat 40. DJT (1953), E 29 ff. *Hartung*, Korreferat 40. DJT (1953), E 43 hat sich dem weitgehend angeschlossen.

36 Ausf. zu den Argumenten *Buschs*, weshalb die für ein reibungsloses Funktionieren des individuellen Strafzwanges erforderlichen Voraussetzungen beim Verbandsdelikt typischerweise nicht vorliegen, oben A. III. 2. (S. 263).

37 *Engisch*, Referat 40. DJT (1953), E 33. Herv. nur hier.

38 *Engisch*, Referat 40. DJT (1953), E 33. Zust. *Lang-Hinrichsen*, in: FS Mayer (1966), S. 49 (67). Zu Recht hat *Schünemann*, Unternehmenskriminalität, S. 19 kritisiert, dass *Engisch* „in der gleichen, spekulativen, empirisch nicht fundierten Weise" wie *Busch* argumentiert habe.

(nur) den Verband treffe und er sich nicht im Verbandsinteresse die eigenen Finger verbrenne.[39] Mit anderen Worten: Die Überbewertung der Verbandsinteressen verzerre die Motivationslage des Organwalters – entgegen *Busch* – typischerweise nicht so sehr, dass der Täter von den rechtlichen Geboten nicht mehr erreicht werde. Dann aber sei das Individualstrafrecht nicht von vornherein machtlos und bedürfe nicht schon deshalb der Schützenhilfe durch die Verbandsstrafe.

Darüber hinaus sei es nicht richtig, dass die Strafe des Organwalters wegen seiner altruistischen Motivationslage stets niedrig bemessen werden müsste. Wer sich zur Wahrung der Verbandsinteressen „nicht der rechtlich erlaubten Mittel“ bediene, „wer nur mit Verrat, Beschimpfung, Betrug, unlauterem Wettbewerb, Steuerhinterziehung, Devisenschiebung u. dgl. mehr dem Verbandsziele“ nachstrebe, verdiene „nicht um deswillen Nachsicht, weil es immerhin Verbandsziele und nicht höchsteigene Interessen“ seien, die ihn bewegten.[40] Das Individualstrafrecht sei danach sehr wohl in der Lage, das deliktische Handeln des Organwalters im Rahmen seiner wirtschaftlichen Leistungsfähigkeit und „nach Maßgabe *seiner* Schuld [...] hart und nachhaltig zu ahnden“.[41]

Engisch hat mithin – vordergründig – in den wesentlichen Punkten den Erwägungen widersprochen, die *Busch* für Bedürfnis und Zweckmäßigkeit der Verbandsstrafe angeführt hatte. Er negiert – scheinbar – die Lücken, die *Busch* mit der Verbandsstrafe hatte schließen wollen. Der individuelle Strafzwang sei zur Bekämpfung der Verbandsdelikte vielmehr ausreichend. Aus dieser Perspektive *Engischs* können es in der Tat nur mehr „neben der Sache liegende Erwägungen sein, die [...] nach der Verbandsstrafe den Blick wenden“ lassen.[42]

3. Vorbehalt der Gewinnentziehung

Die Argumentation *Engischs* steht allerdings unter einem so entscheidenden wie gut versteckten Vorbehalt: Selbstverständlich – so sagt er ganz beiläufig – müsse dafür gesorgt werden, dass „durch Schadensersatz oder

39 *Engisch*, Referat 40. DJT (1953), E 34.
40 *Engisch*, Referat 40. DJT (1953), E 35. Zust. *Lang-Hinrichsen*, in: FS Mayer (1966), S. 49 (68).
41 *Engisch*, Referat 40. DJT (1953), E 35. Herv. im Original.
42 *Engisch*, Referat 40. DJT (1953), E 35 nennt etwa „fiskalische Erwägungen wie die Neigung, einen vermögenden Verband [...] einmal kräftig zu schröpfen“.

Vorteilsentziehung auf zivilrechtlichem oder polizeirechtlichem Wege ein Ausgleich geschaffen“ werde für das, „was im Interesse des Verbandes an Rechtsgüterverletzungen bewirkt oder an Gewinn eingeheimst wurde.“[43] Das ist allerdings ein ganz zentraler Vorbehalt! *Engisch* hat nicht das Bedürfnis für eine Verbandssanktion widerlegt. Er hat vielmehr gezeigt, unter welchen Voraussetzungen die Argumentation *Buschs* nicht – mehr[44] – stimmt und es einer Verbands*strafe* nicht bedarf. Mit großer Treffsicherheit hat er den Finger in eine[45] Wunde der damaligen Rechtsordnung gelegt, die bei der Bekämpfung der Verbandskriminalität vor allem deshalb unzureichend war, weil sie dem Verband die rechtswidrigen Gewinne nicht abnehmen konnte.

a) Der individuelle Strafzwang ist auch für *Engisch* nur ausreichend, wenn sichergestellt ist, dass der Verband aus dem in seinem Interesse begangenen Delikt keinen Vorteil zieht. Das entspricht dem Ausgangspunkt des oben[46] entwickelten Gedankens, den *Engisch* nur mitdenkt, ohne ihn auszusprechen. Werden dem Verband die Tatvorteile entzogen, ist das Verbandsdelikt kein lohnendes Geschäft mehr. Dadurch entfällt der Anreiz, dem Einzeltäter das Übel der Individualstrafe abzunehmen. Die Freistellung des Täters ist dann tatsächlich nicht mehr „die selbstverständlichste Sache von der Welt“.[47] Nur dann weiß der Einzelne, dass er sich im Zweifel die eigenen Finger verbrennt, und dass er sein Verhalten nicht mit dem sicheren Wohl und den erheblichen Vorteilen des Verbandes rechtfertigen kann. Er befindet sich in einer im

43 Referat 40. DJT (1953), E 34. *Hartung*, Korreferat 40. DJT (1953), E 54 verlangt beinahe ebenso beiläufig, dass „die Körperschaft den rechtswidrigen Vorteil, der ihr infolge der Straftat zu geflossen ist, herauszugeben hat.“ Auch *Münn,* in: Verh. d. 40. DJT (1953), E 71 hält den Gedanken für unerträglich, dass „die juristische Person ihren Gewinn behalten soll.“

44 *Engisch*, Referat 40. DJT (1953), E 34 sagt ausdr.: „Nun muß selbstverständlich dafür gesorgt *werden*, daß [...] ein Ausgleich geschaffen *wird* [...].“ Herv. nur hier. Auch er geht folglich davon aus, dass in der damals geltenden Rechtsordnung eine effektive u. umfassende Gewinnentziehung nicht stattfand. So ist auch *Münn,* in: Verh. d. 40. DJT (1953), E 71 zu verstehen, der keine Möglichkeit der Vorteilsabschöpfung sieht, wenn nicht *künftig* auch gegen die juristische Person *vorgegangen werde.*

45 Daneben fehlten noch die Regelungen zum Handeln für einen anderen u. zur allgemeinen Aufsichtspflichtverletzung. Siehe dazu oben A. II. (S. 258).

46 Zu dem Phänomen der ökonomisch-rationalen Kollusion u. dessen Umkehrung durch eine Verbandssanktion ausf. oben A. III. 3. a) (S. 274).

47 Diese Aussage *Engischs*, Referat 40. DJT (1953), E 35 f., ist unter eben diesem Vorbehalt zu sehen, den er kurz zuvor (E 34) geäußert hat. Auf Solidarität des Verbands (E 36) kommt es nur an, wo das Verbandsdelikt kein lohnendes Geschäft ist.

Wesentlichen normalen Motivationslage und ist für die Sanktionsandrohung der rechtlichen Gebote so empfänglich wie jeder andere auch.

Erfolgen der Schadensausgleich und die Vorteilsentziehung durch eine eigenständige und gegen den Verband gerichtete Maßnahme, so ist dies keine Aufgabe der Individualsanktion mehr. Dann aber genügt zur wirksamen Verbrechensverhütung auch eine Individualsanktion in viel bescheidenerer Höhe. Denn der Täter müsste sie – wo der Anreiz zur ökonomisch-rationalen Kollusion beseitigt ist – aller Wahrscheinlichkeit nach aus seinem eigenen Vermögen bezahlen. Wird sie ohne falsche Milde nach den wirtschaftlichen Verhältnissen und der individuellen Schuld des Einzeltäters bemessen, so wäre diese Individualsanktion – im Rahmen des strafrechtliche Möglichen – geeignet und ausreichend, „die Gegenmotive zu verstärken, so daß sich die Gesellschaftsorgan[walter] dann doch wohl hüten würden, auf strafrechtlich verbotenem Wege den Vorteil der Körperschaft zu suchen.“[48]

Um es – mit den Worten *Engischs*[49] – noch einmal zugespitzt zu sagen: Der individuelle Strafzwang ist nur ausreichend, wenn „durch Schadensersatz oder Vorteilsentziehung auf zivilrechtlichem oder polizeirechtlichem Wege ein Ausgleich“ für das geschaffen würde, „was im Interesse des Verbandes an Rechtsgüterverletzungen bewirkt oder an Gewinn eingeheimst wurde.“ Ist das gewährleistet, können es nur mehr „neben der Sache liegende Erwägungen sein, die [...] nach [einer zusätzlichen] Verbandsstrafe den Blick wenden“ lassen.

b) *Engisch* und *Busch* liegen danach viel enger beieinander, als es das Referat *Engischs* glauben macht. Beide erkennen in ihrer jeweils geltenden Rechtsordnung ein Defizit. Dabei hat *Engisch* – ganz beiläufig – aufgedeckt, was bei *Busch* fast völlig im Dunkeln blieb: Das Defizit der Rechtsordnung bestand in der fehlenden Möglichkeit, den Verbänden die rechtswidrigen Tatgewinne zu entziehen.

Der Unterschied liegt letztlich nur darin, wie die Autoren diese Lücke schließen wollen. *Busch*, der die letzte Ursache des Problems noch nicht freigelegt hatte, sprach sich insoweit für eine Verbands*strafe* aus. *Engisch* dagegen hatte die Notwendigkeit einer umfassenden Gewinnabschöpfung erkannt. Eine „hochbemessene Geldstrafe, die in gar keinem Verhältnis zu einer individuellen Schuld, sondern nur in einem Verhältnis zu der Vermögenslage des Verbandes und ihrer Veränderung durch das strafbare Tun“ stehe,[50]

48 So *Hartung*, Korreferat 40. DJT (1953), E 52, über das Maßnahmensystem, wie er es sich vorstellt.

49 Siehe Referat 40. DJT (1953), E 34 u. 35.

sei dann aber nicht „das richtige Mittel, um hier Abhilfe zu schaffen.“[51] Die Gerechtigkeit verlange es, „innerhalb des Strafrechts den Gedanken der Schuldstrafe rein und sauber“ zu halten.[52] Für *Engisch* sei die Lösung vielmehr „auf zivilrechtlichem oder polizeirechtlichem Wege“ zu suchen.[53] Einer zusätzlichen Verbands*strafe* bedürfe es dann nicht mehr.

Mit anderen Worten: Um die Schlagkraft des individuellen Strafzwanges zu gewährleisten, musste die Rechtsordnung um ein gegen die Verbände gerichtetes Abschöpfungsintrument erweitert werden, das – für *Engisch* – zwar nicht Strafe sein durfte, wohl aber eine Präventivmaßnahme sein konnte.

4. Umfang der Gewinnentziehung

Zu dem notwendigen Umfang der Gewinnabschöpfung hat sich (nur) *Hartung* geäußert. Zutreffend weist er darauf hin, dass der Gerechtigkeit noch nicht voll genügt sei, wenn die Körperschaft nur den rechtswidrigen Vorteil herausgeben müsste, der ihr infolge der Straftat zugeflossen sei.[54] Denn bei einer solchen Abschöpfung nur des unmittelbaren Gewinnes bliebe der mittelbare Gewinn bestehen.[55] Der mitunter erhebliche Vorsprung, den die Gesellschaft aufgrund der Straftat vor den Wettbewerbern gewonnen hat, sei damit noch nicht eingeholt.[56]

Anm. 9.5: Die heute selten präsente Unterscheidung von unmittelbarem und mittelbarem Gewinn war bis zur Verabschiedung des § 26 $OWiG_{68}$ von zentraler Bedeu-

---

50 Mit einer Maßnahme, die „nur in einem Verhältnis zu der Vermögenslage des Verbandes und ihrer Veränderung durch das strafbare Tun“ steht, hat *Engisch* sehr präzise das spätere Instrument des strafrechtlichen Verfalls umschrieben, aus dem sich – wie noch zu zeigen sein wird – die Verbandsgeldbuße entwickelt hat.

51 *Engisch*, Referat 40. DJT (1953), E 34. Im Ergebnis auch *Hartung*, Korreferat 40. DJT (1953), E 57: „Keine irgendwie geartete kriminelle Strafe [...], wohl aber [...] ein gewisses Maß körperschaftsgemäßer sichernder Maßnahmen,“ die kriminellen Tendenzen im Herrschaftsbereich von Körperschaften entgegenwirken sollen.

52 So *Engisch,* in: Verh. d. 40. DJT (1953), E 80 in seiner Schlusserwiderung auf *v. Weber*.

53 *Engisch*, Referat 40. DJT (1953), E 34. Wie er sich dies genau vorgestellt hatte, hat *Engisch* in seinem Referat nicht verraten. Von der engen Themenstellung – „Empfiehlt es sich, die Strafbarkeit der juristischen Person gesetzlich vorzusehen?“ – war diese Frage aber auch nicht erfasst.

54 *Hartung*, Korreferat 40. DJT (1953), E 54.

55 Zu der wichtigen Unterscheidung von unmittelbarem u. mittelbarem Gewinn sogleich die Anm. 9.5.

56 *Hartung*, Korreferat 40. DJT (1953), E 54 f.

> tung. Unter dem unmittelbaren Gewinn verstand man den Tatgewinn als solchen. Er war rechnerisch (einigermaßen) genau zu beziffern und seine Abschöpfung sollte in Konstruktion und Begründung später auch kaum Schwierigkeiten bereiten. Der mittelbare Gewinn meint hingegen, was nicht aus der Tat selbst, sondern erst aufgrund des unmittelbaren Tatgewinns erworben werden konnte. *Hartung*[57] selbst schilderte einen Fall, „in dem eine bedeutende Aktiengesellschaft durch systematische Steuerhinterziehungen Millionenbeträge ‚erspart'" hatte, mit denen es gelang, den „Betrieb derartig technisch zu modernisieren, daß sie damit der gesamten Konkurrenz überlegen war." Die Steuernachzahlung und die Geldstrafen für die schuldigen Organwalter „konnten aus den vermehrten Ergebnissen des verbesserten Betriebes ohne jede Schwierigkeit gedeckt werden." Dieser mittelbare Gewinn ließ sich unmöglich exakt beziffern, weil er stets auf dem komplizierten Zusammenspiel unzähliger Faktoren beruhe,[58] von denen die Straftat nur eine sei.[59] Die Geschichte der Verbandssanktion ist – was noch zu zeigen sein wird – tatsächlich die Geschichte der Frage, wie sich dieser mittelbare Gewinn abschöpfen lässt.

Auch dieser Gedanke ist – ohne dass *Hartung* das offen ausgesprochen hätte – im Lichte der drohenden ökonomisch-rationalen Kollusion zu sehen. Wird dem Verband der mittelbare Gewinn belassen, so kann das Verbandsdelikt ein lohnendes Geschäft bleiben. Sobald aber der Verband aus der Tat einen Vorteil hat, ist der Anreiz eben zur ökonomisch-rationalen Kollusion gesetzt. Die positiven Wirkungen der effektiven Gewinnabschöpfung entfallen und mit ihnen die Wirksamkeit des individuellen Strafzwanges.

Die von *Busch* erkannte Lücke, die *Engisch* präzisiert hatte, verlangte folglich – schon zur Sicherung der „Waffengleichheit im Wettbewerb"[60] – nach einem Instrument, das dem Verband umfassend den unmittelbaren wie den mittelbaren Gewinn entzieht.[61]

---

57 Siehe Korreferat 40. DJT (1953), E 53 f. Einen ähnlichen Fall schildert *Koffka,* in: NdSchr. GrStrKomm, Bd. IV, S. 568 (li. Sp.). Besonders eindrucksvoll ist schließlich der Praxisbericht von *Baeuerle,* in: NdSchr. GrStrKomm, Bd. IV,[50] S. 325 (li. Sp. f.).

58 *Meyer,* in: Prot. SondA-StrafR IV,[23] S. 414 nannte etwa „die Tüchtigkeit und Geschäftserfahrung der Betriebspersonen sowie die Ausnutzung legaler Betriebsmittel."

59 So etwa *Welzel,* in: NdSchr. GrStrKomm, Bd. III,[37] S. 281 (re. Sp.).

60 So *Hartung*, Korreferat 40. DJT (1953), E 53 bezogen auf die wettbewerbsschädliche Wirkung kumulierender u. nicht abschöpfbarer mittelbarer Gewinne.

61 *Hartung*, Korreferat 40. DJT (1953), E 54 f., der sich i. R. d. vorgenommenen Arbeitsteilung um die Probleme der praktischen Umsetzung kümmern sollte, wusste allerdings selbst kein taugliches Instrument anzubieten. Er sprach sich aber – wegen der Erfahrungen im u. nach dem Zweiten Weltkrieg, vor allem im Hinblick auf die Demontagepolitik der Kriegsgegner – entschieden gegen die von ihm als wirtschaftlich widersinnig empfundene Zerstörung der inzwischen geschaffenen Einrichtungen aus.

5. Idee eines Präventiv- oder Bußgeldes

In seinem Schlusswort hat *Engisch* – unter Verweis auf ein privates Gespräch mit *Hausner* – versucht, der fehlenden Maßnahme Gestalt zu geben.[62] Der Strafrichter solle der juristischen Person im Falle eines Verbandsdeliktes „zwecks billigen Ausgleichs eines besonderen Schadens oder Entziehung eines besonderen, dem Personenverband selbst erwachsenen Gewinns oder zur Verhütung von Wiederholungen strafbarer Handlungen [...] ein besonderes Buß- oder Präventionsgeld auferlegen" können. Die sprachliche Unterscheidung gerade auch von der Geldbuße sei wichtig, um das Instrument „scharf von der Strafe zu trennen."[63] Das Bußgeld solle verhüten, dass „ein Schaden, der nach außen entstanden ist und der sehr leicht ausgeglichen werden kann, ungedeckt" bleibe, oder es solle bewirken, dass „besondere Gewinne, die hereingebracht wurden, wieder entzogen werden".

Anm. 9.6: *Koffka* hat diesen Gedanken eines „öffentlich-rechtlichen Schadenersatz- und Gewinnabführungsanspruchs" – ohne Berufung auf *Engisch* – später in die Große Strafrechtskommission eingebracht und ihm dort zum Durchbruch verholfen.[64] Anders als *Engisch* hatte sie jedoch nicht übersehen, dass es sich bei einem solchen Instrument nicht um eine rein präventive Maßnahme handeln kann. Wenn *Engisch* einen Schaden ausgleichen möchte, „der nach außen entstanden *ist*", oder er besondere Gewinne entziehen möchte, „die hereingebracht *wurden*",[65] so knüpft auch er (reaktiv-retrospektiv) an Vergangenes als Vergangenes an. Insoweit handelt es sich um eine reaktive und keine proaktive Maßnahme.[66] Sie ist – wie er sie präsentiert – nicht davon abhängig, dass der Verband mit dem zu entziehenden Geld künftig etwas Gefährliches anfangen werde. Sie ist in diesem Sinne und in der hier entwickelten Terminologie[67] gerade keine prospektive, sondern eine retrospektive Maßnahme. Entgegen der hartnäckigen Befürchtungen im Vorfeld des § 26 OWiG[68] muss eine dem präventiven Güterschutz dienende, reaktiv-retrospektive Maßnahme

---

62 Die wörtlichen Zitate dieses Absatzes stammen von *Engisch,* in: Verh. d. 40. DJT (1953), E 80 f. Nach eigenen Angaben habe er beim Frühstück versucht, der Sache eine Fassung zu geben, sodass er wohl selbst nicht davon ausging, den Gedanken vollends durchdrungen zu haben.

63 Diese wichtige Warnung hat man sich später leider nicht zu Herzen genommen. Siehe die „falschen Abzweigungen" unter III. 6. (S. 307) u. V. 2. (S. 318).

64 Dazu sogleich, III. 3. (S. 303).

65 *Engisch,* in: Verh. d. 40. DJT (1953), E 80 f. Herv. nur hier.

66 Auch insoweit sind die verschiedenen Ebenen der strafrechtlichen Aufgabenerfüllung zu beachten, vgl. *Radtke*, in: MünchKomm-StGB[4] Vor § 38 Rn. 8. Die abstrakte Androhung einer Verbandssanktion wäre als eine vor der Tat erlassene Sanktionsnorm selbstredend eine proaktive Maßnahme. Das eigentliche Bußgeld kann aber erst nach begangener Tat u. als Reaktion auf diese festgesetzt u. vollstreckt werden.

67 Siehe hierzu § 7 C. I. (S. 210).

gegenüber juristischen Personen jedoch nicht zwangsläufig eine dem Schuldprinzip unterworfene Strafe sein.[68]

6. Konsequenzen für die Verbandsgeldbuße

Das große Verdienst des Vierzigsten Deutschen Juristentages liegt nicht so sehr in der dogmatischen Ablehnung der *Kriminalstrafen* gegen juristische Personen. Ob die Gründe, auf die sich diese Ablehnung stützt, vollends überzeugen müssen, braucht hier nicht entschieden zu werden.[69]

Weit wesentlicher war ein anderer Aspekt: Wenn auch nur beiläufig und vielleicht auch unbewusst ist es den Referenten gelungen, die von *Busch* nur diffus ausgemachte Lücke im Maßnahmenarsenal zu präzisieren. Der individuelle Strafzwang vermag ausreichend abschreckend zu wirken, wenn nur sichergestellt ist, dass dem Verband umfassend die Gewinne aus der Tat entzogen werden. Das war in der damals geltenden Rechtsordnung jedoch keineswegs sichergestellt. Sie musste deshalb um entsprechende körperschaftsgemäße Maßnahmen ergänzt werden. Dieser Gedanke ist in der weiteren Diskussion immer weiter ausdifferenziert und verfeinert worden und ist schließlich – was freilich noch zu zeigen sein wird – in der Verbandsgeldbuße des § 26 $OWiG_{68}$ aufgegangen.

68 Im Gegenteil: An späterer Stelle soll noch gezeigt werden, dass das Schuldprinzip bei der juristischen Person schlechthin nicht beachtet werden muss, weil dieser schon die insoweit maßgebende Grundrechts-Trägerschaft fehlt. Siehe dazu § 10 C. IV. 1. (S. 360).

69 Auch insoweit sei auf *Schünemann*, Unternehmenskriminalität, S. 236 verwiesen, der – vielleicht etwas überspitzt, aber nicht zu Unrecht – kritisiert, die Diskussion um die Verbandsstrafe bzw. -geldbuße habe „in erster Linie in dem unfruchtbaren Austausch begriffsjuristischer Argumente bestanden“ u. sei – jedenfalls im Jahr 1979 – „zu den kriminalpolitischen und legitimationstheoretischen Kernfragen [...] noch nicht vorgedrungen.“ Die zentralen Argumente sollen später unter § 10 C. IV. (S. 359) entkräftet werden.

II. Stahlhändler-Urteil des BGH

Kurz nach dem Juristentag in Hamburg sprach der BGH[1] sein lange erwartetes „Stahlhändler-Urteil“. In der Sache[2] ging es um die Frage, ob eine juristische Person wegen eines Devisenvergehens eines leitenden Angestellten bestraft werden konnte. Die Besonderheit ergab sich daraus, dass diese Strafbarkeit durch das damals geltende Besatzungsrecht angeordnet war, genauer: durch Art. 8 Nr. 1 u. 4 der Berliner Devisenordnung.[3]

1. Urteilsgründe

Der BGH sah sich durch das Besatzungsrecht gebunden und bejahte deshalb – wenn auch nur widerwillig – die Strafbarkeit der juristischen Person.[4] Zwar widerspreche es dem bisherigen deutschen Rechtsdenken, „gegen juristische Personen [...] eine Kriminalstrafe zu verhängen.“ Sie passe „nicht zu dem im deutschen Recht entwickelten sozialethischen Schuld- und Strafbegriff.“ An der „Verbindlichkeit des gesetzten Besatzungsrechts für den deutschen Richter“ ändere das jedoch nichts.[5]

Denn anders als Stimmen aus der Literatur[6] konnte der BGH einen Verstoß der besatzungsrechtlichen Verbandsstrafe „gegen den inländischen ‚ordre public‘ oder gegen Art[.] 43 der Haager Landkriegsordnung“ nicht erkennen.[7] Auch das deutsche Recht kenne Vorschriften, die „ein *straf*rechtliches

1 Urt. v. 27. 10. 1953 – 5 StR 723/52 – BGHSt **5**, 28 ff. Ausf. zu diesem u. anderen Urt. *Brender*, S. 46 ff. u. *Pohl-Sichtermann*, S. 22 ff. Letztere hat (S. 22 Fn. 3) die überwiegend ablehnenden Reaktionen auf das Urt. zusammengestellt.

2 Der in BGHSt **5**, 28 ff. nicht wiedergegebene Sachverhalt ist in NJW 1953,[49] S. 1838 f. zusammengefasst.

3 (Berliner) Verordnung über die Devisenbewirtschaftung und Kontrolle des Güterverkehrs vom 15. Juli 1950, Amtsblatt der Alliierten Kommandantura Berlin Nr. 6 vom 22. Juli 1950, S. 51. Art. 8 Nr. 1 lautete: „Wer gegen die Bestimmungen dieser Verordnung [...] verstößt, [...] wird [...] bestraft.“ — Nr. 4: „Eine juristische Person unterliegt bei Verurteilung wegen einer strafbaren Handlung den für diese strafbare Handlung angedrohten Geldstrafen und Einziehungen.“

4 Die wörtlichen Zitate dieses Absatzes sind BGH, Urt. v. 27. 10. 1953 – 5 StR 723/52 – BGHSt **5**, 28 ff. (32) entnommen.

5 *Jescheck*, in: NdSchr. GrStrKomm, Bd. I,[12] S. 298 (li. Sp.) spricht zutr. von einer „rein positiven, ja fast positivistischen Begründung“.

6 Siehe nur *Jescheck*, ZStW 65[2] (1953), S. 210 (225); *R. Lange*, JZ 1952,[9] S. 261 ff. u. *Siegert*, NJW 1953,[15] S. 527 (528) jew. m. w. N.

7 BGH, Urt. v. 27. 10. 1953 – 5 StR 723/52 – BGHSt **5**, 28 ff. (32).

Einstehen der juristischen Person für Handlungen“ ihrer Organwalter vorsähen.[8] Darüber hinaus bestehe schon deshalb kein Anlass, einen Verstoß gegen den ordre public anzunehmen, weil auch in Deutschland „besondere, dem Wesen der Verbände anzupassende strafrechtliche Maßregeln oder Sicherungsmaßregeln“ befürwortet würden.[9]

Der BGH hat sich damit keineswegs für die Möglichkeit von Verbandsstrafen im deutschen Recht ausgesprochen.[10] Vielmehr ist er mit dem Begriff der Geld*strafe* schlicht großzügiger umgegangen, als sich dies die Teilnehmer auf dem Vierzigsten Deutschen Juristentag gestattet hatten. Werden im deutschen Recht besondere, dem Wesen der Verbände angepasste Maßnahmen befürwortet, so können solche Maßnahmen nicht gegen den inländischen ordre public verstoßen. Kann die besatzungsrechtliche Geldstrafe als Platzhalter für eine solche Maßnahme gedacht werden, so ist auch hier ein Verstoß gegen den ordre public ausgeschlossen. Dann aber handelt es sich bei den besatzungsrechtlichen Vorschriften um geltendes und bindendes Recht, über das sich der Richter nicht hinwegsetzen darf.[11]

Anm. 9.7: Der Vorwurf, der BGH habe sich nicht „mit den Ansichten der Lehre besonders zur Schuldfähigkeit der Verbände“ auseinandergesetzt, „obwohl anläßlich des kurz vor dem Urteil abgehaltenen 40. Deutschen Juristentages Argumente sowohl gegen als auch für die Verbandsstrafe vorgetragen worden waren“,[12] liegt deshalb ein wenig neben der Sache. Der BGH hatte nicht darüber zu befinden, ob der deutsche Gesetzgeber eine Verbandsstrafe einführen könne und dabei an das Schuldprinzip gebunden sei. Er musste schlicht entscheiden, ob eine einschlägige Regelung der geltenden Rechtsordnung angewandt werden musste, die vorsah, dass bei einer Verurteilung auch eine „juristische Person […] den […] angedrohten Geldstrafen und Einziehungen“ unterliege.[13]

---

8 BGH, Urt. v. 27. 10. 1953 – 5 StR 723/52 – BGHSt **5**, 28 ff. (32). Herv. im Original durch Sperrung. Neben dem „nahezu gegenstandslosen § 393 RAbgO“ wurde auf die Subsidiärhaftung u. die Einziehung nach der RAbgO verwiesen.

9 BGH, Urt. v. 27. 10. 1953 – 5 StR 723/52 – BGHSt **5**, 28 ff. (33).

10 Darauf hat *Jescheck,* in: NdSchr. GrStrKomm, Bd. I,[12] S. 297 f. zutr. hingewiesen.

11 Eben deshalb spricht *Jescheck,* in: NdSchr. GrStrKomm, Bd. I,[12] S. 298 (li. Sp.) zutr. von einer „rein positiven, ja fast positivistischen Begründung“.

12 So *Pohl-Sichtermann*, S. 22 f., die (S. 22 Fn. 3) die fast einhellige Ablehnung des Urt. zusammengetragen hat.

13 Art. 8 Nr. 4 der (Berliner) Verordnung über die Devisenbewirtschaftung und Kontrolle des Güterverkehrs vom 15. Juli 1950, Amtsblatt der Alliierten Kommandantura Berlin Nr. 6 vom 22. Juli 1950, S. 51.

2. Bedürfnis für Verbandsmaßnahmen

Die Vereinbarkeit einer besatzungsrechtlichen Vorschrift mit dem inländischen ordre public war für den Zweck der späteren Verbandsgeldbuße selbstredend nicht von zentraler Bedeutung. Zu den Impulsgebern des § 26 OWiG$_{68}$ wird das Urteil hier aus einem ganz anderen Grund gezählt: Innerhalb seiner Argumentation stellt der BGH fest, dass – auch jenseits der Mehrerlösabschöpfung im Wirtschaftsstrafgesetz[14] – ein Bedürfnis bestehe, „einer juristischen Person mindestens den Gewinn zu entziehen, der ihr durch eine strafbare Handlung“ ihrer Organwalter zugeflossen sei.[15]

Mit den vorhandenen Einziehungsinstrumenten jedoch sei „die juristische Person nicht zu treffen“.[16] Oft könnten „Vermögenswerte nicht eingezogen werden, weil sie nicht mehr vorhanden“ seien. Die dann allein mögliche Ersatzeinziehung nach § 20 OWiG$_{52}$ könne sich – anders als bei § 19 OWiG$_{52}$ – nur gegen Täter oder Teilnehmer richten,[17] nicht aber gegen Dritte und deshalb auch nicht gegen die juristische Person, die „nicht selbst im strafrechtlichen Sinne Täter oder Teilnehmer“ sei. Das unbefriedigte Bedürfnis, der juristischen Person die Gewinne entziehen zu können, sei nach Ansicht des BGH der Grund, weshalb auch in Deutschland – so etwa auf dem Vierzigsten Deutschen Juristentag – „besondere, dem Wesen der Verbände anzupassende strafrechtliche Maßregeln oder Sicherungsmaßregeln zum Teil befürwortet“ würden.

Die im „Besatzungsrecht vorgesehene Geldstrafe“ sei insoweit „ein geeignetes Mittel, der juristischen Person die Vorteile der Tat wieder abzunehmen.“[18] Damit hat der BGH nicht gesagt, dass eine entsprechende Maßnahme auch im deutschen Recht als Geldstrafe ausgestaltet werden könnte.[19] Die

---

14 Siehe die §§ 49 ff. des Gesetzes zur Vereinfachung des Wirtschaftsstrafrechts v. 26. 7. 1949, WiGBl.[27] S. 193 (197).

15 BGH, Urt. v. 27. 10. 1953 – 5 StR 723/52 – BGHSt **5**, 28 ff. (33).

16 Die wörtlichen Zitate dieses Absatzes sind BGH, Urt. v. 27. 10. 1953 – 5 StR 723/52 – BGHSt **5**, 28 ff. (33) entnommen.

17 § 19 des Gesetzes über Ordnungswidrigkeiten v. 25. 3. 1952 (OWiG$_{52}$), BGBl. I[13] S. 177 (179) lautet: „Ist der Täter nicht Eigentümer, so unterbleibt die Einziehung, es sei denn, daß der Eigentümer die Zuwiderhandlung kannte oder kennen mußte oder von ihr einen Vorteil gehabt hat, dessen Zusammenhang mit der Zuwiderhandlung ihm erkennbar war.“ — § 20: „Ist die Einziehung gem. § 18 Abs. 1 oder 2 nicht ausführbar, so kann auf Einziehung eines dem Wert der Gegenstände entsprechenden Geldbetrages (Ersatzeinziehung) erkannt werden.“

18 BGH, Urt. v. 27. 10. 1953 – 5 StR 723/52 – BGHSt **5**, 28 ff. (33).

19 Zutr. *Jescheck,* in: NdSchr. GrStrKomm, Bd. I[12] S. 297 f.

Argumentation legt aber nahe, dass er den Zweck der de lege ferenda befürworteten Sondermaßnahmen wie auch der besatzungsrechlichen Geldstrafe darin sieht, das erkannte Bedürfnis zu befriedigen und „der juristischen Person mindestens den Nutzen aus der Tat wieder zu entziehen".[20]

3. Konsequenzen für die Verbandsgeldbuße

Der BGH hat in seinem „Stahlhändler-Urteil" ganz offen ausgesprochen, was auf dem Vierzigsten Deutschen Juristentag nur zwischen den Zeilen herausgelesen werden konnte: Offen sprach er von dem Bedürfnis, der juristischen Person den Gewinn rechtswidriger Taten zu entziehen. Anders als der Vierzigste Deutsche Juristentag machte er jedoch deutlich, dass die Verbände mit den – im weiteren Sinne polizeirechtlichen – Instrumenten der damaligen Rechtsordnung nicht zu treffen sei. Schließlich hat er die fehlende Sondermaßnahme erstmals in die Nähe der Einziehung gerückt. Wie sogleich[21] zu zeigen sein wird, ist der Einziehung der – zu einem allgemeinen Instrument ausgebaute – Verfall[22] zur Seite gestellt worden, aus dem schließlich auch § 26 $OWiG_{68}$ hervorgegangen ist.

III. Große Strafrechtskommission

Unter den Impulsgebern des § 26 $OWiG_{68}$ bildete die Große Strafrechtskommission den außer-parlamentarischen Schlussstein. Sie bestand aus 24 Mitgliedern, unter ihnen u. a. Professoren, Richter und Bundestagsabgeordnete. Vom damaligen Bundesjustizminister *Neumayer* im Jahr 1954 ins Leben gerufen, beriet die Kommission in den Jahren 1954 bis 1959 in 21 Arbeitstagungen mit insgesamt 143 Sitzungen. Resultat waren mehrere

---

20 BGH, Urt. v. 27. 10. 1953 – 5 StR 723/52 – BGHSt **5**, 28 ff. (34), der mit dieser Zwecksetzung begründet, dass die besatzungsrechtliche Geldstrafe nicht als Subsidiärhaftung des Verbandes auszulegen sei.

21 Zur Umstellung auf das Tagessatzsystem, die die Einführung eines eigenständigen Instruments der Gewinnabschöpfung notwendig machte, III. 2. (S. 300).

22 Die ursprüngliche Unterscheidung zwischen dem „Verfall" der durch die Tat erlangten Vermögenswerte u. der „Einziehung" tatverstrickter Gegenstände ist durch das VermAbsch-RefG, BGBl. I 2017,[22] S. 872 ff. aufgegeben worden. Weil in den im Folgenden zu untersuchenden Quellen jedoch stets von dem „Verfall" die Rede ist, wird dieser zwischenzeitlich obsolete Begriff auch hier weiterverwandt.

Gesetzentwürfe, deren prominentester Vertreter der Entwurf eines Strafgesetzbuches (E 1962) war.[1]

Mit den Sondermaßnahmen gegen Verbände befasste sich die Große Strafrechtskommission während der ersten Lesung des Allgemeinen Teils in zwei Anläufen.[2] Nach zähem Ringen wurde als Leitsatz beschlossen, es solle „im Allgemeinen Teil eine Bestimmung aufgenommen werden, wonach bei bestimmten Delikten des Besonderen Teils eine Geld*sanktion* gegen juristische Personen zulässig" sei.[3] Dabei solle zum Ausdruck kommen, dass die Geldsanktion den Zweck verfolge, „der juristischen Person Gewinne und sonstige Vorteile abzunehmen, die ihr durch eine Verbandstat zugeflossen" seien und „die ihr nicht durch die [zeitgleich geschaffenen] Verfallsvorschriften entzogen werden" könnten.[4] Darüber hinaus solle diese „Geld*buße* [...] gegebenenfalls auch einen Schaden ausgleichen, der der Allgemeinheit durch die Verbandstat erwachsen" sei.[5]

Der Vertreter des Justizministeriums schlug vor, diesen Leitsatz lediglich als Fußnote aufzunehmen, weil erst „gewisse grundsätzliche Bedenken" überwunden und „vor allem die Ressortstandpunkte" abgeklärt werden müssten.[6] Und tatsächlich fand der Leitsatz auf diese Weise den Weg in den Entwurf 1959.[7] In der zweiten Lesung ist der Gedanke jedoch – wohl aufgrund

---

1 Zu Entstehung, Zusammensetzung u. Arbeitsweise der Großen Strafrechtskommission siehe *Bucher,* in: BT-PlenProt. 70/IV, S. 3183 (B ff.) sowie die Begründung zum Entwurf eines Strafgesetzbuches – E_{62}, BT-Drs. IV/650, S. 95 (li. Sp. f.). Dazu u. zum Schicksal des E_{62} auch *Joecks/Erb*, in: MünchKomm-StGB,[4] Einl. Rn. 88 ff. Für einen lesenswerten Erfahrungsbericht aus erster Hand siehe *Jescheck*, in: Selbstdarstellungen (2010), S. 167 (182 ff.).

2 Zunächst i. R. d. Grundsatzdebatte, 12. u. 13. Sitzung (Nov. 1954), NdSchr. GrStrKomm, Bd. I,[12] S. 273 (295 ff.) u. Bd. I,[13] S. 309 (317 ff.). Sodann unter dem Stichwort „Behandlung der juristischen Person" in der 50. Sitzung (Dez. 1956), NdSchr. GrStrKomm, Bd. IV,[50] S. 305 (321 ff.) mit diskussionsloser Abstimmung in der 52. Sitzung, Bd. IV,[52] S. 375 (401 f.).

3 Siehe NdSchr. GrStrKomm, Bd. IV, S. 574, zu C. Herv. nur hier. Der Leitsatz wurde bei drei Enthaltungen gegen den alleinigen Widerstand *Jeschecks* mit elf Stimmen angenommen, siehe Bd. IV,[52] S. 402.

4 NdSchr. GrStrKomm, Bd. IV, S. 574, zu C.

5 NdSchr. GrStrKomm, Bd. IV, S. 574, zu C. Herv. nur hier. *Jescheck* bejahte die Frage *Eb. Schmidts,* in: NdSchr. GrStrKomm, Bd. IV,[52] S. 401 (re. Sp.), ob Geld*buße* u. Geld*sanktion* wohl das gleiche seien.

6 So *Schafheutle,* in: NdSchr. GrStrKomm, Bd. IV,[52] S. 402 (re. Sp.).

7 Der „Entwurf eines Strafgesetzbuchs nach den Beschlüssen der Großen Strafrechtskommission in erster Lesung zusammengestellt und überarbeitet vom Bundesjustiz-

einer bewussten Entscheidung der Kommission[8] – nicht mehr aufgegriffen worden.[9] Gleichwohl hat er die weitere Entwicklung der Verbandsgeldbuße ganz maßgebend beeinflusst.

1. Unveränderte Ausgangslage

Dabei hatte sich an der dogmatischen Ausgangslage nichts geändert. Die Diskussion verlief zu Beginn denn auch ganz ähnlich wie auf dem Vierzigsten Deutschen Juristentag:[10] Kriminalstrafen gegen juristische Personen wurden beinahe durchweg abgelehnt.[11] Dagegen wurden teils sichernde Maßnahmen und teils die Maßnahmen des Ordnungswidrigkeitenrechts befürwortet. Vor diesem Hintergrund mag es verwundern, dass die Kommission sich zum Ende der ersten Lesung mit beinahe überraschender Mehrheit zu einer Geldsanktion gegen juristische Personen durchringen konnte.[12]

2. Das Tagessatzsystem als Wegbereiter

Der neue Impuls kam aus etwas unerwarteter Richtung: Die Kommission hatte noch während der Grundsatzdebatte beschlossen, die damalige und über-

---

ministerium (E 1959)“ ist als Anhang B abgedruckt in: NdSchr. GrStrKomm, Bd. XII, S. 549 ff. Der Leitsatz findet sich dort als Fn. 40 zu § 125 (Bd. XII, S. 590 re.).

8 *Schafheutle,* in: Prot. SondA-StrafR IV,[23] S. 406 (li. Sp.) berichtet, die „Große Strafrechtskommission habe [...] später davon abgesehen, auf den Beschluß der ersten Lesung zurückzukommen.“ *Rotberg*, in: FS 100 Jahre DJT (1960), S. 193 (194) spricht dagegen von einer „Weigerung [des Bundesjustizministeriums], den Kommissionsbeschlüssen zu folgen“.

9 Siehe die „Übersicht über das Material zu den einzelnen Themen“ in: NdSchr. GrStrKomm, Bd. XII, S. 5 ff., in der die „Behandlung der juristischen Person“ nicht mehr auftaucht.

10 So auch *Lange,* in: NdSchr. GrStrKomm, Bd. I,[13] S. 319 (re. Sp.).

11 Einzig *Bauerle,* in: NdSchr. GrStrKomm, Bd. IV,[50] S. 325 (li. Sp.) sagte ausdr., dass es „auf dem Gebiet des Steuerstrafrechts eine echte ‚Strafe‘“ brauche. Damit meinte er aber wohl lediglich eine reaktiv-retrospektive „Maßnahme zur Abschöpfung des mittelbaren Gewinns“, deren „Bezeichnung [ihm] verhältnismäßig gleichgültig“ sei. (Bd. IV,[52] S. 328 li.). Er sei sich jedoch auch im Klaren, dass man diese Sanktion „nicht Strafe nennen“ könne (Bd. IV,[50] S. 327 li.).

12 Der entsprechende Leitsatz wurde bei drei Enthaltungen mit elf Stimmen gegen den alleinigen Widerstand *Jeschecks* angenommen, siehe NdSchr. GrStrKomm, Bd. IV,[52] S. 402.

wiegend als unsozial empfundene Geldsummenstrafe[13] durch das noch heute geltende Tagessatzsystem zu ersetzen.[14] Die Geldstrafe sollte nicht mehr unter gleichzeitiger Berücksichtigung von Tatschuld und wirtschaftlichen Verhältnissen, sondern nach Tagessätzen verhängt werden, deren Zahl sich nach der Schuld und deren Höhe sich nach den persönlichen Verhältnissen des Täters bemisst.[15]

Diese Umstellung zog eine ganz wesentliche Konsequenz nach sich: Auch im Tagessatzsystem ist es nicht sinnvoll, den Täter zu bestrafen, „zugleich aber ihm den durch die Tat unrechtmäßig zugeflossenen Gewinn zu belassen.“[16] Die Rechtsordnung enthielte sonst „geradezu einen Anreiz“ für den Täter, „weitere Straftaten zu begehen, die ihm einen Gewinn einbringen.“[17] Anders als die Geldsummenstrafe[18] muss jedoch „die [Tagessatz-]Strafe durch Wegnahme des Gewinns aus der Tat“ ergänzt werden.[19] Denn mit ihr kann der Gewinn nicht abgeschöpft werden.[20] Die Anzahl der Tagessätze wird allein durch die Schuld des Täters bestimmt. Für die Schuld des Täters kann allenfalls sein Gewinn*streben*, nicht aber der tatsächlich erzielte Gewinn maßgebend sein.[21] Der erzielte Gewinn lässt sich mit einer nach der Schuld bemessenen Strafe nicht abbilden; seine Abschöpfung hat daher „mit dem Grundgedanken der [Tagessatz-]Geldstrafe nichts zu tun“.[22] Sie musste in eine neue, von der Geldstrafe getrennte Sondermaßnahme ausgelagert werden,[23] eine Art „öffentlich-rechtlichen Bereicherungsanspruch“.[24]

---

13 Zu den Hauptmängeln dieses Systems siehe die Zusammenstellung von *Fränkel*, in: NdSchr. GrStrKomm, Bd. I, S. 375 (li. Sp.).

14 Siehe dazu das Protokoll der 7. u. 8. Sitzung (Okt. 1954), NdSchr. GrStrKomm, Bd. I,[7] S. 147 (155 ff.) u. Bd. I,[8] S. 171 ff.. Zur Abstimmung siehe Bd. I,[9] S. 211 ff.

15 Ausf. zum Tagessatzsystem nur *Meier*, Sanktionen,[5] 3.4 (S. 64 ff.) u. *v. Selle*, S. 24 ff. jew. m. w. N.

16 BT-Drs. IV/650, S. 241 (re. Sp.).

17 So – sehr viel später – *Göhler,* in: Prot. SondA-StrafR V,[28] S. 542 (li. Sp.).

18 Siehe § 27c Abs. 2 StGB i. d. F. des Art. I der VermStrafen-VO, RGBl. I 1924,[7] S. 44 (44): „Die Geldstrafe soll das Entgelt, das der Täter für die Tat empfangen, und den Gewinn, den er aus der Tat gezogen hat, übersteigen.“ — Abs. 3: „Reicht das gesetzliche Höchstmaß hierzu nicht aus, so darf es überschritten werden.“

19 BT-Drs. IV/650, S. 241 (li. Sp.).

20 So statt vieler anderer *Koffka,* in: NdSchr. GrStrKomm, Bd. III,[34] S. 216 (li. Sp.).

21 BT-Drs. IV/650, S. 241 (li. Sp.).

22 *Gallas,* in: NdSchr. GrStrKomm, Bd. I,[8] S. 179 (re. Sp.).

23 Siehe nur *Eb. Schmidt,* in: NdSchr. GrStrKomm, Bd. I,[8] S. 176 (li. Sp.).

24 So *Koffka,* in: NdSchr. GrStrKomm, Bd. III,[37] S. 281 (li. Sp.).

Das führte letztlich zum Instrument des strafrechtlichen Verfalls.[25] Mit dessen Ausgestaltung zu einer allgemeinen Maßnahme[26] musste „Neuland betreten" und „ein Sprung ins Ungewisse" gewagt werden.[27] Entsprechend vorsichtig ist das Institut ausgestaltet worden:[28] Diene der – immerhin für strafähnlich gehaltene[29] – Verfall vorwiegend dazu, „die Strafe durch Wegnahme des Gewinns aus der Tat in sinnvoller Weise zu ergänzen", so könne er „sich grundsätzlich nur gegen den Täter und Teilnehmer" richten,[30] nicht aber gegen einen schuldlosen Dritten, bei dem auch Strafe nicht möglich sei.[31] Stattdessen wollte man sich mit einer Wertersatzklausel beim Täter begnügen.[32]

---

25 Die ursprüngliche Unterscheidung zwischen dem „Verfall" der durch die Tat erlangten Vermögenswerte u. der „Einziehung" tatverstrickter Gegenstände ist durch das Verm-Absch-RefG, BGBl. I 2017;[22] S. 872 ff. aufgegeben worden. Zu den Beweggründen siehe die Erläuterungen im RegE, BT-Drs. 18/9525, S. 1 ff.

26 Zuvor war die Abschöpfung des Gewinns u. der Verfall des Entgelts nur in besonderen Fällen u. bei einer geringen Zahl von Tatbeständen bekannt. Siehe insoweit die Zusammenstellung in der Begründung zum E_{62}, BT-Drs. IV/650, S. 240 (li. Sp.).

27 Siehe zu den zahlr. Schwierigkeiten bei der Schaffung des neuen Instituts, das Protokoll der 34. Sitzung (Okt. 1955), NdSchr. GrStrKomm, Bd. III;[34] S. 201 ff. Die wörtlichen Zitate stammen von *Goßrau* (Bd. III;[34] S. 205 li.) u. *Schäfer* (Bd. III;[34] S. 209 li.).

28 Siehe die (vorläufigen) Beschlüsse der Kommission zu Verfall u. Einziehung in: NdSchr. GrStrKomm, Bd. III, S. 414 ff.

29 Siehe die Diskussion zur Rechtsnatur des Verfalls in: NdSchr. GrStrKomm, Bd. III;[37] S. 280 ff. Geleitet von der Erkenntnis, dass „eine ausschließliche Ausgestaltung [von Verfall und Einziehung] als Nebenstrafe oder als Maßregel der Besserung und Sicherung praktisch nicht durchführbar" wäre, wurde im späteren E_{62} „als zusammenfassende Bezeichnung sowohl für die Maßregeln der Besserung und Sicherung als auch für Verfall, Einziehung und Unbrauchbarmachung" denn auch der „Begriff der Maßnahme" verwandt, siehe BT-Drs. IV/650, S. 162 (re. Sp.).

30 So BT-Drs. IV/650, S. 241 (li. Sp.).

31 Zur Ausnahme des Drittverfalls bei juristischen Personen siehe die Diskussion in: NdSchr. GrStrKomm, Bd. III;[37] S. 282 f., sowie den (vorläufig) beschlossenen § a Abs. 3 im Umdruck K 30 (Bd. III, S. 414), dessen Inhalt u. Wortfassung jedoch erst später (Bd. IV, S. 574 zu A.) abschließend gebilligt wurde. Nach weiterer Umgestaltung ist die Regelung als § 109 Abs. 3 – BT-Drs. IV/650, S. 29 – in den E_{62} gelangt.

32 Siehe dazu *Goßrau,* in: NdSchr. GrStrKomm, Bd. III;[34] S. 205 (li. Sp. f.) u. Bd. III;[37] S. 278 (li. Sp.), der auf eine fehlende Rechtfertigung für eine solche Maßnahme u. das Problem hinweist, die rechtsgeschäftlichen Beziehungen zwischen Täter u. Drittem berücksichtigen zu müssen. Eine Wertersatzklausel war in § 109 Abs. 4 E_{62} – BT-Drs. IV/650, S. 29 (re. Sp.) – vorgesehen.

Vor allem aber sollte der Verfall ausschließlich den unmittelbaren Gewinn[33] erfassen.[34] Einer Ausweitung der Maßnahme auch auf den mittelbaren Gewinn stünden vor allem die praktischen Schwierigkeiten entgegen, „die bei der Feststellung und der Berechnung des sonstigen mittelbaren Gewinns entstehen“ müssten.[35] Er beruhe auf dem komplizierten Zusammenspiel unzähliger Faktoren,[36] von denen die Straftat nur eine sei.[37]

Anm. 9.8: Weshalb genau die fehlende Berechenbarkeit des mittelbaren Gewinns einer Abschöpfung gerade der rechtswidrigen Verbandsgewinne unüberwindlich entgegenstehen sollte, ist während der gesamten Vorarbeiten kaum einmal deutlich ausgesprochen worden. Weil dem für diesen Überblick (noch) nicht nachgegangen werden muss, soll die Frage erst an späterer Stelle[38] (ein wenig) vertieft werden.

3. Verbandssanktion à la *Koffka*

Es war danach die Umstellung auf das Tagessatzsystem, die zu einer Trennung von Strafe und Gewinnabschöpfung führte. Mit dieser Erkenntnis der Notwendigkeit einer eigenständigen Maßnahme der Gewinnabschöpfung war auch der Boden für die Behandlung der juristischen Person bereitet. Zum Abschluss der Ersten Lesung sprach sich die Mehrheit für eine Geldsanktion gegen juristische Personen aus, die sie mit einem doppelten Zweck versah: Sie sollte „mittelbare Gewinne,[39] die der juristischen Person durch die Verbandstat zugeflossen“ sind, abschöpfen und „einen Schaden [ausgleichen], der der Allgemeinheit durch die Verbandstat möglicherweise entstanden

33 Zu der wichtigen Unterscheidung von unmittelbarem u. mittelbarem Gewinn bereits oben die Anm. 9.5 unter I. 4. (S. 291).
34 *Goßrau,* in: NdSchr. GrStrKomm, Bd. III,[37] S. 278 (li. Sp.).
35 BT-Drs. IV/650, S. 242 (li. Sp.).
36 *Meyer,* in: Prot. SondA-StrafR IV,[23] S. 414 nannte etwa „die Tüchtigkeit und Geschäftserfahrung der Betriebspersonen sowie die Ausnutzung legaler Betriebsmittel.“
37 So etwa *Welzel,* in: NdSchr. GrStrKomm, Bd. III,[37] S. 281 (re. Sp.).
38 Siehe unten § 10 C. IV. (S. 359).
39 Die Abschöpfung des unmittelbaren Gewinns sollte durch den auch auf die juristische Person anwendbaren Verfall erfolgen. Dazu sogleich.

ist.“[40] Damit ist – nach langem Widerstand[41] – die Idee umgesetzt worden, die von Beginn an den Vorschlägen *Koffkas* zugrunde gelegen hatte.[42]

Sie hatte schon während der Grundsatzdebatte das zentrale Anliegen der Verbandssanktion in Gewinnabschöpfung und Schadenswiedergutmachung gesehen.[43] Ähnlich wie zuvor der BGH sah sie die juristische Person hinsichtlich beider Aspekte dem Zugriff der damals geltenden Rechtsordnung – jedenfalls teilweise – entzogen. Die strafrechtliche Gewinnabschöpfung könne den Verband nicht treffen, weil sie nach § 27c StGB a. F.[44] noch mit der Geldstrafe verknüpft war, die gegenüber juristischen Personen nicht verhängt werden konnte. Darüber hinaus würden die Gewinnabschöpfung und vor allem die Schadenswiedergutmachung bei den meisten Delikten außerhalb des Strafrechts erledigt, indem der Verletzte zivilrechtlich seinen Schaden geltend mache. Gerade bei den Wirtschaftsdelikten – und damit dem Kernbereich der Verbandskriminalität – fehle aber oft ein Ersatzberechtigter, der dem Verband „den Gewinn wegnehmen oder ihn schadensersatzpflichtig machen“ könne.[45] Diese Lücke lasse sich nicht dadurch schließen, dass die Individual-Geldstrafe so hoch bemessen werde, dass sie den erheblichen Gewinn wegnehme und den erheblichen Schaden kompensiere. Eine solche Strafe könne dem Einzeltäter schon deshalb nicht auferlegt werden, „weil er so viel Geld einfach nicht“ habe.[46]

---

40 So fasst *Jescheck,* in: NdSchr. GrStrKomm, Bd. IV,[52] S. 401 (re. Sp.) das Beratungsergebnis der mit der Frage befassten Unterkommission zusammen.

41 Der Widerstand betraf vor allem die Konstruktion als Geldbuße. Er konnte sich letztlich nicht durchsetzen, hat die weitere Entwicklung auch nicht mehr beeinflusst u. soll deshalb hier ausgeblendet bleiben.

42 So ausdr. *Jescheck,* in: NdSchr. GrStrKomm, Bd. IV,[52] S. 401 (re. Sp.). Siehe zu diesen Vorschlägen nur das umfangreiche Referat von *Koffka,* in: NdSchr. GrStrKomm, Bd. IV, S. 564 ff., vor allem S. 567 ff.

43 Dieser Absatz fasst den Gedankengang *Koffkas,* in: NdSchr. GrStrKomm, Bd. I,[12] S. 301 (li. Sp. f.) zusammen. Auch die wörtlichen Zitate sind dort entnommen.

44 Siehe § 27c Abs. 2 StGB i. d. F. des Art. I der VermStrafen-VO, RGBl. I 1924,[7] S. 44 (44): „Die Geldstrafe soll das Entgelt, das der Täter für die Tat empfangen, und den Gewinn, den er aus der Tat gezogen hat, übersteigen.“ — Abs. 3: „Reicht das gesetzliche Höchstmaß hierzu nicht aus, so darf es überschritten werden.“

45 Ähnlich auch *Dreher,* in: Prot. RechtsA V,[41] S. 33. *Engisch*, Referat 40. DJT (1953), E 34 hatte verlangt, dass der Gewinn der juristischen Person auf „zivilrechtlichem oder polizeirechtlichem Wege“ entzogen werde, dazu oben I. 3. (S. 288). Der BGH u. *Koffka* haben nachgewiesen, dass dies in der damals geltenden Rechtsordnung weder zivilrechtlich noch polizeirechtlich möglich gewesen sei, u. damit – letztlich auch für *Engisch* – das Bedürfnis nach Verbandsmaßnahmen herausgestellt.

Als Lösung machte sich *Koffka* für einen öffentlich-rechtlichen Schadenersatz- und Gewinnabführungsanspruch stark,[47] den sie – zunächst mehr oder weniger untechnisch[48] – als Geldbuße bezeichnete.[49] Er sollte eben jene Lücke schließen, die dadurch verbleibe, dass die außerhalb des Strafrechts erfolgende Gewinnabschöpfung und Schadenskompensation mangels eines Berechtigten nicht erfolgen könne. Dabei sei es ein besonderes Bedürfnis, gerade auch den mittelbaren Gewinn zu erfassen.[50] Dieser könne bei der natürlichen Person im Falle der Verurteilung „wenigstens einigermaßen durch die viel fühlbareren Strafmöglichkeiten" berücksichtigt werden.[51] Das solle auch bei der juristischen Person möglich sein. Es müsse „eine Abschöpfung des unmittelbaren und mittelbaren Gewinns unter dem Gedanken eines erheblichen Schadensersatzes" vorgesehen werden.[52]

4. Lösung der Großen Strafrechtskommission

Die Lösung der Großen Strafrechtskommission sah schließlich die Kombination zweier Instrumente vor. Sie unterschied zwischen dem unmittelbaren und dem mittelbaren Gewinn der juristischen Person, der jeweils mit einem eigenen Instrument sollte abgeschöpft werden können.

Gerade im Hinblick auf das Handeln der Organwalter für den Verband wollte die Kommission die Instrumente des Verfalls und der Einziehung so ausgestalten, dass sie sich auch gegen die juristische Person als schuldlosen

46 Ganz in diesem Sinne hatte sich zuvor auch *Busch*, S. 108 geäußert: „Geldstrafen, die der Tat angepaßt wären, sind mangels eines entsprechenden Vermögens nicht vollstreckbar."

47 So erstmals *Koffka*, in: NdSchr. GrStrKomm, Bd. I,[12] S. 301 (re. Sp.).

48 Siehe ausdr. *Koffka*, in: NdSchr. GrStrKomm, Bd. I,[12] S. 303 (li. Sp.): „eine Geldbuße – [...] *wie ich es nennen möchte* –, also diesen öffentlich-rechtlichen Gewinnabschöpfungs- und Schadensersatzanspruch [...]." Siehe auch Bd. I,[13] S. 321 (li. Sp.): „[...] eine Maßnahme, *wie auch immer man sie nennen will* [...]." Herv. jew. nur hier.

49 Hier hätte viel Verwirrung vermieden werden können, wenn man das Instrument entsprechend der Warnung *Engischs*, in: Verh. d. 40. DJT (1953), E 80 f. auch begrifflich scharf von Strafen u. Bußen getrennt u. mit *Mezger*, in: NdSchr. GrStrKomm, Bd. I,[13] S. 318 (li. Sp.) den Mut gehabt hätte, „zu sagen, daß es sich um einen Neubau handelt".

50 Siehe insb. *Koffka*, in: NdSchr. GrStrKomm, Bd. I,[13] S. 320 (li. Sp.), sowie deren Referat in: Bd. IV, S. 567 (li. Sp. ff.).

51 *Koffka*, in: NdSchr. GrStrKomm, Bd. I,[13] S. 320 (li. Sp.) u. in: Bd. IV,[50] S. 323 (re. Sp.) unter Verweis auf die wirtschaftlichen Folgen einer Freiheitsstrafe.

52 *Koffka*, in: NdSchr. GrStrKomm, Bd. I,[13] S. 320 (li. Sp.).

Dritten richten konnten.[53] Damit würde der juristischen Person jedenfalls der unmittelbare Gewinn auch dann entzogen, wenn es keinen Ersatzberechtigten gäbe. Gleichzeitig beharrte ein Vertreter des Bundesjustizministeriums hinsichtlich der erwogenen Verbandssanktionen auf dem Vorschlag, „man möge sich mit Verfall und Einziehung begnügen."[54] Vor allem solle der Verfall infolge einer „weise[n] Beschränkung" auch bei der juristischen Person nur den unmittelbaren Gewinn abschöpfen.[55] Zu groß war „die Sorge um die Schwierigkeiten, die in der Praxis entstehen" müssten, „wenn man den mittelbaren Gewinn rechnerisch erfassen" wollte.[56] Außerdem fürchtete man, mit der Erfassung mehr als des unmittelbaren Gewinns, der Surrogate und des Wertersatzes die Grenze zu überschreiten, „die dem Strafrecht nun einmal gesetzt" sei.[57]

Nach dem eindrücklichen Praxisbericht *Bauerles*[58] als Vertreter des Bundesfinanzministeriums brach jedoch auch dieser Widerstand.[59] Zu deutlich hatte er das dringende Bedürfnis nach einer Abschöpfung des mittelbaren Gewinnes gerade im Steuerstrafrecht herausgestellt. Als Kompromiss ist erwogen worden, „die Verfallsbestimmungen so zu erweitern, daß bei den Verbänden auch der mittelbare Gewinn abgeschöpft werden" könne.[60] Dieser Vorschlag ist jedoch mit überwältigender Mehrheit abgelehnt worden.[61] Statt

---

53 So der Vorschlag des Bundesjustizministeriums im Umdruck J 36 in: NdSchr. GrStrKomm, Bd. IV, S. 569, der letztlich einstimmig gebilligt wurde (Bd. IV,[52] S. 401 li. u. Bd. IV, S. 574 zu A.).

54 *Goßrau,* in: NdSchr. GrStrKomm, Bd. IV,[50] S. 322 (re. Sp.).

55 So *Goßrau,* in: NdSchr. GrStrKomm, Bd. IV,[50] S. 322 (li. Sp.). Auch *Jescheck* (Bd. IV,[52] S. 401 li.) berichtet, die Unterkommission habe beim Dritt-Verfall gegenüber juristischen Personen „insbesondere darauf verzichtet, die Idee der Abschöpfung des mittelbaren Gewinns zu verwirklichen."

56 *Goßrau,* in: NdSchr. GrStrKomm, Bd. IV,[50] S. 322 (li. Sp.).

57 *Goßrau,* in: NdSchr. GrStrKomm, Bd. IV,[50] S. 322 (li. Sp.).

58 NdSchr. GrStrKomm, Bd. IV,[50] S. 324 ff.

59 Zuerst musste *Lange,* in: NdSchr. GrStrKomm, Bd. IV,[50] S. 326 (li. Sp.) gestehen, dass ihm „die Vorschläge von Frau Dr. Koffka doch sehr einleuchten." *Bockelmann* (Bd. IV,[50] S. 329 li.) musste einräumen, dass er sich „in einer Wandlung [s]einer eigenen Überzeugungen" befände u. „in der Tat ein Bedürfnis nach Sanktionen gegen Verbände bestehen" könne. *Simon* (Bd. IV,[50] S. 333 li.) meinte, man solle „die Vorschläge von Frau Dr. Koffka doch eingehender prüfen, als es bisher geschehen" sei.

60 So der Vorschlag *Koffkas,* in: NdSchr. GrStrKomm, Bd. IV,[50] S. 330 (re. Sp. f.) für den Fall, dass man eine besondere Sanktion nicht vorsehen wolle.

61 NdSchr. GrStrKomm, Bd. IV,[50] S. 333 (re. Sp.): 14 Stimmen dagegen, eine dafür, fünf Enthaltungen.

dessen sprach sich die Kommission für eine eigenständige Geldsanktion mit einer ganz spezifischen Zwecksetzung aus:[62] Sie sollte Verfall und Einziehung ergänzen, indem sie den mittelbaren Gewinn der juristischen Person abschöpft und gegebenenfalls einen Schaden der Allgemeinheit ausgleicht.

5. Konsequenzen für die Verbandsgeldbuße

Wenngleich die Lösung der Großen Strafrechtskommission nicht einmal Eingang in den E_{62} gefunden hat,[63] kann ihr Verdienst an der späteren Verbandsgeldbuße kaum hoch genug bewertet werden. Aufbauend auf der Unterscheidung von unmittelbarem und mittelbarem Gewinn ist es ihr gelungen, das spezifische Bedürfnis, den exakten Zweck einer Verbandssanktion noch weit präziser herauszuarbeiten, als das zuvor der Deutsche Juristentag und der BGH geschafft hatten. Mit akribischer Sorgfalt wurden die verschiedenen Lücken des Individualstrafrechts – Handeln für einen anderen, isolierte Abschöpfung unmittelbarer Tatvorteile etc. – aufgedeckt und durch spezifische Mechanismen geschlossen. Verschiedene Faktoren zwangen dazu, diese Maßnahmen in einer Weise auszugestalten, dass eine einzige Lücke offen blieb: der mittelbare Gewinn der juristischen Person. Diese Lücke zu schließen, sollte die Aufgabe der Verbandssanktion sein. Die kriminalpolitische Notwendigkeit einer Verbandssanktion, die auch den mittelbaren Gewinn abschöpft, und die grundsätzliche Eignung einer in Geld bemessenen Verbandssanktion hierzu wurden bis zu der Schaffung des § 26 $OWiG_{68}$ kaum[64] mehr angezweifelt.

6. „Falsche Abzweigung" – Teil 1

Geradezu tragisch ist es dagegen, dass die Kommission diese Verbandssanktion trotz aller Warnungen[65] auf der Zielgeraden noch mit dem Etikett der

---

62 NdSchr. GrStrKomm, Bd. IV, S. 574 zu C.
63 Zur Lösung des E_{62} siehe IV. 1. (S. 310).
64 Allein der E_{62} sperrte sich noch gegen eine solche Geldsanktion. Statt dessen sollte der mittelbare Gewinn der juristischen Person nur in Form des objektivierten Zinsgewinnes im Wege des Verfalls abgeschöpft werden. Dazu sogleich, IV. (S. 310).
65 *Engischs,* in: Verh. d. 40. DJT (1953), E 80 f. hatte darauf bestanden, sein „besonderes Buß- oder Präventionsgeld" auch begrifflich scharf von Strafen u. Bußen zu

„Geldbuße“ versehen hat.[66] Präzise hatten die Kommissionsmitglieder herausgearbeitet, dass die Abschöpfung eines tatsächlich erzielten Gewinns mit dem Institut des Strafens (i. w. S.) nichts zu tun hat.[67] Das allein war der Grund dafür, mit dem Verfall ein isoliertes Instrument der Gewinnabschöpfung einzuführen. Nur weil dieses Instrument infolge „weise[r] Beschränkung“[68] den mittelbaren Gewinn nicht zu erfassen vermochte und dadurch im Bereich der Verbandsdelikte eine schmerzliche Lücke ließ, konnte sich die Geldsanktion gegen Verbände durchsetzen. Eine Strafwirkung in dem Sinne, dass dem Verband (trans-restitutiv) mehr entzogen wird, als er aus der Tat seines Organwalters erlangt hatte, sollte das Instrument zu keinem Zeitpunkt haben. Diesen mehr oder weniger vorbildlosen Neubau nun wieder als Geld*buße* zu bezeichnen und damit jedenfalls in die Nähe der Strafähnlichkeit zu rücken, musste zwangsläufig dazu führen, dass alle Bedenken gegen eine Verbandsstrafe auch gegenüber einer Verbandsgeldbuße erhoben würden.

Der Einwand, dass im damaligen „Kartellgesetzentwurf Geldbußen bis zu einer Million DM möglich sein“ sollten,[69] ist insoweit eine sehr schwache Entschuldigung.[70] Zwar ist es völlig richtig, dass auch eine solche Sanktion „über das, was sich Goldschmidt unter einer Geldbuße vorgestellt hat, weit hinaus“ geht und „mit einer solchen nichts mehr zu tun“ hat.[71] So wie das „Rechtsgebiet der Ordnungswidrigkeiten“ aufgehört hatte, „eine einheitliche Materie zu sein“,[72] hatte auch die Geldbuße aufgehört, ein einheitliches Instrument zu sein. Das alleine rechtfertigt es jedoch nicht, dem Sammelbe-

unterscheiden. *Mezger,* in: NdSchr. GrStrKomm, Bd. I,[13] S. 318 (li. Sp.) verlangte, dass man den Mut haben müsse, „zu sagen, daß es sich um einen Neubau handelt“.

66 Völlig zu Recht hatte *Eb. Schmidt,* in: NdSchr. GrStrKomm, Bd. IV,[52] S. 401 (re. Sp.) die Frage gestellt, ob denn „Geld*buße* und Geld*sanktion* [...] wohl das gleiche“ sei.

67 So etwa *Gallas,* in: NdSchr. GrStrKomm, Bd. I,[8] S. 179 (re. Sp.).

68 *Goßrau,* in: NdSchr. GrStrKomm, Bd. IV,[50] S. 322 (li. Sp.).

69 So die Erklärung, die *Jescheck,* in: NdSchr. GrStrKomm, Bd. IV,[52] S. 401 (re. Sp. f.) für die Bezeichnung der neuen Sanktion als Geld*buße* angibt.

70 Bezeichnenderweise war es gerade *Jescheck,* der sich energisch, aber fruchtlos gegen eine Verbands*geldbuße* zur Wehr setzte. Mit Recht sagte er in: NdSchr. GrStrKomm, Bd. IV,[50] S. 324 (re. Sp.), dass „das Wesen der Geldbuße verfälscht“ werde, wenn sie nicht mehr „ein Mittel zur Ahndung eines verwaltungswidrigen Verhaltens“ sei, sondern der Abschöpfung des mittelbaren Gewinns diene. Er könne bei einer solchen Maßnahme „nur eine Verschiebung der Etikettierung“ sehen, bei der „man schon so ehrlich sein und von Strafe reden“ solle. Ganz in diesem Sinne auch *Eb. Schmidt,* Bd. IV,[50] S. 326 (li. Sp.), der solche Geldbußen „im Grunde doch nur für verschleierte Geldstrafen“ hielt.

71 *Jescheck,* in: NdSchr. GrStrKomm, Bd. IV,[52] S. 401 (re. Sp. f.).

griff der Geldbuße[73] – als „Rumpelkammer des Strafrechts" – ein weiteres Instrument der Gewinnabschöpfung hinzuzufügen, das mit der „Ahndung eines verwaltungswidrigen Verhaltens"[74] nichts zu tun hat.[75]

Im Gegenteil: Die Erkenntnis, dass Gewinnabschöpfung und Strafe voneinander zu trennen sind, hätte zum Anlass genommen werden können und sollen, auch die Pseudo-Geldbuße[76] des Kartellgesetzentwurfes zu überdenken. Statt sich „bei der Schaffung eines neuen Strafgesetzbuchs" an das anzuhängen, was der Gesetzgeber zuvor aus Mangel an Alternativen „in den Nebengesetzen habe sündigen müssen",[77] hätte man den Mut haben sollen, „zu sagen, daß es sich um einen Neubau handelt".[78]

---

72 So *Lang-Hinrichsen*, in: FS Mayer (1966), S. 49 (59), der kurz danach (S. 62) davon spricht, dass die „die Ordnungswidrigkeiten [...] im Laufe der Zeit ein Sammelbecken für heterogene Verhaltensweisen geworden" seien, „die nicht kriminalrechtlich geahndet werden sollen." Wohl in Anlehnung hieran bezeichnet auch *Achenbach*, GA 2008[!], S. 1 (9) das „heutige Ordnungswidrigkeitenrecht als Sammelbecken heterogener Phänomene".

73 Siehe auch insoweit die nicht zu übertreffenden Ausführungen bei *Lang-Hinrichsen*, in: FS Mayer (1966), S. 49 (62): „Gleichviel, ob es sich um eigentliches Verwaltungsunrecht oder um sozialethisch unwertbehaftetes oder sogar strafwürdiges Unrecht [...] handelt, gleichviel ob die Geldbuße gegen Einzelpersonen oder Verbände gerichtet ist, gleichviel, ob sie vorwiegend präventiven oder repressiven Zwecken dienen soll [...] oder ob sie in erster Linie als Mittel für die Gewinnabschöpfung gedacht ist, [...] alles wird unterschiedslos unter den Begriff der Ordnungswidrigkeiten und der Geldbuße gebracht. [...] Die Geldbuße ist allmählich wie die Feuerwehr das ‚Mädchen für alles' geworden. Sie ist das ‚Sesam öffne dich' für den modernen Kriminalisten. Spielend löst sie jedes Sanktionsproblem, über das frühere Generationen sich vergeblich den Kopf zerbrochen haben."

74 Siehe abermals *Jescheck*, in: NdSchr. GrStrKomm, Bd. IV,[50] S. 324 (re. Sp.).

75 Treffend auch *Busse*, in: BT-PlenProt. 161/V, S. 8492 (A): „Es bedarf wirklich einiger Dialektik: Wenn ich eine Geldbuße gegen eine juristische Person festsetze, dann bestrafe ich sie nicht; setze ich eine Geldbuße gegen eine natürliche Person fest, dann bestrafe ich sie. Diesen Unterschied vermag ich beim besten Willen nicht einzusehen."

76 *Lange*, in: NdSchr. GrStrKomm, Bd. IV,[50] S. 326 (re. Sp.) hatte etwa eingeräumt, dass eine den mittelbaren Gewinn abschöpfende Geldbuße natürlich „eine Veränderung des Sinngehalts der Ordnungsbuße" im klassischen Sinn bedeute, dass aber die Ordnungsbuße „sowieso schon ihren Sinn nach dieser Richtung hin" verändert habe. Auch *Koffka* meinte in ihrem Referat R 92 in: NdSchr. GrStrKomm, Bd. IV, S. 568 (re. Sp.), dass die im Kartellrecht vorgesehenen Geldbußen in ihrer Höhe überhaupt nur erklärlich seien, wenn sie in Wahrheit auch die beiden Zwecke der Gewinnabführung u. des Schadenersatzes miterfüllten.

77 *M. Winter*, in: Prot. SondA-StrafR IV,[23] S. 407 (li. Sp.).

78 *Mezger*, in: NdSchr. GrStrKomm, Bd. I,[13] S. 318 (li. Sp.).

IV. E_{62} und der Sonderausschuss „Strafrecht“

Die Beratungen der Großen Strafrechtskommission mündeten in verschiedene Teilentwürfe,[1] aus denen zuletzt der „Entwurf eines Strafgesetzbuches (StGB) E 1962“ hervorging.[2] Dieser wurde in der 70. Sitzung des Vierten Deutschen Bundestages am 28. März 1963 eingebracht und nach erster Lesung zur Beratung an den Rechtsausschuss überwiesen.[3] Der von diesem eingesetzte „Unterausschuß ‚Strafrecht‘“[4] wurde später in einen eigenständigen und nur mit der „Beratung des Entwurfs eines Strafgesetzbuchs und der damit zusammenhängenden Fragen des Strafrechts“ betrauten Sonderausschuss umgewandelt:[5] den „Sonderausschuss ‚Strafrecht‘“.

1. Keine Verbandsgeldbuße im E_{62}

Entgegen der Anregung der Großen Strafrechtskommission[6] war eine eigenständige Geldsanktion oder -buße gegen Verbände im E_{62} nicht vorgesehen.[7] Der Entwurf sah statt dessen vor, den Verfall – nur des unmittelbaren Gewinns – auch gegenüber der juristischen Person anzuordnen[8] und ihn um eine

---

1 Siehe die Zusammenstellungen im Ber. d. SondA-StrafR IV, S. 4 (re. Sp.) u. bei *Weber*, in: Hdwb. Kriminologie, Bd. 5^{2} S. 42 f.

2 E_{62}, BT-Drs. IV/650.

3 Siehe BT-PlenProt. 70/IV, S. 3180 (D) sowie die Verweisung an den RechtsA auf S. 3224 (D).

4 Für dessen Konstituierung in der 51. Sitzung v. 3. Mai 1963 siehe Prot. RechtsA IV^{51} S. 1 ff.

5 So geschehen in der 98. Sitzung des 4. Deutschen Bundestages am 4. Dezember 1963, BT-PlenProt. 98/IV, S. 4500 (B), BT-Drs. IV/1680. Zum Ganzen siehe den Ber. d. SondA-StrafR IV, S. 4 (re. Sp. f.).

6 Während *Schafheutle*, in: Prot. SondA-StrafR IV^{23} S. 406 (li. Sp.) berichtet, die „Große Strafrechtskommission habe [...] später davon abgesehen, auf den Beschluß der ersten Lesung zurückzukommen“, spricht *Rotberg*, in: FS 100 Jahre DJT (1960), S. 193 (194) von einer „Weigerung [des Bundesjustizministeriums], den Kommissionsbeschlüssen zu folgen“.

7 Siehe den Dritten Abschnitt des E_{62} in: BT-Drs. IV/650, S. 17 ff. und dessen Siebenten Titel auf S. 29 ff.

8 § 109 Abs. 3 E_{62} – BT-Drs. IV/650, S. 29 (re. Sp.) – sollte lauten: „Hat der Täter [...] für einen anderen gehandelt und hat dadurch dieser [...] den Gewinn erworben, so richtet sich die Anordnung des Verfalls gegen den Empfänger.“ Der Verfall sollte gem. Abs. 2 a. E. jedoch ausgeschlossen sein, „soweit [...] dem Verletzten [...] ein Anspruch erwachsen ist, dessen Erfüllung den Gewinn [...] mindern würde.“ Im

Sonderregelung zu ergänzen.[9] Mit ihr sollte – nicht nur bei juristischen Personen – der mittelbare Gewinn in Form des Zinsgewinnes verfallen können.[10] Ob und inwieweit „trotz der Ausdehnung des Verfalls auf den Zinsgewinn Geldsanktionen gegen juristische Personen [...] in [den] Gebieten des Nebenrechts künftig noch notwendig" seien, solle andernorts und bei anderer Gelegenheit überprüft werden.[11]

Jede hierüber hinaus gehende Weiterung des Verfalls wurde verworfen. Die Praxis müsse – jenseits des objektivierbaren Zinsgewinnes[12] – mit der rechnerischen Erfassung des mittelbaren Gewinns überfordert sein, weil dieser auf unzähligen Faktoren beruhe, von denen die Straftat nur einer sei.[13] Vor allem aus diesem Grund ist die Lösung der Großen Strafrechtskommission abgelehnt worden. Soll die Geldbuße den mittelbaren Gewinn der juristischen Person abschöpfen, so müsste das Gericht, „um eine Bemessungsgrundlage für die Höhe der Geldbuße zu finden, den [...] mittelbaren Gewinn feststellen", wodurch „wiederum die Schwierigkeiten entstehen, die den Entwurf veranlaßt haben, den Verfall grundsätzlich auf den unmittelbaren Gewinn zu beschränken."[14]

Sonderausschuss für die Strafrechtsreform – dem Nachfolger des Sonderausschusses „Strafrecht" – bestand dagegen Einigkeit darüber, „daß eine aufgrund des § 26 OWiG verhängte [...] Geldbuße als die umfassendere Maßnahme den Verfall" ausschließe, BT-Drs. V/4095, S. 40 (re. Sp.).

9 § 109 Abs. 5 Satz 1 E_{62} – BT-Drs. IV/650, S. 29 (re. Sp.) – sollte lauten: „Besteht [...] der Gewinn [...] darin, daß gegen den Täter oder [den Empfänger i. S. d. Abs. 3] ein Zahlungsanspruch nicht oder erst später geltend gemacht wird, so kann das Gericht den Verfall eines Geldbetrages anordnen, der den üblichen Zinsen für eine angemessene Zeit [...] entspricht."

10 Siehe die Erwägungen zu § 109 Abs. 5 E_{62} in: BT-Drs. IV/650, S. 243 (li. Sp. ff.).

11 BT-Drs. IV/650, S. 243 (li. Sp.) unter Verweis auf die „Arbeiten am Entwurf eines Einführungsgesetzes".

12 Zu den Gründen, weshalb der Entwurf die Schwierigkeiten hier für überwindbar hielt, siehe BT-Drs. IV/650, S. 243 (re. Sp. f.).

13 Vgl. BT-Drs. IV/650, S. 242 (li. Sp.). Dieser Einwand, die Praxis müsse durch eine rechnerische Erfassung des mittelbaren Gewinnes überfordert werden, war schon in: NdSchr. GrStrKomm, Bd. IV,[50] von *Baldus* (S. 332 li. f.), *Goßrau* (S. 322 li.), *Jescheck* (S. 331 re. u. 333 re.), *Schafheutle* (S. 333 li.) u. *Strauß* (S. 332 li.) als zentrales Argument gegen eine den mittelbaren Gewinn abschöpfende Verbandssanktion vorgebracht worden.

14 BT-Drs. IV/650, S. 242 (li. Sp.).

2. Beratung im Sonderausschuss

Die Mitglieder des Sonderausschusses dagegen waren sich beinahe einig, dass gegen juristische Personen über Verfall und Einziehung hinaus etwas geschehen müsse.[15] Auch war man sich einig und darüber im Klaren, dass es bei einer solchen Maßnahme darum gehe, der juristischen Person wieder wegzunehmen, was sie durch den Rechtsverstoß einer für sie handelnden natürlichen Person erhalten hatte.[16] Eine (trans-restitutive) Übelszufügung ist zu keinem Zeitpunkt erwogen worden.

Problematisch war allein die Konstruktion.[17] Die praktischen und dogmatischen Bedenken, mit denen eine jede der bis dahin angedachten Lösungsmöglichkeiten behaftet zu sein schien,[18] ließ keine einzige als hinreichend überzeugend erscheinen.[19] Eine eigenständige Lösung im Strafgesetzbuch wurde entsprechend – wenn auch mit nur überraschend knapper Mehrheit – abgelehnt.[20]

Stattdessen einigten sich die Mitglieder des Sonderausschusses auf einen Kompromiss:[21] Zwar solle eine Geldsanktion gegen Verbände im Strafge-

---

15 Die Abstimmung war mit sieben gegen eine Stimme bei einer Enthaltung ausgegangen, Prot. SondA-StrafR IV,[23] S. 409 (re. Sp.). Auch der Ber. d. SondA-StrafR IV, S. 11 (re. Sp.) spricht von „Einmütigkeit", die im Ausschuss insoweit bestanden habe.

16 So sinngemäß *Güde,* in: Prot. SondA-StrafR IV,[23] S. 409 (li. Sp.). Ähnlich *Winter,* S. 408 (re. Sp. f.).

17 Exemplarisch *Müller-Emmert,* in: Prot. SondA-StrafR IV,[23] S. 410: Die „Mehrheit des Ausschusses vertrete die Auffassung, daß Sanktionen gegen juristische Personen notwendig seien. Die Frage sei nur, welche Sanktionen vorgesehen werden sollten."

18 Siehe die Zusammenstellung dieser Bedenken im Ber. d. SondA-StrafR IV, S. 11 (11. Sp. ff.), sowie die ausf. Ausarbeitung des Ausschussassistenten *Meyer,* in: Prot. SondA-StrafR IV,[23] S. 415 (li. Sp. ff.). Der zentrale Vorwurf gegen die meisten möglichen Maßnahmen bestand bei ihm darin, dass sich mit ihnen der mittelbare Gewinn gerade nicht abschöpfen lasse.

19 Siehe das Fazit *Meyers,* in: Prot. SondA-StrafR IV,[23] S. 417 (li. Sp.): „Angesichts der aufgezeigten Bedenken sollte sich der Gesetzgeber reiflich überlegen, ob die [...] Bedürfnisse wirklich so schwer wiegen, daß diese Bedenken in Kauf genommen werden können."

20 Die Frage, ob die Geldsanktion den Charakter einer kriminellen Geldstrafe haben solle, wurde bei einer Enthaltung mit fünf gegen drei Stimmen abgelehnt, Prot. SondA-StrafR IV,[23] S. 409 (re. Sp.).

21 Für diese ausdr. als Kompromiss bezeichnete Lösung hatte sich vor allem *Müller-Emmert,* in: Prot. SondA-StrafR IV,[23] S. 410 ausgesprochen. Die noch zu fassende Vorschrift wurde in der folgenden Sitzung mit sieben gegen eine Stimme angenommen, Prot. SondA-StrafR IV,[24] S. 420 (re. Sp.).

setzbuch selbst nicht ausgesprochen werden. Dafür solle aber die parallel erdachte, ebenfalls erst noch zu verabschiedende Verbandsgeldbuße im Ordnungswidrigkeitenrecht Anwendung finden.[22] Im Strafgesetzbuch solle wegen „der besonderen Bedeutung, die den Sanktionen gegen juristische Personen [...] beizumessen" sei, eine Vorschrift aufgenommen werden, die auf die Regelung im Ordnungswidrigkeitenrecht verweisen sollte.[23]

3. Bedeutung für die Verbandsgeldbuße

Die weiteren Details der Beratung im Sonderausschuss sind im Rahmen dieser Untersuchung kaum von Bedeutung. Zum einen ging es eben nicht um den Zweck bzw. Mechanismus der Maßnahme, der allgemein in der Abschöpfung des mittelbaren Gewinns gesehen wurde. Vielmehr rangen die Mitglieder mit der Frage, wie eine den mittelbaren Gewinn abschöpfende Maßnahme konstruiert werden konnte. Der Gesetzgeber hat später in § 26 $OWiG_{68}$ eine solche Maßnahme vorgesehen und sie – etwas unglücklich – als Geldbuße bezeichnet. Diese konstruktive Entscheidung kann und muss im Rahmen dieser Arbeit als bindend vorausgesetzt werden.[24]

Zum anderen ist die Lösung des Sonderausschusses ohnehin nicht Gesetz geworden. Der Ablauf der Legislaturperiode am 19. Oktober 1965[25] setzte „den Reformarbeiten des Vierten Deutschen Bundestages und dessen Strafrechtsausschuß" ein vorzeitiges Ende.[26] Die Vollendung des „bereits weitgediehene[n] Werk[es] der großen Strafrechtsreform in Deutschland" oblag deshalb dem Fünften Deutschen Bundestag,[27] der den E_{62} denn auch erneut einbrachte.[28] Im Zuge der und im Anschluss an die Beratungen des § 26 $OWiG_{68}$ entschied sich die Mehrheit der Mitglieder des „Sonderaus-

22 Zu dieser Verbandsgeldbuße des § 12 RefE-OWiG sogleich V. (S. 314).

23 So Ber. d. SondA-StrafR IV, S. 12 (re. Sp.). Als § 120 a E_{62} (SondA) sollte die Vorschrift lauten: „Als weitere Folgen der Tat sind gegen juristische Personen und Personenvereinigungen Geldbußen nach dem Recht der Ordnungswidrigkeiten zulässig." Siehe die Vergleichende Übersicht im Ber. d. SondA-StrafR IV, S. 55.

24 Zu den Gründen für diese Festlegung bereits oben A. III. 1. (S. 262).

25 Konstituierende Sitzung des 5. Deutschen Bundestages, BT-PlenProt. 1/V, S. 1 (A).

26 Ber. d. SondA-StrafR IV, S. 5 (re. Sp.).

27 Ber. d. SondA-StrafR IV, S. 5 (re. Sp.).

28 Siehe den Entwurf in BT-Drs. V/32, der in der 14. Sitzung des 5. Deutschen Bundestages v. 13. Januar 1966 eingebracht u. sogleich an den „Sonderausschuß für die Strafrechtsreform" überwiesen worden ist, BT-PlenProt. 14/V, S. 545 (D) u. S. 573 (B).

schusses für die Strafrechtsreform" – dem Nachfolger des Sonderausschusses „Strafrecht" – gegen die nunmehr in § 120 a E_{62} (SondA) vorgesehene Verweisungsvorschrift.[29] Denn sie enthalte nur einen Hinweis auf das OWiG, habe keinen materiellen Inhalt und treffe keine Regelung für das StGB.[30]

V. Zwischenergebnis: Verbandsgeldbuße in § 12 RefE-OWiG

Den Weg für die Lösung des Sonderausschusses hatte der Referentenentwurf eines Gesetzes über Ordnungswidrigkeiten geebnet. Er sah in § 12 eine Geldbuße gegen juristische Personen und Personenvereinigungen vor.[1] Der Wortlaut der Vorschrift entspricht bereits im Wesentlichen dem späteren § 19 EOWiG,[2] von dem sich auch § 26 $OWiG_{68}$ nur unwesentlich unterschied.[3] Deshalb ist es für die Zwecke dieser Untersuchung besonders wertvoll, dass *Göhler* als Vertreter des Bundesjustizministeriums die Erwägungen zu dieser Vorschrift vortragen durfte.[4] Werden seine sehr knappen Ausführungen zum Zweck der Geldsanktion des § 12 RefE-OWiG[5] mit den – damals sehr präsenten, heute aber mühsam zu erarbeitenden – Entwicklungslinien seit

---

29 Siehe dazu den Zweiten Schriftlichen Bericht des Sonderausschusses für die Strafrechtsreform, BT-Drs. V/4095, S. 42 (li. Sp.).

30 So die Begründung des Sonderausschusses für die Strafrechtsreform, siehe BT-Drs. V/4095, S. 42 (li. Sp.).

1 § 12 des Entwurfs ist in dem „Diskussionsbeitrag der Sachbearbeiter des Bundesjustizministeriums" als Anlage 2 zu Prot. SondA-StrafR IV,[23] S. 417 vollständig abgedruckt. Abs. 1 sollte lauten: „Begeht jemand als vertretungsberechtigtes Organ einer juristischen Person oder als Mitglied eines solchen Organs [...] eine Straftat oder Ordnungswidrigkeit, durch die [1.] Pflichten, welche die juristische Person [...] treffen, verletzt werden, oder [2.] die juristische Person [...] bereichert wird oder werden soll, [Ende d. Aufz.] so kann gegen diese eine Geldbuße festgesetzt werden."

2 § 19 Abs. 1 EOWiG – abgedruckt in: BT-Drs. V/1269, S. 7 – unterschied sich von § 12 Abs. 1 RefE-OWiG nur dadurch, dass der Präsens („Begeht jemand") durch den Perfekt („Hat jemand [...] begangen") ersetzt wurde u. dass es am Ende heißt: „... so kann gegen diese *als Nebenfolge der Straftat oder Ordnungswidrigkeit* eine Geldbuße festgesetzt werden." Herv. nur hier.

3 Die wenigen Unterschiede zwischen § 19 EOWiG u. § 26 $OWiG_{68}$ sind im schr. Ber. d. RechtsA, BT-Drs. V/2600, S. 11 f. zusammengestellt u. sollten „nur redaktionelle Bedeutung" haben, S. 4 (re. Sp.). Zu dem Betriebsunfall im RechtsA noch § 10 D. III. 1. (S. 387).

4 Siehe *Göhler,* in: Prot. SondA-StrafR IV,[23] S. 400 ff., insb. S. 402 (li. Sp. f.).

5 Den verfolgten Zwecken widmet *Göhler,* in: Prot. SondA-StrafR IV,[23] S. 402 (li. Sp. f.) gerade einmal drei Absätze seines Referates.

der Habilitationsschrift *Buschs* im Jahre 1933 zusammengeführt, so lesen sie sich als geradezu bemerkenswerte Zusammenfassung des Abschnitts über die Impulsgeber des § 26 $OWiG_{68}$.

1. Gewinnabschöpfung auf der Zielgeraden

Wie *Busch* dies drei Jahrzehnte zuvor getan hatte,[6] erkannte das Ministerium in der geltenden Rechtsordnung ein Präventionsdefizit. Anders als zu Zeiten *Buschs* war wegen der umfassenden Arbeiten der Impulsgeber nunmehr die genaue Ursache für dieses Defizit bekannt: Dem Ministerium „erscheine [das] Strafen- und Maßnahmensystem unzureichend", weil es der juristischen Person auch nach Einführung der Verfallvorschriften des E_{62} nur den unmittelbaren Gewinn werde entziehen können, ihr aber den darüber hinausgehenden Vorteil belassen müsse.[7] Dass das von *Busch* angemahnte Präventionsdefizit letztlich nur mehr in der Unmöglichkeit der Abschöpfung des mittelbaren Gewinns bestand, ist seit dem Vierzigsten Deutschen Juristentag mit immer größerer Präzision herausgearbeitet worden.

Werde der mittelbare Gewinn einer juristischen Person durch eine gegen sie verhängte Geldsanktion abgeschöpft, so könne „eine präventive Wirkung erzielt",[8] sprich: die Präventionslücke geschlossen werden. Die letztlich straffällig werdenden Organwalter könnten „durch die Drohung einer Sanktion gegen den Verband abgeschreckt werden, nur auf dessen Vorteil und Gewinn zu sehen, selbst um den Preis der Nichtachtung der Rechtsordnung".[9]

Darin steckt – sehr verkürzt – der erste Gedanke *Buschs* von der verzerrten Motivationslage des Einzeltäters und deren mögliche Umkehrung durch eine Verbandssanktion:[10] Muss der Individualtäter damit rechnen, dass die Begehung eines Verbandsdeliktes „auch zum Schaden des Verbandes ausschlagen" könne,[11] so werde die „Überbewertung der Verbandsinteressen [...] nicht mehr als Anreiz zur Deliktsbegehung, sondern zur Deliktsvermeidung" wir-

---

6 *Busch*, S. 122 hatte gesagt, dass die „strafrechtliche Verantwortlichkeit der Täter-Individuen allein [...] nicht aus[reiche], um die [Verbandsverbrechen] so wirksam zu bekämpfen, wie dies zum Schutze der Gesellschaft und im Interesse der Bewährung der Rechtsordnung notwendig" sei.

7 Vgl. *Göhler*, in: Prot. SondA-StrafR IV,[23] S. 402 (re. Sp.).

8 *Göhler*, in: Prot. SondA-StrafR IV,[23] S. 402 (li. Sp.).

9 *Göhler*, in: Prot. SondA-StrafR IV,[23] S. 402 (li. Sp. f.).

10 Dazu oben A. III. 2. a) (S. 264).

11 *Göhler*, in: Prot. SondA-StrafR IV,[23] S. 402 (re. Sp.).

ken.[12] In die Terminologie der ökonomisch-rationalen Kollusion übersetzt, wird der Gedanke noch deutlicher:[13] Muss der potentielle Täter damit rechnen, dass sein Delikt zu einer Sanktion gegen den Verband führt, die diesem allen rechtswidrigen Vorteil und Gewinn entzieht, so kann der verantwortliche Täter sich nicht auf die Abnahme seines individuellen Sanktionsübels verlassen. Er wird das angedrohte Übel vielmehr aus eigenem Vermögen aufbringen müssen. Deshalb kann die Androhung einer solchen (nur restitutiven) Sanktion gegen den Verband auch den letztlich straffällig werdenden Organwalter vor der Nichtachtung der Rechtsordnung abschrecken.

Anm. 9.9: Daneben versprach sich das Ministerium – in etwas schiefer[14] Anlehnung an einen Gedanken *Jeschecks*[15] – von der den Gewinn abschöpfenden Geldsanktion auch eine Einwirkung auf die Mitglieder des Verbandes:[16] Sie würden zur Einführung und Durchsetzung eines wirksamen Kontrollsystems animiert. Drohte dem Verband für eine zukünftige Tat des Organwalters eine Sanktion, so müssten die Mitglieder schon bei der Auswahl der Organpersonen „nicht nur auf die Geschäftstüchtigkeit und den Spürsinn“ sehen, sondern auch darauf achten, „ob die Personen lauter und gewillt seien, die Rechtsordnung zu beachten.“ Bei den großen Publikumsgesellschaften mag dieser Gedanke wohl ein wenig an der Realität vorbeigehen. Bei kleineren Körperschaften – etwa Vereinen oder mittelständischen GmbHen – wird er auch mehr ein positiver Nebeneffekt, denn der primäre Zweck der Verbandssanktion sein.

Außerdem trage eine solche Sanktion gegen den Verband dazu bei, „einen angemessenen Ausgleich zwischen der Tragweite der Tat und der Strafe herzustellen.“[17] Darin steckt der zweite Gedanke *Buschs*, der oben mit den

12 So *Busch*, S. 105.

13 Dazu ausf. oben A. III. 3. a) (S. 274).

14 *Jescheck,* in: NdSchr. GrStrKomm, Bd. I,[12] S. 299 (re. Sp.) hatte den Gedanken allein für seine rein präventive (≅ reaktiv-prospektive) Geldsanktion formuliert, bei der er sich bis zuletzt jeden repressiven (≅ reaktiv-retrospektiven) Einschlag verboten hatte. Ob er mit diesem Gedanken auch für die spätere Verbandsgeldbuße hatte Pate stehen wollen, die er bis zuletzt ablehnte u. die in seinem Lehrbuch bis heute – *Jescheck/Weigend*, StrafR-AT,[5] § 23 VII 3 (S. 228 f.) – als „Etikettenschwindel“ bezeichnet wird, darf ernstlich bezweifelt werden.

15 *Göhler,* in: Prot. SondA-StrafR IV,[23] S. 402 (li. Sp.) verweist auf ein „Mitglied der Strafrechtskommission“. *Jescheck,* in: NdSchr. GrStrKomm, Bd. I,[12] S. 299 (re. Sp.) hatte seine (rein reaktiv-prospektive) Geldsanktion mit dem Zweck einer „Aktivierung der Kontrolle“ u. einer „Verbesserung der Organisation“ versehen wollen. Auch er wollte mit der Sanktion dafür sorgen, dass die Mitglieder des Verbandes „bei der Auswahl der Vertreter nicht nur auf wirtschaftliche Tüchtigkeit und Versiertheit, sondern auch auf die Gesetzestreue und Zuverlässigkeit“ sehen würden.

16 *Göhler,* in: Prot. SondA-StrafR IV,[23] S. 402 (li. Sp.).

Erwiderungen *Engischs* und *Hartungs* auf dem Vierzigsten Deutschen Juristentag zusammengeführt worden ist:[18] Die Individualsanktion müsse nach *Busch* ihre verbrechensvorbeugende Wirkung verfehlen, weil sie in keinem Verhältnis zu den erzielbaren Gewinnen und dem angerichteten Schaden stehen könne.[19] Tritt aber neben die Individualsanktion eine Verbandssanktion und entzieht diese dem Verband alle Vorteile der Tat, so entfällt der Anreiz, den Individualtäter von dessen eigener Sanktion freizustellen. Seine Sanktion trifft ihn unvermittelt und unverwässert. Sie hat dann aber auch nicht mehr die Aufgabe, dem Verband einen Gewinn zu entziehen oder einen Schaden der Allgemeinheit auszugleichen. Es genügt vielmehr, wenn die Individualsanktion eine angemessene Antwort der Rechtsordnung auf die individuelle Verfehlung des Täters ist. Wird sie vor diesem Hintergrund nach Maßgabe der individuellen Schuld und im Rahmen der wirtschaftlichen Leistungsfähigkeit des Täters bemessen – und trifft sie diesen unverwässert –, so kann sie sein Verhalten „hart und nachhaltig [...] ahnden".[20] Sie wäre geeignet und ausreichend, „die Gegenmotive zu verstärken, so daß sich die Gesellschaftsorgan[walter] dann doch wohl hüten würden, auf strafrechtlich verbotenem Wege den Vorteil der Körperschaft zu suchen."[21] Wird die Individualsanktion durch die den Gewinn abschöpfende Verbandssanktion ergänzt, so stellen beide im Zusammenspiel eine angemessene Antwort auf die Tragweite der Tat dar.

Mit anderen – und zwar *Buschs*[22] – Worten: Wird die „strafrechtliche Verantwortlichkeit der Täter-Individuen" durch eine Sanktion ergänzt, die dem Verband allen unmittelbaren und mittelbaren Gewinn entzieht, so ist das Strafen- und Maßnahmensystem sehr wohl geeignet und ausreichend, um Verbandsdelikte „so wirksam zu bekämpfen, wie dies zum Schutz der Allgemeinheit und zur Bewährung der Rechtsordnung notwendig ist".

---

17 *Göhler*, in: Prot. SondA-StrafR IV;[23] S. 402 (re. Sp.).

18 Zum Gedanken *Buschs* oben A. III. 2. b) (S. 266). Zu seiner Verknüpfung mit den Argumenten *Engischs* u. *Hartungs* I. 3. (S. 288).

19 *Busch*, S. 109 hatte dies noch auf die Widersprüchlichkeit der Zumessungskriterien gestützt. Das Hauptargument besteht darin, dass die Individualstrafe nach den wirtschaftlichen Verhältnissen des Täters zu bemessen ist. Siehe dazu oben A. III. 2. b) bb) (S. 269).

20 *Engisch*, Referat 40. DJT (1953), E 35. Wer dies anders sieht, müsste sich für eine Anhebung des Strafrahmens oder gar für Freiheitsstrafen gegen die Individualtäter einsetzen.

21 So *Hartung*, Korreferat 40. DJT (1953), E 52, über das Maßnahmensystem, wie er es sich vorstellt.

22 Vgl. abermals *Busch*, S. 122.

2. „Falsche Abzweigung" – Teil 2

Nachdem der Weg bereits vorgezeichnet war,[23] hat sich leider auch der Referentenentwurf dafür entschieden, die Maßnahme zur Abschöpfung rechtswidriger Verbandsgewinne mit dem Etikett der Geldbuße zu versehen. Denn mit einer „sozialethisch ungefärbten" Geldbuße des Ordnungswidrigkeitengesetzes meinte man am ehesten „über die dogmatischen Schwierigkeiten hinwegzukommen, die darin bestünden, daß eine juristische Person [des] sozialethischen Unwerturteils [einer Geldstrafe] gar nicht fähig sei."[24] Sie könne die angegebenen Zwecke weit besser verwirklichen als die Geldstrafe, mit der „der mittelbare Gewinn nicht abgeschöpft werden" könne, weil ihre „Bemessungsgrundlage die Schuld sei".[25] Dabei geraten die verschiedenen Ministeriumsvertreter – teils mit ihren eigenen Äußerungen – in Widersprüche.

So sei es für die Geld*strafe* „bedenklich, bei Geldsanktionen gegenüber juristischen Personen dieselben Begriffe zu verwenden wie bei natürlichen."[26] Werde durch das Gesetz eine Rechtseinrichtung geschaffen, so „seien damit gewisse Inhalte verbunden, die man nicht willkürlich beiseite schieben könne."[27] Bei der Geld*buße* scheint dieses Bedenken jedoch nicht zu gelten: Denn die „Geldbuße nach dem Kartellgesetz [...] habe [...] eine andere Funktion als die Geldbuße bei Übertretungen".[28] Weshalb aber der mit dieser Einrichtung verbundene Inhalt willkürlich sollte beiseite geschoben werden können, ist nicht ersichtlich.[29]

---

23 Zur „falschen Abzweigung" in der Großen Strafrechtskommission siehe oben III. 6. (S. 307).

24 *Göhler,* in: Prot. SondA-StrafR IV,[23] S. 402 (re. Sp.). Das klingt in der Tat sehr nach dem von *Jescheck/Weigend,* StrafR-AT,[5] § 23 VII 3 (S. 228 f.) kritisierten „Etikettenschwindel".

25 *Göhler,* in: Prot. SondA-StrafR IV,[23] S. 402 (re. Sp.).

26 So *Schafheutle,* in: Prot. SondA-StrafR IV,[23] S. 405 (re. Sp.). Kurz zuvor (li. Sp.) hatte er darauf hingewiesen, dass die Geldstrafe bei natürlichen Personen eine Antwort auf sozialethisches Unrecht u. dazu bestimmt sei, dieses Unrecht auszugleichen. Die Geldstrafe gegen juristische Personen müsse aber eine andere Funktion haben.

27 *Schafheutle,* in: Prot. SondA-StrafR IV,[23] S. 405 (li. Sp.).

28 Ebenfalls *Schafheutle,* in: Prot. SondA-StrafR IV,[23] S. 407 (li. Sp.). Die Funktion bestehe darin, „den unmittelbaren und den mittelbaren Gewinn abzuschöpfen, den die juristische Person durch das Verhalten ihrer Organe erzielt habe."

29 Treffend *Busse,* in: BT-PlenProt. 161/V, S. 8492 (A): „Es bedarf wirklich einiger Dialektik: Wenn ich eine Geldbuße gegen eine juristische Person festsetze, dann bestrafe ich sie nicht; setze ich eine Geldbuße gegen eine natürliche Person fest, dann bestrafe ich sie. Diesen Unterschied vermag ich beim besten Willen nicht einzusehen."

Dreher konnte eindrücklich nachweisen, dass eine Geld*strafe* gegen Verbände „in Wirklichkeit etwas ganz anderes als die Geldstrafe" nach dem E_{62} sei.[30] Es gehe bei der Verbandssanktion vielmehr darum, „die juristische Person dafür haftbar" zu machen, dass „sich Organe der juristischen Person schuldig gemacht hätten".[31] Das bedeutet aber auch, dass die Verbandssanktion „in Wirklichkeit etwas ganz anderes" als die typische Geldbuße des Ordnungswidrigkeitengesetzes ist.

Es wäre sehr viel ehrlicher und weit weniger missverständlich gewesen, wenn der Gesetzgeber das neue Institut tatsächlich mit einem eigenen Namen versehen hätte, statt sich „bei der Schaffung eines neuen Strafgesetzbuchs" an das anzuhängen, „was er bisher in den Nebengesetzen habe sündigen müssen."[32] Gleichwohl: Der Gesetzgeber hat sich anders entschieden und das Instrument – auch wenn es eine andere Funktion hat – als Geldbuße bezeichnet. Diese konstruktive Entscheidung ist – aus den genannten Gründen[33] – im Rahmen dieser Arbeit zu respektieren.

C. Ergebnis

Am Vorabend des $OWiG_{68}$ stellte sich das Problem um die Verbandssanktionen für den Gesetzgeber folgendermaßen dar: Das Strafrecht wurde durch die Verbandsdelikte vor eine Aufgabe gestellt, die es mit den Mitteln einer reinen Individualverantwortlichkeit alleine nicht zu lösen vermochte. Vielmehr wies diese reine Individualverantwortlichkeit ein ganz erhebliches Präventionsdefizit auf.

Auch eine Lösung hatte man dem Gesetzgeber vorgeschlagen: Es brauchte eine gegen den Verband gerichtete Sanktion, die – mehr aus Verlegenheit – als eine Verbands*geldbuße* bezeichnet wurde. Dass es sich hierbei nicht um die typische Geldbuße des Ordnungswidrigkeitenrechts handle, war allen Beteiligten bewusst. Sie sollte nicht das Fehlverhalten des Täters einer Ordnungswidrigkeit durch ein Sanktionsübel gegen diesen Täter ahnden. Vielmehr sollte sie bei dem Verband, als dem Nutznießer der Tat seines Organwalters, jeden mittelbaren und unmittelbaren Gewinn aus dieser Tat eines Organwalters abschöpfen, der nicht schon durch Schadenersatz und Be-

30 *Dreher,* in: Prot. SondA-StrafR IV,[23] S. 407 (re. Sp.). *M. Winter* musste einräumen (S. 408 re.), dass von dem, was *Dreher* gesagt hatte, einiges beachtlich sei.
31 *Dreher,* in: Prot. SondA-StrafR IV,[23] S. 407 (re. Sp.).
32 *M. Winter,* in: Prot. SondA-StrafR IV,[23] S. 407 (li. Sp.).
33 Siehe oben A. III. 1. (S. 262).

reicherungsrecht abgeschöpft werden könnte. Triebfeder dieser Konstruktion war die – stets wie hinter einem Schleier versteckte – Erwägung, die hier so bezeichnete ökonomisch-rationale Kollusion zu beseitigen.

Damit ist – im Sinne des Eingangszitates – die Situation ausreichend herausgestellt, in der sich der Gesetzgeber bei Schaffung des $OWiG_{68}$ befand. Im nächsten Kapitel kann es nun unternommen werden, die Antwort zu untersuchen, die der Gesetzgeber mit § 26 $OWiG_{68}$ gegeben hat. Im Wissen um die Vorgeschichte lässt sie sich dann auch heute noch so verstehen, wie der Gesetzgeber sie damals hatte geben wollen, und lassen sich der ursprüngliche Regelungswille und Normzweck erkennen.

§ 10 Text-externe genetische Interpretation

A. *Vorbemerkungen*

Nach diesen historischen Betrachtungen kann nun mit der mehr „genetischen" Auslegung begonnen werden. Ein kurzer Überblick über das Gesetzgebungsverfahren (I.) soll insoweit die wesentlichen Stationen aufzeigen. Zur Erleichterung der Lektüre soll sodann (II.) der kurze Absatz der Entwurfsbegründung zum Zweck der Verbandsgeldbuße als wesentliche Arbeitsgrundlage dieses Kapitels im Wortlaut wiedergegeben werden. Daraus wird sich (III.) beinahe von selbst der Gang der weiteren Darstellung ergeben.

I. Überblick über das Gesetzgebungsverfahren

Der später Gesetz gewordene § 26 OWiG$_{68}$ entspricht im Wesentlichen § 19 des von der Bundesregierung eingebrachten Entwurfs eines Gesetzes über Ordnungswidrigkeiten.[1] Dieser Entwurf wurde in der 92. Sitzung des Fünften Deutschen Bundestages am 3. Februar 1967 eingebracht und nach erster Lesung an den federführenden Rechtsausschuss verwiesen.[2]

Der Sonderausschuss für die Strafrechtsreform[3] wurde um gutachterliche Stellungnahme gebeten und sprach sich nach ausgiebiger Beratung „einstimmig für die Möglichkeit der Geldbuße gegen juristische Personen aus."[4] Der Rechtsausschuss beriet den Entwurf beginnend am 19. April 1967 in insgesamt 12 Sitzungen.[5] § 19 EOWiG wurde in der ersten Lesung „nach

---

1 EOWiG, BT-Drs. V/1269.

2 Siehe BT-PlenProt. 92/V, S. 4261 (D). Der InnenA sollte mitberatend tätig, der SondA-StrafR sollte gutachterlich gehört werden. Die Verweisung an den VerkehrsA zur Mitberatung wurde durch Berichtigung des Protokolls in BT-PlenProt. 93/V, S. 4284 (D) korrigiert.

3 Dabei handelt es sich um den am 8. Dezember 1965 konstituierten – Prot. SondA-StrafR V^{1}, S. 1 – Nachfolger des Sonderausschusses „Strafrecht" aus der 4. Legislaturperiode. Seine Hauptaufgabe bestand darin, den in der 14. Sitzung (13. Januar 1966) als BT-Drs. V/32 erneut eingebrachten E$_{62}$ zu beraten, siehe BT-PlenProt. 14/V, S. 545 (D) u. S. 573 (B).

4 Prot. SondA-StrafR V^{57}, S. 1083 ff. (Beratung) u. S. 1089 (Abstimmung).

eingehender Beratung“[6] und in der zweiten Lesung ohne Aussprache angenommen.[7] Die vorgeschlagenen Änderungen[8] sollten „nur redaktionelle Bedeutung“ haben.[9]

In der 161. Sitzung des Fünften Deutschen Bundestages am 27. März 1968 kam es zur zweiten und dritten Lesung.[10] Während sich § 19 EOWiG in der zweiten Lesung noch gegen den erbitterten Widerstand der FDP durchsetzen musste,[11] wurde das Gesetz – incl. § 19 EOWiG – in der dritten Lesung einstimmig beschlossen.[12]

Der auf Verlangen des Bundesrates einberufene Vermittlungsausschuss befasste sich mit der Frage der Verbandsgeldbuße nicht mehr.[13] Nachdem sich Bundestag und Bundesrat hinsichtlich der offenen Fragen geeinigt hatten, wurde das Gesetz in der Fassung des Änderungsantrags des Vermittlungsausschusses[14] in der 173. Sitzung des Fünften Deutschen Bundestages am 10. Mai 1968 beschlossen.[15] Das Gesetz über Ordnungswidrigkeiten wurde am 24. Mai 1968 ausgefertigt und im Gesetzblatt vom 30. Mai 1968 veröffent-

---

5 Im Einzelnen in den Sitzungen 40, 41, 43, 44, 47, 48, 50, 52–54, 63 u. 65. Wenn der schr. Bericht des RechtsA, BT-Drs. zu V/2600 u. 2601, S. 1 (li. Sp.) von 14 Sitzungen spricht, liegt das daran, dass der Ausschuss auch den Entwurf eines Einführungsgesetzes zu beraten hatte. Diesem widmete er sich zusätzlich in der 64. u. der 70. Sitzung.

6 Siehe den schr. Bericht des RechtsA, BT-Drs. zu V/2600 u. 2601, S. 4 (re. Sp.). Die Beratungen finden sich in Prot. RechtsA V,[41] S. 43 ff. u. Prot. RechtsA V,[44] S. 23 ff.

7 Siehe Prot. RechtsA V,[47] S. 54 für die erste u. V,[63] S. 13 für die zweite Lesung.

8 Siehe die Zusammenstellung der Änderungen in BT-Drs. V/2600, S. 11 f.

9 Siehe den schr. Bericht des RechtsA, BT-Drs. zu V/2600 u. 2601, S. 4 (re. Sp.). Die redaktionellen Änderungen, die *M. Hirsch,* in: BT-PlenProt. 161/V, S. 8484 (B) zu Beginn der zweiten Lesung am Bericht vornahm, betrafen § 19 EOWiG nicht. Siehe zu dem Redaktionsversehen im RechtsA noch D. III. 1. (S. 387).

10 Siehe BT-PlenProt. 161/V, S. 8483 (D) für die zweite u. S. 8502 (B) für die dritte Beratung.

11 Siehe *Busse,* in: BT-PlenProt. 161/V, S. 8492 (A): Der Widerstand galt allein der Konstruktion als Geldbuße u. nicht deren Zwecksetzung. Auch die FDP wollte sicherstellen, dass „nicht ungerechtfertigte Vorteile, die von dem Vertretenen [...] gezogen werden, ihm verbleiben“. Allerdings müssten „diese Gewinne [...] für verfallen erklärt werden“. Die FDP wolle „es im System richtig bringen und nicht die Strafe ansprechen, wo in Wirklichkeit ‚Einziehung von Gewinnen‘ gesagt werden muß.“ Die Strafe (i. w. S.) sei schlicht „nicht das richtige Mittel, um eine solche Gewinnabschöpfung vorzunehmen.“

12 BT-PlenProt. 161/V, S. 8502 (C), bei einer Enthaltung.

13 Siehe BT-Drs. V/2857.

14 BT-Drs. V/2888.

15 BT-PlenProt. 173/V, S. 9250 (B), bei einer Gegenstimme.

licht.[16] Die Geldbuße gegen juristische Personen und Personenvereinigungen war darin in § 26 vorgesehen.[17]

Die Verbandsgeldbuße hat den Weg von § 19 EOWiG zu § 26 $OWiG_{68}$ folglich beinahe ohne Umgestaltungen genommen. Das macht es im Folgenden möglich, die hier interessierenden Aussagen aus den einzelnen Etappen des Gesetzgebungsverfahrens – Entwurf, Sonderausschuss für die Strafrechtsreform, Rechtsausschuss, zweite und dritte Lesung im Plenum – am Stück zu behandeln.

II. Entwurfsbegründung zu § 19 EOWiG

Ausgangspunkt der Betrachtungen muss insoweit die Begründung zu § 19 EOWiG sein. Nach einer 40 Jahre währenden Rechtsentwicklung[18] hielt der Entwurf eines Gesetzes über Ordnungswidrigkeiten „den Zeitpunkt für gekommen, die Frage der Geldbuße gegen juristische Personen […] einer einheitlichen und abschließenden Lösung zuzuführen."[19] Mit § 19 EOWiG sollte „dem Recht der Sanktionen gegen juristische Personen […] eine umfassende Grundlage" gegeben werden, „die einen gewissen Abschluß der bisherigen Entwicklung" bilde.[20] Die Regelung stand folglich ganz im Zeichen der Evolution, nicht der Revolution. Der Entwurf fordert den Leser geradezu auf, die Aussagen im Lichte eben jenes historischen Kontextes zu sehen, für den sie einen Abschluss bilden soll.

Wer vor diesem Hintergrund eine Aussage des Entwurfs erwartet, die Verbandsgeldbuße solle das Präventionsdefizit der reinen Individualverantwortlichkeit schließen, indem sie bei der juristischen Person umfassend den unmittelbaren wie den mittelbaren Gewinn abschöpft, wird jedoch überrascht. Auf gerade einmal 31 halben Zeilen gibt der Entwurf vordergründig einen ganz anderen Zweck aus. Der zentrale Absatz lautet:[21]

16 $OWiG_{68}$, BGBl. I 1968;[33] S. 481 ff. mit § 26 auf S. 487 f.

17 Im RechtsA hatte man sich entschieden, die zahlr. Verweisungen auf das StGB aufzulösen u. durch ausdr. Bestimmungen (§§ 10a u. b, sowie §§ 18a–e) zu ersetzen, siehe Prot. RechtsA V;[44] S. 6 ff. u. BT-Drs. zu V/2600 u. 2601, S. 2 ff. § 19 EOWiG wurde entsprechend um sieben Vorschriften versetzt u. zu § 26 $OWiG_{68}$.

18 Diese Entwicklung, auf die sich der Entwurf beruft, ist in BT-Drs. V/1269, S. 57 (re. Sp.) kompakt zusammengestellt.

19 BT-Drs. V/1269, S. 57 (re. Sp.).

20 BT-Drs. V/1269, S. 58 (li. Sp.).

21 BT-Drs. V/1269, S. 59 (li. Sp.) 2. Abs.

Anm. 10.1: Die Ausgestaltung der Vorschrift [scil.: des § 19 EOWiG] wird im einzelnen von dem Zweck bestimmt, der mit der Geldbuße gegen juristische Personen und Personenvereinigungen verfolgt werden soll. Sie soll namentlich einen Ausgleich dafür ermöglichen, daß der juristischen Person, die nur durch ihre Organe zu handeln imstande ist, zwar die Vorteile dieser in ihrem Interesse vorgenommenen Betätigung zufließen, daß sie aber beim Fehlen einer Sanktionsmöglichkeit nicht den Nachteilen ausgesetzt wäre, die als Folge der Nichtbeachtung der Rechtsordnung im Rahmen der für sie vorgenommenen Betätigung eintreten können. Die juristische Person wäre dann gegenüber der natürlichen Person besser gestellt. So kann z. B. gegen einen Einzelunternehmer, der unter Verletzung der ihm obliegenden Pflichten als Unternehmer eine Straftat oder Ordnungswidrigkeit selbst begeht, die Strafe oder Geldbuße unter Berücksichtigung des wirtschaftlichen Wertes seines Unternehmens und der für das Unternehmen erzielten oder beabsichtigten Vorteile festgesetzt werden, während bei einer entsprechenden Pflichtverletzung durch das Organ einer juristischen Person die Strafe oder Geldbuße nur unter Berücksichtigung seiner persönlichen wirtschaftlichen Verhältnisse festgesetzt werden kann. Die hiernach zulässige Strafe oder Geldbuße würde vielfach in keinem angemessenen Verhältnis zur Tragweite der Tat stehen und weder geeignet sein, die der juristischen Person zugeflossenen Gewinne abzuschöpfen noch die Erzielung solcher Gewinne zu bekämpfen.

Dieser viel zitierte Absatz ist weit gehaltvoller und tückischer, als es der erste Anschein vermuten lässt. Aus dem Bestreben heraus, über – vermeintliche – dogmatische Hindernisse hinwegzutäuschen,[22] sind die für das Verständnis entscheidenden Gedanken so sehr verdichtet und so eng miteinander verwoben worden, dass die eigentliche Aussage leicht verloren zu gehen droht – und oft auch verloren gegangen ist. Die Vorteile der juristischen Person sollen durch die Verbandsgeldbuße mit einem Nachteil verknüpft werden. Anderenfalls komme es zu einer ungerechtfertigten Besserstellung der juristischen gegenüber der natürlichen Person. Als Beleg wird der Einzelunternehmer herangezogen, der den rechtswidrigen Tatgewinn stets auf das Risiko einer Sanktion hin erstrebe. Was als Vergleich zwischen juristischer Person und Einzelunternehmer beginnt, wird ohne jede erkennbare Zäsur in einen Vergleich der möglichen Sanktion gegen den Einzelunternehmer und den Organwalter überführt. Letztere weise bestimmte Beschränkungen auf, deret-

22 Dekuvrierend ist denn auch, was *Göhler,* in: Prot. SondA-StrafR V,[57] S. 1083 eingestanden hat: Mit der Verbandsgeldbuße des § 19 EOWiG „können wir zu einer dogmatisch meines Erachtens, *ich will nicht sagen völlig unbedenklichen, aber durchaus vertretbaren* und kriminalpolitisch sinnvollen *Lösung* kommen, zu einer Lösung, die der Gerechtigkeit dient und die [...] verfassungsrechtlich einwandfrei ist." Herv. nur hier.

wegen die Entwurfsbegründung – scheinbar[23] – ihr die Fähigkeit abspricht, die Erzielung rechtswidriger Verbandsgewinne – sprich: die Begehung von Verbandsdelikten – wirksam zu bekämpfen.

Dieser mächtige und schwer verdauliche Begründungseintopf[24] soll im Folgenden etwas bekömmlicher gemacht werden. Das gelingt, wenn die eben umrissenen Gedankenfragmente herausgestellt und als mundgerechte Happen in die richtige Beziehung zueinander gesetzt werden. Dann wird sich zeigen, dass die Verbandsgeldbuße des § 26 $OWiG_{68}$ hinsichtlich Zweck und Mechanismus tatsächlich die versprochene „organische Fortführung" der vorangegangenen Arbeiten,[25] der „Abschluß der bisherigen Entwicklung"[26] ist.

III. Gang der Darstellung

Die Darstellung orientiert sich dabei an dem fundamentalen Grundsatz der Auslegungslehre,[27] wonach einen (Norm-)Text nur verstehen kann, wer auch die Frage oder die Lage versteht, auf die der (Norm-)Text eine Antwort war.[28] Zunächst (B.) soll anhand der spärlichen Aussagen in der Entwurfsbegründung nachgewiesen werden, dass der Gesetzgeber bei Schaffung der Verbandsgeldbuße tatsächlich das Problem und die Frage vor Augen hatte, die eben herausgearbeitet worden sind. Gewisse Wiederholungen zu dem vorangegangen Kapitel sind dabei unvermeidlich. Mit diesen Erkenntnissen ausgerüstet soll zunächst (C.) der Versuch unternommen werden, die Antwort zu formulieren, die der Gesetzgeber als organische Fortführung der umfangreichen Vorarbeiten hätte geben sollen. Anschließend wird (D.) untersucht werden, in welcher Weise der Gesetzgeber die Frage mit § 19 EOWiG bzw. § 26 $OWiG_{68}$ tatsächlich beantwortet hat. Das erlaubt es, den genauen Mechanismus der Verbandsgeldbuße herauszustellen, mit dem sich zuletzt

23 Tatsächlich ist dieses vermeintliche Präventionsdefizit der Individual*sanktion* ein Präventionsdefizit der reinen Individual*verantwortlichkeit*. Dazu sogleich B. II. (S. 332).

24 Sehr krit. *Schünemann*, ZIS 2014,[1] S. 1 (6): „Die Dürftigkeit dieser Argumente ist kaum zu übertreffen". Er hat den Absatz freilich schon im Ausgangspunkt erheblich anders gedeutet, als dies hier geschehen wird.

25 Vgl. *Göhler,* in: Prot. SondA-StrafR V,[57] S. 1083 (li. Sp.).

26 BT-Drs. V/1269, S. 58 (li. Sp.).

27 Siehe *Rüthers/Fischer/Birk*, Rechtstheorie,[11] Rn. 787 m. w. N., die bemängeln, dass dieser Grundsatz in der juristischen Methodendiskussion kaum Beachtung finde.

28 Der Grundsatz gilt für den Normtext des § 26 $OWiG_{68}$ u. den Absatz der Entwurfsbegründung gleichermaßen.

auch die eigentliche Forschungsfrage wieder in den Blick nehmen lässt: Ist die Verbandsgeldbuße ein Schaden im Sinne der Ersatzpflichtanordnung?

B. Das Problem ohne Verbandssanktion

Vor allem der erste dieser Schritte gelingt dabei nicht ohne Mühe. Dazu soll die erste Hälfte des Absatzes aus der Entwurfsbegründung[1] zunächst in den Hintergrund treten. Auf sie wird später[2] zurückzukommen sein. Mit der zweiten Hälfte des Begründungsabsatzes verbleibt die Schilderung des Problems, auf das die Verbandsgeldbuße die Antwort sein sollte. Insoweit wird – unter dem Vorbehalt des Fehlens einer Sanktionsmöglichkeit gegen die juristische Person[3] – die mögliche Sanktion gegen den Einzelunternehmer mit jener gegen den Organwalter einer juristischen Person verglichen. Die Mängel, zu denen es bei der reinen Individualverantwortlichkeit des Organwalters käme, waren damals wohl so geläufig,[4] dass die Entwurfsbegründung sich nicht die Mühe machte, sie genau zu bezeichnen. Das ist heute jedoch nicht mehr der Fall. Nur die genaue Bezeichnung dieser Mängel macht es jedoch möglich, die Verbandsgeldbuße als das Instrument zu begreifen, das der Gesetzgeber zur Lösung des Problems in § 26 OWiG$_{68}$ erlassen hat. Die Defizite einer reinen Individualverantwortlichkeit lassen sich ihrerseits nur aufzeigen, wenn zunächst der Endpunkt des Vergleichs, die „gesunde" Sanktion gegen den Einzelunternehmer verstanden ist.

Deshalb soll zunächst (I.) die „gesunde" Sanktion gegen den Einzelunternehmer ausgeleuchtet werden, um sie so zu verstehen, wie es auch die

1 Das meint den 2. Abs. der BT-Drs. V/1269, S. 59 (li. Sp.) bis zu den Worten „gegenüber der natürlichen Person besser gestellt." Der vollständige Wortlaut des Absatzes ist oben in Anm. 10.1 unter A. II. (S. 323) wiedergegeben.

2 Siehe unten D. II. (S. 384).

3 Zwar bestanden zum Zeitpunkt des Entwurfs zahllose solcher Sanktionsmöglichkeiten, weil das „Nebenrecht geradezu eine Flut von Sondervorschriften über Geldbuße gegen juristische Personen" hervorgebracht hatte, BT-Drs. V/1269, S. 58 (li. Sp.). Diese Sondervorschriften sollten allerdings durch das parallel beratene – EEGOWiG, BT-Drs. V/1319 – u. verabschiedete Einführungsgesetz zum Gesetz über Ordnungswidrigkeiten v. 24. 5. 1968 (EGOWiG), BGBl. I;[33] S. 503 ff. beseitigt werden. Bei Verabschiedung des OWiG$_{68}$ ohne dessen § 26 hätte eine Sanktionsmöglichkeit gegen juristische Personen deshalb tatsächlich gefehlt.

4 So konnte *Lenz,* in: Prot. RechtsA V;[41] S. 45 f. apodiktisch u. unangefochten feststellen: „Das Ergebnis, das einträte, wenn man sich auf die Verfolgung der [...] handelnden natürlichen Personen beschränkte, werde wohl von niemandem gewollt."

Entwurfsbegründung tat. Anschließend kann (II.) die Individualsanktion gegen den Organwalter daran gemessen werden. Aus diesem Vergleich wird sich dann die genaue Ursache für das Präventionsdefizit der reinen Individualverantwortlichkeit ableiten und schließlich (III.) die Frage formulieren lassen, auf die § 26 OWiG$_{68}$ die Antwort geben sollte.

I. Einzelunternehmer als Vergleichsmaßstab

Gegen einen Einzelunternehmer, „der unter Verletzung der ihm obliegenden Pflichten als Unternehmer eine Straftat oder Ordnungswidrigkeit selbst begeht", könnte nach der Entwurfsbegründung[5] eine „Strafe oder Geldbuße [...] festgesetzt werden." Sie würde „unter Berücksichtigung des wirtschaftlichen Wertes seines Unternehmens und der für das Unternehmen erzielten oder beabsichtigten Vorteile" bemessen. Der Umkehrschluss aus dem restlichen Absatz legt nahe,[6] dass eine solche Sanktion wohl in einem „angemessenen Verhältnis zur Tragweite der Tat stehen" würde. Sie wäre geeignet, „die [dem Einzelunternehmer] zugeflossenen Gewinne abzuschöpfen [und] die Erzielung solcher Gewinne zu bekämpfen."[7] Den genauen Grund für diese nur im Umkehrschluss angedeutete präventive Wirksamkeit der Sanktion gegen den Einzelunternehmer lässt der Entwurf an dieser Stelle weitgehend offen. Aus den Äußerungen zum Mechanismus der Geldbuße an anderer Stelle der Entwurfsbegründung lässt sich der Gedanke jedoch präzisieren.

1. Übels-Androhung und Gewinnabschöpfung

Die Geldbuße gegen eine natürliche Person sei als Hauptinstrument des Ordnungswidrigkeitenrechts „nicht nur eine Antwort auf Bagatellunrecht."[8] Sie habe keine rein repressive Funktion, sondern erfülle einen präventiven

5 Die wörtlichen Zitate dieses Absatzes sind BT-Drs. V/1269, S. 59 (li. Sp.) entnommen. Der vollständige Wortlaut des Absatzes aus der Entwurfsbegründung ist oben in Anm. 10.1 unter A. II. (S. 323) wiedergegeben.

6 Anderenfalls hätte die angestrebte Angleichung keinen Sinn.

7 Auf die hier mögliche Gewinnabschöpfung hat *Göhler,* in: Prot. SondA-StrafR V,[57] S. 1080 (li. Sp.) ausdr. hingewiesen.

8 BT-Drs. V/1269, S. 52 (re. Sp.). Siehe auch *Göhler,* in: Prot. RechtsA V,[41] S. 29: „Die Geldbuße diene nicht nur dazu, einen angemessenen Ausgleich für die Tatschuld zu bieten, sondern habe vielfach auch die Aufgabe, Gewinne abzuschöpfen. Nur so

Zweck. Eine „ihrer wesentlichen Aufgaben bestehe gerade darin, den unrechtmäßig erlangten Gewinn abzuschöpfen und den Täter durch das Risiko einer nicht unerheblichen Vermögenseinbuße davon abzuschrecken, unter Verletzung von Ordnungsvorschriften zum Schaden der Allgemeinheit Gewinne zu erzielen.“[9]

Die Abschöpfung des unrechtmäßig erlangten Gewinns hat dabei selbst eine doppelte Aufgabe. Sie ist insoweit Selbstzweck, als sie die rechtswidrige Güterzuordnung beseitigen und den rechtmäßigen Zustand vor Begehung der Tat wiederherstellen soll.[10] Der Adressat der Gewinnabschöpfung soll den ihm nicht zustehenden Vorteil nicht behalten dürfen.

Vor allem aber hat die Gewinnabschöpfung dienende Funktion. Sie soll die Voraussetzung dafür schaffen, dass die Sanktion auch als tatsächliches Übel verspürt wird.[11] Denn „das Risiko einer nicht unerheblichen Vermögenseinbuße“ droht dem Täter nur, wenn die angedrohte Sanktion den erzielten Tatgewinn übersteigt. Wenn dagegen die Buße niedriger als der Gewinn wäre und der Täter den Überschuss behalten könnte, würde er ein lohnendes, ein wiederholungswürdiges Geschäft machen.[12] Das Sanktionsübel ginge ins Leere und bliebe in Höhe der Bereicherung wirkungslos.[13] Die Sanktion würde lediglich den Tatgewinn schmälern und es wäre „geradezu ein Anreiz geschaffen, Ordnungswidrigkeiten zu begehen“.[14] Die Abschöpfung des unrechtmäßig erlangten Gewinns ist danach notwendige Bedingung für eine echte Übelszufügung.[15] Nur im Zusammenspiel bewirken Gewinnabschöpfung und Übelszufügung einen effektiven Sanktionseingriff, dessen Androhung als Gegenmotiv zur Tatbegehung wirken kann.

2. Arbeitsteilige Gewinnabschöpfung

Entgegen der überkommenen Terminologie war die Aufgabe der Gewinnabschöpfung ursprünglich[16] nur teilweise dem Abschöpfungsteil der Geldbu-

erklärten sich Geldbußendrohungen bis zu 1 Million DM im Kartellgesetz [...] und in mehreren anderen Gesetzen.“

9 BT-Drs. V/1269, S. 52 (re. Sp.).

10 Ausf. zum Zweck des – damals – funktionsidentischen Verfalls im Strafrecht u. dessen Legitimation durch das Wiederherstellungsprinzip *Geiger*, S. 229 ff. m. zahlr. Nw.

11 Vgl. *Geiger*, S. 241 zum strafrechtlichen Verfall.

12 *M. Hirsch* u. *Dreher*, in: Prot. RechtsA V,[41] S. 32 bzw. S. 33.

13 *Geiger*, S. 229 f.

14 So *M. Hirsch*, in: Prot. RechtsA V,[41] S. 32.

15 Vgl. *Geiger*, S. 230 zum Verfall.

ße[17] überantwortet. Tatsächlich versprach sich die Entwurfsbegründung in gewissem Umfang auch vom Ahndungsteil eine Abschöpfung von Tatgewinnen.

Der Abschöpfungsteil der Geldbuße war in § 11 Abs. 4 EOWiG vorgesehen.[18] Nach dessen Satz 1 soll die Geldbuße „ein Entgelt, das der Täter für die Ordnungswidrigkeit empfangen, und einen Gewinn, den er aus ihr gezogen hat, übersteigen." Nach Satz 2 durfte das gesetzliche Höchstmaß zu diesem Zwecke auch überschritten werden.[19] Unter dem Gewinn i. S. d. § 11 Abs. 4 EOWiG sollte jedoch, „wie im geltenden Recht, nur der *unmittelbare* Gewinn zu verstehen" sein.[20]

Die Gründe für diese Beschränkung waren im Zuge der parallel geführten Diskussion um den strafrechtlichen Verfall des E_{62} so geläufig,[21] dass sie in der Entwurfsbegründung nicht angegeben werden mussten: Die Gewinnabschöpfung darf nur der Wiederherstellung des status quo ante dienen. Entzieht sie dem Täter mehr, als er aus der Tat gewonnen hat, so ist sie echte Strafe.[22] Dann aber muss die Abschöpfung, um nicht doch eine versteckte

16 Zu der überraschenden Ausdehnung des Abschöpfungsteils im RechtsA noch D. III. 1. (S. 387).

17 Die damalige Geldsummenstrafe war in § 27c StGB a. F. exakt gleich ausgestaltet. Die spätere Tagessatzstrafe des E_{62} entspricht insoweit nur dem Ahndungsteil. Die Aufgabe des Abschöpfungsteils wurde durch die begleitende Maßnahme des Verfalls erfüllt. Siehe dazu bereits § 9 B. III. 2. (S. 300).

18 Siehe § 11 Abs. 4 EOWiG in: BT-Drs. V/1269, S. 6. Im späteren § 13 Abs. 4 des $OWiG_{68}$, BGBl. I 1968,[33] S. 481 (485) sind das Entgelt u. der Gewinn in Satz 1 zu dem „wirtschaftlichen Vorteil, den der Täter aus der Ordnungswidrigkeit gezogen hat," zusammengefasst worden. Siehe zu den Gründen BT-Drs. zu V/2600 u. 2601, S. 3 (re. Sp. f.).

19 Für die Geldstrafe war in § 27c StGB i. d. F. des Art. I der VermStrafen-VO, RGBl. I 1924,[7] S. 44 (44) beinahe wortgleich dasselbe vorgesehen. Abs. 2: „Die Geldstrafe soll das Entgelt, das der Täter für die Tat empfangen, und den Gewinn, den er aus der Tat gezogen hat, übersteigen." — Abs. 3: „Reicht das gesetzliche Höchstmaß hierzu nicht aus, so darf es überschritten werden."

20 BT-Drs. V/1269, S. 53 (li. Sp.). Herv. nur hier. Der „wirtschaftliche Vorteil" im späteren § 13 Abs. 4 des $OWiG_{68}$, BGBl. I 1968,[33] S. 481 (485) sollte dagegen auch gewisse Formen mittelbaren Gewinns erfassen, etwa „eine Verbesserung der Marktposition" erfassen, die durch das Ausschalten u. Zurückdrängen anderer Wettbewerber erreicht wurde, siehe BT-Drs. zu V/2600 u. 2601, S. 3 (re. Sp. f.). Vor allem aber sollte die Handhabung erleichtert werden, weil auch hinsichtlich der unmittelbaren Tatvorteile nicht mehr verlangt wurde, dass „der Gewinn zahlenmäßig genau errechnet wird." Zu der wichtigen Unterscheidung von unmittelbarem u. mittelbarem Gewinn bereits oben die Anm. 9.5 in § 9 B. I. 4. (S. 291).

21 Siehe dazu oben bereits ausf. § 9 B. III. 2. (S. 300).

Strafe zu sein, einigermaßen exakt erfolgen. Eine rechnerisch exakte Erfassung gelinge jedoch nur für die unmittelbaren Gewinne.[23] Die Praxis wäre überfordert, müsste sie auch den mittelbaren Gewinn rechnerisch erfassen, weil dieser auf einer Vielzahl von Faktoren beruhe, von denen die Straftat nur einer sei.[24] Der schuldgelöste Abschöpfungsteil durfte und sollte deshalb nur die unmittelbaren Tatgewinne entziehen.

Dadurch alleine wäre noch nicht sichergestellt, dass dem Täter durch die Sanktion tatsächlich ein Übel zugefügt wird. Denn dem Einzelunternehmer entstehen aus seiner Tat auch mittelbare Vorteile. Wenn diese die angedrohte Sanktion übersteigen und dem Täter belassen würden, machten auch sie die Geldbuße wirkungslos. Dem Täter drohte durch die Geldbuße nicht „das Risiko einer nicht unerheblichen Vermögenseinbuße“,[25] sondern schlicht die Schmälerung des Tatgewinns. Die Tat bliebe ein lohnendes und deshalb wiederholungswürdiges Geschäft.[26] Die mittelbaren Gewinne dürfen dem Einzelunternehmer folglich nicht belassen werden. Sie können mangels rechnerischer Feststellbarkeit aber nicht über den schuldgelösten Abschöpfungsteil entzogen werden. Ihre Abschöpfung musste auf anderem Wege erfolgen.

Auch deshalb sollte die Geldbuße nach § 11 Abs. 4 Satz 1 EOWiG den (unmittelbaren)[27] Gewinn übersteigen. Als Grundlage für die Zumessung des

---

22 Siehe zum parallelen Problem beim Verfall, der nach Einführung des Bruttoprinzips teilweise auch Strafzwecke verfolgen müsse u. deshalb insoweit verfassungswidrig sei, *Geiger*, S. 302 ff.

23 Die Mitglieder des RechtsA waren dogmatisch weit weniger zimperlich. Sie fassten – wie eben schon erwähnt – Entgelt u. Gewinn zum wirtschaftlichen Vorteil zusammen, der teilweise auch mittelbare Gewinne erfassen sollte. Man wollte letztlich auch für die unmittelbaren Vorteile darauf verzichten, dass „die Gewinne zahlenmäßig exakt errechnet“ werden müssen, um die Handhabung der Vorschrift zu erleichtern, BT-Drs. zu V/2600 u. 2601, S. 3 (re. Sp. f.). Erfrischend offen *M. Hirsch,* in: Prot. RechtsA V,[44] S. 17: Mit der neuen Fassung könne man „eher über den Daumen peilen, und das sei der Sinn einer solchen Vorschrift“. Statt „umfangreiche Ermittlungen“ über die Folgen einer Ordnungswidrigkeit anzustellen, „solle berücksichtigt werden, was für einen Vorteil sich der Betreffende dadurch verschafft habe.“

24 Vgl. BT-Drs. IV/650, S. 242 (li. Sp.).

25 BT-Drs. V/1269, S. 52 (re. Sp.).

26 Vgl. *M. Hirsch,* in: Prot. RechtsA V,[41] S. 32: „Der Täter würde [...] ein Geschäft machen können, wenn die Buße niedriger als der Gewinn sei und er den Überschuß behalten könnte.“

27 Siehe abermals BT-Drs. V/1269, S. 53 (li. Sp.): „Unter dem [Gewinn i. S. d. § 11 Abs. 4 EOWiG] ist, wie im geltenden Recht, nur der *unmittelbare Gewinn* zu verstehen.“ Herv. nur hier.

darüber hinaus gehenden Ahndungsteils werden in § 11 Abs. 3 Satz 1 EOWiG genannt, „die Bedeutung der Ordnungswidrigkeit und der Vorwurf, der den Täter trifft."[28] Jenseits der geringfügigen Ordnungswidrigkeiten sollten nach Satz 2[29] auch „die wirtschaftlichen Verhältnisse des Täters [...] in Betracht" kommen.[30] Daher war bei der Bemessung des Ahndungsteils „nach oben hin ein Ermessensspielraum gegeben, der es" gerade wegen der Anknüpfung auch an die wirtschaftlichen Verhältnisse des Täters „ermöglicht, in gewissem Umfang auch den *mittelbaren* Gewinn zu berücksichtigen."[31] Denn die mittelbaren Gewinne aus der Tat des Einzelunternehmers sind seinem Vermögen zugeflossen und haben seine wirtschaftlichen Verhältnisse verbessert. Bei gleicher Schuld und ursprünglich gleichen wirtschaftlichen Verhältnissen könnte und müsste gegenüber demjenigen Täter, der höhere mittelbare Gewinne erzielt hat, ein höher bemessener Ahndungsteil festgesetzt werden. Dadurch ist – theoretisch – sichergestellt, dass auch der mittelbare Tatvorteil in dem Umfang entzogen ist, in dem er auf der Tat selbst beruht.

3. Zwischenfazit

Die Sanktion gegen den Einzelunternehmer ist danach wirksam, weil sie dem Täter für die Verletzung einer Verhaltensnorm ein echtes Vermögensübel androht. Die umfassende Gewinnabschöpfung stellt sicher, dass der Täter das zugefügte Übel im Falle der Zuwiderhandlung auch als solches verspürt. Dazu wird zunächst der rechnerisch bestimmbare unmittelbare Tatvorteil durch den Abschöpfungsteil entzogen. Die dadurch nicht erreichbaren mittelbaren Vorteile haben die wirtschaftlichen Verhältnisse des Täters verbessert. Sie führen deshalb zu einem höher bemessenen Ahndungsteil, mit dem insoweit auch die mittelbaren Gewinne entzogen werden. Dem Täter

28 § 11 Abs. 3 EOWiG – BT-Drs. V/1269, S. 6 – stimmt wörtlich mit dem späteren § 13 Abs. 3 OWiG$_{68}$ u. dem heutigen § 17 Abs. 3 OWiG überein.

29 Dem entsprach für die Geldstrafe § 27c Abs. 1 StGB i. d. F. des Art. I der Verm-Strafen-VO, RGBl. I 1924,[7] S. 44 (44): „Bei der Bemessung einer Geldstrafe sind die wirtschaftlichen Verhältnisse des Täters zu berücksichtigen."

30 Zu den Gründen u. der Bedeutung der Berücksichtigung auch der wirtschaftlichen Verhältnisse BT-Drs. V/1269, S. 51 (re. Sp.).

31 BT-Drs. V/1269, S. 53 (li. Sp.). Herv. nur hier. Damit hat sich die Entwurfsbegründung den Gedanken zu eigen gemacht, den *Koffka,* in: NdSchr. GrStrKomm, Bd. I,[13] S. 320 (li. Sp.) u. ähnlich in: Bd. IV,[50] S. 323 (re. Sp.) geäußert hatte: Bei der Verurteilung der Einzelperson „läßt sich auch der mittelbare Gewinn wenigstens einigermaßen durch die viel fühlbareren Strafmöglichkeiten berücksichtigen".

verbleiben aus der Tat keine Vorteile, mit denen er das Sanktionsübel quersubventionieren könnte. Er muss die Sanktion aus „unbemakeltem“, nicht mit der Tat verstricktem Vermögen begleichen und steht nach Aufdeckung der Tat schlechter, als er bei rechtmäßigem Verhalten gestanden hätte. Er hat nicht lediglich den angemaßten Vorteil verloren, sondern eine echte Einbuße erlitten.[32] Die Androhung einer solchen wirklichen, persönlich spürbaren Einbuße soll und kann – im Rahmen des strafrechtlich Möglichen – den Täter von der Begehung des Rechtsverstoßes abhalten.

Einzelunternehmer			
Abschöpfungsteil (*E_{62}: Verfall*)	Ahndungsteil (*E_{62}: Strafe*)		
	wirtschaftliche Verhältnisse	Bedeutung	Vorwurf
unmb Vorteile	**mb Vorteile**	**Schuldausgleich**	

Abbildung 10.1: wirksame Sanktion gegen Einzelunternehmer.
Der Abschöpfungsteil entzieht die unmittelbaren Gewinne. Die mittelbaren Gewinne verbessern die wirtschaftlichen Verhältnisse und erhöhen dadurch den Ahndungsteil. Dieser schöpft die mittelbaren Gewinne ab und trifft darüber hinaus „unbemakeltes“ Vermögen des Täters. Die Sanktion wird deshalb als Übel empfunden.

II. Mängel der reinen Individualverantwortlichkeit

Erst vor diesem nur mitgedachten Hintergrund – der Wirkungsweise der „gesunden“ Sanktion gegen den Einzelunternehmer – wird deutlich, welche Mängel die Entwurfsbegründung bei einer reinen Individualverantwortlichkeit der Organwalter aufdecken möchte. Die Entwurfsbegründung unterstellt dazu die Begehung „einer entsprechenden Pflichtverletzung durch das Organ einer juristischen Person“.[33] Der Rechtsverstoß des Einzelunternehmers sei für dasselbe, von einer juristischen Person getragene Unternehmen durch de-

32 Ohne diese Einbuße wäre der Rechtsverstoß ein Null-Summen-Spiel, das bei einer deutlich unter 100 % liegenden Aufdeckungswahrscheinlichkeit ebenfalls mehr zur Verletzung als zur Einhaltung der Rechtsordnung auffordern würde. Vgl. *Schünemann*, Unternehmenskriminalität, S. 161 f., der darin die „gravierendste Lücke“ einer sich auf den strafrechtlichen Verfall beschränkenden Prävention sieht.

33 BT-Drs. V/1269, S. 59 (li. Sp.).

ren Organwalter begangen. Die Bedeutung der Tat und der Vorwurf, der den Täter trifft, sind – beinahe[34] – identisch. Die gedachte Vergleichstat müsste zu denselben unmittelbaren und mittelbaren Vorteilen für das Unternehmen führen, die aber der juristischen Person und nicht der Leitungsperson selbst zugute kommen.[35]

Zwar könne in einem solchen Fall gegen das Organmitglied persönlich eine „Strafe oder Geldbuße [...] festgesetzt werden".[36] Diese dürfe allerdings „nur unter Berücksichtigung seiner persönlichen wirtschaftlichen Verhältnisse", nicht aber „des wirtschaftlichen Wertes [des] Unternehmens und der für das Unternehmen erzielten [...] Vorteile" bemessen werden. Die „hiernach zulässige Strafe oder Geldbuße würde vielfach in keinem angemessenen Verhältnis zur Tragweite der Tat stehen und weder geeignet sein, die der juristischen Person zugeflossenen Gewinne abzuschöpfen, noch die Erzielung solcher Gewinne zu bekämpfen."

Diese für das Verständnis des § 26 OWiG_{68} so zentrale wie aufschlussreiche Passage ist so dicht formuliert, dass die eigentliche Aussage leicht verloren geht. Der ohnehin schon mächtige Begründungs-Eintopf wird hier nahezu ungenießbar. Die Beschränkung auf die persönlichen Verhältnisse des Täters habe ein Missverhältnis zwischen Tat und Individualsanktion zur Folge und mache die Individualsanktion ungeeignet, rechtswidrige Verbandsgewinne abzuschöpfen und deren Erzielung zu bekämpfen. Diese gleichrangig nebeneinander gestellten Faktoren stehen indes nicht beziehungslos nebeneinander. Weil die Entwurfsbegründung diese Beziehung nicht herausstellt, wird nicht deutlich, worin genau das Präventionsdefizit besteht. Der eigentlich zentrale Aspekt wird gar verschwiegen. Das wiederum hat zur Folge, dass dem Instrument der Verbandsgeldbuße eine präventive Wirkung auf unterschiedlichstem Wege zugesprochen werden kann und jeder dieser Mechanismen sich scheinbar mit der Zwecksetzung der Entwurfsbegründung deckt. Wird dagegen das Stufenverhältnis aufgedeckt, lässt sich die genaue Ursache für das Präventionsdefizit freilegen. Fast von selbst ergibt

34 Der Vorwurf, der den Organwalter trifft, wird regelmäßig ein wenig geringer zu bewerten sein, weil er aus Unterordnung unter die Verbandsinteressen altruistisch u. nicht egoistisch handelt. Dazu oben § 9 A. III. 2. b) aa) (S. 267).

35 BT-Drs. V/1269, S. 59 (li. Sp.): „Handelt der Vorstand [eines Vereins] unter Mißachtung der Rechtsordnung zum Vorteil des Vereins, so fließt der Gewinn nicht ihm zu, sondern er vermehrt das zweckgebundene Vereinsvermögen."

36 Die wörtlichen Zitate dieses Absatzes sind BT-Drs. V/1269, S. 59 (li. Sp.) entnommen. Der vollständige Wortlaut des Absatzes aus der Entwurfsbegründung ist oben in Anm. 10.1 unter A. II. (S. 323) wiedergegeben.

sich dann auch der exakte Mechanismus, den der historische Gesetzgeber für die Verbandsgeldbuße vorgesehen hatte.

1. Unmöglichkeit der Gewinnabschöpfung

Zutreffend ist zunächst, dass die gegen den Organwalter mögliche Sanktion, sofern sie „nur unter Berücksichtigung seiner persönlichen wirtschaftlichen Verhältnisse festgesetzt“ wird, nicht geeignet wäre, „die der juristischen Person zugeflossenen Gewinne abzuschöpfen“.[37] Das gilt gleichermaßen für die unmittelbaren wie die mittelbaren Vorteile.

a) Die unmittelbaren Tatvorteile sind nicht in das Vermögen des Organwalters geflossen und sind deshalb i. S. d. § 11 Abs. 4 Satz 1 EOWiG kein „Gewinn, den *er* aus [der Ordnungswidrigkeit] gezogen hat“.[38] Die Entziehung von (Verbands-)Vorteilen, die dem Organmitglied nie zugeflossen sind, wäre aber nicht Wiederherstellung des status quo ante, sondern Entziehung sonstigen, nicht Tat-verstrickten Vermögens. Sie wäre nicht schuldgelöste Gewinnabschöpfung, sondern echte Strafe (im weiteren Sinne).

Als solche wäre sie gegenüber einer natürlichen Person nur im Rahmen der individuellen Schuld und nach Maßgabe der persönlichen Leistungsfähigkeit des Täters möglich. Diese Kriterien werden aber bereits bei der Zumessung des Ahndungsteils herangezogen. Sie sind dadurch „verbraucht“ und können nicht ein weiteres Mal zu einer Erhöhung der Sanktion führen, um den unmittelbaren Gewinn abzuschöpfen.

Die unmittelbaren Vorteile des Verbandes können folglich – de lege lata wie de lege ferenda – weder durch den Abschöpfungsteil der Individualsanktion, noch durch eine Erhöhung des Ahndungsteils erfasst werden. Bei dem in der Entwurfsbegründung unterstellten Fehlen einer Sanktionsmöglichkeit müssten sie der juristischen Person belassen werden.

Anm. 10.2: Das bedeutet freilich nicht, dass der Organwalter aus der Tat nicht einen persönlichen Vorteil gezogen haben könnte, der durch einen persönlichen Abschöpfungsteil sehr wohl entzogen werden könnte. Wenn etwa der Manager für die Erreichung eines Ziels einen Bonus erhält und dieses Ziel nur wegen der geahndeten Tat erreicht wurde, handelt es sich bei diesem Bonus ohne Weiteres um einen Gewinn, den er aus der Tat gezogen hat. Das bedeutet, dass sich dieser

37 BT-Drs. V/1269, S. 59 (li. Sp.).

38 Siehe § 11 Abs. 4 EOWiG in: BT-Drs. V/1269, S. 6. Siehe zu den Umgestaltungen dieser Vorschrift im Gesetzgebungsverfahren die Fußnoten zu I. 2. (S. 329)

Bonus abschöpfen ließe, ohne dass der Abschöpfungsbetrag auf den persönlichen Ahndungsteil angerechnet oder der juristischen Person zurückgegeben werden müsste. Kurzfristig[39] ließe sich damit bereits de lege lata die Durchschlagskraft der Individualsanktion erhöhen. Darüber hinaus ließe sich dem begreiflichen Unmut in der Bevölkerung begegnen, weshalb die Manager für den Gesetzesverstoß auch noch mit Bonuszahlungen belohnt werden. Schließlich erscheint es auch wertungsmäßig richtig, dass die von dem Verband ausgereichten Boni „verfallen" und diesem nicht im Wege des zivilrechtlichen Schadensausgleichs erstattet werden können. Denn ohne ein solches Verfallsrisiko wäre für die im Verband zusammengefassten Personen kein – oder ein nur sehr viel geringerer – Anreiz gesetzt, die Bonusstruktur auf die Einhaltung des Gesetzes auszurichten.

b) Ebensowenig lassen sich die mittelbaren Verbandsvorteile durch den Ahndungsteil der Individual-Geldbuße abschöpfen. Wie beim Einzelunternehmer müsste dieser Ahndungsteil nach der Bedeutung der Ordnungswidrigkeit, dem Vorwurf, der den Organwalter trifft, und den wirtschaftlichen Verhältnissen bemessen werden. Letztere meinen aber eben nur die persönlichen wirtschaftlichen Verhältnisse des Organwalters und nicht jene der juristischen Person, für die er gehandelt hat. Die mittelbaren Gewinne aus dem Verbandsdelikt sind dem Vermögen der juristischen Person zugeflossen und haben die wirtschaftlichen Verhältnisse der Leitungsperson nicht verbessert. Sie können deshalb – anders als beim Einzelunternehmer – nicht zu einer Erhöhung des Ahndungsteils der Individualsanktion führen.

Die nach dem Vorwurf und den wirtschaftlichen Verhältnissen (nur) des Täters bemessene Geldbuße kann deshalb auch die mittelbaren Gewinne des Verbandes nicht abschöpfen – auch nicht in gewissem Umfang. Der juristischen Person verbliebe beim Fehlen einer Sanktionsmöglichkeit folglich auch der mittelbare Tatgewinn.

2. Missverhältnis von Sanktion und Tat

Die nach den persönlichen Verhältnissen des Organwalters bemessene Sanktion kann die Gewinne des Verbandes nicht abschöpfen. Fehlt eine Sanktionsmöglichkeit gegen die juristische Person, können die Vorteile auch anderweitig nicht entzogen werden.[40] Sie blieben der juristischen Person erhalten. Dann aber liegt es auf der Hand, dass die Individualsanktion ge-

39 Es dürfte für die Beteiligten schon mittelfristig wohl ein Leichtes sein, die Bonusziele so diffus zu formulieren, dass ihre Erreichung sich nicht auf eine spezifische Tat wird zurückführen lassen.

gen den Organwalter als einzig mögliche Reaktion der Rechtsordnung auf das Verbandsdelikt „in keinem angemessenen Verhältnis zur Tragweite der Tat stehen“ kann.[41] Gemessen an den zum Einsatz gebrachten Macht- und Betriebsmitteln des Verbandes und den erzielbaren und erzielten Gewinnen muss die Individualsanktion geradezu lächerlich klein erscheinen.

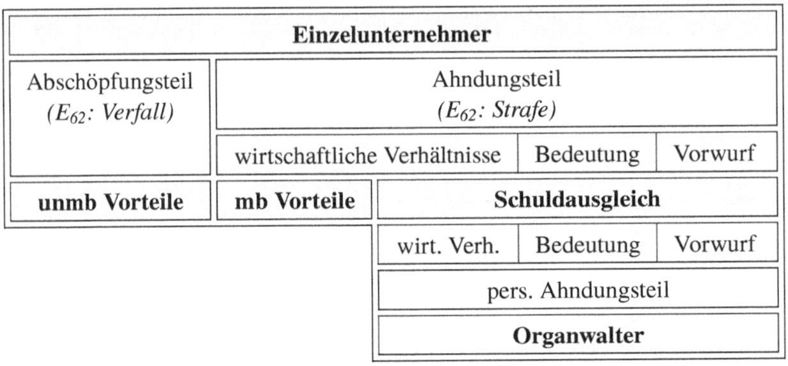

Abbildung 10.2: Sanktionsvergleich: Einzelunternehmer u. Organwalter.
Weder die unmittelbaren, noch die mittelbaren Tatvorteile sind dem Vermögen des Organwalters zugeflossen. Sie sind durch seine Individualsanktion nicht erreichbar und müssen dem Verband belassen werden. Den Täter trifft allein der nach seinen persönlichen Verhältnissen und seiner individuellen Schuld bemessene Ahndungsteil, der zwar „unbemakeltes“ Vermögen entziehen könnte, aber in keinem Verhältnis zur Tragweite der Tat und den erzielten und erzielbaren Gewinnen steht.

Anm. 10.3: Glaubt man dem veröffentlichen Entwurf des Bußgeldbescheides, so wurde mit der Verbandsgeldbuße gegen die Siemens AG im Nachgang der Schmiergeldaffäre ein Gewinn i. H. v. 394,75 Mio. Euro abgeschöpft.[42] Gestützt wurde die Verbandssanktion auf eine fahrlässige Aufsichtspflichtverletzung eines Vorstandsmitglieds, die diesem gegenüber mit einer Geldbuße von höchstens 500 000 Euro hätte geahndet werden können.[43] Das entspricht 0,13 % der erzielten

40 Hier wird – mit *Koffka,* in: NdSchr. GrStrKomm, Bd. I,[12] S. 301 (li. Sp.) – unterstellt, dass eine Abschöpfung auf zivilrechtlichem Wege nicht erfolgen kann, weil gerade bei den Wirtschaftsdelikten oft „gar keine Einzelperson da“ sei, die dem Verband „den Gewinn wegnehmen oder ihn schadensersatzpflichtig machen“ könne.

41 BT-Drs. V/1269, S. 59 (li. Sp.).

42 Siemens AG,@ Bußgeldbescheid, S. 12. Zwar wurde die Höhe des Gewinns geschätzt. Die Siemens AG war damit jedoch einverstanden, sodass die Erzielung von Gewinnen in dieser Größenordnung – oder darüber hinaus – unterstellt werden darf.

Gewinne.[44] Wäre die Rechtsordnung auf die reine Individualverantwortlichkeit beschränkt, hätte die Siemens AG das Bußgeld des Organwalters – auf welchem Wege auch immer[45] – erstatten können und trotzdem 99,87 % des rechtswidrigen Gewinnes behalten dürfen.

Das darf – trotz der missverständlichen Aussagen in den Materialien – nicht dahin missverstanden werden, dass die Sanktion gegen den Organwalter für ihn persönlich unangemessen niedrig wäre. Wie eben[46] beschrieben will die Geldbuße „den Täter durch das Risiko einer nicht unerheblichen Vermögenseinbuße davon“ abschrecken, rechtswidrig „zum Schaden der Allgemeinheit Gewinne zu erzielen.“[47] Damit die angedrohte Vermögenseinbuße von dem Täter auch als solche verspürt wird, muss die Geldbuße so hoch bemessen sein, dass sie auch den unrechtmäßig erlangten Gewinn abschöpfen kann. Könnte der Täter die Sanktion aus den Tatgewinnen bezahlen und den Überschuss behalten, wäre lediglich der Tatgewinn geschmälert und das Delikt ein lohnendes Geschäft. Eine abschreckende Wirkung käme der Sanktion nicht zu.

Bei der Verbandstat fließen die Gewinne aber in das Vermögen der juristischen Person. Der individualverantwortliche Organwalter kann nicht frei über diese Mittel verfügen und sie nicht verwenden, um seine eigene Sanktion aus ihnen zu bezahlen. Es ist deshalb gar nicht nötig, dem Täter diese – bei ihm ohnehin nicht vorhandenen – Mittel durch eine Erhöhung der persönlichen Sanktion oder eine daneben erfolgende Gewinnabschöpfung zu entziehen, um ihn für das eigentliche Vermögensübel empfänglich zu machen. Wäre sichergestellt, dass er die Sanktion vollständig und endgültig aus eigenem Vermögen bezahlen muss,[48] so müsste schon der erste Euro der Sanktion

43 In Siemens AG,@Bußgeldbescheid, S. 12 wird für die Höhe der Geldbuße auf § 130 Abs. 3 Satz 1 u. § 17 Abs. 2 OWiG abgestellt.

44 Darin sind nur die durch diese Geldbuße abgeschöpften Gewinne einbezogen. Zur Vermeidung einer mehrfachen Gewinnabschöpfung war die von den amerikanischen Behörden zu erwartende Abschöpfung berücksichtigt worden, Siemens AG, @Bußgeldbescheid, S. 12. Zu den dortigen Sanktionen i. H. v. umgerechnet 350 Mio. und 270 Mio Euro siehe Siemens AG,@PM v. 15. 12. 2008.

45 Ausf. zur Frage, ob das Bezahlen der Geldstrafe oder -buße durch das Unternehmen als Vollstreckungsvereitelung oder als Untreue strafbar ist, *Kranz*, ZJS 2008[5] S. 471 ff. Dazu auch unten § 13 B. I. (S. 544).

46 Zum Wirkmechanismus der Sanktion gegen den Einzelunternehmer oben I. 1. (S. 327).

47 BT-Drs. V/1269, S. 52 (re. Sp.) zu § 11 Abs. 4 EOWiG u. der Funktion der Geldbuße im Allgemeinen.

aus sonstigem, aus „unbemakeltem“ Vermögen aufgebracht werden. Die Sanktion würde in voller Höhe als schmerzhafte Einbuße verspürt. Sofern die Individualsanktion in ausreichender Höhe angedroht wäre und der Täter sie aus eigenem Vermögen aufbringen müsste, könnte ihre Androhung auch ohne (angedrohte) Abschöpfung der Verbandsgewinne abschreckend wirken.

Was die Höhe des angedrohten und zugefügten Übels angeht, ist die Beschränkung auf die persönlichen Verhältnisse des Täters ebenfalls kein zu beseitigender Mangel. Vielmehr wird sie von dem in § 11 Abs. 3 Satz 2 EOWiG[49] zum Ausdruck kommenden[50] und nicht bestrittenen[51] Grundsatz der Opfergleichheit unüberwindlich vorgeschrieben. Danach soll gleichermaßen Schuldigen trotz unterschiedlicher wirtschaftlicher Verhältnisse ein gleiches Opfer auferlegt werden.[52] Die abschreckende Wirkung der Geldbuße muss daran gemessen werden, wie empfindlich sie den Täter trifft.[53] Während der wirtschaftlich Starke sich nur durch Androhung eines größeren Übels von der Tat wird abschrecken lassen, genügt bei dem wirtschaftlich weniger Starken die Androhung eines geringeren Übels, um ihn in gleicher Weise abzuschrecken.

Der Organwalter ist, anders als der Einzelunternehmer, nicht selbst Inhaber der eingesetzten Macht- und Betriebsmittel.[54] Das führt ceteris paribus[55] zwangsläufig dazu, dass seine wirtschaftlichen Verhältnisse geringer zu be-

---

48 Tatsächlich ließe es sich bei den Verbandsdelikten ohne eine eigene Verbandssanktion gerade nicht gewährleisten, dass der Organwalter die Sanktion selbst bezahlen müsste. Dazu bereits § 9 A. III. 3. a) (S. 274) u. sogleich 3. (S. 339).

49 § 11 Abs. 3 Satz 2 EOWiG – BT-Drs. V/1269, S. 6 – entspricht wörtlich dem späteren § 13 Abs. 3 Satz 2 des $OWiG_{68}$, BGBl. I 1968,[33] S. 481 (485) u. dem heutigen § 17 Abs. 3 Satz 2 OWiG.

50 Zum Zusammenhang von Opfergleichheit u. § 17 Abs. 3 Satz 2 OWiG bzw. § 40 Abs. 2 StGB siehe nur *Sackreuther*, in: BeckOK-OWiG,[28] § 17 Rn. 84. Monographisch zur Konkretisierung des Gedankens der Opfergleichheit im Hinblick auf Geldstrafen *v. Selle*, passim u. hierauf aufbauend *Farivar Meemar*, passim.

51 Siehe zur Anerkennung des Grundsatzes als systemtragendes Prinzip die Nachw. aus Lit. u. Rspr. bei *v. Selle*, S. 32 (Fn. 26 u. 27).

52 Statt vieler *v. Selle*, S. 32. Vgl. auch BGH, Urt. v. 27. 3. 1979 – 1 StR 503/78 – BGHSt **28**, 360 ff. (363).

53 So BT-Drs. V/1269, S. 52 (li. Sp.), wo ersichtlich mit dem Grundsatz der Opfergleichheit argumentiert wird, ohne diesen Begriff zu verwenden.

54 Zu dieser einseitigen „Hebelwirkung“ der Verbandstätigkeit bereits oben § 9 A. III. 2. b) bb) (S. 269).

55 Auch die Entwurfsbegründung unterstellt in BT-Drs. V/1269, S. 59 (li. Sp.) mit der Begehung „einer [der Tat des Einzelunternehmers] entsprechenden Pflichtverletzung durch das Organ einer juristischen Person“ sonst gleiche Voraussetzungen.

messen sind. Entsprechend genügt bei dem wirtschaftlich (erheblich) weniger starken Organwalter die Androhung einer (erheblich) niedrigeren Sanktion, um ihn ebenso schmerzhaft zu treffen wie den wirtschaftlich stärkeren Einzelunternehmer. Auch hier gilt: Wäre sichergestellt, dass der Organwalter die Sanktion vollständig und endgültig aus eigenem Vermögen zahlen müsste, drohte ihm eine Vermögenseinbuße, die für ihn persönlich dieselbe abschreckende Wirkung hätte, wie für den Einzelunternehmer. Mit ihrer Androhung ließe sich die Erzielung rechtswidriger Verbandsgewinne ebenso wirksam bekämpfen.

Um es noch einmal zugespitzt zu sagen: Die Sanktion gegen den Organwalter ist nicht unangemessen niedrig, weil sie hinter jener des Einzelunternehmers zurückbleibt. Im Gegenteil ist sie nur angemessen, wenn sie entsprechend der verringerten wirtschaftlichen Leistungsfähigkeit des Organwalters niedriger bemessen ist. Anderenfalls würden wirtschaftlich erheblich ungleiche Täter gleich behandelt oder dem gleichermaßen Schuldigen ein ungleiches Opfer auferlegt. Will man der Entwurfsbegründung nicht unterstellen, dass sie die einzig verfassungskonforme Ausgestaltung der Individualsanktion kritisieren und beseitigen wollte, muss der Gedanke anders verstanden werden.

3. Präventionsdefizit wegen ökonomisch-rationaler Kollusion

Die Androhung einer auf den Organwalter zugeschnittenen Sanktion als solche wäre, wenn er diese nach ihrer Festsetzung aus eigenem Vermögen aufbringen müsste, sehr wohl geeignet, ihn von der Begehung von Verbandsdelikten abzuhalten. Sie wäre dazu auch dann geeignet, wenn die rechtswidrigen Gewinne des Verbandes nicht abgeschöpft würden. Und doch ist es richtig, wenn die Entwurfsbegründung – vordergründig – der Individualsanktion die Fähigkeit abspricht, „die Erzielung [rechtswidriger Verbands-] Gewinne zu bekämpfen.“[56]

Der Schlüssel zur Auflösung dieses scheinbaren Widerspruchs ist das unterstellte „Fehlen einer Sanktionsmöglichkeit“ gegen die juristische Person. Dürfte diese die rechtswidrigen Gewinne behalten, wäre keineswegs sichergestellt, dass das Organmitglied seine Sanktion selbst tragen muss. Im Gegenteil: Es wäre geradezu ein Anreiz dafür geschaffen, den altruistischen Delinquenten von seiner Sanktion freizustellen. Dadurch würde die Sank-

56 BT-Drs. V/1269, S. 59 (li. Sp.).

tion letztlich doch aus den Tatgewinnen erbracht und der Täter der an sich ausreichend abschreckenden Wirkung seiner Individualsanktion entzogen.

Mit etwas Aufwand lässt sich dieser Gedanke, wenn auch nur zwischen den Zeilen,[57] aus der Entwurfsbegründung zu § 19 EOWiG herauslesen:[58] Die Individualsanktion gegen den Organwalter darf – de lege lata wie de lege ferenda – „nur unter Berücksichtigung seiner persönlichen wirtschaftlichen Verhältnisse festgesetzt werden." Dadurch ist es mit ihr nicht möglich, „die der juristischen Person zugeflossenen Gewinne abzuschöpfen". Beim „Fehlen einer Sanktionsmöglichkeit" würden ihr „zwar die Vorteile [der] in ihrem Interesse vorgenommenen Betätigung zufließen". Sie wäre aber, anders als der Einzelunternehmer, nicht zugleich „den Nachteilen ausgesetzt [...], die als Folge der Nichtbeachtung der Rechtsordnung [...] eintreten können." Mit anderen Worten: Die juristische Person dürfte die rechtswidrigen Tatgewinne behalten.

Das aber bedeutet, dass die Nichtbeachtung der Rechtsordnung durch den Organwalter für den Verband sogar im Falle der Aufdeckung ein lohnendes, ein wiederholungswürdiges Geschäft wäre.[59] Zum Zwecke der Gewinnmaximierung müssten die im Verband zusammengefassten Einzelpersonen diesen so organisieren, dass möglichst viele lukrative Verbandsdelikte begangen werden. Weil sie diese Taten nicht selbst begehen können, sondern hierzu auf Organwalter und sonstige Vertreter angewiesen sind, müssten sie für diese möglichst alle Hemmnisse beseitigen.

Beim Fehlen einer Sanktionsmöglichkeit gegen die Verbände wäre die angedrohte Individualsanktion gegen den Organwalter das einzige Hemmnis, das der Staat als Gegenmotiv zur Tatbegehung in Stellung bringt. Weil

---

57 Wieder einmal war es *M. Hirsch,* der den Gedanken in: Prot. RechtsA V,[44] S. 24 offen aussprach: Er bemängelt, dass die Aktiengesellschaft im Falle eines Rechtsverstoßes „große Gewinne mache, deren Organe aber [...] nur zu einer lächerlich niedrigen Geldbuße verurteilt werden könnten, *die die Gesellschaft aus der Westentasche bezahlen werde.*" Herv. nur hier. Der Gedanke war den Mitgliedern des Ausschusses wohl so geläufig, dass auch *Lenz,* in: Prot. RechtsA V,[41] S. 45 f. apodiktisch u. unangefochten feststellen konnte: „Das Ergebnis, das einträte, wenn man sich auf die Verfolgung der [...] handelnden natürlichen Personen beschränkte, werde wohl von niemandem gewollt."

58 Die wörtlichen Zitate dieses Absatzes sind BT-Drs. V/1269, S. 59 (li. Sp.) entnommen. Der vollständige Wortlaut des Absatzes aus der Entwurfsbegründung ist oben in Anm. 10.1 unter A. II. (S. 323) wiedergegeben.

59 Vgl. bezogen auf die Individualsanktion *M. Hirsch,* in: Prot. RechtsA V,[41] S. 32 zu § 11 Abs. 4 EOWiG: „Der Täter würde [...] ein Geschäft machen können, wenn die Buße niedriger als der Gewinn sei und er den Überschuß behalten könne."

diese Sanktion nach den wirtschaftlichen Verhältnissen des Organwalters zu bemessen wäre, müsste sie verhältnismäßig gering sein und könnte „in keinem angemessenen Verhältnis zur Tragweite der Tat" und den durch sie erzielbaren Gewinnen stehen. Regelmäßig und ohne Weiteres würden die erheblichen Tatgewinne ausreichen, um den Täter von den Folgen seiner Individualsanktion freizustellen, ihn für seine Opferbereitschaft zu belohnen und den Überschuss als Gewinn einzustreichen.[60]

Diese zu befürchtende und ökonomisch geradezu gebotene[61] Kollusion zwischen den Verbandsmitgliedern und dem Individualtäter ist der Grund, weshalb die Individualsanktion ungeeignet ist, „die Erzielung [rechtswidriger Verbands-]Gewinne zu bekämpfen."[62] Denn das eigentliche Abschreckungspotenzial der Individualsanktion beruht auf dem angedrohten „Risiko einer nicht unerheblichen Vermögenseinbuße."[63] Zu diesem Zweck müssen auch dem Einzelunternehmer die rechtswidrigen Vorteile aus der Tat entzogen werden.[64] Er soll die Sanktion nicht aus den Tatgewinnen begleichen können, sie nicht als eine Schmälerung des Tatgewinns, sondern als ein echtes Übel wahrnehmen. Beim Fehlen einer entsprechenden Sanktionsmöglichkeit wären aber die Gewinne der juristischen Person dem staatlichen Zugriff entzogen. Sie stünden, wenn die Verbandsmitglieder und die Leitungsperson sich zusammentun, als eine Art Haftungsfonds zur Verfügung, aus dem die Sanktion bezahlt werden könnte. Die Individualsanktion führte für das Gesamtsystem aus Verband und Organwalter lediglich zu einer – marginalen – Schmälerung des Tatgewinns. Sie verkäme zu einem „leicht kalkulierbaren Kostenfaktor [...], dessen Inkaufnahme von einer reinen Kosten-Nutzen-Analyse geradezu geboten" würde.[65]

Das führt zu der letztlich fatalen Konsequenz und dem innersten Kern des Präventionsdefizits der reinen Individualverantwortlichkeit: In einem solchen Sanktionssystem könnte sich der Einzeltäter schon vor Begehung

60 Vgl. hierzu das besonders eindrückliche Beispiel der Siemens Schmiergeld-Affäre, das oben in Anm. 10.3 unter 2. (S. 335) wiedergegeben ist.

61 Zur sog. „Sog-" u. „Spiralwirkung" bereits oben § 9 A. III. 3. a) (S. 276).

62 BT-Drs. V/1269, S. 59 (li. Sp.).

63 BT-Drs. V/1269, S. 52 (re. Sp.).

64 Das Zusammenspiel von Gewinnabschöpfung u. Übelszufügung hat *Geiger*, 229 f. treffend umschrieben: Gemessen am status quo ante führt erstere zu einer Gleichstellung u. letztere zu einer Schlechterstellung des Täters. Die Abschöpfung der Tatvorteile sei „notwendige Bedingung für einen effektiven Strafeingriff." Im Original kursiv hervorgehoben.

65 So *Schünemann*, Unternehmenskriminalität, S. 162, der sich dabei aber auf den strafrechtlichen Verfall bezieht.

der Tat darauf verlassen, dass der Verband ihm das Sanktionsübel aus den Tatgewinnen abnehmen und dabei noch ein gutes Geschäft machen werde. Die angedrohte Vermögenseinbuße, die den Täter an sich ausreichend abschrecken könnte, würde ihn mit Sicherheit nicht erreichen. Wo aber der Täter „den Denkzettel zur Erledigung beliebig weiterreichen kann", verliert das angedrohte Sanktionsübel, das „fühlbare Opfer, das dem Täter das Maß seiner Schuld vergeltend abverlangt wird," jede abschreckende Wirkung.[66] Das für den Verband ohnehin kaum fühlbare Vermögensübel machte sich auch für den Verurteilten „höchstens als flüchtiges Schattenbild bemerkbar, niemals aber als ein die Rechtssicherheit wirklich gewährleistender, ernster Eingriff."[67] Tun sich die Verbandsmitglieder und die Leitungsperson zusammen, könnten sie sicherstellen, dass im Ergebnis keinem Beteiligten „das Risiko einer nicht unerheblichen Vermögenseinbuße" droht. Die ihres Abschreckungspotenzials beraubte Individualsanktion könnte die Erzielung rechtswidriger Verbandsgewinne auf diese Weise in der Tat nicht wirksam bekämpfen.

4. Zwischenfazit

Tatsächlich also ist, was sich wie ein Präventionsdefizit einer vermeintlich zu niedrigen Individual*sanktion* liest, das Präventionsdefizit einer reinen Individual*verantwortlichkeit*. Wie es *Busch* schon 35 Jahre zuvor auf den Punkt gebracht hatte, reicht die „strafrechtliche Verantwortlichkeit der Täter-Individuen allein [...] nicht aus, um die Verbrechen [...] aus dem Machtbereich der Verbände [...] so wirksam zu bekämpfen, wie dies zum Schutze der Gesellschaft und im Interesse der Bewährung der Rechtsordnung notwendig ist".[68]

Ausgerüstet mit dieser Erkenntnis lässt sich die Brücke zu dem entscheidenden Absatz der Entwurfsbegründung schlagen. Er ist vor dem Hintergrund zu lesen, dass nicht die Individual*sanktion*, sondern die reine Individual*verantwortlichkeit* der handelnden Organwalter nicht in der Lage sei, „die Erzielung [rechtswidriger Verbands-]Gewinne zu bekämpfen." Ergänzt man

66 So zur Geldstrafe *Hillenkamp*, in: FS Lackner (1987), S. 455 (461). Zust. *Holly/Friedhofen*, NZA 1992,[4] S. 145 (149). Dazu auch *Schmitt*, Maßnahmen, S. 141.

67 So bereits *Jescheck*, DÖV 1953,[17] S. 539 (541 f.). Ähnlich *Schmitt*, Maßnahmen, S. 141.

68 *Busch*, S. 122. Ausf. zu den hier maßgebenden Gedanken *Buschs* bereits oben § 9 A. III. (S. 261).

den sehr stark verdichteten Absatz um die eben herausgearbeiteten und im Hintergrund nur mitgedachten Gedanken, so sagt die Entwurfsbegründung Folgendes:[69]

Das Präventionsdefizit der reinen Individualverantwortlichkeit besteht nicht darin, dass das „nur unter Berücksichtigung [der] persönlichen wirtschaftlichen Verhältnisse" des Organwalters bemessene – und auch de lege ferenda zwingend zu bemessende – individuelle Sanktionsübel für sich genommen zu niedrig wäre. Vielmehr wurzelte das Problem darin, dass das zur Abschreckung angedrohte Übel den Täter nicht erreichen könnte. Denn mit der Individualsanktion ist es nicht möglich, „die der juristischen Person zugeflossenen Gewinne abzuschöpfen". Das führte zum einen dazu, dass die Individualsanktion – wenn sie die einzige Reaktionsmöglichkeit des Staates wäre – „vielfach in keinem angemessenen Verhältnis zur Tragweite der Tat" und den durch sie erzielbaren Gewinnen stehen würde. Vor allem aber wäre das Verbandsdelikt, wenn die erheblichen Tatvorteile nicht entzogen werden könnten, ein lohnendes Geschäft. Bei ökonomisch-rationalem Verhalten müsste die Leitungsperson, schon um sie zur Wiederholung anzuhalten, für den lukrativen Rechtsverstoß belohnt, jedenfalls aber von den negativen Sanktionsfolgen freigestellt werden. Die Tatgewinne würden dazu regelmäßig ausreichen und der erhebliche Überschuss käme als Betriebsgewinn den Verbandsmitgliedern zugute. Der Einzeltäter wiederum könnte sich schon vor Begehung der Tat darauf verlassen, dass ihn die schützende Hand des Verbandes vor dem angedrohten Sanktionsübel bewahren werde. Beim „Fehlen einer Sanktionsmöglichkeit" gegen die juristische Person wäre die Abschreckungswirkung auch der Individualsanktion beseitigt und dem Strafrecht der einzige Giftzahn gezogen. Die einzig mögliche Sanktion würde letztlich aus den Tatgewinnen bezahlt und könnte den Täter nicht als ein nachhaltig spürbares Opfer erreichen. Ohne die Unterstützung durch eine Verbandssanktion wäre sie – anders als die Sanktion gegen den Einzelunternehmer – in der Tat ungeeignet, die Begehung von Verbandsdelikten, sprich: „die Erzielung [rechtswidriger Verbands-]Gewinne zu bekämpfen."[70]

---

69 Die wörtlichen Zitate des folgenden Absatzes entstammen BT-Drs. V/1269, S. 59 (li. Sp.). Der vollständige Wortlaut des Absatzes aus der Entwurfsbegründung ist oben in Anm. 10.1 unter A. II. (S. 323) wiedergegeben.

70 BT-Drs. V/1269, S. 59 (li. Sp.).

III. Zwischenfazit: Die Frage zu § 26 $OWiG_{68}$

Damit ist das Problem freigelegt, auf das die Verbandsgeldbuße des § 26 $OWiG_{68}$ die Antwort sein sollte. Das Vorstehende hat gezeigt, dass auch der etwas kryptische Vergleich zwischen den Sanktionsmöglichkeiten beim Einzelunternehmer und dem Organwalter der juristischen Person in der Entwurfsbegründung zu § 19 EOWiG im – gut versteckten – Kern genau dieses Problem umschreibt.

Beschränkt sich das Strafrecht (im weiteren Sinne) auf die Verantwortlichkeit der Täter-Individuen, so ist es nicht in der Lage, seine güterschützende Aufgabe zu erfüllen, weil es die Begehung von Verbandsdelikten nicht wirksam zu bekämpfen vermag. Denn die Instrumente, die bei dem egoistisch handelnden Täter die präventive Durchschlagskraft der Sanktionsandrohung absichern, werden bei den Verbandsdelikten vor unlösbare Aufgaben gestellt. Der altruistisch handelnde Täter des Verbandsdeliktes mehrt nicht sein eigenes, sondern das Vermögen der juristischen Person. Dieses ist durch die Individualsanktion nicht zu erreichen. Ohne Verbandssanktion wäre es dem staatlichen Zugriff vollends entzogen und die juristische Person dürfte die rechtswidrigen, auf Kosten der Allgemeinheit angemaßten Gewinne behalten. Damit wäre die Saat der ökonomisch-rationalen Kollusion gesät. Die nach den wirtschaftlichen Verhältnissen des Täters bemessene und für den Verband deshalb kaum spürbare Individualsanktion würde dem Täter aus den Tatgewinnen erstattet, der Überschuss als Betriebsgewinn verbucht.

Das *Gesamtsystem aus juristischer Person und Organwalter*[71] wäre in einer nicht zu rechtfertigenden Weise gegenüber dem Einzelunternehmer privilegiert.[72] Diesem wird umfassend der mittelbare wie der unmittelbare Gewinn entzogen, damit er das Sanktionsübel nicht lediglich als eine Schmälerung des Tatgewinns, sondern als eine echte Einbuße verspürt. Jenes würde in toto zu einer weit geringeren Sanktion verurteilt, zu deren Begleichung die nicht abschöpfbaren Taterträge zur Verfügung stünden. Sie wirkte sich als eine marginale Schmälerung des Tatgewinns aus, die von keinem Beteiligten als ein echtes Übel verspürt würde.

Ein solches Präventionsdefizit konnte selbstredend nicht hingenommen werden. Der von dem Strafrecht (im weiteren Sinne) bezweckte Güterschutz

71 Insoweit ungenau BT-Drs. V/1269, S. 59 (li. Sp.): „Die *juristische Person* wäre dann gegenüber der natürlichen Person besser gestellt." Herv. nur hier.

72 Treffend schon *Busch*, S. 112: Zwar wird „das Individuum in der Interessenverwirklichung vom Staate gehemmt […], sobald es rechtlich verbotene Wege beschreitet, nicht aber der über größere Machtmittel und Lebenskräfte verfügende Verband."

würde nicht weniger als auf den Kopf stellt, wenn das Verbandsdelikt ein lohnendes Geschäft bliebe. Der Gesetzgeber musste deshalb einen Weg finden, diese völlig verquere Anreizstruktur zu beseitigen oder – besser noch – in ihr Gegenteil zu verkehren.

Die Frage, auf die § 26 $OWiG_{68}$ die Antwort sein sollte, lautete folglich: Wie lässt sich der Anreiz zur ökonomisch-rationalen Kollusion beseitigen, damit der Täter des Verbandsdeliktes die Sanktion tatsächlich als ein Übel verspürt, dessen Androhung ihn von der Begehung des Deliktes wirksam abschrecken kann?

C. *Die folgerichtige Verbandssanktion*

Noch bevor im nächsten Abschnitt die Antwort des Gesetzgebers in § 26 $OWiG_{68}$ untersucht wird, soll zuerst der Versuch unternommen werden, eine eigene Antwort zu geben. Zwar wird dadurch der Rahmen der Text-externen Auslegung vorübergehend verlassen. Gleichwohl empfiehlt sich dieses Vorgehen, weil den Gesetzesmaterialien zu dem eigentlichen Zweck und Mechanismus der Verbandsgeldbuße noch weniger zu entnehmen ist als zu dem Problem, das sie lösen sollte. Apodiktisch bestimmt die Entwurfsbegründung, dass die Verbandsgeldbuße einen Ausgleich dafür ermöglichen solle, dass „der juristischen Person [...] nur die Vorteile [der] in ihrem Interesse begangenen Betätigung zufließen, daß sie aber beim Fehlen einer Sanktionsmöglichkeit nicht den Nachteilen ausgesetzt wäre, die als Folge der Nichtbeachtung der Rechtsordnung [...] eintreten können."[1] Die Vorteile der juristischen Person sollen folglich in irgendeiner Weise mit dem Nachteil einer Verbandsgeldbuße verknüpft werden. Ohne eine solche Sanktion wäre die „juristische Person [...] gegenüber der natürlichen Person besser gestellt."[2] Die Verbandsgeldbuße bezweckt danach eine Gleichstellung von juristischer und natürlicher Person. Wie aber diese Gleichstellung durch eine Verbandsgeldbuße erreicht werden soll, bleibt völlig offen.

Zur Beantwortung der Frage soll zunächst versucht werden, die Vorarbeiten, auf die auch der Gesetzgeber zurückgreifen konnte, organisch fortzuführen.[3] Dabei wird sich zeigen, dass eine Verbandssanktion das Problem der

1 BT-Drs. V/1269, S. 59 (li. Sp.).

2 BT-Drs. V/1269, S. 59 (li. Sp.).

3 *Göhler,* in: Prot. SondA-StrafR V,[57] S. 1083 (li. Sp.) meinte, „man würde die historische Entwicklung [...] nicht *organisch fortführen,* sondern über den Haufen werfen, wenn man sich gegen eine Geldbuße gegen juristische Personen ausspräche." Herv.

Individualverantwortlichkeit bereits löst, wenn sie umfassend die unmittelbaren wie die mittelbaren Gewinne des Verbandes abschöpft. Sind Zweck und Mechanismus einer sinnvollen Verbandssanktion auf diese Weise herausgestellt, wird sich im nächsten Abschnitt (D.) zeigen lassen, dass auch der Gesetzgeber die Geldbuße des § 26 $OWiG_{68}$ letztlich als solch umfassendes Gewinnabschöpfungsinstrument konzipiert hatte.

I. Äußerer und innerer Zweck der Verbandssanktion

Ist die Verbandssanktion ein im weiteren Sinne strafrechtliches Instrument, so ist ihr äußerer Zweck vorgegeben. Sie ist eines jener Mittel, die im Zusammenspiel die Aufgabe des Strafrechts bewältigen sollen. Diese Aufgabe besteht im Schutz von Rechtsgütern durch Vorbeugung von Straftaten und Ordnungswidrigkeiten.[4] Das Strafrecht ist freilich seinerseits nur eines von mehreren Mitteln,[5] die im Zusammenspiel den Güterschutz insgesamt bezwecken. Diese äußere Zwecksetzung ließe sich immer weiter fortsetzen, bis die Aufgabe der Gesamtrechtsordnung[6] selbst erreicht ist. Für den spezifischen, den inneren Zweck der Verbandssanktion wäre dadurch jedoch nicht viel gewonnen. Vielmehr ist durch diese ineinander verschachtelten äußeren Zwecke nur der Ausschnitt aus der Gesamtaufgabe der Rechtsordnung bezeichnet, zu dem die Verbandssanktion einen Beitrag leisten soll. Ihr eigentlicher, ihr innerer Zweck muss dort gesucht werden, wo sich die Verbandssanktion von den übrigen gleichrangigen Mitteln des Strafrechts unterscheidet.

Insoweit hat der vorangegangene Abschnitt (B.) gezeigt, weshalb eine Verbandssanktion notwendig ist. Solange sich die Mittel des Strafrechts ausschließlich gegen natürliche Personen richten, können sie die Aufgabe des Strafrechts – Güterschutz durch Vermeidung von Straftaten und Ordnungswidrigkeiten – im Hinblick auf Verbandsdelikte nicht erfüllen. Denn keines dieser Mittel wäre in der Lage, der juristischen Person den rechtswidrigen

---

nur hier. Dem lässt sich entnehmen, dass er in der avisierten Verbandsgeldbuße eine organische Fortführung dieser Entwicklung sah.

4 Ausf. zur Aufgabe des Straf- u. Ordnungswidrigkeitenrechts oben § 7 A. (S. 193).

5 Dazu gehörten dann etwa der zivilrechtliche Schadenersatz, die präventiven Verbote des öffentlichen Rechts mit Erlaubnisvorbehalt etc.

6 Für *Zipf*, in: Maurach/Zipf[8] § 2 Rn. 11 ist es „die Aufgabe der Rechtsordnung schlechthin, Vorkehrungen für ein geregeltes Zusammenleben der vom Staat umschlossenen Gesamtheit zu treffen." Ganz ähnliche Definitionen etwa bei *Eisele*, in: Baumann/Weber[12] § 2 Rn. 4 u. *Rüthers/Fischer/Birk*, Rechtstheorie[11] Rn. 72.

Tatgewinn zu entziehen. Wo aber der juristischen Person die Tatgewinne belassen werden, ist das Verbandsdelikt sogar im Falle der Aufdeckung ein lohnendes Geschäft. Die potentiellen Täter können damit rechnen, von dem Verband aus den Tatgewinnen von etwaigen Sanktionsfolgen freigestellt und für die eigene Opferbereitschaft belohnt zu werden. Dadurch verliert das angedrohte Sanktionsübel nicht nur jede abschreckende Wirkung. Es wird vielmehr der Anreiz nicht zur Vermeidung, sondern zur Begehung möglichst vieler verbandsnützlicher Delikte gesetzt.

Daraus folgt unmittelbar der innere Zweck, das nächste Ziel einer effektiven Verbandssanktion: Sie muss als einzelnes strafrechtliches Zahnrädchen im großen Räderwerk der Rechtsordnung das Präventionsdefizit der reinen Individualverantwortlichkeit beseitigen. Dieses Defizit besteht darin, dass die Individualsanktion ihre abschreckende Wirkung nicht entfalten kann, solange das Verbandsdelikt ein lohnendes Geschäft ist. Die Verbandssanktion muss deshalb schlicht dazu führen, dass sich das Verbandsdelikt im Falle der Aufdeckung für die juristische Person nicht mehr lohnt.

Hat der Verband aus dem Rechtsbruch seines Organwalters keinen nachhaltigen Vorteil, sondern droht ihm regelmäßig ein – gegebenenfalls auch nur außerstrafrechtlicher – Nachteil,[7] so wird die Anreizstruktur der ökonomisch-rationalen Kollusion in ihr Gegenteil verkehrt: Die Organisation des Verbandes müsste zum Zwecke der Gewinnmaximierung auf die Deliktsvermeidung ausgerichtet werden. Die Mitglieder des Verbandes täten gut daran, „ihre Organe nicht nur nach den Maßstäben besonderer Geschäftstüchtigkeit auszuwählen, [...] sondern auch danach, ob die Organe sich auch an die Rechtsordnung halten."[8]

Der potentielle Täter liefe Gefahr, dass seine „Handlung nicht zum Vorteil, sondern zum Nachteil der juristischen Person ausschlägt, wenn [er] die Rechtsordnung missachtet".[9] Er könnte nicht mehr mit der sicheren Abnahme

7 Auch ohne eine finale Übelszufügung erleidet der Verband – wie *Eidam*, Unternehmen u. Strafe, S. VIII es sagte – durch „*‚negative Publizität'* sowie *‚Verlust an Akzeptanz, an Arbeitszeit und -kraft'*" einen ganz erheblichen Nachteil. Herv. im Original.

8 *Göhler*, in: Prot. SondA-StrafR V,[57] S. 1080 (li. Sp.), der damit wiederholte, was er zuvor in: Prot. SondA-StrafR IV,[23] S. 402 (li. Sp.) zu § 12 RefE-OWiG gesagt hatte. Der Gedanke geht auf *Jescheck*, in: NdSchr. GrStrKomm, Bd. I,[12] S. 299 (re. Sp.) zurück, der sich von seiner rein präventiven Sicherungsmaßregel gegen Verbände diese Wirkung versprochen hatte.

9 So *Göhler*, in: Prot. SondA-StrafR V,[57] S. 1080 (li. Sp.) u. zuvor in: Prot. SondA-StrafR IV,[23] S. 402 (li. Sp. f.) zu § 12 RefE-OWiG. Dieser Gedanke ist bereits bei *Busch*, S. 105 angedeutet.

des Sanktionsübels durch den Verband rechnen, dürfte darauf an sich schon nicht mehr hoffen. Vielmehr müsste er damit rechnen, dass ihn die angedrohte staatliche Sanktion unmittelbar und unverwässert selbst treffen und er sich im (vermeintlichen) Verbandsinteresse die eigenen Finger verbrennen werde. Wo die Abschreckungswirkung der staatlichen Sanktionsandrohung zu wünschen übrig ließe, würde sie in einem effizienten und auf Gewinnmaximierung ausgerichteten Verband durch interne Sanktionsmaßnahmen flankiert werden. Dem Täter drohte tatsächlich das abschreckend wirkende, persönliche „Risiko einer nicht unerheblichen Vermögenseinbuße".[10] Dieses würde ihn, auch wenn es nur nach seiner Schuld und seinen individuellen Verhältnissen bemessen ist, von der Tatbegehung abschrecken, soweit dies strafrechtlich möglich ist. Er wäre für die präventiven Gebote der Rechtsordnung so empfänglich wie jeder andere auch.

Soweit die Verbandssanktion sicherstellt, dass das Verbandsdelikt für die juristische Person kein lohnendes Geschäft ist, kann sie die präventive Wirksamkeit der Individualsanktion (wieder-)herstellen. Sie würde dadurch zur Verbrechensbekämpfung, dem Schutz von Rechtsgütern und letztlich der Gesamtaufgabe der Rechtsordnung beitragen.

II. Die Antwort der „Impulsgeber"

Wie also muss eine Verbandssanktion ausgestaltet sein, damit das Verbandsdelikt für die juristische Person kein lohnendes Geschäft ist? Die Antwort auf diese Frage ist – wenn auch die Frage vielleicht nicht so deutlich formuliert war – im Vorfeld des § 26 $OWiG_{68}$ präzise herausgearbeitet worden und liegt nach dem bisher Gesagten auf der Hand: Die Verbandssanktion würde dieses Ziel schon dann erreichen, wenn sie möglichst umfassend den unmittelbaren wie den mittelbaren Gewinn der juristischen Person abschöpfte. Zur Erinnerung:[11]

Schon auf dem Vierzigsten Deutschen Juristentag hatte *Engisch* – en passant – gezeigt, unter welcher Voraussetzung der individuelle Strafzwang ausreichend abschreckend wirken könne. Es müsse durch „Schadensersatz oder *Vorteilsentziehung* auf zivilrechtlichem oder polizeirechtlichem Wege ein Ausgleich" für das geschaffen werden, „was im Interesse des Verbandes an Rechtsgüterverletzungen bewirkt und *an Gewinn eingeheimst wurde*."[12]

---

10 BT-Drs. V/1269, S. 52 (re. Sp.).

11 Siehe ausf. zu den Impulsgebern des § 26 $OWiG_{68}$ bereits oben § 9 B. (S. 280).

Hartung präzisierte diese Forderung dahingehend, dass nicht nur der unmittelbare, sondern auch der mittelbare Gewinn entzogen werden müsse.[13] Weil aber die polizeirechtlichen[14] und zivilrechtlichen[15] Instrumente eine umfassende Gewinnabschöpfung nicht sicherstellen konnten, musste der von *Engisch* angemahnte Ausgleich durch ein neues Instrument geschaffen werden.

Koffka hatte sich deshalb in der Großen Strafrechtskommission zunächst für einen „öffentlich-rechtlichen Gewinnabschöpfungs- und Schadensersatzanspruch" eingesetzt.[16] Sie wollte „eine Abschöpfung des unmittelbaren und mittelbaren Gewinns unter dem Gedanken eines erheblichen Schadensersatzes" vorgesehen wissen.[17] Die Abschöpfung gerade auch des mittelbaren Gewinns war ihr dabei ein besonderes Anliegen.[18]

Dieses umfassende Abschöpfungsinstrument ist nach einiger Umgestaltung in der Kombination zweier Instrumente aufgegangen. Der aus der Umstellung auf das Tagessatzsystem hervorgegangene Verfall sollte sich auch gegen die juristische Person als schuldlosen Dritten wenden können und ihr den unmittelbaren Gewinn entziehen. Für den mittelbaren Gewinn war in der Großen Strafrechtskommission eine zusätzliche Geldsanktion/-buße vorgesehen, die bei „der juristischen Person Gewinne und sonstige Vorteile" abschöpfen sollte, „die ihr durch eine Verbandstat zugeflossen sind und die ihr nicht durch die Verfallvorschriften entzogen werden können."[19]

---

12 *Engisch*, Referat 40. DJT (1953), E 34. Herv. nur hier. Ganz in diesem Sinne auch *Hartung*, Korreferat 40. DJT (1953), E 54: „Selbstverständlich ist [...], daß die Körperschaft den rechtswidrigen Vorteil, der ihr infolge der Straftat zugeflossen ist, herauszugeben hat."

13 *Hartung*, Korreferat 40. DJT (1953), E 54.

14 Das hatte für die Einziehung der BGH, Urt. v. 27. 10. 1953 – 5 StR 723/52 – BGHSt **5**, 28 ff. (33) u. für die noch mit der Strafe verbundene Gewinnabschöpfung *Koffka*, in: NdSchr. GrStrKomm, Bd. I,[12] S. 301 (li. Sp.) nachgewiesen.

15 Siehe auch insoweit *Koffka*, in: NdSchr. GrStrKomm, Bd. I,[12] S. 301 (li. Sp.): Gerade bei den Wirtschaftsdelikten sei oft „gar keine Einzelperson da, die [dem Verband] den Gewinn wegnehmen oder ihn schadensersatzpflichtig machen" könne.

16 So ausdr. *Koffka*, in: NdSchr. GrStrKomm, Bd. I,[12] S. 303 (li. Sp.). Zuvor (Bd. I,[12] S. 301 re.) sprach sie bereits von einem „öffentlich-rechtlichen Schadensersatzanspruch".

17 *Koffka*, in: NdSchr. GrStrKomm, Bd. I,[13] S. 320 (li. Sp.).

18 Vgl. *Koffka*, in: NdSchr. GrStrKomm, Bd. I,[13] S. 320 (li. Sp.) u. ihr Referat in: Bd. IV, S. 567 (li. Sp. ff.). Weitere Nachw. hat *Lang-Hinrichsen*, in: FS Mayer (1966), S. 49 (71 in Fn. 77) zusammengetragen.

III. Das rechtspolitisch Wünschenswerte…

Schon der Vierzigste Deutsche Juristentag in Hamburg war darum bemüht, das rechtspolitisch gegebenenfalls Wünschenswerte mit dem dogmatisch Machbaren in Einklang zu bringen.[20] Zutreffend hat *Schmitt* festgestellt, dass die Antwort auf diese Frage oft von der Reihenfolge abhänge, in der man sich der beiden Einzelfragen annehme:[21] Wer „die dogmatische Unmöglichkeit der Verbandsbestrafung“ zum Ausgangspunkt nehme, werde stets auch versucht sein, „das praktische Bedürfnis für die Körperschaftsstrafe in Abrede zu stellen.“ Diese Beobachtung gilt selbstredend auch in ihrer Umkehrung: Wer von dem praktischen Bedürfnis einer Verbandssanktion überzeugt ist, muss sich stets auch der Gefahr bewusst sein, bei den dogmatischen Schwierigkeiten vorschnell ein Auge zuzudrücken. Mit dieser Warnung im Hinterkopf soll im Folgenden zunächst zusammengetragen werden, wie die rechtspolitisch wünschenswerte Antwort des Gesetzgebers im Lichte der Vorarbeiten hätte aussehen sollen. Im nächsten Abschnitt (IV.) wird sich dann zeigen, dass diese Lösung auch bei gebotener Vorsicht keineswegs eine dogmatische Unmöglichkeit war.

1. Reaktion, Retrospektion und Restitution

Die konsequente und organische Fortführung der Vorarbeiten wäre eine reaktiv-retrospektive und restitutive Verbandssanktion gewesen.[22] Im Regelfall müsste diese neben die Individualsanktion treten, deren Abschreckungswirkung sie ja gerade gewährleisten soll. Wo feststeht, dass ein Verbandsdelikt begangen wurde, eine Individualsanktion aber daran scheitert, dass sich die Person des Täters nicht sicher ermitteln lässt, muss die Verbandssanktion auch ohne Individualsanktion verhängt werden können. Auch hier ist es zu rechtswidrigen Gewinnen gekommen, auf die die juristische Person keinen Anspruch hat. Der Verzicht auf ihre Abschöpfung würde den Anreiz der ökonomisch-rationalen Kollusion gerade dort aufrechterhalten, wo die Tä-

---

19 Siehe den Leitsatz C. in: NdSchr. GrStrKomm, Bd. IV, S. 574. Diese „Geld*buße* soll gegebenenfalls auch einen Schaden ausgleichen, der der Allgemeinheit durch die Verbandstat erwachsen ist.“ Herv. nur hier.

20 Vgl. *Engisch*, Referat 40. DJT (1953), E 12 sowie *Heinitz*, Gutachten 40. DJT (1953), E 20 (= S. 84).

21 *Schmitt*, Maßnahmen, S. 130.

22 Zu der Bedeutung dieser hier entwickelten Terminologie siehe oben § 7 C. I. (S. 210).

ter besonders geschickt und trickreich vorgehen. Vor allem aber soll dem einzelnen Täter die psychologische Rechtfertigungsmöglichkeit genommen werden, indem die Vorteile auch dann zurückzugewähren sind, wenn es zu keiner individuellen Sanktion kommt. Das Geschäft soll sich für den Verband in keinem Fall lohnen.

Reaktiv ist diese Sanktion, weil der Grund für ihre Festsetzung ein in der Vergangenheit liegendes Fehlverhalten ist.[23] Retrospektiv ist die Sanktion, weil bei ihrer Festsetzung allein auf das zurückliegende Fehlverhalten geschaut werden kann.[24] Es muss keine Gefahrenprognose angestellt werden; auf eine Wiederholungsgefahr oder die Gefahr anderer künftiger Rechtsbrüche kommt es nicht an.[25] Insoweit entspricht die Verbandssanktion tatsächlich den zurückschlagenden und typischer Weise als „repressiv" bezeichneten Instrumenten der Strafe und der klassischen Individual-Geldbuße.

Der wesentliche Unterschied besteht in der Reichweite des Sanktionseingriffs. Die klassisch repressiven Instrumente entziehen dem Täter (trans-restitutiv)[26] mehr, als er aus der Tat erlangt hat.[27] Sie sollen – in dem schönen und bis heute unerreichten Bilde *Bindings* – „eine Wunde schlagen".[28] Die Verbandssanktion, wie sie im Vorfeld des § 26 $OWiG_{68}$ erwogen worden war, sollte das zu keinem Zeitpunkt. Stets ging es schlicht darum, der juristischen Person zu entziehen, was sie bei rechtmäßigem Verhalten ihrer Organwalter nicht erworben hätte.[29] Die Sanktion sollte, wenn und soweit

23 Zur Unterscheidung von reaktiven u. proaktiven Maßnahmen bereits § 7 C. I. 1. (S. 212).

24 Siehe zur Unterscheidung von retrospektiven u. prospektiven Maßnahmen § 7 C. I. 2. (S. 213).

25 Das Gegenbeispiel wäre die (reaktiv-prospektive) Maßregel der Besserung u. Sicherung, die ihrerseits (reaktiv) an zurückliegendes Verhalten anknüpft, aber (prospektiv) nur bei einer fortbestehenden Gefährlichkeit des Täters verhängt werden darf.

26 Zur Unterscheidung von restitutiven u. trans-restitutiven Maßnahmen § 7 C. I. 3. (S. 215).

27 Wegen des oft weit über das begangene Unrecht hinausgehenden Übels spricht *Schünemann*, ZIS 2014, S. 1 (3 m. Fn. 14) treffend von einem „Overkill-Effekt": „Wer ein Vermögensdelikt begeht, [...] wird unter Umständen über Jahre hinweg wie ein wildes Tier in einen Käfig gesperrt".

28 *Binding*, Normen I, S. 170 (= Normen I², S. 288): „Die Strafe *soll* eine Wunde schlagen, der Schadenersatz eine andere heilen, wenn möglich ohne eine zweite zu verursachen". Herv. im Original durch Sperrung.

29 *Engisch*, Referat 40. DJT (1953), E 34: „Schadensersatz oder Vorteilsentziehung". BGH, Urt. v. 27. 10. 1953 – 5 StR 723/52 – BGHSt **5**, 28 ff. (33): Geldstrafe als „geeignetes Mittel, der juristischen Person die Vorteile der Tat wieder abzunehmen."

der zivilrechtliche Schadenersatz nicht zum Zuge kam,[30] dessen Aufgabe übernehmen, sprich: die Wunde der rechtswidrigen Güterzuordnung „heilen, [...] ohne eine zweite zu verursachen."[31] Wer also die Vorarbeiten organisch fortführen wollte, durfte die Verbandssanktion nicht als (trans-restitutive) Übelszufügung verstehen, sondern musste in ihr die (restitutive) Herstellung der rechtmäßigen Güterzuordnung sehen.

Zur wirksamen Absicherung der Individualsanktion war das auch ausreichend. Das Präventionsdefizit der reinen Individualverantwortlichkeit besteht im Anreiz zur ökonomisch-rationalen Kollusion. Dieser Anreiz entfällt, sobald das Verbandsdelikt kein lohnendes Geschäft mehr ist.[32] Schon die umfassende Abschöpfung aller Tatvorteile würde genügen, um aus dem lohnenden Geschäft im Falle der Aufdeckung allenfalls ein Null-Summen-Spiel zu machen. Sie würde gewährleisten, dass die Sanktion des Einzeltäters nicht aus den Tatgewinnen bestritten wird. Er muss das Sanktionsübel nachhaltig selbst tragen, sodass dessen Androhung abschreckend wirken kann. Einer zusätzlichen Übelszufügung beim Verband bedarf es hierzu nicht.[33] Auf sie konnte aber auch deshalb verzichtet werden, weil der Verband in aller Regel durch „*‚negative Publizität‘* sowie *‚Verlust an Akzeptanz, an Arbeitszeit und -kraft‘*"[34] ohnehin einen handfesten, außerstrafrechtlichen Nachteil erleiden müsste.[35]

30 Siehe vor allem *Koffka,* in: NdSchr. GrStrKomm, Bd. I,[12] S. 301 (li. Sp.), die ihren öffentlich-rechtlichen Bereicherungs- u. Schadenersatzanspruch gerade aus den Fällen der Wirtschaftsdelikte entwickelt hatte, in denen oft „gar keine Einzelperson da [sei], die [dem Verband] den Gewinn wegnehmen oder ihn schadensersatzpflichtig machen" könne.

31 Vgl. auch insoweit das eben wiedergegebene Zitat von *Binding*, Normen I, S. 170 (= Normen I,[2] S. 288).

32 So bereits eben I. (S. 347).

33 Sie wäre bei dieser Argumentation nicht erforderlich, damit unverhältnismäßig u. in letzter Instanz verfassungswidrig. Zu einem möglichen Gegenargument sogleich 2. (S. 353).

34 *Eidam*, Unternehmen u. Strafe, S. VIII. Herv. im Original.

35 Allein die Kosten externer Berater für die interne Untersuchung des Schmiergeldskandals hat die MAN SE mit 30,2 Mio. Euro beziffert, MAN SE,[@]Zusf. Vergleichs-Bericht, S. 1. Die Siemens AG bezifferte diese Kosten in ihrem Schmiergeldskandal mit rund 857 Mio. Euro (!), Siemens AG,[@]Einladung HV 2010, S. 27.

2. Exkurs: Trans-restitutive Verbandssanktionen

Zwar kann man diesen Nachteil mit guten Gründen für zu gering oder für zu ungewiss halten. Geht man beispielsweise[36] von einer „wahllos gegriffenen Sanktionierungsrate von 10 %" aus, so kämen auf jedes aufgedeckte Verbandsdelikt neun unentdeckt gebliebene Fälle. Die aus diesen Taten gezogenen Gewinne dürften allemal ausreichen, um die negativen Auswirkungen eines aufgedeckten Falles abzufedern, den altruistischen Täter freizustellen und weiterhin ein gutes Geschäft zu machen. Die Gefahr der ökonomisch-rationalen Kollusion wäre dann in der Tat nicht beseitigt. Entsprechend könnte man – parallel zur insoweit vergleichbaren Lage bei der natürlichen Person[37] – verlangen, dass mit der Verbandssanktion ein ausreichender „Overkill" angedroht werde, um auch die Gewinne aus vermuteten anderen Taten zu erreichen und die bei einer rein restitutiven Verbandssanktion möglicherweise verbleibenden Fehlanreize endgültig zu beseitigen.

Anm. 10.4: Nur auf diesem Wege wird sich eine Verbandssanktion mit der Grundkonzeption unseres Strafrechts vereinbaren lassen. Unser Strafrecht bezweckt „den Rechtsgüterschutz durch das Mittel der mit Androhungsgeneralprävention ausgestatteten Verhaltensnormen".[38] Rechtsgüter werden nie durch juristische Personen, sondern immer nur durch die für sie handelnden natürlichen Personen verletzt. Bei einem jeden strafrechtlichen Instrument kann es deshalb stets nur darum gehen, die mit „Handlungsfähigkeit und Vermeidemacht" ausgestatteten Normadressaten – sprich: die natürlichen Personen – zur Einhaltung ebendieser Verhaltensnormen anzuhalten. Zu diesem Zweck werden die Verhaltensnormen durch Sanktionsnormen abgesichert, die dem potentiellen Täter für den Normverstoß ein Übel androhen. Wo die Sanktionsandrohung alleine die Einhaltung der Verhaltensnorm wegen systemisch bedingter Defizite nicht zu gewährleisten vermag, ist sie durch zusätzliche Mittel abzusichern. Zu dieser tertiären Normenordnung – sprich: den Normen, die als Hilfsinstrumente die sekundäre Sanktionsnorm absichern – gehört neben der Einziehung von Taterträgen eben auch die Verbandssanktion. Sie soll bei den Verbandsdelikten das systemisch bedingte Defizit beseitigen, das in dem Auseinanderfallen von dem begünstigten und dem per Individualsanktion erreichbaren Vermögen besteht. Die als solches tertiäres Hilfskonstrukt verstan-

36 Mit *Schünemann*, Unternehmenskriminalität, S. 161 f.

37 Siehe etwa *Schünemann*, ZIS 2014, S. 1 (3 in Fn. 14), der zutr. darauf hinweist, dass „nur ein geringer Teil der tatsächlich begangenen Verbrechen aufgeklärt und abgeurteilt werden" könne u. deshalb nur ein „angedrohter ‚Overkill' auch diejenigen potentiellen Straftäter zu beeindrucken vermag, die das Ausmaß der Entdeckungswahrscheinlichkeit in ihr Kalkül einbeziehen."

38 So *Schünemann*, ZIS 2014, S. 1 (3), der die wichtige u. richtige Frage stellt, wie „man damit ein Unternehmensstrafrecht vereinbaren" will.

dene Verbandssanktion gewährleistet dann die Durchschlagskraft der sekundären Sanktionsnorm und damit die Einhaltung der primären Verhaltensnorm. Mit der Grundkonzeption unseres Strafrechts ließe sie sich ohne Weiteres vereinbaren. In der aktuellen Diskussion,[39] die darum bemüht ist, ein – immer theoretisch bleibendes und auf Fiktionen beruhendes – Verbandsverschulden zu konstruieren, kommt dieser Gedanke soweit ersichtlich nicht vor.

Gleichwohl: Eine entsprechende Zwecksetzung ist weder bei den Impulsgebern, noch bei den Beratungen des § 26 $OWiG_{68}$ erkennbar. Im Gegenteil: Der Gesetzgeber sah – freilich ohne die hier entwickelte Terminologie – in jeder trans-restitutiven Sanktion eine mit dem Schuldgrundsatz nicht zu vereinbarende Bestrafung der juristischen Person.[40] Die ihm von den Impulsgebern angetragene und schließlich auch vorgenommene Beschränkung auf eine rein restitutive Sanktion soll im Rahmen dieser Arbeit respektiert und nicht hinterfragt werden.[41]

3. Abschöpfung des unmittelbaren Gewinns

Keine Schwierigkeiten bereitet die Abschöpfung des unmittelbaren Gewinns. Er lässt sich rechnerisch ausreichend exakt erfassen, ohne dass die Praxis durch diese Aufgabe überfordert würde. Die Abschöpfung eines Vermögensbestandteils, der dem Betroffenen ohnehin nicht zusteht, ist als bloße Restitution des status quo ante ein öffentlich-rechtlicher Bereicherungsanspruch[42] und keine dem Schuldprinzip unterworfene Strafe. Weil niemand einen Anspruch darauf hat, durch eigenes oder fremdes rechtswidriges Verhalten bereichert zu sein, bereitet seine Legitimation keine Mühe. Der Vorschlag der Großen Strafrechtskommission, die Abschöpfung des unmittelbaren Gewinns dem zu

---

39 Siehe die Zusammenstellungen etwa bei *Meyberg*, in: BeckOK-OWiG[28] § 30 Rn. 17 ff. u. *Rogall*, in: KarlsrKomm-OWiG[5] § 30 Rn. 2 ff. jew. m. w. N.

40 Dass diese Befürchtung tatsächlich unbegründet war, wird im nächsten Abschnitt nachgewiesen. Siehe IV. (S. 359).

41 Für die Zwecke dieser Untersuchung ist das auch nicht notwendig: Würde die rein restitutive Verbandssanktion als ungeeignet eingestuft, so wäre sie ein verfassungswidriger Eingriff. Dem Problem des Geldbußen-Regresses wäre dann der Boden entzogen, weil es an dem Substrat eines entsprechenden Anspruches fehlen würde.

42 Entsprechend wurde der frühere Verfall – jetzt: Einziehung von Taterträgen – jedenfalls bei Anwendung des Netto-Prinzips als quasi-kondiktionelle Ausgleichsmaßnahme eigener Art bezeichnet. Siehe nur *Heuchemer*, in: BeckOK-StGB[48] § 73 Rn. 1 m. w. N. Der Begriff der quasi-kondiktionellen Ausgleichsmaßnahme geht auf *Eser*, Sanktionen, S. 284 ff. zurück.

einem allgemeinen Institut ausgestalteten Verfall zu übertragen, konnte sich entsprechend auch lange halten.[43] Er ist nur deshalb nicht Gesetz geworden, weil die Verfallskomponente der Verbandssanktion in der weitergehenden Verbandsgeldbuße des § 26 OWiG$_{68}$ aufgegangen ist.[44]

4. Abschöpfung des mittelbaren Gewinns

Für die mittelbaren Gewinne gilt an sich dasselbe: Auch insoweit hat niemand einen Anspruch darauf, durch verbotenes Handeln bereichert zu werden; die (exakte) Abschöpfung (nur) des mittelbaren Gewinns bereitet entsprechend ebenfalls keine grundsätzlichen Legitimationsprobleme.[45]

Dass der Gesetzgeber sich mit der Abschöpfung des mittelbaren Gewinns so schwer tat, lag bekanntlich[46] an einem anderen, ganz praktischen Problem. Der mittelbare Gewinn beruht auf unzähligen Faktoren, von denen die ursprüngliche Straftat nur einer ist.[47] Schon die Unternehmen seien nicht in der Lage, ihre Gewinne und Verluste auf eine bestimmte Maßnahme zurückzuführen.[48] Erst recht müsse dann die Praxis überfordert sein, den mittelbaren Gewinn rechnerisch exakt zu erfassen.[49] Seine Abschöpfung

43 Noch in der zweiten Lesung des § 19 EOWiG – BT-PlenProt. 161/V, S. 8491 (A) u. (B) – machte sich die Fraktion der FDP für eine allgemeine Trennung von Gewinnabschöpfung u. Geldbuße durch die Einführung eines allgemeinen Verfalls auch im Ordnungswidrigkeitenrecht stark. Die Argumentation ist unten zu D. I. 2. (S. 383) wiedergegeben.

44 Siehe den zweiten schr. Ber. des SondA-StrafR in: BT-Drs. V/4095, S. 40 (re. Sp.): Im Ausschuss bestand Einigkeit darüber, dass „eine aufgrund des § 26 OWiG […] verhängte Geldbuße als die umfassendere Maßnahme den Verfall ausschließt."

45 Vgl. *Schünemann*, ZIS 2014,[1] S. 1 (7), der aber nicht zwischen mittelbaren u. unmittelbaren Gewinnen unterscheidet u. diese Aussage nur zur Verfallskomponente des § 30 OWiG tätigt. Mit dieser Aussage zum strafrechtlichen Dritt-Verfall auch *Geiger*, S. 232.

46 Siehe dazu bereits § 9 B. III. 2. (S. 300) u. § 9 B. IV. 1. (S. 310).

47 *Meyer*, in: Prot. SondA-StrafR IV,[23] S. 414 nannte etwa „die Tüchtigkeit und Geschäftserfahrung der Betriebspersonen sowie die Ausnutzung legaler Betriebsmittel."

48 So zutr. *Baldus*, in: NdSchr. GrStrKomm, Bd. IV,[50] S. 332 (re. Sp. f.).

49 Mit diesem Argument ist im E$_{62}$ die Erstreckung des Verfalls auf mittelbare Gewinne abgelehnt worden, BT-Drs. IV/650, S. 242 (li. Sp.). Zuvor mit diesem Argument gegen eine Verbandssanktion etwa *Baldus*, in: NdSchr. GrStrKomm, Bd. IV,[50] S. 332 (li. Sp.), *Goßrau*, Bd. IV,[50] S. 322 (li. Sp.), *Jescheck*, Bd. IV,[50] S. 331 (re. Sp.) u. S. 333 (re. Sp.), *Schafheutle*, Bd. IV,[50] S. 333 (li. Sp.) u. *Strauß*, Bd. IV,[50] S. 332 (li. Sp.).

kann deshalb nur ungefähr und nur durch Schätzung,[50] sprich: im Wege einer Ermessensentscheidung erfolgen.

Wie unter der Spitze eines Eisbergs verbarg sich hinter diesem praktischen Problem eine ganze Reihe dogmatischer und verfassungsrechtlicher (Schein-)Probleme. Sie sollen im nächsten Abschnitt (IV.) freigelegt und entkräftet werden. Vorerst genügt insoweit Folgendes: Zwar sind die praktischen Schwierigkeiten bei der Ermittlung des mittelbaren Gewinns nicht zu verkennen.[51] Sie dürfen umgekehrt aber auch nicht überbewertet werden. Die gedankliche Operation, die der jeweils entscheidenden Stelle abverlangt wird, unterscheidet sich durch ihre Komplexität nicht wesentlich von anderen Entscheidungssituationen.[52]

Auch bei der Zumessung des Ahndungsteils einer (Individual-)Geldbuße wird von dem behördlichen Sachbearbeiter oder dem Tatrichter eine wägende Entscheidung im pflichtgemäßen Ermessen verlangt.[53] Er soll sich ein umfassendes Bild von dem Gewicht der Tat und dem den Täter treffenden Vorwurf machen[54] und dieses – gegebenenfalls unter Berücksichtigung der wirtschaftlichen Verhältnisse des Täters – in einen exakten Geldbetrag[55] übersetzen. Der Akt der Bußgeldbemessung verlangt damit nicht weniger als „eine das Tatunrecht quantifizierende Einordnung der betreffenden Tat unter Berücksichtigung der täterbezogenen Umstände und Gesichtspunk-

---

50 Zutr. hat *Lang-Hinrichsen*, in: FS Mayer (1966), S. 49 (71 f.) darauf hingewiesen, dass dies in gewissem Umfang auch beim unmittelbaren Gewinn der Fall sei. Heute scheint sich an dieser Tatsache niemand mehr zu stören. Im Gegenteil sei im Rahmen des § 17 Abs. 4 OWiG stets die (auch grobe) Schätzung des Gewinns zulässig. Siehe nur BGH, Urt. v. 14. 2. 2007 – 5 StR 323/06 – NStZ-RR 2008,[1] S. 13 ff. (15) m. w. N. aus der Rspr.; *Meyberg*, in: BeckOK-OWiG,[28] § 30 Rn. 101; *Rogall*, in: KarlsrKomm-OWiG,[5] § 30 Rn. 141 u. *Sackreuther*, in: BeckOK-OWiG,[28] § 17 Rn. 135 jew. m. w. N.

51 Auch *Koffka*, in: NdSchr. GrStrKomm, Bd. IV, S. 569 (re. Sp.) u. *Lang-Hinrichsen*, in: FS Mayer (1966), S. 49 (71 f.) haben diese Schwierigkeit als Befürworter einer – jew. unterschiedlich ausgestalteten – Gewinnabschöpfung eingeräumt.

52 Zutr. bereits *Mezger*, in: NdSchr. GrStrKomm, Bd. I,[13] S. 318 (re. Sp.): Bei der Abschöpfung des mittelbaren Verbandsgewinnes müsse „im Einzelfall eine Abschätzung Platz greifen, wie sie auch sonst vom Richter verlangt werde."

53 *Mitsch*, in: KarlsrKomm-OWiG,[5] § 17 Rn. 30 u. *Sackreuther*, in: BeckOK-OWiG,[28] § 17 Rn. 27.

54 Vgl. nur OLG Düsseldorf, Beschl. v. 22. 12. 1998 – 3 Ws OWi 667-668/98 – NJW 1999,[36] S. 2686 f. (2687) u. *Sackreuther*, in: BeckOK-OWiG,[28] § 17 Rn. 27. Zu Recht kritisiert *Mitsch*, in: KarlsrKomm-OWiG,[5] § 17 Rn. 30, dass mit der „Bedeutung" u. dem „Vorwurf" nur Selbstverständlichkeiten ausgedrückt würden, u. diese Begriffe so vage blieben, dass sie in der Praxis keine echte Entscheidungshilfe böten.

55 Bei Straftaten gar in eine Dauer des Freiheitsentzuges.

te".[56] Eine solche Einordnung kann kaum genauer erfolgen als die ungefähre Bestimmung des mittelbaren Gewinns.[57]

Anm. 10.5: Darüber hinaus sollte es der Ahndungsteil der Geldbuße ermöglichen, „in gewissem Umfang auch den mittelbaren Gewinn zu berücksichtigen."[58] Das bedeutet, dass die Unschärfe bei der Feststellung des mittelbaren Gewinns automatisch auch in die Bemessung des Ahndungsteils einfließt. Je ungenauer der tatsächlich entstandene mittelbare Gewinn erfasst wurde, umso weniger genau vermag die ausgeworfene Sanktion das tatsächlich begangene Unrecht zu quantifizieren. Kann diese Ungenauigkeit bei der am Schuldprinzip zu messenden Individualsanktion hingenommen werden, so kann sie auch einer diesem Prinzip nicht unterworfenen[59] Verbandssanktion nicht entgegenstehen.

So wenig sich trotz dieser Komplexität auf die Zumessung des Ahndungsteils verzichten lässt, so wenig konnte auf die Abschöpfung des mittelbaren Verbandsgewinnes verzichtet werden.[60] Im Gegenteil: In demselben Maße, in dem eine gewisse Streubreite bei der Quantifizierung des Tatunrechtes hinzunehmen ist,[61] konnte und musste auch die nur ungenau mögliche Erfassung des mittelbaren Gewinns hingenommen werden. Wer also den Gerichten und Behörden bei der Zumessung des Ahndungsteils vertraut, kann ihnen auch bei der Bemessung des mittelbaren Gewinns der Verbandssanktion vertrauen. Auch hier wird sich „ein gerechtes Verhältnis zwischen der Zuwiderhandlung und der aufzuerlegenden Geldleistung herausbilden"[62] bzw. hat sich dieses zwischenzeitlich herausgebildet.[63]

---

56 So *Klusmann*, in: Hdb-KartR,[4] § 57 Rn. 86. Treffend zur Strafzumessung *Kudlich/Koch*, NJW 2018,[38] S. 2762 (2763): Selbst „wenn die Schuld genau festgestellt werden könnte", gäbe es „keinen festen ‚Wechselkurs' in eine bestimmte Strafhöhe".

57 Ihre Überprüfung wird denn auch darauf beschränkt, ob der Tatrichter oder Sachbearbeiter von rechtlich zutreffenden Erwägungen ausgegangen ist u. von seinem Ermessen rechtsfehlerfrei Gebrauch gemacht hat. Vgl. OLG Düsseldorf, Beschl. v. 22. 12. 1998 – 3 Ws OWi 667-668/98 – NJW 1999,[36] S. 2686 f. (2687) m. w. N. Siehe auch *Mitsch*, in: KarlsrKomm-OWiG,[5] § 17 Rn. 30.

58 BT-Drs. V/1269, S. 53 (li. Sp.). Dazu bereits oben B. I. (S. 327).

59 Zur Unbeachtlichkeit des Schuldprinzips bei Verbandssanktionen sogleich IV. 1. (S. 360).

60 Auch *Koffka*, in: NdSchr. GrStrKomm, Bd. IV, S. 569 (re. Sp.) u. *Lang-Hinrichsen*, in: FS Mayer (1966), S. 49 (71 f.) wollten wegen des großen praktischen Bedürfnisses trotz der erkannten u. eingeräumten Schwierigkeiten nicht auf eine Gewinnabschöpfung verzichten.

61 Auf das Stichwort der sog. „Spielraumtheorie" als Gegenentwurf zur sog. „Theorie der Punktstrafe" sei unter Verweis auf *Jescheck/Weigend*, StrafR-AT,[5] § 82 IV 6 (S. 880 f.) nur hingewiesen.

62 So zutr. *Mezger*, in: NdSchr. GrStrKomm, Bd. I,[13] S. 318 (re. Sp.).

Anm. 10.6: Die gedankliche Operation ist im Übrigen sehr ähnlich:[64] So wie besonders perfides und trickreiches Vorgehen des Organwalters den diesen treffenden Vorwurf erhöht, führt es im Zweifel auch zu höheren mittelbaren Gewinnen des Verbandes. Dasselbe gilt für die Bedeutung der Tat, wenn die Zuwiderhandlung längere Zeit andauert oder der Verband, für den die Tat vorgenommen wurde, über eine herausragende Marktposition verfügt. Umgekehrt kann ein positives Nachtatverhalten des Täters den Vorwurf verringern oder bei der juristischen Person – etwa durch die aus eigenen Mitteln finanzierte Sachverhaltsaufklärung durch externe Berater[65] – dazu führen, dass erhebliche Teile des mittelbaren Gewinns bereits wieder abgetragen sind. Solange man sich dieses Wesensunterschieds zwischen Verbands- und Individualsanktion bewusst ist, kann man den Teil der Verbandssanktion, der im Wege einer Ermessensentscheidung den mittelbaren Gewinn abschöpft, in Anlehnung an die Terminologie bei der Individualsanktion gut und gerne als Pseudo-Ahndungsteil[66] bezeichnen.

5. Zwischenfazit

Das rechtspolitisch Wünschenswerte wäre danach eine reaktiv-retrospektive Verbandssanktion gewesen, die neben die Individualsanktion tritt und dem Verband umfassend restitutiv die mittelbaren und unmittelbaren Tatgewinne entzieht.

---

63 Insoweit sei nur auf die@ Bußgeldleitlinien des BKartA verwiesen. Zu den Besonderheiten der nach § 81 Abs. 4 GWB bemessenen Verbandsgeldbuße noch § 11 B. II. 1. (S. 438).

64 Aus diesem Grund wird bei der Bemessung der Verbandsgeldbuße – in eindeutiger Missachtung des Wortlautes – auch eine wenigstens sinngemäße Anwendung des § 17 Abs. 3 OWiG befürwortet. Siehe nur OLG Frankfurt a. M., Beschl. v. 28. 1. 2010 – WpÜG 10/09 – NZG 2010,[15] S. 583 ff. (584 f.); *Meyberg*, in: BeckOK-OWiG,[28] § 30 Rn. 103; *Rogall*, in: KarlsrKomm-OWiG,[5] § 30 Rn. 134 m. w. N. auch zur Gegenansicht.

65 Als Bsp. mögen abermals die Siemens AG und die MAN SE herhalten, die die Kosten der Sachverhaltsaufklärung im Zuge ihrer jew. Schmiergeldskandale mit 857 Mio. Euro (Siemens AG, @Einladung HV 2010, S. 27) bzw. 30,2 Mio. Euro (MAN SE, @Zusf. Vergleichs-Bericht, S. 1) beziffert haben.

66 Ein echter Ahndungsteil kann es natürlich nicht sein, weil die juristische Person – BT-Drs. V/1269, S. 58 (li. Sp.) – „als fiktives und im natürlichen Sinne handlungsunfähiges Wesen“ einer (S. 61 li.) „Tat im natürlichen Sinne nicht fähig“ ist. Ihr nicht-Handeln kann ihr deshalb auch nicht zum Vorwurf gemacht werden, sodass der Anknüpfungspunkt für eine echte Ahndung fehlt.

IV. … und das dogmatisch Machbare

Steht das rechtspolitisch Wünschenswerte danach fest, stellt sich nur mehr die Frage der dogmatischen Machbarkeit. Der Gesetzgeber tat sich allein mit der Abschöpfung des mittelbaren Gewinns schwer. Weil dieser auf unzähligen Faktoren beruhe, lasse er sich von der Behörde oder dem Tatrichter nicht mit der nötigen Genauigkeit errechnen. Warum aber die fehlende Berechenbarkeit des mittelbaren Gewinns eine unüberwindliche Hürde sein sollte, ist selten deutlich geworden.[1] Gräbt man ein wenig, so lässt sich der eigentliche Kern freilegen:

Lässt sich der mittelbare Gewinn rechnerisch nicht exakt erfassen, so kann seine Abschöpfung nur ungefähr erfolgen. Stets drohte dann die Gefahr, dass dem Verband mehr entzogen wird, als er tatsächlich aus der Tat erhalten hat.[2] Ihm würde nicht lediglich ein (restitutiver) Ausgleich für den ihm nicht zustehenden Vorteil auferlegt, sondern sonstiges „unbemakeltes" Vermögen entzogen. Eine solche Vermögensentziehung wäre aber ein echtes (trans-restitutives) Vermögensübel, sprich: eine Strafe im weiteren Sinne.

Weil Strafe (im weiteren Sinne) aber von Verfassungs wegen stets Schuld voraussetze, müsste der trans-restitutive Teil[3] der Verbandssanktion aus den bekannten Gründen gegen die Verfassung verstoßen. Gegenüber der juristischen Person sei (1.) ein Schuldvorwurf nicht möglich und könne eine Strafe nicht ohne Verstoß gegen den Schuldgrundsatz verhängt werden.[4] Die

---

1 Offen ausgesprochen hat es nur der Ausschussassistent *Meyer*, in: Prot. SondA-StrafR IV;[23] S. 415 (re. Sp.): Die praktischen Schwierigkeiten der Berechenbarkeit ließen sich beseitigen, „wenn man der [Verbands-]Geldbuße, wie im Ordnungswidrigkeitenrecht […], einen stärkeren repressiven Gehalt geben würde und die Höhe der […] zu entziehenden Vorteile […] nicht besonders errechnet zu werden brauchte. Eine solche Geldbuße würde sich aber in dieser Hinsicht nicht mehr von der Geldstrafe unterscheiden".

2 Heute scheint sich an dieser Tatsache niemand mehr zu stören. Im Gegenteil sei im Rahmen des § 17 Abs. 4 OWiG stets die (auch grobe) Schätzung des Gewinns zulässig. Siehe nur BGH, Urt. v. 14. 2. 2007 – 5 StR 323/06 – NStZ-RR 2008;[1] S. 13 ff. (15) m. w. N. aus der Rspr.; *Meyberg*, in: BeckOK-OWiG;[28] § 30 Rn. 101; *Rogall*, in: KarlsrKomm-OWiG;[5] § 30 Rn. 141 u. *Sackreuther*, in: BeckOK-OWiG;[28] § 17 Rn. 135 jew. m. w. N.

3 Sprich: Der über die tatsächlich erzielten mittelbaren Vorteile hinaus gehende Teil.

4 Siehe BT-Drs. V/1269, S. 58 (li. Sp.): Während das „Strafrecht […] von einer persönlichen, menschlichen Schuld" ausgehe u. „die Strafe […] eine sozialethische Mißbilligung verschuldeten Unrechts" enthalte, sei die „juristische Person […] als fiktives und im natürlichen Sinne handlungsunfähiges Wesen weder einer Schuld fähig, noch einer sozialethischen Mißbilligung zugänglich." Die Strafbarkeit der

Verbandssanktion würde (2.) tatsächlich die Mitglieder des Verbandes und dessen Arbeitnehmer und damit die „Falschen“ bestrafen, die überdies meist ohne Schuld gehandelt haben. Schließlich würde (3.) der schuldige Täter, sofern er an der Gesellschaft beteiligt ist, ein zweites Mal bestraft.[5] Tatsächlich aber hält keines dieser Bedenken einer kritischen Überprüfung stand. Das ist andernorts so überzeugend und umfassend herausgestellt worden, dass die wesentlichen Erkenntnisse im Folgenden nur kurz zusammengestellt und vereinzelt präzisiert werden sollen.

1. Juristische Person und Schuldprinzip

Dem ersten Einwand ist entgegenzuhalten, dass strafrechtliche Sanktionen gegen juristische Personen nicht gegen den Schuldgrundsatz verstoßen (können), weil sie an diesem schon nicht zu messen sind. Denn dieser Grundsatz ruht auf der Menschenwürde-Garantie des Grundgesetzes, auf die sich eine juristische Person gerade nicht berufen kann.[6]

a) Schuldprinzip und Menschenwürde-Garantie

Diese Erkenntnis, die sich im neueren Schrifttum mit Recht immer mehr durchsetzt,[7] stand dem Gesetzgeber des $OWiG_{68}$ freilich noch nicht zur Verfügung. Er konnte allein auf die Grundsatzentscheidung des Bundesverfassungsgerichts[8] aus dem Jahre 1966 zugreifen. Darin hatte das Gericht den Schuldgrundsatz lediglich mit dem Rechtsstaatsprinzip (Art. 20 Abs. 3 GG)

---

juristischen Person lasse sich deshalb „weder mit dem Schuldstrafrecht noch mit dem Wesen der Strafe vereinbaren.“

5 BT-Drs. V/1269, S. 61 (re. Sp.): „Wenn zunächst gegen“ den Organwalter u. „anschließend gegen die juristische Person [...] eine Geldbuße festgesetzt wird [...], so könnte dies einer – vom Grundgesetz untersagten – Doppelbestrafung mindestens nahekommen.“

6 Pointiert wie treffend *Prittwitz*, in: Rationalität u. Empathie (2014), S. 111 (114): „Das Schuldprinzip schützt Menschen, es schützt nicht das Strafrecht vor Weiterentwicklung und es schützt auch nicht die Unternehmen vor einer möglichen Strafbarkeit de lege ferenda.“

7 Siehe etwa *Jahn*, in: Untern-StrafR u. Alternativen (2016), S. 53 (74) u. *Kirch-Heim*, S. 186 ff. jew. m. w. N. Siehe auch DRiB,[@] Stellungnahme Nr. 16/2014, S. 3; *Kudlich/Oğlakcıoğlu*, Wirtschafts-StrafR[2] Rn. 89; *Neumann*, in: UnternehmensstrafR (2012), S. 13 (19 f.) u. *Vogel*, in: Corporate Criminal Liabilty (2014), S. 337 (339).

begründet, dem es etwas zusammenhanglos die allgemeine Handlungsfreiheit (Art. 2 Abs. 1 GG) zur Seite stellte.[9] Das so formulierte Schuldprinzip ließ sich von dem allgemeinen Grundsatz der Verhältnismäßigkeit nicht unterscheiden[10] und hätte deshalb auch auf juristische Personen Anwendung finden müssen.

Die Besonderheit des Schuldgrundsatzes folgt erst aus der Aufladung[11] des rechtsstaatlichen Übermaßverbotes durch die Menschenwürde-Garantie. Diese nahm das Gericht allerdings erst drei Jahre später und deshalb nach Verabschiedung des § 26 OWiG$_{68}$ vor.[12] In dieser Entscheidung stützte es den Schuldgrundsatz – nunmehr ohne Rückgriff auf das Rechtsstaatsprinzip – auf die mit der Menschenwürde vorausgesetzte Eigenverantwortlichkeit des Menschen.[13] Seither hat es „in nahezu beliebig erscheinender Weise auf

---

8 Beschl. v. 25. 10. 1966 – 2 BvR 506/63 (*„nulla poena sine culpa“*) – BVerfGE **20**, 323 ff. (331). Auf diesen Beschl. hat bspw. *Göhler,* in: Prot. RechtsA V[44] S. 26 hingewiesen.

9 BVerfG, Beschl. v. 25. 10. 1966 – 2 BvR 506/63 (*„nulla poena sine culpa“*) – BVerfGE **20**, 323 ff. (331): „Dem Grundsatz, daß jede Strafe [...] Schuld voraussetze, kommt verfassungsrechtlicher Rang zu. Er ist im Rechtsstaatsprinzip begründet. [...] Die strafrechtliche [...] Ahndung einer Tat ohne Schuld des Täters ist demnach rechtsstaatswidrig und verletzt den Betroffenen in seinem Grundrecht aus Art. 2 Abs. 1 GG.“

10 BVerfG, Beschl. v. 25. 10. 1966 – 2 BvR 506/63 (*„nulla poena sine culpa“*) – BVerfGE **20**, 323 ff. (331): „Zur Rechtsstaatlichkeit gehört [...] auch die materielle Gerechtigkeit [...]. Die Idee der Gerechtigkeit fordert, daß Tatbestand und Rechtsfolge in einem sachgerechten Verhältnis zueinander stehen.“ Zutr. auch BVerfG, Beschl. v. 16. 1. 1979 – 2 BvL 44/77 (*„Rückfall“*) – BVerfGE **50**, 125 ff. (133) m. w. N.: „[I]nsoweit deckt sich der Schuldgrundsatz in seinen die Strafe begrenzenden Auswirkungen mit dem Verfassungsgrundsatz des Übermaßverbots“.

11 *Lagodny*, StrafR u. GrundR, § 15 C IV 4 (S. 415) spricht von einer „Verstärkung des Abwägungsschutzes“ durch die Menschenwürde-Garantie.

12 Diese Entwicklung scheinen etwa *Achenbach*, wistra 2018[5] S. 185 (189) u. *Mäger/v. Schreitter*, NZKart 2017[6] S. 264 (274 u. 278) zu übersehen, wenn sie allein auf BVerfG, Beschl. v. 25. 10. 1966 – 2 BvR 506/63 (*„nulla poena sine culpa“*) – BVerfGE **20**, 323 ff. (331) gestützt einwenden, dass das Schuldprinzip nicht in der Menschenwürde, sondern im Rechtsstaatsprinzip wurzele. Das BVerfG selbst hat diese Anknüpfung an das Rechtsstaatsprinzip abgeschwächt u. – wie sogleich zu zeigen sein wird – den Schwerpunkt immer weiter in Richtung der Menschenwürde verschoben.

13 BVerfG, Beschl. v. 26. 2. 1969 – 2 BvL 15/68 (*„Verfolgungsverjährung“*) – BVerfGE **25**, 269 ff. (285): „[Der] Grundsatz wurzelt in der vom Grundgesetz vorausgesetzten und in Art. 1 I und Art. 2 I GG verfassungskräftig geschützten Würde

einen oder mehrere dieser Ausgangspunkte Bezug“ genommen.[14] Ohne die Menschenwürde kam die Begründung des Schuldgrundsatzes dabei jedoch – fast – nicht mehr aus.[15]

Richtig verstanden ist der Schuldgrundsatz damit eine strafrechtsspezifische und mit engeren Abwägungsgrenzen versehene Ausprägung des rechtsstaatlichen Verhältnismäßigkeitsgrundsatzes. Es genügt bei Strafen und Geldbußen (gegen natürliche Personen) eben nicht, dass „Tatbestand und Rechtsfolge in einem angemessenen Verhältnis zueinander stehen.“[16] Denn ihre Festsetzung und Vollstreckung soll – allen Rechtsunterworfenen und mit ihnen auch dem Täter selbst[17] – für die Zukunft verdeutlichen, dass der Staat es mit den Sanktionsnormen und den durch sie geschützten Verhaltensnormen ernst meint. An dem Täter, den die strafrechtliche Prävention in der Vergangenheit ersichtlich nicht erreichen konnte,[18] wird ein Exempel statuiert, um die Präventionswirkung des Strafrechts für die Zukunft zu stärken. Zum Zwecke der Abschreckung wird ihm allein wegen der zurückliegenden Tat ein Übel zugefügt und zwar unabhängig davon, ob von ihm weitere Störungen der Rechtsordnung zu erwarten sind.[19]

Eine solche Instrumentalisierung des Täters[20] ist mit dem Menschenbild des Grundgesetzes jedoch nur solange zu vereinbaren, wie der Täter

und Eigenverantwortlichkeit des Menschen, die vom Gesetzgeber auch bei der Ausgestaltung des Strafrechts zu achten und zu respektieren ist.“

14 So ausdr. *Lagodny*, StrafR u. GrundR, § 15 C I 1 a) (S. 387) mit einer beeindruckenden Zusammenstellung der entsprechenden Entscheidungen in Fn. 99. Zust. *Kirch-Heim*, S. 188, der seinerseits (S. 155 in Fn. 277) die Rspr. des BVerfG zusammengetragen hat.

15 BVerfG, Beschl. v. 17. 12. 1975 – 1 BvL 24/75 („*Verbotsirrtum*“) – BVerfGE **41**, 121 ff. (125 f.) scheint insoweit die einzige Ausnahme zu sein. Siehe abermals die Zusammenstellungen bei *Lagodny*, StrafR u. GrundR, § 15 C I 1 a) (S. 387 in Fn. 99) u. *Kirch-Heim*, S. 188 (in Fn. 277).

16 BVerfG, Beschl. v. 25. 10. 1966 – 2 BvR 506/63 („*nulla poena sine culpa*“) – BVerfGE **20**, 323 ff. (331).

17 Insoweit sei an das in Anm. 7.12 in § 7 C. II. 3. (S. 226) Gesagte erinnert.

18 Siehe etwa *Freund/Rostalski*, StrafR-AT[3] § 1 Rn. 29: Strafe wird verhängt, wenn „das Kind bereits in den Brunnen gefallen“ ist.

19 Dadurch unterscheidet sich die reaktiv-retrospektive Strafe von der reaktiv-prospektiven Maßregel, die stets eine Gefahrenprognose voraussetzt. Dass bei der Strafzumessung auch prospektive Elemente berücksichtigt werden können u. müssen, ändert hieran nichts.

20 Vgl. *Stree*, S. 37: Herabwürdigung und Entpersönlichung des Täters zum bloßen Mittel, zum reinen Objekt. Auch *Schünemann*, Unternehmenskriminalität, S. 199 f. spricht treffend von einer „Benutzung des Straftäters als Mittel für andere Zwecke“, für die der Schuldgrundsatz das über die zweckrationale Notwendigkeit hinausge-

„nicht unter Verletzung seines verfassungsrechtlich geschützten sozialen Wert- und Achtungsanspruchs zum bloßen Objekt der Verbrechensbekämpfung gemacht“ wird.[21] Ein zurückschlagendes (≅ reaktiv-retrospektives) Übel (≅ trans-restitutiv) darf deshalb nur unter zusätzlichen Voraussetzungen verhängt werden: Es muss durch ein freies Verhalten des Täters[22] legitimiert sein.[23] Deshalb ist es richtig, wenn das Bundesverfassungsgericht sagt, der Schuldgrundsatz habe „seine Grundlage [...] in der Menschenwürdegarantie des Art. 1 Abs. 1 GG“.[24]

b) Kein Würdeschutz der juristischen Person

Die juristische Person jedoch kann sich auf die Menschenwürde-Garantie nicht berufen.[25] Die Grundrechte gelten nach Art. 19 Abs. 3 GG für juristische Personen nur, soweit sie ihrem Wesen nach auf diese anwendbar sind. Dem Schutz der Menschenwürde liegt dagegen „die Vorstellung vom Menschen als einem geistig-sittlichen Wesen zugrunde, das darauf angelegt ist, in Freiheit sich selbst zu bestimmen und sich zu entfalten“.[26] Sie knüpft damit an „Eigenschaften, Äußerungsformen oder Beziehungen an, die nur der natürlichen Personen wesenseigen“ sind, sodass ihre „Erstreckung auf juristische Personen als bloße Zweckgebilde der Rechtsordnung nicht in Betracht“ kommt.[27]

---

hende Legitimationsprinzip sei. Zum genauen Inhalt des oft nur Schlagwort-artig verwendeten Instrumentalisierungsverbotes, siehe *Greco*, S. 177 ff. u. S. 484 ff.

21 Vgl. BVerfG, Beschl. v. 16. 1. 1979 – 2 BvL 44/77 („*Rückfall*“) – BVerfGE **50**, 125 ff. (133) m. w. N.

22 Mit den Worten des BGH (GrS), Beschl. v. 18. 3. 1952 – GSSt 2/51 – BGHSt **2**, 194 ff. (200): Der Täter muss die Tat begangen haben, obwohl er als „Mensch auf freie, verantwortliche, sittliche Selbstbestimmung angelegt und deshalb befähigt ist, sich für das Recht und gegen das Unrecht zu entscheiden“.

23 Zutr. zu diesem Legitimationserfordernis *Schünemann*, ZIS 2014,[1] S. 1 (3) mit ausf. Erläuterung in Fn. 14.

24 So BVerfG, Urt. v. 30. 6. 2009 – 2 BvE 2/08 u. a. („*Lissabon*“) – BVerfGE **123**, 267 ff. (413). Zum Ganzen auch *Landau*, NStZ 2011,[10] S. 537 (537 f.).

25 Siehe statt aller nur *Herdegen*, in: *Maunz*, Theodor/*Dürig*, Günter,[91] Art. 1 (Abs. 1) Rn. 72 (Stand: Mai 2009); *Hillgruber*, in: BeckOK-GG,[45] Art. 1 Rn. 6; *Sachs*, in: Sachs,[8] Art. 19 Rn. 68 u. *Sodan*, in: Sodan,[4] Art. 19 Rn. 20 teilw. m. w. N.

26 BVerfG, Urt. v. 30. 6. 2009 – 2 BvE 2/08 u. a. („*Lissabon*“) – BVerfGE **123**, 267 ff. (413).

27 So ausdr. BVerfG, Beschl. v. 26. 2. 1997 – 1 BvR 2172/96 („*Aufzeichnungspflicht*“) – BVerfGE **95**, 220 ff. (242) u. ähnlich im Beschl. v. 13. 6. 2007 – 1 BvR 1550/03 u. a.

c) Unanwendbarkeit des Schuldgrundsatzes

Damit ist aber auch die Frage nach der Anwendbarkeit des Schuldgrundsatzes auf die juristische Person entschieden: Der Schuldgrundsatz ist eine durch die Menschenwürde-Garantie aufgeladene Ausprägung des rechtsstaatlichen Verhältnismäßigkeitsgrundsatzes. Die juristische Person ist nicht Trägerin der Menschenwürde. Wird aber der Schuldgrundsatz seiner „auf den Menschen zugeschnittene[n] Besonderheit" beraubt, bleibt schlicht „der allgemeine, aus dem Rechtsstaatsprinzip abgeleitete Grundsatz der Verhältnismäßigkeit" zurück.[28] Eine – auch trans-restitutive – Sanktion gegen juristische Personen ist deshalb nur an diesem, nicht aber an dem nur auf natürliche Personen anwendbaren Schuldgrundsatz zu messen.[29]

Mit anderen Worten: Weil die juristische Person keinen Würdeschutz nach Art. 1 Abs. 1 GG genießt, droht bei ihr nicht die „Verletzung [ihres] verfassungsrechtlich [nicht] geschützten sozialen Wert- und Achtungsanspruchs".[30] Sie darf – jedenfalls im Hinblick auf den Schuldgrundsatz[31] – „zum bloßen Objekt der Verbrechensbekämpfung gemacht" werden,[32] solange der rechtsstaatliche Verhältnismäßigkeitsgrundsatz gewahrt ist, sprich: „Tatbestand und Rechtsfolge in einem angemessenen Verhältnis zueinander stehen."[33]

(„*Kontostammdaten*") – BVerfGE **118**, 168 ff. (203). Vgl. auch *Jahn*, in: Untern-StrafR u. Alternativen (2016), S. 53 (74) sowie *Remmert*, in: *Maunz*, Theodor/*Dürig*, Günter,[91] Art. 19 (Abs. 3) Rn. 101 (Stand: Mai 2009).

28 *Kirch-Heim*, S. 192.

29 Pointiert *Schünemann*, Unternehmenskriminalität, S. 234: „Es ist daher bereits von Grund auf irreparabel falsch, wenn man die Verbandsgeldbuße in irgendeiner Weise mit dem Schuldprinzip in Verbindung bringt".

30 Arg. e contrario aus BVerfG, Beschl. v. 16. 1. 1979 – 2 BvL 44/77 („*Rückfall*") – BVerfGE **50**, 125 ff. (133) m. w. N.

31 Weitere verfassungsrechtliche Einwände gegen eine Verbands(kriminal-)strafe hat *Jahn*, in: Untern-StrafR u. Alternativen (2016), S. 53 ff. aufgespürt u. überzeugend entkräftet.

32 BVerfG, Beschl. v. 16. 1. 1979 – 2 BvL 44/77 („*Rückfall*") – BVerfGE **50**, 125 ff. (133) m. w. N.

33 BVerfG, Beschl. v. 25. 10. 1966 – 2 BvR 506/63 („*nulla poena sine culpa*") – BVerfGE **20**, 323 ff. (331).

d) Schuldgrundsatz und Gewinnabschöpfung

Der Schuldgrundsatz hätte den Gesetzgeber folglich nicht daran gehindert, der juristischen Person für die Tat ihres Organwalters ein als solches gewolltes, trans-restitutives Übel aufzuerlegen. Dann aber kann dieser Grundsatz erst recht keiner Sanktion entgegenstehen, die auf die restitutive Abschöpfung der mittelbaren Vorteile ausgerichtet ist und diese nur ungewollt und nur deshalb übersteigt, weil sich die Vorteile nicht exakt beziffern lassen. Solange also die Abschöpfung in einem angemessenen Verhältnis zu der Tat des Organwalters steht,[34] begegnet die Abschöpfung des mittelbaren Gewinns keinen Bedenken, selbst wenn sie nur ungenau möglich ist und die tatsächlich erzielten Gewinne deshalb möglicherweise übersteigt.[35]

Anm. 10.7: Mehr noch: Auch die natürliche Person muss es sich gefallen lassen, dass ihre Schuld im Wege der Strafzumessung in eine Geld- oder Freiheitsstrafe bzw. eine Geldbuße „übersetzt“ wird. Auch diese Übersetzung kann nur ungefähr und durch eine sehr ungenaue und kaum überprüfbare Schätzung erfolgen.[36] Wenn aber die ungenaue Abbildung der persönlichen Schuld bei der natürlichen Person als Trägerin der Menschenwürde hinzunehmen ist, muss auch die notwendige Ungenauigkeit einer ungewollt überschießenden Gewinnabschöpfung bei der weniger schutzwürdigen juristischen Person hingenommen werden.

2. Bestrafung der „Falschen“

Auch der zweite Einwand, die Verbandssanktion bestrafe mit den Mitgliedern und Arbeitnehmern die Falschen, die überdies ohne Schuld gehandelt haben, verfängt nicht. Diese Personen werden nicht mitbestraft, sondern allenfalls mitbetroffen. Diese Mitbetroffenheit unterscheidet sich nicht von der auch sonst zu beobachtenden Dritt-Wirkung staatlicher Sanktionen, die auf Schuld oder Nicht-Schuld der Dritten keine Rücksicht nehmen müssen. Darüber

34 Bezeichnenderweise heißt es in BT-Drs. V/1269, S. 62 (li. Sp.), dass „sich die Höhe der Geldbuße gegen die juristische Person [...] an der Bewertung der von dem Organ begangenen Tat zu orientieren hat.“

35 *Mezger,* in: NdSchr. GrStrKomm, Bd. I,[13] S. 318 (re. Sp.) sagte zutr., dass sich „ein gerechtes Verhältnis zwischen der Zuwiderhandlung und der aufzuerlegenden Geldleistung [werde] herausbilden müssen.“ Es müsse „im Einzelfall eine Abschätzung Platz greifen, wie sie auch sonst vom Richter verlangt werde.“

36 Siehe auch insoweit das eben wiedergegebene Zitat von *Mezger,* in: NdSchr. GrStr-Komm, Bd. I,[13] S. 318 (re. Sp.).

hinaus wird den Mitgliedern des Verbandes durch dessen Sanktionierung kein Vermögen entzogen, das ihnen selbst zusteht. Ihre höchst mittelbare Mitbetroffenheit erschöpft sich darin, dass die vielfach bedingte Expektanz auf eine mögliche Dividendenauszahlung geschmälert wird. Schließlich bereinigt die hier konzipierte Verbandssanktion die Verteilungsmasse lediglich um die rechtswidrigen Tatgewinne, sprich: um solche Elemente, auf deren Verteilung der Aktionär ohnehin keinen berechtigten Anspruch hätte.

a) Mitbestrafung und Mitbetroffenheit

Um eine „Bestrafung" der Mitglieder und Arbeitnehmer des Verbandes handelt es sich dabei gleich aus zwei Gründen nicht. Die hier Verbandssanktion, wie sie hier verstanden wird, ist keine gewollte (trans-restitutive) Übelszufügung, sondern eine (restitutive) Abschöpfungsmaßnahme. Sie soll nicht eine Wunde schlagen; stattdessen soll sie, wo der Schadenersatz mangels eines Berechtigten nicht zum Zuge kommt, eine andere Wunde heilen, ohne dabei eine zweite zu verursachen.[37] Daran ändert sich auch dann nichts, wenn die Abschöpfung im Einzelfall – maßvoll – über die tatsächlich erzielten Gewinne hinaus geht. Eine solche überschießende Gewinnabschöpfung ist allein dem Umstand geschuldet, dass sich die mittelbaren Gewinne rechnerisch nicht exakt erfassen lassen.

Selbst wenn es sich bei dieser Sanktion um eine echte Übelszufügung handelte, wäre sie keine Bestrafung der Mitglieder und Arbeitnehmer des Verbandes. Denn die Sanktion würde sich gegen den Verband als solchen richten. Die Mitglieder und Arbeitnehmer der juristischen Person würden nicht angeklagt, ihnen würde kein Vorwurf gemacht, gegen sie würde keine Strafe oder sonstige Sanktion festgesetzt, sie wären nicht vorbestraft und eine Eintragung in ein Register fände nicht statt.[38] Die Verbandsmitglieder und Arbeitnehmer werden durch eine Verbandssanktion folglich nicht mit*bestraft*, sondern – allenfalls – mit*betroffen*.

---

37 *Binding*, Normen I, S. 170 (= Normen I^{2}, S. 288): „Die Strafe *soll* eine Wunde schlagen, der Schadenersatz eine andere heilen, wenn möglich ohne eine zweite zu verursachen". Herv. im Original durch Sperrung.

38 Siehe etwa *B. Ackermann*, S. 204; *Kirch-Heim*, S. 177; *Pohl-Sichtermann*, S. 10; *Rotberg*, in: FS 100 Jahre DJT (1960), S. 193 (204) sowie *v. Weber*, GA 1954, S. 237 (240) u. in: JZ 1953,^{10} S. 293 (294).

b) Sanktions-Drittwirkung als typische Begleiterscheinung

Eine solche Mitbetroffenheit von der Sanktion eines Dritten ist im Strafrecht nichts Ungewöhnliches.[39] Wird ein erwerbstätiger Elternteil bestraft, so erleiden auch die übrigen Familienmitglieder finanzielle Einbußen; wird der Schuldner zu einer empfindlichen Geldleistung oder gar einer Freiheitsstrafe verurteilt, droht dem Gläubiger der Ausfall seiner Forderung.[40] Niemand käme jedoch auf die Idee, den delinquenten Einzelunternehmer aus Rücksicht auf seine Familienmitglieder oder seine Gläuber straflos zu lassen.[41]

Für die Arbeitnehmer gilt dies ebenso, weil auch ihre Mitbetroffenheit kein Spezifikum der Verbandssanktion ist. Auch der Arbeitnehmer eines Einzelunternehmers muss um seinen Arbeitsplatz fürchten, wenn letzterer wegen einer Straftat zu einer Geld- oder gar einer Freiheitsstrafe verurteilt wird.[42] Darin realisiert sich in gewissem Umfang das Insolvenzrisiko des Vertragspartners, das ein jeder Arbeitnehmer bei Abschluss des Arbeitsvertrages – ob bewusst oder unbewusst, ob aus freiem Willen oder aus Mangel an Alternativen – auf sich genommen hat.[43] Niemand käme hier auf die absurde Idee, den delinquenten Einzelunternehmer wegen der unsozialen Auswirkungen auf seine Arbeitnehmer straflos zu lassen.[44] Wieso nun der Arbeitnehmer einer juristischen Person insoweit stärker geschützt werden müsste – oder auch nur sollte – als der Arbeitnehmer einer natürlichen Person, ist nicht ersichtlich und lässt sich auch nicht begründen.

---

39 Siehe die unzähligen Nachw. bei *Kirch-Heim*, S. 177 (Fn. 412). Monographisch zur sog. „Drittwirkung der Geldstrafe“ *v. Spiegel*, passim. Zur umgekehrten Perspektive, dass sich die gewünschte „Höchstpersönlichkeit der Geldstrafe“ oftmals nicht gewährleisten lasse, *Hillenkamp*, in: FS Lackner (1987), S. 455 ff.

40 Mit diesen Bsp. statt vieler *B. Ackermann*, S. 204 u. *Kirch-Heim*, S. 178.

41 Hier scheint die Anwendung der Geldsanktion „kriminalpolitisch ein Kunstfehler“ zu sein. So *Lackner*, JZ 1967,[17] S. 513 (518), wenn auch in anderem Zusammenhang. Zu Recht hat *Hillenkamp*, in: FS Lackner (1987), S. 455 (465), wo es möglich ist, gefordert: „Gegen den erkennbar Abwälzungswilligen ist statt Geldstrafe Freiheitsstrafe zu verhängen“. Auf die praktischen Probleme bei der Umsetzung dieser Forderung hat er gleichwohl selbst hingewiesen.

42 Ähnlich *Hirsch*, ZStW 107[2] (1995), S. 285 (298).

43 Nicht zu teilen ist der Vorwurf des Zynismus, den *Schmitt-Leonardy*, Unternehmenskriminalität, Rn. 721 u. in: ZIS 2015,[1] S. 11 (21) hiergegen erhebt. Zwar wird das Risiko des Arbeitnehmers einer juristischen Person, zum Leidtragenden einer Sanktions-bedingten Rationalisierung zu werden, tatsächlich durch das Recht geschaffen. Das gilt für den Arbeitnehmer einer natürlichen Person jedoch gleichermaßen, ohne dass seine Mitbetroffenheit dadurch zu beanstanden wäre.

44 *Hirsch*, ZStW 107[2] (1995), S. 285 (298).

Mehr noch: Die Verbandssanktion, wie sie hier verstanden wird, entzieht dem Verband lediglich die mittelbaren und unmittelbaren Vorteile aus den Taten ihrer Organwalter. Das sind solche Mittel, die der Verband bei rechtmäßigem Verhalten seiner Organwalter nicht hätte. Wenn es also (nur) wegen einer Verbandssanktion zu Rationalisierungsmaßnahmen und dem Wegfall von Arbeitsplätzen kommt, so waren diese Arbeitsplätze zuvor nur wegen der rechtswidrigen Tatvorteile zu halten. Wer also die hier vertretene Verbandssanktion wegen des drohenden Wegfalles von Arbeitsplätzen ablehnen wollte, müsste konsequenterweise auch den Schutz von Arbeitsplätzen durch den Einsatz rechtswidriger Tatgewinne billigen.

c) Keine zielgerichtete Drittwirkung

Dem kann nicht entgegengehalten werden, dass die leidtragenden Dritten typischerweise nur zufällig, die Mitglieder des Verbandes dagegen stets zielgerichtet mitbetroffen würden.[45] Denn diese vermeintliche Zielgerichtetheit der Verbandssanktion beruht – jedenfalls im Hinblick auf die hier vertretene Konzeption – auf einer unzutreffenden Annahme:[46] Sie unterstellt, dass die Entziehung von Geld immer „nur auf dem Wege über eine Motivation präventiv wirken" könne. Wenn aber „der Verband als solcher einer Motivation nicht zugänglich" sei, könne die Entziehung von Geld präventiv nur wirken, wenn sie als eine Heranziehung der „Mitgliederschaft zum Zwecke der Verhinderung" künftigen Unrechts gedacht werde. Dann handelte es sich in der Tat um die finale Inanspruchnahme und intendierte Mitbetroffenheit der Verbandsmitglieder, die sich von der typischen und zufälligen Mitbetroffenheit Dritter in qualitativer Hinsicht unterscheiden würde. Sie könnte nicht mit dem mehr formalen Argument beiseite gewischt werden, der (Schein-)

---

45 So aber etwa DAV,@Stellungnahme Nr. 54/2013, S. 18 f. u. *v. Freier*, S. 242 ff. für eine Verbandsstrafe de lege ferenda. Siehe auch *Bosch*, S. 68, der diesen Gedanken aber ausdr. von der Richtigkeit eines bestimmten u. nur krit. wiedergegebenen Wirkungsmechanismus der Verbandsstrafe abhängig macht. Eine qualitativ andere Betroffenheit konzediert auch *Kirch-Heim*, S. 178, der eine solche Belastung gleichwohl für „berechtigt" hält.

46 Siehe insoweit bsph. *Schmitt*, Maßnahmen, S. 216 f., von dem die folgenden wörtlichen Zitate stammen. Denselben Wirkmechanismus unterstellen etwa auch *Engisch*, Referat 40. DJT (1953), E 25; *v. Freier*, S. 230 ff. u. *Schmitt-Leonardy*, Unternehmenskriminalität, Rn. 714 ff.

Adressat der – letztlich doch für die Mitglieder bestimmten Sanktion – sei eben der Verband und nicht seine Mitglieder.[47]

Tatsächlich aber hat die bisherige Untersuchung gezeigt, dass der Wirkmechanismus einer Verbandssanktion sehr wohl ein anderer sein kann. Nach der hier vertretenen Konzeption, die sich mit jener der Impulsgeber und auch jener des § 26 $OWiG_{68}$ deckt, besteht er in der umfassenden Abschöpfung der Tatvorteile. Denn bereits die umfassende Abschöpfung der Tatvorteile bei der drittbegünstigten juristischen Person vermag sicherzustellen, dass der Strafeingriff beim Einzeltäter nicht aus dem Erlangten kompensiert und dadurch wirkungslos wird.[48] Sie nimmt den Anreiz zur ökonomisch-rationalen Kollusion und gewährleistet, dass der Einzeltäter das angedrohte Übel im Falle des Rechtsbruches tatsächlich als solches fürchten muss.[49] Die so verstandene Verbandssanktion erreicht ihr Ziel, indem sie dem Verband wegnimmt, was er bei rechtmäßigem Verhalten seiner Organwalter nicht erworben hätte. Auf eine Motivation der Verbandsmitglieder durch deren zielgerichtete Inanspruchnahme ist sie nicht angewiesen. Dass diese – auf welche Weise auch immer – von der Verbandssanktion mit*betroffen* werden, ist wie bei den oben genannten Personen ein unvermeidlicher Kollateralschaden.

Anm. 10.8: Das bedeutet jedoch nicht, dass eine solche Verbandssanktion nicht auch den Anreiz zu einer gewissenhafteren Auswahl der Organwalter und einer Steigerung der internen Kontrolle setzen könnte und tatsächlich auch setzt. Weil aber der Abschöpfungsmechanismus auf diese ökonomisch sinnvollen Maßnahmen der Mitglieder nicht angewiesen ist, bleiben sie ein äußerst positiv zu bewertender Nebeneffekt.
Derselbe Effekt ist bei der sonst üblichen Sanktions-Drittwirkung ebenso denkbar. Zwar wird ein „straffälliger Familienvater [...] nicht bestraft, um seine Familie durch die von ihr zu tragenden Nebenfolgen dazu zu motivieren, ihn von Strafttaten abzuhalten."[50] Auch hier kann es zu dem wünschenswerten Nebeneffekt kommen, dass die Familienmitglieder im Wege außerrechtlicher Sozialkontrolle positiv auf den Delinquenten einwirken.

---

47 So jedenfalls folgerichtig *Bosch*, S. 68, wiederum unter dem Vorbehalt eines bestimmten Wirkungsmechanismus der Verbandssanktion. Ähnlich u. in sich konsequent auch *Yoon*, S. 181 f. Treffend spricht *v. Freier*, S. 242 ff. insoweit von einer „intendierten Übelszufügung".

48 Zutr. erkennt *Geiger*, S. 232 darin den identischen Wirkmechanismus des Dritt-Verfalls, der ursprünglich aber auf den unmittelbaren Gewinn beschränkt sein sollte.

49 Zu der ökonomisch-rationalen Kollusion als der innersten Ursache für das Präventionsdefizit der reinen Individualverantwortlichkeit bereits B. II. 3. (S. 339).

50 So zutr. *v. Freier*, S. 244 mit Verweis u. a. auf *v. Bar*, Gesetz u. Schuld II, S. 145.

d) Keine unmittelbare Vermögenseinbuße

Ohnehin stellt sich die Frage, worin die Betroffenheit der Verbandsmitglieder genau bestehen soll.[51] Von einer unmittelbaren Betroffenheit der Verbandsmitglieder kann nur ausgehen,[52] wer nicht ausreichend zwischen der juristischen Person und ihren Anteilseignern unterscheidet.

Die Verbandssanktion gleich welcher Ausgestaltung trifft – wie es der BGH[53] in kaum zu überbietender Klarheit formuliert hat – „*das rechtlich selbständige,* in erster Linie zu bestimmten wirtschaftlichen Zwecken eingesetzte, *auch gegenüber den Mitgliedern* [...] *verselbständigte Vermögen*" der juristischen Person. Der Grundstock dieses Vermögens ist ursprünglich von den Gründern der Aktiengesellschaft aufgebracht worden.[54] Diese sind nach den strengen Regeln der Kapitalaufbringung von ihrer Einlage-Verpflichtung nur freigeworden, wenn sie den eingeforderten Betrag zur freien Verfügung des Vorstands eingezahlt haben.[55] Diesem Erfordernis ist nur entsprochen, wenn die Einlage vollständig und vorbehaltlos aus dem Herrschaftsbereich des Einlegers ausgesondert und dem Vorstand dergestalt übermittelt wurde, dass dieser nach eigenem pflichtgemäßem Ermessen und ohne rechtliche oder tatsächliche Einschränkung darüber verfügen kann.[56]

Mit anderen Worten: Das ursprüngliche Vermögen der Aktiengesellschaft besteht aus der Summe der Einlagen. Diese müssen in einer Weise erbracht werden, dass die Inferenten sie vollständig und vorbehaltlos aus ihrem eigenen Vermögen aussondern. Sobald also die Einlage – mit befreiender Wirkung – Verbandsvermögen wird, ist sie nicht mehr Vermögen des Inferenten. Dann aber kann eine gegen das Verbandsvermögen gerichtete Sanktion das private Vermögen des Gründers nicht unmittelbar treffen.

---

51 Im Lichte des hier gestellten Themas werden die folgenden Ausführungen zur Aktiengesellschaft gemacht. Auf die GmbH wird das meiste übertragbar sein. Bei den Personen(handels-)gesellschaften, auf die § 30 OWiG ebenfalls anwendbar ist, mögen sich hier komplizierte Sonderprobleme ergeben, auf die es im Rahmen dieser Untersuchung jedoch nicht ankommt.

52 So etwa DAV,[@] Stellungnahme Nr. 54/2013, S. 19.

53 Beschl. v. 11. 3. 1986 – KRB 8/85 – wistra 1986,[5] S. 221 f. (222). Herv. nur hier.

54 Ihnen stehen bei einer Kapitalerhöhung die Zeichner der neuen Aktien gleich.

55 Siehe § 36 Abs. 2 sowie § 54 Abs. 3 Satz 1 AktG. Siehe für die GmbH § 7 Abs. 3 GmbHG, der entgegen seiner systematischen Stellung auch für Bareinlagen gilt, *Herrler*, in: MünchKomm-GmbHG,[3] § 7 Rn. 129.

56 Vgl. nur *J. Koch*, in: Hüffer/Koch,[14] § 36 Rn. 7 u. *Pentz*, in: MünchKomm-AktG,[5] § 36 Rn. 48 jew. m. w. N. aus Rspr. u. Lit. Für die GmbH siehe nur *Herrler*, in: MünchKomm-GmbHG,[3] § 7 Rn. 129.

Aus demselben Grund ist auch eine unmittelbare Betroffenheit des späteren Aktionärs ausgeschlossen. Der Gründer erhält – untechnisch gesprochen[57] – als Gegenleistung für seine Einlage eine Aktie. In dieser Aktie sind seine mitgliedschaftlichen Verwaltungs- und Vermögensrechte verbrieft. Sie ist als schwungvoll handelbares Wertpapier ausgestaltet und kann nahezu beliebig an einen Dritten veräußert werden. Diese Transaktion findet jedoch auf dem Sekundärmarkt und damit vollständig außerhalb der Aktiengesellschaft statt. Das Vermögen der juristischen Person wird dadurch nicht berührt.

Anm. 10.9: Um die Trivialität beim Namen zu nennen: Der Veräußerer verkauft dem Erwerber seinen Anteilsschein. Der Kaufpreis fließt aus dem Vermögen des Erwerbers in das Vermögen des Veräußerers. Weder erhält der Veräußerer von der Aktiengesellschaft seine Einlage zurück, noch leistet der Erwerber seinerseits eine Einlage nach den Regeln der Kapitalaufbringung.

So wenig das von der Transaktion unberührte Vermögen der Aktiengesellschaft vorher Vermögen des Gründers war, so wenig ist es danach Vermögen des Aktionärs.[58] Eine gegen das selbständige und verselbständigte Vermögen der Aktiengesellschaft gerichtete Sanktion kann deshalb auch das Vermögen der Aktionäre nicht unmittelbar treffen.

e) Bloße Schmälerung einer unsicheren Expektanz

Wenn also das Vermögen der juristischen Person auch und gerade gegenüber ihren Mitgliedern verselbständigt ist, kann deren Mitbetroffenheit nur eine Schmälerung eines mitgliedschaftlichen Beteiligungsrechtes[59] sein. Werden die Verwaltungsrechte, die von einer Vermögenssanktion nur in Ausnah-

57 Zur Vermeidung von Missverständnissen: Damit soll nicht gesagt sein, dass die Mitgliedschaftsrechte zur Einlagepflicht in einem Gegenseitigkeitsverhältnis i. S. d. §§ 320 ff. BGB stünden, siehe *J. Koch*, in: Hüffer/Koch,[14] § 54 Rn. 2 u. *Götze*, in: MünchKomm-AktG,[5] § 54 Rn. 6 jew. m. w. N.

58 Das gilt selbstverständlich auch bei der Weiterveräußerung eines Aktionärs, der nicht seinerseits Gründer war. Schon zur Vermeidung solcher Missverständnisse sollte die verbreitete Redeweise vermieden werden, nach der der Vorstand einer Aktiengesellschaft mit dem Geld der Aktionäre hantiere. Sie ist schlicht unzutreffend. Der Vorstand handelt mit dem Vermögen allein der Aktiengesellschaft, das auch u. gerade gegenüber den Aktionären verselbständigt u. deshalb gerade nicht das Geld der Aktionäre ist.

59 Für eine erschöpfende Zusammenstellung der verbrieften Verwaltungs- u. Vermögensrechte siehe etwa *Rieckers*, in: MünchHdb-GesR, IV (AG),[5] § 17 Rn. 3 f.

mefällen betroffen sein können, insoweit ausgeklammert, so verbleiben die Vermögensrechte. Zu den in der Aktie verbrieften Vermögensrechten gehört vor allem[60] das in § 58 Abs. 4 AktG[61] behandelte Recht auf Beteiligung am Gesellschaftsgewinn.[62]

Das meint zunächst nicht mehr, als dass jeder Aktionär für die Dauer seiner Mitgliedschaft ein abstraktes und latentes „Gewinnstammrecht“ hat, aus dem in Abhängigkeit von der Ertragslage der Gesellschaft wiederkehrende Forderungsrechte hervorgehen können.[63] Sobald ein ordnungsgemäß festgestellter Jahresabschluss vorliegt, der einen Bilanzgewinn[64] ausweist, aktualisiert sich das latente Gewinnstammrecht zu einem Anspruch auf Teilhabe an dem konkreten Periodengewinn.[65] Auch dieser konkrete(re) Teilhabe-„Anspruch“[66] bleibt jedoch ein abstraktes Recht, das dem Aktionär noch kei-

---

60 Es wurde von *Lutter*, in: KölnKomm-AktG[2] § 58 Rn. 79 als „das wichtigste mitgliedschaftliche Vermögensrecht des Aktionärs“ bezeichnet. Zust. *Drygala*, in: KölnKomm-AktG[3] § 58 Rn. 112; *Henze*, in: GroßKomm-AktG[4] § 58 Rn. 85; *Fleischer*, in: K. Schmidt/Lutter[4] § 58 Rn. 43 u. *Schüppen*, in: FS Röhricht (2005), S. 571 (571). Krit. dagegen *Bayer*, in: MünchKomm-AktG[5] § 58 Rn. 97.

61 Bei Verabschiedung des § 26 OWiG$_{68}$ entsprach § 58 Abs. 4 des Aktiengesetzes v. 6. 9. 1965 (AktG$_{65}$), BGBl. I[48] S. 1089 (1102) bereits dem heutigen § 58 Abs. 4 Satz 1 AktG. Ob die Vorschrift den mitgliedschaftlichen Beteiligungsanspruch oder den schuldrechtlichen Auszahlungsanspruch behandelt, kann für die Zwecke dieser Untersuchung dahinstehen. Dazu *Waclawik*, in: Hölters[3] § 58 Rn. 29.

62 Ausf. u. systematische Darstellungen des Gewinnverwendungsrechts etwa bei *Hoffmann-Becking*, in: MünchHdb-GesR, IV (AG)[5] § 47 u. *Schüppen*, in: Schüppen/Schaub[3] § 30.

63 Mit dem treffenden Begriff des Gewinnstammrechts zur insoweit vergleichbaren Lage in der GmbH *Ekkenga*, in: MünchKomm-GmbHG[3] § 29 Rn. 39. Im Ergebnis ebenso, wenn auch mit anderer Terminologie, *Drygala*, in: KölnKomm-AktG[3] § 58 Rn. 112 u. *Henze*, in: GroßKomm-AktG[4] § 58 Rn. 87.

64 Zum „Bilanzgewinn“ u. den weiteren relevanten Grundbegriffen siehe *Bayer*, in: MünchKomm-AktG[5] § 58 Rn. 3 ff.; *Henze*, in: GroßKomm-AktG[4] § 58 Rn. 15 ff. u. *J. Koch*, in: Hüffer/Koch[14] § 58 Rn. 3 f. jew. m. w. N.

65 Vgl. BGH, Urt. v. 28. 10. 1993 – IX ZR 21/93 – BGHZ **124**, 27 ff. (31) m. w. N. aus der Rspr. Vgl. auch *Bayer*, in: MünchKomm-AktG[5] § 58 Rn. 99; *Cahn/v. Spannenberg*, in: BeckOGK-AktG, § 58 Rn. 96; *Drygala*, in: KölnKomm-AktG[3] § 58 Rn. 112 u. 113; *Fleischer*, in: K. Schmidt/Lutter[4] § 58 Rn. 44; *Grigoleit/Zellner*, in: Grigoleit, § 58 Rn. 31; *Henze*, in: GroßKomm-AktG[4] § 58 Rn. 92; *J. Koch*, in: Hüffer/Koch[14] § 58 Rn. 26; *K. Lange*, in: Henssler/Strohn[4] § 58 Rn. 11 u. *Schüppen*, in: FS Röhricht (2005), S. 571 (573).

66 Zutr. weist *Waclawik*, in: Hölters[3] § 58 Rn. 30 darauf hin, dass schwerlich von einem Gewinn*anspruch* die Rede sein kann, wenn der einzelne Aktionär „selbst durch einen

nen Zahlungsanspruch gewährt.[67] Denn die Frage, ob und in welcher Höhe der noch verteilungsfähige Bilanzgewinn tatsächlich ausgeschüttet wird, ist der insoweit freien[68] Entscheidung der Hauptversammlung vorbehalten.[69] Erst wenn diese einen ordnungsgemäßen[70] Gewinnverwendungsbeschluss (§ 174 AktG) fasst und darin die (teilweise) Ausschüttung des Bilanzgewinns vorsieht, geht aus dem abstrakten Teilhaberecht des Aktionärs ein konkreter Anspruch auf Auszahlung einer Dividende in bestimmter Höhe hervor.[71] Wenn also § 58 Abs. 4 Satz 1 AktG den Aktionären einen Anspruch auf den Bilanzgewinn einräumt, ist damit ein Anspruch nur auf den Betrag gewährt, der nach dem Gewinnverwendungsbeschluss zur Verteilung bestimmt ist. Bis zu dessen Wirksamwerden erschöpft sich die „Rechtsposition" des einzelnen Aktionärs in einer vielfach bedingten Expektanz auf die künftige und keineswegs sichere Ausschüttung der Dividende.

Bevor aus der Expektanz ein konkreter Ausschüttungsanspruch wird, sind zahlreiche Hürden zu überwinden: Allem voran ist es – grundsätzlich[72] –

Gewinnverwendungsbeschluss, der den gesamten Bilanzgewinn in Gewinnrücklagen einstellt [...], nicht in seinen Rechten verletzt" wird.

67 Stattdessen kann der einzelne Aktionär auf Herbeiführung eines Gewinnverwendungsbeschlusses klagen, wenn die Frist des § 175 Abs. 1 Satz 2 AktG abgelaufen ist. Details bei *Cahn/v. Spannenberg*, in: BeckOGK-AktG, § 58 Rn. 96; *Drygala*, in: KölnKomm-AktG[3], § 58 Rn. 127 ff. u. *Henze*, in: GroßKomm-AktG[4], § 58 Rn. 87. Zu den Besonderheiten in „Pattsituationen" in der Hauptversammlung *Schüppen*, in: FS Röhricht (2005), S. 571 ff.

68 Dagegen ist die Hauptversammlung gem. § 174 Abs. 1 Satz 2 AktG an den festgestellten Jahresabschluss gebunden. Das heißt, dass sie den Bilanzgewinn nicht selbständig verringern oder erhöhen kann. Siehe BGH, Urt. v. 28. 10. 1993 – IX ZR 21/93 – BGHZ **124**, 27 ff. (32); *Drygala*, in: KölnKomm-AktG[3], § 58 Rn. 9 u. 113; *Fleischer*, in: K. Schmidt/Lutter[4], § 58 Rn. 37 u. *Hoffmann-Becking*, in: MünchHdb-GesR, IV (AG)[5], § 47 Rn. 16.

69 BGH, Urt. v. 28. 10. 1993 – IX ZR 21/93 – BGHZ **124**, 27 ff. (31); *Drygala*, in: KölnKomm-AktG[3], § 58 Rn. 127; *J. Koch*, in: Hüffer/Koch[14], § 58 Rn. 26.

70 Beruht der Gewinnverwendungsbeschluss auf einem nichtigen Jahresabschluss (§ 253 Abs. 1, § 256 AktG) oder ist er aus anderen Gründen nichtig, entsteht auch der konkrete Dividenden-Ausschüttungs-Anspruch nicht. Siehe *Cahn/v. Spannenberg*, in: BeckOGK-AktG, § 58 Rn. 100; *Drygala*, in: KölnKomm-AktG[3], § 58 Rn. 133 u. *Grigoleit/Zellner*, in: Grigoleit, § 58 Rn. 33.

71 BGH, Urt. v. 28. 10. 1993 – IX ZR 21/93 – BGHZ **124**, 27 ff. (31) m. w. N. aus der Rspr. Siehe auch *Bayer*, in: MünchKomm-AktG[5], § 58 Rn. 104; *Cahn/v. Spannenberg*, in: BeckOGK-AktG, § 58 Rn. 99; *Drygala*, in: KölnKomm-AktG[3], § 58 Rn. 112 u. 132; *Grigoleit/Zellner*, in: Grigoleit, § 58 Rn. 33; *Henze*, in: GroßKomm-AktG[4], § 58 Rn. 93; *J. Koch*, in: Hüffer/Koch[14], § 58 Rn. 28; *Schüppen*, in: FS Röhricht (2005), S. 571 (573) u. *Waclawik*, in: Hölters[3], § 58 Rn. 31.

erforderlich, dass die Aktiengesellschaft im jeweiligen Abrechnungszeitraum überhaupt einen Überschuss erwirtschaftet hat. Bilanzpolitische Spielräume ermöglichen es der Verwaltung schon bei der Aufstellung des Jahresabschlusses, den Überschuss in gewissem Umfang zu verschleiern oder künstlich klein zu rechnen, indem etwa „stille Rücklagen" gebildet oder Vermögenswerte in Tochterunternehmen „versteckt" werden.[73] Aus diesem gegebenenfalls verzerrten Überschuss ergibt sich durch die nach Maßgabe des § 158 AktG erfolgende Korrektur und Ergänzung der Bilanzgewinn. Dabei kann ein Verlustvortrag aus dem Vorjahr (§ 158 Abs. 1 Satz 1 Nr. 1 AktG) dazu führen, dass der aktuell erwitschaftete Überschuss vollständig aufgezehrt wird und ein verteilungsfähiger Bilanzgewinn nicht verbleibt. Abermals kann sich der Überschuss durch die Rücklagendotierung (§ 158 Abs. 1 Satz 1 Nr. 4 AktG) verringern. Im Regelfall des § 58 Abs. 2 AktG können Vorstand und Aufsichtsrat – in den weiten Grenzen ihres unternehmerischen Ermessens[74] – bis zu der Hälfte des Überschusses in die anderen Gewinnrücklagen einstellen.[75] Was nach Abzug all dieser – und weiterer – Posten übrig bleibt, ist der Bilanzgewinn.[76]

Damit ist das Ende des Hürdenlaufs noch nicht erreicht. Besteht ein Gewinnabführungsvertrag (§ 291 AktG), ist der Bilanzgewinn abzuführen und ein Ausschüttungsanspruch ausgeschlossen.[77] Gesetz und Satzung können darüber hinaus die Verteilung des Bilanzgewinnes (teilweise) ausschließen. Schließlich kann die Hauptversammlung nach § 58 Abs. 3 AktG mit einfacher Mehrheit beschließen, weitere Beträge oder den gesamten Gewinn

72 Zur möglichen Dividendenauszahlung bei Jahresfehlbeträgen durch Auflösung „anderer Gewinnrücklagen" siehe *Drygala*, in: KölnKomm-AktG,[3] § 58 Rn. 11 m. w. N.

73 Siehe dazu *Bayer*, in: MünchKomm-AktG,[5] § 58 Rn. 6; *Drygala*, in: KölnKomm-AktG,[3] § 58 Rn. 12 u. 20 sowie *Henze*, in: GroßKomm-AktG,[4] § 58 Rn. 20 jew. m. w. N.

74 *Bayer*, in: MünchKomm-AktG,[5] § 58 Rn. 39; *Cahn/v. Spannenberg*, in: BeckOGK-AktG, § 58 Rn. 36; *Drygala*, in: KölnKomm-AktG,[3] § 58 Rn. 53 ff.; *Fleischer*, in: K. Schmidt/Lutter,[4] § 58 Rn. 18; *J. Koch*, in: Hüffer/Koch,[14] § 58 Rn. 9.

75 Nach § 58 Abs. 2 Satz 1 AktG kann die Verwaltung über höchstens die Hälfte des Überschusses bestimmen, wobei Satz 2 eine statutarische Erweiterung oder Beschränkung zulässt. Ausf. zur Rücklagendotierung durch die Verwaltung *Bayer*, in: MünchKomm-AktG,[5] § 58 Rn. 38 ff.; *Cahn/v. Spannenberg*, in: BeckOGK-AktG, § 58 Rn. 36 u. *Henze*, in: GroßKomm-AktG,[4] § 58 Rn. 35 ff.

76 Selbstverständlich kann sich der Betrag durch einen Gewinnvortrag, Entnahmen aus der Kapital- oder den Gewinnrücklagen u. sonstigem auch erhöhen. Ausf. zum Zusammenhang zwischen Jahresabschluss u. Bilanzgewinn *Cahn/v. Spannenberg*, in: BeckOGK-AktG, § 58 Rn. 17 ff.

77 Siehe dazu *Drygala*, in: KölnKomm-AktG,[3] § 58 Rn. 64 f. u. *Henze*, in: GroßKomm-AktG,[4] § 58 Rn. 47 ff.

in die Rücklage einzustellen oder auf neue Rechnung vorzutragen. Das kann die Mehrheit – in den weiten Grenzen des § 254 AktG – auch aus taktischen Gründen und nur deshalb tun, um die Minderheit „auszuhungern".[78] Trennt sich der Aktionär vor Beschlussfassung von seiner Aktie oder verzichtet er auf die Dividendenausschüttung, so kann er sich alledem in gewissem Umfang entziehen.

Diese keineswegs vollzählige Aufschlüsselung der verschiedenen Etappen des Dividenden-Anspruchs macht eines deutlich: Zwar lässt sich nicht von der Hand weisen, dass eine Vermögenssanktion gegen den Verband dessen Rendite schmälert und deshalb auch die Gewinnerwartung des Aktionärs schmälern kann. Sie wirkt sich als negativer Verrechnungsposten schon auf der Ebene des Jahresergebnisses aus, indem sie den Überschuss verringert, diesen in einen Fehlbetrag verwandelt oder einen ohnehin bestehenden Fehlbetrag erhöht. Ob aber der einzelne Aktionär deshalb eine geringere oder gar keine Dividende ausgezahlt erhält, steht auf einem anderen Blatt. Denn die Bedeutung jeder einzelnen Verrechnungsposition wird durch das Zusammenspiel mit allen übrigen Positionen und durch die Vielzahl an Zwischenschritten und -entscheidungen so sehr vermittelt und verwässert, dass sich ihre spezifische Auswirkung kaum je isoliert ermitteln lassen wird. Die Dividenden-schmälernde Wirkung der Sanktion lässt sich von jeder sonstigen Einbuße nicht mehr unterscheiden. Der Dividenden-Anspruch des Aktionärs wird von der Sanktion – gleich welcher Ausgestaltung – in der Tat nicht anders betroffen, als etwa von einer allgemeinen Rezession, einer unvorhergesehenen Verteuerung von Rohstoffen oder einer unternehmerischen Fehlleistung:[79] als eine Schmälerung der eben vielfach bedingten Expektanz auf eine künftige Ausschüttung.

f) Anspruch auf Tatgewinn-Dividende?

Schließlich müssen sich alle Bedenken gegen eine Ungerechtigkeit der Mitbetroffenheit auflösen, wenn die Verbandssanktion wie hier als ein Instrument

78 Zu dem schon dem Gesetzgeber des $AktG_{65}$ bekannten – *Kropff*, S. 339 f. – Phänomen des „Aushungerns" u. dem insoweit bewusst schwach ausgestalteten Minderheitenschutz *Drygala*, in: KölnKomm-AktG[3] § 58 Rn. 101 ff. u. *Henze*, in: GroßKomm-AktG[4] § 58 Rn. 79.

79 Siehe nur *B. Ackermann*, S. 205; *Brender*, S. 65 f.; *Kirch-Heim*, S. 178 m. zahlr. Nw.; *Koffka*, in: NdSchr. GrStrKomm, Bd. IV[50] S. 323 (re. Sp.); *Rotberg*, in: FS 100 Jahre DJT (1960), S. 193 (205); *Schünemann*, in: Madrid-Symposium (1994), S. 265 (286).

der Gewinnabschöpfung angesehen wird. Das wird besonders deutlich, wenn man den realitäts-fernen Grenzfall untersucht, in dem der Dividenden-Anspruch allein an der Verbandssanktion scheitert. Das heißt, dass die Hauptversammlung den gesamten verteilungsfähigen Bilanzgewinn hätte ausschütten wollen. Die Ausschüttung würde weder durch einen Gewinnabführungsvertrag, noch durch Gesetz oder Satzung verhindert. Die Verwaltung verzichtete in größtmöglichem Umfang auf die Rücklagendotierung und aus dem Vorjahr würde weder Gewinn noch Verlust vorgetragen. In diesem theoretischen Fall würde die Verbandssanktion den Dividendenanspruch nur vereiteln, wenn der ohne sie bestehende Überschuss durch sie zu einem Fehlbetrag wird. Anderenfalls hätte eine Dividendenauszahlung ohnehin unterbleiben müssen oder wäre sie trotz der Sanktion möglich gewesen.

Wird die Verbandssanktion nun als eine Abschöpfung der unmittelbaren und mittelbaren Tatvorteile verstanden, so kann der ohne die Sanktion bestehende Jahresüberschuss – und mit ihm der Bilanzgewinn und die einzelne Dividende – nur aus rechtswidrigen Tatgewinnen bestehen. Die Ausschüttung der Dividende wäre danach Verteilung eines rechtswidrigen Gewinns. Auf die Verteilung rechtswidrigen Gewinns hat der Aktionär jedoch keinen schutzwürdigen Anspruch[80] – und zwar ganz unabhängig von seiner Beteiligung an der Anknüpfungstat. Die so verstandene Verbandssanktion bereinigt danach das Jahresergebnis des Verbandes um rechtswidrige Elemente und verhindert eine Verteilung rechtswidriger Gewinne.

Anm. 10.10: Per Extension lässt sich der Gedanke auch auf alle anderen Fälle übertragen. Wenn sich auch die spezifische Auswirkung der Sanktion auf das Dividendenergebnis nicht isoliert feststellen lässt, würden Jahresergebnis und Bilanzgewinn ohne eine abschöpfende Sanktion rechtswidrige Gewinne enthalten. Soweit es nach all den Zwischenschritten zu einer Dividendenauszahlung käme, würde mit ihr in gewissem Umfang rechtswidriger Tatgewinn verteilt.

Um es noch einmal und zugespitzt zu sagen: Eine ungerechtfertigte Mitbetroffenheit der Mitglieder von der abschöpfenden Verbandssanktion kann nur annehmen, wer diesen Mitgliedern einen schutzwürdigen Anspruch auf Beteiligung am rechtswidrigen Tatgewinn einräumen möchte. Tatsächlich ist die Frage nach einer ungerechten Mitbetroffenheit der Verbandsmitglieder – jedenfalls im Hinblick auf die hier vertretene rein abschöpfende Verbandssanktion – falsch gestellt. Es geht weniger darum, ob den Verbandsmitgliedern ein

---

80 So bereits *Schmitt*, Maßnahmen, S. 221 f. u. ihm zust. *Lang-Hinrichsen*, in: FS Mayer (1966), S. 49 (73).

ungerechtes Vermögensübel auferlegt wird. Vielmehr stellt sich die Frage, ob und gegebenenfalls weshalb man den Verbandsmitgliedern eine Dividende zukommen lassen sollte, durch die der rechtswidrige Tatgewinn verteilt würde und auf die deshalb niemand einen schutzwürdigen Anspruch hat.

3. Doppelbestrafung der Täter

Der Einwand einer unzulässigen Doppelbestrafung des an der Gesellschaft beteiligten Täters ist damit ebenfalls entkräftet. Er wird nicht ein weiteres Mal be*straft*, sondern in seiner Eigenschaft als Verbandsmitglied mit*betroffen*. Diese Mitbetroffenheit erschöpft sich in einer Schmälerung der ohnehin vielfach bedingten Expektanz auf Gewinnausschüttung und verhindert lediglich, dass rechtswidriger Tatgewinn unter den Verbandsmitgliedern verteilt wird. Auch dieser Einwand steht der hier vertretenen Verbandssanktion nicht entgegen.

4. Zwischenfazit

Die dogmatischen und verfassungsrechtlichen Bedenken, deretwegen der Gesetzgeber eine Abschöpfung des mittelbaren Gewinns nicht hatte vorsehen wollen, haben sich danach allesamt als Scheinprobleme erwiesen. Dogmatik und Verfassung hätten den Gesetzgeber keineswegs daran gehindert, eine Abschöpfung des mittelbaren Verbandsgewinnes vorzusehen, selbst wenn sich dieser rechnerisch nicht exakt erfassen lässt. Das rechtspolitisch Wünschenswerte war dogmatisch ohne Weiteres machbar.

V. Die folgerichtige Verbandssanktion

Die rechtspolitisch wünschenswerte und dogmatisch machbare Verbandssanktion hätte wegen der unterschiedlichen gedanklichen Operationen bei der Abschöpfung des unmittelbaren und des mittelbaren Gewinns – jedenfalls gedanklich – aus zwei Teilen bestehen müssen. Will man sich, wie es auch der Gesetzgeber tat, wegen der Ähnlichkeit der gedanklichen Operationen terminologisch an die Geldbuße anlehnen, so kann von einem Abschöpfungsteil und einem Pseudo-Ahndungsteil gesprochen werden. Ob man diese beiden Teile auf zwei Instrumente aufteilen oder sie in einer kombinierten

Sanktion zusammenfassen wollte,[81] war gesetzgebungstechnisch wohl eine rein stilistische Frage. Wichtig ist allein, dass die Teile im Zusammenspiel eine umfassende Abschöpfung des unmittelbaren und mittelbaren Gewinns gewährleisten.

Der Abschöpfungsteil bildet insoweit den Sockelbetrag der Sanktion und entzieht dem Verband die rechnerisch einigermaßen exakt erfassbaren unmittelbaren Gewinne. Der darüber hinaus verbleibende mittelbare Gewinn wird durch den Pseudo-Ahndungsteil abgeschöpft. Dabei versucht die zuständige Stelle durch Berücksichtigung aller Umstände des Einzelfalles im Wege einer Ermessensentscheidung den schwer erfassbaren mittelbaren Gewinn möglichst genau zu schätzen. Unvermeidliche Ungenauigkeiten sind dabei im selben Maße hinzunehmen, wie auch bei der Zumessung einer Individualsanktion die nur ungenaue Quantifizierung des Tatunrechts hingenommen werden muss.

Diese Verbandssanktion tritt neben die Individualsanktion gegen den Organwalter. Gemeinsam führen sie dazu, dass das Gesamtsystem aus juristischer Person und Organwalter in gleicher Weise getroffen wird, wie der als Vergleichsmaßstab herangezogene Einzelunternehmer getroffen würde. Ihm werden die Vorteile aus der eigenen Tat genommen,[82] damit er die angedrohte Sanktion nicht aus ihnen begleiche. Er soll die Sanktion nicht lediglich als Schmälerung des Tatgewinns, sondern als echtes und abschreckend wirkendes Übel verspüren. Die *Binding*'sche Wunde[83] soll in sein rechtmäßiges Vermögen geschlagen werden und nicht lediglich in das schützende Polster der rechtswidrigen Tatgewinne.

Der Versuch, dem Individualtäter eines Verbandsdeliktes eine Wunde beizubringen, scheitert dagegen, solange die rechtswidrigen Tatgewinne ohne staatliche Zugriffsmöglichkeit bei der juristischen Person verbleiben. Für sie wäre es sinnvoll, eine marginale Schmälerung des Tatgewinnes hinzunehmen und ihre durch die Tatgewinne gepolsterte Hand schützend über den altruistischen Organwalter zu halten. Bliebe ihm die Wunde erspart, so würde er

81 Ersteren Weg hatte die Große Strafrechtskommission vorgeschlagen, letzteren hatte der Gesetzgeber in § 26 $OWiG_{68}$ gewählt.

82 Die unmittelbaren Gewinne werden durch den Abschöpfungsteil, die mittelbaren Gewinne in gewissem Umfang durch den Ahndungsteil abgeschöpft. Dazu oben B. I. (S. 327).

83 Siehe abermals u. auch zum Folgenden das schöne Bild von *Binding*, Normen I, S. 170 (= Normen $I^2_{,}$ S. 288): „Die Strafe *soll* eine Wunde schlagen, der Schadenersatz eine andere heilen, wenn möglich ohne eine zweite zu verursachen“. Herv. im Original durch Sperrung.

die angedrohte staatliche Sanktion nicht fürchten und auch künftig lukrative Gesetzesverstöße begehen. Sobald aber der rechtswidrige Tatgewinn entzogen ist, kann der Verband die Wunde des Organwalters nur dadurch vermeiden, dass er eigenes und rechtmäßig erworbenes Vermögen opfert, sprich: selbst eine Wunde erleidet. Ist das Verbandsdelikt wegen der umfassenden Gewinnabschöpfung jedoch ein Null-Summen-Spiel oder – wahrscheinlicher – gar ein Verlustgeschäft, hätte der Verband aus diesem Vermögensopfer keinen Nutzen. Bei ökonomisch-rationalem Verhalten der in ihm zusammengefassten Einzelpersonen müsste eine Freistellung des Organwalters mithin unterbleiben. Kann der Täter nicht mehr auf die schützende Hand des Verbandes hoffen, muss er – ebenso wie der delinquente Einzelunternehmer – fürchten, dass das für die Tat angedrohte Übel ihn tatsächlich nachhaltig und persönlich erreichen werde. Deshalb genügt es, wenn dieses Übel nach den persönlichen wirtschaftlichen Verhältnissen des Organwalters bemessen ist, weil er sich als wirtschaftlich (erheblich) schwächerer Täter bereits durch die Androhung einer (erheblich) geringeren Sanktion in gleicher Weise von der Tatbegehung abschrecken lässt.

Die folgerichtige Antwort auf die Frage, die der Gesetzgeber sich bei Schaffung des § 26 OWiG$_{68}$ stellte,[84] hätte lauten müssen: Der Anreiz zur ökonomisch-rationalen Kollusion lässt sich beseitigen, indem für die Tat des Organwalters auch eine reaktiv-retrospektive Sanktion gegen den Verband angedroht wird, die diesem restitutiv alle unmittelbaren und mittelbaren Gewinne entzieht. Eine solche Sanktion würde sicherstellen, dass das Verbandsdelikt kein lohnendes Geschäft mehr ist. Dadurch würden der Anreiz zur ökonomisch-rationalen Kollusion und mit ihm das Präventionsdefizit einer reinen Individualverantwortlichkeit beseitigt, sprich: die Durchschlagskraft der Individualsanktion gewährleistet. Das angedrohte Übel, das den Täter im Falle der Aufdeckung sicher erreichen wird, kann diesen – im Rahmen des strafrechtlich Möglichen – von der Begehung von Verbandsdelikten abschrecken.

D. Die Lösung des § 26 OWiG$_{68}$

Der Gesetzgeber hat die Frage in § 26 OWiG$_{68}$ bekanntlich mit einer Geldbuße gegen juristische Personen und Personenvereinigungen beantwortet. Daraus wird deutlich, dass auch er sich für eine reaktiv-retrospektive Sank-

84 Siehe oben B. III. (S. 345).

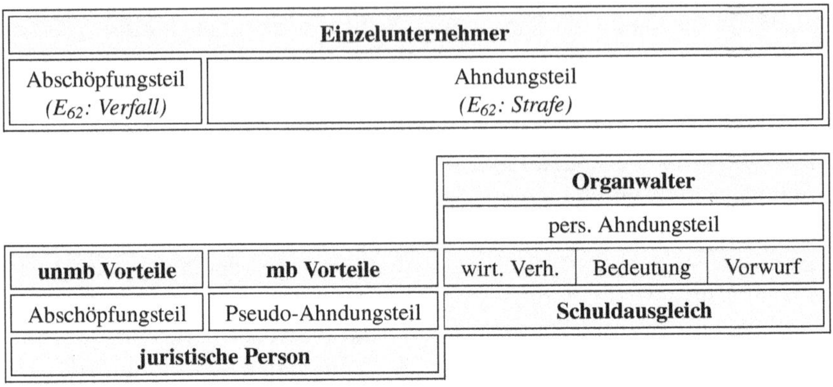

Abbildung 10.3: Verbandssanktion als Ergänzung d. Organwaltersanktion.
Der Organwalter erstrebt die Tatvorteile für die juristische Person stets auf das Risiko hin, dass ebendiese Vorteile durch eine Verbandssanktion wieder abschöpft werden. Stehen dem Verband die Tatvorteile nicht zur Verfügung, kann er den Organwalter aus diesen nicht mehr von dessen Sanktion freistellen. Der Organwalter muss die Sanktion aus eigenem, „unbemakeltem" Vermögen aufbringen und verspürt diese als echtes Übel. Ihre Androhung schreckt ihn in derselben Weise ab, wie die Individualsanktion den Einzelunternehmer abzuschrecken vermag.

tion[1] entschieden hat.[2] Aus dem Gesetzeswortlaut[3] und der Entwurfsbegründung[4] geht allerdings nicht eindeutig hervor, ob der Gesetzgeber sich

1 Die Entwurfsbegründung operiert freilich mit den unscharfen Begriffen von Repression u. Prävention, mit denen sich die eigentliche Unterscheidung gerade nicht umschreiben lässt. Siehe BT-Drs. V/1269, S. 58 (re. Sp. f.), wo sich die Entwurfsbegründung den Gedanken *Göhlers,* in: Prot. SondA-StrafR IV,[23] S. 403 (li. Sp.) zu eigen macht: Man habe in § 12 RefE-OWiG die „mehr auf zukünftiges Wohlverhalten ausgerichtete präventive Sanktion der Geldbuße" gewählt, der zwar „auch ein repressiver Charakter anhafte," bei der aber „die präventiven Gesichtspunkte doch eine größere Bedeutung" hätten, so dass sich die dogmatischen Schwierigkeiten nicht in gleicher Weise ergäben.

2 Die prospektiven Maßnahmen wie „z. B. die Festsetzung eines Sicherungsgeldes nach Art einer Friedensbürgschaft" sind in der Entwurfsbegründung ausdr. verworfen worden, siehe BT-Drs. V/1269, S. 58 (re. Sp.). Ausf. zu den Gründen für diese Ablehnung – namentlich die fehlende Eignung zur Gewinnabschöpfung – *Meyer,* in: Prot. SondA-StrafR IV,[23] S. 415 (re. Sp. ff.).

3 § 26 Abs. 3 verweist auf § 13 Abs. 4 $OWiG_{68}$ u. macht deshalb deutlich, dass die Verbandsgeldbuße den „wirtschaftlichen Vorteil" des Verbandes übersteigen soll. Ob aber der darüber hinaus gehende Pseudo-Ahndungsteil der Restitution oder der Übelszufügung dienen soll, wird nicht deutlich. Zu dem hierin enthaltenen Redaktionsversehen noch III. 1. (S. 387).

diese Geldbuße als eine nur restitutive Abschöpfungsmaßnahme oder als eine teilweise auch trans-restitutive Übelszufügung gedacht hatte. Wegen der vielen dogmatischen und verfassungsrechtlichen (Schein-)Probleme hat der Gesetzgeber sich alle Mühe gegeben, das „schlechte Gewissen" und das große „Unbehagen […] gegenüber dem Institut der Verbandsgeldbuße"[5] so gut wie möglich zu kaschieren.[6]

Blickt man jedoch in die Protokolle zu den Ausschusssitzungen und der Plenardebatte, so wird deutlich, dass die gegen den Verband gerichtete Geldbuße in jeder Phase des Gesetzgebungsprozesses als eine reine Abschöpfungsmaßnahme verstanden wurde. Zu keinem Zeitpunkt ist sie als ein Instrument gedacht worden, das dem Verband sonstiges, „unbemakeltes" Vermögen hatte entziehen sollen.[7] Werden die Entwurfsbegründung und die Ausgestaltung des Gesetzes mit dem auf diese Weise geschärften Blick gelesen, so lässt sich auch ihnen entnehmen, dass die reaktiv-retrospektive Verbandsgeldbuße des § 26 OWiG$_{68}$ nach dem Willen des historischen Gesetzgebers allein der restitutiven Abschöpfung des unmittelbaren und des mittelbaren Gewinnes dienen sollte.

---

4 Dunkel spricht die Entwurfsbegründung – BT-Drs. V/1269, S. 59 (li. Sp.) – davon, dass die Individualsanktion gegen den Organwalter „beim Fehlen einer Sanktionsmöglichkeit" gegen den Verband „weder geeignet sein [würde], die der juristischen Person zugeflossenen Gewinne abzuschöpfen, noch die Erzielung solcher Gewinne zu bekämpfen." Mit der Verbandsgeldbuße solle (S. 60 li.) „u. a. der Zweck verfolgt werden," der juristischen Person die Tatvorteile abzunehmen, „und weiterhin der Zweck, die Erzielung solcher unrechtmäßiger Vorteile zu bekämpfen." In welchem Verhältnis diese Zwecke zueinander stehen, wird nicht deutlich.

5 So *Schmitt*, in: FS Lange (1976), S. 877 (877 u. 880).

6 Geradezu erfrischend offen *Göhler*, in: Prot. SondA-StrafR V;[57] S. 1083 (li. Sp.): Mit der Verbandsgeldbuße des § 19 EOWiG „können wir zu einer dogmatisch meines Erachtens, ich will nicht unbedingt sagen: völlig unbedenklichen, aber durchaus vertretbaren und kriminalpolitisch sinnvollen Lösung kommen, zu einer Lösung die der Gerechtigkeit dient und die […] verfassungsrechtlich einwandfrei ist." Zuvor bereits *Göhler*, in: Prot. SondA-StrafR IV;[23] S. 402 (re. Sp.): Bei allen Verbandssanktionen „werde lediglich versucht, über die dogmatischen Schwierigkeiten hinwegzukommen," deretwegen echte Strafen gegen Verbände nicht verhängt werden könnten.

7 Das gilt – sofern man diese Aussagen im jew. Kontext liest u. die nicht immer offen ausgesprochene Unterscheidung von unmittelbaren u. mittelbaren Gewinnen mitliest – auch für die beiden vermeintlichen Gegenbeispiele *Göhler*, in: Prot. SondA-StrafR V;[57] S. 1088 (li. Sp. f.) u. *Dreher*, in: Prot. SondA-StrafR V;[57] S. 1084 (li. Sp.). *Drehers* Erwiderung auf die Anfrage des Anwaltsvereins in: Prot. RechtsA V;[44] S. 25 bleibt hingegen der einzig unerklärliche Ausreißer, mit dem *Dreher* sich zu allen früheren u. späteren Aussagen selbst in Widerspruch setzt.

I. Ausschüsse und Plenum

Wie bereits angedeutet, trat die (nur) gewinnabschöpfende Zwecksetzung der Verbandsgeldbuße in den Ausschusssitzungen und der Plenardebatte ganz offen zutage. Zwar ist bei dem Rückgriff auf diese Dokumenttypen zu Recht Vorsicht angemahnt worden.[8] Hier ist er gleichwohl erforderlich, weil sich nur diesen Dokumenten entnehmen lässt, welcher Wirkmechanismus für die Verbandsgeldbuße vorgesehen war. Die insoweit bestehende Einigkeit war so groß, dass man wohl meinte, auf die ausdrückliche Fixierung dieser Selbstverständlichkeit in der Entwurfsbegründung, der Beschlussempfehlung und dem Gesetzeswortlaut verzichten zu können. Darüber hinaus war die gewinnabschöpfende Funktion der Verbandsgeldbuße von einem so breiten Konsens getragen, dass hier weder „der letztlich unterlegenen Minderheitsposition im Umweg über die Gesetzesmaterialien zur Geltung“ verholfen wird,[9] noch ein „‚picking and choosing‘ der [hier] günstigen Stimmen aus der Masse des historischen Kontextes heraus“ droht.[10]

1. Breiter Konsens

Ausgangspunkt für die Diskussionen im Plenum und den Ausschüssen war die Erkenntnis, dass die gegen den Organwalter mögliche Sanktion niedrig ausfallen müsse, „obwohl die Tat der juristischen Person großen Gewinn habe bringen sollen.“[11] Welches „Geschäft die juristische Person [...] gemacht“ habe, könne mit der Individualsanktion nicht berücksichtigt werden.[12] An den „großen Gewinn [der] Aktiengesellschaft [...] komme man auf diese Weise nicht heran.“[13] „Daher“ – so heißt es direkt im Anschluss – „müsse eine Geldbuße gegen die juristische Person selber verhängt werden können“.[14]

8 Lesenswert zum Umgang mit Gesetzesmaterialien u. zu den typischerweise zu befolgenden „Regeln für den Umgang mit spezifischen Dokumenttypen“ *Wischmeyer*, S. 377 ff. bzw. S. 389 ff. Monographisch zu „Gesetzesmaterialien und Wille des Gesetzgebers“ *Frieling*, passim.

9 Zu diesem Einwand *Wischmeyer*, S. 387 m. w. N.

10 So der Vorwurf bei *Wischmeyer*, S. 398 gegenüber dem Sondervotum *Gaiers*, in: BVerfG, Beschl. d. Plenums v. 3. 7. 2012 – 2 PBvU 1/11 („*Luftsicherheitsgesetz II*“) – BVerfGE **132**, 1 ff.

11 *Göhler*, in: Prot. RechtsA V,[44] S. 24.

12 *M. Hirsch*, in: Prot. RechtsA V,[41] S. 44.

13 *Dreher*, in: Prot. RechtsA V,[41] S. 46 f. Ähnlich *M. Hirsch* (V,[41] S. 46), der bemängelt, dass „die Bereicherung der Aktiengesellschaft nicht zu fassen sei.“

Mit ihr werde der juristischen Person „für den Vorteil, den sie aus der Straftat oder Ordnungswidrigkeit ihrer Organe gezogen hat, nunmehr ein Ausgleich zugemutet."[15] Es sei schlicht „angemessen, [...] der juristischen Person durch eine Geldbuße [...] Gewinne abzunehmen".[16] Dabei sei gerade die „Abschöpfung des mittelbaren Gewinns [...] eines der beiden Ziele des § 19-".[17]

2. Widerstand nur gegen die Konstruktion

Vor allem der ablehnende Redebeitrag des FDP-Abgeordneten *Busse* macht deutlich, dass die Verbandsgeldbuße des § 19 EOWiG allgemein als ein Instrument der Gewinnabschöpfung aufgefasst wurde. Als Wortführer für die Fraktion der FDP hatte er sich noch in der zweiten Lesung im Bundestag[18] für eine Streichung des § 19 EOWiG eingesetzt.[19]

Dabei ging es allein um die Ausgestaltung der Maßnahme als Geldbuße. Hinsichtlich des Zwecks und der Notwendigkeit einer solchen Maßnahme bestand Einigkeit: Auch die FDP sei dagegen, dass „ungerechtfertigte Vorteile, die von dem Vertretenen [...] gezogen werden, ihm verbleiben". Sie wolle die allseits angestrebte Gewinnentziehung jedoch nicht durch eine systemwidrige Geldbuße erreichen, sondern – parallel zum strafrechtlichen Verfall des E_{62} – „eine Möglichkeit schaffen, daß [...] ungerechtfertigte Gewinne [...] in einem ordnungsmäßigen objektiven Verfahren für verfallen erklärt werden" können.[20] Man solle „es im System richtig bringen und nicht die Strafe ansprechen, wo in Wirklichkeit ‚Einziehung von Gewinnen' gesagt werden"

14 So *Dreher,* in: Prot. RechtsA V;[41] S. 47, der diese Konsequenz sowohl für eine Ordnungswidrigkeit als auch eine Straftat des Organwalters zu begründen versucht.

15 *Erhard,* in: BT-PlenProt. 161/V, S. 8491 f.

16 *Göhler,* in: Prot. RechtsA V;[41] S. 44. Er bezog sich dabei auf solche Gewinne, die die juristische Person „dadurch erzielt habe, daß sie durch [unerlaubte] Handlungen [ihrer Organwalter] ihre Konkurrenten aus dem Feld geräumt und sich dadurch eine Machtstellung erobert habe."

17 *Dreher,* in: Prot. SondA-StrafR V;[57] S. 1084 (li. Sp.). Sie sei allerdings „nur" eines der beiden Ziele. Daneben gehe es darum, „neben der handelnden natürlichen Person auch die dahinter stehende juristische Person in einer ihren geldlichen Verhältnissen angemessenen Relation treffen zu können."

18 In der dritten Lesung ist das Gesetz – incl. § 19 EOWiG – bei einer Enthaltung einstimmig beschlossen worden, BT-PlenProt. 161/V, S. 8502 (C).

19 Die folgenden wörtlichen Zitate stammen von *Busse* und sind BT-PlenProt. 161/V, S. 8491 (A) u. (B) entnommen.

müsse.[21] Die Geldbuße als eine Strafe im weiteren Sinne sei schlicht „nicht das richtige Mittel, um eine solche Gewinnabschöpfung vorzunehmen."[22]

Damit sagt *Busse* aber nur, dass das von der Mehrheit des Bundestages favorisierte Instrument des § 19 EOWiG als Geldbuße falsch bezeichnet sei und „in Wirklichkeit" die „Einziehung von Gewinnen" bezwecke.

II. Entwurfsbegründung

Ausgerüstet mit dieser Erkenntnis lässt sich nunmehr auch der oben[23] ausgesparte Teil aus dem zentralen Absatz der Entwurfsbegründung[24] in den Blick nehmen. Mit dem Konzept einer nur gewinnabschöpfenden Verbands*geldbuße* im Kopf lässt sich völlig zwanglos verstehen, was oben als schwer verdauliche Begründungseintopf[25] bezeichnet worden ist.

1. Schaffen einer Sanktionsmöglichkeit

Die Verbandsgeldbuße des § 19 EOWiG soll „namentlich einen Ausgleich dafür ermöglichen, daß der juristischen Person [...] zwar die Vorteile [der] in ihrem Interesse vorgenommenen Betätigung zufließen," sie aber „beim Fehlen einer Sanktionsmöglichkeit nicht den Nachteilen ausgesetzt wäre, die als Folge der Nichtbeachtung der Rechtsordnung [...] eintreten können." Sie

20 Die Worte „ungerechtfertigte Gewinne" sind im Original durch Fettdruck hervorgehoben. Speziell zur Lage bei der juristischen Person sagte *Busse,* in: Prot. RechtsA V,[41] S. 49 hierzu u. auch zum Vorstehenden: „[A]uch er sei der Meinung, daß der juristischen Person das, was sie unrechtmäßig erworben habe, nicht belassen werden sollte."

21 Damit u. mit dem Folgenden wiederholt *Busse*, was lange zuvor *Engisch*, Referat 40. DJT (1953), E 34 f. gesagt hatte. Zu der Argumentation *Engischs* siehe oben § 9 B. I. 3. (S. 288).

22 Zuvor bereits *Busse,* in: Prot. RechtsA V,[41] S. 49: Er halte es lediglich für „falsch, solche Gewinne durch eine Strafe oder eine Buße abzuschöpfen." Allgemein zur Verknüpfung von Geldbuße u. Gewinnabschöpfung *Busse,* in: Prot. RechtsA V,[41] S. 34: „Geldbuße und Abschöpfung des Gewinns seien zwei verschiedene Dinge. Es gehe nicht an, den Gewinn in der Weise abzuschöpfen, daß die Buße entsprechend hoch angesetzt werde."

23 Siehe oben B. (S. 326).

24 Der vollständige Wortlaut des zweiten Absatzes der BT-Drs. V/1269, S. 59 (li. Sp.) ist oben in Anm. 10.1 unter A. II. (S. 323) wiedergegeben.

25 Siehe oben A. II. (S. 325).

soll das „Fehlen einer Sanktionsmöglichkeit" ausgleichen, indem sie die aus der Nichtbeachtung der Rechtsordnung gezogenen Vorteile der juristischen Person mit einem diese Vorteile abschöpfenden Nachteil verknüpft.

2. Entlastung der Individualsanktion

Dadurch würde die im restlichen Absatz dargestellte Schieflage beseitigt.[26] Wird der Tatgewinn durch eine eigenständige Verbandssanktion entzogen, so ist es schon nicht mehr Aufgabe der Individualsanktion, „die der juristischen Person zugeflossenen Gewinne abzuschöpfen." Es ist deshalb gar nicht erforderlich, diese Individualsanktion – wie beim delinquenten Einzelunternehmer – auch „unter Berücksichtigung des wirtschaftlichen Wertes [des] Unternehmens und der für das Unternehmen erzielten oder beabsichtigten Vorteile" festsetzen zu können. Denn die von der Aufgabe der Gewinnabschöpfung befreite Sanktion gegen den Organwalter muss nur mehr eine angemessene Antwort der Rechtsordnung auf das individuelle Fehlverhalten des Täters sein. Für ihn persönlich, dem die Vorteile aus der Tat selbst nicht zugeflossen sind, steht die Sanktion aber auch dann – genauer: nur dann[27] – in einem „angemessenen Verhältnis zur Tragweite der Tat", wenn sie „nur unter Berücksichtigung seiner persönlichen wirtschaftlichen Verhältnisse festgesetzt werden kann".

3. Beseitigung der ökonomisch-rationalen Kollusion

Werden dem Verband durch die neue Geldbuße die Tatgewinne entzogen, so verbleibt ihm aus dem Delikt kein Vorteil und der Anreiz zur ökonomisch-rationalen Kollusion entfällt. Es ist für den Verband regelmäßig nicht sinnvoll, „unbemakeltes" eigenes Vermögen aufzuwenden, um den Organwalter von seiner persönlichen Sanktion freizustellen. Der Organwalter muss die nach seinen persönlichen wirtschaftlichen Verhältnissen bemessene Sanktion deshalb im Regelfall aus eigenem Vermögen aufbringen. Dann aber wäre die Androhung eines solchen Übels – im Rahmen des strafrechtlich Möglichen –

---

26 Ausf. zu dieser Schieflage bereits oben B. II. (S. 332).

27 Zu dieser Folgerung aus dem Gedanken der Opfergleichheit bereits oben B. II. 2. (S. 338).

geeignet, ihn von der Begehung von Verbandsdelikten abzuschrecken, sprich: „die Erzielung [rechtswidriger Verbands-]Gewinne zu bekämpfen."

4. Deliktsvorbeugung durch Gewinnabschöpfung

Das andernorts in der Entwurfsbegründung offengelassene Verhältnis von Vorteilsentziehung und Verbrechensbekämpfung[28] lässt sich danach präzisieren: Die Verbandsgeldbuße dient als Instrument des Strafrechts im weiteren Sinne selbstverständlich dem Zweck, der Begehung von Verbandsdelikten entgegenzuwirken, sprich: „die Erzielung [...] unrechtmäßiger Vorteile zu bekämpfen."[29] Das tut sie aber, indem sie schon vor Tatbegehung androht, dem Verband alle rechtswidrig erzielten Vorteile abzunehmen. Dadurch wird die Präventionswirkung der Individualsanktion gewährleistet, die ihrerseits den – zur Tat allein fähigen[30] – Einzeltäter von der Tatbegehung abschreckt. Die Verbandsgeldbuße dient folglich über den „Umweg" der umfassenden Gewinnabschöpfung der Absicherung der Individualsanktion und dadurch dem Schutz von Rechtsgütern durch Verbrechensvermeidung.

III. Die Gesetz-gewordene Verbandsgeldbuße

Das jahrzehntelange Ringen um eine Verbandssanktion mündete in die Verbandsgeldbuße des § 26 $OWiG_{68}$.[31] Dessen Absatz 1 sah vor, dass im Falle einer verbands- und vertretungsbezogenen[32] Anknüpfungstat eines tauglichen Täters „als Nebenfolge der Straftat oder Ordnungswidrigkeit eine Geldbuße" gegen den Verband „festgesetzt werden" konnte. Die unter diesen Voraussetzungen mögliche Geldbuße sollte aus zwei Teilen bestehen, deren einen man ohne Weiteres als Abschöpfungsteil, deren anderen man – mit aller gebotenen Vorsicht – als Pseudo-Ahndungsteil bezeichnen kann.

---

28 BT-Drs. V/1269, S. 60 (li. Sp.): Mit der Verbandsgeldbuße solle „u. a. der Zweck verfolgt werden," der juristischen Person die Tatvorteile abzunehmen, „und weiterhin der Zweck, die Erzielung solcher unrechtmäßiger Vorteile zu bekämpfen."

29 BT-Drs. V/1269, S. 60 (li. Sp.).

30 BT-Drs. V/1269, S. 58 (li. Sp.): „Die juristische Person [...] ist als fiktives und im natürlichen Sinne handlungsunfähiges Wesen" einer (S. 61 li.) „Tat im natürlichen Sinne nicht fähig. Sie selbst kann keine Ordnungswidrigkeit oder Straftat begehen".

31 § 26 des $OWiG_{68}$, BGBl. I 1968;[33] S. 481 (487 f.).

32 Zu diesen Begriffen bereits oben § 8 A. I. (S. 230).

1. Abschöpfungsteil

In § 26 Abs. 3 war vorgesehen, dass § 13 Abs. 4 OWiG$_{68}$[33] entsprechende Anwendung finden sollte. Die Verbandsgeldbuße sollte danach „den wirtschaftlichen Vorteil, den der [Verband] aus der [Straftat oder Ordnungswidrigkeit der Leitungsperson] gezogen hat, übersteigen. Reicht das gesetzliche Höchstmaß hierzu nicht aus, so kann es überschritten werden." Dass die Verbandsgeldbuße insoweit der Gewinnabschöpfung dient, liegt auf der Hand.

Gegenüber der ursprünglichen Fassung im Regierungsentwurf hatte § 13 Abs. 4 Satz 1 OWiG$_{68}$ mit dem Begriff des „wirtschaftlichen Vorteils" eine nicht unerhebliche Weiterung erfahren – deren mögliche Auswirkungen auf die Verbandsgeldbuße augenscheinlich nicht bedacht worden sind. Die entsprechende Vorschrift des Entwurfs[34] hatte noch vorgesehen, dass die Geldbuße „ein Entgelt, das der Täter für die Ordnungswidrigkeit empfangen, und einen Gewinn, den er aus ihr gezogen hat, übersteigen" solle. Dabei sei unter „dem Gewinn, den der Täter aus der Tat erlangt hat, [...] wie im geltenden Recht, nur der unmittelbare Gewinn zu verstehen."[35] Da die Geldbuße „jedoch den [unmittelbaren] Gewinn übersteigen" solle, sei „nach oben hin ein Ermessensspielraum gegeben," durch den es möglich werde, „in gewissem Umfang auch den mittelbaren Gewinn zu berücksichtigen."[36]

Diese aus praktischer Notwendigkeit geborene Trennung von mittelbarem und unmittelbarem Gewinn war seit der Großen Strafrechtskommission gepflegt und gegen zahlreiche Angriffe verteidigt worden.[37] Der – dogmatisch alles andere als zimperliche[38] – Rechtsausschuss hat sie mit fast schon erschreckender Leichtigkeit beiseite gewischt: Die einstimmig beschlossene

---

33 § 13 Abs. 4 des OWiG$_{68}$, BGBl. I 1968,[33] S. 481 (485) entspricht wörtlich dem heutigen § 17 Abs. 4 OWiG.

34 Siehe § 11 Abs. 4 EOWiG in: BT-Drs. V/1269, S. 6.

35 BT-Drs. V/1269, S. 53 (li. Sp.).

36 BT-Drs. V/1269, S. 53 (li. Sp.). Zu dem genauen Mechanismus der arbeitsteiligen Gewinnabschöpfung bereits oben B. I. 2. (S. 328).

37 Noch in: Prot. RechtsA V,[44] S. 17 hatte *Dreher* erfolglos versucht, die Mitglieder des RechtsA wegen der erheblichen praktischen Schwierigkeiten bei der rechnerischen Feststellung des dann auch erfassten mittelbaren Gewinns zur Beibehaltung der Fassung des RegE zu bewegen.

38 Exemplarisch *M. Hirsch,* in: Prot. RechtsA V,[41] S. 35. Der Einwand *Busses* (V,[41] S. 34) – „Geldbuße und Abschöpfung des Gewinns seien zwei verschiedene Dinge" – sei „vom Dogmatischen her [...] zweifellos" richtig. Es „gehe aber darum, ein praktikables Gesetz zu schaffen", bei dem „die Geldbuße im Verhältnis zum Gewinn angemessen" sein müsse. Weil nach „dem Grundsatz ‚in dubio pro reo' [...] im

Änderung[39] sollte „eine einfachere praktische Handhabung ermöglichen."[40] Unter den wirtschaftlichen Vorteil sei „nicht nur ein in Geld bestehender Gewinn" zu fassen, „sondern auch ein sonstiger Vorteil wirtschaftlicher Art".[41] Die als Beispiel genannte „Verbesserung der Marktposition, die der Täter dadurch erreicht, daß er andere Wettbewerber ausgeschaltet oder zurückgedrängt hat",[42] ist geradezu der Archetypus dessen, was als mittelbarer Gewinn die Diskussion um eine Verbandssanktion angestoßen hatte.[43] Neben der ursprünglich beabsichtigten Kenntlichmachung des sog. Netto-Prinzips[44] sollte der Begriff des „wirtschaftlichen Vorteils" die Verwaltungsbehörden und Gerichte entlasten, „weil er nicht verlangt, daß der Gewinn zahlenmäßig genau errechnet wird."[45] Mit ihm „könne man [...] eher über den Daumen peilen," was auch „der Sinn einer solchen Vorschrift sei".[46] Die – im Ergebnis nicht zu überschätzenden – Auswirkungen dieser Entscheidung auf die parallel diskutierte Verbandsgeldbuße sind zu keinem Zeitpunkt bedacht worden.[47]

Zweifel der niedrigstdenkbare Betrag für den Gewinn angenommen" werde, führe dies „zu dem gleichen Ergebnis wie eine dogmatisch saubere Lösung."

39 Siehe die Diskussion in: Prot. RechtsA V,[44] 16 ff. mit dem Abstimmungsergebnis auf S. 18. In der Plenardebatte zu § 11 EOWiG – i. d. F. der Beschlussempfehlung des RechtsA, BT-Drs. V/2600, S. 6 – ist die Frage nicht aufgegriffen worden, siehe BT-PlenProt. 161/V, S. 8489 (D ff.)

40 BT-Drs. zu V/2600 u. 2601, S. 3 (re. Sp.).

41 BT-Drs. zu V/2600 u. 2601, S. 4 (li. Sp.).

42 BT-Drs. zu V/2600 u. 2601, S. 4 (li. Sp.).

43 Gerade solche Gewinne hatten etwa *Hartung*, Korreferat 40. DJT (1953), E 53 u. *Koffka,* in: NdSchr. GrStrKomm, Bd. I,[13] S. 320 (li. Sp.) sowie Bd. IV, S. 568 (li. Sp.) im Sinn, als sie eine Abschöpfung des mittelbaren Gewinns hatten vorsehen wollen. Noch während der Beratung des § 19 EOWiG hatte *Göhler,* in: Prot. RechtsA V,[41] S. 44 den mittelbaren Gewinn genau auf diese Weise umschrieben.

44 BT-Drs. zu V/2600 u. 2601, S. 4 (li. Sp.): Es „sollen nicht nur die nominellen Zahlungsmittel, die dem Täter zugeflossen sind, berücksichtigt werden, sondern auch seine etwaigen Aufwendungen." Die von *Stark,* in: Prot. RechtsA V,[44] S. 16 f. beantragte Änderung des § 11 Abs. 4 EOWiG ging auf eine Anregung des Deutschen Anwaltvereins zurück. Es sei „nicht eindeutig, was unter ‚Gewinn' zu verstehen sei, ob etwa eine Gegenleistung abzuziehen sei oder nicht."

45 BT-Drs. zu V/2600 u. 2601, S. 4 (li. Sp.).

46 So ausdr. *M. Hirsch,* in: Prot. RechtsA V,[44] S. 17. Auch *Reischl* (V,[44] S. 18) sprach davon, dass „der wirtschaftliche Vorteil bei der Strafzumessung über den Daumen gepeilt berücksichtigt werden" müsse.

47 Gerade der Einwand von *Reischl,* in: Prot. RechtsA V,[44] S. 18, der mit Blick auf das Aktiengesetz Geldbußen i. H. v. 1 000 DM für zu niedrig hält, macht deutlich, dass

Nur wenige „berichtigende Worte des Gesetzgebers“ haben vielleicht nicht „ganze Bibliotheken [...] zu Makulatur“ werden lassen,[48] wohl aber die lange entwickelte und dogmatisch feinsinnige Architektur der Verbandsgeldbuße verschoben. Statt das Problem des rechnerisch nur schwer fassbaren mittelbaren Gewinns dogmatisch zu lösen, hat man sich dafür entschieden, dass auch der mehr oder weniger exakt berechenbare unmittelbare Gewinn nicht mehr „zahlenmäßig genau errechnet“ werden musste.[49] Für die ursprünglich als kombinierte Sanktion konzipierte Verbandsgeldbuße hatte das zur Folge, dass die im Grenzbereich ohnehin nicht trennscharf verlaufende Linie zwischen den beiden Teilaufgaben verschoben, wenn nicht gar ausradiert wurde. Entgegen aller Vorarbeiten entzog der Abschöpfungsteil dem Verband nicht lediglich die unmittelbaren Gewinne, sondern – jedenfalls in gewissem Umfang – auch den mittelbaren Gewinn. Dem lange umstrittenen Pseudo-Ahndungsteil verblieb damit fast keine eigenständige Aufgabe mehr.

2. Pseudo-Ahndungsteil

Welche Auswirkungen diese geradezu hemdsärmlige Weiterung in § 13 Abs. 4 OWiG$_{68}$ auf den Pseudo-Ahndungsteil der Verbandsgeldbuße hatte, ist nicht gesehen, geschweige denn bedacht worden. Das wird schon daran deutlich, dass der Rechtsausschuss in seiner Beschlussempfehlung meinte, der ursprünglichen „Vorschrift [scil.: § 19 EOWiG] nach eingehender Beratung zugestimmt“ zu haben, und dass die vorgeschlagenen „Änderungen [...] nur redaktionelle Bedeutung“ hätten.[50] Die in § 26 Abs. 3 OWiG$_{68}$ angeordnete entsprechende Anwendung des § 13 Abs. 4 OWiG$_{68}$ hätte nach der dort vorgenommenen Weiterung nunmehr jedoch zur Folge gehabt, dass die Verbandsgeldbuße nicht lediglich den unmittelbaren Tatgewinn,[51] sondern den „wirtschaftlichen Vorteil“ und damit auch die mittelbaren Gewinne übersteigen sollte. Dann aber müsste es sich bei der Verbandsgeldbuße, die letztlich Gesetz geworden ist, doch um eine trans-restitutive Sanktion handeln.

---

das gerade zu diesem Zweck vorgesehene Institut der Verbandsgeldbuße nicht recht bedacht worden ist.

48 So das berühmte Zitat bei *v. Kirchmann*, S. 23.

49 Vgl. BT-Drs. zu V/2600 u. 2601, S. 4 (li. Sp.).

50 BT-Drs. zu V/2600 u. 2601, S. 4 (re. Sp.).

51 Siehe § 11 Abs. 4 Satz 1 EOWiG in: BT-Drs. V/1269, S. 6, wobei unter „dem Gewinn, [...] nur der *unmittelbare Gewinn* zu verstehen“ sei, S. 53 (li. Sp.). Herv. nur hier.

Tatsächlich war das jedoch nicht die Absicht des Gesetzgebers. Anderenfalls hätte er Kriterien dafür aufstellen müssen, wie der dann intendiert transrestitutive Pseudo-Ahndungsteil zu bemessen sei. Solche Kriterien sucht man indes vergebens. Allein die äußersten Grenzen sind – wohl um den äußeren Anschein einer Geldbuße aufrecht zu erhalten[52] – in § 26 Abs. 2 OWiG$_{68}$ festgelegt worden.[53] Bei vorsätzlichen Straftaten (Satz 1 Nr. 1) des Organwalters durfte der Pseudo-Ahndungsteil der Verbandsgeldbuße „bis zu hunderttausend Deutsche Mark“,[54] bei fahrlässigen Straftaten (Satz 1 Nr. 2) „bis zu fünfzigtausend Deutsche Mark“ betragen. Bestand die Anknüpfungstat in einer Ordnungswidrigkeit der Leitungsperson (Satz 2), so sollte das angedrohte Höchstmaß für diese Ordnungswidrigkeit zugleich die Höhe der Verbandsgeldbuße bestimmen. Weitere Vorgaben gab es nicht. Insbesondere sind die Zumessungskriterien für die Individual-Geldbuße in § 13 Abs. 3 OWiG$_{68}$ nicht für entsprechend anwendbar erklärt worden.

Für die ursprüngliche Konzeption der Verbandsgeldbuße waren solche Kriterien auch nicht erforderlich. Es wäre die Aufgabe der entscheidenden Stelle gewesen, den mittelbaren Gewinn im Wege einer pflichtgemäßen Ermessensentscheidung möglichst exakt zu schätzen. Der so verstandene Pseudo-Ahndungsteil hätte sich auch ohne weitere Kriterien festsetzen lassen. Dass der Gesetzgeber trotz der beschlossenen Weiterung des § 13 Abs. 4 OWiG$_{68}$ auf die Festlegung jedweder Zumessungskriterien verzichtet hat, lässt sich nur damit erklären, dass die fernwirkende Funktionsverschiebung im Rahmen der Verbandsgeldbuße übersehen worden ist. In Anbetracht der langen Vorarbeiten und des erkennbaren Willens des Gesetzgebers, diese organisch fortzuführen, darf dieses Missgeschick nicht dahin gedeutet werden, dass der Pseudo-Ahndungsteil der Verbandsgeldbuße nunmehr einen völlig neuen und anderen Zweck haben sollte.[55]

Die eingerissene Grenze zwischen mittelbaren und unmittelbaren Gewinnen hatte zur Folge, dass die „Verfallskomponente“ – sprich: der Abschöp-

52 Dass es sich bei einer solchen Geldbuße nicht um die klassische Geldbuße als Reaktion auf den Verstoß gegen eine Verwaltungsvorschrift handelte, war offen eingestanden worden. Siehe nur *Schafheutle,* in: Prot. SondA-StrafR IV[23] S. 407 (li. Sp.)

53 Die Regelungstechnik entspricht jener des heutigen § 30 Abs. 2 OWiG.

54 Das entsprach dem äußersten Höchstmaß der Geldstrafe, das – auch neben einer Freiheitsstrafe – verhängt werden konnte, wenn das „Verbrechen oder Vergehen [...] auf Gewinnsucht beruht“, siehe § 27 a StGB i. d. F. der VermStrafen-VO, RGBl. I 1924[7] S. 44 (44).

55 Eine entsprechende neue Zwecksetzung lässt sich den Protokollen der Plenardebatte zu § 19 EOWiG an keiner Stelle entnehmen, siehe BT-PlenProt. 161/V, S. 8491 (B ff.)

fungsteil der Verbandsgeldbuße – „vollständig in den Vordergrund gerückt worden“ ist.[56] Die Verbandsgeldbuße diente – wie die bisherige Untersuchung gezeigt hat – ausschließlich und nicht etwa nur „*auch* dem Zweck, die dem Unternehmen durch die Straftat oder Ordnungswidrigkeit unrechtmäßig verschafften Vermögensvorteile abzuschöpfen“.[57] Wenn aber der mittelbare Gewinn, dessen Abschöpfung ursprünglich Aufgabe des Pseudo-Ahndungsteils hatte sein sollen, bereits durch den Abschöpfungsteil entzogen werden konnte, blieb dem Pseudo-Ahndungsteil keine eigenständige Aufgabe mehr. In der Justiz-Praxis hat man sich entsprechend auch damit begnügt, einen mehr symbolischen Pseudo-Ahndungsteil festzusetzen.[58] Er lässt sich damit plausibilisieren, dass sich mit ihm der dogmatisch vermeintlich notwendige Anschein einer Geldbuße aufrechterhalten ließ. In der Sache werden mit ihm in marginalem Umfang die mittelbaren Gewinne entzogen, die nicht bereits durch den Abschöpfungsteil abgeschöpft worden sind.

E. Ergebnis

Entgegen anders lautender Stimmen[59] ist die Verbandsgeldbuße des § 26 $OWiG_{68}$ keine klassische Geldbuße, die Gewinnabschöpfung mit Übelszufügung kombiniert. Vielmehr hat der Gesetzgeber mit ihr ein Instrument geschaffen, das einer juristischen Person die Vorteile entziehen soll, die ihr aus der Tat eines ihrer Organwalter zugeflossen sind und mit der gegen diesen gerichteten Individualsanktion nicht entzogen werden können. Bereits der sog. Abschöpfungsteil – § 26 Abs. 3 i. V. m. § 13 Abs. 4 $OWiG_{68}$ – nimmt dem Verband dabei die unmittelbaren Gewinne und teilweise auch die mittelbaren Gewinne. Der darüber hinaus gehende – und wegen des Redaktionsversehens

56 So *Schünemann*, ZIS 2014[1], S. 1 (6 f.), der das jedoch nicht dem gesetzgeberischen Missgeschick, sondern einer „genialen Intuition“ der Justizpraxis zuschreibt. Das Wort „Verfallskomponente“ ist im Original kursiv hervorgehoben.

57 So aber *Schünemann*, ZIS 2014[1], S. 1 (6 f.). Herv. nur hier.

58 Der (Pseudo-)Ahndungsteil der Geldbuße gegen die MAN SE betrug bei einem Abschöpfungsteil i. H. v. (wohl) 150 Mio Euro gerade einmal 600.000 Euro (= 0,4 %), vgl. MAN SE,[@] Zusf. Vergleichs-Bericht, S. 1 u. 5. Bei der Siemens AG wurde der (Pseudo-)Ahndungsteil bei einer Abschöpfung von 394,75 Mio. Euro mit 250.000 Euro angegeben (≅ 0,06 %), vgl. Siemens AG,[@] Bußgeldbescheid, S. 12 u. 13.

59 Besonders deutlich statt vieler *Schmitt*, in: FS Lange (1976), S. 877 (878): „Auch die Verbandsgeldbuße ist natürlich eine Geldbuße im Sinne von § 17 OWiG.“ *Meyberg*, in: BeckOK-OWiG[28] § 30 Rn. 15 spricht immerhin von einer „bußgeldrechtliche[n] Sanktion eigener Art“, ohne jedoch die genaue Eigenart herauszustellen.

eigentlich funktionslos gewordene – Pseudo-Ahndungsteil entzieht in ganz marginalem Umfang die verbleibenden mittelbaren Gewinne. Außerdem gibt er dem Instrument den für eine reaktiv-retrospektive Maßnahme damals für notwendig gehaltenen Anschein einer Geldbuße.

Die Abschöpfung der Tatvorteile ist nur teilweise Selbstzweck. Es kommt dadurch zum Ausdruck, dass der Verband den auf Kosten der Allgemeinheit angemaßten rechtswidrigen Vorteil nicht soll behalten dürfen. Dadurch wird verhindert, dass die juristische Person sich durch die Taten der Organwalter einen bleibenden Wettbewerbsvorteil verschaffen kann. Anderenfalls käme es zu einer ungerechtfertigten Besserstellung der juristischen Person gegenüber einem vergleichbaren Einzelunternehmer, dem der angemaßte Vorteile durch seine Sanktion umfassend entzogen werden kann.

Vor allem aber beseitigt die Abschöpfung der Tatvorteile den Anreiz zur ökonomisch-rationalen Kollusion zwischen den Verbandsmitgliedern und dem potentiellen Täter. Denn ein Verbandsdelikt, das nicht nur keinen Vorteil bringt, sondern durch „‚negative Publizität' sowie ‚Verlust an Akzeptanz, an Arbeitszeit und -kraft'"[60] zu einem handfesten Nachteil führt, wird von der juristischen Person bzw. den insoweit zuständigen Personen nicht gefördert, sondern müsste bekämpft werden. Der potentielle Täter dürfte nicht mehr darauf hoffen, von seinen persönlichen Sanktionsfolgen freigestellt zu werden, sondern müsste diese aus seinem privaten Vermögen aufbringen. Die Abschöpfung der Tatvorteile gewährleistet dadurch, dass der individualverantwortliche Täter durch das für seine Tat vorgesehene Sanktionsübel tatsächlich erreicht wird. Die Verbandsgeldbuße dient – als in diesem Sinne tertiäres Instrument – der Absicherung der sekundären (Individual-)Sanktionsnorm, die ihrerseits die Einhaltung der güterschützenden primären Verhaltensnorm gewährleistet.

Mit anderen Worten: Die Verbandsgeldbuße betreibt Güterschutz, indem sie die verbrechensvorbeugenden Sanktionsnormen durch die für ihre Wirksamkeit unerlässliche umfassende Gewinnabschöpfung beim Verband ergänzt. Auf diese Weise fügt sie sich bruchlos in das Regelungsgefüge des Strafrechts im weiteren Sinne ein und trägt zur Erfüllung der Aufgabe des Strafrechts im weiteren Sinne bei.

---

60 *Eidam*, Unternehmen u. Strafe, S. VIII. Die in Anführungszeichen gesetzten Passagen sind im Original zusätzlich kursiv hervorgehoben.

§ 11 Änderungshistorie und kartellrechtliche Verbandsgeldbuße

Zum Abschluss des strafrechtlichen Teils dieser Untersuchung ist das eben gefundene Ergebnis noch gegen zwei naheliegende Einwände abzusichern: Einmal stellt sich heute – ein halbes Jahrhundert nach Schaffung des § 26 OWiG$_{68}$ – die berechtigte Frage (A.), ob der ursprüngliche (entstehungszeitliche) Wille des Gesetzgebers heute (geltungszeitlich) noch uneingeschränkt maßgebend ist. Zum anderen scheint sich (B.) die These einer nur restitutiven Verbandsgeldbuße nicht mit der in § 81 Abs. 4 GWB normierten Kartellgeldbuße vertragen, die nach Absatz 5 Satz 2 „allein der Ahndung" dienen kann.

A. Änderungshistorie

Selbstverständlich ist das nunmehr halbe Jahrhundert ihres Bestehens an der Verbandsgeldbuße des § 26 OWiG$_{68}$ nicht spurlos vorübergegangen. Im Gegenteil: Zwischen dem heutigen § 30 OWiG[1] und der ursprünglichen Verbandsgeldbuße stehen nicht weniger als acht[2] Änderungsgesetze. Damit stellt sich die Frage, ob der ursprüngliche Zweck und der ursprüngliche Mechanismus des Institutes, wie sie in den vorstehenden Kapiteln herausgearbeitet wurden, auch heute noch maßgebend sind.

Die folgende Synopse wird zeigen, dass sich die zahlreichen Änderungen allein mit der Ausgestaltung und vor allem der Reichweite des Institutes befasst haben. Der – stets wie hinter einem Schleier versteckte – historische Normzweck einer reaktiv-retrospektiven Maßnahme zur umfassenden Abschöpfung rechtswidriger Verbandsgewinne ist nie angerührt worden.

1 Das ist § 30 OWiG i. d. F. des Art. 5 Nr. 5 lit. a) des VermAbsch-RefG, BGBl. I 2017,[22] S. 872 (889).

2 Dabei ist das Gesetz zur Einführung des Euro u. a. in Gesetzen des Ordnungswidrigkeitenrechts v. 13. 12. 2001, BGBl. I,[68] S. 3574 ff. mitgezählt, das aber keine eigene Überschrift erhalten hat – siehe V. (S. 416).

I. Einführungsgesetz zum Strafgesetzbuch[3]

Im Jahre 1974 wurde durch das Einführungsgesetz zum Strafgesetzbuch u. a. der Erste Teil des Ordnungswidrigkeitengesetzes neu geordnet.[4] Infolge dieser Umgestaltung wurde § 26 OWiG$_{68}$ – ohne sachliche Änderungen – an den heutigen Standort versetzt.[5] Der auf andere Vorschriften des OWiG verweisende Absatz 3 musste ebenfalls an die neue Paragraphenzählung angepasst werden[6] und erhielt dadurch seine bis heute geltende Fassung.

Schließlich wurde der Regelung ein Abs. 5 angefügt,[7] um das Verhältnis zwischen Verbandsgeldbuße und den in das StGB aufgenommenen Verfallsvorschriften[8] zu regeln. Diese schon im EOWiG angekündigte[9] Kollisionsregel sollte die nunmehr bestehende Gefahr einer doppelten Gewinnabschöpfung ausschließen.[10] Auf Zweck und Mechanismus der Verbandsgeldbuße hatten diese Änderungen ersichtlich keine Auswirkungen.

II. Zweites Gesetz zur Bekämpfung der Wirtschaftskriminalität[11]

Nach zwei Jahrzehnten mit der Verbandsgeldbuße hatten sich der Praxis zahlreiche Lücken offenbart. Mit den im Zweiten Gesetz zur Bekämpfung der Wirtschaftskriminalität beschlossenen Änderungen an und im Zusammenhang mit § 30 OWiG$_{74}$ sollten diese Lücken geschlossen werden.[12] Bedeut-

3 Einführungsgesetz zum Strafgesetzbuch v. 2. 3. 1974 (EGStGB), BGBl. I,[22] S. 469 ff.

4 Siehe Art. 29 des EGStGB, BGBl. I 1974,[22] S. 469 (535 ff.).

5 Art. 29 Nr. 17 des EGStGB, BGBl. I 1974,[22] S. 469 (537).

6 Art. 29 Nr. 17 lit. a) des EGStGB, BGBl. I 1974,[22] S. 469 (537).

7 Art. 29 Nr. 17 lit. b) des EGStGB, BGBl. I 1974,[22] S. 469 (537).

8 Die §§ 73 ff. StGB a. F. wurden durch Art. 1 Nr. 1 des 2. StrRG, BGBl. I 1969,[56] S. 717 (734 f.) eingefügt. Das Inkrafttreten der Vorschriften war nach Art. 7 (S. 742) ursprünglich für den 1. Oktober 1973 vorgesehen. Wegen auftretender Verzögerungen wurde es jedoch durch § 1 des Gesetzes über das Inkrafttreten des Zweiten Gesetzes zur Reform des Strafrechts v. 30. 7. 1973, BGBl. I,[63] S. 909 (909) auf den 1. Januar 1975 verlegt. Siehe dazu *Joecks/Erb*, in: MünchKomm-StGB,[4] Einl. Rn. 89 f.

9 Siehe BT-Drs. V/1269, S. 62 (li. Sp.).

10 So die Begründung im RegE zum EGStGB, siehe BT-Drs. 7/550, S. 344. Weil „sich die Anordnung des Verfalls nach § 73 Abs. 3 StGB i. d. F. des 2. StrRG auch gegen einen anderen" als den Täter richten könne, „wäre die juristische Person ohne eine besondere Regelung einer doppelten Sanktion ausgesetzt."

11 Zweites Gesetz zur Bekämpfung der Wirtschaftskriminalität v. 15. 5. 1986 (2. WiKG), BGBl. I 1986,[21] S. 721 ff. Für einen Überblick über den Regelungsgehalt des 2. WiKG im Bereich des Ordnungswidrigkeitenrechts siehe *Schroth*, wistra 1986,[4] S. 158 ff.

sam sind insoweit die punktuelle Umgestaltung der Verbandsgeldbuße, die Einführung des Verfalls im Ordnungswidrigkeitenrecht sowie das Verhältnis dieser beiden Institute zueinander.

1. Änderungen an § 30 OWiG

An der damaligen Verbandsgeldbuße wurden vor allem drei Mängel beanstandet:[13] Zum einen habe die Ausgestaltung der Verbandsgeldbuße als Nebenfolge „in der Praxis zu Schwierigkeiten" geführt, obwohl „diese rechtliche Konstruktion verfassungsrechtlich und dogmatisch nicht notwendig sei". Ferner sei die „Sanktion von der Feststellung einer rechtswidrigen und schuldhaften Tat eines bestimmten Organs" abhängig, wobei aber „diese Aufklärung wegen der oft schwer durchschaubaren Arbeitsaufteilung im Verantwortungsbereich der juristischen Personen" erhebliche Schwierigkeiten bereite. Schließlich sei der Kreis der tauglichen Täter zu eng gefasst, weil „die Tat einer anderen Person als eines Organs, z. B. eines Prokuristen, keine hinreichende Grundlage für die Festsetzung der Sanktion" böte.

a) Lockerung der Nebenfolgenkonstruktion

Von den insoweit vorgeschlagenen Änderungen hat sich in Rechtsausschuss[14] und Plenum[15] letztlich nur die Lockerung der Nebenfolgenkonstruktion durchsetzen können. Die Konsequenzen dieser Änderung sind jedoch erheblich überschätzt worden. Tatsächlich hat sich an Zweck und Mechanismus der Verbandsgeldbuße dadurch nichts geändert.

---

12 *Engelhard,* in: BT-PlenProt. 201/10, S. 15444 (B) hatte zum 2. WiKG im Allgemeinen gesagt, es gehe „nicht darum, geltendes Recht im ganzen durch neues Recht zu ersetzen, sondern [...] darum, Lücken zu schließen."

13 Die wörtlichen Zitate dieses Absatzes sind BT-Drs. 10/318, S. 38 (re. Sp.) entnommen.

14 Siehe BT-Drs. 10/5058, S. 36 (re. Sp. f.).

15 Art. 2 d. 2. WiKG, der die Änderungen des OWiG enthielt wurde – ohne dass über die Verbandsgeldbuße noch einmal diskutiert worden wäre – i. d. F. der Beschlussempfehlung des RechtsA (BT-Drs. 10/5058) in zweiter Lesung „[g]egen einige wenige Stimmen", das 2. WiKG als solches in dritter Lesung „mit großer Mehrheit" angenommen, siehe BT-PlenProt. 201/10, S. 15444 (D).

aa) Vermeidung der Bezeichnung Nebenfolge

Das damals geltende Recht[16] ließ die selbständige Festsetzung einer Geldbuße gegen die juristische Person nur zu, wenn wegen der Organtat „aus tatsächlichen Gründen keine bestimmte Person verfolgt oder verurteilt werden“ konnte oder wenn „von einer Strafe abgesehen oder das Verfahren nach einer Ermessenvorschrift eingestellt“ wurde.[17] In der Praxis gab es jedoch Fälle, in denen das Verfahren „von vornherein gegen die juristische Person […] ausgerichtet und von der Verfolgung des handelnden Organs abgesehen“ wurde.[18] Unter Geltung des § 30 Abs. 4 OWiG$_{74}$ hatte sich die Praxis damit beholfen, dass sie ein Verfahren gegen den Einzeltäter einleitete, nur um dieses möglichst kurzfristig wieder einzustellen und – wie von vornherein geplant – gegen den Verband vorgehen zu können.[19]

Der neu gefasste Abs. 4 ließ es für die sog. isolierte Verbandsgeldbuße nunmehr genügen, dass „ein Straf- oder Bußgeldverfahren nicht eingeleitet“ wurde[20] und erließ den Verfolgungsbehörden damit das vorgeschaltete (Schein-)Verfahren gegen den Einzeltäter. Wegen der damit verbundenen Ausweitung der Fälle, in denen die Verbandsgeldbuße ohne Hauptsanktion gegen den Einzeltäter verhängt werden konnte, wollte der Entwurf die Bezeichnung der Verbandsgeldbuße als Nebenfolge vermeiden. Deshalb wurden die Worte „als Nebenfolge der Straftat oder Ordnungswidrigkeit“ in Abs. 1 gestrichen.[21] Die „Zulässigkeit der Verbandssanktion als Nebenfolge der Zuwiderhandlung“ blieb aber auch auf Grundlage der neuen Regelung erhalten.[22] Weiter sah der neue § 30 Abs. 4 Satz 2 OWiG$_{86}$ vor, dass die isolierte Verbandsgeldbuße ausgeschlossen sein sollte, wenn die Anknüpfungstat aus rechtlichen Gründen nicht verfolgt werden konnte. Eine „noch weitere

16 Siehe § 26 Abs. 4 des OWiG$_{68}$, BGBl. I 1968,[33] S. 481 (487 f.), der durch Art. 29 Nr. 17 des EGStGB, BGBl. I 1974,[22] S. 469 (537) insoweit ohne inhaltliche Änderung zu § 30 Abs. 4 wurde.

17 So die Zusammenfassung in BT-Drs. 10/318, S. 41 (li. Sp.).

18 BT-Drs. 10/5058, S. 36 (re. Sp. f.).

19 So *Schroth*, wistra 1986,[4] S. 158 (163), der als Bsp. u. a. auf BayObLG, Beschl. v. 25. 2. 1972 – RReg. 8 St 517/71 OWi – NJW 1972,[39] S. 1771 ff. u. OLG Hamm, Beschl. v. 27. 2. 1979 – 1 Ss OWi 1/79 – NJW 1979,[25] S. 1312 ff. verweist.

20 Art. 2 Nr. 4 lit. d) des 2. WiKG, BGBl. I 1986,[21] S. 721 (724).

21 Art. 2 Nr. 4 lit. b) des 2. WiKG, BGBl. I 1986,[21] S. 721 (724). Der Gesetzgeber versäumte es, auch den Wortlaut des § 33 OWiG u. die Überschrift des Achten Abschnitts im Zweiten Teil an die Aufgabe der Nebenfolgenlösung anzupassen. Diese Redaktionsversehen wurden später beseitigt, siehe III. (S. 414) u. V. (S. 417).

22 So ausdr. BT-Drs. 10/318, S. 41 (re. Sp.).

Lockerung oder Lösung der Verbandssanktion als Nebenfolge der Zuwiderhandlung“ schien dem Entwurf jedoch „wegen des inneren Zusammenhanges zwischen der Zuwiderhandlung und der Verbandssanktion“ unmöglich.[23]

bb) Vermeintliche Konsequenzen

Aus dieser Lockerung[24] der Nebenfolgenlösung sind erheblich zu weitreichende Konsequenzen gezogen worden. Zwar ist es richtig, dass der Gesetzgeber des OWiG$_{68}$ meinte, etwaige – in der Sache nicht anerkannte, aber auch nicht überzeugend widerlegte – dogmatische Bedenken würden „im übrigen ganz beseitigt, wenn die Geldbuße gegenüber der juristischen Person nur als Nebenfolge der Tat des Organs verstanden“ werde.[25] Daraus lässt sich in der Tat auch ableiten, dass der Gesetzgeber mit der Streichung der Worte „als Nebenfolge“ das „dogmatische Vakuum“ freigelegt hatte,[26] das er zuvor mit dieser etwas plumpen Nebelkerze[27] nur notdürftig hatte verschleiern wollen.

Die Rechtswissenschaft sah sich in Ermangelung von Alternativen dazu gezwungen, das dogmatische Vakuum durch eine Umdeutung des § 30 OWiG in eine – wie auch immer geartete – Zurechnungsnorm zu schließen. Mit dieser möglicherweise etwas voreiligen Entscheidung ist der Weg für die Diskussion um die Verbandsgeldbuße bis heute zementiert worden. Der Ausgangspunkt für diese Umdeutung war die selten[28] hinterfragte These, dass

23 BT-Drs. 10/318, S. 41 (re. Sp.).

24 Die Entwurfsbegründung spricht in BT-Drs. 10/318, S. 41 (li. Sp.) ausdr. davon, dass die „Ausgestaltung als ‚Nebenfolge‘ [...] gegenüber dem geltenden Recht gelockert“ werde. Eine „noch weitere Lockerung oder Lösung der Verbandssanktion als Nebenfolge der Zuwiderhandlung“ sei dagegen „nicht möglich“, S. 41 (re. Sp.). Das hat in der Folge jedoch niemanden daran gehindert, von der Aufgabe der Nebenfolgelösung zu sprechen. Siehe statt vieler nur *Meyberg*, in: BeckOK-OWiG,[28] § 30 Rn. 17.1 u. *Schroth*, wistra 1986,[4] S. 158 (163).

25 So heißt es in der Begründung zum EOWiG in: BT-Drs. V/1269, S. 59 (li. Sp.).

26 Das „dogmatische Vakuum“ geht auf *Schroth*, wistra 1986,[4] S. 158 (163) zurück u. ist in der Folge etwa von *Tiedemann*, NJW 1988,[19] S. 1169 (1171) übernommen worden.

27 Weshalb die Ausgestaltung als Nebenfolge die dogmatischen Bedenken sollte beseitigen können, ging weder aus der Entwurfsbegründung noch aus den Sitzungen des RechtsA oder des SondA-StrafR V hervor. Dass es solcher Verrenkungen gar nicht bedurft hätte, ist oben dargestellt worden, § 10 C. IV. (S. 359).

28 Siehe aber *Kleszcewski*, in: FS Seebode (2008), S. 179 ff. u. in: OWiR,[2] Rn. 644 ff., der in der Verbandsgeldbuße eine „Gewinnabschöpfung mit Säumniszuschlag“ sieht u. damit einen völlig anderen Weg eingeschlagen hat. Zur Kritik siehe *Meyberg*, in: BeckOK-OWiG,[28] § 30 Rn. 17.2 u. *Rogall*, in: KarlsrKomm-OWiG,[5] § 30 Rn. 18.

die Verbandssanktion – von dem Begriff der Verbands*geldbuße* geblendet und ohne Rücksicht auf ihre Entstehungsgeschichte – ein mit der Individualgeldbuße mehr oder weniger funktionsidentisches Sanktionsinstrument sei.[29] Wenn aber die Verbandsgeldbuße eine „echte (normale) Hauptfolge einer Ordnungswidrigkeit",[30] sprich: „eine Geldbuße im Sinne von § 17 OWiG" ist,[31] so meinte man, dass ihre Festsetzung von Verfassungs wegen Schuld voraussetzen müsse.[32] Weil aber die „juristische Person [...] als solche nicht handlungsfähig" sei, könne bei ihrer strafrechtlichen Inanspruchnahme nach dem BVerfG[33] „nur die Schuld der für sie verantwortlich handelnden Personen maßgebend sein." Das dogmatische Vakuum, mit dem tatsächlich schon die Impulsgeber des § 26 OWiG$_{68}$ gerungen hatten,[34] schien danach in dem Fehlen einer rechtlichen Zurechnungsnorm zu bestehen, die Tat und Schuld des Organwalters auf die juristische Person überleiten konnte.[35] Nach Streichung der Bezeichnung als Nebenfolge sah man kein Hindernis mehr, die so dringend benötigte Zurechnungsnorm in § 30 OWiG zu erblicken.[36] Das führte unmittelbar zu der bis heute gehörig verminten Großbaustelle der Verbandsgeldbuße, ob die juristische Person kraft Zurechnung für fremde

29 Besonders deutlich *Schmitt*, in: FS Lange (1976), S. 877 (878): „Auch die Verbandsgeldbuße ist natürlich eine Geldbuße im Sinne von § 17 OWiG." Ähnlich *Tiedemann*, NJW 1988,[19] S. 1169 (1171): Eine erneuerte Deutung des § 30 OWiG habe „davon auszugehen, daß die Geldbuße gegen den Verband echte (normale) Hauptfolge einer Ordnungswidrigkeit ist und daher rechtlich nicht mehr auf derselben annexhaften Ebene wie Einziehung und Verfall eingeordnet werden" könne.

30 *Tiedemann*, NJW 1988,[19] S. 1169 (1171).

31 *Schmitt*, in: FS Lange (1976), S. 877 (878).

32 Dass eine – wie auch immer geartete – Sanktion gegen eine juristische tatsächlich nicht am Schuldprinzip gemessen werden muss, ist oben auf § 10 C. IV. 1. (S. 360) herausgearbeitet worden.

33 Beschl. v. 25. 10. 1966 – 2 BvR 506/63 („*nulla poena sine culpa*") – BVerfGE **20**, 323 ff. (336).

34 Ausf. zu diesen Vorarbeiten u. deren Umsetzung in § 26 OWiG$_{68}$ bereits oben §§ 9 u. 10.

35 *Tiedemann*, NJW 1988,[19] S. 1169 (1172) m. w. N. (Fn. 17) zu Gegnern der Verbandsgeldbuße, die sich mit einer solchen Zurechnungsnorm einverstanden erklärten. Überzeugend gegen eine Schuldzurechnung aber bereits *Göhler*, in: Prot. SondA-StrafR IV,[23] S. 400 (re. Sp.): „Der Gedanke des Schuldstrafrechts stehe geradezu in einem diametralen Gegensatz zu dem Gedanken, daß [...] eine Person [...] für etwas einstehen müsse, was sie selbst nicht getan habe, sondern was andere Personen für sie, wenn auch in ihrem Namen, getan hätten."

36 So die Argumentation bei *Tiedemann*, NJW 1988,[19] S. 1169 (1171 f.).

Delinquenz des Organwalters hafte oder ob die Schuld des Organwalters kraft Zurechnung eine Eigendelinquenz der juristischen Person begründe.[37]

Dass der Gesetzgeber mit der Vermeidung der Bezeichnung Nebenfolge die dogmatischen Grundlagen der Verbandsgeldbuße radikal hatte umgestalten wollen, darf jedoch ernstlich bezweifelt werden.[38] Zum einen konnte sich *Sobota* noch in seiner knapp fünfzig Jahre nach Verabschiedung des § 26 $OWiG_{68}$ erschienenen Monographie zur „Nebenfolge im System strafrechtlicher Sanktionen" auf fünfzig Seiten die berechtigte Frage stellen, was eine Nebenfolge eigentlich sei.[39] Der Begriff der Nebenfolge hatte deshalb zu keiner Zeit einen so exakt umrissenen Inhalt, dass sich auf seine bloße Vermeidung so weitreichende Konsequenzen hätten stützen lassen.

Außerdem ist die Möglichkeit der isolierten Verbandsgeldbuße durch das 2. WiKG nicht erfunden, sondern lediglich ausgeweitet worden.[40] Die aus dieser Weiterung geborene Vermeidung des Begriffs der Nebenfolge hatte folglich keine so wesentliche Zäsur-Wirkung, dass sie zu einem plötzlichen Umdenken gezwungen hätte. Vielmehr hätte, wer vor dem 2. WiKG die manchmal Hauptfolge-lose Nebenfolge hatte akzeptieren können, sie – unabhängig von ihrer Bezeichnung – auch in den nunmehr zusätzlichen Fällen als solche akzeptieren müssen. Wer dies nicht tat, hätte sie schon zuvor mit gleichem Eifer bekämpfen müssen.

Schließlich war mit dem neu geschaffenen Institut des Verfalls ein weiteres Instrument geschaffen, das auch „Nebenfolge einer Ordnungswidrigkeit" sein konnte,[41] ohne stets eine Hauptfolge vorauszusetzen. Im Grundfall des § 29a Abs. 1 $OWiG_{86}$ *darf* der Verfall nur beim Fehlen einer Hauptfolge, in den übrigen Fällen *kann* er nach Absatz 4 auch selbständig, sprich: ohne Hauptfolge angeordnet werden.[42] Ein dogmatisches Vakuum dieser Hauptfolge-losen

---

37 Siehe *Rogall*, in: KarlsrKomm-OWiG[5] § 30 Rn. 2 ff. m. zahlr. Nw. zu den vertretenen Auffassungen.

38 Der RechtsA hielt die Modifikationen der Verbandsgeldbuße offenbar für so wenig bedeutend, dass sie es in der Beschlussempfehlung u. dem Bericht zum 2. WiKG nicht einmal in die Aufzählung der „wesentliche[n] Verbesserungen und Änderungen" des Entwurfes geschafft haben, BT-Drs. 10/5058, S. 25 (li. Sp.).

39 Siehe *Sobota*, 1. Teil D. (S. 110–160).

40 Siehe *Schmitt*, in: FS Lange (1976), S. 877 (884): Die Nebenfolgekonstruktion sei „nicht nur unnötig, sondern vom geltenden Recht auch nicht konsequent durchgeführt."

41 BT-Drs. 10/318, S. 42 (re. Sp.).

42 Siehe § 29a OWiG i. d. F. des Art. 2 Nr. 3 des 2. WiKG, BGBl. I 1986,[21] S. 721 (724). Abs. 1: „Hat der Täter [...] einen Vermögensvorteil erlangt *und wird gegen ihn wegen der Handlung eine Geldbuße nicht festgesetzt,* so kann gegen ihn der Verfall

Nebenfolgekonstruktion dieses historisch eng mit der Verbandsgeldbuße verwandten Instrumentes[43] schien niemand durch eine Umdeutung des § 29a $OWiG_{86}$ in eine Zurechnungsnorm retten zu wollen.

cc) Tatsächliche Konsequenzen

Wird in der Verbandsgeldbuße des OWiG, wie es auch der historische Gesetzgeber tat,[44] keine Geldbuße i. S. d. § 17 OWiG gesehen, so hat die Streichung der Bezeichnung als Nebenfolge auf deren Zweck und Mechanismus keinerlei Auswirkung. Der historische Gesetzgeber hat in der Verbandsgeldbuße nicht Übelszufügung mit Gewinnabschöpfung verknüpft. Er hat vielmehr ein Instrument geschaffen, das ausschließlich der umfassenden Abschöpfung unmittelbarer wie mittelbarer Verbandsgewinne diente. Wo aus der Anknüpfungstat rechtswidrige Verbandsgewinne entstanden waren, sollten diese abgeschöpft werden können. Die Sanktion des Organwalters sollte nicht aus den Taterträgen bezahlt werden können, damit dieser sie tatsächlich als schmerzhaftes Übel verspüre. Der Anreiz zur ökonomisch-rationalen Kollusion, der das allein auf die individuelle Verantwortlichkeit gestützte anthropo-zentrische Strafrecht vor unlösbare Aufgaben stellte, sollte mit der Verbandssanktion beseitigt werden.

Die so verstandene Verbands-„Geldbuße“ ist keine trans-restitutive Sanktion und – auch entgegen der Ansicht des historischen Gesetzgebers – von einer zugerechneten Schuld nicht abhängig. Vielmehr ist sie ein rein restitutives Instrument, das dem Verband – und (sehr) mittelbar den in ihm verbundenen Einzelpersonen – entzieht, was aus einer rechtswidrigen Tat erlangt worden ist und worauf deshalb niemand einen Anspruch hat. Das vermeintliche dogmatische Vakuum, das nur durch eine Umdeutung des § 30 OWiG in eine Zurechnungsnorm geschlossen werden kann, besteht und bestand in dieser Form tatsächlich gar nicht.[45]

[…] angeordnet werden“. Herv. nur hier. — Abs. 4: „Wird gegen den Täter ein Bußgeldverfahren nicht eingeleitet oder wird es eingestellt, so kann der Verfall selbständig angeordnet werden.“

43 Zur historischen Entwicklung der Verbandsgeldbuße, die im E_{62} ursprünglich als Ergänzung zum neuen Institut des Verfalls konzipiert worden war, bereits oben § 9 B. III. 2. (S. 300).

44 Ausf. zur Konzeption des ursprünglichen § 26 $OWiG_{68}$ bereits oben § 10 D. (S. 379).

45 Der Nachweis, dass das rechtspolitisch Wünschenswerte u. das dogmatisch Machbare ohne Weiteres miteinander vereinbar waren, ist oben auf § 10 C. IV. (S. 359) erfolgt.

Für die eigentliche Bedeutung der gelockerten Nebenfolgelösung ist vielmehr zu beachten, dass die vertretungs- und verbandsbezogene Individualtat einerseits und die Möglichkeit der Verbandssanktion andererseits schon im Wortlaut des § 30 Abs. 1 $OWiG_{74}$ eng miteinander verknüpft waren.[46] Nur wenn ein tauglicher Täter eine ihm gegenüber (theoretisch) ahndbare Straftat oder Ordnungswidrigkeit begangen hat[47] konnte auch gegen die juristische Person eine Geldbuße festgesetzt werden. Denn nur dann war die Gefahr der Tatertrag-finanzierten Sanktionsübernahme durch den Verband begründet. Das zwingende Nebeneinander von (theoretisch) möglicher Individualsanktion und Verbandsgeldbuße war in der Normstruktur eindeutig angelegt und von der Bezeichnung der Verbandssanktion als Nebenfolge zu keinem Zeitpunkt abhängig.[48] Mit der bloßen Streichung dieser Worte ist es auch in § 30 Abs. 1 $OWiG_{86}$ nicht beseitigt worden. Eine radikale Umgestaltung der Verbandsgeldbuße ging mit dieser Änderung nicht einher.

Anm. 11.1: Die im 2. WiKG erheblich ausgeweitete Möglichkeit der isolierten Verbandsgeldbuße steht der hier entwickelten Konzeption im Übrigen nicht entgegen. Zwar fehlt es in diesen Fällen per definitionem an einer Individualsanktion. Ohne eine solche Sanktion droht in der Tat nicht die Gefahr, dass diese aus den Verbandsgewinnen bezahlt und dadurch wirkungslos gemacht werde. Einer Abschöpfung der mittelbaren und unmittelbaren Verbandsgewinne bedürfte es zu diesem Zweck nicht.
Allerdings muss die Verbandsgeldbuße, um ihre die angedrohte Individualsanktion unterstützende Wirkung zu entfalten, ihrerseits vor Tatbegehung angedroht werden. Zu diesem Zeitpunkt steht noch nicht fest, ob der spätere Täter tatsächlich mit einer Sanktion belegt werden wird. Würde nun im Falle der Nichtverfolgbarkeit eines Einzeltäters von der Verbandssanktion abgesehen, so würden dem Verband jedenfalls die mittelbaren Gewinne aus eben dieser Tat verbleiben. Gerade besonders trickreich verübte Anknüpfungstaten blieben für den Verband deshalb ein lohnendes Geschäft, wodurch gerade hier der Anreiz zur ökonomisch-rationalen Kollusion

46 Eben „wegen dieses inneren Zusammenhanges zwischen der Zuwiderhandlung u. der Verbandssanktion" hielt auch die Entwurfsbegründung zum 2. WiKG – BT-Drs. 10/318, S. 41 (re. Sp.) – „eine noch weitere Lockerung oder Lösung der Verbandssanktion als Nebenfolge der Zuwiderhandlung" für unmöglich.

47 Sprich: eine Tat, für die er selbst mit Strafe oder Geldbuße hätte belegt werden können. Dazu ausf. oben § 8 A. III. 1. a) (S. 232).

48 Dass die im EOWiG – BT-Drs. V/1269, S. 58 (re. Sp. f.) – vorgeschobenen dogmatischen, prozessualen u. verfassungsrechtlichen Gründe einer krit. Überprüfung nicht standhalten, hat vor allem *Pohl-Sichtermann*, S. 45 ff. umfassend herausgearbeitet. Entgegen der hier vertretenen Auffassung ging allerdings auch sie davon aus, dass es sich bei der Verbandsgeldbuße um eine typische Geldbuße des OWiG handelt, S. 31 u. ö.

erhalten bliebe. Steht dagegen vor Begehung der Tat fest, dass der Verband auch bei Nichtverfolgbarkeit des Einzeltäters den unmittelbaren wie den mittelbaren Gewinn abführen muss, entfällt für die im Verband zusammengefassten Einzelpersonen der Anreiz, solche Taten zu fördern. Im Idealfall kommt es gar zu dem wünschenswerten Nebeneffekt, dass solche Delikte auch im Wege der internen Kontrolle bekämpft werden.

Die Grenze ist in § 30 Abs. 4 Satz 2 $OWiG_{86}$ gezogen, wo eine Verfolgung aus rechtlichen Gründen unmöglich ist und damit auch eine theoretische Sanktionsmöglichkeit nicht verbleibt. Die Gefahr der Tatertrag-finanzierten Sanktionsübernahme besteht hier nicht. Für diese Fälle war durch den Verfall nach § 29a $OWiG_{86}$ die Möglichkeit zu schaffen, wenigstens die unmittelbaren Gewinne abzuschöpfen.

dd) Zwischenergebnis

Die Ausweitung der isolierten Verbandsgeldbuße entsprach dem Wunsch der Praxis, die juristische Person auch ohne vorgeschaltetes (Schein-)Verfahren gegen den Einzeltäter verfolgen zu können. Allein wegen dieser Ausweitung wollte der Gesetzgeber den Begriff der Nebenfolge vermeiden, der sich bei engem Verständnis in den Fällen der isolierten Verbandsgeldbuße tatsächlich als Falschbezeichnung herausgestellt hatte. Eine Umgestaltung hinsichtlich Zweck oder Mechanismus der Verbandsgeldbuße war damit hingegen nicht verbunden.

b) Gescheiterte Vorstöße

Die beiden anderen Vorstöße, mit denen der Regierungsentwurf die bemängelten Sanktionslücken hatte schließen wollen, stießen im Rechtsausschuss dagegen auf Widerstand[49] und konnten sich nicht durchsetzen.[50] Sie sollen hier nur kurz und nur insoweit wiedergegeben werden, als sich aus ihnen Rückschlüsse hinsichtlich der Fortgeltung des historischen Normzwecks und des ursprünglichen Mechanismus der Verbandsgeldbuße ableiten lassen.

---

49 Siehe Beschlussempfehlung u. Bericht des RechtsA zum 2. WiKG in BT-Drs. 10/5058, S. 36 (re. Sp. f.).

50 Das 2. WiKG wurde, ohne dass über die Verbandsgeldbuße noch einmal diskutiert worden wäre, i. d. F. der Beschlussempfehlung des RechtsA (BT-Drs. 10/5058) angenommen, siehe BT-PlenProt. 201/10, S. 15444 (D).

aa) Ausdehnung des Täterkreises

Ursprünglich war zweierlei vorgesehen: Zum einen sollte im neuen § 30 OWiG der Kreis tauglicher Täter für die Anknüpfungstat erheblich ausgeweitet werden.[51] Statt die Abgrenzung des tauglichen Täterkreises wie bisher von dem sehr engen und mehr formalen Kriterium eines „vertretungsberechtigte[n] Organ[s]“ abhängig zu machen,[52] sollte sie nunmehr nach sachlichen Kriterien erfolgen. Eine Verbandsgeldbuße sollte festgesetzt werden können, „wenn der Täter zum Kreis der für die Leitung des Betriebes verantwortlich handelnden Personen“ gehörte.[53]

Das maßgebende Urteil des BVerfG[54] habe deutlich gemacht, dass der Gesetzgeber nicht gehindert sei, den Kreis tauglicher Anknüpfungstäter erheblich auszuweiten.[55] Die enge Beschränkung auf die Organwalter der juristischen Person sei deshalb nicht vorgeschrieben und lasse „Umgehungsmöglichkeiten durch Organisationsgestaltungen formeller Art“ offen.[56] So ließen sich die Verbände so gestalten, dass zur Verschleierung der wahren Verantwortung Personen zu Organwaltern bestellt würden, die keinerlei Leitungsaufgaben wahrnähmen, während die eigentliche Geschäftsführung auf leitende Angestellte und Prokuristen übertragen wäre, deren Rechtsverstöße eine Verbandsgeldbuße nicht auslösen könnten.[57] Darüber hinaus habe

---

51 § 30 Abs. 1 i. d. F. des Art. 2 Nr. 2 des RegE zum 2. WiKG – BT-Drs. 10/318, S. 6 – sollte lauten: „Ist in dem Betrieb einer juristischen Person eine Straftat oder Ordnungswidrigkeit begangen worden, durch die Pflichten, welche die juristische Person [...] treffen, verletzt worden sind, so kann gegen diese eine Geldbuße festgesetzt werden, wenn der Täter zu dem Kreis der für die Leitung des Betriebes verantwortlich handelnden Personen gehört.“

52 Siehe § 26 Abs. 1 des OWiG_{68}, BGBl. I 1968,[33] S. 481 (487 f.), der durch Art. 29 Nr. 17 des EGStGB, BGBl. I 1974,[22] S. 469 (537) insoweit ohne inhaltliche Änderung zu § 30 Abs. 1 OWiG_{74} wurde.

53 Siehe § 30 Abs. 1 i. d. F. des Art. 2 Nr. 2 des RegE zum 2. WiKG – BT-Drs. 10/318, S. 6. Dessen Wortlaut ist eben wiedergegeben worden.

54 Gemeint ist der Beschl. v. 25. 10. 1966 – 2 BvR 506/63 (*„nulla poena sine culpa“*) – BVerfGE **20**, 323 ff. (336). Dort heißt es: „Die Frage, ob der Kreis dieser [für die juristische Person verantwortlich handelnden] Personen auf ihre Organe beschränkt ist oder darüber hinaus auf weitere Personen [...] – etwa Prokuristen, Handlungsbevollmächtigte, leitende Angestellte – erstreckt werden kann, braucht hier nicht entschieden zu werden.“

55 Siehe BT-Drs. 10/318, S. 39 (li. Sp.).

56 BT-Drs. 10/318, S. 39 (li. Sp.).

57 BT-Drs. 10/318, S. 39 (li. Sp. f.). Das sind mit anderen Worten die „Sitzdirektoren“, die schon *Engisch*, Referat 40. DJT (1953), E 36 befürchtet hatte.

die geltende Regelung im Grenzbereich zu Abgrenzungsschwierigkeiten geführt, die sich „im Wege einer sachgerecht erscheinenden Auslegung nur unvollkommen“ ausräumen ließen.[58]

Selbst wenn dieser Vorschlag im Rechtsausschuss und im Plenum durchgedrungen wäre, hätte er an Zweck und Mechanismus der Verbandsgeldbuße ersichtlich nichts geändert. Die Ausdehnung des Täterkreises hätte schlicht bedeutet, dass das mit einem bestimmten Zweck und Mechanismus versehene Instrument der Verbandsgeldbuße nunmehr auch in weiteren Fällen zum Zuge kommen sollte. In diesem Sinne konnte sich die Erweiterung des Täterkreises in späteren Gesetzen schrittweise auch durchsetzen.[59]

bb) Verzicht auf Täterfeststellung

Zum anderen wollte der Entwurf auf die Feststellung eines bestimmten Anknüpfungstäters verzichten.[60] Wenn feststehe, dass „eine Tat im Entscheidungszentrum der juristischen Person begangen worden“ sei, könne es nicht mehr darauf ankommen, welche der zum tauglichen Täterkreis gehörenden Personen im Einzelnen gehandelt hätten.[61] Die Verbandsgeldbuße solle deshalb „stärker von der persönlichen Verantwortlichkeit einer bestimmten Einzelperson gelöst“ werden. Es erscheine sachgerecht, das „Gebilde der juristischen Person für das Versagen im Leitungsbereich, also gleichsam für das Verschulden in seinem eigenen Nervenzentrum, verantwortlich“ zu machen.

Die neue Regelung würde nicht nur unnötig erscheindende Ermittlungsarbeit ersparen.[62] Sie würde vor allem Sanktionslücken schließen, die darin bestünden, dass „bei einer unklaren Aufteilung der Geschäfte im Leitungsbereich“ oft „nicht eindeutig festgestellt werden“ könne, „welche Person

58 BT-Drs. 10/318, S. 40 (re. Sp.) unter Verweis auf den Geschäftsführer der GmbH einer GmbH & Co. KG, der – contra legem – als Organ der KG angesehen werden müsse.

59 Siehe III. (S. 414) u. V. (S. 416).

60 § 30 Abs. 2 i. d. F. des Art. 2 Nr. 2 des RegE zum 2. WiKG – BT-Drs. 10/318, S. 6 – sollte lauten: „Absatz 1 ist bereits dann anzuwenden, wenn nur festgestellt werden kann, daß die Tat von einer der in Absatz 1 bezeichneten Personen begangen worden ist und sie zumindest den Tatbestand der Verletzung der Aufsichtspflicht (§ 130) verwirklicht.“ Der Wortlaut des Abs. 1 ist eben wiedergegeben worden.

61 Die wörtlichen Zitate dieses Absatzes sind BT-Drs. 10/318, S. 40 (li. Sp.) entnommen.

62 Dieser Absatz fasst die Argumentation in BT-Drs. 10/318, S. 40 (li. Sp. f.) zusammen. Auch die wörtlichen Zitate sind dort entnommen.

eines mehrgliedrigen Leitungsbereichs letztlich verantwortlich gehandelt" habe. Könne keine einzelne Person überführt werden, so müsse mangels (theoretisch) verfolgbarer Anknüpfungstat auch von einer Verbandssanktion abgesehen werden. Für die Verantwortlichkeit der juristischen Person, „die als rechtlich selbständiges Gebilde die eigentliche Normadressatin der Gebots- und Verbotsvorschriften" sei, könne es aber „nicht darauf ankommen, ob der eine oder andere ihrer organschaftlichen Vertreter [...] die Pflichtverletzung begangen oder zumindest die Aufsichtspflicht verletzt" habe.

Ob eine solche Umgestaltung der Verbandsgeldbuße zu einem echten Systemwechsel geführt hätte, braucht nicht entschieden zu werden.[63] Der Vorschlag konnte sich im Gesetzgebungsverfahren nicht durchsetzen[64] und ist auch in späteren Gesetzen nicht wieder aufgenommen worden. Für solch einen intendierten Systemwechsel spricht der Wunsch, „die Geldbuße gegen juristische Personen [...] stärker von der persönlichen Verantwortlichkeit einer bestimmten Einzelperson" zu lösen und dem „Gebilde der juristischen Person", die selbst „die eigentliche Normadressatin der Gebots- und Verhaltensvorschriften" sei, „das Verschulden [im] eigenen Nervenzentrum" zum Vorwurf zu machen.[65] Das ließe sich in der Tat wie ein Bekenntnis zu einer Art Verbandstäterschaft nach dem Vorbild der *Gierke'* schen Organtheorie lesen.[66]

Anm. 11.2: Die Frage nach der „Schadens"-Qualität der Verbandsgeldbuße hätte sich auf dieser Grundlage und bei einem solchen Verständnis freilich sehr viel leich-

---

63 Insoweit sei auf *Götz,* in: Prot. RechtsA 10,[14] S. 18 verwiesen, der sich die Frage stellte, „ob durch die Änderungsvorschläge nicht das System des Ordnungswidrigkeitengesetzes durchbrochen werde, weil nicht mehr von einem ausreichend begründeten Schuldvorwurf gegen eine Einzelperson, sondern von einem Schuldverdacht gegen eine juristische Person [...] ausgegangen werde." Die Beiträge *Göhlers,* in: Prot. RechtsA 10,[14] S. 20 ff. u. in: 10,[71] S. 48 weisen jedenfalls deutlich in Richtung einer eigenen Verbandstäterschaft auf Grundlage eines Organisationsverschuldens. Zuvor bereits *Göhler,* in: Tagungsberichte WiKG-Komm, S. 58 ff.

64 Zu den Gegenargumenten im RechtsA, dessen Beschlussempfehlung – BT-Drs. 10/5058, S. 36 (re. Sp. f.) – sich ohne neuerliche Aussprache zu § 30 OWiG auch im Plenum durchsetzte, sogleich cc) (S. 407).

65 BT-Drs. 10/318, S. 40 (li. Sp. f.).

66 So versteht *Rogall,* in: KarlsrKomm-OWiG,[5] § 30 Rn. 8 den heutigen § 30 OWiG. Die allenfalls de lege ferenda überzeugende Argumentation übersieht – worauf *Meyberg,* in: BeckOK-OWiG,[28] § 30 Rn. 17.2 zu Recht hingewiesen hat –, dass sich der Gesetzgeber „bei Einführung einer Verbandsgeldbuße und in Kenntnis der Organtheorie gegen eine eigenständige Unternehmensverantwortlichkeit entschieden" u. daran auch nichts geändert hat.

ter beantworten lassen. Eine Sanktion gegen „das Gebilde der juristischen Person" als „eigentliche Normadressatin der Gebots- und Verhaltensvorschriften", die sich „stärker von der persönlichen Verantwortlichkeit einer bestimmten Einzelperson" löst und der juristischen Person „das Verschulden [im] eigenen Nervenzentrum" zum Vorwurf macht,[67] wäre ersichtlich auf eine endgültige Belastungsträgerschaft des Verbands ausgerichtet gewesen. Die zivilrechtliche Nachbereitung einer solchen Sanktion hätte in jedem Falle ein positivierte Wertung überspielt, sodass die Qualifikation der Verbandsgeldbuße als Schaden i. S. d. Ersatzpflichtanordnung die Grenzen zulässiger Rechtsfortbildung gesprengt hätte.[68]

Zwingend ist das jedoch nicht. Auch in der Entwurfsfassung hätte § 30 Abs. 1 OWiG_{86} die juristische Person nicht zum Täter der Ordnungswidrigkeit erklärt. Vielmehr hätte die Vorschrift weiterhin nur die Möglichkeit eröffnet, beim Vorliegen einer Straftat oder Ordnungswidrigkeit einer Leitungsperson eine zusätzliche Verbandsgeldbuße festzusetzen.[69] Auch die Möglichkeit, nach Abs. 2 auf die Feststellung des Individualtäters zu verzichten, stand unter dem Vorbehalt, dass die genaue Feststellung des Täters nicht möglich war.[70] Im Grundsatz wäre die Verbandsgeldbuße weiterhin nur neben einer (theoretisch) verfolgbaren Individualtat möglich gewesen und hätte weiterhin durch tertiäre Abschöpfung der Verbandsgewinne die Wirksamkeit der sekundären (Individual-)Sanktionsnorm gewährleistet, welche die natürlichen Personen schließlich zur Einhaltung der primären Verhaltensnormen animieren sollte. Für eine nunmehr intendierte trans-restitutive Übelszufügung wäre der Gesetzgeber schließlich jeden Anhaltspunkt zur Bemessung der Verbandssanktion schuldig geblieben.[71]

Anm. 11.3: Im Übrigen steht es dem Gesetzgeber in der Tat völlig frei, die juristische Person „als rechtlich selbständiges Gebilde" zur eigentlichen „Normadressatin der Gebots- und Verbotsvorschriften" zu machen.[72] Zur Täterin des Verbandsdelik-

67 BT-Drs. 10/318, S. 40 (li. Sp. f.).

68 Ausf. zu dieser Grenze der Rechtsfortbildung bei der Bestimmung des Schadens i. S. d. Ersatzpflichtanordnung bereits oben § 6 C. (S. 178).

69 Siehe § 30 Abs. 1 i. d. F. des Art. 2 Nr. 2 des RegE zum 2. WiKG – BT-Drs. 10/318, S. 6: „Ist in dem Betrieb einer juristischen Person eine Straftat oder Ordnungswidrigkeit begangen worden, [...] so kann gegen diese eine Geldbuße festgesetzt werden, wenn der Täter zu dem Kreis der für die Leitung des Betriebes verantwortlich handelnden Personen gehört."

70 § 30 Abs. 2 i. d. F. des Art. 2 Nr. 2 des RegE zum 2. WiKG – BT-Drs. 10/318, S. 6: „Absatz 1 ist bereits dann anzuwenden, *wenn nur festgestellt werden kann,* daß die Tat von einer der in Absatz 1 bezeichneten Personen begangen worden ist". Herv. nur hier.

71 Dazu bereits oben § 10 D. III. 2. (S. 389).

72 So BT-Drs. 10/318, S. 40 (re. Sp.).

tes wird sie dadurch alleine jedoch nicht. Das Strafrecht bezweckt als „ultima ratio den Rechtsgüterschutz durch das Mittel der mit Androhungsgeneralprävention ausgestatteten Verhaltensnormen“, die logisch zwingend „die Handlungsfähigkeit und Vermeidemacht [...] des Normadressaten“ voraussetzen.[73] Die juristische Person ist – aller Zurechnungsakrobatik zum Trotz – in einem natürlichen Sinne handlungs- und schuldunfähig. Sie kann, auch wenn sie selbst nominelle Adressatin der primären Verhaltensnorm ist, nicht selbst gegen diese verstoßen und deshalb auch nicht selbst die Sanktionsnorm erfüllen. Die Sanktionsnormen müssen deshalb über § 14 StGB bzw. § 9 OWiG „auch auf den Vertreter“ angewandt werden, was im Bereich der Verbandsdelikte freilich bedeutet, dass sie ausschließlich auf den Organwalter angewandt werden. Diese Erfüllung der Sanktionsnorm durch den Organwalter ist wiederum Anknüpfungspunkt für die Verbandssanktion nach § 30 OWiG. Unabhängig davon, wer nomineller Adressat der Verhaltensnorm ist, hätte es auch in der Entwurfsfassung des 2. WiKG stets des Verhaltensnormverstoßes einer mit Handlungsfähigkeit und Vermeidemacht ausgestatteten natürlichen Person bedurft, der eine sekundäre Sanktionsnorm erfüllt und dem § 30 OWiG als Anknüpfungspunkt für eine tertiäre Verbandssanktion dient. Ohne einen grundlegenden Systemwechsel in der Wirkungsweise unseres Strafrechts lässt sich an diesem Befunde auch nichts ändern.

cc) Widerstand im Rechtsausschuss

Beide Vorschläge haben sich im Rechtsausschuss nicht durchsetzen können.[74] Die Ausschussmehrheit[75] hielt „die 1968 eingeführte und durch das [EGStGB] bestätigte Regelung des geltenden Rechts weiter für sachgerecht.“ Nicht nur habe diese Regelung „den Vorteil der klareren Bestimmtheit für sich“. Sie vermeide vielmehr auch Abgrenzungsschwierigkeiten und praktische Probleme, die die Erweiterungen im Entwurf aufwerfen würden. Die im Entwurf bemängelten Abgrenzungsprobleme „seien teilweise bereits von der Rechtsprechung zufriedenstellend gelöst worden.“ Unzuträgliche Sanktionslücken seien schließlich nicht zu befürchten, weil „schon im geltenden Recht als Anknüpfungstat die Verletzung der Aufsichtspflicht eines Organs [...] im Sinne von § 130 OWiG ausreichend“ sei.

---

73 *Schünemann*, ZIS 2014, S. 1 (3).

74 Siehe die Beschlussempfehlung u. den Bericht des RechtsA in: BT-Drs. 10/5058, S. 36 (re. Sp. f.). Die wörtlichen Zitate dieses Absatzes sind dort entnommen.

75 Die Argumente der Ausschussminderheit sind in: BT-Drs. 10/5058, S. 36 (re. Sp. f.) ebenfalls wiedergegeben, haben in der späteren Plenardebatte – BT-PlenProt. 201/10, S. 15433 ff. – aber keine Auswirkungen gehabt.

dd) Konsequenzen für die Verbandsgeldbuße

Selbst wenn man in dem Vorschlag, die Festsetzung der Verbandsgeldbuße nicht weiter von der Feststellung eines bestimmten Täters abhängig zu machen, einen intendierten Systemwechsel sehen wollte, hat sich dieser nicht durchgesetzt. Eine eigenständige Verbandstäterschaft ist dadurch nicht begründet worden. Vielmehr hat das 2. WiKG auch insoweit Zweck und Mechanismus der Verbandsgeldbuße als der oben entwickelten reaktiv-retrospektiven und restitutiven Abschöpfungsmaßnahme unberührt gelassen.

c) Sanktionsrahmen und Kollisionsvorschrift

Die übrigen Änderungen des § 30 OWiG hatten auf Zweck und Mechanismus der Verbandsgeldbuße ebenfalls keine Auswirkung. Das meint zum einen den erfolgreichen Vorschlag, den Sanktionsrahmen für Anknüpfungsstraftaten zu verzehnfachen.[76] Bei einer vorsätzlichen (Anknüpfungs-)Straftat konnte der Pseudo-Ahndungsteil der Geldbuße bis zu einer Million, bei fahrlässigen Taten bis zu fünfhunderttausend Deutsche Mark betragen. Hintergrund waren Ungereimtheiten, die durch die Entwicklungen im Ordnungswidrigkeitenrecht entstanden waren.[77] So waren bei bestimmten Ordnungswidrigkeiten, etwa dem § 38 GWB_{80},[78] (Individual-)Geldbußen von bis zu einer Million Deutscher Mark vorgesehen. Der Pseudo-Ahndungsteil einer hieran anknüpfenden Verbandsgeldbuße konnte deshalb ebenfalls eine Million Deutsche Mark betragen, während er „für die noch schwerer wiegenden Fälle, in denen eine Straftat begangen worden ist, nur [...] hunderttausend Deutsche Mark" erreichen konnte.[79]

Daneben zog die Einfügung einer eigenständigen Verfallsvorschrift im Ordnungswidrigkeitengesetz[80] kleinere Folgeänderungen nach sich: § 29a OWiG_{86} wurde in die Kollisionsregel des § 30 Abs. 5 aufgenommen.[81] § 30

---

76 Art. 2 Nr. 4 lit. c) des 2. WiKG, BGBl. I 1986,[21] S. 721 (724).

77 Siehe zu den Details BT-Drs. 10/318, S. 41 (re. Sp. f.).

78 Siehe § 38 Abs. 4 des Gesetzes gegen Wettbewerbsbeschränkungen i. d. F. der Bekanntmachung v. 24. 9. 1980, BGBl. I,[60] S. 1761 (1776): „Die Ordnungswidrigkeit kann mit einer Geldbuße bis zu einer Million Deutscher Mark [...] geahndet werden." Weitere Bsp. sind in BT-Drs. 10/318, S. 41 (re. Sp. f.) zusammengetragen.

79 BT-Drs. 10/318, S. 42 (li. Sp.).

80 Dazu sogleich.

81 Art. 2 Nr. 4 lit. e) des 2. WiKG, BGBl. I 1986,[21] S. 721 (724).

OWiG$_{86}$, der nicht mehr die einzige Vorschrift des Sechsten Abschnitts im Ersten Teil war, erhielt die bis heute gültige Überschrift.[82]

2. Einführung des § 29a OWiG

Parallel zu diesen – bei Lichte betrachtet nicht gerade radikalen – Modifikationen der Verbandsgeldbuße ist im Zuge des 2. WiKG mit § 29a OWiG$_{86}$ eine eigenständige ordnungswidrigkeitenrechtliche Verfallsvorschrift eingeführt worden. Ein kurzer Überblick über diese Regelung soll zu der hier wichtigen Frage führen, in welchem Verhältnis Verbandsgeldbuße und das neue Institut des Verfalls standen.

a) Verfall im Ordnungswidrigkeitengesetz

Anders als im Strafrecht, das die Gewinnabschöpfung wegen der Einführung des Tagessatzsystems „aus der Verbindung mit der Strafe gelöst“ hatte,[1] blieb die Gewinnabschöpfung im Ordnungswidrigkeitenrecht stets Aufgabe der Geldbuße, vgl. § 17 Abs. 4 OWiG$_{74}$.[2] Diese Verbindung von Gewinnabschöpfung und Geldbuße hatte zwar den Vorteil, die praktische Rechtsanwendung zu erleichtern. Sie führte umgekehrt aber zu dem Nachteil, dass kein isoliertes Instrument zur Gewinnabschöpfung bereitstand.

Das ließ auch und gerade in den Fällen der Wirtschaftskriminalität gewisse Lücken offen, etwa wenn „der Täter einen Bußgeldtatbestand zwar rechtswidrig, nicht jedoch vorwerfbar“ verwirklichte.[3] Weil hier die Festsetzung einer Geldbuße ausgeschlossen war, mussten dem Täter die rechtswidrigen Tatvorteile belassen werden, obwohl es keinen Grund dafür gab, warum er sie sollte behalten dürfen. Dasselbe galt, wenn „der Täter für einen anderen gehandelt und dadurch dieser einen Vermögensvorteil erlangt“ hatte.[4] Zwar bot die Verbandsgeldbuße des § 30 OWiG$_{74}$ insoweit in den praktisch häufigsten Fällen

---

82 Art. 2 Nr. 4 lit. a) des 2. WiKG, BGBl. I 1986,[21] S. 721 (724). Die Überschrift des Sechsten Abschnitts des Ersten Teils wurde durch Art. 2 Nr. 2 neu gefasst.

1 BT-Drs. 10/318, S. 35 (re. Sp.).

2 Aus dem ursprünglichen § 13 Abs. 4 OWiG$_{68}$ ist durch Art. 29 Nr. 8 des EGStGB, BGBl. I 1974,[22] S. 469 (536) § 17 Abs. 4 OWiG$_{74}$ geworden. Der Wortlaut der Vorschrift(en) entspricht jenem des heutigen § 17 Abs. 4 OWiG.

3 BT-Drs. 10/318, S. 36 (li. Sp.).

4 BT-Drs. 10/318, S. 37 (li. Sp.).

die Möglichkeit, bei der juristischen Person als dem begünstigten Dritten die erzielten Gewinne abzuschöpfen.[5] Die Regelung griff ihrerseits jedoch nicht ein, wenn „für die Zuwiderhandlung in dem Unternehmen keine zum Leitungsbereich gehörende Person, sondern Angestellte auf einer unteren Ebene verantwortlich“ waren und sich auch eine Aufsichtspflichtverletzung nach § 130 OWiG$_{74}$ nicht nachweisen ließ.[6]

Zu diesem Zweck wurde mit § 29a OWiG$_{86}$ eine eigenständige ordnungswidrigkeitenrechtliche Verfallsvorschrift eingefügt.[7] Nach Absatz 1 konnte gegenüber dem nicht mit einer Geldbuße belegten Täter einer mit Geldbuße bedrohten Handlung der Verfall eines Geldbetrages in Höhe des Vermögensvorteils angeordnet werden, den er für die oder aus der Tat erlangt hatte. Hatte der Täter für einen Dritten gehandelt und dieser dadurch einen Vermögensvorteil erlangt, so konnte der Verfall nach Absatz 2 auch gegenüber dem Dritten angeordnet werden. In Absatz 3 war die Möglichkeit vorgesehen, den Vermögensvorteil zu schätzen,[8] in Absatz 4 die Möglichkeit der isolierten Verfallsanordnung.

Das neue Institut des Verfalls sollte die Geldbuße lediglich ergänzen.[9] Wo gegenüber dem Begünstigten eine Geldbuße festgesetzt werden konnte, sollte die Aufgabe der Gewinnabschöpfung auch weiterhin von dem Hauptinstrument des Ordnungswidrigkeitenrechts übernommen werden. Auf die komplizierten Sonderregelungen des strafrechtlichen Verfalls konnte überwiegend verzichtet werden. Zum einen wurde im Ordnungswidrigkeitenrecht die Vereinfachung der Rechtsanwendung angestrebt, zum anderen waren unbillige Härten wegen des Opportunitätsprinzips nicht zu befürchten.

---

5 BT-Drs. 10/318, S. 36 (re. Sp.).

6 BT-Drs. 10/318, S. 36 (re. Sp.) unter Verweis auf das Bsp. der „Bußgeldverfahren gegen Kreditinstitute wegen illegaler Veräußerung von Wertpapieren an Gebietsfremde“.

7 Art. 2 Nr. 3 des 2. WiKG, BGBl. I 1986,^{21} S. 721 (724). Monographisch zum „Verfall im Ordnungswidrigkeitenrecht“ *Suchy*, Verfall, passim.

8 Von dem ursprünglich vehementen Vorbehalt, eine Gewinnabschöpfung von der exakten Berechenbarkeit des Vorteils abhängig zu machen – siehe etwa noch während der Beratung des § 26 OWiG$_{68}$ *Dreher,* in: Prot. RechtsA V,^{44} S. 17 –, war ersichtlich nichts mehr übrig geblieben. Ausf. zur möglichen Schätzung des Vermögensvorteils *Suchy*, Verfall, S. 99 ff.

9 Siehe auch zum Folgenden BT-Drs. 10/318, S. 37 (li. Sp. f.).

b) Verfall und Verbandsgeldbuße

Weit wichtiger als die Details der Ausgestaltung des neuen Instituts ist hier das Verhältnis von Verfall und Verbandsgeldbuße. Wenn das Ordnungswidrigkeitenrecht nunmehr ein dezidiertes Instrument der Gewinnabschöpfung vorsah, stellt sich die Frage, ob die Verbandsgeldbuße weiterhin als reinrestitutives Instrument der Gewinnabschöpfung angesehen werden konnte. Dabei bereitet die Auswertung der Materialien nicht unerhebliche Schwierigkeiten. Was bisher schon deutlich geworden ist, hatte auch *Götz* in der Plenardebatte gesagt: Von „dem ursprünglichen Regierungsentwurf ist nach den Beratungen zwischen den Koalitionsfraktionen und in den Ausschüssen eigentlich nicht mehr viel übriggeblieben.“[10] Insofern müssen die in der Beschlussempfehlung des Rechtsausschusses nur spärlich ergänzten Aussagen der Entwurfsbegründung stets unter dem Vorbehalt gelesen werden, dass dort noch eine etwas intensivere Umgestaltung der Verbandsgeldbuße vorgesehen war.[11]

Zunächst ist zu beachten, dass die Verbandsgeldbuße im Vorfeld[12] wie auch im Entwurf[13] des 2. WiKG gegenüber dem Verfall als das weiter reichende Instrument aufgefasst worden war. Wenn danach der ordnungswidrigkeitenrechtliche Verfall als eine umfassende Maßnahme der Gewinnabschöpfung konzipiert worden wäre, müsste die Verbandsgeldbuße, um eine weiter gehende Maßnahme zu sein, nunmehr tatsächlich trans-restitutiven Charakter haben.

Tatsächlich aber verwandte die Verfalls-Regelung für den Gegenstand der Gewinnabschöpfung den Begriff „Vermögensvorteil“.[14] Dieser Begriff, so

---

10 *Götz,* in: BT-PlenProt. 201/10, 15434 (B). Er habe sich „die Mühe gemacht, das einmal nachzuzählen und habe festgestellt, daß von den ursprünglichen Paragraphen nur noch etwa 50 % vorhanden“ u. statt dessen „zwei Drittel neu eingeführt worden“ seien.

11 Die entsprechenden Vorschläge sind oben – 1. b) (S. 402) – nachgezeichnet worden.

12 Im RegE des EGStGB – BT-Drs. 7/550, S. 344 (re. Sp.) – hieß es in der Begründung zur Kollisionsregel des § 30 Abs. 5 OWiG$_{74}$ etwa, dass „die Festsetzung der [Verbands-]Geldbuße – *als die umfassendere Nebenfolge* – die Anordnung des [strafrechtlichen] Verfalls“ ausschließe. Herv. nur hier.

13 Im RegE zum 2. WiKG – BT-Drs. 10/318, S. 37 (li. Sp. f.) – heißt es zwar nicht direkt zur Verbandsgeldbuße: „Die in einem etwas *größeren Umfange zugelassene Gewinnabschöpfung* in § 17 Abs. 4 OWiG erscheint unbedenklich“. Herv. nur hier.

14 Durch Art. 5 des AWG-ÄndG$_{92}$, BGBl. I 1992,[10] S. 372 (375) wurde der „Vermögensvorteil“ durch das erlangte Etwas ersetzt. Ausf. zu den Gründen u. Konsequenzen dieser Umstellung auf das sog. „Brutto-Prinzip“ *Suchy*, Verfall, S. 47 ff.

heißt es in der Entwurfsbegründung,[15] sei „wohl [!] in einem engeren Sinne zu verstehen als der in § 17 Abs. 4 OWiG gebrauchte Begriff ‚wirtschaftlicher Vorteil'". Weil es dort – auch jenseits der Fälle der Verbandsgeldbuße[16] – stets um eine Sanktion gehe, die eine rechtswidrige und vorwerfbare Handlung voraussetze, sei es unbedenklich, die Gewinnabschöpfung „in einem etwas größeren Umfange" zuzulassen. Zur Unterscheidung wurde angegeben, dass der „wirtschaftliche Vorteil" in § 17 Abs. 4 OWiG etwa auch eine „Verbesserung der Marktposition des Täters", sprich: mittelbaren Gewinn erfassen solle.[17] Im Umkehrschluss bedeutet dies, dass der Begriff des „Vermögensvorteils" in § 29a OWiG – wenn auch der Gesetzgeber an der überkommenen Terminologie nicht festhielt – keinen mittelbaren Gewinn enthalten und der ordnungswidrigkeitenrechtliche Verfall folglich nur den unmittelbaren Gewinn abschöpfen sollte.

Damit aber lässt sich das Verhältnis von Verfall und Verbandsgeldbuße ohne Weiteres erklären: Die Verbandsgeldbuße ist ursprünglich eingeführt worden, um den Anreiz zur ökonomisch-rationalen Kollusion zu beseitigen. Wo der Organwalter einer juristischen Person einen sanktionierbaren Rechtsverstoß begangen hatte, sollte sichergestellt sein, dass die juristische Person diese Sanktion nicht aus den rechtswidrigen Gewinnen der Tat finanzieren und damit wirkungslos machen kann. Weil die Abschöpfung allein der unmittelbaren Gewinne dies nicht zu gewährleisten vermochte, musste ein Weg gefunden werden, auch den mittelbaren Gewinn abzuschöpfen. Im Zuge eines gesetzgeberischen Missgeschickes[18] ist die Abschöpfung des mittelbaren Gewinnes in erheblichem Maße dem dazu ursprünglich nicht vorgesehenen Abschöpfungsteil überantwortet worden.

Wenn dagegen eine Individualsanktion nicht möglich ist, etwa weil der Täter nicht vorwerfbar handelt, ist auch eine Tatertrags-finanzierte Sanktionsübernahme durch den Verband nicht zu befürchten. Damit entfällt in gewissem Umfang der Grund für die Gewinnabschöpfung beim Verband. Allerdings gibt es auch hier keinen Grund, dem Verband die rechtswidrigen

---

15 Die wörtlichen Zitate dieses Absatzes sind BT-Drs. 10/318, S. 37 (li. Sp. f.) entnommen.

16 Die Entwurfsbegründung unterscheidet nicht zwischen der „normalen" Anwendung des § 17 Abs. 4 OWiG in den Fällen einer Individual-Geldbuße u. dem Sonderfall der Verbandsgeldbuße, bei dem § 17 Abs. 4 OWiG nur kraft besonderer Anordnung in § 30 Abs. 3 $OWiG_{74}$ u. nur entsprechend gelten sollte.

17 Zu dieser geradezu überraschenden Weiterung zwischen dem EOWiG u. dem $OWiG_{68}$ bereits oben § 10 D. III. 1. (S. 387).

18 Siehe dazu bereits § 10 D. III. 1. (S. 387).

Gewinne aus der Tat zu belassen. Die insoweit erforderliche Gewinnabschöpfung muss auf anderem Wege erfolgen. Zu diesem Zweck ist der Verfall eingefügt worden, der dem Verband die unmittelbaren Gewinne entziehen soll, wo eine Verbandsgeldbuße mangels verfolgbarer Anknüpfungstat nicht möglich ist. Eine Erstreckung auf die mittelbaren Gewinne ist – wie auch beim Verfall gegenüber der natürlichen Person – nicht vorgesehen.

Anm. 11.4: In der ursprünglichen und sehr viel eleganteren Lösung des EOWiG wäre der Unterschied von Verfall und Verbandsgeldbuße erheblich besser zum Ausdruck gelangt. Der Abschöpfungsteil hätte dann – beim Verband wie beim Individualtäter – nur den unmittelbaren Gewinn abgeschöpft. Der mittelbare Gewinn wäre beim Individualtäter „in gewissem Umfang" bei der Bemessung des Ahndungsteils berücksichtigt worden.[19] Bei der juristischen Person wäre die Abschöpfung des mittelbaren Gewinns die einzige Aufgabe des eben dazu geschaffenen Pseudo-Ahndungsteils gewesen. Der eigenständige Verfall hätte dann in den Fällen fehlender Vorwerfbarkeit als Nachbildung des § 17 Abs. 4 OWiG nur die unmittelbaren Gewinne abgeschöpft. Wo darüber hinaus ein ahndbarer Verstoß vorliegt, wären dem Täter selbst in gewissem Umfang und der juristischen Person möglichst umfassend auch der mittelbare Gewinn entzogen worden.

c) Zwischenergebnis

Auch die Einführung des § 29a $OWiG_{86}$ hat Zweck und Mechanismus der Verbandsgeldbuße nicht angetastet. Der Verfall ließ die Abschöpfung (nur) des unmittelbaren Gewinnes zu, wenn eine Individualsanktion nicht festgesetzt werden konnte. Die Verbandsgeldbuße diente weiterhin der umfassenden Abschöpfung des unmittelbaren wie des mittelbaren Gewinns, um die Tatertrags-finanzierte Übernahme der Individualsanktion durch den Verband zu verhindern.

3. Fortgeltung des historischen Zwecks

Die vielfältigen und oft überzeichneten Umgestaltungen des OWiG durch das 2. WiKG haben den historischen Zweck und Mechanismus der Verbands-

19 So die Formulierung in: BT-Drs. V/1269, S. 53 (li. Sp.) zu § 11 Abs. 4 EOWiG: Bei der (Individual-)Geldbuße sei durch den Ahndungsteil „nach obenhin ein Ermessensspielraum gegeben, der es ermöglicht, *in gewissem Umfang auch den mittelbaren Gewinn zu berücksichtigen.*" Herv. nur hier.

geldbuße nicht angerührt. Sie diente weiterhin dem Zweck, den Anreiz zur ökonomisch-rationalen Kollusion zu beseitigen, indem sie dem Verband umfassend die mittelbaren und unmittelbaren Gewinne entzog, die dieser aus der verbands- und vertretungsbezogenen Anknüpfungstat eines Organwalters erlangt hatte. Auch die kurze Zeit später erfolgende Neufassung des Gesetzes über Ordnungswidrigkeiten vom 19. Februar 1987[20] überstand § 30 OWiG$_{86}$ ohne Änderungen.

III. Zweites Gesetz zur Bekämpfung der Umweltkriminalität[21]

Das Zweite Gesetz zur Bekämpfung der Umweltkriminalität aus dem Jahre 1994 enthielt einen neuerlichen Anlauf zur Ausdehnung des Täterkreises für die Anknüpfungstat. Dieser war weniger weitreichend,[22] dafür aber erfolgreich. § 30 Abs. 1 OWiG wurde neu gefasst:[23] Die bislang im Fließtext aufgezählten Täter wurden auf die Nr. 1–3[24] verteilt. Hinzu kam – als eigentliche Neuerung – die bis heute gültige[25] Nr. 4, die den Generalbevollmächtigten und den Prokuristen oder Handlungsbevollmächtigten in leitender Stellung zum tauglichen Täter machte. Im Gegenzug wurde die Nummerierung der möglichen Anknüpfungstaten aufgegeben, deren Varianten seither im Fließtext aufgezählt sind. Wie oben beschrieben hatte diese Ausdehnung des Täterkreises lediglich zur Folge, dass das Instrument der Verbandsgeldbuße nunmehr auch bei den Taten weiterer Anknüpfungstäter zum Zuge kam, ohne dass Zweck und Mechanismus des Institutes sich dadurch geändert hätten.

20 Siehe dazu § 30 des Gesetzes über Ordnungswidrigkeiten i. d. F. der Bekanntmachung v. 19. 2. 1987, BGBl. I[15] S. 602 (609 f.).

21 Zweites Gesetz zur Bekämpfung der Umweltkriminalität v. 27. 6. 1994 (2. UKG), BGBl. I[40] S. 1440 ff.

22 Auf „die Einbeziehung sämtlicher leitender Angestellter" verzichtete der Entwurf ausdr. Siehe die Begründung zum RegE eines 2. UKG in BT-Drs. 12/192, S. 32 (re. Sp.). Vor allem ist der Versuch, die Festsetzung der Verbandsgeldbuße nicht mehr von der Feststellung eines bestimmten Täters abhängig zu machen, nicht wiederholt worden.

23 Art. 2 Nr. 2 des 2. UKG, BGBl. I 1994[40] S. 1440 (1444). Im 2. WiKG war es versäumt worden, u. a. den Wortlaut des § 33 OWiG an die Aufgabe der Nebenfolgenlösung anzupassen. Dieses Redaktionsversehen wurde durch Art. 2 Nr. 3 des 2. UKG beseitigt.

24 Nr. 1 u. 2 erhielten die bis heute geltende Fassung. Nr. 3 erfuhr noch eine kleine Änderung.

25 Der Vollständigkeit halber: Nr. 4 enthält in der heute geltenden Fassung ein „oder", das wegen der späteren Anfügung der Nr. 5 erforderlich wurde.

Daneben wurde § 33 OWiG$_{87}$ an die Aufgabe der Bezeichnung „Nebenfolge“ angepasst. Im 2. WiKG war es – unter anderem[26] – versäumt worden, den Wortlaut auch dieser Vorschrift an den gelockerten „Zusammenhang zwischen der Verfolgung der natürlichen Person und der Verhängung einer Verbandsgeldbuße nach § 30 OWiG“ anzupassen.[27] Über die Verweisung in § 30 Abs. 4 Satz 2 Hs. 2 auf § 33 Abs. 1 Satz 2 OWiG sei die „als selbständige Sanktion“ anzusehende Verbandsgeldbuße „immer noch indirekt als ‚Nebenfolge‘ bezeichnet“ worden.[28] Mit der ausdrücklichen Nennung der Verbandsgeldbuße neben der Nebenfolge in § 33 OWiG ist dieses Redaktionsversehen beseitigt worden.[29]

IV. Gesetz zur Bekämpfung der Korruption[30]

Das Gesetz zur Bekämpfung der Korruption gestaltete den Submissionsbetrug 1997 als Straftat aus.[31] Das zog zwei Änderungen des § 30 OWiG nach sich: Mit der Einfügung[32] des Absatz 2 Satz 3 wurde sichergestellt, dass die wegen einer Submissionsabsprache verhängte Verbandssanktion weiterhin nach dem – im Vergleich zu Absatz 2 Satz 1 – höheren Bußgeldrahmen des GWB bemessen werden konnte.[33]

Weiter wurde aus Gründen der Klarstellung[34] in Absatz 4 ein neuer Satz 2 eingefügt,[35] der dem Absatz seine bis heute geltende Fassung gab. Über die in Absatz 4 Satz 1 genannten Fälle hinaus sollten nunmehr durch Gesetz

26 Die ebenfalls versäumte Anpassung der Überschrift des Achten Abschnitts im Zweiten Teil wurde erst später im sog. EU-Rechtsinstrumente-Ausführungsgesetz vorgenommen, V. (S. 417).

27 BT-Drs. 12/192, S. 33 (li. Sp.). Siehe zur Lockerung der Nebenfolgenkonstruktion u. der damit einhergehenden Aufgabe der entsprechenden Bezeichnung oben II. 1. a) (S. 395).

28 BT-Drs. 12/192, S. 33 (li. Sp.).

29 So geschehen durch Art. 2 Nr. 3 des 2. UKG, BGBl. I 1994,[40] S. 1440 (1444).

30 Gesetz zur Bekämpfung der Korruption v. 13. 8. 1997 (KorrBekG), BGBl. I,[58] S. 2038 ff.

31 Art. 1 Nr. 3 des KorrBekG, BGBl. I 1997,[58] S. 2038 (2038). Submissionsabsprachen konnten bis dahin nur als Ordnungswidrigkeit geahndet werden. Die Details sind in Beschlussempfehlung u. Bericht des RechtsA zum KorrBekG in: BT-Drs. 13/8079, S. 16 (li. Sp.) kompakt zusammengefasst.

32 Art. 7 Nr. 1 lit. a) des KorrBekG, BGBl. I 1997,[58] S. 2038 (2040).

33 Zu den unterschiedlichen Ahndungsrahmen u. der durch die Verschärfung drohenden Absenkung der Verbandssanktion siehe ebenfalls BT-Drs. 13/8079, S. 16 (li. Sp. f.).

34 Siehe BT-Drs. 13/8079, S. 16 (re. Sp.).

weitere Ausnahmen geschaffen werden können, in denen die Verbandsgeldbuße selbständig festgesetzt werden kann. Das geschah mit Blick auf den Submissionsbetrug, dessen Verfolgung gegenüber den Verbänden trotz der Hochstufung zur Straftat nicht den jeweiligen Staatsanwaltschaften, sondern weiterhin der „Erfahrung und Sachkunde der Kartellbehörden" überantwortet bleiben sollte.[36]

Die Entwurfsbegründung[37] hatte für das weitere Gesetzgebungsverfahren die Prüfung angekündigt, „inwieweit *flankierende* gesetzliche oder andere Maßnahmen getroffen werden" müssten, „um insgesamt eine angemessene Sanktionierung von Submissionsabsprachen sicherzustellen." Die angedachten und letztlich für notwendig erachteten[38] Modifikationen der Verbandsgeldbuße waren danach von vornherein nicht als radikale Umgestaltungen konzipiert. Der erheblich weiter reichende Vorschlag des Bundesrates,[39] das Unternehmensbußgeldverfahren nach europäischem Vorbild vollends zu verselbständigen, traf bereits in der Gegenäußerung der Bundesregierung[40] auf skeptische Zurückhaltung und kommt in der Beschlussempfehlung des Rechtsausschusses gar nicht vor.[41] Auch das Gesetz zur Bekämpfung der Korruption hat Zweck und Mechanismus der Verbandsgeldbuße folglich unberührt gelassen.

V. EU-Rechtsinstrumente-Ausführungsgesetz[42]

Mit Einführung des Euro wurden 2001 die noch in Deutschen Mark lautenden Sanktionsobergrenzen für Anknüpfungsstraftaten auf Eurobeträge

---

35 Art. 7 Nr. 1 lit. b) des KorrBekG, BGBl. I 1997,58 S. 2038 (2041); lit. aa) fügte den neuen Satz 2 ein, lit. bb) passte den neuen Satz 3 sprachlich an.

36 So BT-Drs. 13/8079, S. 16 (re. Sp. f.).

37 BT-Drs. 13/5584, S. 9 (li. Sp. f.). Herv. nur hier. Der RegE in: BT-Drs. 13/6424 hat Wortlaut u. Begründung dieses Entwurfs ausdr. übernommen, S. 4.

38 Die Beschlussempfehlung des RechtsA – BT-Drs. 13/8079, S. 16 (li. Sp.) – nimmt auf den Prüfungsauftrag ausdr. Bezug u. gibt an, dass die „notwendigen flankierenden Maßnahmen" in den Art. 7 u. 8 enthalten seien.

39 Die Stellungnahme des Bundesrates ist in BT-Drs. 13/6424, S. 5 (re. Sp. ff.) abgedruckt.

40 Siehe BT-Drs. 13/6424, S. 12 (re. Sp.)

41 BT-Drs. 13/8079, S. 16 (li. Sp. f.).

42 Gesetz zur Ausführung u. a. des Zweiten Protkolls vom 19. Juni 1997 zum Übereinkommen über den Schutz der finanziellen Interessen der Europäischen Gemeinschaften v. 22. 8. 2002 (AusfG-EU), BGBl. I,61 S. 3387 ff.

umgestellt.[43] Weitere Änderungen des § 30 OWiG ergaben sich im darauffolgenden Jahr durch das sog. EU-Rechtsinstrumente-Ausführungsgesetz. Umfassende Änderungen und Ergänzungen des Straf- und Ordnungswidrigkeitenrechts hielt der Gesetzgeber insoweit nicht für geboten.[44] Allerdings musste der Kreis tauglicher Anknüpfungstäter angepasst werden.[45] Diese Gelegenheit wurde genutzt, um Abs. 1 durch eine doppelte Erweiterung seine heutige Gestalt zu geben: Zum einen wurde in Nr. 3 die Beschränkung auf Personen*handels*gesellschaften aufgegeben und die Sanktionsmöglichkeit auf alle rechtsfähigen Personengesellschaften erweitert.[46] Zum anderen erfasste die neu angefügte Nr. 5[47] als eine Art Generalklausel nunmehr jede „sonstige Person, die für die Leitung des [...] Unternehmens [...] verantwortlich handelt". Mit dieser überschießenden Umsetzung der europäischen Vorgaben[48] ist eines der ursprünglichen Anliegen aus dem 2. WiKG letztlich verwirklicht worden: die Erweiterung des des Täterkreises auf „alle für die Leitung des Betriebes verantwortlich handelnden Personen".[49]

Daneben hatte die Entwicklung im Nebenstrafrecht abermals zu gewissen Widersprüchen geführt. Wieder hatten sich die Fälle gemehrt, „in denen die

43 Das geschah durch Art. 24 Nr. 2 des Gesetzes zur Einführung des Euro u. a. in Gesetzen des Ordnungswidrigkeitenrechts v. 13. 12. 2001, BGBl. I 2001,[68] S. 3574 (3578). Damit die Bewehrungsobergrenzen auch nach der Umstellung auf „glatte Signalbeträge" lauten, wurde nicht nach dem amtlichen Umrechnungskurs von 1,955 83 DM, sondern im Verhältnis von 2 DM zu 1 Euro umgerechnet. Siehe BT-Drs. 14/6371, S. 11 (li. Sp.).

44 BT-Drs. 14/8998, S. 7 (re. Sp.).

45 Art. 3 Abs. 1 des Zweiten Protokolls zum Übereinkommen über den Schutz der finanziellen Interessen der Europäischen Gemeinschaften – ABl. EG v. 19. Juli 1997, C 221/13 – sah vor, dass eine Verbandssanktion auch möglich sein müsse, wenn bestimmte strafbare Handlungen „von einer Person begangen werden, [...] die eine Führungsposition innerhalb der juristischen Person aufgrund [...] einer Kontrollbefugnis [...] innehat". Diesen Fall sah die Entwurfsbegründung – BT-Drs. 14/8998, S. 7 (re. Sp.) u. S. 10 (re. Sp.) – im damaligen Recht nicht abgedeckt.

46 Art. 2 Nr. 4 lit. a) aa) des AusfG-EU, BGBl. I 2002,[61] S. 3387 (3388). Zu den Gründen für die Einbeziehung auch der Personengesellschaften siehe BT-Drs. 14/8998, S. 8 (li. Sp. f.).

47 Art. 2 Nr. 4 lit. a) cc) des AusfG-EU, BGBl. I 2002,[61] S. 3387 (3388); bb) ergänzte die Nr. 4 um das nunmehr erforderliche „oder".

48 Die europäisch vorgegebene „Ausdehnung auf Leitungspersonen mit Kontrollbefugnissen" wurde „zum Anlass genommen, den Personenkreis des § 30 Abs. 1 OWiG generell auf solche Personen zu erstrecken, die zum Kreis der für die Leitung des [...] Unternehmens verantwortlich handelnden Personen gehören." So BT-Drs. 14/8998, S. 11 (li. Sp.).

49 Mit ausdr. Verweis auf das 2. WiKG auch BT-Drs. 14/8998, S. 11 (li. Sp.).

Verbandsgeldbuße bei Ordnungswidrigkeiten als Bezugstaten einen höheren Bußgeldrahmen" eröffnete „als bei einer Straftat."[50] Entsprechend wurde die Bewehrungsobergrenze in Abs. 2 Satz 1 auf eine Million bzw. fünfhunderttausend Euro verdoppelt.[51] Schließlich nutzte der Gesetzgeber die Gelegenheit, um das (wohl) letzte aus dem 2. WiKG verbliebene Redaktionsversehen zu beseitigen. Die Überschrift des Achten Abschnitts im Zweiten Teil wurde neugefasst, damit die Verbandsgeldbuße auch hier nicht mehr als Nebenfolge bezeichnet wurde.[52]

Auch die Änderungen des EU-Rechtsinstrumente-Ausführungsgesetzes haben allein den Personenkreis der Verbandsgeldbuße erweitert und deren Bewehrungsobergrenzen angehoben. Zweck und Mechanismus des Intrumentes sind damit auch hier unangetastet geblieben.

VI. Achte GWB-Novelle[1]

Das Achte Gesetz zur Änderung des Gesetzes gegen Wettbewerbsbeschränkungen[2] sah 2013 zwei Änderungen an der Verbandsgeldbuße vor. Zum einen sind Umgehungsmöglichkeiten in den Fällen der Gesamtrechtsnachfolge beseitigt worden. Zum anderen ist „das Schwert des § 30" durch eine abermalige Anhebung der Bewehrungsobergrenze „weiter geschärft" worden.[3]

Anm. 11.5: Der ursprüngliche Regierungsentwurf[4] hatte noch keine Änderungen des OWiG vorgesehen. Erst nachdem der Bundesrat in seiner Stellungnahme auf Sanktionslücken im Hinblick auf die Rechtsnachfolge hinwiesen hatte,[5] stellten die

---

50 BT-Drs. 14/8998, S. 11 (re. Sp.) mit einer Aufzählung entsprechender Ordnungswidrigkeitentatbestände.

51 Art. 2 Nr. 4 lit. b) des AusfG-EU, BGBl. I 2002,[61] S. 3387 (3388).

52 Art. 2 Nr. 6 des AusfG-EU, BGBl. I 2002,[61] S. 3387 (3388); BT-Drs. 14/8998, S. 12 (li. Sp.).

1 Achtes Gesetz zur Änderung des Gesetzes gegen Wettbewerbsbeschränkungen v. 26. 6. 2013 (8. GWB-Novelle), BGBl. I 2013,[32] S. 1738 ff.

2 Der ursprüngliche RegE – BT-Drs. 17/9852 – sah keine Änderungen des OWiG vor. Nachdem der BRat in seiner Stellungnahme – BT-Drs. 17/9852, S. 40 (li. Sp. f.) – auf Sanktionslücken im Hinblick auf die Rechtsnachfolge hingewiesen hatte, stellten die Koalitionsfraktionen im federführenden AfWirtTech einen Änderungsantrag, der in Nr. 15 die Einfügung des späteren Art. 4 vorsah, BT-(A)Drs. $17_{(9)}937$, S. 5. Der Änderungsantrag ist, ohne dass über die Änderungen des OWiG beraten worden wäre, angenommen worden, Prot. AfWirtTech 17,[80] S. 24–28.

3 *Meyberg*, in: BeckOK-OWiG,[28] § 30 Rn. 7a.

4 BT-Drs. 17/9852.

Koalitionsfraktionen im federführenden Ausschuss für Wirtschaft und Technologie einen entsprechenden Änderungsantrag.[6] Der Ausschuss hat den Antrag, ohne dass über die Änderungen des OWiG beraten worden wäre, angenommen[7] und die Begründung wörtlich in seine Beschlussempfehlung übernommen.[8]

1. Verbandsgeldbuße und Gesamtrechtsnachfolge

Der Gesetzgeber war darum bemüht, die – mit den Worten des BGH[9] – „misslichen Konsequenzen“ zu beseitigen, die sich in Fällen der Gesamtrechtsfolge aus dem Zusammenspiel von Analogieverbot und der Fassung des § 30 OWiG ergaben. Den Unternehmen bot sich hier die Möglichkeit, „bußgeldrechtlichen Sanktionen durch Umwandlungen zu entgehen.“[10] Der neu eingefügte und bis heute gültige Absatz 2a[11] ermöglicht – als provisorische Übergangslösung[12] – für bestimmte Formen der Gesamtrechtsnachfolge die Festsetzung einer Verbandssanktion gegenüber dem Rechtsnachfolger. Absatz 6[13] dehnte die Möglichkeit des dinglichen Arrests aus, um „Vermögensverschiebungen entgegenzuwirken, die außerhalb von Rechtsnachfolgetatbeständen erfolgen und in ähnlicher Weise die Festsetzung und Vollstreckung einer angemessenen Geldbuße erschweren bzw. vereiteln können“.[14]

Die Schließung dieser Lücken hat Zweck und Mechanismus der Verbandsgeldbuße unberührt gelassen. Im Gegenteil: Die Verbandsgeldbuße war seit jeher ein Instrument, das sicherstellen sollte, dass sich das Verbandsdelikt für die juristische Person nicht lohnt. Anderenfalls käme es zum Anreiz der öko-

5 BT-Drs. 17/9852, S. 40 (li. Sp. f.).
6 Siehe BT-(A)Drs. 17$_{(9)}$937. Dort ist in Nr. 15 (S. 5) die Einfügung des späteren Art. 4 der 8. GWB-Novelle vorgesehen.
7 Prot. AfWirtTech 17,^{80} S. 24–28.
8 Siehe BT-(A)Drs. 17$_{(9)}$937, S. 10 ff. u. BT-Drs. 17/11053, S. 20 (li. Sp. ff.).
9 Beschl. v. 10. 8. 2011 – KRB 55/10 – BGHSt **57**, 193 ff. (Rn. 25).
10 Beratungen d. AfWirtTech, BT-Drs. 17/11053, S. 20 (li. Sp.).
11 Art. 4 Nr. 1 lit. b) der 8. GWB-Novelle, BGBl. I 2013,^{32} S. 1738 (1748).
12 Nachdem der BRat in seiner Stellungnahme zur 8. GWB-Novelle – BT-Drs. 17/9852, S. 41 (li. Sp. f.) – auf die Sanktionslücken hingewiesen hatte, sagte die BReg. in der Gegenäußerung – BT-Drs. 17/9852, S. 49 (li. Sp.) – zu, einen Vorschlag zu unterbreiten. Sie würde ferner „ein Jahr nach dem Inkrafttreten der 8. GWB-Novelle die Praxis mit der neuen Vorschrift überprüfen und danach entscheiden, ob gegebenenfalls gesetzlicher Nachbesserungsbedarf“ bestehe.
13 Angefügt durch Art. 4 Nr. 1 lit. c) der 8. GWB-Novelle, BGBl. I 2013,^{32} S. 1738 (1748).
14 Beratungen d. AfWirtTech, BT-Drs. 17/11053, S. 23 (li. Sp.).

nomisch-rationalen Kollusion. Die im Verband zusammengefassten Personen würden dem potentiellen Täter die Tatertrags-finanzierte Übernahme der künftigen Individualsanktion in Aussicht stellen, um ihn zu möglichst vielen lukrativen Verbandsdelikten zu animieren. Die umfassende Abschöpfung der rechtswidrigen Tatgewinne macht dies unmöglich.

Solange aber die juristische Person der Gewinnabschöpfung durch umwandlungsrechtliche Gestaltungen entgehen kann, sind die rechtswidrigen Gewinne dem staatlichen Zugriff entzogen und stehen sie zur Tatertrags-finanzierten Sanktionsübernahme zur Verfügung. Dadurch würde wiederum der Anreiz zur ökonomisch-rationalen Kollusion gesetzt, der die Sanktionsandrohung gegenüber dem potentiellen Täter der Verbandstat wirkungslos machte. Die Ausweitung der Verbandsgeldbuße auf den Rechtsnachfolger ist deshalb keine Änderung des ursprünglichen Instrumentes, sondern die konsequente Antwort auf Umgehungsversuche, die sich in der Praxis gezeigt hatten.

2. Trans-restitutive Verbandsgeldbuße?

Daneben ist die Bewehrungsobergrenze des Absatz 2 Satz 1 abermals verzehnfacht worden.[15] Sie beträgt bei vorsätzlichen (Anknüpfungs-)Straftaten nunmehr zehn Millionen und bei Fahrlässigkeit fünf Millionen Euro. Ferner wurde in Absatz 2 ein neuer Satz 3 eingefügt.[16] Danach verzehnfacht sich das durch Satz 2 angedrohte Höchstmaß, wenn gesetzlich auf den neuen Satz 3 verwiesen wird.[17] Absatz 2 hat dadurch seine heute geltende Fassung erhalten.

a) Begründung für die Erhöhung

Wie schon zuvor hätte eine solche Anhebung der Bewehrungsobergrenze als solche auf Zweck und Mechanismus der Verbandsgeldbuße grundsätzlich keine Auswirkung gehabt. Bemerkenswert ist allerdings die Begründung, die in der Beschlussempfehlung des Ausschusses für Wirtschaft und Technolo-

---

15 Art. 4 Nr. 1 lit. a) aa) der 8. GWB-Novelle, BGBl. I 2013,[32] S. 1738 (1748).
16 Art. 4 Nr. 1 lit. a) bb) der 8. GWB-Novelle, BGBl. I 2013,[32] S. 1738 (1748).
17 Der durch Art. 4 Nr. 2 lit. a) der 8. GWB-Novelle, BGBl. I 2013,[32] S. 1738 (1748) eingefügte § 130 Abs. 3 Satz 2 OWiG sieht einen solchen Verweis vor.

gie[18] für die Erhöhung gegeben wird. Dort heißt es, dass der Bußgeldrahmen angesichts „der insbesondere im Bereich der Wirtschaftskriminalität erzielten Vermögensvorteile [...] nicht mehr angemessen" erscheine. Zwar sehe § 17 Abs. 4 OWiG die Möglichkeit vor, das Höchstmaß zur Abschöpfung des wirtschaftlichen Vorteils zu übersteigen. Das habe bei hohen wirtschaftlichen Vorteilen jedoch dazu geführt, „dass ein unverhältnismäßig hoher Anteil der Geldbuße ausschließlich der Abschöpfung des wirtschaftlichen Vorteils" diene.

Das Unbehagen hinsichtlich dieses – vermeintlichen – Mangels der Verbandsgeldbuße beruht auf einer Empfehlung der OECD.[19] Diese hatte bemängelt, dass durch „den konfiskatorischen Anteil der Geldbuße [...], selbst wenn es sich um hohe Beträge" handele, „lediglich unrechtmäßig erworbene Einnahmen entzogen" würden. Die juristische Person werde „somit nur wieder in die finanzielle Lage zurückversetzt, in der sie sich befunden hätte, wenn die Tat nicht begangen worden wäre." Zwar hätten die verantwortlichen Prüfer festgestellt, dass schon „die Furcht vor einem Ansehensverlust einen stark abschreckenden Effekt haben" könne. Gleichwohl dürfte „die Möglichkeit einer hohen zusätzlichen Geldbuße eine juristische Person wirksamer von der Bestechung ausländischer Amtsträger abhalten". Deshalb werde Deutschland empfohlen, „das Höchstmaß des Sanktionsanteils der Geldbuße für juristische Personen anzuheben."

b) Stellungnahme

Die Verbandsgeldbußen in den prominenten Schmiergeldskandalen von MAN und Siemens haben tatsächlich praktisch ausschließlich der Gewinnabschöpfung gedient.[20] Dieser quasi rein restitutive Charakter ist hingegen kein

18 BT-Drs. 17/11053, S. 20 (re. Sp.). Die wörtlichen Zitate sind dort entnommen.

19 Siehe OECD,@Prüfber. Phase 3, S. 45, wo auch die wörtlichen Zitate entnommen sind. Auf den Prüfbericht wird in BT-Drs. 17/11053, S. 21 (li. Sp.) Bezug genommen.

20 Mit den beiden Geldbußen gegen die MAN SE wurden insgesamt (wohl) 150 Mio Euro Gewinn abgeschöpft, während der (Pseudo-)Ahndungsteil gerade einmal 600000 Euro (= 0,4 %) betrug, vgl. MAN SE,@Zusf. Vergleichs-Bericht, S. 1 u. 5. Bei der Siemens AG wurde der (Pseudo-)Ahndungsteil bei einer Abschöpfung von 394,75 Mio. Euro mit 250000 Euro angegeben (≅ 0,06 %), vgl. Siemens AG, @Bußgeldbescheid, S. 12 u. 13. Zu diesen und weiteren Fällen, siehe die Zusammenstellungen in OECD,@Prüfber. Phase 3, S. 26 (Fn. 48) u.@Prüfber. Phase 4, S. 84 (Rn. 246).

Mangel der Verbandsgeldbuße, sondern – wie die bisherige Untersuchung gezeigt hat – deren ureigenes Konstruktionsprinzip. Die Kritik der OECD und der durch sie erkannte Handlungsbedarf im beratenden Ausschuss beruhen auf dem verbreiteten wie unzutreffenden Verständnis der Verbands*geldbuße* als einer typischen Geldbuße des Ordnungswidrigkeitenrechts.

Zur Erinnerung:[21] Das „Strafrecht [im weiteren Sinne] bezweckt als ultima ratio den Rechtsgüterschutz durch das Mittel der mit Androhungsgeneralprävention ausgestatteten Verhaltensnormen".[22] Damit aber sind „Handlungsfähigkeit und Vermeidemacht [...] des Normadressaten logisch zwingend" vorausgesetzt. Insofern ist es nicht nur sprachlich ungenau, sondern auch konzeptionell unzutreffend, wenn die OECD meint, „dass die Möglichkeit einer hohen zusätzlichen Geldbuße *eine juristische Person* wirksamer von der Bestechung ausländischer Amtsträger abhalten dürfte."[23] So wenig die handlungs- und schuldunfähige juristische Person ausländische Amtsträger bestechen kann, so wenig kann sie durch die Androhung einer hohen trans-restitutiven Geldbuße davon abgehalten werden. Stets kann es im deutschen Strafrecht nur darum gehen, die für den Verband handelnden natürlichen Personen durch Androhung von Nachteilen zur Einhaltung der Verhaltensnormen anzuhalten. Dazu kann eine hohe trans-restitutive Verbandsgeldbuße selbstverständlich beitragen.

Vor diesem Hintergrund ist die Verbandsgeldbuße als rein restitutive Sanktion entwickelt worden. Die umfassende Abschöpfung des rechtswidrigen Tatgewinns soll sicherstellen, dass es nicht zu einer Tatertrags-finanzierten Übernahme der Individualsanktion durch den Verband kommen kann. Anderenfalls müsste der allein mit Handlungsfähigkeit und Vermeidemacht ausgestattete Täter die angedrohte Sanktion nicht fürchten und sich auch um die Einhaltung der Verhaltensnormen nicht sorgen. Werden die Gewinne dagegen umfassend abgeschöpft, muss er vor Begehung der Tat grundsätzlich damit rechnen, die angedrohte und nach seinen wirtschaftlichen Verhältnissen bemessene (Individual-)Sanktion aus eigenem Vermögen aufbringen zu müssen. Die dergestalt angedrohte Sanktion ist danach – im Rahmen des strafrechtlich Möglichen – in der Lage, den allein handlungsfähigen Individualtäter zur Einhaltung der entsprechenden Verhaltensnormen anzuhalten, sprich: der Begehung von Straftaten vorzubeugen.

---

21 Ausf. zum historischen Zweck u. Mechanismus der Verbandsgeldbuße bereits im vorigen Kapitel (§ 10).

22 Siehe abermals *Schünemann*, ZIS 2014,[1] S. 1 (3).

23 OECD,[@] Prüfber. Phase 3, S. 45. Herv. nur hier.

Die Kritik der OECD an der deutschen Verbandsgeldbuße liegt deshalb neben der Sache. Die Vertragsparteien des Pariser Übereinkommens über die Bestechung ausländischer Amtsträger im internationalen Geschäftsverkehr vom 17. Dezember 1997[24] haben sich nach Art. 2[25] dazu verpflichtet, „in Übereinstimmung mit ihren Rechtsgrundsätzen die erforderlichen Maßnahmen" zu treffen, „um die Verantwortlichkeit juristischer Personen zu begründen." Das war durch § 30 OWiG bereits geschehen. Art. 3[26] Abs. 1 des Übereinkommens sah vor, dass die „Bestechung eines ausländischen Amtsträgers [...] mit wirksamen, angemessenen und abschreckenden Strafen bedroht" werden solle. Soweit die strafrechtliche Verantwortlichkeit einer juristischer Personen in der Rechtsordnung einer Vertragspartei nicht vorgesehen ist, solle diese gem. Art. 3 Abs. 2 des Übereinkommens sicherstellen, dass „juristische Personen wegen Bestechung ausländischer Amträger wirksamen, angemessenen und abschreckenden nicht-strafrechtlichen Sanktionen [...] unterliegen."

Dem aber ist das deutsche Recht auch ohne trans-restitutive Verbandssanktion nachgekommen. Die Bestechung ausländischer Amtsträger durch Verbandsvertreter ist als Straftat ausgestaltet und entsprechende Verstöße sind intensiv verfolgt worden. Sogar die verantwortlichen Prüfer der OECD sprachen „Deutschland ihre Anerkennung für den hohen Grad der Durchsetzung aus, der [...] zu einer bedeutenden Zahl von Sanktionen gegen natürliche Personen geführt" habe.[27] Die Frage des Evaluierungsteams, ob die bisherigen, praktisch rein konfiskatorischen Sanktionen gegen juristische Personen abschreckend wirkten, sei von den Vertretern des privaten Sektors einhellig bejaht worden.[28] Am größten sei in den Unternehmen jedoch die Furcht vor dem Ansehensverlust,[29] der auch völlig unabhängig von einer möglichen künftigen trans-restitutiven Verbandssanktion eintritt.

24 Das Übereinkommen ist nach Art. 1 des Gesetzes zur Bekämpfung internationaler Bestechung v. 10. 9. 1998 (IntBestG), BGBl. I,[37] S. 2327 (2327) in einer amtlichen deutschen Übersetzung (S. 2329 ff.) veröffentlicht worden.

25 Abgedruckt im Anschluss an das IntBestG, BGBl. I 1998,[37] S. 2327 (2331).

26 Auch Art. 3 des Übereinkommens ist im Anschluss an das IntBestG, BGBl. I 1998,[37] S. 2327 (2331) abgedruckt.

27 OECD,[@] Prüfber. Phase 3, S. 40. Wenn auch die Prüfer zur Kenntnis genommen hätten, „dass die Geldstrafen für Auslandsbestechung laut Aussage der deutschen Behörden mit denen für andere Wirtschaftstraftaten vergleichbar" seien, gaben sie gleichwohl „ihrer Besorgnis Ausdruck, dass die bisher verhängten Sanktion u. U. nicht voll wirksam, angemessen und abschreckend" seien.

28 OECD,[@] Prüfber. Phase 3, S. 44 (Rn. 109).

29 OECD,[@] Prüfber. Phase 3, S. 44 (Rn. 109).

Mit der nur restitutiven deutschen Verbandsgeldbuße unterliegen die juristischen Personen danach bereits einer „wirksamen, angemessenen und abschreckenden nicht-strafrechtlichen" Geldsanktion i. S. d. Art. 3 Abs. 2 des Pariser Übereinkommens.[30] Sie gewährleistet, dass der individuelle Täter der Bestechung die angedrohte Sanktion – auch und gerade wegen des hohen Durchsetzungsgrades – als persönliches und abschreckend wirkendes Übel fürchten muss. Die daneben bestehende, von der Höhe der Sanktion völlig unabhängige und bereits jetzt als stark abschreckend wahrgenommene Furcht vor dem Ansehensverlust tut ihr Übriges. Ob „die Möglichkeit einer hohen zusätzlichen [trans-restitutiven] Geldbuße eine juristische Person" – richtig: die für die juristische Person handelnde natürliche Person – tatsächlich noch „wirksamer von der Bestechung ausländischer Amtsträger abhalten dürfte",[31] ist eine andere Frage. Eine Verpflichtung Deutschlands, eine solche Sanktion vorzusehen, geht aus dem Übereinkommen jedenfalls nicht hervor.

c) Konsequenzen für die Verbandsgeldbuße

Gleichwohl: Die Aussage, der Abschöpfungsteil der Verbandsgeldbuße sei in den Fällen besonders hoher Vermögensvorteile unverhältnismäßig hoch,[32] legt freilich nahe, dass der verbleibende (Pseudo-)Ahndungsteil nicht der Abschöpfung dienen solle. Darin kommt jedenfalls zum Ausdruck, dass der Gesetzgeber sich einer trans-restitutiven Verbandssanktion wohl nicht mehr vollends versperrt.[33] Ob aber die bis dahin rein restitutive Verbandsgeldbuße des § 30 OWiG durch die 8. GWB-Novelle tatsächlich in eine trans-restitutive überführt werden sollte, erscheint sehr zweifelhaft.

Zum einen ist die Umsetzung eines solch erheblichen Schrittes zu sehr zwischen Tür und Angel erfolgt. Weder im Regierungsentwurf[34] noch in der Stellungnahme des Bundesrates[35] war eine entsprechende Umstellung vorge-

---

30 Abgedruckt im Anschluss an das IntBestG, BGBl. I 1998,[37] S. 2327 (2331). Siehe nur *Korte*, NZWiSt 2018,[10] S. 393 (394), der zutr. anmerkt: „Die Konzeption des Zweiten Protokolls entspricht – nicht ganz zufällig – im Wesentlichen der Konzeption der Verantwortlichkeit juristischer Personen im deutschen Recht nach §§ 30, 130 OWiG."

31 OECD,[@] Prüfber. Phase 3, S. 45.

32 BT-Drs. 17/11053, S. 20 (re. Sp.).

33 Für mögliche Argumente u. eine dogmatische Begründung für ein solches Instrument siehe oben § 10 C. III. 2. (S. 353).

34 Der RegE – BT-Drs. 17/9852, S. 7 ff. – hatte überhaupt keine Änderungen im OWiG vorgesehen.

sehen gewesen. Die Verzehnfachung der Bewehrungsobergrenze ist erst – auf den Änderungsantrag der Koalitionsfraktionen hin[36] – im federführenden Ausschuss für Wirtschaft und Technologie[37] eingearbeitet worden. Weder im Ausschuss[38] noch im Plenum[39] ist über die Erhöhung diskutiert worden. Das fehlende Bewusstsein für die Tragweite der Aussage mag sicherlich auch daran gelegen haben, dass der restitutive Charakter der Verbandsgeldbuße im Zuge der langen Auseinandersetzung in Wissenschaft und Praxis nicht mehr präsent vor Augen war. Die bisherige Untersuchung hat aber gezeigt, dass der Gesetzgeber diese grundlegende Ausrichtung der Verbandsgeldbuße nicht angerührt hatte. Auch kann dem nicht entgegengehalten werden, die Verbandsgeldbuße habe sich in der Praxis zu einem trans-restitutiven Instrument entwickelt. Denn es war ja gerade die Justizpraxis, die – in einer vermeintlich „genialen Intuition"[40] – die Abschöpfungskomponente der Verbandsgeldbuße seit jeher „vollständig in den Vordergrund" gerückt hatte.[41]

Darüber hinaus wäre die Umstellung, wenn sie denn wirklich eine solche hätte sein sollen, zu halbherzig erfolgt. War der Pseudo-Ahndungsteil gemessen am Abschöpfungsteil zuvor nicht mehr als ein Tropfen auf den heißen Stein,[42] fielen nunmehr an derselben Stelle zehn Tropfen.[43] An dem

---

35 Siehe die Anlage 3 zu BT-Drs. 17/9852, S. 40 ff. Auf S. 40 (li. Sp. f.) weist der BRat lediglich darauf hin, dass es in den Fällen der Gesamtrechtsnachfolge zu Sanktionslücken komme, die im weiteren Verlauf des Gesetzgebungsverfahrens geschlossen werden mögen.

36 Siehe Nr. 15 des Änderungsantrages in: BT-(A)Drs. $17_{(9)}937$, S. 5 u. die entsprechende Begründung auf S. 10 ff.

37 Siehe die Nr. 3 der Beschlussempfehlung in: BT-Drs. 17/11 053, S. 7 f.

38 Siehe Prot. AfWirtTech 17/80 S. 24–28.

39 Eine Aussprache zu Art. 4 des Entwurfes, der die Änderungen an § 30 OWiG vorsah, ist im Plenum weder in der zweiten noch in der dritten Lesung erfolgt, siehe BT-PlenProt. 173/V, S. 23 927 ff. bzw. S. 23 939.

40 Tatsächlich war es nicht die von *Schünemann*, ZIS 2014/1 S. 1 (6 f.) gerühmte „geniale Intuition", sondern die hemdsärmlige Weiterung der Gewinnabschöpfung in § 13 Abs. 4 $OWiG_{68}$, die dem ursprünglich zur Abschöpfung des mittelbaren Verbandsgewinnes konzipierten Pseudo-Abschöpfungsteil jede eigenständige Bedeutung nahm. Dazu oben § 10 D. III. 1. (S. 387).

41 So ausdr. *Schünemann*, ZIS 2014/1 S. 1 (6 f.) m. w. N. u. Bsp., der darin eben „eine geniale Intuition" u. nicht die historische Konzeption des Gesetzgebers erkennt.

42 OECD,@ Prüfber. Phase 4, S. 83 (Rn. 243) gibt einen Professor wieder, der den ursprünglichen Ahndungsteil als einen „Witz" bezeichnet habe.

43 Verzehnfacht man der Einfachheit halber in den eben genannten Fällen die jeweiligen (Pseudo-)Ahndungsteile, so hätten sie bei MAN 6 Mio. Euro (= 4 %) u. bei Siemens 2,5 Mio. Euro (≅ 0,6 %) betragen.

mehr symbolischen Charakter der vermeintlichen Ahndung hat sich dadurch nichts geändert.[44] Auch die OECD, die die Verzehnfachung zwar begrüßt hat, wollte Deutschland weiterhin ermutigen, den Sanktionsrahmen weiter anzuheben.[45]

Schließlich müsste das Gesetz, wenn es dem Verband tatsächlich ein trans-restitutives Übel zufügen wollte, Maßstäbe und Kriterien aufstellen, um dessen Höhe zu bestimmen.[46] Der Grundsatz der Verhältnismäßigkeit verlangt auch gegenüber juristischen Personen, dass zwischen dem sanktionierten Unrecht und dem Umfang der Sanktion ein angemessenes Verhältnis besteht.[47] Solche Kriterien sucht man in der 8. GWB-Novelle indes vergebens. Die Praxis musste sich in Ermangelung sonstiger Anhaltspunkte wie auch zuvor – und contra legem – in eine entsprechende Anwendung der Kriterien des § 17 Abs. 3 OWiG flüchten, die aber bislang nur die symbolischen Pseudo-Ahndungsteile ausgeworfen hatte.

d) Zwischenfazit

Vor diesem Hintergrund scheint auch die Verzehnfachung der Bewehrungsobergrenze durch die 8. GWB-Novelle an Zweck und Mechanismus der Verbandsgeldbuße nichts geändert zu haben. Der Gesetzgeber hat zwar signalisiert, dass er sich gegenüber trans-restitutiver Verbandssanktionen öffne. Die dazu notwendigen Schritte sind in der 8. GWB-Novelle jedoch nicht ergriffen worden. Die Verbandsgeldbuße des § 30 OWiG war weiterhin eine reaktiv-retrospektive und praktisch rein restitutive Verbandssanktion, neben deren Abschöpfungsteil ein – nunmehr verzehnfachter, aber doch – symbolisch bleibender Pseudo-Ahndungsteil tritt.

---

44 Bei den möglichen Gewinnen im Falle der Nicht-Aufdeckung werden diese Beträge kaum eine abschreckende Wirkung haben.

45 OECD,@ Prüfber. Phase 4, S. 87.

46 Das Fehlen solcher Kriterien u. Maßstäbe hat auch die OECD,@ Prüfber. Phase 4, S. 85 (Rn. 248) bemängelt.

47 Ausf. zum Verhältnismäßigkeitsgrundsatz u. seinen Aussagen zu Sanktionen gegenüber juristischen Personen bereits oben § 10 C. IV. 1. (S. 360).

VII. Gesetz zur Reform der Vermögensabschöpfung[48]

Seine heutige Fassung erhielt § 30 OWiG durch das Gesetz zur Reform der strafrechtlichen Vermögensabschöpfung. Dabei handelt es sich um reine Folgeänderungen. Die Neufassung[49] der Vorschriften zu Verfall und Einziehung im StGB machte eine Anpassung[50] des auf sie verweisenden § 30 Abs. 5 OWiG erforderlich. Mit der Versetzung der Vorschrift zum dinglichen Arrest in der StPO[51] musste auch der hierauf verweisende § 30 Abs. 6 OWiG angepasst werden.[52] Auswirkungen auf Zweck oder Mechanismus der Verbandsgeldbuße sind bei diesen Änderungen nicht zu erkennen.

Anm. 11.6: Dass in § 30 Abs. 5 OWiG nunmehr auf § 73 StGB n. F. verwiesen wird, kann nur ein Redaktionsversehen sein.[53] Tatsächlich müsste § 30 Abs. 5 OWiG auf § 73b StGB verweisen. Denn die vormals in Bezug genommene und in § 73 Abs. 3 StGB a. F.[54] geregelte Möglichkeit des Verfalls bei Dritten ist durch die Neufassung des Siebenten Titels[55] in die eigenständige Einziehungs-Regelung des § 73b StGB ausgelagert worden.[56] Das muss bei der bloßen „Folgeänderung" des § 30 Abs. 5 OWiG übersehen worden sein.[57] Dass die juristische Person – wie es der Verweis auf § 73 StGB impliziert – durch die Änderungen im VermAbsch-RefG nunmehr Täter oder Teilnehmer der Anknüpfungstat sein sollte, muss ernstlich bezweifelt werden.

---

48 Gesetz zur Reform der strafrechtlichen Vermögensabschöpfung v. 13. 4. 2017 (VermAbsch-RefG), BGBl. I 2017,[22] S. 872 ff.

49 Art. 1 Nr. 13 des VermAbsch-RefG, BGBl. I 2017,[22] S. 872 (873).

50 Art. 5 Nr. 5 lit. a) des VermAbsch-RefG, BGBl. I 2017,[22] S. 872 (889).

51 Art. 3 Nr. 3 des VermAbsch-RefG, BGBl. I 2017,[22] S. 872 (879).

52 Art. 5 Nr. 5 lit. b) des VermAbsch-RefG, BGBl. I 2017,[22] S. 872 (889).

53 Welche weiteren Konsequenzen dieser Fehl-Verweis hat, kann an dieser Stelle nicht untersucht werden. Der Gesetzgeber täte im Hinblick auf den Vorbehalt des Gesetzes jedenfalls gut daran, den missglückten Verweis auf die neue Einziehungsregelung zu korrigieren.

54 § 73 Abs. 3 StGB lautete in der zuvor gültigen Fassung des Art. 3 Nr. 1 lit. b) des AWG-ÄndG$_{92}$, BGBl. I 1992,[10] S. 372 (374): „Hat der Täter [...] für einen anderen gehandelt und hat dadurch dieser etwas erlangt, so richtet sich die Anordnung des Verfalls [...] gegen ihn."

55 Art. 1 Nr. 13 des VermAbsch-RefG, BGBl. I 2017,[22] S. 872 (873).

56 Die Entwurfsbegründung – BT-Drs. 18/9525, S. 61 – gibt für die nunmehr eigenständige Vorschrift zur Vermögensabschöpfung bei einem anderen als dem Täter oder Teilnehmer systematische Gründe an.

57 Von einer solchen spricht BT-Drs. 18/9525, S. 105.

VIII. Neunte GWB-Novelle[1]

Zum Abschluss der Änderungshistorie ist noch kurz auf das Neunte Gesetz zur Änderung des Gesetzes gegen Wettbewerbsbeschränkungen einzugehen. Zwar hat es den Wortlaut des § 30 OWiG unberührt gelassen. Gleichwohl ist das Maßnahmenarsenal gegenüber juristischen Personen durch Einführung einer „unternehmensgerichteten Sanktion" erweitert worden.[2] In deren Zusammenhang hat der Gesetzgeber kürzlich durchblicken lassen, wie Zweck und Mechanismus der Verbandsgeldbuße in § 30 OWiG auch aktuell noch zu verstehen sind. Die darüber hinaus gehenden Fragen der Unternehmenssanktion würden freilich nach einer eigenen Monographie verlangen und müssen hier ausgeklammert bleiben.

1. Unternehmensgerichtete Geldbuße

Trotz der Einführung des § 30 Abs. 2a OWiG durch die 8. GWB-Novelle waren den an kartellrechtlichen Verstößen beteiligten Unternehmen zahlreiche Möglichkeiten verblieben, sich der Bußgeldverantwortlichkeit zu entziehen.[3] Als besonders prekär wurde es empfunden, dass die Vermeidung oder Verringerung von Bußgeldern bei schwerwiegenden Kartellrechtsdelikten mit besonders hoher Sozialschädlichkeit gerade größeren Unternehmen viel leichter falle als kleineren.[4] Diese Gerechtigkeitslücke wollte der Gesetzgeber durch die 9. GWB-Novelle schließen.

Zu diesem Zweck hat er in § 81 GWB durch Einfügung der Absätze 3a–3e eine sog. „unternehmensgerichtete" Geldbuße geschaffen.[5] Den Ausgangspunkt bildet § 81 Abs. 3a GWB, der – anders als bisher nicht den Kreis tauglicher Anknüpfungstäter, sondern – den Kreis möglicher Bußgeldadressaten erweitert.[6] Er setzt voraus, dass ein tauglicher Täter i. S. d. § 30 Abs. 1

1 Neuntes Gesetz zur Änderung des Gesetzes gegen Wettbewerbsbeschränkungen v. 1. 6. 2017 (9. GWB-Novelle), BGBl. I,[33] S. 1416 ff.

2 Siehe Art. 1 Nr. 51 der 9. GWB-Novelle, BGBl. I 2017,[33] S. 1416 (1428) sowie die Erläuterungen im RegE in: BT-Drs. 18/10207, S. 84 ff.

3 *Zypries,* in: BR-PlenProt. Nr. 951, S. 484 (C) sprach von „gesellschaftsrechtlichen Tricks". Zu den Details u. den verschiedenen Umgehungsmöglichkeiten siehe BT-Drs. 18/10207, S. 84. *Mäger/v. Schreitter*, NZKart 2017,[6] S. 264 (270 f.) bestreiten, dass es „lösungsbedürftige Effektivitätsprobleme" gegeben habe, u. sprechen insoweit von einer nicht belegten Behauptung in der Entwurfsbegründung.

4 BT-Drs. 18/10207, S. 84 f.

5 Siehe Art. 1 Nr. 51 lit. b) der 9. GWB-Novelle, BGBl. I 2017,[33] S. 1416 (1428).

OWiG eine vertretungs- und *unternehmens*bezogene Kartellordnungswidrigkeit nach den § 81 Abs. 1 bis 3 GWB begeht.[7] Dann kann – über § 30 Abs. 1 u. 2a OWiG hinaus – eine Geldbuße nicht lediglich[8] gegen diejenige juristische Person festgesetzt werden, für die der Täter als Leitungsperson verantwortlich gehandelt hatte. Vielmehr kann die Geldbuße „auch gegen weitere juristische Personen" festgesetzt werden, „die das Unternehmen zum Zeitpunkt der Begehung der Ordnungswidrigkeit gebildet haben und die auf die juristische Person [...], deren Leitungsperson die Ordnungswidrigkeit begangen hat, [...] einen bestimmenden Einfluss ausgeübt haben".[9] § 81 Abs. 3b GWB erweitert den Adressatenkreis für die Fälle der (partiellen) Gesamtrechtsnachfolge auf den oder die Rechtsnachfolger, Absatz 3c auf den oder die wirtschaftlichen Nachfolger.[10] Absatz 3d trifft in Satz 1 in Anlehnung an § 30 Abs. 2 Satz 2 OWiG Regelungen zum Höchstmaß der Geldbuße sowie zur Verjährung und sieht in Satz 2 für die Geldbuße nach Absatz 3a ein selbständiges Verfahren vor. § 81 Abs. 3e GWB schließlich erklärt die Vorschriften zur Gesamtschuld auf die juristischen Personen, gegen die wegen derselben Ordnungswidrigkeit Geldbußen festgesetzt werden, für entsprechend anwendbar.

2. Bedeutung für die Verbandsgeldbuße

Die Entwurfsbegründung hat viel Mühe darauf verwendet, die Erwägungen für diese unternehmensgerichtete Sanktion kund zu tun. Dabei ist es trotz vorsichtiger Anzeichen nicht gelungen, das nunmehr überkommene Korsett einer (vermeintlich notwendigen) Schuldzurechnung abzustreifen, mit der sich die neue Unternehmenssanktion gerade nicht begründen lässt. Wird die unternehmensgerichtete Sanktion dagegen als konsequente Weiterentwicklung der ursprünglichen Verbandsgeldbuße gedacht, so bereitet ihre Begründung keine Schwierigkeiten. Das so verstandene Begründungskonzept lässt sich

6 BT-Drs. 18/10207, S. 86.

7 Unternehmensbezogen meint in Anlehnung an den oben entwickelten Begriff des Verbandsbezugs eine Anknüpfungstat, „durch die Pflichten, welche das Unternehmen treffen, verletzt worden sind oder das Unternehmen bereichert worden ist oder werden sollte," § 81 Abs. 3a GWB.

8 Gegen die juristische Person, für die gehandelt worden ist, kann selbstverständlich weiterhin eine Geldbuße nach § 30 Abs. 1 OWiG festgesetzt werden.

9 Zu den Begriffen des „Unternehmens" u. des „bestimmenden Einflusses", auf die es hier nicht maßgeblich ankommt, siehe BT-Drs. 18/10207, S. 89 f.

10 Details in: BT-Drs. 18/10207, S. 91 f.

darüber hinaus mit zentralen Passagen der Entwurfsbegründung in Einklang bringen und zeigt schließlich, dass die Verbandsgeldbuße noch ein halbes Jahrhundert nach Verabschiedung des § 26 OWiG$_{68}$ ist, was sie ursprünglich war: eine reaktiv-retrospektive und restitutive Verbandssanktion.

a) Unternehmenssanktion und Schuldzurechnung

Zwar lässt die Entwurfsbegründung durchscheinen, dass der Gesetzgeber den Schuldgrundsatz bei Sanktionen gegenüber juristischen Personen wohl nicht länger als unüberwindliches Hindernis gelten lassen möchte. Denn dieser Grundsatz stehe „nach der Rechtsprechung des Bundesverfassungsgerichtes in tragendem Zusammenhang mit der Menschenwürdegarantie“, sodass sich juristische Personen auf ihn nicht uneingeschränkt berufen könnten.[11] Maßgeblich sei vielmehr der Verhältnismäßigkeitsgrundsatz in seiner Ausprägung als Übermaßverbot, der insoweit verlange, dass die Sanktion „in einem gerechten Verhältnis zu Schwere und Vorwerfbarkeit der Ordnungswidrigkeit“ stehe und „die auferlegte Belastung für den Adressaten zumutbar“ sei.[12]

Die letzte Konsequenz will der Gesetzgeber hieraus gleichwohl nicht ziehen. Er besteht darauf, dass die in § 81 Abs. 3a–e GWB angeordnete Bußgeldverantwortlichkeit auch im Falle seiner „uneingeschränkten Geltung [...] mit dem Schuldprinzip vereinbar“ sei.[13] Die „rechtswidrige und vorwerfbare Handlung einer natürlichen Person“ bleibe auch hier „Voraussetzung und Anknüpfungspunkt der Sanktionierung.“ Das für notwendig erachtete Festhalten an diesem Erfordernis schließe es indes nicht aus, „die materielle Verantwortlichkeit bewusst vom einzelnen Rechtsträger zu lösen[,] auf das Unternehmen [als wirtschaftliche] Einheit zu beziehen und dessen

11 So BT-Drs. 18/10207, S. 87 unter Verweis auf BVerfG, Urt. v. 30. 6. 2009 – 2 BvE 2/08 u. a. („*Lissabon*“) – BVerfGE **123**, 267 ff. (413) u. Beschl. v. 26. 2. 1997 – 1 BvR 2172/96 („*Aufzeichnungspflicht*“) – BVerfGE **95**, 220 ff. (241 f.).

12 BT-Drs. 18/10207, S. 87. Damit geht auch der Gesetzgeber der 9. GWB-Novelle von den verfassungsrechtlichen Vorgaben aus, die oben auf § 10 C. IV. 1. (S. 360) entwickelt worden sind. Der auf BVerfG, Beschl. v. 25. 10. 1966 – 2 BvR 506/63 („*nulla poena sine culpa*“) – BVerfGE **20**, 323 ff. (331) gestützte Einwand bei *Achenbach*, wistra 2018[5], S. 185 (189) u. *Mäger/v. Schreitter*, NZKart 2017[6], S. 264 (274 u. 278), wonach das Schuldprinzip nicht in der Menschenwürde, sondern im Rechtsstaatsprinzip wurzele, verfängt nicht. Er übersieht, dass diese Anknüpfung durch die Rechtsprechung des BVerfG überholt ist, das den Schwerpunkt immer weiter in Richtung der Menschenwürde verschoben hat.

13 Die wörtlichen Zitate dieses Absatzes sind BT-Drs. 18/10207, S. 87 f. entnommen.

Rechtsträger [...] gesamtschuldnerisch einstehen zu lassen." Die einzelne juristische Person sei im einheitlich gelenkten Unternehmen ein jederzeit veränderliches Zweckgebilde und „daher für Sanktionszwecke kein zwingend vorgegebener Parameter." Deshalb stehe nichts im Wege, „die aus dem schuldhaften Verhalten der Leitungsperson" eines zum Unternehmen gehörenden Rechtsträgers „folgende bußgeldrechtliche Verantwortung dem Gesamtunternehmen zuzuweisen." Die einzelnen Rechtsträger, „die das Unternehmen zur [Tatzeit] bilden oder es als deren Gesamtrechtsnachfolger oder neuer Betreiber fortsetzen," müssten deshalb nicht für „fremdes Verschulden" haften. Ihre gesamtschuldnerische Haftung folge „vielmehr aus ihrer Eigenschaft als Bestandteil bzw. Repräsentanten der materiell verantwortlichen Gesamtheit Unternehmen".

Dieser Begründungsversuch des Gesetzgebers ist – ohne dass hier auf die Einzelheiten eingegangen werden könnte oder müsste – zu Recht auf massive Kritik gestoßen.[14] Das Gebräu aus Kollektiv-Haftung der Konzerngesellschaften und geerbter Schuld der Nachfolger lässt sich schon im Ausgangspunkt nicht begründen, wenn der Gesetzgeber weiter an einem wie auch immer gearteten Schuldzurechnungsmodell festhalten möchte. Wer die Sanktion gegen eine bestimmte juristische Person zur Wahrung des Schuldprinzips von dem vorwerfbaren „Fehlverhalten einer für sie verantwortlich handelnden Person" abhängig macht, ist selbstverständlich daran gehindert, „die materielle Verantwortlichkeit bewusst vom einzelnen Rechtsträger zu lösen" und auf einen anderen zu übertragen. Anderenfalls würde eine bestimmte juristische Person von einer Sanktion getroffen, obwohl das schuldhafte Fehlverhalten einer für sie handelnden natürlichen Person gerade fehlt.[15] Wer den innersten Grund der Sanktion in einem Vorwurf sieht, kann nur denjenigen sanktionieren, der – ggf. auch nur kraft Zurechnung – das vorwerfbare Verhalten kannte oder erkennen konnte und es deshalb hätte vermeiden können. Wo der Organwalter der Konzernobergesellschaft die Anknüpfungstat weder kennen noch erkennen konnte und auch eine Aufsichtspflicht nicht verletzt worden ist, bleibt nichts übrig, was ebendieser juristischen Person kraft Zurechnung vorgeworfen werden könnte. Für den Rechtsnachfolger, dessen Kenntnis und

14 Siehe nur *Bürger*, NZKart 2017,[12] S. 624 (629), der von einem „verzweifelte[n] Versuch" des Gesetzgebers spricht, „die deutsche Dogmatik der Verbandsverantwortlichkeit vor einer [durch und durch pragmatischen] Europäisierung zu retten." Krit. auch *Mäger/v. Schreitter*, NZKart 2017,[6] S. 264 (270 ff.) m. w. N. (Fn. 39).

15 Ähnlich *Mäger/v. Schreitter*, NZKart 2017,[6] S. 264 (275), die aber den Schuldgrundsatz tatsächlich für maßgebend halten.

Erkennbarkeit zur Tatzeit schon denklogisch ausgeschlossen ist, gilt dies umso mehr.

Kurzum: Mit der unternehmensgerichteten Sanktion hat der Gesetzgeber das ohnehin nicht recht passende Schuldzurechnungsmodell endgültig über die Klippe geschubst.

b) Besser: Unternehmenssanktion als Gewinnabschöpfung

Dabei lässt sich die von dem Gesetzgeber geschaffene unternehmensgerichtete Sanktion ganz zwanglos erklären, wenn in ihr die tertiäre Abschöpfungsmaßnahme gesehen wird.[16] Dazu ist der unnötige Schleier einer wie auch immer gearteten Schuldzurechnung beiseite zu schieben. Das dann verbleibende Begründungsdefizit des Gesetzgebers, das „dogmatische Vakuum“[17] ist durch die in Vergessenheit geratene und hier wieder aufgedeckte ursprüngliche Konzeption der Verbandsgeldbuße zu schließen. Die viel gescholtene Lösung des Gesetzgebers wird dann zu einer äußerst eleganten, konsequenten und notwendigen Weiterentwicklung der richtig verstandenen Verbandsgeldbuße.

Das ursprüngliche Problem, zu dessen Lösung die Verbandsgeldbuße ersonnen wurde, war das Auseinanderfallen von begünstigtem und mit der (Individual-)Sanktion erreichbarem Vermögen. Die rechtswidrigen Taterträge waren nicht dem sanktionierbaren Täter, sondern der juristischen Person zugeflossen, deren Vermögen dem staatlichen Zugriff entzogen war. Dieses Auseinanderfallen setzte den nunmehr oft genug beschriebenen Anreiz zur ökonomisch-rationalen Kollusion und musste das auf die Verantwortlichkeit allein des individuellen Täters abzielende Strafrecht vor unlösbare Aufgaben stellen. Der strafrechtliche Güterschutz drohte ins Leere zu laufen. Die Lösung war die Schaffung der Verbandsgeldbuße, die den rechtswidrigen Vermögensvorteil dort abschöpfen sollte, wo er entstanden war: bei der juristischen Person.

Die Weiterentwicklung der Wirtschaft hat nunmehr dazu geführt, dass einzelne juristische Personen oft nicht autonom agieren, „sondern mit anderen Rechtsträgern zu einem einheitlichen Unternehmen im Sinne des Kartellrechts verbunden“ sind.[18] Die zusammengefassten juristischen Personen

16 Dem stehen die Berechnungsgrundsätze der Kartellgeldbuße nicht entgegen. Dazu unten B. II. 3. (S. 454).

17 *Schroth*, wistra 1986, S. 158 (163).

stellen insoweit jedoch „keine vorgegebene Größe dar, sondern sind Zweckgebilde, die in einheitlich gelenkten Unternehmen jederzeit verändert werden können." Das eröffnet zahllose Möglichkeiten, eine einzelne juristische Person, für die eine Anknüpfungstat begangen wurde, aufzulösen, künstlich zu entreichern oder von vornherein mit geringer Finanzausstattung zu versehen und deren anschließende Insolvenz in Kauf zu nehmen.[19] Mit anderen Worten: Zahlreiche Gestaltungsmöglichkeiten machen es gerade in großen und einheitlich gelenkten Konzernen möglich, Vermögen(sbestandteile) einer juristischen Person und damit deren rechtswidrige Tatgewinne innerhalb des Konzerns zu verschieben und zu verstecken. Damit sind diese Taterträge weder im Vermögen des einzelnen Täters noch im Vermögen der juristischen Person vorhanden, für die gehandelt worden ist.[20] Sie sind einem Vermögen zugeflossen, auf das der Staat weder durch Individualsanktionen noch durch Verbandsgeldbußen zugreifen kann.

Das erneute Auseinanderfallen von begünstigtem und staatlich sanktionierbarem Vermögen stellt das Strafrecht wie zuvor vor das Problem der ökonomisch-rationalen Kollusion. Und wieder ist der Lösungsmechanismus derselbe: Damit das Strafrecht seine Aufgabe erfüllen kann, muss die Präventionswirkung der Individualsanktion geschützt werden, indem die rechtswidrigen Taterträge dort abgeschöpft werden, wo sie hingeflossen sind. Hatte es zuvor genügt, auf das Vermögen der einzelnen, begünstigten juristischen Person zuzugreifen, muss nunmehr auf alle weiteren juristischen Personen zugegriffen werden, in denen sich die Taterträge verstecken lassen.[21] Das sind die Konzerngesellschaften, die bei Begehung der Tat bestimmenden Einfluss hatten (Abs. 3a), die Rechtsnachfolger (Abs. 3b) und die wirtschaftlichen Nachfolger (Abs. 3c). Weil niemand einen schutzwürdigen Anspruch hat, rechtswidrige Taterträge behalten zu dürfen, bereitet die dogmatische Begründung einer nur restitutiven Sanktion auch gegenüber diesen Rechtsträgern keine Mühe. Auf eine – insbesondere in den Nachfolgekonstellationen nicht mehr vernünftig begründbare – Schuldzurechnung ist eine solche Sanktion gar nicht angewiesen.

---

18 BT-Drs. 18/10207, S. 87.

19 Siehe abermals die Zusammenstellung in: BT-Drs. 18/10207, S. 84.

20 Ausdr. BT-Drs. 18/10207, S. 87: „Die aus der Tat erlangten Vorteile kommen [...] nicht allein dem einzelnen Rechtsträger, sondern der gesamten unternehmerischen Einheit zugute."

21 Vor diesem Hintergrund ist es wenig überzeugend, wenn der Gesetzgeber gerade Schwestergesellschaften ausgenommen hat, BT-Drs. 18/10207, S. 86.

Anm. 11.7: Mit dieser Argumentation lässt sich – worauf bereits hingewiesen wurde – auch über eine trans-restitutive Verbands- und Unternehmenssanktion nachdenken: Das Strafrecht dient dem Schutz von Rechtsgütern, indem es die Einhaltung der primären Verhaltensnormen durch Androhung, Festsetzung und Vollstreckung spezifisch strafrechtlicher Sanktionen zu gewährleisten versucht. Wo diese Sanktionsnormen auf systemische Wirksamkeitsdefizite stoßen, müssen sie – schon um nicht zu ungeeigneten und damit verfassungswidrigen Mitteln zu werden – durch zusätzliche Instrumente abgesichert werden. Gelingt deshalb der Nachweis, dass die bloße Abschöpfung des Gewinns nicht ausreicht, den Anreiz zur ökonomisch-rationalen Kollusion zu beseitigen,[22] so sind Eignung und Erforderlichkeit einer trans-restitutiven Verbands- und Unternehmenssanktion erwiesen.[23] Zur Wahrung der Verhältnismäßigkeit i. e. S. müssten schließlich Kriterien aufgestellt werden, wie das trans-restitutive Übel zu bemessen ist, damit zwischen Zuwiderhandlung und Sanktion ein angemessenes Verhältnis besteht. Der Schuldgrundsatz steht einer solchen intendierten Übelszufügung nicht im Wege, weil juristische Personen sich auf die ihn tragende Menschenwürde nicht berufen können.[24] Auf eine wie auch immer geartete Schuldzurechnung kommt es deshalb gar nicht an.

c) Mitgedachter Lösungsmechanismus

Verschiedene Stellen der Entwurfsbegründung lassen sich mit der so verstandenen Unternehmenssanktion viel eher vereinbaren. Immerhin soll die vorgesehene Ausweitung der möglichen Bußgeldadressaten „die Ziele der Verbandsgeldbuße des § 30 OWiG“ auch in Fällen erreichen können, in denen der einzelne Rechtsträger nicht autonom agiere.[25] Diese Ziele bestünden namentlich darin, „das Vermögen desjenigen zu treffen, dem die finanziellen Vorteile aus einer in seinem Interesse vorgenommenen Betätigung zufließen“.[26] Es handele sich bei einer solchen Geldbuße „nicht um eine originäre

22 Etwa weil die erwartbaren Taterträge gemessen an der mit der niedrigen Entdeckungswahrscheinlichkeit gewichteten erwartbaren Sanktion wirtschaftlich doch als lohnendes Geschäft erscheinen. Ausf. zu dem Konzept der „expected punishment cost“, *Coffee*, MichLawRev 79³ (1981), S. 386 (389 f.). *Schünemann*, Unternehmenskriminalität, S. 161 f. weist auf die Sanktionsrate von deutlich unter 100 % hin u. spricht der bloßen Wiederherstellung des status quo ante deshalb jede Abschreckungswirkung ab.

23 Ob es bei allen nunmehr von § 81 Abs. 3a–e GWB erfassten Rechtsträgern – insb. bei den wirtschaftlichen Nachfolgern – gelingen kann, die Notwendigkeit einer Übelszufügung nachzuweisen, erscheint äußerst fraglich, kann u. muss hier aber nicht entschieden werden.

24 Dazu ausf. bereits oben § 10 C. IV. 1. (S. 360).

25 BT-Drs. 18/10207, S. 87.

Sanktion als Antwort auf eine eigene Pflichtwidrigkeit der Leitungspersonen“ bestimmter Rechtsträger „und auch nicht um eine spezialpräventive, auf Leitungspersonen eines bestimmten Rechtsträgers des Unternehmens zielende Maßnahme.“[27] Vielmehr solle die kartellrechtliche Verbandsgeldbuße „das zu bestimmten wirtschaftlichen Zwecken eingesetzte Vermögen der Wirtschaftsteilnehmer“ treffen, „die von der Ordnungswidrigkeit profitieren“.[28] Das gewährleiste, dass „sich kartellrechtliche Absprachen im Ergebnis nicht lohnen und die Unternehmen“ – genauer: die für sie handelnden natürlichen Personen – „angehalten werden, die zum Schutz der Funktionsfähigkeit des Wettbewerbs errichteten Gebote und Verbote zu beachten.“ Das entspricht – wenn auch nur kurz und dunkel – in beeindruckende Weise dem Mechanismus, der oben bei der Begründung des § 26 $OWiG_{68}$ freigelegt worden ist.

3. Zwischenergebnis

Der Gesetzgeber hat in der 9. GWB-Novelle mittelbar und mit anderen Worten bestätigt, was hier als Zweck und Mechanismus der Verbandsgeldbuße entwickelt worden ist: Die neue Sanktion soll gegenüber den zur wirtschaftlichen Einheit zusammengefassten Rechtsträgern die Ziele des § 30 OWiG verfolgen. Sie soll das Vermögen treffen, das von der Anknüpfungstat profitiert hat. Durch die umfassende (tertiäre) Abschöpfung der Taterträge soll sichergestellt werden, dass sich der von der Leitungsperson begangene Rechtsverstoß für die juristische Person bzw. die zu einer wirtschaftlichen Einheit verbundenen oder diesen nachfolgenden Rechtsträger nicht lohnt.[29] Wo der Rechtsverstoß kein lohnendes Geschäft mehr ist, wird der Anreiz zur ökonomisch-rationalen Kollusion beseitigt. Der potentielle Täter muss

26 BT-Drs. 18/10207, S. 87 in offensichtlicher Anknüpfung an BT-Drs. V/1269, S. 59 (li. Sp.).

27 BT-Drs. 18/10207, S. 88 unter Verweis auf BGH, Beschl. v. 11. 3. 1986 – KRB 8/85 – wistra 1986,[5] S. 221 f. (222) u. OLG Düsseldorf, Beschl. v. 28. 11. 2012 – V-4 Kart 3/12 (OWi) – NZKart 2013,[6] S. 254 ff. (255).

28 BT-Drs. 18/10207, S. 88. Auch das nächste Zitat ist dort entnommen.

29 Ob es dazu einer trans-restitutiven Sanktion bedarf oder der Gesetzgeber weiterhin eine nur restitutive Abschöpfung für ausreichend hält, wird nicht deutlich. Die Kriterien des § 81 Abs. 4 GWB u. der Bußgeldleitlinien des BKartA lassen sich in beide Richtungen deuten. Einen ausdr. Systemwechsel hat der Gesetzgeber jedoch nie vorgenommen, sodass der historische Mechanismus der bloßen Abschöpfung an sich weiterwirken dürfte.

damit rechnen, die für den Rechtsverstoß angedrohte (sekundäre) und für ihn empfindliche Sanktion aus eigenem Vermögen aufbringen zu müssen. Im Rahmen des strafrechtlich Möglichen wird er dadurch dazu angehalten, die (primären) Ge- und Verbote einzuhalten. Auf diese Weise fügt sich auch das Instrument der unternehmensgerichteten Verbandsgeldbuße bruchlos in System und Aufgabe des Ordnungswidrigkeitenrechts ein: sie trägt über den Umweg der Gewinnabschöpfung zur Deliktsvorbeugung und dadurch spezifisch strafrechtlich zum Schutz von Rechtsgütern bei.

IX. Ergebnis

Die Verbandsgeldbuße des § 30 OWiG hat in dem halben Jahrhundert ihres Bestehens zahlreiche Umgestaltungen erfahren. Diese haben sich jedoch ausschließlich mit Reichweite und Ausgestaltung des Instrumentes befasst. Hinsichtlich Normzweck und Wirkmechanismus entspricht die heutige Verbandsgeldbuße deshalb dem ursprünglichen Instrument, das der Gesetzgeber in § 26 $OWiG_{68}$ geschaffen hatte.

B. Kartellrechtliche Verbandsgeldbuße

Eben jene Fälle, die den Anlass für diese Untersuchung gaben, scheinen dem eben gefundenen Ergebnis zu widersprechen. Denn gerade das Kartellrecht gestaltet in § 81 Abs. 4 u. 5 GWB die kartellrechtliche Verbandsgeldbuße in einer Weise aus, die sich mit einer rein restitutiven Abschöpfungsmaßnahme vordergründig nicht vereinbaren lässt.

I. Überblick: Systematik des § 81 GWB

Bevor auf die problematischen Aussagen in § 81 GWB eingegangen werden kann, ist es erforderlich, sich die Systematik der Regelung in Erinnerung zu rufen. Dabei ist zu beachten, dass die einheitliche Vorschrift des § 81 GWB sowohl die Verbands- als auch die Individualgeldbuße zum Gegenstand hat. Dabei wird zwischen diesen sehr verschiedenen Instituten nicht immer ausreichend differenziert.

1. Mag das Kartellrecht de facto auf Unternehmen und damit auf juristische Personen abzielen; de jure und im Ausgangspunkt hat die gesetzliche Regelung in § 81 GWB – als eine solche des im Ausgangspunkt anthropozentrischen Ordnungswidrigkeitenrechts – die natürliche Person im Blick. Die Absätze 1–3 enthalten die kartellrechtlichen Sanktionsnormen und normieren damit die denkbaren Kartell-Anknüpfungstaten. Diese können – wie auch sonst – nicht von der juristischen Person selbst begangen werden.[30] Stets bedarf es des Verhaltens eines Organwalters als einer natürlichen Personen, das die kartellrechtliche Sanktionsnorm rechtswidrig und vorwerfbar verwirklicht.[31] Abweichend von § 17 Abs. 1 OWiG legen die Sätze 1, 5 u. 6 des § 81 Abs. 4 GWB erweiterte Höchstgrenzen für den Ahndungsteil der Individualgeldbuße fest.[32] § 81 Abs. 5 GWB, auf den sogleich noch einzugehen sein wird, äußert sich zum Verhältnis der Kartell-Geldbuße zur Vorteilsabschöpfung nach § 17 Abs. 4 OWiG. Satz 1 erklärt die allgemeine Abschöpfungsregel nur mit der Maßgabe für anwendbar, dass der wirtschaftliche Vorteil nicht abgeschöpft werden *soll*, sondern abgeschöpft werden *kann*. Wird von dieser Möglichkeit Gebrauch gemacht und auf die Ausweisung eines nach § 17 Abs. 4 OWiG bemessenen Abschöpfungsteils verzichtet,[33] so ist dies gem. § 81 Abs. 5 Satz 2 GWB „bei der Zumessung entsprechend zu berücksichtigen."

2. Entlang dieses individualistischen Grundgerüstes finden sich in § 81 GWB Regelungen zur kartellrechtlichen Verbandsgeldbuße. Die Möglichkeit der Verbandssanktion selbst ergibt sich jedoch nicht aus dem GWB,[34] sondern – wie auch sonst – aus § 30 OWiG.[35] Wo ein tauglicher Täter eine vertretungs- und verbandsbezogene (Kartell-)Tat nach § 81 Abs. 1–3 GWB

30 Siehe BT-Drs. V/1269, S. 58 (li. Sp.): „Die juristische Person [...] ist als fiktives und im natürlichen Sinne handlungsunfähiges Wesen" einer (S. 61 li.) „Tat im natürlichen Sinne nicht fähig. Sie selbst kann keine Ordnungswidrigkeit oder Straftat begehen".

31 Nach § 9 OWiG sind die kartellrechtlichen Sanktionsnormen als Unternehmens-Sonderdelikte (auch) auf den Organwalter anzuwenden, obwohl dieser selbst regelmäßig nicht über die Unternehmenseigenschaft verfügt.

32 Für die in Satz 1 benannten Fälle beträgt das Höchstmaß 1 Mio. Euro, in den übrigen Fällen 100000 Euro (Satz 5).

33 Nichts anderes bedeutet es, wenn § 81 Abs. 5 Satz 2 GWB von einer Geldbuße spricht, die „allein der Ahndung" dient. Dazu unten II. 2. b) cc) (S. 452).

34 Zu den Besonderheiten der sog. unternehmensgerichteten Sanktion nach § 81 Abs. 3a–e GWB bereits oben A. VIII. 1. (S. 428).

begangen hat, kann hieran anknüpfend eine nach § 81 Abs. 4 Sätze 2–6 GWB bemessene (Kartell-)Verbandsgeldbuße festgesetzt werden. Ihr (Pseudo-) Ahndungsteil[36] darf in den Fällen des § 81 Abs. 4 Satz 1 GWB bis zu 10 % des Gesamtjahresumsatzes des Unternehmens betragen. In den übrigen Fällen bemisst sich das Höchstmaß der Verbandsgeldbuße nach dem für die Ordnungswidrigkeit des Organwalters angedrohten Höchstmaß und reicht bis hin zu 100000 Euro.[37] § 81 Abs. 5 GWB unterscheidet nicht zwischen Individual- und Verbands-Geldbuße, sodass die dort getroffenen Regelungen auch für letztere gelten. Die übrigen Absätze sind im Folgenden nicht von Bedeutung und sollen ausgeblendet bleiben.

II. Trans-restitutive Verbandsgeldbuße?

Aus diesem Regelungsregime zur kartellrechtlichen Verbandsgeldbuße fallen zwei Aspekte auf, die sich mit dem hier entwickelten Verständnis einer nur restitutiven Abschöpfungsmaßnahme (vordergründig) nicht vereinbaren lassen. Das ist einmal (1.) der (Pseudo-)Ahndungsrahmen, der nicht an die Vorteile der jeweiligen Tat anknüpft, sondern an den Jahresgesamtumsatz. Zum anderen (2.) spricht § 81 Abs. 5 GWB auch von der Verbandsgeldbuße und setzt das Gesetz dort in Satz 2 Geldbußen voraus, die „allein der Ahndung" dienen. Beide Argumente lassen sich jedoch entkräften und zwingen nicht dazu, den hier eingenommenen Standpunkt einer rein restitutiven Verbandsgeldbuße für das Kartellrecht aufzugeben.

1. Abs. 4: Umsatzbezogener Bußgeldrahmen

Gegen die These einer rein restitutiven kartellrechtlichen Verbandsgeldbuße spricht zunächst der umsatzbezogene Bußgeldrahmen, wie er in § 81 Abs. 4 Sätze 2–4 GWB vorgesehen ist. Danach (Satz 2 Hs. 2) ist die Verbandsgeld-

---

35 Siehe dazu BGH, Beschl. v. 10. 8. 2011 – KRB 55/10 – BGHSt **57**, 193 ff. (Rn. 21); *Biermann*, in: Immenga/Mestmäcker, Bd. 2[6] § 81 GWB Rn. 481 u. *Vollmer*, in: MünchKomm-WettbR, GWB[2] § 81 Rn. 40. Siehe ferner *Rogall*, in: KarlsrKomm-OWiG[5] § 30 Rn. 133 m. w. N.

36 Trotz des insoweit missverständlichen Wortlautes in § 81 Abs. 5 Satz 2 GWB handelt es sich in allen Fällen der kartellrechtlichen Verbandsgeldbuße nicht um eine echte Ahndung, sondern um eine Pseudo-Ahndung. Dazu noch II. 2. b) aa) (S. 450).

37 Das folgt aus § 30 Abs. 2 Satz 2 OWiG i. V. m. § 81 Abs. 4 Satz 5 GWB.

buße der Höhe nach nur dadurch begrenzt, dass sie „10 vom Hundert des [Vorjahres-]Gesamtumsatzes des Unternehmens [...] nicht übersteigen" darf. Zur Ermittlung dieses Gesamtumsatzes ist (Satz 3) „der weltweite Umsatz aller natürlichen und juristischen Personen [...] zugrunde zu legen, die als wirtschaftliche Einheit operieren." Dabei darf (Satz 4) die Höhe dieser Umsätze geschätzt werden.

Wenn aber die Verbandsgeldbuße nicht durch die aus der Tat gezogenen Vorteile, sondern durch den damit nicht unmittelbar zusammenhängenden Jahresgesamtumsatz gedeckelt ist, scheint dies gegen eine nur abschöpfende Funktion der Verbandsgeldbuße zu sprechen. Der Widerspruch lässt sich jedoch auflösen, wenn man – in der gebotenen Kürze – die Entstehungsgeschichte der Regelung beachtet.

a) Mehrerlösbezogener Bußgeldrahmen im ursprünglichen GWB

Der heutige umsatzbezogene Sonderbußgeldrahmen für Unternehmen und Unternehmensvereinigungen gilt erst seit der 7. GWB-Novelle.[38] Er hat den früheren mehrerlösbezogene Sonderbußgeldrahmen abgelöst, den der Gesetzgeber schon im ursprünglichen GWB im Jahr 1957 eingeführt hatte.[39] § 38 Abs. 3 GWB$_{57}$ sah vor, dass die – vorsätzlichen[40] – Ordnungswidrigkeiten nach den Absätzen 1 und 2 „mit einer Geldbuße bis zu 100000 Deutsche Mark, über diesen Betrag hinaus bis zur dreifachen Höhe des durch die Zuwiderhandlung erzielten Mehrerlöses [...] geahndet werden" konnte.[41] Nach

38 Siehe Art. 1 Nr. 47 lit. d) des Siebten Gesetzes zur Änderung des Gesetzes gegen Wettbewerbsbeschränkungen v. 7. 7. 2005 (7. GWB-Novelle), BGBl. I,[42] S. 1954 (1966). Der allgemein für missglückt gehaltene Wortlaut – siehe nur *Bechtold/Buntscheck*, NJW 2005,[41] S. 2966 (2969) – ist durch Art. 1 Nr. 17 des Gesetzes zur Bekämpfung von Preismissbrauch im Bereich der Energieversorgung und des Lebensmittelhandels v. 18. 12. 2007 (PreismissbrBekG), BGBl. I,[66] S. 2966 (2968) neu gefasst u. präzisiert worden.

39 Für einen kompakten Überblick über die Entstehungsgeschichte der Norm siehe *Müther*, S. 79 ff.

40 Das war in Nr. 1 geregelt. Nr. 2 enthielt die Parallelregelung für die denkbaren Fahrlässigkeitstaten, die „mit einer Geldbuße bis zu 30000 Deutsche Mark, über diesen Betrag hinaus bis zur doppelten Höhe des durch die Zuwiderhandlung erzielten Mehrerlöses geahndet werden" konnten.

41 Siehe § 38 Abs. 3 des Gesetzes gegen Wettbewerbsbeschränkungen v. 27. 7. 1957 (GWB$_{57}$), BGBl. I,[41] S. 1081 (1089). Noch § 81 Abs. 2 GWB$_{99}$ enthielt eine im Wesentlichen gleichlautende Vorschrift zum mehrerlösbezogenen Sonderbußgeldrah-

§ 40 Abs. 1 GWB_{57} konnte eine solche Geldbuße auch gegen eine juristische Person festgesetzt werden, wenn deren Organwalter die Aufsichtspflicht verletzt hatte und es deshalb in dem Unternehmen zu einem Verstoß gegen § 38 kam.[42]

Auch hier gilt: Wer einen (Norm-)Text verstehen will, muss die Situation kennen, auf die der Text eine Antwort war.[43] Das ursprüngliche GWB_{57} wurde lange vor der Großen Strafrechtsreform und vor der Schaffung der Verbandsgeldbuße des § 26 $OWiG_{68}$ beraten. Der Gesetzgeber rang dabei mit denselben Problemen, die auch die Impulsgeber der Verbandsgeldbuße beschäftigt hatten.[44] Es gab noch kein isoliertes Instrument der Vorteilsabschöpfung. Diese Aufgabe war kombinierten Sanktionsinstrumenten überantwortet, die juristischen Personen gegenüber jedoch nicht verhängt werden konnten.[45] Die oben auseinandergelegten Erkenntnisse, die vor allem in der sehr viel detaillierteren und gewissenhafteren Diskussion in der Großen Strafrechtskommission errungen wurden,[46] standen dem Gesetzgeber des GWB_{57} noch nicht ansatzweise zur Verfügung.[47]

aa) Der Regierungsentwurf zum GWB_{57} hatte noch keine mehrerlösbezogenen Regelungen enthalten. Statt dessen drohte § 31 für die dort genannten Ordnungswidrigkeiten Geldbußen von bis zu 1 Mio. Deutsche Mark an.[48] Eine Sanktion gegen die begünstigte juristische Person selbst war lediglich im Falle der Aufsichtspflichtverletzung des Organwalters vorgesehen, nicht aber, wenn der Organwalter selbst eine Zuwiderhandlung nach dem GWB_{57} beging.[49] Vielmehr sollte die juristische Personen nach § 35 des Regierungs-

men, siehe Art. 1 der Sechsten Gesetzes zur Änderung des Gesetzes gegen Wettbewerbsbeschränkungen v. 26. 8. 1998 (6. GWB-Novelle), BGBl. I,[59] S. 2521 (2541).

42 Siehe § 40 Abs. 1 des GWB_{57}, BGBl. I 1957,[41] S. 1081 (1089). Diese Regelung wurde bei Einführung der Verbandsgeldbuße des § 26 $OWiG_{68}$ aufgehoben – Art. 62 Nr. 3 des EGOWiG, BGBl. I 1968,[33] S. 503 (525) –, weil es ihrer nicht mehr bedurfte, vgl. BT-Drs. V/1319, S. 106 (re. Sp.).

43 So *Rüthers/Fischer/Birk*, Rechtstheorie,[11] Rn. 795. Das volle Zitat ist § 9 vorangestellt.

44 Dazu oben ausf. § 9.

45 Siehe nur die entsprechenden Ausführungen des BGH im „Stahlhändler"-Urt. v. 27. 10. 1953 – 5 StR 723/52 – BGHSt **5**, 28 ff. (33). Hierzu bereits oben § 9 B. II. 2. (S. 297).

46 Siehe oben § 9 B. III. (S. 298).

47 Im Gegenteil: Die Mitglieder der Großen Strafrechtskommission nahmen bei ihrer Diskussion um eine allgemeine Verbandsgeldbuße Bezug auf die (Fehl-)Entwicklungen im Kartellgesetzentwurf. Dazu sogleich.

48 Siehe BT-Drs. II/1158, S. 11 (li. Sp. f.) sowie die Begründung des Sanktionsregimes im Allgemeinen auf S. 27 (re. Sp. f.) u. zu § 31 auf S. 45 (li. Sp. ff.).

entwurfs neben den delinquenten Organwaltern „als Gesamtschuldner für Geldbußen [haften], die diese Personen verwirken".[50] Insoweit wurde befürchtet, dass „von den unmittelbar verantwortlichen Personen [...] eine Geldbuße nicht beigetrieben werden kann, insbesondere, wenn – je nach Lage der Sache und der Schwere des Verstoßes – der Betrag einer solchen Geldbuße eine erhebliche Höhe erreichen sollte".[51]

Der Regierungsentwurf sah danach vor, das Problem der Vorteilsabschöpfung durch eine gegenüber dem Organwalter (völlig) überhöhte – weil die Vorteile der juristischen Person erfassende – Geldbuße gegen diesen zu lösen und die juristische Person für diese Geldbuße als Gesamtschuldner haften zu lassen.[52]

bb) Der Bundesrat hielt an dem Betrag von 1 Mio. Deutsche Mark fest, regte jedoch an, dass die Geldbuße noch „über diesen Betrag hinaus bis zur dreifachen Höhe des durch die Zuwiderhandlung erzielten Mehrerlöses" festgesetzt werden konnte.[53] Dies wurde damit begründet, dass „Kartellverstöße schwerwiegende Auswirkungen auf die Gesamtwirtschaft und die Lage der Verbraucher" hätten, „andererseits aber zu sehr erheblichen Vorteilen für die Beteiligten" führten, deretwegen „eine Erhöhung des Strafmaßes angezeigt" sei.[54] Weiter schlug der Bundesrat vor, einen neuen § 33a einzufügen, der eine umfassende Sanktionsmöglichkeit gegen die begünstigte juristische Person vorsah.[55] Die „Verhängung von Geldbußen gegen die juristische Person" sei „häufig zweckvoller als Geldbußen gegen die Vertreter selbst", weil diese „meist nicht in persönlichem Interesse" handelten und „ihnen [...] die wirtschaftlichen Vorteile nicht" zuflössen.[56] Auch könne die Geldbuße gegen die

49 Siehe § 33 des RegE, in: BT-Drs. II/1158, S. 11 (re. Sp.).
50 Siehe § 35 des RegE, in: BT-Drs. II/1158, S. 11 (re. Sp. f.).
51 BT-Drs. II/1158, S. 46 (re. Sp. f.).
52 Diese gesamtschuldnerische Haftung wurde bei Einführung der Verbandsgeldbuße des § 26 $OWiG_{68}$ aufgehoben durch Art. 62 Nr. 3 des EGOWiG, BGBl. I 1968,[33] S. 503 (525). Denn eine solche „Haftung für fremde Geldbußen" wurde als „mit dem Schuldgrundsatz nicht vereinbar" angesehen, BT-Drs. V/1319, S. 106 (re. Sp.).
53 Siehe den Änderungsvorschlag Nr. 33 des BRates, in: BT-Drs. II/1158, S. 70.
54 BT-Drs. II/1158, S. 71 (li. Sp.).
55 Siehe den Änderungsvorschlag Nr. 36 des BRates, in: BT-Drs. II/1158, S. 71. Der vorgeschlagene § 33a sollte lauten: „Begeht ein gesetzlicher Vertreter einer juristischen Person [...] eine Zuwiderhandlung gegen die Vorschriften der §§ 31 bis 33, so kann eine Geldbuße nach diesen Vorschriften auch gegen die juristische Person [...] festgesetzt werden."
56 So die Begründung zum vorgeschlagenen § 33a, in: BT-Drs. II/1158, S. 71 (re. Sp.).

Organwalter „nur nach ihren persönlichen Verhältnissen bemessen" werden, was „der Lage nicht stets gerecht" werde.

Mit anderen Worten: Kartellverstöße führen zu erheblichen Vorteilen bei der juristischen Person. Weil diese Vorteile nicht den handelnden Organwalter zufließen, können sie dort nicht abgeschöpft werden. Deshalb muss eine Sanktionsmöglichkeit gegen die juristische Person selbst geschaffen werden. Die aus der Einführung des Tagessatzsystems gezogene Schlussfolgerung, wonach die Vorteilsabschöpfung „mit dem Grundgedanken der [Tagessatz-]Geldstrafe nichts zu tun" habe,[57] war in der damaligen Diskussion noch nicht angekommen. Sie hatte gerade erst die Mitglieder der Großen Strafrechtskommission zu überzeugen vermocht.[58] In diesem Lichte ist der vom Bundesrat vorgeschlagene Sanktionsrahmen „bis zu der dreifachen Höhe des […] erzielten Mehrerlöses" der wenig bewusste und wenig ausdifferenzierte Versuch, eine – anderweitig nicht zu bewerkstelligende[59] – Abschöpfung der unmittelbaren und vor allem der schwer bis unmöglich berechenbaren mittelbaren Vorteile der juristischen Person zu ermöglichen.[60]

cc) Etwa zu dieser Zeit hatten die Mitglieder der Großen Strafrechtskommission Gelegenheit, sich im Rahmen der Diskussion um die Große Strafrechtsreform zu der Geldbuße des Kartellgesetzentwurfs zu äußern. Ihre Einschätzungen sind freilich unverbindlich und haben die Entwicklung der Kartell-Geldbuße nicht beeinflusst. Aufschlussreich sind sie gleichwohl. Denn aller Differenzen hinsichtlich der Zulässigkeit einer Verbandsgeldbuße zum Trotz waren sich die Mitglieder der Kommission in einem Punkt bemerkenswert einig: Die Geldbuße des Kartellgesetzentwurfs sei bei Lichte betrachtet eine Abschöpfungsmaßnahme.

Eberhard Schmidt[61] etwa sah den Sinn einer Geldbuße „allein darin, daß die Verwaltungsbehörden durch sie den ihnen gegenüber notwendigen Gehorsam der Staatsbürger erzwingen." Wenn nun „nach dem Kartellgesetz […] Geldbußen von hunderttausenden und Millionen D-Mark möglich" seien,

57 *Gallas,* in: NdSchr. GrStrKomm, Bd. I,[8] S. 179 (re. Sp.).
58 Dazu oben § 9 B. III. 2. (S. 300).
59 Siehe dazu oben (§ 9 B. II. 2. [S. 297]) die Ausführungen des BGH im „Stahlhändler"-Urteil.
60 Siehe insoweit auch *Koffka,* die in ihrem Referat R 92 in: NdSchr. GrStrKomm, Bd. IV, S. 568 (re. Sp.) bemerkte, dass die im Kartellrecht vorgesehenen Geldbußen in ihrer Höhe überhaupt nur erklärlich seien, wenn sie in Wahrheit auch die beiden Zwecke der Gewinnabführung u. des Schadenersatzes miterfüllten.
61 NdSchr. GrStrKomm, Bd. IV,[50] S. 326 (li. Sp.). Bei der Abstimmung über die Verbandsgeldbuße enthielt er sich, Bd. IV,[52] S. 402 (re. Sp.).

laufe „dies in Wirklichkeit auf eine Wert- oder Gewinnabschöpfung oder dergleichen hinaus", womit „die Geldbuße ihren eigentlichen Sinn" verliere.

Lange[62] gab zu, dass eine restitutive Verbandsgeldbuße im Sinne *Koffkas*[63] „auf eine Veränderung des Sinngehaltes der Ordnungsbuße, wie wir sie uns ursprünglich vorgestellt haben, hinauslaufen würde." Aber es sehe „ja so aus, vor allem beim Kartellgesetzentwurf, als ob die Ordnungsbuße sowieso schon ihren Sinngehalt nach dieser Richtung hin" ändere. *Koffka*[64] bemerkte, dass die „im Ordnungswidrigkeitenverfahren zulässigen Geldbußen" in Wahrheit die beiden Zwecke von „Gewinnabführung und Schadenersatz" miterfüllten, weil anders „ihre Höhe überhaupt nicht erklärlich" sei.

Vor allem *Jescheck*[65] – der eifrigste, zuletzt aber allein verbliebene und überstimmte Gegner einer jeden Form der Verbandsgeldbuße – wehrte sich gegen die Verbandsgeldbuße, weil er in ihr eine „Zustandshaftung ungerechtester Art" erkannte.[66] Wenn die nach „dem Kartellgesetzentwurf [vorgesehenen] Geldbußen bis zu einer Million DM" nunmehr dazu dienen sollen, „den mittelbaren Gewinn abzuschöpfen", so werde „das Wesen der Geldbuße verfälscht". Gleichwohl war es an ihm, das Ergebnis der mit der „Behandlung der Juristischen Personen" befassten Unterkommission zu präsentieren:[67] Diese habe sich für eine Geldbuße ausgesprochen. In der Diskussion sei „auf die Entwicklung der Geldbuße, insbesondere auch darauf hingewiesen worden, daß nach dem Kartellgesetzentwurf Geldbußen bis zu einer Million DM möglich sein sollen." Diese gingen weit über das hinaus, was ursprünglich als Geldbuße gedacht gewesen sei, und hätten „mit einer solchen nichts mehr zu tun." Bei Lichte betrachtet stellten „sie Sanktionen dar, die auf die Wegnahme von Vorteilen abzielen, die durch eine Verbandsstraftat der juristischen Person zugeflossen sind."

dd) Der Ausschuss für Wirtschaftspolitik griff die beiden Vorschläge des Bundesrates auf.[68] Zwar wurden die im Regierungsentwurf und im Ände-

---

62 NdSchr. GrStrKomm, Bd. IV,[50] S. 326 (re. Sp.). Er sprach sich später für die Verbandsgeldbuße aus, Bd. IV,[52] S. 402 (li. Sp.).
63 Sie hatte den Gedanken in der Großen Strafrechtskommission als erste propagiert ihm letztlich zum Durchbruch verholfen. Dazu oben § 9 B. III. 3. (S. 303).
64 Siehe deren Referat R 92 in: NdSchr. GrStrKomm, Bd. IV, S. 568 (re. Sp.). Auch sie sprach sich für die Verbandsgeldbuße aus, Bd. IV,[52] S. 402 (li. Sp.).
65 Er sprach sich später als einziger gegen die Verbandsgeldbuße aus, NdSchr. GrStrKomm, Bd. IV,[52] S. 402 (re. Sp.).
66 *Jescheck,* in: NdSchr. GrStrKomm, Bd. IV,[50] S. 324 (li. Sp. f.) – auch zum Folgenden.
67 *Jescheck,* in: NdSchr. GrStrKomm, Bd. IV,[52] S. 401 (re. Sp. f.) – auch zum Folgenden.
68 Siehe – auch zum Folgenden – BT-Drs. zu II/3644, S. 32 (li. Sp. f.).

rungsvorschlag des Bundesrates vorgesehenen Höchstbußgelder von 1 Mio. Deutsche Mark u. a.[69] mit Blick auf die damals höchstmögliche Geldstrafe nach dem StGB für zu hoch gehalten und auf ein Zehntel reduziert. Weil aber in Fällen, „in denen durch den betreffenden Verstoß ein Mehrerlös erzielt worden ist, ein über den Bußgeldrahmen [...] hinausgehendes Bußgeld bis zur dreifachen Höhe [dieses] Mehrerlöses" angedroht werde, könne trotz der Herabsetzung „stets ein den Gegebenheiten des betreffenden Falles angemessenes Bußgeld festgesetzt werden, [das] insbesondere bei schwerwiegenden Verstößen auch für große, kapitalkräftige Unternehmen fühlbar" sei. Die angemessene Sanktion gegen den Organwalter sollte mit einer ausreichend üppigen und deshalb die Verbandsgewinne erfassenden Verbandssanktion kombiniert werden können.

ee) In der Zusammenschau stellt sich die im GWB$_{57}$ geschaffene Geldbuße „bis zu der dreifachen Höhe des [...] erzielten Mehrerlöses" als ein noch grobschlächtiges Instrument zur umfassenden Abschöpfung der Verbandsvorteile dar. Die Anknüpfung an das Dreifache des Mehrerlöses scheint ein Versuch gewesen zu sein, jedenfalls ausreichenden Spielraum zu haben, um alle unmittelbaren wie mittelbaren Vorteile erfassen zu können. Anhaltspunkte dafür, dass dem Verband durch die Sanktion ein (trans-restitutives) Übel zugefügt werden sollte, wie etwa der (Pseudo-)Ahndungsrahmen im Einzelfall ausgefüllt werden sollte, gehen aus den Gesetzgebungsmaterialien an keiner Stelle hervor. Fraglich ist deshalb, ob diese Zielsetzung in den späteren GWB-Novellen geändert worden ist.

b) Änderungen in der 4. GWB-Novelle

Der mehrerlösbezogene Bußgeldrahmen blieb Gesetz, bis er durch den heutigen umsatzbezogenen Bußgeldrahmen ersetzt worden ist.[70] Im Zuge der 4. GWB-Novelle ist der feste Sanktionsrahmen des § 38 Abs. 4 GWB[71] –

69 Daneben wurde auf die amerikanischen Anti-Trust-Gesetzes verwiesen, deren Höchststrafe der Kaufkraft nach ebenfalls 100000 Deutsche Mark betrug.

70 Art. 1 Nr. 47 lit. d) der 7. GWB-Novelle, BGBl. I 2005,[42] S. 1954 (1966). Der Wortlaut ist durch Art. 1 Nr. 17 des PreismissbrBekG, BGBl. I 2007,[66] S. 2966 (2968) neu gefasst u. präzisiert worden.

71 Durch Art. 1 Nr. 14 des Zweiten Gesetzes zur Änderung des Gesetzes gegen Wettbewerbsbeschränkungen v. 3. 8. 1973 (2. GWB-Novelle), BGBl. I,[64] S. 917 (924) war § 38 GWB neu gefasst worden. Durch den neuen Abs. 3 war der Sanktionsrahmen nunmehr in Abs. 4 geregelt.

unter Beibehaltung des mehrerlösbezogenen Sonderbußgeldrahmens – auf 1 Mio. Deutsche Mark erhöht worden.[72] Die Verzehnfachung sei „auf Grund der seit 1958 eingetretenen wirtschaftlichen Entwicklung [scil.: wohl des allgemeinen Preisanstiegs][73] erforderlich“ geworden, um auch und gerade „schwerwiegende Gesetzesverstöße mit einer angemessenen Sanktion ahnden zu können.“[74] Die Bundesregierung wolle damit ihrer „Auffassung [...] Ausdruck verleihen, daß gravierende Wettbewerbsverstöße keine ‚Kavaliersdelikte‘ [...], sondern eine schwerwiegende Störung der öffentlichen Ordnung“ seien, „die im Interesse der Allgemeinheit wirksamen Sanktionen unterworfen werden“ müssten.

Diese Aussagen lassen sich in der Tat so lesen, als ob die nunmehr verschärfte Sanktion als staatliche Antwort auf die schwerwiegenden Gesetzesverstöße der juristischen Personen eine Ahndung gegenüber dieser bezwecken sollte. Zwingend ist das jedoch keineswegs. Vielmehr ist zu beachten, dass der Bußgeldrahmen des § 38 Abs. 4 GWB$_{80}$ auf natürliche wie juristische Personen gleichermaßen Anwendung fand. Während gegenüber der juristischen Person grds. der mehrerlösbezogene Sonderbußgeldrahmen zur Anwendung gelangte,[75] bemaß sich die Geldbuße für natürliche Personen nach dem festen Bußgeldrahmen. Vor diesem Hintergrund lässt sich die Gesetzesbegründung auch so lesen – genauer: muss sie so gelesen werden –, dass der feste Bußgeldrahmen von 100000 DM gegenüber den handelnden natürlichen Personen nicht mehr stets eine angemessen ahndende Sanktion zuließ. Es waren ja weiterhin natürliche Personen, die die eigentliche Anknüpfungstat begingen und denen gegenüber angemessen abschreckende Sanktionen zur Verfügung stehen mussten. An der nur abschöpfenden Funktion der Verbandsgeldbuße, die im Wesentlichen weiterhin bis zum Dreifachen des Mehrerlöses betragen durfte, hat sich dadurch folglich nichts geändert.

---

72 Siehe Art. 1 Nr. 13 lit. e) des Vierten Gesetzes zur Änderung des Gesetzes gegen Wettbewerbsbeschränkungen v. 26. 4. 1980 (4. GWB-Novelle), BGBl. I,[19] S. 458 (461).

73 So *Vollmer*, in: MünchKomm-WettbR, GWB,[2] § 81 Rn. 87.

74 Siehe – auch zum Folgenden – BT-Drs. 8/2136, S. 27 (li. Sp.) zur selben Aussage der Gesetzesbegründung in der 7. GWB-Novelle.

75 Noch in der Entwurfsbegründung zur 7. GWB-Novelle – BT-Drs. 15/3640, S. 67 (li. Sp.) – ist von dem „in der Praxis vor allem bedeutsame[n] besondere[n] Bußgeldrahmen (Dreifaches des erlangten Mehrerlöses)“ die Rede.

c) Umsatzbezogener Bußgeldrahmen in der 7. GWB-Novelle

Im Zuge der 7. GWB-Novelle wurde schließlich der umsatzbezogene Sonderbußgeldrahmen eingeführt. Für sich genommen hat die Ersetzung der mehrerlösbezogenen durch den umsatzbezogenen Bußgeldrahmen ebenfalls keine Wesensänderung der kartellrechtlichen Verbandsgeldbuße herbeigeführt. Größere Mühe bereitet die Einführung des neuen § 81 Abs. 5 GWB, auf den sogleich einzugehen sein wird.

aa) Der Regierungsentwurf der 7. GWB-Novelle hatte sich noch damit begnügt, den Sanktionsrahmen von 500 000 Euro[76] auf 1 Mio. Euro zu erhöhen.[77] Damit sollte abermals „der wirtschaftlichen Entwicklung seit der letzten Erhöhung im Rahmen der 4. GWB-Novelle (1980) Rechnung getragen" und eine „wirkungsvolle Ahndung der besonders gravierenden Verstöße gegen die Wettbewerbsvorschriften" ermöglicht werden.[78] Der „in der Praxis vor allem bedeutsame besondere Bußgeldrahmen (Dreifaches des erlangten Mehrerlöses)" sollte hingegen „unverändert" bleiben. Die Argumentation entspricht insoweit jener aus der 4. GWB-Novelle, sodass das eben Gesagte auch hier gilt.

bb) Erst der Ausschuss für Wirtschaft und Arbeit empfahl den neu gefassten § 81 Abs. 4 GWB, der – mit etwas missglücktem Wortlaut[79] – für Geldbußen (nur) gegen Unternehmen[80] einen umsatzbezogenen Sonderbußgeldrahmen vorsah.[81] Auslöser für diese Änderung war die Rechtsprechung des OLG Düsseldorf.[82] Dieses hatte, obwohl zuvor schon „die Ermittlung

---

76 Durch Art. 7 Nr. 4 des Gesetzes zur Umstellung von Gesetzen und Verordnungen [...] auf Euro v. 10. 11. 2001, BGBl. I,[58] S. 2992 (2995) waren die auf DM lautenden Beträge (gerundet) auf Euro umgestellt worden.

77 Siehe Art. 1 Nr. 47 lit. d) bb) des RegE, in: BT-Drs. 15/3640, S. 17.

78 So BT-Drs. 15/3640, S. 67 (li. Sp.) auch zum Folgenden.

79 Siehe hierzu *Bechtold/Buntscheck*, NJW 2005,[41] S. 2966 (2269). Der Wortlaut wurde durch Art. 1 Nr. 17 des PreismissbrBekG, BGBl. I 2007,[66] S. 2966 (2968) neu gefasst u. präzisiert.

80 Gemeint sind – jedenfalls im Regelfall – die juristischen Personen, die Trägerinnen des Unternehmens sind.

81 § 81 Abs. 4 Satz 2 GWB lautete i. d. F. des Ausschusses, die der später Gesetz gewordenen Fassung entsprach: „Wird [in den Fällen des § 81 Abs. 4 Satz 1 GWB] eine Geldbuße gegen ein Unternehmen [...] verhängt, so darf die Geldbuße für jedes an der Zuwiderhandlung beteiligte Unternehmen [...] über Satz 1 hinaus 10 vom Hundert seines [...] im vorausgegangenen Geschäftsjahr erzielten Gesamtumsatzes nicht übersteigen." Siehe BT-Drs. 15/5049, S. 30 bzw. Art. 1 Nr. 47 lit. d) der 7. GWB-Novelle, BGBl. I 2005,[42] S. 1954 (1966).

eines Mehrerlöses [...] mit erheblichen Unsicherheiten belastet“ war,[83] die „Anforderungen an den Nachweis eines Mehrerlöses und an die für die Schätzung der Höhe des erzielten Mehrerlöses erforderlichen Grundlagen“ ganz erheblich verschärft.[84] Der Ausschuss befürchtete deshalb, dass künftig in Zweifelsfällen der Weg zum Sonderbußgeldrahmen versperrt sein würde und „auch bei schweren Verstößen gegen das Wettbewerbsrecht lediglich ein Bußgeld in Höhe von [...] 1 Mio. Euro“ verhängt werden könne. Derartige Bußgelder seien aber „für eine effektive und ausreichend abschreckende Sanktionierung von schweren Kartellverstößen völlig unzureichend.“

cc) Die Einführung des umsatzbezogenen Bußgeldrahmens war danach nicht von dem Willen beseelt, das Wesen der Verbandsgeldbuße zu ändern. Im Gegenteil: Die Anknüpfung an den Gesamtjahresumsatz sollte vielmehr garantieren, dass die Verbandsgeldbußen im Kartellrecht weiterhin so bemessen werden konnten, wie dies zuvor geschehen war. Geleitet von der Sorge, die strengen Anforderungen des OLG Düsseldorf an die Bemessung des Mehrerlöses könnten den Weg zum Sonderbußgeldrahmen versperren, ist der Sonderbußgeldrahmen an die leicht zu bestimmende Fix-Größe des Gesamtjahresumsatzes gekoppelt worden. War also die nach dem Mehrerlös bemessene kartellrechtliche Verbandsgeldbuße ein Instrument der Vorteilsabschöpfung, so hat sie ihr Wesen nicht dadurch verändert, dass sie nunmehr nach dem Gesamtumsatz zu bemessen sein würde. Für die weitere Entwicklung der Verbandsgeldbuße bis zum heutigen Tage sei auf die obigen Ausführungen zur 8. und 9. GWB-Novelle[85] verwiesen.

d) Zwischenergebnis

Der umsatzbezogene Bußgeldrahmen ändert für sich genommen nichts daran, dass die Verbandsgeldbuße auch im Kartellrecht der Abschöpfung wirtschaftlicher Vorteile dient. Durch ihn wurde der vorherige mehrerlösbezogene Buß-

82 Siehe hierzu nur *Biermann*, in: Immenga/Mestmäcker, Bd. 2^{6} § 81 Rn. 386 u. *Vollmer*, in: MünchKomm-WettbR, GWB^{2} § 81 Rn. 88 jew. m. w. N.

83 Unwillkürlich fühlt man sich an die Diskussion im Vorfeld des § 26 OWiG$_{68}$ erinnert, in der eine Abschöpfung mittelbarer Gewinne stets abgelehnt worden war, weil diese unmöglich rechnerisch exakt erfasst werden könnten. Siehe dazu § 9 B. III. 2. (S. 300) u. ö.

84 So die Begründung Ausschusses, in: BT-Drs. 15/5049, S. 50 (li. Sp. f.) – auch zum Folgenden.

85 Siehe oben A. VI. (S. 418) bzw. A. VIII. (S. 428).

geldrahmen fortgeschrieben, der als wenig ausdifferenziertes Instrument der Vorteilsabschöpfung im ursprünglichen GWB$_{57}$ normiert worden war. Die bloße Anknüpfung an den Jahresgesamtumsatz des Unternehmens ist danach kein zwingendes Argument dafür, in der kartellrechtlichen Verbandsgeldbuße ein Instrument zur trans-restitutiven Übelszufügung sehen zu müssen.

2. Absatz 5: „Dient die Geldbuße allein der Ahndung"

Als letzter Stolperstein verbleibt damit § 81 Abs. 5 Satz 2 GWB. Im Wortlaut besagt die – ebenfalls durch die 7. GWB-Novelle eingefügte – Vorschrift:[1] „*Dient die Geldbuße allein der Ahndung*, so ist dies bei der Zumessung entsprechend zu berücksichtigen." Die Voraussetzungsseite dieser auch und gerade auf die kartellrechtliche Verbandsgeldbuße anwendbaren Regelung sagt ausdrücklich, dass eine solche „allein der Ahndung" dienen kann. Intuitiv will man diesen Ausdruck der „Ahndung"[2] – wie bei der Individualgeldbuße – mit dem Konzept der zurückschlagenden Übelszufügung verknüpfen.[3] Dann aber würde § 81 Abs. 5 Satz 2 GWB in der Tat eine trans-restitutive Verbandsgeldbuße voraussetzen und dem hier gefundenen Ergebnis widersprechen.

a) Der Gesetzgeber zu § 81 Abs. 5 GWB

Noch größer werden diese Bedenken, wenn man die Gedanken hinzunimmt, die der Gesetzgeber der Vorschrift bei ihrer Einführung mit auf den Weg gab:[4] Bußgelder[5] könnten künftig „[e]ntsprechend dem europäischen Vorbild [...] einen reinen Ahndungszweck verfolgen." Es sei anerkannt, „dass Geldbußen der Kommission ausschließlich Sanktionscharakter haben und keine Abschöpfung des wirtschaftlichen Vorteils bezwecken."[6] Die Zusammenar-

1 Siehe § 81 Abs. 5 Satz 2 i. d. F. des Art. 1 Nr. 47 lit. e) der 7. GWB-Novelle, BGBl. I 2005^{42} S. 1954 (1966). Herv. nur hier.

2 Zu Recht hat *Achenbach*, in: FS I. Roxin (2012), S. 3 (5) = ZIS 2012^{5} S. 178 (179) bemängelt, dass „sich in der Literatur [...] keine Analyse dessen [findet], was eigentlich mit Ahndung gemeint ist."

3 Siehe *Looschelders/W. Roth*, S. 131 m. w. N.: Erst die „gedankliche Verknüpfung mit einem (gesetzlichen) Inhalt macht den Ausdruck zu einem (juristischen) Begriff."

4 Siehe zum Folgenden die Begründung zum RegE, in: BT-Drs. 15/3640, S. 67 (li. Sp.). Beinahe wortgleich finden sich dieselben Gedanken auch auf S. 47 (li. Sp.).

5 Gemeint sind augenscheinlich die nach § 81 Abs. 4 Sätze 2–6 GWB bemessenen Unternehmens- bzw. Verbandsgeldbußen.

beit im Netzwerk europäischer Wettbewerbsbehörden gebiete es, Geldbußen möglichst nach einheitlichen Kriterien zu bemessen. Deshalb werde die Soll-Vorschrift des § 17 Abs. 4 OWiG „nur noch als Kann-Regelung für anwendbar erklärt." Auch im deutschen Recht könne die Geldbuße deshalb künftig „als reine Ahndungsmaßnahme festgesetzt werden."

Diese Umstellung habe außerdem zur Folge, dass „die auf den abgeschöpften wirtschaftlichen Vorteil entfallenden Steuern bei der Bußgeldberechnung nicht mehr berücksichtigt werden" müssten und auch „die Verrechnung mit Schadensersatzleistungen an Dritte gemäß § 33" entfalle.[7] All dies solle jedoch „nicht zu einer Verschärfung des bisherigen Sanktionsinstrumentariums führen." Werde deshalb – auf diese Formulierung wird es noch ankommen – „auf eine Abschöpfung des wirtschaftlichen Vorteils verzichtet," so sei „dies bei der Zumessung zu berücksichtigen." Die „Höhe einer reinen Ahndungsgeldbuße" werde sich – mit anderen Worten – „in Zukunft in der Regel um den Betrag mindern, der nach bisherigem Recht der Abschöpfung des wirtschaftlichen Vorteils diente."

b) Gegenargumente

Trotz dieser Aussagen aus der Regierungsbegründung ist auch für das Kartellrecht an der hier vertretenen Konzeption einer rein restitutiven Verbandsgeldbuße festzuhalten. Denn zum einen lässt sich zeigen, dass der Begriff der Ahndung im Sinne einer Übelszufügung bei der natürlichen Person auf die juristische Person nicht ohne Weiteres übertragbar ist. Versucht man sodann anhand der sonstigen Zielvorstellungen des Gesetzgebers der Wendung einer „reinen *Ahndungs*maßnahme" Gestalt zu geben, so zeigt sich eine andere Deutungsmöglichkeit, die mit einer Übelszufügung beim Verband nichts zu tun hat.

Anm. 11.8: Den folgenden Überlegungen sei an dieser Stelle im Übrigen vorausgeschickt, dass der Charakter der kartellrechtlichen Verbandsgeldbuße auf den

6 Insoweit wird auf ein Urt. des Finanzgerichts Rheinland-Pfalz vom 15. Juli 2003 – 2 K 2377/01 – verwiesen. Überzeugend u. erschöpfend die Kritik bei *Achenbach*/C. *Wegner*, ZWeR 2006[1], S. 49 (51 ff.), die es (S. 51) „bemerkenswert" finden, dass der Gesetzgeber „allein eine – zudem nicht rechtskräftige – Entscheidung des FG Rheinland-Pfalz heranzieht" u. „alle weiteren zu dieser Thematik veröffentlichten Beiträge ausgeblendet werden". Siehe ferner *Biermann*, in: Immenga/Mestmäcker, Bd. 2[6] § 81 Rn. 616 u. *Vollmer*, in: MünchKomm-WettbR, GWB[2] § 81 Rn. 140 jew. m. w. N.

7 Siehe – auch zum Folgenden – BT-Drs. 15/3640, S. 67 (li. Sp.).

Ausgang der hier gestellten Forschungsfrage letztlich keine wesentlichen Auswirkungen hat. Die Forschungsfrage ließe sich tatsächlich gar leichter beantworten, wenn die kartellrechtliche Verbandsgeldbuße den Zweck hätte, dem Verband als solchem anlässlich der Tat des Organwalters ein trans-restitutives Übel aufzuerlegen.[8] Im Folgenden geht es deshalb darum, den schwerer zu begründenden Fall einer nur restitutiven Kartell-Verbaldsgeldbuße vorzubereiten. Wie die Forschungsfrage im Hinblick auf eine so – wohl richtig – verstandene Verbandsgeldbuße zu beantworten ist, soll Gegenstand des nächsten Kapitels (§ 12) sein.

aa) Allem voran stellt sich erneut ein nunmehr bekanntes Problem: Der Regierungsentwurf operiert, wie auch der Gesetzestext, mit dem Begriff der „Ahndung". Der mit diesem Ausdruck verknüpfte Inhalt wird nur vorausgesetzt, nicht aber aufgedeckt. Noch im Jahr 2012 hat *Achenbach* völlig zu Recht bemängelt, dass „sich in der Literatur [...] keine Analyse dessen [findet], was eigentlich mit Ahndung gemeint ist."[9] Vor diesem Hintergrund ist es jedenfalls nicht selbstverständlich, dass der Begriff der „Ahndung" in der Entwurfsbegründung und im § 81 Abs. 5 Satz 2 GWB bezogen auf die juristische Person eine reaktiv-retrospektive und trans-restitutive Übelszufügung meinen muss, wie dies bei der natürlichen Person (wohl) der Fall ist.[10]

Dieser vorsichtige Verdacht lässt sich untermauern, wenn man sich der Frage aus der Perspektive des § 1 Abs. 1 OWiG nähert.[11] Dort ist die Ordnungswidrigkeit definiert[12] als „eine rechtswidrige und vorwerfbare Handlung, die den Tatbestand eines Gesetzes verwirklicht, das die Ahndung mit einer Geldbuße zuläßt." Anders gewendet meint Ahndung – im Ordnungswidrigkeitenrecht[13] – die Zufügung des angedrohten Übels durch Verhängung einer (Individual-)Geldbuße als retrospektive staatliche Reaktion auf die Verwirklichung eines Ordnungswidrigkeitentatbestands.[14] Damit aber eine

8 Dazu noch Anm. 12.7 in § 12 C. III. (S. 491).

9 So *Achenbach*, in: FS I. Roxin (2012), S. 3 (5) = ZIS 2012[5], S. 178 (179).

10 Dazu ausf. oben § 7 C. (S. 209).

11 Diesen Weg geht auch *Achenbach*, in: FS I. Roxin (2012), S. 3 (5 ff.) = ZIS 2012[5], S. 178 (179), der jedoch zu völlig anderen Ergebnissen kommt.

12 Von einer Legaldefinition spricht *Gerhold*, in: BeckOK-OWiG[28], § 1 vor Rn. 1. *Rogall*, in: KarlsrKomm-OWiG[5], § 1 Rn. 1 spricht – ohne ersichtlich etwas anderes zu meinen – von einer „verbindlichen Begriffsbestimmung".

13 Auf das Strafrecht i. e. S. gemünzt, die Verhängung einer (Kriminal-)Strafe als missbilligende, staatliche Reaktion auf die rechtswidrige und schuldhafte Verwirklichung einer Straftatbestands.

14 Ganz in diesem Sinne auch *Achenbach*, in: FS I. Roxin (2012), S. 3 (6) = ZIS 2012[5], S. 178 (179).

solche Ahndung durch Verhängung einer Geldbuße eintreten kann, muss eine tatbestandsmäßige, rechtswidrige und vorwerfbare Handlung vorliegen.[15]

Die juristische Person selbst ist zu einer Handlung im natürlichen Sinne jedoch nicht in der Lage[16] – geschweige denn zu einer vorwerfbaren Handlung. Sie ist deshalb auch nicht im Stande, die Voraussetzung einer so verstandenen Ahndung zu erfüllen. Dann aber kann dieser Begriff mit dem Inhalt, der ihm bezogen auf die natürliche Person zukommt, auf die juristische Person nicht ohne Bedeutungsänderung übertragen werden. Für die Frage, was der Begriff bezogen auf die kartellrechtliche Verbandsgeldbuße bedeuten soll, ist damit freilich wenig gewonnen. Auch bedeutet das Vorstehende nicht, dass der Gesetzgeber daran gehindert wäre, den Begriff der Ahndung mit einem anderen Inhalt in Bezug auf juristische Personen zu verwenden. Allein aus der Formulierung des § 81 Abs. 5 Satz 2 GWB kann jedoch nicht darauf geschlossen werden, dass es sich bei einer „allein der Ahndung" dienenden Verbandsgeldbuße um eine trans-restitutive Übelszufügung handeln muss.

bb) Jenseits dieser begrifflichen Unschärfe stützt sich die Entwurfsbegründung auf das europäische Vorbild. Insoweit sei „anerkannt, dass Geldbußen der Kommission ausschließlich Sanktionscharakter haben und keine Abschöpfung des wirtschaftlichen Vorteils bezwecken."[17] Diese These vom „reinen *Ahndungs*zweck" der Geldbuße nach europäischem Recht ist – ohne dass hier darauf eingegangen werden könnte – keineswegs unumstritten.[18] Die im Hinblick auf das „künftig[e] Netzwerk europäische[r] Wettbewerbsbehörden" gebotene Vereinheitlichung der Bemessungskriterien ist ebenfalls nur teilweise gelungen. Während die 10 %-Grenze des europäischen Rechts

---

15 Zu den Gründen, weshalb Handlungs- u. Schuldfähigkeit notwendige Voraussetzungen einer reaktiv-retrospektiven Übelszufügung bei der natürlichen Person sind, nur *Schünemann*, ZIS 2014, S. 1 (2 f.) – allerdings zum Strafrecht i. e. S. Dazu bereits oben § 10 C. IV. 1. (S. 360).

16 Siehe – wie zuvor – BT-Drs. V/1269, S. 58 (li. Sp.): „Die juristische Person [...] ist als fiktives und im natürlichen Sinne handlungsunfähiges Wesen" einer (S. 61 li.) „Tat im natürlichen Sinne nicht fähig. Sie selbst kann keine Ordnungswidrigkeit oder Straftat begehen".

17 BT-Drs. 15/3640, S. 67 (li. Sp.).

18 Überzeugend u. erschöpfend *Achenbach*/*C. Wegner*, ZWeR 2006, S. 49 (51 ff.), die es (S. 51) „bemerkenswert" finden, dass der Gesetzgeber „allein eine – zudem nicht rechtskräftige – Entscheidung des FG Rheinland-Pfalz heranzieht" u. „alle weiteren zu dieser Thematik veröffentlichten Beiträge ausgeblendet werden". Siehe ferner *Biermann*, in: Immenga/Mestmäcker, Bd. 2[6] § 81 Rn. 616 u. *Vollmer*, in: MünchKomm-WettbR, GWB[2] § 81 Rn. 140 jew. m. w. N.

als Kappungsgrenze ausgelegt wird, zwang das deutsche Verfassungsrecht dazu, sie als Bußgeldrahmenbestimmung aufzufassen.[19]

cc) Neben dieser – insoweit nicht recht gelungenen – Harmonisierung des deutschen mit dem europäischen Sanktionsrecht, verfolgte der Gesetzgeber das Ziel, die Berechnung von Geldbußen für Kartellordnungswidrigkeiten zu vereinfachen.[20] Insoweit wird einmal auf die damals bestehende Notwendigkeit verwiesen, bei der Berechnung von Bußgeldern „die auf den wirtschaftlichen Vorteil entfallenden Steuern“ zu berücksichtigen.[21] Ob sich ein Verzicht auf die Vorteilsabschöpfung im Hinblick auf Art. 3 Abs. 1 GG allein zur Vereinfachung der Bußgeldberechnung rechtfertigen lässt, wird mit Recht bestritten,[22] soll hier aber nicht vertieft werden. Daneben sollte künftig „die Verrechnung mit Schadensersatzleistungen an Dritte gemäß § 33“ entfallen.[23] Der Gesetzgeber ging insoweit wohl davon aus, dass durch die gesetzten Anreize zum „Private Enforcement“ verstärkt mit der Geltendmachung von Schadenersatzansprüchen zu rechnen sein würde.[24] Solche Ansprüche würden in der Regel im Wege sog. „Follow on“-Klagen und deshalb erst nach Erlass des Bußgeldbescheides eingeklagt. Weil solche Schadenersatzleistungen den wirtschaftlichen Vorteil des Verbandes mindern, müsste der entsprechende Betrag in analoger Anwendung des § 99 Abs. 2 OWiG den Verbänden erstattet werden. Die Möglichkeit des § 81 Abs. 5 Satz 1 GWB sollte ein solches Hin und Her von Abschöpfung und Rückerstattung vermeiden.[25]

---

19 Siehe BGH, Beschl. v. 26. 2. 2013 – KRB 20/12 („*Grauzementkartell*“) – BGHSt **51**, 158 ff. (Rn. 50 ff.). Ausf. zum Ganzen *Biermann*, in: Immenga/Mestmäcker, Bd. 2[6], § 81 Rn. 390 ff. u. *Vollmer*, in: MünchKomm-WettbR, GWB[2], § 81 Rn. 109 ff. jew. m. w. N.

20 Siehe BT-Drs. 15/3640, S. 47 (li. Sp.): „Die Neuregelung vermeidet auch praktische Schwierigkeiten, […].“

21 BT-Drs. 15/3640, S. 67 (li. Sp.). Details u. weiterführende Nachw. bei *Vollmer*, in: MünchKomm-WettbR, GWB[2], § 81 Rn. 140. *Achenbach*/C. *Wegner*, ZWeR 2006[1], S. 49 (58) weisen darauf hin, dass es mit dieser „zwingende[n] Notwendigkeit“ im Vorfeld nicht gar so genau genommen worden sei.

22 Siehe dazu nur *Achenbach*/C. *Wegner*, ZWeR 2006[1], S. 49 ff.; *Biermann*, in: Immenga/Mestmäcker, Bd. 2[6], § 81 Rn. 623 u. *Vollmer*, in: MünchKomm-WettbR, GWB[2], § 81 Rn. 140 jew. m. w. N.

23 BT-Drs. 15/3640, S. 67 (li. Sp.).

24 Siehe zum Folgenden *Vollmer*, in: MünchKomm-WettbR, GWB[2], § 81 Rn. 140.

25 So die äußerst überzeugende Einschätzung bei *Vollmer*, in: MünchKomm-WettbR, GWB[2], § 81 Rn. 140. Unwillkürlich fühlt man sich auch hier an *Koffka*, in: NdSchr. GrStrKomm, Bd. I[12], S. 301 (li. Sp.) erinnert, die ihren öffentlich-rechtlichen Berei-

Diese beiden Hemmnisse der Bußgeldberechnung wollte der Gesetzgeber durch § 81 Abs. 5 Satz 1 GWB beseitigen. Der Regelungsmechanismus ist dabei einigermaßen gewagt.[26] Der Teil der Geldbuße, der mit diesen Erschwernissen belastet war, wurde unter dem Etikett des Abschöpfungsteils i. S. d. § 17 Abs. 4 OWiG zusammengefasst.[27] Für den unbelasteten Teil blieb in der überkommenen Terminologie nur der Gegenbegriff und damit das Etikett des *Ahndungs*teils – wenngleich der Begriff der Ahndung im klassischen Sinn auf die juristische Person nicht übertragbar ist. Entsprechend musste es nur gelingen, die kartellrechtliche Verbandsgeldbuße ohne einen *Abschöpfungs*teil (in diesem Sinne), sprich: als reine *Ahndungs*maßnahme (in diesem Sinne) festsetzen zu können.[28] Zu diesem Zweck sieht § 81 Abs. 5 Satz 1 GWB vor, dass die – auf den Verband ohnehin nur entsprechend anwendbare[29] – Regelung des § 17 Abs. 4 OWiG nur mit der Maßgabe Anwendung finde, dass der wirtschaftliche Vorteil abgeschöpft werden *kann*, nicht *soll*.

Vor diesem Hintergrund findet sich in der Entwurfsbegründung ein entscheidender Satz, der eine völlig andere Deutung der Wendung „Dient die Geldbuße allein der Ahndung" nahelegt:[30] Die Rechtsfolge des § 81 Abs. 5 Satz 2 GWB – „so ist dies bei der Zumessung zu berücksichtigen" – wird dort nicht vom reinen Ahndungscharakter der Verbandsgeldbuße abhängig gemacht. Statt dessen soll sie eintreten, wenn „bei der Festsetzung der Geldbuße nach Absatz 5 auf eine Abschöpfung des wirtschaftlichen Vorteils verzichtet" wird. „Dient die Geldbuße allein der Ahndung" ist danach

---

cherungs- u. Schadenersatzanspruch gerade für jene Fälle der Wirtschaftsdelikte entwickelt hatte, in denen oft „gar keine Einzelperson da [sei], die [dem Verband] den Gewinn wegnehmen oder ihn schadensersatzpflichtig machen" könne. Dazu ausf. oben § 9 B. III. 3. (S. 303).

26 Zu den „Problemen der ‚reinen Ahndungsgeldbuße' im Kartellrecht" *Achenbach*/C. *Wegner*, ZWeR 2006,[1] S. 49 ff., die nicht weniger als die (teilweise) Verfassungswidrigkeit des Instruments nachweisen.

27 Siehe BT-Drs. 15/3640, S. 67 (li. Sp.): Die „Vorschrift des § 17 Abs. 4 OWiG" werde „nur noch als Kann-Regelung für anwendbar erklärt", sodass die Geldbuße „auch als reine Ahndungsmaßnahme festgesetzt werden" könne. „Daraus folgt", so heißt es dort, dass in diesen Fällen die steuerliche Abzugsfähigkeit u. die Ersatzansprüche Dritter nicht berücksichtigt werden müssten.

28 Soweit aber die „reine *Ahndungs*maßnahme" – wenn auch nur verdeckt – Gewinne abschöpft, muss sie entgegen der gesetzgeberischen Intention gleichwohl steuerlich abzugsfähig sein. Siehe *Achenbach*/C. *Wegner*, ZWeR 2006,[1] S. 49 (57 ff.).

29 § 30 Abs. 3 OWiG.

30 BT-Drs. 15/3640, S. 67 (li. Sp.): „Wird bei der Festsetzung der Geldbuße nach Absatz 5 auf die Abschöpfung des wirtschaftlichen Vorteils verzichtet, so ist dies bei der Zumessung zu berücksichtigen."

ein gleichbedeutender – sprachlich sehr unscharfer – Platzhalter dafür, dass von der Möglichkeit des § 81 Abs. 5 Satz 1 GWB Gebrauch gemacht wird. Eine Geldbuße, die i. S. d. § 81 Abs. 5 Satz 2 GWB „allein der Ahndung" dient, ist folglich schlicht eine solche, die von der Möglichkeit des Satz 1 Gebrauch macht und einen steuerlich (teilweise) abzugsfähigen und mit Ersatzansprüchen Dritter zu verrechnenden Anteil nicht enthält.[31] Damit ist nicht ausgesagt, dass die Verbandsgeldbuße der Ahndung im Sinne einer trans-restitutiven Übelszufügung dienen muss.

c) Zwischenergebnis

Auch die Wendung des § 81 Abs. 5 Satz 2 GWB, wonach die kartellrechtliche (Verbands-)Geldbuße „allein der Ahndung" dienen kann, zwingt nicht dazu, die hier entwickelte Konzeption einer rein restitutiven Verbandsgeldbuße aufzugeben.

3. Bußgeldleitlinien des Bundeskartellamts

Zuletzt und gleichsam zur Abrundung bleibt noch ein – kurzer[32] – Blick in die Leitlinien, die das Bundeskartellamt für die Bußgeldzumessung in Kartellordnungswidrigkeitenverfahren aufgestellt.[33] Darin ist vorgesehen (Rn. 9), dass im konkreten Fall ein Bemessungspielraum bestimmt wird, der das Gewinn- und Schadenspotential einerseits und den Gesamtumsatz des Unternehmens andererseits berücksichtigt. Das Gewinn- und Schadenspotential betrage dabei (Rn. 10) „10 % des während der Dauer des Kartellverstoßes erzielten tatbezogenen Umsatzes des Unternehmens". Der tatbezogene Umsatz wiederum sei (Rn. 11) der „mit den Produkten bzw. Dienstleistungen, die mit der Zuwiderhandlung im Zusammenhang stehen, während des gesamten Tatzeitraums erzielte Inlandsumsatz des Unternehmens." Um der jeweiligen

31 Als Substrat einer restitutiven Verbandsgeldbuße bleiben damit all jene Vorteile, die keinen Dritten zum Ersatz berechtigen: Etwa die verbesserte Marktposition, die aus den Taterträgen durchgeführte Betriebsmodernisierung oder sonstige auf Kosten der Allgemeinheit angemaßte Vorteile.

32 Ausf. zu den Bußgeldleitlinien des BKartA *Biermann*, in: Immenga/Mestmäcker, Bd. 2[6] § 81 Rn. 541 ff.

33 Siehe BKartA,[@] Bußgeldleitlinien. Die folgenden Randnummern sind dort entnommen.

Unternehmensgröße Rechnung zu tragen, wird (Rn. 13) auf das so ermittelte Gewinn- und Schadenspotential ein Mulitplikationsfaktor angewandt.[34] Diese Multiplikation von tatbezogenem Umsatz mit einem aus dem Gesamtumsatz abgeleiteten Faktor dient „nicht zur Festlegung einer bestimmten Geldbuße, sondern zur Bestimmung eines Bereichs, oberhalb dessen eine Geldbuße auch in der denkbar schwersten Konstellation bezogen auf den konkreten Fall und die Ahndungsempfindlichkeit des konkreten Unternehmens in der Regel nicht mehr angemessen wäre."[35] Denn die Sanktion soll (Rn. 4) „nicht außer Verhältnis zu den Möglichkeiten stehen, durch die konkrete Tat Vorteile im Wettbewerb zu erzielen und für Dritte bzw. die Volkswirtschaft insgesamt Nachteile zu bewirken".[36]

Rein rechnerisch ist die kartellrechtliche Verbandsgeldbuße damit stets auf einen Anteil am tatbezogenen Umsatz gedeckelt. Bei kleinen Unternehmen kann dieser Anteil bis zu 20 %, bei größten Unternehmen bis über 60 % des tatbezogenen Umsatzes betragen kann. Diese Obergrenze wird jedoch nur im denkbar schwersten Fall der Zuwiderhandlung beim Fehlen jedweder Milderungsgründe erreicht. Die tatsächlich ausgeworfene Geldbuße wird regelmäßig unterhalb dieser Grenze liegen, weil sie innerhalb des Bemessungsspielraums nach tatbezogenen und täterbezogenen Kriterien geschärft oder gemildert wird (Rn. 16). Zu den tatbezogenen Kriterien zählen etwa die Art und Dauer der Zuwiderhandlung, die Bedeutung der betroffenen Märkte und der Organisationsgrad unter den Beteiligten. Zu den täterbezogenen Kriterien rechnen die Rolle des jeweiligen Unternehmens im Kartell, seine Stellung im betroffenen Markt, der Verschuldensgrad des handelnden Organwalters und vorangegangene Verstöße. All diese Faktoren laufen letztlich darauf hinaus, dass eine höhere Geldbuße innerhalb des Bemessungsspielraums ausgeworfen wird, wenn die Zuwiderhandlung im Zweifel zu höheren mittelbaren und unmittelbaren Gewinne geführt hat.[37]

Ob die nach diesen Leitlinien bemessene Verbandsgeldbuße überhaupt oder auch nur im Regelfall über eine Abschöpfung des unmittelbaren und mit-

34 Bei einem Gesamtumsatz von bis zu 100 Mio. Euro beträgt der Faktor 2–3, bei einem Umsatz von mehr als 100 Mrd. Euro mehr als 6.

35 BKartA,@ Bußgeldleitlinien, Anm. 1 zu Rn. 13. Ganz ähnlich auch die Anm. 1 zu Rn. 9.

36 Das klingt wiederum sehr nach dem von *Koffka,* in: NdSchr. GrStrKomm, Bd. I,[12] S. 302 (re. Sp.) vorgeschlagenen „öffentlichen *Gewinnabschöpfungs-* und *Schadensersatzanspruch.*" Herv. im Original durch Sperrung.

37 Dieser Gedanke ist bereits oben in Anm. 10.6 in § 10 C. III. 4. (S. 358) geäußert worden.

telbaren Vorteils hinausgeht, lässt sich kaum ermitteln. Vieles spricht jedoch dafür, dass es mit den Leitlinien gelungen ist, das schon von *Mezger* in der Großen Strafrechtskommission prophezeite „gerecht[e] Verhältnis zwischen der Zuwiderhandlung und der aufzuerlegenden Geldleistung" herauszubilden.[38] Jedenfalls lässt sich den Leitlinien kein Mechanismus entnehmen, der sicherstellen würde, dass den Verbänden verlässlich ein über die erzielten Vorteile hinausgehendes Übel zugefügt wird. Dazu wäre es etwa erforderlich, nicht an den Kartellumsatz, sondern an den – wiederum schwer zu beziffernden – Reingewinn anzuknüpfen. Auch müsste die Bußgeldbemessung um eine Abschätzung ergänzt werden, ob und in welchem Umfang der Vorteil des Verbandes durch Schadenersatzansprüche Dritter gemindert werden wird. Dergleichen sucht man in den Leitlinien indes vergeblich.

III. Ergebnis

Nach alledem spricht Vieles dafür, dass auch die kartellrechtliche Verbandsgeldbuße nach § 81 GWB – aller Missverständlichkeiten zum Trotz – eine allein der Abschöpfung dienende Restitutionsmaßnahme ist. Selbstverständlich mag der Leser diese Frage anders beantworten. Insoweit sei abermals[39] angemerkt, dass die Positionierung in dieser Frage auf den Ausgang der Forschungsfrage keine Auswirkungen hat. Selbst wenn die kartellrechtliche Verbandsgeldbuße tatsächlich den Zweck hätte, dem Verband anlässlich der Tat des Organwalters ein Übel aufzuerlegen, wird wenigstens eines der im nächsten Kapitel angeführten Argumente[40] die Verbandsgeldbuße aus dem Bereich jener Nachteile ausklammern, die der Rechtsanwender als Schaden anerkennen darf.

---

38 Siehe *Mezger*, in: NdSchr. GrStrKomm, Bd. I,[13] S. 318 (re. Sp.).
39 Dazu bereits die Anm. 11.8 unter II. 2. b) (S. 449).
40 Siehe unten § 12 C. III. (S. 488).

Vierter Teil
(Verbands-)Geldbuße als Schaden

§ 12 Geldbuße als Schaden

*Von [Grothendiek] habe ich auch gelernt, mich nicht der Komplexität eines Beweises zu rühmen: Komplexität bedeutet, dass wir nicht verstanden haben. Im Idealfall gelingt es, eine Landschaft zu malen, in der der Beweis offensichtlich ist.**

Pierre *Deligne*
(belgischer Mathematiker, ⋆ 3. Oktober 1944)
Nachruf auf Alexandre *Grothendiek* in:
Artin et al., Notices of the AMS 63^3 (2016), S. 242 (250)

Sind damit die Fragen beantwortet, die „präjudizirlich" und noch ungelöst vor der hier entscheidenden lagen, so kann die Untersuchung nun endlich „da beginnen [...], wo sie so gerne gleich begonnen hätte."[1] Namentlich bei der Frage, ob Geldbußen – genauer: die durch sie verursachten Vermögensnachteile – Gegenstand von Schadenersatzansprüchen sein können. Dabei wird sich zeigen, dass die Beantwortung der Forschungsfrage im Hinblick auf Komplexität und Umfang weit hinter den Ausführungen zu den Vorfragen zurückbleiben wird. Das mag aus dramaturgischen Gesichtspunkten durchaus etwas unglücklich sein. Gleichwohl dürfte es mit dem aufwändigen Unterbau gelungen sein, im Sinne des Eingangszitates „eine Landschaft zu malen, in der der Beweis offensichtlich ist."

Der strafrechtliche Teil der Untersuchung hat u. a. ergeben, dass zwischen der Individual- und der Verbands-Geldbuße ganz erhebliche Unterschiede bestehen. Diese Unterschiede sind so groß, dass die Beantwortung der Forschungsfrage für jedes dieser Instrumente getrennt erfolgen muss. Die Individual-Geldbuße, mit der die Untersuchung beginnen soll, hat sich ihrerseits als ein kombiniertes Sanktionsinstrument erwiesen. Es vereinigt in sich den restitutiven Abschöpfungsteil und den trans-restitutiven Ahndungsteil. Sie dienen jeweils unterschiedlichen Zwecken und verlangen deshalb im

---

* Übersetzung von mir. Im Original: „From him and his example, I have also learned not to take glory in the difficulty of a proof: difficulty means we have not understood. The ideal is to be able to paint a landscape in which the proof is obvious."

1 Vgl. so schon *Binding* in seinem Vorwort zu Normen I, S. VII (= Normen I^2, S. V). Das vollständige Zitat ist zu Beginn von § 7 wiedergegeben.

Hinblick auf die Forschungsfrage – zwar nicht nach einer anderen Antwort, wohl aber – nach einer unterschiedlichen Begründung.

Damit ist der Gang der weiteren Untersuchung vorgezeichnet: Zuerst sollen der Abschöpfungs- (A.) und der Ahndungsteil (B.) der Individual-Geldbuße auf ihre mögliche „Schadens"-Qualität hin untersucht werden. Ausgerüstet mit diesen Erkenntnissen wird sich sodann (C.) auch die Frage angehen lassen, die Auslöser für die Untersuchung war: Die Frage, ob der durch die Verbandsgeldbuße hervorgerufene Vermögensnachteil Gegenstand eines Ersatzanspruches sein kann.

Der radikal andere Problemzugriff macht es dabei unmöglich, auf alle aktuell gegen einen Regress-„Ausschluss"[2] vorgebrachten Einwände einzugehen. Deshalb soll die Antwort auf die Forschungsfrage in diesem Abschnitt autonom entwickelt werden. Wo es sich anbietet, sollen die denkbaren Anwürfe sogleich aufgegriffen und entkräftet werden. Die verbleibenden Gegenargumente, die sich ohne Verrenkungen nicht parieren lassen, werden – soweit ein Eingehen möglich und notwendig ist[3] – erst im nächsten Kapitel (§ 13) gebündelt abgehandelt.

A. *Abschöpfungsteil der Individualgeldbuße*

Nach § 17 Abs. 4 Satz 1 OWiG soll die „Geldbuße [...] den wirtschaftlichen Vorteil, den der Täter aus der Ordnungswidrigkeit gezogen hat, übersteigen." Soweit „das gesetzliche Höchstmaß hierzu nicht aus[reicht]," kann es nach Satz 2 überschritten werden. Für die Antwort auf die Frage, ob dieser sog. Abschöpfungsteil der Geldbuße ein zivilrechtlicher Schaden sein kann, ist schrittweise vorzugehen: Zunächst sind (I.) die Wertungen freizulegen, die in dem Abschöpfungsteil zum Ausdruck kommen. Anschließend ist (II.) nachzuweisen, dass diese Wertungen durchkreuzt, wer in dem Abschöpfungsteil zugleich einen Schaden sehen will. Das erlaubt auf Grundlage des hier entwickelten Schadensverständnisses die Schlussfolgerung (III.), dass der Abschöpfungsteil außerhalb dessen liegt, was der Rechtsanwender im Wege der Rechtsfortbildung als Schaden anerkennen darf.

2 Das Wort „Ausschluss" suggeriert, dass der Regressanspruch besteht u. durch eine nachträgliche Korrektur ausgeschlossen wird. Tatsächlich aber sind mangels eines Schadens schon die Voraussetzungen des Regressanspruches nicht erfüllt, sodass schwerlich von dessen Ausschluss gesprochen werden kann.

3 Soweit diese Einwände auf dem aus §§ 249 ff. BGB abgeleiteten Schadensverständnis beruhen, ist ihnen ohnehin der Boden entzogen.

I. Wertungen hinter dem Abschöpfungsteil

Im ersten Schritt ist deshalb zu untersuchen, welche Wertungen in dem Abschöpfungsteil der Geldbuße zum Ausdruck kommen. Das ist im Rahmen der Arbeit bereits erfolgt, soll hier aber unter dem spezifischen Blickwinkel der Regressfrage wiederholt und zugespitzt werden. Insoweit lassen sich im hier entscheidenden Kontext zwei Dimensionen unterscheiden: Zum einen beseitigt die Abschöpfung des Tatertrages die daraus hervorgegangene, rechtswidrige Vermögenszuordnung und stellt auf diese Weise den rechtmäßigen Urzustand wieder her. Zum anderen stellt die Gewinnabschöpfung den Täter so, wie er vor Tatbegehung stand, und bereitet dadurch den Boden für eine effektive Übelszufügung.

1. Herstellung des status quo ante

Die Abschöpfung der rechtswidrigen Tatgewinne ist insoweit Selbstzweck, als sie der Bekräftigung der bestehenden Rechtsordnung dient.[4] Dürfte der Täter einer Ordnungswidrigkeit die deliktisch erlangten Vorteile behalten, könnte er sich einen (Markt-)Vorteil anmaßen, der seinen rechtstreuen Mitbürgern und Konkurrenten verwehrt bliebe. Das „Vertrauen der Bevölkerung in die Gerechtigkeit und die Unverbrüchlichkeit der Rechtsordnung" müsste nachhaltigen Schaden nehmen.[5] Deshalb muss die gestörte (Rechts-)Güterzuordnung beseitigt und der rechtmäßige Zustand – soweit als möglich[6] – wiederhergestellt werden.[7] Im Zivilrecht stehen zur (teilweisen) Wiederherstellung des rechtmäßigen, vor der Tat bestehenden Zustandes durch Abschöpfung des unrechtmäßig Erlangten die Instrumente des Bereicherungsrechts zur Verfügung. Fehlt ein anspruchsberechtigter Dritter, so wird diese Aufgabe durch die im weiteren Sinne strafrechtliche Vermögensabschöpfung und deshalb auch durch den Abschöpfungsteil einer Geldbuße übernommen.[8]

---

4 So – hier u. im Folgenden zum Verfall vor dem VermAbsch-RefG – *Geiger*, S. 230.

5 So die Begründung zum neuen Einziehungsrecht im RegE des VermAbsch-RefG in: BT-Drs. 18/9525, S. 45.

6 Siehe etwa § 459g StPO zur Aussetzung der Vollstreckung, wenn „der Wert des Erlangten nicht mehr im Vermögen des Betroffenen vorhanden ist".

7 *Geiger*, S. 230.

8 Vgl. *Jescheck/Weigend*, StrafR-AT[5] § 76 I 5 (S. 792). Der Verfall ist – im Anschluss an *Eser*, Sanktionen, S. 284 ff. – denn auch als „quasi-kondiktionelle Ausgleichsmaß-

Anm. 12.1: Über die Frage, ob eine strafrechtliche Vermögensabschöpfung allein mit dem „Ausgleich einer unrechtmäßigen Vermögensverschiebung" begründbar ist, ließe sich trefflich streiten.[9] Schon die Frage, „ob der Gesetzgeber mit der Reklamierung öffentlicher Ausgleichsinteressen einen verfassungslegtimien Zweck" verfolge, sei unklar. Eine Berechtigung des Staates, „eine unrechtmäßig zustandegekommene Rechtsgüterzuordnung zu korrigieren, ohne selbst zuvor an der Rechtsgüterverschiebung beteiligt gewesen oder von den Beteiligten angerufen zu sein," sei keineswegs selbstverständlich und deshalb begründungsbedürftig. Hier soll der Frage gleichwohl nicht nachgegangen werden. Die weiteren Wertungen der Vermögensabschöpfung – etwa die Funktionsgewährleistung des sonst wirkungslosen Ahndungsteils – machen ihre Berechtigung ausreichend deutlich.

Das Ordnungswidrigkeitenrecht enthält mit dem Abschöpfungsteil des § 17 Abs. 4 OWiG die Wertung, dass der Täter den angemaßten Vorteil nicht behalten darf. Er soll eine Vermögenseinbuße erleiden, die im Idealfall jeden Vorteil entzieht, den sich der Täter rechtswidrig angemaßt hat. Der Vermögenszustand nach Tatbegehung wird nicht anerkannt. Es soll vielmehr der Zustand herrschen, der vor der Tat bestanden hat.[10]

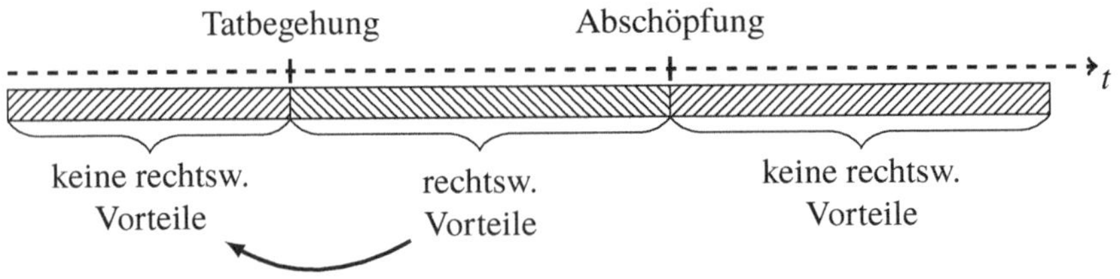

Abbildung 12.1: Der Zustand nach Tatbegehung samt der rechtswidrigen Vorteile wird nicht anerkannt. Durch Gewinnabschöpfung soll der Zustand (wieder-)hergestellt werden, der vor Tatbegehung bestand, sprich: der Zustand ohne rechtswidrige Vorteile.

nahme" bezeichnet worden. Siehe etwa *Joecks/Meißner*, in: MünchKomm-StGB[4], § 73 Rn. 4 m. w. N. (Fn. 10).

9 Als Ausgangspunkt hierzu u. zum Folgenden nur *Julius*, ZStW 109[1] (1997), S. 58 (34 f.). Die wörtlichen Zitate sind dort entnommen. Zur „Unhaltbarkeit des Verwirkungsgedankens als Rechtfertigungsgrund" für den strafrechtlichen Verfall auch *Geiger*, S. 237 ff.

10 *Geiger*, S. 229 m. w. N. Zur Vermeidung von Missverständnissen: Selbstverständlich ist damit nur gemeint, dass der Vermögenszuwachs aus der rechtswidrigen Tat beseitigt werden soll. Soweit der einzelne Täter neben der Tat redlichen Gewinn erwirtschaftet hat, ist dieser nicht Gegenstand der Gewinnabschöpfung.

2. Notwendige Bedingung der Übelszufügung

Vor allem aber hat der Abschöpfungsteil dienende Funktion. Das Strafrecht im weiteren Sinne dient dem Schutz von Rechtsgütern durch Deliktsvorbeugung. Das zentrale Instrument des Ordnungswidrigkeitenrechts ist insoweit die Geldbuße. Ihr Ahndungsteil droht dem potentiellen Täter für die Verletzung einer Verhaltensnorm die Zufügung eines trans-restitutiven Übels an. Der Täter soll befürchten, nach der Tatbegehung schlechter zu stehen, als er ohne Tatbegehung stünde. Diese angedrohte Schlechterstellung ist der klugheitsbezogene Grund, der den tatgeneigten Täter vom Rechtsverstoß abhalten soll.[11]

Dabei ist zu bedenken, dass Ordnungswidrigkeiten jedenfalls im Bereich der Wirtschaftskriminalität regelmäßig zur Gewinnerzielung begangen werden.[12] Solange diese Gewinne die Sanktion übersteigen, kann der Täter die rechtswidrigen Früchte der Tat nutzen, um die Geldbuße aus ihnen zu begleichen.[13] In Höhe des verbleibenden Überschusses wäre der Rechtsverstoß ein lohnendes Geschäft. Der Täter stünde nach Aufdeckung der Tat nicht schlechter, sondern besser als vor der Tat. Ihm würde gerade kein trans-restitutives Übel zugefügt. Die Androhung eines solchen Nicht-Übels kann den potentiellen Täter nicht von der Tatbegehung abschrecken. Das Ordnungswidrigkeitenrecht bliebe wirkungslos und könnte zum Güterschutz durch Deliktsvorbeugung nichts beitragen. Im Gegenteil: Es würde den Anreiz zur Begehung solcher Taten setzen, deren Gewinne die zu befürchtende Sanktion übersteigen.[14]

Insoweit bereitet der Abschöpfungsteil den Boden, auf dem der angedrohte Ahndungsteil seine Wirkung entfalten kann.[15] Die Abschöpfung der rechtswidrigen Tatgewinne stellt beim Täter die Vermögenslage her, die vor Begehung der Tat – sprich: zum Zeitpunkt der Übelsandrohung – bestanden hat. Dadurch ist sichergestellt, dass dem Täter durch den Ahndungsteil tatsächlich ein Übel zugefügt, ihm (trans-restitutiv) mehr entzogen wird, als er

---

11 Ausf. zur Übelsandrohung als klugheitsbezogener Grund zur Einhaltung der Verhaltensnorm oben § 7 C. II. (S. 220).

12 So zum Großteil der jährlich begangenen Straftaten BT-Drs. 18/9525, S. 45.

13 Vgl. hierzu u. zum Folgenden auch *Geiger*, S. 229 f.

14 Dazu bereits in aller Deutlichkeit *Göhler*, in: Prot. SondA-StrafR V,[28] S. 542 (li. Sp.): Eine Rechtsordnung, die dem Täter den Gewinn aus der Straftat belässt, enthielte „geradezu ein[en] Anreiz [...], weitere Straftaten zu begehen, die [...] einen Gewinn einbringen."

15 Vgl. *Geiger*, S. 230.

aus der Tat erlangt hat. Die *Binding*'sche Wunde[16] wird in sein Fleisch geschlagen, nicht bloß in das schützende Polster der rechtswidrigen Tatvorteile. Der Täter muss fürchten, dass er das angedrohte Übel als solches verspüren werde, sodass dessen Androhung – im Rahmen des strafrechtlich Möglichen – abschreckend wirken kann.

Die Abschöpfung der rechtswidrigen Tatvorteile ist danach notwendige Bedingung für einen effektiven Sanktionseingriff.[17] Der Abschöpfungsteil der Geldbuße bringt zum Ausdruck, dass der Täter den Tatgewinn nicht behalten darf, weil anderenfalls der Ahndungsteil – und mit ihm die Geldbuße als solche – wirkungslos bliebe.

II. (Hypothetische) Kollision zwischen Zivil- und Ordnungswidrigkeitenrecht

Das führt zu der Frage, was geschehen würde, wenn die durch den Abschöpfungsteil – zweifellos unfreiwillig und nachteilig – verursachte Zustandsveränderung im Vermögen des Sanktions-Adressaten zivilrechtlich zugleich als Schaden anerkannt würde. Unterstellt man das Vorliegen auch der übrigen Anspruchsvoraussetzungen,[18] so könnte der Täter von dem zivilrechtlich letztverantwortlichen Dritten verlangen, die rechtswidrigen Tatvorteile zu ersetzen. Darin käme zum Ausdruck, dass der Täter die Vermögensbelastung nicht selbst verspüren soll. Zivilrechtlich wäre ihm das Instrumentarium gegeben, um „im Bedarfsfall mit den Mitteln arbeitsteilig organisierten Zwanges“[19] den Zustand herzustellen, der zwischen der Begehung der Tat und der strafrechtlichen Gewinnabschöpfung bestanden hat. Das ist jedoch eben der Zustand, den das Ordnungswidrigkeitenrecht nicht anerkennen und durch die Vermögensabschöpfung hatte beseitigen wollte. Zivilrecht und Ordnungswidrigkeitenrecht würden verschiedene Zustände anstreben, die nicht gleichzeitig bestehen können.

Anm. 12.2: Zwar sind selbstverständlich Fälle denkbar, in denen der Ersatzanspruch am Fehlen (auch) einer anderen Anspruchsvoraussetzung scheitern mag.[20] Die Ahndungsvoraussetzungen im Sanktionsrecht decken sich nicht zwangsläu-

---

16 *Binding*, Normen I, S. 170 (= Normen I², S. 288): „Die Strafe *soll* eine Wunde schlagen, der Schadenersatz eine andere heilen, [...] ohne eine zweite zu verursachen.“ Herv. im Original durch Sperrung.

17 Vgl. *Geiger*, S. 230.

18 Siehe zur Berechtigung dieser Unterstellung die Anm. 12.2.

19 So treffend *Bydlinski*, Methodenlehre², S. 489.

fig mit den Anspruchsvoraussetzungen im Zivilrecht. Für die Frage nach der „Schadens"-Qualität und der Abwälzbarkeit der Geldbuße und ihrer Teile kommt es – jedenfalls bei dem hier zu Grunde gelegten Verständnis[21] – indessen gar nicht darauf an, ob das Gesetz einen Regress-Automatismus vorsieht.[22] Denn auch wenn es Fälle geben mag, in denen es aus anderen Gründen nicht zu einer Kollision zwischen Zivil- und Ordnungswidrigkeitenrecht kommt: Die Fälle, in denen die übrigen Anspruchsvoraussetzungen vorliegen, lassen sich dadurch nicht beantworten. Deshalb sollen im Folgenden nur jene Fälle untersucht werden, in denen das Kollisionsproblem einzig von der Qualifikation der Geldbuße(nteile) als Schaden abhängig ist.

Dem kann nicht entgegengehalten werden, dass die verschiedenen Zustände nacheinander und deshalb gerade nicht gleichzeitig bestehen sollen. Jeder einzelne Euro, der im Wege zivilrechtlichen Schadenersatzes von dem Dritten an den Täter zurückflösse, würde genau die rechtswidrige Güterzuordnung (wieder-)herstellen und perpetuieren, die durch die Vermögensabschöpfung hatte beseitigt werden sollen. Der rechtswidrige Vorteil wäre zwar nicht mehr auf Kosten der Allgemeinheit, wohl aber auf Kosten des ersatzpflichtigen Dritten angemaßt. Der Vorsprung, den der Täter sich gegenüber den rechtstreuen Mitbürgern erschlichen hat, bliebe gleichwohl erhalten. *Crime would pay!* Das Vertrauen der Bevölkerung in Gerechtigkeit und Unverbrüchlichkeit der Rechtsordnung müsste eben jenen nachhaltigen Schaden nehmen, den die strafrechtliche Vermögensabschöpfung verhindern möchte. Das Zivilrecht würde zur rechtmäßigen, erstrebenswerten und mit staatlichen Mitteln erzwingbaren Güterzuordnung erheben, was das Ordnungswidrigkeitenrecht als rechtswidrigen und unerträglichen Zustand mit staatlichen Mitteln bekämpft. Es würde dem Täter einen klag- und vollstreckbaren Anspruch auf die Früchte des Rechtsverstoßes geben, die das Ordnungswidrigkeitenrecht gerade deshalb abschöpfen darf und abschöpft, weil sie rechtswidrig sind und auf sie kein schutzwürdiger Anspruch besteht.

---

20 Darauf haben in der Diskussion um die Verbandsgeldbuße vor allem *Bayer/Scholz*, GmbHR 2015,[9] S. 449 (452) u. *Scholz*, S. 48 ff. hingewiesen. Ähnlich auch *Blassl*, CCZ 2017,[1] S. 37 (42) u. *Twele*, S. 162

21 Ausgehend von dem Weg, den die eben zitierten Stimmen methodisch eingeschlagen haben, war das in der Tat anders. Sie hatten gefragt, ob ein tatbestandlich an sich einschlägiger Regressanspruch im Wege der teleologischen Reduktion zu beschränken sei. Dafür war eine gewisse Häufung erforderlich, weil sich der „Befund rechtspolitischer Wünschbarkeit" zu einer „teleologischen Zwangsläufigkeit" hätte verdichten müssen, vgl. *J. Koch*, in: GS Winter (2011), S. 327 (335).

22 Dafür etwa das LAG Düsseldorf, Urt. v. 20. 1. 2015 – 16 Sa 459/14 („*Schienenkartell I*") – ZIP 2015,[17] S. 829 ff. (830).

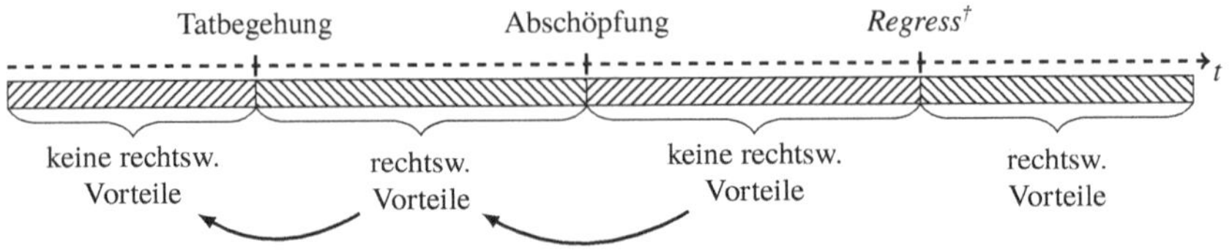

Abbildung 12.2: Ein unterstellter Regress würde den Zustand wiederherstellen, der zwischen Tatbegehung und Abschöpfung bestand. Zivilrecht und Ordnungswidrigkeitenrecht würden deshalb unterschiedliche Zustände anstreben, die nicht gleichzeitig bestehen können.

Schließlich würde die zivilrechtliche Rückführung der rechtswidrigen Tatgewinne dazu führen, dass der Täter das ihm auferlegte Sanktionsübel letztlich doch aus den Früchten der Tat begleichen kann. Schlimmer noch: Der Ersatzanspruch würde in dem Augenblick entstehen, in dem der Täter durch die Vermögensabschöpfung den „Schaden" erleidet.[23] Das Vermögen des Täters würde in derselben Sekunde, in der es belastet wird, durch einen diese Belastung egalisierenden Anspruch aufgefüllt, per saldo folglich gar nicht gemindert. Die *Binding'*sche Wunde würde deshalb nicht in das Fleisch des Täters, sondern doch nur in das Polster der – gegebenenfalls noch einzuklagenden, aber immerhin einklagbaren – rechtswidrigen Taterträge geschlagen. Wo aber die Sanktion aus den Taterträgen beglichen werden kann, wird der Sanktionseingriff nicht mehr als spürbares Übel, sondern als bloße Schmälerung des Gewinns empfunden. Seine Androhung wird insoweit wirkungslos. Die zivilrechtliche Nachbereitung machte die Gewinnabschöpfung rückgängig, die ihrerseits notwendige Bedingung für einen wirksamen Sanktionseingriff ist.

Mit anderen Worten: Die Anerkennung des Abschöpfungsteils als Schaden würde die Möglichkeit der Geldbuße schwächen bzw. beseitigen, durch Deliktsvorbeugung zum Güterschutz beizutragen. Der ordnungswidrigkeitenrechtliche Güterschutz würde der zivilrechtlichen Sabotage zum Opfer fallen.

---

23 Schon deshalb sind die Fälle der rechtlich erzwungenen Abwälzung nicht mit jenen vergleichbar, in denen sich ein Dritter nachträglich u. freiwillig zur Sanktionsübernahme bereit erklärt. Siehe dazu noch B. III. (S. 476) u. § 13 B. I. 3. b) (S. 548).

III. Auflösung der „Normenkollision“

Solange also der Abschöpfungsteil zivilrechtlich als Schaden qualifiziert würde, käme es zur Kollision zwischen Zivil- und Ordnungswidrigkeitenrecht. Die Rechtsordnung schlüge sich mit dem Zivilrecht die Waffe aus der Hand, die sie sich im Strafrecht geschmiedet hatte.[24] Zivil- und Ordnungswidrigkeitenrecht gäben auf den einheitlichen Lebenssachverhalt verschiedene Antworten, die sich unmöglich miteinander vereinbaren ließen.

Träfen der zivilrechtliche und der ordnungswidrigkeitenrechtliche Regelungskomplex mit demselben Kampfgewicht aufeinander, müsste ein Weg gefunden werden, den Widerspruch aufzulösen. Und prima facie scheint dies durchaus der Fall zu sein. So sehr das Ordnungsrecht die Abschöpfung der Taterträge gesetzlich anordnet (§ 17 Abs. 4 OWiG), schreibt das Zivilrecht gesetzlich den Ersatz des Schadens vor (§ 249 BGB i. V. m. der jeweiligen Ersatzpflichtanordnung).

Tatsächlich aber kann es auf Grundlage des hier entwickelten Schadensverständnisses zu einer Normenkollision[25] nicht kommen.[26] Der Schaden kann sich als Voraussetzung der Ersatzpflicht nicht aus den §§ 249 ff. BGB ergeben. Denn diese wenden sich ihrerseits nur an denjenigen, der schon „zum Schadensersatz verpflichtet ist“, § 249 Abs. 1 BGB. Auch sonst ist der Begriff des Schadens als Voraussetzung einer jeden Ersatzpflichtanordnung im Gesetz nicht geregelt. Der Gesetzgeber hat ihn bei Schaffung des BGB vielmehr bewusst offen gelassen. Mag sich die Ersatzverpflichtung als solche aus dem Gesetz ergeben, hat der Gesetzgeber den Entscheidungsmaßstab im Hinblick auf den Schaden als Anspruchsvoraussetzung gerade nicht festgelegt. Insoweit hat er eine Lücke gelassen, die den Rechtsanwender zur Rechtsfortbildung berechtigt und verpflichtet. Weil der Rechtsanwender – anders als der nur den Grenzen der Verfassung unterworfene Gesetzgeber – nach Art. 20 Abs. 3 GG an „Gesetz und Recht“ gebunden ist, hat er bei der Fortbildung des Rechts „die bestehende Gesetzesordnung, auch die fernwirkenden gesetzlichen Wertungen anderer Rechtsgebiete, strikt zu beachten.“[27]

---

24 So das schöne Bild zur Geldstrafe bei *Holly/Friedhofen*, NZA 1992,[4] S. 145 (150).

25 Vgl. die Definition der Normkollision bei *Rüthers/Fischer/Birk*, Rechtstheorie,[11] Rn. 271: „Mehrere Vorschriften regeln denselben Lebenssachverhalten mit unterschiedlichen, oft entgegengesetzten Rechtsfolgen.“

26 Siehe ausf. zum Folgenden den zivilrechtlich-methodischen Teil der Arbeit, §§ 4–6.

27 *Rüthers/Fischer/Birk*, Rechtstheorie,[11] Rn. 887 u. 910. Vgl. auch *Bydlinski*, Methodenlehre,[2] S. 584: Die Rechtsfortbildung – er spricht von der Ausfüllung von Generalklauseln – darf sich „nicht mit konkreten gesetzlichen Interessenbewertungen

De lege lata als „verbindlich festgestellte [...] konkretere normative Maßstäbe dürfen nicht durchkreuzt werden."[28]

Die in § 17 Abs. 4 OWiG angeordnete Abschöpfung des rechtswidrigen Vorteils ist ein solcher konkreterer normativer Maßstab. Anders als bei der Anordnung der Ersatzverpflichtung hat der Gesetzgeber hier die maßgebliche Regelungsentscheidung getroffen, den gesetzlichen Entscheidungsmaßstab festgelegt: Dem Täter soll der rechtswidrige Vorteil entzogen werden, weil er auf diesen keinen Anspruch habe und damit er nicht aus ihm das zugefügte Übel bezahlen könne.[29] Damit hat die ordnungswidrigkeitenrechtliche Wertung im Gesetz Ausdruck gefunden. Sie ist als konkreterer normativer Maßstab „Gesetz" i. S. d. Art. 20 Abs. 3 GG. Mit ihr endet deshalb das Wertungs-Vakuum, das den Rechtsanwender zur Rechtsfortbildung berechtigt.

Die Anerkennung des Abschöpfungsteils als Schaden i. S. d. Ersatzpflichtanordnung würde eine positivierte gesetzgeberische Wertung überspielen und damit den Rahmen zulässiger Rechtsfortbildung sprengen. Mag auch der Abschöpfungsteil der Geldbuße eine unfreiwillige und nachteilige Veränderung im potentiell schutzwürdigen Vermögen des Täters darstellen; ein Schaden als Voraussetzung einer Ersatzpflicht kann er gleichwohl nicht sein. Solange die methodischen zwingenden äußeren Grenzen des Schadensbegriffes beachtet werden, kann es im Hinblick auf den Abschöpfungsteil zu einer Kollision zwischen Zivil- und Ordnungswidrigkeitenrecht nicht kommen.

IV. Zwischenergebnis

Für den Abschöpfungsteil einer (Individual-)Geldbuße kann im Wege des Schadenersatzes kein Ersatz verlangt werden. Das dürfte im Ergebnis auch dem Standpunkt der herrschenden Meinung entsprechen,[30] der bislang jedoch ein überzeugendes und konsensfähiges methodisches Konzept fehlt.[31]

---

und Prinzipien, die in der geltenden Rechtsordnung maßgeblich sind, in Widerspruch setzen".

28 So *Bydlinski*, Methodenlehre², S. 584, allerdings auch hier zur Ausfüllung von Generalklauseln. Zust. *Scholz*, 277 f.

29 Dazu ausf. oben § 10 B. I. (S. 327).

30 Eine wirkliche Diskussion um den Ersatz des Abschöpfungsteils einer Individual-Geldbuße scheint es nicht zu geben. Für den Abschöpfungsteil einer Verbandsgeldbuße geht die h. M. jedoch beinahe geschlossen davon aus, dass dieser dem ansonsten vermeintlich möglichen Regress entzogen sein solle. Siehe die Nachw. oben § 3 B. I. (S. 63) u. unten C. V. (S. 493).

31 Für eine Auswahl an Vorschlägen siehe oben § 3 B. I. (S. 63).

Ausgehend von dem hier entwickelten Ausgangspunkt, wonach der Schaden als Voraussetzung der Ersatzpflicht eine im Wege der Rechtsfortbildung zu schließende Lücke ist, gelingt der Nachweis zwanglos: Die hinter dem Abschöpfungsteil der Geldbuße liegenden Wertungen würden überspielt, wenn in der strafrechtlich intendierten Vermögensbelastung zugleich ein ausgleichsfähiger und -bedürftiger Schaden erblickt würde. Damit ist der Abschöpfungsteil zwar eine nachteilige Zustandsveränderung. Diese liegt jedoch außerhalb dessen, was der – an Gesetz und Recht gebundene (Art. 20 Abs. 3 GG) – Rechtsanwender im Wege der Rechtsfortbildung als einen Schaden i. S. d. Ersatzpflichtanordnung anerkennen darf.

B. Ahndungsteil der Individualgeldbuße

Eine Geldbuße wäre ohne die vorherige Abschöpfung etwaiger Gewinne wirkungslos. Umgekehrt aber könnte das Ordnungswidrigkeitenrecht einen wirksamen Rechtsgüterschutz ebensowenig gewährleisten, wenn es sich mit der bloßen Gewinnabschöpfung begnügte. Der Täter müsste im Falle der Aufdeckung lediglich zurückgeben, was er aus der Tat erlangt hat – sprich: was er auch ohne Begehung der Tat nicht haben würde. Der Rechtsverstoß wäre ein reines Null-Summen-Spiel. Bei einer deutlich unter 100 % liegenden Aufdeckungsrate stellte das Abschöpfungsrisiko einen „wegen seiner exakten Begrenzung nach oben hin leicht kalkulierbaren Kostenfaktor dar, dessen Inkaufnahme von einer reinen Nutzen-Kosten-Analyse geradezu geboten" würde.[1] Entsprechend sieht § 17 Abs. 4 OWiG vor, dass die Geldbuße „den wirtschaftlichen Vorteil, den der Täter aus der Ordnungswidrigkeit gezogen hat, übersteigen" soll und zu diesem Zweck auch das gesetzliche Höchstmaß überschreiten kann. Damit stellt sich die Frage, ob dieser trans-restitutive Ahndungsteil der Geldbuße zivilrechtlich ein Schaden sein kann.

Auch insoweit empfiehlt sich dieselbe Vorgehensweise wie eben: Nach einer kurzen Rekapitulation zur Übelszufügung im System des Güterschutzes (I.) sind zunächst (II.) die Wertungen hinter dem Ahndungsteil freizulegen. Sodann ist (III.) zu untersuchen, ob diese Wertungen durchkreuzt, wer den Ahndungsteil im Wege der Rechtsfortbildung als einen zivilrechtlichen Schaden qualifizieren wollte. Sofern es zum Widerspruch kommt, ist dieser (IV.)

---

1 So *Schünemann*, Unternehmenskriminalität, S. 161 f. zum ehemaligen Verfall, der in der „Beschränkung des Verfalls auf die *Wiederherstellung des status quo ante*" die „gravierendste Lücke" des Instrumentes erkennen wollte. Herv. im Original.

im Sinne der hier entwickelten Konstruktion aufzulösen. Soweit ein Eingehen auf die Anwürfe, wie sie gegenwärtig gegen einen vollständigen Regress-„Ausschluss" vorgebracht werden, nicht en passant möglich ist, sollen sie im im nächsten Kapitel (§ 13) aufgegriffen und entkräftet werden.

I. Rekapitulation: Übelszufügung und Güterschutz

Der genaue Zweck der Übelszufügung ist oben[2] im Zusammenhang mit dem Wirkmechanismus des Ordnungswidrigkeitenrechts ausführlich beleuchtet worden. Die dortigen Gedanken sollen zunächst kurz in Erinnerung gerufen und für die konkrete Regressfrage zugespitzt werden. Aus diesem Gedanken der Androhungsgeneralprävention lassen sich sodann entscheidende Konsequenzen ableiten und – im nächsten Abschnitt (II.) – die Wertungen hinter dem Ahndungsteil freilegen.

1. Übelszufügung im Gefüge des ordnungswidrigkeitenrechtlichen Güterschutzes

Das Ordnungswidrigkeitenrecht „bezweckt als [paen-]ultima ratio den Rechtsgüterschutz durch das Mittel der mit Androhungsgeneralprävention ausgestatteten Verhaltensnormen".[3] Die (primären) Verhaltensnormen stellen Ge- und Verbote auf, um Rechtsgüter zu schützen. Sie selbst nennen jedoch keinen Grund, weshalb sie eingehalten werden sollten.[4] Diese Lücke wird dadurch geschlossen, dass die (primäre) Verhaltensnorm mit einer (sekundären) Sanktionsnorm bewehrt wird. Als spezifisch ordnungswidrigkeitenrechtliche Sanktionsnorm droht diese an, auf Verhaltensnormverstöße mit Festsetzung und Beitreibung einer Geldbuße zu reagieren – sprich: mit der Zufügung eines kommunikativen und eines körperlich-sinnlichen Übels. Der Allgemeinheit wird folglich ein (klugheitsbezogener) Grund angegeben, die Verhaltensnorm einzuhalten: Wer sich klug verhalten und die Zufügung des angedrohten Übels vermeiden will, ist gehalten, das auf diese Weise

2 Siehe oben § 7 C. II. (S. 220).

3 So *Schünemann*, ZIS 2014, S. 1 (3) zum Strafrecht i. e. S.

4 Gleichwohl greift auch die Verhaltensvorschrift schon mit ihrem Inkrafttreten in Grundrechte ein, „weil das entsprechende Verhalten schon durch das Gesetz selbst verboten ist". Siehe *Lagodny*, StrafR u. GrundR, § 4 B u. C (S. 85 ff.) m. w. N. (in Fn. 46).

verstärkte Ge- oder Verbot zu beachten. Mit anderen Worten: Die Androhung der Übelszufügung bezweckt die Bildung der „Maxime [...], das Gesetz aus Klugheit nicht zu verletzten.“[5]

Die tatsächliche Zufügung des (körperlich-sinnlichen)[6] Übels – durch Beitreibung der festgesetzten Geldbuße – beweist den Ernst und die Wirklichkeit der Übelsandrohung. Würde auf die Festsetzung der Geldbuße nicht wenigstens im Regelfall das persönliche Bußgeldübel folgen, so müssten Zweifel an Ernst und Endgültigkeit der Sanktionsandrohung aufkommen, die die güterschützende Wirksamkeit des Ordnungswidrigkeitenrechts selbst gefährden würden.[7] Denn die Drohung mit dem Übel würde sich als leere Drohung erweisen; das Versprechen, mit Geldbuße zu reagieren, würde nicht eingehalten. Der klugheitsbezogene Grund, zur Vermeidung des angedrohten Übels auf den rechtswidrigen Sondervorteil zu verzichten und die Verhaltensnorm einzuhalten, würde sich in sein Gegenteil verkehren: Es wäre geradezu unklug, zur Vermeidung eines nicht ernsthaft angedrohten Übels – eines angedrohten nicht-Übels – auf diesen dann kostenlosen Sondervorteil zu verzichten.

Kurzum: Die Übelzufügung beweist den Ernst der Übelsandrohung. Die Übelsandrohung ihrerseits erklärt, weshalb es unklug wäre, die Verhaltensnorm nicht einzuhalten. Die dergestalt bewehrte Verhaltensnorm stellt Ge- und Verbote auf, die dem Schutz von Rechtsgütern dienen. Die Übelszufügung ist danach das letzte Zahnrad im ordnungswidrigkeitenrechtlichen Räderwerk, der Schlussstein, ohne den sich der (End-)Zweck des präventiven Güterschutzes durch Deliktsvermeidung nicht erreichen ließe.

2. Konsequenzen aus der Androhungsgeneralprävention

Sinnvoll und legitimierbar ist die Zufügung eines Übels allein wegen eines in der Vergangenheit liegenden Ereignisses[8] zum Zwecke des Güterschutzes

---

5 So schon treffend *E. Klein*, ArchCrimR 2[4] (1802), S. 56 (111), dem *Greco*, S. 357 „meisterhafte Kürze“ attestiert.

6 Für das kommunikative Übel – als ein der Naturalrestitution nicht zugänglicher immaterieller Schaden – kann mangels gesetzlicher Anordnung ohnehin kein Ersatz verlangt werden, vgl. § 253 Abs. 1 BGB. Dazu bereits oben Anm. 7.9 in § 7 C. I. 3. (S. 218).

7 Vgl. zur Strafe i. e. S. *Hillenkamp*, in: FS Lackner (1987), S. 455 (461). Zust. *Holly/Friedhofen*, NZA 1992[4], S. 145 (149).

nur, „wenn es um eine schuldhafte (= vermeidbare) Normverletzung geht."[9] Der individuell nicht vermeidbare[10] Verhaltensnormverstoß ist keine unkluge Verhaltensweise, der sich durch eine Übelsandrohung hätte vorbeugen lassen. Die abschreckende (= güterschützende) Wirkung der Übelsandrohung ist vielmehr darauf angewiesen, dass der Adressat der Verhaltensnorm die Möglichkeit hat, sich durch sie zu einem Verhalten bestimmen zu lassen, das die Übelszufügung vermeidet.[11] Nur derjenige, der zum Verstehen und zur Befolgung der Norm befähigt war und sich gleichwohl für den vermeidbaren Verstoß entschieden hat,[12] handelt unklug und hat in diesem Sinne[13] Schuld und Vorwurf auf sich geladen. Und nur in dem Umfang dieses Vorwurfs – sprich: dem Umfang, in dem die Normverletzung individuell vermeidbar war – erlaubt es das Schuldprinzip, dem Täter das angedrohte Übel zuzufügen.[14]

II. Wertungen hinter dem Ahndungsteil

Aus dem – wohl auch jenseits der Androhungsgeneralprävention anschlussfähigen[15] – Gedanken, die Zufügung des Übels beweise den Ernst und die Wirklichkeit seiner Androhung, folgt wiederum zweierlei:

---

8 Sprich: Losgelöst von der künftigen Gefährlichkeit des Täters. Anderenfalls wäre sie nicht (reaktiv-retrospektive) Strafe i. w. S., sondern (reaktiv-prospektive) Maßregel. Zu dieser Terminologie oben § 7 C. I. (S. 210).

9 So *Schünemann*, ZIS 2014, S. 1 (2), der damit die logische Unmöglichkeit einer echten Verbandsstrafbarkeit erklären will.

10 Vgl. § 11 Abs. 2, § 12 Abs. 2 u. §§ 15 f. OWiG.

11 So zum identischen Mechanismus der Prävention im Schadenersatzrecht *Larenz*, SchuldR I,[14] § 27 I (S. 423).

12 Siehe BGH (GrS), Beschl. v. 18. 3. 1952 – GSSt 2/51 – BGHSt **2**, 194 ff. (200 f.): „Mit dem Unwerturteil der Schuld wird dem Täter vorgeworfen, daß er sich nicht rechtmäßig verhalten, daß er sich für das Unrecht entschieden hat, obwohl er sich rechtmäßig verhalten, sich für das Recht hätte entscheiden können. [...] Wer weiß, daß das, wozu er sich in Freiheit entschließt, Unrecht ist, handelt schuldhaft, wenn er es gleichwohl tut."

13 Ausf. u. präzise zur „Lehre von der Schuld als strafbezogener Unklugheit" *Greco*, S. 495 ff. Gleichwohl erhebt er nicht den Anspruch (S. 500), „eine vollständige Schuldlehre" angeboten zu haben.

14 Siehe § 17 Abs. 3 Satz 1 OWiG: „Grundlage für die Zumessung der Geldbuße sind die Bedeutung der Ordnungswidrigkeit und *der Vorwurf, der den Täter trifft.*" Herv. nur hier.

15 Siehe dazu bereits Anm. 7.12 in § 7 C. II. 3. (S. 226).

1. Belastung (nur) des Täters

Einmal die geradezu banale Erkenntnis, dass das Übel eben demjenigen zugefügt werden muss, der gegen die Verhaltensnorm verstoßen hat.[16] Die Verhaltensnorm schreibt als abstrakt-generelle Regelung eine bestimmte Verhaltensweise jedem vor, der potentiell gegen sie verstoßen kann. Die abstrakt-generelle Sanktionsnorm droht jedem Einzelnen an, dass *gerade ihm* im Falle eines (vermeidbaren) Verstoßes ein Übel zugefügt werden wird. Würde das Übel einem Dritten angedroht, so müsste der potentielle Täter es nicht fürchten. Er hätte keinen Grund, auf den rechtswidrigen Sondervorteil zu verzichten, wenn das davor abschreckende Übel nicht ihm, sondern einem Dritten drohte. Und umgekehrt: Der redliche Bürger hätte keinen Anreiz, zur Vermeidung eines Übels die primären Verhaltensnormen zu beachten, wenn er jederzeit für den von einem Dritten begangenen Verstoß sanktioniert werden könnte. Eine abschreckende Präventionswirkung – im positiven wie im negativen Sinne – entfaltet die Übelsandrohung folglich nur, wenn das künftige Übel nur demjenigen in Aussicht gestellt wird, der gegen die Verhaltensnorm verstoßen wird.

Soll nun die Übelszufügung Ernst und Wahrheit genau dieser Androhung beweisen, so kann und muss das Übel auch nur genau demjenigen zugefügt werden, der den Verstoß selbst begangen hat.[17] Ein Ernst und Wahrheit der Androhung beweisender Nachteil kann nur entstehen, wenn das Vermögen desjenigen belastet wird, der die Verhaltensnorm verletzt hat – wenn die Belastung dem Vermögen des Verletzers zugeordnet wird.[18]

Mit anderen Worten: Der Ahndungsteil der Geldbuße fügt demjenigen ein Vermögensübel zu, der sich trotz Androhung eines Übels unklug verhalten und die Verhaltensnorm verletzt hat. Er soll nach Aufdeckung und

16 Schon *v. Savigny*, System, Bd. II, S. 313 sah „die Identität des Verbrechers und des Bestraften" als „ein Grundprincip des Criminalrechts" an. Siehe auch statt vieler *Jakobs*, Staatliche Strafe, S. 34, der – auf Grundlage seiner Theorie von der Strafe als Antwort auf die Gefährdung der Rechtsgeltung – den schönen Vergleich zum zivilrechtlichen Schadenersatz zieht: „Es gilt im Zivilrecht, einen eingetretenen Schaden, oder im Strafrecht, die Gefährdung der Rechtsgeltung *durch einen Eingriff bei demjenigen auszugleichen, der* diesen Schaden oder *diese Gefährdung zu verantworten hat,* und zwar soweit sein Verantwortlichkeit reicht." Herv. nur hier.

17 Dem stehen die Figuren von Anstiftung, Beihilfe, Mittäterschaft u. mittelbarer Täterschaft nicht entgegen. Denn diese Figuren erheben es zum eigenen vorwerfbaren Verhaltensnormverstoß, eben als Anstifter, Gehilfe, Mittäter oder mittelbarer Täter an einem Verhaltensnormverstoß beteiligt gewesen zu sein.

18 Vgl. *Thomas*, NZG 2015,36 S. 1409 (1411).

Aburteilung der Tat schlechter stehen, als er vor der Begehung der Tat stand. Diese Übelszufügung soll Ernst und Wirklichkeit der Androhung beweisen, was nur gelingen kann, wenn das Übel des Ahndungsteils tatsächlich das Vermögen des Täters mindert.

2. Rechtswidrigkeit der Vorwurfs-übersteigenden Geldbuße

Zum anderen wäre jede Vorwurfs-übersteigende Geldbuße als Verstoß gegen das auch im Ordnungswidrigkeitenrecht geltende Schuldprinzip rechts- und verfassungswidrig. Der Täter würde, um der Allgemeinheit den Ernst und die Wirklichkeit der Übelsandrohung zu beweisen, in größerem Umfang herangezogen, als dies „durch sein eigenes freies Verhalten legitimiert wird.“[19] Eine solche, durch sein freies Verhalten nicht mehr legitimierte „Benutzung des [Täters] als Mittel für andere Zwecke“[20] wäre mit dem Menschenbild des Grundgesetzes nicht zu vereinbaren. Denn der Täter würde „unter Verletzung seines verfassungsrechtlich geschützten sozialen Wert- und Achtungsanspruchs zum bloßen Objekt der Verbrechensbekämpfung gemacht“.[21]

Soll danach die festgesetzte und zugefügte Geldbuße nicht rechts- und verfassungswidrig sein, darf sie den Vorwurf, der den Täter trifft, nicht übersteigen. Das lässt – was bei der Frage nach der Zulässigkeit des Bußgeldregresses bislang meist übersehen worden ist – für die Geldbuße nur zwei mögliche Zustände zu: Entweder die Geldbuße entspricht ihrer Höhe nach dem Vorwurf, der dem Täter zu machen ist. Dann ist sie rechtmäßig. Oder sie enthält (teilweise) einen Vorwurf, für den nicht der Täter, sondern ein Dritter verantwortlich ist. Dann aber ist sie (insoweit) zu hoch bemessen und deshalb rechts- und letztlich verfassungswidrig. Will man dem Ahndungsteil einer konkreten Geldbuße nicht unterstellen, rechts- und verfassungswidrig zu sein, so kommt in ihm stets eines zum Ausdruck: Er bildet der Höhe nach nur den Vorwurf ab, der einzig und allein dem Täter zu machen ist.

---

19 Siehe – auch zum Vorstehenden – *Schünemann*, ZIS 2014, S. 1 (3).
20 *Schünemann*, Unternehmenskriminalität, S. 199 f.
21 Vgl. etwa BVerfG, Beschl. v. 16. 1. 1979 – 2 BvL 44/77 („*Rückfall*“) – BVerfGE **50**, 125 ff. (133) m. w. N. Zur Herleitung des Schuldprinzips aus der Menschenwürde-Garantie des Grundgesetzes u. den daraus zu ziehenden Konsequenzen bereits oben § 10 C. IV. 1. (S. 360).

III. (Hypothetische) Kollision zwischen Zivil- und Ordnungswidrigkeitenrecht

Dass die Anerkennung des Ahndungsteils als eines Schadens diese Wertungen durchkreuzen würde, liegt auf der Hand.[22] Der verurteilte Täter könnte – die übrigen Voraussetzungen der Ersatzpflichtanordnung unterstellt[23] – von dem Dritten Ersatz für die Vermögenseinbuße[24] verlangen, die er durch Zufügung des Ahndungsteils erlitten hat. Das Haftungsrecht würde die Einbuße von dem grundsätzlich schadenszuständigen Inhaber des Rechtsgutes (Vermögen) auf einen Dritten überleiten. Die aus der Perspektive des Ordnungsrechts erwünschte und dem Täter rechtmäßig zugefügte Wunde würde aus der Perspektive des Zivilrechts als ein unerwünschter und deshalb ausgleichsbedürftiger Zustand wahrgenommen, zu dessen Beseitigung der Dritte herangezogen wird.

Dadurch würde aber die für das Ordnungswidrigkeitenrecht essentielle Zuordnung des Sanktionsübels zum Adressatenvermögen durch das Zivilrecht aufgebrochen,[25] das Ordnungswidrigkeitenrecht zum Opfer zivilrechtlicher Sabotage.[26] Soweit sich das körperlich-sinnliche Übel letzten Endes gegen den Dritten wendete, würde die Sanktionswirkung gegenüber dem Verurteilten aufgehoben.[27] Wird aber das Übel nicht demjenigen zugefügt, der gegen die Verhaltensnorm verstoßen hat, so kann die Übelszufügung

---

22 So bereits *Hillenkamp*, in: FS Lackner (1987), S. 455 (464), der m. Verw. auf *v. Spiegel*, S. 77 ff. u. S. 107 ff. meinte, nachgewiesen zu haben, dass „es eine die verfassungsmächtig verankerten Strafzwecke respektierende Rechtsprechung zu einer *rechtlichen* Abwälzung nirgends kommen lassen darf, wenn sie auf eine in den Grundlagen widerspruchsfreie Gesetzesanwendung reflektiert." Herv. im Original. Zust. *Holly/Friedhofen*, NZA 1992,[4] S. 145 (151).

23 Auch insoweit sei für die Berechtigung dieser Unterstellung auf Anm. 12.2 unter A. II. (S. 464) verwiesen.

24 Nochmal – siehe Anm. 7.9 in § 7 C. I. 3. (S. 217): Das in dem Sanktionsausspruch liegende kommunikative Übel ist dem Regress ganz unabhängig von seiner „Schadens-" Qualität entzogen. Denn es wäre allenfalls ein Nichtvermögensschaden, bei dem Naturalrestitution nicht möglich ist. Die danach allein in Betracht kommende Entschädigung in Geld wäre jedoch schon deshalb nicht möglich, weil die dazu nach § 253 Abs. 1 BGB erforderliche gesetzliche Anordnung fehlt.

25 *Thomas*, NZG 2015,[36] S. 1409 (1411) u. ähnlich in: VersR 2017,[10] S. 596 (600) jew. zur Verbandsgeldbuße.

26 Vgl. *Geiler*, JW 1919,[12] S. 837 (837) zum umgekehrten Fall des Aufwendungsersatzanspruchs nach § 110 HGB: „Eine solche Sabotierung des Strafrechts durch das Zivilrecht ist unmöglich."

27 Vgl. *Geiler*, JW 1919,[12] S. 837 (837).

nicht mehr Ernst und Wirklichkeit der Sanktionsandrohung beweisen. Die zivilrechtliche Nachbereitung würde die Wertungen durchkreuzen, die im staatlichen Sanktionsvorgang zum Ausdruck kommen: Das Zivilrecht wäre darum bestrebt, eben jene Schlechterstellung des Täters zu verhindern, die das Ordnungswidrigkeitenrecht herbeiführen will. Auch insoweit würden Zivil- und Ordnungswidrigkeitenrecht unterschiedliche Zustände anstreben, die gleichzeitig nicht bestehen können.

Und auch insoweit kann dem nicht entgegengehalten werden, dass die Zustände nacheinander und deshalb nicht gleichzeitig bestehen sollen. Zwar ist selbstverständlich nicht zu verlangen, dass der verurteilte Täter auf Lebzeiten um den Betrag seiner Geldsanktion gebracht wird.[28] Es muss aber doch an der Sinnhaftigkeit und – im Hinblick auf das Rechtsstaatsprinzip auch – der Legitimation des Unterfangens gezweifelt werden, wenn das Schlagen und das Heilen der Wunde quasi in einer juristischen Sekunde zusammenfallen.[29] Genau dazu käme es jedoch, würde der Ahndungsteil als Schaden anerkannt: Denn nach § 89 OWiG wird die Sanktionsentscheidung vollstreckbar, sobald sie rechtskräftig ist.[30] In diesem Zeitpunkt wird das Vermögen des Täters mit einer vollstreckbaren Verbindlichkeit belastet und dadurch gemindert.[31] Im selben Augenblick, in dem dieser „Schaden" zu den übrigen (unterstellten) Voraussetzungen der Ersatzpflicht träte, würde er im Vermögen des Täters einen Ersatzanspruch entstehen lassen, der die Sanktions-Belastung (teilweise) egalisierte. In diesem Umfang würde dem Täter durch die Übelszufügung ein Übel nicht zugefügt. Per saldo schuldet er (insoweit) nichts, mag er auch den vorzustreckenden Betrag auf dem gegebenenfalls mühsamen Weg der Klage zurückholen müssen.[32] Diese Mühsal mutet das Gesetz freilich – neben dem Prozessrisiko und dem Insolvenzrisiko des Dritten – jedem Inhaber einer Forderung zu. Sie kann deshalb kein ausreichender Anhaltspunkt sein, um darin den Kern der Sanktionswirkung erblicken zu wollen.[33]

---

28 *Hillenkamp*, in: FS Lackner (1987), S. 455 (462) auch zum Vorstehenden.

29 Siehe nur *Schiemann*, in: Staudinger (2017), § 249 Rn. 203: Der „Sinn einer Geldstrafe dürfte verfehlt sein, wenn der Täter von Anfang an weiß, dass er die bezahlte Strafsumme zivilrechtlich von einem anderen ersetzt verlangen kann." Gleichwohl hält er – ohne jede Begründung – eine Abwälzung bei Ordnungswidrigkeiten u. bei geringfügigem kriminellem Unrecht für unbedenklich.

30 Daran ändert auch die sog. Schonfrist des § 95 OWiG nichts. Details bei *Mitsch*, in: KarlsrKomm-OWiG[5], § 95 Rn. 2 ff.

31 Diese Belastung mit einer Verbindlichkeit als Minderung des Passivvermögens wandelt sich durch die spätere Beitreibung lediglich in eine Güterminderung durch Beeinträchtigung des Aktivvermögens um. Vgl. zur Geldstrafe *v. Spiegel*, S. 141.

32 Vgl. *Hillenkamp*, in: FS Lackner (1987), S. 455 (462).

Mit anderen Worten: Noch während der Staat mit dem strafenden Arm den Schlag zur Übelszufügung führte, böte er dem Täter den zivilrechtlich ausgleichenden Arm, damit dieser sich beim Dritten erhole.[34] Der Denkzettel, der dem Täter seiner Schuld und seinem Vorwurf entsprechend verpasst werden soll, würde mit dem Freibrief versandt, ihn zur Erledigung an den Dritten weiterzureichen.[35] Eine solche gesetzlich normierte und von vornherein intendierte „aberratio ictus der Übelszufügung“[36] müsste aber beinahe zwangsläufig zu der Frage führen,[37] mit welchem Recht und zu welchem Zweck der Staat die für den Dritten bestimmte Wunde diesem nicht unmittelbar, sondern über den Umweg des primären Sanktionsadressaten zufügte.

Diese Frage stellt sich umso drängender, wenn man die Legitimationsvoraussetzungen einer jeden staatlichen Strafe bedenkt: Ein reaktives und rein retrospektives Übel darf dem Täter nur auferlegt werden, wenn und soweit er Schuld und Vorwurf auf sich geladen hat – sprich: sich bezogen auf das Strafrecht unklug verhalten hat. Wo er den Verstoß nicht vermeiden konnte, handelt er in diesem Sinne nicht unklug, deshalb ohne Schuld und darf er nicht bestraft werden.[38] Das bürgerliche Recht sieht die Überleitung oder Abwälzung einer Einbuße jedoch nur ausnahmsweise und stets nur unter einer gemeinsamen Voraussetzung vor:[39] Der Dritte muss für die Einbuße

33 So aber in der Tendenz *Bayer/Scholz*, GmbHR 2015,[9] S. 449 (452); *Bayreuther*, NZA 2015,[20] S. 1239 (1242); *Brommer*, Vorstandshaftung, S. 46; *Harzenetter*, S. 135; *Kersting*, ZIP 2016,[27] S. 1266 (1267); *J. Koch*, AG 2012,[12] S. 429 (434 f.); *R. Koch*, VersR 2015,[16] S. 655 (658); *Scholz*, S. 48; *Suchy*, NZG 2015,[15] S. 591 (592); *Twele*, S. 162 f., die deshalb meinen, die repressive u. präventive Wirkung einer – anders als hier verstandenen – Verbandsgeldbuße werde durch einen nachträglichen Regress nicht beeinflusst.

34 Vgl. die entsprechende Argumentation der Beklagten in RG, Urt. v. 10. 6. 1942 – III 14/42 – ZAkDR 1943,[1] S. 13 f. (13), die in RGZ **169**, 227 ff. nicht wiedergegeben ist.

35 Vgl. *Hillenkamp*, in: FS Lackner (1987), S. 455 (462), der zu Recht darauf hinweist, dass sich die abschreckende Denkzettelwirkung unter diesen Bedingungen nicht aufrechterhalten lasse.

36 In Anlehnung an *Zipf*, MDR 1968,[8] S. 632 (633), der in ähnlichem Zusammenhang von der „aberratio ictus der Strafzumessung“ sprach.

37 Wie hier – wenn auch zur Verbandsgeldbuße – *Thomas*, NZG 2015,[36] S. 1409 (1412): „Ein solches Paradigma wäre schlicht unlogisch. Es müsste [. . .] die Frage beantwortet werden, warum der Staat überhaupt noch eine Buße gegen das Unternehmen verhängt, wenn diese Folge vom Haftungsrecht sogleich als unerwünschter Schaden auf das Organmitglied verlagert würde.“

38 § 17 StGB u. § 11 Abs. 2 OWiG.

39 Besonders deutlich *Larenz*, SchuldR I,[14] § 27 I (S. 424): „Dem Geschädigten soll der Nachteil, den er infolge eines Vorgangs erlitten hat, *für den ein anderer verantwortlich*

des Geschädigten verantwortlich sein – sei es durch schuldhafte und widerrechtliche Verletzung, durch Schaffung einer Gefährdung, durch wissentliche Aufopferung eines fremden Gutes und dergleichen mehr.[40]

Soweit die Einbuße des Ahndungsteils auf den Dritten abgewälzt werden könnte, enthielte das Zivilrecht die Aussage, dass (insoweit nur)[41] der Dritte und nicht der abwälzungsberechtige Täter für sie verantwortlich ist. Ist aber der Täter für sein Verhalten nicht verantwortlich, weil er sich insoweit auf den Dritten hatte verlassen dürfen, so muss dieses Verhalten des Dritten schon im Strafrecht die Verantwortlichkeit des Täters ausschließen.[42] Denn Schuld und Vorwurf „ist nur dasjenige, das übrigbleibt, wenn man von der Vorwerfbarkeit der Tat alles abzieht, was dem Täter im wahrsten Sinne des Wortes zur Entschuldigung dienen kann" – sprich: auch das sanktionsauslösende Verhalten Dritter, derentwegen der Täter den Verhaltensnormverstoß nicht hat vermeiden können.[43] Soweit also das Zivilrecht die Abwälzung des Sanktionsübels zuließe und damit den Dritten für verantwortlich erklärte, widerspräche es der Aussage des Ordnungswidrigkeitenrechts: Denn dieses hatte das Übel (rechtmäßig) nur zufügen dürfen, wenn und soweit der Täter – und eben nicht der Dritte – für den Verstoß verantwortlich war.

Anm. 12.3: Dem mag man mit Recht entgegengehalten, dass sich die Verantwortungsbegriffe im Zivil- und im Ordnungswidrigkeitenrecht unterscheiden. An der Antwort auf die Regressfrage ändert das jedoch nichts: Zum einen ist es im Rahmen der straf- und ordnungswidrigkeitenrechtlichen Regelungen zum Verbotsirrtum anerkannt, dass der sich redlich auf den Rat des qualifizierten Fachmannes verlassende Täter keine Schuld bzw. keinen Vorwurf auf sich lädt und deshalb nicht mit einer Sanktion belegt werden darf.[44] Trotz möglicher Unterschiede herrscht hier zwischen zivil- und ordnungswidrigkeitenrechtlicher Verantwortlichkeit ein gewisser Gleichlauf. Zum anderen handelt es sich bei der staatlichen Sanktion um einen

---

ist, nach Möglichkeit ausgeglichen, wieder gut gemacht werden. [...] Es genügt [...] nicht, daß jemand überhaupt einen Schaden erlitten hat; auszugleichen ist dieser Schaden nur, *soweit ein anderer für ihn rechtlich verantwortlich ist.*" Herv. nur hier.

40 Überblick bei *Deutsch*, HaftungsR[2] Rn. 2.

41 Nichts anderes folgt aus dem Mitverschulden nach § 254 Abs. 1 BGB.

42 Vgl. § 17 StGB u. § 11 Abs. 2 OWiG. Details zu den Voraussetzungen, unter denen die Rückversicherung bei einem Dritten Schuld bzw. Vorwurf des Täters auszuschließen vermag, etwa bei *Neumann*, in: NomosKomm-StGB[5] § 17 Rn. 74 ff. u. *Rengier*, in: KarlsrKomm-OWiG[5] § 11 Rn. 76 ff.

43 So treffend *Späth*, DStZ 1990[18] S. 467 (468) in Anlehnung an das bemerkenswerte [damals noch nicht veröffentlichte] AG Langenfeld, Urt. v. 31. 3. 1989 – 12 C 737/88 – StB 1991[2] S. 65 f. (66).

44 Siehe auch insoweit nur *Neumann*, in: NomosKomm-StGB[5] § 17 Rn. 74 ff. u. *Rengier*, in: KarlsrKomm-OWiG[5] § 11 Rn. 76 ff. jew. m. zahlr. Nw.

> hoheitlichen Grundrechtseingriff. Die Anforderungen an die Verantwortlichkeit des Täters müssten deshalb im Verhältnis zwischen Staat und Bürger strenger sein, als im Verhältnis der Privatpersonen untereinander. Wenn also das Zivilrecht im Verhältnis zwischen dem Dritten und dem Verurteilten den Dritten für verantwortlich hält, verneint es insoweit die Verantwortlichkeit des Verurteilten. Dann aber lässt sich insoweit auch eine Verantwortlichkeit des Verurteilten im strafrechtlichen Sinne nicht konstruieren.[45]

Wird die Frage des Geldsanktionenregresses danach aus der Perspektive der Gesamtrechtsordnung betrachtet, bleiben nur zwei sich gegenseitig ausschließende Konstellationen möglich:[46] Entweder hat der Täter trotz des Verhaltens des Dritten in vermeidbarer und deshalb verantwortlicher und vorwerfbarer Weise gegen die Verhaltensnorm verstoßen. Dann trifft ihn ein eigener Vorwurf, für den nur er verantwortlich ist und dessen nachteilige Folgen das bürgerliche Recht nicht auf einen Dritten überleiten will und kann. Oder der Verhaltensnormverstoß des Täters beruht auf einem für ihn nicht vermeidbaren Verhalten, für das nur der Dritte verantwortlich ist. Dann aber handelte der Täter (insoweit) nicht vorwerfbar und hätte eine Sanktion (insoweit) nicht ergehen dürfen. Ergeht sie gleichwohl, so ist sie (insoweit) rechtswidrig und von dem Täter mit dem dafür vorgesehenen Instrumentarium gegenüber dem Staat zu Fall zu bringen. Der Rechtsgedanke, den das BVerfG[47] im berühmten Nassauskiesungsbeschluss zur Amtshaftung formuliert hat, gilt auch hier: „Wer von den ihm durch das [Gesetz] eingeräumten Möglichkeiten, sein Recht auf Herstellung des [rechtmäßigen] Zustandes zu wahren, keinen Gebrauch macht, kann wegen eines etwaigen, von ihm selbst herbeigeführten Rechtsverlustes nicht anschließend von [einem Dritten] Geldersatz verlangen."[48]

Für die Regressfrage lässt sich das Vorstehende auf eine einfache Formel bringen: Wo der Regress denkbar ist, darf es die Sanktion (so) nicht geben;

45 Anders aber die aktuelle st. Rspr. Dass diese auf einer langen Reihe von nachweisbaren Fehlentscheidungen beruht, soll später ausf. belegt werden, siehe § 13 A. (S. 498).

46 Zum Folgenden vor allem *Hillenkamp*, in: FS Lackner (1987), S. 455 (464), dem sich für das Arbeitsrecht *Holly/Friedhofen*, NZA 1992[4], S. 145 (151) angeschlossen haben.

47 Beschl. v. 15. 7. 1981 – 1 BvL 77/78 („*Nassauskiesung*") – BVerfGE **58**, 300 ff. (324).

48 Daran angelehnt, aber noch pointierter *Wolffgang/Tervooren*, ZfZ 2004[3], S. 82 (85): „Der althergebrachte Rechtssatz ‚Dulde und Liquidiere' gilt nicht mehr. [...] Jetzt heißt es vielmehr ‚Wer sich nicht wehrt, lebt verkehrt'." Inhaltlich identisch, aber lange Zeit davor *Herschel*, DR 1943[18], S. 558 (559): Wer „sich gegen die Ordnungsstrafe nicht verteidigt, obgleich er es vermag, kann nicht verlangen, daß diese ihm (ganz) von einem [Dritten] ersetzt wird."

und wo es die Sanktion (so) geben darf, ist ein Regress nicht denkbar. Wer die Rechtsordnung insgesamt widerspruchsfrei anwenden möchte, darf es zu einer Abwälzung der Geldsanktion nicht kommen lassen.[49]

Anm. 12.4: Wie sehr sich die Aussagen von Zivil- und Ordnungswidrigkeitenrecht unterscheiden, wird deutlich, wenn man die Aussagen zusammenstellt und miteinander zu kombinieren versucht.[50]
Die Geldbuße sagt: Du hast in verantwortlicher und vorwerfbarer Weise gegen eine Verhaltensnorm verstoßen. Deshalb sollst Du durch Zufügung des dafür angedrohten Übels einen Nachteil erleiden. Dieser Nachteil entspricht der Höhe nach dem Vorwurf, der (ausschließlich) Dir zu machen ist.
Die (unterstellte) zivilrechtliche Ersatzpflichtanordnung würde sagen: Nicht Du, sondern der ersatzpflichtige Dritte ist (teilweise) für den Verhaltensnormverstoß verantwortlich. Deshalb sollst Du, soweit der Dritte rechtlich verantwortlich ist und die Geldbuße Dir gegenüber zu hoch bemessen ist, aus der Geldbuße keinen Nachteil erleiden.
Zusammen: Nicht Du, sondern der Dritte ist für den Verhaltensnormverstoß verantwortlich, für den Du verantwortlich bist. Den Nachteil, den Du deshalb erleiden sollst, sollst nicht Du, sondern soll der Dritte erleiden.

IV. Auflösung der „Normenkollision“

Für die Auflösung dieser Widersprüche zwischen Zivil- und Ordnungswidrigkeitenrecht gilt das oben zum Abschöpfungsteil Gesagte[51] entsprechend: Der Gesetzgeber hat mit Schaffung der Tatbestände des Straf- und Ordnungswidrigkeitenrechts die eben freigelegten Wertungen gesetzlich positiviert – wenngleich sie ihm möglicherweise nicht so deutlich vor Augen standen. Jedenfalls aber besteht hier ein positivierter gesetzgeberischer Entscheidungsmaßstab, der das zur Rechtsfortbildung berechtigende und verpflichtende Wertungs-Vakuum beseitigt. Wer das anders sehen wollte, müsste den unmöglichen Nachweis erbringen, weshalb das Gesetz in den hier relevanten Fällen rechts- und verfassungswidrige Übel androht und zufügt. Die Aussagen des Straf- und Ordnungswidrigkeitenrechts sind deshalb „Gesetz“ i. S. d. Art. 20 Abs. 3 GG. Würde der Ahndungsteil zugleich als ein zivilrechtlicher Schaden qualifiziert, so würden diese konkreteren normativen Maßstäbe

49 Vgl. *Hillenkamp*, in: FS Lackner (1987), S. 455 (464).

50 Ähnlich bereits *Thomas*, NZG 2015,[36] S. 1409 (1412) zur Verbandsgeldbuße. Von einem eklatanten Widerspruch gehen auch *Hillenkamp*, in: FS Lackner (1987), S. 455 (464) u. *Holly/Friedhofen*, NZA 1992,[4] S. 145 (151) aus.

51 Siehe oben A. III. (S. 467).

überspielt und der Rahmen zulässiger Rechtsfortbildung gesprengt. Auch die durch den Ahndungsteil hervorgerufene unfreiwillige und nachteilige Zustandsveränderung im Vermögen des Täters liegt außerhalb dessen, was der Rechtsanwender im Rahmen der Rechtsfortbildung als einen Schaden anerkennen darf.

V. Zwischenergebnis

Der durch den Ahndungsteil einer (Individual-)Geldbuße herbeigeführte Vermögensnachteil kann im Wege des Schadenersatzes nicht ersetzt verlangt werden. Dieses Ergebnis steht im scharfen Gegensatz zur ständigen Rechtsprechung und der darauf aufbauenden herrschenden Meinung.[52] Wird der Schaden als Voraussetzung der Ersatzpflicht irrig aus der Differenzhypothese des § 249 Abs. 1 BGB abgeleitet, so ist die Bejahung der Regressfähigkeit in der Tat konsequent und beinahe alternativlos. Wird jedoch, wozu schon die der Systematik des Gesetzes verpflichtete Auslegung der §§ 249 ff. BGB zwingt, das hier entwickelte Konzept des Schadens als einer zur Rechtsfortbildung berechtigenden und verpflichtenden Lücke zum Ausgangspunkt genommen, muss ein Regress des Ahndungsteils verneint und ausgeschlossen werden: Denn die hinter dem Ahndungsteil der Geldbuße liegenden Wertungen würden überspielt, würde die strafrechtlich intendierte Vermögensbelastung zugleich als ein ausgleichsfähiger und -bedürftiger Schaden qualifiziert. Zwar führt auch der Ahndungsteil zu einer nachteiligen Zustandsveränderung im grundsätzlich schutzwürdigen Vermögen des Täters. Gleichwohl liegt diese Einbuße wegen der damit verfolgten Zwecke außerhalb dessen, was der nach (Art. 20 Abs. 3 GG) an Recht und Gesetz gebundene Rechtsanwender im Wege der Rechtsfortbildung als einen Schaden i. S. d. Ersatzpflichtanordnung anerkennen darf.

C. Verbandsgeldbuße

Damit verbleibt die Frage, die den Anlass zu dieser Untersuchung gab: Die Frage, ob eine Verbandsgeldbuße Gegenstand eines zivilrechtlichen Anspruchs auf Schadenersatz sein kann. Auch das ist nicht der Fall, wenn die

52 Ausf. Kritik an der st. Rspr. zur Beraterhaftung u. weshalb diese nicht dazu zwingt, den hier eingenommenen Standpunkt aufzugeben, unten § 13 A. (S. 498).

Verbandsgeldbuße ihrerseits nicht als ein Schaden im Sinne einer zivilrechtlichen Ersatzpflichtanordnung qualifiziert werden darf.

Die nunmehr bewehrte Vorgehensweise soll auch hier eingehalten werden: Nach einer kurzen Rekapitulation (I.) sollen zuerst (II.) die Wertungen hinter der Verbandsgeldbuße ausdrücklich benannt werden. Das führt (III.) zu der Frage, ob diese Wertungen durchkreuzt, wer die Vermögenslast der Verbandsgeldbuße als einen Schaden qualifizieren wollte. Ist dies der Fall, so ist (IV.) der Normwiderspruch im Sinne der hier entwickelten Konstruktion aufzulösen. Auch hier macht es der radikal andere Problemzugriff beinahe unmöglich, auf die aktuell gegen den Regress-„Ausschluss" erhobenen Anwürfe einzugehen. Sie sollen deshalb, soweit sie sich ohne Verrenkungen nicht parieren lassen, im nächsten Kapitel (§ 13) aufgegriffen werden.

I. Rekapitulation: Verbandsgeldbuße

Die richtig verstandene Verbandsgeldbuße ist eine reaktiv-retrospektive und (nur) restitutive Sanktion.[1] Sie soll dem Verband alle unmittelbaren und mittelbaren Vorteile entziehen, die er aus einer verbands- und vertretungsbezogenen Tat eines Organwalters[2] erlangt hat. Angelehnt an die Individual-Geldbuße gliedert sie sich in einen Abschöpfungsteil und einen Pseudo-Ahndungsteil. Der Abschöpfungsteil (§ 30 Abs. 3 i. V. m. § 17 Abs. 4 OWiG entsprechend) schultert dabei regelmäßig die Hauptlast. Er entzieht dem Verband den unmittelbaren und – wegen eines Betriebsunfalls im Rechtsausschuss[3] – in großem Umfang auch den mittelbaren Gewinn. Der darüber hinaus gehende und oft symbolisch bleibende Pseudo-Ahndungsteil (§ 30 Abs. 1 u. 2 OWiG) entzieht – in immer größerem Umfang[4] – den mittelbaren Gewinn, der nicht schon durch den Abschöpfungsteil entzogen worden ist. Eine wirkliche, trans-restitutive Übelszufügung ist in der Verbandsgeldbuße hingegen nicht vorgesehen[5] – jedenfalls dann nicht, wenn sie im Sinne

1 Ausf. zur hier entwickelten Terminologie von Reaktion, Retrospektion u. Restitution oben § 7 C. I. (S. 210).

2 Zum Zwecke der besseren Lesbarkeit seien im Folgenden unter dem Begriff des Organwalters auch die übrigen tauglichen Täter des § 30 Abs. 1 OWiG erfasst. Zu den Begriffen des Verbands- u. Vertretungsbezugs bereits oben § 8 A. I. (S. 230).

3 Zu der unbedachten Ausdehnung des Abschöpfungsteils im RechtsA, deren Auswirkungen auf die Verbandsgeldbuße nicht bedacht worden sind, § 10 D. III. 1. (S. 387).

4 Zur schrittweisen Anhebung der Sanktionsobergrenze bereits oben § 11 A. II. 1. c) (S. 408), § 11 A. V. (S. 417) u. § 11 A. VI. 2. (S. 420).

des historischen Gesetzgebers verstanden wird,[6] dessen Konzeption trotz zahlreicher Umgestaltungen nie aufgegeben worden ist.[7]

II. Wertungen hinter der Verbandsgeldbuße

Besteht der Zweck – aller Teile[8] – der Verbandsgeldbuße in der Abschöpfung des rechtswidrigen Gewinns, so gilt das oben[9] zum Abschöpfungsteil der (Individual-)Geldbuße Gesagte mit gewissen Modifikationen auch hier: Die Verbandsgeldbuße ist insoweit Selbstzweck, als sie die rechtswidrige Güterzuordnung beseitigt. Darüber hinaus bereitet die Abschöpfung der Verbandsgewinne den Boden für eine effektive Übelszufügung bei dem individualverantwortlichen Täter.

1. Beseitigung der rechtswidrigen Güterzuordnung

Anders als bei der im Eigeninteresse begangenen Tat entsteht der rechtswidrige Gewinn aus einem Verbandsdelikt nicht bei dem Individual-Täter. Mit einer gegen diesen gerichteten Sanktion kann er deshalb nicht abgeschöpft werden.[10] Er kommt vielmehr der juristischen Person[11] zugute, für die gehandelt worden ist.

Dürfte der Verband den rechtswidrigen Vorteil behalten, so könnte er sich einen Wettbewerbsvorteil anmaßen, der seinen Konkurrenten mit redlichen – oder immerhin redlicheren – Organwaltern verwehrt bliebe. Mittel- und langfristig würde sich ein nicht mehr aufholbarer Vorsprung entwickeln, mit

---

5 Auch sie würde an dem hier gefundenen Ergebnis jedoch nichts ändern. Siehe dazu Anm. 12.7 unter III. (S. 491).

6 Ausf. zu der Konzeption des historischen Gesetzgebers § 10 u. insb. § 10 D. (S. 379).

7 Zur Änderungsgeschichte des § 26 $OWiG_{68}$, die Zweck u. Wirkmechanismus der Verbandsgeldbuße unberührt ließ, ausf. oben § 11.

8 Das bedeutet freilich, dass es der typischerweise vorgenommenen Aufschlüsselung nach Abschöpfungsteil u. (Pseudo-)Ahndungsteil gar nicht bedarf. Anders etwa *Harnos*, S. 100 m. zahlr. Nw. (in Fn. 330).

9 Siehe oben A. I. (S. 461)

10 Ausf. zu den Gründen, weshalb eine die verfassungsrechtlichen Grenzen beachtende Individualsanktion den Verbandsvorteil auch de lege ferenda nicht erreichen kann, § 10 B. II. 1. (S. 334).

11 Zum Zwecke der besseren Lesbarkeit seien im Folgenden unter der juristischen Person auch die übrigen, in § 30 Abs. 1 OWiG genannten Rechtsträger gemeint.

dem sich vor allem und gerade die gesetzestreuen Konkurrenten aus dem Felde schlagen ließen.[12] Die hier zu befürchtende „Erschütterung des Glaubens an die Unverbrüchlichkeit und die Allgemeinverbindlichkeit der Rechtsordnung“ müsste noch gravierender sein als bei der Tat des egoistischen Täters.[13] Denn es würde nur „das Individuum in der Interessenverwirklichung vom Staate gehemmt“, wo es rechtlich verbotene Wege beschreite, „nicht aber der über größere Machtmittel und Lebenskräfte verfügende Verband.“ Das Gefühl der Ungleichbehandlung und „des unzureichenden Schutzes des Einzelnen vor den Verbänden“ müsste zu der Überzeugung führen, dass sich der Staat „gegenüber diesen mächtigen Interessenträgern nicht durchsetzen“ könne, was letztlich „die Existenz der Rechtsordnung unmittelbar in Frage stellen“ müsste.

Insoweit hat die – Gewinnabschöpfung durch – Verbandsgeldbuße den (Selbst-)Zweck, die rechtswidrige Güterzuordnung zu beseitigen und die rechtmäßige Güterzuordnung wiederherzustellen. Sie bringt damit zum Ausdruck, dass der Verband den Vorteil aus der Tat des Organwalters schon deshalb nicht behalten darf, weil dieser rechtswidrig ist und auf ihn niemand einen Anspruch hat. Das Verbandsvermögen soll durch die Geldbuße eine Belastung erfahren, die diese Vorteile – so umfassend wie möglich – abschöpft. Der rechtswidrige Vermögenszuwachs wird nicht gebilligt, der Vermögenszustand nach Begehung der Tat nicht anerkannt. Es soll der Zustand bestehen, der vor Begehung der Tat bestanden hat.[14]

2. Bekämpfung der ökonomisch-rationalen Kollusion

Vor allem aber hat die Verbandsgeldbuße im Gefüge des ordnungswidrigkeitenrechtlichen Güterschutzes eine dienende Funktion: Sie soll die Wirksamkeit der individuellen Sanktionsandrohung und -zufügung gewährleisten, indem sie den Anreiz zur ökonomisch-rationalen Kollusion bekämpft.

Zur Erinnerung:[15] Die juristische Person als solche ist – aller Zurechnungsakrobatik zum Trotz – in einem natürlichen Sinne handlungs- und erst Recht

12 Siehe die Fälle, die *Hartung*, Korreferat 40. DJT (1953), E 53 f. u. *Koffka,* in: NdSchr. GrStrKomm, Bd. IV, S. 568 (li. Sp.) geschildert haben. Noch eindrücklicher, der Praxisbericht von *Bauerle,* in: NdSchr. GrStrKomm, Bd. IV;[50] S. 325 (li. Sp. f.).

13 So bereits im Jahre 1933 *Busch*, S. 112 – auch zum Folgenden.

14 Auch hier ist damit selbstredend nicht gemeint, dass sonstige, aus redlicher Betätigung erwirtschaftete Vorteile von der Gewinnabschöpfung erfasst wären.

15 Dazu schon ausf. oben § 9 A. III. 3. a) (S. 274), § 10 B. II. 3. (S. 339) u. ö.

schuldunfähig; ihr selbst ist es unmöglich, Verhaltensnormen zu verletzen.[16] Es wäre nachgerade sinnlos, ihr einen klugheitsbezogenen Grund zur Einhaltung der Verhaltensnorm zu nennen.[17] Vielmehr werden Verbandsdelikte – wie alle anderen Delikte auch – allein von natürlichen Personen begangen. Sie sind es deshalb, denen der klugheitsbezogene Grund zur Einhaltung der Verhaltensnorm angegeben werden muss. Allerdings muss diese Sanktion, auch wenn der Täter die ungeheuren Macht- und Betriebsmittel des Verbandes einsetzt, schon von Verfassungs wegen nach seinen persönlichen wirtschaftlichen Verhältnissen bemessen werden. Der Tatgewinn jedoch fließt dem Vermögen des Verbandes und nicht jenem des individual-verantwortlichen Täters zu. Das hat zur Folge, dass die mögliche Individualsanktion gemessen an den eingesetzten Mitteln und den dadurch erzielbaren Gewinnen geradezu lächerlich klein erscheinen muss. Ohne eine sie flankierende Verbandssanktion kann sie unmöglich in einem angemessenen Verhältnis zu Bedeutung und Tragweite der Tat stehen.

Könnte dem Verband der erzielte Tatgewinn nicht durch eine gegen ihn gerichtete, hoheitliche Sanktion entzogen werden, wäre der Anreiz zur ökonomisch-rationalen Kollusion gesetzt. Der Verband dürfte die erzielten Gewinn gar im Falle der Aufdeckung behalten. Das Verbandsdelikt wäre ein lohnendes, der Wiederholung würdiges Geschäft. Für die im Verband zusammengefassten Einzelpersonen wäre es geradezu ein Gebot ökonomischer Vernunft, den individuellen Täter aus den ungeheuerlichen Taterträgen von den Folgen seiner lächerlich kleinen, persönlichen Sanktion freizustellen. Denn dadurch wäre zu erwarten, dass er auch in Zukunft möglichst viele lukrative Verbandsdelikte begehe und andere potentielle Täter sich an ihm ein Beispiel nähmen. Wegen des Missverhältnisses von erzielbaren, nicht entziehbaren Vorteilen einerseits und der Höhe der möglichen Individualsanktionen andererseits wären Tatertrags-finanzierte Freistellung und Belohnung des altruistischen Delinquenten ein Leichtes.

Kann sich umgekehrt der potentielle Täter eines Verbandsdeliktes schon vor Tatbegehung darauf verlassen, dass ihm das angedrohte Sanktionsübel

---

16 Siehe nur BT-Drs. V/1269, S. 58 (li. Sp.): „Die juristische Person [...] ist als fiktives und im natürlichen Sinne handlungsunfähiges Wesen" einer (S. 61 li.) „Tat im natürlichen Sinne nicht fähig. Sie selbst kann keine Ordnungswidrigkeit oder Straftat begehen."

17 Siehe den treffenden Vergleich bei *Schünemann*, ZIS 2014, S. 1 (2 f.): „Jeder gegenteilige Versuch wäre eine Torheit wie diejenige des persischen Großkönigs Xerxes, der [...] bei einem Unwetter die [...] Wellen [...] zur Strafe mit 300 Rutenschlägen züchtigen ließ."

später aus den Erträgen der Tat abgenommen werde, so verliert die Sanktionsandrohung jeden Schrecken. Die *Binding'*sche Wunde[18] würde nicht ihm geschlagen, sondern träfe die durch die Taterträge gut gepolsterte Hand des Verbandes, die dieser schützend über den Organwalter hielte. Der klugheitsbezogene Grund, wegen des unerwünschten persönlichen Übels auf den rechtswidrigen Sondervorteil für den Verband zu verzichten, wird in sein Gegenteil verkehrt: Es wäre geradezu unklug, auf den Sondervorteil für den Verband zu verzichten. Denn dieser Sondervorteil würde sicher ausreichen und würde sicher dazu genutzt werden, das persönliche Übel zu annulieren und die Opferbereitschaft des Delinquenten fürstlich zu entlohnen.

Die Verbandsgeldbuße ist damit notwendige Konsequenz des streng anthropo-zentrischen Strafrechts. Sie schafft den Ausgleich dafür, dass bei dem Verbandsdelikt das begünstigte und das per Individual-Sanktion fassbare Vermögen auseinanderfallen. Der rechtswidrige Tatgewinn wird dort abgeschöpft, wo er entstanden ist. Er steht dann – genau wie beim egoistisch handelnden Täter – nicht mehr zur Verfügung, um aus ihm die Sanktion zu begleichen. Das im fehlgeleiteten Interesse des Verbandes begangene Delikt stellt sich im (zweit-)besten[19] Falle als ein Null-Summen-Spiel, wahrscheinlicher aber als ein Verlust-Geschäft dar.[20] Der Anreiz zur ökonomisch-rationalen Kollusion wird vielleicht nicht vollends beseitigt, aber immerhin erheblich gemindert.[21] Der individuelle Täter kann sich nicht mehr auf die – ökonomisch jedenfalls nicht mehr gebotene[22] – Sanktionsabnahme ver-

18 Siehe *Binding*, Normen I, S. 170 (= Normen I$^2_,$ S. 288): „Die Strafe *soll* eine Wunde schlagen, der Schadenersatz eine andere heilen, wenn möglich ohne eine zweite zu verursachen". Herv. im Original durch Sperrung.

19 Im besten Falle wird das Verbandsdelikt selbstverständlich nicht aufgedeckt. Dann stellt sich der „kostenlose" Rechtsverstoß als lukratives Geschäft dar. Die Wirksamkeit des Güterschutzes ist jedoch stets von der Aufdeckung begangener Verbandsdelikte abhängig. Daran kann eine beliebige Ausgestaltung der Verbandsgeldbuße nichts ändern.

20 Im Regelfall dürfte der Verband durch „*,negative Publizität'* sowie *,Verlust an Akzeptanz, an Arbeitszeit und -kraft'*" einen ganz erheblichen Nachteil erleiden. So *Eidam*, Unternehmen u. Strafe, S. VIII. Herv. im Original.

21 Wegen des von *Schünemann*, Unternehmenskriminalität, S. 161 f. attestierten „unbestrittenermaßen riesigen, im einzelnen freilich unbekannten Dunkelfeldes der Wirtschaftskriminalität" dürfte sich die Begehung möglichst vieler, meist unaufgedeckter Verbandsdelikte trotz der möglichen Verbandsgeldbußen per saldo lohnen. Das aber lässt sich nicht durch die Ausgestaltung der Verbandssanktion, sondern nur durch eine Steigerung der Verfolgungseffizienz durch entsprechende Ausstattung der entsprechenden Behörden beseitigen.

lassen. Er muss vielmehr fürchten, das persönliche Übel unvermittelt und unverwässert selbst zu erleiden. An ihm werden der Allgemeinheit Ernst und Wirklichkeit der Sanktionsandrohung bewiesen. Mehr noch: Er müsste in einem effizienten und auf Gewinnmaximierung ausgerichteten Verband damit rechnen, dass der für unzureichend erachteten hoheitlichen Sanktion verbandsinterne Sanktionen zur Seite gestellt werden.

Die reaktiv-retrospektive und restitutive Verbandsgeldbuße schützt danach die Wirksamkeit der individuellen Übels-Androhung und Zufügung. Der Verband darf den rechtswidrigen Vorteil nicht behalten, weil die Abschöpfung dieser Gewinne notwendige Bedingung für einen effektiven Sanktionseingriff ist. Ohne sie wäre das Strafrecht im weiteren Sinne im Hinblick auf die Verbandsdelikte wirkungslos und könnte es insoweit keinen Beitrag zum Güterschutz durch Deliktsvermeidung leisten.

III. (Hypothetische) Kollision zwischen Zivil- und Ordnungswidrigkeitenrecht

Soweit die Gewinnabschöpfung durch Verbandsgeldbuße den Selbstzweck hat, die rechtswidrige Güterzuordnung zu beseitigen, gilt das oben[23] zum Abschöpfungsteil Gesagte entsprechend: Das Zivilrecht stellte dem Verband das Instrumentarium zur Verfügung, mit staatlichem Zwang den Zustand herzustellen, der zwischen Begehung der Tat und Abschöpfung des Gewinns bestand – sprich: jenen Zustand, den das Ordnungswidrigkeitenrecht nicht anerkennen und durch Gewinnabschöpfung mit staatlichem Zwang hatte beseitigen wollen. Zivilrechtlich würde zur rechtmäßigen und erstrebenswerten Güterzuordnung erhoben, was das Ordnungswidrigkeitenrecht als rechtswidrigen und unerträglichen Zustand bekämpft. Dem Verband würde ein zivilrechtlicher Anspruch auf Taterträge eingeräumt, die im Ordnungswidrigkeitenrecht (nur) abgeschöpft werden (können), weil auf sie kein Anspruch besteht. Das Zivilrecht gäbe auf den einheitlichen Lebenssachverhalt eine Antwort, die sich mit jener des Ordnungswidrigkeitenrechts nicht vereinbaren

---

22 Die für den Verband handelnden Einzelpersonen mögen den Täter aus verschiedenen Gründen gleichwohl freistellen. Das können sie jedoch nur aus sonstigem Vermögen des Verbandes tun. Die Abmilderung des Individual-Übels wird dann in ein Verbands-Übel verwandelt. Der individuelle Täter darf – jedenfalls bei gedachter Häufung – nicht darauf vertrauen, dass der Verband stets die schützende Hand über ihn halten werde.

23 Siehe oben A. II. (S. 464).

ließe. Kurzum: Wer die Verbandsgeldbuße zivilrechtlich als Schaden qualifiziert, setzt sich zu wenigstens einer Wertung des Ordnungswidrigkeitenrechts in Widerspruch.

Im Hinblick auf die Bekämpfung der ökonomisch-rationalen Kollusion ist der Widerspruch gut versteckt. Im Ausgangspunkt ist einzuräumen, dass auch die richtig verstandene Verbandsgeldbuße mittelbar das Verhalten des potentiellen individualverantwortlichen Täters beeinflussen möchte. Sie will über die Abschöpfung der Verbandsgewinne (auch) sicherstellen, dass der Einzeltäter nicht aus diesen freigestellt werde. Vielmehr soll er das angedrohte Sanktionsübel persönlich fürchten und verspüren müssen, damit über Ernst und Wirklichkeit der Sanktionsandrohung kein Zweifel bestehe. Prima facie würde die Abwälzung der Verbandsgeldbuße dem nicht widersprechen. Im Gegenteil: Der Verband würde schwerlich die ihm auferlegte Geldbuße einklagen, um später den Individualverantwortlichen aus erstatteten Tatgewinnen von dessen persönlichem Übel freizustellen – ganz abgesehen davon, dass dem Organwalter dann Steine statt Brot gegeben würden. Vielmehr müsste der Einzeltäter neben der hoheitlich angedrohten Sanktion fürchten, auch zivilrechtlich und oft in ruinösem Ausmaß von dem Verband in Anspruch genommen zu werden. In diesem Sinne würde die mögliche Abwälzung der Verbandssanktion die ökonomisch-rationale Kollusion bekämpfen – vielleicht[24] gar wirksamer als deren Versagung.[25]

Bei dieser Argumentation würde jedoch ein ganz wesentlicher Punkt übersehen: Der Gesetzgeber durfte zur Beseitigung der ökonomisch-rationalen Kollusion nicht jedes beliebige Mittel wählen. Bei Schaffung der damals nicht gerade populären Verbandssanktionen ist ausgiebig darüber nachgedacht worden, ob sich die Defizite des anthropo-zentrischen Strafrechts nicht durch eine drastische Erhöhung der persönlichen Sanktionsandrohung beseitigen ließen. Stets aber setzte sich die Erkenntnis durch, dass Gründe der Pragmatik, der Gerechtigkeit und später die Vorgaben der Verfassung eine ausreichende Erhöhung unmöglich machten.[26] Das finanzielle Übel, das man

---

24 Dazu, dass mehr Haftungs-Androhung nicht automatisch auch mehr Abschreckung bedeutet, noch § 13 B. II. 3. (S. 557).

25 Ohne den Bezug zur ökonomisch-rationalen Kollusion herzustellen, versprechen sich von einem Innenregress eine Förderung des präventiven Zwecks der Verbandsgeldbuße etwa *Bayer/Scholz*, GmbHR 2015[9], S. 449 (452 f.); *Brommer*, Vorstandshaftung, S. 45 f.; *Kapp/Hummel*, ZWeR 2011[3], S. 349 (358 u. 359 f.); *Scholz*, S. 50 u. S. 52.

26 Siehe nur *Busch*, S. 108: „Geldstrafen, die der Tat angepaßt wären, sind mangels eines entsprechenden Vermögens gegen den Einzeltäter nicht vollstreckbar.“ u. *Koffka*, in: NdSchr. GrStrKomm, Bd. I[12], S. 301 (li. Sp. f.): Man habe beim Verbandsdelikt „den

dem individuellen Täter (maximal) zumuten konnte, reichte zur wirksamen Bekämpfung der Verbandskriminalität wegen der dabei erzielbaren Gewinne nicht aus. Es hinterließ eine Präventionslücke, zu deren Schließung der Einzeltäter nicht herangezogen werden konnte und durfte. Nur deshalb sah sich der Gesetzgeber gezwungen, zur mittelbaren Steuerung des allein mit Handlungs- und Vermeidemacht ausgestatteten Täters direkt auf den Verband zuzugreifen.

Anm. 12.5: Schon daraus folgt, dass die – auch nur teilweise – Abwälzbarkeit der Verbandsgeldbuße in sich widersprüchlich wäre. Jeder Teilbetrag der Verbandsgeldbuße, der zivilrechtlich ohne Bedenken auf den Organwalter übergeleitet werden kann, hätte diesem schon durch die hoheitliche Sanktion zugemutet werden können. Der Sanktionsrahmen für die Individualsanktion hätte erhöht, die verbleibende Präventionslücke verringert werden können. Dann aber wäre insoweit auch das Bedürfnis nach einer Verbandssanktion beseitigt, die diese insoweit nicht mehr existente Lücke schließen sollte. Wer also die (teilweise) Abwälzbarkeit der Verbandsgeldbuße bejahen will, muss die schwierige Frage beantworten, weshalb der Staat den kostspieligen, unsicheren und ineffizienten Umweg über den Verband wählt, obwohl er das für den Organwalter bestimmte Übel diesem unmittelbar selbst hatte zufügen wollen und dürfen.

Mit anderen Worten: Jeder für die Tat des Organwalters verhängte Euro an Verbandsgeldbuße ist ein zur Wirksamkeit des Güterschutzes insgesamt notwendiges Vermögensübel – anderenfalls ließe er sich als nicht erforderlicher und deshalb unverhältnismäßiger Eingriff in Grundrechte weder gegenüber dem Verband noch gegenüber dem Täter legitimieren. Diese Vermögenslast wird nur deshalb dem Verband angedroht und zugefügt, weil sie dem Täter nicht abverlangt werden darf. Der gut versteckte Widerspruch tritt dann zu Tage, wenn man mit dieser zusätzlichen Erwägung die Frage stellt, die nun schon mehrfach gestellt worden ist: Was würde geschehen, wenn die Vermögenslast der Verbandsgeldbuße als zivilrechtlicher Schaden qualifiziert und – beim unterstellten Vorliegen auch der übrigen Voraussetzungen[27] – auf den Täter abgewälzt würde?

Standpunkt vertreten, daß man hier eine Geldstrafe festsetzen müsse, die so hoch sei, daß sie [alle mittelbaren und unmittelbaren Verbandsgewinne] erfasse. Doch diese kann dem Einzeltäter nicht auferlegt werden; weil er so viel Geld einfach nicht hat." Deutlich auch *Dreher,* in: Prot. RechtsA V,[41] S. 46: Wenn „ein Organ[walter] etwas pekziert habe," könne „das nur nach seinen Einkommensverhältnissen geahndet werden. An den großen Gewinn, den die Aktiengesellschaft dabei vielleicht gemacht habe, komme man auf diese Weise nicht heran. Daher müsse eine Geldbuße gegen die juristische Person selber verhängt werden können".

27 Siehe dazu Anm. 12.2 unter A. II. (S. 464).

Der Staat würde mit der Verbandsgeldbuße eine Vermögenslast ins Leben rufen, um strafrechtliche Zwecke zu verfolgen, die letztlich nur beim Täter selbst bewirkt werden können. Ihm kann und darf die Sanktion aber in ausreichender Höhe nicht auferlegt werden. Mit der liquidationsfähigen Verbandsgeldbuße würde der Staat das zusätzlich notwendige Vermögensübel bei dem Verband „parken". Er fügte es einem anderen Zivilrechtssubjekt zu, bei dem sich die gewünschten Zwecke aber gar nicht bewirken lassen. Zum Ausgleich für diese Ungerechtigkeit[28] würde dem Verband ein zivilrechtlicher Anspruch gewährt, um den staatlich „erfundenen Schaden" bei dem Organwalter zu liquidieren. Der Verband würde zum Statthalter des staatlichen Strafanspruches gemacht. Er sollte – mit Hilfe der Zivilgerichte, aber belastet mit dem Prozess- und dem (sehr realen) Insolvenzrisiko des Täters – das von vornherein nicht für ihn gedachte Vermögensübel demjenigen zufügen, dem der Staat es selbst nicht hätte zufügen dürfen. Anders gewendet: Der Staat würde durch die raffinierte Zwischenschaltung der juristischen Person die rechtsstaatlichen Schranken umgehen, die ihn an einer ausreichend scharfen Sanktionierung des Individualtäters hindern. Die von vornherein für den Täter bestimmte, aber als solche verfassungswidrige zusätzliche Individualsanktion würde als liquidationsfähige Verbandsgeldbuße im Zivilrecht versteckt.

Anm. 12.6: Wird die Brücke zu der ARAG/Garmenbeck-Entscheidung des BGH[29] geschlagen, so wird besonders deutlich, dass eine liquidationsfähige Verbandsgeldbuße bewusst und von vornherein für den individualverantwortlichen Organwalter bestimmt wäre. Neben der Konturierung des Geschäftsleiterermessens wurde in dieser Entscheidung auch die mit eigener Ersatzpflicht bewehrte Regelverpflichtung des Aufsichtsrates ausgesprochen, bestehende Schadenersatzansprüche gegen Vorstandsmitglieder zu verfolgen.[30] Ein Absehen von der Geltendmachung sei nur

---

28 Das übersehen jene, die die Abwälzung der Verbandsgeldbuße auf den verantwortlichen Organwalter mit Gründen der Gerechtigkeit befürworten. Siehe etwa *Jungermann/Renz*, CB 2015[4] S. 132 (132) u. *Schöne/Petersen*, AG 2012[19] S. 700 (701), sowie *D. Krause*, NStZ 2000[5] S. 225 (229) im Verhältnis von Mandant zu Anwalt. Sie müssen – freilich unausgesprochen – voraussetzen, dass die beim Verband verbleibende Geldbuße ungerecht wäre. Eine in diesem Sinne „ungerechte" hoheitliche Sanktion wäre im Hinblick auf das Rechtsstaatsprinzip quasi per definitionem unverhältnismäßig u. deshalb verfassungswidrig. Sie dürfte es deshalb gar nicht geben.

29 Urt. v. 21. 4. 1997 – II ZR 175/96 („*ARAG/Garmenbeck*") – BGHZ **135**, 244 ff.

30 BGH, Urt. v. 21. 4. 1997 – II ZR 175/96 („*ARAG/Garmenbeck*") – BGHZ **135**, 244 ff. (252 ff.). Die folgenden wörtlichen Zitate sind (255 f.) entnommen. Herv. nur hier. Für einen kompakten Überblick zu Inhalt u. Kritik dieser Rspr. siehe nur *Habersack*, in: MünchKomm-AktG[5] § 111 Rn. 34 ff. m. zahlr. Nw.

ausnahmsweise und nur dann zulässig, „wenn gewichtige Interessen und Belange *der Gesellschaft* dafür" sprächen, „den ihr entstandenen Schaden ersatzlos hinzunehmen." Belange und Interessen des jeweiligen Vorstandsmitglieds dürfen den Aufsichtsrat hingegen nur in äußersten Ausnahmefällen leiten. Die Verfolgung von Ansprüchen gegen das Vorstandsmitglied muss danach die Regel, das Absehen von Verfolgung die Ausnahme sein, die „gewichtiger Gründe und einer besonderen Rechtfertigung bedarf."

Würde die Verbandsgeldbuße als ein Schaden qualifiziert, so wäre der Aufsichtsrat beim Vorliegen auch der übrigen Voraussetzungen im Regelfall verpflichtet, die Vermögenslast auf den Organwalter abzuwälzen. Sähe er von der Geltendmachung ab, so handelte er pflichtwidrig und machte er sich selbst ersatzpflichtig. Mit der Festsetzung der Verbandsgeldbuße würde die Pflicht des Aufsichtsrates begründet, diese auf das Vorstandsmitglied abzuwälzen. Sie wäre also von vornherein nicht dazu bestimmt, beim Verband zu verbleiben, sondern sollte durch dessen Zwischenschaltung lediglich die ausreichende Tarnung erhalten, um nicht sogleich als verfassungswidrige Sanktion zu erscheinen.

Zwar würde, wer die Verbandsgeldbuße als einen zivilrechtlichen Schaden qualifizieren wollte, sich nicht zu dem Konzept der Bekämpfung der ökonomisch-rationalen Kollusion an sich in Widerspruch setzen. Es würde dadurch aber beim Organwalter konzentriert, was im Ordnungswidrigkeitenrecht zur Wahrung verfassungsrechtlicher Vorgaben auf Organwalter und Verband aufgeteilt wurde und werden musste. Die für den Täter bestimmte hoheitliche Sanktion würde, weil sie dem Täter gegenüber verfassungswidrig wäre, zunächst und nur vorübergehend dem Verband zugefügt. Sobald sie das Vermögen des Verbandes belastet, würde ihr das Mäntelchen eines zivilrechtlichen Schadens übergestreift. Das allein führt jedoch nicht dazu, dass die nur plump getarnte hoheitliche Sanktion nunmehr ohne verfassungsrechtliche Bedenken an den Organwalter weitergereicht werden kann. Die kurze Stippvisite im Vermögen der juristischen Person ist nicht in der Lage, die hoheitliche Sanktion von dem Verdikt der Verfassungswidrigkeit reinzuwaschen. Die Qualifikation der Verbandsgeldbuße als zivilrechtlicher Schaden würde deshalb der Wertung widersprechen, den Anreiz zur ökonomisch-rationalen Kollusion zu bekämpfen, *ohne den handelnden Täter in verfassungswidriger Weise in Anspruch zu nehmen.*

Anm. 12.7: Vor diesem Hintergrund macht es für die Abwälzbarkeit des Pseudo-Ahndungsteils letztlich keinen Unterschied, ob in ihm ein Instrument der Gewinnabschöpfung oder die Zufügung eines echten (trans-restitutiven) Übels gesehen wird. Jede Übelszufügung beim Verband müsste als Eingriff in dessen Grundrechte einem legitimen Zweck dienen. Als Instrument des Strafrechts i. w. S. müsste dieser Zweck darin bestehen, unmittelbar oder mittelbar zum Schutz von Rechtsgütern durch Deliktsvermeidung beizutragen. Die parallel dazu mögliche Sanktionierung des

individualverantwortlichen Täters dient jedoch stets demselben Zweck. Auch ein trans-restitutives Übel würde dem Verband nur deshalb zugefügt, weil die maximal mögliche Individualsanktion eine Präventionslücke ließe, dem Einzeltäter selbst aber kein größeres Übel abverlangt werden dürfte.
Mit anderen Worten: Jeder einzelne Euro an zusätzlich notwendigem Verbands-„Übel" würde dem Verband nur zugefügt, weil er dem individualverantwortlichen Täter zum Zwecke des Güterschutzes nicht auferlegt werden darf. Dieser verfassungsrechtlichen Beschränkung darf sich der Gesetzgeber nicht dadurch – planmäßig – entziehen, dass er das hoheitliche Sanktionsübel als einen zivilrechtlichen Schaden tarnt und dem Aufsichtsrat die Pflicht und den Auftrag auferlegt, das verfassungskonform nicht festsetzbare Übel an den eigentlich Verantwortlichen weiterzureichen.

IV. Auflösung der „Normenkollision"

Wie dieser (hypothetische) Widerspruch zwischen Zivil- und Ordnungswidrigkeitenrecht aufzulösen ist, dürfte nunmehr keine Überraschung sein. Der Gesetzgeber hat in § 30 OWiG die Verbandsgeldbuße vorgesehen. Darin hat er die eben freigelegten Regelungsentscheidungen umgesetzt. Er hat einen gesetzgeberischen Entscheidungsmaßstab vorgegeben, den er hinsichtlich des Schadens als Voraussetzung der Ersatzpflicht gerade nicht hatte aufstellen wollen.

Anm. 12.8: Wer diesen Maßstab anders interpretieren wollte, muss entweder zur Verfassungswidrigkeit der Verbandsgeldbuße kommen, durch die aber auch das Regressproblem in sich zusammenfiele. Oder er muss nachweisen, dass die Verbandsgeldbuße andere Wertungen zum Ausdruck bringt, und die Kollision zwischen Zivil- und Ordnungswidrigkeitenrecht anhand dieser Wertungen untersuchen.

Damit ist der in § 30 OWiG positivierte gesetzgeberische Entscheidungsmaßstab ein konkreterer normativer Maßstab, den der mit der Schadensfrage befasste Rechtsanwender bei der Rechtsfortbildung zu berücksichtigen hat. Er setzt dem zur Rechtsfortbildung berechtigenden und verpflichtenden Wertungs-Vakuum ein Ende. Weil diese Wertungen durchkreuzt würden, soweit die Verbandsgeldbuße als ein Schaden im Sinne einer beliebigen zivilrechtlichen Ersatzpflichtanordnung qualifiziert würde, ist die Antwort auf die Regressfrage so eindeutig wie zwingend: Die fraglos unfreiwillige und nachteilige Zustandsveränderung im Vermögen des Verbandes, die durch die Verbandsgeldbuße verursacht wird, liegt außerhalb dessen, was der nach

Art. 20 Abs. 3 GG an Recht und Gesetz gebundene Rechtsanwender im Wege der Rechtsfortbildung als einen Schaden anerkennen darf.

V. Zwischenergebnis

Der durch eine Verbandsgeldbuße verursachte Vermögensnachteil kann nicht Gegenstand eines Schadenersatzanspruchs sein. Dabei kommt es nicht darauf an, ob er durch deren Abschöpfungsteil oder deren Pseudo-Ahndungsteil verursacht worden ist. Jeder Euro einer rechtmäßig festgesetzten Verbandsgeldbuße dient bestimmten strafrechtlichen Zwecken, die durchkreuzt würden, wenn der Vermögensnachteil durch eine zivilrechtliche Nachbereitung vom Verband auf den Organwalter abgewälzt würde. Der Vermögensnachteil darf deshalb im Wege der Rechtsfortbildung nicht als ein zivilrechtlicher Schaden qualifiziert werden, Art. 20 Abs. 3 GG. Mangels eines Schadens sind die tatbestandlichen Voraussetzungen der Ersatzpflichtanordnung nicht erfüllt. Ein Regress des Vermögensnachteils, der durch die Verbandsgeldbuße hervorgerufen wird, kommt schon tatbestandlich nicht Betracht.[31]

Bei Lichte betrachtet, deckt sich dieses Ergebnis mit dem Standpunkt der ganz allgemeinen Auffassung. Denn auch sie will den Regress der Verbandsgeldbuße ausgeschlossen wissen, soweit diese der Abschöpfung rechtswidriger Gewinne dient.[32] Anderenfalls würden öffentlich-rechtliche Wertungen überspielt, weil dem Verband genau jene Vorteile wieder zuflössen, die das (Kartell-)Ordnungswidrigkeitenrecht ihm hatte entziehen wollen.[33] Dient aber die richtig verstandene Verbandsgeldbuße insgesamt – und nicht nur

---

31 Deshalb wird die missverständliche Redeweise von einem Regress-„Ausschluss" hier vermieden.

32 Siehe als Auswahl nur *Fleischer*, DB 2014[7], S. 345 (348); *Harnos*, S. 100 f.; *Hauger/Palzer*, ZGR 2015[1], S. 33 (56 f.); *Kaulich*, S. 276 ff.; *J. Koch*, in: Hüffer/Koch[14], § 93 Rn. 48; *Krieger*, in: Krieger/Schneider[3], § 3 Rn. 37; *Mertens/Cahn*, in: KölnKomm-AktG[3], § 93 Rn. 56; *Schöne/Petersen*, AG 2012[19], S. 700 (703); *Spindler*, in: MünchKomm-AktG[5], § 93 Rn. 194 u. *Thole*, ZHR 173[4] (2009), S. 504 (526 ff.) teilw. m. w. N.

33 *Brommer*, Vorstandshaftung, S. 204; *Fabisch*, ZWeR 2013[1], S. 91 (108); *Fleischer*, BB 2008[21], S. 1070 (1073); *Hack*, S. 83 f.; *Hauger/Palzer*, ZGR 2015[1], S. 33 (56 f.); *Hölters*, in: Hölters[3], § 93 Rn. 258; *Kaulich*, S. 281 ff.; *Kersting*, ZIP 2016[27], S. 1266 (1272); *Scholz*, S. 52 f.; *Thole*, ZHR 173[4] (2009), S. 504 (527); *Werner*, ZWH 2015[6], S. 169 (172); *Wilsing*, in: Krieger/Schneider[3], § 31 Rn. 34; *M. Zimmermann*, WM 2008[10], S. 433 (439). Anders wohl nur *Suchy*, NZG 2015[15], S. 591 (593), der die öffentlich-rechtlichen Zwecke auch beim Regress des Abschöpfungsteils für unerheblich hält.

im Hinblick auf ihren Abschöpfungsteil – der Abschöpfung rechtswidriger Gewinne, so ist sie dem Regress insgesamt entzogen.

Die h. M. sieht dies jedoch anders.[34] Sie will im Pseudo-Ahndungsteil der Verbandsgeldbuße kein Instrument der Gewinnabschöpfung, sondern ein solches der Übelszufügung erkennen. Selbst wenn man sich dem – unter Ausblendung der historischen Entwicklung des Institutes – anschließen wollte, müsste der hier eingenommene Standpunkt nicht aufgegeben werden. Die Verbandsgeldbuße schlösse auch dann eine Präventionslücke, die sich aus den von der Verfassung vorgegebenen Beschränkungen der Individualsanktionen ergibt. Diese Beschränkungen darf der Staat nicht durch die Zwischenschaltung des Zivilrechts umgehen. Er darf ein letztlich für den Täter bestimmtes Sanktionsübel, das er diesem persönlich nicht zufügen darf, nicht bei dem Verband als einen „erfundenen Schaden" zwischenlagern, um es dem Täter über die Bande des Zivilrechts zuzufügen.

D. Ergebnis

Damit lässt sich die Forschungsfrage dieser Arbeit kurz und bündig beantworten: Geldbußen können nicht Gegenstand von Schadenersatzansprüchen sein. Dabei spielt es keine Rolle, ob der Vermögensnachteil durch eine Verbands- oder eine Individual-Geldbuße hervorgerufen wird, ob er Konsequenz ihres Abschöpfungsteils oder ihres (Pseudo-)Ahndungsteils ist. In keinem Fall darf der Vermögensnachteil im Wege der Rechtsfortbildung als zivilrechtlicher Schaden qualifiziert werden. Ohne Schaden fehlt eine Tatbestandsvoraussetzung einer jeden denkbaren Ersatzpflichtanordnung. Ein Regress kommt deshalb schon tatbestandlich nicht in Betracht. Übt sich der Rechtsanwender, der das Zivilrecht im Hinblick auf den Schaden nur in den Grenzen

---

34 Als bloße Auswahl aus dem unübersehbaren Schrifttum für eine grds. „Erstattungsfähigkeit" des (Pseudo-)Ahndungsteils nur: *Bayer*, in: FS K. Schmidt (2009), S. 85 (93 f.); *Bayer/Scholz*, GmbHR 2015[9], S. 449 (451); *Brommer*, Vorstandshaftung, S. 26; *Fleischer*, BB 2008[21], S. 1070 (1073); *Fleischer*, DB 2014[7], S. 345 (347); *Glöckner/Müller-Tautphaeus*, AG 2001[7], S. 344 (346); *Harbarth/Höfer*, NZG 2016[18], S. 686 (687); *Hauger/Palzer*, ZGR 2015[1], S. 33 (54); *Hoffmann*, NJW 2012[20], S. 1393 (1393); *Hölters*, in: Hölters[3], § 93 Rn. 255; *Hopt/Roth*, in: GroßKomm-AktG[5], § 93 Rn. 419; *Karbaum*, AG 2013[23], S. 863 (876); *Kersting*, ZIP 2016[27], S. 1266 (1269); *J. Koch*, in: MünchHdb-GesR VII (CL)[6], § 30 Rn. 23; *Scholz*, S. 44; *Spindler*, in: MünchKomm-AktG[5], § 93 Rn. 194; *Werner*, ZWH 2015[6], S. 169 (175) u. *M. Zimmermann*, WM 2008[10], S. 433 (437 f.) teilw. m. w. N.

des Art. 20 Abs. 3 GG fortbilden darf, in der methodisch und verfassungsrechtlich gebotenen Zurückhaltung, so ist eine zivilrechtliche Sabotage des Ordnungswidrigkeitenrechts in der Tat unmöglich.[35]

35 Vgl. schon *Geiler*, JW 1919,[12] S. 837 (837).

§ 13 Verteidigung gegen Einwände

Der Bundesgerichtshof ist dieser Meinung. Gut, aber ist das allein eine genügende Begründung? [Heiterkeit] Wir diskutieren hier wissenschaftlich und lassen daher keine Autoritäten gelten, weder den Gesetzgeber noch den Bundesgerichtshof; die Autorität für die wissenschaftliche Erörterung ist allein die Überzeugungskraft der Argumente.

Larenz, in: Verh. d. 43. DJT (1962), C 52

Zum Abschluss der Untersuchung bleibt eine Aufgabe: Der hier entwickelte Standpunkt ist noch gegen jene – noch wesentlichen[1] – Einwände zu verteidigen, auf die bislang nicht eingegangen werden konnte. Dabei wird es vor allem darum gehen, (A.) die entgegenstehende und ständige Rechtsprechung zu entkräften, die – schon seit Zeiten des Reichsgerichtes – eine zwangsweise Sanktionsabwälzung im Wege des Schadenersatzes für möglich und zulässig hält. Von den übrigen Einwänden sollen daran anschließend (B.) jene gebündelt behandelt werden, auf die trotz des erheblich anderen Problemzugriffes sinnvoll erwidert werden kann und muss.

Dabei ist eine weitere Besonderheit zu beachten: Soweit bisher um die Abwälzbarkeit von Geldsanktionen gestritten worden ist, tat man dies im Ausgangspunkt stets entweder im Hinblick auf die Verbandssanktion oder im Hinblick auf die Individualsanktion. Diese – wie das vorangegangene Kapitel gezeigt hat – sachbedingt sehr unterschiedlichen Argumente sind dann jedoch jeweils übertragen worden, ohne darauf zu achten, ob sie sich wegen der großen Unterschiede zwischen diesen Sanktionsinstrumenten überhaupt übertragen lassen. Das folgende Kapitel will den Spagat schaffen, den Weg der jeweiligen Argumentation mitzugehen und gleichwohl verbleibende Begründungsdefizite aufzudecken.

1 Allen übrigen Einwänden, die im Wesentlichen auf dem aus §§ 249 ff. BGB abgeleiteten Schadensverständnis beruhen, ist bereits der Boden entzogen.

A. Rechtsprechung zur Beraterhaftung

Allem voran ist der hier eingenommene Standpunkt gegen den Einwand zu verteidigen, dass er sich gegen eine seit eh und je gefestigte ständige Rechtsprechung wendet.[2] Eine solche ständige Rechtsprechung lässt sich in der Tat nicht leugnen. Zahllos sind die Entscheidungen, die eine Abwälzbarkeit von Geldsanktionen für anerkannt halten.

Diese Rechtsprechung zwingt jedoch nur dann zur Aufgabe der hier vertretenen Auffassung, wenn sie ihrerseits zu überzeugen vermag. Das ist indes – auch jenseits der Frage der Schadensqualität – nicht der Fall. Der dazu erforderliche Gegenbeweis soll im Folgenden schrittweise erbracht werden: Zunächst sind die Ursprünge dieser Rechtsprechunglinie (I.) nachzuzeichnen und kritisch zu würdigen. Die intensive Analyse wird zeigen, dass diese Ursprünge einer Überprüfung nicht standhalten und ein nur sehr wackeliges und wenig überzeugendes Fundament geschaffen haben. Der hierauf aufbauenden, jüngeren Rechtsprechung (II.) ist es in der Folge auch nicht gelungen, die geerbten Begründungsdefizite zu beseitigen.

I. Ursprünge der ständigen Rechtsprechung

Blickt man in jüngere Urteile zur Frage des Sanktionsregresses, so findet sich oft nur die lapidare Feststellung, es sei „in der höchstrichterlichen Rechtsprechung für die Beraterhaftung anerkannt, dass ein Anspruch des Mandanten auf Erstattung einer gegen ihn festgesetzten Geldbuße oder Geldstrafe in Betracht kommen“ könne.[3] Die Ursprünge dieser heute nicht hinterfragten ständigen Rechtsprechung lassen sich zurückverfolgen auf ein Urteil des BGH[4] aus dem Jahr 1957. Dieses knüpft seinerseits an Entscheidungen des Reichsgerichts[5] und des Reichsarbeitsgerichts[6] jeweils aus dem Jahre 1942

---

2 So sinngemäß etwa *Fleischer*, DB 2014,[7] S. 345 (347); *Kaulich*, S. 289 f.; *R. Koch*, VersR 2015,[16] S. 655 (656); *Suchy*, NZG 2015,[15] S. 591 (592 f.).

3 So etwa ausdr. BGH, Urt. v. 15. 4. 2010 – IX ZR 189/09 – DStRE 2010,[19] S. 1219 ff. (Rn. 7) m. w. N. zur Rspr. Wortgleich LG Saarbrücken, Urt. v. 23. 1. 2012 – 9 O 251/10 – BeckRS 2013, 3306, zu I 1. d) aa) der Gründe. Ähnlich auch OLG Nürnberg, Urt. v. 24. 2. 2017 – 5 U 1687/16 – DStRE 2017,[24] S. 1531 ff. (Rn. 4) u. OLG Frankfurt, Urt. v. 8. 10. 2009 – 3 U 60/09 – BeckRS 2010, 11987.

4 Urt. v. 31. 1. 1957 – II ZR 41/56 – BGHZ **23**, 222 ff.

5 Urt. v. 10. 6. 1942 – III 14/42 – RGZ **169**, 267 ff.

6 Beschl. v. 27. 11. 1942 – RAG 88/42 – RAGE **27**, 43 ff.

an. Weil die dort entwickelten Grundsätze als Fundament der heutigen Rechtsprechung kaum je in Frage gestellt worden sind und werden, soll zunächst untersucht werden, wie tragfähig dieses Fundament ist.

1. RGZ **169**, 267 ff.

Den Ausgangspunkt bildet ein Urteil des Reichsgerichts aus dem Jahre 1942. Es befasst sich mit der Haftung eines Steuerberaters, der seinem Mandanten – wohl – von einer Selbstanzeige abgeraten hatte, und behandelt den folgenden

Sachverhalt[7]

Der Kläger war wegen umfangreicher und nicht bestrittener Steuerhinterziehungen zu einer Geldstrafe von 150000 RM verurteilt worden, die er auch selbst entrichtet hatte. Klageweise wollte er seine beiden Steuerberater auf Erstattung dieser Strafe in Anspruch nehmen. Das Reichsgericht musste – mangels „gegenteiliger Feststellungen des Berufungsgerichts" – umfassend den Tatsachenvortrag des Klägers zugrunde legen:[8] Er habe im Frühjahr 1938 Selbstanzeige erstatten wollen, um nach § 410 RAbgO[9] Straffreiheit zu erlangen. Diese Selbstanzeige hätte Erfolg gehabt. Sie sei jedoch allein deshalb unterblieben, weil der erstbeklagte Steuerberater dem Kläger von ihr abgeraten habe.[10]

---

7 Für den in RGZ **169**, 267 ff. nur bruchstückhaft wiedergegebenen Sachverhalt siehe RG, Urt. v. 10. 6. 1942 – III 14/42 – ZAkDR 1943[1], S. 13 f. (13).

8 Siehe – auch für das Zitat – RG, Urt. v. 10. 6. 1942 – III 14/42 – RGZ **169**, 267 ff. (267). *Titze*, ZAkDR 1943[1], S. 15 (15) hat zutr. darauf hingewiesen, dass die Tatfrage vom Standpunkt des Berufungsgerichtes aus unerheblich war u. sich dieses – entsprechend der Segelanweisung a. E. des Urt. (S. 271) – erst nach Rückverweisung mit ihr würde befassen müssen.

9 § 410 RAbgO lautete sowohl i. d. F. der Bekanntmachung der Reichsabgabenordnung v. 22. 5. 1931, RGBl. I[20], S. 160 (213) als auch i. d. F. des Art. 1 Nr. 19 des Gesetzes zur Änderung der Reichsabgabenordnung v. 4. 7. 1939 (RAbgO-ÄndG$_{39}$), RGBl. I[120], S. 1181 (1184): „Wer […], bevor er angezeigt oder eine Untersuchung gegen ihn eingeleitet ist […], unrichtige oder unvollständige Angaben bei der Steuerbehörde, ohne dazu durch eine unmittelbare Gefahr der Entdeckung veranlaßt zu sein, berichtigt oder ergänzt oder unterlassene Angaben nachholt, bleibt insoweit straffrei. Sind […] Steuerverkürzungen bereits eingetreten […], so tritt die Straffreiheit nur ein, wenn der Täter die Summe, die er schuldet, nach ihrer Festsetzung innerhalb der ihm bestimmten Frist entrichtet." Er ist Vorläufer des heutigen § 371 AO. Details bei *Joecks*, in: Joecks/Jäger/Randt[8], § 371 AO Rn. 1 ff. u. *Kohler*, in: MünchKomm-StGB[3], § 371 AO Rn. 3 ff.

10 Nach dem klägerischen Vortrag in RG, Urt. v. 10. 6. 1942 – III 14/42 – ZAkDR 1943[1], S. 13 f. (13) habe der Steuerberater auf die geringe Entdeckungswahrscheinlichkeit

Die Beklagten zeichneten mit ihrem – vom Kläger bestrittenen und im Urteil nicht berücksichtigten – Vortrag ein ganz anderes Bild:[11] Die Selbstanzeige sei zu dem Zeitpunkt, als der Kläger an sie herangetreten war, schon nicht mehr möglich gewesen, weil das Fahndungsverfahren einen Monat zuvor auf ihn ausgedehnt worden sei. Keineswegs hätten sie ihm von der Selbstanzeige abgeraten, sondern ihm diese im Gegenteil empfohlen. Er habe die Anzeige nur deshalb unterlassen, weil er die Aufdeckung von Beamtenbestechungen und Urkundenfälschungen habe fürchten müssen. Die Klage diene allein der Glaubhaftmachung der wahrheitswidrigen Behauptung des Klägers, er sie durch die Steuerberater von der Selbstanzeige abgehalten worden, mit der er sich im Strafverfahren hatte verteidigen wollen.

a) Vorinstanz: OLG Köln

Das OLG Köln hatte die Klage in der Berufung abgewiesen. Seine in der Entscheidung des Reichsgerichts wiedergegebene Argumentation[12] ruht auf drei zusammenhängenden Gedanken:

Wolle die „Strafe den Täter persönlich treffen", so sei es unmöglich, „daß ihm diese höchstpersönliche Sühne im Wege des Rückgriffs gegen einen Dritten abgenommen werde." Solche Rückgriffsansprüche vermöge die Rechtsordnung nicht anzuerkennen. Ferner könne ein fehlsamer Rechtsrat allenfalls bei der Strafzumessung mildernd berücksichtigt werden. Keinesfalls aber könne er dem Täter die Grundlage dafür abgeben, sich nachträglich „durch einen Schadensersatzanspruch von den Folgen der Bestrafung" zu befreien, die dieser vielmehr „endgültig selbst zu tragen" habe. Schließlich setze ein Anspruch auf Schadenersatz „einen der Rechtsordnung nicht entsprechenden Zustand voraus", an dem es gerade fehle, wenn der klagende Täter „zu Recht bestraft worden sei." Aus alledem schloss das Berufungsgericht, dass eine „rechtmäßig verhängte Strafe [...] keinen zum Ersatz verpflichtenden Umstand im Sinne des § 249 BGB bilden" könne. „Deshalb" – so heißt es gleich im Anschluss – „sei im vorliegenden Fall ein ersatzfähiger Schaden nicht vorhanden."

---

u. die Gefahr einer nunmehr schärferen Kontrolle hingewiesen, die gewiss in eine Haftstrafe münden werde.

11 Auch der Vortrag der Beklagten ist nur in RG, Urt. v. 10. 6. 1942 – III 14/42 – ZAkDR 1943, S. 13 f. (13) wiedergegeben.

12 Siehe RG, Urt. v. 10. 6. 1942 – III 14/42 – RGZ **169**, 267 ff. (268). Die wörtlichen Zitate des folgenden Absatzes sind dort entnommen.

Anm. 13.1: Unterstellt, die Argumentation des OLG Köln sei richtig wiedergegeben, ist ihr vor allem eines entgegenzuhalten: Der zum „Ersatz verpflichtende Umstand" in § 249 Abs. 1 BGB[13] ist nicht der Schaden, sondern die Erfüllung des Verletzungstatbestands, die zurechenbar einen Schaden verursacht hat. Wenn das OLG einen ersatzfähigen Schaden verneint, weil die „rechtmäßig verhängte Strafe [...] keinen zum Ersatz verpflichtenden Umstand im Sinne des § 249 BGB" bilde, so hat es diese Fragen vermengt. Weil es insoweit – § 546 ZPO[14] – eine Rechtsnorm nicht richtig angewendet hat, hätte das Urteil jedenfalls mit dieser Begründung tatsächlich aufgehoben werden können.

b) Entscheidung des RG

Das Reichsgericht hat sich dem nicht angeschlossen. Das Berufungsurteil wurde im Umfang der Revisionanträge[15] aufgehoben und insoweit zurückverwiesen.[16] Das Berufungsgericht habe schon die eigentliche Rechtsfrage verkannt:[17] Es gehe im zu entscheidenden Sachverhalt gar nicht darum, ob der durch fehlsamen Rechtsrat zu einer Straftat Veranlasste „die vermögensrechtlichen Nachteile seiner Bestrafung unter allen Umständen selbst tragen" müsse. Denn der Kläger habe die Steuervergehen – auch nach seinem eigenen Vortrag – ohne Zutun der Beklagten verübt und mache sie für seine Verfehlungen selbst nicht verantwortlich. Verantwortlich mache er die Beklagten vielmehr nur für seine Bestrafung, die durch eine rechtzeitige und ordnungsgemäße Selbstanzeige zu vermeiden gewesen wäre und nicht unbedingt die Folge seiner Steuervergehen hätte sein müssen.

In der Sache sei es unzutreffend, dass ein zum Schadenersatz verpflichtender Umstand, ein ersatzfähiger Schaden fehle. Mangels anderweitiger Feststellungen des Berufungsgerichts müsse davon ausgegangen werden,

13 Damals freilich noch § 249 Satz 1 BGB.

14 Damals § 550 ZPO.

15 Statt der ursprünglich begehrten Zahlung i. H. v. 150000 RM für die eigene Geldstrafe u. der Feststellung einer Ersatzpflicht für künftige Schäden bis zur Höhe von abermals 150000 RM verfolgte der in beiden Vorinstanzen unterlegene Kläger seine Anträge nur mehr im Betrage von 20000 RM weiter u. verzichtete i. Ü. auf das Rechtsmittel. Siehe RG, Urt. v. 10. 6. 1942 – III 14/42 – ZAkDR 1943, S. 13 f. (13).

16 RG, Urt. v. 10. 6. 1942 – III 14/42 – RGZ **169**, 267 ff. (270 f.). Wie das OLG Köln nach der Rückverweisung zuletzt entschieden hat, lässt sich (wohl) nicht mehr rekonstruieren.

17 Dieser und der folgende Absatz geben die Argumentation des RG, Urt. v. 10. 6. 1942 – III 14/42 – RGZ **169**, 267 ff. (268 f.) wieder. Wörtliche Zitate sind dort entnommen.

dass allein der fehlsame Rechtsrat der Beklagten den Kläger dazu gebracht habe, sich die noch mögliche und „vom Gesetz selbst dargebotene Straffreiheit zu verscherzen.“ Dann aber sei „auch der Schaden des Klägers durch diese Vertragsverletzung ursächlich herbeigeführt worden.“ Schon „dieser besonderen Gestaltung des Ursachenzusammenhanges“ sei das Berufungsurteil nicht gerecht geworden.

Dem stehe auch nicht entgegen, dass „die Bestrafung des Klägers ohne seine Steuervergehen allerdings nicht denkbar“ sei. Das Berufungsgericht habe insoweit nicht beachtet, dass mit ihnen nur eine „historische“ Vorbedingung für den Schaden gesetzt war, die „im Umkreise der vertraglichen Haftung“ in den „haftungsbegründenden Ursachenzusammenhang nicht einzubeziehen“ sei. Vielmehr sei durch die Steuervergehen, solange die Selbstanzeige – was zu unterstellen sei – noch mit Erfolg möglich war, „nur eine auf gesetzlichem Wege abwendbare Gefahr seiner späteren Bestrafung geschaffen worden“. Der „endgültige Schaden“ sei erst „durch den [...] Verlust der Vergünstigung aus § 410 RAbgO“ eingetreten, den die Beklagten schuldhaft und pflichtwidrig herbeigeführt hätten.

Schließlich habe das Berufungsgericht verkannt, dass der klagende Täter keineswegs die Wiederherstellung eines der Rechtsordnung widersprechenden Zustandes verlange.[18] Er begehre vielmehr nur, in diejenige Lage versetzt zu werden, „die bei sorgfältiger und pflichtmäßiger Beratung für ihn bestehen würde.“ In diesem Falle wäre er trotz der begangenen Steuervergehen wegen § 410 RAbgO ohne Strafe davon gekommen. Dieser Zustand würde „weder den Grundgedanken der Rechtsordnung noch irgendeiner gesetzlichen Bestimmung“ widersprechen. Er würde sich „im Gegenteil durchaus in der Zweckrichtung des § 410 RAbgO“ bewegen.[19]

Jenseits der vorgebrachten Argumente stellt das RG fest, die Ausführungen des Berufungsgerichts müssten „zu [einer] unhaltbaren Folge“ führen:[20] Der Steuerberater wäre dann nämlich „von jeder Verantwortung für seine in einschlägigen Fällen entfaltete Tätigkeit“ freigestellt. Dass „dies nicht vertretbar“ sei, liege „auf der Hand“. Gebe etwa der Steuerberater infolge eigenen

18 RG, Urt. v. 10. 6. 1942 – III 14/42 – RGZ **169**, 267 ff. (269 f.).

19 Den Zweck der Regelung gibt das RG mit der Entlastung der Steuerbehörden u. der Vermehrung des Steueraufkommens an. Dem Täter solle durch Inaussichtstellung der Straffreiheit ein Anreiz geschaffen werden, nachträglich u. freiwillig die hinterzogenen Beträge zu entrichten. Es liege also im Sinne der Vorschrift, von ihr in möglichst großem Umfang Gebrauch zu machen.

20 Siehe auch zum Folgenden RG, Urt. v. 10. 6. 1942 – III 14/42 – RGZ **169**, 267 ff. (270).

Verschuldens die ihm anvertraute Selbstanzeige nicht rechtzeitig weiter und nehme er dem anzeigewilligen Auftraggeber wegen dieser Verzögerung die Möglichkeit der Straffreiheit, so sei eine Verpflichtung zum Schadenersatz besonders einleuchtend. Von diesem Falle unterscheide es sich jedoch nicht, wenn der Steuerberater „die Selbstanzeige durch eine schuldhaft fehlsame Beratung hintanhält."

c) Stellungnahme

Von einigen wenigen Ausnahmen abgesehen,[21] ist das Urteil des Reichsgerichtes ganz überwiegend positiv aufgenommen worden.[22] Auch in der heutigen Diskussion um den Regress der Verbandsgeldbuße wird es rege und kritiklos zitiert.[23] Der darin entwickelte Rechtsgedanke, wonach die Sanktionsabwälzung nicht kategorisch ausgeschlossen sei, ist von der Rechtsprechung beinahe nicht mehr angezweifelt worden. Das mag daran liegen, dass das Urteil auf den ersten Blick durchaus erschöpfend und überzeugend scheint. Umso mehr muss es verwundern, dass die Entscheidung einer kritischen Überprüfung in beinahe keiner Hinsicht stand hält.

aa) Schaden als Voraussetzung der Ersatzpflicht

Allem voran hat das Reichsgericht verkannt, dass der Schaden eine eigenständige Voraussetzung der Ersatzpflicht ist. Wohl von der – insoweit ebenfalls

---

21 Ausdr. gegen das Urteil – „Im Grundsatz nicht richtig sein kann, [...]" – *Hillenkamp*, in: FS Lackner (1987), S. 455 (463) u. *Holly/Friedhofen*, NZA 1992[4], S. 145 (151). Skeptisch noch *Ebert*, in: Erman,[12] § 249 Rn. 57: „Dem [scil.: Geldstrafe scheidet als staatliche Sanktion ihrer Natur nach als Schaden aus] kann RG 169, 267 schwerlich entgegengehalten werden. Dort hatte ein Steuerberater [...]. Hierin dürfte eher eine strafwürdige Beteiligung liegen." Seit der 13. Aufl. ist der krit. Hinweis jedoch verschwunden.

22 Siehe schon die positive Urteilsanmerkung von *Titze*, ZAkDR 1943[1], S. 15 (15). Aus der heutigen Rspr. nur BGH, Urt. v. 15. 4. 2010 – IX ZR 189/09 – DStRE 2010[19], S. 1219 ff. (Rn. 7); OLG Nürnberg, Urt. v. 24. 2. 2017 – 5 U 1687/16 – DStRE 2017[24], S. 1531 ff. (Rn. 4).

23 *Bayer*, in: FS K. Schmidt (2009), S. 85 (96); *Fleischer*, BB 2008[21], S. 1070 (1073), in: DB 2014[7], S. 345 (345) u. in: BeckOGK-AktG, § 93 Rn. 251; *Hauff*, S. 117; *Kaulich*, S. 289; *J. Koch*, in: GS Winter (2011), S. 327 (336); *Thole*, ZHR 173[4] (2009), S. 504 (532) u. *M. Zimmermann*, WM 2008[10], S. 433 (437) teilw. m. w. N.

ungenauen[24] – Argumentation der Vorinstanz geleitet, hat es den Geldstrafenregress in dieser Konstellation auf ein reines Kausalitätsproblem verkürzt.[25] In der insoweit zentralen Passage heißt es, der Kläger habe sich die vom Gesetz dargebotene Straffreiheit nur wegen des fehlsamen Rechtsrates der Beklagten verscherzt; dann aber sei „auch der Schaden des Klägers durch diese Vertragsverletzung ursächlich herbeigeführt worden."[26]

Der Ursächlichkeit (auch) des fehlsamen Rechtsrates für die spätere Geldstrafe lässt sich in der Tat nichts Wesentliches entgegenhalten.[27] Ob aber die Geldstrafe überhaupt ein Schaden ist, hat das Reichsgericht gar nicht untersucht, sondern schlicht unterstellt. All die wesentlichen und entscheidenden Fragen – die Lückenhaftigkeit des Gesetzes zum Begriff des Schadens, die Notwendigkeit, diese Lücke im Wege der Rechtsfortbildung zu schließen, die damals sicher anders gelagerten Grenzen[28] einer solchen Rechtsfortbildung – sind nicht erkannt, geschweige denn beantwortet worden. Aus der Perspektive des hier zugrunde gelegten Schadensverständnisses disqualifiziert sich das Urteil dann aber schon deshalb und sollte es in der heutigen Diskussion nicht mehr und jedenfalls nicht kritiklos herangezogen werden.

bb) Verantwortlichkeit für Straftat und Bestrafung

Darüber hinaus kann die – wenigstens eigenwillige – Unterscheidung zwischen der Verantwortlichkeit für die Straftat und für die Bestrafung jedenfalls heute[29] nicht überzeugen. Die Selbstanzeige bietet nach heute ganz herrschen-

---

24 Siehe dazu Anm. 13.1 unter a) (S. 501).

25 Zutr. *Holly/Friedhofen*, NZA 1992[4], S. 145 (151).

26 RG, Urt. v. 10. 6. 1942 – III 14/42 – RGZ **169**, 267 ff. (269).

27 Immerhin wenig überzeugend ist es, wenn das RG die Steuervergehen als „historische" Vorbedingung der Geldstrafe beim „haftungs*begründenden* Ursachenzusammenhang" nicht einbezogen wissen will – RG, Urt. v. 10. 6. 1942 – III 14/42 – RGZ **169**, 267 ff. (269). Herv. nur hier. Wollte man in dieser – besser vermiedenen, siehe oben § 4 A. II. 6. b) (S. 112) – Terminologie bleiben, ginge es nicht um die Frage, ob die Verletzung der Vertragspflicht auf einer Handlung der Beklagten beruht (haftungsbegründender Zusammenhang), sondern darum, ob der eingetretene „Schaden" Folge der Verletzung der Vertragspflicht ist (haftungsausfüllender Zusammenhang). Zu dem eigenwilligen Verständnis von der Rechtsnatur der Selbstanzeige sogleich.

28 Die äußere Grenze des Schadensbegriffes ist hier – siehe oben § 6 C. (S. 178) – aus Art. 20 Abs. 3 GG hergeleitet worden u. konnte für das RG im Jahr 1942 selbstredend nicht gelten.

der Meinung einen persönlichen Straf*aufhebungs*grund.[30] Das bedeutet, dass sich der Täter mit Vollendung der Steuervergehen strafbar macht und der „bereits entstandene Strafanspruch rückwirkend wieder beseitigt“ wird.[31] Straffreiheit verdient sich deshalb nur, wer objektiv die Voraussetzungen der „Rechtswohltat“ der Selbstanzeige erfüllt.[32] Der „Täter, der die [...] Steuerstraftat begangen hat, trägt das Risiko, im Zeitpunkt der Selbstanzeige an den erforderlichen Angaben verhindert zu sein“.[33] Ob der Steuerpflichtige „schuldhaft oder ohne jede Schuld [...] außerstande war, die im Sinne der Berichtigung [...] liegende Sachaufklärung zu beschaffen“, spielt keine Rolle.[34]

Es ist deshalb keineswegs zutreffend, dass der klagende Täter durch „seine Steuervergehen [...] nur eine [...] Gefahr seiner späteren Bestrafung geschaffen“ hat, die „erst durch den [...] von den Beklagten schuldhaft und pflichtwidrig herbeigeführten Verlust der Vergünstigung“ endgültig in einen „Schaden“ umgeschlagen ist.[35] Mit Vollendung der Steuervergehen ist der staatliche Strafanspruch entstanden. Selbst wenn die Beklagten für den Verlust der Vergünstigung verantwortlich gewesen sein sollten,[36] hat der klagende Täter die Voraussetzungen der Selbstanzeige objektiv schlicht nicht erfüllt. Er wurde nicht wegen dieser Nichterfüllung, sondern wegen der begangenen Steuervergehen bestraft, für die (nur) er selbst verantwortlich war.[37]

---

29 Ob dies damals anders gewesen sein mag, braucht u. soll hier nicht entschieden werden. Es geht allein um die Frage, ob u. inwieweit des damalige Urt. heute noch Beachtung finden muss.

30 *Joecks*, in: Joecks/Jäger/Randt^{8} § 371 AO Rn. 39 m. zahlr. Nw. dazu u. zum Gegenstück des Straf*ausschließungs*grundes, bei dem „die strafbefreienden Umstände bereits zum Zeitpunkt der Tat vorliegen“ müssen.

31 So *Joecks*, in: Joecks/Jäger/Randt^{8} § 371 AO Rn. 39 m. w. N.

32 Siehe nur *Joecks*, in: Joecks/Jäger/Randt^{8} § 371 AO Rn. 41 u. *Kohler*, in: MünchKomm-StGB^{3} § 371 AO Rn. 11 ff. jew. m. w. N. Letzterer hat (Rn. 17 m. w. N.) zahlreiche Umschreibungen für die Ausnahmeerscheinung der Selbstanzeige zusammengestellt, darunter auch die „einmalige gesetzgeberische Rechtswohltat“.

33 BGH, Urt. v. 14. 12. 1976 – 1 StR 196/76 – DB 1978^{45} S. 2155 (2155) m. w. N. Für den dort nur wiedergegebenen Originalwortlaut siehe BeckRS 1976, 31 113 556, zu II 1) a) cc) der Gründe.

34 BGH, Urt. v. 13. 11. 1952 – 3 StR 398/52 – BGHSt **3**, 373 ff. (376).

35 So aber RG, Urt. v. 10. 6. 1942 – III 14/42 – RGZ **169**, 267 ff. (269).

36 Was zu unterstellen war, worauf es aber gerade nicht ankommt.

37 Vgl. zuletzt auch BGH, Urt. v. 9. 11. 2017 – IX ZR 270/16 – NJW 2018^{8} S. 541 ff. (Rn. 35), für den die Beratungskosten im Zusammenhang mit einer tatsächlich geschuldeten Steuernachzahlung „bei wertender Zurechnung zuvörderst auf der von

Anm. 13.2: Ohnehin will es nicht einleuchten, weshalb die mögliche Straffreiheit allein durch den fehlsamen Rechtsrat der Steuerberater verscherzt worden sein sollte. Auch nach dem klägerischen Vortrag[38] hatte der Berater von der Selbstanzeige nur abgeraten, weil dann eine „mit 10 oder 12 Beamten" vorgenommene, „weit umfangreichere und schärfere Kontrolle" zu befürchten sei und man den Kläger „auch gewiß einsperren" würde, was „er bei seinem Gesundheitszustand nicht aushalten werde." An einer eigenen Selbstanzeige oder der Hinzuziehung eines anderen Steuerfachmannes war der Kläger dadurch aber freilich nicht gehindert.[39] Er gab an, er habe „seine Steuerehrlichkeit durch eine Selbstanzeige zurückgewinnen wollen" und hatte zu diesem Zweck auch einen Rechtsanwalt ins Vertrauen gezogen. Mit ihm hätte er den – angeblich offenbar fehlsamen – Rat des Steuerberaters ohne Weiteres überprüfen können. Ferner sind die Anforderungen an eine Selbstanzeige nach allgemeiner Auffassung nicht zu überspannen[40] und sollten in aller Regel von dem Laien auch ohne Zuhilfenahme eines Fachmannes zu bewerkstelligen sein.[41] Und im schlimmstem Falle führt die „verunglückte Selbstanzeige" des anzeigewilligen Täters zwar nicht zur Strafaufhebung, möglicherweise aber zur Strafmilderung.[42] Bei entsprechend großer Gewissensnot wäre der Kläger danach sehr wohl im Stande gewesen, die Bedingungen einer – wenigstens verunglückten – Selbstanzeige zu erfüllen.[43] Dass ihm die Möglichkeit der Straffreiheit allein durch den fehlsamen Rechtsrat genommen wurde, vermag nach alledem auch bei Zugrundelegung des klägerischen Vortrages nicht zu überzeugen.

---

der Klägerin eigenverantwortlich verübten Steuerhinterziehung", mithin der hier angeblich unbeachtlichen, weil nur „historischen" Vorbedingung beruhen.

38 Dieser ist nur in RG, Urt. v. 10. 6. 1942 – III 14/42 – ZAkDR 1943[1] S. 13 f. (13), nicht aber in RGZ **169**, 267 ff. wiedergegeben.

39 Siehe bereits die Urteilsanmerkung von *Titze*, ZAkDR 1943[1] S. 15 (15), der – allerdings nur i. R. d. Mitverschuldens (§ 254 BGB) – berücksichtigt wissen will, dass der Kläger „den Rat des Beklagten ohne jedes eigene Nachdenken hingenommen" habe. Es dürfe nicht übersehen werden, dass „der erteilte Rat eben nichts weiter als ein Rat ist, über dessen Befolgung oder Nichtbefolgung der Beratene schließlich selbst zu entscheiden" habe.

40 Siehe – statt vieler u. m. zahlr. Nw. – *Joecks*, in: Joecks/Jäger/Randt[8] § 371 AO Rn. 60: Der Steuerpflichtige muss es der Finanzbehörde nicht ermöglichen, die Berichtigungsveranlagung auf der Stelle durchführen zu können, sondern muss sie in die Lage versetzen, den Sachverhalt ohne die weitere gutwillige Mithilfe des Anzeigeerstatters aufzuklären.

41 Anders aber *Brüggemann*, GA 1968, S. 161 (171), der die Anforderungen in manchen Fällen für so komplex hält, dass sie „ein Laie nicht immer gut überblicken kann", u. deshalb auf die Zuziehung eines Fachmannes angewiesen sein wird. Dabei verkennt er jedoch, dass der Laie, der die Situation nicht immer gut überblicken kann, nach redlicher Zuziehung eines gewissenhaften Fachmannes regelmäßig einem unvermeidbaren Verbotsirrtum unterliegen wird, der eine Sanktion gerade unmöglich macht.

42 Siehe nur *Jäger*, in: Klein[15] § 371 AO Rn. 11.

cc) Der Rechtsordnung nicht entsprechender Zustand

Der – inhaltlich nicht zu beanstandende[44] – Einwand, der Kläger habe nicht die Herstellung eines der Rechtsordnung widersprechenden Zustandes verlangt, liegt bei Lichte betrachtet neben der Sache. Mitnichten hatte sich das OLG Köln daran gestört, dass der Kläger die Wiederherstellung eines rechtswidrigen Zustandes verlange.[45] Ganz im Gegenteil – und völlig zu Recht – hat es einen der Rechtsordnung nicht entsprechenden Zustand als *Voraussetzung* eines Schadenersatzanspruches identifiziert.[46] Nur dort, wo ein Dritter für die Einbuße des Geschädigten verantwortlich ist,[47] wird diese ausnahmsweise von dem grundsätzlich Schadens-zuständigen Rechtsgutsinhaber auf den verantwortlichen Dritten übergeleitet. Der Verbleib dieser Einbuße bei dem Geschädigten wäre nach dem Gesamturteil der Rechtsordnung unerwünscht, sprich: ein ausgleichsbedürftiger – der Rechtsordnung nicht entsprechender – Zustand, der in der Tat Voraussetzung eines jeden Anspruchs auf Schadenersatz ist. Das Argument, dass es an einem solchen Zustand fehle, wenn der Kläger zu Recht mit Geldstrafe belegt worden ist, hat das Reichsgericht weder aufgegriffen, noch zu widerlegen vermocht – vor allem nicht mit dem Hinweis auf das nicht rechtswidrige Begehren des Klägers.[48]

---

43 So zur ähnlichen Situation bei der tätigen Reue *v. Spiegel*, S. 148. Dem zust. u. den Gedanken ausdr. auf den Sanktionsregress erstreckend *Holly/Friedhofen*, NZA 1992[4], S. 145 (151 in Fn. 96).

44 Selbstverständlich sieht die Regelung der Selbstanzeige in § 410 RAbgO die Straffreiheit des Täters trotz begangener Steuervergehen vor. Diese kann deshalb kein der Rechtsordnung widersprechender Zustand sein. Und selbstverständlich ist es im Sinne dieser Regelung, dass von ihr rege Gebrauch gemacht werde. Das Begehren des Klägers, so gestellt zu werden, wie er bei pflichtgemäßer Beratung stünde, ist in der Tat nicht auf die Herstellung eines der Rechtsordnung widersprechenden Zustandes gerichtet.

45 So aber ausdr. RG, Urt. v. 10. 6. 1942 – III 14/42 – RGZ **169**, 267 ff. (269), wo es dem Berufungsgericht eine Verkennung von Zusammenhängen vorwirft.

46 Siehe die eigene Wiedergabe der Vorinstanz bei RG, Urt. v. 10. 6. 1942 – III 14/42 – RGZ **169**, 267 ff. (268): „Ein Schadensersatzanspruch *setze* einen der Rechtsordnung nicht entsprechenden Zustand *voraus.*“ Herv. nur hier. Vgl. zuletzt auch BGH, Urt. v. 9. 11. 2017 – IX ZR 270/16 – NJW 2018[8], S. 541 ff. (Rn. 24 ff.): Hat der Steuerberater versehentlich u. pflichtwidrig eine Selbstanzeige übermittelt, so kann der Mandant für die Belastung der Steuernachzahlung keinen Ersatz verlangen, weil diese Belastung rechtmäßig ist – sprich: ein der Rechtsordnung nicht entsprechender Zustand fehlt.

47 Sei es durch schuldhafte und widerrechtliche Verletzung, durch Schaffung einer Gefährdung, durch wissentliche Aufopferung eines fremden Gutes u. dgl. mehr, vgl. *Deutsch*, HaftungsR[2], Rn. 2.

dd) Freizeichnung des Steuerberaters

An dem – allenfalls emotional und auch da nur prima facie überzeugenden[49] – Argument, der Steuerberater würde bei einer Versagung eines Ersatzanspruches ungeschoren davonkommen, ist schließlich gar nichts richtig.[50] Wo der Ersatzanspruch des Klägers damit begründet wird, der Steuerberater dürfe nicht ungeschoren davon kommen, wird der dem Ausgleichsgedanken verpflichtete Schadenersatz[51] zu einem pönalisierenden Sanktionsinstrument pervertiert.[52] Die dem Täter zugefügte Strafe,[53] die sich als Grundrechtseingriff nur aus den bei ihm verfolgten und bewirkten Strafzwecken legitimieren lässt, müsste teilweise auch das Verhalten des Steuerberaters sanktionieren, das dem Täter selbst gerade nicht vorgeworfen werden kann. Denn Schuld und Vorwurf im Sinne der Strafzumessung „ist nur dasjenige, das übrigbleibt, wenn man von der Vorwerfbarkeit der Tat alles abzieht, was dem Täter im wahrsten Sinne des Wortes zur Entschuldigung dienen kann".[54] Der Beschuldigte verantwortet insoweit nur seinen eigenen Beitrag zum gesetz-

---

48 Die Tatsache, dass bei pflichtgemäßer Beratung durch den Steuerberater ein anderer Zustand bestünde, der seinerseits rechtmäßig hätte sein können, entbindet nicht von der Feststellung, dass der aktuelle Zustand der Rechtsordnung nicht entspricht.

49 Anders etwa *Fleischer*, DB 2014[7], S. 345 (345) u. *Hauff*, S. 117, die das Argument – zwar in distanzierter indirekter Rede, dafür aber – kritiklos wiedergibt. Auch *Ebke/Mößle*, JZ 1997[23], S. 1179 (1180) halten das insoweit identische Haftungsmodell des BGH für alternativlos, weil es eine Ausgleichsmöglichkeit schaffe, „die wegen der Schwierigkeit der praktischen Handhabung der öffentlich-rechtlichen Vorschrift des § 378 AO erforderlich werden" könne.

50 Ob es seinerseits auf einer Verkennung von Zusammenhängen beruht oder sich hier tatsächlich heute überwundene national-sozialistische Rechtsanschauungen Bahn brechen, braucht nicht entschieden zu werden. Unter Geltung des Grundgesetzes ist die Idee jedenfalls geradezu absurd.

51 Schon der historische Gesetzgeber wollte die „Hereinziehung moralisierender oder strafrechtlicher Gesichtspunkte [...] bei der Bestimmung der civilrechtlichen Folgen unerlaubten, widerrechtlichen Verhaltens durchaus fern gehalten" wissen. Siehe die Mot. in: *Mugdan*, Bd. II, S. 10.

52 Monographisch zu „Pönale[n] Elemente[n] im deutschen Privatrecht", *Ebert*, passim.

53 Mit den treffenden Worten von *Thomas*, NZG 2015[36], S. 1409 (1411): „eine Vermögenslast [...], die der Staat überhaupt nur in Gestalt der [Strafe] zur Entstehung gebracht hat, um damit das [Vermögen des Täters] zu treffen."

54 So treffend *Späth*, DStZ 1990[18], S. 467 (468) in Anlehnung an [das damals noch nicht veröffentlichte] AG Langenfeld, Urt. v. 31. 3. 1989 – 12 C 737/88 – StB 1991[2], S. 65 f. (66).

lich missbilligten Erfolg.[55] Beiträge von Mittätern oder sonstigen Beteiligten dürfen bei der Strafzumessung nicht berücksichtigt werden.[56]

Wenn und soweit sich der Steuerberater durch sein Verhalten tatsächlich nicht strafbar macht oder ordnungswidrig verhält,[57] darf der – im Jahre 1942 freilich dispensierte[58] – Vorbehalt des Gesetzes nicht über die Bande des Zivilrechts umgangen werden. Nichts anderes würde aber geschehen, nähme man das Reichsgericht beim Wort. Der Sanktionsausspruch gegen den Steuerpflichtigen müsste teilweise auch das Verhalten des anders nicht zu treffenden Steuerberaters ahnden. Dem (primären) Sanktionsadressaten würde das zivilrechtliche Instrumentarium gegeben und der Auftrag erteilt, den staatlichen Strafanspruch gegen den insoweit eigentlich verantwortlichen Täter vor den Zivilgerichten zu verfolgen.

Nicht nur würde über das Ob und die Höhe der nach dem Willen der Gesamtrechtsordnung letztlich und von vornherein für den Steuerberater vorgesehenen Sanktion in einem Verfahren entschieden, an dem dieser gar nicht beteiligt ist.[59] Dem zur zwischengeschalteten Zahlstelle degradierten (primären) Sanktionsadressaten würden darüber hinaus Prozess- und Insolvenzrisiko des Steuerberaters aufgebürdet.[60] Sollte dieser nämlich zahlungsunfähig werden oder im Regressprozess nachweisen, dass auch ihm der Vorwurf nicht zu machen ist, bliebe jener auf der insoweit für ihn nicht bestimmten Sanktion sitzen; einer Vermögenslast, die der Staat nur zur Erreichung bestimmter Zwecke zur Entstehung gebracht hat und bringen durfte,[61] die aber beim Kläger selbst weder erreicht werden können noch je hätten erreicht werden sollen.

---

55 *Späth*, DStZ 1990,[18] S. 467 (468).

56 *Späth*, DStZ 1990,[18] S. 467 (468).

57 Auf den heutigen § 378 AO sei insoweit nur hingewiesen.

58 Siehe das gesetzliche Analogiegebot in § 2 StGB i. d. F. des Art. 1 des Gesetzes zur Änderung des Strafgesetzbuchs v. 28. 6. 1935, RGBl. I 1935,[70] S. 839 (839): „Bestraft wird, wer eine Tat begeht, die das Gesetz für strafbar erklärt oder die nach dem Grundgedanken eines Strafgesetzes und nach gesundem Volksempfinden Bestrafung verdient. Findet auf die Tat kein bestimmtes Strafgesetz unmittelbar Anwendung, so wird die Tat nach dem Gesetz bestraft, dessen Grundgedanke auf sie am besten zutrifft."

59 Diese Umgehung aller Beteiligungsrechte u. rechtsstaatlicher Sicherungsmittel würde – heute – in der Verschuldensvermutung des § 280 Abs. 1 Satz 2 BGB gipfeln, die den „in dubio pro reo"-Grundsatz auf den Kopf stellte.

60 Ähnlich, wenn auch ausschließlich zur Situation bei der Verbandsgeldbuße, *Thomas*, NZG 2015,[36] S. 1409 (1412).

61 Vgl. *Thomas*, NZG 2015,[36] S. 1409 (1411).

Kurzum: Ein jeder Sanktionseingriff, der einen zu regressierenden Aufschlag enthält, um den Dritten nicht ungeschoren davonkommen zu lassen, wäre gegenüber dem primären Sanktionsadressaten – nach heutiger Lesart – rechts- und verfassungswidrig. Diese Rechts- und Verfassungswidrigkeit ist nicht durch eine zivilrechtliche Nachbereitung zu bereinigen, sondern kann in der Konsequenz nur dazu führen, dass die Sanktion auf diese Weise schon nicht verhängt wird. Wo gleichwohl täterfremdes Verhalten sanktionserhöhend berücksichtigt worden ist, kann der Täter die rechtswidrige Vermögenslast nicht auf einen Dritten abwälzen, sondern hat er sich gegenüber dem Staat gegen die rechtswidrige Sanktion selbst zu wehren.[62]

d) Zwischenergebnis

Nimmt man diese Ungenauigkeiten und Mängel zusammen, so vermag die in dem Urteil des Reichsgerichtes gegebene Begründung – jedenfalls aus heutiger Sicht – das gefundene Ergebnis nicht recht zu tragen. Eine nur hierauf gestützte ständige Rechtsprechung ruht danach auf wackeligem Fundament.

2. RAGE **27**, 43 ff.

Noch im selben Jahr musste sich auch das Reichsarbeitsgericht mit der Frage befassen, ob eine (Ordnungs-)Geldstrafe Gegenstand eines Schadenersatzanspruchs sein kann.[1] Der Fall spielte im damals besetzten Österreich und zugrunde lag ihm der folgende

Sachverhalt[2]

Während des zweiten Weltkrieges waren im Betrieb der Klägerin die Preise für Militärleder nicht ordnungsgemäß errechnet worden.[3] Deshalb hatte die Preis-

62 Vgl. bereits *Herschel*, DR 1943,[18] S. 558 (559), der aber die Tragweite seines Einwandes verkennt, weil er ihn nur i. R. d. § 254 BGB berücksichtigen wollte: Wer „sich gegen die Ordnungsstrafe nicht verteidigt, obgleich er es vermag, kann nicht verlangen, daß diese ihm (ganz) von einem [Dritten] ersetzt wird."

1 RAG, Beschl. v. 27. 11. 1942 – RAG 88/42 – RAGE **27**, 43 ff.

2 RAG, Beschl. v. 27. 11. 1942 – RAG 88/42 – RAGE **27**, 43 ff. (43 f.). Wohlwollende Anmerkung bei *Herschel*, DR 1943,[18] S. 558 ff.

3 Aus dem nicht gehörten Vortrag des Beklagten – RAG, Beschl. v. 27. 11. 1942 – RAG 88/42 – RAGE **27**, 43 ff. (44) – geht hervor, dass für die Grundpreise für einzelne Ledersorten keine Genehmigung von dem Reichskommissar eingeholt worden sei.

überwachungsstelle gegen sie eine auf § 8 Abs. 1 Satz 2 Preisstrafen-VO[4] gestützte Ordnungsstrafe i. H. v. 5 000 RM festgesetzt.[5] Klageweise wollte sie diesen Betrag gegen den Beklagten, ihren Angestellten, als Schadenersatz geltend machen. Die Klägerin gab insoweit an, sie habe den Beklagten wegen seiner besonderen Fachkenntnisse und ausdrücklich zur Einhaltung sämtlicher Vorschriften der Überwachungsstellen angestellt. Der sanktionsauslösende Verstoß gegen die Preisvorschriften beruhe allein auf dessen grober Pflichtverletzung. Der Beklagte bestritt jedes Verschulden. Er wandte ein,[6] die sanktionsauslösenden Verstöße beruhten auf einem Verhalten der Klägerin, an dem er gar nicht beteiligt gewesen sei, und seien deshalb ohne sein Wissen und Zutun erfolgt.

a) Vorinstanz: Gewerbegericht Klagenfurt

Das Gewerbegericht Klagenfurt hatte – wie schon zuvor das Landgericht – die Klage ohne Beweisaufnahme abgewiesen. Es nahm den Standpunkt des ehemaligen Obersten Gerichtshofes in Wien ein. Dieser hatte per Urteil vom 23. Januar 1917[7] entschieden, dass „die von einer Behörde verhängte Geldstrafe nicht auf jemanden anderen abgewälzt werden könne."[8]

Darüber hinaus seien unzulässigerweise neue Ledersortimente gebildet worden, statt die Ledersorten unter der ursprünglichen Sortimentbezeichnung anzubieten u. zu liefern.

4 § 8 Abs. 1 der Verordnung über Strafen und Strafverfahren bei Zuwiderhandlungen gegen Preisvorschriften v. 3. 6. 1939 (Preisstrafen-VO), RGBl. I,[105] S. 999 (1000) lautete: „Bei Zuwiderhandlungen […] können die […] Behörden gegen die schuldigen Personen […] Ordnungsstrafen in Geld festsetzen. Wird die Zuwiderhandlung in einem Geschäftsbetrieb begangen, so können außerdem gegen die Inhaber […] Ordnungsstrafen […] festgesetzt werden, wenn sie nicht nachweisen, daß sie die im Verkehr erforderliche Sorgfalt zur Verhütung der strafbaren Handlung angewandt haben." Man beachte auch Abs. 3: „Das Höchstmaß der Geldstrafe ist unbeschränkt."

5 Gegen wen genau die Ordnungsstrafe festgesetzt wurde, wird aus dem Beschl. nicht recht deutlich. Im Rubrum ist von einer Firma K. als Klägerin die Rede. Die Ordnungsstrafe des § 8 Abs. 1 Satz 2 Preisstrafen-VO richtet sich gegen den Betriebsinhaber, der gem. Abs. 2 auch eine „Handelsgesellschaft, eine juristische Person oder sonstige Personenvereinigung" sein konnte. Für diesen Fall ist – ebenfalls in Abs. 2 a. E. – vorgesehen, dass der Exkulpationsbeweis von „den zur gesetzlichen Vertretung befugten Personen zu führen" ist.

6 Dieser Einwand findet sich nicht im Tatbestand, sondern den Entscheidungsgründen, RAG, Beschl. v. 27. 11. 1942 – RAG 88/42 – RAGE **27**, 43 ff. (44).

7 Bei dem Verweis auf „Nowak, OGSlg. N. F. Bd. XIX Nr. 1817" scheint es sich um ein Fehlzitat zu handeln. Die Fundstelle existiert nicht. Auch auf Nachfrage bei den zuständigen Stellen in Österreich ließ sich das Originalurteil nicht ermitteln.

b) Entscheidung des Reichsarbeitsgericht

Das Reichsarbeitsgericht wollte sich dem nicht anschließen. Es hob das Berufungsurteil auf und verwies die Sache zur weiteren Verhandlung und neuerlichen Entscheidung an das Gewerbegericht zurück.[9] Ganz wesentlich stützte es sich dabei auf die eben erörterte Entscheidung des Reichsgerichts. Ausdrücklich heißt es in dem Beschluss, dass die „in jener Entscheidung ausgesprochenen Rechtsgrundsätze auch für den vorliegenden Rechtsfall anzuwenden“ seien.[10] Diese Rechtsgrundsätze sind wie folgt zusammengefasst: Das Reichsgericht habe sich mit einer „auf ähnlichem Gebiete liegenden Frage befaßt“. Es habe den „ursächlichen Zusammenhang für den vertraglichen Schadensersatzanspruch schon aus dem Grunde“ bejaht, dass der „Steuerberater dem Auftraggeber die Erlangung der Straffreiheit vereitelt habe“. Dessen Steuervergehen habe „nur eine historische Vorbedingung für den Schaden“ gebildet und sei für den Ersatzanspruch nicht bedeutsam.

Mangels jedweder Tatsachenfeststellung durch das Berufungsgericht habe das Reichsarbeitsgericht „einstweilen von den Tatsachenbehauptungen der Klägerin“ ausgehen müssen.[11] Die Besonderheit des Falles liege darin, dass die Klägerin „eben zur Vermeidung eines Zuwiderhandelns gegen gesetzliche Vorschriften einen Fachmann angestellt habe“. Die Klägerin dürfe sich in einem solchen Falle darauf verlassen, dass der „angestellte Fachmann die dem Gesetz entsprechenden notwendigen Maßnahmen treffe, um seine Dienstgeberin vor Nachteilen zu bewahren.“ Eine Überprüfung der Tätigkeit des Fachmannes sei der Klägerin nur insoweit zumutbar, „als ihr etwa von dem Fachmann begangene Verstöße auch ohne eingehende Sachkenntnisse hätten auffallen müssen.“

Wenn die Geldstrafe – was zu unterstellen war – tatsächlich nur auf einer gröblichen Pflichtverletzung des Beklagten beruhe, könne der Klägerin „das Recht nicht abgesprochen werden, Schadensersatz [...] zu verlangen.“[12]

8 Siehe – auch zum Vorstehenden – RAG, Beschl. v. 27. 11. 1942 – RAG 88/42 – RAGE **27**, 43 ff. (43 f.). Eine darüber hinaus gehende Darstellung der Argumentation der Vorinstanz lässt sich dem Beschl. nicht entnehmen.

9 RAG, Beschl. v. 27. 11. 1942 – RAG 88/42 – RAGE **27**, 43 ff. (47).

10 RAG, Beschl. v. 27. 11. 1942 – RAG 88/42 – RAGE **27**, 43 ff. (44). Schon *Herschel*, DR 1943,[18] S. 558 (558) hielt die Berufung auf RGZ **169**, 267 ff. in seiner sonst wohlwollenden Entscheidungsanmerkung für „bedenklich“. Die Entscheidung des RG betreffe einen „Sonderfall“ u. dürfe „nicht verallgemeinert werden.“

11 Siehe – auch zum Folgenden – RAG, Beschl. v. 27. 11. 1942 – RAG 88/42 – RAGE **27**, 43 ff. (44 f.). Wörtliche Zitate sind dort entnommen.

Das gelte aber nur, sofern die Verurteilung „nicht wegen eigener schuldhafter Säumigkeit in der Aufsicht über den Beklagten" erfolgt sei. Soweit die Bestrafung „wegen eines ohne Veranlassung des Beklagten begangenen Verstoßes erfolgt" sei, könne die Klägerin „Schadensersatz natürlich nicht beanspruchen." Die insoweit fehlenden und entscheidungserheblichen Tatsachenfeststellungen würde das Berufungsgericht nach Zurückverweisung nachholen müssen.[13]

c) Stellungnahme

Der Beschluss des Reichsarbeitsgerichts wird ebenfalls bis heute meist kritiklos und oft in einem Atemzug mit dem Urteil des Reichsgerichts zitiert.[14] Auch er hält jedoch einer kritischen Überprüfung nicht stand.

aa) Erstreckung der Grundsätze des Reichsgerichts

Allem voran legt es die Rechtsgrundsätze aus der Entscheidung des Reichsgerichts zugrunde, die dieses ausdrücklich nur für den ganz spezifischen Sonderfall mit einer ganz „besonderen Gestaltung des Ursachenzusammenhanges" aufgestellt hatte.[15] Ob die Fälle für eine Erstreckung der Rechtsgrundsätze ähnlich genug sind, kann dabei dahin stehen. Denn jedenfalls wird der Geldstrafenregress durch diese Übertragung auch im Beschluss des Reichsarbeitsgerichts wesentlich auf ein Kausalitätsproblem verkürzt.[16] Eine

---

12 Auch hier u. im Folgenden sind die wörtlichen Zitate RAG, Beschl. v. 27. 11. 1942 – RAG 88/42 – RAGE **27**, 43 ff. (45) entnommen.

13 Vgl. RAG, Beschl. v. 27. 11. 1942 – RAG 88/42 – RAGE **27**, 43 ff. (47). Auch hier lässt sich (wohl) nicht rekonstruieren, wie das Gewerbegericht Klagenfurt nach der Rückverweisung entschieden hat.

14 *Bayer*, in: FS K. Schmidt (2009), S. 85 (96); *Fleischer*, DB 2014[7], S. 345 (345); *Hauff*, S. 117; *D. Krause*, NStZ 2000[5], S. 225 (229); *Krieger*, in: FS Bezzenberger (2000), S. 211 (213 Fn. 9).

15 RG, Urt. v. 10. 6. 1942 – III 14/42 – RGZ **169**, 267 ff. (269). Krit. auch *Herschel*, DR 1943[18], S. 558 (558): Die Entscheidung des RG betreffe einen „Sonderfall" u. dürfe „nicht verallgemeinert werden."

16 Bemerkenswert ist, dass das RAG auf die eigentlich herangezogenen Rechtsgrundsätze in den weiteren Entscheidungsgründen an keiner Stelle zurückgreift. Es scheint deshalb nur den – vom RG nicht begründeten – Gedanken zugrunde gelegt zu haben, dass Geldstrafen sehr wohl ein ursächlicher Schaden sein könnten.

Auseinandersetzung mit den schon vom Reichsgericht übersehenen Fragen – Lückenhaftigkeit des Gesetzes, Notwendigkeit und Grenzen der Rechtsfortbildung – findet an keiner Stelle statt, wodurch sich auch die Entscheidung des Reichsarbeitsgericht für heutige Zwecke disqualifiziert.

bb) Ordnungsstrafe für vermutete Schuld

Ferner wurde die streitbefangene Ordnungsstrafe auf eine Vorschrift der Kriegswirtschaft gestützt, die – jedenfalls heute[17] – wegen Verstoßes gegen den Schuldgrundsatz in krassem Widerspruch zu unserem Strafrecht stünde.[18] Denn nach § 8 Abs. 1 Satz 2 Preisstrafen-VO konnte gegen die Betriebsinhaber eine – der Höhe nach nicht beschränkte[19] – Ordnungs(geld)strafe verhängt werden, „wenn sie nicht nachweisen, daß sie die im Verkehr erforderliche Sorgfalt zur Verhütung der strafbaren Handlung angewandt haben."[20] Wollte der Betriebsinhaber – aus welchem Grund auch immer – diesen ihm möglichen Nachweis nicht erbringen, so bestand die heute undenkbare Möglichkeit, ihm ohne positiven Nachweis eigenen Verschuldens eine Strafe aufzuerlegen, die nicht schon deshalb rechtswidrig war.

cc) Keine Regressfälle denkbar

Selbst wenn man aber die Möglichkeit einer Strafe für vermutetes Verschulden zugrunde legen wollte,[21] übersieht das Reichsarbeitsgericht in seinen

17 Noch im Beschl. v. 4. 2. 1959 – 1 BvR 197/53 („*Wirtschaftstrafgesetz*") – BVerfGE **9**, 167 ff. (169 ff.) hatte sich das BVerfG nicht dazu durchringen können, eine nicht mehr geltende, auf vermutetem Verschulden beruhende Strafvorschrift (i. w. S.) nachträglich für verfassungswidrig zu erklären. Dem lag u. a. die Erwägung zugrunde (173), dass solche Vorschriften im u. kurz nach dem Zweiten Weltkrieg unerlässlich waren. Eine neuerliche Einführung solcher Tatbestände hätte damit wohl auch das BVerfG krit. gesehen.

18 So auch OLG Koblenz, Urt. v. 20. 11. 1979 – 3 U 973/78 – DStR 1981,[8] S. 237 ff. (238) u. *Holly/Friedhofen*, NZA 1992,[4] S. 145 (151).

19 Ausdr. § 8 Abs. 3 der Preisstrafen-VO, RGBl. I 1939,[105] S. 999 (1000): „Das Höchstmaß der Geldstrafe ist unbeschränkt."

20 Siehe § 8 Abs. 1 Satz 2 (a. E.) der Preisstrafen-VO, RGBl. I 1939,[105] S. 999 (1000).

21 Erst recht gilt das Folgende für die heutige Rechtslage, die ohne positiven Nachweis von Verschulden u. Vorwurf zu keiner Sanktion kommen kann – vgl. § 11 Abs. 2, § 12 Abs. 2 u. §§ 15 f. OWiG.

Ausführungen einen ganz wesentlichen Punkt:[22] Der Betriebsinhaber soll sich darauf verlassen dürfen, dass der „angestellte Fachmann die dem Gesetz entsprechenden notwendigen Maßnahmen treffe".[23] Er müsse diese Tätigkeit auch nur insoweit überprüfen, als ihm die „von dem Fachmann begangenen Verstöße auch ohne eingehende Sachkenntnisse hätten auffallen müssen."[24] Erfolge die Verurteilung hingegen „wegen eigener schuldhafter Säumigkeit in der Aufsicht über den Beklagten" oder wegen eines „ohne Veranlassung des Beklagten begangen Verstoßes", so könne die Klägerin „Schadensersatz natürlich nicht beanspruchen."

Nimmt man das Reichsarbeitsgericht beim Wort und denkt man den Gedanken zu Ende, kommt es zu einer geradezu bemerkenswerten Konsequenz: Es bleiben keine Fälle übrig, in denen ein Geldstrafenregress möglich wäre.

Entweder der Betriebsinhaber musste die Arbeit des Fachmannes im konkreten Einzelfall nicht überprüfen, sondern hatte sich auf sie verlassen dürfen. Dann hat er i. S. d. § 8 Abs. 1 Satz 2 Preisstrafen-VO a. E. „die im Verkehr erforderliche Sorgfalt zur Verhütung der strafbaren Handlung angewandt". Eine Ordnungsstrafe hätte gegen ihn nicht festgesetzt werden dürfen. Begehrt er mit dem Nachweis dieser Voraussetzungen Schadenersatz bei dem Fachmann, so hätte er mit demselben Nachweis schon die insoweit ungerechte – heute: rechtswidrige – Ordnungsstrafe zu Fall bringen können und jedenfalls[25] im Hinblick auf § 254 BGB auch müssen:[26] Denn „wer sich gegen die

---

22 Siehe RAG, Beschl. v. 27. 11. 1942 – RAG 88/42 – RAGE **27**, 43 ff. (45). Die wörtlichen Zitate sind dort entnommen.

23 Siehe, wenn auch in anderem Zusammenhang, BGH, Beschl. v. 27. 1. 1966 – KRB 2/65 – BGHSt **21**, 18 ff. (21): Der Täter kann „sich der ihm obliegenden persönlichen Entscheidung über Recht oder Unrecht seines Tuns nicht schlechthin dadurch entziehen", dass er „eine Meinungsäußerung eines Rechtskundigen einholt." Ähnlich *Rengier*, in: KarlsrKomm-OWiG[5] § 11 Rn. 76 m. w. N.

24 Das entspricht – wenn auch weniger ausdifferenziert – dem heutigen Verständnis eines vorwurfsausschließenden Verbotsirrtums i. S. d. § 17 Abs. 2 OWiG. Details etwa bei *Rengier*, in: KarlsrKomm-OWiG[5] § 11 Rn. 76 ff.

25 Zur Vermeidung von Missverständnissen: Nach hier vertretener Auffassung dürfte die Ordnungsstrafe wegen der dadurch überspielten öffentlich-rechtlichen Wertungen schon nicht als Schaden i. S. d. Ersatzpflichtanordnung anerkannt werden. Wer dies – wie hier das RAG – anders sehen wollte u. einen Ersatzanspruch nicht schon wegen widersprüchlichen Verhaltens – der Kläger verlangt von einem Dritten Ersatz für eine Strafe, die es nicht geben dürfte u. die er selbst zu Fall bringen könnte – ausschließen wollte, müsste die Untätigkeit des Klägers als Mitverschulden i. S. d. § 254 BGB werten.

26 So auch – im obiter dictum – OLG Koblenz, Urt. v. 20. 11. 1979 – 3 U 973/78 – DStR 1981[8] S. 237 ff. (239).

Ordnungsstrafe nicht verteidigt, obgleich er es vermag, kann nicht verlangen, daß diese ihm (ganz) von einem Angestellten ersetzt wird."[27]

Oder ihm gelingt dieser Nachweis nicht – weder im Straf- noch im Zivilverfahren. Dann hat er die im Verkehr erforderliche Sorgfalt nicht angewandt. Er hätte sich folglich auf die Arbeit des Fachmannes nicht verlassen dürfen, sondern hätte sie im Rahmen eigener Sachkenntnis überprüfen können und müssen. Die Verurteilung ist „wegen eigener schuldhafter Säumigkeit bei der Aufsicht des Beklagten" oder gar wegen eines Verstoßes erfolgt, der mit dem Beklagten nichts zu tun hat. Für diese Fälle – in denen alleine eine nicht angreifbare Ordnungsstrafe denkbar ist – hat aber auch das Reichsarbeitsgericht den Schadenersatz ganz selbstverständlich für ausgeschlossen erklärt.

Kurzum: Wo der Regress denkbar ist, darf es die Ordnungsstrafe (so) nicht geben; und wo es die Ordnungsstrafe (so) geben darf, ist ein Regress nicht denkbar.

d) Zwischenergebnis

Nach kritischer Würdigung tragen auch die Gründe des Reichsarbeitsgericht die getroffene Entscheidung nicht. Im Gegenteil ist dort der Nachweis gelungen, dass es denkbare Fälle des Geldstrafenregresses gar nicht geben kann. Vor diesem Hintergrund sollte das Urteil nicht mehr kritiklos zur Stützung eines möglichen Geldstrafenregresses zitiert werden.

3. BGHZ **23**, 227 ff.

Das erste Urteil zum Geldstrafenregress unter Geltung des Grundgesetzes, das zugleich Anknüpfungspunkt für die bis heute währende ständige Recht-

---

27 So ausdr. – wenn auch unter dem Gesichtspunkt des Mitverschuldens – *Herschel*, DR 1943,[18] S. 558 (559) in der sonst wohlwollenden Anmerkung zur Entscheidung des RAG. Im Anschluss an den Nassauskiesungsbeschluss des BVerfG noch pointierter *Wolffgang/Tervooren*, ZfZ 2004,[3] S. 82 (85): „Der althergebrachte Rechtssatz ‚Dulde und Liquidiere' gilt nicht mehr. […] Jetzt heißt es vielmehr ‚Wer sich nicht wehrt, lebt verkehrt'."

sprechung ist, stammt aus dem Jahr 1957.[28] Es spielt im damals noch von der Militärregierung gesetzten Devisenrecht und befasst sich mit folgendem

Sachverhalt

Klägerin war eine GmbH mit Sitz in „H.", einer deutschen Stadt wohl in der Britischen Besatzungszone. Sowohl die Klägerin als auch ihr alleiniger Gesellschafter und Geschäftsführer hatten bei der Beklagten Bankkonten eröffnet. Die Klägerin hatte ihrem Geschäftsführer u. a. Lizenzgebühren für Patente zu zahlen und überwies diese und andere Beträge auf dessen Konto. Allerdings hatte der Geschäftsführer, nachdem sein Betrieb und sein Wohnhaus – wohl im Zweiten Weltkrieg – zerstört worden waren, seinen Wohnsitz nach Holland verlegt. Weil er dadurch zum Devisenausländer geworden war, verstießen die verschiedenen Zahlungen zwischen der GmbH und ihm gegen nicht näher bezeichnete Devisenvorschriften des 53. Gesetzes der Militärregierung.[29] Wegen dieser Verstöße unterwarf sich die GmbH einer Geldbuße i. H. v. 30000 DM. Einen Teil dieses Betrages machte die Klägerin gegen die beklagte Bank als Schadenersatz geltend.
Sie stützte ihr Begehren auf den Bankvertrag. Aus ihm sei die Bank dazu verpflichtet gewesen, unzulässige Überweisungen überhaupt zu unterlassen, jedenfalls aber rechtzeitig zu solchen Maßnahmen zu raten, die eine zu erwartende Strafe hätten mindern können. Die Bank bestritt jedes Verschulden und berief sich hilfsweise auf ein Mitverschulden sowohl der Klägerin als auch ihres damaligen Geschäftsführers.

a) Vorinstanz: OLG Düsseldorf

Das Berufungsgericht hatte die Klage abgewiesen. Die Klägerin – so wird es wiedergegeben[30] – könne „die ihr auferlegte Buße [...] selbst dann nicht auf die Beklagte abwälzen, wenn ihr nach bürgerlichem Recht ein Ersatz-

28 BGH, Urt. v. 31. 1. 1957 – II ZR 41/56 – BGHZ **23**, 222 ff. Die aus heutiger Perspektive ungewöhnlich anmutende Zuständigkeit des II. Senats ergibt sich daraus, dass Rechtsstreitigkeiten über „Ansprüche aus Kontokorrenten (HGB § 355)" damals noch diesem u. nicht dem XI. Senat zugewiesenen waren. Siehe die Geschäftsverteilungspläne des BGH für die Jahre 1956 u. 1957 für den II. Zivilsenat zu Nr. 3 lit. d) jew. im BAnz.[197] v. 10. Oktober 1956 S. 3; BAnz.[19] v. 29. Januar 1957 S. 3 u. BAnz.[152] v. 10. August 1956 S. 2.

29 Ausf. zu diesem Gesetz u. den damit verbundenen Besonderheiten sogleich c) cc) (S. 523).

30 BGH, Urt. v. 31. 1. 1957 – II ZR 41/56 – BGHZ **23**, 222 ff. (224). Siehe aber den Leitsatz u. später (225 f.), wo das Berufungsgericht dafür kritisiert wird, es habe „der Klägerin *die Geltendmachung eines Ersatzanspruches* auch für den Fall" eines bestehenden Ersatzanspruches versagen wollen, was in der Sache freilich etwas anderes wäre. Herv. nur hier.

anspruch zustehen würde.“ Die Entscheidungen des Reichsgerichts und des Reichsarbeitsgerichts, die zu einem anderen Ergebnis gekommen waren, beträfen lediglich fernliegende Ausnahmefälle.[31] Das OLG Düsseldorf hat sich damit – wenn auch in etwas verklausulierter Form – in die Tradition der Berufungsinstanzen eingereiht: Ein Anspruch auf Ersatz der Geldbuße sei aus Rechtsgründen ausgeschlossen – und zwar auch dann, wenn die Voraussetzungen einer Ersatzpflichtanordnung erfüllt sein sollten.

b) Entscheidung des BGH

Auch der BGH blieb der Tradition treu und wollte sich dem Judiz der Vorinstanzen nicht anschließen. Das Berufungsurteil wurde aufgehoben und die Sache zur neuerlichen Verhandlung und Entscheidung zurückverwiesen.[32]

Zwar sei es durchaus zutreffend, dass der mit einer öffentlich-rechtlichen Strafe belegte Täter „diese grundsätzlich aus seinem Vermögen selbst tragen“ müsse.[33] Dem stünden die Entscheidungen des Reichsgerichts und des Reichsarbeitsgerichts – auch unabhängig von ihrer Verallgemeinerungsfähigkeit[34] – nicht entgegen. Denn ihnen liege der „zutreffende Rechtsgedanke“ zugrunde, dass „es stets eines besonderen Rechtsgrundes“ bedürfe, „der die Abwälzung einer solchen Strafe“ rechtfertige.[35] Das Berufungsurteil habe dies verkannt und beruhe deshalb auf „einem grundlegenden Rechtsirrtum“.[36] Statt „der Klägerin die Geltendmachung eines Ersatzanspruchs auch für den Fall“ zu versagen, dass „ihr ein solcher nach bürgerlichem Recht“ zustehe, hätte es prüfen müssen, „ob das bürgerliche Recht einen solchen Anspruch aus besonderen Gründen“ gewähre.[37] Wo sich ein besonderer Rechtsgrund finden lasse, werde der dergestalt qualifizierte Ersatzanspruch „nicht dadurch ausgeschlossen, daß er inhaltlich auf die Abwälzung der der Klägerin auferlegten Strafe gerichtet“ sei.[38]

31 Dieser Einwand des Berufungsgerichts findet sich bei BGH, Urt. v. 31. 1. 1957 – II ZR 41/56 – BGHZ **23**, 222 ff. (225) in den Gründen.

32 BGH, Urt. v. 31. 1. 1957 – II ZR 41/56 – BGHZ **23**, 222 ff. (223).

33 BGH, Urt. v. 31. 1. 1957 – II ZR 41/56 – BGHZ **23**, 222 ff. (224).

34 BGH, Urt. v. 31. 1. 1957 – II ZR 41/56 – BGHZ **23**, 222 ff. (225): Ob „die beiden genannten Urteile […], wie das Berufungsgericht“ meine, nur „fernliegende Ausnahmefälle“ beträfen, bedürfe keiner Entscheidung.

35 BGH, Urt. v. 31. 1. 1957 – II ZR 41/56 – BGHZ **23**, 222 ff. (225).

36 BGH, Urt. v. 31. 1. 1957 – II ZR 41/56 – BGHZ **23**, 222 ff. (225 f.). Zust. *Brommer*, Vorstandshaftung, S. 44.

37 BGH, Urt. v. 31. 1. 1957 – II ZR 41/56 – BGHZ **23**, 222 ff. (225 f.).

Einen solchen besonderen Rechtsgrund meinte der BGH jedenfalls[39] dann bejahen zu können, wenn zwei Voraussetzungen vorlägen: Zum einen müsse der beklagte Dritte vertraglich verpflichtet sein, „den Täter von der Begehung einer [...] Straftat durch Warnungen oder ähnliche Hinweise zu schützen."[40] Zum anderen müsse die Straftat des Täters dadurch veranlasst sein, dass der Dritte ebendiese Pflicht schuldhaft verletzt habe.[41] Sei dies der Fall, stehe „nichts entgegen, einen Erstattungsanspruch für eine bereits gezahlte Strafe [...] zu bejahen".[42]

Dies zugrunde gelegt, gäben der Parteivortrag und die Feststellungen des Berufungsgerichtes keinen hinreichenden Anhalt, eine Ersatzpflicht zu verneinen.[43] Die Bank sei aus dem Kontokorrentvertrag grundsätzlich dazu verpflichtet, „den Kunden auf solche rechtliche Bedenken aufmerksam zu machen, die sie gegenüber einem ihr erteilten Auftrag des Kunden hat oder bei Anwendung der ihr obliegenden Sorgfalt [...] haben muß." Der BGH müsse als Revisionsinstanz von der Unterstellung ausgehen, die Überweisungen seien von der Beklagten bzw. deren Angestellten ohne jeden Hinweis auf mögliche Verstöße gegen Devisenvorschriften ausgeführt worden. Die Tatfrage, ob der Hinweis schuldhaft oder ohne Verschulden unterlassen wurde, werde dadurch zum Dreh- und Angelpunkt für das Vorliegen des besonderen Rechtsgrundes, der allein die Abwälzung der Strafe rechtfertigen könnte. Das lasse sich bislang weder positiv feststellen, noch könne ausgeschlossen werden, dass die Beklagte von dem Hinweis ohne Verschulden habe absehen dürfen, „weil [...] bei dem Kunden eine hinreichende Kenntnis dieser Vorschriften" angenommen werden konnte. Jedenfalls aber dürfe das

---

38 BGH, Urt. v. 31. 1. 1957 – II ZR 41/56 – BGHZ **23**, 222 ff. (226).

39 Mit der Wendung „jedenfalls" lässt es sich in der Tat nicht vereinbaren, wenn das OLG Koblenz, Urt. v. 20. 11. 1979 – 3 U 973/78 – DStR 1981[8] S. 237 ff. (238) u. *Dreher*, in: FS Konzen (2006), S. 86 (104) den besonderen Rechtsgrund auf gerade diese Konstellation hatten beschränken wollen. Darauf haben *Brommer*, Vorstandshaftung, S. 42 u. – etwas vorsichtiger – *Kaulich*, S. 289 (in Fn. 732 a. E.) zutr. hingewiesen. Das allein bedeutet jedoch nicht, dass der BGH mit seiner Einschätzung auch Recht hätte.

40 BGH, Urt. v. 31. 1. 1957 – II ZR 41/56 – BGHZ **23**, 222 ff. (225).

41 Die Erteilung eines unverbindlichen Rates oder die Begehung einer unerlaubten Handlung soll dagegen nicht genügen, BGH, Urt. v. 31. 1. 1957 – II ZR 41/56 – BGHZ **23**, 222 ff. (225).

42 BGH, Urt. v. 31. 1. 1957 – II ZR 41/56 – BGHZ **23**, 222 ff. (225).

43 Dieser Absatz zeichnet die Argumentation in BGH, Urt. v. 31. 1. 1957 – II ZR 41/56 – BGHZ **23**, 222 ff. (226 f.) nach. Wörtliche Zitate sind dort entnommen.

Berufungsurteil, dessen Begründung auf dem grundlegenden Rechtsirrtum beruhe, nicht aufrechterhalten werden.

c) Stellungnahme

Dieses vielfach für überzeugend gehaltene und auch heute noch unkritisch zitierte[44] Urteil hält einer kritischen Würdigung nicht stand. Es leidet an gleich drei erheblichen Mängeln, die – jeder für sich – das Urteil als Anknüpfungspunkt für eine ständige Rechtsprechung wenigstens zweifelhaft erscheinen lassen. Dass selbstverständlich auch der BGH ohne das hier entwickelte Konzept des Schadens als Lücke operiert, ist dabei keineswegs der gewichtigste Einwand. Denn darüber hinaus postuliert der BGH bewusst eine begründungsbedürftige Ausnahme vom grundsätzlich auch von ihm anerkannten Verbot der Geldstrafenabwälzung, deren Begründung er umfassend schuldig bleibt. Und schließlich befasst sich das Urteil mit einem historisch so extrem gelagerten Ausnahmefall, dass es allein deshalb fraglich erscheint, ob ein dazu entwickelter Rechtsgedanke heute noch ohne Weiteres Anwendung finden könnte.

aa) Schaden als Lücke

Allem voran hat der BGH das Problem des Geldstrafenregresses noch weiter verkürzt als seine Vorgänger. Das Reichsgericht[45] hatte lediglich den Schaden als Voraussetzung der Ersatzpflicht übersehen und gemeint, den Dreh- und Angelpunkt bei der Frage des Ursachenzusammenhanges suchen zu müssen. Der BGH hat sich hingegen auch damit nicht befasst. Er stellt allein die Frage nach einem qualifizierten Verletzungstatbestand,[46] namentlich ob der Kläger seinen Ersatzanspruch auf einen „besonderen Rechtsgrund" stützen könne. Dass der BGH von einer Prüfung von Schaden und Kausalität abgesehen ha-

44 Siehe nur *Brommer*, Vorstandshaftung, S. 42 ff.; *Hack*, S. 80; *Kersting*, ZIP 2016[27], S. 1266 (1267); *J. Koch*, in: GS Winter (2011), S. 327 (336); *R. Koch*, VersR 2015[16], S. 655 (657); *D. Krause*, NStZ 2000[5], S. 225 (229) u. *Thole*, ZHR 173[4] (2009), S. 504 (532).

45 Das RAG hatte sich insoweit damit begnügt, die Rechtsgrundsätze des RG für anwendbar zu erklären.

46 Zum Begriff des Verletzungstatbestands u. dazu, dass er keineswegs alle Voraussetzungen der Ersatzpflicht in sich vereint, oben § 4 A. II. 6. a) aa) (S. 110).

ben mag, weil deren Vorliegen im Rahmen der – vermeintlich einschlägigen – §§ 249 ff. BGB tatsächlich unstreitig zu bejahen gewesen wäre, spielt dabei keine Rolle. Die bisherige Untersuchung hat – nunmehr oft genug – gezeigt, dass sich Schaden und Kausalität als Voraussetzung der Ersatzpflicht aus den §§ 249 ff. BGB weder ergeben, noch ergeben können. Mit den wesentlichen und entscheidungserheblichen Fragen – Lückenhaftigkeit des Gesetzes, Notwendigkeit und Grenzen der Rechtsfortbildung – hat sich auch der BGH an keiner Stelle auseinandergesetzt.[47]

Das wiederum bedeutet, dass nicht (nur) das OLG Düsseldorf, sondern (auch) der BGH einem „grundlegenden Rechtsirrtum" unterlag.[48] Er hat wesentliche Voraussetzungen der Anspruchsgrundlage schon nicht in seine Prüfung einbezogen und deshalb i. S. d. § 546 ZPO „eine Rechtsnorm [...] nicht richtig angewendet". Eine gedachte Super-Revisionsinstanz hätte das Urteil wegen einer Verletzung des Rechts aufheben müssen. Keinesfalls sollte dieses (Fehl-)Urteil zum Anknüpfungspunkt für eine ständige Rechtsprechung gemacht werden.

bb) Begründungsdefizit

Ferner begegnet die Begründung des BGH auch jenseits dieses grundlegenden Einwandes schwerwiegenden Bedenken. Schiebt man nämlich den Schleier an Schein-Begründungen beiseite, so stellt sich heraus, dass der BGH an beinahe allen entscheidenden Stellen seiner Argumentation jede Begründung schuldig geblieben ist: Sein Ausgangspunkt ist die These, dass der „Täter, dem eine öffentlich-rechtliche Strafe auferlegt ist, diese grundsätzlich aus seinem Vermögen" und deshalb selbst tragen solle.[49] Auch der BGH ging folglich davon aus, dass die Abwälzung der Strafe eine rechtfertigungsbedürftige Ausnahme sei. Das wird besonders deutlich, wenn man eines seiner Argumente umkehrt: Der BGH sagt, ein vom bürgerlichen Recht aus besonderen Gründen gewährter Ersatzanspruch werde nicht dadurch

47 Zu Recht hat *Ebert*, in: Erman,[12] § 249 Rn. 57 dem Urteil noch Indifferenz attestiert. Allerdings ist diese Aussage seit der 13. Aufl. verschwunden.

48 So der Vorwurf des BGH, Urt. v. 31. 1. 1957 – II ZR 41/56 – BGHZ **23**, 222 ff. (225 f.) zum i. E. richtigen Berufungsurteil des OLG Düsseldorf.

49 BGH, Urt. v. 31. 1. 1957 – II ZR 41/56 – BGHZ **23**, 222 ff. (224). Zwar hat der BGH auch diese These mit keinem Wort begründet. Vor dem Hintergrund der Wirkungsweise des Strafrechts, wie sie hier (dazu oben § 7 C. [S. 209]) verstanden wird, ist sie jedoch nicht zu beanstanden.

ausgeschlossen, dass er inhaltlich auf die Abwälzung einer Strafe gerichtet sei.[50] Das kann im Umkehrschluss nur bedeuten, dass ein darauf gerichteter Ersatzanspruch sehr wohl ausgeschlossen sein muss, wenn das bürgerliche Recht ihn nicht aus einem besonderen, sondern nur aus einem gewöhnlichen Grund gewährt.[51]

Entsprechend macht es sich der BGH zu leicht, wenn er den Ersatzanspruch jedenfalls dann bejahen will, wenn die beklagte Bank ihre vertragliche Pflicht zur Verhütung von Straftaten des Klägers verletzt habe. Denn er operiert hier mit gleich drei eng miteinander verwobenen Behauptungen, von denen jede einzelne begründungsbedürftig wäre, er aber keine einzige begründet: Erstens behauptet er,[52] dass die Pflichtverletzung der beklagten Bank einen besonderen Rechtsgrund abgebe. Worin diese Besonderheit liege und was diese Pflichtverletzung von den nur gewöhnlichen Rechtsgründen unterscheide, wird mit keinem Wort erläutert.[53] Zweitens behauptet er, dass dieser als besonders postulierte Rechtsgrund die ausnahmsweise Abwälzung der Strafe rechtfertige. Auch insoweit hat er jedoch an keiner Stelle erläutert, welchen Voraussetzungen ein besonderer Rechtsgrund zur Rechtfertigung einer Straf-Abwälzung genügen muss. Entsprechend kann schon nicht untersucht werden, ob die Pflichtverletzung der beklagten Bank hierunter zu subsumieren ist.[54] Schließlich ist schon die Ausgangsthese eine an keiner Stelle begründete

---

50 Siehe BGH, Urt. v. 31. 1. 1957 – II ZR 41/56 – BGHZ **23**, 222 ff. (226).

51 Deshalb muss es verwundern, wenn der BGH 40 Jahre später im Urt. v. 14. 11. 1996 – IX ZR 215/95 – JZ 1997,[23] S. 1177 ff. (1178) unter Verweis auf dieses Urt. davon spricht, dass es „für die Frage eines Ersatzanspruches allein darauf" ankomme, „ob ein solcher sich aus den *allgemeinen Regeln des bürgerlichen Rechts*" ergebe. Herv. nur hier. Dazu noch ausf. II. 2. c) aa) (S. 536).

52 BGH, Urt. v. 31. 1. 1957 – II ZR 41/56 – BGHZ **23**, 222 ff. (225). Die vorstehenden Ausführungen, dem Berufungsgericht sei teilweise zuzustimmen u. auf die Verallgemeinerungsfähigkeit der Entscheidungen des RG u. des RAG komme es nicht an, können schwerlich als Begründung gewertet werden.

53 Vielmehr begnügt sich der BGH, Urt. v. 31. 1. 1957 – II ZR 41/56 – BGHZ **23**, 222 ff. (225) mit einer dreifachen Negativ-Abgrenzung: 1.) Ein besonderer Rechtsgrund sei nicht anzunehmen, weil eine Tat von mehreren begangen sei. 2.) Ob es sich bei den Entscheidungen von RG u. RAG um Sonderfälle gehandelt habe, bedürfe keiner Entscheidung. 3.) Dass sich besondere Rechtsgründe nicht sehr häufig feststellen ließen, möge zutreffen, sei aber ohne Bedeutung. Ein positives Argument zur Begründung der Besonderheit des Rechtsgrundes wird nirgends gegeben.

54 Mehr noch: Der BGH hat seinen „besonderen Rechtsgrund" aus der verallgemeinernden Umschreibung der Pflichtverletzung der Beklagten entwickelt u. deren Pflichtverletzung dann hieran gemessen. Damit liegt jedenfalls insoweit keine Begründung, sondern ein Zirkelschluss vor.

Unterstellung. Selbst wenn es einen zutreffenden Rechtsgedanken gäbe, dass es stets eines besonderen Rechtsgrundes bedürfe, der die Abwälzung einer solchen Strafe rechtfertige, blieben damit alle entscheidenden Fragen offen. Der besondere Rechtsgrund ist in dieser Formulierung eine notwendige, aber keine hinreichende Bedingung. Und Gründe, weshalb der – letztlich aus der Luft gegriffene[55] – Rechtsgedanke zutreffend sein sollte, gibt der BGH auch nicht an.

Der BGH sagt also: Geldstrafen sind grundsätzlich von dem verurteilten Täter selbst zu tragen, die Abwälzung einer Strafe ist eine rechtfertigungsbedürftige Ausnahme. Gerechtfertigt ist sie nur dort, wo ein besonderer Rechtsgrund vorliegt. Zu einem besonderen wird dieser Rechtsgrund nur, wenn er in der Lage ist, die Abwälzung der Strafe zu rechtfertigen. Kurzum:[56] Die Abwälzung einer Strafe ist als rechtfertigungsbedürftige Ausnahme immer dann gerechtfertigt, wenn es einen besonderen Rechtsgrund gibt, der diese Abwälzung rechtfertigt.

cc) Verfassungswidrige Geldbuße

Schließlich handelt es sich auch bei der hier streitbefangenen Geldbuße um einen – heute unvorstellbaren, fast schon absurden – Sonderfall. Grundlage war der zum Besatzungsrecht[57] gehörende Art. VIII MilRegG Nr. 53.[58]

---

55 Dass die beiden Entscheidungen, denen der Gedanke zugrunde liegen soll, keinen tauglichen Anknüpfungspunkt liefern, ist oben nachgewiesen u. auch vom BGH nicht behauptet worden. Eine darüber hinaus gehende Erläuterung zu Herkunft u. Berechtigung des Gedankens liefert er an keiner Stelle.

56 Damit dürfte die Begründung des BGH jedenfalls in der Nähe eines Zirkelschlusses liegen, der ihm von *Holly/Friedhofen*, NZA 1992[4] S. 145 (151) vorgeworfen wird.

57 Kompakt wie instruktiv der historische Abriss zum damaligen Rechtszustand in: BT-Drs. III/1285, S. 229 (li. Sp. ff.) u. bei BVerfG, Beschl. v. 21. 3. 1961 – 1 BvL 3/58 u. a. („*Devisenbewirtschaftung*") – BVerfGE **12**, 281 ff. (282 ff.). Zu den Besonderheiten im Interzonenhandel zwischen West- u. Ost-Deutschland siehe den Beschl. v. 16. 2. 1965 – 1 BvL 15/62 („*Interzonenhandel I*") – BVerfGE **18**, 353 ff. (353 ff.) u. den Beschl. v. 3. 11. 1982 – 1 BvR 210/79 („*Interzonenhandel II*") – BVerfGE **62**, 169 ff. (169 ff.).

58 Darunter seien im Folgenden die im Wesentlichen gleichlautenden Gesetze Nr. 53 der amerikanischen u. britischen Militärregierung sowie die Verordnung Nr. 235 des französischen Hohen Kommissars in Deutschland gemeint. In der Neufassung v. 18. September 1949 sind sie veröffentlicht im ABl. MReg (AmZ) v. 21. September 1949, Ausgabe O, S. 20 ff., im ABl. MReg (BrZ) v. 8. Oktober 1949[39] Teil 5 B,

Danach konnte – auch als juristische Person[59] – bestraft werden, wer gegen die Bestimmungen dieses Gesetzes verstieß.[60] Art. I Abs. 1 MilRegG Nr. 53 enthielt insoweit ein umfassendes Verbot jeglichen Außenhandels mit Erlaubnisvorbehalt.[61] Verboten waren u. a. – nach lit. c) – alle Geschäfte über „im Gebiet befindliche Vermögenswerte, die [...] im Eigentum [...] von Personen außerhalb des Gebietes stehen".

Nur wenige Jahre nach dem Urteil des BGH stellte das BVerfG fest, dass „ein generelles Verbot jeglichen Außenhandels" und mit ihm der „absolute Verbotsgrundsatz des Art. I der Devisenbewirtschaftungsgesetze mit Art. 12 Abs. 1 GG nicht vereinbar" sei.[62] Wenngleich das bisherige devisenrechtliche System „mit der Verfassung nicht voll in Einklang" stand, habe man es auch nach Beendigung des Besatzungsregimes fortführen müssen, schon um eine „chaotische Unordnung" durch „regellose Freiheit" zu vermeiden.[63] Die „Duldung [des Art. 12 Abs. 1 GG] nicht voll entsprechenden Übergangszustandes" war jedoch nur möglich gewesen, weil die dafür „unerläßliche Voraussetzung" erfüllt worden war.[64] Die „auf prinzipielle Freiheit des Au-

---

S. 14 ff. u. dem ABl. des französischen Oberkommandos in Deutschland v. 20. September 1949, 305 S. 2155 ff.

59 Nach Art. X lit. a) MilRegG Nr. 53 bedeutet „Person" i. S. d. Gesetzes u. a. auch „jede Personenvereinigung oder juristische Person des öffentlichen oder privaten Rechts". Zum vergleichbaren „Stahl-Händler"-Urteil des BGH u. wie er eine solche Geldstrafe/-buße verstanden wissen wollte, oben § 9 B. II. (S. 295).

60 Art. VIII Abs. 1 MilRegG Nr. 53: „Wer gegen die Bestimmungen dieses Gesetzes [...] verstößt, macht sich strafbar und wird, wenn schuldig befunden, [...] bestraft." — Abs. 2: „Falls [die] beschuldigte Person die Auferlegung einer Geldbuße der Durchführung eines Strafverfahrens vorzieht, so kann die Verwaltungsbehörde eine derartige Buße [...] verhängen."

61 Art. I Abs. 1 MilRegG Nr. 53: „Vorbehaltlich einer von der Militärregierung [...] erteilten Ermächtigung sind alle Geschäfte verboten, die zum Gegenstande haben oder sich beziehen auf: [lit. a)–h)]".

62 BVerfG, Beschl. v. 21. 3. 1961 – 1 BvL 3/58 u. a. (*„Devisenbewirtschaftung"*) – BVerfGE **12**, 281 ff. (295). Das Gericht räumt gleichwohl ein, dass im Jahre 1961 das „absolute Verbot nur noch im rechtstechnischen Sinne" bestand, „praktisch aber durch die Fülle der Ausnahmeregelungen überholt" worden sei. Ob dieser mehr oder weniger verfassungskonforme Zustand im Hinblick auf Art. 12 GG schon in den Jahren 1951–1953, also der Zeit des BGH-Urteils bestand, lässt sich kaum mehr rekonstruieren. Ein Verstoß gegen Art. 14 Abs. 1 GG i. V. m. dem Rechtsstaatsprinzip wurde im Beschl. v. 3. 11. 1982 – 1 BvR 210/79 (*„Interzonenhandel II"*) – BVerfGE **62**, 169 ff. (181 ff.) angenommen, soweit damit die Wahrung des Gegenseitigkeitsprinzips im Verhältnis zwischen BRD u. DDR gesichert werden sollte.

63 BVerfG, Beschl. v. 21. 3. 1961 – 1 BvL 3/58 u. a. (*„Devisenbewirtschaftung"*) – BVerfGE **12**, 281 ff. (292 u. 293).

ßenhandels [...] gerichtete Entwicklung“ war „planmäßig und ohne grundsätzliche Abweichung weitergeführt“, „die Vorarbeiten für ein neues, dem Grundgesetz entsprechendes deutsches Gesetz“ waren alsbald aufgenommen worden und „bis zu dem Inkrafttreten dieses Gesetzes“ würde „nicht zu viel Zeit verstreichen“.[65]

Weil aber das besagte (Außenwirtschafts-)Gesetz auf den Handel zwischen West- und Ost-Deutschland nicht (umfassend) anwendbar war,[66] konnte das BVerfG zwei Jahrzehnte später ausdrücklich bezweifeln, ob die weitere Anwendung des MilRegG Nr. 53 „für den innerdeutschen nichtkommerziellen Zahlungsverkehr noch verfassungsrechtlich zulässig“ sei.[67] Das Gesetz sei „in einer rechtlich wie politisch extrem gelagerten historischen Ausnahmesituation entstanden; deutsche Stellen hatten auf seine rechtstechnische Ausgestaltung keinen Einfluß“.[68] Es handle sich um eine Regelung, „die in einer Normalsituation unter der Herrschaft des Grundgesetzes erheblichen verfassungsrechtlichen Bedenken“ begegne.[69]

Mit anderen Worten: Das Urteil des BGH befasst sich mit der zivilrechtlichen Nachbereitung einer Geldbuße, die es in der heutigen Normalsituation unter der Herrschaft des Grundgesetzes so nicht geben dürfte. Sie beruhte auf einer Vorschrift, die aus einer politisch wie rechtlich extrem gelagerten historischen Ausnahmesituation geboren war, schon damals mit der Verfassung nicht voll in Einklang stand und nur wegen der Unmöglichkeit verfassungskonformer Zustände für eine Übergangszeit hingenommen werden

64 BVerfG, Beschl. v. 21. 3. 1961 – 1 BvL 3/58 u. a. („*Devisenbewirtschaftung*“) – BVerfGE **12**, 281 ff. (293 f.) auch zum Folgenden.

65 Das Außenwirtschaftsgesetz v. 28. 4. 1961 (AWG), BGBl. I,[29] S. 481 ff. ist dem Bundestag im Jahre 1959 als BT-Drs. III/1285 vorgelegt worden. Mit seinem vier Monate auf die Verkündung folgenden Inkrafttreten – § 52 AWG (S. 494) – sollte das MilRegG Nr. 53 auf den Außenwirtschaftsverkehr nicht mehr anzuwenden sein – § 47 Abs. 1 Nr. 1 AWG (S. 492). Für den Handel zwischen Ost- u. West-Deutschland galt es gleichwohl bis zur Wiedervereinigung fort.

66 Nach BVerfG, Beschl. v. 16. 2. 1965 – 1 BvL 15/62 („*Interzonenhandel I*“) – BVerfGE **18**, 353 ff. (354) sei der Interzonenhandel weder Außenhandel, noch reiner Binnenhandel, weil zwischen der BRD u. der Sowjetischen Besatzungszone eine Herrschaftsgrenze, nicht aber eine Zollgrenze bestand.

67 BVerfG, Beschl. v. 3. 11. 1982 – 1 BvR 210/79 („*Interzonenhandel II*“) – BVerfGE **62**, 169 ff. (181 u. ff.).

68 BVerfG, Beschl. v. 3. 11. 1982 – 1 BvR 210/79 („*Interzonenhandel II*“) – BVerfGE **62**, 169 ff. (182) m. Verw. auf den Beschl. v. 16. 2. 1965 – 1 BvL 15/62 („*Interzonenhandel I*“) – BVerfGE **18**, 353 ff. (363).

69 BVerfG, Beschl. v. 3. 11. 1982 – 1 BvR 210/79 („*Interzonenhandel II*“) – BVerfGE **62**, 169 ff. (182).

musste. Bei einer solchen Geldbuße mag es tatsächlich nicht ausgeschlossen gewesen sein,[70] dass das Verschulden der Bank sanktionserhöhend in die Geldbuße eingepreist worden ist, ohne dass die Klägerin sich gegen diesen Aufschlag hätte wehren können. Und in diesem Falle mag es möglicherweise auch (ge-)recht gewesen sein, den Aufschlag im Wege einer zivilrechtlichen Umverteilung an die dafür zuständige Bank weiterzugeben.

Bei einer Geldbuße, wie sie heute rechtmäßig verhängt werden könnte, ist diese Sondersituation jedoch völlig ausgeschlossen. Die Geldbuße ist gem. § 17 Abs. 3 Satz 1 OWiG u. a. nach dem Vorwurf zu bemessen, der den Täter trifft. Entweder der Rechtsverstoß kann dem Täter trotz des unterbliebenen Hinweises der Bank vorgeworfen werden.[71] Nur dann bildet die Geldbuße einen ihn treffenden Vorwurf ab, der gerade nicht Verantwortung der Bank ist, und nur dann kann die Geldbuße auch der Höhe nach rechtmäßig sein. Oder der fehlende Hinweis der Bank schließt insoweit die Vorwerfbarkeit beim Täter aus. Dann aber darf die Geldbuße den (nur) der Bank zu machenden Vorwurf gegenüber dem Täter nicht sanktionserhöhend berücksichtigen. Tut sie es gleichwohl, so ist sie insoweit zu hoch bemessen und deshalb rechtswidrig. Sie müsste insoweit vom Täter gegenüber dem Staat zu Fall gebracht werden. Allein die zivilrechtliche Umverteilung des rechtswidrigen Bußgeldanteils würde diesen nicht rechtmäßig machen.

Aus heutiger Perspektive kann aus alledem nur folgender Schluss gezogen werden: Selbst wenn das Kartenhaus aus nicht begründeten Behauptungen für die damalige Ausnahme-Geldbuße Recht gewesen sein sollte; auf heutige Fälle kann und sollte der dazu entwickelte Rechtsgedanke des BGH nicht – jedenfalls nicht unkritisch – übertragen werden.

---

70 Allerdings heißt es im Tatbestand bei BGH, Urt. v. 31. 1. 1957 – II ZR 41/56 – BGHZ **23**, 222 ff. (223), die Klägerin habe sich am 24. August 1953 einer Geldbuße unterworfen. Art. VIII Abs. 2 MilRegG Nr. 53 hatte diese Möglichkeit für Fälle vorgesehen, in denen der Täter die Durchführung eines Strafverfahrens vermeiden wollte. Das wird wohl bedeuten, dass die Klägerin sich nicht unter Verweis auf ein mögliches Verschulden der Bank gegen die eigene, offenbar für zu hoch empfundene u. deshalb wohl damals schon rechtswidrige Sanktion zur Wehr gesetzt hat.

71 So auch *Hillenkamp*, in: FS Lackner (1987), S. 455 (463). Zust., wenn auch ausdr. nur zur Konstellation des Arbeitnehmers, *Holly/Friedhofen*, NZA 1992[4], S. 145 (151).

4. Zwischenergebnis

Die ursprüngliche Entscheidungstrias hat danach für die Möglichkeit des Geldstrafen- und Geldbußen-Regresses kein einziges überzeugendes Argument hervorgebracht. Allen Entscheidungen liegt wohl die unausgesprochene Annahme zugrunde, der Schaden sei durch den von §§ 249 ff. BGB vorgegebenen Zustandsvergleich zu ermitteln. Hierauf aufbauend ist die Schadensqualität der Geldbuße tatsächlich zwingend.

Tatsächlich aber, das hat diese Arbeit nun schon mehrfach herausgestellt, handelt es sich bei eben dieser Grundannahme um einen „grundlegenden Rechtsirrtum".[72] Der Schaden als Voraussetzung der Ersatzpflicht kann sich schon logisch nicht aus den §§ 249 ff. BGB ergeben, die ihrerseits das Vorliegen einer Ersatzpflicht voraussetzen. Diese entscheidende Stellschraube der Ersatzpflichtanordnung, aus der hier die Unmöglichkeit des Geldbußenregresses entwickelt wurde, ist in keiner der Entscheidungen erkannt und diskutiert worden. Auch jenseits dieser grundsätzlichen Einwände weisen die Entscheidungen eine Vielzahl von Widersprüchen, Inkonsistenzen und Begründungslücken auf. Eine nur hierauf gestützte ständige Rechtsprechung vermag den hier eingenommenen Standpunkt deshalb nicht zu entkräften.

II. Sanktionsabwälzung in der jüngeren Rechtsprechung

Knappe vier Jahrzehnte sollte es dauern, bis der BGH erneut Gelegenheit hatte, sich zu dem Problem zu äußern.[1] In der Zwischenzeit hatten sich die Instanz- und Obergerichte[2] darum bemüht, die zu eng begrenzten Ausnahmefällen ergangene Rechtsprechungslinie auf eben diese Ausnahmen zu beschränken. Dabei ist es jedoch nicht gelungen, die regelmäßige Unmöglichkeit des Regresses methodisch überzeugend zu begründen. Deshalb konnte der BGH dieser Entwicklung ein jähes Ende setzen und die Möglichkeit des Sanktionsregresses endgültig zum nicht mehr hinterfragten Dogma machen.

Entscheidend wird aber sein, ob es dem BGH seinerseits gelungen ist, das von der ursprünglichen Entscheidungstrias geerbte Begründungsdefizit

72 So der gegen die i. E. zutr. Begründung des Berufungsurteils gerichtete Vorwurf des BGH, Urt. v. 31. 1. 1957 – II ZR 41/56 – BGHZ **23**, 222 ff. (225 f.).

1 Urt. v. 14. 11. 1996 – IX ZR 215/95 – JZ 1997,[23] S. 1177 ff. m. Vorsicht anmahnender Anmerkung von *Ebke/Mößle*, JZ 1997,[23] S. 1179 ff.

2 Siehe die Zusammenstellungen bei *Ebke/Mößle*, JZ 1997,[23] S. 1179 (1179 m. Fn. 1) u. bei *Späth*, DStZ 1990,[18] S. 467 (468 mit Fn. 4), sowie sogleich in den Fn.

zu überwinden. Nur dann wäre die entgegenstehende Rechtsprechung ein ernstzunehmender Einwand gegen den hier eingenommenen Standpunkt.

1. Tendenz zur Beschränkung

Soweit sich die Rechtsprechung zwischen den beiden Entscheidungen des BGH[3] mit dem Regressproblem hatte befassen müssen, ist die Möglichkeit des Sanktionsregresses durchweg verneint worden.[4] Das war von dem – nach hier vertretener Auffassung exakt zutreffenden – Wunsch getragen, die Verbindlichkeit der straf- und ordnungswidrigkeitenrechtlichen Sanktion zugrundeliegenden Wertungen auch im Zivilrecht zu gewährleisten.[5] Obwohl die Verfahren sehr verschiedene Konstallationen betrafen und sich die Begründungen im Detail durchaus unterschieden, hatte sich ein sehr einheitlicher Argumentationskern herausgebildet, der im Folgenden kurz wiedergegeben sein soll.

a) Ausgangspunkt

Ganz selbstverständlich sei derjenige, der schuldhaft seine vertraglichen Pflichten verletze, zum Ersatz aller daraus unmittelbar und mittelbar hervorgehenden Schäden verpflichtet.[6] Ob aber dieser verursachte und zu ersetzende Schaden auch Geldstrafen und Bußgelder erfasse, sei jedenfalls nicht zwingend.[7] Denn nach Sinn und Zweck der Strafe soll der Täter die Folgen seiner Straftat verspüren; dazu müsse er sie aus eigenem Vermögen tragen und dürfe er sie wenigstens im Regelfall nicht auf einen Dritten abwälzen können.[8]

---

3 Gemeint sind das Urt. v. 31. 1. 1957 – II ZR 41/56 – BGHZ **23**, 222 ff. u. das Urt. v. 14. 11. 1996 – IX ZR 215/95 – JZ 1997,[23] S. 1177 ff.

4 OLG Koblenz, Urt. v. 20. 11. 1979 – 3 U 973/78 – DStR 1981,[8] S. 237 ff.; OLG Düsseldorf, Urt. v. 22. 1. 1987 – 18 U 146/86 – StB 1988, S. 97 f.; OLG Stuttgart, Urt. v. 30. 1. 1989 – 2 U 83/88 – StB 1989,[6] S. 200 f. (200): OLG München, Urt. v. 28. 3. 1990 – 20 U 2259/89 – DStZ 1990,[18] S. 467; LG München I, Urt. v. 23. 12. 1976 – 10 O 13 799/76 – DStR 1978,[1] S. 51 u. AG Langenfeld, Urt. v. 31. 3. 1989 – 12 C 737/88 – StB 1991,[2] S. 65 f.

5 So die Einschätzung bei *Ebke/Mößle*, JZ 1997,[23] S. 1179 (1179).

6 OLG Koblenz, Urt. v. 20. 11. 1979 – 3 U 973/78 – DStR 1981,[8] S. 237 ff. (238).

7 OLG Koblenz, Urt. v. 20. 11. 1979 – 3 U 973/78 – DStR 1981,[8] S. 237 ff. (238); OLG Düsseldorf, Urt. v. 22. 1. 1987 – 18 U 146/86 – StB 1988, S. 97 f. (98).

Den BGH wähnten die Gerichte bei dieser Einschätzung hinter sich. Die ursprüngliche Entscheidungstrias wurde überwiegend[9] kritiklos wiedergegeben und deren Ergebnis pflichtschuldig zur Kenntnis genommen:[10] Die Abwälzung einer Geldsanktion sei eine begründungsbedürftige Ausnahme.[11] Sie bedürfe stets eines besonderen Rechtsgrundes. Das Unbehagen gegenüber diesen Grundsätzen wird jedoch deutlich, wenn dem BGH nachgerade unterstellt wird,[12] er habe diesen besonderen Rechtsgrund ausschließlich dort anerkennen wollen, wo es um die Verletzung einer vertraglichen Pflicht zur Verhütung von Straftaten gehe.[13]

Und tatsächlich schien sich die Regressfrage mit dem Erfordernis einer qualifizierten Pflichtverletzung nicht überzeugend begründen zu lassen. Denn auch in den Fällen, in denen das Vorliegen überhaupt einer Pflichtverletzung verneint wurde,[14] sahen sich die Gerichte dazu veranlasst, quasi als obi-

---

8 Damit haben OLG Koblenz, Urt. v. 20. 11. 1979 – 3 U 973/78 – DStR 1981,[8] S. 237 ff. (238) u. OLG Düsseldorf, Urt. v. 22. 1. 1987 – 18 U 146/86 – StB 1988, S. 97 f. (98) den Grund für den grds. Verbleib der Strafe beim Täter ausgesprochen, der bei BGH, Urt. v. 31. 1. 1957 – II ZR 41/56 – BGHZ **23**, 222 ff. (224) noch im Dunkeln geblieben war.

9 Immerhin auf die Besonderheit der jew. Fallgestaltungen haben OLG Koblenz, Urt. v. 20. 11. 1979 – 3 U 973/78 – DStR 1981,[8] S. 237 ff. (238) u. OLG Düsseldorf, Urt. v. 22. 1. 1987 – 18 U 146/86 – StB 1988, S. 97 f. (98) hingewiesen. Jenes wollte vor allem bei der Entscheidung des RAG beachtet wissen, dass die dortige Geldbuße „nach den heute geltenden rechtsstaatlichen Prinzipien" so nicht mehr würde festgesetzt werden können.

10 Anders nur LG München I, Urt. v. 23. 12. 1976 – 10 O 13 799/76 – DStR 1978,[1] S. 51 (51), das es ohne Hinweis auf den BGH u. ausnahmslos für „mit dem Sinn und Zweck einer Strafe bzw. einer verschuldensunabhängigen Ordnungsmaßnahme nicht vereinbar" ansieht, „wenn es möglich wäre, diese im Wege des Schadensersatzes auf Dritte abzuwälzen."

11 OLG Koblenz, Urt. v. 20. 11. 1979 – 3 U 973/78 – DStR 1981,[8] S. 237 ff. (238); OLG Stuttgart, Urt. v. 30. 1. 1989 – 2 U 83/88 – StB 1989,[6] S. 200 f. (201). Bemerkenswert ist das OLG München, Urt. v. 28. 3. 1990 – 20 U 2259/89 – DStZ 1990,[18] S. 467 (467), das diesen Gedanken der Rspr. entnimmt, ohne dabei auf den BGH, das RG oder das RAG zu verweisen.

12 BGH, Urt. v. 31. 1. 1957 – II ZR 41/56 – BGHZ **23**, 222 ff. (225) wollte die Abwälzung der Geldsanktion „jedenfalls" in diesen Fällen bejahen. Er hat die Ausnahmen gerade nicht auf diese Konstellation beschränkt. Insoweit zutr., wenn auch ausschließlich gegen den entsprechenden Gedanken bei *Dreher*, in: FS Konzen (2006), S. 86 (104) gerichtet, *Brommer*, Vorstandshaftung, S. 42 u. – etwas vorsichtiger – *Kaulich*, S. 289 (in Fn. 732 a. E.).

13 So OLG Koblenz, Urt. v. 20. 11. 1979 – 3 U 973/78 – DStR 1981,[8] S. 237 ff. (238) u. OLG Stuttgart, Urt. v. 30. 1. 1989 – 2 U 83/88 – StB 1989,[6] S. 200 f. (201).

ter dictum auch die Ursächlichkeit einer möglicherweise nur unterstellten Pflichtverletzung für den Bußgeld-„Schaden" zu verneinen. Wohl aus vermeintlicher Alternativlosigkeit erschien die Schadenszurechnung als einzig verbleibendes Einfallstor für die notwendigen wertenden Korrekturen.[15] Teilweise wurde versucht, die Ursächlichkeit der Pflichtverletzung schlechthin in Abrede zu stellen.[16] Teilweise wurde der Rechtswidrigkeitszusammenhang verneint bzw. vertreten, der Nachteil des Sanktionsübels liege außerhalb des Schutzzwecks der verletzten Norm.[17] Keiner dieser Wege war in der Lage, das gewünschte – und zutreffende – Ergebnis überzeugend zu begründen. Denn in beiden Varianten ging die Begründung an den eigens gesetzten Maßstäben vorbei.

b) Pflichtverletzung nicht ursächlich

Dass die Pflichtverletzung des Steuerberaters für die spätere Geldbuße nicht ursächlich gewesen sein sollte, wurde auf die Art und Weise der Sanktionszumessung gestützt.[18] Der Steuerpflichtige werde nicht bestraft, weil er sich das Verhalten seines Beraters zurechnen lassen müsste, noch werde ein mögliches Fehlverhalten des Steuerberaters bei der Bemessung sanktionserhöhend berücksichtigt. Maßgeblich für das Ob und die Höhe der Sanktion sei allein das Verhalten des jeweiligen Steuerpflichtigen selbst. Eine Sanktion werde nur festgesetzt, wenn dem Täter nach Abzug aller ihn entschuldigenden

14 OLG Stuttgart, Urt. v. 30. 1. 1989 – 2 U 83/88 – StB 1989[6] S. 200 f. (201) u. OLG München, Urt. v. 28. 3. 1990 – 20 U 2259/89 – DStZ 1990[18] S. 467 (467). OLG Koblenz, Urt. v. 20. 11. 1979 – 3 U 973/78 – DStR 1981[8] S. 237 ff. (238) ließ offen, ob die erkannte Pflichtverletzung einen besonderen Rechtsgrund in diesem Sinne abgebe. AG Langenfeld, Urt. v. 31. 3. 1989 – 12 C 737/88 – StB 1991[2] S. 65 f. (66) ließ die Frage nach einer Pflichtverletzung von vornherein dahinstehen.

15 Zu demselben Versuch im Kapitalgesellschaftsrecht u. den damit verbundenen methodischen Tücken bereits oben § 3 C. I. 2. (S. 76) u. § 3 C. II. 3. a) (S. 86).

16 So etwa OLG Stuttgart, Urt. v. 30. 1. 1989 – 2 U 83/88 – StB 1989[6] S. 200 f. (201); LG München I, Urt. v. 23. 12. 1976 – 10 O 13 799/76 – DStR 1978[1] S. 51 (51) u. AG Langenfeld, Urt. v. 31. 3. 1989 – 12 C 737/88 – StB 1991[2] S. 65 f. (66).

17 OLG Koblenz, Urt. v. 20. 11. 1979 – 3 U 973/78 – DStR 1981[8] S. 237 ff. (238) u. OLG Düsseldorf, Urt. v. 22. 1. 1987 – 18 U 146/86 – StB 1988, S. 97 f. (98). In der Tendenz sieht auch LG München I, Urt. v. 23. 12. 1976 – 10 O 13 799/76 – DStR 1978[1] S. 51 (51) das Sanktionsübel außerhalb des Schutzzwecks der Norm.

18 Siehe – auch zum Folgenden – OLG Stuttgart, Urt. v. 30. 1. 1989 – 2 U 83/88 – StB 1989[6] S. 200 f. (201) u. LG München I, Urt. v. 23. 12. 1976 – 10 O 13 799/76 – DStR 1978[1] S. 51 (51).

Umstände ein Vorwurf gemacht werden könne[19] – sprich: wenn er sich trotz Rückversicherung beim Fachmann sorgfaltspflichtwidrig und vorwerfbar verhalten habe.[20] Dann aber beruhe die Geldbuße nur auf dem eigenen Fehlverhalten des Täters. Das Verhalten des Steuerberaters sei für sie gerade nicht ursächlich geworden.

Inhaltlich ist dem wenig entgegenzuhalten. An der Frage des Zurechnungszusammenhangs geht der Gedanke gleichwohl vorbei. Denn dabei geht es – auf einer ganz grundlegenden Ebene – schlicht darum, ob das Verhalten des Steuerberaters condicio sine qua non für das spätere Sanktionsübel war.[21] Dem Berater wird im Regressprozess gerade vorgeworfen, er habe den Steuerpflichtigen nicht von eigenem, individuell vorwerfbarem Verhalten abgehalten. Denkt man folglich das unterlassene pflichtgemäße Verhalten des Steuerberaters hinzu,[22] so hätte der Steuerpflichtige gar kein Fehlverhalten an den Tag gelegt. Mangels eines individuell vorwerfbaren Fehlverhaltens hätte eine Geldbuße in keiner Höhe festgesetzt werden können. Das unterlassene Verhalten des Steuerberaters kann deshalb nicht hinzu gedacht werden, ohne dass der eingetretene Nachteil des Sanktionsübels mit an Sicherheit grenzender Wahrscheinlichkeit entfiele. In diesem Sinne ist sein Verhalten für den eingetretenen Nachteil sehr wohl ursächlich gewesen.

c) Schutzzweck der Norm

Der Versuch, den eingetretenen Nachteil aus dem Schutzzweck der Norm auszuklammern, erfolgte in derselben Weise wie in der heutigen kapitalgesellschaftsrechtlichen Diskussion. Deshalb gilt das oben[23] Gesagte entsprechend. Nach der Lehre vom Schutzzweck der Norm sind nur solche Nachteile zu ersetzen, „die aus dem Bereich der Gefahren stammen, zu deren A[b]wendung

19 So treffend AG Langenfeld, Urt. v. 31.3.1989 – 12 C 737/88 – StB 1991, 2, S. 65 f. (66).

20 OLG Koblenz, Urt. v. 20.11.1979 – 3 U 973/78 – DStR 1981, 8, S. 237 ff. (238).

21 Siehe statt aller BGH, Urt. v. 9.11.2017 – IX ZR 270/16 – NJW 2018, 8, S. 541 ff. (Rn. 18) m. w. N., der jedoch entgegen der hier vertretenen Auffassung die Differenzhypothese für maßgebend hält.

22 Siehe abermals BGH, Urt. v. 9.11.2017 – IX ZR 270/16 – NJW 2018, 8, S. 541 ff. (Rn. 18): Zu prüfen ist, „welchen Verlauf die Dinge bei pflichtgemäßem Verhalten genommen hätten und wie die Vermögenslage des Betroffenen sein würde, wenn der [Berater] die Pflichtverletzung nicht begangen, sondern pflichtgemäß gehandelt hätte“.

23 Siehe oben § 3 C. II. 3. a) (S. 86).

die verletzte Norm erlassen worden" ist.[24] Die Gerichte hätten deshalb zweierlei leisten müssen: Zum einen hätte der Bereich der Gefahren benannt werden müssen, deren Abwendung die Ersatzpflichtanordnung im Verhältnis zwischen Steuerberater und Mandant bezweckt. Und darauf aufbauend hätte der – freilich nicht mögliche[25] – Nachweis erbracht werden müssen, dass die Begehung von Steuer-Straftaten und -Ordnungswidrigkeiten nicht zu diesen Gefahren gehört.

Das ist ganz überwiegend[26] weder geschehen, noch recht unternommen worden. Wie auch in der kapitalgesellschaftsrechtlichen Diskussion[27] ist nicht der Zweck der Ersatzpflichtanordnung, sondern der Zweck der öffentlich-rechtlichen Sanktion herangezogen worden.[28] Damit aber geht die Argumentation an der Lehre vom Schutzzweck der Norm vorbei und kann – ganz unabhängig von der inhaltlichen Richtigkeit der angebrachten Argumente – den erstrebten Ausschluss der Ersatzpflicht nicht begründen.

d) Zwischenergebnis

Die Instanz- und Obergerichte hatten tatsächlich alles herausgearbeitet, was zu einer überzeugenden Ablehnung des Geldsanktionen-Regresses erfor-

---

24 So statt vieler OLG Düsseldorf, Urt. v. 22. 1. 1987 – 18 U 146/86 – StB 1988, S. 97 f. (98) m. w. N. Siehe für weitere Nachw. auch oben § 3 C. II. 3. a) (S. 86).

25 Insoweit zutr. BGH, Urt. v. 14. 11. 1996 – IX ZR 215/95 – JZ 1997[23], S. 1177 ff. (1178 f.).

26 Tendenziell richtig nur OLG Koblenz, Urt. v. 20. 11. 1979 – 3 U 973/78 – DStR 1981[8], S. 237 ff. (239), das den Vorwurf der Geldbuße in der fehlenden Überwachung des Steuerberaters erblickt. Weil diese Aufgabe auch während des Beratungsmandates dem Steuerpflichtigen obliegt u. nicht an den gerade zu überwachenden Steuerberater delegiert werden könne, sei dies eine Gefahr, zu deren Abwendung der Steuerberater nicht verpflichtet sei.

27 Siehe abermals oben § 3 C. II. 3. a) (S. 86). *Harnos*, S. 105 hat präzise herausgearbeitet, dass nicht der Zweck des § 93 Abs. 2 AktG, sondern jener der Verbandsgeldbuße herangezogen wird. Deren Zweck sei bei der Lehre vom Schutzzweck der (Ersatz-) Norm aber gerade nicht gemeint.

28 Siehe ausdr. OLG Koblenz, Urt. v. 20. 11. 1979 – 3 U 973/78 – DStR 1981[8], S. 237 ff. (238): „Bei der Prüfung dieses Rechtswidrigkeitszusammenhangs ist auszugehen von der Frage, *aus welchen Gründen das gezahlte Bußgeld verhängt worden ist, insbesondere, worin der Schuldvorwurf liegt.*" u. OLG Düsseldorf, Urt. v. 22. 1. 1987 – 18 U 146/86 – StB 1988, S. 97 f. (98): „Besteht der ersetzt verlangte Schaden in einer vom Strafgericht verhängten Geldstrafe, so *sind Sinn und Zweck der öffentlich-rechtlichen Strafe zu bedenken.*" Herv. jew. nur hier

derlich gewesen wäre. Völlig zu Recht stellten sie die Frage nach Sinn und Zweck einer öffentlich-rechtlichen Sanktion, wenngleich die Antwort stets ziemlich im Dunkeln blieb. Dieser gebiete es, dass der Täter die Sanktion aus eigenem Vermögen zu erfüllen habe. Denn die Wertungen des Straf- und Ordnungswidrigkeitenrechts, die der Sanktion zu Grunde liegen, würden überspielt, wenn sich Geldstrafen und -bußen mittels des zivilen Haftungsrechts wirtschaftlich auf den Steuerberater abwälzen ließen.[29]

Allerdings fehlte – worauf auch im kapitalgesellschaftsrechtlichen Schrifttum stets hingewiesen worden ist[30] – eine Möglichkeit, diese zutreffenden und überzeugenden Gedanken zu Sinn und Zweck der Strafe im Rahmen der Ersatzpflichtanordnung zu berücksichtigen. Die methodische Rumpelkammer der – ohnehin zu überdenkenden – Lehre vom Schutzzweck der Norm war dazu nicht in der Lage. Mit dem hier entwickelten Konzept des Schadens als Voraussetzung der Ersatzpflicht, der wegen der Lückenhaftigkeit des Gesetzes zur Rechtsfortbildung in den Grenzen des Art. 20 Abs. 3 GG berechtigt, hätte dieses Begründungsdefizit überwunden werden können.

2. BGH locuta, causa finita

Wie gesagt setzte der BGH dieser Entwicklung ein Ende. Gelegenheit bot auch ihm ein Fall zur Haftung des Steuerberaters mit folgendem

Sachverhalt[31]

Der Kläger war Betreiber einer Arztpraxis, der Beklagte sein Steuerberater. Mit einem vom Beklagten entworfenen Vertrag hatten der Kläger und dessen Ehefrau ein deutlich überhöhtes Ruhegeld vereinbart. Die dafür getätigten Rückstellungen wollte das Finanzamt nicht anerkennen, weil es die Pensionszusage für nicht ernstgemeint ansah. Wegen – wohl dieser und auch[32] – anderer unzutreffender Angaben in den Steuererklärungen wurde gegen den Kläger wegen leichtfertiger Steuerverkürzung

29 So die knappe Zusammenfassung der Rspr. bei *Ebke/Mößle*, JZ 1997,[23] S. 1179 (1179).

30 Für eine teleologische Reduktion als (vermeintlich) einzig verbleibender Ausweg zuerst *J. Koch*, in: GS Winter (2011), S. 327 (334, 335 u. 338). Zust. *Bayer/Scholz*, GmbHR 2015,[9] S. 449 (451); *Spindler*, in: MünchKomm-AktG,[5] § 93 Rn. 194; *Scholz*, S. 54.

31 BGH, Urt. v. 14. 11. 1996 – IX ZR 215/95 – JZ 1997,[23] S. 1177 ff. (1177).

32 Der Sachverhalt ist bei BGH, Urt. v. 14. 11. 1996 – IX ZR 215/95 – JZ 1997,[23] S. 1177 ff. (1177) insoweit nicht gerade eindeutig formuliert: „Wegen verschiedener unzutreffender Angaben, die die ursprünglichen Steuererklärungen *in anderen Punkten* enthielten [...], wurde [...] ein Bußgeld [...] verhängt." Herv. nur hier.

ein Bußgeld i. H. v. 6000 Euro verhängt. Unter anderem für dieses Bußgeld verlangte der Kläger Ersatz vom Steuerberater, weil diese Belastungen auf dessen fehlerhafter Beratung beruhten.

a) Vorinstanz: OLG Hamm

Das OLG Hamm hatte als Berufungsinstanz die Klage abgewiesen. Dabei argumentierte es ganz im Sinne der eben wiedergegebenen Rechtsprechungslinie:[33] Die Erstattung einer Geldbuße sei nur in Ausnahmefällen möglich. Deren Sinn und Zweck gebiete die persönliche Belastung des Täters. Sie werde allein nach Vorwurf und Schuld des Steuerpflichtigen bemessen. Das Verhalten des Steuerberaters, mag es auch eine Pflichtverletzung durch Schlechterfüllung gewesen sein, finde bei der Sanktionszumessung keine Berücksichtigung. Dann aber beruhe die Belastung des Mandanten nicht auf der Pflichtverletzung des Beraters. Insoweit fehle der Rechtswidrigkeitszusammenhang und liege der Nachteil außerhalb des Schutzbereichs der Norm.

b) Entscheidung des BGH

Wieder wollte sich der BGH der Entscheidung der Vorinstanz nicht anschließen. Auf Grundlage des zu unterstellenden klägerischen Vortrags könne ein Ersatzanspruch entgegen der Begründung des OLG Hamm nicht verneint werden. Dabei ging der BGH von den überkommenen Rechtsgrundsätzen zur Sanktionsabwälzung aus. Die Möglichkeit einer solchen Abwälzung sei davon abhängig, ob der Beratungsvertrag den Steuerberater dazu verpflichte, seinen Mandanten von der Begehung einer Straftat oder Ordnungswidrigkeit abzuhalten. Das sei entgegen anders lautender Stimmen aus Literatur und Instanzgerichten zu bejahen. Vor allem könne dem nicht entgegengehalten werden, dass der Steuerpflichtige „nur entsprechend seinem eigenen schuldhaften Fehlverhalten" und „damit ohne Zurechnung der Handlungsweise des Steuerberaters" sanktioniert werde.[34]

Denn dabei würde verkannt, dass das Steuerrecht „vielfach kompliziert und jedenfalls für den Laien undurchsichtig" sei. Oft sei es bei dem nach-

---

33 Siehe BGH, Urt. v. 14. 11. 1996 – IX ZR 215/95 – JZ 1997,[23] S. 1177 ff. (1177), der die Argumentation des OLG Hamm wiedergegeben hat.

34 BGH, Urt. v. 14. 11. 1996 – IX ZR 215/95 – JZ 1997,[23] S. 1177 ff. (1178).

vollziehbaren Wunsch, die Steuerlast möglichst gering zu halten, nur schwer erkennbar, was noch gesetzmäßig sei und was den Rahmen der steuerrechtlichen Legalität sprenge. Der zu Rate gezogene Steuerberater habe deshalb nicht lediglich die Aufgabe, mögliche Steuervorteile auszuschöpfen. Vielmehr sei er auch und gerade dazu verpflichtet, den Steuerpflichtigen „davor zu bewahren, sich durch Überschreitung des zulässigen Rahmens der steuerstrafrechtlichen Verfolgung auszusetzen.“[35] Diese Pflicht ende, wenn der Steuerpflichtige sich der Rechtswidrigkeit seines Vorgehens bewusst sei. Der Mandant bedürfe dann keiner Aufklärung und könne „die sein Vermögen treffenden steuerstrafrechtlichen Folgen nicht auf seinen Berater abwälzen“.

Dann aber könne dem Steuerpflichtigen, der nur leichtfertig gehandelt habe (§ 378 Abs. 1 AO), ein Ersatzanspruch nicht versagt werden. Zwar dürfe er sich nicht blindlings auf seinen Berater verlassen, sondern müsse er sich im Rahmen des Möglichen ein eigenes Bild über seine Verpflichtungen machen und die Arbeit des Beraters im Rahmen eigener Kenntnisse kontrollieren. Verlasse er sich grob sorgfaltspflichtwidrig auf den eingeholten Rat, so könne er zu Recht mit einer öffentlich-rechtlichen Sanktion belegt werden. Gleichwohl habe der Steuerberater dann „wegen Verletzung seiner Vertragspflichten den daraus entstehenden Vermögensschaden zu ersetzen.“ Denn – so wird man den BGH wohl verstehen müssen – der nur leichtfertig handelnde Steuerpflichtige sei sich wegen der Komplexität und Undurchsichtigkeit des Steuerrechts der Rechtswidrigkeit seines Verhaltens nicht bewusst.[36] Es hätte deshalb noch zu den Pflichten des Steuerberaters gehört, den Mandanten vor dem Verstoß zu bewahren. Tue er dies nicht, so verletze er eine qualifizierte vertragliche Pflicht. Deren Ursächlichkeit für den Vermögensnachteil der öffentlich-rechtlichen Sanktion lasse sich so wenig leugnen wie die Tatsache, dass dieser Vermögensnachteil sehr wohl unter den Schutzzweck der Norm falle.

c) Stellungnahme

Zwar ist es dem BGH gelungen, den Fehler in der Begründung des Berufungsgerichts und der vorhergehenden Rechtsprechungslinie freizulegen.

35 BGH, Urt. v. 14. 11. 1996 – IX ZR 215/95 – JZ 1997,[23] S. 1177 ff. (1178).

36 So noch deutlicher BGH, Urt. v. 15. 4. 2010 – IX ZR 189/09 – DStRE 2010,[19] S. 1219 ff. (Rn. 10) u. OLG Frankfurt, Urt. v. 8. 10. 2009 – 3 U 60/09 – BeckRS 2010, 11987.

Weder lässt sich leugnen, dass der Steuerberater die Pflicht hat, den Mandanten vor der Begehung von Steuerdelikten zu bewahren, noch lässt sich der Ursachenzusammenhang zwischen dieser Pflichtverletzung und dem späteren Vermögensnachteil in Abrede stellen. Bei der korrekten Anwendung der Lehre vom Schutzzweck der Norm darf auch nicht auf den Zweck der Geldsanktion, sondern muss auf den Zweck der Ersatzpflichtanordnung abgestellt werden.

Die Widerlegung einer unzutreffenden Begründung bedeutet jedoch nicht, dass der BGH seinerseits richtig entschieden und eine überzeugende Begründung gegeben hätte. Ohne abermalige Wiederholung des auch hier berechtigten Vorwurfs,[37] das Wesen des Schadens als Voraussetzung der Ersatzpflicht verkannt zu haben, leidet das Urteil an wenigstens zwei erheblichen Mängeln. Zum einen ist das Begründungsdefizit der ursprünglichen Entscheidungstrias nicht nur perpetuiert, sondern sogar verschärft worden. Darüber hinaus müsste die Argumentation des BGH, wenn man sie konsequent zu Ende befolgte, ebenfalls dazu führen, dass keine denkbaren Regresskonstellationen übrig blieben.

aa) Verschärfung des Begründungsdefizits

Den Ausgangspunkt nimmt der IX. Senat bei den Rechtsgrundsätzen, die der II. Senat knapp vier Jahrzehnte zuvor aufgestellt hatte.[38] Diese gibt er gleich zu Beginn seiner Argumentation wieder. Dabei unterlaufen ihm zwei kleine, aber entscheidende Ungenauigkeiten. Die zentrale Passage der Entscheidungsgründe lautet im – nur marginal bereinigten – Volltext:[39]

> „Wer eine Straftat oder Ordnungswidrigkeit begangen hat, muß zwar die deswegen gegen ihn verhängte Sanktion nach deren Sinn und Zweck in eigener Person tragen und damit auch eine ihm auferlegte Geldstrafe oder -buße aus seinem eigenen Vermögen aufbringen. Das schließt indessen für sich allein einen Anspruch gegen einen anderen auf Ersatz für einen solchen Vermögensnachteil nicht aus.“ Weder sei die nachträgliche Erstattung als Begünstigung,[40] noch sei die vorherige Zurverfügungstellung der Geldmittel als Strafvereitelung[41] strafbar oder verboten. „Es

37 Das oben zu I. 1. c) aa) (S. 503) u. zu I. 3. c) aa) (S. 520) Gesagte gilt hier entsprechend.

38 Ausf. zu BGH, Urt. v. 31. 1. 1957 – II ZR 41/56 – BGHZ **23**, 222 ff. bereits oben I. 3. (S. 516).

39 BGH, Urt. v. 14. 11. 1996 – IX ZR 215/95 – JZ 1997;[23] S. 1177 ff. (1178). Die im Original in Klammern gesetzten Verweise werden im Folgenden durch Fußnoten kenntlich gemacht.

40 Verweis auf RG, Urt. v. 10. 6. 1942 – III 14/42 – RGZ **169**, 267 ff.

> kann deshalb, wie auch das Berufungsgericht im Ansatz nicht verkannt hat, für die Frage eines Ersatzanspruchs allein darauf ankommen, ob ein solcher sich aus den allgemeinen Regeln des bürgerlichen Rechts ergibt."[42] Allein die Tatbegehung durch mehrere biete insoweit keinen tauglichen Abwälzungsgrund, weil die §§ 830, 840, 426 BGB insoweit nicht anwendbar seien. „Das schließt aber eine Einstandspflicht desjenigen, der vertraglich verpflichtet war, den Täter vor der Begehung einer Straftat oder Ordnungswidrigkeit und deren Folgen zu schützen, nicht aus."[43]

Daran ist gleich dreierlei bemerkenswert: Einmal hat der BGH offenbar kein Bedürfnis gesehen, sich mit der inhaltlichen Richtigkeit der überkommenen Rechtsgrundsätze auseinanderzusetzen.[44] Weder ist deshalb aufgefallen, dass es sich bei dem ursprünglichen Fall um die zivilrechtliche Nachbereitung einer schon damals nicht recht verfassungskonformen Geldbuße gehandelt hatte.[45] Noch ist erkannt worden, dass der II. Senat den angeblich „zutreffenden Rechtsgedanken" überhaupt nicht begründet, sondern ihn aus einer fast zirkulären Reihe ineinandergreifender Behauptungen gewonnen hatte.[46] Eine kritische Auseinandersetzung mit den Rechtsgrundsätzen hätte den BGH dazu veranlassen müssen, diese zu verwerfen. Statt dessen hat er sie kritiklos zugrunde gelegt. Damit ruht das Urteil bereits im Ausgangspunkt auf einem äußerst wackeligen Fundament.

Dieses wackelige Fundament schwächt der IX. Senat weiter, indem er sich schon in den ersten beiden Sätzen in einen Widerspruch verstrickt. Denn einerseits *müsse* der Täter einer Straftat oder Ordnungswidrigkeit die „deswegen gegen ihn verhängte Sanktion nach deren Sinn und Zweck in eigener Person tragen und [...] aus seinem eigenen Vermögen aufbringen." Das aber soll andererseits – so heißt es gleich im Anschluss – für sich alleine einen Ersatzanspruch nicht ausschließen. Diese beiden Aussagen können nicht gleichzeitig richtig sein. Entweder der Täter muss die Sanktion selbst tragen; dann kann er keinen Ersatzanspruch haben. Oder er kann einen Er-

---

41 Verweis auf BGH, Urt. v. 7. 11. 1990 – 2 StR 439/90 – BGHSt **37**, 226 ff.

42 Es wird mit den Worten „so schon" auf BGH, Urt. v. 31. 1. 1957 – II ZR 41/56 – BGHZ **23**, 222 ff. (225) verwiesen.

43 Erneuter Verweis auf BGH, Urt. v. 31. 1. 1957 – II ZR 41/56 – BGHZ **23**, 222 ff. (225).

44 Beinahe wortgleich – u. deshalb erneut ohne jedes Problembewusstsein – hat der BGH diese Grundsätze knapp 15 Jahre später im Urt. v. 15. 4. 2010 – IX ZR 189/09 – DStRE 2010,[19] S. 1219 ff. (Rn. 8) wiedergegeben. Im Urt. v. 9. 11. 2017 – IX ZR 270/16 – NJW 2018,[8] S. 541 ff. (Rn. 32) hat er von der Wiedergabe vollends abgesehen.

45 Siehe oben I. 3. c) cc) (S. 523).

46 Siehe oben I. 3. c) bb) (S. 521).

satzanspruch haben; dann aber muss er die Sanktion nicht – jedenfalls nicht ausnahmslos – selbst tragen. Auf einen Widerspruch lässt sich bekanntermaßen jedes beliebige Ergebnis stützen.[47]

Das mag man noch als eine nur ungenaue Formulierung abtun, die später relativiert wird. Allerdings folgt kurz auf die erste eine weitere und letztlich fatale Ungenauigkeit: Die (freiwillige) Erstattung der Sanktion eines Dritten sei nicht strafbar.[48] Stehe das Strafrecht nicht entgegen, so könne es „deshalb [...] für die Frage eines Ersatzanspruchs allein darauf ankommen, ob ein solcher sich aus *den allgemeinen Regeln des bürgerlichen Rechts*" ergebe.[49] Hatte der II. Senat für die ausnahmsweise Abwälzung noch einen „besonderen Rechtsgrund" verlangt,[50] so lässt der IX. Senat wohl einen gewöhnlichen Rechtsgrund genügen.

Diese weitere Ungenauigkeit hat zur Folge, dass sich die Begründung in einen Zirkelschluss verstrickt.[51] Denn im Ausgangspunkt ist die Frage zu beantworten, ob der Kläger vom Beklagten Ersatz für die Geldbuße verlangen kann, ob also das bürgerliche Recht dem Kläger einen Anspruch auf Ersatz der Geldbuße gewährt. Regelmäßig sei das nicht der Fall, weil der Kläger als verurteilter Täter die Sanktion nach deren Sinn und Zweck selbst tragen müsse. Das alleine schließe jedoch die Möglichkeit eines Ersatzanspruches nicht aus. Voraussetzung hierfür sei, dass sich ein solcher Anspruch aus den allgemeinen Regeln des bürgerlichen Rechts ergebe.

Kurzum: Das bürgerliche Recht gewährt dem Täter einen Anspruch auf Ersatz der Geldbuße nur dann, wenn das bürgerliche Recht ihm einen Anspruch auf Ersatz der Geldbuße gewährt. Die Antwort auf die Frage führt zurück zur Ausgangsfrage und der Zirkelschluss ist perfekt. Mag ein solcher Schluss formallogisch nicht zu beanstanden sein, bleibt er „erkenntnistheore-

---

47 Instruktiv zum sog. Prämissenwiderspruch u. der Regel „ex contradictione (sequitur) quodlibet" *Klug*, in: Skeptische Rechtsphilosophie (1981), S. 383 (390 f.) u. *Joerden*, Logik,[3] S. 314.

48 BGH, Urt. v. 9. 11. 2017 – IX ZR 270/16 – NJW 2018,[8] S. 541 ff. (1178) m. Verw. auf das Urt. v. 7. 11. 1990 – 2 StR 439/90 – BGHSt **37**, 226 ff. Dazu noch B. I. (S. 544).

49 BGH, Urt. v. 9. 11. 2017 – IX ZR 270/16 – NJW 2018,[8] S. 541 ff. (1178) m. Verw. auf das Urt. v. 31. 1. 1957 – II ZR 41/56 – BGHZ **23**, 222 ff. (226). Herv. nur hier. *Bayer/Scholz*, GmbHR 2015,[9] S. 449 (451) sind der Meinung, dass „der BGH seine Rechtsprechung zur Steuerberaterhaftung [...] allein auf das Argument der fehlenden Strafbarkeit" stütze, sodass „mit dem Verweis auf die dort bejahte Möglichkeit des Bußgeldregresses letztlich wenig gewonnen" sei.

50 Und dadurch einen echten Zirkelschluss wohl knapp vermieden.

51 Instruktiv u. mit einigen Bsp. zum Zirkelschluss als petitio principii *Klug*, in: Skeptische Rechtsphilosophie (1981), S. 383 (399 ff.).

tisch unergiebig".[52] Denn er setzt unausgesprochen voraus, dass die eben zu beweisende ausnahmsweise Möglichkeit der Sanktionsabwälzung tatsächlich existiert. Darüber hinaus lässt er in jeder Hinsicht offen, unter welchen Voraussetzungen eine solche Möglichkeit ausnahmsweise bestehen soll. Wegen eines Verstoßes gegen die Denkgesetze hätte eine gedachte Super-Revisionsinstanz auch dieses Urteil aufheben müssen.[53]

bb) Abermals: Keine Regressfälle denkbar

Für die übrige Argumentation des BGH gilt das oben[54] zum Reichsarbeitsgericht Gesagte entsprechend. Dass das Steuerrecht „vielfach kompliziert und jedenfalls für den Laien undurchsichtig" sei,[55] kann nur bedeuten, dass die Gefahr eines Verbotsirrtums relativ groß ist. Dem Täter, der einem Verbotsirrtum unterliegt, kann eine Sanktion jedoch nur auferlegt werden, wenn er den Irrtum hätte vermeiden können, vgl. § 11 Abs. 2 OWiG bzw. § 17 Satz 1 StGB. Anderenfalls handelt er nicht vorwerfbar oder ohne Schuld und eine gleichwohl verhängte Sanktion wäre rechts- und letztlich verfassungswidrig.

Das wiederum lässt nur zwei alternative Zustände zu:[56] Entweder der Steuerpflichtige durfte auf den eingeholten Rat des Fachkundigen vertrauen.[57] Dann aber hat die Rückversicherung die Vermeidbarkeit des Irrtums und damit die strafrechtliche Verantwortlichkeit des Steuerpflichtigen beseitigt. Eine öffentlich-rechtliche Sanktion hätte schon nicht festgesetzt werden dürfen. Vermag der Steuerpflichtige nunmehr im Regressprozess diesen Nachweis zu erbringen, so hätte er sich schon gegen die rechtswidrige Sanktion zur Wehr setzen können und müssen.[58]

---

52 *Klug*, in: Skeptische Rechtsphilosophie (1981), S. 383 (401).

53 Siehe zu dem „Verstoß gegen Denkgesetze als Revisionsgrund" *Klug*, in: Skeptische Rechtsphilosophie (1981), S. 383 ff. u. speziell zum Zirkelschluss S. 399 ff. Als Bsp. für einen Zirkelschluss als Revisionsgrund BGH, Urt. v. 8. 12. 2004 – 2 StR 441/04 – StV 2005, S. 487 f.

54 Siehe oben I. 2. c) cc) (S. 514).

55 BGH, Urt. v. 14. 11. 1996 – IX ZR 215/95 – JZ 1997,[23] S. 1177 ff. (1178).

56 So bereits *Hillenkamp*, in: FS Lackner (1987), S. 455 (463) u. – zwar nur zum Arbeitnehmer – *Holly/Friedhofen*, NZA 1992,[4] S. 145 (151).

57 Ausf. zu den jew. Voraussetzungen, unter denen fachkundiger Rat eingeholt werden muss u. auf diesen vertraut werden darf, etwa *Rengier*, in: KarlsrKomm-OWiG,[5] § 11 Rn. 63 ff. u. *Valerius*, in: BeckOK-OWiG,[28] § 11 Rn. 45 ff.

58 Vgl. – freilich in anderem Zusammenhang – das BVerfG, Beschl. v. 15. 7. 1981 – 1 BvL 77/78 („*Nassauskiesung*") – BVerfGE **58**, 300 ff. (324): „Wer von den ihm

Kann er umgekehrt nicht nachweisen, dass er sich auf den Steuerberater hätte verlassen dürfen, so war der Irrtum eben doch vermeidbar. Dann aber kannte der Steuerpflichtige die Rechtswidrigkeit seines Vorgehens, bzw. hätte sie kennen müssen und kann er auch nach dem BGH „die sein Vermögen treffenden steuerstrafrechtlichen Folgen nicht auf seinen Berater abwälzen“.[59] Auch hier gilt folglich: Wo der Regress denkbar ist, darf es die Sanktion (so) nicht geben; und wo es die (so) Sanktion geben darf, ist ein Regress nicht denkbar.

Anm. 13.3: Das gilt in gleicher Weise für das spätere Urteil des BGH, dem keine Geldbuße, sondern eine im Strafbefehlsverfahren festgesetzte und vom Kläger nicht angegriffene Geldstrafe zugrunde lag.[60] Dort heißt es, das Berufungsgericht habe es nicht vermocht, „hinsichtlich des subjektiven Tatbestands der dem Kläger angelasteten Steuerhinterziehungen […] Feststellungen zu treffen, die darauf schließen lassen, dass sich der Kläger über die Rechtswidrigkeit seines Verhaltens im Klaren gewesen“ sei.[61]
Dem ist entgegenzuhalten, dass der Richter im Strafbefehlsverfahren dem Antrag der Staatsanwaltschaft nach § 408 Abs. 3 Satz 1 StPO nur entsprechen darf, „wenn dem Erlaß des Strafbefehls keine Bedenken entgegenstehen.“ Der Strafrichter muss nach rechtlicher und tatsächlicher Prüfung des Antrags in Übereinstimmung mit der Staatsanwaltschaft zu der Überzeugung gelangt sein, „dass der Angeschuldigte die ihm zur Last gelegte Tat schuldhaft begangen“ habe.[62] Das ist jedoch nur der Fall, wenn der Täter bei Begehung der Tat die Einsicht hatte, Unrecht zu tun, oder er eine diesbezügliche Fehlvorstellung hätte vermeiden können, vgl. § 17 Satz 1 StGB. Soweit sich der Steuerpflichtige auf den Rat des Fachmannes verlassen durfte, unterlag er einem unvermeidbaren und deshalb die Schuld ausschließenden Verbotsirrtum. Ein Strafbefehl darf dann nicht ergehen. Ergeht er gleichwohl, so muss sich der Steuerpflichtige auch hier – im Wege des Einspruchs (§ 410 StPO) –

---

durch das [Gesetz] eingeräumten Möglichkeiten, sein Recht auf Herstellung des [rechtmäßigen] Zustandes zu wahren, keinen Gebrauch macht, kann wegen eines etwaigen, von ihm selbst herbeigeführten Rechtsverlustes nicht anschließend von [einem Dritten] Geldersatz verlangen.“ Im Anschluss hieran pointiert wie treffend *Wolffgang/Tervooren*, ZfZ 2004[3] S. 82 (85): „Der althergebrachte Rechtssatz ‚Dulde und Liquidiere‘ gilt nicht mehr. […] Jetzt heißt es vielmehr ‚Wer sich nicht wehrt, lebt verkehrt‘.“

59 BGH, Urt. v. 14. 11. 1996 – IX ZR 215/95 – JZ 1997[23] S. 1177 ff. (1178) m. w. N.

60 BGH, Urt. v. 15. 4. 2010 – IX ZR 189/09 – DStRE 2010[19] S. 1219 ff.

61 BGH, Urt. v. 15. 4. 2010 – IX ZR 189/09 – DStRE 2010[19] S. 1219 ff. (Rn. 10). Dass hier zwischen Tatbestand u. Schuld nicht unterschieden wird, sei nur am Rande angemerkt.

62 So *Maur*, in: KarlsrKomm-StPO[8] § 408 Rn. 15 m. w. N. zu der umstrittenen Frage, ob insoweit auch ein „hinreichender Tatverdacht“ genügt.

gegen die rechtswidrige Geldstrafe zur Wehr setzen, statt diese auf zivilrechtlichem Wege an den Steuerberater weiterzureichen.

d) Zwischenergebnis

Nach alledem hält auch dieses Urteil des BGH einer kritischen Würdigung nicht stand. Das aber hat weder ihn[63] noch die übrige Rechtsprechung[64] davon abgehalten, die ausnahmsweise Erstattungsfähigkeit von Geldsanktionen als in Stein gemeißelte, ewige Wahrheit anzusehen. Neue Argumente sind in den jüngeren Entscheidungen nicht mehr hinzugetreten, sodass auf deren Darstellung hier verzichtet werden kann.

3. Zwischenergebnis

Dem BGH und der jüngeren Rechtsprechung ist es danach nicht gelungen, das geerbte Begründungsdefizit zu beheben. Vielmehr sind die überkommenen Rechtsgrundsätze unreflektiert und kritiklos zu Grunde gelegt worden. Schon die Notwendigkeit, an der Richtigkeit des vermeintlich „zutreffenden Rechtsgedankens" zu zweifeln, ist nicht erkannt worden. Statt dessen ist die ursprünglich für außergewöhnliche Sonderfälle entwickelte Abwälzungsmöglichkeit in ganz erheblichem Maße ausgedehnt worden.

---

63 Siehe die beinahe wortgleiche Wiedergabe der Rechtsgrundsätze in BGH, Urt. v. 15. 4. 2010 – IX ZR 189/09 – DStRE 2010,[19] S. 1219 ff. (Rn. 8) u. die schlichte Feststellung der grds. Erstattungsfähigkeit im Urt. v. 9. 11. 2017 – IX ZR 270/16 – NJW 2018,[8] S. 541 ff. (Rn. 32).

64 Siehe nur OLG Frankfurt, Urt. v. 1. 6. 2017 – 17 U 151/16 – BeckRS 2017, 147620 (Rn. 50) u. Urt. v. 8. 10. 2009 – 3 U 60/09 – BeckRS 2010, 11987; OLG Nürnberg, Urt. v. 24. 2. 2017 – 5 U 1687/16 – DStRE 2017,[24] S. 1531 ff. (Rn. 4) u. LG Saarbrücken, Urt. v. 23. 1. 2012 – 9 O 251/10 – BeckRS 2013, 3306, zu I 1. d) aa) der Gründe. Auch das LAG Düsseldorf, Urt. v. 20. 1. 2015 – 16 Sa 459/14 („*Schienenkartell I*") – ZIP 2015,[17] S. 829 ff. (833) hat nicht versucht, die Rechtsgrundsätze zu widerlegen, sondern die entschiedenen Sachverhalte nur für nicht vergleichbar halten wollen.

III. Ergebnis: Der Einwand der Beraterhaftungs-Rechtsprechung

Damit ist aber auch der verbreitete Einwand entkräftet, wonach sich ein kategorischer Regress-„Ausschluss“ zu der ständigen Rechtsprechung in Widerspruch setze. Zwar ist es durchaus richtig, dass die ständige Rechtsprechung zur Beraterhaftung die grundsätzliche Möglichkeit der Sanktionsabwälzung seit langem anerkannt hat. Und auch ist es im Hinblick auf die Geschäftsleiterhaftung richtig, dass die besseren Gründe für die Übertragbarkeit dieser Rechtsprechung streiten.[65] Das alles hilft jedoch nichts, solange die Rechtsprechung ihrerseits nicht überzeugt. Dieser Nachweis scheint nach dem Vorstehenden erbracht zu sein.

Die heutige ständige Rechtsprechung beruht auf der unreflektierten und kritiklosen Übernahme vermeintlich überzeugender Rechtsgrundsätze. Fühlt man diesen Grundsätzen auf den Zahn, so stellen sie sich schon in ihrer ursprünglichen Variante als ein auf Sand gebautes Kartenhaus aus nicht begründeten Behauptungen dar. An allen entscheidenden Stellen wird mit begründungsbedürftigen Behauptungen operiert, deren Begründung zu keiner Zeit recht unternommen worden ist. Hinzu kommt eine nicht unerhebliche Anzahl an logischen Widersprüchen und Denkfehlern. Schon deshalb hätte die ursprüngliche Rechtsprechungslinie als eine Reihe von Fehlentscheidungen erkannt und die aus ihr hervorgegangenen Grundsätze verworfen werden sollen.

Statt dessen hat der BGH das wackelige Fundament übernommen und noch weiter geschwächt. Hatten die Grundsätze die Abwälzung ursprünglich nur für ganz außergewöhnliche Sonderfälle begründen müssen, so sind sie im Laufe der Zeit auf immer weitere Fälle übertragen worden. Dabei ist zu keinem Zeitpunkt darauf geachtet worden, ob die jeweiligen Besonderheiten – der ohnehin fragwürdigen Entscheidungen – einer solchen Weiterung im Wege standen.

Schließlich, und das ist aus der Perspektive dieser Arbeit freilich der am schwersten wiegende Einwand, beruht die ständige Rechtsprechung auf der vollständigen Ausblendung der letztlich zentralen Frage. Die Konsequenzen, die sich daraus ergeben, dass der Schaden als Voraussetzung der Ersatzpflicht eine zur Rechtsfortbildung berechtigende und verpflichtende Lücke darstellt, sind zu keinem Zeitpunkt gezogen worden. Stets ist versucht worden, das Regressproblem über die Merkmale der (qualifizierten) Pflichtverletzung oder der Schadenszurechnung zu lösen. Diesen Merkmalen ist damit eine

---

65 Insoweit zutr. etwa *Scholz*, S. 45 f.

Aufgabe aufoktroyiert worden, zu deren Erfüllung sie weder gedacht noch in der Lage sind. Wären die notwendigen Konsequenzen aus der Voraussetzungsqualität des Schadens gezogen worden, so hätten die im weiteren Sinne strafrechtlichen Wertungen ohne Weiteres vor zivilrechtlicher Sabotage geschützt werden können.

Als Fazit lässt sich danach festhalten: Die ständige Rechtsprechung des BGH zur Beraterhaftung hält einer kritischen Würdigung nicht stand. Sie zwingt deshalb nicht dazu, den hier eingenommenen Standpunkt von der Unmöglichkeit der Sanktionsabwälzung aufzugeben.

Anm. 13.4: Daraus folgt unmittelbar, dass ein weiterer Einwand in sich zusammenfällt. So ist vorgebracht worden, die singuläre Anerkennung eines aktienrechtlichen Regressverbots sei eine in höchstem Maße begründungsbedürftige Abweichung von allgemeinen Grundsätzen.[66] Der Gedanke der begründungsbedürftigen Ausnahme beruht allerdings auf der – unausgesprochenen oder jedenfalls nicht hinterfragten – Prämisse, dass die im allgmeinen Schadensrecht anerkannte Regel der Abwälzungsmöglichkeit überzeugt. Tatsächlich aber ist diese Regel aufzugeben. Ohne die regelmäßige Möglichkeit der Sanktionsabwälzung stellt deren Unmöglichkeit im Kapitalgesellschaftsrecht keine Ausnahme dar und unterliegt sie deshalb keinen besonders gesteigerten Begründungsanforderungen – jedenfalls keinen solchen, denen im Rahmen dieser Untersuchung nicht entsprochen worden wäre.

B. Weitere Einwände

Von den übrigen Einwänden fallen drei ins Auge, die einer Erwiderung bedürfen: Einmal, dass sich ein Regress-„Ausschluss“ mit der heutigen Dogmatik des Strafrechts nicht in Einklang bringen lasse, weil dieses (I.) die Höchstpersönlichkeit der Geldsanktion (vermeintlich) aufgegeben habe. Ferner ist gegen einen Regress-„Ausschluss“ vorgebracht worden, dass er (II.) die mit der Verbandsgeldbuße intendierte verhaltenssteuernde Wirkung auf die handelnden Organwalter zunichte mache. Und schließlich seien die Bedenken der Regressgegner schon deshalb überzeichnet, weil (III.) der Verband mangels ausreichender Solvenz des Organwalters ohnehin den überwiegenden Anteil der Sanktion aus eigenem Vermögen wird bestreiten müssen.

66 So vor allem *Thole*, ZHR 173[4] (2009), S. 504 (532) u. später *Fleischer*, DB 2014[7], S. 345 (347). Tendenziell auch *Scholz*, S. 45.

I. Höchstpersönlichkeit der Geldbuße

Ein ganzes Bündel an Argumenten ist aus der Rechtsprechung des BGH[1] entwickelt worden, wonach die Drittzahlung auf eine Geldstrafe keine Vollstreckungsvereitelung i. S. d. § 258 Abs. 2 StGB darstelle. Aus dieser Sanktionslosigkeit der Drittzahlung ist abgeleitet worden,[2] dass es für die Erreichung der Sanktionszwecke nicht entscheidend darauf ankomme, wer die Sanktion letztlich bezahle. Ihr fehle in diesem Sinne die Höchstpersönlichkeit. Dann aber könne die Höchstpersönlichkeit der Übelszufügung auch einem zivilrechtlichen Regressanspruch nicht entgegengehalten werden.

1. Tatbestandlich keine Vollstreckungsvereitelung

Zutreffend ist zunächst, dass die vorherige oder nachträgliche Drittzahlung auf eine Geld*buße* strafrechtlich sanktionslos ist. Bei Lichte betrachtet beruht das jedoch nicht auf der insoweit teilweise[3] herangezogenen Rechtsprechung des BGH.[4] Vielmehr stellt die Drittzahlung auf eine Geld*buße* schon tatbestandlich keine Vollstreckungsvereitelung dar.[5] Denn nach § 258 Abs. 2 StGB ist strafbar nur, wer die Vollstreckung einer gegen einen anderen verhängten *Strafe oder Maßnahme* vereitelt. Die Geldbuße ist weder Strafe noch Maßnahme in diesem Sinne.

Der Begriff der Strafe in § 258 Abs. 2 StGB entspricht jenem des Abs. 1, an den die Vorschrift anknüpft.[6] Dort ist strafbar, wer „vereitelt, dass ein anderer dem Strafgesetz gemäß wegen einer rechtswidrigen Tat bestraft" wird. Rechtswidrige Taten sind gem. § 11 Abs. 1 Nr. 5 StGB „nur solche, die den Tatbestand eines Strafgesetzes" verwirklichen. Die (Individual-)Geldbuße ist nicht staatliche Reaktion auf die Verletzung eines Strafgesetzes, sondern

1 Urt. v. 7. 11. 1990 – 2 StR 439/90 – BGHSt **37**, 226 ff.
2 Dazu ausf. oben § 3 C. II. 1. (S. 78).
3 Siehe nur *Blaurock*, in: FS Bornkamm (2014), S. 107 (114); *Fleischer*, in: BeckOGK-AktG, § 93 Rn. 253; *Horrer/Patzschke*, CCZ 2013[3], S. 94 (94) u. *Thole*, ZHR 173[4] (2009), S. 504 (532).
4 Grundlegend BGH, Urt. v. 7. 11. 1990 – 2 StR 439/90 – BGHSt **37**, 226 ff. (227 ff.) mit Nachw. zum damaligen Streitstand. Die Entscheidung wird etwa zitiert bei BGH, Urt. v. 15. 4. 2010 – IX ZR 189/09 – VersR 2011[3], S. 132 ff. (Rn. 8); LAG Düsseldorf, Urt. v. 20. 1. 2015 – 16 Sa 459/14 („*Schienenkartell I*") – ZIP 2015[17], S. 829 ff. (830).
5 Zutr. *Kröger*, S. 227; zust. *Brommer*, Vorstandshaftung, S. 41. Zuvor bereits *Bastuck*, S. 136.
6 § 258 Abs. 2 StGB: „Ebenso wird bestraft, wer [...]."

Ahndung für die Verwirklichung eines Ordnungswidrigkeitentatbestands, vgl. § 1 Abs. 1 OWiG.[7] Sie ist deshalb keine Strafe im Sinne des § 258 Abs. 2 StGB.[8] Für den Begriff der Maßnahme verweist § 258 Abs. 1 StGB ausdrücklich auf § 11 Abs. 1 Nr. 8 StGB.[9] In der dortigen Aufzählung ist die Geldbuße nicht aufgeführt. Sie ist deshalb auch keine Maßnahme im Sinne des § 258 Abs. 2 StGB. Wer also die Vollstreckung einer Geldbuße vereitelt, vereitelt weder eine Strafe noch eine Maßnahme im Sinne des § 258 Abs. 2 StGB.

2. BGH zur Vollstreckungsvereitelung

Gleichwohl hat der BGH auch und gerade die Drittzahlung auf eine Geld*strafe* nicht als strafbare Vollstreckungsvereitelung eingeordnet.[10] Damit hat er sich in dieser seit jeher sehr umstrittenen Frage[11] gegen die damals überwiegende Ansicht gestellt, die zwischen unmittelbarer und mittelbarer, sowie zwischen vor- und nach-tatlicher Erstattung hatte unterscheiden wollen.[12]

Im Kern sei das strafbewehrte Verbot der Drittzahlung von der überwiegenden Meinung auf die Erwägung gestützt worden, dass die Verhängung der Geldstrafe eine höchstpersönliche Leistungspflicht begründe, die den Verurteilten persönlich treffen und für ihn ein fühlbares Übel darstellen solle. Sie verlöre deshalb ihren Sinn, wenn sie dem Täter durch einen Dritten abgenommen würde. Dem meinte der BGH „zwei durchgreifende Einwände entgegenhalten" zu können.[13]

7 Zur Abgrenzung von Ordnungswidrigkeit u. Straftat bereits oben § 7 A. I. (S. 194). Dazu eingehend nur *Mitsch*, OWiR[2], § 3 u. in: KarlsrKomm-OWiG[5], Einl. Rn. 50 ff.; *Radtke*, in: MünchKomm-StGB[4], § 11 Rn. 129; *Roxin*, in: FS Volk (2009), S. 601 (601 ff.).

8 So bereits das BayObLG, Beschl. v. 15. 10. 1980 – RReg. 3 St 87/80 – NJW 1981[14], S. 772 (772). Siehe auch *Altenhain*, in: NomosKomm-StGB[5], § 258 Rn. 17; *T. Fischer*, StGB[65], § 258 Rn. 5; *Hecker*, in: Schönke/Schröder[30], § 258 Rn. 12; *Kühl*, in: Lackner/Kühl[29], § 258 Rn. 11; *Pascal*, in: MünchKomm-StGB[3], § 258 Rn. 6; u. *Walter*, in: LeipzKomm-StGB[12], § 258 Rn. 20.

9 Dabei soll es sich nach *Hecker*, in: Schönke/Schröder[30], § 11 Rn. 56 u. *Radtke*, in: MünchKomm-StGB[4], § 11 Rn. 153 – ohne dass der Unterschied recht deutlich würde – lediglich um ein verweisungstechnisches Hilfsmittel, nicht aber um eine Legaldefinition handeln.

10 BGH, Urt. v. 7. 11. 1990 – 2 StR 439/90 – BGHSt **37**, 226 ff. (229).

11 Siehe schon *v. Bar*, Gesetz u. Schuld II, S. 774 ff.

12 Siehe die Zusammenstellungen des Streitstandes bei BGH, Urt. v. 7. 11. 1990 – 2 StR 439/90 – BGHSt **37**, 226 ff. (227 ff.) u. bei *Hillenkamp*, in: FS Lackner (1987), S. 455 (466 f.).

Einmal stehe die Wortlautgrenze unüberwindlich entgegen.[14] Wer ohne in den äußeren Vollstreckungsvorgang einzugreifen dafür sorge, dass die Geldstrafe eines Dritten bezahlt werde, vereitle die Vollstreckung auch dann nicht, wenn er eine Beeinträchtigung des Verurteilten vereitle. Ob der Verurteilte sich die Zahlungspflicht als Handlungsanleitung zu Herzen nehme, sie ihn persönlich „betroffen" mache, sei weitgehend von seinem Willen abhängig. Das könne mit Vollstreckungsmaßnahmen nicht durchgesetzt werden und sei deshalb nicht Angriffsobjekt der Strafvereitelung. Ein anderes Ergebnis ließe sich nur auf eine – zulasten des Beschuldigten freilich unzulässige – Analogie stützen.

Vor allem aber wollte der BGH die vorgenommenen Differenzierungen zwischen vor-tatlichen und nach-tatlichen, zwischen mittelbaren und unmittelbaren Drittzahlungen nicht billigen.[15] Denn jede dieser Gestaltungen, die „der Sache nach die Abwendung der unmittelbar fühlbaren Auswirkungen des Strafübels beim Verurteilten" bezwecke, sei im Hinblick auf die Vereitelung der verfolgten Strafzwecke gleich zu bewerten. Das eine zu verbieten und das andere zu erlauben, wäre eine „Privilegierung von Komödien".[16] Die Strafbarkeit des Dritten hinge allein von seiner Geschicklichkeit ab, die an sich verbotene Zahlung so zu etikettieren, dass sie nicht als tatbestandsmäßige Handlung erscheine.[17] Damit verbleibe die Wahl zwischen der Straflosigkeit der Drittzahlung oder dem strafbewehrten Verbot einer jeden Zuwendung an den Verurteilten. Letzteres würde in einer nicht mehr tragbaren Weise in private Beziehungen eingreifen und letztlich sozial adäquates Verhalten unter Strafe stellen.

---

13 BGH, Urt. v. 7. 11. 1990 – 2 StR 439/90 – BGHSt **37**, 226 ff. (230).

14 BGH, Urt. v. 7. 11. 1990 – 2 StR 439/90 – BGHSt **37**, 226 ff. (230). Die folgenden wörtlichen Zitate sind dort entnommen.

15 BGH, Urt. v. 7. 11. 1990 – 2 StR 439/90 – BGHSt **37**, 226 ff. (230 f.). Die wörtlichen Zitate sind dort entnommen.

16 So zuerst *v. Bar*, Gesetz u. Schuld II, S. 778: „Die [eben im Text wiedergegebenen] Unterscheidungen laufen also auf Privilegierung von Komödien hinaus [...], und es bleibt nur die Wahl, entweder auch den späteren Ersatz der Geldstrafe als Begünstigung zu strafen, was wiederum zu den sonderbarsten Konsequenzen führen müßte, oder die Zahlung überhaupt nicht als Begünstigung zu bestrafen."

17 Siehe abermals *v. Bar*, Gesetz u. Schuld II, S. 778: „Man bedenke auch, zu welchen Subtilitäten diejenigen Ansichten Anlaß geben, welche von verschiedenen Arten der Schenkung oder Zahlung die Bestrafung abhängig machen, wie leicht danach das Gesetz, wenn es solchen Sinn hätte, umgangen, verhöhnt werden könnte."

3. Konsequenzen für den Bußgeld-Regress

Ob diese Argumentation des BGH vollends oder im Detail überzeugen muss, mögen andere entscheiden.[18] Für die Zwecke dieser Untersuchung kommt es darauf ohnehin nicht an. Denn auch bei Zugrundelegung dieser Rechtsprechung sind die Ausführungen des BGH für die Frage nach der Zulässigkeit eines Geldbußenregresses nur wenig ergiebig.

a) Tatsächlich kann ihnen nur eine einzige Aussage entnommen werden: Wäre die Drittzahlung auf eine Geldstrafe oder Geldbuße als Vollstreckungsvereitelung anzusehen, so könnte das Gesetz keine entsprechende Ersatzpflicht aussprechen. Anderenfalls wäre der Schuldner zur staatlich erzwingbaren Begehung einer Straftat verpflichtet. Wenn aber die Drittzahlung – bei der Geldstrafe nach der Rechtsprechung des BGH und bei der Geldbuße schon tatbestandlich – keine Vollstreckungsvereitelung darstellt, steht das Strafrecht – jedenfalls insoweit[19] – einer zivilrechtlichen Abwälzung des Sanktionsübels nicht entgegen.[20]

b) Ob das Zivilrecht eine solche Abwälzung vorsehen will und muss, ist dadurch jedoch noch nicht entschieden. Der früher vertretene[21] Schluss von der strafrechtlichen Unbedenklichkeit auf eine zivilrechtliche Verpflichtung zur Übernahme der Sanktion ist nunmehr oft genug als Fehlschluss enttarnt worden:[22] Denn derjenige, der aus der Sanktionslosigkeit der *freiwilligen* Übernahme einen mit staatlichen Mitteln erzwingbaren Erstattungs*anspruch* folgert, schließt – mittels einer quaternio terminorum[23] – von dem rechtlichen

---

18 Überzeugender scheinen die Differenzierungen etwa bei *Walter*, in: LeipzKomm-StGB,[12] § 258 Rn. 47 ff. m. zahlr. Nw. Eine gute Zusammenstellung der krit. Stimmen zum Urt. bei *Scholl*, NStZ 1999,[12] S. 599 ff.

19 Die Untersuchung hat gezeigt, dass bei der Rechtsfortbildung des Schadens als Voraussetzung der Ersatzpflicht auch die fernwirkenden Wertungen des Strafrechts i. w. S. zu beachten sind. In diesem Sinne steht das Strafrecht einer Sanktionsabwälzung unüberwindlich entgegen. Siehe dazu § 12.

20 Insoweit zutr. BGH, Urt. v. 14. 11. 1996 – IX ZR 215/95 – JZ 1997,[23] S. 1177 ff. (1178); *Brommer*, Vorstandshaftung, S. 42; *Dreher*, in: FS Konzen (2006), S. 86 (104); *Suchy*, NZG 2015,[15] S. 591 (592).

21 Siehe etwa *Bayer*, in: FS K. Schmidt (2009), S. 85 (96); *M. Zimmermann*, WM 2008,[10] S. 433 (437).

22 Siehe vor allem *Krieger*, in: FS Bezzenberger (2000), S. 211 (213) u. *J. Koch*, in: GS Winter (2011), S. 327 (334). Zust. *Bayer/Scholz*, GmbHR 2015,[9] S. 449 (451); *Brommer*, Vorstandshaftung, S. 41; *Hauger/Palzer*, ZGR 2015,[1] S. 33 (54); *Scholz*, S. 45. Zuvor bereits *Holly/Friedhofen*, NZA 1992,[4] S. 145 (148).

Dürfen auf das rechtliche Müssen. Dass ein generelles Verbot der freiwilligen Sanktionsübernahme in nicht mehr tragbarer Weise in private Beziehungen eingreifen und möglicherweise sozial adäquates Verhalten bestrafen würde, bedeutet nicht zwingend, dass die Rechtsordnung dem Verurteilten einen entsprechenden Erstattungsanspruch gewähren müsste.

Anm. 13.5: Dieser Gedanke gilt auch und gerade für Fälle von Bagatellverstößen. Angenommen, der Geschäftsführer erhält eine geringe gebührenpflichtige Verwarnung, weil er zur Wahrnehmung eines sehr wichtigen Geschäftstermins zu schnell gefahren und „geblitzt" worden ist. Hier erscheint es im Hinblick auf den möglicherweise erheblichen Vorteil des Verbandes unbillig, dem Geschäftsführer den Ersatz der ggf. sehr kleinen Geldsanktion zu versagen.
Gleichwohl ist dies auch hier richtig. Niemand hindert den Verband daran, dem Geschäftsführer freiwillig die Sanktion zu erstatten. Das mag in solchen Fällen wirklicher Bagatellverstöße betriebswirtschaftlich auch sinnvoll sein. Eine völlig andere Frage ist es jedoch, ob der Geschäftsführer einen einklagbaren und vollstreckbaren Anspruch auf Erstattung der Sanktion haben soll. Letztlich würde auch hier die ordnungswidrigkeitenrechtliche Wertung überspielt, wonach der Geschäftsführer für das zu schnelle Fahren – mit dem er nicht zuletzt auch andere, von dem Geschäft nicht profitierende Verkehrsteilnehmer gefährdet – ein für ihn bestimmtes und nach dem ihn treffenden Vorwurf bemessenes Vermögensübel erleiden soll. Die Rechtsordnung wäre in sich widersprüchlich.

Die fehlende Vergleichbarkeit dieser Konstellationen lässt sich auch rechtlich untermauern. Wenn dies auch teilweise übersehen wird,[24] ist die – vor- wie die nach-tatliche – Erstattungs*zusage* ein Schenkungsversprechen i. S. d. § 518 Abs. 1 Satz 1 BGB. Versprochen wird eine „Zuwendung, durch die [der zusagende Dritte] aus seinem Vermögen [den potentiellen oder verurteilten Täter] bereichert" und bei der „beide Teile darüber einig sind, dass die Zuwendung unentgeltlich" erfolgen soll.[25] Stellt der Dritte nur solche Mittel bereit, auf die der Verurteilte einen Anspruch hat, stellt sich die Frage

23 Ausf. zum Fehlschluss der quaternio terminorum, die auch als Begriffsverschiebung oder als Vervierfachung der Begriffe bezeichnet wird, *Joerden*, Logik[3] S. 317 ff.

24 Siehe exemplarisch nur *Laws*, DAR 2010,[12] S. 691 (692), der eine nach-tatliche Erstattungszusage – offenbar als atypischen Vertrag qualifiziert u. – ausdr. § 311 Abs. 1 BGB zuordnet. Der BFH, Urt. v. 14. 11. 2013 – VI R 36/12 – NZA-RR 2014,[4] S. 206 hat die Übernahme von Geldbußen unter gewissen Voraussetzungen als Arbeitslohn qualifiziert u. der Lohnsteuer unterworfen. Dadurch wird aber der Gesetzesverstoß – wenig überzeugend – zur arbeitsvertraglich geschuldeten Gegenleistung des Arbeitnehmers.

25 So die Legaldefinition der Schenkung in § 516 Abs. 1 BGB. Siehe zur Maßgeblichkeit dieses Schenkungsbegriffs für § 518 BGB statt aller *J. Koch*, in: MünchKomm, BGB,[8] § 518 Rn. 2.

einer Sanktionsabwendung schon nicht. Die dem Verurteilten zustehende Forderung würde als bilanzneutraler Aktiv-Tausch in Geld umgewandelt, ohne dass eine die Sanktionswirkung beeinträchtigende Vermögensmehrung einträte. Alle Versuche, die von vornherein als solche gedachte Schenkung als Darlehen oder ähnliches umzuetikettieren, sind als Scheingeschäfte nichtig und nach § 117 Abs. 2 BGB den Vorschriften des Schenkungsrechtes zu unterwerfen. Das hat zur Folge, dass die Gültigkeit dieses Vertrages – ganz unabhängig von den §§ 134, 138 BGB – gem. § 518 Abs. 1 Satz 1 BGB der notariellen Beurkundung des Schenkungsversprechens bedarf – ein Erfordernis, dem praktisch keine Erstattungszusage nachkommen wird.

Anm. 13.6: Zwar kann dieser Formmangel nach § 518 Abs. 2 BGB durch den Vollzug der Schenkung geheilt werden. Dann aber ist das schenkweise Zugewandte im Falle der vorherigen Zuwendung schon Vermögen des Verurteilten geworden, das durch die Sanktion gemindert wird. Oder das Vermögen des Verurteilten ist durch die Sanktion bereits gemindert worden und wird durch die nachträgliche Zuwendung (teilweise) wieder aufgefüllt.

Daraus ergibt sich ein entscheidender Unterschied zwischen freiwilliger Übernahme und erzwungener Abwälzung. Der potentielle oder verurteilte Täter hat schon wegen der regelmäßigen Formnichtigkeit des Schenkungsversprechens zu keinem Zeitpunkt einen einklagbaren Anspruch gegen seinen Gönner. Stets ist er darauf angewiesen, dass der wohlwollende Dritte Wort hält und ihm die Sanktion absprachegemäß abnimmt. Wann immer der Dritte es sich anders überlegt oder zur Zahlung nicht (mehr) in der Lage ist, muss der Verurteilte die Sanktion selbst und aus eigenen Mitteln bestreiten oder die bereits eingetretene Einbuße weiter erleiden. Er kann – anders als bei einem unterstellten zivilrechtlichen Erstattungsanspruch – zu keinem Zeitpunkt staatlichen Zwang beanspruchen, um sich von seiner Sanktion zu befreien. Die Rechtsordnung ist hier nicht in sich widersprüchlich.[26] Schon deshalb kann – auch jenseits des logischen Fehlschlusses – nicht von der Sanktionslosigkeit der freiwilligen Übernahme auf die zwangsweise Abwälzbarkeit der Geldsanktion geschlossen werden.

c) Zu weit geht ferner, wer dem Urteil des BGH die Aussage entnimmt, dieser habe die Höchstpersönlichkeit der Geldstrafe beschränken oder gar aufgeben wollen.[27] Schon im Ausgangspunkt ist dem entgegenzuhalten, dass

26 Zutr. *Thomas*, NZG 2015[36] S. 1409 (1411).

27 So etwa *Fleischer*, DB 2014[7] S. 345 (347 f.) u. BeckOGK-AktG, § 93 Rn. 253; *Thole*, ZHR 173[4] (2009), S. 504 (532). Ähnlich auch *Kaulich*, S. 288 f. *Twele*, S. 165 befürchtet gar, dass der Regress-„Ausschluss" einen „Rückschritt zur Lehre der

es sich bei dem schillernden Begriff der Höchstpersönlichkeit der Geldstrafe um ein begriffsjuristisches Scheinargument handelt, dem jede Trennschärfe fehlt.

Will man den Begriff der Höchstpersönlichkeit mit Erkenntnisgewinn verwenden, muss ihm die fehlende Trennschärfe gegeben werden. Dabei ist vor allem Folgendes zu beachten:[28] Festsetzung und Beitreibung einer Geldsanktion sind Grundrechtseingriffe, die als solche verhältnismäßig sein müssen. Ihr legitimer Zweck besteht darin, Ernst und Wirklichkeit der Sanktionsandrohung zu beweisen. Der damit verbundene reaktiv-retrospektive und vor allem zwangsweise Eingriff in die geschützte Rechtsposition des Bürgers ist jedoch nur gerechtfertigt, wenn dieser selbst und schuldhaft gegen die Sanktionsnorm verstoßen hat, wegen deren Verletzung das Übel angedroht wurde und zugefügt wird. Darf aber das zwangsweise Übel nur dem Täter selbst zugefügt werden, so handelt es sich in diesem Sinne um ein höchstpersönliches Übel. Die *Verpflichtung* zur Zahlung der Geldsanktion wird als Vermögenslast nur ihm auferlegt, weil der Staat nur ihm gegenüber berechtigt ist, genau diesen Grundrechtseingriff vorzunehmen. Welche Absprache der Verurteilte auch immer mit einem Dritten geschlossen haben mag: Zu keinem Zeitpunkt dürfte der Staat zwangsweise in Grundrechte des Dritten eingreifen, um die Geldsanktion des Verurteilten zu tilgen.

Anm. 13.7: Das bedeutet freilich nicht, dass der Dritte durch sein eigenes schuldhaftes Verhalten nicht seinerseits eine Sanktionsnorm erfüllen könnte. In diesem Falle dürfte der Staat auch ihm eine Zahlungspflicht auferlegen und dadurch in seine Grundrechte eingreifen. Dieser Eingriff würde jedoch nicht die Schuld des Ersttäters tilgen. Vielmehr würde die zusätzliche Vermögenslast nur dem Dritten auferlegt, weil der Staat nur ihm gegenüber berechtigt ist, wegen des eigenen Verhaltensnormverstoßes genau diesen Grundrechtseingriff vorzunehmen.

Auch dieser Gedanke lässt sich verdeutlichen, wenn man sich die zugrundeliegende Schenkungskonstruktion vor Augen führt. Das Vermögen (nur) des Verurteilten wird mit einer Verbindlichkeit belastet, die (nur) er gegenüber der Staatskasse zu erfüllen verpflichtet ist. Kommt er dieser Verpflichtung nicht nach, so stehen dem Staat gegenüber dem Verurteilten die Mittel der Ersatz- oder Erzwingungshaft zur Verfügung. Findet sich ein wohlwollender Dritter, der dem Verurteilten Geldmittel zur Tilgung der Sanktion schenkweise zuwendet, so wird das mit der Sanktionsverbindlichkeit belastete Vermögen

---

Höchstpersönlichkeit von Strafzahlungen" bedeute, die *Habersack*, in: Karlsruher Forum 2009, S. 5 (32 f.) für „längst und zu Recht überwunde[n]" hält.

28 Ausf. zum Folgenden bereits oben § 7 C. II. (S. 220) u. § 12 B. I. (S. 470).

an anderer Stelle wieder aufgefüllt. Zahlt der Dritte das Geld – sofern dies möglich ist – mit befreiender Wirkung unmittelbar an die Gerichtskasse, so schenkt er dem Verurteilten den entsprechenden Betrag im Wege der Befreiung von einer Verbindlichkeit. Sollte aber der Dritte nur die Mittel zur teilweisen Tilgung der Sanktion zuwenden oder nur einen Teil der Sanktion tilgen, so bleibt weiterhin nur der Verurteilte verpflichtet, den noch ausstehenden Betrag zu bezahlen. Zu keinem Zeitpunkt verwandelt sich die in diesem Sinne höchstpersönliche Zahlungspflicht des Verurteilten in eine Verpflichtung des Dritten. Die Mittel der Ersatz- oder Erzwingungshaft dürfen nicht gegen den Dritten, sondern allein gegen den verurteilten Täter ergriffen werden.

Davon zu unterscheiden ist die Frage, ob es dem Dritten bei Androhung von Strafe untersagt ist, dem verurteilten Täter Geldmittel zur Tilgung der Sanktion zuzuwenden. Nur mit dieser Frage hat sich der BGH befasst. Bei einem sehr weiten Verständnis davon, was die Höchstpersönlichkeit der Geldsanktion umfassen soll, mag man diese Frage auch dazu zählen können. An der Tatsache, dass im Falle der nur teilweisen Drittleistung nur der Verurteilte zur Begleichung des Sanktionsrestes verpflichtet ist, und diese Verpflichtung in diesem Sinne eine höchstpersönliche ist, vermag das jedoch nichts zu ändern. Diesen Begriffskern der Höchstpersönlichkeit hat der BGH nicht angerührt, geschweige denn aufgegeben.

Ein anderes folgt auch nicht aus der Passage der Urteilsbegründung, in der der BGH – wenigstens missverständlich – den Unterschied zwischen Freiheits- und Geldstrafe herausstellt:[29] Die Vollstreckungsorgane hätten dafür zu sorgen, „daß der richterliche Urteilsspruch durchgesetzt wird, daß *der Verurteilte die ihm auferlegte Verpflichtung* erfüllt." Der Unterschied bestehe in dem Erfüllungssubstrat. Bei der Freiheitsstrafe sei „der Verurteilte verpflichtet, die (zeitweise) Entziehung eines höchstpersönlichen, unübertragbaren Rechts, des Rechts auf persönliche Freiheit hinzunehmen." Bei einer Verurteilung des Angeklagten zu einer Geldstrafe habe (nur) „*er* einen bestimmten Geldbetrag – eine vertretbare Sache – an die Gerichtskasse zu zahlen." In beiden Fällen (!) sei „die weitgehend vom Willen des Verurteilten abhängige ‚persönliche Betroffenheit'" mit Vollstreckungsmaßnahmen nicht durchsetzbar.[30]

29 BGH, Urt. v. 7. 11. 1990 – 2 StR 439/90 – BGHSt **37**, 226 ff. (229 f.). Die wörtlichen Zitate sind dort entnommen. Herv. nur hier.

30 Auch bei dem zu Freiheitsstrafe Verurteilten ist es nicht von vornherein gesichert u. jedenfalls nicht erzwingbar, dass ihn der Aufenthalt in der Vollzugsanstalt persönlich betroffen mache.

Die Verpflichtung trifft in beiden Fällen allein den Verurteilten und ist in diesem Sinne höchstpersönlich. Bei der Geldstrafe ist es möglich, den Verurteilten zu entlasten. Er muss die Verpflichtung durch Hingabe einer vertretbaren Sache erfüllen, sodass sein Vermögen zuvor oder nachträglich durch *anderes Geld* wieder aufgefüllt werden kann. Seine persönliche Freiheit kann ihm, eben weil sie ein höchstpersönliches Gut ist, von keinem erstattet werden. Das bedeutet, dass der BGH den Begriff der Höchstpersönlichkeit – ohne dies kenntlich zu machen – einmal im Zusammenhang mit der (Sanktions-)Verpflichtung des Verurteilten und einmal im Zusammenhang mit dem Erfüllungssubstrat verwendet. Die hier wiedergegebene Passage befasst sich nur mit letzterem. Damit aber erweist sich auch der Schluss von der Höchstpersönlichkeit des Erfüllungssubstrates auf die (fehlende) Höchstpersönlichkeit der Verpflichtung als eine quaternio terminorum[31] – sprich: als ein unzulässiger Fehlschluss.

d) Damit ist auch der letzten insoweit zu besprechenden These der Boden entzogen: Teilweise ist aus der (vermeintlichen) Aufgabe der Höchstpersönlichkeit der Geldsanktion gefolgert worden, dass sich die Zahlungsverpflichtung von den Strafzwecken trennen lasse.[32] Es komme aus der Perspektive des öffentlichen Rechts nicht darauf an, wer die Sanktion letztlich bezahle.[33] Das werde vom Ordnungswidrigkeitenrecht nicht vorgegeben[34] und von der Verfolgungsbehörde nicht entschieden.[35] Der Sanktionszweck der Geldsanktion sei mit deren Festsetzung erreicht.[36] Dann aber könne der be-

---

31 Ausf. zum Fehlschluss der quaternio terminorum, die auch als Begriffsverschiebung oder als Vervierfachung der Begriffe bezeichnet wird, *Joerden*, Logik[3], S. 317 ff.

32 So vor allem *D. Krause*, NStZ 2000[5], S. 225 (229 f.).

33 *M. Zimmermann*, WM 2008[10], S. 433 (437); *Blaurock*, in: FS Bornkamm (2014), S. 107 (115).

34 So zuerst *M. Zimmermann*, WM 2008[10], S. 433 (437). Zust. *Fabisch*, ZWeR 2013[1], S. 91 (106); *Fleischer*, in: BeckOGK-AktG, § 93 Rn. 253 u. in: BB 2008[21], S. 1070 (1073); *Hopt/Roth*, in: GroßKomm-AktG[5], § 93 Rn. 419; *Kersting*, ZIP 2016[27], S. 1266 (1267); *Werner*, ZWH 2015[6], S. 169 (172).

35 So zuerst *Glöckner/Müller-Tautphaeus*, AG 2001[7], S. 344 (346). Zust. *Twele*, S. 164 f.; *Wilsing*, in: Krieger/Schneider[2], § 27 Rn. 39 (nicht mehr in: Krieger/Schneider[3], § 31 Rn. 37) u. *M. Zimmermann*, WM 2008[10], S. 433 (437). Ähnlich auch *Kaulich*, S. 291 f.

36 So zuerst *M. Zimmermann*, WM 2008[10], S. 433 (437). Zust. *Blaurock*, in: FS Bornkamm (2014), S. 107 (114 f.); *Fleischer*, BB 2008[21], S. 1070 (1073), in: DB 2014[7], S. 345 (347) u. BeckOGK-AktG, § 93 Rn. 253; *Hack*, S. 80; *Werner*, ZWH 2015[6], S. 169 (172). *Thole*, ZHR 173[4] (2009), S. 504 (532 f.) knüpft an „Erfüllung und Vollstreckung" der Geldbuße an. Ähnlich wohl auch *R. Koch*, VersR 2015[16], S. 655 (658).

reits erreichte Sanktionszweck durch einen nachträglich geltend gemachten Regressanspruch nicht mehr vereitelt werden.

Schon im Ausgangspunkt wird dabei verkannt, dass es sich bei Festsetzung und Beitreibung der Geldsanktion um zwei verschiedene Grundrechtseingriffe handelt. Jeder von ihnen muss deshalb – schon um verhältnis- und verfassungsmäßig zu sein – einem legitimen Zweck dienen.[37] Das aber bedeutet, dass der mit der Beitreibung der Sanktion verfolgte Zweck nicht schon mit deren Festsetzung erreicht sein kann. Anderenfalls wäre die Beitreibung der Sanktion zur Erreichung des Zwecks nicht erforderlich und deshalb rechts- und verfassungswidrig. Die Beitreibung der Sanktion verdeutlicht Ernst und Wirklichkeit von deren Festsetzung, die ihrerseits Ernst und Wirklichkeit der Androhung beweist. Mit der Sanktionsandrohung wird der Allgemeinheit ein klugheitsbezogener Grund angegeben, bestimmte zum Zwecke des Güterschutzes aufgestellte, primäre Verhaltensnormen einzuhalten. Der Zweck der Sanktionsbeitreibung wird deshalb frühestens erreicht, wenn die Verpflichtung des Verurteilten erfüllt ist.

Ohnehin ist der Zeitpunkt der Geltendmachung des Regressanspruches nicht der richtige, um eine Vereitelung des Sanktionszwecks der Beitreibung zu untersuchen. Wäre die Geldbuße – entgegen der hier vertretenen Auffassung – ein Schaden im Sinne der Ersatzpflichtanordnung, so würde der entsprechende Ersatzanspruch exakt in dem Zeitpunkt entstehen, in dem das Sanktionsübel als Verbindlichkeit das Vermögen des Verurteilten belastet. Dann nämlich würde der kausal verursachte „Schaden" zu der Erfüllung des Verletzungstatbestands treten und wären alle Voraussetzungen der Ersatzpflichtanordnung erfüllt. Noch während der strafende Arm des Staates die Wunde schlüge, würde der zivilrechtlich regelnde Arm des Staates das Vermögen des Verurteilten durch Gewährung eines Anspruchs um eben diesen Betrag wieder auffüllen. Per saldo schuldete der Verurteilte folglich nichts, mag er auch den Betrag vorstrecken und auf dem mühsamen und unsicheren Weg der Klage zurückholen müssen.[38] Die Werthaltigkeit dieses Anspruchs oder ein mögliches Prozess- und Insolvenzrisiko sind insoweit unbeachtlich. Diese Risiken haften einem jeden zivilrechtlichen Anspruch an und lassen

---

37 Siehe dazu die hervorragende Arbeit von *Geiger*, der es (S. 28) auf den Punkt bringt: „Mit dem Ausspruch dieses Strafübels werden die erstrebten Strafzwecke verfolgt; durch den Vollzug dieses Strafübels werden die erstrebten Zwecke bewirkt." Die Passage ist im Original kursiv gesetzt. In Fn. 48 verweist *Geiger* zur Vertiefung auf weitere Stellen in seiner Arbeit.

38 *Hillenkamp*, in: FS Lackner (1987), S. 455 (462).

sich deshalb nicht in die spezifische Sanktionswirkung einer Geldstrafe oder Geldbuße umdeuten.

Das ist bei den Fällen der freiwilligen und nachträglichen Sanktionsübernahme, aus denen der Gedanke abgeleitet worden ist,[39] keineswegs der Fall. Die vor- oder nach-tatliche Erstattungszusage gewährt dem Verurteilten – als in aller Regel formnichtiges Schenkungsversprechen[40] – zu keinem Zeitpunkt einen einklagbaren Anspruch. Sein Vermögen wird mit der Sanktionsverbindlichkeit belastet, die nicht durch einen im selben Zeitpunkt entstehenden Anspruch kompensiert wird. Sein zu diesem Zeitpunkt bestehendes[41] Vermögen wird gemindert. Ob es später tatsächlich absprachegemäß wieder aufgefüllt wird, ist ungewiss und mit staatlichen Mitteln nicht erzwingbar. Auch in dieser Hinsicht sind die Fälle nicht vergleichbar und lässt sich aus der Zulässigkeit der freiwilligen Sakionsübernahme nicht auf die Abwälzbarkeit von Geldsanktionen schließen.

Schließlich folgt schon aus dem Vorstehenden, dass der BGH nicht die Höchstpersönlichkeit der Geldsanktion aufgegeben hat. Die Zahlungs*verpflichtung* trifft als rechtfertigungsbedürftiger Grundrechtseingriff allein den Verurteilten. Selbstverständlich muss das Ordnungswidrigkeitenrecht vorgeben und die Verfolgungsbehörde darüber entscheiden, in wessen Grundrechte durch die Belastung mit einer Verbindlichkeit eingegriffen wird.[42] Aus der Perspektive des öffentlichen Rechts ist es keineswegs unerheblich, wer zur Zahlung verpflichtet ist. Dem Dritten ist es lediglich nicht bei Strafe verboten, das Vermögen des Verurteilten dadurch zu mehren, dass er ihm schenkweise Geld zuwendet oder ihn durch direkte Zahlung an die Gerichtskasse (teilweise) von einer Verbindlichkeit befreit.

4. Zwischenergebnis

Das Argumentebündel aus und im Zusammenhang mit der (vermeintlich fehlenden) Höchstpersönlichkeit der Geldsanktion ist danach umfassend

---

39 Siehe bsph. *J. Koch*, in: GS Winter (2011), S. 327 (333 f.) u. *Werner*, ZWH 2015[6], S. 169 (171).

40 Siehe dazu oben b) (S. 548).

41 Ist das formnichtige Schenkungsversprechen vor der Belastung mit der Sanktionsverbindlichkeit durch Vollzug geheilt worden, so sind die zugewandten Mittel schon Teil des Vermögens geworden, das mit der Sanktion auch in diesem Fall gemindert wird.

42 So völlig zu Recht LAG Düsseldorf, Urt. v. 20. 1. 2015 – 16 Sa 459/14 („*Schienenkartell I*") – ZIP 2015[17], S. 829 ff. (830 f.).

entkräftet. Es hat keinen Gesichtspunkt hervorgebracht, der zur Aufgabe des hier eingenommenen Standpunktes zwingt.

II. Präventionsausfall

Bemerkenswert ist ferner der Einwand, wonach der Regress-„Ausschluss" die präventive Wirkung der Verbandsgeldbuße zunichte mache. Er beruht auf der – völlig zutreffenden[1] – Erwägung, dass die juristische Person als solche in einem natürlichen Sinne nicht selbst handeln kann, sondern sich hierzu ihrer Organwalter bedienen muss.[2] Das heißt, dass die Verbandsdelikte nur durch eben diese natürlichen Personen begangen werden und werden können. Daraus wird – im Grundsatz ebenfalls zu Recht – geschlossen, dass die durch die Verbandsgeldbuße intendierte Verhaltenslenkung bei den handelnden Personen ansetzen, sprich: das Verhalten der Geschäftsführungsorganwalter lenken müsse.[3] Dann aber sei ein Regress-„Ausschluss" geradezu kontraproduktiv:[4] Er ließe die verhaltenssteuernde Wirkung auf den Organwalter überall dort entfallen, wo eine persönliche Sanktion aus rechtlichen oder tatsächlichen Gründen nicht verhängt werde oder werden könne.[5] Gerade bei den besonders gravierenden Verstößen im europäischen Kartellrecht, das eine persönliche Sanktion gegen den Organwalter nicht vorsehe, sei dieser Präventionsausfall besonders schmerzhaft.[6]

1 Siehe nur BT-Drs. V/1269, S. 58 (li. Sp.): „Die juristische Person [...] ist als fiktives und im natürlichen Sinne handlungsunfähiges Wesen" einer (S. 61 li.) „Tat im natürlichen Sinne nicht fähig. Sie selbst kann keine Ordnungswidrigkeit oder Straftat begehen."

2 *Bayreuther*, NZA 2015[20], S. 1239 (1241); *Brommer*, Vorstandshaftung, S. 45; *Kaulich*, S. 293 u. 298.

3 *Bayer/Scholz*, GmbHR 2015[9], S. 449 (452); *Bayreuther*, NZA 2015[20], S. 1239 (1241); *Habersack*, in: Karlsruher Forum 2009, S. 5 (31 f.); *Kapp/Hummel*, ZWeR 2011[3], S. 349 (359); *Kaulich*, S. 293 u. 298; *Kersting*, ZIP 2016[27], S. 1266 (1268); *Scholz*, S. 52.

4 So vor allem *Fleischer*, in: BeckOGK-AktG, § 93 Rn. 253 u. in: DB 2014[7], S. 345 (348).

5 Siehe nur *Bayreuther*, NZA 2015[20], S. 1239 (1241); *Fleischer*, DB 2014[7], S. 345 (348); *Hauger/Palzer*, ZGR 2015[1], S. 33 (54); *J. Koch*, in: GS Winter (2011), S. 327 (334 f.); *Thole*, ZHR 173[4] (2009), S. 504 (533).

6 *Bayer/Scholz*, GmbHR 2015[9], S. 449 (452); *Bayreuther*, NZA 2015[20], S. 1239 (1241); *Brommer*, Vorstandshaftung, S. 45 ff.; *Kaulich*, S. 298; *Kersting*, ZIP 2016[27], S. 1266 (1268); *J. Koch*, in: GS Winter (2011), S. 327 (334 f.); *Scholz*, S. 50; *Thole*, ZHR 173[4] (2009), S. 504 (533); *Twele*, S. 163.

1. Präventions-Mechanismus

Diesem Einwand ist im Ausgangspunkt entgegenzuhalten, dass er den – völlig im Dunkeln gelassenen – Präventions-Mechanismus der Verbandsgeldbuße verkennt. Dieser ist, wenn man die Entstehungsgeschichte des Institutes nicht ausblenden will,[7] gar nicht darauf angewiesen, dem individualverantwortlichen Täter ein Vermögensübel zuzufügen.[8] Mehr noch: Die Verbandsgeldbuße ist zur Schließung einer Präventionslücke geschaffen worden, die durch ein zusätzliches Vermögensübel für den Individual-Täter verfassungskonform nicht hatte geschlossen werden können. Sie sichert die Durchschlagskraft der individuellen Sanktionsandrohung, indem sie durch Abschöpfung der rechtswidrigen Verbandsvorteile[9] den Anreiz zur ökonomisch-rationalen Kollusion beseitigt. Sie lenkt das Individualverhalten nicht durch Androhung eines zusätzlichen (und deshalb unzulässigen) hoheitlichen Vermögensübels. Vielmehr nimmt sie dem Täter vor Begehung der Tat die Gewissheit,[10] dass der Verband aus den Taterträgen für die Individualsanktion aufkommen werde. Muss der potentielle Täter davon ausgehen, den angedrohten und nach seinem Vermögen bemessenen Nachteil aus eigenem Vermögen bestreiten zu müssen, so ist ihm ein klugheitsbezogener Grund angegeben, nicht gegen die primären Verhaltensnormen zu verstoßen – auch nicht im (vermeintlichen) Interesse des Verbandes.

2. Petitio principii

Darüber hinaus beruht der Einwand auf einem gut getarnten Fehlschluss. In gestraffter Form lautet der Gedankengang etwa: Die Verbandsgeldbuße drohe ein Vermögensübel an, um der Begehung von Straftaten und Ordnungswidrigkeiten vorzubeugen. Diese Taten werden nicht von der juristischen Person selbst, sondern von deren Organwaltern begangen. Soll die Androhung des

---

7 Dazu ausf. §§ 9 u. 10.

8 Zu einer anderen Fehlannahme zum Wirkmechanismus der Verbandssanktion bereits oben § 10 C. IV. 2. c) (S. 368).

9 Auch eine trans-restitutive Verbandsgeldbuße würde durch die Belastung des Verbandsvermögens versuchen, den Anreiz zur ökonomisch-rationalen Kollusion – ggf. noch stärker – zu beseitigen.

10 Dass der Verband es – aus welchen Gründen auch immer – auf sich nimmt, den Delinquenten aus eigenen Mitteln freiwillig freizustellen, lässt sich durch die Konstruktion der Verbandssanktion kaum vermeiden.

Vermögensübels die Begehung von Straftaten verhindern und werden diese Straftaten von den Organwaltern begangen, so muss das Übel diesen gelten. Damit aber das angedrohte Vermögensübel diejenigen erreiche, auf die es einwirken möchte, müsse es im Wege des Innenregresses an diese weitergereicht werden können.

Dieser Gedankengang, der die Abwälzbarkeit der Verbands-Geldbuße begründen möchte, setzt deren zivilrechtliche Abwälzbarkeit jedoch voraus. Wenn nämlich der Regress tatsächlich nicht möglich wäre, könnte das (unterstellt) für den individualverantwortlichen Täter bestimmte Übel diesen nicht erreichen. Es müsste bei der juristischen Person verbleiben, die den Verstoß selbst nicht begehen kann und sich durch eine Übelsandrohung und -zufügung nicht zum „richtigen" Verhalten veranlassen lässt. Die Verbandsgeldbuße wäre zwecklos – oder jedenfalls ungeeignet – und deshalb verfassungswidrig. Sie könnte nicht den Zweck und den Mechanismus haben, den der hier angegriffene Einwand zum Ausgangspunkt nimmt. Damit beruht der Gedanke auf einer Zwecksetzung der Verbandsgeldbuße, die sich nur halten lässt, wenn man ihre Abwälzbarkeit a priori voraussetzt. Bei Lichte betrachtet handelt es sich deshalb um eine petitio principii, mit der sich die Abwälzbarkeit der Verbandsgeldbuße gerade nicht begründen lässt.[11]

3. Mehr Haftung = Mehr Abschreckung?

Weiter muss bezweifelt werden, ob ein Mehr an angedrohtem Vermögensübel immer auch ein Mehr an Abschreckung bedeutet. Zwar mag im Bereich niedriger Geldsanktionen durchaus eine beinahe lineare Korrelation zwischen Sanktionshöhe und Abschreckungswirkung bestehen – auf nichts anderem beruht der Gedanke, Taten größerer Bedeutung mit höheren Geldsanktionen zu begegnen. Der Täter, der sich über einen klugheitsbezogenen Grund zur Einhaltung einer Verhaltensnorm hinweggesetzt hat, soll gleichwohl einen klugheitsbezogenen Grund haben, sich mit dem geringeren Delikt zu begnügen und nicht noch größeres Unrecht zu begehen und größere Schuld auf sich zu laden. Soll eine Geldsanktion von der Erzielung rechtswidriger Sondervorteile abschrecken, so muss sie so bemessen sein, dass die erwartbaren Sanktionskosten den erwartbaren Gewinn übersteigen.[12] Unter den

11 Auch das Gegenteil lässt sich auf diesen Gedanken freilich nicht stützen, sodass er insgesamt unergiebig bleibt.

erwartbaren Sanktionskosten ist dabei das Produkt aus Entdeckungswahrscheinlichkeit und angedrohter Geldsanktion zu verstehen.

Anm. 13.8: Angenommen, der Täter hat Aussicht auf rechtswidrige Tatgewinne von 1 Mio. Euro und muss eine Aufdeckungswahrscheinlichkeit von nur 25 %, sprich: einem Viertel fürchten. Insoweit müsste eine Sanktion i. H. v. wenigstens 4 Mio. Euro angedroht werden, um den Täter vor der Begehung der Tat wirksam abschrecken zu können. Weil sich die Aufdeckungswahrscheinlichkeit nicht ohne Weiteres und nicht unendlich steigern lässt, muss zur wirksamen Abschreckung – in gewissem Umfang – an der Sanktionshöhe geschraubt werden.

Dann aber liegt es auf der Hand, dass die Zunahme der Abschreckungswirkung einer Geldsanktion nicht grenzenlos möglich und durch die wirtschaftliche Leistungsfähigkeit des Täters begrenzt ist. Für denjenigen, der eine Sanktion in Höhe von 5 Mio. Euro als „wirtschaftliche Todesstrafe" wahrnimmt, macht es im Hinblick auf die Abschreckung de facto keinen Unterschied, ob ihm 50 Mio., 500 Mio. oder 5 Mrd. Euro angedroht werden. Sobald die angedrohte Sanktion die Zahlungsfähigkeit des Täters übersteigt, lässt sich die Abschreckungswirkung durch eine Erhöhung des angedrohten (finanziellen) Übels nicht mehr steigern.[13] Dann aber wird dem Täter – von der Steigerung der Entdeckungswahrscheinlichkeit einmal abgesehen – auch kein klugheitsbezogener Grund mehr gegeben, nicht ein weiteres oder ein noch schwerer wiegendes Delikt zu begehen.

Für den Verbandsgeldbußen-Regress bedeutet das Folgendes: Wollte man zur Steigerung der Abschreckung die nach der Leistungsfähigkeit und den Gewinnen des Verbandes bemessene Geldbuße zivilrechtlich auf den Vorstand überwälzen, wäre die Abschreckungsfalle[14] schnell erreicht. Dem potentiellen Täter drohte für (beinahe) jeden – in manchen Branchen wohl nie völlig vermeidbaren[15] – Verstoß eine Sanktion, die er aus eigenen Mitteln nicht bestreiten könnte. Wenn aber die wirtschaftliche Todesstrafe Konsequenz einer

12 So vor allem *Coffee*, MichLawRev 79³ (1981), S. 386 (389 ff.) – auch zum Folgenden. Er räumt selbst ein, dass sein Konzept auf gewissen Vereinfachungen u. Ungenauigkeiten beruht. Auch *Wagner*, NZWiSt 2018,¹⁰ S. 399 (405) hält es für geboten, den „Schaden mit dem Kehrwert der Durchsetzungswahrscheinlichkeit zu multiplizieren", um die „aus wohlfahrtsökonomischer Sicht" richtige Strafe zu erhalten.

13 Auch deshalb droht dem Täter ab einem gewissen Unrecht nicht Geldstrafe, sondern Haft.

14 Treffend spricht *Coffee*, MichLawRev 79³ (1981), S. 386 (389 ff.) in Anlehnung an den aus der Volkswirtschaftslehre bekannten Begriff der Liquiditätsfalle („liquidity trap") von einer „deterrence trap" – einer Abschreckungsfalle (S. 390 Fn. 15). Übersetzung von mir.

jeden Zuwiderhandlung ist, besteht für den deliktgeneigten Täter kein Anreiz, sich mit kleinen Taten zu begnügen. Die vom Täter ohnehin nicht erfüllbare zusätzliche Sanktion, die ihm über die Bande des Zivilrechts angedroht und zugefügt würde, vermochte die gewünschte Steuerungswirkung im positiven Sinne nicht zu steigern.[16] Im Gegenteil würde sie das – mehr oder weniger – fein austarierte System der öffentlich-rechtlichen Verantwortlichkeit überspielen und damit auch dessen Verhaltenssteuerung annulieren.

Wird umgekehrt verhindert, dass das Übel der Verbandsgeldbuße zivilrechtlich auf den „eigentlich verantwortlichen“ Täter abgewälzt wird, so ist dies im Hinblick auf die Präventionswirkung keineswegs kontraproduktiv. Im Gegenteil: Die Präventionswirkung der individuellen Sanktionsandrohung wird dadurch geschützt. Deren zivilrechtliche Überlagerung durch ein für den Täter ohnehin nicht tragbares Vermögensübel wird verhindert. Dadurch ist gewährleistet, dass dem Täter ein tatproportionales und (nur) nach seinem Vermögen bemessenes Übel angedroht wird, das als klugheitsbezogener Grund allein in der Lage ist, im Rahmen des strafrechtlich Möglichen die richtigen Verhaltensanreize zu setzen.

4. (Keine) Individualsanktion im europäischen Kartellrecht

Damit verbleibt nur der Einwand, wonach das europäische Kartellrecht keine Individualsanktionen vorsehe. Gerade diese besonders gravierenden Fälle machten deutlich, dass der Innenregress der Verbandssanktion zulässig sein müsse, weil der Einzel-Täter anderenfalls nicht zu treffen sei.[17] Auch dieser Einwand kann jedoch nicht gelten.

Im Ausgangspunkt ist es zutreffend, dass das europäische Kartellrecht selbst keine Individual-Sanktion enthält. Die insoweit maßgebliche Sanktionsvorschrift ist Art. 23 Abs. 2 VO (EG) Nr. 1/2003.[18] Danach kann die

---

15 Zur Vermeidung von Missverständnissen: Das Wort „vermeidbar“ ist hier untechnisch verwendet. Ein wirklich unvermeidbarer Verstoß wäre u. a. nach § 17 StGB u. § 11 Abs. 2 OWiG selbstverständlich sanktionslos.

16 Hinzu kommen zahllose negative Begleiterscheinungen, die etwa *Brommer*, Vorstandshaftung, S. 71 ff. beinahe erschöpfend zusammengetragen hat. Anders als hier will *Brommer* daraus jedoch nur eine Regressbeschränkung herleiten.

17 So sinngemäß etwa *Bayer/Scholz*, GmbHR 2015[9], S. 449 (452); *Brommer*, Vorstandshaftung, S. 27; *Kaulich*, S. 298; *Kersting*, ZIP 2016[27], S. 1266 (1268); *J. Koch*, in: GS Winter (2011), S. 327 (334 f.) teilw. m. w. N.

Kommission unter den dort genannten Voraussetzungen Geldbußen nur „gegen Unternehmen und Unternehmensvereinigungen" verhängen.

Allerdings hat diese Zurückhaltung – jedenfalls de jure[19] – nicht zur Folge, dass der individuelle Täter bei einem Verstoß gegen das europäische Kartellrecht keine Sanktion fürchten muss.[20] Der Verstoß gegen die in den Mitgliedstaaten unmittelbar geltenden Art. 101 f. AEUV kann wegen der dezentralisierten Anwendung des europäischen Kartellrechts auch von den deutschen Kartellbehörden nach § 81 GWB mit Geldbußen belegt werden; und zwar nach Abs. 1 auch und gerade gegenüber natürlichen Personen.[21]

Daran ändert auch die Zuständigkeitsverteilung zwischen den mitgliedstaatlichen Kartellbehörden und der Europäischen Kommission nichts. Zwar sieht Art. 11 Abs. 6 VO (EG) Nr. 1/2003 vor, dass „die Zuständigkeit der Wettbewerbsbehörden der Mitgliedstaaten" entfällt, wenn „die Kommission ein Verfahren zum Erlass einer Entscheidung [u. a.][22] nach Kapitel III" einleitet. Das Tätigwerden der Kommission entfaltet insoweit eine Sperrwirkung. Die Befugnis der Kommission ist jedoch darauf beschränkt, Geldbußen (nur) gegen die Unternehmen zu verhängen. Dann kann aber auch Art. 11 Abs. 6 VO (EG) Nr. 1/2003 keine Sperrwirkung im Hinblick auf die persönliche Verantwortlichkeit der handelnden Personen entfalten. Das bedeutet, dass auch die Verfahrenseinleitung gegen das Unternehmen durch die Kommission den nationalen Kartellbehörden nicht die Möglichkeit nimmt, parallel oder im Anschluss hieran ein persönliches Bußgeld gegen den verantwortlichen Organwalter festzusetzen.[23]

---

18 Verordnung (EG) Nr. 1/2003 des Rates vom 16. Dezember 2002 zur Durchführung der in den Artikeln 81 u. 82 des Vertrags niedergelegten Wettbewerbsregeln, ABl. (EG) v. 4. Januar 2003, L 1/1.

19 Siehe noch 4. (S. 561).

20 Darauf ist schon oft hingewiesen worden. Siehe – auch zum Folgenden – nur *Brommer*, Vorstandshaftung, S. 29; *Hack*, S. 106; *Hauger/Palzer*, ZGR 2015[1], S. 33 (38 f.); *Konrads*, S. 19 u. *Twele*, S. 28.

21 Die an sich nur auf das Unternehmen anwendbare Sanktionsvorschrift wird über § 9 OWiG auch – genauer: nur – auf den jew. Organwalter angewandt.

22 Die Geldbußenregelung des Art. 23 VO (EG) Nr. 1/2003 steht im Kapitel VI. Gleichwohl ist eine Entscheidung nach – dem im Kapitel III befindlichen – Art. 7 faktisch condicio sine qua non für die Verhängung eines Bußgeldes, sodass die Sperrwirkung des Art. 11 Abs. 6 auch diese Entscheidungen erfassen muss. Dazu – u. zum Folgenden – nur *Bardong*, in: MünchKomm-WettbR, EurWettbR[2], Art. 11 VO Nr. 1/2003 Rn. 80 m. w. N. u. *Konrads*, S. 25.

23 So zu Recht *Bardong*, in: MünchKomm-WettbR, EurWettbR[2], Art. 11 VO Nr. 1/2003 Rn. 87 u. *Konrads*, S. 25, die auch auf die Notwendigkeit einer engen Zusammen-

Anm. 13.9: Mittelbar spricht auch Art. 12 VO (EG) Nr. 1/2003 für die Richtigkeit dieser Einschätzung. Darin ist ein Informationsaustausch u. a. zwischen der Kommission und den mitgliedstaatlichen Wettbewerbsbehörden vorgesehen. In Abs. 3 ist ausdrücklich geregelt, unter welchen Voraussetzungen diese ausgetauschten Informationen „als Beweismittel verwendet werden [dürfen], um Sanktionen gegen natürliche Personen zu verhängen“. Zwar ist es nach Art. 12 Abs. 3 SpStr. 1 VO (EG) Nr. 1/2003 nicht zulässig, dass die Empfängerbehörde solche Informationen zur Festsetzung einer Individualsanktion verwertet, die von der Kommission zur Verhängung einer Unternehmenssanktion eingeholt worden sind.[24] Gleichwohl macht diese Regelung deutlich, dass ein von der mitgliedstaatlichen Wettbewerbsbehörde durchgeführtes Individualverfahren, bei dem die Informationen aus dem gegen das Unternehmen geführten Verfahren brauchbar sein könnten, nicht per se ausgeschlossen sein kann.

Dem mag man mit Recht entgegenhalten, dass bislang de facto kein Fall bekannt ist, in dem die nationale Behörde nach dem Tätigwerden der Kommission eine individuelle Sanktion festgesetzt hat. An der Stichhaltigkeit des Einwandes ändert das gleichwohl nichts. Auf welchen Gründen auch immer dies beruhen mag: Es ist nicht Aufgabe des Zivilrechts, ein – möglicherweise genau so gewolltes – Umsetzungs- und Durchsetzungs-Defizit der nationalen Kartellbehörden zu kompensieren.[25]

5. Zwischenergebnis

Damit dürfte auch der Einwand entkräftet sein, wonach der Regress-„Ausschluss“ die präventive Wirkung der Verbandsgeldbuße auszuhebeln drohe. Auch er zwingt nicht dazu, den hier eingenommenen Standpunkt aufzugeben.

III. Insolvenzrisiko des Organwalters

Weit verbreitet ist schließlich die These,[26] dass der Sanktionswirkung der Verbandsgeldbuße durch den Regress keine wirkliche Gefahr drohe – worin

arbeit hinweisen, um eine Doppelung der Ermittlungsarbeit u. widersprüchliche Entscheidungen zu vermeiden.

24 So etwa *Ritter/Wirtz*, in: Immenga/Mestmäcker, Bd. 1[6], Art. 12 VO Nr. 1/2003 Rn. 14.

25 Mit diesem zutr. Gedanken in anderem Zusammenhang *Scholz*, S. 67. Wie hier auch *Bastuck*, S. 130.

26 Siehe nur *Bayer/Scholz*, GmbHR 2015[9], S. 449 (452); *Bayreuther*, NZA 2015[20], S. 1239 (1242); *Brommer*, Vorstandshaftung, S. 46; *Kersting*, ZIP 2016[27], S. 1266

auch immer diese Sanktionswirkung genau bestehen möge. Der einzelne Organwalter sei in Anbetracht der in Rede stehenden Summen ohnehin kaum je in der Lage, den „Schaden" in Gänze zu ersetzen. Der überwiegende Teil der Sanktion werde deshalb auch nach einem Regress von der juristischen Person getragen. Er belaste de facto doch das Vermögen des Verbandes und könne dort seine Wirkung entfalten. Dem ist aus dreierlei Gründen entgegenzutreten:

Einmal setzt das Verbleiben eines beim Organwalter nicht liquidierbaren Bußgeldrestes voraus, dass der Organwalter bis an die Pfändungsgrenzen in Anspruch genommen worden ist. Die Bewirkung der Sanktionszwecke beim Verband wäre in den potentiellen Regresskonstellationen deshalb stets davon abhängig, dass dem Organwalter ebenjene „wirtschaftliche Todesstrafe" zugefügt würde, die der Staat ihm selbst nicht auferlegen dürfte. Dass aber der Staat die Sanktionswirkung beim Verband von einer für ihn verfassungswidrigen und deshalb im Zivilrecht versteckten Übelszufügung beim Einzeltäter abhängig machen wollte, muss ernstlich bezweifelt werden. Mit anderen Worten: Auch dieser Einwand übersieht die dem Gesetzgeber durch die Verfassung gesetzten Grenzen, die bei den Verbandsdelikten bestehende Präventionslücke ohne verfassungswidrige Überforderung des verantwortlich Handelnden zu schließen.

Zum anderen ist zu beachten, dass auch bei Zugrundelegung der These schon dieser überwiegende Teil der Sanktion ausreichend sein müsste, um die mit der Sanktion bei dem Verband verfolgten Zwecke zu bewirken. Anderenfalls wäre die per saldo beim Verband verbleibende Sanktion zu niedrig, deshalb ungeeignet und letztlich verfassungswidrig. Dann aber ist nur diese denklogisch geringere Vermögenslast der erforderliche und deshalb verhältnismäßige Grundrechtseingriff. Automatisch stellt sich die Frage, mit welchem Recht der Staat zunächst ein größeres und gegenüber dem Verband deshalb auch nicht erforderliches Bußgeld sollte festsetzen dürfen. Die Frage stellt sich noch drängender, weil die wirtschaftliche Leistungsfähigkeit des Organwalters bei der Festsetzung der Verbandsgeldbuße nicht berücksichtigt wird. Es steht zu diesem Zeitpunkt gar nicht fest, ob und in welchem Umfang der Organwalter von dem Verband in Anspruch genommen und ob dadurch der nicht erforderliche Teil der Verbandsgeldbuße tatsächlich von diesem weggeleitet würde.

(1267); *J. Koch*, AG 2012,[12] S. 429 (434 f.); *R. Koch*, VersR 2015,[16] S. 655 (658); *Scholz*, S. 48; *Suchy*, NZG 2015,[15] S. 591 (592); *Twele*, S. 162 f.

Schließlich ist das Argument in sich widersprüchlich. Die Abwälzbarkeit der Verbandsgeldbuße ruht im Ausgangspunkt auf der These, dass die Buße an den Organwalter weitergereicht werden müsse, weil nur er für deren verhaltenssteuernde Wirkung empfänglich sei. Die juristische Person als solche könne keine Delikte begehen und durch eine Übelsandrohung nicht zu gesetzeskonformem Verhalten animiert werden. Das heißt, der mit der Buße eigentlich verfolgte Zweck – Verhaltenslenkung der natürlichen Person – kann mit einem Vermögensübel beim Verband nicht erreicht werden. Dann aber ist es völlig ausgeschlossen, dass der beim Verband verbleibende Bußgeldrest bei diesem noch einen sinnvollen Zweck erfüllen kann. Die Verbandsgeldbuße hat entweder den Zweck, die natürliche Person zu treffen – dann muss sie so bemessen sein, dass nach dem Regress kein zweckloser Sanktionsrest beim Verband verbleibt. Oder sie hat einen Zweck, der auf welchem Weg auch immer bei dem Verband selbst wirken soll – dann muss sie ohne Verfälschung durch einen Regress beim Verband verbleiben. Oder sie hat einen doppelten Zweck – dann muss bei der Bemessung berücksichtigt werden, in welchem Umfang sich der Verband beim Organwalter erholen kann, damit der verbleibende Sanktionsrest seine Wirkung beim Verband erfüllen kann. Wo diese Faktoren bei der Bemessung nicht berücksichtigt werden, bleibt die Aufteilung des Sanktionsübels zwischen Organwalter und Verband mehr oder weniger dem Zufall überlassen. Wo aber der Grundrechtseingriff am Verhältnismäßigkeitsprinzip zu messen ist, kann die Intensität des Eingriffs nicht dem Zufall überlassen sein.

C. Ergebnis

Damit sind die wesentlichen Einwände entkräftet. Weder zwingt die Rechtsprechung des BGH zur Beraterhaftung, noch zwingen die übrigen hier besprochenen Einwände dazu, den hier entwickelten Standpunkt aufzugeben: Geldbußen können, weil sie nicht als Schaden im Sinne der Ersatzpflichtanordnung qualifiziert werden dürfen, nicht Gegenstand eines zivilrechtlichen Schadenersatzanspruches sein.

Schluss

§ 14 Ergebnisse und Ausblick

*Uns ist es nicht gelungen, alle aufgeworfenen Probleme zu lösen – tatsächlich haben wir manchmal den Eindruck, dass wir kein einziges vollständig gelöst hätten. Vielmehr haben die Antworten, die wir gefunden haben, eine ganze Reihe neuer Fragen aufgeworfen. In mancherlei Hinsicht fühlen wir uns so verwirrt wie eh und je; allerdings meinen wir, auf höherem Niveau und hinsichtlich wichtigerer Fragen verwirrt zu sein.**

Earl C. *Kelley*
(amerikanischer Erziehungswissenschaftler)
The Workshop Way of Learning, S. 2

A. *Ergebnisse*

Die Frage nach dem Bußgeldregress hat sich als ein Kollisions-Problem erwiesen. Das zivile Schadenersatzrecht und das öffentlich-rechtliche Sanktionenrecht geben auf einen einheitlichen Lebenssachverhalt (scheinbar) unterschiedliche Antworten. Wohl und Wehe des Bußgeldregresses hängen deshalb letztlich allein davon ab, welcher der beteiligten Normkomplexe sich gegen den anderen durchzusetzen vermag. Zur Auflösung der Kollision waren mögliche Berührungspunkte zwischen den beiden Normkomplexen und deren jeweiliges Kampfgewicht an diesen Kollisions-Punkten zu ermitteln. Die Beantwortung der Forschungsfrage war danach von zwei Vorfragen abhängig, denen in einem zivilrechtlich-methodischen und einem sanktionsrechtlichen Teil nachgegangen werden musste.

I. Zivilrechtlich-methodischer Teil

Zu Beginn des zivilrechtlich-methodischen Teil konnte gezeigt werden, dass sich das Merkmal des Schadens als Voraussetzung der Ersatzpflicht aus den

* Übersetzung von mir. Im Original: „We have not succeeded in answering all our problems—indeed we sometimes feel we have not completely answered any of them. The answers we have found have only served to raise a whole set of new questions. In some ways we feel that we are as confused as ever, but we think we are confused on a higher level and about more important things.“

§§ 249 ff. BGB weder ergibt noch ergeben kann. Denn diese Vorschriften richten sich, wie sich aus § 249 Abs. 1 BGB ergibt, allein an denjenigen, der „zum Schadensersatz verpflichtet ist“. Sie setzen folglich eine Ersatzpflicht und mit ihr das Vorliegen eines Schadens voraus. Sollen die §§ 249 ff. BGB nicht ihre eigenen Anwendungsvoraussetzungen definieren müssen, so ist es logisch ausgeschlossen, dass sie ihrerseits festlegen, unter welchen Voraussetzungen ein Schaden vorliegen soll. Vor allem mit den Gesetzgebungs-Materialien ließ sich nachweisen, dass es sich dabei nicht um einen begrifflichen Betriebsunfall, sondern um eine bewusste Entscheidung des historischen Gesetzgebers handelte.

Auch andernorts hat der Gesetzgeber keinen Entscheidungsmaßstab dafür aufgestellt, welche eingetretenen Nachteile als ein potentiell ersatzpflichtig machender „Schaden“ im Sinne einer beliebigen Ersatzpflichtanordnung zu qualifizieren sind. Gleichwohl ist der mit einem Schadenersatzverlangen befasste Richter dazu gezwungen, den ihm vorgetragenen Sachverhalt auch im Hinblick auf das Vorliegen eines Schadens zu beurteilen. Er darf die Rechtsfrage gerade nicht offen lassen. Damit erzwingt die Rechtsordnung die Antwort auf eine Frage, für die sie selbst keinen Entscheidungsmaßstab enthält. Das Gesetz ist insoweit lückenhaft.

Die Arbeit am Merkmal des Schadens als Voraussetzung der Ersatzpflicht ist danach Rechtsfortbildung (praeter legem). Die typischen Instrumente der Analogie und der teleologischen Reduktion helfen nicht weiter. Der Rechtsanwender ist vielmehr berechtigt und berufen, die Lücke modo legislatoris zu schließen: Er hat sich in die Rolle des Gesetzgebers hineinzudenken und muss die festgestellte Lücke in der Art und Weise schließen, von der er annehmen darf, dass auch der zur Regelung entschlossene Gesetzgeber sie wählen würde. Allerdings ist er – anders als der demokratisch legitimierte und allein durch die Grenzen der Verfassung beschränkte Gesetzgeber – zu keiner Umgestaltung der Rechtsordnung befugt. Denn er ist nach Art. 20 Abs. 3 GG an „Recht und Gesetz“ gebunden. Findet er, während er sich in dem vom Gesetzgeber gelassenen Wertungs-Vakuum vorsichtig vorantastet, (irgend-)eine positivierte gesetzgeberische Wertung, so endet dieses Vakuum und mit ihm die Befugnis zur Rechtsfortbildung. Der – demokratisch (wenn überhaupt) weit weniger legitimierte – Rechtsanwender darf die Lücke im Recht nicht nutzen, um einen gesetzgeberischen – und deshalb demokratisch stärker legitimierten – Entscheidungsmaßstab zu überspielen.

Damit war die zivilrechtlich-methodische Vorfrage geklärt: Der zivilrechtliche Schadenersatz geht im Hinblick auf seine Voraussetzung eines Schadens mit sehr geringem Kampfgewicht in die Kollision. Jede positivierte gesetzgeberische Wertung, die durch die Anerkennung eines eingetretenen Nachteils als eines zivilrechtlichen Schadens überspielt zu werden droht, steht einer solchen Anerkennung dieses Nachteils unüberwindlich entgegen.

II. Sanktionsrechtlicher Teil

Entscheidend war danach, welche Wertungen und welche Entscheidungsmaßstäbe der Gesetzgeber durch die Regelungen zur Individual- und zur Verbands-Geldbuße aufgestellt hat. Dabei ist der sehr aufwändige Versuch unternommen worden, die Wertungen hinter den Sanktionsinstrumenten auf die Grundlagen des öffentlichen Sanktionsrechts zurückzuführen. Für Zweck und Mechanismus öffentlich-rechtlicher Sanktionen ist die Formel der „Prävention durch Repression" aufgestellt worden. Das Strafrecht bezweckt den präventiven Güterschutz. Dazu droht es für die Verletzung primärer Verhaltensnormen (proaktiv-prospektiv) die Zufügung eines Übels an, das im Falle der Verletzung (reaktiv-retrospektiv) auch tatsächlich zufügt wird. Die Zufügung des Übels beweist, dass der Staat es mit dessen Androhung ernst gemeint hat und auch künftig ernst meinen wird. Diese ernstgemeinte Androhung stellt wiederum einen klugheitsbezogenen Grund dar, die primären Verhaltensnormen einzuhalten.

Der effektive Sanktionseingriff setzt jedenfalls bei den auf Gewinnerzielung ausgerichteten Delikten das Zusammenspiel zweier (Grundrechts-) Eingriffe voraus. Ein restitutives Abschöpfungsinstrument gewährleistet, dass dem Täter aus der rechtswidrigen Tat keinerlei Vorteile verbleiben. Die rechtswidrige Güterzuordnung wird beseitigt und der Täter insoweit so gestellt, wie er vor Begehung der Tat stand. Ist der status quo ante hergestellt, so fügt das zweite trans-restitutive Sanktionsinstrument das angedrohte Übel tatsächlich zu und stellt den Täter schlechter, als er ohne Deliktsbegehung stünde.

Handelt der Täter nicht für sich selbst, sondern als Organwalter für eine juristische Person, so drohte das Phänomen, das hier als ökonomisch-rationale Kollusion bezeichnet worden ist. Dieses systemische Defizit des anthropo-zentrischen Strafrechts hat der Gesetzgeber durch Schaffung einer verbandsgerichteten Sanktion beseitigt. Sie war (ursprünglich) als rein restitutive Maßnahme gedacht: Als öffentlich-rechtlicher Schadenersatz- und Bereicherungsanspruch sollte sie – insoweit funktionsgleich zur Gewinnabschöpfung bei der natürlichen Person – die rechtswidrige Güterzuordnung und mit ihr den Anreiz zur ökonomisch-rationalen Kollusion beseitigen. Die Präventionslücke, die das auf Einzelpersonen zugeschnittene Strafrecht im Hinblick auf die erzielbaren Verbandsgewinne unweigerlich offenlassen musste, sollte geschlossen werden, ohne dass die handelnden natürlichen Personen in überfordernder und deshalb verfassungswidriger Weise in Anspruch genommen würden.

III. Synthese

Die Antwort auf die Forschungsfrage bereitet auf Grundlage dieser Vorarbeiten keine Mühe: Individual- und Verbands-Geldbuße verfolgen in allen Teilen und Ausgestaltungen spezifisch strafrechtliche Zwecke – ohne diese wären sie als Grundrechtseingriffe auch nicht legitimierbar. Diese Zwecke würden überspielt, wenn der durch eine Geldbuße verursachte Vermögensnachteil zugleich als zivilrechtlicher Schaden anerkannt, von dem Verurteilten weggeleitet und auf einen Dritten abgewälzt würde. Das gilt gleichermaßen für die Individual- wie für die Verbands-Geldbuße, gleichviel ob sie die restitutive Gewinnabschöpfung oder die trans-restitutive Übelszufügung bezweckt.

Die Wertungen des öffentlichen Sanktionsrechts sind gesetzlich positiviert. Für das Merkmal des Schadens als Voraussetzung der Ersatzpflicht hat der Gesetzgeber einen gesetzlichen Entscheidungsmaßstab jedoch gerade nicht aufgestellt. Damit ist die Auflösung des Kollisions-Problems vorgegeben: Dem an Recht und Gesetz gebundenen Rechtsanwender ist es im Rahmen der Rechtsfortbildung beim Schadensbegriff verwehrt, die positivierten Wertungen der öffentlich-rechtlichen Sanktionsnormen zu überspielen. Der durch eine Geldbuße verursachte Vermögensnachteil darf nicht als ein zivilrechtlicher Schaden anerkannt werden. Kurzum: Geldbußen können nicht Gegenstand von Schadenersatzansprüchen sein.

B. Ausblick

Vor diesem Hintergrund ist es – entgegen des Eingangszitates – gelungen, die Forschungsfrage nach der Abwälzbarkeit von Geldsanktionen abschließend zu beantworten. Gleichwohl ist nicht zu verkennen, dass die Antworten auf diese Frage und ihre Vorfragen eine Unmenge an neuen Fragen aufgeworfen haben. Einige dieser Fragen sollen zum Ausklang der Untersuchung hier zusammengestellt sein – verbunden mit nicht mehr als einem Fingerzeig in Richtung einer möglichen Lösung.

I. Schadensrecht

Ergeben sich der Begriff des Schadens und die Schadenszurechnung als Voraussetzungen der Ersatzpflicht nicht aus den §§ 249 ff. BGB, so sind unzählige bisher gefundene Lösungen zu schadensrechtlichen Problemen auf ein neues Fundament zu stellen. Auf die von *Medicus* gestellte Frage, was von der Differenzhypothese noch übrig sei, mag man – jedenfalls im Hinblick auf Schaden und Schadenszurechnung – mit Überzeugung antworten: „Fast nichts – und das ist gut so!“[1]

Literatur und Rechtsprechung sind in langer und mühsamer Auseinandersetzung dem Auftrag des historischen Gesetzgebers nachgekommen und haben – bei Lichte betrachtet: modo legislatoris – auf zahllose Probleme eine gerechte und überzeugende Antwort gefunden. Sie taten dies jedoch stets mit dem schlechten Gewissen, die engen Fesseln der §§ 249 ff. BGB nicht recht beachtet zu haben. Auf Grundlage des hier entwickelten Verständnisses vom Schaden als einer zur Rechtsfortbildung berechtigenden und verpflichtenden Lücke mag man auch künftig überzeugende Antworten auf schadensrechtliche Fragen finden – dann aber mit Selbstbewusstsein und ohne schlechtes Gewissen, befreit von den falschen Fesseln.

Wo der Rechtsanwender nicht durch fernwirkende positivierte Wertungen des Gesetzgebers gebunden ist, darf er schadensrechtliche Probleme allein nach Maßgabe von Gerechtigkeit und Zweckmäßigkeit lösen. Gelingt es, in der Auseinandersetzung mit Einzelfällen erst Fallgruppen und später allgemeine Leitlinien zu entwickeln, so kann am Ende des Weges gar ein verallgemeinerungsfähiger Schadensbegriff gefunden und dem (europäischen) Gesetzgeber zur Positivierung angeboten werden.

Anm. 14.1: Insoweit sei ein letztes Zitat eines bedeutenden Denkers gestattet. Der große John Stuart *Mill* schrieb in seinem berühmten Aufsatz zum Utilitarismus: „Freilich herrscht [...] Verwirrung und Unsicherheit [...] hinsichtlich der ersten Prinzipien aller Wissenschaften, [...] allerdings ohne die Zuverlässigkeit der Resultate dieser Wissenschaft[en] erheblich zu beeinträchtigen [...]. Die Lehrsätze, die man letztlich zu den ersten Prinzipien einer Wissenschaft erklärt, sind im Grunde die letzten Ergebnisse einer philosophischen Analyse der grundlegenden Annahmen, mit denen die Wissenschaft operiert, und verhalten sich zur Wissenschaft nicht wie das Fundament zum Gebäude, sondern wie die Wurzeln zum Baum, die ihre

1 Das scheint – ohne den letzten Halbsatz – auch das Fazit zu sein, zu dem schon *Medicus*, in: FS Nobbe (2009), S. 995 (1007 f.) gekommen ist – wenn auch aus anderen Gründen.

> Aufgabe ja auch dann erfüllen, wenn sie niemals ausgegraben und dem Tageslicht ausgesetzt werden."[2]
>
> Der vollständige und „richtige" Schadensbegriff ist in diesem Sinne das erste Prinzip des Schadensrechts und deshalb zugleich das letzte Ergebnis, das die Rechtswissenschaft insoweit hervorbringen kann. Gleichwohl ist es Literatur und Rechtsprechung gelungen, dem Baum des Schadens(ersatz)rechts zu gesundem und geradem Wachstum zu verhelfen, ohne dass bisher die Wurzel des Schadensbegriffs freigelegt worden wäre.

Der so verstandene Schadensbegriff wäre nicht nur von den falschen Fesseln der §§ 249 ff. BGB befreit. Er hätte eine spezifische Funktion und brauchte sich um die Fragen der Schadenszurechnung, die Modalitäten und den Umfang der Ersatzleistung, die Vorteilsanrechnung und das Mitverschulden nicht zu kümmern. Die Suche nach einem solchen „entfesselten Schadensbegriff" wird man keineswegs als ein fruchtloses Unterfangen, als die berühmte *Selb*'sche[3] „Jugendsünde" abtun können.

II. Organhaftungsrecht

Auch im Hinblick auf die möglicherweise zu scharfe Vorstandshaftung müssen unzählige Fragen offenbleiben. Selbstverständlich ist – was schon zu Beginn der Arbeit eingeräumt wurde[4] – ein Ausschluss der Organwalterhaftung bei Verbandssanktionen eine sektorale Lösung. Und selbstverständlich vermag diese sektorale Lösung keine Aussagen über solche Konstellationen zu treffen, bei denen es nicht um den Regress einer Geldsanktion geht.[5] Das Ziel dieser Arbeit besteht insoweit auch nur darin, die Frage nach der mögli-

---

2 Übersetzung von *Birnbacher* in: *Mill*, Utilitarismus, S. 7 ff. Für das Original siehe die Erstveröffentlichung der Aufsatzreihe in: Fraser's Magazine 64 (1861), S. 391, 525, 659 (391): „It is true that [...] confusion and uncertainty [...] exist respecting the first principles of all the sciences, [...] without much impairing [...] the turstworthiness of the conclusions of those sciences. [...] The truths which are ultimately accepted as the first principles of a science, are really the last results of metaphysical analysis, practised on the elementary notions with which the science is conversant; and their relation to the science is not that of foundations to an edifice, but of roots to a tree, which may perform their office equally well though they be never dug down to and exposed to light."

3 AcP 173[4] (1973), S. 366 (367).

4 Siehe oben § 3 A. III. (S. 61).

5 So etwa die Kritik bei *Brommer*, Vorstandshaftung, S. 44 f. u. *Harnos*, S. 106. Tendenziell auch *J. Koch*, in: GS Winter (2011), S. 327 (333).

cherweise zu scharfen Vorstandshaftung von einem besonders brisanten und konfliktträchtigen Teilaspekt zu befreien.[6]

Diese Entlastung der Diskussion sollte es ermöglichen, das Gesamtproblem der Vorstandshaftung neu auszumessen. Befreit vom Bußgeldregress wird man zunächst untersuchen müssen, ob das Zusammenspiel von Business-Judgment-Rule und D & O-Versicherung andere korrekturbedürftige Haftungskonstellationen zulässt.[7] Bejahendenfalls wird man auch diese Konstellationen einer maßgeschneiderten Lösung zuführen müssen.

Der „Dreiklang der Ersatzpflichtanordnung" in § 93 Abs. 2 AktG mag insoweit dabei helfen, diese Fragen bewusster und präziser anzugehen. An der Stellschraube des Verletzungstatbestands – der verschuldeten Pflichtverletzung eines Organwalters – wird man nur solche Verhaltensweisen ausscheiden müssen, die auch die Rechtsfolge einer Kündigung und Abberufung nicht auslösen sollen. Daneben stehen der Schaden und die Schadenszurechnung zur Verfügung, die ihrerseits Tatbestandsmerkmale des § 93 Abs. 2 Satz 1 AktG sind. Sie lassen sich deshalb nach den Vorgaben und Erfordernissen ebendieser Vorschrift formen und ausgestalten.[8] Begreift man auch diese Merkmale als Stellschrauben der Organwalterhaftung, lassen sich auch mit ihnen gewisse Schadenspositionen ausklammern.

Dazu wird man jedoch den Zweck der Organwalterhaftung sehr viel präziser ausformulieren müssen, als dies bislang mit den Worthülsen von *Kompensation und Prävention* geschehen ist.[9] Jede Ersatzpflichtanordnung soll (bestimmte) eingetretene Schäden ausgleichen (kompensieren) und durch die Androhung dieser Pflicht schon den Eintritt solcher Schäden vermeiden (prävenieren) helfen. Wenn aber Kompensation und Prävention der Zweck einer

---

6 Siehe auch hier *Fleischer*, DB 2014,[7] S. 345 (345) u. *Blaurock*, in: FS Bornkamm (2014), S. 107 (107), die in diesem Zusammenhang von „einem außerordentlich wichtigen Schadensproblem" bzw. einem „besonders strittigen Einzelaspekt" der Organ(walter)haftung sprechen. *Bachmann*, BB 2015,[16] S. 911 (911) sieht im Bußgeldregress gar eine „zentral[e] Frage des Organhaftungsrechts", die durch einen Regressausschluss „rechtspolitisch deutlich entschärft" würde, BB 2015,[14] S. 771 (775).

7 Skeptisch wohl *Hauger/Palzer*, ZGR 2015,[1] S. 33 (75).

8 Auf die Lehre vom Schutzzweck der Norm, in der solche Gedanken bislang zusammengefasst worden sind, kommt es deshalb eigentlich nicht mehr an. Diese methodische Rumpelkammer des Schadensrechts kann u. sollte in erheblichem Umfang entrümpelt, wenn nicht gar vollständig ad acta gelegt werden.

9 So etwa *Brommer*, AG 2013,[4] S. 121 (122); *Fleischer*, in: BeckOGK-AktG, § 93 Rn. 2; *Hölters*, in: Hölters,[3] § 93 Rn. 8; *Kaulich*, S. 281; *J. Koch*, in: Hüffer/Koch,[14] § 93 Rn. 1; *Scholz*, S. 278; *Thomas*, Haftungsfreistellung, S. 145 ff. u. *Twele*, S. 110.

jeden Ersatzpflichtanordnung sind, können sie nicht zugleich der spezifische Zweck der Organwalterhaftung sein.

Anm. 14.2: Jedenfalls das Verhältnis von Kompensation und Prävention lässt sich bereits mit der Unterscheidung von Verhaltens- und Sanktionsnorm präziser fassen: § 93 Abs. 1 AktG schreibt dem Vorstandsmitglied als Verhaltensnorm vor, seine Geschäftsführungstätigkeit auf das Wohl der Gesellschaft auszurichten und diese vor (bestimmten) Schäden zu bewahren. Als zivilrechtliche Sanktionsnorm[10] knüpft § 93 Abs. 2 AktG an die Verletzung u. a. dieser Verhaltensnorm die Verpflichtung zum Schadenersatz. Dem Vorstandsmitglied wird dadurch ein klugheitsbezogener Grund zur Einhaltung der Verhaltensnorm (an-)gegeben. Das übergeordnete Ziel des präventiven Güterschutzes wird durch (proaktiv-prospektive) Androhung und (reaktiv-retrospektive) Vollstreckung von Schadenersatz verfolgt. Die aktienrechtliche Organwalterhaftung[11] bezweckt mithin – in Anlehnung an die oben[12] zum Sanktionsrecht entwickelte Formel – nicht Kompensation *und* Prävention, sondern Prävention *durch* Kompensation.[13]

Darüber hinaus beweist schon die Existenz des – auch vor der Kodifizierung der Business-Judgment-Rule so anerkannten[14] – Geschäftsleiterermessens, dass es bei der Organwalterhaftung keineswegs darum geht, alle denkbaren Schäden der juristischen Person zu vermeiden. Der Organwalter soll als Vertreter der juristischen Person solche Risiken eingehen, die ein Einzelkaufmann wegen des Risikos der persönlichen Haftung nicht eingehen würde, die aber volkswirtschaftlich sinnvoll und notwendig sind.

§ 93 Abs. 2 AktG markiert in diesem Sinne die Grenze, an der ein Schaden nicht mehr dem Geschäftsrisiko der juristischen Person, sondern dem Haftungsrisiko des handelnden Organwalters zuzuweisen ist.[15] Je weiter man diese Grenze in Richtung der persönlichen Haftung des Organwalters verschiebt, umso weniger eignet sich das Konstrukt der Aktiengesellschaft, ein Vehikel zur Eingehung volkswirtschaftlich sinnvoller, aber vom Einzelnen nicht tragbarer Risiken zu sein. Umgekehrt darf es wegen des moral-hazard und des Prinzipal-Agent-Konflikts[16] nicht dazu kommen, dass der

10 Anders als im Strafrecht schreibt § 93 Abs. 2 AktG dem Vorstandsmitglied seinerseits eine Verhaltensweise vor – den Ersatz des entstandenen Schadens. Damit wäre diese sekundäre Sanktionsnorm ihrerseits eine primäre Verhaltensnorm.

11 Pars pro toto für letztlich alle Ersatzpflichtanordnungen.

12 Siehe oben § 7 C. III. (S. 227).

13 Freilich entbindet dieser Gedanke nicht von der Aufgabe, das spezifische Präventions- u. Kompensationsprogramm der aktienrechtlichen Innenhaftung präziser zu bestimmen.

14 Siehe nur BGH, Urt. v. 21. 4. 1997 – II ZR 175/96 („*ARAG/Garmenbeck*") – BGHZ **135**, 244 ff. (253 f.).

15 So zu Recht *Scholz*, S. 69 (Fn. 152).

handelnde Organwalter keinerlei Haftung fürchten muss. Irgendwo in diesem Spannungsfeld wird man die Grenze des § 93 Abs. 2 Satz 1 AktG ziehen müssen.

Je präziser diese Grenze herausgestellt ist, umso präziser lassen sich eingetretene Nachteile der juristischen Person dieser oder jener Seite zuschlagen. Das Merkmal des Schadens i. S. d. § 93 Abs. 2 Satz 1 AktG mag dann teleologisch so ausgeformt werden, dass all jene Nachteile ausgeklammert werden, die (nur)[17] im Rahmen dieser Ersatzpflichtanordnung niemals Gegenstand eines Regressanspruches sein sollen – etwa der durch Kursverfall eintretende Vermögensnachteil, wenn die Aktiengesellschaft Inhaberin eigener Aktien ist. Das Merkmal der Schadenszurechnung mag solche Nachteile behandeln, die mal als erstattungsbedürftig und mal als nicht erstattungsbedürftig wahrgenommen werden – etwa weil sie sich in gewissen Konstellationen als Geschäftsrisiko der Gesellschaft verwirklicht haben.

Anm. 14.3: Schließlich dürfte es beinahe unausweichlich sein, eine aus dem Rechtsgedanken des § 254 BGB abgeleitete Haftungsaufteilung zwischen der Aktiengesellschaft und dem handelnden Organwalter zu entwickeln.[18] Die umfangreichen und verdienstvollen Vorarbeiten[19] sollten weiter vorangetrieben und zuendegedacht werden. Allerdings, so scheint es, bedarf es einer genuin kapitalgesellschaftsrechtlichen Lösung, die sich von ihrer großen Schwester aus dem Arbeitsrecht emanzipiert. Es sollte nicht weiter im Steinbruch des innerbetrieblichen Schadensausgleichs ein jeder passender Kiesel aufgegriffen und an den entgegenstehenden Findlingen vorbeigesehen werden. Statt dessen sollten die Regeln zur beschränkten Arbeitnehmerhaftung als spezifisch arbeitsrechtliche Ausgestaltung eines höheren Prinzips

---

16 Der Prinzipal ist dabei die juristische Person als solche u. nicht etwa die Aktionäre, die als Mitglieder des Organs Hauptversammlung ihrerseits nur Mitglieder eines Agenten sind.

17 Solche Nachteile, die von keiner Ersatzpflichtanordnung erfasst sein sollen, sind schon nach dem Schadensgrundbegriff ausgeschlossen – etwa die hier untersuchten Geldsanktionen.

18 Zur Vermeidung von Missverständnissen: Für den Bußgeldregress bedarf es einer solchen Konstruktion nicht, weil Geldsanktionen nach der hier entwickelten Auffassung schon keinen Regressanspruch auszulösen vermögen. Es geht allein um die übrigen Regresskonstellationen, die sich auch nach Ausschöpfung aller Stellschrauben als korrekturbedürftig erweisen.

19 Siehe vor allem *J. Koch* u. a. in: GS Winter (2011), S. 327 (338 ff.), in: FAZ v. 19. 12. 2012,[296] S. 19, in: AG 2012,[12] S. 429 (435 ff.) u. in: AG 2014,[15] S. 513 (515 ff.), der den Gedanken *Bayers* in: FS K. Schmidt (2009), S. 85 (97) aufgegriffen u. weiterentwickelt hat. In diese Richtung monographisch auch *Brommer*, Vorstandshaftung, passim u. zuvor in: AG 2013,[4] S. 121 (128 f.) sowie *Wilhelmi*, NZG 2017,[18] S. 681 ff. Im Ergebnis ähnlich, methodisch aber auf anderem Wege *Scholz*, passim.

erkannt werden: In (auch-)altruistischen und auf Kooperation angelegten Dauerschuldverhältnissen ist das „Alles oder Nichts"-Prinzip der Differenzhypothese durch eine gerechte Haftungsaufteilung zu ersetzen.[20]

Die arbeitsrechtliche Ausprägung dieses Prinzips beruht auf dem Zusammentreffen der Weisungsabhängigkeit und der Überforderungssituation des Arbeitnehmers, der Betriebsmittel einsetzt, die zu seinen persönlichen Verhältnissen in keinem Verhältnis stehen. Beim Vorstandsmitglied kommen nicht diese, aber andere Aspekte in Betracht: Insoweit ließe sich – auch jenseits der vielbemühten Allzweckwaffe (kapital-)gesellschaftsrechtlicher Treuepflichten – an die schadenspotenzierende Wirkung des Unternehmens und die Grundidee der Aktiengesellschaft denken, die eine Kapitalsammelstelle zur Eingehung volkswirtschaftlich sinnvoller, den Einzelnen aber überfordernder Risiken sein soll.

In jedem Falle aber muss die Lösung für die möglicherweise zu scharfe Vorstandshaftung auf der Ebene des materiellen Rechts gesucht und gefunden werden. Alle Versuche, durch eine Korrektur der ARAG/Garmenbeck-Grundsätze nur die Verfolgungsintensität durch den Aufsichtsrat zu modifizieren, erscheinen insoweit als ein völlig unzureichendes Substitut. Die Durchsetzung von Regressansprüchen hat dienenden Charakter und sollte nicht zugleich über Berechtigung und Reichweite der durchzusetzenden Ansprüche entscheiden müssen.

III. Verbandssanktionenrecht

Schließlich musste sich die Arbeit im Hinblick auf das Sanktionsrecht gegen Verbände mit dem geltenden Recht und seinen Vorläufern begnügen. Ob dieses gegenwärtige Recht reformbedürftig ist und wie ein künftiges Verbandssanktionenrecht ausgestaltet werden kann oder soll, sind äußerst aktuelle und spannende Fragen, die aber außerhalb des Themas lagen. Gleichwohl dürfte die Arbeit auch insoweit kleinere Impulse für die anstehenden Fragen hervorgebracht haben.

Der bislang kaum greifbare Begriff der Repression ist – für die Zwecke dieser Arbeit – präzisiert worden. Er ist hier als Kurzfassung für eine reaktiv-retrospektive und trans-restitutive Maßnahme verwandt worden. Dadurch wurde es möglich, von der (ursprünglichen) Verbandsgeldbuße als einer zwar reaktiv-retrospektiven, nicht aber einer trans-restitutiven Maßnahme zu

20 Gemeint ist damit, dass im Falle eines eingetretenen *Schadens* (auf Seiten der Ersatzpflichtanordnung) die *Ersatzleistung* (auf Rechtsfolgenseite) gerecht zwischen Verband u. Organwalter aufgeteilt wird.

sprechen. Mit den (vermeintlich gegensätzlichen) Worthülsen von Prävention und Repression, die bei der Verbandsgeldbuße auch noch gleichzeitig vorliegen sollten, ließen sich diese Bedeutungsdifferenzen schon sprachlich nicht abbilden. Allerdings dürfte weder die Leistungsfähigkeit dieser begrifflichen Aufspaltung vollends ausgereizt, noch dürfte das Maximum an terminologischer Präzision erreicht sein. Vielleicht mag es auf Grundlage – oder durch Weiterentwicklung – dieser Terminologie gelingen, die relevanten Konzepte präziser zu fassen und die Anforderungen an eine künftige Verbandssanktion genauer zu durchdenken. Zu einer effizienten und systemkonformen Verbandssanktion wird dabei jedoch auch künftig nur kommen, wer die – rein restitutiv oder auch trans-restitutiv denkbaren – Verbandssanktionen darauf zurückführt, wie sie – als quasi tertiäre Maßnahme – die Durchschlagskraft der sekundären Sanktionsnorm (wieder-)herstellen und auf diesem Weg zur Einhaltung der primären Verhaltensnormen beitragen.

Dabei mag auch die hier ausgebreitete und bislang oft ausgeblendete Entstehungsgeschichte der Verbandssanktion helfen. Viele der Fragen, mit denen wir heute ringen, haben schon den historischen Gesetzgeber und seine Impulsgeber beschäftigt. Wenn auch bei weitem nicht alle Fragen vollends überzeugend beantwortet worden sind, wurden dabei zahlreiche Gedanken geäußert und Wege erwogen, die auch in der heutigen Diskussion um ein künftiges Verbandssanktionenrecht fruchtbar gemacht werden können und sollten.

C. Finis!

Nach alledem steht am Ende dieser Arbeit die Hoffnung, die am Ende einer jeden wissenschaftlichen Arbeit stehen dürfte. Es ist viel erreicht, wenn sich der Leser – gemeinsam mit dem Autor und im Sinne des Eingangszitates – an dieser Stelle denkt:

„Ich bin immer noch verwirrt – allerdings auf höherem Niveau."

Verzeichnisse

Literatur

> **Zitierweise:** Soweit Kommentare und Handbücher in den Fußnoten allein durch einen Kurztitel bezeichnet werden, sind sie hier nach dem Werktitel einsortiert. Quellen, deren Kurztitel ein @ enthält, werden im separaten Verzeichnis der Online-Quellen aufgeführt.

Achenbach, Hans. Ahndung materiell sozialschädlichen Verhaltens durch bloße Geldbuße? – Zur Entwicklung und Problematik »großer« Wirtschafts-Ordnungswidrigkeiten. GA 2008[1], S. 1–17.

Ders. Haftung und Ahndung – Wider die Vertauschung zweier disparater Rechtsfolgemodelle. ZIS 2012[5], S. 178–182.

Ders. Haftung und Ahndung – Wider die Vertauschung zweier disparater Rechtsfolgemodelle, in: Festschrift für Imme Roxin, S. 3–11. Hrsg. v. Lorenz *Schulz*, Michael *Reinhart* und Oliver *Sahan*. Heidelberg u. a. 2012, (zitiert als: *Achenbach*, in: FS I. Roxin).

Ders. Verbandsgeldbuße und Aufsichtspflichtverletzung (§§ 30 und 130 OWiG) – Grundlagen und aktuelle Probleme. NZWiSt 2012[9], S. 321–328.

Ders. Die Einführung einer „unternehmensgerichteten Sanktion“ und einer Ausfallhaftung im Kartellordnungswidrigkeitenrecht durch die 9. GWB-Novelle. wistra 2018[5], S. 185–191.

Achenbach, Hans / *Wegner*, Carsten. Probleme der „reinen Ahndungsgeldbuße“ im Kartellrecht (§ 81 Abs. 5 GWB). ZWeR 2006[1], S. 49–63.

Ackermann, Bruni. Die Strafbarkeit juristischer Personen im deutschen Recht und in ausländischen Rechtsordnungen. Frankfurt a. M., Bern und New York 1984. Zugl.: Diss. jur. Univ. Heidelberg, 1983.

Ackermann, Thomas. Organhaftung für Kartellgeldbuße: Gedanken zum Zeitvertreib. NZKart 2018[1], S. 1–3.

Altemeier, Christina. Verantwortlichkeit des Vorstands für Kartellrechtsverstöße. Ein Beitrag zur Organhaftung und Organuntreue. Frankfurt a. M. 2013. Zugl.: Diss. jur. Univ. Bochum, 2013.

Angerer, Lutz / *Geibel*, Stephan / *Süßmann*, Rainer (Hrsg.). Wertpapiererwerbs- und Übernahmegesetz (WpÜG) – Kommentar. 3. Aufl., München 2017, (zitiert als: *Bearbeiter,* in: Angerer/Geibel/Süßmann, WpÜG[3]).

Appel, Ivo. Verfassung und Strafe. Zu den verfassungsrechtlichen Grenzen staatlichen Strafens. Berlin 1998, (zitiert als: *Appel*, Verfassung u. Strafe). Zugl.: Diss. jur. Univ. Freiburg (Breisgau), 1996/97.

Ders. Rechtsgüterschutz durch Strafrecht? Anmerkungen aus verfassungsrechtlicher Sicht. KritV 82[3] (1999), S. 278–311.

Artin, Michael et al. Alexandre Grothendieck 1928–2014, Part 1. Notices of the AMS 63[3] (2016), S. 242–255.

Bachmann, Gregor. Das „vernünftige“ Vorstandsmitglied – Zum richtigen Verständnis der deutschen Business Judgement Rule (§ 93 Abs. 1 Satz 2 AktG), in: Festschrift für Eberhard Stilz zum 65. Geburtstag, S. 25–44. Hrsg. v. Mathias *Habersack*, Karl *Huber* und Gerald *Spindler*. München 2014, (zitiert als: *Bachmann*, in: FS Stilz).

Ders. Die Geschäftsleiterhaftung im Fokus von Rechtsprechung und Rechtspolitik. BB 2015,[14] S. 771–777.

Ders. „LAG Düsseldorf: Kein Regress gegen Geschäftsleiter wegen Kartellbuße“. BB 2015,[16] S. 911.

Bar, Ludwig v. Gesetz und Schuld im Strafrecht. Die Schuld nach dem Strafgesetze. Fragen des geltenden deutschen Strafrechts und seiner Reform. Bd. 2, Berlin 1907, (zitiert als: *v. Bar*, Gesetz u. Schuld II).

Bartelt, Johann Christian. Beschränkung des Schadensersatzumfangs durch das Übermaßverbot? Eine Untersuchung der Vereinbarkeit des Grundsatzes der Totalreparation (§ 249 I BGB) mit dem verfassungsrechtlichen Verhältnismäßigkeitsprinzip. Berlin 2004. Zugl.: Diss. jur. Albert-Ludwigs-Universität Freiburg (Breisgau), 2003.

Bastuck, Burkhard. Enthaftung des Managements. Corporate Indemnification im amerikanischen und deutschen Recht. Köln u. a. 1986. Zugl.: Diss. jur. Rheinische Friedrich-Wilhelms-Universität Bonn, 1985.

Baumann, Jürgen (Begr.) / *Weber*, Ulrich / *Mitsch*, Wolfgang / *Eisele*, Jörg (Fortf.). Strafrecht – Allgemeiner Teil. 12. Aufl., Bielefeld 2016, (zitiert als: *Bearbeiter,* in: Baumann/Weber[12]).

Baumbach, Adolf (Begr.) / *Hueck*, Alfred (Fortf.). Gesetz betreffend die Gesellschaften mit beschränkter Haftung. 22. Aufl., München 2019, (zitiert als: *Bearbeiter,* in: Baumbach/Hueck[22]).

Baur, Alexander / *Holle*, Philipp Maximilian. Bußgeldregress im Kapitalgesellschaftsrecht nach der (Nicht-)Entscheidung des BAG. Zugleich Besprechung BAG v. 29. 6. 2017 – 8 AZR 189/15. ZIP 2018,[10] S. 459–467.

Bayer, Walter. Legalitätspflicht der Unternehmensleitung, nützliche Gesetzesverstöße und Regress bei verhängten Sanktionen, in: Festschrift für Karsten Schmidt zum 70. Geburtstag, S. 85–103. Hrsg. v. Georg *Bitter* et al. Köln 2009, (zitiert als: *Bayer*, in: FS K. Schmidt).

Ders. Die Innenhaftung des GmbH-Geschäftsführers de lege lata und de lege ferenda. GmbHR 2014,[17] S. 897–907.

Bayer, Walter / *Scholz*, Philipp. Zulässigkeit und Grenzen des Kartellbußgeldregresses – Zugleich Kommentar zu LAG Düsseldorf vom 20.1.2015 – 16 Sa 459/19. GmbHR 2015,[9] S. 449–456.

Bayreuther, Frank. Haftung von Organen und Arbeitnehmern für Unternehmensgeldbußen. NZA 2015,[20] S. 1239–1243.

Bechtold, Rainer / *Buntscheck*, Martin. Die 7. GWB-Novelle und die Entwicklung des deutschen Kartellrechts 2003 bis 2005. NJW 2005,[41] S. 2966–2973.

beck.online-Großkommentar, AktG. Hrsg. v. Gerald *Spindler* und Eberhard *Stilz*. (Stand: 15. 1. 2020), München 2020, (zitiert als: *Bearbeiter,* in: BeckOGK-AktG).

Beck'scher Online-Kommentar, Bauordnungsrecht Baden-Württemberg. Hrsg. v. Willy *Spannkowsky* und Michael *Uechtritz*. 15. Edition (Stand: 1. 9. 2020), München 2020, (zitiert als: *Bearbeiter,* in: BeckOK-BauOR-BW[15]).

Beck'scher Online-Kommentar, BGB. Hrsg. v. Wolfgang *Hau* und Roman *Poseck*. 56. Edition (Stand: 1. 11. 2020), München 2020, (zitiert als: *Bearbeiter,* in: BeckOK-BGB[56]).

Beck'scher Online-Kommentar, Grundgesetz. Hrsg. v. Volker *Epping* und Christian *Hillgruber*. 45. Edition (Stand: 15. 11. 2020), München 2020, (zitiert als: *Bearbeiter,* in: BeckOK-GG[45]).

Beck'scher Online-Kommentar, OWiG. Hrsg. v. Jürgen *Graf.* 28. Edition (Stand: 1. 10. 2020), München 2020, (zitiert als: *Bearbeiter,* in: BeckOK-OWiG[28]).

Beck'scher Online-Kommentar, Polizeirecht Baden-Württemberg. Hrsg. v. Markus *Möstl* und Christoph *Trurnit*. 20. Edition (Stand: 1. 10. 2020), München 2020, (zitiert als: *Bearbeiter,* in: BeckOK-PolR-BW[20]).

Beck'scher Online-Kommentar, StGB. Hrsg. v. Bernd *Heintschel-Heinegg*. 48. Edition (Stand: 1. 11. 2020), München 2020, (zitiert als: *Bearbeiter*, in: BeckOK-StGB[48]).

Bicker, Eike. Compliance – organisatorische Umsetzung im Konzern. AG 2012,[15] S. 542–552.

Binding, Karl. Die Normen und ihre Übertretung. Bd. 1, Leipzig 1872, (zitiert als: *Binding*, Normen I).

Ders. Die Normen und ihre Übertretung. Bd. 1, 2. Aufl., Leipzig 1890, (zitiert als: *Binding*, Normen I[2]).

Blassl, Johannes S. Compliance-Fragen in M&A-Prozessen. Zur Legalitätsprüfung bei Unternehmenstransaktionen und Regressansprüchen bei Unternehmensgeldbußen. CCZ 2017,[1] S. 37–43.

Blaurock, Uwe. Kartellbußgeldhaftung und gesellschaftsrechtlicher Rückgriff, in: Festschrift für Joachim Bornkamm zum 65. Geburtstag, S. 107–119. Hrsg. v. Wolfgang *Büscher* et al. München 2014, (zitiert als: *Blaurock*, in: FS Bornkamm).

Bohnert, Joachim (Begr.) / *Bülte*, Jens (Fortf.). Ordnungswidrigkeitenrecht. 6. Aufl., München 2020, (zitiert als: *Bülte*, in: Bohnert/Bülte[6]).

Bosch, Nikolaus. Organisationsverschulden im Unternehmen. Baden-Baden 2002. Zugl.: Habil. jur. Univ. Augsburg, 2002.

Brender, Markus. Die Neuregelung der Verbandstäterschaft im Ordnungswidrigkeitenrecht. Rheinfelden, Freiburg und Berlin 1989. Zugl.: Diss. jur. Univ. Freiburg (Breisgau), 1989/90.

Brommer, Andreas. Folgen einer reformierten Aktionärsklage für die Vorstandsinnenhaftung. AG 2013,[4] S. 121–130.

Ders. Die Beschränkung der Rechtsfolgen der Vorstandsinnenhaftung. Berlin 2016, (zitiert als: *Brommer*, Vorstandshaftung). Zugl.: Diss. jur. Univ. Bonn, 2014.

Brüggemann, Dieter. Abwälzung und Rückwälzung von Geldstrafen und Geldbußen mit den Mitteln des bürgerlichen Rechts?, GA 1968, S. 161–176.

Bürger, Sebastian. Geldbußen gegen Unternehmen im deutschen Kartellrecht – quo vadis?, NZKart 2017,[12] S. 624–630.

Burrichter, Jochen. Kartellrecht und Gesellschaftsrecht – Ein „Bruderzwist"?, in: Festschrift für Michael Hoffmann-Becking zum 70. Geburtstag, S. 191–

209. Hrsg. v. Gerd *Krieger*, Marcus *Lutter* und Karsten *Schmidt*. München 2013, (zitiert als: *Burrichter*, in: FS Hoffmann-Becking).

Busch, Richard. Grundfragen der strafrechtlichen Verantwortlichkeit der Verbände. Leipzig 1933. Zugl.: Habil. jur. Univ. Leipzig, 1932.

Bydlinski, Franz. Juristische Methodenlehre und Rechtsbegriff. 2. Aufl., Wien und New York 1991, (zitiert als: *Bydlinski*, Methodenlehre^{2}).

Canaris, Claus-Wilhelm. Die Feststellung von Lücken im Gesetz. Eine methodologische Studie über Voraussetzungen und Grenzen der richterlichen Rechtsfortbildung praeter legem. 2. Aufl., Berlin 1983, (zitiert als: *Canaris*, Lückenfeststellung^{2}).

Canzler, Sabine / *Hammermaier*, Steffen. Die Verfolgung und Ahndung wertpapierrechtlicher Delinquenz durch die Wertpapieraufsicht der BaFin: Das kapitalmarktrechtliche Bußgeldverfahren. AG 2014^{3}, S. 57–73.

Coffee, John C. "No soul to damn: no body to kick": An unscandalized inquiry into the problem of coproate punishment. MichLawRev 79^{3} (1981), S. 386–459.

Cramer, Peter. Grundbegriffe des Rechts der Ordnungswidrigkeiten. Stuttgart u. a. 1971.

Deutsch, Erwin. Das „allgemeine Lebensrisiko“ als negativer Zurechnungsgrund, in: Festschrift für Günther Jahr zum siebzigsten Geburtstag, S. 251–265. Hrsg. v. Michael *Martinek*, Jürgen *Schmidt* und Elmar *Wadle*. Tübingen 1993, (zitiert als: *Deutsch*, in: FS Jahr).

Ders. Allgemeines Haftungsrecht. 2. Aufl., Köln 1996, (zitiert als: *Deutsch*, HaftungsR^{2}).

Deutscher Juristentag. Tagungsprogramm 70. Deutscher Juristentag Hannover. 2014, (zitiert als: 70. DJT, Tagungsprogramm).

Diedrichsen, Uwe. Argumentationsstrukturen in der Rechtsprechung zum Schadensersatzrecht, in: Festschrift für Ernst Klingmüller, S. 65–85. Hrsg. v. Fritz *Hauss* und Reimer *Schmidt*. Karlsruhe 1974, (zitiert als: *Diedrichsen*, in: FS Klingmüller).

Dreher, Meinrad. Die kartellrechtliche Bußgeldverantwortlichkeit von Vorstandsmitgliedern, in: Festschrift für Horst Konzen zum siebzigsten Geburtstag, S. 86–107. Hrsg. v. Barbara *Dauner-Lieb* et al. Tübingen 2006, (zitiert als: *Dreher*, in: FS Konzen).

Ders. Versicherungsschutz für die Verletzung von Kartellrecht oder von Unternehmensinnenrecht in der D&O-Versicherung und Ausschluss vorsätzlicher oder wissentlicher Pflichtverletzungen. VersR 2015,[19] S. 781–794.

Dürig-Friedl, Cornelia / *Enders*, Christoph (Hrsg.). Versammlungsrecht, Die Versammlungsgesetze des Bundes und der Länder – Kommentar. München 2016, (zitiert als: *Bearbeiter,* in: Dürig-Friedl/Enders).

Ebert, Ina. Pönale Elemente im deutschen Privatrecht. Von der Renaissance der Privatstrafe im deutschen Recht. Tübingen 2004. Zugl.: Habil. jur. Christian-Albrechts-Universität Kiel, 2002.

Ebke, Werner / *Mößle*, Bernd. Anmerkung zum Urteil des BGH v. 14. November 1996 – IX ZR 215/15. JZ 1997,[23] S. 1179–1181.

Eidam, Gerd. Unternehmen und Strafe. Vorsorge- und Krisen-Management. Köln u. a. 1993, (zitiert als: *Eidam*, Unternehmen u. Strafe).

Ders. Die Verbandsgeldbuße des § 30 Abs. 4 OWiG – eine Bestandsaufnahme. wistra 2003,[12] S. 447–456.

Engisch, Karl. Empfiehlt es sich, die Strafbarkeit der juristischen Person gesetzlich vorzusehen? (Referat), in: Verhandlungen des Vierzigsten Deutschen Juristentages (Hamburg, 1953). Bd. II: Sitzungsberichte, S. 7–42 (E). Hrsg. v. d. Ständigen Deputation des DJT. Tübingen 1953, (zitiert als: *Engisch*, Referat 40. DJT).

Ders. Einführung in das juristische Denken. Hrsg. und bearb. v. Thomas *Würtenberger* und Dirk *Otto*. 12. Aufl., Stuttgart 2018, (zitiert als: *Engisch*, Einführung[12]).

Engländer, Armin. Revitalisierung der materiellen Rechtsgutslehre durch das Verfassungsrecht?, ZStW 127[3] (2015), S. 616–634.

Enneccerus, Ludwig (Begr.) / *Nipperdey*, Carl (Fortf.). Lehrbuch des Bürgerlichen Rechts, Allgemeiner Teil des Bürgerlichen Rechts. Bd. 1.1, 15. Aufl., Tübingen 1959.

Ennuschat, Jörg / *Wank*, Rolf / *Winkler*, Daniela (Hrsg.). Gewerbeordnung – Kommentar. 9. Aufl., München 2020, (zitiert als: *Bearbeiter,* in: Ennuschat/Wank/Winkler[9]).

Erman – Bürgerliches Gesetzbuch in 2 Bänden. Begr. v. Walter *Erman*, hrsg. v. Harm Peter *Westermann*. 12. Aufl., Köln 2008, (zitiert als: *Bearbeiter,* in: Erman[12]). Zitiert wurde(n):

Bd. 1: §§ 1–755, AGG – 2008.

Erman – Bürgerliches Gesetzbuch in 2 Bänden. Begr. v. Walter *Erman*, hrsg. v. Harm Peter *Westermann*, Barbara *Grunewald* und Georg *Maier-Reimer*. 16. Aufl., Köln 2020, (zitiert als: *Bearbeiter*, in: Erman[16]). Zitiert wurde(n):

Bd. 1: §§ 1–755, AGG – 2020.

Eschenburg, Theodor. Herrschaft der Verbände?, 2. Aufl., Stuttgart 1963.

Eser, Albin. Die strafrechtlichen Sanktionen gegen das Eigentum. Dogmatische und rechtspolitische Untersuchungen zu Einziehung, Unbrauchbarmachung und Gewinnverfall. Tübingen 1969, (zitiert als: *Eser*, Sanktionen). Zugl.: Habil. jur. Univ. Tübingen, 1969.

Ders. Zur Entwicklung von Maßregeln der Besserung und Sicherung als zweite Spur im Strafrecht, in: Grundfragen staatlichen Strafens – Festschrift für Heinz Müller-Dietz zum 70. Geburtstag, S. 213–236. Hrsg. v. Guido *Britz* et al. München 2001, (zitiert als: *Eser*, in: FS Müller-Dietz).

Esser, Josef (Begr.) / *Schmidt*, Eike (Fortf.). Schuldrecht, Allgemeiner Teil – Durchführungshindernisse und Vertragshaftung, Schadensausgleich und Mehrseitigkeit beim Schuldverhältnis. 8. Aufl., Heidelberg 2000, (zitiert als: *Bearbeiter*, in: Esser/Schmidt[8]).

Fabisch, Artur Robert. Managerhaftung für Kartellrechtsverstöße. ZWeR 2013[1], S. 91–119.

Farivar Meemar, Andrea. Die Strafanpassung im Rahmen der Tagessatzgeldstrafe. Der Versuch eines Ausgleichs zwischen Verfahrensökonomie und Opfergleichheit unter Berücksichtigung des Steuerrechts. Berlin 2009. Zugl.: Diss. jur. Freie Universität zu Berlin, 2008.

Feuerbach, Paul Johann Anselm. Anti-Hobbes oder über die Grenzen der höchsten Gewalt und das Zwangsrecht der Bürger gegen den Oberherrn. Erstes Bändchen. Erfurt 1798, (zitiert als: *Feuerbach*, Anti-Hobbes).

Ders. Revision der Grundsätze und Grundbegriffe des positiven peinlichen Rechts. Erster Theil. Erfurt 1799, (zitiert als: *Feuerbach*, Revision I).

Fischer, Christian. Richterliche Rechtsfindung zwischen »Gesetzesgehorsam« und »ökonomischer Vernunft«. ZfA 2002[2], S. 215–247.

Ders. Topoi verdeckter Rechtsfortbildungen im Zivilrecht. Tübingen 2007, (zitiert als: *Chr. Fischer*, Topoi). Zugl.: Habil. jur. Univ. Bayreuth, 2006.

Fischer, Hans Albrecht. Der Schaden nach dem Bürgerlichen Gesetzbuche für das Deutsche Reich. Jena 1903.

Fischer, Thomas. Strafgesetzbuch und Nebengesetze. 65. Aufl., München 2018, (zitiert als: *T. Fischer*, StGB[65]).

Fleischer, Holger (Hrsg.). Handbuch des Vorstandsrechts. München 2006, (zitiert als: *Bearbeiter,* in: Fleischer).

Ders. Kartellrechtsverstöße und Vorstandshaftung. BB 2008[21], S. 1070–1076.

Ders. Aktienrechtliche Compliance-Pflichten im Praxistest: Das Siemens/ Neubürger-Urteil des LG München I. NZG 2014[9], S. 321–329.

Ders. Regresshaftung von Geschäftsleitern wegen Verbandsgeldbußen. DB 2014[7], S. 345–352.

Ders. Ruinöse Managerhaftung: Reaktionsmöglichkeiten de lege lata und de lege ferenda. ZIP 2014[28], S. 1305–1316.

Freier, Friedrich v. Kritik der Verbandsstrafe. Berlin 1998. Zugl.: Diss. jur. Univ. Hamburg, 1997.

Freund, Georg / *Rostalski*, Frauke. Strafrecht Allgemeiner Teil. Personale Straftatlehre. 3. Aufl., Berlin und Heidelberg 2019, (zitiert als: *Freund / Rostalski*, StrafR-AT[3]).

Frieling, Tino. Gesetzesmaterialien und Wille des Gesetzgebers. Fallgruppen verbindlicher Willensäußerungen. Tübingen 2017. Zugl.: Diss. jur. Bucerius Law School Hamburg, 2016.

Fritz, Hans-Joachim. Kartellschadensregress gegen Manager – Außer Spesen nichts gewesen. BB 2018[4], Die erste Seite.

Geiger, Thomas. Die Rechtsnatur der Sanktion. Der Grundrechtseingriff und die ihn legitimierenden Zwecke als Charakteristika der Rechtsnatur. Berlin 2006. Zugl.: Diss. jur. Eberhard-Karls-Universität Tübingen, 2004.

Geiler, Karl. Anmerkung [zu 6.] zum Urteil des OLG Dresden vom 7. November 1918. JW 1919[12], S. 837–838.

Gierke, Otto. Die Genossenschaftstheorie und die Deutsche Rechtsprechung. Berlin 1887, (zitiert als: *Gierke*, Genossenschaftstheorie).

Ders. Deutsches Privatrecht, Allgemeiner Teil und Personenrecht. Bd. 1, Leipzig 1895, (zitiert als: *Gierke*, Deutsches Privatrecht I).

Glöckner, Jochen / *Müller-Tautphaeus*, Ken. Rückgriffshaftung von Organmitgliedern bei Kartellrechtsverstößen. AG 2001[7], S. 344–349.

Goette, Wulf. Grundsätzliche Verfolgungspflicht des Aufsichtsrats bei sorgfaltswidrig schädigendem Verhalten im AG-Vorstand?, ZHR 176[6] (2012), S. 588–616.

Ders. Zu den vom Aufsichtsrat zu beachtenden Abwägungskriterien im Rahmen seiner Entscheidung nach den ARAG/GARMENBECK-Kriterien – dargestellt am Beispiel des Kartellrechts, in: Festschrift für Michael Hoffmann-Becking zum 70. Geburtstag, S. 377–394. Hrsg. v. Gerd *Krieger*, Marcus *Lutter* und Karsten *Schmidt*. München 2013, (zitiert als: *Goette*, in: FS Hoffmann-Becking).

Göhler, Erich (Begr.) / *Gürtler*, Franz / *Seitz*, Helmut / *Bauer*, Martin (Fortf.). Gesetz über Ordnungswidrigkeiten. 17. Aufl., München 2017, (zitiert als: *Bearbeiter,* in: Göhler[17]).

Graf, Jürgen-Peter / *Jäger*, Markus / *Wittig*, Petra (Hrsg.). Wirtschafts- und Steuerstrafrecht. 2. Aufl., München 2017, (zitiert als: *Bearbeiter,* in: Graf/Jäger/Wittig[2]).

Greco, Luís. Lebendiges und Totes in Feuerbachs Straftheorie. Ein Beitrag zur gegenwärtigen strafrechtlichen Grundlagendiskussion. Berlin 2009. Zugl.: Diss. jur. Ludwig-Maximilians-Universität München, 2008.

Gregor, Stephan. Das Bereicherungsverbot. Ausdruck der Trennung von Schaden und Haftung. Tübingen 2012. Zugl.: Diss. jur. FernUniversität Hagen, 2011.

Grigoleit, Hans Christoph (Hrsg.). Aktiengesetz – Kommentar. München 2013, (zitiert als: *Bearbeiter,* in: Grigoleit).

Gropp, Walter. Strafrecht Allgemeiner Teil. 4. Aufl., Berlin und Heidelberg 2015, (zitiert als: *Gropp*, StrafR-AT[4]).

Großkommentar Aktiengesetz in 8 Bänden. Hrsg. v. Klaus Jürgen *Hopt* und Herbert *Wiedmann*. 4. Aufl., Berlin 2004 ff., (zitiert als: *Bearbeiter,* in: GroßKomm-AktG[4]). Zitiert wurde(n):

Bd. 2: §§ 53a–75 – 2008.

Großkommentar Aktiengesetz in 16 Bänden. Hrsg. v. Heribert *Hirte*, Peter *Mülbert* und Markus *Roth*. 5. Aufl., Berlin, München und Boston 2015 ff., (zitiert als: *Bearbeiter,* in: GroßKomm-AktG[5]). Zitiert wurde(n):

Bd. 4.2: §§ 92–94 – 2015.

Grunewald, Barbara. Die Abwälzung von Bußgeldern, Verbands- und Vertragsstrafen im Wege des Regresses. NZG 2016,[29] S. 1121–1124.

Güven, Baha Nurettin. Zur Reichweite des Vermummungsverbotes – Ist Vermummung zum Schutz vor Gegendemonstranten strafbar?, NStZ 2012,[8] S. 425–429.

Habersack, Mathias. Managerhaftung, in: Karlsruher Forum 2009: Managerhaftung, S. 5–40. Hrsg. v. Egon *Lorenz*. Karlsruhe 2010, (zitiert als: *Habersack*, in: Karlsruher Forum 2009).

Hack, Frank Sebastian. Vorstandsverantwortlichkeit bei Kartellrechtsverstößen. Frankfurt a. M. 2012. Zugl.: Diss. jur. Univ. Köln, 2011.

Hafter, Ernst. Die Delikts- und Straffähigkeit der Personenverbände. Berlin 1903.

Haffke, Bernhard. Symbolische Gesetzgebung? Das Wirtsschaftsstrafrecht in der Bundesrepublik Deutschland. KritV 74[2] (1991), S. 165–176.

Handbuch des Kartellrechts. Hrsg. v. Gerhard *Wiedemann*. 4. Aufl., München 2020, (zitiert als: *Bearbeiter*, in: Hdb-KartR[4]).

Handwörterbuch der Kriminologie Test in 5 Bänden. Hrsg. v. Rudolf *Sieverts* und Hans Joachim *Schneider*. 2. Aufl., Berlin und New York 1967 ff., (zitiert als: *Bearbeiter*, in: Hdwb. Kriminologie[2]). Zitiert wurde(n):

Bd. 5: Nachtrags- und Registerband – 1998.

Harbarth, Stephan / *Höfer*, Carl. Beginn der Dreijahresfrist des § 93 IV 3 AktG bei nicht abgeschlossener Schadensentstehung. NZG 2016[18], S. 686–690.

Harnos, Rafael. Geschäftsleiterhaftung bei unklarer Rechtslage. Eine Untersuchung am Beispiel des Kartellrechts. Berlin 2013. Zugl.: Diss. jur. Univ. Konstanz, 2013.

Hartung, Fritz. Empfiehlt es sich, die Strafbarkeit der juristischen Person gesetzlich vorzusehen? (Korreferat), in: Verhandlungen des Vierzigsten Deutschen Juristentages (Hamburg, 1953). Bd. II: Sitzungsberichte, S. 43–60 (E). Hrsg. v. d. Ständigen Deputation des DJT. Tübingen 1953, (zitiert als: *Hartung*, Korreferat 40. DJT).

Harzenetter, Tobias. Innenhaftung des Vorstands der Aktiengesellschaft für so genannte nützliche Pflichtverletzungen. Illegales Verhalten von Vorstandsmitgliedern in der Absicht, das Unternehmenswohl zu fördern, und die Haftung aus § 93 Abs. 2 AktG. Hamburg 2008. Zugl.: Diss. jur. Univ. Augsburg, 2008.

Hauff, Rebecca. Der Regress von Verbandsgeldbußen im Kapitalgesellschaftsrecht. Berlin 2019. Zugl.: Diss. jur. Albert-Ludwigs-Universität Freiburg (Breisgau), 2018.

Hauger, Nils F. W. / *Palzer*, Christoph. Kartellbußen und gesellschaftsrechtlicher Innenregress. ZGR 2015[1], S. 33–83.

Heck, Philipp. Gesetzesauslegung und Interessenjurisprudenz. AcP 112[1] (1914), S. 1–318.

Ders. Grundriß des Schuldrechts. Tübingen 1929, Ndr. v. Meisenheim 1958, (zitiert als: *Heck*, SchuldR).

Heinitz, Ernst. Empfiehlt es sich, die Strafbarkeit der juristischen Person gesetzlich vorzusehen?, in: Verhandlungen des Vierzigsten Deutschen Juristentages (Hamburg, 1953). Bd. I: Gutachten, S. 67–90 (E). Hrsg. v. d. Ständigen Deputation des DJT. Tübingen 1953, (zitiert als: *Heinitz*, Gutachten 40. DJT).

Henssler, Martin / *Strohn*, Lutz (Hrsg.). Gesellschaftsrecht. 4. Aufl., München 2019, (zitiert als: *Bearbeiter*, in: Henssler/Strohn[4]).

Henssler, Martin et al. Kölner Entwurf eines Verbandssanktionengesetzes. NZWiSt 2018[1], S. 1–10.

Herschel, Wilhelm. Anmerkung zum Beschluss des Reichsarbeitsgericht v. 27. November 1942 – RAG 88/42. DR 1943[18], S. 558–559.

Hillenkamp, Thomas. Zur Höchstpersönlichkeit der Geldstrafe, in: Festschrift für Karl Lackner zum 70. Geburtstag am 18. Februar 1987, S. 455–469. Hrsg. v. Wilfried *Küper*, Ingeborg *Puppe* und Jörg *Tenckhoff*. Berlin 1987, (zitiert als: *Hillenkamp*, in: FS Lackner).

Hirsch, Hans Joachim. Strafrechtliche Verantwortlichkeit von Unternehmen. ZStW 107[2] (1995), S. 285–323.

Historisch-kritischer Kommentar zum BGB in 4 Bänden. Hrsg. v. Mathias *Schmoeckel*, Joachim *Rückert* und Reinhard *Zimmermann*. Tübingen 2003 ff., (zitiert als: *Bearbeiter*, in: HistKritKomm-BGB). Zitiert wurde(n):

Bd. 2.1: Schuldrecht: Allgemeiner Teil – §§ 241–304 – 2007.

Hoffmann, Gunter. Existenzvernichtende Haftung von Vorständen und Aufsichtsräten?, NJW 2012[20], S. 1393–1399.

Holly, Hans G. / *Friedhofen*, Peter. Die Abwälzung von Geldstrafen und Geldbußen auf den Arbeitgeber. NZA 1992[4], S. 145–153.

Hölters, Wolfgang (Hrsg.). Aktiengesetz. 3. Aufl., München 2017, (zitiert als: *Bearbeiter*, in: Hölters[3]).

Honsell, Heinrich. Herkunft und Kritik des Interessebegriffs im Schadensersatzrecht. JuS 1973[2], S. 69–75.

Honsell, Heinrich. Differenztheorie und normativer Schadensbegriff, in: Schweizerische Gesellschaft für Haftpflicht- und Versicherungsrecht. Festschrift zum fünfzigjährigen Bestehen, S. 255–271. Hrsg. v. Stephan *Fuhrer*. Zürich 2010, (zitiert als: *Honsell*, in: FS schwGHV).

Horn, Norbert. Die Haftung des Vorstands der AG nach § 93 AktG und die Pflichten des Aufsichtsrats. ZIP 1997,[26] S. 1129–1139.

Horrer, Philipp / *Patzschke*, Andrew. Strafrechtlicher Umgang mit Fremdzahlungen von Geldbußen, -strafen und -auflagen durch Unternehmen für ihr Mitarbeiter – Können sich Unternehmensverantwortliche strafbar machen, wenn ein Unternehmen Geldstrafen, Geldbußen und Geldauflagen für seine Mitarbeiter zahlt?, CCZ 2013,[3] S. 94–99.

Hübner, Heinz. Allgemeiner Teil des Bürgerlichen Gesetzbuchs. 2. Aufl., Berlin und New York 1996, (zitiert als: *Hübner*, BGB AT[2]).

Hüffer, Uwe (Begr.) / *Koch*, Jens (Bearb.). Aktiengesetz. 14. Aufl., München 2020, (zitiert als: *Bearbeiter*, in: Hüffer/Koch[14]).

Immenga, Ulrich / *Mestmäcker*, Ernst-Joachim (Begr.) / *Körber*, Torsten / *Schweitzer*, Heike / *Zimmer*, Daniel (Hrsg.). Wettbewerbsrecht in 4 Bänden. 6. Aufl., München 2020 ff., (zitiert als: *Bearbeiter*, in: Immenga/Mestmäcker[6]). Zitiert wurde(n):

Bd. 1: EU – Kommentar zum Europäischen Kartellrecht – 2019.

Bd. 2: GWB – Kommentar zum Deutschen Kartellrecht – 2020.

Jahn, Matthias. „There is no such thing as too big to jail" – Zu den verfassungsrechtlichen Einwänden gegen ein Verbandsstrafengesetzbuch unter dem Grundgesetz, in: Das Unternehmensstrafrecht und seine Alternativen, S. 53–87. Hrsg. v. Matthias *Jahn*, Charlotte *Schmitt-Leonardy* und Christian *Schoop*. Baden-Baden 2016, (zitiert als: *Jahn*, in: Untern-StrafR u. Alternativen).

Jakobs, Günther. Strafrecht – Allgemeiner Teil, Die Grundlagen und die Zurechnungslehre. 2. Aufl., Berlin und New York 1991, (zitiert als: *Jakobs*, StrafR-AT[2]).

Ders. Staatliche Strafe: Bedeutung und Zweck. Vortrag gehalten auf der 463. Sitzung der Nordrhein-Westfälischen Akademie der Wissenschaften am 18. Februar 2004 in Düsseldorf. Paderborn 2004, (zitiert als: *Jakobs*, Staatliche Strafe).

Jakobs, Horst Heinrich / *Schubert*, Werner (Hrsg.). Die Beratung des Bürgerlichen Gesetzbuchs in 12 Bänden. Berlin und New York 1978 ff., (zitiert als: *Bearbeiter,* in: Jakobs/Schubert). Zitiert wurde(n):

Einführung, Biographien, Materialien – 1978.

Recht der Schuldverhältnisse I – §§ 241–432 – 1978.

Jauernig – Bürgerliches Gesetzbuch – Kommentar. Begr. v. Othmar *Jauernig*, hrsg. v. Rolf *Stürner*. 18. Aufl., München 2021, (zitiert als: *Bearbeiter,* in: Jauernig[18]).

Jescheck, Hans-Heinrich. Zur Frage der Strafbarkeit von Personenverbänden. DÖV 1953[17] S. 539–544.

Ders. Die strafrechtliche Verantwortlichkeit der Personenverbände. ZStW 65[2] (1953), S. 210–225.

Ders. Hans-Heinrich Jescheck, in: Die deutschsprachige Strafrechtswissenschaft in Selbstdarstellungen, S. 167–208. Hrsg. v. Eric *Hilgendorf.* Berlin 2010, (zitiert als: *Jescheck*, in: Selbstdarstellungen).

Jescheck, Hans-Heinrich / *Weigend*, Thomas. Lehrbuch des Strafrechts, Allgemeiner Teil. 5. Aufl., Berlin 1996, (zitiert als: *Jescheck/Weigend*, StrafR-AT[5]).

Joecks, Wolfgang et al. (Hrsg.). Steuerstrafrecht mit Zoll- und Verbrauchsteuerstrafrecht. Kommentar. 8. Aufl., München 2015, (zitiert als: *Bearbeiter,* in: Joecks/Jäger/Randt[8]).

Joerden, Jan C. Logik im Recht. Grundlagen und Anwendungsbeispiele. 3. Aufl., Berlin und Heidelberg 2018, (zitiert als: *Joerden*, Logik[3]).

Julius, Karl-Peter. Einziehung, Verfall und Art. 14 GG. ZStW 109[1] (1997), S. 58–102.

Jungermann, Sebastian / *Renz*, Hartmut T. „Keine Haftung eines Organs für Unternehmenskartellbußen?" – Kommentar zu: LAG Düsseldorf 20. 1. 2015 – 16 Sa 459/14. CB 2015[4] S. 132.

juris Praxiskommentar BGB in 6 Bänden. Hrsg. v. Maximilian *Herberger* et al. 9. Aufl., Saarbrücken 2020, (zitiert als: *Bearbeiter,* in: jurisPK-BGB[9]). Zitiert wurde(n):

Bd. 2: Schuldrecht – 2020.

Kapp, Thomas / *Gärtner*, Daniel. Die Haftung von Vorstand und Aufsichtsrat bei Verstößen gegen das Kartellrecht. CCZ 2009[5] S. 168–174.

Kapp, Thomas / *Hummel*, Karin. Haftung von Managern und Mitarbeitern für Unternehmensbußgelder?, ZWeR 2011;[3] S. 349–360.

Karbaum, Christian. Kartellrechts-Compliance – Mehr Fragen als Antworten nach einer Dekade intensiver Diskussion der Compliance-Verantwortung des Vorstands?, AG 2013;[23] S. 863–874.

Karlsruher Kommentar zum Gesetz über Ordnungswidrigkeiten. Hrsg. v. Wolfgang *Mitsch*. 5. Aufl., München 2018, (zitiert als: *Bearbeiter,* in: KarlsrKomm-OWiG[5]).

Karlsruher Kommentar zur Strafprozessordnung – mit GVG, EGGVG und EMRK. Hrsg. v. Rolf *Hannich*. 8. Aufl., München 3019, (zitiert als: *Bearbeiter,* in: KarlsrKomm-StPO[8]).

Kaulich, Matthias. Die Haftung von Vorstandsmitgliedern einer Aktiengesellschaft für Rechtsanwendungsfehler. Berlin 2012. Zugl.: Diss. jur. Univ. Göttingen, 2011.

Kelley, Earl C. The Workshop Way of Learning. New York 1951.

Kersting, Christian. Organhaftung für Kartellbußgelder. ZIP 2016;[27] S. 1266–1275.

Keuk, Brigitte. Vermögensschaden und Interesse. Bonn 1972. Zugl.: Habil. jur. Rheinische Friedrich-Wilhelm-Universität Bonn, 1970.

Kindhäuser, Urs. Strafrecht – Allgemeiner Teil. 8. Aufl., Baden-Baden 2017, (zitiert als: *Kindhäuser*, StrafR-AT[8]).

Kindler, Peter. Pflichtverletzung und Schaden bei der Vorstandshaftung wegen unzureichender Compliance, in: Festschrift für Günther H. Roth zum 70. Geburtstag, S. 367–379. Hrsg. v. Holger *Altmeppen*, Hanns *Fitz* und Heinrich *Honsell*. München 2011, (zitiert als: *Kindler*, in: FS Roth).

Kirch-Heim, Claudio. Sanktionen gegen Unternehmen. Rechtsinstrumente zur Bekämpfung unternehmensbezogener Straftaten. Berlin 2007. Zugl.: Diss. jur. Bucerius Law School Hamburg, 2007.

Kirchmann, Julius v. Die Werthlosigkeit der Jurisprudenz als Wissenschaft. Ein Vortrag gehalten in der juristischen Gesellschaft zu Berlin. Berlin 1848.

Klappstein, Verena. Demokratische Legitimation und Grenzen der Verlagerung von Entscheidungen auf den Rechtsanwender, in: Objektivität und Flexibilität im Recht. S. 111–130. Hrsg. v. Carsten *Bäcker* und Stefan *Baufeld*. Stuttgart 2005, (zitiert als: *Klappstein*, in: Bäcker/Baufeld).

Klein, Ernst Ferdinand. Vorläufige Bemerkungen über die Zurechnung der Verbrechen zur Strafe. ArchCrimR 2[4] (1802), S. 56–113.

Klein, Franz / *Orlopp*, Gerd (Begr.) / *Gersch*, Eva-Maria et al.(Bearb.). Abgabenordnung – einschließlich Steuerstrafrecht. 15. Aufl., München 2ß2ß, (zitiert als: *Bearbeiter,* in: Klein[15]).

Kleindiek, Detlef. Deliktshaftung und juristische Person. Zugleich zur Eigenhaftung von Unternehmensleitern. Tübingen 1997. Zugl.: Habil. jur. Univ. Heidelberg, 1996.

Kleszcewski, Diethelm. Gewinnabschöpfung mit Säumniszuschlag – Versuch über die Rechtsnatur der Verbandsgeldbuße (§ 30 OWiG), in: Festschrift für Manfred Seebode zum 70. Geburtstag am 15. September 2008, S. 179–196. Hrsg. v. Hendrik *Schneider* et al. Berlin 2008, (zitiert als: *Kleszcewski*, in: FS Seebode).

Ders. Ordnungswidrigkeitenrecht. 2. Aufl., München 2016, (zitiert als: *Kleszcewski*, OWiR[2]).

Klug, Ulrich. Die Verletzung von Denkgesetzen als Revisionsgrund, in: Skeptische Rechtsphilosophie und humanes Strafrecht, Bd. 2: S. 383–404. Hrsg. v. *dems.* Berlin, Heidelberg und New York 1981, (zitiert als: *Klug*, in: Skeptische Rechtsphilosophie).

Koch, Jens. Beschränkungen des gesellschaftsrechtlichen Innenregresses bei Bußgeldzahlungen, in: Liber amicorum für Martin Winter, S. 327–350. Hrsg. v. Michael *Hoffmann-Becking*, Uwe *Hüffer* und Jochem *Reichert.* Köln 2011, (zitiert als: *J. Koch*, in: GS Winter).

Ders. Die strenge Haftung von Vorständen muss beschränkt werden. FAZ v. 19. 12. 2012,[296] S. 19.

Ders. Beschränkung der Regressfolgen im Kapitalgesellschaftsrecht. AG 2012,[12] S. 429–440.

Ders. Regressreduzierung im Kapitalgesellschaftsrecht – Eine Sammelreplik. AG 2014,[15] S. 513–525.

Koch, Robert. Ersatzfähigkeit von Kartellbußen – Zugleich Anmerkung zum Urteil des LAG Düsseldorf vom 20. 1. 2015. VersR 2015,[16] S. 655–661.

Kölner Kommentar zum Aktiengesetz in 7 Bänden. Hrsg. v. Wolfgang *Zöllner.* 2. Aufl., Köln u. a. 1984 ff., (zitiert als: *Bearbeiter,* in: KölnKomm-AktG[2]). Zitiert wurde(n):

Bd. 1: §§ 1–75 AktG – 1988.

Kölner Kommentar zum Aktiengesetz in 9 Bänden. Hrsg. v. Wolfgang *Zöllner* und Ulrich *Noack*. 3. Aufl., Köln 2004 ff., (zitiert als: *Bearbeiter,* in: KölnKomm-AktG[3]). Zitiert wurde(n):

Bd. 1: §§ 1–75 AktG – 2011.

Bd. 2.1: §§ 76–96 AktG – 2010.

Konrads, Sebastian. Entschärfung des Haftungsrisikos des verantwortlichen Vorstands einer Aktiengesellschaft zum Zwecke der Inanspruchnahme einer kartellrechtlichen Kronzeugenregelung. München 2012. Zugl.: Diss. jur. Univ. Düsseldorf, 2012.

Korte, Matthias. Verbandsstrafrecht zwischen Wissenschaft und Politik. NZWiSt 2018,[10] S. 393–398.

Kramer, Ernst A. Juristische Methodenlehre. 5. Aufl., Bern, München und Wien 2016, (zitiert als: *Kramer*, Methodenlehre[5]).

Kranz, Meik. Bezahlung von Geldstrafen durch das Unternehmen – § 258 StGB oder § 266 StGB. ZJS 2008,[5] S. 471–476.

Krause, Daniel M. Die zivilrechtliche Haftung des Strafverteidigers. NStZ 2000,[5] S. 225–234.

Krause, Rüdiger. „Nützliche" Rechtsverstöße im Unternehmen – Verteilung finanzieller Lasten und Sanktionen. BB-Beilage Nr. 8/2007, S. 2–16.

Krenberger, Benjamin / *Krumm*, Carsten (Fortf.) / *Bohnert*, Joachim (Begr.). Ordnungswidrigkeitengesetz. Kommentar. 6. Aufl., München 2020, (zitiert als: *Krenberger/Krumm*, OWiG[6]).

Krey, Volker (Begr.) / *Esser*, Robert (Fortf.). Deutsches Strafrecht, Allgemeiner Teil. Studienbuch in sytematischer-induktiver Darstellung. 6. Aufl., Stuttgart 2016, (zitiert als: *Esser*, in: Krey/Esser[6]).

Krieger, Gerd. Zahlungen der Aktiengesellschaft im Strafverfahren gegen Vorstandsmitglieder, in: Festschrift für Gerold Bezzenberger zum 70. Geburtstag am 13. März 2000, S. 211–231. Hrsg. v. Harm Peter *Westermann* und Klaus *Mock*. Berlin und New York 2000, (zitiert als: *Krieger*, in: FS Bezzenberger).

Krieger, Gerd / *Schneider*, Uwe H. (Hrsg.). Handbuch Managerhaftung. 2. Aufl., Köln 2010, (zitiert als: *Bearbeiter,* in: Krieger/Schneider[2]).

Dies. (Hrsg.). Handbuch Managerhaftung. 3. Aufl., Köln 2017, (zitiert als: *Bearbeiter,* in: Krieger/Schneider[3]).

Kröger, Jens. Korruptionsschäden, Unternehmensgeldbußen und Imageschäden. Haftungs- und schadensrechtliche Fragen der Organmitgliederhaftung. München 2013. Zugl.: Diss. jur. Ludwig-Maximilians-Universität München, 2012.

Krumm, Carsten. Gewinnabschöpfung durch Geldbuße. NJW 2011[4], S. 196–197.

Kudlich, Hans. Die Relevanz der Rechtsgutstheorie im modernen Verfassungsstaat. ZStW 127[3] (2015), S. 635–653.

Kudlich, Hans / *Koch*, Jennifer. Das Ringen um die richtige Strafzumessung. NJW 2018[38], S. 2762–2766.

Kudlich, Hans / *Oğlakcıoğlu*, Mustafa Temmuz. Wirtschaftsstrafrecht. 2. Aufl., Heidelberg u. a. 2014, (zitiert als: *Kudlich / Oğlakcıoğlu*, Wirtschafts-StrafR[2]).

Lackner/Kühl: Strafgesetzbuch – Kommentar. Hrsg. v. Kristian *Kühl* und Martin *Heger*. 29. Aufl., München 2018, (zitiert als: *Bearbeiter*, in: Lackner/Kühl[29]).

Lackner, Karl. Der Alternativentwurf und die praktische Strafrechtspflege. JZ 1967[17], S. 513–522.

Lagodny, Otto. Strafrecht vor den Schranken der Grundrechte. Die Ermächtigung zum strafrechtlichen Vorwurf im Lichte der Grundrechtsdogmatik dargestellt am Beispiel der Vorfeldkriminalisierung. Tübingen 1996, (zitiert als: *Lagodny*, StrafR u. GrundR). Zugl.: Habil. jur. Albert-Ludwigs-Universität Freiburg i. Brsg., 1995.

Ders. Gesetzestexte suchen, verstehen und in der Klausur anwenden. 2. Aufl., Berlin und Heidelberg 2012, (zitiert als: *Lagodny*, Gesetzestexte[2]).

Lampe, Ernst-Joachim. Systemunrecht und Unrechtssysteme. ZStW 106[4] (1994), S. 683–745.

Landau, Herbert. Strafrecht nach Lissabon. NStZ 2011[10], S. 537–546.

Lang-Hinrichsen, Dietrich. „Verbandsunrecht" – Zugleich ein Beitrag zur Lehre von den Ordnungswidrigkeiten, in: Beiträge zur gesamten Strafrechtswissenschaft – Festschrift für Hellmuth Mayer zum 70. Geburtstag am 1. Mai 1965, S. 49–78. Hrsg. v. Friedrich *Geerds* und Wolfgang *Naucke*. Berlin 1966, (zitiert als: *Lang-Hinrichsen*, in: FS Mayer).

Lange, Hermann / *Schiemann*, Gottfried. Handbuch des Schuldrechts in Einzeldarstellungen, Schadensersatz. 3. Aufl., Tübingen 2003, (zitiert als: *Bearbeiter*, in: Lange/Schiemann[3]).

Lange, Richard. Zur Strafbarkeit von Personenverbänden. JZ 1952[9], S. 261–264.

Larenz, Karl. Lehrbuch des Schuldrechts, Allgemeiner Teil. Bd. 1, 14. Aufl., München 1987, (zitiert als: *Larenz*, SchuldR I[14]).

Laws, Ralf. Arbeits- und steuerrechtliche Betrachtung der Übernahme von Bußgeldern durch den Arbeitgeber. DAR 2010[12], S. 691–698.

Leipziger Kommentar zum Strafgesetzbuch in 14 Bänden. Hrsg. v. Heinrich Wilhelm *Laufhütte*, Ruth *Rissing-van Saan* und Klaus *Tiedemann*. 12. Aufl., Berlin 2006 ff., (zitiert als: *Bearbeiter*, in: LeipzKomm-StGB[12]). Zitiert wurde(n):

Bd. 8: §§ 242 bis 262 – 2010.

Leipziger Kommentar zum Strafgesetzbuch in 20 Bänden. Hrsg. v. Gabriele *Cirener* et al. 13. Aufl., Berlin 2019 ff., (zitiert als: *Bearbeiter*, in: LeipzKomm-StGB[13]). Zitiert wurde(n):

Bd. 1: Einleitung; §§ 1 bis 18 – 2020.

Leyendecker, Hans / *Ott*, Klaus. Das Erbe des Dreier-Klubs. Süddeutsche Zeitung (Bayern) v. 7. 1. 2013, S. 20.

Lieb, Manfred. „Wegfall der Arbeitskraft" und normativer Schadensbegriff – Besprechung der Entscheidungen BGH VI ZR 212/68 vom 5. 5. 1970 und BAG 3 AZR 324/69 vom 24. 4. 1970. JZ 1971[11], S. 358–362.

Loewenheim, Ulrich et al. (Hrsg.). Kartellrecht – Kommentar. 4. Aufl., München 2020, (zitiert als: *Bearbeiter*, in: Loewenheim/Meessen/Riesenkampff, KartR[4]).

Lohse, Adrea. Schmiergelder als Schaden? Zur Vorteilsausgleichung im Gesellschaftsrecht, in: Festschrift für Uwe Hüffer zum 70. Geburtstag, S. 582–601. Hrsg. v. Peter *Kindler* et al. München 2010, (zitiert als: *Lohse*, in: FS Hüffer).

Looschelders, Dirk / *Roth*, Wolfgang. Juristische Methodik im Prozeß der Rechtsanwendung. Zugleich ein Beitrag zu den verfassungsrechtlichen Grundlagen von Gesetzesauslegung und Rechtsfortbildung. Berlin 1996.

Lotze, Andreas. Haftung von Vorständen und Geschäftsführern für gegen Unternehmen verhängte Kartellbußgelder. NZKart 2014[5], S. 162–170.

Lotze, Andreas / *Heyers*, Johannes. Der Bußgeld-Innenregress als kartellrechtliche Vorfrage? – Anmerkung zum Urteil des BAG vom 29. 6. 2017. NZKart 2018[1], S. 29–33.

Lotze, Andreas / *Smolinski*, Sebastian. Entschärfung der Organhaftung für kartellrechtliche Unternehmensgeldbußen. NZKart 2015[6], S. 254–258.

Mäger, Thorsten / *Schreitter*, Florian von. Die kartellrechtliche Bußgeldhaftung nach der 9. GWB Novelle – Überblick und Kritik. NZKart 2017[6], S. 264–278.

Marquard, Odo. Frage nach der Frage, auf die die Hermeneutik die Antwort ist. Philosophisches Jahrbuch 88[1] (1981), S. 1–19.

Marsch-Barner, Reinhard. Editorial: Vorteilsausgleich bei der Schadensersatzhaftung nach § 93 AktG. ZHR 173[6] (2009), S. 723–734.

Martens, Sebastian. Verbandsstrafen für Fußballfans. NJW 2016[51], S. 3692–3694.

Maultzsch, Felix. Streitentscheidung und Normbildung durch den Zivilprozess. Eine rechtsvergleichende Untersuchung zum deutschen, englischen und US-amerikanischen Recht. Tübingen 2010. Zugl.: Habil. jur. Albert-Ludwigs-Universität Freiburg, 2009.

Maunz, Theodor / *Dürig*, Günter (Begr.) / *Herzog*, Roman et al.(Hrsg.). Grundgesetz – Kommentar in 7 Bänden. München 91. Ergänzungslieferung, Stand: Apr. 2020, (zitiert als: *Bearbeiter*, in: Maunz/Dürig). Zitiert wurde(n):

Bd. 1: Art. 1–5 – 2020.

Bd. 1: Art. 17–28 – 2020.

Maurach, Reinhart (Begr.) / *Zipf*, Heinz (Fortf.). Strafrecht Allgemeiner Teil, Grundlehren des Strafrechts und Aufbau der Straftat. Bd. 1.1, 8. Aufl., Heidelberg 1992, (zitiert als: *Zipf*, in: Maurach/Zipf[8]).

Medicus, Dieter. Was ist von der Differenzhypothese noch übrig?, in: Entwicklungslinien im Bank- und Kapitalmarktrecht – Festschrift für Gerd Nobbe, S. 995–1008. Hrsg. v. Mathias *Habersack*, Hans-Ulrich *Joeres* und Achim *Krämer*. Köln 2009, (zitiert als: *Medicus*, in: FS Nobbe).

Meier, Bernd-Dieter. Strafrechtliche Sanktionen. 5. Aufl., Berlin und Heidelberg 2019, (zitiert als: *Meier*, Sanktionen[5]).

Meier-Hayoz, Arthur. Der Richter als Gesetzgeber. Eine Besinnung auf die von den Gerichten befolgten Verfahrensgrundsätze im Bereiche der freien richterlichen Rechtsfindung gem. Art. 1 Abs. 2 des schweizerischen Zivilgesetzbuches. Zürich 1951.

Mertens, Hans-Joachim. Der Begriff des Vermögensschadens im bürgerlichen Recht. Stuttgart u. a. 1967. Zugl.: Habil. jur. Univ. Mainz, 1966.

Mill, John Stuart. Utilitarianism. Fraser's Magazine 64 (1861), S. 391–406 (Oct.), 525–534 (Nov.), 659–673 (Dec.)

Ders. Utilitarianism/Der Utilitarismus – Englisch/Deutsch. Hrsg. u. übersetzt v. Dieter *Birnbacher*. Stuttgart 2006, (zitiert als: *Mill*, Utilitarismus).

Mitsch, Wolfgang. Recht der Ordnungswidrigkeiten. 2. Aufl., Berlin und Heidelberg 2005, (zitiert als: *Mitsch*, OWiR[2]).

Möller, Reinhard. Das Präventionsprinzip des Schadensrechts. Berlin 2006. Zugl.: Diss. jur. Eberhard-Karls-Universität Tübingen, 2003.

Mommsen, Friedrich. Beiträge zum Obligationenrecht, Zur Lehre von dem Interesse. Braunschweig 1855.

Münchener Handbuch des Gesellschaftsrechts, Aktiengesellschaft. Hrsg. v. Michael *Hoffmann-Becking*. 5. Aufl., München 2020, (zitiert als: *Bearbeiter,* in: MünchHdb-GesR, IV (AG)[5]).

Münchener Handbuch des Gesellschaftsrechts, Gesellschaftsrechtliche Streitigkeiten (Corporate Litigation). Hrsg. v. Manfred *Born*, Nima *Ghassemi-Tabar* und Burkhard *Gehle*. 6. Aufl., München 2020, (zitiert als: *Bearbeiter,* in: MünchHdb-GesR VII (CL)[6]).

Münchener Kommentar zum Aktiengesetz in 7 Bänden. Hrsg. v. Wulf *Goette*, Mathias *Habersack* und Susanne *Kalss*. 5. Aufl., München 2019 ff, (zitiert als: *Bearbeiter,* in: MünchKomm-AktG[5]). Zitiert wurde(n):

Bd. 1: §§ 1–75 – 2019.

Bd. 2: §§ 76–117 · MitbestG · DrittelbG – 2019.

Münchener Kommentar zum Bürgerlichen Gesetzbuch in 13 Bänden. Hrsg. v. Franz Jürgen *Säcker* et al. 8. Aufl., München 2018 ff., (zitiert als: *Bearbeiter,* in: MünchKomm-BGB[8]). Zitiert wurde(n):

Bd. 1: Allgemeiner Teil – §§ 1–240 u. a. – 2018.

Bd. 2: Schuldrecht – Allgemeiner Teil I – 2019.

Bd. 3: Schuldrecht – Besonderer Teil I – 2019.

Münchener Kommentar zum Gesetz betreffend die Gesellschaften mit beschränkter Haftung (GmbHG) in 3 Bänden. Hrsg. v. Holger *Fleischer* und Wulf *Goette*. 3. Aufl., München 2018 f., (zitiert als: *Bearbeiter,* in: MünchKomm-GmbHG[3]). Zitiert wurde(n):

Bd. 1: §§ 1–34 – 2018.

Bd. 2: §§ 35–52 – 2019.

Münchener Kommentar zur Insolvenzordnung in 4 Bänden. Hrsg. v. Rolf *Stürner*, Horst *Eidenmüller* und Heinrich *Schoppmeyer*. 4. Aufl., München 2019 f., (zitiert als: *Bearbeiter*, in: MünchKomm-InsO^{4}). Zitiert wurde(n):

Bd. 1: §§ 1–79 InsO, InsVV – 2019.

Münchener Kommentar zum Strafgesetzbuch in 8 Bänden. Hrsg. v. Wolfgang *Joecks* und Klaus *Miebach*. 3. Aufl., München 2016 ff., (zitiert als: *Bearbeiter*, in: MünchKomm-StGB^{3}). Zitiert wurde(n):

Bd. 4: §§ 185–262 StGB – 2017.

Bd. 7: Nebenstrafrecht II – 2019.

Münchener Kommentar zum Strafgesetzbuch in 8 Bänden. Hrsg. v. Wolfgang *Joecks* und Klaus *Miebach*. 4. Aufl., München 2020 ff., (zitiert als: *Bearbeiter*, in: MünchKomm-StGB^{4}). Zitiert wurde(n):

Bd. 1: §§ 1–37 StGB – 2020.

Bd. 2: §§ 38–79b StGB – 2020.

Münchener Kommentar zum Europäischen und Deutschen Wettbewerbsrecht in 5 Bänden. Hrsg. v. Joachim *Bornkamm*, Frank *Montag* und Franz Jürgen *Säcker*. 2. Aufl., München 2015 ff., (zitiert als: *Bearbeiter*, in: MünchKomm-WettbR^{2}). Zitiert wurde(n):

Bd. 1: Europäisches Wettbewerbsrecht – 2015.

Bd. 2: Gesetz gegen Wettbewerbsbeschränkungen (GWB) – 2015.

Murphy, Martin. Das Schienenkartell betrügt die Bahn. Handelsblatt v. 1. 7. 2011,[125] S. 1.

Ders. Die Schienenfreunde und ihr böses Spiel. Handelsblatt v. 1. 7. 2011,[125] S. 18.

Ders. Krupp steckt in der Kartellfalle. Handelsblatt v. 10. 4. 2013,[69] S. 18.

Müther, Peter-Hendrik. Die Vorteilsabschöpfung im Ordnungswidrigkeitenrecht in § 17 Abs. 4 OWiG unter besonderer Berücksichtigung des deutschen und europäischen Kartellrechts. Frankfurt a. M. u. a. 1999. Zugl.: Diss. jur. Freie Universität zu Berlin, 1997.

Neumann, Ulfried. Strafrechtliche Verantwortlichkeit von Verbänden – rechtstheoretische Prolegomena, in: Unternehmensstrafrecht, S. 13–20. Hrsg. v. Eberhard *Kempf*, Klaus *Lüderssen* und Klaus *Volk*. Berlin und Boston 2012, (zitiert als: *Neumann*, in: UnternehmensstrafR).

NomosKommentar – BGB in 6 Bänden. Hrsg. v. Barbara *Dauner-Lieb* und Werner *Langen*. 3. Aufl., Baden-Baden 2008 ff., (zitiert als: *Bearbeiter,* in: NomosKomm-BGB³). Zitiert wurde(n):

Bd. 2.1: Schuldrecht §§ 241–610 – 2012.

NomosKommentar – Strafgesetzbuch in 3 Bänden. Hrsg. v. Urs *Kindhäuser*, Ulfried *Neumann* und Hans-Ullrich *Paeffgen*. 5. Aufl., Baden-Baden 2017, (zitiert als: *Bearbeiter,* in: NomosKomm-StGB⁵). Zitiert wurde(n):

Bd. 1: §§ 1–79b StGB – 2017.

Bd. 3: §§ 232–358 StGB – 2017.

Okuda, Masamichi. Über den Anspruchsbegriff im deutschen BGB. AcP 164⁵ (1964), S. 536–547.

Palandt – Bürgerliches Gesetzbuch mit Nebengesetzen. Hrsg. v. Peter *Bassenge* et al. 78. Aufl., München 2019, (zitiert als: *Bearbeiter,* in: Palandt⁷⁸).

Pawlowski, Hans-Martin. Methodenlehre für Juristen. Theorie der Norm und des Gesetzes. 3. Aufl., Heidelberg 1999, (zitiert als: *Pawlowski*, Methodenlehre³).

Pohl-Sichtermann, Rotraut. Geldbuße gegen Verbände. § 26 OWiG. Bochum 1974. Zugl.: Diss. jur. Ruhr-Universität Bochum, o. D.

Prittwitz, Cornelius. Das deutsche Strafrecht: Fragmentarisch? Subsidiär? Ultima ratio?, in: Vom unmöglichen Zustand des Strafrechts, S. 387–405. Hrsg. v. Institut für Kriminalwissenschaften Frankfurt a. M. Frankfurt a. M. u. a. 1995, (zitiert als: *Prittwitz*, in: Zustand des StrafR).

Ders. („Echtes") Unternehmensstrafrecht für Deutschland?, in: Rationalität und Empathie – Kriminalwissenschaftliches Symposion für Klaus *Lüderssen* zum 80. Geburtstag, S. 111–142. Hrsg. v. Cornelius *Prittwitz* et al. Baden-Baden 2014, (zitiert als: *Prittwitz*, in: Rationalität u. Empathie).

Prütting, Jens / *Kniepert*, Cornelius. Transformation einer Verbandsstrafe in einen Schadensersatz – Unzulässige Verbindung zweier Haftungssysteme. ZfPW 2017⁴, S. 458–474.

Puppe, Ingeborg. Kleine Schule des juristischen Denkens. 3. Aufl., Göttingen 2014, (zitiert als: *Puppe*, Juristisches Denken³).

Rebmann, Kurt et al. (Hrsg.). Gesetz über Ordnungswidrigkeiten – Kommentar. 3. Aufl., Stuttgart 26. Lieferung, Stand: Juni 2018, (zitiert als: *Bearbeiter,* in: Rebmann/Roth/Herrmann³).

Rehbinder, Eckard. Rechtliche Schanken der Erstattung von Bußgeldern an Organmitglieder und Angestellte. ZHR 148[6] (1984), S. 555–578.

Reichert, Jochem. Existenzgefährdung bei der Durchsetzung von Organhaftungsansprüchen. ZHR 177[5] (2013), S. 756–781.

Reichsgerichtsräte-Kommentar – Das Bürgerliche Gesetzbuch mit besonderer Berücksichtigung der Rechtsprechung des Reichsgerichts und des Bundesgerichtshofs in 7 Bänden. Hrsg. v. Mitgliedern des Bundesgerichtshofs. 12. Aufl., Berlin und New York 1974 ff., (zitiert als: *Bearbeiter,* in: RGRK-BGB[12]). Zitiert wurde(n):

Bd. 2.1: §§ 241–413 – 1976.

Reinecke, Horst. Schaden und Interesseneinbuße. Beiträge zu einer Schadens- und Schadensersatzordnung. Berlin 1968.

Reuter, Alexander. Unternehmensgeldbußen, Organregress, Grenzen der Versicherbarkeit und Gesellschaftsrecht: eine systemische Verletzung der Grundrechte der Anteilseigner?, BB 2016[22], S. 1283–1294.

Roßhirt, Conrad Franz. Lehrbuch des Criminalrechts nach den Quellen des gemeinen deutschen Rechts und mit besonderer Rücksicht auf die Darstellung des römischen Criminalrechts. Heidelberg 1821.

Rotberg, Hans Eberhard. Für Strafe gegen Verbände! – Einige Grundsatzfragen, in: Hundert Jahre Deutsches Rechtsleben – Festschrift zum hundertjährigen Bestehen des Deutschen Juristentages, Bd. II: S. 193–228. Hrsg. v. Ernst von *Caemmerer*, Ernst *Friesnhain* und Richard *Lange*. Karlsruhe 1960, (zitiert als: *Rotberg*, in: FS 100 Jahre DJT).

Roxin, Claus. Strafrecht – Allgemeiner Teil, Grundlagen · Der Aufbau der Verbrechenslehre. Bd. 1, 4. Aufl., München 2006, (zitiert als: *Roxin*, AT I[4]).

Ders. Strafe und Strafzwecke in der Rechtsprechung des Bundesverfassungsgerichts, in: Festschrift für Klaus Volk zum 65. Geburtstag, S. 601–616. Hrsg. v. Winfried *Hassemer*, Eberhard *Kempf* und Sergio *Moccia*. München 2009, (zitiert als: *Roxin*, in: FS Volk).

Ders. Der gesetzgebungskritische Rechtsgutsbegriff auf dem Prüfstand. GA 2013[8], S. 433–453.

Rüthers, Bernd / *Fischer*, Christian / *Birk*, Axel. Rechtstheorie mit Juristischer Methodenlehre. 11. Aufl., München 2020, (zitiert als: *Rüthers/Fischer/Birk*, Rechtstheorie[11]).

Sachs, Michael (Hrsg.). Grundgesetz – Kommentar. 8. Aufl., München 2018, (zitiert als: *Bearbeiter,* in: Sachs[8]).

Savigny, Friedrich Carl von. System des heutigen römischen Rechts. Berlin 1840 ff., (zitiert als: *v. Savigny*, System).

Band 1 – 1840.

Band 2 – 1840.

Schäfer, Carsten. Die Binnenhaftung von Vorstand und Aufsichtsrat nach der Renovierung durch das UMAG. ZIP 2005,[29] S. 1253–1259.

Schäfer, Hans-Bernd / *Ott*, Claus. Lehrbuch der ökonomischen Analyse des Zivilrechts. 5. Aufl., Berlin und Heidelberg 2013, (zitiert als: *Schäfer/Ott*, ökon. Analyse[5]).

Schiemann, Gottfried. Argumente und Prinzipien bei der Fortbildung des Schadensrechts. Dargestellt an der Rechtsprechung des BGH. München 1981, (zitiert als: *Schiemann*, Argumente). Zugl.: Habil. jur. Ludwig-Maximilians-Universität München, 1978.

Schlechtriem, Peter. Schadensersatzhaftung der Leitungsorgane von Kapitalgesellschaften, in: Die Haftung der Leitungsorgane von Kapitalgesellschaften, S. 9–78. Hrsg. v. Karl *Kreuzer*. Baden-Baden 1991, (zitiert als: *Schlechtriem*, in: Kreuzer).

Schlüter, Jan. Die Strafbarkeit von Unternehmen in einer prozessualen Betrachtung nach dem geltenden Strafprozessrecht. Frankfurt a. M. 2000. Zugl.: Diss. jur. Univ. Kiel, 1999.

Schmidt, Eike. Das Schuldverhältnis: eine systematische Darstellung des Allgemeinen Schuldrechts. Heidelberg 2004, (zitiert als: *E. Schmidt*, Schuldverhältnis).

Schmidt, Karsten. Zur Verantwortung von Gesellschaften und Verbänden im Kartell-Ordnungswidrigkeitenrecht – Diskussionsbeitrag eines Wirtschaftsrechtlers zu § 30 OWiG und zum Verständnis der Bußgeldpraxis nach dem GWB. wistra 1990,[4] S. 131–138.

Ders. Gesellschaftsrecht. 4. Aufl., Köln u. a. 2002, (zitiert als: *K. Schmidt*, GesR[4]).

Schmidt, Karsten / *Lutter*, Marcus (Hrsg.). Aktiengesetz – Kommentar in 2 Bänden. 4. Aufl., Köln 2020, (zitiert als: *Bearbeiter,* in: K. Schmidt/Lutter[4]). Zitiert wurde(n):

Bd. 1: §§ 1–132 – 2020.

Schmitt, Rudolf. Strafrechtliche Maßnahmen gegen Verbände. Gleichzeitig ein Beitrag zur Lehre von den strafrechtlichen Unrechtsfolgen. Stuttgart

1958, (zitiert als: *Schmitt*, Maßnahmen). Zugl.: Habil. jur. Univ. Mainz, 1957.

Ders. Wie weit reicht § 30 des Ordnungswidrigkeitengesetzes?, in: Festschrift für Richard Lange zum 70. Geburtstag, S. 877–886. Hrsg. v. Günter *Warda* et al. Berlin und New York 1976, (zitiert als: *Schmitt*, in: FS Lange).

Schmitt-Leonardy, Charlotte. Unternehmenskriminalität ohne Strafrecht?, Heidelberg u. a. 2013, (zitiert als: *Schmitt-Leonardy*, Unternehmenskriminalität). Zugl.: Diss. jur. Univ. Saarbrücken, 2010.

Dies. Zurück in die Zukunft? – Zur neuen alten Diskussion um die Unternehmensstrafe und zu dem immer noch unzureichenden Verständnis des Problems. ZIS 2015[1], S. 11–22.

Schönke/Schröder – Strafgesetzbuch – Kommentar. Hrsg. v. Albin *Eser* et al. 30. Aufl., München 2019, (zitiert als: *Bearbeiter*, in: Schönke/Schröder[30]).

Scholl, Amand. Die Bezahlung einer Geldstrafe durch Dritte – ein altes Thema und noch immer ein Problem. NStZ 1999[12], S. 599–605.

Scholz, Philipp. Die existenzvernichtende Haftung von Vorstandsmitgliedern in der Aktiengesellschaft. Eine Untersuchung der Notwendigkeit und Möglichkeiten einer Beschränkung der Vorstandshaftung im geltenden und künftigen Recht. Jena 2014. Zugl.: Diss. jur. Univ. Jena, 2014.

Schöne, Torsten / *Petersen*, Sabrina. Regressansprüche gegen (ehemalige) Vorstandsmitglieder – quo vadis?, AG 2012[19], S. 700–706.

Schramm, Annina. Haftung für Tötung. Eine vergleichende Untersuchung des englischen, französischen und deutschen Rechts zur Fortentwicklung des deutschen Haftungsrecht in Tötungsfällen. Tübingen 2010. Zugl.: Diss. jur. Georg-August-Universität Göttingen, 2009.

Schroth, Hans-Jürgen. Der Regelungsgehalt des 2. Gesetzes zur Bekämpfung der Wirtschaftskriminalität im Bereich des Ordnungswidrigkeitenrechts. wistra 1986[4], S. 158–165.

Schulte-Nölke, Hans. Das Reichsjustizamt und die Entstehung des Bürgerlichen Gesetzbuchs. Frankfurt a. M. 1995. Zugl.: Diss. jur. Univ. Münster (Westfalen), 1993/94.

Schultz, Hans. Kriminalpolitische Bemerkungen zum Entwurf eines Strafgesetzbuches, E 1962. JZ 1966[4], S. 113–123.

Ders. Abschied vom Strafrecht?, ZStW 92[3] (1980), S. 611–636.

Schulze, Reiner (Hrsg.). Bürgerliches Gesetzbuch – Handkommentar. 10. Aufl., München 2019, (zitiert als: *Bearbeiter,* in: Schulze[10]).

Schumann, Ekkehard. Das Rechtsverweigerungsverbot – Historische und methodologische Bemerkungen zur richterlichen Pflicht, das Recht auszulegen, zu ergänzen und fortzubilden. ZZP 81[1] (1968), S. 79–102.

Schünemann, Bernd. Unternehmenskriminalität und Strafrecht. Eine Untersuchung der Verantwortlichkeit der Unternehmen und ihrer Führungskräfte nach geltendem und geplantem Straf- und Ordnungswidrigkeitenrecht. Köln u. a. 1979, (zitiert als: *Schünemann*, Unternehmenskriminalität).

Ders. Die Strafbarkeit der juristischen Personen aus deutscher und europäischer Sicht, in: Bausteine des europäischen Wirtschaftsstrafrechts – Madrid-Symposium für Klaus Tiedemann, S. 265–206. Hrsg. v. Bernd *Schünemann* und Carlos *González Suárez*. Köln u. a. 1994, (zitiert als: *Schünemann*, in: Madrid-Symposium).

Ders. Die aktuelle Forderung eines Verbandsstrafrechts – Ein kriminalpolitischer Zombie. ZIS 2014[1], S. 1–16.

Schüppen, Matthias. Dividende ohne Hauptversammlungsbeschluss? – Zur Durchsetzung des mitgliedschaftlichen Gewinnanspruchs in Pattsituationen, in: Feschtschrift für Volker Röhricht zum 65. Geburtstag – Gesellschaftsrecht Rechnungslegung Sportrecht, S. 571–583. Hrsg. v. Georg *Crezelius*, Heribert *Hirte* und Klaus *Vieweg*. Köln 2005, (zitiert als: *Schüppen*, in: FS Röhricht).

Schüppen, Matthias / *Schaub*, Bernhard (Hrsg.). Münchener Anwalts-Handbuch Aktienrecht. 3. Aufl., München 2020, (zitiert als: *Bearbeiter,* in: Schüppen/Schaub[3]).

Seiler, Walter. Strafrechtliche Maßnahmen als Unrechtsfolgen gegen Personenverbände. Freiburg (Schweiz) 1967.

Selb, Walter. Rezension zu „Vermögensschaden und Interesse“ von Brigitte *Keuk*. AcP 173[4] (1973), S. 366–369.

Selle, Dirk v. Gerechte Geldstrafe. Eine Konkretisierung des Grundsatzes der Opfergleichheit. Berlin 1997. Zugl.: Diss. jur. Humboldt-Universität zu Berlin, 1996.

Siegert, Karl. Haftung für fremde Schuld im Steuer- und Wirtschaftsstrafrecht. NJW 1953[15], S. 527–529.

Sobota, Sebastian. Die Nebenfolge im System strafrechtlicher Sanktionen. Eine Untersuchung zur Dogmatik der Nebenfolge sowie zur Einordnung von Normen als Nebenfolge. Berlin 2015. Zugl.: Diss. jur. Johannes-Gutenberg-Universität Mainz, 2014.

Sodan, Helge (Hrsg.). Grundgesetz. 4. Aufl., München 2018, (zitiert als: *Bearbeiter,* in: Sodan[4]).

Soergel – Bürgerliches Gesetzbuch mit Einführungsgesetz und Nebengesetzen (BGB) in 23 Bänden. Begr. v. Hans-Theodor *Soergel.* 13. Aufl., Stuttgart 2014, (zitiert als: *Bearbeiter,* in: Soergel[13]). Zitiert wurde(n):

Bd. 3.2: Schuldrecht 1/2: §§ 243–304 – 2014.

Späth, Wolfgang. Anmerkung zum Urteil des OLG München vom 28. März 1990 – 20 U 2239/89. DStZ 1990,[18] S. 467–468.

Spiegel, Hans-Ulrich v. Drittwirkung der Geldstrafe. Bonn 1979. Zugl.: Diss. jur. Univ. Göttingen, 1978.

Spindler, Gerald. Die Haftung von Vorstand und Aufsichtsrat für fehlerhafte Auslegung von Rechtsbegriffen, in: Festschrift für Claus-Wilhelm Canaris zum 70. Geburtstag, Bd. 2, S. 403–429. Hrsg. v. Andreas *Heldrich* et al. München 2007, (zitiert als: *Spindler*, in: FS Canaris II).

Stammler, Rudolf. Theorie der Rechtswissenschaft. Halle a. d. S. 1911.

v. Staudingers Kommentar zum Bürgerlichen Gesetzbuch in 107 Bänden. Begr. v. Julius v. *Staudinger.* Berlin Neubearbeitungen, (zitiert als: *Bearbeiter,* in: Staudinger [Jahr]). Zitiert wurde(n):

Buch 1 · Allgemeiner Teil, Einl. BGB; §§ 1–21; VerschG – 2018.

Buch 1 · Allgemeiner Teil, §§ 164–240 – 2019.

Buch 2 · Recht der Schuldverhältnisse, §§ 249–254 – 2017.

Stratenwerth, Günter. Die Definitionen im Allgemeinen Teil des Entwurfs 1962. ZStW 76[4] (1962), S. 669.

Stree, Walter. Deliktsfolgen und Grundgesetz. Tübingen 1960. Teilw. zugl.: Habil. jur. Univ. Tübingen 1960.

Streng, Franz. Strafrechtliche Sanktionen. Die Strafzumessung und ihre Grundlagen. 3. Aufl., Stuttgart 2012, (zitiert als: *Streng*, Sanktionen[3]).

Stüdemann, Klaus. Der bürgerlich-rechtliche Vermögensschaden aus wirtschaftswissenschaftlicher Sicht. VersR 1990,[28] S. 1048–1066.

Suchy, Oliver. Der Verfall im Ordnungswidrigkeitenrecht. Eine Untersuchung ausgewählter Gesichtspunkte im wirtschaftsstrafrechtlichen Kontext. München 2014, (zitiert als: *Suchy*, Verfall). Zugl.: Diss. jur. Ludwig-Maximilians-Universität München, 2014.

Suchy, Oliver. Schadensumfang bei Haftung von Vorständen und Geschäftsführern wegen Unternehmensgeldbußen für kartellrechtliche Vestöße. NZG 2015,[15] S. 591–593.

Systematischer Kommentar zum Strafgesetzbuch in 6 Bänden. Hrsg. v. Jürgen *Wolter*. 9. Aufl., Köln 2016 ff., (zitiert als: *Bearbeiter,* in: SystKomm-StGB[9]). Zitiert wurde(n):

Bd. 1: §§ 1–37 StGB – 2017.

Thelen, Martin Konstantin. Geschäftsleiterhaftung für Kartellrechtsverstöße – Umweg über Erfurt. Besprechung von BAG, Urteil vom 29. 06. 2017 – 8 AZR 189/15. WuW 2018,[1] S. 17–19.

Thole, Christoph. Managerhaftung für Gesetzesverstöße. ZHR 173[4] (2009), S. 504–535.

Thomas, Stefan. Die Haftungsfreistellung von Organmitgliedern. Tübingen 2010, (zitiert als: *Thomas*, Haftungsfreistellung). Zugl.: Habil. jur. Johannes-Gutenberg-Universität Mainz, 2008.

Ders. Bußgeldregress, Übelszufügung und D & O-Versicherung. NZG 2015,[36] S. 1409–1419.

Ders. Haftungs- und Versicherungsrecht bei Kartellverstößen. VersR 2017,[10] S. 596–601.

Thüsing, Gregor. Wertende Schadensberechnung. München 2001. Zugl.: Habil. jur. Univ. Köln, 2000.

Tiedemann, Klaus. Welche strafrechtlichen Mittel empfehlen sich für eine wirksamere Bekämpfung der Wirtschaftskriminalität?, in: Verhandlungen des Neunundvierzigsten Deutschen Juristentages (Düsseldorf, 1972). Bd. I: Gutachten, S. 1–106 (C). Hrsg. v. d. Ständigen Deputation des DJT. München 1972, (zitiert als: *Tiedemann*, Gutachten 49. DJT).

Ders. Die „Bebußung" von Unternehmen nach dem 2. Gesetz zur Bekämpfung der Wirtschaftskriminalität. NJW 1988,[19] S. 1169–1174.

Titze, Heinrich. Bemerkung zum Urteil des Reichsgerichts vom 10. Juni 1942 – III 14/42. ZAkDR 1943,[1] S. 15.

Többens, Hans W. Die Bekämpfung der Wirtschaftskriminalität durch die Troika der §§ 9, 130 und 30 des Gesetzes über Ordnungswidrigkeiten. NStZ 1999,[1] S. 1–8.

Twele, Markus. Die Haftung des Vorstands für Kartellrechtsverstöße. Baden-Baden 2013. Zugl.: Diss. jur. Univ. Münster, 2012.

Verhandlungen des Vierzigsten Deutschen Juristentages (Hamburg, 1953). Bd. II: Sitzungsberichte. Hrsg. v. d. Ständigen Deputation des DJT. Tübingen 1953, (zitiert als: *Redner*, in: Verh. d. 40. DJT).

Verhandlungen des Dreiundvierzigsten Deutschen Juristentages (München, 1960). Bd. II: Sitzungsberichte. Hrsg. v. d. Ständigen Deputation des DJT. Tübingen 1962, (zitiert als: *Redner*, in: Verh. d. 43. DJT).

Vogel, Joachim. Rethinking Corporate Criminal Liability, in: Regulating Corporate Criminal Liability, S. 337–341. Hrsg. v. Dominik *Brodowski* et al. Heidelberg 2014, (zitiert als: *Vogel*, in: Corporate Criminal Liabilty).

Wagner, Gerhard. Das Zweite Schadensersatzrechtsänderungsgesetz. NJW 2002[29], S. 2049–2064.

Ders. Organhaftung im Interesse der Verhaltenssteuerung – Skizze eines Haftungsregimes. ZHR 178[3] (2014), S. 227–281.

Ders. Steuerung unternehmerischen Verhaltens durch Verbandsstrafen – Präventionsgewinne durch Sanktionierung von Unternehmen?, NZWiSt 2018[10], S. 399–407.

Weber, Hellmuth v. Zum SRP-Urteil des Bundesverfassungsgerichtes. JZ 1953[10], S. 293–298.

Ders. Über die Strafbarkeit juristischer Personen (Bemerkungen zum Berliner Stahlhändler-Urteil). GA 1954, S. 237–242.

Wegner, Carsten. Ist § 30 OWiG tatsächlich der „Königsweg“ im Banken-Strafverfahren?, NJW 2001[28], S. 1979–1984.

Weitbrecht, Andreas. Kartellschadensersatz 2018. NZKart 2019[2], S. 70–76.

Werner, Rüdiger. Die zivilrechtliche Haftung des Vorstands einer AG für gegen die Gesellschaft verhängte Geldbußen gegenüber der Gesellschaft. CCZ 2010[4], S. 143–147.

Ders. Kein Bußgeldregress einer Kapitalgesellschaft gegenüber Mitgliedern ihrer Organe – das Urteil des LAG Düsseldorf vom 20. 01. 2015. ZWH 2015[6], S. 169–175.

Wilhelmi, Rüdiger. Beschränkung der Organhaftung und innerbetrieblicher Schadensausgleich. NZG 2017[18], S. 681–690.

Wischmeyer, Thomas. Zwecke im Recht des Verfassungsstaates. Geschichte und Theorie einer juristischen Denkfigur. Tübingen 2015. Zugl.: Diss. jur. Albert-Ludwigs-Universität Freiburg (Breisgau), 2014.

Wolf, Ernst. Grundfragen des Schadensbegriffs und der Methode der Schadenserkenntnis, in: Festschrift für Gerhard Schiedermair zum 70. Geburtstag, S. 545–578. Hrsg. v. Gerhard *Lüke* und Othmar *Jauernig*. München 1976, (zitiert als: *Wolf*, in: FS Schiedermair).

Wolffgang, Hans-Michael / *Tervooren*, Michael. Der enteignungsgleiche Eingriff im Außenwirtschaftsrecht. ZfZ 2004[3], S. 82–86.

Würthwein, Susanne. Schadensersatz für Verlust der Nutzungsmöglichkeit einer Sache oder für entgangene Gebrauchsvorteile? Zur Dogmatik des Schadensersatzrechts. Tübingen 2001. Zugl.: Habil. jur. Philipps-Universität Marburg, 1998.

Yoon, Young-Cheol. Strafrecht als *ultima ratio* und Bestrafung von Unternehmen. Frankfurt a. M. 2001. Zugl.: Diss. jur. Univ. Frankfurt (Main), 2001.

Zimmermann, Martin. Kartellrechtliche Bußgelder gegen Aktiengesellschaft und Vorstand: Rückgriffsmöglichkeiten, Schadensumfang und Verjährung. WM 2008[10], S. 433–442.

Zipf, Heinz. Abwälzung der Geldstrafe auf einen Dritten und Erreichbarkeit des Strafzwecks. MDR 1968[8], S. 632–633.

Zippelius, Reinhold. Juristische Methodenlehre. 11. Aufl., München 2012, (zitiert als: *Zippelius*, Methodenlehre[11]).

Motive – Protokolle – Niederschriften

Beratungen des Sonderausschusses „Strafrecht" in der 4. Wahlperiode, Deutscher Bundestag.

Beratungen des Sonderausschusses für die Strafrechtsreform in der 5. Wahlperiode, Deutscher Bundestag.

Bericht des Sonderausschusses „Strafrecht" über die Beratung des Entwurfs eines Strafgesetzbuches (StGB) E 1962 – Drucksache IV/650 vom 30. 6. 1965.

Erste Kommission. Entwurf eines bürgerlichen Gesetzbuches für das Deutsche Reich. Erste Lesung. Berlin und Leipzig 1888.

Goltdammer, Theodor. Die Materialien zum Straf-Gesetzbuche für die Preußischen Staaten. Bd. 1: Das Einführungs-Gesetz und den allgemeinen Theil enthaltend. Berlin 1851.

Kropff, Bruno. Aktiengesetz. Textausgabe des Aktiengesetzes vom 6. 9. 1965 und des Einführungsgesetzes zum Aktiengesetz vom 6. 9. 1965 mit Begründung des Regierungsentwurfs. Düsseldorf 1965.

Mugdan, Benno. Die gesammten Materialien zum Bürgerlichen Gesetzbuch für das Deutsche Reich. Berlin 1899.

Bd. 2: Recht der Schuldverhältnisse – 1899.

Niederschriften über die Sitzungen der Großen Strafrechtskommission in 14 Bänden. Bonn 1956 ff.

Bd. I: Grundsatzfragen – 1. bis 13. Sitzung – 1956.

Bd. III: Allgemeiner Teil – 26. bis 37. Sitzung – 1958.

Bd. IV: Allgemeiner Teil – 38. bis 52. Sitzung – 1958.

Bd. XII: Zweite Lesung des Entwurfs: Allgemeiner Teil – 115. bis 143. Sitzung – 1959.

Reichsjustizamt. Zusammenstellung der gutachtlichen Aeußerungen zu dem Entwurf eines Bürgerlichen Gesetzbuchs, Aueßerungen zum Recht der Schuldverhältnisse. Bd. 2, Berlin 1890.

Tagungsberichte der Sachverständigenkommission zur Bekämpfung der Wirtschaftskriminalität, Bundesministerium der Justiz. Bd. XIV, Bonn 1978.

Online-Quellen

Alle Online-Quellen sind zuletzt am 31. Januar 2021 abgerufen worden.

BKartA. Fallbericht vom 14. Dezember 2012.
https://www.bundeskartellamt.de/SharedDocs/Entscheidung/DE/Fallberichte/Kartellverbot/2012/B12-11-11.pdf?__blob=publicationFile&v=4
(zitiert als: BKartA,@ Fallbericht: Schienenkartell I).

Dass. Fallbericht vom 6. September 2013.
https://www.bundeskartellamt.de/SharedDocs/Entscheidung/DE/Fallberichte/Kartellverbot/2013/B12-16-11_B12-19-12.pdf?__blob=publicationFile&v=7
(zitiert als: BKartA,@ Fallbericht: Schienenkartell II).

Dass. Leitlinien für die Bußgelzumessung in Kartellordnungswidrigkeitenverfahren samt Erläuterungen (Stand: 25. Juni 2013).

https : / / www . bundeskartellamt . de / SharedDocs / Publikation / DE / Leitlinien / Bekanntmachung %20 - %20Bu %C3 %9Fgeldleitlinien - Juni %202013 . pdf ? __ blob=publicationFile&v=5
(zitiert als: BKartA,@Bußgeldleitlinien).

Deutscher Anwaltverein. Stellungnahme vom 13. 12. 2013 (Nr. 54/13) zum Entwurf eines Gesetzes zur Einführung der strafrechtlichen Verantwortlichkeit von Unternehmen und sonstigen Verbänden des Landes Nordrhein-Westfalen.
https://anwaltverein.de/de/newsroom/id-2013-54
(zitiert als: DAV,@Stellungnahme Nr. 54/2013).

Deutscher Richterbund. Stellungnahme (Nr. 16/2014) des Deutschen Richterbundes zur Einführung eines Unternehmensstrafrechts.
https://www.drb.de/fileadmin/DRB/pdf/Stellungnahmen/2014/DRB_141125_Stn_Nr_16_Unternehmensstrafrecht.pdf
(zitiert als: DRiB,@Stellungnahme Nr. 16/2014).

DFB. 9-Punkte-Papier (Verfolgung und Ahndung Zuschauerfehlverhalten).
https://www.dfb.de/fileadmin/_dfbdam/55113-9-Punkte-Plan.pdf
(zitiert als: DFB,@9-Punkte-Papier).

Duden. Prävention.
https://www.duden.de/rechtschreibung/Praevention
(zitiert als: Duden,@Prävention).

Ders. proaktiv.
https://www.duden.de/rechtschreibung/proaktiv
(zitiert als: Duden,@proaktiv).

Ders. Respression.
https://www.duden.de/rechtschreibung/Repression
(zitiert als: Duden,@Repression).

Ders. Schaden.
https://www.duden.de/rechtschreibung/Schaden
(zitiert als: Duden,@Schaden).

MAN SE. Zusammenfassender Bericht des Aufsichtsrats und des Vorstands zu den Punkten 5 und 6 der Tagesordnung vom 30. Januar / 7. Februar 2014.
https : / / www . corporate . man . eu / man / media / de / content _ medien / doc / global _ corporate _ website _ 1 / investor _ relations _ 1 / hv / 2014 _ 8 / man _ hv _ 2014 _ zus _ _bericht_vorstand_ar_d_pdf.pdf
(zitiert als: MAN SE,@Zusf. Vergleichs-Bericht).

OECD. Bericht vom 17. 3. 2011 über die Phase-3-Prüfung Deutschlands.
https://www.oecd.org/daf/anti-bribery/anti-briberyconvention/48967037.pdf
(zitiert als: OECD,@ Prüfber. Phase 3).

Dies. Umsetzung des OECD-Übereinkommens über die Bekämpfung der Bestechung – Bericht zu Phase 4: Deutschland.
http://www.oecd.org/corruption/anti-bribery/Germany-Phase-4-Report-GER.pdf
(zitiert als: OECD,@ Prüfber. Phase 4).

Siemens AG. Entwurf des Bußgeldbescheids der Staatsanwaltschaft München I.
https://assets.new.siemens.com/siemens/assets/api/uuid:0d6eee47-5b44-4ad6-bd5d-34de580085ae/MucStaats.pdf
(zitiert als: Siemens AG,@ Bußgeldbescheid).

Dies. Pressemitteilung v. 15. 12. 2008. Siemens erzielt Einigung mit Behörden in Deutschland und den USA.
https://www.siemens.com/press/de/pressemitteilungen/?press=/de/pressemitteilungen/2008/corporate_communication/axx20081219.htm&content[]=CC&content[]=Corp
(zitiert als: Siemens AG,@ PM v. 15. 12. 2008).

Dies. Einladung zur Hauptversammlung der Siemens AG am 26. Januar 2010.
https://www.siemens.com/investor/pool/de/investor_relations/events/hauptversammlung/2010/einladung_hv2010_d.pdf
(zitiert als: Siemens AG,@ Einladung HV 2010).

Volkswagen AG. Geschäftsbericht 2015.
https://www.volkswagenag.com/presence/investorrelation/publications/annual-reports/2016/volkswagen/deutsch/Y_2015_d.pdf
(zitiert als: Volkswagen AG,@ Geschäftsbericht 2015).

Rechtsprechung

EuGH

7. 6. 1983, 100–103/80,
Slg. 1983, 1825 (siehe S. 72).

BVerfG

10. 5. 1957, 1 BvR 550/52,
BVerfGE **6**, 389 (siehe S. 202).

3. 2. 1959, 2 BvL 10/56,
BVerfGE **9**, 137 (siehe S. 217).

4. 2. 1959, 1 BvR 197/53,
BVerfGE **9**, 167 (siehe S. 514).

21. 3. 1961, 1 BvL 3/58 u. a.
BVerfGE **12**, 281 (siehe S. 523–525).

16. 2. 1965, 1 BvL 15/62,
BVerfGE **18**, 353 (siehe S. 523, 525).

25. 10. 1966, 2 BvR 506/63,
BVerfGE **20**, 323 (siehe S. 361, 362, 364, 398, 403, 430).

6. 6. 1967, 2 BvR 375/60 u. a.,
BVerfGE **22**, 49 (siehe S. 196).

5. 3. 1968, 1 BvR 579/67,
BVerfGE **23**, 127 (siehe S. 201).

16. 7. 1969, 2 BvL 2/69,
BVerfGE **27**, 18 (siehe S. 194, 196).

26. 2. 1969, 2 BvL 15/68,
BVerfGE **25**, 269 (siehe S. 361).

9. 6. 1970, 2 BvL 16/68,
BVerfGE **29**, 11 (siehe S. 194).

8. 6. 1971, 2 BvL 10/71,
BVerfGE **31**, 141 (siehe S. 194).

14. 2. 1973, 1 BvR 112/65,
BVerfGE **34**, 269 (siehe S. 163, 167, 168, 173).

25. 2. 1975, 1 BvF 1/74 u. a.,
BVerfGE **39**, 1 (siehe S. 202).

17. 12. 1975, 1 BvL 24/75,
BVerfGE **41**, 121 (siehe S. 362).

21. 6. 1977, 2 BvR 70/75 u. a.,
BVerfGE **45**, 272 (siehe S. 196).

11. 10. 1978, 1 BvR 84/74,
BVerfGE **49**, 304 (siehe S. 163, 167).

27. 3. 1979, 2 BvL 7/78,
BVerfGE **51**, 60 (siehe S. 196).

16. 1. 1979, 2 BvL 44/77,
BVerfGE **50**, 125 (siehe S. 361, 363, 364, 474).

15. 7. 1981, 1 BvL 77/78,
BVerfGE **58**, 300 (siehe S. 479, 539).

3. 11. 1982, 1 BvR 210/79,
BVerfGE **62**, 169 (siehe S. 523–525).

19. 10. 1983, 2 BvR 485/80 u. a.,
BVerfGE **65**, 182 (siehe S. 164, 167).

3. 4. 1990, 1 BvR 1186/89,
BVerfGE **82**, 6 (siehe S. 178).

9. 3. 1994, 2 BvL 43/92 u. a.,
BVerfGE **90**, 145 (siehe S. 197, 201, 202).

26. 2. 1997, 1 BvR 2172/96,
BVerfGE **95**, 220 (siehe S. 363, 430).

12. 11. 1997, 1 BvR 479/92 u. a.
BVerfGE **96**, 375 (siehe S. 105, 156, 164, 167).

10. 2. 2004, 2 BvR 834/02 u. a.,
BVerfGE **109**, 190 (siehe S. 194).

13. 6. 2007, 1 BvR 1550/03 u. a.
BVerfGE **118**, 168 (siehe S. 363).

26. 2. 2008, 2 BvR 392/07,
BVerfGE **120**, 224 (siehe S. 199, 200).

2. 3. 2008, 2 BvR 2099/04,
BVerfGE **115**, 166 (siehe S. 201).

30. 6. 2009, 2 BvE 2/08 u. a.
BVerfGE **123**, 267 (siehe S. 363, 430).

25. 1. 2011, 1 BvR 918/10,
BVerfGE **128**, 193 (siehe S. 178).

11. 6. 2012, 1 BvR 3142/07 u. a.
BVerfGE **132**, 99 (siehe S. 178).

3. 7. 2012, 2 PBvU 1/11,
BVerfGE **132**, 1 (siehe S. 382).

17. 9. 2013, 1 BvR 1928/12,
ZIP 2013, 2105 (siehe S. 164, 167).

BGH (Zivilsenate)

31. 1. 1957, II ZR 41/56,
BGHZ **23**, 222 (siehe S. 78, 84, 498, 517–519, 521, 522, 526–529, 536–538).

26. 5. 1970, VI ZR 168/68,
BGHZ **54**, 82 (siehe S. 152).

6. 11. 1973, VI ZR 27/73,
BGHZ **61**, 346 (siehe S. 152).

19. 6. 1973, VI ZR 46/72,
BGHZ **61**, 56 (siehe S. 152, 153).

29. 10. 1974, VI ZR 42/73,
BGHZ **63**, 182 (siehe S. 152).

23. 3. 1976, VI ZR 41/74,
BGHZ **66**, 239 (siehe S. 152).

13. 7. 1981, II ZR 91/80,
BGHZ **81**, 271 (siehe S. 66).

17. 5. 1984, VII ZR 169/82,
BGHZ **91**, 206 (siehe S. 66).

9. 7. 1986, GSZ 1/86,
BGHZ **98**, 212 (siehe S. 102, 122, 136).

28. 10. 1993, IX ZR 21/93,
BGHZ **124**, 27 (siehe S. 372, 373).

13. 4. 1994, II ZR 16/93,
BGHZ **125**, 366 (siehe S. 45).

14. 11. 1996, IX ZR 215/95,
JZ 1997, 1177 (siehe S. 78, 84, 522, 527, 528, 532–536, 539, 540, 547).

21. 4. 1997, II ZR 175/96,
BGHZ **135**, 244 (siehe S. 75, 490, 574).

6. 6. 1997, V ZR 115/96,
BGHZ **136**, 52 (siehe S. 66).

15. 4. 2010, IX ZR 189/09,
VersR 2011, 132 (siehe S. 78, 84, 544).

15. 4. 2010, IX ZR 189/09,
DStRE 2010, 1219 (siehe S. 498, 503, 535, 537, 540, 541).

20. 9. 2011, II ZR 234/09,
NZG 2011, 1271 (siehe S. 66).

10. 7. 2012, VI ZR 341/10,
NJW 2012, 3439 (siehe S. 117).

13. 3. 2012, II ZR 50/09,
NZG 2012, 795 (siehe S. 104).

3. 12. 2013, VI ZR 24/13,
NJW 2014, 535 (siehe S. 153).

6. 6. 2013, IX ZR 204/12,
NJW 2013, S. 2345 (siehe S. 104).

15. 1. 2013, II ZR 90/11,
NZG 2013, 293 (siehe S. 66).

18. 6. 2013, II ZR 86/11,
BGHZ **197**, 304 (siehe S. 104).

20. 5. 2014, VI ZR 381/13,
BGHZ **201**, 263 (siehe S. 87).

5. 2. 2015, IX ZR 167/13,
NJW 2015, 1373 (siehe S. 105, 156).

9. 11. 2017, IX ZR 270/16,
NJW 2018, 541 (siehe S. 505, 507, 531, 537, 538, 541).

22. 2. 2018, VII ZR 46/17,
NJW 2018, 1463 (siehe S. 153).

13. 3. 2020, V ZR 33/19,
ZIP 2020, 1073 (siehe S. 153).

BGH (Strafsenate)

18. 3. 1952, GSSt 2/51,
BGHSt **2**, 194 (siehe S. 284, 363, 472).

13. 11. 1952, 3 StR 398/52,
BGHSt **3**, 373 (siehe S. 505).

27. 10. 1953, 5 StR 723/52,
BGHSt **5**, 28 (siehe S. 274, 295–298, 349, 351, 440).

14. 12. 1976, 1 StR 196/76,
DB 1978, 2155 (siehe S. 505).

27. 3. 1979, 1 StR 503/78,
BGHSt **28**, 360 (siehe S. 338).

17. 11. 1983, 4 StR 617/83,
NStZ 1984, 117 (siehe S. 51).

7. 11. 1990, 2 StR 439/90,
BGHSt **37**, 226 (siehe S. 78, 537, 538, 544–546, 551).

1. 3. 1995, 2 StR 691/94,
NStZ 1995, 491 (siehe S. 217).

18. 7. 1996, 1 StR 386/96,
NStZ 1997, 30 (siehe S. 236).

5. 12. 2000, 1 StR 411/00,
BGHSt **46**, 207 (siehe S. 243).

8. 12. 2004, 2 StR 441/04,
StV 2005, 487 (siehe S. 539).

14. 2. 2007, 5 StR 323/06,
NStZ-RR 2008, 13 (siehe S. 47, 52, 356, 359).

15. 5. 2012, 3 StR 118/11,
NJW 2012, 2366 (siehe S. 238).

BGH (Kartellsenat)

27. 1. 1966, KRB 2/65,
BGHSt **21**, 18 (siehe S. 515).

19. 9. 1974, KRB 2/74,
NJW 1975, 269 (siehe S. 46).

11. 3. 1986, KRB 8/85,
wistra 1986, 221 (siehe S. 82, 270, 370, 435).

5. 7. 1995, KRB 10/95,
NStZ-RR 1996, 147 (siehe S. 53, 234).

10. 8. 2011, KRB 55/10,
BGHSt **57**, 193 (siehe S. 49, 419, 438).

BAG

BFH

RG (Zivilsenate)

RG (Strafsenate)

RAG

BayOblG

OLG Celle

OLG Düsseldorf

22. 12. 1998, 3 Ws OWi 667-668/98,
NJW 1999, 2686 (siehe S. 356, 357).

28. 11. 2012, V-4 Kart 3/12 (OWi),
NZKart 2013, 254 (siehe S. 435).

OLG Frankfurt (Main)

8. 10. 2009, 3 U 60/09,
BeckRS 2010, 11987 (siehe S. 498, 535, 541).

1. 6. 2017, 17 U 151/16,
BeckRS 2017, 147620 (siehe S. 541).

28. 1. 2010, WpÜG 10/09,
NZG 2010, 583 (siehe S. 50, 358).

OLG Hamm

27. 2. 1979, 1 Ss OWi 1/79,
NJW 1979, 1312 (siehe S. 396).

OLG Karlsruhe

31. 7. 2013, 7 U 184/12,
NZG 2013, S. 1177 (siehe S. 118).

OLG Koblenz

20. 11. 1979, 3 U 973/78,
DStR 1981, 237 (siehe S. 514, 515, 519, 528–532).

OLG Köln

26. 2. 1988, Ss 17/88 (B) - 30,
NJW 1988, 1606 (siehe S. 51).

OLG München

28. 3. 1990, 20 U 2259/89,
DStZ 1990, 467 (siehe S. 528–530).

OLG Nürnberg

24. 2. 2017, 5 U 1687/16,
DStRE 2017, 1531 (siehe S. 498, 503, 541).

OLG Stuttgart

30. 1. 1989, 2 U 83/88,
StB 1989, 200 (siehe S. 528–530).

LG München I

10. 12. 2013, 5 HK O 1387/10,
ZIP 2014, 570 (siehe S. 60, 105, 156).

23. 12. 1976, 10 O 13 799/76,
DStR 1978, 51 (siehe S. 528–530).

LG Saarbrücken

23. 1. 2012, 9 O 251/10,
BeckRS 2013, 3306 (siehe S. 498, 541).

LAG Düsseldorf

20. 1. 2015, 16 Sa 459/14,
ZIP 2015, 829 (siehe S. 31, 32, 48, 58, 59, 70, 72–74, 76, 86, 88, 105, 117, 118, 156, 465, 541, 544, 554).

29. 1. 2018, 14 Sa 591/17,
n. V.

AG Langenfeld

31. 3. 1989, 12 C 737/88,
StB 1991, 65 (siehe S. 478, 508, 528, 530, 531).

ArbG Essen

19. 12. 2013, 1 Ca 657/13,
NZKart 2014, 193 (siehe S. 31, 72).